中国社会科学年鉴

中国民族研究年鉴 2010—2012

CHINA'S YEARBOOK OF ETHNIC RESEARCH

中国社会科学院民族学与人类学研究所

中国社会科学出版社

图书在版编目（CIP）数据

中国民族研究年鉴.2010～2012／中国社会科学院民族学与人类学研究所编.—北京：中国社会科学出版社，2014.7
ISBN 978-7-5161-4421-3

Ⅰ.①中… Ⅱ.①中… Ⅲ.①民族工作—中国—2010～2012—年鉴 Ⅳ.①D633-54

中国版本图书馆 CIP 数据核字（2014）第 135937 号

出 版 人	赵剑英
责任编辑	姜阿平　李敦球
责任校对	韩天炜
责任印制	张雪娇

出　　版	中国社会科学出版社
社　　址	北京鼓楼西大街甲 158 号（邮编 100720）
网　　址	http://www.csspw.cn
	中文域名：中国社科网　010-64070619
发 行 部	010-84083685
门 市 部	010-84029450
经　　销	新华书店及其他书店
印刷装订	三河市东方印刷有限公司
版　　次	2014 年 7 月第 1 版
印　　次	2014 年 7 月第 1 次印刷
开　　本	787×1092　1/16
印　　张	62.25
字　　数	1513 千字
定　　价	178.00 元

凡购买中国社会科学出版社图书，如有质量问题请与本社联系调换
电话：010-64009791
版权所有　侵权必究

《中国民族研究年鉴》编辑委员会

主任委员 王延中 张昌东
编辑委员 （以下按姓氏笔画为序）
孔 敬 扎 洛 王延中 王希恩 龙远蔚
刘世哲 刘正寅 朱 伦 江 荻 色 音
何星亮 吴家多 宋 军 张昌东 张继焦
李云兵 邸永君 陈 杰 庞 涛 赵明鸣
聂鸿音 郭军宁 曹道巴特尔 黄 行
管彦波

《中国民族研究年鉴》编辑部

主　　任 扎 洛 邸永君 赵明鸣（常务）
编　　辑 丁 赛 乌云格日勒 刘世哲 吴家多
吴雅萍 宋 军 杨 华 陈 杰 赵明鸣
普忠良 蓝庆元
特约编辑 王秀珍 华祖根 邸永君

目 录

第一篇 学科进展 ……………………………………………………………… (1)

2010—2012年民族理论学科研究综述 ……………………………………… 刘 玲(3)
2010—2012年民族经济研究概述 …………………………………………… 龙远蔚(11)
2010—2012年民族学与人类学研究综述 …………………………………… 色 音(34)
2010—2012年宗教文化研究进展情况 ……………………… 何星亮 廖 旸 郭宏珍(46)
2010—2012年民族史研究综述 ……………………………………… 刘正寅 方素梅(56)
2010—2012年世界民族学科研究综述 ……………………………………… 刘 泓(67)
2010—2012年藏学研究综述 ………………………………………………… 卢 梅(75)
2010—2012年民族教育研究综述 …………………………………………… 杨 华(82)
2011—2012年影视人类学综述 ……………………………………………… 邓卫荣(90)
2010—2012年南方民族语言文字研究综述 ………………………… 徐世璇 鲁美艳(98)
2010—2012年北方民族语言文字研究综述 ……………………………… 曹道巴特尔(114)
2010—2012年民族语言语音学研究综述 …………………………… 呼 和 哈斯其木格(129)
2010—2012年计算语言学科研究综述 ………………………………… 龙从军 燕海雄(135)
2010—2012年中国民族古文字文献研究综述 ……………………………… 木仕华(145)

第二篇 特约稿件 ……………………………………………………………… (177)

凝练目标、深化改革,促进民族研究事业迈上新台阶
——在2012年中国社会科学院民族学与人类学研究所
创新工程座谈会上的发言(2012年11月2日) ……………………… 王延中(179)
"第二代民族政策"讨论述评 ………………………………………………… 王希恩(194)
辛亥革命100周年与中国民族问题研究述论 ……………………………… 方素梅(208)

国际人类学与民族学联合会第十六届大会专题会议设置及学术特色评价 …… 杜发春(215)
移民和多元文化对经济发展的影响
　　——中国社会科学院与加拿大约克大学国际会议综述 ………… 杜发春(232)
民族区域自治地方政府网站发展水平调查报告(2010—2011) ……… 孔　敬　马　爽(244)
彝文信息处理技术30年发展历程与展望 ………………………… 沙马拉毅(276)

第三篇　学者学人 …………………………………………………………… (283)

蔡美彪先生访谈录 ………………………………………………………… (285)
周清澍先生访谈录 ………………………………………………………… (288)
史金波先生访谈录 ………………………………………………………… (295)
施正一先生访谈录 ………………………………………………………… (316)
王尧先生访谈录 …………………………………………………………… (324)
毛宗武先生访谈录 ………………………………………………………… (338)
宣德五先生访谈录 ………………………………………………………… (341)
突厥语文学大师耿世民教授 ………………………………………… 张定京(348)

第四篇　学术活动 …………………………………………………………… (353)

2010年国内召开的部分学术会议 …………………………………… 张建培(355)
2010年我国学者参加的国际学术会议 ……………………………… 张建培(367)
2011年国内召开的部分学术会议 …………………………………… 张建培(373)
2011年我国学者参加的国际学术会议 ……………………………… 张建培(380)
2012年国内召开的部分学术会议 …………………………………… 张建培(384)
2012年我国学者参加的国际学术会议 ……………………………… 张建培(391)

第五篇　新书·学术论文索引 ……………………………………………… (397)

2010年新书目录 …………………………………………………………… (399)
2011年新书目录 …………………………………………………………… (423)
2012年新书目录 …………………………………………………………… (456)
2010年汉文学术论文索引 ………………………………………………… (480)
2011年汉文学术论文索引 ………………………………………………… (615)

2012年汉文学术论文索引 …………………………………………………………（755）
2010—2012年蒙古文学术论文索引 …………………………………………（880）

第六篇 大事记 ……………………………………………………………（935）
2010年民族工作大事记 …………………………………………王秀珍（937）
2011年民族工作大事记 …………………………………………王秀珍（948）
2012年民族工作大事记 …………………………………王秀珍 张建培（965）

编后记 ……………………………………………………………………………（985）

Contents

1. **Progress in the Disciplines** ··· (1)
   A Summary of Studies of Theories of Ethnology(2010 – 2012) ························· *Liu Ling*(3)
   A Summary of Studies of Ethnic Economy(2010 – 2012) ······················ *Long Yuanwei*(11)
   A Summary of Studies of Ethnology and Anthropology(2010 – 2012) ················ *Se Yin*(34)
   A Summary of Studies of Religious Cultures
   　　(2010 – 2012) ····························· *He Xingliang　Liao Yang　Guo Hongzhen*(46)
   A Summary of Studies of History of Ethnic Groups
   　　(2010 – 2012) ··· *Liu Zhengyin　Fang Sumei*(56)
   A Summary of Studies of Nationalities of the World(2010 – 2012) ··············· *Liu Hong*(67)
   A Summary of Tibetological Studies(2010 – 2012) ··· *Lu Mei*(75)
   A Summary of Studies of Educations of Ethnic Minorities(2010 – 2012) ········ *Yang Hua*(82)
   A Summary of Studies of Visual Anthropology(2010 – 2012) ················ *Deng Weirong*(90)
   A Summary of Studies of Languages and Characters of Ethnic Groups in
   　　Southern China(2010 – 2012) ····································· *Xu Shixuan　Lu Meiyan*(98)
   A Summary of Studies of Languages and Characters of Ethnic Groups in
   　　Northern China(2010 – 2012) ··· *Cao Daobater*(114)
   A Summary of Studies of Experimental Phonetics(2010 – 2012) ······ *Hu He　Hasi Qimuge*(129)
   A Summary of Studies of Computational Linguistics
   　　(2010 – 2012) ··· *Long Congjun　Yan Haixiong*(135)
   A Summary of Studies of Ancient Characters and Documents of Ethnic Groups
   　　(2010 – 2012) ··· *Mu Shihua*(145)

2. Special Contributions ……………………………………………………… (177)

Further the Undertakings of Ethno-National Studies to New Level by Condensing the
Targets and Deepening the Reforms: Speech at the Symposium of Innovations Project of
Year 2012 of Institute of Ethnology and Anthropology of Chinese Academy of
Social Sciences(2012.11.2) …………………………………………… *Wang Yanzhong*(179)

Review of Discussions about "The National Policies of Second Generation" … *Wang Xien*(194)

A Summary of Studies of the 100-Year-Revolution of 1911 and the Ethnic Minority
Problems in China ………………………………………………………… *Fang Sumei*(208)

Review of Setting-Up of the Special Sessions and their Academic Features of the 16th Congress
of International Union of Anthropological and Ethnological Science ………… *Du Fachun*(215)

Impacts of Immigrants and Multiculturalism on Economic Developments: A Summary
of the International Conference held by Chinese Academy of Social Sciences and
York University of Canada …………………………………………………… *Du Fachun*(232)

Investigation Report on the Level of Developments of Local Government Websites of the Areas
with Regional Autonomy of Ethnic Minorities(2010 – 2011) … *Kong Jing   Ma Shuang*(244)

The 30-Year Development Course of Information Processing Technology of Yi Characters
and the Looking Forward to Its Future ……………………………………… *Shama Layi*(276)

3. Scholars ……………………………………………………………………… (283)

Interview of Mr. Cai Meibiao …………………………………………………… (285)

Interview of Mr. Zhou Qingshu ………………………………………………… (288)

Interview of Mr. Shi Jinbo ……………………………………………………… (295)

Interview of Mr. Shi Zhengyi …………………………………………………… (316)

Interview of Mr. Wang Yao ……………………………………………………… (324)

Interview of Mr. Mao Zongwu …………………………………………………… (338)

Interview of Mr. Xuan Dewu …………………………………………………… (341)

Great Master of Turkic Language and Literature: Professor Geng Shimin   … *Zhang Dingjing*(348)

4. Academic Events …………………………………………………………… (353)

Some Academic Conferences Held in China in 2010 ……………………… *Zhang Jianpei*(355)

International Academic Conferences Attended by Chinese Scholars in 2010 ······ *Zhang Jianpei*(367)
Some Academic Conferences held in China in 2011 ······ *Zhang Jianpei*(373)
International Academic Conferences Attended by Chinese Scholars in 2011 ······ *Zhang Jianpei*(380)
Some Academic Conferences held in China in 2012 ······ *Zhang Jianpei*(384)
International Academic Conferences Attended by Chinese Scholars in 2012 ······ *Zhang Jianpei*(391)

5. New Books · Indexes of Research Papers (397)

Catalogue of New Books in 2010 ······ (399)
Catalogue of New Books in 2011 ······ (423)
Catalogue of New Books in 2012 ······ (456)
Catalogue of Indexes of Research Papers in Chinese in 2010 ······ (480)
Catalogue of Indexes of Research Papers in Chinese in 2011 ······ (615)
Catalogue of Indexes of Research Papers in Chinese in 2012 ······ (755)
Catalogue of Indexes of Research Papers in Mongolian from 2010 to 2012 ······ (880)

6. Chronicle of Events (935)

Chronicle of Events Concerning Ethnic Affairs in 2010 ······ *Wang Xiuzhen*(937)
Chronicle of Events Concerning Ethnic Affairs in 2011 ······ *Wang Xiuzhen*(948)
Chronicle of Events Concerning Ethnic Affairs in 2012 ··· *Wang Xiuzhen Zhang Jianpei*(965)

Afterword (985)

第一篇

学科进展

2010—2012 年民族理论学科研究综述

刘 玲

一 2010—2011 年

就中国民族理论研究的整体状况来看，2010—2011 年呈现出三个特点。

（一）中国共产党民族理论研究有了深化

对党的民族理论进行研究是民族理论的传统，但以往有深度的研究成果不多。然而随着学术环境的日益宽松和研究者的不断努力，这一局面正在逐渐改变。郝时远的专著《中国共产党怎样解决民族问题》（江西人民出版社 2011 年版）一面世就受到广泛关注。作者运用马克思主义民族理论，深刻分析了苏联、东欧在解决民族问题实践过程中存在的误区，系统回顾了中国共产党解决民族问题的艰难历程，认为，中国共产党在过去九十年间在着力消除民族问题历史的遗产，解决民族问题现实因素的繁重任务中，作出了两个重大的历史性选择：一是建立民族区域自治制度；二是实施西部大开发战略。与该书的发表相联系，作者又以连载的形式，自 2011 年 3 月 18 日开始连续 10 期在《中国民族报》上撰文，就坚持和完善民族区域自治制度发表系列文章，产生了很大影响。

在对中国共产党民族理论的研究中，还有两篇研究成果值得注意：一是陈夕在《中共党史研究》2011 年第 8 期发表的《中国共产党认识和处理民族问题的历史经验（1921—1949）》。该文将中国共产党正确认识和处理中国民主革命时期民族问题方面的历史经验概括为六点，即把民族问题作为中国革命总问题的一部分加以处理；在民族工作中始终坚持民族平等联合的原则；把实行民族区域自治作为解决中国民族问题的基本政策和基本制度；在民族工作中坚持无产阶级及其政党的领导，建立广泛的统一战线；制定和实施正确的宗教政策；把培养选拔少数民族干部，作为做好民族工作的根本条件。另一篇是张世飞的《中国早期共产党人对马克思主义民族理论的传播与运用》（《民族研究》2010 年第 6 期），该文认为五四运动前后，李大钊、瞿秋白等早期中国共产党人对马克思主义民族理论的一些重要观点进行了积极宣传和传播，运用马克思主义民族理论考察分析中国的民族问题，对如何解决中国民族问题进行了早期探索。这两篇文章为人们深入了解中国共产党早期和新民主主义革命时期的民族理论及实践提供了参考。

（二）重视多民族国家民族关系整合和治理的研究

这是近几年来民族理论研究的一个共同特征，2010—2011 年又有了新的延续。其中，周平和贺琳凯撰文对多民族国家的族际政治整合做了论述，提出多民族国家的族际政治整合存在多种价值取向的选择，其中，"求同存异"较为合理。在具体的族际政治实践中，多民族国家可以通过制度机制、政策机制、政党机制、意识形态机制、民族工作机制和国民教育机制来达成族际政治整合的目标。但具体的族际政治整合是一个长期持续的过程，不能一蹴而就，也不可能一劳永逸（《论多民族国家的族际政治整合》，《思想战线》2010年第4期）。而左宏愿则运用政党吸纳和嵌入、行政性自治和差异性公民权三个概念分析和探讨了中国现代国家构建中的族际政治整合逻辑。认为中国共产党通过政党组织整合、民族区域自治的制度安排以及少数民族优惠政策，基本实现了中国现代国家构建中的族际政治整合（《中国现代国家构建中的族际政治整合》，《广西民族研究》2011年第1期）。

与族际关系整合研究密切关联，2010—2011年对民族认同和国家认同的研究也多有成果发表。陈茂荣的《论"民族认同"与"国家认同"》（《学术界》2011年第4期）和张立军、曲铁华的《社会和谐发展的民族认同及其教育研究》（《东北师大学报》（哲学社会科学版）2011年第2期）等，从不同角度就民族认同与国家认同的统一，民族认同及其教育在中华民族多元一体和谐社会构建中的价值等做了探讨。胡润忠则就多民族国家民族分离主义的治理战略做了研究，提出多民族国家治理民族分离主义的战略设想（《多民族国家民族分离主义治理战略研究》，《学术探索》2011年第1期）。

（三）多学科、多角度研究成果增多

民族理论是一个开放的研究领域，随着学科之间渗透交叉的加剧以及民族问题不断成为热点，民族理论的多学科研究趋势日渐明显。政治学仍然是介入程度最高的一个领域。除了上述周平、贺琳凯、左宏愿、胡润忠等人的文章之外，任勇、付春的《马克思主义政治学视野中的民族和民族国家》（《政治学研究》2011年第1期）也是有代表性的成果。该文从政治学角度对马克思主义关于民族、民族国家的相关问题进行了解读，认为马克思主义民族理论已经超越了西方民族国家的理论范式，有着深刻的内在逻辑，从中发现和提炼其内在一致性和关联性，对于中国这一多民族国家治理有着积极而重要的意义。乌杰则将系统论的方法引入民族理论研究，其发表的《民族和谐与系统观》（《系统科学学报》2010年第4期）别具一格。该文阐述了研究民族问题的传统方法和系统方法，强调了民族系统演化的条件性、环境性及民族精神的重要性。文章提出，民族差异的多样性是民族整体和谐的基础，民族系统是由民族产生的环境、民族的精神和民族的状态三要素构成，并在此基础上阐述了民族的现代化问题。此外，社会学的介入也比较活跃。

马克思主义民族理论研究和当代中国民族问题与民族政策研究，是2010—2011年民族理论研究的两个重点学科方向。

马克思主义民族理论研究的主要工作是经典作家关于民族问题论述的编撰。一是马克思、恩格斯、列宁、斯大林论民族问题五卷本的修订。这套书原由中国社会科学院民族学与人类学研究所编撰，出版于1987年至1990年。此次修订以原版为基础，根据新版经典著作做出修改和补充。二是《马克思主义经典作家论民族》的选编。这项工作是中国社会科学院马克思主义理论研究和建设工程（简称"马工程"）统一安排的。两项工作目前统一进行。此外，根据院"马工程"的要求，该学科方向还对《马克思主义经典民族理论研究》一书的撰写做出规划，拟写了提纲。

该学科方向2010—2011年已发表的成果，主要为两项：一是由王希恩主编的《民族过程与中国民族变迁研究》论文集出版，该书是由民族出版社组织的《阅读中国·当代中国民族学人类学研究精选丛书》的第一本书。丛书"拟以多国语言出版，以期推介中国民族学人类学的代表作和学者，促进国内外相关研究的交流"。该书收录了改革开放以来国内学者关于马克思主义民族过程理论研究和中国民族变迁研究的27篇代表性论文，共42万字，基本反映了国内该领域研究的概貌。二是王希恩发表于《民族研究》第4期的《中国共产党关于反对两种民族主义理论和实践回溯》。在中国共产党民族工作史上，"两种民族主义"是危害中国民族关系和党的民族工作的重要祸源，但长期以来在此问题上的系统探讨并未展开。改革开放以后，"两种民族主义"的提法逐步被淡化，但党的反对两种民族主义的理论和实践仍有现实意义。该文就反对两种民族主义的理论来源、内涵演变以及对新中国民族工作的影响等做了较详尽的评述，反映了两种民族主义研究的最新进展。

当代中国民族问题和民族政策研究：由郝时远和王希恩主编的《中国民族区域自治发展报告》（社会科学文献出版社2011年版）是他们主编的第二部"民族发展蓝皮书"。该书的作者主要为中国社会科学院民族学与人类学所民族理论室的研究人员，同时约请所内、地方高校和研究机构的一些专家参与。全书56万字，分总报告、自治区发展报告、自治州发展报告、自治县发展报告、民族乡发展报告、民族法制建设报告等7部分，并附"民族区域自治地方概况表"，内容涵盖了全国155个自治地方自然和发展状况，包括各自的土地面积、山川地势、物产、历史沿革、人口、自治地方建立时间以及政治、经济和文化发展的现状等。该书是我国民族区域自治地方概况和发展成就的最新展现，既可作为学术研究的参考资料，又可作为一般读者了解我国民族区域自治制度发展的工具性读本，出版后反响良好。

周竞红的专著《蒙古民族问题述论》，32万字，社会科学文献出版社2011年10月出版。该书以马克思主义民族理论为指导，对蒙古民族问题产生的背景、进程以及近代中国对蒙古民族问题的处理进行了详尽的理论分析，研究了影响蒙古民族问题产生、发展的复杂的国内外环境及蒙古社会本身的诸多因素。对蒙古民族问题的研究涉及中国民族理论形成、发展过程中的一些重要问题，近代中国对蒙古民族问题的处置过程及历史教训，对理解和解决当代中国民族问题也有着重要的启示。

2011年是中国共产党成立90周年和辛亥革命100周年，与这两个重大事件的纪念相关，有关民族问题和政策的论文大多与历史研究结合了起来，"史"的色彩浓郁是一鲜明特点，其中仅关于辛亥革命与中国民族问题的论题就有多篇。周竞红的《"种族""民族"：辛亥革命舆论总动员的重要工具》和《少数民族对辛亥革命的贡献——推动统一多民族主权国家的建构》、陈建樾的《国族观念与现代国家的建构：基于近代中国的考察》、郑信哲的《辛亥革命对中国统一多民族现代国家构建的贡献》，以及王希恩的《辛亥革命期间的满汉矛盾及其影响》等，分别就"民（种）族"观念在辛亥革命中的作用、辛亥革命对现代中国民族国家的构建以及这一时期民族关系对近现代中国民族问题的影响等做了分析。周竞红的《从"拿来"到"创新"——中国共产党解决民族问题理论与实践》和王希恩的《实事求是是解决中国民族问题的根本》,则对中国共产党解决民族问题的理论和历史实践做了自己的概括。

此外,研究人员还根据自己的兴趣发表了其他一些有关民族问题研究的论文,如陈建樾的《林惠祥与中国大陆的台湾原住民研究》,郑信哲的《城市民族工作面临的新问题、新态势及其对策》、《民族认同与在日朝鲜人社会发展走向》,周泓的《边政学与近代新疆主体研究》,杨华的《试论回族伦理道德教育的重要性和方法》,刘玲的《民族自治地方立法发展报告》等,这些文章分别发表于《民族研究》和《民族工作研究》等刊物。

周竞红的《当代中国民族问题和民族政策数据库》建设工作也已启动,目前已完成了80万字的文件收集和数字化处理,600余万字资料正在处理。这是一项该学科方向研究的重要基础建设。

二 2012 年

就中国民族理论研究的整体状况来看,2012年度在三个方面有突出进展。

(一) 在民族问题研究领域首次完成对 20 世纪中国民族问题的通览式研究

2012 年度由中国社会科学出版社出版的王希恩主编的《20 世纪的中国民族问题》一书,是我国第一部完整、系统地论述中国 20 世纪民族问题和民族政策的学术专著。该书以马克思主义为指导,以宏观的视角和丰富的史料对 20 世纪中国民族问题的主要内容、重要事件及过程做了全景式的概述。作者将民族问题置于中国历史发展的大背景中进行考察,主张历史地、全面地看待 20 世纪中国的民族政策及其实践。著作完整地阐述了新中国以民族区域自治为核心的民族政策和民族工作体制的形成发展过程,为人们全面认识民族方面的国情,了解中国特色解决民族问题道路的形成及其内容,自觉维护民族团结和做好民族工作提供了全面的理论阐释。该书的出版对于我国民族问题的历史回顾、现状分析和未来预测,对党和国家在新的历史时期制定和完善民族政策具有重要借鉴价值。

(二) 对于"第二代民族政策"的讨论是本年度民族政策研究的热点

郝时远针对"第二代民族政策"讨论中有关改变中国民族政策的若干依据,就中国民族政策的核心原则、少数民族地区经济社会发展水平、反恐反分裂斗争的基本原则、民族区域自治制度的法律地位等方面,评析了以"去政治化"为内涵的"第二代民族政策"设计。指出了其中的一系列理论和实践误区,同时对"第二代民族政策"论提出者存在的思想方法、学风等方面的问题提出质疑和批评,认为"第二代民族政策"的所谓"国际经验教训"基本不符合事实(《评"第二代民族政策"说的理论与实践误区》,《新疆社会科学》2012 年第 2 期)。黄铸撰文对"第二代民族政策"论者从政治、经济、文化和社会方面提出的"促进民族交往交流交融一体"的主张进行驳斥(《何为"第二代民族政策"》,《中国民族报》2012 年 1 月 13 日)。金炳镐、肖锐认为"第二代民族政策"说是近年来民族研究中出现的"以族群替代民族"、民族问题"去政治化"观点的必然发展结果,是伪命题和主观臆断,违背了中国宪法,违背了中国的历史和国情,违背了民族与民族问题发展规律,违背了马克思主义民族理论。我国的民族研究要坚定不移地坚持中国特色社会主义民族理论和民族政策(《坚持中国特色社会主义民族理论政策——评析"第二代民族政策"说》,《西北民族大学学报》(哲学社会科学版)2012年第4期]。彭英明认为民族政策要与时俱进地进行调适,但解决我国的民族问题,不能"去政治化",而必须靠中国共产党的正确领导,靠各个时期国家的民族政策,靠走中国特色社会主义道路去解决[《当代我国民族政策的坚持与调适初探——兼评民族问题"去政治化"》,《中南民族大学学报》(人文社会科学版)2012年第4期]。徐畅江在《中国民族政策的实践与选择》(《中国民族报》2012年8月3日)一文中认为,以"强制认同"为特征的民族政策"新思维",将给民族工作实践带来极大的政治风险。民族关系调适的主导力量在政府,自觉实现以各民族"共同团结奋斗、共同繁荣发展"为前提的民族交往交流交融,是民族工作必须坚持的基本方向。马平认为当今中国不是"消除文化差别、淡化民族意识、促进民族融合"的时代,而是扎扎实实落实党的民族政策、共同团结奋斗、共同繁荣发展的时代。"民族融合"论在当前极有可能引起思想混乱、社会动荡,于增强中华民族凝聚力无益。当前需要认真厘清民族理论上的一些重大认识问题[《"两个共同"抑或"民族融合"——社会主义初级阶段理论与中国民族问题》,《西北民族大学学报》(哲学社会科学版)2012年第3期]。

关于对国际经验教训的吸收和借鉴,郝时远认为,"第二代民族政策"提出者所列举的"国际经验教训",不过是对近年来"去政治化"的各类说法的罗列和杂糅。所谓的"美国经验"、"巴西经验"是对美国、巴西种族、族群政策以及实践的误读,也是对中国解决民族问题在理论和实践方面的误导。吸收和借鉴人类社会的文明成就,绝不能脱离实际,包括经验教训来源国和本国的实际国情[《美国是中国解决民族问题的榜样吗?——评"第二代民族政策"的"国际经验教训"说》,《世界民族》2012年第2期;《巴西能为中国民族事务提供什么"经验"——再评"第二代民族政策"的"国际经验教训"说》,《西北民族大学学报》(哲学社会科学版)2012年第4期]。

除了正面论述之外,从学理上对民族区域自治的研究也有了明显深入。周良勇撰文认为主体间性思维在国家治理中对维护少数民族的集体权利和促进国家的族际整合具有积极作用。民族区域自治制度是主体间性法治思维下的制度设计,其在中国的成功实践为多民族国家的治理提供了一种有效范式(《主体间性与多民族国家治理——兼论坚持民族区域自治制度》,《前沿》2012年第7期)。任新民、邓玉函认为在民族区域自治制度的实践过程中,不仅要注重少数民族和民族地区政治权利的平等,更要注重国家权力结构中民族区域自治权力的优化和完善,注重国家"有限授权"下民族区域自治权力的实际运作,这是不断完善、促进民族区域自治制度健康发展的重要内容[《权利还是权力:民族区域自治研究中一个难解的课题》,《中南民族大学学报》(人文社会科学版)2012年第4期]。

关于民族主义问题的讨论在2012年度取得不错的成绩,涉及日常民族主义、自由主义民族理论和民族主义与社会主义的关系等,主要论文有:叶险明《民族主义·民族国家·社会主义》(《学术月刊》2012年第3期)、高奇琦《宏观民族分析的微观基础:西方日常民族主义理论评述及补充》(《民族研究》2012年第2期)、孙振玉《论西方自由主义民族理论》[《中南民族大学学报》(人文社会科学版)2012年第4期]等。

(三)民族基本理论研究围绕中华民族概念和多元一体格局产生诸多成果

金炳镐、裴圣愚、肖锐在《中华民族:"民族复合体"还是"民族实体"?》(《黑龙江民族丛刊》2012年第1期）一文中对中华民族概念产生以来的三次理论争论的进行过程作了梳理和理论总结，认为中华民族作为中国各民族的总称，是一个"民族复合体"。与民族复合体的讨论相关，在与《中国民族报》记者吴艳的对话中，牟钟鉴提出"复合型民族"概念，并对该概念的根据和来源及其对处理各民族与中华民族关系的意义进行解读。"复合型民族"概念的提出，有助于我们认识民族存在形态的复杂结构和民族关系的交错重叠，从而增加理论对实际生活的解释力（《"复合型民族"：理解和处理中国民族问题的新视角》，《中国民族报》2012年3月23日）。

赵旭东就学者们对"中华民族多元一体格局"理论的研究路径发表观点，认为研究者多集中阐发"从多元到一体"的历史进程，但如何在现实的"一体"的格局下理解和呈现"多元"发展以及多样性的社会与文化的存在及其演进过程，构成"一体多元"的核心要义（《一体多元的族群关系论要——基于费孝通"中华民族多元一体格局"构想的再思考》，《社会科学》2012年第4期）。朱金春、王丽娜认为，近代以来的民族研究主要是在民族主义知识框架下展开的，民族被放置于主体性地位，无法在更为广阔的视野内呈现民族社会复杂多样的关系。因此，需要在研究方法与知识视野上有所突破，区域视角与超民族视野更能呈现出丰富多样的关系（《从"多元一体格局"到"跨体系社会"——民族研究的区域视角与超民族视野》，《黑龙江民族丛刊》2012年第2期）。

2012年度围绕马克思主义民族理论研究和当代中国民族问题与民族政策研究两个重点学科方向取得了不错的成绩。

马克思主义民族理论研究：王希恩主持的中国社会科学院马工程和马克思主义民族理论重点学科方向项目"马克思主义经典作家论民族摘编"即将出版，马恩列斯论民族问题五卷本正在扩编之中，《马克思主义经典民族理论研究》撰写工作也在继续进行。

本学科方向年内发表的成果主要为两项：一是由王希恩主编的《20世纪的中国民族问题》（中国社会科学出版社2012年版，上文已做专题介绍），73万字，该著入选《国家哲学社会科学文库》。二是王希恩的《问题与和谐——中国民族问题寻解》论文集（中国社会科学出版社2012年版），该论文集收录了作者近年来发表的论文29篇，共35万字，集中体现了作者对中国民族问题现状的认识和处理、解决中国民族问题的多角度思考。此外，相关研究围绕民族自决权和社会更替形态展开，发表的成果有：郑信哲《略论马克思主义关于民族自决权的基本观点》（王伟光、李慎明等主编，《中国社会科学院马克思主义研究文集》，中国社会科学出版社2011年版）、周泓《美国奴隶制与资本体制并立的历史及其成因》（《世界民族》2012年第1期）。

当代中国民族问题与民族政策研究中，对于现实民族政策和民族问题的讨论在本年度取得了不错的成绩。周竞红针对网络上取消民族区域自治的言论及主要的替代方案进行分析，认为相关论者没有真正了解民族区域自治制度的优越性以及这一制度对统一多民族中国稳定发展的根本意义，进而不顾中国历史国情和现实国情，提出不切实际的替代方案。她提醒人们讨论相关问题时应遵循基本政治制度，并就坚持和完善民族区域自治制度提出相应的建议（《基本政治制度不容置疑、不容动摇、不容削弱——网络空间取消民族区域自治言论辨析》，《满族研究》2012年第1期）。郑信哲关注少数民族流动人口的城市适应问题，发表论文《朝鲜族人口在城市的适应与发展调查——以山东省烟台市为例》(《民族论坛》2012 年第 2 期)和《藏族流动人口在城市的生存适应调查——以甘肃省甘南藏族自治州合作市为例》[《中南民族大学学报》(人文社会科学版) 2012 年第 5 期] 等。

关于辛亥革命与民族国家建构的讨论仍在继续。郑信哲主持的中国社会科学院重大项目《清末民初民族主义思潮与国族构建研究》2011 年 11 月底结项,完成研究报告 32 万字,系统解读了清末民初民族主义对现代中国民族国家建构的历史进程和意义。陈建樾的《国族观念与现代国家建构:基于近代美国和中国的考察》、周竞红的《清末民初的蒙古封建上层民族主义》(均收录于《辛亥革命与近代民族国家建构》,民族出版社 2012 年版)、郑信哲的《辛亥革命对中国统一多民族现代国家构建的贡献》(李慎明主编的《中国共产党与中华民族伟大复兴》,中国特色社会主义理论研究前沿报告 No.11,社会科学文献出版社 2012 年版)均对相关问题进行了深入讨论。陈建樾《傅斯年的民族观及其在〈东北史纲〉中的运用(上、下)》一文,在《满族研究》2012 年第 2、3 期连载,该文以傅斯年民族思想和在《东北史纲》中的运用为核心,分析了民国初年国族建构思潮的历史脉络,填补了这方面研究的空白。此外,杜世伟发表的《13 世纪蒙古国家称谓的蒙语与汉语对译问题》[《中国社会科学院民族学与人类学研究所青年学术论坛(2011)》,社会科学文献出版社 2012 年版],对"蒙古"民族与国家称谓的演变进行了专门研究。

2012 年台湾民族问题研究也有新的成果。郝时远、陈建樾主编的《台湾民族问题:从"番"到"原住民"》一书,其中收入陈建樾论文 7 篇,涉及 16—17 世纪西方殖民者在中国的殖民活动,林惠祥、翦伯赞对台湾原住民的研究,20 世纪 80 年代前的台湾政策述评,20 世纪 80 年代以来的台湾原住民运动与政策研究,影响大陆高山族人口变动的几个因素,20 世纪 50 年代台湾原住民地区的政教关系等内容,是其台湾民族问题研究的集成之作。杜世伟的《内迁的闽营:河南邓州高山族历史背景初探》一文也被收入该书。

社会学、法学等学科对传统民族理论研究的介入持续深入。杨华的《城市化背景下的回族社会变迁》(《宁夏社会科学》2012 年第 1 期)、《论回族地区城市化背景下的社会变迁及伦理道德建设》(《伊斯兰文化研究》2012 年第 2 期),周泓的《市镇宗族、圈界信仰与圈层格局——兼与差序格局对话》(《人类学研究》,知识产权出版社 2012 年版)、《汉与非汉视域的宗族、家族研究阈径——兼论氏族、世系群、家族村落系亲缘而非血缘集团》(《广西民族研究》2012 年第 3 期)、《地缘圈界与真人信仰——兼论汉人社会圈层形态》(《宗教人类学》总第三集,2012 年)、《中国认知传统与区域文化理念的理论与实践》(《民族论坛》2012 年第 3 期),刘玲的《陕甘宁边区民族立法实践研究》(《民族研究》2012 年第 3 期)、《抗战时期陕甘宁边区民族法制建设研究》[《民族法学评论》(第八卷),中央民族大学出版社 2012 年版]、《煽动民族仇恨与歧视将严惩》(《中国民族报》2012 年 2 月 17 日)、《按民族传统离婚为何被判重婚》(《中国民族报》2012 年 8 月 24 日) 等文章分别从民族文化、民族社会和民族法制等角度开拓了民族理论研究的视野。

2012 年民族理论对策研究也取得不错的成果。王希恩的《警惕民族融合风的回潮》(《中国社会科学院要报·领导参阅》2012 年第 10 期)、周竞红的《"中华民族"这一专有词汇须完整使用》(《经济内参》2012 年第 38 期)、杜世伟的《处理"三非"移民中的种族——

民族与国内—国际安全问题》（提交中国社科院信息中心）都对民族工作提出了对策性建议。

  2012年，中国民族理论学会（以中国社会科学院民族学与人类学研究所民族理论室为组织者）团结民族理论界学人和民族实务工作者，在凝聚共识、端正立场和服务实践方面起到了应有的学术引领作用。2月23日，中国民族理论学会在中国社会科学院民族学与人类学研究所举行学术座谈会，就当前关于民族问题的一些热点问题进行座谈。2012年7月28日—8月2日，中国民族理论学会举行第十次全国民族理论研讨会，并完成了民族理论学会的换届工作。

2010—2012 年民族经济研究概述

龙远蔚

我国的民族经济研究属于交叉学科，涉及经济学、民族学与人类学、生态学、法学等多学科领域，目前仍然以应用性研究为主，其核心是深刻认识少数民族和民族地区经济的多样性，探讨如何加快少数民族及民族地区的经济社会发展，促进社会和谐与社会稳定。从发表的论著来看，近几年的研究热点主要有少数民族农牧区经济发展、生态环境建设和可持续发展、民族旅游、财政和金融问题研究等方面，在学科基础理论建设和民族经济与文化的相互关系研究方面也取得了一些引人注目的成果。

一 学科建设和基础理论研究

2010—2012 年，民族经济学界主要是从经济学、民族学与人类学两大学科背景构建民族经济学科理论体系。前者主要把少数民族和民族地区视为整体，注重少数民族地区经济发展的特殊性，后者注重少数民族文化和民族文化的多样性，以不同的学科视野和方法探讨民族经济学的基本范畴、研究对象和任务，并就民族经济研究取得的成就、存在的问题及学科发展前景进行了讨论。在党的民族经济理论研究等方面也进行了很有意义的探讨。

（一）关于民族经济概念及基础理论的讨论

代表性的研究主要有《民族研究》2010 年第 5 期发表的一组讨论民族经济学概念的理论文章。内蒙古师范大学教授包玉山在《中国少数民族经济：核心概念、概念体系及理论意义》一文中提出，少数民族经济是中国少数民族经济学科的核心概念。研究少数民族经济时，还需要研究民族自治地方经济中的与少数民族经济有直接联系的经济活动。根据与少数民族经济之间的相关程度，民族自治地方经济可分为少数民族相关经济和非相关经济，少数民族相关经济又分为直接相关经济和间接相关经济。根据少数民族人口的集中程度，民族自治地方经济可以分为典型民族地区经济、较典型民族地区经济和非民族地区经济，前二者为民族地区经济。中国少数民族经济研究的是民族自治地方经济中的民族地区经济和少数民族直接相关经济。[1] 庄万禄、陈庆德、龙远蔚、乌日等学者在肯定包文探索的同时，也分别对

---

[1]《民族研究》2010 年第 5 期除刊载包玉山的论文外，还有庄万禄的《中国少数民族经济学科体系建设再思考》，陈庆德的《民族经济研究的学科体系问题》，龙远蔚的《关于少数民族经济概念的讨论》，乌日的《论中国少数民族经济学科的概念关系》等文章。

少数民族经济概念及学科建设提出了不同看法。这种以笔谈方式讨论民族经济基本概念，坦陈分歧，对民族经济学科建设十分有益。包玉山的另一篇文章《中国少数民族经济的学科归属问题》（《中央民族大学学报》2012年第4期）对中国少数民族经济的学科归属和定位进行了很有意义的探索。

值得关注的是，近几年越来越多的学者对民族经济研究面临的问题进行了反思，提出了一些很有意义的见解。例如黄磊、李皓在《民族经济学发展中的"二重困境"》（《中央民族大学学报》2011年第6期）中提出，民族经济学在其发展过程中始终面临着"二重困境"，构成对其发展的直接制约：一是发展路径选择之困境，民族经济学选择了一种"非传统"的发展策略，虽然促进了其影响力的扩大，并推动了学科的快速成长，但同时也造成了学科发展的"软肋"；二是研究工具缺乏的困境，难以把"民族"这个概念内化为经济理论分析中，构成对学科基础理论创建的技术性障碍。王建红的《对民族经济学研究"冷"与"热"的思考》（《广西民族研究》2010年第1期），通过民族经济学发展历史的回顾和对其研究中"冷"与"热"的分析，发现民族经济学发展的困境既有外部原因也有内部原因，但根本原因在于其没有自己的研究范式，没有鲜明而得到认同的逻辑起点和核心概念。因此，发展民族经济学的根本途径在于，加强对其逻辑起点和核心概念的探索，进而形成自己的研究范式。左伟的《主流化还是边缘化——民族经济学的挑战与机遇》（《贵州民族学院学报》2010年第2期）也对民族经济研究中存在的问题进行了讨论。

（二）从历史文化视角探讨民族经济研究的理论溯源

有的学者认为，民族经济研究虽然在我国是探讨少数民族和民族地区经济社会发展的新兴交叉学科，但其理论渊源则比较久远。可以说，民族的形成过程其本身就蕴含着经济过程。民族经济学从生成伊始，主要的理论任务就是引导人们去充分地了解不同民族的现实利益和特有环境，无论是把文化事项关联于经济生活，还是探寻经济活动的文化背景，都充分表达着民族经济学如何理解不同民族的不同经济类型、不同经济行为、不同价值追求的精神努力和理论诉求。

代表性的研究有黄云的《论中国少数民族经济学的逻辑起点与学理价值——以壮民族早期发展史为例》（《云南民族大学学报》2010年第2期），陈庆德、潘春梅的《经济人类学视野中的交换》（《民族研究》2010年第2期），刘晓春编著的《中国少数民族经济史概论》（知识产权出版社2012年版）等。

黄云以壮民族早期发展史为例，探讨了中国少数民族经济学的逻辑起点与学理价值。认为在历史的起点上，民族与经济就是互为依存的逻辑关系：经济决定民族的生存与发展，民族是经济的载体和方式。民族的核心要素——经济因素和经济的民族性是由逻辑起点而推导出来的原生性命题。有了明确的逻辑起点，有了独立的原生性命题，一门学科才得以成立。中国少数民族经济学正是从少数民族的历史起点出发，研究经济的民族性，确立民族经济是民族存在与发展的基础这一根本论点的。所以，把少数民族确定为中国少数民族经济学的逻辑起点，研究并揭示少数民族经济的矛盾和规律是坚持逻辑与历史相统一的必然结果，是马克思主义社会历史研究给我们提供的有益启示和科学选择。

陈庆德、潘春梅提出，将不同的交换模式与具体的历史阶段、社会结构或文化背景关联为一体,理解它们各自不同的性质、功能及其目标指向,为经济人类学在同历史学、社会学的交叉研究中,提供了一个更新视阈的基点。刘晓春的编著概述了从先秦到近现代的少数民族经济状况,有助于学界同仁理解中国少数民族经济的历史渊源。

(三) 党的民族经济理论和政策研究

代表性的研究主要有张丽君、韩笑妍、王菲的《中国民族经济政策回顾及其评价》(《民族研究》2010年第4期),雷振扬的《帮助民族地区加快经济社会发展政策述论》(《民族研究》2010年第4期),付金梅的《新时期以来党的民族经济发展观——从邓小平到胡锦涛的民族经济发展理念与实践》(《云南民族大学学报》2011年第6期),潘海涛、张国安的《社会主义市场经济论的民族特色》(《贵州大学学报》2010年第6期)等。

张丽君等人梳理了新中国成立60多年来中国民族经济政策的演进历程,分析了各时期民族经济政策的实施效果,总结其经验教训,力求为新时期民族地区经济发展提供更加合理、有效、全面的政策建议。付金梅分析了新时期以来党的几位领导人在民族经济发展的重要性、原则、战略和措施等方面的重要思想,以及在这些思想指导下进行的一系列实践方面的探索,认为党的民族经济发展思想,体现了一脉相承又与时俱进的马克思主义理论品质。

潘海涛、张国安的论文中提出,首先,社会主义市场经济论是中国特色社会主义理论的主要内容之一,该理论的民族特色首先体现在继承和超越了中华民族传统文化,秉承了中华民族的务实精神,实现了对传统"义利观"的继承、改造和创新;其次是社会主义市场经济论与西方市场经济理论对市场经济性质的看法不同、体现和维护的利益关系不同、经济哲学依据不同、两者的理论创新任务不同、关注的重点不同、产生的理论基础不同,该理论的民族特色还体现在其表述形式和阐述内容具有鲜明的中国特色,有别于其他国家的市场经济理论。

此外,近几年学界在民族经济相关基础理论研究方面也产生了一些很有价值的成果。例如马淮发现了学界对于经济体制的研究长期重视一般性而忽视特殊性,有关民族性对经济体制的制约作用研究甚少。马淮认为,民族性对民族经济体制具有重要的制约作用,体现在四个方面:民族性是制约民族经济体制形成和发展的重要因素;民族性制约着民族经济体制的具体形式和内容;民族性越突出,民族经济体制的相对独立性和系统性越显著;民族性对民族经济体制的制约是动态的。[①] 覃建雄的《民族旅游学概念框架、学科体系与发展建议》(《西南民族大学学报》2011年第12期)在分析国内外研究成果基础上,从民族旅游学产生与发展、民族旅游学概念与内涵、民族旅游学研究对象、民族旅游学性质与特点、民族旅游学研究领域、民族旅游学研究方法六个方面,论述了民族旅游学学科体系构成,最后提出了民族旅游学学科发展建议。这些研究对民族经济学科建设与发展均有重要意义。

二 农牧区经济发展研究

民族经济学界对少数民族农牧区经济发展的研究,切入视角包括经济学、民族学与人类

---

① 马淮:《论民族性对民族经济体制的制约作用》,《云南民族大学学报》2011年第6期。

学、社会学及多学科的交叉，从农村牧区的少数民族文化、生态环境、农牧民收入、劳动力转移、生态移民等方面探讨少数民族农牧区经济的可持续发展问题，是体现民族经济研究特色的重要领域。以乡村和牧区的个案调查研究为主，其基本模式通过调查研究分析"问题"，提出解决"问题"的对策性建议。

（一）农村和农业经济研究

代表性的研究主要有：郑宇的《中国少数民族村寨经济的结构转型与社会约束》（《民族研究》2011年第5期），李忠斌、饶胤的《民族地区农村土地流转现状及对策——以贵州省黔南布依族苗族自治州为例》（《民族研究》2011年第5期），雷召海、李忠斌、杨胜才的《民族地区农民专业合作社发展情况调查——以湖北省恩施土家族苗族自治州为例》（《中南民族大学学报》2012年第4期），王逍的《走向市场：一个浙南畲族村落的经济变迁图像》（中国社会科学出版社2010年版），万玛当知、杨都的《农牧民关键自然资本的丧失对其收入的影响研究——基于少数民族地区的实地调查》（《西北民族大学学报》2011年第6期），温士贤的《山地民族的农耕模式与生态适应——基于对怒江峡谷秋那桶村的田野研究》（《黑龙江民族丛刊》2011年第2期），王俊程、胡红霞的《持续推进边境民族地区新农村建设的难点与对策——以滇东南为例》（《内蒙古社会科学》2010年第5期）等。

郑宇的文章认为，生态环境、生计模式与社会文化制度共同将中国少数民族村寨构筑为总体性的经济社会共同体。现代两大阶段中的村寨经济转型，表现为这一体系传统经济目标、组织结构与性质特征的全方位、整体性但也有相当保留的质变。少数民族村寨经济的现代转型是在社会制度性约束的引导和制约中开展的，不仅展现为国家与市场主导的、外生性的现代化改造机制，展现为以互惠为核心的内生性社会制度对村寨共同体社会存续与商品化阻滞的双重性，更展现为这两种制度之间的非一致性矛盾制约及其在当代交织融合的可能。

李忠斌、饶胤通过对贵州省黔南布依族苗族自治州的调查案例，揭示了近年来民族地区农村土地流转呈现出的土地流转规模加大、形式多样、范围不断拓宽等新特点，同时也剖析了土地流转过程中存在的产权不明晰、流转行为不规范、机制不健全、条件落后企业不愿投资等日益突出的问题。作者通过对这些特点和问题的考察，探讨了影响民族地区农村土地流转的各种因素，并结合民族地区的特殊性提出发展对策。

王逍的著作以浙南畲族村落的个案深度调查，详尽阐释了传统优势资源惠明茶是如何通过多种力量的互动和多种资源的整合，逐步实现了从畲族居民菜园茶向商品茶的蜕变，从而最终实现了惠明寺村落经济生活质的飞跃，并且在周边畲、汉村落形成刺激扩散效应。作者运用微观社区与宏观区域相结合、国家力量与地方村落相观照的研究思路，对畲族乡村经济发展的走向予以理论提升，不仅具有学术价值，也可惠民资政。

万玛当知、杨都则以甘肃省甘南藏族自治州合作市的调查为案例，探讨了农牧民关键自然资本的丧失程度与收入的关系。作者的研究表明：关键自然资本的丧失，导致了部分失地农民收入及其收入来源受到影响。关键自然资本理论的应用，为解决少数民族地区失地农牧民的可持续生计问题提供了一个新思路。

温士贤的调查案例显示，混合农耕现已取代刀耕火种成为西南山地民族的主要农耕模式。怒江峡谷中的农耕模式表明，以粮养畜、以粪肥田的混合农耕模式与当地的山地环境非常适应；这种模式不仅有效地维持着当地农业的生态平衡，同时也最大限度地实现了当地村民的自给自足。秋那桶村的混合农耕为山地民族的生计转型提供了一个可供借鉴的案例。

应关注的研究还有：肖立新的《民族贫困地区农户土地流转行为影响因素分析——基于凉山彝族自治州农户的调查》（《西南民族大学学报》2011年第12期），马小丽的《民族经济与农业产业化发展研究——以凉山彝族自治州为例》（《农业经济》2012年第9期），肖韶峰、李皓的《生态压力下民族地区新农村建设的思路与措施——以三江源地区为例》（《西北民族大学学报》2011年第5期），段超的《保护和发展少数民族特色村寨的思考》（《中南民族大学学报》2011年第5期）等。这些研究运用经济学的分析工具和民族学的调查案例，揭示了少数民族农牧经济社会发展进程中的特殊性，探讨了其可持续发展问题。例如，肖立新运用问卷调查和统计分析的方法，基于凉山彝族自治州农户的数据，对民族贫困地区农户土地流转行为影响因素进行分析，揭示了影响该区域农户土地流转的因素主要有耕地破碎度、非农就业率、非农收入水平、土地功能的改变和农户家庭人均相对收入水平，并依据研究结论提出了相关的政策建议。

（二）牧区和畜牧业发展研究

近几年学术界比较关注牧区的经济组织建设。代表性的研究主要有：乌日陶克套胡、王瑞军的《内蒙古现代畜牧业发展主导模式选择》（《中央民族大学学报》2012年第6期），孟慧君、富志宏的《牧区新型合作经济：类型·问题·成因·对策》（《内蒙古大学学报》2010年第5期），塔娜的《关于加快发展牧民合作经济组织的思考》（《内蒙古师范大学学报》2010年第6期），王关区的《牧区经济发展中存在的主要问题及其对策》（《内蒙古社会科学》2010年第3期），蓝红星的《中国牧区经济社会发展的现状及对策研究》（《西南民族大学学报》2012年第11期）等。

乌日陶克套胡等人通过对内蒙古畜牧业组织模式的分析，把畜牧业组织模式分为畜牧业经济体制、畜牧业经济结构及其运行机制、技术水平、分配机制四大模块。作者认为，要摆脱畜牧业发展中存在的发展相对滞后、草原牧民经济和社会地位边缘化、牧区畜牧业产业化带来的负面效应困局，实现畜牧业组织模式变革是牧区市场化改革的核心环节，内蒙古牧区畜牧业发展应选择牧民合作制企业作为主导模式。这是一项应用性非常强的研究成果。

孟慧君、富志宏认为草原牧区新型合作经济研究，是事关缓解三牧问题、建设社会主义新牧区、全面建设小康社会的重要研究命题。作为新生事物的牧区新型合作经济，在类型上包括畜产品专业协会、牧民联户经营、牧民生产合作社、牧民股份合作制企业等形式。牧区新型合作经济面临的主要问题，包括合作覆盖面较小、合作程度较低、合作效益不显著等。作者从制度、政策和内部机制的角度，剖析了这些问题产生的成因，在此基础上提出政府应改善合作经济发展的法制环境，完善草原生态补偿机制，促进草原产权流转通畅，典型培育，加强政策倾斜；新型合作经济应明晰内部产权，完善内部制衡机制，加强成员培训，提高畜产品标准化。塔娜的文章也对发展牧民合作经济组织进行了很有意义的探讨。

王关区的文章分析了牧区经济存在的问题，认为我国牧区经济发展中主要存在的问题是，草原退化严重；草原产权不明晰，"公地悲剧"仍在上演；草原畜牧业生产经营规模小，在一定程度上形成了"狭地制约"；牧民以被动转移为主，而转移出去的牧民就业条件差；牧区工业化即矿产资源开发的工业化；牧区真正的城市化水平并不高，部分小城镇发展出现萎缩现象；牧民人均纯收入的增速缓慢；不合理地开矿办厂已造成一定程度的草原资源破坏与环境污染等。作者针对上述存在的问题提出了相应的对策措施。

在牧区和畜牧业经济方面，近几年比较突出的研究热点还有牧民定居问题研究。这与我国近几年实施的牧民定居工程相关，而学术界对此的评价分歧较大。贺卫光、侯晓林在《西北民族地区牧民定居意愿调查研究——以甘肃省肃南县康乐乡为例》(《西北民族大学学报》2012 年第 5 期) 中运用问卷调查和个案访谈的方法探讨牧民定居的意愿，并从经济、生活、文化、政策四个方面对影响牧民定居意愿的因素进行分析。其结论是：牧民的总体定居意愿不是很强烈，年龄、身体健康状况、经济来源、家庭年收入、语言传承等因素与定居意愿具有显著相关性，对牧民定居意愿的选择有较大影响；而性别、文化程度、家庭结构、生活便利状况、宗教与民俗文化的传承等因素与定居意愿无显著相关性。牧民定居意愿是牧民在宏观经济、社会、生态、制度的变迁中，从自身和家庭的微观利益出发，综合考虑了多方因素做出的理性选择。

雷振扬的《少数民族牧民定居政策实施效果与完善研究——基于新疆博尔塔拉蒙古自治州两个定居点的调查》(《中南民族大学学报》2011 年第 6 期) 认为，帮助少数民族牧民实现定居是政府推出的一项重要民生工程。牧民定居有利于提高牧民生活水平和畜牧业的抗风险能力；有利于推动牧民实现产业转移，促进牧区公共服务体系建设；有利于改善草原生态环境。但牧民定居点建设面临建设资金困难、牧民自筹压力大、草料地不足、生产方式转变难、定居点建设缺乏民族特色等问题。还有的学者探讨了牧民定居后的增收问题，认为牧民定居后的产业发展是实现"定得下，稳得住，可发展，能致富"，由于牧区先天区位劣势、传统观念落后、传统产业转型慢等因素制约，牧民缺乏增收致富的渠道，增收难问题突出，这是定居点当前最亟待解决的问题。[①] 此外，从牧区可持续发展、构建和谐社会等方面探讨牧民定居问题的文章也比较多[②]，体现了民族经济学科的应用特色。

应关注的研究还有扎洛的《雪灾与救助——青海南部藏族牧区的案例分析》(《民族研究》2010 年第 6 期)，杨德亮的《牧区经济发展中的文化不适及社会环境问题——青海祁连畜牧业经济可持续发展的调研报告》(《北方民族大学学报》2010 年第 3 期)，盛国滨的《青海牧区人草畜和谐发展与社会稳定研究——以海南藏族自治州为例》(《西北民族大学学报》2010 年第 3 期)。总体而言，牧区经济或畜牧业的发展都严重依赖草原生态环境，与少数民族牧民的行为方式、牧区民族文化相关，因此民族经济学界对牧区和畜牧业经济的探讨，也多从生态学、民族学的视角展开，学科之间的界限非常模糊，这是交叉学科的重要特征。

(三) 农牧区劳动力转移研究

代表性的研究有丁赛的《西部农村少数民族劳动力转移问题研究——基于民族地区农村

---

① 王岚：《四川牧民定居后的增收路径探析》，《西南民族大学学报》2011 年第 6 期。
② 相关研究主要有范召全的《2009 年—2012 年四川藏区牧民定居建设特点分析》(《西南民族大学学报》2012 年第 8 期)；韩玉斌的《藏族牧民定居后的文化调适》(《西北民族大学学报》2012 年第 6 期)；苏发祥、才贝的《论藏族牧民定居化模式及其特点——以甘肃省玛曲县、青海省果洛州为个案》(《中南民族大学学报》2012 年第 4 期)；王岚、吴蓉、崔庆五的《四川藏区牧民由"定居"转为"安居"的几个问题》(《西南民族大学学报》2011 年第 11 期) 等。

微观数据》（中国社会科学出版社 2012 年版），康杰、蔡伟民、叶樊妮的《少数民族农民工工作满意度的影响因素分析——基于 Binary Logistic 模型和四川省凉山州的调查》（《西南民族大学学报》2012 年第 8 期），刘晓平的《青海藏区劳动力迁移就业模式分析》（《青海民族研究》2011 年第 4 期），俸晓锦、徐枞巍的《县域经济视角下广西民族地区农村青年城乡就业意愿研究》（《广西社会科学》2012 年第 2 期），江曼琦、翁羽的《少数民族迁移就业的成本和收益与城市民族工作的开展》（《云南社会科学》2010 年第 1 期），王利清、左停的《农村转移劳动力工资收入分析——基于呼和浩特市农村转移劳动力的调查》（《内蒙古社会科学》2010 年第 3 期）等。

丁赛著作的最主要特点是以高质量大量调查样本的数据为基础，运用经济计量方法从行政村、家庭和个人不同层面，深入分析研究了西部农村少数民族劳动力转移问题。这一特点有别于我国民族经济学界长期以地区数据或小范围问卷调查数据开展研究的学术习惯，不仅涵盖了家庭、个人收入与贫困的研究视角，同时也对汉族、回族、满族、维吾尔族、壮族等不同民族的农村劳动力转移进行了比较，揭示了不同民族农村劳动力转移的特点和深层次原因，为我国少数民族经济研究开拓了新视野。其次是利用大样本调查数据剖析了宁夏回族自治区不同民族农村劳动力转移的特征、行业分布和就业状况，并利用相关计量分析方法对农村少数民族劳动力外出转移的决策形成及其影响因素进行了深入研究。结论给予人以启迪，在其研究结论基础上提出的政策建议也更有针对性和可操作性。

康杰、蔡伟民运用四川省凉山州调查数据，采用 Binary Logistic 回归模型对影响少数民族农民工工作满意度的因素进行分析。结果表明，性别、打工时间、月收入、拖欠工资、户口管理以及尊重信仰对少数民族农民工工作满意度的影响显著，作者据此提出了相应的对策建议。

刘晓平的文章在研究青海藏区劳动力迁移就业现状的基础上，分析了影响青海藏区劳动力迁移就业的各种因素，通过构建计量经济学模型对青海藏区劳动力的城乡迁移模式进行实证分析，以此来寻求适合青海藏区劳动力迁移就业的模式。

俸晓锦、徐枞巍对广西民族地区农村青年的城乡就业意愿及其影响因素进行了调查，认为县域经济发展模式是影响农村青年的就业模式选择及城乡就业意愿的主要因素，民族特征、个人发展需求、社会机会平等与否等因素也直接影响着农村青年的城乡就业意愿。基于此，统筹广西民族地区农村青年城乡就业，应把发展县域经济，更新农村人力资源开发观念，建立利益相关者的责任分担机制，完善城乡一体化社会保障体制作为促进农村劳动力转移的突破口。

江曼琦、翁羽的论文提出，少数民族在离开民族地区向外迁移、寻找就业岗位的过程中面临着迁移成本、生存成本、就业搜寻等多种成本的约束，其收益可分为经济收益和非经济收益两大类。城市民族工作部门可以从降低搜寻成本、增加就业机会、减少制度阻碍、注重社会关怀、提高劳动者素质、增强竞争实力等方面入手，加快民族地区城市化的步伐。

王利清、左停在对呼和浩特市农村转移劳动力调研的基础上，考察了农村转移劳动力的工资问题。作者发现，当前农村转移劳动力工资性收入占农村居民收入的比重在逐年减少，农村转移劳动力工资总体水平低，克扣和拖欠工资现象比较突出。制度匮乏、政府行为不当、企业垄断及农村劳动力自身禀赋是影响农村转移劳动力工资合理分配的因素。

应关注的研究还有谭建新、吴定伟的《广西城乡居民收入差距实证分析——基于农村人力资本外溢视角》（《广西民族大学学报》2012年第3期），徐莉、朱瑜的《新生代少数民族农民工就业与社会支持——以武汉市为例》（《中南民族大学学报》2012年第3期），罗建华、吉洪的《少数民族地区农村富余劳动力转移培训研究——以云南省红河哈尼族彝族自治州为例》（《云南民族大学学报》2012年第6期）等。其中，谭建新、吴定伟通过使用格兰杰因果检验、协整分析和建立误差修正模型，探讨广西城乡居民收入差距与农村人力资本外溢的关系，发现广西城乡居民收入差距和农村人力资本外溢互为因果；城乡居民收入差距与农村人力资本外溢之间存在着一种长期均衡关系，农村人力资本外溢对城乡居民收入差距的短期影响大于长期影响。这是一项很有价值的研究。

此外，近几年探讨少数民族农牧区居民收入分配的研究也比较多，代表性的研究有苏雅拉、图雅的《从内蒙古牧民收入消费变化看牧区软实力的民生》（《内蒙古社会科学》2012年第3期），沈茂英的《生态脆弱民族地区社会资本与农户增收研究》（《西南民族大学学报》2012年第7期），刘鑫、曾国良的《关于羌族农民收入差异分析及增收的对策研究——以四川省北川羌族自治县为例》（《贵州民族研究》2012年第3期），闫惠惠、王礼力的《少数民族地区农户投资结构变动对收入的影响》（《贵州民族研究》2012年第2期）等。其中，苏雅拉、图雅提出，牧民收入消费是提升内蒙古软实力的根本所在，作者以牧民收入消费为切入点，探讨了牧区民生问题和切实提高牧区居民生活水平的举措。沈茂英从农户社会资本视角分析农户社会资本与农户经济行为的关系，解释了民族地区农户社会资本的基本特征及其经济影响，提出了拓宽农户社会资本的建议。

（四）农村调查重点项目

在农村调查方面，最引人注目的是中央民族大学经济学院"985"项目实施的"中国民族经济村庄调查"。该项目预计用6—7年时间，从56个民族中各选1—2个典型村庄，调查百村。2010—2012年以《中国民族经济村庄调查丛书》（中国经济出版社）形式出版了一批成果，主要有刘永佶、回建主编的《夏村调查》（回族），杨思远主编的《巴音图嘎调查》（蒙古族），张丽君主编的《乌鲁布铁——讷尔克气猎民村调查》（鄂伦春族），宋才发主编的《音寨村调查》（布依族），黄健英主编的《敖鲁古雅——鄂温克族猎民新村调查》，李澜主编的《中平村调查》（壮族），王文录主编的《刘李庄村调查》（汉族），宋才发、阿不力米提·阿不来提主编的《达西村调查》（维吾尔族），罗莉、刘永佶主编的《腰站村调查》（满族），王文长主编的《哈力村调查》（达斡尔族），李澜主编的《巴音塔拉嘎查调查》（蒙古族）等60余种。该"丛书"各卷的体例基本相同，着重反映各民族村落政治、经济、文化的总体发展情况，剖析特色，探讨其中包含的普遍性、规律性。其中，农户访谈实录是该丛书的主要特色。这套丛书的出版，不仅可以为政府的决策提供参考，对民族经济学科建设也很有意义。

三 生态环境建设和可持续发展研究

我国少数民族主要分布在西部，生态环境一般都比较脆弱，而不同的生态环境也孕育了不同的民族文化，形成文化多样性和经济多样性的发展特征。近几年学界对生态环境和可持续发展的研究偏重探讨生态移民、民族地区生态环境保护的制度建设、民族文化与生态环境的相互关系等方面，应用研究特点十分明显。

（一）生态移民问题研究

生态移民是我国为改善生态环境、消除区域性贫困而实施的重要战略，以草原牧区、山区和干旱地区等生态环境较为恶劣地区的移民迁移为主。而实施生态移民的主要矛盾则是少数民族农牧区居民迁移后所面临的文化适应性、生计及可持续发展问题。这是学术界关注的热点。代表性的研究主要有：包智明等的《内蒙古生态移民研究》（中央民族大学出版社2011年版），张丽君、王菲的《中国西部牧区生态移民后续发展对策探析》（《中央民族大学学报》2011年第4期），张丽君、吴俊瑶的《阿拉善盟生态移民后续产业发展现状与对策研究》（《民族研究》2012年第3期），李杰、苏娅、雅如、侯友的《草原生态移民社会适应状况、心理健康水平调查报告——以内蒙古阿拉善盟李井滩为例》（《内蒙古师范大学学报》2010年第2期），刘明的《移民搬迁与文化适应：以帕米尔高原塔吉克族牧业文化为例》（《新疆社会科学研究》2011年第6期）等。

包智明等的著作系统探讨了生态移民中的自愿与非自愿性，生态移民过程中的政府、市场与牧户，生态移民的家庭策略，生态移民中的社区构建，生态移民中的经济与社会生活变迁，生态移民的后果与影响，生态移民研究与时代课题等内容，是我国学术界探讨生态移民的一部重要著作。

张丽君、王菲的文章认为，中国西部牧区是实施生态移民的重点区域，修复生态环境难度大、移民规模大、时间空间跨度大，使得移民的安置及后续发展问题成为生态移民战略实施的关键。作者分析了西部牧区生态移民进程中存在的问题，探讨了促进迁出地生态环境恢复，以及迁入地移民生产、生活可持续发展的可行性对策，在保障移民生活富足的基础上实现生态、经济、社会的协调发展。

张丽君、吴俊瑶的文章则是在梳理国内学界关于生态移民后续产业发展研究的基础上，通过调查重点分析了阿拉善盟生态移民后续产业发展状况，以阿敦高勒嘎查为例，对其生态移民后续产业选择进行了评估与分析，在此基础上提出了阿拉善盟生态移民后续产业的发展方向和对策。

李杰、苏娅等以内蒙古阿拉善盟李井滩的生态移民为调查对象，从社会适应、心理健康状况及其相互关系方面展开调查。结果显示，移民的社会适应总体处于中上水平，不同收入水平移民的生活适应、生产适应有着显著性差异，贫困户适应水平低于富裕户，与中等户无差异。移民的生理健康与心理健康都居于中上水平，贫困户与富裕户的心理健康和生理健康都有显著差异，贫困户与中等户的心理健康水平有显著差异。社会适应性与心理健康存在显著正相关。这是一项有助于推进牧区生态移民的研究。

王永平、陈勇的《贵州生态移民实践：成效、问题与对策思考》（《贵州民族研究》2012年第5期），隋艺的《生态移民迁移的动因分析——以三江源X村生态移民为例》（《青海社会科学》2012年第3期），李生、韩广富的《制约生态移民战略实施的思想心理因素及解决对策——以内蒙古草原生态移民为例》（《黑龙江民族丛刊》2012年第4期）等也对各地生态移民过程中存在的问题，迁出地生态环境的恢复，迁入地的移民生产、生活可持续发展等进行了很有意义的探讨。

（二）生态环境保护的制度探讨

西部民族地区是我国主要江河的源头，对全国的生态环境建设和可持续发展具有非常重要的影响。基于这一特征，学术界对民族地区生态环境建设的制度探讨比较注重自然资源利用及其补偿机制问题。代表性的研究有萨础日娜的《民族地区生态补偿机制总体框架设计》（《广西民族研究》2011年第3期），萨础日娜的《民族地区生态补偿机制问题探析》（《西北民族研究》2011年第3期），巩芳、常青的《复合型多层次草原生态补偿机制研究》（《内蒙古社会科学》2010年第6期），尕丹才让、李忠民的《西部民族地区生态补偿的新思维——碳汇交易的视角》（《广西民族研究》2012年第2期），晓惠、滕有正的《草原生态重建的国家补偿》（《内蒙古大学学报》2010年第2期），张冬梅的《民族地区生态补偿政策存在的问题及对策研究》（《内蒙古社会科学》2012年第4期）等。

萨础日娜在借鉴国内外经验的基础上，提出了建立民族地区生态补偿机制的总体框架，其中包括生态补偿的基本要素、管理机制和保障措施三个方面。作者认为，民族地区生态补偿的基本要素有补偿主体、客体、标准、方式和途径等，这些构成了整个补偿体系的基础和核心；生态补偿的管理机制包括科学决策机制、综合协调机制、责任追究机制、绩效评估机制和社会参与机制，这是生态补偿制度能够良好运行的基础；生态补偿的保障措施包括体制保障、政策保障、法制保障、财政保障和意识保障，是生态补偿方案能够顺利实施的制度支撑。萨础日娜的生态补偿机制总体框架构想及其对问题的分析值得学界同仁参考。

巩芳、常青通过分析目前我国草原生态补偿存在的问题，坚持特殊性、公平性和效率性等原则，借鉴美国、德国等发达国家生态补偿机制的经验，提出解决我国草原生态恶化，实现草原牧区生态、经济、社会可持续发展的必由之路是构建复合型多层次的草原生态补偿机制。以此实现补偿主体的多元化、补偿资金的多渠道和补偿方式的多样化。复合型多层次的草原生态补偿机制包括纵横交错的三个层次，即主导层、中间层和基础层，其相互之间既有一定的独立性又相互联系。

尕丹才让、李忠民从碳汇交易的新思维探讨西部民族地区生态补偿问题。认为西部民族地区按照国家主体功能区划属于禁止开发区，不但失去了依靠工业发展的机会，还要为下游地区的可持续发展提供生态屏障，为此而得到的补偿仅来自于政府的财政转移支付，而且补助标准偏低，市场化补偿长期缺位，历史欠账太多，生态产品输出人群后续发展及环境保护乏力。碳汇交易的缘起与快速发展，无疑加快了生态补偿的市场化进程，为西部民族地区生态保护，富边强民提供了新思路。

相关研究还有：王俊霞、贾志敏的《内蒙古草原地区矿产资源开发与草原生态环境保护协调发展的法律研究》（《内蒙古社会科学》2012年第6期），黄敏的《对加快构建贵州生态补偿机制的理性思考》（《贵州民族研究》2012年第2期），王娟娟的《草地生态补偿成本分摊的博弈分析——以甘南牧区为例》（《西北民族大学学报》2012年第3期），孟慧君、程秀丽的《草原生态建设补偿机制研究：问题、成因、对策》（《内蒙古大学学报》2010年第2

期），丛志杰、郭建德的《内蒙古草原生态治理政策执行中的牧户行为及对策》（《内蒙古大学学报》2010年第5期）等。这些研究均以不同的方式和视角探讨了民族地区生态环境的补偿机制问题，以促进民族地区的生态环境建设和可持续发展。

（三）民族文化与生态环境建设的相互关系研究

民族经济学界对民族地区生态环境和可持续发展研究，也比较注重从民族文化的视角切入。学界同仁普遍的看法是，必须尊重少数民族传统文化，发掘民族文化中有助于生态环境建设的价值观，有助于推进民族地区的生态环境建设与可持续发展。代表性的研究有：罗康隆的《论民族文化与生态系统的耦合运行》（《青海民族研究》2010年第2期），安丰军的《瑶族林木生态伦理思想探析》（《广西民族大学学报》2011年第3期），王友富、王清清的《民族地区的地方性水知识与水资源可持续发展研究——以云南石林彝族自治县撒尼人为例》（《青海民族研究》2011年第2期），罗康智的《侗族传统文化蕴含的生态智慧》（《西南民族大学学报》2012年第1期）等。

罗康隆运用耦合理论分析了民族文化与生态系统的相互关系，认为存在了上千年的众多文明必有其合理的内核，值得认真研究。人类社会脱胎于自然生态系统，寄生于自然生态系统，在自然生态系统中构造出自身的文化。文化是人类求及生存、发展、延续的人为信息系统。自然的生态系统丰富多彩，不同的民族在各自独特的自然环境中发展出了不同的文化，它一方面在满足自身需要的前提下，自觉不自觉地冲击自然生态系统的稳定运行，使民族生境与所处自然生态系统保持一定程度的偏离，另一方面控制和回归这种偏离，使之不至于毁灭自己赖以为生的生态系统，从而发展出了与生态多样性相适应的民族文化多样性。这就使民族文化与自然在"偏离"—"回归"中耦合运行，特定民族在其中获得了生存与发展。

安丰军的文章认为，瑶族及其先民在认识自然和改造自然的历史进程中，形成了极富地域特色和民族个性的生态伦理思想，这在瑶族的林木生态中尤为明显，体现了瑶族调节人与自然关系的智慧。这种生态意识对推动西南民族地区和谐社会建设，实现民族地区经济社会的可持续发展具有重要意义，对解决目前人类所面临的生态环境问题也具有重要的启迪作用。

王友富、王清清以云南石林彝族自治县的调查为案例，分析了聚居在喀斯特地貌的撒尼人解决生活与灌溉用水的智慧，挖掘整理了撒尼人祖辈积累的地方性水知识，分析当前撒尼人面临的与水资源保护利用相关的问题，力图在传统地方性水知识与现代技术之间找到一条水资源可持续发展的道路，最终促进社会经济的可持续发展。

罗康智运用翔实的史料和田野调查数据，认为侗族传统文化已经定型为温湿山地丛林区的林粮兼营定居农耕类型文化。这一文化样式在长期的适应过程中，形成了一套与所处自然生态系统相适应的生态智慧以及有效利用当地自然资源特点的专门技能。侗族传统文化所体现出来的生态屏障功能、资源的可持续利用等生态智慧与技能，即使从今天的科学技术角度看来，仍然具有明显的合理性。

相关研究还有从蒙古族的传统生态文化、藏族的生态伦理道德思想、纳西族的生态伦理观、基诺族的传统生态伦理价值、毛南族的生态伦理文化、壮族的传统水文化与水资源可持续利用、布依族传统村寨聚落的生态价值、侗族的生态观、苗族的传统植树技能及传统生态知识、哈萨克游牧的生态知识等方面探讨少数民族和民族地区的生态环境建设。① 从人类学视角研究有关生态与环境、人与环境之间的相互关系等议题，使"生态人类学"成为备受瞩目的一个新兴学科，因此也形成了民族经济研究的新视角。

其他应关注的研究还有：罗康隆、杨曾辉的《生计资源配置与生态环境保护——以贵州黎平黄岗侗族社区为例》(《民族研究》2011年第5期)，成艾华、雷振扬的《民族地区碳排放效应分析与低碳经济发展》(《民族研究》2011年第6期)，王俊霞的《草原承包经营权生态化研究》(《内蒙古社会科学》2010年第3期)，李诚的《民族地区生态环境保护与发展问题研究》(《内蒙古社会科学》2011年第1期)，唐剑、贾秀兰的《西藏生态环境保护体系的构建——基于双重约束机制的理论分析框架》(《西南民族大学学报》2012年第3期)，齐义军、付桂军的《典型资源型区域可持续发展评价——基于模糊综合评价研究方法》(《中央民族大学学报》2012年第3期)，袁飚、陈雪梅的《基于耗散结构理论的生态产业链形成机理研究》(《内蒙古社会科学》2010年第6期)，胡敬斌的《民族地区可持续发展的内在机理：一个制度经济学的分析视角》(《贵州民族研究》2011年第6期)，任国英、王子艳的《内蒙古S苏木草原生态恶化原因的结构化解析》(《中南民族大学学报》2011年第4期)等。这方面的研究较多，不再一一赘述。

四 民族旅游及其开发研究

民族地区是我国民族文化资源的富集区，自然景观资源也极为丰富。随着我国经济社会的持续发展，各族居民的收入水平逐步提高，民族地区的自然风光和民族风情也日益成为人们的旅游热点。学术界对民族旅游的研究，主要围绕少数民族文化资源的开发利用，以及在旅游发展过程中如何保护少数民族文化展开。近几年有关民族旅游的著述颇丰，代表性的著作有孙丽坤的《民族地区文化旅游产业可持续发展理论与案例》(中国环境科学出版社2011年版)，王兆峰的《民族地区旅游扶贫研究》(中国社会科学出版社2011年版)等。

孙丽坤的著作借鉴国内外文化旅游的相关前沿理论与研究方法，采用定性与定量相结合、理论与案例相结合的研究方法，以可持续发展理论为指导，理论与案例相结合，从文化与旅游融合入手，探讨了民族地区文化旅游产业的发展问题。全书分别论述了文化旅游产业发展的基础理论、民族地区的文化旅游资源，基于创意理念的民族文化旅游产品策划、民族文化旅游形象创意，民族地区非物质文化遗产的持续开发、生态博物馆与新农村建设中的民族村寨发展，民族地区文化生态旅游的开发与保护等。

---

① 相关研究主要有：王立平的《蒙古族传统生态文化中的生态伦理思想》(《西北民族大学学报》2012年第6期)，史云峰的《略论藏族农耕民俗的生态文化学意蕴》(《西藏研究》2010年第4期)，邓艳葵的《壮族传统生态伦理价值探究》(《广西民族大学学报》2012年第2期)，李广义的《广西毛南族生态伦理文化可持续发展研究》(《广西民族研究》2012年第3期)，杨经华的《生态经济的重建是否可能？——基于侗族生态文化模式的实践反思》(《广西民族研究》2012年第3期)，马军的《瑶族传统文化中的生态知识与减灾》(《云南民族大学学报》2012年第2期)，罗康隆的《论苗族传统生态知识在区域生态维护中的价值——以贵州麻山为例》(《思想战线》2010年第2期)，付广华的《壮族传统水文化与当代生态文明建设》(《广西民族研究》2010年第3期)，南快莫德格的《论阿尔泰山区游牧民生计系统中蕴含的生态知识》(《新疆社会科学》2010年第6期)等。

王兆峰的著作分析了民族地区旅游扶贫的作用、意义，民族地区旅游扶贫存在的问题以及旅游市场潜力，对民族地区旅游扶贫的动力机制、旅游利益相关者的利益保障机制、合作机制、协调机制等进行了探讨，总结了民族地区旅游扶贫的十大模式，进而对民族地区旅游扶贫效益进行分析，提出了民族地区旅游扶贫开发八大战略。

主要研究论文有：王忠云、张海燕的《基于生态位理论的民族文化旅游产业演化发展研究》（《内蒙古社会科学》2011年第2期），杨萍芳、苏云海的《基于SWOT分析的西双版纳旅游业发展新模式研究》（《经济问题探索》2010年第8期），尹立军、叶全良的《民族旅游地经济获利与文化保护的互惠研究——基于认真旅游者的角色探讨》（《内蒙古社会科学》2011年第4期），马剑平的《少数民族地区旅游产业集群治理研究——以湖南湘西自治州为例》（《贵州民族研究》2012年第2期），肖琼的《我国民族旅游村寨经济类型研究》（《广西民族研究》2011年第3期），唐剑、贾秀兰的《西藏民族文化旅游资源的保护性开发——基于产权经济理论和关联博弈理论双重视角》（《财经科学》2011年第1期），田富强的《西藏藏传佛教文化旅游开发战略及对策忖析》（《贵州民族研究》2011年第2期）等。

王忠云、张海燕的文章引入生态位理论对民族文化旅游产业的演化发展进行了探讨。作者认为，产业演化的实质是由产业与环境之间的互动产生的，而产业生态位就是产业与环境互动所形成的一种共存均衡状态。因此，产业的演化发展过程与其生态位的形成过程是一致的。运用生态位理论探讨民族文化旅游产业的演化发展，在界定民族文化旅游产业生态位构成的基础上，分析民族文化旅游产业演化发展的动力机制，阐释其演化路径，并根据产业演化发展的特点，提出民族文化旅游产业优势生态位的构建过程。作者的研究为民族旅游研究提供了一个新思路。

杨萍芳、苏云海用SWOT分析法，对西双版纳旅游业的自身状况和外部环境进行分析，并提出相应的发展模式和对策；尹立军、叶全良以认真休闲理论为基础，探讨了旅游者认真程度对民族旅游地的经济贡献以及对民族文化的保护作用；马剑平运用旅游产业集群治理的分析框架，以湘西自治州旅游产业集群发展为例，探讨了少数民族地区旅游产业集群治理的必要性以及影响旅游产业集群治理因素，提出了湘西自治州旅游产业集群治理的构想和对策；肖琼则对少数民族旅游村寨多元化的经济类型进行了梳理，并对此作了详细的探讨和比较研究，指出目前民族旅游村寨经济类型呈现多样化趋势，农户就业渠道和收入来源具有多元化特点；唐剑、贾秀兰以巴泽尔产权经济模型为理论基础，分析了西藏民族文化旅游资源的特殊产权属性，指出西藏民族文化旅游资源在开发中受到破坏的制度经济学根源，并提出以关联博弈为基础健全社会声誉机制，规范利益博弈强势方的开发行为，基于产业发展的三大维度原则，构建西藏民族文化旅游资源的保护性开发体系。

在关注民族旅游资源的开发及文化保护的同时，近几年一些学者也开始关注旅游目的地少数民族居民的感知及其对民族村寨旅游发展的影响。例如陈燕通过对傣族、哈尼族村寨的案例调查和统计分析发现，处于不同生命周期阶段的民族旅游地居民对旅游影响的感知与态度存在显著差异。对旅游积极影响的感知，处于旅游发展初期的旅游地居民比处于旅游发展成熟阶段的旅游地居民更为强烈；对旅游消极影响的感知，后者比前者更敏感。旅游地居民的这些感知，部分是其对客观事实的感知，另一部分是其主观的感知，而旅游获益感，特别是对旅游经济利益的感知，对其影响更大。成熟旅游地存在的问题表明，合理协调各方关系，赢得旅游地居民支持，无疑是民族旅游地可持续发展的关键所在。对黔东南州郎德上寨居民的问卷调查分析显示，少数民族居民对发展民族文化旅游正面影响的感知程度比较深，而负面的旅游感知程度较浅。还有学者分析了西南民族地区旅游产业核心利益相关者——旅游者、旅游企业、社区居民以及政府部门之间的利益冲突与矛盾，并运用增权理论提出了解决这些利益冲突的策略。① 这些研究对提高少数民族居民参与旅游决策的程度、突出地方特色、推动民族文化旅游业的可持续发展有重要意义。

也有不少学者对民族旅游业的发展表示担心。认为民族旅游与文化保护之间存在对立的矛盾。随着我国少数民族村寨旅游业的蓬勃发展，旅游环境问题相继出现，造成旅游村寨自然生态环境的破坏和人文生态环境的失调，严重威胁了村寨居民的生产、生活环境，影响了村寨旅游的可持续发展。从经济学的角度看，旅游经济活动所具有的外部不经济性、旅游环境的公产物品特性等因素是引起旅游环境问题的根本原因。有选择地适度开发民族村寨旅游，是解决旅游村寨环境问题的基本路径。② 其立论是如何通过民族旅游实现经济发展与文化保护的双赢。

其他应关注的研究还有：李娜的《旅游开发中的民族传统文化保护——吐鲁番吐峪沟维吾尔族乡村调查》（《新疆社会科学》2011年第4期），黄娅的《民族文化旅游产业可持续发展的综合评价体系及评价方法研究——基于文化经济协同发展的视角》（《贵州民族研究》2012年第1期），黄松的《民族地区科学发展与特色休闲产业开发：基于马克思休闲思想的分析》（《广西民族研究》2012年第2期），张志亮的《试论生态人类学对西藏旅游业的意义》（《西藏研究》2011年第2期），马鑫的《民族文化旅游资源的产权界定及利益分配问题研究》（《云南民族大学学报》2011年第4期），王兆峰的《民族文化产业与旅游业耦合发展研究——以湖南湘西为例》（《中央民族大学学报》2012年第6期），石坚的《深生态视野下的民族生态旅游——以贵州省黔东南苗族为例》（《西南民族大学学报》2011年第10期），鲁明勇的《旅游产权制度与民族地区乡村旅游利益相关者行为关系研究》（《中南民族大学学报》2011年第2期），基本上都是以案例方式探讨民族旅游开发与民族文化保护的相互关系，促进民族旅游的持续健康发展。

五 民族地区社会保障研究

少数民族和民族地区的社会保障，是我国民族经济学界近几年兴起的研究内容。民族地区地域辽阔，复杂多样，生产方式和生活方式差异较大，经济社会发展相对滞后，如何在这

---

① 参见陈燕《不同生命周期阶段民族旅游地居民对旅游影响的感知与态度——基于傣族、哈尼族村寨的比较研究》（《黑龙江民族丛刊》2012年第4期），郝晓兰《基于利益相关者理论的草原旅游发展研究——以锡林郭勒盟为例》（《内蒙古大学学报》2010年第2期），张海燕、李岚林《基于和谐社会建设的西南民族地区旅游产业利益相关者利益冲突与协调研究》（《贵州民族研究》2011年第6期）等。

② 参见李星群《民族地区乡村旅游开发村寨居民交际和社会认知能力研究》（《广西民族研究》2010年第1期），鲁明勇《旅游产权制度与民族地区乡村旅游利益相关者行为关系研究》（《中南民族大学学报》2011年第11期）等。

种复杂的背景下建立覆盖民族地区城市和农村、牧区的社会保障体系，探讨其建立社会保障的特殊性和复杂性，是学术界关注的重点。

（一）社会保障体系建设研究

主要研究成果有：曾玉成、王誉霖、谭忠游的《少数民族地区社会保障管理模式研究》（《贵州社会科学》2011年第9期），谢和均、李雅琳、李艳华的《经济福利、社会保障与国家认同——少数民族聚居地区社会保障的实证分析》（《云南师范大学学报》2012年第4期），安华的《民族地区社会风险、社会稳定与社会保障研究》（《西南民族大学学报》2012年第10期），戴卫东的《我国少数民族地区社会保障研究及其评价》（《西南民族大学学报》2012年第2期），木永跃、杨文顺的《云南少数民族社会保障问题分析》（《经济问题探索》2010年第11期），姜晔的《新疆察布查尔县爱新舍里镇乌珠牛录村社会保障体系建设的调研报告》（《黑龙江民族丛刊》2012年第1期）等。

曾玉成、王誉霖等的文章认为，国内外对少数民族地区社会保障管理模式的研究为数较少。对少数民族地区社会保障管理的特点和现状进行分析可以看出，当前少数民族地区社会保障管理模式存在许多不足。少数民族地区的社会保障管理可以以"政府主导型社会保障管理模式"即"GLSSA"模式为基础，形成适合于少数民族地区的政府主导型适度垂直管理即"GLMVA"模式、政府主导型分级管理即"GLAL"模式和政府主导型委托管理即"GL-MA"模式，并辅以有效的配套措施。该模式既是少数民族社会保障管理模式的创新，也可以为国内外社会保障管理，尤其是当下我国正在进行的少数民族地区地方机构改革和社会保障管理模式改革提供理论依据和有益的参考。

谢和均、李雅琳等人从国家认同的高度探讨少数民族地区的社会保障建设，认为加强边疆少数民族的国家认同，使国家认同强于或优于民族认同，是维护边疆安定、国家统一的必由之路。国家认同根源于经济基础与上层建筑的客观的社会关系，国家持续不断地推动经济发展，使国民分享经济发展的福利应是国家认同建设的基础。社会保障制度因具有收入再分配功能以及维护社会稳定的功能，加强国民的经济福利认同，对边疆地区少数民族群体的国家认同建设具有重要意义。

安华从社会风险、社会稳定的视角来分析民族地区的社会保障建设，认为社会风险（包括自然风险、经济风险和政治风险）客观影响着民族地区的社会稳定和经济发展，也影响到民族平等与民族团结。社会风险的产生、发展有其客观规律性，社会风险、社会稳定与社会保障三者之间存在着内在的逻辑联系。构建以社会保障为核心的民族地区社会风险管理政策体系，有助于政府履行促进民族平等与民族发展、管理民族地区社会风险、维护民族地区社会稳定的公共管理职能。

姜晔基于对新疆察布查尔县爱新舍里镇乌珠牛录村的实地调研，在分析乌珠牛录村社会保障体系建设现状及存在问题的基础上，提出了解决问题的对策与建议，希望为推进乌珠牛录村社会保障体系建设及加快各项社会事业发展提供一些帮助。木永跃、杨文顺则分析了云南少数民族社会保障体系建设存在的问题，提出了相应的对策建议。戴卫东认为，我国学界对少数民族地区社会保障进行了较全面的研究，取得了不少有价值的成果，但还存在着整体分析不深入、基金管理研究不突出、缺乏经验借鉴、偏于定性分析以及还有研究空白等不足之处。

(二) 农牧区医疗和救助体系建设研究

代表性的研究有：焦克源、冯彩丽的《藏区农牧民医疗救助体系运行效果评价及其指标设计——以甘肃省甘南藏族自治州为例》(《内蒙古社会科学》2012年第1期)，麻学锋、郭文娟、马红鸽的《基于利益视角的"新农保"政策过程分析——以民族地区为例》(《人口与经济》2011年第1期)，叶慧的《我国民族贫困地区新型农村合作医疗制度实施状况调查——以贵州省若干农户为例》(《中南民族大学学报》2011年第2期) 等。

焦克源、冯彩丽认为，因病致贫已经成为制约藏区经济社会发展的主要因素之一。实施制度化的医疗救助，帮助藏区农牧民尽快摆脱贫困，应该成为政府做好民族工作的重要任务。藏区农牧民医疗救助由于经济、社会等因素的影响，导致医疗救助体系运行不规范，未能达到既定目标和预期效果，迫切需要对藏区农牧民医疗救助体系的运行效果进行评价，逐步提高藏区农牧民医疗救助的水平。作者运用层次分析的方式，选择具有藏区典型特征的甘南藏族自治州为研究对象，采用鱼骨图来表述藏区农牧民医疗救助体系的运行效果，并以此为依据设计评价指标，以期能够保障该体系的良好运行，促进藏区经济社会的稳步发展。

麻学锋、郭文娟、马红鸽分析了"新农保"政策实施过程中可能出现的居民家庭、集体、地方政府和中央政府等多维利益主体之间的利益矛盾，进一步探讨了"新农保"政策利益主体与利益客体的利益运动过程。认为应充分利用公共管理工具，在促进经济发展的宏观环境下应对"新农保"政策的适应性调整。

叶慧通过对贵州省104户农户的实地调查，以此探讨民族贫困地区新型农村合作医疗制度实施中存在的问题。作者的调查显示：共有90.4%的农户对新农合感觉满意，满意程度很高。存在的问题依次是：新农合报销范围太窄、报销比例低、个人缴费太高、缴费标准变化大、定点医院太少、报销手续麻烦等。作者的研究尽管存在调查样本太少的缺陷，但至少揭示了民族地区农村存在的这种现象。

相关研究还有：李慧娟的《新型农牧区合作医疗制度可持续发展的路径探讨——以新疆喀什地区麦盖提县为例》(《新疆社会科学》2012年第2期)，李琼的《西部贫困地区新型农村合作医疗筹资公共财政支持机制研究》(《宁夏社会科学》2010年第6期)，李琼的《反贫困视角下的西部地区新型农村合作医疗制度》(《西南民族大学学报》2010年第12期)，王希隆、贾毅的《东乡族自治县农村医疗救助问题研究》(《西北民族大学学报》2012年第2期)，刘荣的《民族地区农牧民参加新型农村合作医疗的意愿及影响因素分析——基于肃南裕固族自治县的调查》(《北方民族大学学报》2010年第3期)，李琼的《发展和巩固西部贫困地区新型农村合作医疗制度的路径探讨——以湘西土家族苗族自治州为例》(《中南民族大学学报》2010年第4期)。这些基本上都属于对策性研究。

(三) 农村养老和最低生活保障研究

代表性的研究有周爱萍的《老龄化背景下少数民族老年人生活质量研究》(《云南民族大学学报》2012年第2期)，黄瑞芹、谢冰民的《民族地区新型农村养老保险参保意愿及其影响因素分析——基于中西部民族地区农户的调查》(《中南民族大学学报》2012年第3期)，谢冰的《西部民族地区农村最低生活保障问题研究——基于基本公共服务均等化的视角》(《中南民族大学学报》2011年第2期) 等。

周爱萍运用问卷调查并辅之深度访谈和参与观察的方法，对少数民族比较集中的 14 个地区的老年人进行调查。调查从经济收支、健康及医疗、住房及养老、精神文化生活四个层面进行。结果显示，中国少数民族地区老年人受到年龄、地域两大重压，在物质和精神方面处于相对贫困状态；该群体存在收入缺乏有效保障、两极分化相对严重、养老体系难以覆盖、看病依旧艰难、潜在资本丧失、精神归属难以维系、休闲方式单一、精神赡养明显缺乏等问题。作者提出了整合社会资源，发展新养老模式；加快医疗卫生体系的改革；以舆论监督为准则，发挥道德的协调作用；重视精神赡养，丰富老年人生活，从而提升少数民族地区老年人的生活质量的对策建议。

黄瑞芹、谢冰民在对中西部民族地区 369 个农户进行问卷调查的基础上，利用 Logistic 回归模型对民族地区农户是否愿意参加新农保的影响因素及其程度进行了评估。模型结果显示，年龄、教育程度、所在区域和预期养老方式等变量对农户参保意愿有显著影响，民族、性别、对新农保政策的了解程度以及一系列家庭特征变量对农户参保意愿没有显著影响。作者以此为依据提出了完善新型农村养老保险制度的政策建议。

谢冰的文章提出，农村最低生活保障制度对于贫困群体规模较大、贫困程度较深的西部民族地区具有特殊的意义。西部民族地区受出资能力低下、保障资金筹措渠道少等因素制约，实际执行的低保标准和支出水平明显低于东部发达地区，这种状况与党和政府提出的基本公共服务均等化目标相背离。中央和各省（区）要进一步加大对西部地区农村低保的财政补助力度，适时建立农村低保金的跨省调剂机制，以缩小东、中、西部地区的差距。

相关研究还有：张士斌、梁宏志的《贵州民族地区新型农村社会养老保险制度研究》（《贵州民族研究》2012 年第 5 期），崔庆五的《转型期西部农村养老模式的优化组合》（《西南民族大学学报》2012 年第 2 期），韩鹏、刘涛的《内蒙古农村牧区基本养老保险瓶颈胪叙及成因探究》（《内蒙古大学学报》2010 年第 6 期），刘丽萍、杨丽岚的《山区农村瑶族老人养老状况的调查与分析——以广西资源县河口瑶族乡为例》（《广西社会科学》2010 年第 1 期），谢冰、叶慧的《关于我国少数民族地区农村养老保障问题的调查与思考》（《贵州师范大学学报》2010 年第 1 期），许鹿、樊晓娇的《当前贵州少数民族村寨老年人的社会保障问题研究——以六枝某乡、黔东南某乡为例》（《贵州民族学院学报》2010 年第 1 期）等。不再一一赘述。

六 城镇化和劳动力就业研究

民族经济学界对城镇化建设的研究非常宽泛，涉及民族地区城镇化建设的特殊性、民族文化、法律保障、发展规划以及城镇化进程等各个方面，其核心是如何推进少数民族地区的城镇化进程。与城镇化进程相关的城市少数民族流动人口、劳动力就业等问题也日益引起学术界的关注。

在民族地区城镇化建设方面，主要研究成果有吕俊彪的《城市化与西南边疆少数民族地区的经济发展》（《思想战线》2012 年第 5 期），严学勤、吴晶的《试论西部民族地区城镇化进程中的软环境建设》（《新疆社会科学》2012 年第 1 期），沈茂英的《少数民族地区城镇化问题研究——以四川藏区为例》(《西南民族大学学报》2010年第10期),建红英的《多维视角下藏区城镇化进程的问题及对策研究——以四川阿坝州为个案的分析》(《西南民族大学学报》2012年第10期),高永辉的《社会资本视角下的少数民族城市化》(《内蒙古社会科学》2010年第4期),王平的《城镇回族聚居区"围坊而商"的经济结构模式——以甘肃省临夏市八坊回族聚居区为个案》(《民族研究》2012年第5期)等。

吕俊彪提出,西南边疆地区是我国少数民族人口最为重要的聚居区域之一,长期以来经济发展相对滞后,城市化发展水平与全国其他地方相比亦有较为明显的差距。20世纪90年代以来,急剧推进的城市化进程,促进了西南边疆少数民族地区经济与社会的快速发展,但同时也带来了一些值得关注的社会问题。发展主义思潮建构了人类文明的虚幻现实,这种思潮把城市描绘成人类社会发展的唯一归宿,从而不仅为国际资本攫取经济欠发达地区最强壮的劳动力和最具经济价值的自然资源提供了现实的借口,更使当地人陷入一种"无家可归"的后现代主义式的精神状态之中。

严学勤、吴晶针对以GDP为主导的"硬环境"发展模式显露出的问题,认为提升西部民族地区城镇的"软环境"建设,是缓解目前城镇化进程中出现的新问题、促进西部民族地区经济社会可持续发展的主要途径。根据西部民族地区特殊和复杂的情境,建立经济和社会多重评价体系将有助于走出一条独特的民族地区城镇化之路。沈茂英以四川藏区为例,揭示了藏区城镇化的区域空间差异与人口小镇化的空间转移特征,分析了藏区建制镇发展面临的五大约束,提出促进藏区城镇体系建设的政策建议;建红英从人口流动、空间转移、产业转型等多个层面对藏区城镇化进程中的历史、现象、本质、问题、对策进行考察,提出了切合藏区实际的城镇化路径;高永辉主要阐述了社会资本与少数民族城市化之间的关系、社会资本在此过程中所起到的作用,以及目前社会资本在此方面存在的问题等,为提升少数民族的城市化水平和构建城市化进程中和谐的民族关系提供了新的研究视角。

王平剖析了中国城镇回族传统社会普遍存在着"围坊而商"的经济结构模式。"围寺而居"的教坊社区,不仅仅是一个地理居住单位和社会文化生活单元,而且是一个"围坊而商"的商业经营单元,建立在教坊社区基本需求和区域经济循环体系基础上的"围坊而商"的经济结构,嵌合在"围寺而信、围寺而居"的教坊社会结构之中。城镇回族聚居区"围坊而商"的经济结构模式,是城镇回族社会生存和延续发展的基础,是城镇回族所处的人文自然生态环境及其特有的社会经济文化模式共同形塑的结果,体现了经济理性与生态环境、文化模式、生活方式及社会体系的密切关联。

在城市流动人口和劳动力就业方面,代表性的研究有:丁赛的《民族地区城镇劳动力市场中的性别就业与工资差异——以宁夏回族自治区为例》(《民族研究》2012年第3期),王平、徐平、于泷的《乌鲁木齐维吾尔族流动人口生存和发展调查研究》(《北方民族大学学报》2012年第2期),高向东、余运江、黄祖宏的《少数民族流动人口城市适应研究——基于民族因素与制度因素比较》(《中南民族大学学报》2012年第2期)等。

丁赛的文章以中国社会科学院民族学与人类学研究所委托国家统计局宁夏调查总队2007年所做的宁夏经济社会调查数据为基础,针对宁夏城镇劳动力市场中的汉族和回族劳动人口,证实了汉族男性和汉族女性、回族男性和回族女性间在就业和工资收入上存在差异,并就汉族和回族的性别差异进行了比较。同时，利用一些计量分析方法解释了形成差异的原因。主要结论为：宁夏回族内部的性别收入差异明显大于汉族内部的性别收入差异；劳动力市场中对女性存在性别歧视；汉族女性的收入歧视指数大于回族女性的收入歧视指数。年龄、受教育程度、所在城市就业率、行业、所在部门、职业种类等对汉族和回族，以及汉族和回族的不同性别的就业和收入差异产生显著影响。

王平、徐平等人的调查研究显示，乌鲁木齐市主要来自南疆的大批维吾尔族流动人口由于在文化风俗、语言、就业等方面的局限性，城市适应非常艰难，在市场经济竞争中处于相对不利的状况。就业状态低下，以出卖简单劳动为主，群体性和同质性突出，其生活水平并不随城市生活和工作时间的增长而相应改善，反而可能因为家庭主要劳动力年龄的老化带来家庭收入降低的风险。调查研究这一群体的生存状况，有针对性地提高和稳定他们的生活，不断推动使其融入城市，对于新疆的城市化进程和社会稳定都有重要意义。

高向东、余运江等通过民族因素与制度因素的比较，认为城市少数民族流动人口的突出问题不是人口增长过快的问题，而是适应城市速度过慢的问题。来沪少数民族流动人口城市适应程度已达到中等以上水平；少数民族流动人口城市适应的各维度差异性较大；来沪人数较少的少数民族城市适应程度显著高于来沪人数较多的少数民族；在城市适应的影响因素中，民族因素已不是最主要的影响因素；制度因素对少数民族流动人口城市适应影响最为显著。

应关注的研究还有：万良杰的《城市流动散杂居少数民族经济发展研究》（《贵州民族研究》2012 年第 3 期），汤夺先、王增武的《城市少数民族流动人口权利贫困问题论析》（《贵州民族研究》2012 年第 5 期），唐淑珍、马福元的《关于民族地区大学生就业现况的调查与反思——以临夏市、东乡族自治县和广河县的西北民族大学毕业生为例》（《西北民族大学学报》2012 年第 3 期），韩锋、杜社会的《城市外来少数民族务工经商人员生存状况调查——以成都市外来新疆维吾尔族人员为例》（《贵州民族研究》2011 年第 4 期），蹇晓燕、卫绒娥的《西藏农牧民进城务工的价值引领与法律制度保障》（《西藏研究》2011 年第 4 期），阿布都外力·依米提的《新疆少数民族流动人口在内地城市务工经商及其权益保护问题研究》（《西北民族研究》2011 年第 2 期）等。有关城市少数民族流动人口及就业问题，既是民族学与人类学、社会学界关注的问题，也是经济学界关注的问题。

七 其他方面的研究

作为一门交叉学科，民族经济研究的领域涉及各少数民族、不同的民族地区以及不同经济领域或部门、行业的改革与发展问题，而且研究者对某问题的研究也往往是相互交叉、渗透的，难以进行分类。因此，除上述研究热点外，学术界在财政和金融、反贫困和人口较少民族的发展等方面也有较多研究成果。

（一）民族地区财政和金融问题研究

民族经济学界对这方面的探讨，主要着眼于民族地区经济社会发展进程中金融和财政运行机制存在的问题，提出解决问题的办法，具有鲜明的"问题研究"或对策研究色彩。代表性的研究有：王玉玲的《民族自治地方税权论》（中国社会科学出版社 2011 年版），王玉玲的《论民族自治地方的税收收益权——由新疆资源税改革引发的思考》(《民族研究》2011年第1期),刘梅的《我国民族地区财政转移支付与区域经济增长的同步性研究》(《中南民族大学学报》2012年第5期),鲁钊阳的《财政金融政策对民族地区产业结构升级的影响效应分析》(《贵州民族研究》2012年第6期),章文光的《民族地区财政体制改革方向探析》(《民族研究》2010年第3期)等。

王玉玲从财政分权、民族区域自治权与财政自治权的分析着手,提出民族自治地方税权概念,将民族自治地方税权分为税收立法权、税收管理权和税收收益权三个方面,并围绕这三个方面展开讨论,力求从理论上明确完善民族自治地方税权的必要性,就其构建提出框架和路径,包括赋予相应的税收立法权,完善税收管理权,保障税收收益权。作者的论文则梳理了新疆资源税改革及其影响,以此为基础探讨了这一改革背后的深层次问题——民族自治地方税收收益权,对民族自治地方的税收收益权存在的问题展开讨论,并提出其实现的基本框架,包括明确民族自治地方税收收益权,赋予民族自治地方部分税收立法权,以税收管理权的落实保障民族自治地方税收收益权。

刘梅运用1995—2009年的15年数据,分析了中央对民族地区财政转移支付的发展变化,重点探讨了民族地区财政转移支付与区域经济增长的同步性问题。通过大量的数据分析和模型验证发现,民族地区财政转移支付与各项宏观经济指标在过去15年间都得到了较快增长,但并不完全同步。转移支付与财政支出规模和固定资产规模的增长存在很好的同步性,与出口、消费、人均收入增长等指标存在一定的负相关关系。要更好地发挥财政转移支付的作用,需要进一步加大财政转移支付力度,改善财政转移支付结构,转变民族地区经济增长方式。

鲁钊阳则以1999—2010年五个自治区地级市的数据为例,探讨了财政金融政策对民族地区产业结构升级的影响效应,认为要实现民族地区产业结构的顺利升级,需要高度重视财政政策和金融政策的作用,以及财政、金融政策联动可能带来的正向效应。

章文光分析了分税制以来民族地区财政体制改革实践中凸显的一些问题,认为政府应通过客观合理地划分税种、保障民族地区的财政自治权、完善民族地区财政转移支付制度、重视并加大民族地区投资和补助力度等途径,优化民族地区的财政改革,摆脱财政困境,缩小与一般地区的财力差距,加速民族地区经济社会的全面发展。

应关注的研究还有:张敏、吴梅玲的《论宁夏伊斯兰金融发展的法律对策》(《北方民族大学学报》2012年第6期),成艾华的《民族省区对下转移支付制度研究》(《云南社会科学》2010年第4期),谭正航、尹珊珊的《论民族地区金融发展权及其法律保障机制的构建》(《北方民族大学学报》2012年第2期),程建的《关于民族区域自治地方财税自治权的几点思考》(《内蒙古大学学报》2010年第4期),翟华云、郑军的《民族地区资本市场发展与产业结构升级研究》(《中南民族大学学报》2011年第4期),苏祖勤、王文友的《民族地区基层基本公共服务财政支撑能力的调查与思考——基于湖北恩施州H县个案分析》(《贵州师范大学学报》2010年第6期)等。不再赘述。

(二) 反贫困研究

代表性的研究有:王建民的《扶贫开发与少数民族文化——以少数民族主体性讨论为核心》(《民族研究》2012年第3期),汪三贵、张伟宾、陈虹妃、杨龙的《少数民族贫困变动趋势、原因及对策》(《贵州社会科学》2012年第12期)，王宏丽的《新疆少数民族贫困县贫困程度的测度与分析》(《新疆社会科学》2012年第5期)，庄天慧、张海霞、傅新红的《少数民族地区村级发展环境对贫困人口返贫的影响分析——基于四川、贵州、重庆少数民族地区67个村的调查》(《农业技术经济》2011年第2期)，张艾力的《多维文化视角下蒙古族聚居区贫困问题探析——以内蒙古自治区通辽市为例》(《内蒙古社会科学》2012年第1期)，王明黔、王娜的《西部民族贫困地区反贫困路径选择辨析——基于空间贫困理论视角》(《贵州民族研究》2011年第2期)等。

王建民分析了少数民族扶贫、减贫方略及效果与少数民族及其文化的相互联系，认为将少数民族扶贫、减贫工作与少数民族文化资源的利用联系起来，利用少数民族文化资源摆脱贫困局面，已经成为人们的共识。但因对少数民族在扶贫和文化发展中的主体性认识不足，导致所谓的"文化扶贫"在一定程度上陷入僵局。作者力求对中国贫困研究的现有认识和话语进行富有挑战性的理论辨析，凸显少数民族主体性的重要性，并对相关实践原则进行探索，以有助于在反思中明确思路，应对挑战。

汪三贵、张伟宾等认为少数民族贫困已经成为中国最突出的贫困问题，也是未来扶贫工作的主战场。尽管少数民族贫困人口在不断减少，但仍是贫困人口的主要部分且有集中的趋势，少数民族人口处于更严重的多维贫困之中。少数民族贫困是综合性因素作用的结果，主要受到收入差异扩大导致的经济增长"益民族"程度下降、自然生态条件恶劣和民族经济生计特性的三重因素的制约。因此，对集中连片特困地区的扶贫政策应该充分考虑少数民族贫困的特殊性，建立"亲民族"的扶贫政策，从多个维度进行扶持，以持续地减缓民族贫困。

王宏丽利用基于洛伦兹（Lorenz）曲线进行贫困测度的方法，测算和分析新疆少数民族贫困县的贫困程度及变动趋势。通过新疆及全国贫困程度的比较得出结论：相对于全国贫困状况的有效改善，新疆和新疆少数民族贫困县的贫困问题十分突出，贫困广度、贫困深度和贫困强度都较严重并有不断恶化的趋势。

庄天慧等人基于对四川、贵州、重庆的21个少数民族国家扶贫重点县的67个样本村的调查，从村级发展环境的角度运用有序Probit分析了影响样本村返贫程度的因素。分析表明，村级自然条件是影响返贫的最主要因素，经济条件是影响返贫的重要因素，村级社会条件中的医疗条件对返贫程度影响显著。为此，作者提出了在民族贫困地区建立以生态建设为基础的经济发展模式、因地制宜发展贫困村农业合作经济组织、改善贫困村医疗环境等政策建议。

相关研究还有：杜明义、赵曦的《中国藏区农牧区反贫困机制设计》(《贵州社会科学》2010年第8期)，谭贤楚的《民族山区转型农村的贫困人口及其分布——基于恩施州的实证研究》(《贵州社会科学》2011年第9期)，宋媛的《未来十年云南农村扶贫开发战略思考》(《云南社会科学》2011年第5期)，张大维的《集中连片少数民族困难社区的灾害与贫困关联研究——基于渝鄂湘黔交界处149个村的调查》(《内蒙古社会科学》2011年第5期)，庄天慧、余崇媛的《新阶段四川民族贫困地区农户扶贫开发需求分析》(《西南民族大学学报》2012年第4期)，程蹊的《民族地区集中连片贫困与产业结构关系探讨》(《中南民族大学学报》2012年第2期)，钱力、韩燕的《甘肃少数民族地区扶贫开发绩效分析》(《西南民族大学学报》2012年第4期)等。

（三）人口减少民族发展研究

主要研究有：朱玉福、伍淑花的《中国扶持人口较少民族发展的政策及其实践研究》（《贵州民族研究》2011年第3期），马光秋、何庆国、方瑞龙的《景颇族教育、观念与经济发展——对边区跨境特困少数民族的调查》（《贵州社会科学》2011年第3期），刘文光的《我国人口较少民族反贫困面临的问题及对策——以云南边境地区人口较少民族为例》（《黑龙江民族丛刊》2012年第1期）等。

朱玉福等人认为，党中央、国务院实施的扶持人口较少民族政策有力推动了人口较少民族的发展，人口较少民族地区呈现出经济发展、民族团结、边防巩固、睦邻友好的喜人局面，成为21世纪我国民族工作的一大亮点。人口较少民族是中国全面建设小康社会的重点和难点，扶持这些民族是一项长期艰巨的历史任务，还面临许多亟待解决的矛盾和问题。根据人口较少民族发展的实际，继续加大扶持力度，切实帮助人口较少民族加快发展，不仅是人口较少民族发展的迫切现实要求，而且是贯彻落实科学发展观、实现全面建设小康社会奋斗目标和各民族共同繁荣发展的本质要求。

马光秋等人探讨了景颇族贫困的社会原因和经济原因，认为从原始社会带来的依赖集体的生存经济观念使这个民族处于特困状态，改变这种观念的有效途径是全方位的立体教育。但边区跨境特困少数民族的教育发展不能因循一般模式，需要国家的政策倾斜，如政府为主体的教育投入、学前教育和高中教育的扶持、高考的地区民族优惠政策、少数民族干部的培养政策等。边区跨境特困少数民族的经济发展意义也不仅仅在于本民族的经济发展，对于一个国家的边区稳定有着更为深远的含义。

刘文光以云南边境地区人口较少民族为例，深入分析了我国人口较少民族反贫困面临的主要问题，认为人口较少民族的反贫困，必须在国家帮助和当地努力下，针对面临的问题，因地制宜、因族举措、分类指导，强化具体对策措施，不断增强人口较少民族脱贫致富能力。

相关研究还有：李晓斌、杨晓兰的《扶持人口较少民族政策实践的效果及存在的问题——以云南德昂族为例》（《中南民族大学学报》2010年第6期），于春梅、张博洋的《关于发展达斡尔民族经济的几点思考》（《黑龙江民族丛刊》2011年第2期），左岫仙的《鄂伦春族经济发展的困惑与模式选择》（《黑龙江民族丛刊》2012年第1期），赵新国、刘洁婷的《人口较少民族扶持政策实施效果调查——以云南景洪市基诺山乡为例》（《黑龙江民族丛刊》2012年第2期），郭志仪、金文俊的《人口较少民族地区新型农村养老保障制度建设探索——"肃南计划生育家庭优先模式"的调查》（《甘肃社会科学》2010年第6期），李晓斌、杨晓兰的《人口较少民族的经济发展与民族关系调适——以德昂族为例》（《贵州民族研究》2010年第5期）等。这方面的研究基本上是以个案的调查研究为主。

（四）研究民族地区经济发展的主要著作

除上述已介绍的著作外，近几年还出版了一批优秀的学术著作，如李俊杰的《腹地与软肋：土家苗瑶走廊经济协同发展研究》（中国社会科学出版社2011年版），李声明的《民族自治地区经济发展方式转变：理论与实证研究》（经济科学出版社2011年版），朱玲等的《如何突破贫困陷阱——清青甘农牧藏区案例研究》（经济管理出版社2010年版），王克岭的《微观视角的西部地区少数民族文化产业可持续发展研究》（光明日报出版社2011年版），张冬梅的《中国民族地区经济政策的演变与调整》（中国经济出版社2010年版），张春敏的《民族地区经济体制研究》（中国社会科学出版社2011年版），朱琳的《回族经济思想研究》（宁夏人民出版社2011年版），赵世林的《云南少数民族的文化产业与文化传承机制研究》（民族出版社2010年版）等，均获得国家民委主办的全国第二届民族问题研究优秀著作奖。

李俊杰借助发展经济学、区域经济学、农业经济学等经济学理论以及数理经济学、计量经济学和博弈论等分析方法，以位于湘鄂渝黔边的土家苗瑶走廊为例进行了理论分析与实证研究。首先从理论角度，探讨了省际边界地区经济发展的制约机理，提出经济协同发展路径。其次通过实证研究，证明了边界效应对边区经济增长的制约效应，以及经济协同因素对边区经济增长的促进效应。通过考察土家苗瑶走廊区域经济联系，整体设计该地区区域经济协同发展模式，实现湘鄂渝黔边地区空间优化、产业优化和制度优化。最后提出了土家苗瑶走廊经济协同发展的政策建议，从而为省际边界地区的经济发展和区位崛起提供理论和实践上的支持，最终实现"区域统筹发展"的目标。

李声明以五个民族自治区整体空间状态的经济发展作为研究对象，旨在探索民族自治地区经济发展方式转变内在动力机制和外部动力机制，并对民族自治地区经济发展方式转变过程进行考察和评价，分析民族自治地区经济发展方式转变存在的问题，提出经济发展方式转变的路径选择，建立可持续发展的评价指标体系，并对民族自治地区可持续发展进行评价，构建民族自治地区可持续发展的机制。

王克岭以西部民族地区文化企事业单位为研究对象，通过对西部民族地区文化产业典型案例的剖析，使文化产业的研究进一步深化，所得出的研究结论和政策性建议，对于西部少数民族文化产业颇有针对性和参考价值。作者采取"应用导向型"分析方法，将理论阐述与案例分析有机结合，是该成果的一大特色。

应该关注的研究还有：郑长德的《中国民族地区自我发展能力构建研究》（《民族研究》2011年第5期），魏后凯、成艾华、张冬梅的《中央扶持民族地区发展政策研究》（《中南民族大学学报》2012年第1期），郑小强、徐黎丽的《民族区域自治力：概念厘定、测量模型及模糊评价》（《新疆社会科学》2012年第4期），郭庆科的《心理控制源民族、地域差异的意义及与经济发展水平的关系》（《山东师范大学学报》2012年第3期），李小平的《国家经济政策在边疆民族地区实施过程中的政策评估、红利现象与波尾效应分析》（《思想战线》2012年第2期），乐晨宇的《民族地区利益及其实现途径》（《内蒙古社会科学》2010年第5期），李美娟的《云南少数民族地区经济社会发展失衡预警系统的构建》（《广西民族研究》2011年第4期）等。这些研究从不同的方面探讨少数民族和民族地区经济社会发展问题，具有一定的理论意义和应用价值。

2010—2012年民族学与人类学研究综述

色 音

2010—2012年,民族学与人类学研究领域中,除了继续开展有关学科基本理论方法的讨论之外,中国民族学与人类学如何走向世界、如何在中国语境下创新民族学与人类学理论方法等问题已成为民族学与人类学界普遍关注的热点。在这样一个学术背景下中国的民族学与人类学研究取得了令人瞩目的成就。具体表现在如下三个方面。

一 民族学与人类学理论方法与学术史

在2010—2012年,我国的民族学与人类学的理论和方法得到迅速发展,各分支学科逐步得到了完善。下面重点介绍近年发表和出版的、具有一定学术价值和学科建设意义的论著。

黄应贵所著的《返景入深林:人类学的观照、理论与实践》(商务印书馆2010年版)不是一般的社会/文化人类学的导论书,而是以作者过去几十年的田野研究与人生经验为基础,对人类学这门外来学问所做的全面回顾与反省。因此,《反景入深林:人类学的观照、理论与实践》充满着一个非西方社会的知识分子对这门学问的憧憬、热忱、执着、质疑与创造等心路历程,更满怀着对这片土地及土地上的人的未来之关怀与期盼。读者不仅能从此书了解人类学对日常生活各个层面有趣而生动、广泛而深入的知识内涵,更能体会人类学特有的全人类社会文化的整体视野、处处可见的反省与挑战、已有理论知识及研究者己身文化所具有的文化偏见之观照等。因此这也是一本以人为出发点,综合人类学导论、人类学史、人类学理论以及人类学田野研究经验与成果的综合著作。

杨选民等所著的《文化人类学的湘西文本——土家族苗族历史文化研究》(湖南人民出版社2010年版)一书,运用文化人类学的视角及基本研究方法,以土家族、苗族历史文化为例,对湘西文本进行研究,全面描述了土家族、苗族等民族历史文化的演变过程,及其民族的礼仪、禁忌、风俗和家庭关系等因素的影响,向世人展示了土家族、苗族的历史文化魅力和价值。

吴秋林在《图像文化人类学》一书中提出:图像肯定不是这个有形世界的本源性质的表达,而是加诸了人的精神和意识的关于形状的表达,即把这个有形物质的世界用人的方式和意识进行表达称为图像,并以此作为认识世界的一种基本手段,这才是人类图像的基本意义。世界物质的有形性质是自然存在的,但人类需有一种把握这种有形世界的方式,人类不可能把世界的整个形态把握在眼前,故此只能把这个有形世界分解为"图像"来认识,并且希望能用图像的方式来把握这个世界。这样一来,这个图像的世界自然就不是自然中的有形世界,而是人类心中的有形世界了。不管以什么样的哲学观点来理解世界,都不能说自然中的有形世界和人类心中的图像世界是一个世界,既不能强调某一世界,而贬损另一世界,更不能合并这两个世界。

赵旭东所著的《本土异域间:人类学研究中的自我、文化与他者》(北京大学出版社2011年版)一书从社会建构论、建构实在论、文化研究以及话语分析的视角,对从异域到本土、方法论的超越,从乡土中国到乡土重建、社区研究与人类学的中国学派和中国社会及其文化症结等问题进行了系统的论述,反映了当前学界最新研究成果。

由世界图书出版公司出版的《人类学讲义稿》(世界图书出版公司2011年版)为王铭铭教授多年来教学经验的精华,可称得上是专为国内学习人类学的学生量身打造的本土教材。全书分为上、中、下三篇:上篇系统分析了西方人类学的类别和发展路径;中篇集王铭铭教授多年研究体会,针对西方人类学,指出其局限,并探究解决这些局限的出路之所在。其中,必须强调的是,于内容上讲,三篇虽无轻重,可是就篇幅上看,下篇约占全书2/3的篇幅,讲述了中国人类学的发展路径,细数中国人类学在先辈们的努力下所取得的辉煌成就,同时,又看到了中国人类学在发展过程中存在的问题,最终,为中国人类学指出了一条自身特色与世界抱负相结合的道路。

王越平所著的《乡民闲暇与日常生活:一个白马藏族村落的民族志研究》(民族出版社2011年版)一书,以乡村闲暇为研究对象,围绕闲暇的本质是什么、闲暇生活是怎样的内涵、闲暇生活的建构等问题,对白马藏族村落的民族志进行了研究。

周星所著的《乡土生活的逻辑:人类学视野中的民俗研究》(北京大学出版社2011年版)主要是从文化人类学的视野出发对日常生活和民俗文化进行学术性探索,尤其是试图透过对诸多具体的事实和现象进行细致的描述和深入的分析,认识潜在于生活文化之中的意识、观念、价值等深层的意蕴,发现日常生活的时空秩序"文法"逻辑以及知识的结构,进而揭示世俗人生中的"意义"得以形成与建构的机制。作者基于自身较为丰富的田野工作经验和实地调查资料展开专题性的论述,在动态地把握民众生活方式之变迁趋势的基础上,对于生活文化和传统民俗在现当代社会中"再生产"的文化实践及其相关策略有着独到的理解和阐释。

黄忠彩主编的《人类发展与文化多样性——国际人类学与民族学联合会第十六届大会专题会议综述》(知识产权出版社2011年版)是国际人类学与民族学联合会第十六届大会文集。作为国际人类学与民族学联合会第十六届大会的组织者,中国人类学民族学研究会决定编辑和出版"今日人类学民族学论丛",按照不同的专业领域或分支学科,分别出版不同主题的论文集,如都市人类学、历史人类学、发展和经济人类学、企业人类学、环境人类学、医学人类学和流行病、博物馆和文化遗产、游牧民族研究、体质与分子人类学、影视人类学、理论人类学、旅游人类学等,全世界的人类学与民族学同仁们能够共同分享在中国举办本届人类学民族学世界大会的优秀学术成果。《人类发展与文化多样性——国际人类学与民族学联合会第十六届大会专题会议综述》是"今日人类学民族学论丛"系列成果之一。

孟航所著的《中国民族学人类学社会学史（1900—1949）》（人民出版社 2011 年版）一书从把握历史脉络着眼，从观察生活入手，从看似平常、琐碎、熟悉的社会文化表象中挖掘出背后深层的信息；书中将学科史、学术机构史、人物史、研究成果的评介，学术思想的变化等放置在多维的社会场景之下，通过把学科发展的诸多细节与一系列重大历史事件、重要历史人物等进行有机整合和巧妙构架，从而揭示学术与政治、社会、生活之间千丝万缕的联系。

叶启晓主编的《人类学概论》（北京大学出版社 2012 年版）以教学节奏，按十二章编写，内容涵盖 8 个教学板块和 24 个知识单元。逻辑体系从人类学的基本概念、学科领域、学科简史开始，到地球宏观、微观环境背景与人类的起源、进化、发展及其在自然界的位置，再到人类的种族、现代人起源讨论、人类学的人口学研究及相关理论；从人类文化的概念、结构到文化的外显基本形态，从物质文化的基本形态到制度文化及其演进规律，再到精神文化的形态属性及其内容；最后讲述人类社会的全球化进程和全球化条件下的人类学趋势。

许鲁洲等著的《马克思实践人类学哲学探索——对广义人类学哲学的实践特性研究》（云南人民出版社 2012 年版）把马克思的"实践"理解为人类学意义的实践，并在人类学的意义上重新理解马克思的哲学创造，提出一种能够与当代的时代精神（中国的改革开放与世界历史的当代发展）相结合的全新理解范式。这一理解既排除对马克思早期思想的人道主义、人本主义、人文主义、哲学人性论、哲学人本学、哲学人类学等的旧理解，又提出与传统的辩证唯物主义、历史唯物主义、实践唯物主义、实践哲学等不同的新理解。在把这些哲学范式的合理内容包含于自身的基础上，把它概括为实践人类学哲学范式。认为只有这一理解，才能让马克思主义哲学成为代表 21 世纪的时代精神、解决人类在 21 世纪的世界性问题的新哲学。

叶启晓编著的《诠释人类学》（北京大学出版社 2012 年版）一书，吸纳和融会 21 世纪人类学新理念、新观点，综合系统地阐释了现代人类学的知识、理念、思维方法、科学理论和发展趋势。全书内容宽展、脉络清楚、文笔平实、典例丰富，既系统地诠释了人类的起源、进化和人类在自然界中的位置及人类的种族、人类体质与文化的关系等问题，也深入浅出地诠释了人类文化的概念、外显结构，并从精神、制度、物质三个层面，阐释其各自的形态与特征；进而讲述人类文明及其概念与要素，综合阐释世界文明发祥和中国文明起源等问题；最后讨论了全球化和人类社会未来发展的趋势、问题和瞻望。《诠释人类学》不仅是普通高校进行人文通识教育的参考书，也是大学生完善知识结构，拓展人文视野，提高基本人文素质的必要而有益的自学读物，同时还是各界人士系统学习或查阅与人类相关的各种基本知识的综合性读本。

2010—2012 年发表的有关民族学人类学理论方法与学术史的论文较多。麻国庆的《中国人类学的学术自觉与全球意识》（《思想战线》2010 年第 5 期）一文认为中国人类学学科建设涉及五大方面问题：第一，人类学学科本身的建设以及与其他学科的关系；第二，全球范围内人类学研究的问题焦点以及中国人类学在全球的位置与重新评价；第三，要梳理中国研究的地域格差；第四，非西方社会如何回应后现代西方人文主义与科学主义的对话；第五，反思东西方的传统划分模式在当前研究中可能存在的问题。流动、移民和世界单位等概念将会构成中国人类学走向世界的重要基础。人类学的民族问题研究需要重新反思国家话语与全球体系的关系。学术伦理的构成要回到人类学本身的使命以及人类学的说理方式。

周大鸣在《中国文化精神的人类学研究》(《文化艺术研究》2011年第3期)一文中指出，中国文化精神的研究是多角度、多学科、多方法的，也都取得了较好的效果。但美中不足的是文献分析的多，实地研究的少；精英文化展示的多，民俗文化表现的少；宏观、共性把握的多，微观、差异关注的少。该文立足于人类学传统的研究理论与方法，结合近期被认为是行之有效的文化分析理论，对中国文化精神研究的新课题与新方向做了一定的预期。

庄孔韶的《跨文化跨学科人类学交流的状态与前景》(《云南民族大学学报》2011年第5期)一文认为，在"世界人类学群与中国人类学"大会上，庄孔韶以世界人类学群与中国人类学关系为题，表达中国学者跨文化与跨学科做人类学研究与应用的多种思考。以费孝通、林耀华的作品为例，讨论老一辈作者的学术态度、撰写与行动选择特点；新一代学者参与公共卫生调研和灾后重建项目中体现的受科学主义、行为主义、忽视历史遗产的思潮影响，重申当今世界各地多样性文化的重要意义。在文学人类学和汉人社会研究中，强调了中国古典文论钩沉的现代人类学意义。

洪颖在《艺术人类学研究的对象及其田野实践》(《思想战线》2010年第6期)一文中指出，艺术人类学的展开并不止于简单将对象（艺术）与方法（田野工作）相加，"艺术"与"田野"在"日常生活"处相交，并因由二者各自的内涵特征而契合相生出独特的学术张力。"艺术"是一个逐渐被历史中存在的人建构、解构、重构起来加以认识的术语；"田野"有着作为地理空间概念和实地研究方法的双重内涵。人类学视域下"田野中的艺术"有两个认知向度：在"田野"——不同村落、社区——存续的各种样式的艺术实践，以及通过研究者的"田野"——"在当场"的体验、观察、访谈——而获致对于特定艺术实践的社会文化解读。

麻国庆的《身体的多元表达：身体人类学的思考》(《广西民族大学学报》2010年第3期)一文认为，随着时代的发展，人类学的研究领域已扩展到许多方面，其中"身体研究"便是特别引人注目的新领域。以"身体"为核心，从中可以看出自然、文化、社会关系、权力政治等的多元的隐喻性质和族群标识。可预见的是，在现代性和全球化浪潮的引发下，身体研究将会呈现出更丰富多元的研究趋势。彭兆荣的《饮食人类学研究述评》(《世界民族》2011年第3期)一文，认为饮食作为文化的主要表现形式之一，长期以来一直受到文化人类学的关注。人类学对饮食的研究形成了一套独特的民族志表述，包括人种、生态、族群、区域、政治、伦理、礼仪、习俗等方面的关系和差异，并借此对文明形态和文化形貌进行分析。该文在梳理西方饮食人类学的历史脉络、发展过程及其特点的基础上，对国内近年来的饮食人类学研究进行评述，以期促进人类学这一重要分支在国内的研究和发展。

张宁、赵利生在《三十年来中国医学人类学研究回顾》(《浙江社会科学》2011年第2期)一文中指出：改革开放以来我国学界对医学人类学的研究从无到有，经历了从译介国外学说和理论到逐步呈发展之势，并在吸收借鉴的过程中转向自觉本土化的应用研究。该文回顾了三十年来学界对此所做的研究工作，意在对学者们在理论分析与田野实践中取得的成绩与不足进行梳理和总结，并讨论后续可能的研究方向。

王建民的《论艺术人类学研究的学科定位》(《思想战线》2011年第1期)一文认为,艺术人类学研究在国内渐成热点,从学科发展进程中对学科的认知、学科基本定义、中国艺术人类学的学科构成等方面进行深入探讨,对认识和分析艺术人类学研究的学科定位及艺术人类学研究的学科化具有重要意义。在艺术人类学学科发展中,应当秉承人类学立场的艺术人类学研究,明确学科定位,不断深化理论思考。与此同时又需要有更大的包容性,既基于学科的纯洁性,发展建立在学科认同基础上的理论追求,又能够面对实际问题开展更为广泛的跨学科交流,谋求跨学科的统一性。

李颖的《论以文化为视界的艺术人类学研究》(《当代文坛》2012年第6期)一文认为,从20世纪下半叶开始,人类学出现了许多新的分支和流派,其研究已从文化结构、文化功能等研究层面进入文化精神领域的深处,包括一些潜藏的文化心理流域。在这些研究中艺术人类学越来越受到关注。艺术人类学的研究需要通过对文化人类学之"文化"源流的梳理和评判,来探讨其文化结构和阐释中心、研究范围和艺术观念的变迁,继而考察其知识全球化背景下的本土化特点和文化生态意义。

何星亮在《关于我国应用人类学研究的若干问题》(《中南民族大学学报》2011年第5期)一文中指出:我国应用人类学研究者不应自我封闭,不要制造学科壁垒,应将民族现实问题研究纳入自己的研究范围;应用人类学研究可分为"应用—理论"型、"理论—应用"型和"项目—应用"型三种模式;应用人类学研究又可分为对策性研究和预测性研究两种类型;应用人类学研究具有很强的现实性和政治性,因此,应注重其信度与效度。

汤夺先、李静的《回顾与反思:政治人类学研究述评》(《民族研究》2012年第4期)一文,通过梳理已掌握的国内外相关文献,从学科概念、研究对象、研究方法、学科发展层面探讨了政治人类学的学科基础,指出当前西方政治人类学主要关注非西方社会政治制度、非西方社会中公民"身份认同"、现代政治组织、特殊群体和信息技术与政治之间关系等。政治人类学在中国的本土化,随着引介与吸收推广西方理论方法以及中国的学术实践而得以开展。深度交流困难、应用性不足和理论创新欠缺等是当前政治人类学研究中存在的主要问题,政治人类学存在进一步拓展的空间。

格勒在《关于中国人类学研究为现实服务的几点思考》(《西南民族大学学报》2012年第4期)一文中指出,中国人类学经过艰难曲折的发展道路获得了巨大的进步,如今人类发展和中国发展的新形势,呼唤中国人类学关注现实、研究现实。这既是人类学学科发展的历史必然,也是中国社会现实变革的实践需要和国际政治经济格局微妙变化的必然要求,更重要的是中国人类学研究为现实服务必须坚持马克思主义理论指导的根本特色。

此外,秦洁的《都市感知:都市人类学研究的新视角》(《深圳大学学报》2011年第1期)、李玲的《中国城市音乐人类学研究现状思考》(《黄河之声》2011年第23期)、王璐的《从"文本中心"到"本文探求"——文学人类学研究范式探讨》(《西南民族大学学报》2011年第1期)、方李莉的《技艺传承与社会发展——艺术人类学视角》(《江南大学学报》2011年第3期)等论文从不同的视角探讨人类学、民族学的相关理论和方法,提出了一些颇有新意的学术观点。随着社会的发展,学者们越来越感觉到,问题意识比学科意识更重要,问题研究和解决光靠一个学科很难做到,因此,多学科的交叉融合显得越来越重要。

二 分支学科的发展

2010—2012年,人类学、民族学的各个分支学科得到了长足发展,发表了大量相关论文,出版了不少专著。

李永祥在《什么是灾害?——灾害的人类学研究核心概念辨析》(《西南民族大学学报》2011年第11期)一文中指出,灾害的定义经历了一个曲折的发展过程,它从最初的由"星球"、"火"、"水"等引发的自然灾害发展到种类繁多的地步。人们从政治、经济、社会、文化、环境等领域定义灾害,提出自己对灾害的理解和看法,学术界甚至认为灾害定义如果得不到统一,学科就得不到发展。然而,从现状来看,要找到适应所有学科、让所有研究人员都同意的灾害定义是不可能的;当然,灾害定义也需要澄清概念并保持核心部分的一致性,这对于学科的发展非常重要。

孙春晨的《面向生活世界的伦理人类学》(《哲学研究》2011年第10期)一文认为,规范伦理学与德性伦理学的论争是当代伦理学研究中的重要学术现象。规范伦理学以罗尔斯和哈贝马斯为代表,德性伦理学以麦金太尔为代表,形成了观点相互对立的两大伦理学阵营。

陈刚的《西方应用人类学最新发展述评》(《民族研究》2011年第1期)一文认为,全球化带来了急剧的社会变迁,使人类社会面临许多新的问题,推动了以解决问题为目标的应用人类学的快速发展。该文梳理了西方应用人类学的发展历程,重点对其最新发展动向进行了评述,从研究方法和主题,从学科界定、地位和要求等方面揭示了西方应用人类学的新变化。

钱雨在《儿童人类学的发展及其教育启示》(《全球教育展望》2011年第9期)一文中指出,儿童人类学是人类学的一个新兴分支,但人类学对儿童与童年的关注已经有相当漫长的历史。儿童人类学研究的核心是儿童与童年研究。本文梳理了儿童人类学的历史与发展现状,重点介绍了美国人类学家米德和哈德曼等人的观点。米德认为,20世纪最大的成就就是将对儿童本质的理解融入对儿童的养护与教育中去。当代儿童人类学家承认儿童既是"脆弱的",也是"主动的行动者",并致力于在社会复杂的关系中寻找儿童的声音。如何迎接真正的"儿童的世纪",将对儿童与童年的理解融入中国的儿童教育中去,这将是一个值得我们长期探索的课题。

王一平的《中国音乐人类学的双重难题——跨学科、跨文化的困惑》(《音乐探索》2011年第1期)一文指出,自20世纪80年代以来,中国音乐学界历经30年的理论探讨、论争,于近十年间开始向音乐人类学研究的范式转化。然而在此番理论热潮之下,学界必须面对的则是音乐人类学的双重理论难题。困境之下,学界唯有更加恳切地关注本学科、本国本土的现实问题,努力开启理论创新之路,方能真正与"他者"进行平等的对话与协商。

欧阳萍的《生态人类学中的历史研究法》(《长沙大学学报》2011年第4期)一文认为,生态人类学是一门运用人类学理论和方法来考察人类与环境之间复杂关系的学科。在生态人类学的研究中,历史研究法有着重要的作用。历史研究法不仅有助于找到生态蜕变的成因和防治方法,而且为文化制衡的实现提供了启示。因此,在生态人类学中运用历史研究法时要对其应用范围加以合理认定,考察各民族的文本历史资料以及流传下来的其他生态智慧和技能,并且结合其他相关学科的理论和方法,共同推动人类生态学的研究。

兰林友的《村落领袖的历史人类学研究》(《民族论坛》2011年第18期)一文,运用满铁调查材料与田野调查资料对满铁调查村落领袖进行历史人类学探讨。在考察和分析村落领袖的参政动机、当选逻辑、治理行为之后,还就村落领袖类型做了划分。研究表明,目前在华北满铁调查村落,宗族已难以作为主要的村落选举动员机制,但黑社会却具有这样的选举能量。其中,最值得关注的是涉黑成员的"漂白"行为及村干部的"黑化"现象。就基层民主选举而言,现今选举设计有利于涉黑的赢利——强人型人物当选,却不利于村落发展。

张常勇在《中国文学人类学的理论视域反思》(《苏州科技学院学报》2011年第1期)一文中指出,作为一门交叉学科,中国文学人类学以人类学的理念与方法来研究文学。在理论上,它主要借鉴了西方的神话—原型批评以及文化人类学中的文化研究。神话—原型批评在理论生成上存在着严重的比附性,本身并不科学,对它的过度依赖令文学人类学的理论视阈狭窄。从根本上看,文学人类学是一种文化研究,侧重于文学的外部研究,它无法从整体上揭示文学的特性,也无法逃避文化泛化与相对性的困扰。因此,创建本土化的批评理论是中国文学人类学发展的必经之路。

吴丽、张宇丹在《影像人类学及其关键概念的解读》(《云南艺术学院学报》2011年第3期)一文中提出"影像人类学"这一学科界定,可相对全面地囊括统一之前的诸种提法且具有一定的超前预期性,通过对其关键概念的梳理性解读,试图让某些模糊的学理意旨相对明晰,并对某些老生常谈、似是而非的问题作出个人的评判,谋求理论认识与实务操作的有机融合。该文指出充分发挥参与观察及其访问交互的优势并坚持形象、真实和完整的原则利于实现对研究对象的"深描"。

纪文哲的《我国旅游人类学研究现状分析——以近十年核心期刊论文为样本》(《人民论坛》2012年第2期)一文认为,国内旅游人类学的研究起步较晚,创新性不足。但近年来,众多学者运用西方人类学的研究方法和成果对国内的旅游现象进行了深刻的诠释,在旅游人类学的本土化上迈出了重要一步。将中国传统哲学思想和文化传统与现代西方旅游人类学结合起来,重塑中国旅游人类学的哲学根基,是旅游人类学发展的根本。

李凌在《日本体育人类学研究进展》(《西安体育学院学报》2012年第5期)一文中指出,日本是亚洲各国中较早开展体育人类学研究的国家,以东亚文化圈为主要研究区域的日本体育人类学在世界体育人类学领域具有亚洲代表的重要地位。日本体育人类学研究萌芽于20世纪中叶的体育民族学研究,1988年体育人类学专门分科会的成立标志着日本体育人类学正式进入人类学研究阶段。此后,日本体育人类学在人类学学科快速发展的推动下,学术专著及研究论文的数量日益增多,呈现出良好的学科发展态势。从对民族传统体育挖掘及整理式的研究,转向体育的文化研究,是当代日本体育人类学发展的重要趋势及特点。了解和把握日本体育人类学的发展状况势必会对我国体育人类学的发展有所裨益。

韩昭庆的《美国生态人类学研究述略》(《原生态民族文化学刊》2012年第1期)一文认为,20世纪六七十年代,生态人类学开始被人们定义为文化人类学的一门分支学科,并日益受到人们的关注。到20世纪80年代,为了研究的方便,有学者将这一学科划分为三个阶段：第一阶段以朱利安·斯图尔特的"文化生态学"和莱斯特·怀特的"文化进化"为代表，都力图探讨文化对所处生态环境的适应；第二阶段以"新进化论"和"新功能主义"为立论，两者都深受系统论的影响，接受了"动态平衡"的新理念，使生态人类学的理论得到了进一步充实；为了回应"新进化论"和"新功能主义"的不足，并完善斯图尔特和怀特的早期研究，有学者提出将"过程主义的生态人类学"视为生态人类学发展的第三个阶段。进入 20 世纪 90 代后，人类学家对环境问题的研究比以往更积极主动，生态人类学研究的范围进一步扩大，开始兴起环境人类学。可以说新兴的环境人类学是传统生态人类学的拓展和延伸，也是传统生态人类学发展的一种趋势。

赵旭东所著《法律与文化——法律人类学研究与中国经验》（北京大学出版社 2011 年版）一书围绕法律与文化这一主题展开论述，对西方既有的法律人类学的研究进行了一些初步的梳理，并结合这些梳理的结论对一些中国文化下的法律观念与实践进行了社会学与人类学的分析。该书的核心内容建立在法律人类学的广泛阅读基础之上，试图以法律与文化这两端来整理既有的法律人类学研究，以及在中国社会中所开展的实地法律运作和习惯法的调查。法律人类学以及习惯法的研究在中国方兴未艾，希望这些前期的研究有助于未来这门学科在更深、更广的维度上有所拓展。

张冠梓主编的《法律人类学：名家与名著》（山东人民出版社 2011 年版）一书全面系统地评述了著名法律人类学者及其代表著作。每篇文章大致分为：作者小传，代表性著作的初版、再版、翻译版本情况，写作代表作的时代背景，该书的主要篇章结构与内容，该书的理论意义和历史意义，该书在法人类学发展史和世界学术史上的地位与特殊性。

李光庆在《影视人类学理论探究》（民族出版社 2011 年版）一书中认为，影视人类学作为人类学的一支，用影视的方法记录和描述人文世界，用影视来书写、传播人类学知识与理论。影视人类学，如果可以类比的话，与人类学一样都依赖踏实的田野调查，它的田野调查就是影片的拍摄。

欧美国家在 20 世纪 60 年代就开始了人类学介入旅游的研究，逐渐从旅游目的地社会居民与旅游者之间人际关系的角度研究旅游目的地社会文化现象及其变迁，还形成了以研究旅游目的地社会、文化影响为主题的学科——旅游人类学。国外旅游负面影响的研究重点关注发展中国家和不发达地区在发展旅游业过程中，旅游对当地传统民族民俗文化，诸如民间艺术、语言、服饰、习俗、宗教等的冲击。在众多的旅游人类学家中，以瓦伦·L. 史密斯（Valene L. Smith）、戴维·J. 格林伍德（Davydd J. Greenwood）、纳尔逊·格雷本（Nelson Grabuin）、丹尼森·奈什（Dennison Nash）的学术研究最具有代表性，他们是 20 世纪 80 年代以来西方旅游人类学主要学术代表。国外旅游人类学研究形成了众多理论和方法，其中与目的地社会、文化影响研究相关的文化商品化、文化涵化、文化真实性、文化变迁等理论问题的研究成果对于本学科的研究具有重要指导作用，但也是争议性很大的焦点问题。

国内研究旅游人类学的一些学者对文化商品化倾向于肯定的态度。张晓萍在《从旅游人类学的视角透视云南旅游工艺品的开发》（《云南民族学院学报》2001 年第 5 期）一文中认为，大多数游客并不在乎真实性的再造，或舞台化，而在乎好的再造，以满足他们猎奇、愉悦身心的需要和弥补文化真实地带不可进入的缺憾。因此，真实的文化被再现，再造的文化被发明，并使传统文化得到修饰和重新注入活力，这不仅使得某些地区摆脱了贫困生活，并相应地使其传统文化得以传承与延续。马晓京在《民族旅游文化商品化与民族传统文化的发展》(《中南民族大学学报》2002年第11期)一文中针对学术界普遍存在的对民族文化商品化持负面评价的观点，指出民族旅游文化商品化对民族传统文化的发展既有积极影响，也有消极影响。在经济还非常落后的民族地区，其积极影响远远大于消极影响。继而进行了深入分析研究，作者认为，民族旅游文化商品化对于民族传统文化的发展，犹如一柄双刃剑，利弊兼备。民族旅游文化商品化对民族传统文化发展的积极影响可以从三个方面来认识：一是"有助于民族文化的主体树立现代商品经济意识，促进当地民族传统文化的现代化"；二是"增强民族自信心，有利于实现民族文化的良性变迁"；三是"加速民族文化的世界化进程"。其消极影响也可以从三个方面来认识：一是"为了满足发达国家和地区旅游者的猎奇心理，在民族旅游的文化演示中，对少数民族文化的表述带有失真性"；二是"文化底蕴不足及文化再现偏颇"；三是"民族文化受到破坏性、掠夺性的过度开发，导致一些民族文化价值观的退化和丧失"。作者从辩证的角度阐述了民族文化商品化的积极影响和消极影响，引导我们不要一味地纠结于民族文化商品化非此即彼的影响。

在国外旅游人类学研究的影响下，我国旅游人类学研究开始起步。虽然在20世纪80年代，我国已经有学者关注旅游对旅游目的地社会的消极影响，但是真正从人类学的角度关注旅游，并形成一门独立的学科——旅游人类学，应该是在20世纪末至21世纪初。国内旅游人类学研究是随着国外大量旅游人类学研究成果的翻译和引进起步的，在此基础上运用国外的理论解决中国的旅游实践问题，从而开始形成中国化的理论和研究成果。彭兆荣著的《旅游人类学》(民族出版社2004年版)在研究了国外涵化理论的基础上，对旅游语境中的涵化现象作了新的阐述和论证，他强调不同民族之间在文化上互相借鉴的道理似乎容易理解，但是实际情况更复杂。作者指出，"如果一方的文化属于'高文化'(high culture)，而另一方属于'低文化'(low culture)，那么，前者对后者所施与的作用和影响将远远大于后者对前者所施与的作用与影响"，"我们主张任何文化，不论其大小、发达与否，都必须一律平等。我们甚至反对文化有高低之分。但是，在实际文化接触和交往中，'强势文化'必定对'弱势文化'会起到更大的作用，这是客观事实。这也会导致以下情况的出现：相对'弱势'的社会文化会更容易受到来自相对'强势'的社会文化的作用和影响。反映在现代旅游中此种情形就十分突出。那些来自西方发达国家的游客到第三世界旅游目的地旅游，会给东道主社会一种强大的'外部因素'，这种'外部因素'会对第三世界东道主社会产生巨大的影响，致使东道主社会文化加速变迁，甚至改变和破坏其自身的内部构造。因此，这样的文化接触和交流是'不平等的'和'不对称的'，它有可能把东道主社会的变迁方向引导到一种'非自主'的方向上去。旅游人类学在应用研究方面也很自然地会对这种危险性作一个警示，以提醒东道主社会迎接大规模旅游活动到来的时候，必须格外注意对'自我'文化体系造成破坏的防护，加强'自我'文化保护水平，提高族群和地方文化的自我认同和自我传承能力"。

三 近期热点问题

周大鸣在《关于人类学学科定位的思考》(《广西民族大学学报》2012年第1期)一文

中分析了国际人类学学科的特点及其发展趋势，回顾了中国人类学学科的发展历史与现状，并探讨了其发展面临的问题。根据国际人类学学科特点及发展趋势，并结合中国的实际情况，提出了建设中国人类学一级学科的建议，以实现费孝通先生提倡的"人类学、民族学、社会学三科并列、互相交叉、各得其所、努力发展"的学科发展格局，共同为现代化建设贡献更大的力量。

周大鸣、段颖的《公共人类学：21世纪人类学发展的新趋势》（《民族研究》2012年第3期）一文认为，进入21世纪，人类学更加注意学科的公共意识和公共责任，产生了新的分支学科——公共人类学。该文讨论了公共人类学的相关研究，包括新媒体、博客、互联网在人类学中的应用，公共人类学的理念与视野，公共人类学对传统议题的提升，公共人类学与当代世界的发展等。迈向公共领域将成为中国人类学发展的重要趋势，将公共人类学与中国经世致用的文化传统相结合，是构建人类学之中国研究、应用与实践的新路径。

纳日碧力戈在《语言意识形态：语言人类学新篇》（《世界民族》2010年第4期）一文中指出，语言意识形态是让某种语言的结构及其使用合理、合法的一系列语言信仰。语言接触不仅涉及语音、语法和词汇，还涉及语言意识形态。国民国家的构建既反映不同语言意识形态的矛盾、斗争或妥协，也反映不同人观和制度观。

依据文献分析，近年来中国人类学、民族学学科史研究有如下动向值得重视。

2000年前后纪念会和纪念文集频出，对学科史是一种不小的推动；民国时期的学科史备受关注，抗战时期的李庄作为一个学术中心受到广泛关注，个案研究成果迭出；关于20世纪50年代民族大调查的研究越来越注重口述史和文献史料的结合，以求互补，并对特定历史条件下的应用研究进行理论反思。20世纪90年代以来，对老民族学家的追思、对民族学旧作的重读和评论、对旧田野点的"再研究"蔚成风气；20世纪90年代以来的民族学/人类学/社会学博士论文多以"学科史"为题材，表明学界对民族学历史、理论和田野方法辩证关系的认识达到了新水准。人类学、民族学界对中国人类学、民族学学科史研究的重视程度和投入力度近年呈增长态势，反映出学术自主性和学科自觉意识日益增强。在对中国人类学、民族学百年历史进行整体回顾和宏观把握的基础上，一些研究者致力于更高层次的总结和展望。

中国的都市人类学研究1989年最早开展于中国社会科学院民族研究所。经过多年的努力，"都市人类学"重点学科以社会文化人类学研究室为依托，把"城市移民"、"城市老字号企业"、"城市化、工业化"、"经济社会转型"等列为四个最为主要的研究领域，将重点学科"都市人类学"与"都市人类学专业委员会"、"国际大都市组织"、"国际企业人类学委员会"、相关的研究课题等五个方面的学术团体、课题经费、研究主题、人员、资源等比较好地利用起来，已发表一系列论文。其中，张继焦发表在《思想战线》2010年第1期的论文——《经济文化类型：从"原生态型"到"市场型"——对中国少数民族城市移民的新探讨》，荣获中国人类学民族学2012年度优秀论文奖。

2010年5月20—21日在北京举办的"中国与亚洲的移民：实践与政策"国际会议围绕移民问题展开了讨论。移民问题已经成为一个国际性的社会经济问题。随着全球化的进程，移民问题及其相关问题日益引起了包括中国在内的各国政府和学界的关注。我国政府提出的"尊重差异、包容多样"理念，对我们探讨城市移民及其民族文化多样性具有重要的指导意义。参会学者一致指出：在全球化的国际分工和劳动力市场背景下，中国也将不再只是移民输出国，而将成为移民输出国和人口输入国。从发达国家发展的历史来看，接受外国移民的迁入往往体现了一国综合国力的上升，而妥善解决好外国移民流入带来的各种社会经济问题则是一个国家开放和成熟的标志。因此，有的学者倡议，我国政府相关部门和学者应开始酝酿起草一部与国际移民有关的法规，以推动中国更好地应对由人口输出国向移民接受国的转变。这次会议，不但使中国学者在亚洲地区的城市移民研究中可以处于主导性的地位，可占据一个宝贵的国际学术制高点，而且使"都市人类学"得到了广泛的学术交流机会和广阔的发展前景。

非物质文化遗产的传承、保护与开发等问题成为人类学、民族学界普遍关注的热点问题。其中，色音的《非物质文化遗产保护的国际经验与国内实践》、萧放的《关于非物质文化遗产传承人的认定与保护方式的思考》等具有一定的代表性。色音在《非物质文化遗产保护的国际经验与国内实践》一文中梳理了国际社会对非物质文化遗产的认识和保护工作的发展历程，阐明了对国际生态博物馆运动及我国生态博物馆建设的看法，并从理论的角度就非物质文化遗产的保护和开发、发展之间的关系发表了自己的观点。保护、开发和发展的关系问题是学界长久以来争议性很大的问题，作者就此阐述了自己的观点：第一，关于文化遗产的原真性，作者认为："原真性是验证世界文化遗产的一条重要原则"，"对于非物质文化遗产来说，并不是完全不能开发，而是要讲究开发的度。适度的开发不但可以带来经济价值，还可以扩大影响，吸引更多的人关注非物质文化遗产，参与到非物质文化遗产的保护工作中来。有一点值得注意，那就是在开发之前，有必要加强学术考察和研究，对该项非物质文化遗产进行详细的记录，弄清楚它的特质，等等。这样在进行开发的时候，就有'度'可依了，有没有破坏，对照研究资料一目了然。"第二，从文化遗产传承和创造者主体的权利的角度来处理保护和发展的关系。"文化遗产的保护权和发展权是两种不同的权利，对于被'保护'的民族和群体来讲，他们既有保护自己文化遗产的权利，也有发展自己文化遗产或传统文化的权利，所以不管哪一种方式的保护措施和发展规划都应在尊重权利主体的自主权和意愿的前提下方可实施，千万不能够采取行政命令的方式来制定强制措施。"（色音、孟凡行：《非物质文化遗产保护的国际经验与国内实践——北京师范大学985工程特聘教授色音访谈》，《社会科学家》2009年第10期）

对传承人的保护是非物质文化遗产保护的一个重要方面，萧放的《关于非物质文化遗产传承人的认定与保护方式的思考》（《文化遗产》2008年第1期）一文阐明了非物质文化遗产属性决定传承人的认定原则，提出了对认定为非遗传承人的对象不仅要有经济、社会的生活保障，还需精神关怀。作者认为："非物质文化遗产传承人，他们在传统社会是民间大众的一员，甚至是传统精英文化主导下民间社会的边缘角色。在当代社会，由于文化环境的整体改变，作为传统社会日常文化的一分子，在今天成为非物质文化遗产的保有者，对于他们的社会评价应该体现新的时代高度。"

萨满教研究是宗教人类学的重要领域。20世纪90年代以来，中国的萨满教研究进入了一个日益成熟的时期。萨满教研究在人类学、民族学、宗教学等多学科中不仅成为普遍关注的热点，而且在个案研究的基础上更加系统化和具有综合性。如刘小萌、定宜庄的《萨满教与东北民族》（1990年），孟慧英的《尘封的偶像——萨满教观念研究》（2000年），孟慧英的《中国北方民族萨满教》（2000年），色音的《中国萨满文化研究》（2011年）。这些研究，在推进萨满教系统性研究和构建理论框架上都是值得肯定的。

综上所述，人类学、民族学研究2010—2012年的研究成果，无论在研究视角、研究方法上都取得了重要研究成果，为今后的研究奠定了理论和方法基础。

2010—2012年宗教文化研究进展情况

何星亮 廖旸 郭宏珍

一 近年来宗教人类学发展趋势概况

"宗教人类学"（Anthropology of religion）是文化人类学中最重要的分支学科，形成于19世纪。世界上大多数著名人类学家和民族学家都曾或多或少地从事宗教人类学的研究，有些学者甚至一生主要从事宗教人类学的研究。进入20世纪90年代以来，人类学步入了一个新的发展时期，其中一个重要特征就是文化批评与后现代研究继续深入。宗教人类学研究所关注的焦点和特点主要表现在：注重研究宗教的动态及变迁；注重世界性宗教研究；关注都市宗教。

近年来，宗教人类学研究多样，成果众多。功能与结构的互动、神话与真实的互动、符号与象征的互动成为当前的主要研究内容。多样性、人文性、"地方性"（place）或个性的特点越来越突出。

二 基础理论研究、外文名著译介

何星亮研究员主持的中国社会科学院重大课题研究项目"中国社会文化人类学与民族学基础理论研究"于2011年结项。这个项目切实推进了中国人类学基础理论探索与学科建设，它推出了六部专著与七本译著。这些著作有助于熟悉文化人类学的各种理论和方法，了解与文化有关的各种知识，了解文化的起源、发展和演变规律，认识文化的结构、功能、类型、模式和象征等。其中引入其他学科的相关理论，如在分析人类学中的功能理论时，既阐述马林诺夫斯基和拉德克利夫—布朗的功能理论，同时也介绍社会学帕森斯、墨顿等人的功能理论；在探讨结构理论时，既分析列维—斯特劳斯的结构理论，同时也介绍哲学、文学、精神分析学、发生学等学科的结构理论。此重大项目旨在构建具有中国特色的人类学与民族学理论和方法体系，推出了很多新内容、新理论、新观点，资料丰富，分析深入。主要包括：何星亮著《文化学原理》、《文化人类学理论》、《文化人类学调查与研究方法》，刘海涛著《西方历史人类学研究》、《美国民族历史学研究》，姜夕迎著《西方生态人类学研究》，孟慧英著《西方民俗学史》和张继焦著《当代都市人类学》。此前国内学术界并没有专门研究西方历史人类学和西方生态人类学的著作，因此相关成果填补了相应的空白，是学科建设方面的重要环节。《文化人类学理论》突破传统的以学派为经的研究方法，采用以理论为经的方法。以往研究西方人类学理论和方法的著作一般都采用分学派阐述的方式，如进化学派、传播学派等。这种方法未能全面地介绍某些著名学者的理论和方法，例如，弗雷泽除了进化理论之外，在交换理论也提出过自己的观点。马林诺夫斯基除了构建了功能理论外，也提出过自己的交换理论。迪尔凯姆更是提出过多方面的理论，如在结构、功能、象征等理论上均有建树。该项研究以理论为经，可以把有代表性的著名学者的各种理论分别在有关理论中阐述，可以更清楚地了解各种理论的形成和发展过程，避免了以往以学派为经分述的弊端。

20世纪80年代文化人类学进入重建阶段以来，陆续翻译了一些国外人类学著作，但仍有很多有影响的重要著作未能为国内学人所了解或熟悉。"中国社会文化人类学与民族学基础理论研究"项目选择了七本英法日人类学大家的名著，组织本专业的博士进行翻译。包括：马林诺夫斯基撰写、其去世后由菲利斯·卡贝里编《文化变迁的动态》，郭宏珍译，王家启校；马林诺夫斯基著《文化的科学理论》（A Scientific Theory of Culture），金烁、吴凤玲、姚力译；罗伯特·赫尔兹著《右手的优越》，吴凤玲译；罗德汉·尼达姆主编《左与右》，艾菊红译；罗德汉·尼达姆著《象征的分类》，王晓东、艾菊红译；绫部桓雄等编《文化人类学名著50种》，王晓东译；霍卡特著《王权》，郭宏珍译，王家启校。上述著作与译著编入中国人类学与民族学基础理论研究丛书，将由中国社会科学出版社出版。

三 学术界动态与学术成果

中国社会科学院民族学与人类学研究所宗教文化研究室研究人员主持或参与了《清史图录·民族卷》（国家清史工程）、"国外萨满教研究的历史与发展现状"（国家社会科学基金项目）、"国外萨满教研究通论"（中国社会科学院重点项目）、"新疆双语教学调查研究"（中国社会科学院国情调研项目）、"北京大学生基督教信仰调查研究"（中国社会科学院国情调研课题）、"明代西北地区藏传佛教寺窟壁画与汉藏文化交流"（国家社科基金特别委托项目西藏项目课题）、"金刚宝座式塔的多重文化内涵"（中国社会科学院民族学与人类学研究所重点课题）、"孔雀佛母与摩利支天——明清佛教美术中的女神崇拜"（中国社会科学院民族学与人类学研究所重点课题）、"满族认同再调查"（中国社会科学院民族学与人类学研究所重点课题）等课题项目的研究工作。田野调查涉及新疆、西藏、内蒙古、辽宁、山西、甘肃、青海、浙江、安徽、四川、云南、北京等地。这些课题紧扣学术界重大或热点问题，在很多问题上有扎实的调查与深入的思考，具有较高的学术水平和宽阔的学科视野，并且有重要的现实意义。

中国社会科学院民族学与人类学研究所重点学科丛书之一、论文集《宗教信仰与民族文化》第 4 辑有多篇论文研究原始宗教①、基督教②，特色鲜明，成为宗教人类学研究成果的重要展示。此外，在民族政策③、少数民族移民问题④、原始信仰⑤和民间信仰⑥、西藏和新疆等地区古代民族艺术⑦等方面，亦有建树。

在少数民族艺术史研究中，西藏艺术是国内外学术界的热点，也一直保持着很高的研究水平，不断涌现出色而重要的论著与高质量的图像资料集成。谢继胜主编的《藏传佛教艺术发展史》⑧是中国社会科学院同名重大课题的研究成果，被列入国家"十一五"重点图书出版规划项目。这部通史性著作展现了从 7 世纪至 18 世纪藏传佛教艺术在内地的渗透、融合与传播，将藏传佛教艺术放在我国多民族文化相互依存、共同发展交融的背景下加以总体把握研究，从而深刻揭示出中华民族文化自古以来多元一体的真实面目。本书为上下两册的皇皇巨著，图文并茂，汇聚国内研究团队近年的心血，代表了中国学者在此领域的最高水准，具有重大的学术价值。

2010 年，中国社会科学院民族学与人类学研究所孟慧英研究员带领吴凤玲、孟盛彬、于洋、李楠、郑琼、苑杰等博士研究生以及中央民族大学哲学宗教学系秘书、博士生萨敏娜，数次前往达斡尔族聚居的呼伦贝尔莫力达瓦达斡尔族自治旗，考察突出代表达斡尔族萨满文化传统的斡米南仪式，在调查和记录的基础上进行翻译和求解，出版了研究专著⑨，带动了一批年轻研究人员的学习和成长，同时还推动了莫力达瓦旗萨满文化研究所的筹备成立。

2012 年值龙年，一些满族地方固定在龙年祭祖，举行亮家谱、请神、跳神等活动，规模

---

① 孟慧英：《论南方民族的农村公社与寨神崇拜》、《论南方民族巫术宗教与自然环境的关系》、《论外来宗教影响下的南方民族信仰变化》；刘正爱：《祭祀与民间文化的传承——辽宁宽甸烧香》；孟盛彬：《达斡尔族萨满教的衰落与文化重构》，载廖旸主编《宗教信仰与民族文化》第 4 辑，社会科学文献出版社 2012 年版。

② 何星亮：《近代基督宗教在民族地区的传播策略与传播效果分析》；郭宏珍：《A 市基督教信徒流动调查》、《A 市基督教团契聚会调查笔记》；吴凤玲：《信仰与人生——延边朝鲜族基督教信徒情况调查》，廖旸主编《宗教信仰与民族文化》第 4 辑，社会科学文献出版社 2012 年版。

③ 何星亮、闽正言：《中华民族的形成发展与中国的民族政策》，五洲传播出版社 2011 年版。

④ 马艳：《伊斯兰宗教传统的现代调适——以义乌穆斯林宗教实践为例》，《北方民族大学学报》2012 年第 3 期；马艳：《一个信仰群体的移民实践——义乌穆斯林社会生活的民族志》，中央民族大学出版社 2012 年版。

⑤ 孟慧英：《中国原始信仰研究》，中国社会科学出版社 2010 年版。

⑥ 孟慧英：《在几组对立的思考中认识萨满教》，载色泽、陈进国主编《宗教人类学》第 2 辑，社会科学文献出版社 2010 年版；孟慧英：《试论西方萨满教研究的变迁》，《宗教文化论丛》（2011 年 11 月）；Ma Xisha and Meng Huiying (eds.): *Polular Religion and Shamanism*, Leiden-Boston: Brill, 2011；廖旸、艾菊红：《宕昌藏族的宗教信仰调查报告》，载色音主编《中国社会科学院人类学年刊》2012 年卷，中国社会科学出版社 2012 年版，第 198—319 页；刘正爱：《寺庙重生记——山西胡仙庙的人类学研究》，《宗教人类学》2012 年第 5 期。

⑦ 廖旸：《明早期的两座金刚宝座式多宝塔——从妙湛寺石塔和广德寺塔看金刚宝座式塔的多义性》，《宗教信仰与民族文化》第 4 辑；廖旸：《南京弘觉寺塔地宫出土金铜尊胜塔像新考》，《故宫博物院院刊》2011 年第 6 期，第 42—57 页；廖旸：《藏传佛教艺术中的狮柱塔及其演变》，沈卫荣主编《文本中的历史——藏传佛教在西域和中原的传播》，中国藏学出版社 2012 年版；廖旸：《克孜尔石窟壁画年代学研究》，社会科学文献出版社 2012 年版。

⑧ 谢继胜、熊文彬、罗文华、廖旸等著：《藏传佛教艺术发展史》上、下，上海书画出版社 2010 年版。

⑨ 萨敏娜、吴凤玲：《达斡尔族斡米南文化的观察与思考——以沃菊芬的仪式为例》，民族出版社 2011 年版，中国少数民族非物质文化遗产研究系列萨满文化丛书。此间相关研究成果如丁石庆、赛音塔娜《达斡尔萨满文化遗存调查》，民族出版社 2011 年版。

最为盛大，称为"办谱"。孟慧英研究员抓住这个 12 年一次的难得机会，带领郭宏珍、吴凤玲等同事以及孟盛彬、曾慧、于洋等博士后研究人员或博士研究生，在长春附近的满族老石家、老杨家和老关家调查办谱，现场实地观察和访谈相结合，获得大量珍贵的视音频记录资料。有关考察收获和研究成果正逐渐整理成型，在国内外学术会议上发表。

2010—2012 年，宗教人类学研究领域的成果不少，讨论热烈，研究主题和方法多样化，对象和范围趋于扩大。归纳起来，主要有如下几方面的特点。

（一）原始宗教和民间宗教仍是宗教人类学研究的主要对象

自人类学形成以来，原始宗教和民间宗教一直是宗教人类学主要研究对象。进入 21 世纪以来，原始宗教和民间宗教的研究仍长盛不衰。在 2012 年宗教人类学研究领域，仍有不少论文和调研报告主要探讨原始宗教和民间宗教。此外，许多学术刊物也发表有关学术论文。张泽洪分析了西南少数民族宗教仪式所体现的竹崇拜，认为具有原始思维特色的西南少数民族竹王神话蕴含着西南少数民族自然崇拜、图腾崇拜、祖先崇拜的文化要素；竹王神话和竹崇拜长期影响着西南各族群的社会生活，其神话思维模式反映出各族先民的宗教情结和自然生态意识。① 谭志满认为土家族撒尔嗬仪式的空间范围、组织形式、传统功能以及传承方式处于变迁过程之中，艺术化的倾向导致撒尔嗬仪式离本来的面目以及原有的功能越来越远。② 毛燕在一篇综述文章中从彝族宗教崇拜观念、彝族宗教仪式、彝族宗教与艺术、彝族宗教与文学、彝族宗教与其他宗教对比、彝族宗教与生态保护、彝族宗教中毕摩与苏尼的研究等方面对 20 世纪 80 年代以来的彝族宗教研究进行了梳理，为学者们今后更好地开展彝族宗教研究提供参考。③ 郭淑云对国内萨满教研究 80 年形成的学术特点进行了总结，即学科基础理论不断完善，主要以本土萨满教为研究对象；具有突出的活态性，经历了一个由自发到自觉、由政学一体到学术自立的过程；研究队伍形成带有自发性，本民族学者的主位思考占据重要地位。④ 在民间宗教研究方面，胡安宁回顾了中国民间宗教研究中的社会学与人类学传统，并提出了未来民间宗教在社会学领域内的三个发展方向，讨论了人类学民间宗教研究四个发展阶段的特征，阐释了杨庆堃及其后的宗教社会学者们对于社区性民间宗教的分析，并从民间宗教概念的扩展、民间宗教与主流社会学理论的结合以及民间宗教的跨地区跨文化研究三个方面论述了未来中国民间宗教研究的趋势。⑤ 易星同等人立足于对民间信仰定义、与宗教关系的厘清和东北少数民族地区民间信仰危机预警的原因及其意义的分析，以图表、建议和对策的形式，为政府及相关职能部门对东北少数民族地区民间信仰危机预警和规制提供理论支持和帮助，引导少数民族地区民间信仰良性、有序、和谐发展的可靠手段。⑥ 赵凡等学者指出，传统庙会是举办方与参与者共同建构起来的具有信仰性思想情感为基础的文化活动，庙会客体唤情结构启唤了主体情感的参与，主体方面庙会对民众具有神圣感化性、世俗惠恩

---

① 张泽洪：《中国西南少数民族的竹王神话与竹崇拜》，《世界宗教研究》2012 年第 3 期。
② 谭志满：《土家族撒尔嗬仪式变迁的人类学研究》，《宗教学研究》2012 年第 3 期。
③ 毛燕：《20 世纪 80 年代以来彝族宗教研究综述》，《宗教学研究》2012 年第 3 期。
④ 郭淑云：《中国萨满教研究特点与展望》，《西域研究》2012 年第 2 期。
⑤ 胡安宁：《民间宗教的社会学人类学研究：回顾与前瞻》，《中国农业大学学报》2012 年第 1 期。
⑥ 易星同等：《论东北少数民族地区民间信仰危机预警机制的构建》，《长春工程学院学报》2012 年第 3 期。

性、开放解调性的心理影响,它使民众参与其中获得狂欢节般的审美文化价值感觉。①

(二) 研究世界宗教的成果越来越多

宗教人类学界把世界三大宗教作为自己的研究对象是近几十年开始的。2012年,有关的论文和调查研究报告明显增多。张永广通过对上海基督教的调查发现,当代中国都市青年基督徒信仰群体在身份上表现出"移民"、"高知"和"白领"的特点。② 研究佛教的论文和研究报告也有不少,如杨清媚分析了历史上西双版纳受到来自中国和印度双重文明的影响,指出这些影响以土司制度和南传上座部佛教的佛寺组织为制度渠道,形塑了当地社会,其特点是,在政治上倾向于中国,在宗教上倾向于缅甸,而作为本土王权代表的土司,成为两者之间的桥梁。出于这种整合的压力,在面对佛教这种外来宗教的时候,土司和贵族也有自己所要依靠的宗教宇宙观,后者通过勐神祭祀的仪式确保了占有土地的合法性。土地和丰产不是由佛教掌握,而是形成了与之对立的另一套宗教观念,在这一套宗教观念里,表达了对社会整体丰产的追求,它和佛教对个人救赎的追求相配合,构成了西双版纳社会的自我。③ 张娟从心理学的基本原理出发,阐述回族女性宗教心理的基本状况。④ 白安良从价值观追求的角度来探析藏区女性出家的原因,指出藏传佛教尼姑在藏传佛教的建构、传播、发展过程中起了重要的作用。⑤ 李艳慧研究认为,藏传佛教中尼姑出家原因、生活与修行方式等都与男性僧人有极大的不同,在当代社会条件下,又具有一些新的特点。⑥

(三) 理论探讨的研究成果增多

首先,在涉及宗教文化综合性论述方面,牟钟鉴指出,宗教文化论是中国特色社会主义宗教理论的新成果,其理论价值,深化了人们对宗教本质、结构和社会功能的认识。它推动了宗教文化学研究,丰富了宗教史和文化史的内容。宗教文化论的现实意义为引导宗教与社会主义社会相适应开辟了更广阔的空间,对于宗教的健康发展有助益作用。⑦ 马玉堂认为,应该从宗教存在的外部环境和宗教自身两个方面着手发挥宗教文化在社会主义文化建设中的作用。文章分析指出,宗教是文化的复合体,神圣性与世俗性、宗教性与社会性、认同性与排他性、整合性与消解性、民族性共集一身;在社会文化系统中,宗教处于亚文化状态,居于从属地位。⑧

其次,关于世俗化的理论探讨。王凤等人认为,宗教世俗化是现代宗教的主要特征,是宗教自我调整、不断适应现代社会的结果,世俗化的原因一方面来自生产力快速的发展,另一方面是宗教满足自身发展的需要。⑨ 吴云贵认为,宗教作为一种社会存在、社会文化形态,它与人类社会是双向互动的,社会生活世俗化与社会宗教道德规范化、制度化,在任何人类

---

① 赵凡等:《论传统庙会的特征》,《青海社会科学》2012年第4期。
② 张永广:《都市青年基督徒的信仰世界》,《当代青年研究》2012年第7期。
③ 杨清媚:《从"双重宗教"看西双版纳傣族社会的双重性》,《云南民族大学学报》2012年第4期。
④ 张娟:《浅谈回族穆斯林女性的宗教心理》,《现代阅读》2012年第4期。
⑤ 白安良:《信仰藏传佛教尼姑出家原因及价值观趋向分析》,《贵州民族研究》2012年第5期。
⑥ 李艳慧:《藏传佛教尼姑及其出家原因探析》,《青海社会科学》2012年第5期。
⑦ 牟钟鉴:《宗教文化论》,《西北民族大学学报》2012年第1期。
⑧ 马玉堂:《宗教文化论略》,《西北民族大学学报》2012年第4期。
⑨ 王凤等:《浅谈宗教世俗化及其发展前景》,《改革与开放》2012年第18期。

再次，人类学语境中的信仰讨论方面，李向平对中国社会"信仰关系"进行了人类学分析，认为中国宗教是一种以神人之伦为基础的权力关系的建构，信仰对于中国人而言，是指以神人—人际交往关系为基础，涉及天下、国家、道德、民间社会的重要概念，"信仰—关系"以神人交往、人伦要求为基础，伴随着家族、伦理、国家及其权力关系而逐步建构起来。因此，中国宗教中的神人交往及其信仰，常常呈现出一种个人信仰与家族、伦理、国家、权力之间重叠与互动的整体关系，进而使信仰关系与各种社会权力纠结为一体。② 覃琮认为，关于民间信仰与中国社会研究，主要涉及三个相关议题，即民间信仰与现代化、民间信仰领域的国家与社会关系、民间信仰与地方社会的互构。学术界在拓展民间信仰研究内容的同时，也在寻求研究范式的转换，表明在人类学语境中，民间信仰研究已有共同的问题、方法和学术取向，初具学术范式的意义。另外，陈伟涛指出，中国民间信仰与宗教在本质上是相同的，都是对"超自然力量"的崇拜，因此，中国民间信仰可以归入宗教的范畴，也就是说，中国民间信仰就是中国的本土化宗教。③

（四）交叉学科研究是宗教人类学研究的新趋势

生态人类学本是致力于人与环境之间复杂关系的研究，探讨人类群体如何适应、塑造其生存环境。然而，围绕当代生态现状，尤其是民族地区的文化生态，学术界从宗教的视角出发也发起了不少讨论。牟钟鉴指出，宗教生态论是用文化生态学的眼光研究不同范围中宗教文化生命系统总体态势、层次结构、内外关系、动态运行的机制，作者在考察世界三大宗教生态模式（即亚伯拉罕系统的一元分化式、印度系统的一元多神蝉变式、中国的多元通和模式）的基础上，阐释了宗教生态论的理论价值，重点论述了中国宗教良性生态的失衡与重建。④ 琚田路等以云南江城基督教会和景洪基督教会为例，对我国宗教生态现状进行了陈述，认为当下宗教生态现状并不是所谓的"宗教生态失衡"，而是处在开始有基督教全面参与的新的宗教生态平衡的形成过程中。⑤ 许晓明以桂西为例，指出构建民族地区和谐的宗教生态模式，首先要承认宗教种群多元共生的必然，同时要合理运用各宗教之间既共存又相互牵制的关系，注意解决各种社会问题，使社会机制正常运转，把整个宗教生态控制在平衡状态。⑥

再如，都市宗教人类学关注的是城市中的教会组织、信仰群体及其社会关系和生活模式，比较其不同的都市宗教文化历史的背景。麻国庆等学者以呼和浩特市多元宗教文化的生产与共存为例，指出在全球化的背景下宗教复兴成为了一个世界性的社会文化现象，呼和浩特市多元化的宗教活动反映了全球化背景下中国都市地域化的文化生产与更为广阔的全球认同的互动过程。这一过程也表明，面对发端于西方世界的全球化浪潮，非西方世界在接受西方的文化的同时，也通过自身的文化个性来予以回应，全球化与地方之间有一种互相对应的逻辑

---

① 吴云贵：《伊斯兰教与世俗化问题再思考》，《世界宗教文化》2012年第2期。
② 李向平：《信仰是一种权力关系的建构》，《西北民族大学学报》2012年第5期。
③ 陈伟涛：《中国民间信仰与宗教关系辨析》，《山西师范大学学报》2012年第5期。
④ 牟钟鉴：《宗教生态论》，《世界宗教文化》2012年第1期。
⑤ 琚田路等：《宗教生态平衡评议——以云南江城基督教会和景洪基督教会为例》，《吕梁学院学报》2012年第4期。
⑥ 许晓明：《民族地区宗教生态模式构建研究》，《广西民族研究》2012年第1期。

关系，即在全球化过程中，生产、消费和文化策略之间已相互扭结为一个整体。①

（五）宗教与民族地区社会发展的关系引起了学术界的讨论和深思

首先，宗教信仰与经济发展关系的讨论，张祎娜着眼于宗教信仰对市场经济的作用，从宗教信仰对"抢产"、"葬产"、"藏产"等经济态度和行为的制衡实现对"产"的超越以及宗教信仰可以转化为经济资本和社会资本两个方面阐述了宗教信仰的经济价值，强调发挥宗教信仰对市场经济的调节、补充与配合作用，以促进市场经济健康有序发展。② 马姝以赫哲族为例指出，宗教对于少数民族的经济生活有着特殊的教育作用，有利于少数民族旅游业的发展，还有利于与周边其他民族的交流；少数民族经济发展对于宗教来说是一把双刃剑，即经济发展有利于宗教事业的发展，也给宗教带来了一定的冲击。③

其次，宗教旅游业是民族旅游业的一部分，在带动民族地区快速发展方面功能突出，研究民族旅游中宗教旅游与民族文化、民族经济的关系是目前讨论的重要课题。王纬等通过对中外宗教旅游研究的对比，从研究内容、研究方法与研究结果及其产生的影响等角度对比分析了中外宗教旅游，并提出对中国宗教旅游研究有益的借鉴，促进中国宗教旅游研究的发展。④ 金波等介绍了欧美地区宗教旅游业带来的启示，人们的旅游活动将朝着文化、体验、休闲旅游发展。⑤

孙浩然在多篇文章中指出，宗教旅游是旅游型宗教活动与宗教型旅游活动的综合，应从这一定义出发研究宗教旅游的本质、特征、成因、类型、功能、开发思路、具体措施，最终形成包括宗教旅游转型论、宗教旅游运行论、宗教旅游互构论有机结合的理论整体。作者认为，传统宗教旅游主要由宗教旅行和宗教游览组成，现代宗教旅游主要由宗教旅游产业和新型现代宗教旅游复合而成。旧式宗教旅游产业片面追求经济效益，新型宗教旅游产业兼顾社会效益、经济效益和文化效益，能够充分挖掘宗教旅游资源的文化内涵。宗教旅游场域中的主要行动者从各自占据的位置和附着其上的资本出发，进行博弈、合作、竞争，形成了人与人、人与社会、人与神、自然与社会、自然与宗教、宗教与社会等错综复杂的多种交互关系，并连同行动者及其行动策略本身，作为整体镶嵌在以人神互构为根本过程、圣俗交织为主要特色的社会空间中，呈现出过去、现在、未来的时空关系梯级以及我者、你者、他者的身份关系梯级。⑥

在宗教旅游文化资源开发反思方面，高科指出，宗教旅游异化现象突出表现在旅游开发行为异化、宗教文化商品化和庸俗化、封建迷信泛滥以及旅游者消费行为异化等方面。宗教旅游异化根源于旅游趋利性与宗教文化出世性的固有矛盾以及宗教文化世俗化、实用主义的

---

① 麻国庆等：《都市里的神圣空间》，《青海民族研究》2012年第2期。
② 张祎娜：《宗教信仰对市场经济的积极作用》，《西北民族大学学报》2012年第5期。
③ 马姝：《论宗教与少数民族经济发展的关系》，《世纪桥》2012年第3期。
④ 王纬等：《国内外宗教旅游对比研究》，《经济研究导刊》2012年第27期。
⑤ 金波等：《浅析西方宗教旅游发展及其特点》，《铜仁学院学报》2012年第2期。
⑥ 孙浩然：《论宗教旅游研究的概念体系与理论视野》，《华北水利水电学院学报》2012年第5期；孙浩然：《论宗教旅游的历史形态与现代转型》，《湖北行政学院学报》2012年第5期；孙浩然：《论宗教旅游场域的关系梯级》，《昆明理工大学学报》2012年第4期。

宗教观与旅游发展观的推动，同时还受到旅游开发与管理模式、旅游者消费行为的影响。①张俊英关注宗教旅游地居民对旅游效应的感知态度，以塔尔寺景区为例，运用 SPSS 软件进行数理统计，从旅游的经济、社会—文化、环境影响、旅游总体感知等角度分析了宗教型旅游目的地居民的旅游感知及其态度，并比较了不同人口学、社会学特征的居民对旅游影响感知和态度的差异。②

再次，宗教适应及其在和谐社会建设中的作用也是学术界关注的主题之一。张建成指出，全球化时代践行云南宗教与社会发展相适应的政治基础、内部基础、精神基础与交流基础，有助于进一步巩固云南多种宗教宽容共存的局面，对于构建和谐云南、和谐边疆大有裨益。③汤夺先以合肥市为例，归纳出少数民族流动人口宗教适应对其城市适应具有两面性的作用，少数民族流动人口宗教适应存在一个坚持与变通的过程以及世俗化的趋势。城市居民或汉族流动者的歧视、相关制度的缺失以及流入地与流出地文化差异均影响了少数民族流动人口的宗教适应。④郭白晋以长治伊斯兰教为例，认为宗教作为一种文化媒介，能够沟通不同民族成员之间的情感交流，增强不同民族之间的友谊，化解不同民族利益集团之间的冲突和矛盾。⑤

（六）从宗教人类学的角度研究大学生和青少年的宗教信仰的成果颇丰

首先，关于普通高校中大学生宗教信仰调查研究。王志峰研究指出，在宗教世俗化、现代化的进程中，只有正面应对大学生信教问题，理性审视大学生信教现象，才能积极有效地引导大学生构建科学的信仰观，在社会价值的实现过程中，最大限度地满足自我存在的意义和价值。⑥赵宗宝等从时代的因素、社会的因素、教育的因素等多方面对大学生中凸显的信教问题出现的原因进行了综合分析，提出了相应的应对措施。⑦ 这方面的成果还可参考张承安⑧、李萍⑨、陈升⑩、崔丹⑪、马莉⑫等研究者的论述。

其次，关于民族类高校或者少数民族大学生宗教信仰调查与研究。蒋桂珍等以贵州民族大学为例，指出目前少数民族大学生信仰宗教呈逐步上升趋势，针对少数民族大学生，要强化社会主义核心价值体系教育，使其树立正确的民族观、宗教观。⑬回娅冬等针对在京就读的少数民族大学生进行了问卷调查和个案访谈，归纳出七种信仰类型，即传统有神类、抗阻

---

① 高科：《宗教旅游异化论析》，《四川师范大学学报》2012 年第 2 期。
② 张俊英：《宗教旅游地居民对旅游效应的感知态度实证研究》，《干旱区资源与环境》2012 年 10 期。
③ 张建成：《全球化视域下云南宗教与社会发展相适应研究》，《辽宁行政学院学报》2012 年第 4 期。
④ 汤夺先：《城市少数民族流动人口的宗教适应》，《四川民族学院学报》2012 年第 5 期。
⑤ 郭白晋：《宗教在构建和谐社会中的作用》，《湖北第二师范学院学报》2012 年第 4 期。
⑥ 王志峰：《大学生宗教信仰的心理归因及路径探索》，《教育评论》2012 年第 1 期。
⑦ 赵宗宝等：《大学生宗教信仰现状及对策研究》，《中国青年研究》2012 年第 6 期。
⑧ 张承安：《当代大学生宗教信仰的实证调查及其分析》，《长沙理工大学学报》2012 年第 1 期。
⑨ 李萍：《大学生宗教信仰问题对高校思想政治教育工作的挑战及对策》，《湖北省社会主义学院学报》2012 年第 1 期；李萍：《对高校大学生宗教信仰问题的多维思考》，《重庆社会主义学院学报》2012 年第 1 期。
⑩ 陈升：《"90 后"大学生的宗教信仰问题及教育对策》，《商场现代化》2012 年第 20 期。
⑪ 崔丹等：《当代大学生宗教信仰现状调查与思考》，《学理论》2012 年第 24 期。
⑫ 马莉：《当代大学生宗教信仰调查与分析》，《宁夏社会科学》2012 年第 2 期。
⑬ 蒋桂珍等：《少数民族大学生宗教信仰状况研究》，《经济研究导刊》2012 年第 26 期。

型怀疑论类、情境性宗教类、文化认同类、世俗——人本主义类型、道德救赎类、时代个性的需要等，研究也显示了少数民族大学生蕴藏在其生活中的关于信仰与生活的精神流动的曲线。① 艾兵有以云南佤族大学生信仰为研究对象，指出由于境外意识形态强势渗透、边境民族传统宗教惯性的影响、高校信仰教育缺乏、对教育对象人文关怀与尊重、信仰生成性思维方式的缺失等综合因素的影响，云南边境大学生信仰宗教表现出宗教信仰多元化、宗教信仰低龄化、信仰宗教大学生分布地域性等特点。②

再次，关于青少年宗教信仰调查与研究。王永智分别以云南省红河哈尼族彝族自治州青少年和陕西省宝鸡市陇县宗教信仰发展为例，指出近年来西部青少年宗教信仰呈现发展的态势，究其原因，是因为在中国社会转型期，民俗传统文化、家庭因素、青少年成长过程中遇到的各种问题、社会上各种宗教活动、经济发展落后、就业压力大等因素的影响对青少年宗教信仰起到重要影响；西部少数民族青少年的宗教信仰有其特殊性，要正确对待和积极引导。③

（七）民族认同与宗教认同的关系研究也逐步增多

张锦鹏通过追溯拉祜族跨境迁徙历史，阐述了宗教因素对拉祜族跨境流动的影响，即与拉祜族整个族群社会的发展进程缓慢和个体力量薄弱有关。宗教介入拉祜族社会之后，很快产生出集体意识，对个体形成庇护关系，促进了族群的社会整合。从逃避战争追随宗教领袖的迁徙到受宗教团体影响的族群跨境迁徙和互动，反映了拉祜族个体对集体或组织化力量强烈依赖的主观期待性和客观必然性。④ 李国明以沧源永和社区为例，指出基督教在20世纪初传入永和后，这里逐渐成为了沧源基督教传播的中心，永和佤族在获得基督徒身份的同时，仍然保持着他们的原有的民族认同。在现实生活中，永和佤族的宗教认同与民族认同是彼此调适、共存的。⑤ 简秋梅则以福州L村水上居民的天主教信仰为例，描述了近代以来，由于水上居民处于弱势地位，他们为寻求庇护而选择信仰天主教。新中国成立后，水上居民陆续上岸定居，不同的宗教信仰成为水上与陆地族群的边界。随着时代的变迁，不同族群的人们对各自信仰的包容性增大，宗教因素已经模糊，水上居民与陆地居民的族群区分将成为历史。⑥

高承海等分析了少数民族大学生的宗教认同与自尊、抑郁—幸福感的关系，表明少数民族大学生的宗教认同和自尊、抑郁—幸福感之间呈显著的正相关；宗教认同能显示正向预测自尊水平，并且通过自尊对抑郁—幸福感产生间接影响；宗教认同存在显著的性别、年级和民族差异，自尊存在显著的年级差异。⑦ 万明钢对多名藏族、回族和东乡族大学生的宗教认同、民族认同和与汉族大学生的交往态度进行了调查，表明民族认同对交往态度无显著影响，

---

① 回娅冬等：《少数民族大学生宗教信仰研究》，《当代青年研究》2012年第7期。
② 艾兵有：《云南边境民族地区大学生宗教信仰问题研究》，《安阳师范学院学报》2012年第1期。
③ 王永智：《西部少数民族青少年宗教信仰状况的调查研究》，《世界宗教文化》2012年第3期；王永智：《宗教信仰对青少年成长的影响》，《宁夏大学学报》2012年第5期。
④ 张锦鹏：《拉祜族跨境迁徙与互动中的宗教因素》，《云南社会科学》2012年第5期。
⑤ 李国明：《佤族宗教认同与民族认同的调适与共存》，《河北民族师范学院学报》2012年第1期。
⑥ 简秋梅：《宗教信仰与族群边界的变迁》，《法制与经济》2012年第5期。
⑦ 高承海等：《少数民族大学生的宗教认同与心理健康的关系》，《民族教育研究》2012年第1期。

但是宗教认同有显著的消极影响；民族认同、宗教认同和交往态度具有社会情景性，随着民族间的接触，民族认同和宗教认同有减弱趋势，但是交往态度呈现积极的上升趋势；民族认同、宗教认同和交往态度存在显著的民族差异。①

四 宗教人类学学术创新与发展前瞻

创新是学术研究的主要目的和评判学术成果的标准，也是学科建设、发展壮大的唯一途径。何星亮研究员对学术创新的类型进行了划分，提出如何进行学术创新的问题并做出了回答，归纳总结出若干种方法。② 在理论、观点和方法创新中，理论创新至关重要。而期冀有所创新、有所突破，则必须熟悉过程、发现问题、批判既有理论和方法、构建假设并进行充分的论证。循着这些途径，中国人类学应能改变亦步亦趋、疲于追赶国外学术潮流的现状，不但能够建构出适合中国社会和文化的理论与方法，亦应可以对世界学术提供独特的贡献。

---

① 万明钢：《宗教认同和民族认同对民族交往态度的影响》，《西北师范大学学报》2012 年第 5 期。
② 何星亮：《关于中国人类学民族学学术创新的若干问题》，《思想战线》2012 年第 4 期。

2010—2012 年民族史研究综述*

刘正寅　方素梅

2010—2012 年中国民族史研究沿着改革开放以来所形成的良性发展轨道，在近年研究的基础上，继续向前迈进，学科规范进一步健全，研究领域不断扩大，不断开拓新的学科前沿，成果丰富，成绩显著，但也存在着一定的不足或问题。

一　主要学术活动

三年来，中国民族史学研究活跃，开展了多种形式的学术活动。中国民族史研究的全国性学术团体中国民族史学会积极组织学术活动，推动全国民族史研究，先后于 2010 年与兰州大学联合举办了主题为"历史视野中的西北开发与族际互动"的第十四次学术研讨会（甘肃兰州），于 2012 年与凯里学院联合举办了主题为"民族迁徙与中华民族多元一体格局的形成"的第十五次学术研讨会（贵州凯里）。中国民族史学会分支机构辽金暨契丹女真史分会也召开了"辽金史国际学术研讨会"（2011 年，吉林长春）、"第二届金上京历史文化暨第十一届中国辽金契丹女真史学术研讨会"（2012 年，黑龙江哈尔滨）等学术会议。

与中国民族史研究相关的主要学术会议还有"奚族文化研讨会"（2010 年，河北青龙）、"纪念周清澍先生八十华诞蒙古史学术研讨会"（2010 年，内蒙古呼和浩特）、"薪火相传——西夏学国际学术研讨会"（2010 年，北京）、"忽必烈及其十三世纪的世界"研讨会（2010 年，内蒙古呼和浩特）、"东亚多元文化时代的法律与社会——《至正条格》与蒙元法律文献研究"学术研讨会（2010 年，江苏南京）、"首届怒族历史与文化学术研讨会"（2011 年，云南怒江州）、"第九届少数民族科技史国际学术研讨会"（2011 年，青海西宁）、"中国少数民族哲学及思想史学会成立 30 周年纪念暨 2011 年年会"（2011 年，云南腾冲）、"中华民族与辛亥革命百年"学术研讨会（2011 年，北京）、"中国土司制度与民族文化学术研讨会"（2011 年，湖南吉首）、"纪念陈述先生百年诞辰学术研讨会"（2011 年，北京）、"基础与创新：民族志文献与民族史研究学术研讨会"（2011 年，北京）、"辽帝春捺钵与松花江渔猎文化研究会成立大会"和"首届辽帝春捺钵学术研讨会"（2011 年，吉林松原）、"中国百越民族史研究会第十五届年会暨环南海历史文化国际学术研讨会"（2011 年，海南海口）、"内蒙

---

* 本文第一、二部分为刘正寅撰稿，第三部分为方素梅撰稿。

古契丹辽文化研究会成立大会暨首届契丹学国际学术研讨会"（2012年，内蒙古赤峰）、"纪念成吉思汗诞辰850周年国际学术讨论会"（2012年，内蒙古额尔古纳）、"纪念《蒙古源流》成书350周年学术研讨会"（2012年，内蒙古呼和浩特）、"清代政治制度与民族文化"学术研讨会（2012年，北京）、"满蒙档案与蒙古史研究"国际学术讨论会（2012年，北京）等一系列学术研讨会。此外中国大陆地区以外的主要相关学术活动有"中国少数民族社会变迁学术研讨会"（2010年，台北）、"中国中古北方民族、宗教、艺术高层学术论坛"（2012年，澳门）等会议。

在国际方面，也有多种层面的学术活动与我国民族史研究有关。其中主要的有2010年俄罗斯科学院东方文献研究所召开的国际阿尔泰学会第五十三届年会（莫斯科）、同年加拿大不列颠哥伦比亚大学召开的第十二届国际藏学大会（温哥华）、2011年国际蒙古学协会在蒙古国乌兰巴托召开的第十届国际蒙古学家大会。另外，2011年在英国剑桥大学召开的第十二届欧洲中亚研究学会（两年一次）会议、在美国俄亥俄州立大学召开的第十二届中央欧亚研究学会年会也值得关注。

国内外民族史研究者合作与交流密切，除学术会议外，多种形式的座谈会、讲座、研读班也很活跃，并呈现出跨领域、多学科交叉的态势。

二 北方（含综合）民族史研究

在研究成果方面成绩显著，出版了一批高质量的学术论著，无论是涉及内容的广度，还是学术探讨的深度，都取得了显著的进展。

（一）民族关系史研究仍然是三年来民族史研究的重点之一

主要有韦兰德、覃振东的《分子人类学与欧亚北部人群的起源》（《清华元史》2011年第1期）、易华的《夷夏先后说》（民族出版社2011年版）、程尼娜的《先秦东北古族与中原政权的朝贡关系》（《史学集刊》2012年第2期）、彭丰文的《论十六国时期胡人政权速亡原因及其历史启示》（《史学集刊》2012年第3期）、马晓丽和崔明德的《对拓跋鲜卑及北朝汉化问题的总体考察》（《中国边疆史地研究》2012年第1期）、赵心愚的《从P. T. 1287卷的一篇传记看南诏与吐蕃结盟后的关系》（《历史研究》2011年第4期）、李鸿宾的《唐朝的地缘政治与族群关系》（《人文杂志》2011年第2期）、彭建英的《东突厥汗国属部的突厥化》（《历史研究》2011年第2期）、程尼娜的《辽朝黑龙江流域属国、属部朝贡活动研究》（《求是学刊》2012年第1期）、张儒婷的《周边少数民族朝贡契丹初探》（《辽金历史与考古》2010年第2辑）、曹家齐的《余靖出使契丹与蕃语诗致祸考议》（《文史》2010年第3辑）、杨浣的《辽夏关系史》（人民出版社2010年版）、赵永春和厉永平的《辽代女真与高丽朝贡关系考论》（《东北史地》2010年第2期）、张碧波和张军的《从中华历史文化生态学史的视角评论辽宋金的历史格局》（《辽金历史与考古》2010年第2辑）、王孝华的《论金与蒙元的和亲》（《黑龙江民族丛刊》2010年第5期）、夏宇旭的《论金朝后期契丹人对蒙古的投附及作用》（《黑龙江民族丛刊》2010年第5期）、李浩楠的《金朝与西夏关系研究的几个问题》（《西夏研究》2010年第1期）、周峰的《略论金朝对吐蕃木波部的经略》（《辽金史论集》

2012年第12辑)、杨文和高小强的《试论西夏政权对北宋经略河湟区域民族政策的影响》(《宁夏社会科学》2010年第1期)、杨浣的《从交聘仪注之争看西夏的政治地位》(《西夏学》2010年第6辑)、李大龙的《浅议元朝的"四等人"政策》(《史学集刊》2010年第2期)、石坚的《蒙古前四汗时期蒙藏关系新探》(《西藏大学学报》2010年第3期)和《蒙古与大理关系新探》(《北方民族大学学报》2010年第4期)、张佳佳的《元济宁路景教世家考论——以按檀不花家族碑刻材料为中心》(《历史研究》2010年第5期)、哈斯巴根的《清初汗号与满蒙关系》(《民族研究》2012年第2期)、达力扎布的《清太宗和清世祖对漠北喀尔喀部的招抚》(《历史研究》2011年第2期)、华涛和翟桂叶的《民国时期的"回族界说"与中国共产党〈回回民族问题〉的理论意义》(《民族研究》2012年第1期)、郝时远的《中国共产党怎样解决民族问题》(江西人民出版社2011年版)等。

(二) 族别史研究成果丰富

主要有杨军的《夫余史研究》(兰州大学出版社2012年版)、孙进己和孙泓的《契丹民族史》和《女真民族史》(广西师范大学出版社2010年版)、魏良弢的《喀喇汗王朝史、西辽史》(人民出版社2010年版)、任爱君的《辽朝史稿》(甘肃民族出版社2012年版)、朱耀廷的《蒙元帝国》(人民出版社2010年版)、谢咏梅的《蒙元时期札剌亦儿部研究》(辽宁民族出版社2012年版)和《札剌亦儿部若干家族世系》(《元史论丛》2010年第13辑)、张岱玉的《元代漠南弘吉剌部首领事迹考论之二》(《元史论丛》2010年第12辑)和《元朝公主忙哥台世系、爵号考》(《元史及民族史研究集刊》2010年第22辑)、纳巨峰的《赛典赤家族元代家谱初考》(《民族研究》2012年第1期)、尚衍斌的《畏兀儿人世杰班仕元遗事》(《西域研究》2012年第1期)、特木勒的《明蒙交涉中的蒙古使臣打儿汉守领哥》(《民族研究》2012年第2期)。

(三) 有关民族观、民族思想与认同方面的研究

主要有李禹阶的《华夏民族与国家认同意识的演变》(《历史研究》2011年第3期)、王灿的《〈尚书〉民族思想初探》[《西北民族大学学报》(哲学社会科学版)2011年第1期]、赵永春的《试论辽人的"中国"观》(《文史哲》2010年第3期)、赵永春和李玉君的《辽人自称"中国"考论》(《社会科学辑刊》2010年第5期)、罗贤佑的《试论元初北方汉儒的民族观及其政治抉择》(《民族研究》2011年第4期)等论文。

(四) 政治制度与民族管理方面的研究

主要有程尼娜的《古代中国东北民族地区建置史》(中华书局2011年版)、荣新江和文欣的《"西域"概念的变化与唐朝"边境"的西移——兼谈安西都护府在唐政治体系中的地位》(《北京大学学报》2012年第4期)、李大龙和李海霞的《唐代契丹的衙官》(《中国边疆史地研究》2012年第3期)、林鹄的《耶律阿保机建国方略考——兼论非汉族政权之汉化命题》(《历史研究》2012年第4期)、韩世明的《辽代皇族六院部夷离堇房相关问题考》(《民族研究》2012年第2期)、姚大力的《蒙元制度与政治文化》(北京大学出版社2011年版)、李治安的《元陕西四川蒙古军都万户府考》(《历史研究》2010年第1期)、张中奎的《改土归流与苗疆再造》(中国社会科学出版社2012年版)、方铁的《论羁縻治策向土官土司制度的演变》(《中国边疆史地研究》2011年第2期)、王欣的《高昌内徙与西域政局》(《中国边疆史地研究》2011年第3期)、刘正寅的《清朝治理西域的历史经验——从平定准噶尔到新疆建省》(《大观》2011年第5辑)等研究。

(五) 社会、经济方面的研究

主要有胡鸿的《北魏初期的爵本位社会及其历史书写——以〈魏书·官氏志〉为中心》(《历史研究》2012年第4期)、杨军的《"变家为国":耶律阿保机对契丹部族结构的改造》(《历史研究》2012年第3期)、夏宇旭的《略述金代猛安谋克组织下契丹人的经济生活》(《吉林师范大学学报》2010年第1期)、孙立梅的《辽金元时期东北地区农业发展的原因》(《吉林师范大学学报》2010年第2期)、肖爱民的《辽朝契丹人牧养牲畜技术探析》(《河北大学学报》2010年第2期)、秦星的《浅议辽代阜新地区社会经济的发展》(《辽金历史与考古》2010年第2辑)、杨雨舒的《简述辽金王朝在伊通河流域的发展》(《辽金历史与考古》2010年第2辑)、姚轩鸽的《西夏王朝捐税制探析》(《宁夏社会科学》2010年第2期)、李幹的《元代民族经济史》(民族出版社2010年版)、达力扎布的《17世纪上半叶喀尔喀与明朝的短暂贸易》(《清史研究》2011年第2期)、张世才的《清代新疆天山南路维吾尔社会结构与变迁》(《西域研究》2012年第1期)、勉卫忠的《近代青海民间商贸与社会经济扩展研究》(人民出版社2012年版)、闫丽娟的《民国时期西北少数民族社会变迁及其问题研究》(中国社会科学出版社2012年版)。

(六) 有关民族文化的研究

主要成果有刘浦江的《再论契丹人的父子连名制》(《清华元史》2011年第1辑)、高福顺、陶莎的《辽朝举进士、业进士考》(《北方文物》2010年第3期)、兰婷的《金代私学教育》(《史学集刊》2010年第3期)、桑秋杰和高福顺的《辽朝教育的发展演变》(《社会科学战线》2010年第7期)、王德朋的《论金代女真人的民族传统教育》(《辽宁大学学报》2010年第2期)、兰婷和王成铭的《金代女真官学》(《社会科学战线》2010年第9期)、兰婷的《金代医学和司天台学教育略探》(《东北史地》2010年第5期)、郑毅的《论儒、释、道在辽朝的地位和作用》(《辽金历史与考古》2010年第2辑)、郑承燕的《辽代丧葬礼俗举要:以辽代石刻资料为中心》(《内蒙古大学学报》2010年第1期)、李丽新的《从考古发现看辽代契丹族的饮酒习俗》(《辽金历史与考古》2010年第2辑)、佟建荣的《中国藏黑水城汉文文献中的西夏姓氏考证》(《宁夏社会科学》2010年第5期)、林雅琴的《西夏人的婚姻与丧葬》(《宁夏社会科学》2010年第6期)、李华瑞的《关于西夏儒学研究中的几个问题》(《西夏学》2010年第6辑)、史金波的《关于西夏佛与儒的几个问题》(《江汉论坛》2010年第10期)、刘迎胜的《海路与陆路——中古时代东西交流研究》(北京大学出版社2011年版)、陈得芝的《从元代江南文化看民族融合和中华文明的多样性》(《北方民族大学学报》2010年第5期)和《玉山文会与元代的民族文化融合》(《北方民族大学学报》2012年第5期)和《成吉思汗墓葬所在与蒙古早期历史地理》(《中华文史论丛》2010年第1期)、钟焓的《从"海内汗"到转轮王——回鹘文〈大元肃州路也可达鲁花赤世袭之碑〉中的元朝皇帝称衔考释》(《民族研究》2010年第6期)、宫海峰的《"脱脱禾孙"语音考》(《元史论丛》2010年第12辑)和《〈元朝秘史〉中的"兀鲁阿惕/兀鲁额惕"及其相关问题》(《元史及民族史研究集刊》2010年第22辑)、陈高华的《元代内迁畏兀儿人与佛教》(《中国史研究》

2011年第1期)、蔡美彪的《罟罟冠一解》(《中华文史论丛》2010年第2期)、董晓荣的《敦煌壁画中蒙古族供养人半臂研究》(《敦煌研究》2010年第3期) 和《元代蒙古族所着半臂形制研究》(《内蒙古民族大学学报》2010年第5期)、谢静的《敦煌石窟中蒙古族服饰研究之二——蒙元时期汉族服饰对蒙古族服饰的影响》(《敦煌研究》2010年第5期)、乌兰的《〈八旗满洲氏族通谱〉蒙古姓氏考》(《民族研究》2011年第1期)、苏航的《大智法王班丹扎释的家族与世系——以〈西天佛子源流录·佛子本生姓族品〉为中心》(《民族研究》2011年第2期) 等。

(七) 民族史文献资料的整理与研究

主要研究成果有刘凤翥的《契丹小字〈耶律宗教墓志铭〉考释》(《文史》2010年第4辑)、陈晓伟的《释〈辽史〉中的"大汉"一名——兼论契丹小字原字的音值问题》(《民族研究》2012年第2期)、杜建录和史金波的《西夏社会文书研究》(上海古籍出版社2010年版)、赵彦龙的《西夏文书档案研究》(宁夏人民出版社2010年版)、孙继民的《俄藏黑水城汉文非佛教文献整理与研究》(国家哲学社会科学成果文库,北京师范大学出版社2012年版)、史金波的《黑水城出土西夏文卖地契约研究》(《历史研究》2012年第2期)、乌兰校勘的《元朝秘史》(校勘本,中华书局2012年版)、乌兰的《〈元朝秘史〉版本流传考》(《民族研究》2012年第1期)、周主霄的《元史北方部族表》(《中华文史论丛》2010年第1期) 和《金和南宋初有关蒙古史料之考证》(《方集》)、刘正寅的《〈史集·部族志·斡亦剌传〉译注》(《中国边疆民族研究》2011年第5辑)、尚衍斌的《沙剌班与〈金史〉编修》(《史学史研究》2011年第3期)、苏航等的《西天佛子源流录——文献与初步研究》(中国社会科学出版社2012年版)、M. 乌兰的《卫拉特蒙古文献及史学:以托忒文历史文献研究为中心》(社会科学文献出版社2012年版)、苏德毕力格主编的《准格尔旗扎萨克衙门档案基督宗教史料》(广西师大出版社2011年版,影印502件蒙古文档)、赵令志、关康译编的《〈闲窗录梦〉译编》(中央民族大学出版社2011年版) 等。

(八) 民族史学史、民族地理方面的研究

比较重要的著作有达力扎布主编的《中国民族史研究60年》(中央民族大学出版社2010年版)、吴怀祺的《历史思维与民族史学》(《史学史研究》2011年第1期)、陈得芝的《蒙元史研究导论》(南京大学出版社2012年版) 和《重温王国维的西北民族史研究》(《清华元史》第1期)、管彦波的《民族地理学》(社会科学文献出版社2011年版)、安介生的《民族大迁徙》(江苏人民出版社2011年版) 等。

整体看来,近三年中国民族史研究可以概括为以下几个特点:1. 研究范围广泛,几乎涵盖了民族史学科的各个方面;2. 热点、重点突出,在许多重大问题的研究上成绩尤为显著;对一些热点问题的探讨,显示出中国民族史学与国际学术界进一步融合的趋势;3. 注重基础研究,特别是对多语种民族语文献的研究与利用,推动了民族史研究的深入;4. 注重吸收人类学等相关学科的理论方法,并结合民族现状调查,研究呈现出多学科多领域相互渗透、交叉的态势;5. 注意借鉴、利用相关学科的研究成果和最近科技手段,例如DNA科研手段应用于人类学研究所形成的分子人类学,近年日渐受到民族史研究的重视,从而促进了民族史研究的发展。

当然，近三年民族史学科的发展也存在着不足和问题，主要表现在两个方面：一是宏观、综合、理论性研究相对不足，二是对非汉文文献资料的利用还远远不够。

三 南方民族史研究

2010年至2012年的南方民族史研究，论题主要集中在民族认同与国家观念、土司制度、少数民族社会、通史和族别史等方面，既有宏观视野下的理论阐释，也有微观的个案研究，在方法论上跨学科的尝试方兴未艾。

（一）民族认同与国家观念研究

进入21世纪以来，随着民族国家研究热潮的兴起，民族认同及国家观念等相关内容成为民族研究领域共同关注的论题。无论是历史学、政治学还是民族学，每年都有一定数量的著述问世。特别是拉萨"3·14"事件、乌鲁木齐"7·5"事件发生后，学界对上述论题的讨论更为热烈，引起了社会的高度关注。

其中，关于苗族民族认同和历史溯源的研究，重点一直集中在"蚩尤"形象重塑方面。2009年全国蚩尤文化研讨会在湖南花垣县召开，其论文集《魂牵蚩尤（全国蚩尤文化研讨会湖南花垣论文资料汇编）》于2010年由民族出版社出版，内容涉及蚩尤的历史定位、蚩尤神话考辨、蚩尤与南方少数民族的关系、蚩尤文化与苗族文化、蚩尤部落的迁徙等。随后，苗族学者杨志强发表了系列文章，对包括"蚩尤"研究在内的苗族民族认同问题，进行了细致的论述。他认为，苗族社会兴起"蚩尤热"的深层原因，与汉族社会兴起的"炎黄热"密切相关，而"炎黄子孙"和"中华民族"这两个概念，实际上代表近代以来中国国民整合的不同路线（见《"蚩尤平反"与"炎黄子孙"——兼论近代以来中国国民整合的两条路线》，《中国农业大学学报》2010年第4期）。他提出，近年苗族社会中兴起的"蚩尤崇拜"，事实上是从"他者"叙事到"自我"内化的一种转变，是凝聚苗族民族认同意识最为核心的"受难者记忆"进行重构的组成部分（见《蚩尤崇拜与民族认同——论当今中国苗族树立"精神共祖"的过程及背景》，《青海民族研究》2010年第2期）。在《从"苗"到"苗族"——论近代民族集团形成的"他者性"问题》（《西南民族大学学报》2010年第6期）、《前近代时期的族群边界与认同——对清代"苗疆"社会中"非苗化"现象的思考》（与张旭合作，《贵州大学学报》2011年第5期）两篇文章中，杨志强对苗族知识分子群体"民族认同"形成的"边界"，以及苗族作为近代民族集团形成的"他者性"问题，进行了理论思考，并得出结论：清朝中后期各"苗种"社会在汉化过程中，其内部形成的差异导致的新的族群边界和认同的产生，其实是一种"结构重现"的现象，它与近代以后的"民族"形成与认同间有着某种内在的历史关联。

关于民族认同的其他研究，主要在文本分析的基础上，同时透过"他者"的视角进行分析。唐启翠的《族类认同与历史叙事——以海南岛黎汉关系为个案》（《广西民族研究》2011年第4期），透过黎汉间数千年来的互动、交流及彼此的族类建构与历史记忆，揭示出被不断申说的"黎族"，其实是在国家中心权力介入及其随之而来的族群生存策略优选与族群身份不断被界定与重构的结果。唐晓涛的《试论"猺"、民、汉的演变——地方和家族历史中的族群标签》(《民族研究》2010年第2期），以大藤峡地区崇姜里人群的身份变化为个案，来揭示明中期以后地方社会变迁与国家秩序建立的复杂历史过程。

历史上各族人民的国家观念和国家认同，是研究中国统一多民族国家形成过程的重要主题。滕兰花的《从广西龙州班夫人信仰看壮族民众的国家认同——广西民间信仰研究之三》(《广西民族研究》2011年第3期），通过对壮族民间班夫人信仰的历史考察，指出其蕴含着积极意义，表明了百姓对国家的认同与忠诚，反映出地方秩序的重建和维护。郭锐的《中缅佤人国家意识建构的历史叙事》(《世界民族》2012年第1期），从近现代历史脉络入手，结合实地调查资料，对中缅边境佤人社会国家意识进行了剖析，认为处在复杂历史场域中的佤人始终在国家意识和族群认同的问题上纠结不止，表现出国家意识建构和族群内部撕裂并存的特点。彭福荣的《重庆土家族土司国家认同原因与政治归附》(《湖北民族学院学报》2012年第4期）认为，由于历史渊源、文教引导和职位诱惑等原因，重庆酉阳冉氏、秀山杨氏和石砫马氏、陈氏和冉氏等土家族土司通过政治归附以延续土司职位和自身在民族地区的合法统治地位，既有因国势强盛而积极向化，亦在朝代更迭时认同强势政权，表现出极强的国家意识存在，有力维护了土司时期重庆土家族地区的政治稳定。袁娥所著的《民族与国家何以和谐——云南沧源佤族民族认同与国家认同实证研究》（知识产权出版社2012年版）从共时性和历时性的视角，描述了国家与佤族的互动历程，深入分析了佤族民族认同与国家认同的关系，力图揭示其"族"与"国"的复杂心理，并提出两种认同整合以求和谐共生的观点。

（二）土司制度研究

关于土司制度的研究至今方兴未艾。其突出表现就是连续召开了全国性或国际性的土司研究研讨会。2009年4月，中国群众文化学会和广西文化厅主办的"全国土司文化研讨会"在广西来宾市忻城莫氏土司故地召开，会议论文集以《土司文化探究：全国土司文化研讨会论文集》为名，由中央民族大学出版社于2010年出版。2010年8月，由中国社会科学院台港澳学术委员会主办的"海峡两岸'土司制度与边疆社会'"学术研讨会在广西桂林市举行，40名专家学者参加了会议。2011年8月，中国社会科学院中国边疆史地研究中心与吉首大学联合主办的第一届"中国土司制度与民族文化学术研讨会"在湖南吉首大学和永顺县举行，海内外150余位学者与会研讨。2012年9月，第二届"中国土司制度与边疆社会国际学术研讨会"在云南师范大学呈贡校区举行，海内外100余名专家学者进行了热烈的讨论。这几次会议的一些论文，后来相继发表在学术期刊上。

综观近年土司研究的成果，特点之一是对理论方法进行了反观和思考。成臻铭在《论土司与土司学——兼及土司文化及其研究价值》(《青海民族研究》2010年第1期）及《土司文化：民族史研究不能忽略的领域》(《广西民族研究》2010年第3期）中，从土司含义与土司类型出发，初步探讨了土司学的历史发展、研究对象、研究主题、主要内容、核心层面以及现代意识，并据此对土司学的重要研究对象——土司文化及其研究价值进行了深入讨论。在《时势造学：土司残留时期的中国土司学——1908—1959年土司研究理论与方法探源》(《青海民族研究》2012年第1期）中，他认为1908—1959年土司残留时期土司学本体胚胎结构已经形成，多学科介入趋势明显，立足于"东北—西南弧线形"土司文化残留带之上的土司学在该时期尤其是抗日战争时期，具有强烈的现代意识。彭福荣的《国家认同：土司研究的新视角》(《广西民族研究》2012年第3期)认为,研究我国历史和民族史的土司问题应以国家存在为前提,中央政府与民族地区和少数民族通过土司制度实现有效的双向互动,历代土司逐渐形成强烈的国家认同观念。马大正的《深化中国土司制度研究的几个问题》(《云南师范大学学报》2011年第3期)提出,土司制度研究不能忽视中国历史发展进程的大背景,要建起历代边疆治理和边疆研究全局的大视野,防止将土司制度泛化的倾向。方铁的《土司制度及其对南方少数民族的影响》(《中南民族大学学报》2012年第1期)认为,土司制度培养了土司及所辖夷民对王朝的忠诚,促进了边疆同内地间文化的交流与融合,同时造成了南方少数民族性格的改变。

土司制度内部结构及中央王朝与土司的关系,是土司研究的主要内容。唐晓涛关于桂西土司的系列研究颇具代表性。她在《明代桂西土司力量在大藤峡地区的更替——兼论大藤峡瑶民起义的发生》(《广西民族研究》2011年第3期)中指出,围绕大藤峡的区位利益以及对安南问题的处置,朝廷与桂西土司,以及土司内部之间展开了错综复杂的博弈,遂有不同土司力量在大藤峡地区的更替,此即明代文献所见的大藤峡"猺乱"事态的重要背景及原因之侧面。在《明代中期广西"狼兵"、"狼人"的历史考察》(《民族研究》2012年第3期)中,她从明中期桂西土兵东进大藤峡地区建立武靖州的进程去考察"狼兵"、"狼人"之称出现的历史过程,认为正是由于桂西土司独特的内部组织、明中期大藤峡地区的动乱,以及官府对桂西土兵的定位及使用策略,在土兵与大藤峡地区的"民"和"猺獞"的政治经济关系中,"狼"由桂西土著山民而成为军事组织的类目、社会身份的标签,并逐渐成为一种族称。在《明代桂西土司的"城头/村"组织及赋役征发》(《广西民族大学学报》2012年第6期)中,她认为明代桂西土司地区的赋税之征有别于流官区,桂西土司的内部组织结构亦有别于内地,其以"城头/村"作为基层单位。朝廷对部民土兵无直接管理权,不过,却通过掌握土官官职的授予而有效地控制了土官,土官也愿意让渡兵力获取朝廷支持而稳固其统治。

土司地区的土、流关系,是尚待深入探究的问题。杨庭硕、李银艳在《"土流并治":土司制度推行中的常态》(《贵州民族研究》2012年第3期)中认为,土司与流官之间并不存在不可逾越的鸿沟,他们都是朝廷职官制度中的两个有机构成部分。其间不仅可以并存,还可以互换,而且还能够相互制衡、互为补充,因而"土流并治"理当是土司制度推行中的常态。韦顺莉在《论壮族土司社会中汉堂流官的社会作用——以广西大新县境原土司为例》(《广西民族研究》2010年第2期)中,指出汉堂流官的设置,是中央政府把原土司地区进一步纳入中央专制的策略,是中央封建王朝增强国家对地方控制的举措,彰显了国家控制和地方调适之间的互动与制衡。

关于改土归流,依然是土司研究的一个重点。蓝武在《明代改土归流对西南边疆民族地区社会历史发展的双重影响——以广西壮族地区为中心》(《贵州民族研究》2011年第1期)中认为,改土归流对西南边疆民族地区社会发展产生一定积极作用的同时,也带来一定程度的消极影响。从总体上看,其积极作用要大于消极影响。在《认同差异与"复流为土"——明代广西改土归流反复性原因分析》(《广西民族研究》2011年第3期)中,他认为明代广西的改土归流出现较大的反复性,就其主观原因而言当属明代封建中央王朝、壮族土官和各族民众彼此间在改土归流问题上出现较大的认同差异所致。其深层意义在于,它在明代广西改土归流条件尚未完全成熟的情况下，为封建中央王朝与壮族土司政权在国家与地方认同关系上提供了持续调校的契机，为清代在广西成功实施大规模的改土归流积累了经验，奠定了基础。郝彧、甯佐斌在《改土归流对水西地区民族格局的影响》（《西南民族大学学报》2012年第4期）中，也指出改土归流的实施使彝族势力急剧萎缩，改变了水西地区的彝族族内关系、彝族与其他民族族际关系、各民族与中央王朝的关系，重塑了这一地区民族分布的格局。

专著类的著作主要有蓝武的《从设土到改流：元明时期广西土司制度研究》（广西师范大学出版社2011年版），该书论述了广西土司制度的发生、发展、演变、全盛到开始衰落的全过程，论述了土司制度与其他社会制度、社会经济、政治、军事、思想文化的辩证关系，是一部全面研究古代广西土司制度的学术著作。陈贤波的《土司制度与族群历史》（生活·读书·新知三联书店2011年版）则通过对都柳江上游水族地区600多年土司制度的考察，来理解土司政治与族群历史建构过程中的种种问题，并揭示出该过程在区域族群关系、文化传统和民族认同上对地方社会造成的长远影响。作者认为，明代以来都柳江上游土司政治与族群历史的演变，是王朝国家边政制度在贵州地方社会的逐步推行和西南边省开发的缩影。

（三）边疆民族地区开发及少数民族社会研究

对边疆民族地区的开发与治理进行研究，具有积极的社会意义，因此成为学界一直关注的论题。比较宏观的研究以黎小龙等著《历史时期西南开发与社会冲突的调控》（西南师范大学出版社2011年版）为代表，该书围绕中国古代疆域观与西南开发思想、历史时期西南的开发、西南开发进程中的社会冲突与调控三个主题进行了探讨，指出开发进程中的社会冲突的调控攸关边疆稳定大局，西南开发与社会冲突的调控通常以影响和整合西南数省区的模式进行。微观研究的个案较多，前述土司研究中已有涉及。此外如谢睿的《论民国时期四川"夷务"问题——以雷波、马边、屏山、峨边为考察对象》（《贵州民族研究》2011年第5期）指出，"夷务"问题由来已久，但是民国建立后却愈发严重，究其责任主要归因于地方政府处置失策。20世纪30年代中期以后，学者与政府对于彝族和"夷务"问题都产生了新的认识，"夷务"政策也从过去的"剿夷"转变为"化夷"，但仍然不是从真正平等的角度来处理少数民族问题。而政府所提出的治理"夷务"和开发彝区的计划虽多，却限于当时的人力、物力，从未一以贯之地真正实行。因此，"夷务"问题历经民国政府30多年的应付，却始终未能解决。

贵州建省，与元明时期开辟的从湖广经贵州通往云南的"东路"驿道有直接关系。该通道对于周边民族社会乃至国家的影响，近年来引起了学界的浓厚兴趣。孙兆霞、金燕在《"通道"与贵州明清时期民族关系的建构与反思》（《思想战线》2010年第3期）认为，明初贵州建省至清末，是中央王朝以军事、政治力量为主导，介入贵州新的历史形成过程，特别是"通道"建构、改土归流、民族"城乡二元结构"、民族区域板块、战争等因素的影响，更加凸显出贵州民族关系和民族问题形成的特点。在《重返"古苗疆走廊"——西南地区、民族研究与文化产业发展新视阈》（《中国边疆史地研究》2012年第2期）中，杨志强、赵旭东、曹端波首次提出了"古苗疆走廊"这一概念，初步探讨了这条走廊对贵州省的建省、明清时代"苗疆"地区的"国家化"过程以及民族关系等所带来的影响，并对"古苗疆走廊"的地域及族群文化的特点等进行了初步整理和分析。"古苗疆走廊"这一新研究理念及成果，引起了学术界、政府相关部门以及媒体等社会各界的普遍关注。

关于少数民族社会研究的内容比较广泛，成果数量也较多，在此主要以专著为中心进行叙述。

关于西南边疆社会，主要有周智生的《商人与近代中国西南边疆社会——以滇西北为中心》（云南大学出版社、云南人民出版社2011年版）。滇西北是近代中国西南边疆较具发展特色的一个区域，特别是商品经济呈现持续活跃发展的态势。该书通过对近代滇西北商人的考察，来观测这一特殊社会群体与近代滇西北民族地区社会变迁间的互动关系，以及由此所产生的深远的历史影响。

关于中国台湾少数民族社会研究，主要有余光弘、李莉文主编的《台湾少数民族》（福建人民出版社2012年版）。该书结合历史学与民族学的方法，突破了以往对台湾高山族的笼统论述，广泛吸收中国台湾学者对少数民族研究的成果，详细介绍了高山族九个部族各自的生活方式、亲属关系、社会组织、宗教信仰等方面的情况，比较全面系统地呈现了各部族的文化。此外陈小冲主编的《台湾历史上的移民与社会研究》（九州出版社2011年版）有两篇文章，专门对荷据时期汉族移民与台湾地区少数民族关系、清代台湾崩山地区少数民族与汉族移民之间土地移转研究进行了分析。

关于贵州少数民族社会研究，主要有林芊等著《明清时期贵州民族地区社会历史发展研究：以清水江为中心、历史地理的视角》（知识产权出版社2012年版）。该书以清水江流域为中心，以历史地理的视角，明清时期清水江流域的社会发展、农业发展、人口发展及其水道航运的发展，以及其与明清时期贵州民族地区社会历史和文化发展的关系，等等，进行了论述。

关于土家族社会研究，主要有黄秀蓉的《历史时期土家族妇女生活与社会性别研究》（西南师范大学出版社2011年版）。该书以历史时期的土家族妇女生活与社会性别为研究对象，以土家社会世系传承演变为主线，探讨土家族妇女生活的历史变迁及其所反映的土家社会性别机制之演变，认为二者的发展变化是一定时期政治、经济、文化相互作用的产物，而土家族妇女社会地位的历史变化是土家社会性别机制作用的结果。

（四）通史与族别史研究

近年来，关于南方少数民族的通史性著述和族别史研究也取得了一定成绩。

陈连开、杨荆楚、胡绍华、方素梅主编的《中国近现代民族史》（中央民族大学出版社2011年版）是值得关注的通史性成果。该书对鸦片战争爆发以后至20世纪末的中国少数民族历史进行了全面贯通的综合性研究，内容包括政治、经济、社会、文化等各个方面，是目前第一部有关中国少数民族近现代历史研究的通史性专著。王文光的《中国南方民族史》（云南人民出版社2011年版）在占有丰富史料的基础上，充分运用历史学、民族学、考古学、语言学、地理学等学科的研究资料，从宏观与微观层面阐述了中国南方地区古代各民族的地域分布、民族文化、民族称谓及其历史变迁，论证了它们的族系源流及与周边民族的关系，系统地反映了中国南方地区古代各民族产生与发展的历史进程。翟国强的《先秦西南民族史论》（黑龙江教育出版社2012年版）试图依托一个具体的地区民族发展史及中国西南民族历史发展过程，研究其在中华民族凝聚力形成、发展中的地位和作用，从而丰富和发展了中华民族多元一体格局的理论。

族别史研究方面，以中共云南省委宣传部牵头编纂的《当代云南少数民族简史丛书》最有代表性。它将向世人展示云南各少数民族近60年来经济、社会、政治、文化等方面的伟大成就和深刻变化。据不完全统计，自2012年起，该丛书中的回族卷、藏族卷、蒙古族卷、纳西族卷、阿昌族卷、景颇族卷、德昂族卷、傣族卷、瑶族卷已相继由云南人民出版社出版。

长期以来，由于文献资料缺乏，给仫佬族历史研究带来很大困难。罗城仫佬族自治县政府于2007年组建了仫佬族史编撰领导小组和编辑机构，开始投入对仫佬族史资料的收集、整理和编撰工作，编撰人员到全国各地翻阅了大量历史资料，深入田野实地调查，访问民族史学的专家学者，然后潜心编撰，终于完成了近60万字的《仫佬族通史》（潘琦主编，民族出版社2011年版）。这是仫佬族发展研究史上一项重大成果，填补了仫佬族历史研究的空白。

邱国珍的《浙江畲族史》（杭州出版社2010年版）同样具有创新特点。该书采取了客观介绍各家观点的方法，而对于畲族在浙江的发展，则自辟蹊径，网罗宏富，钩玄索隐，细加梳理，全面呈现出浙江畲族在各个不同历史时期、不同地市的发展状况等。该书对畲族史诗、传说、故事的描述和分析也富有特色，不但细致描述了他们的表现形式，还中肯地分析了这些史诗、传说、故事所具有的社会功能。

2010—2012年世界民族学科研究综述

刘 泓

民族（包括移民族群）问题在当今许多国家都是十分凸显的社会政治问题：轻者引起社会动乱不安，重者则发生冲突和仇杀；有些国家因民族问题激化，还导致政府和执政党下台，乃至国家分裂。民族问题的重要性、复杂性、敏感性和突发性等特点，已为人们所普遍认识和重视。

当今的世界民族研究，从其发展现状和学术成果来看，不仅研究马克思主义民族理论，也研究自由主义民族理论及其当代发展；不仅研究国别少数民族问题，也研究国际移民和跨界民族问题；不仅研究有关国家的民族政策，也研究国际组织和地区组织有关少数民族权利的约法；不仅研究多民族国家内部民族问题的治理理论，也研究民族主义、民族—国家建设和地区联盟理论。因此，我们认为有必要以"民族政治学与当代世界民族问题研究"来概括该学科的研究领域、对象和内容，明确该学科建设创新的方向。

世界民族学科主要以世界范围的民族（种族）为研究对象，学科归属和主攻方向是民族政治学，兼及世界民族史志。它们所关注的问题包括当代世界各种民族问题、治理方式和理论学说，目的是服务于中国。其中，问题研究包括现代民族主义与民族—国家建设问题、种族主义与种族问题、多民族国家的民族关系问题、跨界民族（people）问题、国际移民问题、民族—国家间的地区联盟问题等；治理研究主要是就各国政府的民族政策、国际组织有关少数民族群体权利保护的约法，以及民族民间组织和跨民族民间组织的存在与行为，对处理和协调民族关系的绩效和影响进行分析；理论研究侧重于认识和揭示当代各种民族问题的本质，通过研究自由主义有关民族问题的传统论说和当代发展，通过研究马克思主义有关民族问题的基本理论和国情化运用，结合民族问题的时代表现和特点，对民族问题治理提出具有思想启发意义和实际应用价值的新观点、新理念和新思路。[①]

同时，学科的研究成果还涉及国外民族主义著作的翻译评介、学科研究资料的收集整理、工具书的修订、教材的编写、杂志的编撰等工作。[②]

---

① 参见郝时远《中国共产党怎样解决民族问题》，江西人民出版社2011年版；朱伦《民族共治——民族政治学的新命题》，中国社会科学出版社2012年版；赵常庆主编《"颜色革命"在中亚》，社会科学文献出版社2011年版；常士闽主编《多元文化与国家建设》，天津人民出版社2012年版。

② 参见由中央民族大学出版社出版，郝时远、朱伦主编的"民族学与人类学译丛"，包括：《人民，民族，国家》（2009年）、《苏联及其解体后的族性、民族主义及冲突》（2009年）、《民族与国家》（2009年）、《多元文化的公民身份》（2009年）、《民族主义与领土》（2009年）、《政治人类学导论》（2009年）、《世界各国的族群》（2009年）、《族性》（2009年）。

作为国内一种新兴研究领域的开拓，民族政治发展研究既是民族国家现实发展的呼唤，也是民族政治学学科发展的需要。为促进民族政治发展研究的有序开展和规范前行，需要建构民族政治发展理论体系。从理论上看，该体系可以为民族政治发展研究的拓展和深化奠定学理基础、廓清研究框架；从实践上看，该体系可以凭借自身的解释力和适用性，为中国民族政治发展的现实服务。

一 国内外学科前沿动态

"民族"是人类社会的一种基本现象和客观存在，人们可以从不同角度进行研究，并形成了不同学科，如民族社会学、民族文化学（也叫文化人类学）、民族历史学、民族语言学、民族文学、民族地理学、民族文献学，等等。这些学科主要是对具体和单个民族的研究，不涉及或较少涉及"民族问题"，特别是不同民族之间的政治互动和政治治理问题。这后一种研究，在我国属于"民族理论研究"学科的范畴；而在国际学术界，则属于政治学的一个分支，学科名称有两个：一是政治人类学，一是民族政治学。政治人类学研究从古代到现代的一切社会的政治制度、政治行为和政治思想及其发展，特别关注前现代的少数民族社会。民族政治学主要研究现代国家内部少数民族社会的差异性存在与治理问题。

随着学界对民族问题关注力度的加大，民族学、人类学与政治学在研究民族问题上的汇合点日渐增多，作为交叉学科的政治人类学和民族政治学随之问世。它们通常根据方法和视角的不同被列为上述相应的传统学科的二级学科。以民族学的方法和视角开展的研究，重点关注的是少数民族内部政治结构和行为，以及对各种不同形态的人们共同体的政治实践的比较。以政治学的方法和视角开展的研究，通常的研究重点是不同民族之间的政治关系以及对这种关系的调控。

无论是国内的"民族理论研究"还是国外的民族政治学，都有其局限性。国内的"民族理论研究"传统上以马克思主义民族理论和中国民族问题与民族政策为研究对象，基本不研究国外民族问题、民族政策及各种理论，这大大限制了该学科发展创新的空间和与国际学术界对话水平的发挥。国外的民族政治学主要依据自由主义理论和观点研究少数民族的差异性及其权利保障问题，不太重视研究少数民族问题产生的原因，如近代民族主义与"民族—国家"形成等问题，这些问题在国外主要属于世界历史和国际政治研究的内容。

民族—国家、少数人权利保护依旧是学界关注的话题。基本观点是，公民是民族—国家的主人，民族国家并非抽象的概念，应是实在的深入整个社会每一个角落的机构，是公民支持设立的保护全体公民的机构。公民与民族—国家的关系的具体表现载体是公民的基本权利和义务，从基本权利的双重性质这个参照系来看，公民权利和民族—国家义务这个对向关系即公民基本权利的消极防御权能表现为民族—国家对公民的不侵害义务；公民基本权利的积极受益权能则对应着民族国家对公民的保护义务。①

同时,在研究后殖民社会的过程中,学界思考了文化、种族、民族关系之间的内在联系。比如有学者将"文化"定位在"处于中心之外"的非主流的文化疆界上。认为在争夺现代世界的政治权威与社会权威的斗争中,文化表象之间存在着不平等和不均衡的力量对比关系,现代性的意识形态为不同的国家、种族和民族设定了一个霸权主义规范;现代性的"理性化"过程掩盖和压抑其内在矛盾与冲突。

二 最新理论观点与方法

(一) 国外研究

如前所述,近年来,多元文化主义与少数人权利保护始终是国外学界关注的话题。作为自由主义政治理论发展中的一项主要成果,用"自由主义包容社群主义和文化多元主义的少数族群权利"理论比较具有影响力。这种"少数族群权利理论",不仅关注少数民族,还把其他形式的文化群体纳入讨论范围。认为,文化少数族群可以分为不同种类。除了少数民族外,鉴于西方民主国家中的多元文化主要是由少数民族文化和移民文化构成,移民群体遂亦成为其关注的重点。同时,有学者开始着手通过多元文化主义视角检验西方国家族际关系治理的实际效果。②

新近兴起的日常民族主义理论也已经开始在西方民族理论领域产生影响,两种不同发展趋向的新思潮随之产生,即日常次民族主义和日常超民族主义。日常民族主义理论的提出,将原生主义开启的微观民族分析推进到一个更为规范化的分析阶段,其意义在于部分消解了宏观民族分析中内在的冲突性和爆炸性,同时也展示了一个以民族成员个体为中心的民族意义世界。该理论的困境体现于缺乏对精英功能的考虑与对历史变迁的整合。

关于分裂权利的研究,一直是国际学界在分裂主义研究中重点关注的一个问题。许多西方学者基于自由民主的角度,对分裂权利的正义性进行辩护。这些为分裂权利进行辩护的理论大体可以分为自决权理论、基本权利理论和唯一补救权利理论三类。这些关于分裂权利正义性的论述对相关国家的反分裂工作造成了消极的影响。相关理论往往打着自由民主的旗号,

---

① 参见 Niklas Swanström, Sofia Ledberg and Alec Forss (ed.), *Conflict Prevention and Management in Northeast Asia: The Korean Peninsula and Taiwan Strait in Comparison*, May 2010; Sarah Shair-Rosenfield and Liesbet Hooghe, "Regional Authority in Indonesia, Malaysia, the Philippines, South Korea and Thailand from 1950 to 2010", *APSA paper*, 2012; Sandi Chapman, Sara Niedzwiecki, and Liesbet Hooghe, "Regional Authority in Latin America: An Analysis of 27 Countries (1950 – 2010)," 2012, *APSA paper*; "Multilevel Governance and the State", with Arjan H. Schakel and Liesbet Hooghe, *for an Oxford Handbook on the Transformation of the State*, edited by Stephan Leibfried, Evelyne Huber, John Stephens, in progress; Ryan Bakker, Catherine de Vries, Erica Edwards, Seth Jolly, Liesbet Hooghe, Jonathan Polk, Jan Rovny, Marco Steenbergen, Milada Vachudova, "Measuring Party Positions in Europe: The Chapel Hill Expert Survey Trend File, 1999 – 2010," *Party Politics*, 2012; Catherine de Vries (Ed.), "The Politics of Dimensionality", *European Union Politics*, Vol. 13 (2), 2012; "JCMS Annual Lecture: Europe and its Empires: From Rome to the European Union," *Common Market Studies*, Vol. 50 (1), 2012。

② 参见 Alexandra Tomaselli, "Autonomía Indígena Originaria Campesina in Bolivia: Realizing the Indigenous Autonomy?", *European Autonomy and Diversity Papers-EDAP* (2012); Francesco Palermo, "Judicial Adjudication of Language Rights in Central, Eastern, and South-Eastern Europe. Principles and Criteria", *European Autonomy and Diversity Papers-EDAP* (2011)。

但在理论上却是反自由、反民主的，而且在实践上也是矛盾和缺乏解释力的。同时，这些理论未能把握分裂主义的本质性要素，即领土的因素，无视这种单方的领土分裂诉求对所在国领土和主权完整乃至国际秩序的冲击；它们也忽视了分裂主义常常表现出来的暴力性和恐怖性以及这种极端政治诉求对人权、和平与自由的践踏；在分裂主义的领土性和暴力性的挑战下，分裂并非解决民族冲突、保护少数权利的可行路径。

（二）国内研究

近年来，国内学术界对民族政策研究给予了越来越多的关注。在这一过程中，出现了主张"以族群替代民族"、民族问题"去政治化"、民族关系"去政治化"等观点，还有人主张实行所谓"第二代民族政策"等，在学术领域和社会上都引发了一些争议和讨论，甚至造成思想、理论上的混乱。围绕"第二代民族政策"说展开的讨论，使得以往聚焦于民族识别、民族关系、民族区域自治政策和操作层面的问题上升到了基本理论和方法论的层面。主要观点："第二代民族政策"中有关改变中国民族政策的若干依据，在中国民族政策的核心原则、少数民族地区经济社会发展水平、反恐反分裂斗争的基本原则、民族区域自治制度的法律地位等方面，存在一系列理论和实践误区；所谓"国际经验教训"基本不符合事实，违背民族发展规律；应排除干扰，坚持和完善现行民族政策。有学者还在评析以"去政治化"为内涵的"第二代民族政策"设计的同时，对相关文章存在的思想方法、学风等方面的问题提出质疑和批评。

国内的少数人权利保护研究，主要集中于少数人的定义，少数人保护的正当性、策略等方面的研究。也有学者从多元文化主义与民族国家建构视角，解读少数人权利保护问题。认为，多元文化主义一开始就与少数民族争取平等权利的要求密切相关；"少数民族权利"在多元文化主义的五个维度（事实、理论、意识形态、政策和价值理念）下，呈现出不同的面相，具有不同的意义和效果。少数民族权利保护与多民族国家构建是同一个历史过程的两个方面。多元文化主义不仅仅是少数民族的权利理论，也是多民族国家构建的重要理论支点。[①]

总体说，关于分离理论的研究，中国学界发出自己的声音比较有限。

三　热点问题

从近年研究的总体态势来看，随着典型的多民族国家内部族际冲突的和缓，体现民族国家时代特征的地区性的、属于国家民族范畴的矛盾的彰显，学界对后者的关注日渐增多。跨界民族问题、欧盟等地区人们共同体的建构问题，也一直吸引着学界。相关研究既有个案分

---

① 参见常安《作为宪法命题的多民族大国的族群治理与国家建构》，《西北民族研究》2012年第5期；田艳、卫力思《卢比康湖部落诉加拿大案对中国少数民族传统生活方式保护的启示》，《中央民族大学学报》（哲学社会科学版）2012年第5期；赵虎敬《"少数人"的权利保护刍议》，《人民论坛》2012年8月15日。

析，也不乏理论探讨和政策研究。①

四 代表性学者及代表作

（一）国外

Acharya, Amitav, "Foundations of Collective Action in Asia: Theory and Practice of Regional Cooperation", American University-School of International Service, February 14, 2012, ADBI Working Paper No. 344, http://papers.ssrn.com/sol3/papers.cfm?abstract_id=2005473;

Bedeski, Robert & Niklas Swanström (ed.), *Eurasia's Ascent in Energy and Geopolitics: Rivalry or Partnership for China, Russia, and Central Asia?* June 2012;

Carrell, S., "Scottish Independence", *The Guardian*, 13 January 2012;

Chicky, Jon E., *The Russian-Georgian War: Political and Military Implications for U. S. Policy*, 2012;

Connolly, S., "North in United Ireland Vote by 2016", *Irish Examiner*, 30 January 2012;

Cukani, Entela, "Ongoing Pristina-Belgrade Talks: from Decentralization to Regional Cooperation and Future Perspectives", *European Autonomy and Diversity Papers-EDAP* 2012;

Edström, Bert, "From Carrots to Sticks: Japanese Sanctions Towards the DPRK", *ASIA PAPER*, August 2012;

Graziadei, Stefan, "The French Constitutional Council as the Rottweiler of the Republican Ideal in the Language Field: Does Jurisprudence Really Reflect Reality?", *European Autonomy and Diversity Papers*, EDAP-2012;

Hennessy, P., "Britain divided over Scottish independence", *Daily Telegraph*, 14 January 2012;

Jong, Chol Nam, "Federation: A Comparative Study of European Integration and Korean Reunification," *ASIA PAPER*, August 2012;

Jose, A., *On The Future of European Integration: Idea, Economics, and Political Economy*, Tavareshttp://www.josetavares.eu/wp-content/uploads/2012/07/European-Integration-Dahrendorf-Tavares.pdf;

---

① Frances G. Burwell, Svante Cornell, "The Transatlantic Partnership and Relations with Russia", in *The Transatlantic Partnership and Relations with Russia*, March 2012; Choe Chang Man, Provisions for Peace on the Korean Peninsula and the Northern Limit Line, *ASIA PAPER*, June 2011; Walter Kegö, Erik Leijonmarck, Countering Cross-Border Crime in the Baltic Sea Region, *STOCKHOLM PAPER*, December 2011; Walter Kegö, Alexandru Molcean, Russian Speaking Organized Crime Groups in the EU-*STOCKHOLM PAPER*, March 2011; Konrad Raczkowski, Transnational Organized Crime: An Economic Security Threat in the Baltic Sea Region, *STOCKHOLM PAPER*, October 2010; Katarzyna Marzeda-Mlynarska, "The Application of the Multi-Level Governance Model outside the EU-context-The Case of Food Security" *European Autonomy and Diversity Papers-EDAP* (2011); Judith Gimenez, "International Action to Prevent Discrimination: The Situation of the Roma Community in the Field of Education", *European Autonomy and Diversity Papers-EDAP* (2010); International Institute for Strategic Studies, *Military Balance 2012*; Oli Brown, Alec Crawford, "Conservation and Peacebuilding in Sierra Leone", IISD, 2012.

Kegö, Walter and Alexandru Molcean (ed.), *Russian Organized Crime: Recent Trends in the Baltic Sea Region*, March 2012;

Kjaerum, Morten & Gabriel N. Toggenburg, "The Fundamental Rights Agency and Civil Society: Reminding the Gardeners of their Plants' Roots", *European Autonomy and Diversity Papers-EDAP* – 2012;

Lesko, N., *Act Your Age! A Cultural Construction of Adolescence. Critical Social Thought*, Taylor & Francis Group, 2012;

Johnson, S., "European Commission Refuses to Confirm Independent Scotland Membership", *Daily Telegraph*, 28 February 2012;

M. Leach, J. Scambary, M. Clarke, "Attitudes to National Identity Among Tertiary Students in Melanesia and Timor Leste: A Comparative Analysis", http://ips.cap.anu.edu.au/ssgm/papers/discussion_papers/2012_8.pdf;

Safran, W., A. H Liu, "Nation-Building, Collective Identity, and Language Choices: Between Instrumental and Value Rationalities", *Nationalism and Ethnic Politics*, Taylor & Francis, 2012;

Spektorowski, Alberto, *The Origins of Argentina's Revolution of the Right*, University of Notre Dame Press, 2012;

Swanström, Niklas & Ryosei Kokubun (ed.), *Sino-Japanese Relations: Rivals or Partners in Regional Cooperation?* August 28, 2012;

Taspinar, O., *Kurdish Nationalism and Political Islam in Turkey: Kemalist Identity in Transition*, Routledge, 2012;

Ri, Hyon Song, "Confidence Building Between the DPRK and the U.S.: The Foundation for Settling the Korean Issues", *ASIA PAPER*, August 2012.

(二) 国内

第一，国外民族理论、民族政策研究方面。

(1) 出版专著、文集，主要包括：朱伦的《民族共治——民族政治学的新命题》，中国社会科学出版社2012年版；常士訚主编的《多元文化与国家建设》，天津人民出版社2012年版。

(2) 发表论文：郝时远的《评"第二代民族政策"说的理论与实践误区》，《新疆社会科学》2012年第2期；郝时远的《美国是中国解决民族问题的榜样吗？——评"第二代民族政策"的"国际经验教训"说》，《世界民族》2012年第2期；郝时远的《巴西能为中国民族事务提供什么"经验"——再评"第二代民族政策"的"国际经验教训"说》，《西北民族大学学报》（哲学社会科学版）2012年第4期；马戎的《现代国家观念的出现和国家形态的演进》，《西南民族大学学报》（人文社会科学版）2012年第2期；周少青的《多元文化主义视阈下的少数民族权利问题》，《民族研究》2012年第1期；杨恕的《分裂主义产生的前提及动因分析》，《世界经济与政治》2011年第12期；王英津的《有关"分离权"问题的法理分析》，《世界经济与政治》2011年第12期；胡兆义的《国家统一视阈下民族认同与国家认同的整合》，《云南社会科学》2012年第4期；周平、白利友的《多民族国家的政治认同及认同政治》,《思想战线》2012 年第 4 期;王丽君的《论民族认同与国家认同》,《长江大学学报》(社会科学版) 2012 年第 3 期;张军的《全球化视域下的国家认同及其建构》,《青海社会科学》2012 年第 2 期;谢晓光、李建明的《民族主义作为政治手段持久性的博弈模型分析》,《辽宁大学学报》(哲学社会科学版) 2012 年第 5 期;张践的《宗教的类型对民族国家认同的影响》,《西北民族大学学报》(哲学社会科学版) 2012 年第 3 期;刘泓的《民族主义与多元文化政策》,《马克思主义与现实》2012 年第 4 期;刘泓的《东北亚民族关系与图们江区域合作开发》,《中国边政》2012 年第 190 期;周少青的《民族治理的国际经验和教训该如何鉴取》,《中国民族报》2012 年 4 月 13 日、20 日、27 日;刘永刚的《民族认同、国家认同与民族国家——民族政治学视野下的现代国家分析》,《内蒙古社会科学》(汉文版) 2012 年第 4 期;于春洋的《论族际政治理论的基本内容及其当代价值》,《西南民族大学学报》(人文社会科学版) 2011 年第 12 期;王威海的《西方现代国家建构的理论逻辑与历史经验:从契约国家理论到国家建构理论》,《人文杂志》2012 年第 5 期;马得勇的《国家认同、爱国主义与民族主义——国外近期实证研究综述》,《世界民族》2012 年第 3 期;景向辉的《外论中的主权国家与国际幕后集团》,《国外社会科学》2012 年第 5 期;仇发华的《霸权与秩序:一种不必然的相关性》,《法制与社会》2012 年第 24 期;周坤鹏的《国外学者关于少数民族国家认同指涉内容研究现状分析》,《新西部》(理论版) 2012 年第 7 期;汪树民的《论跨界民族及跨界民族问题》,《西南科技大学学报》(哲学社会科学版) 2012 年第 2 期;严庆、周涵的《浅谈跨界民族的认同构成及调控》,《民族论坛》2012 年第 12 期;刘毅的《跨界民族、错误知觉与大国对冲——后冷战时代俄格冲突特征再考察》,《重庆交通大学学报》(社会科学版) 2012 年第 3 期;王菲的《认同危机与国家安全——基于新疆跨界民族问题的视角》,《理论导刊》2012 年第 7 期;雷勇的《跨界民族问题的发生学分析》,《内蒙古社会科学》(汉文版) 2012 年第 5 期。

第二,国外民族问题研究方面。

冯绍雷的《一场远未终结的辩论——关于苏联解体问题的国外学术诠释》,《世界经济与政治》2012 年第 3 期;杨新宇的《基于民族主义视阈的车臣问题研究》,中央民族大学博士论文 (2012 年);徐楠的《西方民族分离主义问题研究》,河南大学硕士论文 (2012 年);朱守信的《拉美地区双语教育的发展困境及归因》,《比较教育研究》2012 年第 3 期;赵柯的《"小国家"整合"大民族"——瑞士国家与民族建构的历史进程》,《欧洲研究》2012 年第 2 期;马胜利的《法国民族国家和民族观念论析》,《欧洲研究》2012 年第 2 期;杨解朴的《从文化共同体到后古典民族国家:德国民族国家演进浅析》,《欧洲研究》2012 年第 2 期;张海洋的《从天主教共同体到失败的民族国家——西班牙国家构建的历史考察》,《欧洲研究》2012 年第 2 期;王猛的《苏丹民族国家建构失败的原因解析》,《西亚非洲》2012 年第 1 期;杨廷智的《解析赞比亚独立以来的酋长制度》,《西亚非洲》2012 年第 2 期;孙银钢的《试论查理曼对萨克森人的征服》,《古代文明》2012 年第 1 期;沈坚的《上古地中海沿岸利古里亚人述略》,《世界民族》2012 年第 2 期;彭伟步的《美国少数族群传媒理论研究的进展及缺陷》《世界民族》2012 年第 3 期;李捷的《对基于自由民主角度的分裂权利理论的简评》,《世界经济与政治》2011年第12期;方雷等的《东欧国家民族主义的多重性》,《国外社会科学》2012年第5期;梁茂春的《"跨界民族"的族群认同与国家认同——以中越边境的壮族为例》,《西北民族研究》2012年第2期;黄光成的《从中缅德昂(崩龙)族看跨界民族及其研究中的一些问题》,《东南亚南亚研究》2012年第2期;黄慧的《阿尔及利亚卡比尔人问题探析》,《西亚非洲》2012年第1期;杨立华的《新南非的包容性发展之路——非国大100周年纪念》,《西亚非洲》2012年第1期;王猛的《苏丹民族国家建构失败的原因解析》《西亚非洲》2012年第1期;李鹏涛的《土著话语与非洲民族国家建构——以科特迪瓦危机为例》,《西亚非洲》2012年第1期;裴圣愚的《非洲萨赫勒地带民族问题研究》,中央民族大学博士论文(2012年);刘鸿武、方伟的《国家主权、思想自立与发展权利——试论当代非洲国家建构的障碍及前景》,《西亚非洲》2012年第1期;于卫青的《普什图人与普什图尼斯坦问题》,《世界民族》2011年第6期;冀开运的《伊朗俾路支斯坦民族问题解析》,《世界民族》2012年第4期;余芳琼的《印度特里普拉邦的民族冲突及其发展》,《贵州民族学院学报》(哲学社会科学版)2011年第6期;张彤的《南斯拉夫民族冲突原因探析》,《中南民族大学学报》(人文社会科学版)2012年第5期;刘泓的《日本民族主义动态与走向》,《人民论坛》2012年第31期;包胜利的《"小民族"与"大民族":中国、蒙古国驯鹿民族的发展道路比较研究》,《"多元文化视角下的达斡尔族、鄂温克族、鄂伦春族比较研究"学术研讨会论文集》2012年版。

第三,少数人权利保护方面。

周少青的《多元文化主义视阈下的少数民族权利问题》,《民族研究》2012年第1期;肖建飞的《国际法中的语言权利及其演变》,《世界民族》2012年第5期;冯广林的《美国少数人受教育权法律保护研究》,中央民族大学博士论文(2012年);吴双全的《少数人权利的国际法保护》,中国政法大学博士论文(2009年);李文立的《少数人保护之正当性探析》,《贵州民族学院学报》(人文社会科学版)2011年第3期;田建明的《从少数人权利保护看欧洲移民政策发展新取向》,《中国民族报》2009年1月16日;吕普生的《保护少数人权利是民主的重要构件》,《学术探索》2010年第4期;范可的《略论公民权与少数民族权利》,《江苏行政学院学报》2010年第5期;张慧霞的《国际人权法视野下少数群体权利保护研究》,中国社会科学院研究生院博士论文(2011年);曹缅的《加拿大多元文化法研究》,中央民族大学博士论文(2011年);贾根蕾的《国际法上的"少数人"及其相关概念辨析》,《法制与社会》2010年第3期。

第四,国际移民、海外华人方面。

范可的《移民与"离散":迁徙的政治》,《思想战线》2012年第1期;田德文的《国家转型视角下的欧洲民族国家研究》,《欧洲研究》2012年第2期;宋全成的《论欧洲国家的技术移民政策》,《山东大学学报》(哲学社会科学版)2012年第3期;李明欢的《国际移民研究热点与华侨华人研究展望》,《华侨华人历史研究》2012年第1期;廖建裕的《全球化中的中华移民与华侨华人研究》,《华侨华人历史研究》2012年第1期;李其荣、姚照丰的《美国华人新移民第二代及其身份认同》,《世界民族》2012年第1期;罗圣荣的《英属时期印度人移民马来亚的原因及其影响研究》,《东南亚研究》2012年第3期。

2010—2012 年藏学研究综述

卢 梅

一 古代部分

藏学学科对吐蕃史相关问题的探讨，在时间象限上并不局限于某一断代，而是贯穿了从公元 7 世纪甚至更早时期直到近代。学者对吐蕃历史的研究大概可以归纳为几个主要类别和方向：一是有关吐蕃历史上特定的制度、事件、人物等问题的研究，二是吐蕃与周边各地区、各民族之间的互动关系，三是对古藏文文献和其他文献的整理、研究，四是对吐蕃时期各种文化现象的描述和解析。

在有关吐蕃政治、经济、军事和社会制度的研究方面，台湾文化大学林冠群的《唐代吐蕃众相制度研究》一文，以敦煌古藏文卷《吐蕃大事纪年》和吐蕃碑刻铭文为主要依据，将吐蕃的宰相制度归纳为独相制、众相制、僧相制和回复众相制四个变化阶段，对众相的官衔、员额、任期、职权以及众相是为大论的候补人选等问题进行了考订，并指出该制度对唐朝官制的仿效之处。《吐蕃万户（khri-sde）制度研究》是日本藏学家岩尾一史的英文著作，他在研究吐蕃军政制度茹（ru）、军团（khrom）、千户（stong-sde）的基础上，根据敦煌、新疆发现的古藏文手稿，结合《第吴宗教源流》、《贤者喜宴》等史料，探讨万户的构成及其在吐蕃王朝统治沿革中的地位，并通过比较该制度与其他游牧地区万户部落组织的相似性，提出了吐蕃军政制度来源于内陆游牧地区的可能性。山口瑞凤、董越、杨铭联名发表的《松域（Sum-Yul）地理位置考》讨论了藏文古籍文献中"松域"（Sum-yul）的地理位置，认为松域是指从今青海省黄河南岸的色末一直延伸到四川小金川一带的地区，区分了其与藏文古籍中的"松茹"（Sum-ru）以及汉文古籍中记载的"苏毗"相迥异的地理位置。另外，古格·次仁加布撰写的《略论十世纪中叶象雄王国的衰亡》、黄辛建所撰《韦·悉诺逻恭禄获罪遭：吐蕃贵族论与尚的政治博弈》、张延清的《吐蕃钵阐布考》、王祥伟的《试论吐蕃政权对敦煌寺院经济的管制》、扎西当知的《噶尔世家对唐军事战略研究》等论文，都从不同的角度阐释了吐蕃历史的发展轨迹。洲塔和尕藏尼玛合撰的《东纳藏族部落族源考略》、王正宇的《康巴：边地文化与身份认同》、黄博的《试论古代西藏阿里地域概念的形成与演变》、郝相松的《明代河、湟、岷、洮地区的藏族分布》、陆军的《吐蕃族源"西羌说"的困境》等文章，则对藏族的族源、分布和族际认知等问题进行了有意义的探讨。

吐蕃与周边民族的互动关系，是吐蕃史研究中成果备出的领域。周伟洲所著《唐代吐蕃与北方游牧民族关系研究》一文，依据唐代汉藏文史料，梳理了吐蕃与突厥、回纥、沙陀等北方游牧民族的关系。次旦顿珠在《西藏世居穆斯林考略》一文中对"蕃克什"（藏族穆斯林）和"甲克什"（汉族穆斯林）两个穆斯林群体的考证和调查，展示了藏、汉、伊斯兰三大文化在青藏高原上的交流互动。赵心愚根据西南地区的珍稀史料发表了一组论文，全方位展示了南诏与唐、吐蕃的复杂关系及其演变。曾现江在《吐蕃东渐与藏彝走廊的族群互动及族群分布格局演变》一文中分析了藏彝走廊的族群分布格局的变化，尤其是岷江上游及大渡河以西地区在吐蕃控制下众多部落发生"蕃化"过程。张云撰写的《唐蕃之间的书函往来、对话与沟通》，揭示了唐蕃关系演变发展的丰富内容。另外，赵靖的《七世纪中叶前吐蕃与尼泊尔关系浅析》、杨铭的《论吐蕃治下的吐谷浑》、叶拉太的《古代藏族、纳西族族源及文化渊源关系》、石坚军的《蒙古前四汗时期蒙藏关系新探——以"斡腹之谋"为视角》、陈武强的《北宋后期吐蕃内附族帐考》、李吉和的《吐蕃统治时期敦煌吐蕃、汉族文化互动探讨》、陈松与黄辛建合著的《唐与吐蕃首次遣使互访史实考略》等诸多论文，从不同角度展示了吐蕃与周边民族的多元化互动关系及其历史过程。

对古代文献的整理考订，是历史研究的基本功，也是研究工作的起始点。近年来，学者对古代藏文文献的解读角度越来越丰富。巴桑罗布在《吐蕃赞普后裔在门隅的繁衍与承袭》一文中，根据藏文古籍《门隅明灯》的相关记载，通过梳理吐蕃赞普后裔弥森巴王和康巴王等两个王系在门隅的繁衍与承袭，展现了吐蕃文明在这一地区传播的历史画卷。台湾学者陈又新所撰《〈致吐蕃臣民与僧众书〉略探》，考订了旅居吐蕃的印度佛教僧侣桑杰商哇的生平，并通过研究其所著《致吐蕃臣民与僧众书》，对当时吐蕃的社会状况以及佛教思想逐一进行探讨。《韦协》是首部系统记载佛教传入西藏的重要史籍，巴桑旺堆的汉译本和注释为国内藏学界尤其是为吐蕃史研究者和藏传佛教史研究者提供了珍贵的研究资料。目前，我国西北、西南地区存有大量有关藏族历史信息的金石碑铭。吴景山、李永臣在《甘肃唐代涉藏金石目录提要》中对这些碑铭资料的梳理和介绍，有助于学界对甘肃地区涉藏金石碑铭遗存有所了解、认识和利用。韩殿栋与刘永文合著的《明代笔记中的西藏》梳理了明代笔记中对西藏的记载，涉及派员入藏、设置机构、治藏方略、风土人情等丰富内容。敦煌文献是藏族古代史研究的重要基础资料。陆庆夫在《敦煌汉文文书中的民族资料分布概述》一文中，将含有民族资料的敦煌汉文文书划归十类，并按类概要论述了民族资料的分布情况，另外还通过注文列举了学界对相关资料的研究成果。马德的《吐蕃国相尚纥心儿事迹补述——以敦煌本羽77号为中心》、侯文昌的《敦煌出土吐蕃古藏文购马契约探析》、赵晓星的《吐蕃统治敦煌时期的陀罗尼密典》、陆离的《吐蕃统治敦煌的监军、监使》、耿彬的《中晚唐五代时期敦煌地区的民间体育活动——以吐蕃为例》等论文，则是通过从不同角度利用和考释敦煌文献，向同仁和读者展现了吐蕃古代历史的多彩图景。

宗教问题是藏学研究中的重点话题，相关研究不胜枚举。才项南加的《试论公元8世纪的藏区佛教与因明》、王新有的《前宏期吐蕃赞普、地方豪族、苯教和佛教势力间的博弈》、李超的《松赞干布时期印度佛教传入吐蕃的原因》、当增扎西的《从法藏敦煌藏文文献中的观音经卷看吐蕃观音信仰》、才吾加甫的《塔里木盆地吐蕃佛教文化研究》、张延清的《吐蕃和平占领沙州城的宗教因素》、丁柏峰的《藏传佛教在滇西北的传播及对玛丽玛萨文化的影响》、同美的《多维视野下西藏本教的起源与发展》等诸多论文，从教法史和宗教哲学等不同角度探讨了藏传佛教文化的深刻内涵及其对藏族和周边各民族的深远影响。艺术、风俗和文化是吐蕃史研究中最生动活泼的内容。邓锐龄撰写的《中国古典小说中所见藏事的痕迹》通过对从唐人传奇到明清章回小说的研究指出，小说中所体现的藏事痕迹深浅互异现象，同古代各时期族群间接触的密度、朝廷对藏事及相关政策保密级别、小说这一文学形式在其发展过程中的阶段特征都有关系，对展现千百年来中国民族间的文化交流颇有积极意义。石硕的《藏地山崖式建筑的起源及苯教文化内涵》探析了山崖式建筑所体现的"王权天授"内涵。谢继胜和戚明合作的论文《藏传佛教艺术东渐与汉藏艺术风格的形成》描绘和总结了藏传佛教艺术伴随着汉藏民族之间的交往持续东渐的过程和突出的特点。张建林的《藏传佛教后弘期早期擦擦的特征——兼谈吐蕃擦擦》对擦擦的制作方法、表现题材、造像风格几方面进行分析，并通过对文献和其他相关遗物的比较探讨了这一时期擦擦造型风格的来源。俄罗斯学者 К. Б. 克平与中国学者彭向前联合发表的论文《西夏版画中的吐蕃和印度法师肖像》，对西夏译本《现在贤劫千佛名经》卷首版画《夏译佛经竣工图》中的僧人进行研究，考订了版画中部分僧人的真实历史身份。刘铁程的《"拂庐"考辨》、王松平的《西藏阿里象雄文化发掘与保护探析》、夏吾交巴和东周加合著的《藏族葬礼的起源探析》、罗桑开珠的《论藏族饮茶习俗的形成及其特点》、周莹和张佳茹合著的《唐朝文教政策对吐蕃教育的影响》等论文，全方位、多角度地探索和展示了吐蕃时期瑰丽的藏族传统文化。

二 近代部分

与国际藏学研究相比较，中国的藏学研究具有独特的发展路径，突出表现在这个学科所兼具的学术文化功能和社会政治功能。特别是在与近代史、当代史和现实问题相关的研究领域，中国藏学工作者承担着维护国家统一和民族团结，为藏区的经济建设、政治建设、文化建设、社会建设和生态建设服务，以及弘扬藏族文化、繁荣祖国藏学事业的重大使命。这种使命感反映在科学研究的方法论上，体现为藏学研究领域比较特殊的学术关怀。广大学者一方面秉承传统的研究方法，以史料为基本素材，推动微观领域研究的细化，同时越来越多地吸收人类学、社会学以及其他多种学科的理论方法，不断推进藏族近代史的研究。与此相对应，在专门从事藏学领域的研究者不断向其他学科借鉴研究方法的同时，其他学科的学者也越来越多地关注并加入到藏学的研究队伍中来。这种变化和发展特别突出地表现在藏族近代史、当代史和现实问题的研究中，并已取得可观的研究成果。

中央政府对西藏地方的政策和管理一直是藏族史研究的重要领域，特别是到近现代，由于西方列强的干涉和藏族内部分裂势力的活动，在中央和西藏地方的关系中发生了许多重大事件。如何坚持统一，反对分裂，使中央政府对藏区实施更为有效的管理，从理论到实践方面都有许多重要问题需要深入总结和探讨。杜江的《中国共产党西藏干部政策历史回顾》、车辚的《周恩来关于西藏工作的思想与实践》、张双智的《周恩来赴印度三次规劝十四世达赖喇嘛》、李荟芹与徐万发合著的《朱德对西藏和平解放的贡献》、张涛与贺贤春合著的《略论胡锦涛西藏发展观》、阴法唐的《进军及经营西藏 62 年的历史回顾》、戴超武的《中国和印度关于西藏币制改革的交涉及影响（1959—1962）》等文章，对中国共产党各个时期的领袖以及相关政府部门如何处理西藏事务进行了回顾、总结和分析研究。

清末和民国时期的中央与西藏地方关系史研究也有不少成果。车明怀的《晚清变局中的驻藏大臣》、谭凯与陈先初合著的《梁启超对清季政府西藏政策之批评》、刘永文与赖静合著的《〈广益丛报〉与晚清中国西藏的社会变迁》、曾国庆的《清政府治藏举措辨析》、陈鹏辉的《张荫棠遭弹劾考释》、朱悦梅的《鹿传霖保川图藏举措考析》、王川的《民国时期戴新三著〈拉萨日记〉选注》、张双智的《蒋介石抗战期间应对西藏危机之策》、徐百永的《从宗教上推动政治：国民政府对藏宗教政策视野下的汉僧事务》、朱昭华的《论袁世凯政府对西藏危机的因应》、黎同柏的《辛亥革命中的中国西藏》、张发贤的《再论黄慕松进藏及其历史意义》、王华的《蒙藏委员会对后世的影响与启示》等论文，通过文本研究，对晚清民国时期中央政府的治藏政策进行了阐释和反思。

在藏族近代史领域另一个值得关注的现象是，一部分学者从地方史和观念史的视角，研究藏区各地方的社会变迁，取得了不俗的成绩。例如桑丁才仁的《民国时期青海、四川两省"称都"、"香科"隶属之争探析》、张轲风的《康藏与西南：近代以来西南边疆的区域重构》、王娟的《"藏族"，"康族"，还是"博族"？——民国时期康区族群的话语政治》、王海兵的《大白事件与第三次康藏纠纷的起因问题》和《尹昌衡西征与民国初年康藏局势变迁》、李健的《民国时期的"西藏"概念》、高晓波的《21 世纪学界关于明清安多、康区藏族史研究述评》等论文，与以往藏族地方史的研究相比，在方法论和关注点上都有一定的新变化。

2012 年，《中国藏学》杂志出版了关于根敦群培的研究专号，内容包括传略、年谱、著作目录和作品选译、国内外的相关研究动态，以及对根敦群培学术思想的比较研究等的内容，比较全面地展示了这位藏族近代思想家和著名学者的生命历程和学术成就。

随着中国学者对外交流的增加，一批利用国外档案和多种文献资料撰写的论文，推进了西藏地方涉外关系史的研究。程玉海、秦正为合著的《苏俄与西藏关系探微——基于两份档案材料的考察》、普莱姆·拉尔·梅赫拉、杨铭与赵晓意合著的《20 世纪初俄国在西藏的阴谋》、陈春华的《俄国外交文书选译——关于"英中藏"西姆拉会议》、符银香的《清末民初〈东方杂志〉中英西藏交涉重点报道初探》、郭永虎的《近代清政府对外国人入藏活动的管制政策》、刘国武的《民国时期英国支持和插手康藏纠纷的政策分析》、邱熠华的《1930 年尼泊尔与西藏地方关系危机探析》、梁俊艳的《荣赫鹏与英国在新疆和西藏的殖民扩张》、后东升的《美国当代社会西藏观探析及应对策略》、张旗的《美国外交决策的政治与西藏政策——分析框架与案例研究》等论文，运用大量外文档案，对近代帝国主义的侵略活动以及当代西方国家的西藏政策进行了多方位的研究。所谓的"西藏问题"是帝国主义侵略活动造成的后果，也与藏独势力的活动密切相关。关培凤的《清末民初西藏"独立"活动在中印边界东段争端形成中的影响》、郑丽梅的《浅析十三世达赖喇嘛政治道路阶段性特点》、赵婷婷的《〈西藏日报〉透视达赖集团分裂言行系列评论研究》、袁新涛的《达赖集团分裂祖国的行径及其应对之策》、索朗仁青喇嘛的《关于近期藏区自焚事件的几点思考》等，对清末到当代"藏独势力"的形成和活动进行了考察和评估，体现出藏学界对社会现实问题的高度关注和深度思考。

国内的藏学界同仁一直十分关注国际藏学界的最新进展，学术交流不断增强。在研究动态方面，出现了一系列以介绍和评价国外藏学研究机构、人员和成果的文章，例如：赵光锐的《当代德国涉藏情况及原因分析》、周卫红的《加拿大主要藏学研究机构及人员现状》、弗朗切斯科·塞弗热与班玛更珠合著的《意大利藏学研究的历史与现状》、张晓梅的《俄罗斯对藏文史籍的翻译及其藏学研究》等。这些文章弥补了以前介绍外国涉藏研究机构和成果中的不足，将更多国家的藏学研究动态介绍给读者，有助于国内相关领域的学者更广泛地了解不同地区的藏学研究状况。一些学者还以西方学者的研究成果为文本，讨论西方学者的治学方法和学术史的发展。刘志扬在《西方藏学人类学的研究取向》一文中，以美国各个大学和研究机构中有关藏学的博士论文为研究蓝本，对西方的藏学研究发展和阶段性特点进行了回顾和总结评述。阿拉·森嘎尔·土登尼玛与白玛措合著的《金·史密斯：具有六度精神的藏学家》、宗喀·漾正冈布和妥超群合著的《美国藏学家柔克义的两次安多考察》等论文，介绍了部分国际著名藏学家的生平和学术成就。与此同时，国外藏学家的论文越来越多地出现在中文学术期刊上。例如 E. A. 别洛夫、O. И. 斯维亚、捷茨卡娅与 T. Л. 绍米扬合作的《未公布档案文件所反映 20 世纪初叶的俄国与西藏》，唐纳德·小洛培兹的《根敦群培诗词研究》等，为我们提供了一部分国外学者的最新成果。

三　学术专著与档案文献

历史和宗教问题是藏学研究的重点。祝启源先生的遗作《中华民国时期西藏地方与中央政府关系研究》，经其夫人赵秀英整理出版。该书是祝启源先生研究近代西藏史的代表作之一，其内容资料丰富，包括国家档案馆的上千份档案，西藏、青海的地方文献以及多种藏文、外文资料，用丰富翔实的史料重现了中华民国时期西藏与中央政府的关系。扎洛编著的《清代西藏与布鲁克巴》利用丰富的汉、藏、满、英等多种语言的历史文献，特别是大量鲜为人知的档案和藏文史料，系统梳理了清代西藏与布鲁克巴（今不丹）之间复杂而曲折的关系演变过程，展示出喜马拉雅山区域史所特有的深度与内涵。作者在史实考证的基础上，深入分析了清代中央王朝的宗藩体制如何移植、运用到喜马拉雅山地区，以及在面临英国殖民势力挑战时所进行的自我调整和应对行动，提出了"清代的喜马拉雅山宗藩关系模式"的概念，认为在清朝整体性的宗藩体制之下还存在地区性的次级系统。基于这一视角，《清代西藏与布鲁克巴》对于深化和拓展中国边疆史、对外关系史、清代政治史都具有重要价值。新近出版的专著还包括：杨铭著《唐代吐蕃与西北民族关系史研究》、李健胜著《清代·民国西宁社会生活史》、陆离著《吐蕃统治河陇西域时期制度研究：以敦煌新疆出土文献为中心》、李㑆桢著《拉萨城市演变与城市规划》、陈新海著《明成祖与德银协巴》、陈晓敏著《清代驻京喇嘛研究》、沈卫荣著《西藏历史和佛教的语文学研究》、孙林著《西藏中部农区民间宗教的信仰类型与祭祀仪式》、达哇才仁著《当代藏传佛教活佛：信徒认同和社会影响》、丹曲著《拉卜楞寺藏传佛教文化论稿》等，不一而足。在西藏党史方面，有中共西藏自治区委员会党史研究室编著的《谭冠三与老西藏精神》、张华川编著的《张经武与新西藏》、降边嘉措著

《周恩来与西藏的和平解放》等著作问世。在考古资料方面，出版了故宫博物院与四川省文物考古研究院合编的《穿越横断山脉——川藏南线民族考古综合考察（2008年）》。霍巍著《吐蕃时代考古新发现及其研究》、罗二虎著《文化与生态、社会、族群：川滇青藏民族走廊石棺葬研究》等著作是考古学方面的研究成果。罗广武与季垣垣合编的《藏学文献书目题记》，是一部方便学者研究的工具书。张云翻译的伯戴克著作《中部西藏与蒙古人：元代西藏历史》、陆水林翻译的《巴尔蒂斯坦（小西藏）的历史与文化》等是国外重要或罕见的藏学著作。

作为研究的基础，一部分有关藏学的历史资料得以面世。例如《西藏奏议·川藏奏底》是国家图书馆馆藏光绪朝西藏事务的重要档案，《萨伽格言：西藏贵族世代诵读的智慧珍宝》、《柱间史——松赞干布的遗训》则是藏文古籍。《阿里地区志》、《拉萨市城关区志》以及西藏部分新修县志出版，也为学者的研究提供了帮助。一批成文于民国时期的油印本著作得以重印面世，例如石青阳著《藏事纪要初稿》、陆兴祺著《西藏交涉纪要（汉文部分）》、李德龙著《西藏志考·云龙州志·防城县小志》等。特别值得一提的是中国藏学出版社再版的任乃强先生所著《民国川边游踪之西康札记》、《民国川边游踪之泸定考察记》、《民国川边游踪之天芦宝札记》，系《任乃强藏学文集》考察报告的抽印本。1929—1930年，任乃强先生应川康边防指挥部之邀，以视察员身份对西康的泸定县、康定县、丹巴县、道孚县、炉霍县、甘孜县、瞻化县、理化县、雅江县等9县进行全面考察后，撰写了视察情况报告。任乃强先生还将游迹所至名胜古迹、民情俚俗之札记并附12幅作者手绘实地勘测地图一并付梓出版，对后继者研究康藏地区的历史文化有极大帮助。柳陞祺先生所著《拉萨旧事（1944—1949）》及《西藏的寺与僧（1940年代）》是《柳陞祺藏学文集》部分文章的抽印本。柳陞祺先生曾于1944—1949年在国民政府蒙藏委员会驻藏办事处任职。当时的西藏地方正值多事之秋。文中记载作者居住拉萨5年中的所见所闻，系国内对20世纪40年代西藏情况较全面的系统记述，真实、生动，颇具史料价值。

四　学术交流与重要活动

经过多年的发展，藏学研究已经成为一个具有相当规模的学科，专业研究队伍不断发展壮大，学者间的交流也相当频仍。学者们通过各种形式、不同规模的研讨活动交流最新的心得成果，相互学习和借鉴彼此的研究方法，为推进学术研究和保护、弘扬藏族传统文化尽职尽责。

2010—2012年，由国内各研究机构举办的重要国际和海峡两岸藏学研讨会大致包括："第二届海峡两岸藏学研讨会"、"首届中日学者藏学论坛"、"梵文贝叶经写本研究论坛"、"第五届西藏考古与艺术国际学术讨论会"，等等。另外一些研讨会也以藏学研究为重要交流内容，如中国社科院和挪威和平研究所共同举办的"游牧民定居化"研讨会、海峡两岸"少数民族事务与政策实践"研讨会，等等。其中规模最大的是2012年8月举办的第五届北京（国际）藏学研讨会。这次研讨会共有来自21个国家和地区的267名学者出席，收到论文238篇，内容涉及历史、宗教、社会经济、文献、考古、文化、因明、学术动态等8个方面。

相比国际藏学研讨会的综合性特点，国内藏学研讨会在交流主题上有更为集中和细致的划分。"西藏与四省藏区和谐社会建设学术研讨会"、"第二届康藏文化研究论坛"、"纪念西藏和平解放60周年学术研讨会"、"西藏和平解放60年与藏族文化遗产保护研讨会"、"西藏传统文化与和谐社会建设暨纪念《西藏民族学院学报》创刊30周年学术研讨会"、"2011藏传佛教教义阐释工作研讨会"、"第八届全国因明学术研讨会暨虞愚先生贵州大学讲学七十年纪念会"、"首届拉卜楞文化与民族地区经济社会发展学术研讨会"等，为国内藏学家提供了深入交流的平台。

2010年3月28日，时值纪念西藏百万农奴解放51周年纪念日，中国藏学研究中心西藏文化博物馆开馆，成为对外展示西藏历史和优秀民族传统文化的重要窗口。

2010—2012 年民族教育研究综述

杨 华

从 2010 年到 2012 年，在民族教育研究领域每年均有数百篇论文和几十种专著问世。从总体上看，这几年民族教育研究呈现出以下特点和趋势：

1. 研究队伍不断壮大。从研究队伍看，近二十多年来一直坚持在民族教育领域默默耕耘的一批专家学者仍是民族教育研究的中坚力量。同时，一批拥有较高学历并有较好外语功底的青年学者加入到这支研究队伍中来，由于他们具有可以直接接触大量外文一手资料的优势，他们的加入无疑为民族教育研究队伍增添了新鲜的血液，也是民族教育研究的希望所在。另外，还有一些其他学科的学者，虽然不以民族教育研究为主业，但也在一定程度上关注这一领域，他们的加入也壮大了这支研究队伍。

2. 从研究方法和视角来看，民族教育研究呈现出多样性和多元化的趋势。纵观这几年的研究成果，不难发现，对人类学、社会学、经济学、人口学等多种学科的研究方法的采用，使得民族教育研究焕发了更大的生机。从研究视角来看，有学者从民族文化的角度关注民族教育，有学者从语言学角度关注民族教育，也有学者从社会发展战略角度关注民族教育。

3、从研究领域来看，民族教育关注的问题越来越多，视野越来越开阔。这几年的民族教育研究不仅对民族基础教育、民族高等教育、双语教育、民族教育理论等经典问题继续予以关注，还将触角伸向了民族教育政策与教育公平、民族地区的社会分层与教育机会及民族教育立法等问题，过去研究较少的外国民族教育以及民族教育史等领域也出现了较多的研究成果，教育人类学更是出版了系列丛书。

一 民族教育政策研究

民族教育政策是民族教育事业的灵魂和核心，只有民族教育政策不断健全和完善，民族教育事业才能健康有序地快速发展。

近年来在这一领域有几本专著值得关注。荣仕星、徐杰舜、吴政富的《希望：中国民族教育政策研究报告》（黑龙江人民出版社 2011 年版）对中国民族教育政策研究的理论方法、政策制定的依据、政策制定的基本原则、民族教育政策的基本内容、民族教育政策的特点及实施等问题进行了研究。王鉴主编的《中国少数民族教育政策体系研究》（民族出版社 2011 年版）在对过去我国民族教育政策的成效进行总结的基础上提出西部大开发背景下发展少数民族教育事业的新的政策体系,并以"民族教育优先发展战略"、"民族教育均衡发展战略"、"民族教育跨越式发展"为统领,从理论上构建了中国特色的社会主义民族教育政策体系,使我国民族教育事业的发展和民族经济社会的发展有机地结合起来。岳天明的《〈中国少数民族教育政策体系研究〉评介》(《民族研究》2012年第6期)和张善鑫的《民族教育政策体系研究的重大理论问题解读——评〈中国少数民族教育政策体系研究〉》(《当代教育与文化》2012年第9期)对这本书作了评介。孟立军撰写的《新中国民族教育政策研究》(科学出版社2010年版)从11个方面分别梳理和归纳了我国民族教育政策的主要内容,叙述了我国民族教育政策实践的主要教育史实,分析了我国民族教育政策的内在缺失和实践偏移问题,从政策调整和政策创新方面提出了进一步完善我国民族教育政策体系的构想。甘永涛的《寻求新中国民族教育政策创新的途径——评孟立军教授新著〈新中国民族教育政策研究〉》(《中南民族大学学报》2012年第2期)对此书进行了介绍。

关注民族教育政策的论文较多,如:金炳镐和陈延斌的《发展民族教育的光辉历程——民族教育政策发展回顾》(《中国民族教育》2011年第7—8期)、高岳涵和高永久的《民族教育政策的制度安排与分析》(《中南民族大学学报》2012年第6期)、许可峰的《中国民族教育政策体系的类型学研究》(《贵州民族研究》2012年第2期)、袁东升的《近三十年来中国民族教育政策研究述评》(《贵阳学院学报》2012年第10期)、羊措的《民国时期青海民族教育政策的实施及意义》(《青海民族大学学报》2012年第1期)、韦克甲和陆岸岸的《民族教育政策问题的公共视角研究——以国家"少数民族高层次骨干人才计划"政策为例》(《皖西学院学报》2012年第2期)、尚紫薇的《推动民族教育科学发展 促进各民族团结进步——党的十六大以来我国民族教育政策的价值取向》(《中国民族教育》2012年第7—8期)、张建英的《论我国民族教育政策存在的问题及对策》(《民族论坛》2012年第10期)、扶松茂的《国家及五个自治区政府中长期民族教育规划的政策工具分析》(《云南行政学院学报》2012年第5期)、祖力亚提·司马义的《民族政策在教育中的实践:新疆"二元教育体系"分析》(《社会科学战线》2012年第4期)等。

其中,祖力亚提·司马义的文章对民族教育优惠政策在新疆实施过程中遇到的问题进行了实证研究。该文是教育部社会科学重大项目和国家社会科学基金重大项目的阶段性成果。文章认为民族教育的制定和实施将直接、间接地在不同层面影响新疆各民族的社会、经济、文化、教育发展和各民族之间的族际关系。因此,如何促进新疆各民族的发展,实现地区族际整合,政府关于少数民族教育的相关制度安排是必须重视的一个重要的影响因素。在新疆地区少数民族教育的有关制度安排中,关于民族语言授课、汉语教学、办学模式和优惠政策的相关政策,是对少数民族语言文化的传承、少数民族教育的发展及地区族际关系产生重要而深远影响的政策。新中国成立以来,民族教育优惠政策的推行大大促进了新疆教育事业的发展,为新疆地区的生产建设培养了大批人才,但是其负面的影响也逐渐显现出来。首先,由于在市场经济社会中没有与高考优惠政策配套的就业优惠政策,少数民族大学毕业生比汉族大学毕业生更难就业;其次,少数民族对优惠政策产生的习惯性依赖也使得优惠政策难以进行调整;再次,没有享受到优惠政策的民族会认为自己受到反向歧视;又次,以民族身份为界限的优惠政策强化了民族界线;最后,以民族身份为界线的资源配置可能会导致以民族为单元的竞争的增强。作者认为，某些制度安排，如少数民族的单一民族学校、合校却分班的办学模式，在保障少数民族语言、文化权利的同时也可能增加族际之间的隔阂，强化族群内部认同以及对外族群的排斥。高考招生中的优惠政策保障了一定比例的少数民族人口接受高等教育，但这种制度安排遭遇市场化经济社会时，除非从制度上保持民族分隔的就业市场，否则竞争中出现的问题依然会导致族际矛盾。这些对于族际整合、对于民族国家的构建是不利的。

二 民族基础教育研究

在民族基础教育领域，有学者对民族基础教育的现状、发展及对策进行研究，也有学者对女童教育进行研究，还有些学者对民族基础教育的投资机制进行了研究。这些问题是历年来学者们都会关注的问题，如果在研究中再多提出一些有创见性的东西，将会使这些研究更有分量。近年来新出了几本书：马丽娟和伍琼华的《基础教育阶段：云南民族教育的发展变迁》（中国社会科学出版社2012年版），刘明新的《散杂居少数民族基础教育现状研究》（中央民族大学出版社2012年版），滕星主编、郭建如撰写的《中国农村义务教育财政体制变革与义务教育发展：社会学透视——从税费改革到农村义务教育经费保障新机制》（民族出版社2010年版），滕星主编、郭建如撰写的《西部民族贫困地区农村义务教育财政、资源配置与效益研究——基于云南、新疆、内蒙古等地贫困县的案例研究》（民族出版社2010年版）。

由于我国民族基础教育发展存在着地区之间和城乡之间的不平衡，教育资源分配不均，优质教育资源稀缺，这些都是造成教育不公平的重要因素，因此，民族基础教育的均衡发展就显得尤为重要。一些学者从具体个案出发，对民族基础教育的均衡发展作出了实证研究。杨军、王春梅的《青海省民族地区小学教育资源均衡配置现状分析——以青海省天峻县为例》（《当代教育与文化》2010年第6期）以青海省天峻县为个案，从师资水平、物质资源、信息资源三个方面来分析天峻县小学教育资源配置现状，探讨民族地区县域内小学教育资源均衡配置发展问题的成因，并提出了相应的优化配置措施和发展策略。孙亚娟的《贫困地区教育均衡发展的多路径探索——以云南省宁蒗彝族自治县为例》（《基础教育研究》2012年第20期）以云南省宁蒗彝族自治县为调查对象，从外延式发展和内涵式发展两个层面探讨了贫困农村地区在促进基础教育均衡发展过程中的经验和路径。普成林、蜂建金、潘玉君的《云南省贫困、民族、山区县义务教育均衡发展的初步研究——以墨江哈尼族自治县为例》（《西南农业大学学报》2010年第6期）以墨江县为案例，采用定性和定量相结合的方法，对民族地区义务教育的均衡发展进行了研究。李慧勤、刘虹的《县域间义务教育均衡发展的影响因素及对策思考——以云南省为例》（《教育研究》2012年第6期）通过生均校舍建筑面积、生均教学及辅助用房面积、生均体育运动场（馆）面积及师生比等九个指标对云南省县域间义务教育均衡发展现状进行了实证分析，研究发现影响县域间义务教育均衡发展的因素主要有：教育优先发展的战略地位未得到进一步确立；历史"欠账"多；财力薄弱，教育经费投入有限；教师整体素质偏低。应采取切实有效的措施，促进义务教育的均衡发展：调整结构，逐步完善农村义务教育经费保障机制；增加资源，改善义务教育基础设施条件；强化师资，提高教师的均衡配置；定期监测，构建云南义务教育均衡评估体系。

在民族基础教育领域，与教育均衡发展紧密相关的是教育公平问题。教育均衡作为教育公平的一种表现形式，是社会公平在教育领域的延伸和体现。教育公平是近年来呼声最高的教育改革诉求之一，国家一直把促进教育公平作为推动教育工作的重中之重来抓。《国家中长期教育改革和发展规划纲要（2010—2020年）》明确指出，教育公平的"重点是促进义务教育均衡发展和扶持困难群体，根本措施是合理配置教育资源，向农村地区、边远贫困地区和民族地区倾斜，加快缩小教育差距"。刘旭东、许邦兴、高小强和王鉴的《西北民族教育研究丛书：青藏地区义务教育公平发展研究》（民族出版社2012年版）从青藏地区义务教育入手，研究了教育公平问题，内容包括：义务教育公平问题研究背景及相关理论；家庭生活环境与义务教育公平；学校生活与教育公平；对学校制度的审视；学校的精神文化环境；义务教育阶段教师队伍建设；三级课程建设与青藏地区义务教育公平发展；促进青藏地区义务教育的公平发展。彭寿清和于海洪的《教育公平与乌江流域民族教育发展研究》（人民出版社2011年版）针对乌江流域特殊的历史背景、地理环境、社会经济现状和文化差异的实际情况，采用跨民族、跨省市、全流域的研究方法和多学科视角，结合乌江流域的特殊性和民族教育发展的现实境遇，从供给与需求、传统与现代、结构与功能、权利与责任等四个维度建构了民族教育公平理论；提出了操作性强的公平发展乌江流域民族教育的对策：乌江流域民族教育的公平发展，需从观念、体制、文化、投入等方面考虑，通过逐步实施民族民间文化进课堂工程、"以师为师，师从师出"的名师培训工程、义务教育薄弱学校救助工程、"建设虚拟家庭，弥补家庭教育的缺失"工程、职业教育振兴工程、民族教育信息现代化工程等实现乌江流域民族教育的公平发展。

三 民族高等教育研究

从事民族高等教育研究的学者较多，有人从政策角度研究民族高等教育，有人从管理角度研究民族高等教育，也有人从法律角度研究民族高等教育。一些学者致力于少数民族高等教育的国际化研究，一些学者致力于大众化背景下的民族高等教育发展及改革研究，还有许多学者从事民族高等教育的历史、现状及发展走向研究。

值得关注的是，部分学者运用教育社会学的理论范式和研究方法对民族高等教育进行研究。尤其是少数民族家庭文化资本与教育机会的获得、社会分层与教育公平等问题引起了许多学者的研究兴趣。谭敏的《中国少数民族高等教育入学机会研究——基于家庭背景的分析》（福建教育出版社2012年版）是21世纪初中国高等教育调查研究丛书之一，该书分析了家庭背景对汉族与少数民族之间以及少数民族阶层内部高等教育入学机会差异的影响。研究认为，我国少数民族子女的高等教育入学机会受民族分层与社会分层结构的双重制约。该书对国内外及港台地区的家庭背景与教育机会的相关研究文献进行了梳理，介绍了少数民族高等教育入学机会研究的相关理论：族群分层理论、社会资本理论、文化资本理论，对中国少数民族高等教育入学状况的历史与现实做了评介，从家庭资本的视角对家庭背景影响少数民族子女高等教育入学机会的原因进行了分析，提出了改善不利家庭背景少数民族子女高等教育入学机会的若干建议。

由于云南是一个多民族省份，很多学者不约而同地选择这一省份作为自己的研究对象，尤其是进行实证研究的学者更乐于在云南开展自己的研究。谢作栩和杨倩的《家庭背景、族群身份与我国不同少数民族的高等教育机会——基于云南省高校少数民族大学生的调查分析》（《大学教育科学》2012年第5期）是教育部人文社会科学重大项目"高等教育大众化与少数民族高等教育机会变化的调查研究"的阶段性成果。该项研究基于对云南省13所高校5608名少数民族大学生的问卷调查，分析了家庭背景与族群身份对我国不同少数民族群体进入不同类型高校的影响，结果发现：家庭背景与族群身份共同影响哈尼族、彝族、白族、傣族、纳西族子女获得高等教育的层次与质量，但影响程度不尽相同。在控制家庭背景等因素的影响之后，白族子女更容易获得本科教育机会，哈尼族子女获得本科教育机会则相对困难。杨倩在《我国少数民族子女选择高校的影响因素研究——社会阶层差异的视角》（《中国人民大学教育学刊》2012年第2期）中通过对4682名少数民族大一学生的调查分析，发现不同社会阶层少数民族学生对其选择高校的16个影响因素的重要性评价存在一定差异。在选择高校时，基础阶层少数民族学生受"学费和生活费因素"影响的程度相对更大，中间阶层和优势阶层少数民族学生则更看重"父母、家人或其他亲属的影响或建议"。进一步分析发现，少数民族群体内部的阶层分化对子女选择高等学校产生了显著影响，父母与家人对子女选择高校的影响程度与父母受教育程度呈正相关，"学费和生活费因素"对学生选择高校的影响程度与家庭经济收入呈负相关。基础阶层少数民族学生在父母受教育程度以及家庭收入等方面所处的不利地位使其在高校选择上处于不公平地位。

高贵忠的《家庭社会资本与高等教育选择的关系研究——以云南省为例》（《当代教育论坛》2012年第3期）通过对云南省少数民族大学生的问卷调查，对家庭社会资本与高等教育选择做了实证性分析。文章认为，作为教育界研究的热点、重点问题，教育公平问题归根结底是一个权利、机会等资源分配和再分配问题，尤其是分配标准在其中起到了关键作用。不同层次的家庭拥有的教育资源对高等教育机会分配产生的影响是迥异的。家庭社会资本能够作为家庭代际关系资本转移的桥梁，直接或间接地影响子女高等教育机会的分配。文章以法国社会学家皮埃尔·布迪厄提出的文化资本理论为指导，从家庭社会资本的维度出发，通过对少数民族大学生及其家庭的实证分析，得出了这样一个结论，即家庭社会资本对少数民族子女在高等教育机会分配方面有显著性影响。

由以上研究可以看出，在民族高等教育领域，教育公平也是一个很重要的问题，是近年来学者们非常关注的一个问题，但是不同学科背景的学者对这一问题的解读是不一样的。程跟锁、郭建东和高辉的《我国少数民族地区高等教育公平问题及对策——以甘肃省为例》（《西北师范大学学报》2011年第5期）认为实现少数民族地区的高等教育公平，是实现民族平等和社会公正的重要途径，对促进民族地区社会和谐稳定发展具有十分重要的作用。甘肃作为西部贫困省份和少数民族聚居地区，在少数民族教育公平，特别是高等教育公平方面存在着严重不足。文章将教育公平分为起点公平、过程公平、结果公平三个阶段，从高等教育入学机会、高等教育过程、高等教育就业机会三个方面，对甘肃民族地区高等教育不公平现状进行分析，并提出一些对策与建议。

四 民族教育史研究

历年来民族教育史研究都不是民族教育研究的重头戏,但是近几年来在这一领域出版了几本较有分量的专著,涉及历史上蒙古族、藏族、羌族、回族等民族的教育。它们是:于逢春的《国民统合之路:近代中国民族国家构筑视野下的内蒙古东部蒙旗教育》(黑龙江教育出版社 2012 年版),吴定初、张传燧和朱晟利的《羌族教育发展史》(商务印书馆 2011 年版),孟作亭和孟福来的《中国藏族文化教育发展史略》(民族出版社 2011 年版),王正儒和雷晓静的《回族历史报刊选·教育卷》(上下册)(宁夏人民出版社 2012 年版)。

民族教育的发展从来都不会游离于社会政治之外,在很多时候民族教育都会有政治功能,在传递民族传统文化的同时,也会为促进族际整合和民族国家的构建而服务。于逢春的《国民统合之路:近代中国民族国家构筑视野下的内蒙古东部蒙旗教育》在探究晚清民初中国政府在内蒙古东部蒙旗所实施的国民教育方针及其国民教育实践的基础上,发现当时政府发展民族教育的最终目标是实施其"国民统合"的意图。该书通过研究发现,近代中国模仿欧、美、日各国,将民族国家构筑的终极目标也设定为"一个国家,一个民族"。这一政治诉求意味着最终否定居民(或臣民)中的族群多样化与文化多样性,希冀将整个版图上的居民(或臣民)铸造成国民,并使其统合于一个"民族"(国族)之下。最终得出结论:近代中国政府正是希冀通过国民教育来承担造就"共同的民族性(nationhood)",即统合国内包括汉族在内的各族群而形成"中华民族"这一历史重任。

与这部专著不同,另外几部专著是纯粹的民族教育史研究。虽然是人口较少的民族,但羌族是中国历史悠久、文化古老的民族之一。羌族教育历史源远流长,《羌族教育发展史》以时间为序,全面、系统地阐述了从古羌人至今的不同历史时期羌族学校教育、社会教育及教育人物的教育实践与教育思想的演变、发展的历史过程。羌族虽然有着悠久的教育史,但迄今尚无专门的教育著作对羌族教育发展史进行过论述。中国教育史虽然已出版了多种版本,但一般都以历代统治王朝所辖的中原地区作为中心研究范围,而对于僻处边荒之地的羌族的教育史则不够重视。这本书在一定意义上填补了这一缺憾。

与羌族一样,藏族也是一个历史悠久、文化古老的民族。藏族深厚的文化底蕴是其宝贵的财富,而传统教育则使藏文化能够不断传承并生生不息地发展下去。《中国藏族文化教育发展史略》旨在全面真实地还原藏族文化教育发展历史原貌。主要介绍了:藏族先民的史前文化教育;吐蕃王朝时期的藏族文化教育;封建割据时期的藏族文化教育;元朝时期的藏族文化教育;明朝时期的藏族文化教育;清朝前期的藏族文化教育等内容。

《回族历史报刊文选》集中展示了回族文化成果,以专题的形式为读者系统深入了解近现代回族历史的发展状况提供线索,填补了民族研究缺乏回族近现代文献史料的空白。王正儒、雷晓静主编的《回族历史报刊文选·教育卷》分上下两册,包括回族教育、教育综谈、经堂教育、新式学校教育、留学教育与国外教育等内容。

五 外国民族教育研究

他山之石，可以攻玉。对外国民族教育的研究会为我国民族教育事业的发展提供很多经验和教训。近年来外国民族教育领域的研究成果也较多。比如，很多学者从不同角度出发，对澳大利亚民族教育进行了研究。陈立鹏和张靖慧的《澳大利亚民族教育立法研究及启示》（《民族教育研究》2011年第3期）从立法角度对澳大利亚民族教育进行了研究。随着多元文化政策的兴起，澳大利亚政府开始逐步关注土著教育问题，制定了一系列土著教育法律政策，旨在实现土著教育公平，提升土著学生的学业成就。该文基于澳大利亚民族教育立法的历史背景，研究分析了澳大利亚民族教育法律政策的主要内容及特点，归纳总结了澳大利亚民族教育立法的主要经验。在此基础上，提出了加强我国少数民族教育立法的几点启示。王兆璟和陈婷婷的《澳大利亚土著人教育优惠政策：进程、动因及价值取向》（《当代教育与文化》2011年第6期）从优惠政策的角度研究了澳大利亚的土著人教育。该文论述了澳大利亚土著人教育优惠政策的发展过程与政策内容，分析了澳大利亚推行土著人教育优惠政策的动因，对澳大利亚土著人教育优惠政策的价值取向进行了研究，认为澳大利亚土著人教育优惠政策彰显出了作为典型的多元文化国家的澳大利亚追求民主平等以及文化的多样性的价值取向。陈立鹏和张靖慧的《澳大利亚土著民族教育机会均等政策研究》（《比较教育研究》2012年第10期）对澳大利亚土著民族教育机会均等政策进行了研究。该文论述了澳大利亚土著民族教育机会均等政策的主要内容、澳大利亚土著民族教育机会均等政策的主要特点及澳大利亚土著民族教育机会均等政策的实施成效。我国与澳大利亚的政治制度及国情不同，但我国与澳大利亚同为多文化、多民族国家，澳大利亚土著民族教育政策建设的实践及经验，对加强我国少数民族教育法规政策建设有重要的启示和积极的借鉴意义。

美国是近三百年来发展起来的最大的移民国家，多种族、多民族、多文化共存成为美国教育中的一个难题，也成为多元文化教育产生与发展的主要背景。对美国民族教育的研究也较多。王鉴和胡红杏的《从"承认差异"到"强化认同"——美国少数民族教育政策的演变及启示》（《兰州大学学报》2012年第3期）介绍了美国少数民族教育的移民风潮背景，研究了美国少数民族教育政策的历史演进，认为美国多元文化教育政策的演进过程分为：同化主义、平等且隔离主义、多元文化主义、强化国家认同等四个阶段。文章介绍了美国多元文化教育的目标及课程内容，并对美国民族教育的启示进行了研究。美国是当今世界上高等教育最发达的国家之一，高等教育机会均等是美国高等教育的基本理念，也是美国政府不断追求的目标，探究美国高等教育机会均等问题的发展历程，分析其促进高等教育机会均等的措施，对解决我国高等教育机会均等问题具有重要的借鉴意义。乔浩风的《美国高等教育机会均等问题历史探析及启示》（《黑龙江教育》2012年第6期）对美国高等教育机会均等问题做了历史探析，对美国高等教育机会不均等做了原因分析，介绍了美国促进高等教育机会均等的措施。王凡妹的《西方教育领域的种族或族群优惠政策对于我国的借鉴意义——以美国"肯定性行动"为例》（《西北民族研究》2012年第2期）以美国"肯定性行动"为例，探讨了西方教育领域的种族或族群优惠政策的借鉴意义。作者通过对美国经验的研究发现，在各族群之间差距较大的情况下,政府可以使用带有种族或族群意识的政策进行干预,但是随着差距的缩小,这类政策必将成为过去。在政策的实施过程中,政府需要把握好尺度,以免造成"反向歧视"和"污名化"问题。此外,"肯定性行动"现阶段所遭遇到的困境说明两点:一是任何一项种族或族群优惠政策,从逐渐弱化到最终取消,都需要经历较长的过渡阶段;二是政策的定位不能只是停留在高等教育入学阶段,解决各族群在基础教育阶段的差距,才是问题的关键所在。

六 教育人类学研究

近年来教育人类学研究方兴未艾。由滕星主编并由民族出版社出版的"教育人类学丛书"是一套开放性丛书。该丛书系统介绍与评价了国外教育人类学的理论与实践,并将其引入中国民族教育研究领域。在批判性继承国外教育人类学理论与方法的基础上,对中国本土教育人类学的理论与个案进行了研究。丛书特别关注中国社会少数民族、妇女、残疾人和低社会阶层等弱势群体的教育问题。在研究方法上丛书倡导书斋研究与田野工作相结合,即理论与实践相结合的学风;推崇百花齐放、百家争鸣的学术自由与理论创新的精神。该丛书的出版在教育学与人类学学科之间搭起一座桥梁,推动了教育学与人类学学科之间的相互渗透与整合,为教育学和人类学开辟出一块新的学术研究领域。近年来该丛书出版了一系列专著,主要有:滕星主编、巴战龙撰写的《学校教育·地方知识·现代性:一项家乡人类学研究》(民族出版社2010年版),滕星主编、李素梅撰写的《中国乡土教材的百年嬗变及其文化功能考察》(民族出版社2010年版),滕星主编的《中国乡土教材应用调查研究(第3辑)》(民族出版社2011年版),滕星主编、李红婷撰写的《无根的社区·悬置的学校:湖南大金村教育人类学考察》(民族出版社2011年版),[美]西马哈偌著、滕星与马效义等翻译的《全球视野——教育领域中的族群性种族和民族性》(民族出版社2010年版),滕星主编、张霜撰写的《民族学校教育中的文化适应研究:贵州石门坎苗族百年学校教育人类学个案考察》(民族出版社2012年版),滕星主编、班红娟撰写的《国家意识与地域文化——文化变迁中的河南乡土教材研究》(民族出版社2012年版),滕星等的《书斋与田野:滕星教育人类学访谈录(第3辑)》(民族出版社2010年版)。

此外,其他出版社也出版了一些教育人类学专著,如:黄书光主编、张济洲撰写的《文化视野下的村落、学校与国家:一个地方社区基础教育变迁的历史人类学考察》(教育科学出版社2011年版),T. 胡森与T. N. 波斯尔斯韦特主编、石中英翻译的《教育大百科全书:教育人类学》(西南师范大学出版社2011年版),孙杰远和徐莉的《人类学视野下的教育自觉》(广西师范大学出版社2010年版),郭凤鸣的《秩序中的生长:少数民族习惯法的教育人类学解读》(四川大学出版社2011年版)等。

2011—2012年影视人类学综述

邓卫荣

一 2011年

（一）本年度国内外学科发展最新动态、重要理论观点与方法，热点问题，代表性学者及代表作

影视人类学理论观点与方法研究的最新动态表现为：

1. 人类学影片完成了从影像化到学术化的再回归，逐渐走向独立与成熟。长期以来，不断强调电影化的影像表达是人类学电影发展的一个主要走向。作为一门交叉性学科的影视人类学，这门学科的最终载体是电影，而电影有自己综合表达的一整套语言，有自己的一套叙述语汇、修辞和方法，有着与文字表达不同的特点，与文字既相互联系、又相互补充。

事实上，对电影样式和类型的选择不是随意的，而是机缘（包括经费和拍摄记录的人物事件本身）、拍摄者对人类学原理和方法的运用，以及拍摄者本身的文化背景互动的结果。

虽然人类学电影的表达是一个动态的概念，并不只有一种单一的模式。但抛开多元化、个性化特征，抛开少数民族题材，人类学影片区别于一般纪录片的内核是什么？国内外大多数的人类学者都在面临研究项目如何以影视表现的巨大挑战，还需要不断学习影视化的表达，但同时他们往往又放弃了自己的学术优势，这也主要由对影视工具的不熟悉所致。中国社会科学院影视人类学研究室完成了人类学影片从影像化到学术化的探索和再回归，这种回归得益于其研究者受过电影和人类学双重教育，得益于多年不断地积累和探索。陈景源、庞涛制作的关于彝族习惯法的影片《祖先留下的规矩》，张辉、杨洪林制作的关于社区民间医疗体系的影片《药匠》都是以专题研究为主，辅以人物及故事性，保证了学术性和可视性的统一。

2. 人类学工作中注重理论研究与影视表现并重，探索人类学田野工作和影视人类学田野工作的差异性和互补性，综合人类学理论研究与影视人类学方法，达到人类学整体观研究之目标。由陈景源、庞涛、邓卫荣共同参与的国情调查项目"民族地区农村纠纷解决与秩序重建——以广西融水县永乐乡为个案研究"，完成影片拍摄300分钟，编辑出在村民小组、村民委解决的案例（兄弟间宅基地纠纷，影片30分钟）；在司法所调解的案例4件（村民小组出租林地给个体老板的合同纠纷，影片32分钟；农户间租甘蔗地的合同纠纷，影片37分钟；

两农户间下水道纠纷，影片75分钟；两村庄地界纠纷，影片90分钟）；在派出所拍摄案例2件（排除学校安全隐患，纠纷隐患调查：其中遣送三无人员，影片30分钟；学校安全检查，影片36分钟）；村民小组、村民委、派出所、法院都涉及的纠纷1例（婚姻纠纷，影片30分钟）。完成采访文字整理5万字，最终完成调查报告4万字。课题成果集照片、影像、调研报告为一体，运用多种手段达到人类学整体观研究之目的。该课题研究认为现今乡镇基层司法机构成为乡村矛盾纠纷的集结点，这与乡土社会的转型有关，一方面，历经长期的国家政权建设和分田到户、市场经济渗透之后，作为民间纠纷调解重要载体的长辈、长老、家族等社区内生权威已经逐渐衰弱。税费改革后农民不再需要缴纳税费，村组干部不必再向农民收税，也同时丧失了给农民解决问题的权威与动力，道德、面子、"软硬兼施"等非正式权力的作用逐渐衰弱，使得本来可以在乡村社会自身内部消化、解决的各种纠纷常常超越村庄上移到乡镇甚至更高级司法行政部门，这必然增加了基层司法机构的工作量。而基层司法行政机构资源严重短缺，经费拮据，专业人员缺少；又随着法制现代化步伐的推进，对其在纠纷解决中程式化、规范化要求又日益增强，大量的表格化的工作花费的精力、资源过多，自然也就影响本就有限的资源投入到调解纠纷、解决问题上面。规范化程序化同时还带来一种惰性，它成为基层政府摆脱麻烦、推卸责任的护身符。当司法所以履行程序为目的、而非以息讼解纷为目的时，它所带来的必然将矛盾进一步往上推移至人民法院或者政府信访部门，加重上级行政司法部门的负荷，不利于纠纷的及时解决，不利于社会秩序的稳定和长治久安。

3. 人类学电影记录、关注领域和题材的转变。影视人类学的拍摄题材由传统转向现实，由"抢救记录"转向"记录现实"，开始关注传统文化消逝前夕的文化群体及人的行为方式、心态，以及现代文明与传统文化的冲突，转向关注现代化变迁、工业化民族自身以及现代人日常生活等。欧美对当今世界种种热点问题，尤其是高科技、战争问题、环境问题和民族问题表现出强烈的关注。

由陈景源、张辉共同参与的土家族社区研究，完成影视人类学片《不出门打工的日子》。该片记录了大山深处一个土家族村民小组的日常生活。在中国工业化、现代化进程日益加深的背景下，大量农民外出打工，这个小山村的土家山民也不例外，然而留在本地的山民，他们的生活状态如何，工业化、传统文化的传承受到怎样的压力，传统的生存之道又会发生怎样的变化，这些内容随着小山村几户山民的生活琐事而呈现。

张辉、杜世伟等合作完成中蒙合作项目《中蒙两国跨境民族、部族研究》子项目人类学影片《寻访亚洲驯鹿人》英文版。该片以一个中蒙俄三国多学科联合调查组的行程为线索，观察记录了中国敖鲁古雅驯鹿人部落、蒙古国查唐驯鹿人部落以及俄罗斯的埃文基驯鹿人部落的生活状态，内容涉及历史、宗教信仰、语言、传统文化现状以及与政府的关系等。

4. 影视人类学在教育、旅游、区域经济发展等方面都进行了有益的应用研究尝试，尤其突出的是用于HIV/AIDS等公共卫生领域。例如，"Step for the future"项目在非洲南部制作出一系列关于HIV/AIDS的虚构的教育电影。苏珊·列文（Susan Levine）的调查显示，看过当地制作的电影后，人们对于艾滋病方面知识的了解相对于基线调查有很大的提高。

5. 高科技、互联网让影视人类学成果的传播共享可以跨越时空，成为一个开放的平台，可以不断验证或纠正成果的真实性与客观性，也可以进行文化的比较研究。过去以文字为载体的人类学研究传送方式是单向直线型的，学术界只能以文章是否能自圆其说为原则来判断其研究成果。影视人类学以非线性多媒体成果的形式放到互联网上，被拍摄者、观看者可以实时互动反馈，共同不断接近事实本身或诠释出更丰富的内容。对于有限度播映的影片，可以用用户名及密码等方式进入。

6. 人类学电影制作者的职业分工、角色的日趋融合。除了一些技术分工外，导演、人类学学者、摄影师、剪辑师和制片人均由一人担任，这种人类学家与"电影工作者"的完全融合，最大限度地避免了职业电影工作者对人类学不理解所带来的种种问题，避免了外来人的大量出现对被拍对象的干扰，保证了被记录行为的真实，保证了所拍影片的科学属性及学科目的完成。例如，雷亮中关于边疆社会的调查拍摄基本都是一人完成。

7. 影视人类学家职业道德意识不断增强。影视人类学逐步形成了一套职业道德规范和所有人类学电影制作者应该遵循的责任和原则，其中包括，制作者应该对被研究者负责，承担对被拍摄对象所负的道义责任，对公众的责任，对政府（包括对东道国政府）的责任。

影视人类学家的"职业守责"，对运用摄影机、磁带录像以及其他设备来进行田野工作时，应该让被拍摄对象了解这些设备的性能，被拍摄者有权拒绝或选择研究者采用这类设备；采访提问方式，语气等也要注意，不要让被拍摄者认为不礼貌和不尊重；拍摄结果应当给被拍摄者看，并保障其个人财产、尊严、私生活的隐私权，同时，还应将研究结果告诉那些可能会受到影响的个人和团体。如庄孔韶教授组织拍摄了多部针对妓女的流动的影片，严格遵循了知情同意原则（坚持签署知情同意书）。陈景源、邓卫荣拍摄的《械斗》影片，由于考虑到公开播映也许会对当地招商引资造成影响，仅小范围播映，制作者不会为个人名气的传播而在大众媒体播映，避免伤害到被拍摄对象。

（二）影视人类学发展评价及努力方向

影视人类学同仁本年度在学科探索上有新的进展，特别是人类学影片逐步形成自己的风格，体现出独立性与成熟。同时注重学术研究和影像表现并重。

目前学科存在的问题主要是专业人才短缺、经费短缺。

学科今后的努力方向有以下几方面：

1. 要制作规范的影像民族志文本。尽管在影片表达上可以是多元的、个性的、开放的，但人类学影片的内核必须具备。大量非影视人类学专业的研究人员、记者、导演开始拿起摄像机，进行自己的影视人类学片的创作，一定程度上造成大量低效的重复劳动和资金浪费。因此，我们必须要制作相对规范的影像民族志文本，并注重扩大交流和培训。

2. 建立并制定具有中国特色的影视人类学学科发展所需的科学评判、审定标准和原则。

3. 应当规划并建立国家级的人类学影像档案库，在全国范围内展开民族学影视片的抢救性拍摄和搜集，使影视人类学的学术功能和社会功能得到充分发挥。

影视人类学还要不断加强对国外影视人类学和人类学理论和方法的学习以了解学科最新动态；实践中，要不断提高影视人类学田野和拍摄技术等方面的训练以及观摩更多国内外最新影视人类学作品，取长补短。

二 2012年

（一）本年度国内外学科发展最新动态、重要理论观点与方法，热点问题，代表性学者及代表作

1. 人类学影片的制作和理论探讨有新的进展

中国社会科学院民族学与人类学研究所影视人类学室雷亮中主持的所重点课题《关于边疆社会文化的影像民族志研究》，制作了影片《游走的呗玛》，95分钟。该片通过云南省玉溪市峨山彝族自治县岔河乡彝族日常活动和仪式生活的考察，透过当地彝族呗玛（毕摩）这一传统民族文化专家的自我传承和当代文化实践（当代彝族呗玛社会地位、认同、性别及当地彝族呗玛老练地游走于汉文化与彝文化，传统和现代之间）来展现边疆社会文化呈现出"不彝不汉"或"又彝又汉"的文化风格。

该所邓卫荣在《青年论坛》发表的文章《人类学影片的新特征：从影像化到学术化的再回归》荣获中国人类学民族学研究会2012年年会优秀论文。文章认为影视人类学（visual anthropology）作为一门交叉性学科，它是关于影像（视觉）手段与人类学研究互动关系的一门学科。在人类学研究中，对影像语言的认识和把握能力、对人类学理论和方法的理解和运用，是造成两者互动程度不同的原因，因此时间不是划分阶段的简单的线索。影像与人类学研究的互动关系经历了三个阶段：（1）影像作为帮助收集资料的人类学辅助工具阶段；（2）影像与人类学研究有机结合阶段；（3）影像与人类学研究相得益彰阶段。第三阶段人类学影片充分发挥影像独立性与能动性，注重影像与学术研究的互动与互趣，是人类学影片逐渐走向成熟的阶段。

文章认为，长期以来，不断强调人类学影片电影化的表达是人类学影片发展的一个主要走向，也是一个必然过程。近三十年的发展，在创作手法、题材选择和表达日益多元化的人类学影片表象中，有必要再次阐明人类学影片的内核是什么。文章从人类学学科的双重属性——既有人文性，又有社会科学性，是人文性和社会科学性高度结合的学科——进行分析和理解同样出于学术目的的人类学影片的制作为什么出现了两种不同的方向：（1）人类学影片的"去文学化"、"去少数民族化"；（2）"不浪费的人类学"主张。人文学科往往强调精神、个性、多元、风格，社会科学往往侧重实证。文章认为，人类学电影的表达是一个动态的概念，并不只有一种单一的模式。真实性（非虚构）、纪实性、充分的调查都是人类学影片和纪录片共同的特征。我们欢迎影像在人类学人文性部分的不同风格的表现，鼓励它的美感和韵味，但人类学影视作品应该更强调"科学性"，一般影视作品包括纪录片则更强调人文性。人类学发展历程中，20世纪20年代是一个重要的转折点。英国功能学派大师马林诺斯基和结构功能主义的布朗确立了整体论民族志，从而开创了人类学研究的新时代。这一传统民族志被认为是对具体社会现实的"科学描述"，是"客观"的，是对"科学"的追求。方法上人类学影片主要通过整体论原理显示它的实证部分的科学性，但同样的整体论原理，不同的人学习和领悟起来效果是不同的，这种体悟和思考力需要多年的人类学熏陶和浸染，具备如此分析问题的能力后，才能更好地考虑如何进行影像的表现。文章认为，这是人类学影片的学术性的核心价值所在。庄孔韶的"不浪费的人类学"理念，只是提供了影片存在的合理性基础，并没有方法上的意义。题材上从学术的目的出发，应建立影像丛档案观念并实施之，因此人类学影片不再是简单地做一个片子，而是要建立田野调查点的立体的影像档案。做好仪式、节日等传统题材的拍摄是人类学影片库的底色。影视人类学学者队伍的真正形成是人类学影片能展现核心竞争力的重要保证。人类学影片不是靠特技、金钱而是靠思考力取胜的影片。文章认为坚持和挖掘人类学影片自己的特色，坚持自己的学术思考和学术表达，随着时间和作品的积累，它定会翻开自己新的篇章。

中山大学社会学与人类学学院邓启耀的文章《用影像"发声"的农民泥巴史记》，希望继承和发扬站在研究对象立场，尊重"主位"观点和视角的学术传统。通过"文化持有者的角度"观看和记录，通过影像叙录和回放等方式，努力做到既记录多样性的各民族文化，丰富人类遗产的宝库，又充分尊重文化持有者的主体地位，让被研究者知情并有效参与，在合作中产生良性的互动。它的特色和意义在于将工具化的影像记录变成人性化的影像交流，它将促使影视人类学不断调整自己的视角和立场，通过镜头建立一种"共享的人类学"（让·鲁什）。它的社会意义还在于：原来只在记者和学者手中的特权开始转移，原有的权力关系开始改变。从独立影像作者吴文光主持的"村民自治影像计划"到"民间记忆计划"等一系列活动，是历史的寻找，也是在现实泥泞路上的跋涉，参与者们也在经历着一种新的自我定位和改变。文章认为，这些活动，把深埋在晦暗处的东西还原为可见之象，其行为已经超越了影像，超越了政治，甚至也超越了那种被"专业"了的艺术，成为自己身体、生活和精神的一部分，成为社会良知及人类心灵史的一部分。

其他的文章更多是对影片的解读，例如西藏民族学院人文学院马小燕的《〈德拉姆〉的影视人类学透视》[《湖北民族学院学报》（哲学社会科学版）2012年第1期]和云南大学新闻系冯济海的文章《边疆文化的影视书写——论纪录片〈茶马古道〉的人类学意涵》[《重庆邮电大学学报》（社会科学版）2012年第1期]。后一篇文章认为，《茶马古道》最显著特点在于影片的空间覆盖范围更为广阔，采用全景式的影像书写，完整呈现了几乎整条茶马古道上各区域、各族群的生存图景。文章认为，当大众传媒介入边疆文化时，媒介对文化现象的诠释通常已并非只是追求单纯的客观还原，而更像是在基于对文化背景的某种程度理解之上，对拍摄对象内涵所做出的一种独特表述。

西北民族大学夏吾周毛发表于《民族民间文化研究》的文章《影视人类学片对保护藏区非物质文化遗产的价值研究——以纪录片〈神圣的鼓手（安多）〉为例》试图从文化人类学与影视艺术相结合的研究角度，以1996年中法合拍的影视人类学片《神圣的鼓手（安多）》为个案，就片中青海省黄南藏族自治州"热贡艺术"中的瑰宝、现已名列我国非物质文化遗产的"六月娱神节"这一民俗活动为例，来探讨和分析文本与影像的双重结合，运用影视艺术其时空流动的视听语言对保护藏区非物质文化遗产所具有的潜在作用。

青海民族大学刘锋、王道品发表于《文化研究》的文章《影视人类学视角下的纪录片〈人间〉》谈到，评析人类学纪录片《人间》，更应该联系到表现达悟族族群文化生活的前人类学纪录片《划大船》。虽然同为人类学纪录片，导演关晓荣心目中的《人间》与导演林建享的《划大船》有着描述生活原貌和表达侧重点上的不同，例如由于拍摄年代的不同，在新时代浪潮下，文化的不断变迁，两人对达悟人生活现状的描写也不尽相同。关晓荣《人间》影片相比较林建享的《划大船》，可以窥探出达悟族人在短短的几年中文化生活的变化和发展。在纪录片《人间》中，"船"不再是影片中唯一维系族群部落的线索，不同的祭祀活动（即召鱼祭、小舟下水祭、小米祭等）以及捕鱼、分鱼过程成为影片的中心线索和所要表达的重点。文章认为，关晓荣导演的《人间》主要从四方面来展现达悟族人的民俗文化生活。包括：（1）祭祀文化；（2）达悟族诗人蓝波安回乡（特殊个案）；（3）红头部落民俗文化的衰落（富有代表性）；（4）达悟族人对外地核倾泻的反抗和斗争。这与林建享导演的《划大船》造船过程描述为重点的思维模式不同，关晓荣更为关注当地部族居民的生活和发展，也正是关晓荣导演从以上四方面的刻画与描述，才使现实中达悟族人生活真实地展现在我们的面前。

涉及影片拍摄"主位"与"客位"关系的，有中国传媒大学电视与新闻学院的姜敏发表于《影视文学》的文章《浅析影像文化志中的局内人与局外人》，文章谈到，影像技术是影像文化志形成发展的物质手段，记录文化则是影像文化志的根本目的。在影像文化志的创作过程中，局内人意识和局外人意识各有其优劣，工作者应该同时具备局内人和局外人的意识，既深入其中，以找到共鸣，又要保持距离、客观清醒。

谈及影片价值取向的，有西南政法大学全球新闻与传播学院的柯泽的《论文化人类学纪录片的价值取向》[发表于《武汉理工大学学报》（社会科学版）2012年第3期]，文章认为文化人类学纪录片因其理论视角的独特，开启了人们对文化习俗、种族差异以及制度差异等问题的深度思考，具有鲜明的价值取向。

研究专著有《来自中国的影视文化视角：方法论、分析与电影呈现》（英文版）（知识产权出版社2012年版）。

2. 影展更加专业化和开放化

2012年9月25日至9月28日，中国人类学民族学2012年年会影视人类学专题会议于新疆乌鲁木齐召开。此次会议由中国人类学民族学研究会和中国影视人类学学会主办，新疆师范大学历史与民族学学院承办。共有10位导演和近百位来自全国各地高校、科研院所的师生以及新闻媒体的代表参加了此次会议。

会议以"田野与呈现"为主题，展映了9部影视人类学作品，其中包括中国影视人类学学会副会长庄孔韶的《端午节》、云南大学民族研究院寸炫的《我的姓氏我的家》、法国学者范华的《斗姥朝科》、中国社科院民族学与人类学研究所影视人类学研究室张小敏的《太极拳师》、云南大学民族研究院影视人类学实验室张海的《独龙纪》、云南电视台卫视频道郝跃骏的《蘑菇房的故事》、云南省艺术研究院影视学院李龙晓的《阿娜的家》、新疆师范大学刘湘晨的《献牲》和加拿提别克的《重约》。影片播映后开放式的讨论互动比较充分。

作为此次会议开幕影片，25年前拍摄的《端午节》经过重新编辑，展示了《金翼》一书中福建闽江流域黄村、谷口、莪洋镇农人移民搬迁前的最后一次端午节的各种民俗事项，影片用细腻的笔调展现了当地农人家庭邻里一如往昔的调酒彩蛋、菖蒲沐浴、包粽赠粽，宗族社区间的龙舟竞渡、迎神赛会和沉浸在故乡"最后"的端午节庆中的情感复杂的父老乡亲。改编后的影片，画面流畅，没有解说词。播映后庄孔韶在讲解中谈到，片中的划龙舟原来是以家族为单位的，后来以生产队为单位，这一句话特别点出人类学影片的视角。影片《我的姓氏我的家》叙述了导演自身从探访在缅甸生活的大伯一家的生活开始，逐渐了解自己家人和家族的历史，并最终产生认同、构建自我的过程。影片清新、自然、真实，但是一些镜头不是很到位，留有遗憾，比如有时只看到拜祭动作，看不到拜祭的对象等。有关道教科仪活动的人类学资料片《斗姥朝科》则是详细地记录了北京白云观长达一个小时的朝科全过程。虽然多数观众觉得乏味，但实际上每做好一部这样的片子本身就是价值所在，当多数人连这还做不好的时候，就急于在影片中去表达自己的情绪和观点，反而会使影片不伦不类。《太极拳师》介绍了陈氏太极拳传人陈照丕的传奇故事。影像上的拍摄和表现不是很成功，但是敢于去挑战和拍摄如此高难度的题材本身就是可贵的。同时影片非常注意学术意义的挖掘，探讨了太极拳在民间的传播途径和传统文化的跨时空力量。呈现田野游记的《独龙纪》记录了在国家开发建设独龙江的背景下，导演重返经典影像纪录片《独龙族》拍摄之"路"的难忘体验。《蘑菇房的故事》通过影像记录20年间逐渐消失的云南哈尼族传统建筑——蘑菇房，反映了正处于社会变迁中的一个少数民族面临的生态环境的变化、民族现代化发展的需求和当地政府保护传统之间的矛盾。影片影像表现非常专业和成熟，但是也有观众认为影片的社会学意义较强，人类学味道不够。比如，有观众询问，影片中妇女为什么没有发声？《阿娜的家》记录了云南怒江傈僳族小姑娘阿娜一家一年的日常生活，阿娜一家贫困朴素的生活和他们淳朴、和睦的家庭关系及其对生活的乐观精神，令人深思。影片内容的奇特，冲淡了观众对其影视表现手段稚嫩的审视。影片《重约》记录勒柯尔克孜婚礼的全过程，其中交织着人和自然、长辈与晚辈、家族、年轻人之间的多重约定。闭幕影片《献牲》给观者带来了视觉的冲击，在面临搬迁结束游牧生活的背景下，影片围绕着古尔邦节，述说着在帕米尔高原上过着游牧生活的匹勒穆胡力·波洛希老爷爷一家的生活。影片画面优美、剪辑流畅，同时对声音的捕捉和表现上非常细腻，堪称国际一流。但也有观众认为影片对内容关键点的把握和不同内容之间关联性的把握上不够到位。总之，影展开放性的讨论给观众带来非常丰富的学习和思考。

3. 影视人类学与社会的互动日益广泛

（1）从大众的故事片中进行人类学现象的分析和解读。

2012年6月5日，中山大学开展了《好莱坞电影中的美籍亚裔问题》讲座。讲座上《老爷车》主演Bee Vang（王陛）和美国新泽西州立大学人类学系教授Louisa Schein面对面讨论族群文化差异及好莱坞对亚洲人的刻板化印象。

（2）"人类学夏令营"：扩大与社会各界的联系。

中国社会科学院社会与文化人类学研究中心自成立以来，一直致力于将学术理论与社会实践结合起来的尝试。自2011年夏季开始，中心组织的每年一度的大型学术活动，正式冠名"人类学夏令营"。目标定位于学术界、企业界、媒体、地方政府以及调查对象多方的合作与互动。2011年度首届人类学夏令营的田野地点为内蒙古自治区的两处防沙植树重点区域，夏令营的主题为文化与环境保护。2012年的地点在云南花腰傣地区，主题为"自我和他者的视听共享与知识共建"。活动认为花腰傣这个族群最具特色也最有研究价值的地方在于其传统信仰，或曰"原生宗教"。这个不到十万人口、有语言无文字的族群，有着与信仰南传佛教的其他傣族支系截然不同的"多灵论"信仰。古老的传统信仰在他们的日常生活中，充斥着大量跟宗教信仰有关的仪式；而且有超过半数的成年女性是女巫。她们通过口耳相传继承了大量的经文和歌谣。而且，在现代化的影响深入全球每一寸角落的今天，这种古老的信仰仍然在人们的现实生活中扮演重要角色。这与今天中国主流汉族社会的世俗化、功利化和物质化形成反差，可以让人重新思考所谓"宗教信仰"对于个人心灵安宁、家庭和谐以及社区和谐的意义。

（3）大众媒体制作人类学题材影片。

五十集大型纪录片《留住手艺》由中央电视台中文国际频道（CCTV-4）制作和播出。《留住手艺》关注以非遗项目为主的中国传统手工艺，包括来自广东佛山醒狮文化的代表的"黎家狮"、南京金箔锻制工艺、被称为我国传统印染工艺活化石的温州乐清的蓝夹缬传统印染技术、具有宫廷制作水准的北京金漆镶嵌技艺、体现多民族文化融合的贵州铜仁龙舟制作技艺、代表中国传统音乐文化高度的中国古琴艺术、代表了中国古代织锦工艺最高水准的南京云锦制作等。虽然制作的过程和重要环节没有全记录，但是仍然有它大众传播的意义。

纪录片《舌尖上的中国》以"食"为主题，通过"食"这样一个人类所共有的概念来传达中国的价值观。北京师范大学艺术与传媒学院的漆谦发表于《电视研究》的文章《谈〈舌尖上的中国〉传达的中国价值》谈到，该片站在人类学和社会学的角度阐释了中国的美食文化及其历史传承、地域文化和与此相关联的人物的生存状态和命运，从而折射出中国人崇尚自然、追求和谐、适应变化、坚韧、顽强、重视家庭的价值观。这种价值观包含着中国人的生存理念，也包含着整个中国传统文化中的"道与仁"。

（二）影视人类学发展评价及努力方向

在影视人类学同仁的努力下，2012年取得的成绩可以说是丰硕的，在理论、方法的探索与实践上不断积累并有突破。

中国社会科学院影视人类学室探索新型人类学影像志作品。"新人类学影像志"意在突破传统影像民族志重文化记录而弱文化研究，大而全却难以深入等难点，以"问题意识"转而关注社会文化变迁、族群和国家认同、民族政策问题、社会组织与社会控制等，研究具有现实意义的课题，形成学术思想突出的新型人类学影像志，这些研究集成为一种新形式的成果，我们称为类型化的影视人类学作品，这在国内外还没有出现。

今后影视人类学的努力方向，在于研究影视人类学介入社会文化过程的方法和途径，发挥人类学电影独有的在研究功能以外的社会服务与应用功能。人类学影片可在社区文化营造、社区教育、参与公共事务等方面产生独特影响，从而增强社区内部团结、提高社区意识、公民意识、民主涵养；在公共外交方面，人类学影片也具有不容置疑的说服力和影响力。

另外，随着超媒体非线性信息的互动方法引入人类学研究领域，将推动利用数字技术探索人类学研究的新型途径与媒介。

2010—2012年南方民族语言文字研究综述

徐世璇　鲁美艳

2010—2012年的民族语言文字研究在成果数量和研究的广度、深度上都取得了明显的进展，首先，对语音、语法现象进行共时描写的论文比往年增加不少；其次，语音分析手段与现代科学技术联系越来越普遍，对语法、词汇等语言现象的分析和解释更加注重普遍理论和方法论的运用和实践。

总体来看，2010—2012年的民族语言文字研究呈现出以下几个明显的特点：

1. 对具体语言或语言现象的共时描写分析是研究的主流，相关的研究成果在全部成果数量中占极大的比重。这表明，民族语言研究注重对语言实际的研究，倾向于语言共时面貌的描写和分析，这一倾向同民族语言的研究传统和学科发展需要相吻合。我国的语言现象丰富多样，只有立足于语言实际的分析，对各具特点的语言或语言现象进行详细的描述和中肯的解释，才能准确无误地展现我国语言的面貌，为今后研究的深化奠定良好的基础。

2. 在共时研究领域中，语法、语音研究是主要内容，成果数量比以往有极为显著的增加，这表明随着新的语法理论不断涌现、语音分析手段不断完善，语法、语音研究呈现出蓬勃发展的趋势；另外，研究方法上的多视点投射和不同语言间的相互印证也促进了共时描写中不同语言相似或相近现象的交叉研究，因而归纳出来的类型学特征具有更为广泛的普遍意义。

3. 历史比较研究明显深化也是一个值得注意的特点，对于汉藏语言的历史探讨，更加密切地结合少数民族语言和汉语的材料展开，论证更加深入细致，多种语言材料相互印证为语言历史的溯源提供了卓有成效的途径。

下面按照研究内容分别论述。

一　语言共时研究

对语言本体共时系统的研究既是民族语言研究的基础领域，又是具有深厚积累的优势领域，2010—2012年，共时描写的研究成果在数量上仍然占据首位，其中以专题研究为主。对某种语法、语音现象进行描写分析的研究成果，在数量上所占的比例较之往年明显增加，这表明随着多种语法理论、语音分析手段的运用，语法和语音的研究呈现出蓬勃发展的趋势。

（一）语法研究

2010—2012年的共时描写专题研究中，语法研究的成果在数量上远远超过了对语音、词汇的研究，表明新的语法理论的运用和实践，对民族语言的语法研究起到了积极的推动作用。对语法的描写分别以词类、结构形式等为主题，其中关于词类的研究成果最为丰富。

1. 词类研究涉及名词、动词、形容词、代词、类别词、数量词、助词、语气词等各种词类。

名词是各种语言中最重要的词类之一，这方面的论文有田静的《里山彝语名词的性别语义范畴》(《民族语文》2010年第2期)对里山彝语名词的性别语义范畴的覆盖范围、语法形式和语义特征进行了描写。她的《藏缅语名词性别意义的表达方式》(《中央民族大学学报》2011年第4期)通过对藏缅语名词性别意义主要三种表达方式的分析，提出语言类型的特点、名词的语义特征、语言使用者的认知特点对不同表达方式的使用具有制约作用。步连增在《南方民族语言的名词分类词和数词分类词》(《民族语文》2011年第1期)中认为，不少壮侗、苗瑶、藏缅语言中存在的名词分类词和数词分类词从地域上形成了一个以壮侗语族为中心，依次经苗瑶、藏缅逐渐向外递减扩散的同心圈结构。

动词是语法意义和语法形式最为多样的词类之一，因此在词类研究中总是受到特别的关注。吕佳、李大勤的《格曼语动词题元结构及在句子中的映射》(《民族语文》2012年第4期)充分考虑语用因素的影响，对动词题元角色的映射机制进行描写分析，进而对表层的无序现象作出合理解释。木乃热哈、毕青青的《凉山彝语动词的互动态》(《民族语文》2012年第6期)对凉山彝语动词互动"态"进行描写，认为其表示动作双方同时发出并作用于双方。陆天桥的《试论武鸣壮语的体范畴》(《语言科学》2012年第6期)对壮语中一些从属于动词短语的语法标记进行概括和抽象，从体范畴这个更高的层次来分析其句法特点。

表存在意义的动词往往具有一定的独特性，因此常常引起研究人员特别的兴趣。余成林的《藏缅语"有/在"类存在动词研究》(《民族语文》2011年第3期)认为藏缅语言存在动词大多无共同来源，有人称、数和自动、使动的形态差异，否定形式有分析、屈折、分析兼屈折等类型。朱艳华的《载瓦语存在动词的类型学研究》(《民族语文》2012年第6期)对载瓦语存在动词的类别、语义特征、语法特征进行了系统的分析，并与其他语言进行类型学比较。仁增旺姆的《藏语存在动词的地理分布调查》(《中央民族大学学报》2012年第6期)收集了12种藏语的存在动词词形，探讨藏语存在动词的整体特点，以及与藏族社会的发展历史、藏语广阔的分布地域之间的密切关系。

对形容词的研究主要以强弱程度的表达方式和运用特点为观察点。如，石德富、陈雪玉的《黔东苗语形容词在词类中的地位》(《中央民族大学学报》2011年第1期)通过对黔东苗语形容词和动词的形态和句法特征的探讨，提出苗语的主要词类格局是体词和谓词两大类，苗语应该属于形容词—动词不分类的语言。此外还有对动词、形容词及数词的名物化现象进行探讨的，如姜莉芳的《阿美语名物化的途径》(《民族语文》2012年第2期)。

对于代词的研究，潘立慧的《黎语的反身代词和强调代词》(《民族语文》2010年第3期)探讨了黎语的反身代词 ve:ŋ^{1}tsaɯ^3 和强调代词 pha^{3}tsaɯ^3 在语法功能方面的差异；徐世璇的《土家语的空间指代系统》(《民族语文》2011年第6期)在对指代系统进行详细描写的基础上，分析其语法特点，揭示了语音屈折的形态手段在土家语方位指代系统中的重要作用。

助词是分析型语言重要的语法手段之一，各个语言都有功能不同的助词，因而成为南方语言这样的典型分析语重要的研究内容。这方面的论文很多，诸如蒋颖的《普米语施受助词的分工互补关系》（《民族语文》2010年第4期），文章提出普米语施受助词在使用上存在四种情况及各自的分布条件，认为施受助词都是动词语法化的结果。她的《普米语施受标记系统的关联性》（《中央民族大学学报》2010年第4期）将普米语施受关系的标记手段分为助词型与非助词型两类，提出施受标记系统内部存在着主要与次要、显性度高与显性度低、强制性与非强制性等多元关联。周毛草的《古藏语作格助词在现代方言中的表现》（《民族语文》2011年第2期）结合古藏文文献，讨论藏语作格助词在藏语安多方言、康方言、卫藏方言中的具体表现。苏连科的《彝语辅助词 $mu^{33}/mu^{33}ta^{33}$、ta^{33} 的功能》（《民族语文》2011年第2期）运用描写和实证方法，归纳出彝语辅助词 $mu^{33}/mu^{33}ta^{33}$、ta^{33} 的语法特点和功能。屈正林的《民族语言定语助词的分布考察》（《民族语文》2011年第3期）对部分南方民族语言定语助词的分布进行了考察，指出其分布符合类型学语义映射的连续性，并对相关现象作了分析讨论。闻静的《藏缅语定语助词的演变链》（《民族语文》2011年第5期）应用"演变链"理论，采用语言比较和词源比较的方法，通过对藏缅语言定语助词的不同特点，推测出一条定语助词的演变链。李春风的《拉祜语宾格助词 tha^{31}》（《民族语文》2011年第6期）对拉祜语宾格助词 tha^{31} 在句式中的分布、出现条件及其多功能性进行了分析。王跟国的《藏缅语处所助词的性质差异》（《中央民族大学学报》2012年第3期）认为藏缅语处所助词存在着性质不同的两个类别，各自的附着类型和表示空间位置关系的方式有所不同，其虚化程度、来源以及发展趋势也有差异。

对数量词的研究方面，李锦芳、李霞的《居都仡佬语量词的基本语法特征和句法功能》（《语言研究》2010年第4期），对居都仡佬语量词的基本语法特征和句法功能进行了较为全面的分析。杨将领的《独龙语个体量词的产生和发展》（《民族语文》2011年第6期），运用词汇比较和语言内部拟测方法，对独龙语个体量词的产生、发展规律作探讨。仁增旺姆的《"克"（khal）在迭部藏语中引起的数词系统及相关演变》（《中央民族大学学报》2011年第2期）认为，在迭部藏语的一些土语中，"克"（khal）从一个度量衡单位词，改变其原有的词性进入数词系统中充当了重要角色，改变了当地藏语数词的进位方式，增添了一种新的数词系统类型。

有关词类研究的文章还有：洪波的《汉藏系语言类别词的比较研究》（《民族语文》2012年第3期），文章从指涉功能、分类功能和情感评价功能等几个方面讨论多种汉藏语言类别词在功能上的共相和殊相。

此外还有覃凤余、田春来的《广西汉壮语方言的"嚜"》（《民族语文》2011年第5期），文章基于田野调查的材料对广西汉壮语方言中虚词"嚜"的用法和意义做了描写。韦学纯的《水语的句末语气词》（《民族语文》2011年第4期）简要介绍了水语语气词的主要表达功能和用法。

2. 句型句法研究是语法共时描写的另一个重要内容。2010—2012年，这方面的研究成果较为丰富，其中大部分是对某种具体语言的句法结构或某一种句型所进行的分析描写。相关的论文数量较多，有关句型句式的有覃凤余、黄阳、陈芳的《也谈壮语否定句的语序》（《民族语文》2010年第1期），文章结合周边东南亚语言的事实，论证否定词后置于句尾及双重否定模式极有可能是东南亚语言的一种区域现象。吴雅萍的《比工仡佬语的否定句》（《民族语文》2012年第6期）认为比工仡佬语 V + Neg（谓词后型）的否定句是固有形式，而 Neg1 + V + Neg2 是由于语言接触而形成的。周国炎、刘朝华的《布依语存在句研究》（《民族语文》2012年第4期）分析布依语存在句的结构、类型以及事物存在的方式，并提出布依语存在句反映的是一种容器图示，其句式意义是凸显概念空间中存在的事物。

比较句常常具有多种句型和表达方式，其结构形式的复杂性和多元性自然而然地成为语法研究的关注内容，有关这一主题的文章展现了对不同语言比较句式的研究，如袁海霞的《"比"字句在民族语言中的扩散》（《语言研究》2010年第3期），文章认为主要分布于汉藏语系的侗台语族、苗瑶语族以及南亚语系中的"X + 比较标记 + Y + W"句式源于汉语"比"字句的扩散，并与"X + W + 比较标记 + Y"句式存在竞争。康忠德的《居都仡佬语差比句分析》（《中央民族大学学报》2011年第1期）讨论了居都仡佬语的差比结构，并提出居都仡佬语差比句的类型对于南方民族语言差比句研究具有特别的参考价值。朱艳华的《载瓦语的差比句》（《中央民族大学学报》2011年第2期）探讨了载瓦语差比句的结构模式及比较标记的来源。余金枝《矮寨苗语的差比句》（《中央民族大学学报》2012年第2期）从语序类型、差比标记的语法化、"比"字式差比句产生的时间及动因等方面，对矮寨苗语的差比句进行描写分析。吴福祥在《侗台语差比式的语序类型和历史层次》（《民族语文》2012年第1期）一文中讨论侗台语差比式的三种类型和来源，并说明这些差比式类型所体现的不同的历史层次。

对语法结构的分析有：吴安其的《语言结构的考察》（《民族语文》2011年第1期），文章从事物变化的一般规律出发，结合系统论、符号学和集合论的研究探讨语言结构变化的情况。胡素华的《彝语诺苏话的连动结构》（《民族语文》2010年第2期）对彝语诺苏话的连动结构进行分类描写，并探讨连动结构与状谓结构和动补结构之间的关系。李泽然的《哈尼语的述补结构》（《民族语文》2011年第1期）从语义关系和句法关系描写和分析哈尼语述补结构的类型、特点。谭晓平的《苗瑶语的动结式》（《中央民族大学学报》2011年第4期）认为苗瑶语动结式结构是在汉语的影响下，句法层面和词汇层面同时发展的产物。覃祥周、黄丽登的《桂西北壮语"非定形容词 + 名词"的结构关系》（《中央民族大学学报》2011年第2期）对桂西北壮语的"非定语形容词 + 名词"格式进行探讨，提出这种结构不是以往确定的"定语 + 中心词"关系，而是"动词 + 宾语"的关系。张军的《藏缅语话题结构的特征与类型》（《民族语文》2012年第6期）从主语/话题类型学视角考察藏缅语话题结构的总体特征。李春风的《拉祜语的连谓结构》（《中央民族大学学报》2012年第1期）从拉祜语连谓结构的类型、连用谓词间的句法关系、连用谓词与宾语的句法关系、语法化以及受否定副词修饰等角度对其进行了探讨。

(二) 语音研究

语音研究可以归纳为两个方面：对音位系统的整体性研究和对语音系统中各构成要素的专题讨论。

1. 对语音系统进行整体性描写的成果有王双成的专著《藏语安多方言语音研究》（中西

书局2012年版),该著在二十多个方言点田野调查的基础上,对安多方言内部南北方言、农牧方言之间的差异进行了较为全面、深入的描写,总结了安多方言在语音、词汇、语法方面的主要特点,提出了划分次方言的新的依据和标准。

2. 对语音系统中各构成要素的专题研究成果几乎都以论文形式呈现,下面分别对不同语言中元音、辅音或声调的特殊现象进行分析。

以韵母或元音为主题的有:王双成的《安多藏语 i 的舌尖化及其类型学意义》(《语言研究》2010年第2期),文章讨论了安多藏语元音 i 的舌尖化音变问题,并通过对不同的汉藏语言中元音 i 的舌尖化特点进行对比,提出 i 的舌尖化都有先变为摩擦较重的 j,然后再变为舌尖音 ʅ 的共同规律。讨论高元音的文章还有向亮的《南部土家语高元音的舌位后移现象——以"i"韵的地域分化为例》(《民族语文》2012年第2期),该文参照北部土家语同源词与南部土家语汉语借词的语音,认为南部土家语高元音可能在发生"i > ɨ > ɯ"的舌位后移。朱晓农、刘劲荣的《拉祜语紧元音:从嘎裂声到喉塞尾》(《民族语文》2011年第3期)通过实验语音学的方法考察,提出拉祜语的"松紧"元音实质上是发声态的区别。金理新的《侗台语的长短元音》(《语言研究》2011年第4期)通过侗台语诸语言之间的比较,认为原始侗台语可以构拟出长短对立的六个元音。相关的文章还有尹巧云的《德昂语长短复合元音的记音问题》(《民族语文》2012年第5期)。

探讨声母或辅音的论文有:沈向荣、刘博的《汉藏语中的塞尾爆破现象》(《民族语文》2010年第1期),文章对存在于黎、藏、羌等一些汉藏语言中的塞尾爆破现象作了介绍,并且探讨了塞尾爆破和中折调的关系,以及塞尾爆破对音节理论的影响。王双成、陈忠敏的《安多藏语送气擦音的实验研究》(《民族语文》2010年第2期)通过对安多藏语送气擦音的初步实验分析,提出可用于区别安多方言中一般清擦音和送气清擦音的三个声学特征。关于安多藏语辅音的研究还有王双成的《安多藏语的小舌音》(《语言科学》2011年第5期),文章利用安多藏语及其他亲属语言的材料,讨论安多藏语小舌音的地区分布及历史演化特点。金理新在《侗台语的舌尖后音》(《民族语文》2010年第3期)一文中提出,除了舌尖前系列辅音外,侗台语还有一套舌尖后系列辅音,并对其进行了探讨。燕海雄、孙宏开、江荻的《中国南方民族语言塞擦音的类型与系属特征》(《语言研究》2010年第4期)从调音部位、语言系属分类、次类调音方法的角度讨论中国南方民族语言塞擦音的类型与系属特征。朱文旭的《彝语部分辅音特殊演化》(《语言研究》2010年第4期)指出,彝语舌根辅音 k、kh、g 和舌尖辅音 t、th、d,除了向舌面音 tɕ、tɕh、dʑ 清化并在口语中出现两读之外,在一些方言和亲属语言中与 p、ph、b 相对应;并推测这种对应来源于上古复辅音声母 *pk、*pkh、*bg、*pt、*pth、*bd 的演化。彭春芳的《彝语全浊音的语音分析》(《民族语文》2010年第2期)用录音材料分析彝语全浊音声母的基本声学特征,指出彝语浊音保留比较完整,浊声杠较长,发音清晰;浊爆音有常态浊音和内爆音等表现形式。龙海燕的《布依语辅音韵尾变化特征》(《民族语文》2011年第1期)认为,布依语辅音韵尾的变化在地域上有呈阶梯状渐变的特点,同部位的韵尾在变化中存在某种协调性和带动性。张梦翰的《民族语中清鼻音的判断方法》(《民族语文》2011年第2期)结合 Matlab 软件,利用短时语音信号处理技术对水语清鼻音进行分析,总结出清鼻音的6条语音特征,并在其他民族语言中进行验证。韦名应的

《桂东(林岩)壮语的送气音》(《民族语文》2012年第2期)分析了桂东壮语送气音的分布特点,并从分布的不平衡性入手,通过正在演化的送气音来探讨演化原因。占升平的《布依语第三土语中的清边擦音ɬ-》(《民族语文》2012年第3期)认为从历时角度看,第三土语的ɬ-和第一、第二土语的s-及少数来自单数调的z-有对应关系,并对布依语ɬ-的来源及其成因作初步探讨。瞿建慧的《湘西土家语、苗语与汉语方言浊声母演变》(《民族语文》2012年第3期)认为湘西土家语、苗语与汉语方言都有一套完整的浊声母系统,大量浊声母汉借词的进入强化了湘西土家语和苗语浊声母的语音特征,延缓了其清化进程,浊声母清化和浊塞擦音化则是各自演变的产物。凌锋的《舌冠擦音的发音部位》(《民族语文》2012年第5期)主要讨论舌冠擦音[s]、[ʃ]等的发音部位问题,指出不同语言中使用相同国际音标标写的擦音,其主动发音部位和被动发音部位并不完全相同,在描写中需要同时兼顾主动和被动发音部位。

声调是汉藏语言的重要特征,也是汉藏语言研究的传统内容,中国境内的有声调语言多达几十种,对于声调的起源、构成、发展、变化,迄今为止学界已做过多方面的研究,但有待进一步深入研究的课题还很多。如李连进的《广西武鸣官话的入声性质及成因》(《民族语文》2010年第2期)认为,武鸣官话入声字的韵尾是一种为了向官韵韵书"正音"标准靠拢而借鉴周边平话读音产生的语用性读书音,不是古汉语入声的传承,不能因此否定武鸣官话的西南官话性质。王轶之、符昌忠的《来语的声调系统及其演变》(《民族语文》2010年第6期)在对来语的声调系统进行描写的基础上讨论其来源及演变。韦名应在《汉藏语"阴转阳"条件试析》(《中央民族大学学报》2010年第5期)一文中指出,"阴转阳"现象在汉语方言和民族语言中发生的重要条件在于高元音韵尾和辨义功能减弱的鼻音韵尾系统。麦耘的《从广西钟山清塘壮语第六调看嘎裂声》(《民族语文》2011年第1期)指出,广西钟山县清塘镇的壮语方言第六调,是个带嘎裂声的声调。潘晓声、孔江平的《武鸣壮语双音节声调空间分布研究》(《民族语文》2011年第2期)从音位负担和语音学的角度对武鸣壮语双音节声调的声学分布空间进行聚类分析,并总结出双音节声调的实际分布模式。王双成在《玛多藏语的声调》(《民族语文》2011年第3期)一文中认为,处于安多方言和康方言过渡地带的玛多话发展出高低两个声调的主要原因,是声母清浊对立的消失和复辅音声母的简化。王蓓以《彝语塞音清浊对声调实现的影响》(《民族语文》2011年第4期)为题,探讨了彝语圣乍方言高、中、低三种不同声调的清浊塞音对音高的影响。汪锋、孔江平的《水语(三洞)声调的声学研究》(《民族语文》2011年第5期)对贵州三洞水语声调在单音节和双音节中的表现做了详细的声学记录与分析,总结了水语单字调系统以及各声调在双音节前字和后字上的表现。栗华益的《谷撒苗语的声调特点》(《中国语文》2011年第3期)提出贵州省贵定县谷撒寨苗语今有A、B、C三个声调,古*D调舒化后-k尾韵音节归入今C调,-p、-t尾的音节归入今A调,并对其声调特点进行了探讨。朱晓农、石德富、韦名应的《鱼粮苗语六平调和三域六度标调制》(《民族语文》2012年第4期)介绍鱼粮苗语6个平调的例图和基频均线图,讨论了第6声调值调型的定性及用什么样的声调理论框架来表达鱼粮苗语的6个平调等问题。王玲、王蓓、尹巧云、刘岩的《德昂语布雷方言中焦点的韵律编码方式》(《中央民族大学学报》2011年第2期)用语音实验研究的方法对德昂语无声调的布雷方言进行研究。

(三) 词汇研究

对于词汇的研究成果虽然数量不多，但是研究角度多元，涉及内容广泛，有对构词语素或词缀的解构，对词的结构形式或构成方式的描写，对词所内含的语义要素或特征的分析，对词的来源流变的追溯，还有词汇运用方面的考察，等等。

关于南亚语言的有陈国庆的《孟高棉语言前缀》（《语言研究》2010年第1期），文章从语音结构类型、前缀所具有的词汇意义和语法意义分析孟高棉语言的前缀。尹巧云的《从佤语中的傣语借词看古傣语声母》（《民族语文》2010年第6期）认为，从佤语里的傣语借词可以看出，在佤语从古傣语借入的时代，复辅音声母、清鼻音声母等在傣语里还没有消失。

以藏缅语言词汇为研究对象的有苏连科的《彝语方位词语义分析》（《民族语文》2010年第3期），文章探讨凉山彝语东、南、西、北表四正的方位词及东南、东北、西南、西北表四隅的方位词的语义结构和特点。马辉、江荻的《彝语派生名词构词法研究》（《民族语文》2012年第3期）对彝语派生名词构词法进行形类描写，认为彝语里具有特征值转化派生、功能性派生、转类派生、表达性派生等派生类型，并采用Packard的完形词概念对彝语构词现象进行考察。刘劲荣、张琪的《拉祜语四音格词的语义特点》（《民族语文》2010年第3期）从语义分析的角度探讨了拉祜语四音格词的层次类型、结构关系、语义特征、搭配的多样性和结构类型。李泽然的《哈尼语亲属称谓的语义分析》（《中央民族大学学报》2012年第3期）运用语义层次分析法分析哈尼语亲属称谓的语义特征，可以看到哈尼语亲属称谓的义素、义位网络和语义组合等的特点。田静的《藏缅语性别后缀产生的途径和历史层次》（《语言科学》2010年第6期）依据性别后缀的来源和语音对应关系两条标准，归纳出性别后缀产生的三条途径分别为同源、语言创新和借用。

苗瑶语言的词汇研究主要集中在借词和词义探源两个方面。关于借词的文章有两篇，一篇是王立芝的《〈苗瑶语古音构拟〉*b-类声母中的汉借词》（《民族语文》2011年第4期），文章对《苗瑶语古音构拟》中拟为*b-类声母的苗瑶语词中的汉语借词做考证。另一篇是龙国贻的《藻敏瑶语汉借词主体层次年代考》（《民族语文》2012年第2期），文章以油岭土语为代表讨论藻敏瑶语汉借词的主体层次。关于词义探源的考证主要是对亲属称谓进行语义溯源的石德富的两篇论作，一篇是《苗瑶语"母亲"源流考》（《民族语文》2010年第4期），文章对现代苗瑶语言中表示"母亲"义的几个词进行词义转移演变的溯源，一个本义为"母系社会的世系"，在现代的一些苗瑶语言中转为承载"母亲"义；一个后起的词原义为"动植物之母"，后来也成为"母亲"的专称。另一篇是《苗瑶语"妻"、"夫"源流考》（《语言科学》2011年第3期），文章从历史语言学和人类语言学的角度对苗瑶语言中"丈夫"和"妻子"这两个亲属称谓的源流进行考察，发现在现代苗瑶语中表示"妻子"和"丈夫"的词具有多源性、兼载性和共存性特点，从而认为在原始苗瑶语时期尚无现代意义的"妻子"和"丈夫"的概念，社会因素与语用因素共同导致表示"妻子"义和"丈夫"意义的词产生了以上的特点。此外还有一篇考证词源的论文，即黄树先的《食物名探源》（《民族语文》2010年第5期），文章将包括文献和方言的汉语材料，和其他语言（包括亲属语言）进行对比，在类型学视野下对食物类词语的来源及演变进行探讨。

与壮语相关的词汇研究有吕嵩崧的《靖西壮语中汉语新借词的来源及部分语音特点》（《中央民族大学学报》2011年第5期），作者在文章中探讨了靖西壮语中汉语新借词的来源及部分语音特点。王怀榕、袁舒婕的《南宁平话中的壮语借词》（《民族语文》2010年第2期）则讨论《南宁平话词典》中的壮语借词，从语义分类、语音对应关系、词汇意义的变异和返借现象等不同角度，对借进汉语的壮语词进行多方面的考察。

（四）结构系统的整体研究

对结构系统作整体性研究，以展示语言的概貌或探讨语言的性质，是共时描写的基本内容，这方面的专著相对较多。

对语言进行整体性描写的专著有如下几本：陈康著《彝语方言研究》（中央民族大学出版社2010年版），该书提出将彝语划分为4个方言，与传统的分为6个彝语方言的观点不同，划分依据是建立并重视划分方言的结构标准；同时兼顾历史和民族学的因素，参考了各地彝族不同的自称。通常来说，自称是否相同在内部支系繁多的族群和语言群体中常常体现出相互之间的认同或亲疏关系。结合方言的划分，书中还运用历史比较的方法对原始彝语的语音系统进行了构拟。曲木铁西的《彝语义诺话研究》（民族出版社2010年版），在全面描写义诺话语音音系及其特点的基础上，运用语义分析、共时分析与历时比较相结合等研究方法，多方位、多角度地对义诺话的语音、语法、语义进行全面、深入的描写。常俊之的《元江苦聪话参考语法》（中国社会科学出版社2011年版）以伯纳德·科姆里的《语法手册》为语法调查、描写的框架，在掌握大量语料的基础上，对属于汉藏语系藏缅语族彝语支的元江苦聪话语法体系进行了系统、全面的共时分析，对苦聪话的一些典型语法现象和特征进行了重点考察。戴庆厦的《景颇语参考语法》（中国社会科学出版社2012年版）对景颇语的语法进行了全面、系统、细致的描写，认为景颇语是藏缅语言中形态变化较多的语言，但语序和虚词的功能也日益重要，现代景颇语的语法类型正在由形态发达型向分析型转变。

对语言进行整体性描写的论文仍以概况系列的文章为代表。郑武曦的《龙溪羌语概况》（《民族语文》2010年第4期）描写四川省汶川县龙溪乡胜利（马灯）村羌语的语音、语法和词汇。符昌忠的《来语概况》（《民族语文》2011年第3期）从语音、词汇、语法三个层面对海南省东方市那斗村来语进行全面描写分析。展现语言整体面貌的研究成果还有瞿霭堂、劲松对T. Grahame Bailey的原著进行诠释的《普里克藏语介绍》（《民族语文》2010年第2期），作者把原文作为一份原始资料进行重新整理和研究，并主要从语音和语法两部分对普里克藏语作了较全面的介绍。此外，曾晓渝、高欢的《论诶话的性质及其形成机制》（《民族语文》2010年第2期）和曾晓渝、尹世玮的《回辉话的性质特点再探讨》（《民族语文》2011年第3期）两篇文章分别对受其他语言影响较深的诶话和回辉话进行探讨。对语言性质进行讨论的还有王宇枫的《莫语音系和词汇语义系统中的异质特征》（《民族语文》2012年第4期），文章在前人研究的基础上进一步分析了莫语的异质特征，探讨其性质以及产生机制。

（五）对比研究

对不同语言的共时系统进行对比研究，以观察其结构的相同和相异之处，不仅有着类型学的意义，而且在双语教学、翻译等应用语言学的实践中也能够加深对语言结构的理性认识，有着重要的现实意义。沈家煊的《跨语言词类比较的"阿姆斯特丹模型"》(《民族语文》2010年第3期)是关于类型对比理论、方法及其研究实践的综述性论作,文章择要介绍"阿姆斯特丹模型"理论的主体,以及近年来在此基础上发展出的一些类型学成果。

具体的对比研究绝大多数在汉语与一种少数民族语言中展开,其成果包括语法、词汇和语音等多个方面。如储泽祥的《汉语施事宾语句与SVO型语言施事、受事的区分参项——兼论汉语"句位高效"的类型特征》(《民族语文》2010年第6期)指出,汉语的施事宾语句可以分为六类,而其中的存现式施事宾语句在SVO型语言里具有一定的普遍性。戴庆厦、朱艳华的《藏缅语、汉语选择疑问句比较研究》(《语言研究》2010年第4期)通过藏缅语言与汉语选择疑问句的对比,指出二者在句法结构的共时平面上同中有异,在句法结构的历时演变上轨迹大致相同,制约选择疑问句句法结构演变的因素是语言类型的特点和语言系统各自的特点。戴庆厦、范丽君的《藏缅语因果复句关联标记研究——兼与汉语比较》(《中央民族大学学报》2010年第2期)讨论了藏缅语言因果复句关联标记,并与汉语进行了比较。余成林的《藏缅语的话题标记——兼与汉语比较》(《中央民族大学学报》2011年第1期)认为藏缅语言的话题标记是后起的,各语言没有同源关系。与汉语也是类型学的关系,没有发生学关系。闻静的《藏缅语的"的"字结构——兼反观汉语的"的"字结构》(《中央民族大学学报》2011年第6期)通过比较分析表明,藏缅语言与汉语"的"字结构的共性是由亲属语言基因的同质性使然,而非发生学上的共性。少数民族语言之间进行对比的有朱艳华的《藏缅语工具格的类型及源流》(《民族语文》2010年第1期),文章通过对34种藏缅语言的对比,得出其工具格标记无共同来源,是后来各个语言自己的创新。王娟、张积家、林娜的《纳日人颜色词的概念结构——兼与纳西人颜色词概念结构比较》(《中央民族大学学报》2010年第2期)通过纳日人与纳西人的颜色词概念结构的对比,得出语言、文化和生活环境对颜色认知的影响。薄文泽的《泰语壮语名量词比较研究》(《民族语文》2012年第4期)分析泰语和壮语名量词异同后得出结论:泰语名量词表类别和表单位的两种功能在分布上是分开的,而壮语则不分开,其原因在于两种语言历史发展层次不同。王霞、储泽祥的《中国语言序数语法表达式的类别和共性特征》(《民族语文》2012年第1期)通过对114种中国语言的考察,得出了六类序数语法表达式,并探讨了它们之间的共性特征。王艳红的《差比标记来源的类型学分析》(《民族语文》2012年第2期)从类型学角度总结了汉语及10种少数民族语言的差比标记。李占炳、金立鑫的《并列标志的类型学考察》(《民族语文》2012年第4期)从跨语言角度,研究并列标志的位置及其适用范围,对某些规律作出相应解释。

二 语言历时研究

对于语言的历时研究内容丰富,有的对一个或一类音的演变作微观考证,有的从历时的角度,考察语法形式的来源、形成和发展途径,有的对关系词或同源词进行辨析,有的对语言的历史层次作宏观探讨,下面分别论述。

(一) 语音演变

通过亲属语言之间的比较,考察一些语音、语法现象的历史面貌或演变,不失为一种溯流探源的有效方法。2010—2012年来历史语音研究的重要成果可以李永燧的专著《缅彝语音韵学》（社会科学文献出版社2011年版）为代表。这部专著讨论了汉藏语系藏缅语族缅彝语群的历史语音面貌和这些语言的分化演变，并且通过声调比较探讨语言的发生学关系，论证了缅彝语群的共同来源，以及其他一些语言的亲疏关系和系属地位。作者认为古西羌南迁居民及其后裔的语言是从原始藏缅语分出的一个支派，经过羌戎语和羌缅语两个历史阶段，分化成了缅彝语这一声调祖语。调类特征体现了缅彝语诸语言的亲缘关系，可以此与非本语支语言划界，具有语言谱系分类学的意义。该书构拟了古有110个声类、71个韵类，构拟的古音字汇含1500多个单字（包括同义字），为建构缅彝语声类、韵类和调类提供了一个新的方案，提出并运用的调类比较方法对汉藏语言历史比较研究的方法论进行了有益的探索和实践。

相关的论文涉及声类、韵类的古音溯源，古代语音构拟，或对语音演变进行微观考证。潘悟云的《从地理视时还原历史真时》（《民族语文》2010年第1期）讨论了历史的真时音变在各亲属语言中的地理视时分布，在论证/l/型音变链和与之相关的自然音变规则的同时，进行了探索语音演变的方法上的创新和实践。洪波、杨作玲的《先秦汉语"见"类动词的清浊交替及其来源》（《民族语文》2010年第1期），以"见"、"解"为典型案例，分析了"见"类动词的清声母形式和浊声母形式的用法，证明了其浊声母形式来自其清声母形式的完成体形式。通过同源语言的材料考察古汉语声类的研究还有李琴的《试析上古汉语 $^*sP-$ 类复声母的演变》（《民族语文》2012年第3期），文章认为通过对汉语唇齿通转材料、民族语言的语音演变情况和汉藏语同源词比较等材料分析，可以推论上古汉语 $^*sP-$ 类复声母的字，在塞擦音产生之前主要与擦音声母谐声。之后 $^*sP-$ 的s词头慢慢弱化并最终失去，受短元音复化影响，这类字中古时大多演变为三等唇音字，并具有重纽四等特征。杨光远的《十三世纪泰国素可泰时期坤兰甘亨碑文声母考》（《民族语文》2010年第3期）用碑文字体同现行泰文进行比较，确认碑文字母的读音，考证音系。并采用李方桂先生的原始台语声母系统进行对照，探究泰语声母，考察音变轨迹。龙国贻的《军寮瑶语h-及其历史来源》（《民族语文》2010年第5期）分析了军寮瑶语h-的历史来源，并通过与其他藻敏瑶语的历史比较，证明古瑶语也与苗语一样存在鼻冠塞音声母。燕海雄的《论汉藏语言硬腭塞音的来源》（《民族语文》2011年第5期）从历时的角度进行比较分析，认为现代汉藏语言音系中的硬腭塞音来自原始汉藏语言音系中的软腭塞音。戴庆厦、朱艳华的《琅南塔克木语浊塞音、浊塞擦音的死灰复燃》（《语言研究》2012年第1期）认为，琅南塔克木语浊塞音、浊塞擦音在历史演变中大多变为清音，但由于借入了老挝语、傣语的浊音词，使原来几近消失的浊音音位"死灰复燃"。黄行的《内爆音声母探源》（《民族语文》2012年第2期）假设内爆音非来自普通清音而是来自复辅音等复杂的有标记音，并用侗台语内部与南岛语之间的同源词，以及古壮字声旁用汉字的语音对应等材料予以证明。叶玉英的《"接"、"捷"、"缉"之上古声母构拟——从包拟古的汉藏同源对比说起》（《民族语文》2012年第6期）认为"接"、"捷"、"缉"的上古声母当分别拟为 $^*skl-$、$^*sgl-$ 和 $^*skhl-$，其演变公式为"接" $^*skl->^*st->ts-$，"捷" $^*sgl->^*sd->dz-$，"缉" $^*skhl->^*sth->tsh-$。

（二）同源词或关系词

对同源词和关系词的辨识是语言历史研究的重要主题。这方面的成果可以按照南方语言和北方语言分别归纳。相关论文有：马锦卫的《彝、藏语言同源词识别释例》(《民族语文》2010 年第 2 期)。蓝庆元在《也谈"干栏"的语源》(《民族语文》2010 年第 4 期) 一文中认为："干栏"是原始侗台语分化前"房子"的汉字记音，侗台语"房子"(干栏) 与汉语"阑"有同源关系。郑张尚芳的《五十身体词的藏汉对应》(《民族语文》2011 年第 4 期) 罗列了五十个常用的表身体部位的词，考察它们在汉藏两个语言中的对应关系。潘悟云的《汉藏语与澳泰语中的"死"》(《民族语文》2011 年第 6 期) 通过历史比较，论证了"死"一词在汉藏语与澳泰语中同源。吴安其的《东亚古代人群迁徙的语言证据》(《民族语文》2012 年第 2 期) 认为突厥和南岛等语言基本词的跨语系的交叉对应关系，是东亚早期语言发生学关系的表现和人群迁徙的结果。郑张尚芳的《华澳语言"子、婿"与汉语的对当词根》(《民族语文》2012 年第 4 期) 以"子、婿"为例，探讨华澳语言与汉语的同源关系。罗永现的《汉台语若干谐声对应考》(《民族语文》2012 年第 6 期) 通过考察汉语和台语在谐声系列的若干对应，发现汉语和台语有不少关系词，证明汉台语在形态特征及构词方式方面有深层关系，从而对西方学者所谓汉语和台语非同源关系的说法提出质疑。此外，有一些研究涉及汉藏语言和印欧语言的关系，如周及徐的《汉藏缅语与印欧语的对应关系词及其意义》(《语言科学》2010 年第 4 期)，文章列出了 11 组汉、藏、缅语互相对应，并且与印欧语词汇也有对应的例词，认为这是汉藏语言与印欧语言存在历史关系的证据。李艳、李葆嘉的《述吐火罗语在证明汉语—印欧语关系中的作用》(《语言科学》2011 年第 6 期) 认为汉语中的吐火罗族称、地名等残留词，以及吐火罗语中的汉语借源词，可以为汉语和印欧语在上古时期有过紧密的接触提供确凿证据，也为进一步思考与探寻远古东亚语言与原始高加索语的亲缘关系提供了一定参考。

(三) 语言系属和源流关系

语言系属和源流关系相对于语音演变和同源词的确认，可以说是历史比较研究的重心和目标性内容，近年来这方面的成果虽然数量不多，但都有一定的见地，有的提出了不同于已有结论的新观点。符昌忠的《来语的系属问题》(《民族语文》2012 年第 1 期) 重点考察来语与黎语、哥隆语的亲疏程度，认为它是黎语支中的一种独立语言。石林的《三省坡草苗的语言及其与侗语的关系》(《民族语文》2012 年第 4 期) 将草苗话与侗语的声调、词汇进行比较，得出草苗话实为侗语的结论。金理新的《戎语支的创新和划分》(《民族语文》2011 年第 4 期) 依据戎语支的元音创新对戎语支语言进行发生学分类。对语言发生学关系的探究可以从多角度进行，如邓晓华、邓晓玲的《论壮侗语和南岛语的发生学关系》(《语言研究》2011 年第 4 期) 通过基本核心词论证壮侗语和南岛语存在发生学关系，通过分子人类学方法以及词源统计分析法得出树形图和壮侗语族与南岛语系的分离年代。文章除了对结论作了充分论证之外，还具有方法论意义。在历史比较语言学的方法上，对语音对应的研究较为详尽，而对同源词的语义探讨尚缺乏系统性。黄树先的《比较词义与历史比较》(《民族语文》2012 年第 4 期) 认为，通过比较词义探讨语言的语义演变模式，其研究思路和成果对历史比较语言学应有积极的意义。对方法论的探索还有孙宏开的《汉藏语系历史类型学研究中的一些问题》(《语言研究》2011 年第 1 期)，文章举例性地讨论了汉藏语系原始遗存和共同创新的一些现象，提出了历史类型学这一论证汉藏语系发生学关系的思路。

（四）语法化问题

语法化研究从历时的角度考察语法形式的来源、形成和发展途径，是近年来研究的热点。这方面的研究有吴福祥的《东南亚语言"居住"义语素的多功能模式及语法化路径》(《民族语文》2010年第6期)，论文认为东南亚语言的"居住"义语素的多功能模式的平行性源自历时演化过程的相似性，实则是语言接触导致的语法化模式区域扩散的产物，而其扩散源和模式语很有可能是汉语。韦茂繁的《都安壮语 te：ŋ^{42} 的语法化分析》(《民族语文》2010年第6期)讨论语言接触导致的语法化，认为壮语"te：ŋ^{42}"的语法化是复制汉语"被"的语法化过程的结果。田静的《里山彝语性别词缀的来源及语法化》(《中央民族大学学报》2010年第6期)主要讨论彝语阴性、阳性词缀的来源和语法化问题。邵明园的《书面藏语的小称》(《语言科学》2012年第3期)认为书面藏语具有小称的语法标记，其小称标记来自"儿子"一词的语法化，并对其分布和语音特点进行了讨论。蒋颖的《普米语自主助词及其语法化》(《中央民族大学学报》2012年第3期)探讨普米语自主助词的功能、来源及其语法化的道路。

三 语言接触研究和语言使用状况调查

（一）语言接触研究

语言接触是当代语言研究特别关注的一个热点领域，这是由当前的时代特点和日益普遍复杂的语言接触关系所决定的。我国语言种类多样、关系错综，相互接触的历史十分悠久，这为语言接触研究——无论是各种具体现象的分析还是普遍规律的归纳——提供了丰富的例证，有着广阔的研究空间。综观2010—2012年来有关语言接触的研究成果，集中于对具体现象的分析。

语言接触对语音的影响既有对语音的整体研究，也有对具体韵母/元音，或声母/辅音的微观描述。语音整体面貌的研究有徐世璇的《土家语语音的接触性演变》(《民族语文》2010年第5期)，论文根据土家语两个方言之间的差异考察语音演变的进程和流向，揭示汉语影响在土家语语音演变中的重要作用，解释汉语借词语音影响土家语语音系统的方式和过程，探讨语言接触性影响和语音接触性演变的普遍性规律。江荻的《回辉语揭示的语言接触感染机制》(《民族语文》2010年第6期)以海南省三亚市回辉语为案例，讨论回辉语在语言接触中转化类型的现象，指出回辉语从多音节型无声调语言转变为单音节型有声调语言，是语言感染机制所导致的。李心释的《壮语对平话的音系干扰与平话的音变规律》(《语言科学》2012年第1期)认为，汉、壮语的接触使平话的语音受到了壮语的影响，发生了声韵系统的简化及其与壮语的趋同。对某一类语音进行描述的，如林伦伦的《标话里的撮口元音及其系列韵母》(《民族语文》2010年第1期)，文章将怀集永固标话里三个圆唇撮口元音的韵母系列与其他侗台语言以及标话周边汉语方言进行对比，证明这些韵母并非来源于原始侗台语，而是受粤语的影响而产生的。戴庆厦的《语言接触与浊音恢复——以缅甸语的浊音演变为例》(《民族语文》2011年第2期)通过缅语古今对比、缅语与亲属语言比较，得出缅语的浊塞音、浊塞擦音历史上几近消失，现代缅语音系中的浊塞音、浊塞擦音主要是由外来借词引起的。

　　词汇和语法的变化也常常是语言接触的结果，这方面的研究都围绕具体的语言现象展开。词汇方面的论文有徐世璇的《借词和词语输入现象》（《贵州民族学院学报》2011年第2期），论文结合具体例证，讨论语言接触在词汇系统中的影响，论述并厘定"借词"这一基本概念的定义、内涵和外延；对词汇受外部语言影响引起的各种复杂变化进行分析归类；论证借词和词语输入之间的关系并解释两者之间进行区别的必要性。讨论具体语言中接触和变化现象的成果有，刘剑三的《从姑姨舅类称谓看海南语言间的相互影响》（《民族语文》2010年第2期），文章从语言之间长期接触和相互影响的视角，讨论海南汉语方言姑姨舅类词汇系统所发生的变化。李锦芳的《仡央语言和彝语的接触关系》（《民族语文》2011年第1期）通过比较仡央、侗台和彝缅语言，分析仡央语言中的彝语成分借词。语法方面的研究有郭必之的《从南宁粤语的状貌词看汉语方言与民族语言的接触》（《民族语文》2012年第3期），文章比较南宁粤语和壮侗语言在状貌词方面的异同，解释南宁粤语状貌词特点的形成，揭示相关现象对语言接触研究的启发。薛才德的《汉语与傣语语法接触一例》（《民族语文》2012年第3期）对西双版纳勐海汉语"谓词＋了＋$kɤ^{53}ni^{53}$"及相关格式作了描写和分析，并与景洪汉语"谓词＋$kɤ^{53}ni^{53}$"格式作了比较，认为这类格式是语言接触的产物。赵晶的《壮语名词短语的语序演变》（《语言研究》2012年第3期）从语言接触和类型学的角度，讨论壮语的名词短语语序正逐渐趋同于汉语。程博的《壮侗语数量名结构语序探析》（《中央民族大学学报》2012年第4期）基于语言接触研究视角，探讨了壮侗语数量名结构的演变和变异。蓝庆元、吴福祥的《侗台语副词"互相"修饰动词的语序》（《民族语文》2012年第6期）论证侗台语副词"互相"修饰动词的固有语序是"动词＋相互"，部分语言出现的"相互＋动词"则是语言接触引发的"动词＋相互＞相互＋动词"演变及其结果。

　　此外还有罗自群的《从语言接触看白语的系属问题》（《中央民族大学学报》2011年第5期），文章认为白语是藏缅语族之下的一个独立的语支——白语支。

　　由语言接触而导致的语言濒危现象，在2010—2012年仍然是学术界十分关注的一个话题，相应的成果有白碧波、David Bradley主编的论文集《母语的消失与留存》（民族出版社2011年版），其中收录了十多篇有关的文章。专题论文有对国际、国内学术界近年来濒危语言研究的总结和前景展望的述评，如徐世璇的《语言的濒危和保持》（黄忠彩、张继焦主编《世界的盛会，丰硕的成果——国际人类学民族学联合会第十六届大会最新学术成果概述》，知识产权出版社2012年版），对国际濒危语言研究的近况、我国濒危语言研究在国际学术界中所处的地位、近期的发展及其国际影响，作了十分中肯的分析论述，是对我国濒危语言研究进展的总结和展望。对濒危语言群体的语言能力和语言保持方法进行综合性研究及方法探索的有熊南京、姜莉芳的《抢救濒危语言的实践——台湾原住民族语言能力认证述评》（《中央民族大学学报》2010年第5期），作者以我国台湾原住民族抢救民族语言的实践活动为例，探讨这种活动对濒危语言保护的借鉴意义。语言濒危势必导致语言结构上的衰变，徐世璇的《论濒危语言结构系统的变化特点——南部土家语结构异变分析》（《云南民族大学学报》2012年第4期）从语音、词汇、语法等几方面观察语言接触对土家语南部方言结构系统的影响，分析语言在逐渐衰微过程中的一些特殊变化，试图探寻濒危语言结构系统衰变的共同规律。

(二) 语言使用状况调查

当今语言关系和民族语言的使用状况发生了快速的变化，这一社会特点引起了民族语言学界对我国的语言生态和各民族的语言生活更加重视，相关的研究在深度和广度上有所发展，例如首次提出了对语言生态进行监测和评估的指标体系。肖自辉、范俊军的《语言生态的监测与评估指标体系》(《语言科学》2011 年第 3 期) 在充分吸收国外有关语言生态要素研究成果的基础上，提出了一套包括人口、地理等 12 个要素、33 个具体指标和指标权重关系的语言生态监测分级指标体系，以及语言生态质量分级评估标准，对语言生态情况和生态环境的研究进行了有益的探索。

关于语言使用的调查有戴庆厦主编、商务印书馆出版的几本新作：《耿马县景颇族语言使用现状及其演变》(2010 年)、《澜沧拉祜族语言使用现状及其演变》(2010 年)、《云南德宏州景颇族语言使用现状及其演变》(2011 年)、《四川盐源县各民族的语言和谐》(2011 年)，以及中国社会科学出版社出版的《老挝琅南塔省克木族及其语言》(2012 年)，分别通过个案调查，反映了几种语言在现代化进程中的使用现状、变化规律。

现代社会双语现象十分普遍，使用双语是各族群兼顾同外界广泛交流和保留母语的最佳途径，因此这种语言使用模式成为当前不可忽略的研究主题。道布的《中华民族多元一体格局的语言观》(《民族语文》2010 年第 2 期)，运用费孝通先生的"中华民族多元一体格局"理论，从语言关系、语言政策、民族教育体系、双语人才与中华民族文化等方面阐述了少数民族的语言文字使用问题。乔翔、余金枝的《论四川省盐源县各民族的语言和谐》(《中央民族大学学报》2010 年第 6 期)，通过对盐源彝、蒙古、藏等少数民族多语并用、互补的观察，论述了该县多民族多语言的和谐关系。张梅的《全球化时代多民族地区的语言竞争与语言和谐》(《中央民族大学学报》2011 年第 4 期) 提出，"语言和谐"应从多角度加以理解，认为在多民族国家或地区，语言竞争是必然的，只要处理得当，语言关系就会在竞争与和谐的有序轮回间健康发展。戴庆厦的《两全其美，和谐发展——解决少数民族双语问题的最佳模式》(《中央民族大学学报》2011 年第 5 期) 认为，"两全其美"是解决少数民族双语问题的最佳模式。劲松的《语码转换和语言混合》(《民族语文》2010 年第 6 期) 把语码转换视为一种自觉的创造性和策略性行为，揭示深度语言混合的过程和方式，对那些将语言发生、发展和消亡视为自然的、不自觉的、无意识行为的理论无法解释的语言产生和变化现象给予合理的诠释。此外还有翁燕珩的《如何看待最近十年国外双语政策的变化》(《中央民族大学学报》2011 年第 1 期)，文章认为研究双语教育问题时，要参考国外双语教育研究的成果和教训，但更应该坚持走自己的特色之路，为丰富和发展世界双语教育研究做出我们的贡献。

四 语言应用研究

少数民族语言的应用研究涉及面广泛，包含内容丰富，其中突出的是语文信息化处理和数据库建设，此外还有民族语文工作和法制建设、语文翻译、语言教学和规范等同社会密切相关的工作。

（一）信息化处理和语料库建设

随着计算机技术的普及，民族语言研究越来越重视信息化处理和语料库的建设。民族语文信息化处理是语文现代化的需要；各种不同语言、内容的语料库以高科技手段处理纷繁庞杂的语言资料，对语言研究起到了有效的推进作用。这一领域的实践和探讨拓展了语言研究的方法和途经，使得语言学同新技术进一步有机结合。陈顺强、沙马拉毅的《信息处理用彝文词性研究》（《民族语文》2011年第4期）提出，面向信息处理的彝语词语分类体系及标记集，为彝文信息处理提供彝文词性标记理论。范俊军的《少数民族濒危语言有声语档建设初探》（《中央民族大学学报》2011年第1期）以及"再探"、"三探"系列文章，结合国外的研究成果，论述少数民族濒危语言语档建设的重要性、目的、应遵循的原则以及应关注的问题。黄成龙、李云兵、王锋的《纪录语言学：一门新兴交叉学科》（《语言科学》2011年第3期）介绍了语言纪录这一新领域在学科中的定位、研究目的、研究方法以及当前的进展，并对其发展前景作了展望。潘悟云、江荻、麦耘的《有关计算机数据处理的记音规范建议》（《民族语文》2012年第5期）提出国际音标在电脑写作与建立数据库的时候需要加以规范，并对此提出了初步的规范建议。

（二）其他方面的应用研究

其他方面的研究包括国际音标的修订和规范、语言立法、语言教学、语言规范等问题。

讨论国际音标修订和规范的文章主要有：曹文的《国际音标表的变化——增减与修改》（《民族语文》2012年第5期）、瞿霭堂的《国际音标漫议》（《民族语文》2012年第5期）、江荻的《国际音标表的本地化修订建议与说明》（《民族语文》2012年第5期）、麦耘的《语音体系与国际音标及其对应》（《民族语文》2012年第5期）、郑张尚芳的《新订音标规范应加大区别度》（《民族语文》2012年第5期）、燕海雄的《从我国语言看国际音标表的修订与完善》（《民族语文》2012年第5期）等。

语用研究还涉及语言与社会的关系、语言立法和规范、语言教学等。陈心林的《语言与族群——湖南潭溪社区实证研究》（《中央民族大学学报》2010年第1期）在对湖南省泸溪县潭溪社区实证研究的基础上讨论了语言与族群的关系。肖建飞的《语言权利的立法表述及其相反概念》（《中央民族大学学报》2012年第3期）从剖析数个有代表性的多民族、多语言国家的语言立法入手，考察各国政府对待少数民族语言的不同态度和行为，对比语言权利的多种立法表述及其相反概念，阐述了多国政府为实现公共语言多元统一理想而面临的决策困境。

此外，李锦芳编著的《仡佬语布央语语法标注话语材料集》（中央民族大学出版社2011年版），集十几年来的调查成果，记录了分布于贵州、广西、云南8个语言点的故事传说、祭祀用语、诗歌民谣等丰富的话语材料，并进行了国际音标转写，汉语和英语的对译、意译和注释，是国内首部进行语法标注和民汉英三语对照的话语材料集，具有较高的解释性和使用价值，有助于少数族语言文化遗产的推介发扬和保护。

（三）文字研究

文字研究包括对文字系统整体的探讨和对具体字形的分析解读。

对某一文字系统的整体性研究有瞿霭堂、劲松的《〈音势论〉和藏文创制的原理》（《民族语文》2011年第5期),论文用现代音位学和形位学的理论解释和评述藏文文字体制、创制理念、修订规范的得失。较多的论文对南方一些自源文字的造字系统或字形笔画进行分析,如有关东巴文的另一篇文章是白小丽的《东巴文双声符现象初探》(《中央民族大学学报》2012年第1期),该文从东巴文双声符在用字选择上的理据、形成原因和途径、演变情况等方面进行探讨。陆燕的《傩源新证》(《民族语文》2011年第5期)通过汉语和彝语以及藏缅语言之间的比较,探讨"傩"的起源和含义。关于新创文字的文章有马效义的《傈僳族新创文字研究综述》(《中央民族大学学报》2010年第1期),文章指出了傈僳文自创制以来所取得的可观的研究成果及尚存的一些不足,并呼吁学界应对新傈僳文的使用现状进行深层次的前瞻性研究,提出适合现代社会发展规律、具有应用意义和可操作性的应对策略。对具体的文字的讨论有如下诸篇:康忠德的《释"步""埠"》(《民族语文》2010年第5期),文章通过分析得出"步"是古汉语词,其表示"码头"或"商埠"之意为古越语"虚"(*b)(C调)的记音。后来出现了表示码头的古壮字"埠"并被汉语吸收,于是出现了以"埠"取代"步",目前"步"、"埠"并存的局面。丁治民的《说虎——兼论汉字的训读谐声现象》(《民族语文》2011年第2期)认为,扬雄《方言》记录的"老虎"跟藏缅语"老虎"的语音形式相同,可以解释谐声系列里面从"虍"声的复杂谐声。杨璧菀的《怀集诗洞几个地名用字的来源》(《民族语文》2011年第5期)分析得出,广东怀集诗洞一些地名是当地标话的汉字记音,研究这些地名对地名学、语言学、民族学、历史学等学科有重要意义。曾小鹏、周祖亮的《记录医学词语的方块壮字》(《民族语文》2011年第5期)以方块壮字为对象,考察其中医学类词语的形式,并对其字形结构作进一步解析。此外还有王育弘的《释"䛐"、"譖"、"訦"》(《民族语文》2012年第6期)等论作。

2010—2012 年北方民族语言文字研究综述

曹道巴特尔

北方民族语言研究是国际阿尔泰学、突厥学、蒙古学、满学的一个主要组成部分，一直以来得到各国政府和学术机构的关注。近些年，中亚国家和蒙古国的国家意识和主体民族意识逐渐加强，各相关国家注重国家语言文字建设，采用了一系列推动措施。蒙古国总统2011年发出命令，自2011年7月1日起，蒙古国政府文件、政府部门官员报告、国家部委和民政部门签发文件、证书一律要使用蒙古文。蒙古文是中国蒙古族一直在使用的传统文字，而蒙古国自20世纪40年代至今改用了斯拉夫文字体系的基里尔蒙古文字。蒙古国总统重新恢复蒙古文字的命令，一方面强调蒙古国家的主体意识和民族文化传承，另一方面也推进了中国和蒙古国蒙古民族文字的一致性。这是值得关注的问题。2012年哈萨克斯坦总统纳扎尔巴耶夫主持召开主题为"哈萨克斯坦的道路：稳定，团结与现代化"的第十九届哈萨克斯坦人民大会，参加者中包括地区和种族—文化协会成员、科学家和知识分子等，也包括语言学家。吉尔吉斯斯坦举办第五届国际青年突厥学家座谈会，蒙古国于2011年9月承办第十届国际蒙古学家大会，2011年1月中国蒙古学学会成立，2012年12月召开国际蒙古学大会。各国的这些活动，体现了北方民族语言文化研究的重要性。

2010—2012年，中国民族语言学学科更加关注语言和社会、语言和文化、语言和科技发展之间的整体性关系的重要性，进一步关注语言的动态演化，注重语言使用在地区社会、经济、文化发展中的作用。无论是历史比较研究、濒危语言研究，还是语言本体研究，都很重视语言和周边环境的互动关系，语言不再是孤立而单纯的结构模式。

由于各个语言的社会功能和应用程度不同，各个地区语言的研究重点和进展不同，所面临的任务也有所不同。有的语言，比如英语、汉语等，需要更加精确的理论研究和语言应用科技开发。有的语言，比如世界上众多的濒危语言，需要抢救记录和保存已经相当有限的宝贵的语言遗产。有的语言需要新一轮的系统的描写研究，目前已经具有相当全面的描写语言学，研究基础的一些语言需要的是比较研究和理论提升。

2010—2012年中国民族语言学研究得到了进一步的发展。其中，北方民族语言研究占有一定的位置，在语言本体研究、语言文化学研究、社会语言学研究方面取得了以下几方面的成就。

一 语言本体及相关研究

北方民族语言本体研究包括现有活的语言和文献语言两个方面。其主要在以往国内外研究薄弱环节的完善、提高、深入方面取得了显著成果，大部分成果集中在具体问题的微观研究上，涉及语音、语法、词汇的各个方面。计算语言学的统计法、实验语音学的语音分析法、浑沌学非线性理论与方法、生成语法理论与方法、空间认知理论与方法、语法标注方法等各种理论和方法广泛运用在具体的研究当中。在这方面，高校的硕士研究生、博士研究生撰写了一系列的学位论文，大部分论文发表在《内蒙古社会科学》、《内蒙古大学学报》、《内蒙古师范大学学报》、《内蒙古民族大学学报》、《中国蒙古学》、《蒙古语文》、《语言与翻译》、《伊犁师范学院学报》、《喀什师范学院学报》、《民族语文》、《满语研究》等学术刊物。

（一）采用新理论和方法，推动了北方民族语言描写研究取得新进展

宝玉柱、孟和宝音采用实验语音学和数据库方法开展的《现代蒙古语正蓝旗土语音系研究》（民族出版社2011年版）一书具有一定的创新价值。在此之前，白音门德曾出版过《巴林土语研究》（内蒙古人民出版社1997年版）一书，开辟了描写语言学著作语音部分采用实验语音学方法的新思路，不过当时的研究内容和深度明显粗浅，但不影响其重要地位。此次宝玉柱和孟和宝音共同完成的这部成果建立了规模空前的词汇、语句资料库，采用新近精密实验设备，建立一整套的语音数据信息库，进行静态、动态语音变化实验，全面描写了蒙古语标准音所在地正蓝旗土语的语音系统。

金永寿的《中国朝鲜语规范原则与规范细则研究》（人民出版社2012年版）是一部有关特定语言规范的著作，其以基本的语言规范化理论为基础，以科学性、政策性、稳妥性、经济性等语言规范化原则为指导方针，回顾中国朝鲜语规范化的历史，比较中国朝鲜语规范原则与朝鲜文化语、韩国语规范原则之间的异同。《中国朝鲜语规范原则与规范细则研究》通过详细的比较，探讨了中世纪朝鲜语及现代朝鲜语语法术语的使用问题。

南日的《朝鲜语状语词尾结构在汉语中的对应形式研究》（黑龙江朝鲜民族出版社2010年版）是一部朝汉语言对比研究成果，该著以现代语言学理论和对比语言学理论为基础，运用描写与解释相结合的方法，基于大量的朝汉对译语料，研究在现代朝鲜语中由状语词尾构成的结构在汉语中的对应形式。作者指出："在朝鲜语中，一些词尾有着共同的特点，即它们的主要语法功能都是使其前面的谓词性成分变成状语，并起到强烈地修饰其后谓词性成分的作用，'状语词尾'的名称也是由此而得来的。"

混沌学理论与方法被运用到语言文化研究，已有20余年，国内部分民族语言学家从语言文化的非线性特征入手，开展一系列的语言文化、语音、词汇、语法形态研究，拓展了民族语言学的实践。其中，曹道巴特尔发表《黏着型语言构词形态标记现存定态及其源流》（张公瑾、丁石庆主编《浑沌学与语言文化研究新收获》，中央民族大学出版社2010年版）、《无序表象背后的有序》（张公瑾、丁石庆主编《浑沌学与语言文化研究新探索》，中央民族大学出版社2011年版）等系列论文，采用浑沌学理论与方法，从崭新的视角阐释了蒙古语语法化进程和蒙古语语法形态的来源。他在《黏着型语言构词形态标记现存定态及其源流》一文

中，从浑沌学理论和语法化理论出发，以蒙古语一些动词构词后缀为例，指出黏着型语言的构词后缀是由独立的词语中的某一基本的语音演变而来，原来曾具有独立的语义。文章指出："黏着型语言的基本特点是构词法形态和构形法形态等一切形态标记都黏附于独立词语，以表示各种词汇的、词法的、句法的意义。从黏着型语言系统的定态看，无论我们所熟悉的变格形态和变位形态以及构词形态的哪一个，那些形形色色的形态标记（一般称为后缀）似乎都是历来就有的固有形式。其实不然，那些形态标记只不过是这个开放的、动态的演化系统在其流变过程中形成的一个重要的定态而已。很多迹象表明，目前看来是一个一个彻头彻尾的形态单位，实际上在过去的某一历史时期可是一个一个的独立的词语，只是现在从词面上难以辨认出来。"经过仔细分析，作者最终写道："通过这样的研究，我们可以提出蒙古语或者黏着型语言在其早期阶段的源流语言时期，可能经历过复合词构词法阶段这一新的观点。当然，复合词构词法本身不属于严格意义上的形态学特征，它是句法学和形态学的混合物。"曹道巴特尔的《无序表象背后的有序》一文运用浑沌学理论，探讨蒙古语语法形态中出现的一种语法形态表示多种语法功能和一种语法功能用多种语法形态表示的例外现象，指出这些例外现象本质上并不是无序现象，从根源讲都有各自的合理源流。这种研究对民族语言语法形态探索具有重要的创新意义。该文通过对蒙古语一些格形态后缀"例外"应用的观察，采用语句固有成分还原的方法，找出理想的完整语句原型，从而证明"例外"并非"例外"。文章指出："通过这样的讨论，我们可以初步假设无序表象背后潜伏着富有合理性的有序结构。那些表面上相同的和相近的东西，实际上是发自不同来源的、功能也各不相同的功能范畴。现在看起来可交替出现的语法形态，本质上是有别的。常常被看作例外现象的一些用法，并非某一种形态的另一种应用。而是表象上功能接近另一种形态的，表层结构上被省略了主要语义成分的一种相对模糊的状态。"

2010—2012年间发表的一些描写语言学论文成果，更加注重自然语言话语的分析，采用数据库手段，提取出更符合语言实际的结果。在最近的研究中，语言语音和形态特征得到了更为细微的分析，比如力提甫·托乎提的《论维吾尔语功能语类格（K）的句法特性》（《民族语文》2010年第4期）。米娜瓦尔·艾比布拉的《撒拉语动词祈使式探源》（《中央民族大学学报》2010年第2期），文章根据撒拉语祈使式的显著特点，结合其语言环境，探讨动词祈使式的来源。她的《撒拉语的副动词》（《民族语文》2010年第4期）对撒拉语副动词的构成和意义进行描写，简要分析撒拉语副动词的一些独特形式。阿不都热依木·热合曼的《维吾尔语动词的体及其时间指向功能》（《民族语文》2010年第4期）探讨维吾尔语动词体标记的时间指向功能、"时"和"体"的关系、句法分布以及功能上的差异等。斯钦朝克图的《阿尔泰语形容词比较级的一种形式》（《民族语文》2010年第2期），讨论阿尔泰语言中运用相对较广并且比较一致的一种形容词比较级形式。尼加提·苏皮、阿米娜木·买买提明的《维吾尔语口语第二人称单数代词的使用特点》（《民族语文》2010年第3期）讨论了现代维吾尔语口语中第二人称单数代词普称和尊称形式的使用特点以及区域性差异。徐春兰的《影响维吾尔语动词谓语句模的要素分析》（《中央民族大学学报》2010年第3期）认为影响维吾尔语动词谓语句模的要素主要有动词和动元、动词的语态、语序等三个方面，特别是动词的语态变化对维吾尔语句模影响较大。毕玉德、阎艳萍的《知识表示中的句法语义一体化描写》(《民族语文》2010年第4期)以朝鲜语为对象,从句法描写语义的技术路线出发,采用一体化描写的方法,分析并构建句法语义一体化描写的层次框架结构。张定京的《实体语法理论与哈萨克语描写语法学》(《中央民族大学学报》2010年第6期)根据语法形式与语法意义的关系,指出哈萨克语语法形式系统中只有形态手段研究较充分,语法意义系统中只有词层级的传统范畴研究较充分,整个语法系统的描写研究还任重道远。宝玉柱的《蒙古语正蓝旗土语元音和谐律研究》(《语言研究》2010年第1期)依据实验所得数据,对正蓝旗土语中的元音和谐现象进行了比较细致的实证分析,对元音和谐的声学理据、元音和谐同词首元音、重读元音和弱读元音的关系等进行了初步探索。照日格图的《论蒙古语与突厥语词根中的元音交替现象》(《中央民族大学学报》2010年第6期)认为蒙古语族语言与突厥语族语言中元音交替而构成的词不是借词,而是两个语族的同源词。包桂兰、哈斯其木格、呼和的《基于EPG的蒙古语辅音发音部位研究》(《民族语文》2010年第3期)利用美国KAY公司6300型电子腭位仪(EPG)、3700Multi-Speech和南开大学"桌上语音工作室"(Mini Speech Lab)语音分析研究软件,采用生理和声学、定量和定性分析相结合的方法,对蒙古语标准音的腭位辅音的发音部位进行系统研究,提出了蒙古语的辅音格局。

相关成果还有不少。江海燕、刘岩、卢莉的《维吾尔语词重音实验研究》(《民族语文》2010年第3期)用实验语音学的方法考察了维吾尔语双音节词的音强、音长和音高等声学特征,发现大部分重音音节都表现出音长和音强的双重优势。李兵、贺俊杰的《蒙古语卫拉特方言双音节词重音的实验语音学分析》(《民族语文》2010年第5期)以新疆巴音郭楞蒙古自治州和静县、和硕县的土尔扈特土语为研究对象,采用实验语音学的方法描写双音节词重音的语音和分布特点。陈宗振的《维吾尔语的特殊词素》(《民族语文》2010年第1期)指出维吾尔语中的谐音成分、变音成分、古语成分、外来成分以及某些来源不明的成分,作为一种特殊词素,都具有构词的功能,它们应在研究中得到重视。王新慧著有《维吾尔语词汇重复模式及语篇衔接功能》(《民族语文》2010年第2期)一文。靳焱的《维吾尔语附加成分的智能处理》(《民族语文》2010年第3期)从建库、识别、处理和生成几个方面提出解决维吾尔语词缀计算机处理的语言学方法,为维吾尔语附加成分的计算机处理提供新的思路。白萍的《额尔古纳俄罗斯语词汇演变探析》(《中央民族大学学报》2010年第2期)指出额尔古纳俄罗斯语词汇的演变不仅使额尔古纳俄罗斯语的词汇使用趋于简化,词汇数量趋向减少,而且在客观上造成其词汇表达趋向单一和贫乏,语言呈现衰变和退化。淑琴、那顺乌日图的《"蒙古文同音同形同类词"知识库的构建》(《中央民族大学学报》2010年第4期)基于共现库,在测试集中自动识别标注了"同音同形同类词"。司富珍和塔力哈提的《维吾尔语的两种人称一致关系》[《伊犁师范学院学报》(哲学社会科学版)2010年第1期]、李素秋的《汉语和维吾尔语多重定语语序的个性差异》(《喀什师范学院学报》2010年第9期)、敖云那生的《蒙古语青海方言的格符加成分的含义及应用》(《中国蒙古学》2010年第5期)、高娃的《关于鄂伦春语人称领属格的分析》(《中国蒙古学》2010年第3期)、长山的《满语动词akū的语法化》(《内蒙古民族大学学报》2012年第6期)和《满语时位词的特点》[《赤峰学院学报》(哲学社会科学版)2011年第6期]等,这些成果分别对维吾尔语、蒙古语、鄂伦春语、满语等不同语言的个别形态进行相当入微的分析研究。

张定京以《哈萨克语名词身份的双重标记》(《民族语文》2011年第1期)为题,探讨哈萨克语"名·动"结构中名词所具有的双重身份,即名词的格标记和动词的态标记。还有以传据范畴和语法标记作为专题进行探讨的,如阿不都热西提·亚库甫的《突厥语传据的基本类型及标记的主要功能》(《民族语文》2011年第5期),文章对中国境内突厥语族语言的传据类型进行初步归纳,并对典型传据类型语法标记的基本意义和主要功能做分析。斯钦朝克图的《蒙古语动词语态的特点》(《民族语文》2011年第2期)着重探讨蒙古语动词语态的特点。崔惠玲的《朝鲜语基数词的语法功能》(《民族语文》2011年第1期)重新释义了数词的语法范畴。崔红花的《朝鲜语冠形词的来源及结构特点》(《民族语文》2011年第2期)认为朝鲜语冠形词是词性转移或短语词化产生的二次性词类。黄玉花的《朝鲜语因果复句关联标记–as和–ni kka的主观性差异》(《中央民族大学学报》2011年第3期)对朝鲜语因果复句的关联标记进行探讨。力提甫·托乎提的《论维吾尔语否定成分–ma–/–mä–的句法特性》(《民族语文》2011年第6期)探讨–ma–/–mä–的否定范围,揭示–ma–/–mä–的句法特性。黄玉花的《汉朝语动词性结构对比与偏误分析》(民族出版社2011年版)运用宏观与微观相结合,语义与句法相结合,定性与定量分析相结合的方法,重点从语义和句法两方面描写汉朝语言动词性结构的异同点,并从语言的结构特点和认知角度进行解释。同时采用对比分析与偏误分析相结合的方法,搜集朝鲜语母语者习得汉语动词性结构经常出现偏误的244个典型实例,描写其偏误类型,解释产生错误的原因,并提出教学对策。

徐春兰、阿依克孜、徐芳的《维吾尔语单句形式的复杂句模研究》(《中央民族大学学报》2011年第5期)从动核结构A与B之间的语义关系和连接方式这两个角度对这三种复杂句模进行分析研究。魏玉清、张吉生的《维吾尔语元音和谐的自主音段分析》(《语言科学》2011年第5期)用自主音段理论和不充分赋值理论对维吾尔语的元音和谐进行分析,解读维吾尔语元音和谐的音系理据、实现方法和规则,剖析维吾尔语中性元音的底层特征赋值及其在元音和谐中不和谐表现的音系理据。包玉柱的《蒙古语正蓝旗土语前化元音与后续短元音i》(《中央民族大学学报》2011年第3期)探讨了蒙古语正蓝旗土语前化元音与后续短元音i。包玉柱的《蒙古语词首元音前化与辅音腭化》(《民族语文》2011年第4期)讨论了蒙古语词首元音前化与辅音腭化现象。王文敏、陈忠敏的《维吾尔语的内爆音》(《民族语文》2011年第6期)对维吾尔语内爆音进行了语音分析。李兵、李文欣的《鄂伦春语双音节词重音实验语音学报告》(《民族语文》2011年第3期)通过实验语音学分析手段,探讨鄂伦春语双音节词重音的主要声学特征。

对语调进行分析的文章有乌吉斯古冷的《蒙古语陈述句和疑问句语调比较研究》(《中央民族大学学报》2011年第2期),文章从句调的角度,对蒙古语陈述句和疑问句进行了比较研究。朴爱华的《韩国语kim ʧ~hi"泡菜"探源》(《民族语文》2011年第2期)通过考察历代文献,根据韩国语语音演变规律,认为kim ʧ~hi"泡菜"是由汉借字语素"沈"和"菜"构成的韩国独有汉字词——"沈菜"。姜镕泽的《朝鲜族人名的特点》(《民族语文》2011年第3期)从人名的社会特征、家族特征、伦理特征和性别特征,以及时代特征等方面举例讨论朝鲜族人名的语言特点。白萍的《内蒙古额尔古纳俄罗斯语研究》(中国社会科学出版社2011年版)在大量田野调查材料的基础上,运用描写语言学、对比语言学等方法,对额尔古纳俄罗斯语的语言结构进行了较为全面、细致的研究，试图通过与西伯利亚俄语方言、俄语标准语、汉语的分别对比，客观地展现额尔古纳俄罗斯语的演变状态，并从语言接触的角度解释、分析其变化的特点、成因和起重要作用的语言因素。白萍的《内蒙古俄罗斯语概况》（《民族语文》2011年第4期）对内蒙古额尔古纳俄罗斯语的语音、词法、语法等基本情况作了介绍。阿尔斯兰·阿不都拉的《维吾尔语哈密次方言中的古代成分》（《民族语文》2011年第1期）则以公元11世纪麻赫穆德·喀什噶里的《突厥语大词典》为依据，分析维吾尔语哈密次方言中保留的部分古代突厥语语音和语法特点。贺群的《汉、维语个体量词"个"和danɛ的认知语义特征比较》（《中央民族大学学报》2011年第3期）选取"个"和danɛ这两个汉维语中较为特殊的个体量词展开对比研究。彭嬿的《维吾尔语动词条件式 - sa/ - sɛ 的语法化》（《中央民族大学学报》2011年第3期）认为维吾尔语动词条件式 - sa/ - sɛ > - sa（r）/ - sɛ（r）（古代突厥语、回鹘语）的语法化层级为：实语素 > 虚语素 > 派生语素（词缀）> 屈折语素（屈折形态）。

徐丹的《汉语河州话及周边地区非指人名词的复数标记"们"》（《民族语文》2011年第6期）提出汉语北方方言某些地区的"们"可指人也可指物，并探讨了"们［ - H］"与阿尔泰语的关系。钟进文的《西部裕固语使动态的主要特点》（《民族语文》2012年第3期）探讨西部裕固语使动态的基本结构和主要特点。夏迪娅·伊布拉音的《维吾尔语形容词配价研究》（《民族语文》2012年第2期）以六卷本《维吾尔语详解词典》（1990—1998）中的形容词为对象，建立语料库，对形容词作谓语所构成的句型进行描写分析，考察各价形容词的句型及其结构特点和语义类型。李琳、毕玉德、陈洁的《朝鲜语对格的语义角色分析》（《民族语文》2012年第3期）借鉴格语法理论，结合朝鲜语句子形式化和词缀丰富的特点，系统考察对格形式特征和下位语义分类，统计分析了知识库中相关的各种句法和语义结构。申基德的《朝鲜语终结词尾重叠特征》（《民族语文》2012年第2期）从四个方面就两个终结词尾的重叠特征进行分析。白萍的《内蒙俄语前置词代偿性变化》（《语言研究》2012年第1期）认为，内蒙古的俄语在和汉语的密切接触中前置词呈现简化、省略趋势，搭配范围扩大，随意性增强，语义界限模糊，由此引起其他句法成分做出功能性的代替和补偿。白莲花的《从 Neg·V 优势到 V·Neg 优势——朝鲜语两种否定标记竞争导致的语法现象分析》（《民族语文》2012年第4期）运用语法化中的虚化、主观化理论来解释朝鲜语两种否定标记 Neg·V 和 V·Neg 互相竞争导致的一系列语法现象。丁石庆的《达斡尔语的传据语用策略》（《民族语文》2012年第6期）探讨达斡尔语的传据语用形式及功能，试图概括其形式与功能的某些规律和特点。

哈斯其木格、呼和的《蒙古语边音/l/的声学和生理研究》（《民族语文》2012年第2期）对蒙古语标准音边音/l/的出现频率、声学和生理时长、共振峰分布特点等进行分析，更加系统地描述蒙古语标准音边音的特点。李兵、汪朋、贺俊杰的《锡伯语双音节词重音实验语音学研究》（《民族语文》2012年第2期）以新疆察布查尔地区的锡伯语口语为研究对象，采用实验语音学的方法对双音节词重音可能的语音表征进行分析。王玲的《维吾尔语"指小表爱"的构成及其特点》（《民族语文》2012年第4期）通过文献检索，归纳出维吾尔语"指小表爱"的类型和结构特点，然后从语义、语用方面对指小表爱称谓进行分析。马德元的

《外来词对维吾尔语时间表达方式的影响》（《民族语文》2012 年第 1 期）立足于现代维吾尔语共时层面，通过表示年、月、日、时辰的外来词观察外来词对维吾尔语时间表达方式的影响。

李英子的《朝鲜语人称后缀 – sa 的语义特征——以 – sa（师）和 – sa（士）派生词为例》（《民族语文》2012 年第 6 期）对表人的后缀 – sa（师）和 – sa（士）的语义特征进行了比较详尽的描写。白碧波、许鲜明的《撒都话概况》（《民族语文》2012 年第 1 期）介绍了云南省玉溪市撒都话的语音、词汇、语法及其使用地区、使用人数和与周边语言的关系。格根哈斯、波·索德《论科尔沁土语亲属称谓 eme：的词源》（《中央民族大学学报》2012 年第 5 期）认为就词源而论，蒙古语的 eme："母亲"和满语的 eniye"母亲"是并行发展而来的，在各自的语言中多用于面称。徐丹、文少卿的《东乡语和东乡人》（《民族语文》2012 年第 3 期）通过分析认为东乡语中的波斯、阿拉伯、突厥语词不是借词，而是其祖先底层语言的反映。吴安其的《阿尔泰语的数词》（《语言研究》2012 年第 3 期）分析了阿尔泰语言中数词"一"至"九"的历史来源。长山的《满语动词 bi 的语法化》（《民族语文》2012 年第 3 期）分析出满语 bi 的语法化过程为：实义动词 > 助动词 > 现在—将来时词缀 > 脱落。白萍的《从语言接触看中式俄语定语语序的变异》（《中央民族大学学报》2012 年第 4 期）从语言接触的角度探讨了中式俄语定语语序的变异。力提甫·托乎提的《语言机制的先天性与民族语言研究》（《民族语文》2012 年第 6 期）基于乔姆斯基人类语言机制先天性的理论，提出任何一种语言都有自身的特点，从而造就了人类语言的多样性，因此应该珍惜人类的每一种语言；并指出任何一种具体语言的特殊语法只有在普遍语法框架内进行研究才有望获得充分的描写和解释，否则将失去科学性。

有些论文从语法学的角度审视现实生活中出现的违背具体语言的语法规则的用法。图门吉日嘎拉在系列论文《纠正现代蒙古语副动词形态误用现象》（《语言与翻译》2010 年第 3 期）、《简析蒙古语动词语法形式的误用例句》（《蒙古语文》2012 年第 2 期）等中以充分的实例揭露出人们在日常生活和一般的交际以及行文写作当中误用副动词后缀、动词态、式、体等形态后缀的情况，并从语法学的角度予以纠正。木再帕尔、高莲花的《维吾尔语 baγa 语源考》（《民族语文》2012 年第 1 期）从多方面深入探讨了维吾尔语的 baγa 一词的词源，并且指出了以词汇 baγa 为基础引申出来的众多词语的相互关系及其产生的来龙去脉。作者指出，现代维吾尔语中存在着一些词形相同但并不是同源的词，如：bala"孩子"和 bala"灾难"。其中 bala"灾难"源自阿拉伯语的 balā。也有一些词意义相差甚远，可早先同源于一词。如：bäxš"赋予"、bay"富裕"、bostan"绿洲"、bihišt"天堂、乐园"、bäxt"幸福"、baγ"果园"、bäg"伯克"等。除了几个词条，这一群词的意义难以联系起来。其实它们均源自古代伊朗语的 baγa"分配"，在伊朗语的不同发展阶段及伊朗语族各语言的演变过程中，借入包括维吾尔语在内的突厥诸语。这些派生词一直使用至今，而源词如今不再使用。baga 在早期和晚期伊朗语里有两种意思：一是做施事名词"分配者、发行者"；二是"部分、份额"。除了名词功能外，动词 bag –"给予或得到一部分"的用处也比较广泛：bag –，现在时 baj – 和 baxš，形动词 baxta –，派生名词 bāga –。与它同源的一些词条在《和田塞语词典》中被列出为：阿维斯陀语 baž –、baxta –、bāga –；粟特语 βaxš –、βxt –、βγn –；琐罗亚斯德巴列维语 baxš-、baxt-；和田塞语 būṣṣ-、būta-；古印度语 bhájatiṃ-、bhaktá-、bhága-、bhāgá-，均源自原始印欧语的 bhag-。

（二）文献语言研究也出现了新的进展

2010—2012 年的北方民族语言文献语言研究中，最值得一提的是斯钦巴图在日本出版的《〈三合语录〉以满文表记蒙古语的研究》（东北大学出版会 2012 年版）一书和布日古德在北京出版《〈华夷译语〉（甲种本）音译汉字研究》（中国社会科学出版社 2012 年版）一书。以上两部著作都采用文献学方法，对特定的文献进行系统的语言学、文字学分析研究。

《三合语录》是成书于 19 世纪初的满、蒙、汉三文对照语句会话课本，是由内阁大学士富俊编纂，其中的蒙古语用满文拼写。斯钦巴图在《〈三合语录〉以满文表记蒙古语的研究》一书中，把《三合语录》的蒙古语同相关的《托忒文一百条》、《初学指南》、《蒙古翻译一百条》等同时期文献进行对照，归纳出《三合语录》的蒙古语的语音、语法、词汇特征，最后还进行了文献学考察。

布日古德的《〈华夷译语〉（甲种本）音译汉字研究》一书是作为中国博士后优秀成果系列之一出版的。该部著作全面、系统分析研究《华夷译语》（甲种本）中蒙古语词语的音译汉字，科学论述音译汉字的使用特征及其拼写规则，并构拟其音系结构。著作还比较《华夷译语》（甲种本）音译汉字和《蒙古秘史》音译汉字，指出二者之间语音特征的相同之处均属当时的北方地区的音系范畴。

古文献中包含着大量的语言信息，通过古文献探析当时语言系统中的某些现象和特点，是研究古代语言的重要途径。2010—2012 年的古文献研究，也包括通过古文献对古代语言面貌的探索。关于语音的研究有刘泽民的《朝鲜对音文献入声资料的重新解读》（《民族语文》2010 年第 3 期），文章对朝鲜文献中的入声归派不以声母清浊为依据这一有悖语言学规律的归派模式提出质疑，认为出现这种情况应为调查方法的偏误所致。李无未的《日本唐五代汉藏对音译音研究》（《民族语文》2010 年第 5 期）指出，除了唐五代汉藏对音译音资料研究之外，日本学者还有研究明清汉藏对音译音资料的论著。麦耘、胡明光的《从史实看汉越音》（《语言研究》2010 年第 3 期）通过史籍文献的分析，指出汉越音确实反映中唐以后的汉语音。孙建元的《朝鲜李氏王朝时期转写汉字音中"正音"韵母音值的推定方法》（《民族语文》2011 年第 4 期）探讨了从现代语音和相关韵书韵图的比较来推定朝鲜李氏王朝时期转写汉字音中"正音"韵母音值的方法。金永寿的《朝鲜语收音发音形成及变化的考察》（《民族语文》2011 年第 4 期）通过历史文献考察朝鲜语收音发音的形成及发展变化。沈钟伟的《契丹小字汉语音译中的一个声调现象》（《民族语文》2012 年第 1 期）提出契丹文字中的小字是表音性的，其中有几种契丹小字的拼写形式基本上和汉语的去声有关，并对此现象做了分析探讨。关于语法或词语的研究有赵明鸣的《中亚〈古兰经注释〉动词的态范畴》（《民族语文》2010 年第 6 期），文章对《古兰经注释》文献语言动词的态范畴进行研究。储泽祥的《〈老乞大〉、〈朴通事〉方位短语作状语的异常情况》（《民族语文》2011 年第 3 期）对《老乞大》、《朴通事》中方位短语作状语的异常情况进行了探讨分析。王志敬的《敦煌藏文空格结构的消失研究》（《语言研究》2012 年第 4 期）指出敦煌藏文空格结构的演变是按照公式

"平衡—失衡—再平衡"进行的。赵明鸣的《〈突厥语词典〉中的 ol》(《民族语文》2011 年第 6 期)对公元 11 世纪的《突厥语词典》中涉及 ol 的 3 个独立词条和一个非独立词条作了一番探讨。苗东霞的《20 世纪 30 年代的〈注音新疆回文常用字表〉》(《民族语文》2012 年第 1 期)对《注音新疆回文常用字表》一书作了介绍。哈斯巴根《回鹘式蒙古文文献中的汉语借词研究》(《中央民族大学学报》2012 年第 3 期)通过实例,讨论回鹘式蒙古文文献中用蒙古文转写汉语借词情况。孙伯君的《契丹小字解读新探》(《民族语文》2010 年第 5 期)认为金朝王室成员使用契丹字记录的当是女真语,并利用女真语对《郎君行记》中的部分契丹字进行解读,比照女真字的用法,尝试对部分契丹小字原字的音值和语法意义进行重新解释。

布日古德的《〈华夷译语〉(甲种本)音译汉字基础音系研究》(《民族语文》2012 年第 6 期)通过探讨《华夷译语》(甲种本)音译汉字基础音系的辨别方式和对音译汉字进行分析,认为《华夷译语》(甲种本)音译汉字基础音系是以北方官话音系为基础的方言音体系,并且属于北京口语音系。包晓荣的《关于〈清史演义〉电子词典 bai-词根动词》(《中国蒙古学》2011 年第 4 期)以内蒙古大学蒙古文献数据库中的资源,对 19 世纪蒙古长篇小说《清史演义》全文中所出现以 bai-为词根的蒙古语动词进行电子词典检索处理,对《清史演义》这个特定文献进行了数字化电子词典研制方面的探索。长山的《〈五体清文鉴〉满语词汇特点》(《满语研究》2010 年第 1 期)指出:"《五体清文鉴》是清朝乾隆时期用满、藏、蒙古、维吾尔、汉五种文字对照编写的语义分类辞书。该辞书收录的满语词汇全面系统,具有鲜明的民族特点。由于清代民族文化交流及辞书本身的体例特点,该辞书满语词汇出现了较多的借词。"王敌非的《清代满文读本会话类文献研究》(《满语研究》2010 年第 1 期)一文也有其特点,论文以实例说明清代各语种会话教材的规模、编纂特点等,强调抓紧时间整理、分析研究的重要性。张森、高淼淼的《〈奉天通志〉中东北方言的满语借词考证》(《满语研究》2011 年第 2 期)通过对《奉天通志·方言·满语延为方言》所列词条的考证,发现《奉天通志》中的满语词语的解释存在很多出入之处。作者在文章中表明:"撰写本文旨在向读者说明,即使是《奉天通志》这样的志书在某些问题的阐述上也不完全正确。推而广之,在其他文献中出现的汉语中的满语词汇,也可能存在这样的问题。"作者认为研究民国时期编纂的《奉天通志》收录的"满语延为方言"词条,对于正确解释汉语东北方言一些词汇与满语词汇之间的关系、分析满语词汇在汉语中的变化过程、了解满语的历史原貌等具有重要的意义。哈斯巴特尔的《关于满语辅音 k、h、g》(《满语研究》2011 年第 1 期)一文认真考察满语辅音音位 k、h、g 在部分词和词缀中的相互交替现象,并且通过和蒙古语同源词的比较,发现满语和蒙古语的辅音 k、h、g 之间也存在相互交替对应的关系,从而推论出"满语辅音音位 k、h、g 是由早期 *k 辅音分化演变而来的"这一结论。

宋洪民、韩振英的《从八思巴字文献材料看〈蒙古字韵〉的成书时间》(《语言研究》2010 年第 2 期)从八思巴字蒙古语文献中汉语词的拼写与《蒙古字韵》比较一致现象推断,《蒙古字韵》1275 年已经写定,而直到 1280 年经大力推行才运用于世。聂鸿音的《论"八思巴字梵语"》(《民族语文》2011 年第 2 期)提出八思巴罗古罗思监藏当年在创制蒙古新字时并没有准备用这种文字来转写梵文,现存八思巴字的经咒也没有一件是梵文的转写,因此学界所谓"八思巴字梵语"的提法是缺乏史实依据的。长山的《蒙古文 el 的来源》(《民族语文》2011 年第 1 期)通过论证得出了蒙古文中拼写汉语借词"二"的音节 el 借自满文的结论。

(三) 语言接触与语言变迁研究出现了新的成果

朝克、曹道巴特尔、陈宗振的《北方民族语言变迁研究》一书作为中国社会科学院创新工程学术出版资助项目主要成果,于 2012 年 5 月由中国社会科学出版社出版。该部著作是深入研究我国民族语言变迁的首部专题研究成果,不仅反映了主要代表性语言从古至今的变迁脉络,同时也反映了汉语的重要历史作用。不仅反映了北方民族语言历史变迁,同时也反映了变迁的现状。全书由绪论、维吾尔语变迁研究、蒙古语变迁研究、满—通古斯语变迁研究、结语五个部分组成。绪论主要从解说语言变迁研究理论和方法以及主要研究内容入手,重点阐述了深入进行我国诸民族之间的语言接触和相互影响以及语言变迁研究的重要性。第一章以古代文献和现代口语的语音、语法、词汇的事实为依据,系统分析研究了维吾尔语从 10 世纪至今的总的变迁情况,包括系统内部的自然变迁和在汉语、阿拉伯语、波斯语、俄语等周边语言影响下的条件变迁。第二章以语言和文化的关系为主线,分析研究蒙古族物质文化变迁和制度文化变迁同蒙古语言变迁之间的关系,从蒙汉民族之间的相互接触和影响的角度,分析研究我国农区蒙古人和农牧结合区蒙古人的语言变迁,展望新的历史条件下中国蒙古族语言的发展前景。第三章分析研究在汉语和蒙古语影响下鄂温克语所发生的语言变迁,以田野资料为基础分析研究鄂温克语变迁的历史原因和客观条件,从满语文和锡伯语文之间的关系,探讨满语文的历史变迁及其延续。结语对我国北方民族语言变迁状况进行概述,阐述北方民族语言变迁研究的学术价值和现实意义。

有关语言接触方面的论文成果中,苏婷的《浅析满语对东北方言与普通话的影响》(《南昌教育学院学报》2012 年第 6 期)一文经过对东北汉语方言进行较仔细地观察,发现在现代汉语普通话和东北方言中仍广泛流传着满语词汇,并且满语词汇融入汉语的名词、形容词、动词等多种词类。作者指出,满语词语的借入丰富了现代汉语东北话,对普通话的发展也作出了积极贡献。綦中明的《满语君主称谓探析》(《黑龙江民族丛刊》2012 年第 5 期)也是语言文化接触与影响的成果。该文从"语言与文化有着密不可分的关系、语言是文化的载体、文化是语言的内蕴、任何民族语言都负荷着该民族深厚的文化内涵、表现出民族文化的民族特征"的观点出发,对清代满语君主称谓进行考察,发现满族人继承前代中原王朝历史传统的同时也独创了具有满族文化特有内涵的新的君主称谓词语。作者认为,满语中的君主称谓不仅彰显了其本民族特性,同时也是满、汉文化融合的缩影。

二十四节气是中国古代订立的一种用来指导农事的补充历法,是在汉族农业文化发展中形成的。时研的《满语二十四节气初探》(《黑龙江民族丛刊》2012 年第 5 期)通过对满语二十四节气进行词汇结构分析,指出满语二十四节气词语是按照汉语的意思用满语的构词材料和构成方法组成的新词,属于合成名词中联合型、偏正型、聚集型的组合结构,是满语文中汉语借词意译现象的典型代表。作者认为,满语二十四节气反映的是满族人民向汉族人民学习先进农事经验,满族社会经济形态由以渔猎、狩猎经济为主导向以农耕经济为主导转变的具体表现。宝玉柱的《移民对喀喇沁地区民族构成及语言接触模式的影响》(《中央民族大学学报》2012年第2期），利用地名志信息探讨移民对喀喇沁地区民族构成及语言接触模式。

（四）语言学史研究得到较好的发展

曹道巴特尔的《蒙古语族语言研究史论》一书于2010年9月由内蒙古教育出版社出版。该部著作首次全面、系统分析介绍800多年来中国学者研究中国境内的蒙古语族语言的历史，涉及14世纪初至20世纪末的200多位学者关于蒙古语族8种语言13个门类的3000多份论著成果。

相关语言研究概况的论文有斯仁巴图的《中国鄂温克语言研究概述》（《呼伦贝尔学院学报》2011年第4期），该文回顾总结国内外学者对中国鄂温克语言的研究近160年的历史过程，包括中国、俄罗斯、日本、韩国、芬兰、美国等国家学者的研究成果。指出我国鄂温克语研究事业历经100余年的研究历程，取得了不小成绩，尤其是自20世纪80年代初以来鄂温克语言研究工作逐步深入，其中鄂温克本民族的学者逐渐成长并取得可喜的成就，对鄂温克语言文化的保护、传承和发展起到了积极的作用。

拉·呼日勒巴特尔在《蒙古语文》2012年第7期至第12期连载《蒙古文翻译简史》长篇成果，全面回顾13—14世纪以来的我国蒙古语翻译的历史，介绍搠思吉斡节儿、希日布僧格、阿尤西固始、咱雅班智达等历代著名翻译家的业绩，为广大读者提供了较系统的发展史信息。

此类研究还有高娃的《鄂伦春语词汇研究综述》（《内蒙古民族大学学报》2012年第4期），也对国内外学者对鄂伦春语词汇的搜集、整理、分析、比较研究等历史进行了较全面的回顾。

二　文化语言学研究

民族语言文化研究最突出的一面是浑沌学非线性理论与方法在语言文化研究中的应用。中国社会科学院、中央民族大学、云南民族大学、中国传媒大学等机构的专家学者开展了一系列的研究工作，在2010—2012年已举办第四、五两届浑沌学与语言文化研究专题研讨会，并由张公瑾、丁石庆主编出版了《浑沌学与语言文化研究新收获》（中央民族大学出版社2010年版）等三部论文集，还有学术刊物发表了系列论文。在此类研究中，有关北方民族语言文化研究成果占有重要的位置。曹道巴特尔的《蒙汉历史接触与蒙古语言文化变迁》（辽宁民族出版社2010年版）一书，是一部有关语言文化接触和相互影响的研究成果。该部著作运用浑沌学理论与方法，利用考古、传说、文献依据等翔实可靠的第一手语言文化材料，分析研究当代中国业已形成的蒙古族牧业、农牧结合、农业三大语言文化类型的产生和发展；通过物质文化和制度文化变迁与语言文化变迁之间的相互关系，系统探讨了中国蒙古族语言文化原生态（游牧）、过渡态（农牧结合）、次生态（农业）的层次递进性变迁；通过蒙古语语音、语法、词汇演变分析，探求了汉族语言文化对蒙古族语言文化的影响和作用；最后，通过分析中国蒙古族语言文化的自身条件和所处时代背景，展望了蒙古族语言文化未来的发展前景。全书由五个部分组成，从蒙汉历史接触出发，考察中国蒙古族语言文化在特定的自然地理条件和人文社会环境中的整体性变化，在蒙古文化语言学领域，乃至国内同类研究中尚属首例。

  2010—2012年发表的主要论文中，丁石庆的《锡伯族与达斡尔族语言保持模式对比分析》（《满语研究》2010年第1期）一文是在亲临实地调查的基础上完成的成果，其研究对象分别是新疆察布查尔锡伯族自治县的锡伯族和内蒙古莫力达瓦达斡尔族自治县的达斡尔族，均属我国北方人口较少民族。论文不仅从个体、家庭、社会等方面分别分析研究察布查尔、莫力达瓦两地语言保持情况，还对二者进行对比，同时结合语言兼用、语言濒危、语言转用等现象进行综合研究，企图探索出避免发生语言濒危、语言转用现象的有效途径。胡艳霞、贾瑞光的《满族语言文化演变的浑沌学观察》（《满语研究》2011年第1期）一文采用浑沌学的初始、演化等概念，从语言使用与文化适应、借词与文化适应入手，分析满语文化演变过程，指出，满族语言文化演变的浑沌性，是非线性科学的系统性与自相似性的体现，吸引子的存在使得满族语言演变符合传播中经历的形态，满族语言文化体系敏感地依赖于初始条件，这个初始条件就是满族单语的使用。后来由于结构、环境、行为等因素，这个系统发生了浑沌变化。借词的纳入和外来文化的影响使满族语言文化发生了演变，体现出了动态、开放、突现等混沌演变的非线性特点。这个演变系统是高度开放的非线性复杂系统，但基本价值理念又将其带回一个合理的区域，因此我们今天看到的满族语言与文化体系仍然规范着满族整体的民族特征，仍具有一定的内在相似性。张殿典的《满语熊类词与萨满文化关系探析》一文（《江苏大学学报》（社会科学版）2012年第6期）通过对《五体清文鉴》中有关熊的满语词语的分析，企图发掘满族熊崇拜文化之特点。作者认为，熊崇拜是萨满教文化动物崇拜的代表，比较满语词语中有关熊的词语，可以发现这些词语的同源词所蕴含的满族萨满文化中的熊崇拜内涵。赵阿平的《满族语言与萨满文化》（《西北民族研究》2010年第4期）一文从民族语言学、文化语言学的角度，对满族语言与萨满文化的关系及其特征进行探讨分析，揭示出满语中蕴含的萨满文化因素，进一步印证满语语义与萨满文化的内在联系，深入认识满语独特的文化意义，并为民族学、历史学等相关学科的研究提供科学依据、客观例证，以推进深层研究。贾越的《从满语复数词缀的接加条件看满族先民文化遗迹》（《黑龙江民族丛刊》2012年第4期）通过对满语的 -sa/-se/-si/-so/-su、-ta/-te、-ri、-nar复数词缀的深层分析，指出这些词缀正是反映了满族早期先民对"数"的思维认知过程、氏族组织及祖先崇拜等原始先民的文化遗迹。

  有关语言文化研究的其他论文成果还有庄淑萍的《试论维吾尔语中的比喻及其民族文化特征》（《新疆大学学报》2010年第2期）、巩晓的《汉维文化差异对成语翻译的影响》[《语言与翻译》（汉文版）2010年第1期]、奥丹的《从跨文化角度谈蒙汉翻译中的若干问题》（《中国蒙古学》2010年第4期）、巴拉提·吐逊巴克、开赛儿·买买提明·特肯的《维吾尔语的动物名称》（《民族语文》2010年第5期）、葛根哈斯的《科尔沁方言"otbadaa"一词的文化内涵探讨》（《中国蒙古学》2011年第5期）和秀花的《论库伦方言与地方文化的关系》（《中国蒙古学》2012年第4期）等。在这些论文中，主要探讨了某一民族语言与周边民族语言文化的接触和相关民族语言的相互影响问题。娜仁图雅的《扎鲁特旗蒙古地名的文化涵义》（《蒙古语文》2012年第1期）从扎鲁特旗境内地名的颜色象征、数字象征、人名象征和地名中的萨满教、佛教、道教文化痕迹以及地名所表现出的农耕文化、古迹遗存词语入手，分析研究了该地区文化发展变化进程。乌云格日乐的《浅谈蒙古语黑颜色文化意义》(《蒙古语文》2012年第2期)一文,根据蒙古族历史文献、民间风俗、文学作品所携带的信息,对蒙古人黑颜色文化思维进行分析,指出了蒙古人黑颜色文化心理所体现的一般物质颜色、恐怖或者阴险色彩、纯真等八个方面的象征意义。发表于《蒙古语文》2012年第7期的哈申格日乐的《〈蒙古秘史〉中亲属称谓语语义》和包格楚、赵开花的《蒙古语科尔沁方言中的农业文化词汇》等也是文化语言学研究领域的主要论文成果。

三 社会语言学研究

民族语言的社会语言学研究具有重要的应用价值,对国家语言政策的制定和调整、完善,国家文化安全等都具有重要的现实意义。国家通用语言的推广和科学保护少数民族语言、广播影视媒体语言的建设、语言规划、对外汉语教学、中文信息处理等是2010—2012年间社会语言学研究的主要分支,少数民族语言也围绕着上述内容展开了广泛的讨论,发表了很多学术论文。十七届六中全会提出"科学保护少数民族语言",2012年5月17日国家民委也强调"普通话与少数民族语言文字并不矛盾",并要求"辩证认识普通话与少数民族语言文字的关系"。2012年5月30日国家语委要求"要创造条件科学保护少数民族语言文字"。目前,全球化背景下少数民族文化的生存和发展成为社会学、民族学、文化学界热点问题之一,2012年6月台湾铭川大学公共事务学系、中国大陆研究学会举办"全球化两岸少数民族之冲击与回应学术研讨会",中国社会科学院民族学与人类学研究所党委书记张昌东应邀率团参加,曹道巴特尔宣读《全球化与中国蒙古语》论文,分析研究全球化背景下中国蒙古语的机遇和面临挑战。

2010—2012年发表的社会语言学其他主要论文有古丽扎尔·吾守尔的《维吾尔委婉语的社会交际功能》(《民族语文》2010年第6期),文章指出委婉语的产生和发展源于社会交际需要,具有约定俗成的性质,由于文化背景和生活习俗的不同,各个民族的委婉语也有差异。安国峰的《朝鲜语对有亲属关系的第三者的称呼方式》(《民族语文》2010年第6期),文章以电视剧《澡堂老板家的男人们》作为主要语料参考背景,简要讨论朝鲜语对有亲属关系的第三者的称呼方式。对具体语言的濒危现象进行调查分析的有丁石庆、王国旭的《新疆塔城达斡尔族母语功能衰变层次及特点》(《中央民族大学学报》2010年第6期),作者通过调查数据显示了新疆塔城达斡尔族母语的社会功能日益衰变的状态。此外的研究还有贺其业勒图的《论保护蒙古语的战略性问题》(《中国蒙古学》2010年第3期)、丁石庆的《锡伯族与达斡尔族语言保持模式对比分析》(《满语研究》2010年第1期)、何占涛的《东北满族文化认同研究——朝阳满语地名的社会语言学探究》(《满语研究》2011年第1期)、佟加·庆夫的《双语模式下的锡伯语使用环境建设》(《满语研究》2011年第1期)等。

贺其业勒图的论文指出:"保护蒙古语应该有周全的战略思考,首先要让党的保护和发展民族语言文字方面的一切方针、政策以及各级政府的相关措施落到实处,这样才能够从根本上解决自身语言文字所面临的种种危机,才能够确保子孙后代能够掌握母语文化,才能够铺开语言文字使用的未来发展道路。"何占涛的论文以朝阳地区为例,考察辽宁西部及西北部地名所表现出的多文化历史现象。作者说:"朝阳是满、蒙古、汉三个民族活动的交界带。尽管女真——满族在朝阳地区活动频繁,但其用满语赋予当地自然与人文实体以专有名称——地名的现象却不突出。朝阳方言不同于百里左右的周边地区,却与相隔千里的北京方言具有相同的语音特点。通过朝阳的满语地名探讨满语对普通话语音的影响,或许能够辨明汉语语音在发展过程所受到的满语的影响。"佟加·庆夫的论文从锡伯语所面临的使用人口减少、使用范围缩小、结构系统正在退化的实际情况出发,探讨了在正在实行的双语模式背景下如何建设锡伯语使用环境的问题,提出了培养锡汉双语人才,加强锡伯语社会应用等若干建议。

黄晓蕾的《清代切音字运动及其现代意义字》(《兰州交通大学学报》2012年第5期)从语言文字对社会发展中的作用出发,分析研究清代汉语繁体字的僵化不前局面和切音字运动之所以发生的社会、历史动因,指出:"清季最后二十年,传统汉语的言文差异、方言差异日益激化,汉字繁难日益成为富强国家、启发民智的巨大障碍,各方言区纷纷涌现以切音字拼切方言的识字运动。本文以其中最有代表性的三种方案,即卢戆章的切音新字、王照的官话字母和劳乃宣的合声简字为例,试图梳理清末切音字运动的源起、发展和归宿,并分析其对于现代汉语的深远影响。"

乌买尔·达吾提的《维吾尔语乌鲁木齐话流行新词语的特点》(《民族语文》2011年第5期)以乌鲁木齐维吾尔族青少年流行语为例,简要介绍20世纪80年代以来维吾尔语乌鲁木齐话流行新词语的一些特点。陈力的《清朝旗人满语能力衰退研究》(《中央民族大学学报》2011年第4期)分析了清朝旗人满语能力衰退的原因。杜秀丽的《锡伯语文的式微及其原因探析》(《中央民族大学学报》2011年第6期)从新疆锡伯语文的社会背景、教学历史等多个视角,解析和阐述新疆锡伯语兴衰的原因,试图通过这一典型个案的分析为保护濒危语言的探讨提供具有普遍意义的参考。

对具体语言或地区的语言使用情况论述都建立在实地调查的基础之上,其结果往往形成一种语言或一个地区的语言使用调查报告,如马志坤的《蒙古语使用状况报告——阿尔杭爱省浩同图苏木个案》(《中央民族大学学报》2011年第5期)和王远新的《青海同德县公务员语言使用、语言态度调查》(《中央民族大学学报》2011年第6期),分别对阿尔杭爱省浩同图苏木居民蒙古语使用情况和对青海同德县公务员语言使用、语言态度问题进行论述。姜镕泽的《中国朝鲜族网络聊天语言问题》(《中央民族大学学报》2011年第3期)探讨了中国朝鲜族网络聊天的语言运用问题,认为应该加快规范化的步伐。买合甫来提·坎吉、刘翔平的《母语透明文字朗读特点研究》(《民族语文》2011年第2期)通过分析朗读错误率和速度,发现阅读正、误率和阅读速度是区分不同阅读水平的重要指标。

各类政策法规的民族语言翻译工作,民族语文翻译理论研究,民族语言的社会、教学应用等是社会语言学的重要研究客体。额尔登陶克陶在《党政机关汉译蒙文工作中的三点误区》(《蒙古语文》2012年第1期)一文中对目前普遍存在的不重视民族语文翻译工作,把民族语文翻译工作归属为民族语文办公室等现象质疑,强调民族语文翻译是把党的路线、政策深入少数民族群众心里的重要途径,民族语文翻译工作是实际性事务,应该在政府机关专设部门,而不能把它退给或者合并到具有监督职能的语文办公室。同期刊发的还有乌云其木格的《论广告翻译的基本要求》、郭哈申的《试论电视新闻播音员应具备的素质》、那顺宝音的《关于〈翻译名词术语〉之我见》、仁钦苏的《播音员素质与直播技巧》等与广告、播音、翻译等从业人员行业语言规范问题相关的论文。随着经济社会的发展和城市化进程，各级民族学校的蒙古语文教学面临很多新的问题和新的挑战。关于这方面的论文有海霞的《关于呼和浩特地区民族中小学加授蒙古语教学中存在的问题》(《蒙古语文》2012年第3期)、席长岁的《怎样提高小学生蒙古语言文字修养》(《蒙古语文》2012年第7期)、包梅花的《如何教授高中蒙古语文课程浅析》(《蒙古语文》2012年第8期) 等。

2010—2012 年民族语言语音学研究综述

呼 和　哈斯其木格

　　无论从发表论著的质量还是从数量来看，2010—2012 年我国民族语言语音学研究得到了前所未有的成绩，这主要表现在以下几个方面：首先，摒弃过去小作坊式的研究方法，逐渐过渡到正规化、规模化、系统化时代，提高了研究成果的全面性、系统性、共享性和延续性。以往的语音实验研究多以研究某种语言语音现象为目标，选取少量的语料，以提取相关语音参数为目的，很少以研究特定语言的语音系统为出发点。因而，对语音声学和生理特征的选择和把握缺乏全面性和系统性，所采集的语音声学和生理参数数据仅满足于写出论著，不注重数据的积累和整合，缺乏共享性和延续性。自本阶段开始，摈弃这种传统小作坊式的方法，实施了搭建少数民族语言语音声学参数统一平台的工作。其次，所涉及的语言、方言、土语的数量比以前有了较大幅度的增长。如，除蒙古语、维吾尔语和藏语外，还涉及了达斡尔语、土族语、东部裕固语、东乡语、布里亚特语、鄂温克语、鄂伦春语、锡伯语、彝语、壮语、水语、德昂语、拉祜语和蒙古语阿拉善土语、蒙古语肃北土语、蒙古语卫拉特方言、藏语安多方言、藏语拉萨话和藏语夏河话等。再次所采用的仪器设备和理论方法更加多元化了。如，除采用了声学分析仪器和软件外，还有动态腭位仪、唇位仪、声门仪、气流气压仪等和 HMM、HTK、DDBHMM、Julius、SVM 等。最后，研究队伍壮大，研究力量增强。与以往相比，本阶段研究成果的作者来自诸多科研机构和大专院校。如，中国社会科学院民族学与人类学研究所、北京大学、中央民族大学、内蒙古大学、新疆大学、西北民族大学、西藏大学、南开大学和内蒙古社会科学院等。

　　在 2010—2012 年少数民族语言语音实验研究方面虽然得到了一些成绩，但与汉语、英语等语言的语音实验研究相比仍有一定的距离。如：（1）虽然所涉及的语言和方言土语比以前有所增加，但对小少民族语言的实验研究仅仅涉及了某一语音现象，缺乏系统性，所实验的语料规模相对小；（2）虽然建立了几个仪器设备较全的少数民族语言语音实验室，但利用率低，尚未充分挖掘和发挥这些仪器设备的功能和优越性；（3）应用研究方面的成果与实际应用仍有一定的距离，缺乏真正既懂技术又懂语言学的学科带头人和技术性人才；（4）在人力和物力的投入方面仍有待进一步加强。

一　元音研究

　　在语音实验研究中元音研究一直是人们关注的焦点。2010—2012 年，人们的视线除研究元音声学特征外,还关注元音的嗓音特征和元音辅音之间的影响规律以及元音弱化现象等。如,乌日格喜乐图等的《鄂温克语短元音声学分析》(《满语研究》2010年第2期)利用"鄂温克语语音声学参数数据库",对鄂温克语词首和非词首音节短元音的声学特征进行统计分析的基础上,提出了它们的分布格局。其布尔哈斯、呼和的《达斡尔语词首音节短元音声学分析》(《韩国阿尔泰学报》,2011年,韩国)利用"达斡尔语语音声学参数数据库",对达斡尔语布特哈方言纳文土语词首音节短元音的第一、第二共振峰(F1、F2)进行统计分析的基础上,采用定量和定性分析相结合的方法,详细描述并提出了其特点和分布格局。韩国君、呼和的《土族语词首音节短元音声学分析》(载《第十届中国语音学学术会议论文集》,2012年,上海)和哈斯呼、呼和的《东部裕固语词首音节短元音声学分析》(《第十届中国语音学学术会议论文集》,2012年,上海)等两篇文章同样分别利用"土族语语音声学参数数据库"和"东部裕固语语音声学参数数据库"对此两种语言的词首音节短元音进行系统的定量和定性分析,详细描述并提出了其特点和分布格局。吕士良等的《东乡语元音的嗓音特征研究》(《西北民族大学学报》(自然科学版)2011年第2期)利用第一谐波振幅、第二谐波振幅、基频、开商和速度商等声学参数,对东乡语元音嗓音特征进行统计分析,揭示东乡语元音嗓音的内部特征,得出东乡语元音无松紧对立的结果。

显然,2010—2012年是阿尔泰语系语言,特别是小少民族语言的语音实验研究比较活跃的阶段。朱晓农等的《拉祜语紧元音:从嘎裂声到喉塞尾》(《民族语文》2011年第3期)在用声学语音学的方法考察拉祜语元音特征的基础上得出该语言的"松紧"元音实质上是发声态的区别,松元音是普通元音,紧元音则有两类四种不同的表现形式的结论。包玉柱的《蒙古语词首元音前化与辅音腭化》(《民族语文》2011年第4期)根据声学分析结果,得出蒙古语的辅音因受邻音影响舌位向腭面靠拢,但其程度和滑音特征并不突出,对语音感知带来的差别感不显著,某种程度的辅音腭化作用与词首元音的前化没有必然联系等结论。买力坎木·苏来曼的《现代维吾尔语元音弱化的实验分析》[《西北民族大学学报》(自然科学版)2012年第2期]通过提取和分析基频、能量、共振峰值等声学参数,对维吾尔语弱化前和弱化后的元音声学特征进行了分析。乌云那生、呼和的《蒙古语阿拉善话短元音声学分析》[《西北民族大学学报》(哲学社会科学版)2012年第4期]利用"蒙古语阿拉善土语语音声学参数数据库",在对该土语的词首和非词首音节短元音的第一、第二共振峰进行统计分析并绘出其声学元音图的基础上,采用定量和定性分析相结合的方法,对该土语词首和非词首音节短元音特点进行详细描述并提出了它们的分布格局。乌云那生的《蒙古语阿拉善土语语音声学研究》(博士学位论文,中央民族大学,2012年)在前人研究的基础上,利用"蒙古语阿拉善土语语音声学参数数据库",采用定量和定性分析相结合的方法,在对该土语元音、辅音和词重音进行较系统研究的基础上,提出了诸多新观点。另外,在维吾尔语元音实验研究方面还有阿依努尔·努尔太的《维吾尔语元音格局研究》(硕士学位论文,新疆大学,2012年)等学位论文。

二 辅音研究

2010—2012年的少数民族语言的辅音研究主要涉及蒙古、维吾尔、藏和彝等语言。所采用的方法主要有声学分析、动态腭位分析、嗓音特征分析、气流气压分析和唇位分析等。如，呼和的《"共同蒙古语"辅音的演变模式》（载《中国语言学集刊》，2008年第4卷第1期，香港）用声学语音学与音系学相结合的方法，探讨了"共同蒙古语"辅音系统的演变模式问题。王双成等的《安多藏语送气擦音的实验研究》（《民族语文》2010年第2期）根据送气擦音的发音机制，提出在安多方言里可以用三个声学特征来区别一般清擦音和送气清擦音的观点。呼和、周学文的《蒙古语辅音气流气压初探》（中国语言学会第十五届学术年会，2010年8月，呼和浩特）利用美国KAY PAS 6600系统，在对蒙古语标准音辅音进行详细分析的基础上，得出根据气流值把蒙古语辅音分成强辅音和弱辅音两个层级，蒙古语辅音气流和气压之间接近强相关等初步结论。这是用PAS 6600研究蒙古语辅音气流气压的第一篇论文。张梦翰的《民族语中清鼻音的判断方法》（《民族语文》2011年第2期）利用PRAAT和Matlab软件以及短时语音信号处理技术，在分析水语清鼻音的基础上总结出该语言清鼻音的6条语音特征。

哈斯其木格等的《蒙古语边音/l/的声学和生理研究》（《民族语文》2012年第2期）利用声学分析与动态腭位分析相结合的方法，探讨了蒙古语边音/l/的发音过程和发音姿态等问题。彭春芳的《彝语全浊音的语音分析》（《民族语文》2010年第2期）在分析彝语全浊音声母的基本声学特征的基础上提出了彝语浊音保留比较完整、浊声杠较长、发音清晰，浊爆音有常态浊音和内爆音等表现形式，是同一音位的不同变体等观点。张冬旭等的《藏语夏河话复辅音音节唇位分析》[《西北民族大学学报》（自然科学版）2012年第2期]对藏语夏河话复辅音的唇位进行系统分析，并通过比较内唇开口度和外唇宽度，得出与外唇宽度相比，内唇开口度更能体现夏河话复辅音声母音节发音时的特点，内唇开口度和外唇宽度之间并无绝对对应关系的结论。王文敏等的《维吾尔语的内爆音》（《民族语文》2011年第6期）通过声学分析和气流气压分析，提出了维吾尔语词首浊塞音有三种自由变体，即内爆音、一般浊塞音和清不送气塞音；元音间的浊塞音有两种变体，即内爆音和一般浊塞音等观点。

除上述对个别辅音的描写文章外，2010—2012年还出现了有关阐述某些语言辅音格局和协同发音方面的论著。如，包桂兰等的《基于EPG的蒙古语辅音发音部位研究》（《民族语文》2010年第3期）采用生理和声学、定量和定性分析相结合的方法，在对蒙古语标准音12个腭位辅音的发音部位进行系统分析的基础上提出了蒙古语辅音的格局。呼和、包桂兰的《基于EPG的蒙古语标准话词首辅音舌位变化及其约束度研究》（第17届国际语音科学会议，2011年，香港）利用美国KAY公司6300型电子腭位仪（EPG），3700Multi-Speech和南开大学"桌上语音工作室"（Mini Speech Lab）等生理声学分析仪器，在测量和统计蒙古语标准话词首辅音 [n, l, s, ʃ, tʰ, t, ʧʰ, ʧ, j] 等的CA、CC的标准差及其CD等参数的基础上，探讨了词首辅音的舌位及活动空间、约束力之间的关系和约束度等问题。包桂兰的《基于EPG的蒙古语标准音协同发音研究》（博士学位论文，内蒙古大学，2011年）利用声学和动态腭位参数，对蒙古语词首、词中和词末辅音的生理活动特征及其前后音素之间的协同发音问题进行较系统的研究，提出了蒙古语辅音的生理活动规律具有因发音部位靠前而活动空间小，因此抗协同的能力也强等观点。马莉等的《藏语夏河话不送气塞音声母协同发音的声学分析》[《西北民族大学学报》（自然科学版）2011年第3期]利用Speechlab软件（北京大学）和 Matlab 语音分析平台，对安多藏语夏河话/p/、/t/、/k/等三个不送气塞音声母与单元音之间的协同问题进行了较详细的讨论。李玲玲的《蒙古语标准音塞音和塞擦音的声学格局研究》（硕士学位论文，内蒙古大学，2011年）利用"蒙古语标准音语音声学参数数据库"，统计分析了蒙古语塞音、塞擦音在词中的分布规律和对出现在词中不同位置上的8个清塞音、塞擦音的声学格局图进行分析，探讨它们在格局图上音类的集聚特征、音类的位置规律和纵、横轴上所反映的特点。胡红彦的《蒙古语标准音清擦音实验研究》（硕士学位论文，内蒙古大学，2011年）利用"蒙古语标准音语音声学参数数据库"和"蒙古语动态腭位参数数据库"，统计分析了蒙古语标准音三个清擦音在词中的分布规律和生理、声学特点，并举例阐述了这些辅音对其前后位音段的影响现象。另外，在维吾尔语和藏语语音实验研究方面还出现了艾合买提江·祖农的《从实验语音学角度研究维吾尔语辅音的声学特征》（硕士学位论文，新疆大学，2011年）和周一心的《藏语安多夏河话音节声学分析》（硕士学位论文，西北民族大学，2011年）等学位论文。

三 韵律研究

多年来很少有学者关注少数民族语言韵律实验研究方面的问题。值得庆幸的是2010—2012年发表了几篇有关词重音、声调和语调声学研究方面的论文。如，在词重音研究方面：李兵等在《民族语文》上连续刊登了《蒙古语卫拉特方言双音节词重音的实验语音学分析》（《民族语文》2010年第5期）、《鄂伦春语双音节词重音实验语音学报告》（《民族语文》2011年第3期）和《锡伯语双音节词重音实验语音学研究》（《民族语文》2012年第2期）等三篇论文。这些论文用声学语音学的理论和方法对上述三种语言双音节词进行声学分析后，提出这些语言双音节词的重音位置和主要声学相关物。江海燕等的《维吾尔语词重音实验研究》（《民族语文》2010年第3期）用实验语音学的方法考察维吾尔语双音节词的音强、音长和音高等声学特征后，提出大部分重音音节都表现出音长和音强的双重优势，音长差异大于音强差异，音节越多的词这一倾向越明显的观点。乌日格喜乐图、呼和的《鄂温克语双音节词韵律模式研究》（第十一届全国人机语音通讯学术会议，2011年10月，西安）利用"鄂温克语语音声学参数数据库"，在对鄂温克语四种不同结构的486个双音节词的元音音长、音高和音强等进行统计分析的基础上，探讨了鄂温克语双音节词的韵律节奏模式与词重音之间的关系问题。

在声调研究方面，郑文思等的《藏语拉萨话调域统计分析》[《西北民族大学学报》（自然科学版）2011年第1期]使用PRAAT语音分析软件对藏语1000句新闻语料进行两层标注、提取相关参数和进行统计分析，提出了拉萨话中各个调值的上下限及其域宽。汪锋、孔江平的《水语（三洞）声调的声学研究》（《民族语文》2011年第5期）在对贵州三洞水语进行声学分析的基础上，总结贵州三洞水语单字调系统以及各声调在双音节前字和后字上的表现形式，并提出了前字时长短是声调简化的主要原因等观点。潘晓声、孔江平的《武鸣壮语双音节声调空间分布研究》（《民族语文》2011年第2期）从音位负担和语音学的角度对武鸣壮语双音节声调的声学分布空间进行聚类分析，总结出双音节声调的实际分布模式。李亮的《汉、藏语声调的声学比较研究》（硕士学位论文，西北民族大学，2012年）以汉语普通话声调的研究成果为参照，在对藏语拉萨话和夏河话声调进行分析的基础上，得出拉萨话有四种调型六个调值，高低二调差异显著；夏河话习惯调只有降调，体现不出高低二调区别的结论。

在语调研究方面：乌吉斯古冷、呼和的《蒙古语陈述句和疑问句语调比较研究》（《中央民族大学学报》2011年第2期）利用PRAAT等语音分析软件，采用石锋教授提出的"语调格局"思路和语调起伏度的研究方法，对自然焦点陈述句和疑问句的语调及其起伏度进行系统的定量和定性分析，探讨了用语句调域和语句内调群调域起伏度区别蒙古陈述句和疑问句基本句式的方法。敖敏等的《蒙古语标准话朗读话语韵律短语研究》（《中央民族大学学报》2012年第4期）基于蒙文语音合成语料库，考察了其语句内部的音高变化模式和韵律短语的切分线索问题。王玲等的《德昂语布雷方言中焦点的韵律编码方式》（《中央民族大学学报》2011年第2期）对德昂语布雷方言进行声学分析，得出焦点词上没有明显的音高提高，也没有焦点后音高骤降和音域变窄的现象，而有焦点词的时长增加（10%左右）现象，德昂语焦点的韵律编码方式既不同于汉语普通话，也不同于印欧语系中大部分语言，而与台湾闽南语及粤语等相似等结论。

四 应用研究

与以往研究不同2010—2012年发表了比较多的有关应用研究方面的成果。如，孟和吉雅的《蒙古语标准音水平测试系统研究》（博士学位论文，内蒙古大学，2010年）用声学语音学理论和方法，结合语音软件开发技术，对现代蒙古语标准音水平测试标准进行了初步的探讨。敖敏的《基于韵律的蒙古语语音合成研究》（博士学位论文，内蒙古大学，2012年）利用语料库及语音合成的较新理论和技术，搭建了蒙古语语音合成平台的初步框架。曲珍、春燕的《藏语语音合成中语料数据标注规则的设计》[《西藏大学学报》（自然科学版）2012年第1期]基于隐马尔科夫模型（HMM），结合藏语语音特点，提出一些藏语语料数据标注规则，并在PRAAT脚本上初步实现了藏语语料标注。吾守尔·斯拉木等的《基于DDBHMM的维吾尔语语音声学层识别系统研究》[《新疆大学学报》（自然科学版）2010年第4期]采用基于段长分布的非齐次隐马尔科夫模型（DDBHMM），进行了维吾尔语声学建模工作。李永宏等的《藏语新闻朗读的呼吸信号声学分析》[《西北民族大学学报》（自然科学版）2010年第2期]运用统计学的方法探讨了藏语新闻朗读时男女发音人的呼吸生理特性和呼吸信号的声学表现。热依曼·吐尔逊等的《维吾尔语语音语料库管理软件的研究与实现》[《新疆大学学报》（自然科学版）2010年第2期]针对维吾尔语文字与语音特征之间的复杂性，探讨了如何开发维吾尔语语音数据库管理软件的问题。李永宏等的《藏语连续语音语料库设计与实现》（《计算机工程与应用》2010年第13期）介绍以藏语夏河话为对象的三音子藏语连续语音语料库，并总结了夏河话的三音子音联结构形式。

值得鼓励的一种现象是本阶段在用少数民族文字出版的《中国蒙古学》、《内蒙古社会科学》（蒙文版）和《内蒙古大学学报》（蒙文版）等学术刊物上出现了一些语音实验研究的论文。如，开花的《蒙古语半元音实验语音学研究》(《中国蒙古学》（蒙文版）2010年第5期）用声学分析与动态腭位仪相结合的方法，对蒙古语半元音［j］和［w］的发音过程和特征进行分析，得出这两个半元音的发音部位在硬腭，并伴有一定的摩擦特征的结论。敖敏的《蒙古语肃北土语、阿拉善土语和土尔扈特土语词首音节短元音比较》[《中国蒙古学》（蒙文版）2011年第3期]在比较分析蒙古语肃北土语、阿拉善土语和土尔扈特土语词首音节短元音声学特征的基础上，探讨了肃北土语的"中间特性"（处在蒙古语卫拉特方言和内蒙古方言的中间过渡状态）问题。山丹的《从实验语音学角度探索蒙古语标准音词重音》[《内蒙古社会科学》（蒙文版）2010年第5期]认为蒙古语词重音并不是传统语言学中所提的音强重音或音高重音，而是与音长有关的"凸显"现象。玉容的《蒙古语弱短元音》[《内蒙古大学学报》（蒙文版）2011年第4期]用声学语音学的方法，对蒙古语4位发音人单词词中和词末弱短元音、词组词间位置和末尾位置上所出现的弱短元音进行统计分析，并对它们的音质进行了声学分析。

除上述论文外，本阶段还出版了两部专著。如宝玉柱、孟和宝音著的《现代蒙古语正蓝旗土语音系研究》（民族出版社2011年版）用声学语音学的理论和方法，对正蓝旗土语语音进行系统的定量和定性分析，提出了诸多新观点。该成果的最大亮点是较好地结合了声学语音学与音系的理论和方法。易斌著《现代维吾尔语元音的实验语音学研究》（中国社会科学出版社2012年版）用声学语音学和音系学的理论和方法，在对现代维吾尔语主要元音，尤其在音值和音系归纳方面有争议的元音进行系统分析的基础上，提出了自己的观点。

2010—2012年计算语言学科研究综述

龙从军　燕海雄

在数字化发展的今天，为了逾越民族地区信息化、数字化的鸿沟，缩小民族地区经济社会发展的差距，维护边疆地区社会稳定、民族团结，我国民族语言信息处理逐渐成为政府机关、科研院所极为重视的研究领域。尤其是针对蒙、藏、维文信息处理的资助不断增加，使我国民族语言信息处理领域百花齐放。当前少数民族信息处理包括字、词、短语、句子、篇章等多层面的研究。字符显示、编码、输入等得到了很好的解决。中国社会科学院民族学与人类学研究所、中国科学院软件研究所和计算研究所、清华大学、西藏大学、西北民族大学、青海师范大学、中央民族大学等科研院所在民族文字信息处理领域已经积累了丰富的科研成果，这些成果内容不仅包括基础资源建设，也包括应用层面的软件开发，涉及民族语言的分词研究、语料库、知识库建设、文本分类、知识抽取、命名实体识别、文本识别、手写体识别、民汉、汉民机器翻译等。成果的表现形式包括专著、论文、资源库、软件等。从研究领域来看，民族文字信息处理已经发展到一个新的阶段，即由过去主要以编码平台建设和操作系统开发转到以民族文字文本研究为对象的较高阶段的研究，包括文本分词与标注、文本内容计算、文本知识表达、文本分类、知识抽取、语义表达、语义标注、句法分析、机器翻译等；从研究人员和研究机构来看，由过去的几个人或者几十人、几家研究机构转到研究人员队伍逐渐扩大、老中青结构合理、多民族共同合作和研究机构数量迅速增加的局面；从研究的规模上看，由过去零星的、非系统的研究转到集中的、系统化的、针对关键问题各个击破的研究路子上来。在2010—2012的三年中，民族文字计算处理与应用研究领域产生了一系列高质量的科研成果，下面从藏语文信息处理和民族语言应用研究两个方面来谈。

一　藏语计算处理研究

（一）藏文编码转换研究

我国藏文信息处理起步较晚，早期研究中，标准化建设和服务很不完善，藏文信息技术研发单位各自为战，缺乏沟通和合作。更重要的是我国藏文编码专家没有完全遵循藏文国际编码集，而是根据各自的需要设计了扩充编码集。从研究的深度与广度来说，我国藏文信息处理的技术水平与国际先进水平已经存在了差距，并且差距还在加大。为了推动国内藏文信息化建设，一些专家提出了两条路线的研究策略：一是继续对国际标准小字符集技术深入研究，二是根据国内信息化需要研制藏文大字符集国家标准，以此统一国内藏文编码，达到资源共享，避免重复开发的目的。但是这个研究策略本身就与国际不接轨，再加上国内各个科研院所本身也没有完全遵从大字符集国家标准，导致了藏文网络传播与交流因编码多样化出现了杂乱无章的局面，严重制约了藏文信息化研究的进程。因此不同藏文编码之间的转换研究十分必要。在 2010—2012 年间有多篇论文涉及藏文编码转换研究，包括刘汇丹等的《藏文编码转换软件"藏码通"的设计与实现》（第三届全国少数民族青年自然语言信息处理、第二届全国多语言知识库建设联合学术研讨会论文集，2010 年）、春燕的《藏文编码识别与转换算法的研究与实现》（硕士学位论文，西南交通大学，2010 年）、邢超等的《藏文文本编码方案的识别算法》（《信息网络安全》2012 年第 12 期）。这些文章都着重阐述多种藏文编码之间的相互转换，实现不同编码资源之间的共享，其中刘汇丹研制的"藏码通"转码软件，被称为藏语转码中的一匹黑马。吴兵、江荻的《藏文国际编码的发展与技术应用》（《西南民族大学学报》2011 年第 8 期）则总结性地阐述了藏文国际编码的确定和发展以及相关的技术应用。江荻、龙从军编写的《藏语字符研究》一书中也详细比较了不同编码之间的差别、藏文国际编码发展情况以及与编码相关的应用软件开发情况。一方面，编码转换软件的实用化为藏语信息处理资源建设提供了有力的保障；另一方面，随着基于 Unicode 的藏文编码文本的广泛使用，藏文编码转换研究也逐渐淡化。

（二）藏文信息化标准研究

藏语文标准研究包括两个研究领域：一是藏语文字使用的规范标准，二是藏语信息处理所用的规范标准。计算语言学关注的是后者，研究内容包括拉丁转写规范、分词规范、词类规范、语料库规范、语言知识的表示规范等。中国社会科学院民族学与人类学研究所江荻、龙从军的《藏语字符研究》（社会科学文献出版社 2011 年版）在前人研究的基础上，提出了藏文字符拉丁转写完全方案，该方案充分考虑到对各种藏文字符的转写以及梵源藏字的转写，并实现了藏文字符和拉丁字符互转的计算机实现。曹晖的《Linux 系统藏文拉丁文转写输入法的实现》[《西北民族大学学报》（自然科学版）2010 年第 2 期]把拉丁转写应用到文字输入研究中。随着藏语文本研究地位越来越重要，与文本加工相关的分词规范、词类规范、语料库建设也成为学者关注的热点问题。反映分词规范的文章有关白的《信息处理用藏文分词单位研究》（《中文信息学报》2010 年第 3 期），该文从概念辨析的角度谈藏文分词单位。但与前几年相比，反映分词规范的文章不算多。反映词类规范的文章有才让加的《藏语语料库词类描述方法研究》（《计算机工程与应用》2011 年第 4 期），该文系统地列举了藏语词类的多级分类以及在语料库中的实现。祁坤钰的《基于语料库的藏语名词分类与统计研究》[《西北民族大学学报》（自然科学版）2012 年第 3 期]则专注于名词的分类，把名词分成不同的小类，如时间、方位、处所等不同类别的名词，并定量地研究了不同类别的名词的分布。索南尖措等的《信息处理用藏文动词的分类》[《西藏大学学报》（自然科学版）2011 年第 2 期]阐述了传统的藏语动词分类情况并结合信息处理的要求对动词进行分类。

（三）藏文文字识别研究

藏文字符识别研究是藏文文本信息化的一项基础研究，对于藏文输入、文献信息化、语料库建设等方面具有重要影响。字符识别研究包括印刷体字符识别和手写体字符识别，印刷体字符识别又涉及雕刻版字符识别。江荻、周学文、龙从军等人的《藏文识别原理与应用》（商务印书馆 2012 年版）是一部概要性的专著，详细地总结了藏文文字识别的基本理论方法与软件开发的情况，该书是藏文文字识别研究的集成作品。文字识别方面的研究论文有张国锋等的《基于梯度霍夫变换的藏文手写采样表格检测》[《甘肃联合大学学报》（自然科学版）2010 年第 5 期]、王玉雷的《基于改进的粗网格印刷体藏文字符识别技术研究》（硕士学位论文，江苏科技大学，2010 年）、王道辉的《基于统计结构的联机手写藏文识别特征抽取研究》（硕士学位论文，西北民族大学，2011 年）、周纬等的《基于几何形状分析的藏文字符识别》（《第五届全国几何设计与计算学术会议论文集》，2011 年，又载《计算机工程与应用》2012 年第 18 期）、周纬的《印刷体藏文识别研究》（硕士学位论文，华东师范大学，2012 年）、李永忠等的《藏文印刷体字符识别技术研究》[《南京大学学报》（自然科学版）2012 年第 1 期]、小普桑等的《藏文笔迹的分析与鉴定》（《西藏科技》2012 年第 4 期）、赵冬香等的《BP 神经网络在脱机手写吾美藏文识别系统中的应用》（《贵州科学》2012 年第 2 期）、赵栋材的《基于 BP 网络的木刻藏文经书文字识别研究》（《微处理机》2012 年第 5 期）、才让洛加等的《识别现代藏文基字的算法设计与实现》（《西藏科技》2012 年第 5 期）、刘芳的《文字识别系统中藏文字符切分算法研究》（硕士学位论文，西藏大学，2011 年）等，这些论文关注藏文文字识别中的某类具体问题，探讨识别的策略，推动了藏语文字识别研究不断深化。

（四）藏语资源库建设研究

语料库建设对语言信息处理意义重大，因此反映语料库加工方法技术以及基于语料库的语言研究文章也比较多，包括才让卓玛和才智杰的《基于语料库的藏语 TTS 技术研究》[《青海师范大学学报》（自然科学版）2010 年第 2 期]、才让加的《藏语语料库加工方法研究》（《计算机工程与应用》2011 年第 6 期）、扎西加等的《藏语语料库 TEI 标记规范探讨》（《中文信息学报》2011 年第 4 期）、关却吉的《面向藏语语料库建设的计量单位研究》[《西北民族大学学报》（自然科学版）2011 年第 4 期]、才藏太的《藏文语料库深加工方法研究》（《计算机工程与应用》2012 年第 26 期）等都是针对整个语料库的结构组织、标注方法等的研究；道杰本等的《基于语料库的藏语副词搭配研究》[《西北民族大学学报》（自然科学版）2011 年第 4 期]、力毛措的《藏语语料库管理系统中读写数据粒度问题的研究》[《青海师范大学学报》（自然科学版）2012 年第 2 期]、久美然不旦的《基于语料库的小学藏文教材文体与词汇计量研究》（硕士学位论文，西藏大学，2012 年）等则对语料库加工过程中的具体细节问题进行讨论。

语料库建设包括生语料库和多级标注语料库的建设。与标注语料库建设密切关联的是分词与词性标注技术研究。在 2010—2012 年间藏语分词技术取得丰硕的成果，不但体现在发表文章的数量上，也体现在分词方法革新和分词软件开发方面。

对藏语分词方法的研究论文有：普布旦增的《藏文自动分词技术方法研究》（硕士学位论文，西藏大学，2010 年）、叶西切忠等的《藏文信息处理中自动分词方法的研究》（《科技信息》2011 年第 31 期）、陈朝阳等的《基于 Dijkstra 算法的藏语分词研究》（《数字通信》2012 年第 6 期）。反映基于规则分词系统开发的论文有才智杰的《班智达藏文自动分词系的设计与实现》(《青海师范大学民族师范学院学报》2010年第2期)、才智杰等的《藏文自动分词系统的设计》(《计算机工程与科学》2011年第5期)、刘汇丹等的《SegT：一个实用的藏文分词系统》(《中文信息学报》2012年第1期)、才华等的《Unicode藏文分词系统的设计》(《西藏科技》2012年第7期)、赵栋材的《基于虚词切分的藏文分词系统的设计与实现》[《西藏大学学报》(自然科学版)2012年第2期]。

基于规则的藏语分词研究面临诸多问题，分词的精度有待进一步提高，为此一些研究者尝试把统计方法引入藏语分词研究中。首先把统计技术引入藏语分词的是史晓东、卢亚军，在《央金藏文分词系统》(《中文信息学报》2011年第4期)一文中介绍了把汉语分词系统Segtag的技术移植到藏语分词中，主要采用隐马尔科夫模型，把分词和标注一体化处理，获得了不错的效果。江涛在"Tibetan Word Segmentation System Based on Conditional Random Field"[*Software Engineering and Service Science* (SESS) 2011：446－448.]中采用词位标注理论，使用条件随机场模型对藏语进行分词研究，切分正确率达93.5%。除此之外也有一些研究关注分词研究中的具体细节问题，如祁坤钰的《基于国际标准编码系统的藏文分词词典机制研究》[《西北民族大学学报》(自然科学版)2010年第4期]、普布旦增等的《藏文分词中交集型歧义字段的切分方法研究》[《西藏大学学报》(社会科学版)2010年第1期]、羊毛卓玛等的《一种改进的藏文分词交集型歧义消解方法》(《西藏科技》2012年第1期)、巴桑杰布等的《藏文分词系统中紧缩格识别和藏字复原的算法研究》(《西藏科技》2012年第2期)、羊毛卓玛等的《藏文自动分词中未登录词处理方法研究》(《计算机工程》2012年第17期)等。

语料库的词性标注研究的成果不是太多，其原因主要在于分词的精确度不高限制了词性标注研究的推进。语料库词性标注研究所采用的技术方法以统计模型为主，如苏俊峰的《基于HMM的藏语语料库词性自动标注研究》(硕士学位论文，西北民族大学，2010年)、扎西多杰等的《基于HMM藏文词性标注的研究与实现》(《计算机光盘软件与应用》2012年第12期)、羊毛卓玛的《藏文词性自动标注系统的研究与实现》(硕士学位论文，西藏大学，2012年)。词性标注细节研究，包括标注词典，具体某些现象的标注研究，如才智杰等的《班智达藏文标注词典设计》(《中文信息学报》2010年第5期)、才让三智等的《信息处理中藏语虚词"na"和"la"的标注研究》(《电脑知识与技术》2011年第10期)、扎西加等的《藏文文本分词赋码一体化研究》[《西藏大学学报》(自然科学版)2012年第1期]。但是总体上来看，藏语词性标注研究还存在很多问题，标注的精确度还不高。

资源建设中还包括知识库建构和双语语料加工。知识库建设方面也取得了一定的成果，扎西加等的《自然语言处理用藏语格助词的语法信息研究》(《中文信息学报》2010年第5期)，根据藏语格助词在句法语义上的重要意义，试图建立格助词的语法信息知识库；多杰卓玛的《现代藏语词语信息库构建研究》(《电脑开发与应用》2010年第7期)和《藏文字框架知识表示的研究》(《中文信息学报》2010年第5期)则从总体上建立藏语词和字的信息知识库；才智杰等的《班智达藏文标注词典设计》(《中文信息学报》2010年第5期)、多拉等的《信息处理用藏语语法模型知识库研究》[《西北民族大学学报》(自然科学版)2011年第3期]、才让三智等的《面向信息处理的藏语虚词知识库构建研究》[《西北民族大学学报》(自然科学版)2012年第2期]和《藏语虚词知识库构建研究》(硕士学位论文，西北民族大学，

2012年)、道杰本的《藏文副词的语法功能属性库研究》(硕士学位论文,西北民族大学,2012年)、羊本才让的《藏语动词语法信息库构建研究》(硕士学位论文,西北民族大学,2012年)等都试图通过建立语法知识库来解决藏语计算处理中所需要的资源。但是语法信息知识库的构建是一项艰苦而持久的工作,整体上,当前藏语知识库建设的水平较低、规模不大,还需要继续加大研究的力度。

双语语料库建设难度要比建立单语种语料库大得多。双语语料又分为词级、句级、篇章级单位对齐双语语料库,尤其是词级单位对齐的语料库在语言信息处理中发挥极大的作用。当前藏语双语语料库的建设主要是篇章和句子级对齐的双语语料库。其目的是为藏汉、汉藏机器翻译服务。中国科学院软件研究所在汉藏辅助机器翻译研究方面建设了约30万汉藏句对;中国社会科学院民族学与人类学研究所计算语言学科研究人员也建立了约30万藏汉句对;同时在词级双语对齐语料建设方面,江荻、龙从军利用toolbox标注软件,半自动地各标注了大约10万音节字词级对齐的藏语语法标注文本,为藏汉词级自动对齐研究提供了一定的基础资源。

基于语料库或者与语料库相关的词汇研究也发表了一些论文,如加羊吉等的《藏语新词语调查研究》[《西北民族大学学报》(自然科学版)2010年第4期]、王海瑛的《关于计算机网络词汇藏文翻译的几个问题》(《民族翻译》2011年第3期)、加羊吉的《藏文新闻网页新词语调查研究》(硕士学位论文,西北民族大学,2011年)、马伟的《网络藏文词频统计调查分析》(《丝绸之路》2011年第10期)、道杰本等的《基于语料库的藏语副词搭配研究》[《西北民族大学学报》(自然科学版)2011年第4期]、才让卓玛等的《基于语料库的藏语高频词抽取研究》(《计算机工程》2012年第15期)、曹晖等的《藏文报纸词语统计研究》[《西北民族大学学报》(自然科学版)2012年第3期]、马拉毛草等的《基于语料库的藏语形容词统计研究》[《西北民族大学学报》(哲学社会科学版)2012年第6期]、祁坤钰的《基于语料库的藏语名词分类与统计研究》[《西北民族大学学报》(自然科学版)2012年第3期]。这些文章的特点在于关注藏语新词新语、网络词汇,在研究方法上以基于语料库的统计方法为主。

(五) 藏语文本计算处理研究

文本信息处理是近几年藏语计算处理的核心研究领域,龙从军在《当前藏语信息处理的几个关键问题》(《科研与信息化》2012年第4期)中概要性地阐述了当前藏语文本信息处理的基本核心问题以及对策。文本处理包括文本知识自动发现、文本自动分类、文本知识抽取、文本校对、文本检索等。

在命名实体的识别研究方面的论文有金明等的《藏语命名实体识别研究》[《西北民族大学学报》(自然科学版)2010年第3期]、窦嵘等的《统计与规则相结合的藏文人名自动识别研究》[《长春工程学院学报》(自然科学版)2010年第2期]、于槐等的《基于序列比对方法的藏语人名实体消重研究》(《甘肃科技纵横》2011年第1期)。这些文章以规则为主、统计为辅,对藏语命名实体进行探讨性的研究,尽管效果不是很理想,但是开创了藏语命名实体识别的研究领域。

在句子边界识别方面的论文有赵维纳等的《基于法律文本的藏语句子边界识别》(第五

届全国青年计算语言学研讨会论文集，2010年)、李响等的《最大熵和规则相结合的藏文句子边界识别方法》(《中文信息学报》2011年第4期)、徐涛等的《统计与规则相结合的藏文句子自动断句方法》[《云南大学学报》(自然科学版) 2012年第6期]。才藏太的《基于最大熵分类器的藏文句子边界自动识别方法研究》(《计算机工程与科学》2012年第6期)、马伟珍等的《藏语句子边界识别方法》[《西藏大学学报》(自然科学版) 2012年第2期]、李华平的《藏语测度句的功能与形式》[《西藏民族学院学报》(哲学社会科学版) 2011年第5期]、张同玲等的《浅谈藏语单句的类型》(《科技信息》2011年第17期)、安见才让的《藏语句子相似度算法的研究》(《中文信息学报》2011年第4期)，这些文章的特点在于把统计手段融入句子识别研究中，规则和统计方法的融合，提高了藏语句子识别的精确度。

网络资源的日益丰富，为文本研究提供了广阔的平台，但是网络文本内容庞杂，对这些文本自动分类成为研究的重要任务之一。因此反映文本分类方面的研究论文比较多，如周登的《基于N-Gram模型的藏文文本分类技术研究》(硕士学位论文，西北民族大学，2010年)、贾会强等的《藏文文本分类器的设计与实现》(《科技致富向导》2010年第12期)、《基于KNN算法的藏文文本分类关键技术研究》[《西北民族大学学报》(自然科学版) 2011年第3期]和《基于词性特征提取的藏文文本分类方法研究》(《CCF NCSC 2011——第二届中国计算机学会服务计算学术会议论文集》, 2011年)、李海刚等的《藏文文本情感分类系统设计》(《甘肃科技纵横》2011年第1期)、胥桂仙等的《基于栏目的藏文网页文本自动分类方法》(《中文信息学报》2011年第4期)、叶西切忠的《基于web的藏文文本自动分类研究与实现》(硕士学位论文，青海民族大学，2012年)、徐涛的《基于社会网络分析的藏文web链接结构研究》(硕士学位论文，西北民族大学，2011年)、范武英等的《基于动态聚类算法的藏文音节点检测》(《福建电脑》2011年第2期)。

文本自动检索方面的研究包括安见才让的《藏文搜索引擎系统中网页自动摘要的研究》(《微处理机》2010年第5期)、蒋明原等的《基于Lucene的藏文信息采集及检索系统研究》(《电脑开发与应用》2011年第2期)、才华的《向量空间模型在藏文文本信息检索中的应用》[《西藏大学学报》(自然科学版) 2011年第2期]、巴桑杰布的《基于Lucene的藏文全文检索系统研究与实现》(硕士学位论文，西藏大学，2012年)。

文本自动校对的论文有关白的《自动校对中现代藏文音节字研究》[《西藏大学学报》(自然科学版) 2011年第1期]，关白、洛藏等的《现代藏文自动校对现状分析》(《西藏科技》2011年第8期)，刘文香的《现代藏文文本校对设计方案研究》[《西藏大学学报》(自然科学版) 2012年第2期]，关白、才科扎西的《现代藏文音节字自动校对研究》(《计算机工程与应用》2012年第29期)。

在文本知识表达与抽取方面的文章有华却才让等的《基于班智达藏文查询接口及信息抽取研究》(《微计算机信息》2010年第18期)、江涛的《基于藏文web舆情分析的热点发现算法研究》(硕士学位论文，西北民族大学，2010年)、王思丽的《藏文网页自动发现与采集技术研究》(硕士学位论文，西北民族大学，2010年)、邱莉榕等的《藏文语义本体中的上下位关系模式匹配算法》(《中文信息学报》2011年第4期)、韩小斌等的《面向藏文WEB的话题发现系统的设计》(《甘肃科技纵横》2011年第6期)和《面向藏文WEB热点事件发现系统的设计》（硕士学位论文，西北民族大学，2012 年）、常富蓉的《基于链接分析的藏文 Web 社区发现算法研究》（硕士学位论文，西北民族大学，2012 年）、陈旭刚的《基于社会网络分析的藏语 web 社群挖掘》（硕士学位论文，西北民族大学，2012 年）、多杰卓玛的《基于信息处理的藏文框架语义关系研究》[《西北民族大学学报》（自然科学版）2010 年第 1 期]。

其他与文本处理相关的有文本储存方面的研究。如边巴旺堆等的《基于 LZ77 算法的藏文文本压缩算法设计与实现》[《西藏大学学报》（自然科学版）2010 年第 2 期]、付涛的《藏文网页除噪技术研究》（硕士学位论文，西北民族大学，2010 年）。

（六）藏语计算语言学的其他研究

其他研究涉及的面也比较宽泛，但从研究规模、研究人员和研究成果发表等方面来看，在 2010—2012 年期间，这些研究不是主流。包括特定应用软件的开发，如卓嘎等的《基于 Flash 的藏文字母打字游戏的设计与实现》[《西藏大学学报》（自然科学版）2012 年第 2 期]、高红梅等的《藏文网页爬虫设计与实现》[《信息与电脑》（理论版）2012 年第 9 期]、尼玛扎西等的《基于 Unicode 编码的藏文短信服务平台实现》（《计算机应用》2010 年第 2 期）、才藏太的《〈班智达藏文谜语系统〉的设计与实现》（《青海师范大学民族师范学院学报》2010 年第 2 期）等。藏汉机器翻译研究方面的成果比较少，仅有官却多杰等的《藏文机器翻译用句型转换算法研究》（《西藏科技》2011 年第 5 期）一文。藏文文字网页显示方面的研究有刘永宏等的《Open type 技术在藏文教育网站页面显示中的实现与应用》（《中国远程教育》2011 年第 8 期）。计算机的统计功能在信息处理研究中得到充分表现，以统计方法对藏文字符和字丁的研究成果也不少，如桑塔的《信息处理用藏文字丁统计》（《科技信息》2010 年第 29 期）、才让卓玛等的《藏文字频统计系统中字构件分解算法》（《计算机工程与科学》2011 年第 3 期）、达哇彭措的《藏文字处理元辅音可搭配形式统计》（《科技信息》2011 年第 17 期）、更太加等的《中小学课本中藏文文字结构及统计频率》（《电脑知识与技术》2011 年第 27 期）、才智杰等的《基于语料库的藏文字属性分析系统设计》（《计算机工程》2011 年第 22 期）、达哇彭措的《藏文音节后加字组合形式统计》（《语文学刊》2011 年第 17 期）。

二　民族语言文字应用研究

（一）民族语言数据库的建设和应用研究

语言数据库建设和应用是语言研究的基础资源建设。在语音词汇数据库方面，中国社会科学院民族学与人类学研究所的孙宏开、江荻等开发了"东亚语言词汇语音数据检索系统"。该数据库汇集和整理了我国境内外与汉藏语系相关的汉语、侗台语、苗瑶语、藏缅语、喜马拉雅语群、南岛语、南亚语的语言资料，共包括 360 多种东亚语言和方言，以及部分学者对语系、语族构拟和上古汉语构拟资料。江荻的《东亚语言语音词汇数据检索系统的设计与功能概述》（《云南师范大学学报》2011 年第 2 期）详细阐述了数据的设计理念和功能。在文献数据库方面，江荻主持开发了"国外藏缅语研究文献检索系统"。该检索系统编制了 1000 余篇/部论著，包括作者名、论著题名、关键词、页数、出版社或出版期刊名以及出版日期等信息。

（二）中国民族语言语法标注研究

中国民族语言语法标注研究是近年来国内语言学界的一个创新研究方向。不管从学术层面上，还是在现实需求上，中国民族语言语法标注项目的启动都具有重大的意义和价值。从2010年开始，中国社会科学院民族学与人类学研究所计算语言学科整合研究所内外优秀研究人员，专门组成"中国民族语言语法标注文本"课题组，先后多次召开中国民族语言语法标注培训会议，先后得到中国社会科学院民族学与人类学研究所计算语言学实验室课题（2009）、中国社会科学院重大课题（2010）与国家社科基金重大招标项目（2011）的资助，得到了学界同行的关注、好评和支持。该系列课题制定了统一的语法标注符号，建立了各种语言词典数据库和文本数据库，第一批将完成12种语言的语法标注文本专著。

（三）国际音标的规范化研究

为推动我国语言研究和语言资源数据库的建设，由中国社会科学院语言研究所、民族学与人类学研究所和上海师范大学语言研究所的专家发起，于2010年9月在上海师范大学召开了"记音与国际音标学术研讨会"，2011年5月在中国社会科学院民族学与人类学研究所举办了"记音与计算机用国际音标规范"征求意见会。两次会议的主要成果专版发表在《民族语文》2012年第5期，包括以下几个问题：（1）规范记音符号和记音方法；（2）东亚语言特定音素的记音形式；（3）国际音标在文本和数据库方面的应用原则。此外还对部分特定音质的记音方式、国际音标的完善、国际音标的发展历程、国际音标软件都有介绍和讨论。潘悟云、江荻、麦耘的《有关计算机数据处理的记音规范建议》（《民族语文》2012年第5期）专门讨论了记音中可能碰到的问题，例如韵母和元音、声母和辅音、声调以及音节的规范记音符号和记音方法等问题。曹文的《国际音标表的变化——增减和修改》（《民族语文》2012年第5期）一文根据国际语音学会1888年以来若干版本的国际音标方案及一些其他材料，对国际音标的发展历程进行了回顾与介绍。瞿霭堂的《国际音标漫谈》（《民族语文》2012年第5期）一文讨论了国际音标的性质、发音和表述、国际音标的设计和修订等问题，探讨得失，提出建议，为国际音标的使用、修订和规范提供理论和实践的依据。江荻的《国际音标表的本地化修订建议与说明》（《民族语文》2012年第5期）一文尝试修订和补充现有国际音标简表，提出增删建议，并设计出新的编排方法，重点包括：内爆音移至肺部气流辅音表；取消"其他辅音表"，其中塞擦音纳入辅音表、双部位音（协同）尽量收入辅音表；区分前硬腭音和后硬腭音；增加舌尖和卷舌元音；细分、调整和增删超音段符号和附加符号并据分类重新组织编排。麦耘的《语音体系与国际音标及其对应》（《民族语文》2012年第5期）一文基于喉头发音状态（发声）和声道发音状态（调音）为主的语音体系，讨论国际音标与这个体系的对应，并谈及对语音的理解和一些音标的名称。凌锋的《舌冠擦音的发音部位》（《民族语文》2012年第5期）一文主要讨论舌冠擦音的发音部位问题，考察舌面位置和腭位标明，不同语言中使用相同国际音标的擦音，其主要发音部位和被动发音部位并不完全相同。在描写中需要同时兼顾主、被动发音部位，而不能只侧重主动发音部位。郑张尚芳的《新订音标规范应加大区别度》（《民族语文》2012年第5期）一文建议在修订音标规范时，必须注意有些相近似的符号之间普遍存在混淆乱象，如此引起的误解和猜疑，降低语音记录的质量。因此，必须采取措施加大区别度，最好能事先消弭误解。燕海雄的《从我国语言看国际音标表的修订与完善》（《民族语文》2012年第5期）基于我国语言的统计数据，提出塞擦音与龈腭音在128个中国少数民族语言中具有非常重要的音系区别功能，国际音标表（2005版）关于塞擦音与龈腭音的处理不能反映出二者在世界语言音系中的地位，需要对其进行修订与完善。该文对国际音标表中的主要辅音表提出了修订方案。潘晓声的《国际音标符号名称的简称》（《民族语文》2012年第5期）一文认为国际音标是一种系统性的符号体系，在语言研究中既有严谨的术语使用规范，也有很强的实用性，因而具体使用中会产生通俗的名称或简称。该文尝试根据我国语言学界日常习惯，描述、补充和厘定这些简称术语，供学界参考使用。

（四）国际音标输入法的开发研究

在国际音标输入法方面，中国社科院民族学与人类学研究所的江荻与中国科学院软件研究所的刘汇丹等合作研制出基于Open Type新字体的"蓝蝶国际音标输入法3.0"。蓝蝶国际音标输入法软件适合民族学家、人类学家和语言学家使用，也可供大、中、小学教学使用。该软件于2012年年初向学界和社会发布，目前已获得广泛应用。同时，上海师范大学的潘悟云在云龙国际音标输入法的基础上进一步开发出灵风多语输入法。该输入法于2012年向学界公开发布，除国际音标外，还提供了藏文、缅文、泰文、八思巴文、傣文、柬文、寮文、彝文、日文、韩文等十几种文字的输入法，只要用该种文字的拉丁转写输入即可，不需要记很多键盘设置。

针对以上国内开发的两种国际音标输入法，李龙、王奕桦在《unicode国际音标输入法简述》（《民族语文》2012年第5期）一文中，介绍、评述了当前中国语言学界主要流行的国际音标输入法软件，都符合国际字符编码标准和软件开发规范，在功能上又各有特色，适用于不同的用户个性，且都属公益性自由软件。

在语言学工具软件方面，范俊军的专著《语言调查语料记录与立档规范》（暨南大学出版社2011年版）详细制定了语言调查记录的词汇集、句子集、话语主题集、话语转写规范、语料数据格式以及采录设备技术要求，拟订了普通语言描述主题条目、中国语言标准代码和语言资源立档元数据。与该书配套的调查软件FieldSound_ v2.01（田野之声）是一款专门用于采录中国境内语言有声语料的软件。该软件还提供了图片和视频的摄录播放功能，这对于语言田野调查十分有用。分条目录音功能，免除了长时音频文件后期剪辑的繁重劳动，大大提高了语言记录的效率，有利于有声语料的数字化处理和广泛共享。

（五）语言演化的计算模型研究

语言演化方面的研究是最近几年的新兴研究领域，我国民族语言为语言基因演化研究提供了丰富的素材。具有代表性的论文有云健、江荻、潘悟云的《模因机制下人类元音系统演化的计算模型》（《山东大学学报》2010年第4期），云健、江荻的《人类元音系统演化规律的计算模型研究新进展》（《计算机工程与设计》2010年第12期），江荻的《论音节型语言演化的后果》（《人类学通讯》2011年第5期），张梦翰的《语言竞争模型中的参数及仿真》（《人类学通讯》2011年第5期），陈保亚的《汉藏语系及其跨遗传谱系的承传——词与基因有阶分布的一种演化模式》（2012演化语言学会议，北京，2012年），汪锋的《语言与文化的共同演化——以白语为例》（2012 演化语言学会议，北京，2012 年）等。

中国社会科学院的江荻于 2012 年 5—6 月在复旦大学生命科学院受邀发表《从语言基因论证人类起源的单源性》报告，在江苏师范大学发表《科学发现：人类语言基因和世界语言词形多样性》学术报告，并于当年承担国家自然科学基金生命科学部的课题——"从世界语言透视东亚人群和语言的起源与演化"。尽管这些研究还需要进一步深入，但其意义深远，开辟了民族语言研究的新路子。

2010—2012年中国民族古文字文献研究综述

木仕华

2010年至2012年的中国民族古文字文献研究基本呈稳定发展的趋势，学者队伍逐渐壮大，不少年轻的后学参与其中，涌现出许多新面孔和新成果。许多以书代刊的学术研究刊物次第问世，为这些冷僻和人称绝学的学科的研究者搭建了许多全新的平台；此外，有关西域民族古文献的国际性学术会议也不断召开，为中外学者的交锋辩难、交流学术研究成果提供了机会，十分有利于学术的发展。现依据有关刊物和文集及各类出版物中刊载的论文文章为凭，兼顾重要著作，以文字文献所属的语言系属为分类范畴，仅对2010年至2012年的中国民族古文字文献研究作简要的回顾。

一 汉藏语系民族古文字文献研究

（一）古藏文文献的研究

古藏文文献通常分为三大类：金石铭刻、写本手卷、竹木简牍。对古藏文文献汉译的评述专文有黄维忠的《有关藏文文献汉译系列评述》（《西藏民族学院学报》2010年第5期）、《古藏文文献在线项目及其〈法国国立图书馆和大英图书馆所藏敦煌藏文文献〉》（《西藏民族学院学报》2011年第4期）。朱丽双连续刊发了数篇《于阗教法史》译注成果，具体有：《敦煌藏文文书P.t.960所记于阗佛寺的创立——〈于阗教法史〉译注之一》（《敦煌研究》2012年第2期）、《敦煌藏文文书P.t.960所记于阗建国传说——〈于阗教法史〉译注之二》（《敦煌研究》2012年第2期）、《敦煌藏文文书P.t.960所记守护于阗之神灵——〈于阗教法史〉译注之三》、《敦煌藏文文书P.t.960所记佛法灭尽之情形——〈于阗教法史〉译注之四》（《敦煌吐鲁番研究》第12卷，上海古籍出版社2011年版）、《敦煌藏文文书P.t.960所记于阗的佛像、伽蓝与僧伽——〈于阗教法史〉译注之五》（载《语言背后的历史》上海古籍出版社2012年版）。

王尧先生毕生研究古藏文，研究成果经集中汇编后以文集形式2012年由中国藏学出版社出版：《王尧藏学文集（卷一）：敦煌本吐蕃历史文书·吐蕃制度文化研究》、《王尧藏学文集（卷二）：吐蕃金石录·藏文碑刻考释》、《王尧藏学文集（卷三）：吐蕃简牍综录·藏语文研究》、《王尧藏学文集（卷四）：敦煌吐蕃文化译释》、《王尧藏学文集（卷五）：藏汉文化双向交流·藏传佛教研究》，极大方便了后学研读。

汉藏对音方面的论文有史淑琴的《敦煌藏汉对音文献中藏文字母 r 的语音价值》(《现代语文》(语言研究版) 2012 年第 5 期) 和《敦煌汉藏对音材料研究概述》(《丝绸之路》2012 年第 24 期)。

对敦煌吐蕃古藏文文献的分析研究的论文有：李并成、侯文昌的《敦煌写本吐蕃文雇工契 P. T. 12974 探析》(《敦煌研究》2011 年第 5 期)，赵贞的《Дх. 6133〈祭乌法〉残卷跋》(《敦煌研究》2012 年第 2 期)，武内绍人著、杨富学译《后吐蕃时代藏语文在西域河西西夏的行用与影响》，沈卫荣的《藏文文献琐议：一世达赖喇嘛的传记为中心》(《西域文史》第 6 辑)。

才让刊发了数篇有关汉藏关系和敦煌吐蕃藏文文献研究的论文：《与〈西游记〉相关的汉藏民族文化交流问题研究》(《清华元史》第一辑)，《法藏敦煌藏文文献 P. T. 992 号〈分别讲说人的行止〉之研究》(《中国藏学》2012 年第 2 期)，《敦煌藏文本〈金光明祈愿文〉研究》(《敦煌学辑刊》2010 年第 1 期)，《法藏敦煌藏文本 P. T. 449 号〈般若心经〉研究》(《敦煌学辑刊》2012 年第 2 期)。

敦煌吐蕃藏文文献专题研究的论文有陈楠的《P. T. 1047 写卷卜辞与吐蕃相关史事考释》[《西北民族大学学报》(哲学社会科学版) 2010 年第 4 期]，任小波的《吐蕃盟歌的文学情味与政治意趣：敦煌 P. T. 1287 号〈吐蕃赞普传记〉第 5、8 节探析》、《敦煌吐蕃文书中的"人马盟誓"情节新探：IOL TibJ731 号藏文写卷研究释例》(《中国藏学》2011 年第 3 期)、《敦煌藏文写本研究的中国经验：〈敦煌吐蕃文献选辑〉两种读后》(《敦煌学辑刊》2012 年第 1 期)，陆离的《敦煌吐蕃文书中的"色通 (Se tong)"考》(《敦煌研究》2012 年第 2 期)，陈立华的《关于敦煌本古藏文〈般若波罗密多心经〉的解读》(《西藏研究》2012 年第 3 期)，加羊达杰的《〈敦煌本吐蕃历史文书·赞普传记〉汉译本散文部分的若干翻译问题》(《民族翻译》2012 年第 3 期)，陆离的《敦煌文书 P.3885 号中记载的有关唐朝与吐蕃战事研究》(《中国藏学》2012 年第 2 期)，赵心愚的《从 P. T. 1287 卷的一篇传记看南诏与吐蕃结盟后的关系》(《历史研究》2012 年第 4 期)，张延清的《吐蕃钵阐布考》(《历史研究》2012 年第 5 期)，傅千吉、肖鹏的《敦煌吐鲁番文献中藏汉天文历算文化关系研究》(《西藏大学学报》2010 年第 4 期)，陆离的《关于榆林窟第 25 窟壁画藏文题记释读的两个问题》[《西北民族大学学报》(哲学社会科学版) 2010 年第 4 期]，陈践践《IOL Tib J749 号占卜文书解读》。

杨铭、索南才让的《新疆米兰出土的一件古藏文告身考释》(《敦煌学辑刊》2012 年第 1 期) 刊布并汉译了一件出土于南疆米兰的古藏文文书，将其与敦煌文书 P. T. 1071《狩猎伤人赔偿律》以及藏文历史文献《贤者喜宴》进行对比研究，可见其记录的吐蕃告身种类之多，弥足珍贵，是研究唐代吐蕃职官制度以及藏汉文化交流的重要资料。其他还有宗喀·漾正冈布、拉毛吉、端智的《七 (bdun)、九 (dgu) 与十三 (bcu gsum)：神秘的都兰吐蕃墓数字文化》(《敦煌学辑刊》2012 年第 2 期)，韩锋的《吐蕃佛教文化中的儒家文化：以敦煌文献为中心》，黄维忠的《国内藏敦煌藏文文献的整理与研究回顾》(《敦煌学辑刊》2010 年第 3 期)，张延清的《甘藏吐蕃钵阐布敦煌校经题记》(《敦煌学辑刊》2011 年第 1 期)，王中旭的《〈弥勒变〉、〈天请问变〉的流行与对应：敦煌吐蕃时期经变对应问题研究之一》(《敦煌学辑刊》2010 年第 3 期），赵贞的《试论 P. t. 1045《乌鸣占》的来源及其影响》（《敦煌学辑刊》2012 年第 4 期）。杨铭的《敦煌、西域古藏文文献所见苏毗与吐蕃关系史事》（《西域研究》2011 年第 3 期）结合敦煌、新疆出土的古藏文文书与相关的汉文文献，深入地探讨了有关唐代吐蕃与苏毗关系中的若干史事，进一步揭示了隋唐时期苏毗在西北的分布、活动及其融合于吐蕃的轨迹。

其他研究还有马德的《吐蕃国相尚纥心儿事迹补述：以敦煌本羽 77 号为中心》（《敦煌研究》2011 年第 4 期），陈楠、任小波的《敦煌藏文写本研究的回顾与前瞻》（《中国边疆民族研究》2011 年第 5 辑），侯文昌的《敦煌出土吐蕃古藏文借马契探析》（《科技新报》2011 年第 12 期），侯文昌的《敦煌出土吐蕃藏文便麦契探析》（《才智》2011 年第 9 期），侯文昌的《敦煌出土吐蕃古藏文购马契约探析》（《新西部》2011 年第 2 期），陈践的《敦煌古藏文 P. T. 992〈孔子项托相问书〉释读》（《中国藏学》2011 年第 3 期），刘瑞的《吐蕃时期翻译文学汉译藏的特点：以敦煌吐蕃文书 P. T. 1291 号和 986 号为例》（《四川民族学院学报》2011 年第 5 期），陈于柱的《敦煌文书 P. T. 127〈人姓归属五音经〉与归义军时期敦煌吐蕃移民社会研究》（《民族研究》2011 年第 5 期），陆离的《吐蕃统治河陇西域时期制度研究：以敦煌新疆出土文献为中心》（中华书局 2011 年版），当增扎西的《从法藏敦煌藏文文献中的观音经卷看吐蕃观音信仰》（《敦煌学辑刊》2011 年第 2 期），张延清的《吐蕃敦煌抄经坊》（《敦煌学辑刊》2011 年第 2 期）。

辞书和信息化方面有当增扎西的《现代藏文辞书的发展》（《中国藏学》2011 年第 2 期），徐丽华《关于藏文古籍数字化的思考》（《中国藏学》2011 年第 2 期），先巴的《建设藏文古籍机读目录所需解决的问题》（《西藏研究》2010 年第 6 期）。

有关历代古藏文文献研究的论文中涉及吐蕃历史的古藏文文献译注研究的论文有：巴桑旺堆的《〈韦协〉译注（一）》（《中国藏学》2011 年第 2 期），《〈韦协〉译注（二）》（《中国藏学》2011 年第 3 期）。藏传佛教文献研究的专门论文研究有，班班多杰在《中国藏学》2010 年刊发了一系列有关藏传佛教觉囊派藏文文献《山法了义海论》的比较研究论文，针对笃补巴·西饶坚赞在《山法了义海论》中所引用的佛教藏译经论的内容与相应的汉文译文进行对照、校勘，指出其异同，具体有《〈山法了义海论〉所引佛教经论藏汉译文比较研究之一》、《〈山法了义海论〉所引佛教经论藏汉译文比较研究之二》、《〈山法了义海论〉所引佛教经论藏汉译文比较研究之三》、《〈山法了义海论〉所引佛教经论藏汉译文比较研究之四》、《〈山法了义海论〉所引佛教经论藏汉译文比较研究之五》。

有关历代古藏文碑铭研究的专文有阿华·阿旺华丹的《北京地区的藏文碑刻文献》（《中国藏学·增刊》2011 年第 2 期），黄维忠的《国家图书馆藏敦煌遗书条记目录中的藏文转写问题》（《中国藏学》2011 年第 1 期），黄维忠的《藏文文献中的西天高僧室利沙事迹辑考》（《中国藏学》2011 年第 1 期），吴景山的《瞿昙寺中的五方碑刻资料》（《中国藏学》2011 年第 1 期），多拉的《格子碑文语义及其碑画含义考辨》[《西藏研究》（藏文版）2010 年第 3 期]，扎西当知的《"唐蕃外甥舅会盟碑"相关一年问题探讨：访著名藏族学者高瑞先生》[《西藏大学学报》（社会科学版）2010 年第 4 期]，吴景山《涉藏金石碑刻研究刍议：以甘肃涉藏碑铭为例》（《中国藏学》2012 年第 2 期），任小波的《古藏文碑铭学的成就与前景：

新刊〈古藏文碑铭〉录文评论》(《敦煌学辑刊》2011年第3期)。其中,任小波的《古藏文碑铭学的成就与前景:新刊〈古藏文碑铭〉录文评论》对日本新刊《古藏文碑铭》及其网络版的学术价值作了综论,尤其通过举例分析对此书中的拉丁录文提出几个层次的修正意见,进而对建立"古藏文碑铭学"提出了若干思考。

其他涉及苯教,文献版本类型、题记,梵藏文文献比较对勘等方面的研究论文有陈鉴潍的《藏族典籍文献:宁玛十万续略述》(《中国藏学》2011年第1期),桑德的《西藏梵文〈法华经〉写本及〈法华经〉汉藏文译本》(《中国藏学》2010年第3期),萨尔吉的《江孜十万佛塔题记的再考察》(《中国藏学》2010年第3期),王巨荣的《藏文档案文献的文体类型述略》(《中国藏学》2010年第3期)、《北京地区藏文典籍目录》(三)(《中国藏学》(藏文版)2010年第3期),夏吾李加的《从文献考辨藏语"va-zga"与吐谷浑的族源问题:兼论月氏的关系》[《中国藏学》(藏文版)2010年第3期],德吉白珍的《论藏族古籍文献装帧艺术》(《西藏艺术研究》2010年第4期),闫雪的《台湾故宫藏明本〈真禅内印顿证虚凝法界金刚智经〉(卷上)初探》(《中国藏学》2012年第2期),伊西旺姆的《甘肃宕昌早期古藏文苯教文献的内容及其特点》(《中国藏学》2012年第2期),土呷的《西藏昌都帕巴拉活佛与帕巴拉呼图克图名称沿革考释》(《中国藏学》2012年第1期),李德成的《从乾隆的两道训谕看雍和宫的历史地位》,瞿霭堂、劲松的《〈第六代达赖喇嘛仓央嘉措情歌〉赵元任藏语记音解读》,史淑琴的《敦煌汉藏对音材料研究的几个问题》(《敦煌学辑刊》2012年第4期),完玛冷智的《更敦群培大师对藏语言文字研究的学术贡献》(《中国藏学》2010年第3期)。其中,才吾加甫的《藏文文献所见于阗佛教》(《古域研究》2011年第4期)对汉、藏文文献中佛教初传于阗及发展情况进行了分析比对,重点反映《于阗教法史》、藏文大藏经丹珠尔部中的《于阗悬记》、达仓宗巴和班觉桑布著的《汉藏史集》、罗桑却吉尼玛著的《土观宗派源流》、根敦琼培著的《白史》等藏文文献中从各自不同的角度记述的于阗佛教的实情。其他研究还有武内绍人著、杨富学译的《后吐蕃时代藏语文在西域河西西夏的行用与影响》(《敦煌研究》2011年5期),任曜新的《新疆库车佛塔出土鲍威尔写本骰子占卜辞跋》(《敦煌学辑刊》2011年第3期),岩尾一史的《中亚出土古代藏语田籍》(载《语言背后的历史:西域古典语言学高峰论坛论文集》,上海古籍出版社2012年版)。这些研究成果对藏文文献与西域历史文化关系作了新的探讨。

(二) 西夏文文献研究

近年来,西夏史研究成果迭出,有较大的进步。大量新材料的问世,诸如法藏、英藏、日藏、中国藏西夏文文献的刊布是吸引学者用心此学的主要原因。西夏文文献,尤其是佛经的翻译、考释成为主要内容,西夏佛教文献研究成为重心。

2010—2012年发表了大量对西夏文文献尤其是佛教文献进行考释的文章,具体有崔红芬的《武威博物馆藏西夏文〈金刚经〉及赞颂残经译释研究》(《西夏学》第8辑),孙伯君的《〈佛说阿弥陀经〉的西夏译本》(《西夏研究》2011年第1期),苏航的《〈圣胜慧到彼岸功德宝集偈〉梵藏夏汉本对勘研究》(《西夏学》第8辑),于光建、黎大祥的《武威博物馆藏6746号西夏文佛经〈圣胜慧到彼岸功德宝集偈〉考释》(《敦煌研究》2011年第5期),林英津的《西夏语译〈尊胜经释文〉》(《西夏学》第8辑),段玉泉的《武威亥母洞遗址出土的几件西夏文献考释》(《西夏学》第8辑)，聂鸿音的《〈十一面神咒心经〉的西夏译本》(《西夏研究》2011年第1期)，孙伯君的《黑水城出土西夏文〈佛说最上意陀罗尼经〉残片考释》(《宁夏社会科学》2011年第1期)，韩小忙的《俄藏〈同音〉丁种本背注之学术价值再发现》(《民族研究》2011年第3期)，孙寿龄、黎大祥的《武威发现西夏文"地境沟证"符牌》(《西夏学》第5辑)，聂鸿音的《〈禅源诸诠集都序〉的西夏译本》(《西夏学》第5辑)，段玉泉的《西夏藏传〈尊胜经〉的夏汉藏对勘研究》(《西夏学》第5辑)，杨志高的《国图藏西夏文〈慈悲道场忏法〉卷八译释（一）》(《西夏学》第5辑)，王培培的《俄藏西夏文〈维摩诘经〉残卷考补》(《西夏学》第5辑)，佟建荣的《西夏蕃姓补正（一）》(《西夏学》第5辑)，孙伯君的《西夏文〈修华严奥旨妄尽还源观〉考释》(《西夏学》第6辑)，林英津的《透过翻译汉（译）文本佛学文献，西夏人建构本民族佛学思想体系的尝试：以"西夏文本慧忠〈心经〉注"为例》(《西夏学》第6辑)，孙颖新的《西夏译本〈孙子传〉考补》(《西夏学》第6辑)。关于西夏文数据库建设的文章有柳长青的《西夏文古籍字库建立研究》(《西夏学》第6辑)，叶建雄、单迪的《面向语音拟构的西夏古文献数据库结构设计及其实现》(《西夏学》第6辑)。

《敦煌研究》2012年第2期"黑水城文献"专辑刊发了杨富学、樊丽沙的《黑水城文献的多民族性征》，孙继民的《俄藏黑水城金代文献的数量、构成及其价值》，陈瑞青的《黑水城文献：敦煌学向下延伸的承接点》，张多勇、李并成的《"西夏乾祐二年（1171）黑水城般驮、脚户运输文契"——汉文文书与西夏交通运输》，惠宏、段玉泉的《黑水城出土西夏文医方"芍药柏皮丸"考释》，史金波的《敦煌学和西夏学的关系及其研究展望》，此外，还有杜建录、于光建《敦煌研究院藏0669西夏文〈金刚般若波罗蜜多经〉考释》(《敦煌研究》2012年第6期)。

对西夏《天盛律令》的研究一直得到学界的关注，具体论文有邵方的《西夏法典对中华法系的传承与创新——以〈天盛律令〉为视角》(《政法论坛》2011年第1期)，董昊宇的《〈天盛律令〉中的比附制度：以〈天盛律令〉"盗窃法"为例》(《宁夏社会科学》2011年第5期)，李娜的《略论西夏妇女的法律地位：基于〈天盛改旧新定律令〉分析》(《内蒙古农业大学学报》2011年第2期)，宋国华的《论西夏法典中的拘捕制度》(《宁夏社会科学》2011年第5期)，孟庆霞、刘庆国的《简论西夏法典对买卖契约的规制》(《北方民族大学学报》2011年第6期)等。

研究西夏语言文字方面的论文有史金波的《西夏语人称呼应和动词音韵转换再探讨》(《民族语文》2010年第5期)，西田龙雄著、鲁忠慧译的《概观西夏语语法的研究》(《宁夏社会科学》第5期)，张珮琪的《西夏语的格助词》(《西夏学》第5辑)，彭向前的《〈孟子〉西夏译本中的夏汉对音字研究》(《西夏学》第5辑)。彭向前的《读史札记五则》(《西夏学》第6辑)对"负赡"、"兀擦"、"结珠龙"、"吊敦背"、"邪洛"等词作了考释。此外，还有贾常业的《番汉语轻唇音反切拟音之比较》(《西夏研究》2011年第1期)，韩小忙的《〈同音〉丁种本背注初探》(《西夏研究》2011年第1期)，克平著、韩潇锐译的《西夏诗歌中成吉思汗的名字》(《西夏研究》2011年第1期)，林英津的《西夏语"不知云何作记"》(《西夏研究》2011年第3期)，克平著、段玉泉译《西夏语的动词》(《西夏研究》2011年第 1 期），张珮琪的《论西夏语动词的态范畴》（《西夏学》第 7 辑），贾常业的《西夏文齿音、喉音佚失字形结构的复原》（《西夏学》第 7 辑），彭向前的《夏译汉籍中的"颠倒"译法》（《民族语文》2011 年第 5 期），林英津的《试论西夏语的 sju2 与 dzjo1 及其相关问题》（《西夏学》第 7 辑）等。

最新出版的《薪火相传：史金波先生 70 寿辰西夏学国际学术研讨会论文集》（中国社会科学出版社 2012 年版）是为庆祝著名西夏学者史金波先生 70 寿辰而召开的西夏学国际学术研讨会上发表论文的辑集。所收录的论文内容涉及西夏的历史、文献、艺术，既有文献资料考证，也有理论阐述，还介绍了史金波先生的学术成就和他的治学理念，代表了当今西夏学研究最新成果。具体论文有胡玉冰的《传统典籍中汉文西夏文献新考》、《西夏史札记三则》，木仕华的《"邦泥定国"新考》，杜建录、彭向前的《所谓"大轮七年星占书"考释》，梁松涛的《〈宫廷诗集〉版本时间考述》，陈瑞青的《〈中国藏黑水城汉文文献〉印本古籍残片题名辨正》，林英津的《再谈西夏语音韵系统的构拟——敬覆郑张尚芳先生》，张竹梅的《"尼 x"对译西夏语的思考——以〈番汉合时掌中珠〉为例》；贾常业的《西夏文来日音九品佚失字形结构的复原》，索罗宁的《〈华严海印忏仪〉思想补考》，苏伯君的《俄藏西夏文〈达摩大师观心论〉考释》，松泽博的《敦煌出土西夏语佛典研究序说（5）：三种敦煌出土西夏语佛典》，荒川慎太郎的 Classification of the Fragments of Tangut Vajracchediksa-prajttaparamita Kept in the British Library，胡进杉的《读西夏遗存〈心经〉文献札记》，崔红芬的《西夏文〈普贤行愿品疏序〉考证》，杨志高的《国家图书馆藏西夏文本〈慈悲道场忏法〉卷八之译释（二）》，段玉泉的《西夏文〈大悲心陀罗尼经〉考释》，王培培的《英藏西夏文〈大方等大集经〉考释》，附录所收的《史金波论著目录》对西夏学后学学习前辈学者的成果颇有助益。

目前，很多西夏文佛经的研究还只是参照汉文本，对西夏文本进行逐字对译和意译，并进行注释。对西夏文世俗文书进行考释、研究的文章还很少见，已刊发的有贾常业《西夏文译本〈六韬〉解读》（《西夏研究》第 2 期），惠宏、段玉泉《西夏文医方"消风散"考释》（《西夏学》第 8 辑），梁松涛《黑水城出土西夏文医药文献价值刍议》（《保定学院学报》2011 年第 6 期）等。林英津的《试论西夏语的"一生补处"——西夏语、汉语、梵文对勘》（《西夏研究》2010 年第 2 期）、《试论西夏语的"我所制衣"及其相关问题》（《西域历史语言研究集刊》2010 年第 4 期），沙梅真的《敦煌本〈类林〉的分类特征和意义》（《敦煌学辑刊》2011 年第 4 期），梁松涛的《俄藏黑水城文献 911 号西夏文医书第 14—1 页药方考释》（《敦煌学辑刊》2011 年第 4 期）。著作方面，杜建录、史金波的《西夏社会文书研究》（上海古籍出版社 2010 年版），赵彦龙《西夏文书档案研究》（宁夏人民出版社 2010 年版）等，俄罗斯科学院东方文献研究所、中国社会科学院民族学与人类学研究所、上海古籍出版社编《俄藏黑水城文献》（14）（上海古籍出版社 2011 年版），武宇林、荒川慎太郎主编《日本藏西夏文文献》（中华书局 2011 年版），杜建录主编的《西夏学》（第 7 辑、第 8 辑，上海古籍出版社 2011 年版），索罗宁著、粟瑞雪译《十二国》（宁夏人民出版社 2012 年版）等纷纷问世。另外史金波的《黑水城出土西夏文卖地契研究》（《历史研究》2012 年第 2 期）、《西夏文军籍文书考略——以俄藏黑水城出土军籍文书为例》（《中国史研究》2012 年第 4 期）等代表性论文的问世，标志着西夏文文献研究不仅仅局限于佛教文本的译释，而且已经向社会文书和经济文书方面拓展，且对西夏文草书文献的研究释读也取得了全新的突破，引领着西夏文献研究的新方向。

伴随着《西夏研究》等专门刊物的创刊，为西夏学界提供了重要的学术交流平台，但研究队伍学术水准依旧有待提升，西夏学的大量研究成果主要集中于依据《大正藏》汉文佛经为参照，逐字对译，调整语序等译注方法，译注格式未能依照遵循俄罗斯学者群体、日本学者西田龙雄、中国台湾学者龚煌城等创立的四对照译经解经的科学范式，往往是将一大篇西夏文放在《大正藏》中摘录出来的汉字佛经经文之后了事，令读者和研究者无从理解和深入分析，其译注研究范式亟须改进，为与国际学界研讨对话奠定基本的规则。

西夏学界在近些年先后有龚煌城、西田龙雄、克恰诺夫三位泰斗式的领军人物辞世，似乎预示着一个时代的结束，谨将这三位的主要学术成就撮要简介如下。

台湾著名语言学家龚煌城院士（1934—2010），台湾云林人。国际著名的西夏学家，1958年台湾师范大学英语系学士毕业，1974年德国慕尼黑大学哲学专业博士毕业，"中央"研究院语言学研究所研究员。出版《西夏语文研究论文集》、《汉藏语研究论文集》。龚煌城先生对西夏语文学研究的突出贡献为：在音韵方面，声母部分修正了过去学者的若干拟音；韵母方面首先发现音韵的转换现象，并探索各种转换的规律及其与构词法的关联，更进而探讨西夏语音韵的因史演变。在文字方面，发现西夏文字制作上的特征，建立西夏文字衍生过程的新理论。在宋代汉语西北方音的声母（韵尾）及韵母，为汉语西北方音从唐末至现代演变提供了一个中间的环节。

日本著名语言学家、国际著名的西夏学家西田龙雄先生（1928—2012），出生于日本大阪，1951年毕业于京都大学文学部文学科，随后在京都大学大学院学习并开始研究西夏文化。1962年获得京都大学博士学位，博士论文为《西夏文字的分析与西夏语文法研究》，1972年任京都大学文学部教授。曾任日本语言学会会长。其研究方向主要为汉藏语系语言学，尤专注于西夏语的研究。在藏学方面他主要研究古代藏语文，1999年12月被日本政府授予国家最高学术荣誉称号学士院赏。西夏语文学方面的主要著作有《西夏语音再构之方》（1956）、《西夏文字的分析与西夏语文法研究》（1962）、《西夏语的研究》（上、下册，1964、1966年出版）、《西夏文字解读》（1967）、《关于西夏文佛经》（1969）、《西夏文华严经》（1975—1976）、《西夏文学觉书》（1978）、《西夏语韵图〈五音切韵〉的研究》（1981—1983）。汉藏语系诸语言文字文献研究方面著有《活着的象形文字：纳西族的文化》、《西番馆译语研究：西藏语言学序说》、《缅甸馆译语研究》、《多续译语研究》、《藏语动词构造研究》、《关于十六世纪康区天全藏语方言》等。

克恰诺夫·耶夫根尼·伊万诺维奇（1932—2013），俄国西夏学专家、史学博士，国际著名的西夏学家，俄罗斯科学院东方学研究所圣彼得堡分所原所长、教授。1955年毕业于列宁格勒大学东方系藏语班。1964年留学北京大学。1959年开始参加苏联科学院东方学研究所列宁格勒分所西夏档案整理。克恰诺夫在西夏学研究范围涉及西夏历史、地理、政治、经济、军事、宗教、文化、语言文字等诸多方面，并用俄、英、法多种文字在国内外发表论文，著有《西夏文写本和刊本目录》（合著）、《新集锦合辞》（译著）、《西夏史纲》、《天盛改旧新定律令》（译著）、《大夏帝国》、《圣立义海》（译著）、《俄罗斯科学院东方献研究所藏西夏佛教文献目录》、《西夏文字典》、《克恰诺夫西夏学论文集》等著作，合编《俄藏黑水城文献》（1—11册）。

（三）彝文文献研究

彝文文献的研究依旧在稳步上升中，较为突出的是，彝文的信息化和数字化处理的研究成果较其他民族古文字研究更为显著，有关论文和应用性成果不断问世，展示了该领域的强劲发展势头。彝文的信息化和数字化处理研究方面的论文有：王成平的《基于滇川黔桂彝文字符集的古彝文输入法的设计与实现》（《电脑与信息技术》2012年第2期），文章就Windows操作系统中进行古彝文字库设计及输入法的实现所涉及的原理及若干问题进行了阐述，借鉴中文信息处理和规范彝文信息处理的研究开发经验，提出了古彝文的编码规则，设计出了实用的古彝文输入法，并阐述了其主要功能模块的设计与实现。王明贵的《明代的韪书及其历史地位》[《西南民族大学学报》（人文社会科学版）2012年第9期]指出，明代是彝文书法韪书的定型时期，出现了钟铭、摩崖、碑刻、木刻、抄本、丹书、木板写本的韪书，使书写材料丰富和完善，书体也形成了正书体和横书体两种风格流派，并创作了一些后世难以超越的韪书作品。吉木友色的《浅析信息社会背景下彝文古籍的保护与利用：彝文古籍数字化》（《科技资讯》2012年第5期）指出，彝文古籍数字化是古籍整理、翻译、研究的未来方向，是大势所趋，是时代向古籍整理工作者提出的新要求。吴魑的《贵州古彝文True Type字体开发与设计》（《毕节学院学报》2012年第11期）按照"易读性、艺术性和思想性"的字体设计原则，结合古彝文字形特征，设计出结构间架平正、比例协调、圆润饱满、字形清晰的古彝文True Type印刷字体，以确保古彝文字符传递信息的准确性和完整性。王成平的《计算机彝文信息处理主流技术的分析与探讨》（《信息系统工程》2012年第7期）以彝文信息处理的特点作为出发点，从N元模型、语音识别和语法分析等方面分析了彝文信息处理的主流技术。王成平、沙马拉毅的《彝语言文字信息处理技术的现况分析与发展前景》[《西南民族大学学报》（人文社会科学版）2011年第2期]通过对彝语言文字信息处理技术发展的"基础语言资源层面"、"核心技术层面"、"应用系统层面"、"服务平台层面"四个层面的分析反映了当前彝语言文字信息处理所达到的水平；提出了彝语言文字信息处理存在的问题；展望了彝语言文字信息处理的前景。王成平的《彝文信息处理技术的发展历程评述》（《人民论坛》2011年第8期）在评述彝文信息处理技术发展的30年历程中指出，规范彝文字信息处理技术产生了一大批成果，彝文信息处理在信息化建设中正开拓前进，应继续加强彝文信息化处理研究工作，以更好地发挥彝语的社会功能。吴魑、黄卫华的《论黔西北彝文古籍文献数字化建设》（《毕节学院学报》2010年第9期）通过对黔西北地区彝文古籍资源分析，探讨彝文古籍文献数字化建设的必要性、原则、存在的问题及数字化技术的选择，对于实施彝文古籍文献科学开发、利用和保护具有战略性意义。王成平的《试论计算机彝文信息处理多元化的潮流》（《中国西部科技》2010年第21期）指出，面向世界诸多文种的民族文字支撑形成了计算机软件及系统的国际化，彝文信息处理也正是在这种潮流中逐渐发展和壮大起来。

彝文和彝文文献研究论文方面，朱文旭的《彝文古籍及其研究价值》（《兰州学刊》2012年第5期）论述了彝文古籍对研究彝族古代社会的多元价值。王昌富的《彝文翻译史概要》

(《民族翻译》2012年第2期)探讨了彝文翻译史（包括彝译汉和汉译彝的历史），对初步构拟彝文翻译史基本框架具有重要意义。胡娟的《彝文研究的踵武增华——评马锦卫教授〈彝文起源及其发展考论〉》(《民族学刊》2012年第4期)、阿里瓦萨的《彝族文字起源初探》(《中央民族大学学报》2011年第1期)追溯多年来国内外学者对彝族文字起源研究和探索的论说，将彝族文字创制或产生情况归纳为神奇的民间传说、彝汉古籍文献记载和考古发现或考证的刻画符号三种类型加以论述，明确提出彝族文字起源距今已有万年以上历史甚至更早的观点。阿牛木支的《古彝文与"巴蜀图语"的渊源研究述评》[《西昌学院学报》（社会科学版）2010年第2期]对古彝文与"巴蜀图语"间的渊源关系提出了独到的认识和见解。

杨怀珍的《国家图书馆藏彝文典籍概述》(《文献》2010年第2期)介绍了中国国家图书馆古籍馆珍藏的古彝文典籍569册中，523册是万斯年先生与马学良先生在抗日战争时期，从云南武定县慕连乡（万德乡）那安和卿土司家，以及武定、禄劝一带彝区收集的。杨怀珍的《国家图书馆馆藏彝文古籍分类实践与分类法探索》(《楚雄师范学院学报》2010年第9期)提出国家图书馆收藏的彝文古籍的分类不能完全依据《中国图书馆图书分类法》，在国家图书馆馆藏彝文古籍的分类实践基础上，参考有关现代图书分类法和以往彝文古籍分类法的研究成果，进行探索和归纳总结，建构一套符合馆藏实际的分类法体系，将国家图书馆彝文古籍分为23个大类。李建平、马锦卫的《川滇黔桂彝文文献调查与研究》(《中央民族大学学报》2010年第5期)通过对川滇黔桂四省彝文古籍文献搜集、整理、研究、散藏等情况的田野调查，发现彝文文献数量庞大，内容丰富；在载体、分类上独具特色。禄玉萍、朱文旭的《彝文的历史与现状》(《中国文字研究》2011年第2期)认为彝文在其发展过程中经历了"使用—废弃—使用"的过程。主要回顾和探讨如何正确处理语言与文字、民族与文字的关系问题。朱文旭的《论彝文构形法》(《中国文字研究》2011年第1期)主要探讨彝文中对有关事物的构形基本笔画。这些构形基本笔画与其他民族文字构形比较来看其特点都有所不同。吉格阿加的《五十年来彝文古籍整理翻译出版述要》(《民族翻译》2011年第2期)简要叙述了彝文古籍的现状和云、贵、川三省彝文古籍整理、翻译出版的基本情况，以及半个多世纪以来彝文古籍彝译汉的主要成果。

《彝族毕摩经典译注》106卷编译工作任务已圆满完成，已审定并完成编译的《彝译毕摩经典译注》共92800册、7200万字。2012年8月正式印刷出版90卷。《彝族毕摩经典译注》的问世是彝族文献整理史上的大事，标志着彝族毕摩经典译注从零散到集成。《彝族毕摩经典译注》以楚雄州彝文文献及彝族口碑为主，兼收滇、川、黔、桂彝文文献，涵盖了彝族的历史、政治、经济、军事、医药、宗教、哲学、天文地理、伦理、道德、文学艺术、语言文字等内容，全面、系统地收录了滇、川、黔、桂四省区最具代表性的彝文典籍和口传祭经、创世史诗、英雄史诗、叙事长诗，包括彝族的天文历法、彝族源流、创世史诗、彝族医药、指路经、祈福经、道德经、丧葬经、婚俗诗、招魂经、火把节祭经、祭酒经、彝家兵法、梅葛、查姆、阿佐分家、城域金沙江、彝族普牒、歌舞起源、彝族酒歌、罗婺盛世铭、盟约经、彝族古代六祖史等。《彝族毕摩经典译注》的整理、出版是中国彝族历史文化规模最大的文献整理项目，也是迄今内容最为丰富的中国彝族文献总集，具有重要的史料价值和文献意义。

（四）东巴文

纳西东巴文的构形特征研究是近年的热点之一，由于尚未能总结出合乎东巴文构形实际的方法论,研究方法上硬套汉字六书学说的痕迹明显,处在模仿比拟的阶段,有待深化,切和东巴文的构形实际,具体有白小丽的《东巴文记录语段向记录语词的发展趋势探析》(《西北民族大学学报》2012年第6期)、《东巴文语境异体字类化的途径和方式》(《西北民族大学学报》2011年第7期),李杉的《纳西东巴文异体字关系特征初步研究》[《邵阳学院学报》(社会科学版)2011年第1期],黄思贤的《从异体字的差异看纳西东巴文的发展》[《甘肃联合大学学报》(社会科学版)2010年第3期],甘露的《东巴文假借现象初探》[《中国海洋大学学报》(社会科学版)2011年第1期],刘悦的《纳西东巴文异体字研究述评》[《中国海洋大学学报》(社会科学版)2011年第5期],胡文华的《纳西东巴文会意兼声字分析》(《中国文字研究》2010年第2期)。李杉的《纳西东巴文构形分类研究的探讨》(《理论月刊》2011年第3期),刘悦的《东巴文同形字初探》(《兰州学刊》2011年第12期)提出,东巴文中存在着大量同形字,这些同形字的产生原因、结构方式、发展结果都不尽相同,对东巴文同形字的分析,有助于我们探索东巴文乃至早期文字的原始属性及其发展轨迹。黄思贤的《纳西东巴文献用字研究:以〈崇搬图〉和〈古事记〉为例》(民族出版社2010年版)对两本经典的用字做了个案研究,对东巴文记录语言单位、东巴文记录语言方式、东巴文的体态和字序作了研究。

从心理学角度对东巴文进行研究是近年来以张积家先生为代表的学者群全新拓展的研究方法,产生了许多十分精辟而独到的成果。代表成果有王娟、张积家、谢书书、袁爱玲的《结合东巴文学习汉字对幼儿汉字字形记忆的影响》(《心理学报》2011年第5期),谢书书、张积家的《知觉表征和语义表征在语言认知中的作用——以东巴文黑色素字为例》(《华南师范大学学报》(社会科学版)2011年第6期),王娟、张积家、林娜的《纳日人颜色词的概念结构——兼与纳西人颜色词概念结构比较》(《中央民族大学学报》2010年2期),指出纳日人颜色词区别于其他民族的族源一致性对颜色词的分类也存在明显差异,体现了语言、文化和生活环境对颜色认知的影响。还有袁丽丽的《纳西族颜色词与颜色认知的回顾与反思》(《社会心理科学》2011年第4期),对近年来有关颜色认知的研究现状进行分析和总结,就纳西族的颜色词与颜色认知方面,包括纳西族色彩、颜色词与颜色认知的关系以及纳西族颜色认知的特点等3个重要论题进行回顾,并在此基础上指出目前该研究领域中存在的问题、思路及未来研究展望。

东巴文字源研究方面的论文有木仕华的《纳西东巴文涉藏字符字源汇考》(《民族语文》2012年第5期)、《云南维西纳西族玛丽马萨文疑难字字源考》(《中国文字研究》2013年第1期)。刘悦的《巴克〈么些研究〉所收东巴文字的初步研究》(《中国文字研究》2012年第2期)。东巴文研究回顾综述性的有和继全的《东巴文百年研究与反思》(《思想战线》2011年第9期)。邓章应的《东巴文研究的新趋势》(《兰州学刊》2011年第12期)对现有字词典的反思和研究取材的转变,重新注意字释的编纂;开始重视东巴文社会文书、经济文书的收集整理研究,开始逐步注意到纳西族各方言区的东巴文的地域性和族群性的变异特点。

从档案文献的角度探讨、译释东巴文文献的论文有胡莹的《纳西族东巴文历史档案发掘利用初探》,(《兰台世界》2010年第16期),该文对纳西族东巴文历史档案进行理论梳理,根据走访与调研对其保存现状与存在的问题加以说明,对纳西族东巴文历史档案的发掘利用进行可行性分析与论证。另外还有胡莹、王雪飞的《东巴文档案抢救保护工作刍议》(《云南档案》2012年第7期)，胡莹的《纳西族东巴文档案的数字化保护》(《兰台世界》2012年第1期)，胡莹的《东巴文历史档案编纂策略初探》(《云南档案》2012年第9期)和丽峰的《宝山吾木村乾隆五十九年东巴文地契译释》(《大理学院学报》2012年第2期)。

从比较文字学的视角展开比较研究是东巴文研究的重要方面，亦是体现东巴文在比较文字学研究中价值的关键，何宝芝的《东巴文和水文的异体字比较研究》(《文教资料》2010年第28期)。张毅的《甲骨文与东巴文兵器用字比较研究》(《现代语文》(语言研究版)2010年第1期)，周杨鹣的《从〈古事记〉试析纳西东巴文的原始性》(《传奇·传记文学选刊》(理论研究)2010年第7期)，马楠的《浅析东巴文的传承困境及其对策》(《北方文学》(下旬)2012年第11期)》)都实践了这些理念。

(五) 傣文文献部分

傣文文献作为南传佛教的主要文献载体之一，涉及巴利语系佛教的传播史及发达史，同时记载了傣族诸多历史文化典籍，内涵丰富，傣文文献研究历来受学界重视。姚珏的《巴利语在西双版纳地区的傣族化——以 Mullakammathan 跋文为例》(《西南边疆民族研究》2010年第1期)指出，云南上座部佛教为巴利语系佛教，在传播中，经典与语言都逐渐傣族化。该文以西双版纳老傣文经书 Mullakammathan (《精华的可靠之业》)跋文为例，对傣族化进行研究。桃木叟子的《花法藏心常悟，贝叶经文手自书——鲜为人知的傣族传统文化》介绍了入选"第二批国家级非物质文化遗产名录"公示名单的贝叶经。陈孟云的《傣族贝叶文化资源的现代性之路——以傣族舞剧和电影〈孔雀公主〉为例》(《云南社会科学》2011年第5期)研究了傣族贝叶文化的内容，在新中国成立后它与汉文化沟通整合实现了现代性之路。傣族传说《召树屯》先后被改编成现代舞剧与汉语电影《孔雀公主》，真正打开了傣族贝叶文学资源的宝库，使得傣族艺术有了很大的发展，步入当代艺术殿堂。它们是原生态艺术发展为现代性民族艺术的里程碑，给中国当代文化注入了新的元素和活力，成为中国当代文化中一道亮丽的风景线。赖卫明的《德宏古傣文的价值》(《今日民族》2012年第6期)认为德宏古傣文蕴含着丰富的历史和文化价值。张莉、曾宝芬《默默耕耘，果熟自然红——西南边疆语言与文化专家访谈录之二"张公瑾专访"》(《百色学院学报》2012年第4期)介绍了张公瑾先生在傣族研究中上默默耕耘与奉献，以其厚重的文化底蕴和学术基础成为我国傣族语言文化研究领域最有广度和深度的专家，其研究领域涉及傣族语言、文字、文学、古文献、天文历法、农业科技、宗教等，并扩及其他民族的语言文化。

保明所的《巴利语借词对西双版纳傣语词汇的影响》(《百色学院学报》2012年第1期)对傣族南传佛教的巴利语借词进行研究，巴利语的进入对傣语产生了重要影响：使傣语中增加了多音节词；充实了傣语的常用词汇；巴利语借词深入傣语的俗语谚语中；巴利语借词加深了傣语书面语词汇和口语词汇的分化的程度。戴翥的《试论傣医药文献的文献目录学研究》(《中国民族医药杂志》2012年第11期)简述傣医药古籍文献的整理与发掘成果及傣医药文献编目研究概况，分析影响傣医药文献目录工作的原因，探讨运用民族文献学研究方法开展傣医药文献目录学研究的任务和意义，提出建设少数民族医药文献学学科的思考。尹巧云的《从佤语中的傣语借词看古傣语声母》(《民族语文》2010年第6期)指出佤语属南亚语系，傣语属汉藏语系。许多地区的佤族自古以来就和傣族毗邻或者交错杂居，彼此来往频繁，两种语言互相影响。历史上傣族在经济文化上占有绝对优势，傣语成为强势语言，很多佤族人兼通傣语，造成大量的傣语借词进入佤语中。秦家华的《傣文贝叶经：镌刻在树叶上的文化》(《社会科学报》2010年9月2日）认为贝叶经并不全都是宗教经典，它的内容十分广泛。但凡社会生活的方方面面，如民间流传的文学艺术，甚至生产技术、医药卫生等，都会记录在里面。因此可以说，傣文贝叶经是傣族传统文化的集大成。由人民出版社编撰出版的百卷《中国贝叶经全集》出版问世，是对有着上千年中国南传上座部佛教典籍系统全面的整理编纂，也是对中国傣族历史文化典籍有史以来最大规模的汇集。主要收录了云南傣族地区的典籍，又是西双版纳制作保存并使用的贝叶典籍。目前西双版纳州收集到的有三千多部，其内容涵盖傣族历史、哲学、经济、政治、天文、历法、军事、武术、宗教教义、医学、自然科学等诸多方面。《中国贝叶经全集》虽已出版，但研究力量不足，成果依旧十分有限。

（六）水书文献

孟师白的《水书、周易、九星的数据对比研究》（《贵州民族学院学报》2012年第1期）指出，中国数文化，以河图洛书为典型代表。中国易数，有中合双奇、中合双偶、中合奇偶。河图洛书之数，中合奇偶。中合双偶、中合双奇已经失传，目前发现水书有中宫双偶合数图记。易经之数，五十有五，二元十运。九星之数，四十有五，三元九运。水书之数，七十有八，四元十二运。水书数图西北戌位起步，四入中宫，巧妙将盈满的"十"数也隐藏于中宫。水书数图中轴线三宫总数二十八，中宫为双偶的十、四之数合成内静。上九下五，合成外动，两侧对角及平角线对应的合数均为九，实现内外纯阴纯阳理想和谐格局。文毅、林伯珊、蒙耀远的《解读〈水书·阴阳五行卷〉》（《凯里学院学报》2012年第4期）指出，水书阴阳五行思想来源于中国古代阴阳五行学说，《水书·阴阳五行卷》则是水族水书阴阳五行思想的集中反映和代表载体，按照阴阳相配、五行相生的理论，配以"四雄"择法，对水族社会中的丧葬、婚嫁、营建、节日、出行、占卜、生产等活动进行解释、预测和干预。蒙耀远的《水书研究的困境与出路》[《贵州大学学报》（社会科学版）2012年第5期]指出，水书研究面临困境。水书是解读水族人的生存密码，希望通过对水书的注解，使水书符合水族人在现阶段的需要，指导水族人在现阶段的思想行为，把水书研究引向光明的前景。瞿智琳、陈小兰的《水书传承与发展影响因素的深层思考》（《云南档案》2012年第4期）指出，水书的传承是现阶段研究水书回避不开的问题，文章就影响水书传承与发展的因素进行分析。牟昆昊的《水书"公"、"子"诸字形相关问题的思考》（《贵州民族学院学报》2012年第1期）讨论了水书"公"、"子"诸字并总结出造字方法和造字思维，在水书字形的讨论中，发现水族古代社会若干历史信息。潘朝霖的《水书师认为卵崇拜启示产生太极图》（《贵州民族学院学报》2012年第1期）指出易学的本源标志太极图案的产生与水族的卵崇拜具有关联。水族先民把鸡蛋作为人生丰富的生命信息载体，把鸡蛋作为浓缩的天地结合体。水族阴阳鱼太极图的产生源于卵崇拜，与老子所谓"一生二，二生三，三生万物"的哲学理论有关联。蒙耀远、覃世琦的《水书与〈易经〉的章法结构对比探究》（《华夏文化》2012年第3期）对水书的章法结构和《易经》的章法结构进行对比，认为水书与易经的行文结构完全一样，两者的文法结构有高度的统一性，这是水书源于殷商时期的一个佐证。在水书和《易经》这两种文化比较中，找到了它们共同的要素。其一，水书和《易经》的创作时间，都因年代久湮无据可考。其二，作者又都只是传说中人物，水书创始人陆铎公和《易经》始画八卦的伏羲氏，是否有其人也都还有待考证。以此为前提，提出水书与《易经》的相似性是水书条目的结构模式也能框住《易经》八卦的结构。

王炳江的《水书启蒙拜师祝词押韵特点初探》（《贵州民族学院学报》2012年第1期）指出，水书启蒙拜师祝词是水书启蒙拜师仪式活动中水书先生根据仪式进程的各个阶段所祝诵的祭祀词。拜师祝词作为一种韵文体的民间文学口头文本，具有韵文体所具有的一些普遍特征，同时又有其独特的表现形式。拜师祝词的押韵，不仅具有一般民族民间文学韵文体的腰韵、首尾韵、脚韵等押韵特点，同时又具有句首韵、句中韵、流水韵等特点，且句中韵表现为叠韵、隔一字押韵、隔两字或多字押韵等。蒙耀远的《入选〈国家珍贵古籍名录〉的水书古籍概述》（《贵图学刊》2012年第1期）指出，2007年开展"国家珍贵古籍名录"和"全国古籍重点保护单位"申报评定工作以来，共有69部水书古籍荣幸入选《国家珍贵古籍名录》。该文主要介绍前四批申报入选名录的69部水书古籍基本概况，对申报存在的问题提出建议，并就入选的水书古籍的进一步抢救与保护、翻译与研究提出切实可行的建设性意见。陈琳的《水书的研究现状及申报〈国家珍贵古籍名录〉述略》（《贵州文史丛刊》2011年第1期）指出，作为贵州特有、水族独有的水书古籍，与汉文和其他民族古籍一样，同为中华民族的历史文化遗产。水书经过水族先民的传承、积淀，蕴含了丰富的内涵，是水族的百科全书，是连接水族民众的纽带，在《国家珍贵古籍名录》中，与中华民族的"文字兄弟"齐肩，占据一席之地。水书的研究在点与面的结合上要深入，水书抢救、发掘过程中的种种认识障碍需要纠正，要将现存有限的水书古籍完整地保存下来，流传下去；要通过《国家珍贵古籍名录》的申报，将水书古籍揭示于世，让水书冲出贵州，让国人认识水书。戴建国、蒙耀远、文毅的《水书与水族阴阳五行关系分析》（《黔南民族师范学院学报》2012年第3期）指出，水书是水族的百科全书和"易经"。水族先民为了满足生存和理智的需要，把汉文化中的阴阳五行思想加以吸收，并结合水族的传统思想，形成了水族的阴阳五行思想，同时以水书的形式将其记录和传承下来。水书是作为水族阴阳五行思想的载体而存在和发挥作用的。

瞿智琳的《水书的传承包括水书文本的传承和水书传承人的传承》（《云南档案》2012年第11期）一文阐释了水书传承现状，并分析了水书传承中存在的一些问题，提出了促进水书传承可以做的一些新尝试。戴建国的《水书与水族社会记忆》（《前沿》2011年第3期）认为，仪式、口承和文字作为社会记忆的三种基本载体，三者虽然并存和相互影响，但文字以其特殊的优势居于主导地位。然而水族的民族文字由于文字自身的发展不充分而丧失了这种主导地位，仪式等非文字形式在社会记忆的承载方式中始终居于主导地位。蒙耀远、文毅《略论水书中的阴阳五行》[《三峡论坛》（理论版）2011年第6期]指出，水书是水族的文化瑰宝，水书的本质与核心是阴阳五行。该文就水书阴阳五行与汉文化的阴阳五行进行对比，对"水书与汉文化同源共生"问题展开讨论。李纪英的《公共图书馆保护地方文化遗产的实践与探索：以黔南州图书馆参与水书数据库创建实践活动为例》（《科技情报开发与经济》2011年第19期）以黔南州图书馆参与黔南水书数据库创建的实践活动为例，探讨了公共图书馆通过拓展地方文献动态内容保护地方文化遗产的方式与途径。韦宗林的《水书文明的主要携带者：以水族大姓韦氏为例》(《杉乡文学》2011年第3期)以水族大姓韦氏为例，论述了水族文字的主要携带者与殷商文化有联系。戴丹、陈笑荣的《水书水字可视化输入中的模式匹配》(《计算机技术与发展》2011年第9期)介绍了水书水字可视化输入法、模式匹配问题及匹配算法，并给出模式匹配算法在水书水字输入法中的具体实现。为了加快在水书内存码表中查找匹配的水字编码的速度，采用了哈希表并构造了哈希函数，实验结果表明，使用哈希表和哈希函数大大加快了水书水字可视化输入中的模式匹配速度。

黄千、陈笑蓉、倪利华的《水书字音编码研究》[《贵州大学学报》(自然科学版) 2011年第4期]依据水语的语音特点，提出了水书字音编码规则，并讨论了水书字音输入过程中存在的歧义性问题及消除歧义的算法，验证了该方案的可靠性和有效性。蒙耀远的《构建水书学学科的思考》(《贵州民族学院学报》2011年第5期)通过对水书研究的进程观察，认为从学科建设应具备的研究机构、学科支撑、学术影响等条件和水书研究自身的迫切需要来看，构建水书学学科的时机已经成熟。陈思的《水书文字的兼容性探索》(《科技传播》2010年第15期)指出，水书还保留着"文字幼儿"阶段的很多特色，例如存在图画文字、象形文字、抽象文字兼容的"拼盘"现象。张霁的《谈水书的研究和应用》(《吉林省教育学院学报》2010年第2期)主张对水书进行有效的抢救和保护，需要依托民族高校进行系统研究，将研究成果应用于社会实践。牟昆昊的《水书"二十八星宿"声母总结分析》(《贵州民族学院学报》2010年第5期)指出，通过对水书所携带的古音分析，并将之与汉语古音进行对比，既能对水书"二十八星宿"所携带的古声母做总结，又能对古汉语研究起到参证作用。

罗春寒的《水书传承式微原因探析：以黔东南州丹寨县高寨村为例》(《凯里学院学报》2010年第5期)指出，水书传承式微的原因在于水书生境的剧变，即社会发展进步，水书服务水族大众的社会功能的逐步丧失。白小丽的《水书〈正七卷〉纪时地支的文字异读》(《贵州民族学院学报》2010年第5期)认为《正七卷》是水书中一部有代表性的以反映忌戒条目为主的文献。该书中地支的异读情况较为多样，体现了地支与生肖、八卦之间的对应关系。韦荣平的《都匀市水书文化传承调查研究》(《贵州民族学院学报》2010年第5期)对都匀市悠久水书文化传承历史进行了初步的调查研究。王炳江、王德的《水书启蒙拜师仪式调查研究》(《贵州民族学院学报》2010年第5期)认为水书拜师仪式作为水族社会一种通过仪式，具有其自身独特的文化内涵和意义。并运用相关理论从仪式过程、仪式祝词、仪式祭品三方面进行简要分析。认为拜师仪式是水书学习的必经环节，是祭祀陆铎公及祈求得到其保佑和指点的过程，体现着人与陆铎公之间的互惠关系。戴建国、蒙耀远的《水书不能普及的多维度分析》(《前沿》2010年第3期)指出，水书一直以来就没有在水族人民中普及，究其原因主要是因为水书的宗教功能优位、权力对知识的垄断和控制以及水书先生自身的利益取向。饶文谊、梁光华的《明代水书〈泐金·纪日卷〉残卷水字研究》(《黔南民族师范学院学报》2010年第1期)指出，目前所见最早的水书典籍是《泐金·纪日卷》，计有水字1472字，除去其中的重复使用字，实际只有61个不同的水字。这61个水字可分为水族独创文字和水族假借汉字为水字两大类。其第二类即水族假借汉字与汉语汉字在读音与意义上存有密切的对应关系。水族作为独立单一的民族最早形成于唐代，水书水字的创造起源不会早于唐代。

郑高山、陈笑蓉、杨撼岳的《基于 Windows IME 水书文字输入法的设计》[《贵州大学学报》（自然科学版）2010 年第 1 期]利用微软公司提供的 Windows IME 来设计和实现水书文字输入法。通过和其他少数民族输入法比较，利用水书文字独有的特性，分析 Windows IME 程序的基本结构，实现水书文字输入法。唐建荣、任睢阿闹的《水书蕴含的水族哲学思想解读》（《贵州民族学院学报》2010 年第 5 期）认为水书是水族的"易经"、"百科全书"，比较系统化地反映了水族丰富的哲学思想，尤其是广博的阴阳五行观念、对立统一观念、物极必反、否极泰来等观念得到充分展现。韦宗林的《谈水书的古文字笔画元素》（《贵州民族学院学报》2010 年第 5 期）通过对水族文字中的多点现象、三角符号、弧形笔画与圆形符号等古文字的笔画元素的分析，与古汉字类似的笔画进行比较研究，阐明水族文字是古代文字的遗存，既与古代汉字观念有某些联系，又有其独特的造字视角。潘朝霖的《水书地支多种读音探析》（《贵州民族学院学报》2010 年第 5 期）认为水书典籍中十二地支一字多音现象十分奇特，有的一字多达 8 种读音，既为编著民歌体诵读本水书提供了广泛的用韵条件，又寓教于乐，顺口悦耳易记；并且还隐匿要义，增加神秘性，蕴含古代语言文化重要信息。

（七）古壮字、古白文、布依文、瑶文、壮族坡芽歌书

古壮字的研究主要论文方面，覃志强、吴晓蓉的《论古壮字信息化传承的策略、影响因素及开发》（《民族教育研究》2012 年第 3 期）指出，古壮字传承对保持壮民族文化的独特性意义重大。新壮文的推行和古壮字的学习并不互相排斥，二者可相互促进，"用新识古"。何明智、黄柳菱的《古壮字字书述略》（《广西民族师范学院学报》2012 年第 6 期）指出，古壮字字书属汉字书写体系，是壮族先民为学习本民族文字仿照汉字字书编制的一种工具书。壮族坡芽歌书虽名为歌书，但实为无字之书，其使用的价值与字书无异。布傣字书种类繁多，其教化的意图毋庸置疑。汉代马延南征文化的形成是古壮字字书得以产生的原因之一。艾红娟的《〈古壮字字典〉研究》（《广西民族师范学院学报》2012 年第 4 期）指出，《古壮字字典》是世界上第一部关于古壮字的字典。它的编写遵循了规范性、科学性、民族性三原则。《古壮字字典》堪称壮族文字研究史上的丰碑。韦树关的《喃字对古壮字的影响》（《民族语文》2011 年第 1 期）指出，古壮字中有一定数量的字在字形、字音、字义及造字符号方面受到越南喃字的影响，这些影响是通过越南古岱字、古侬字作为中介来实现的。袁香琴的《借源方块古壮字中同形汉字研究》（《四川文理学院学报》2011 年第 4 期）利用数据库，从文字学角度出发，通过定量和定性研究方式对方块古壮文的来源问题进行分析。以字的形体为研究对象，借源方块古壮字中的同形汉字与汉字之间有密切联系。袁香琴的《〈古壮字字典〉补缺二则》（《湖州师范学院学报》2011 年第 6 期）指出，《古壮字字典》按照其释字基本体例，可以发现字典中可补缺之处至少有二。李忻之的《方块壮字与喃字发展的比较》（《中国文字研究》2012 年第 1 期）指出，方块壮字和喃字同属汉字系统中孳乳仿造的汉字型文字，说明了文字与文化的密切关系。周祖亮的《古壮字医学词汇浅论》（《中国民族医药杂志》2010 年第 5 期）以《古壮字字典》为基础，并广泛搜集该字典未收而散见于历史文献与民间资料的古壮字以及用古壮字书写的医方药，共得到 450 个古壮字医学词语。这些词语可以分为疾病名、症状名、诊断治疗名、人体组织与附属物名、人体分泌物与排泄物名、其他医学词语等六类。古代壮族医学词语除了古壮字所记录的之外，还有一部分是以口语形式存在或

者直接从中医领域借用。

古壮文文献语言学的研究有何思源的《壮族麽经布洛陀语言研究》（中国社会科学出版社2012年版），对壮族麽教的经典布洛陀语言从语言学与文化学角度进行了综合研究。认为麽经用字不是一个时代的产物，它们反映了壮语内部的方言分歧和不同时代广西的汉语方言的传播与分布情况，麽经方块壮字和汉语异体字、方言字、境外汉字系文字之间的异同。通过对比研究指出其间相似性、趋同性有类型学的必然也是文化传播的结果。麽经词汇异常丰富，保存了有关宗教、生产、生活方面的大量词汇，此外该书还对古词、文化词、方言词、量词、临摹词等进行了分析。

壮族坡芽歌书自发现以来，以其十分独特的使用方法和迥异的类型特征招引了许多学者的瞩目，诸多学者从多学科的视角对坡芽歌书作为"文字之芽"的性质、使用方法，所蕴含的文化内涵，歌书与音乐、民族民间文化等方面展开了探讨，获得了许多新知。李荣、马蕊、黄炳会、陆保邺的《深山里的文字之芽：壮族〈坡芽歌书〉》（《今日民族》2010年第1期）介绍了文山壮族苗族自治州富宁县剥隘镇坡芽村一张画满81个神秘符号的土布，能唱一天一夜的情歌。这81个神秘的符号，究竟是古文字，还是先人留下的神秘预言？是坡芽人想象的涂鸦？还是一种爱情密码？《坡芽歌书》为我们展示了一种前所未见的文本。汪瑶《云南富宁壮族"坡芽歌书"考察记》（《中国音乐》2010年第4期）指出坡芽歌书用图记歌，图案和歌词相互补充、相互说明，共同表现出一首歌曲。由于过去广为人知的壮族文字是一种用汉字造成的方块壮字（或称土俗字），这些图案符号的发现引起了专家学者和世人的广泛关注。该文从音乐本体研究为出发点考察歌书。李锦芳、刘冰山、黄炳会、黎盛根的《壮族"坡芽歌书"及其文字性质》（《中央民族大学学报》2010年第1期）指出，坡芽歌书有81个符号，分别表达81个壮语词语或词组，可导出81首民歌。坡芽歌书图符有一定数量，形制固定，还有一定的组合能力，主要表示词和词组意义，在一定的时空范围内具有编码解码的共识和约定，但它不能相互自由组合表示完整的句子。作者断定，坡芽歌书是壮族残存或未发展充分的一种记载民歌为主的原生的初级形态象形文字。吕国敏的《坡芽歌书的文化属性之根》（《云南艺术学院学报》2011年第3期）通过实地调查和对坡芽歌书图载符号的分析，论述了坡芽歌书与坡芽情歌的内在联系，提出坡芽歌书是优秀壮族民歌音乐与符号的完美结合，其文化属性之根是壮族民歌文化的观点。戴艳、邹雨橙的《试论"坡芽歌书"的符号形象》（《文山学院学报》2011年第5期）指出，"坡芽歌书"的符号形象以叙事和抒情的手法，描绘了青年男女爱情生活的全过程。"坡芽歌书"的图案形象具有直观、简明、易懂、易记的特征，便于信息的传递，使不同年龄、具有不同文化水平和使用不同语言的人都容易接受和使用。王元鹿、朱建军的《"坡芽歌书"的性质及其在文字学领域中的认识价值》与查明华的《"坡芽歌书"中的壮族文化心理探析》（《文山学院学报》2011年第4期）以"坡芽歌书"为对象，对歌书反映的对歌联情过程进行分析，认为是壮族文化心理的典型表现，为认识壮族共同文化心理提供参考。吴德群的《壮族传统社会的夫妻角色：〈坡芽歌书〉解读》（《文山学院学报》2011年第4期）通过分析歌书所载的情歌认为，总体上，男性心中的妻子角色具有功利的特征，而女性对丈夫的期望则更具情感色彩。《坡芽歌书大事记》（《广播歌选》2011年第11期）详细记录了坡芽歌书被发现以来的研究进展诸大事记，有助于深化对坡芽歌书性质的认识。

  古白文的研究主要论文有甲斐胜二的《关于白族的白文问题》(《大理民族文化研究论丛》2012 年第 2 期)，文章从不同角度讨论白族民间歌谣并发现一个很有意思的现象，即引用白语歌谣时记录方法多种多样：有的用国际音标记录，有的用汉字记录（用汉字谐音、谐意记录白语），有的用罗马字拼音记录，还有的干脆用翻译为汉语的语句介绍。魏钰霏的《赵式铭〈白文考〉研读》(《文学界》2012 年第 8 期) 一文通过对白族学者赵式铭的《白文考》一书的研读，在对其体例、内容分析基础上，探究赵式铭研究白语的方法及其白语系属观；对其研究方法和研究成果对后来白族语言文字和文化历史研究工作的深远影响作了评述。

  韦建丽的《布依文古籍晋升"国宝"改变了"布依族没有文字"的观念》(《图书馆理论与实践》2012 年第 6 期) 指出，布依族历史上被公认是只有语言、没有文字的民族。随着贵州省荔波县 10 部布依族古籍申报《国家珍贵古籍名录》成功，布依族古文字被发现，布依族被国家文化部专家认定为具有自己民族文字的 18 个少数民族之一。该文从布依族文字被发现、布依族文字的四种类型和特殊结构、发现布依族古文字意义以及对布依族古文字抢救保护的思考四个方面，阐述了布依族古籍晋升"国宝"后需要更正以往认为"布依族没有文字"的观念。

  徐祖祥的《汉字与古瑶文》(《华夏文化》2003 年第 3 期) 指出，学术界一直认为瑶族没有自己的文字，一直借用汉字来记录宗教经典、传说故事、歌谣、抄录家谱、刻碑文、书写信件、契约、经济账目等。但作者认为瑶族有自己的文字，即他们抄录民族典籍时所用的文字。为区别于 20 世纪 80 年代以瑶族勉语为基础用拉丁字母所创造的拼音文字，称这种受汉文影响而产生的瑶文为"古瑶文"。古瑶文来源于汉字，初识之下，与汉字之间似乎无太大的差别，故而人们常认为瑶族自古以来所用文字为汉字，但其读音、字义与汉字又有很大不同，当是一种已自成系统的文字。布依文和瑶文的研究目前仍未能取得全面的突破，其性质和内涵有待深入探讨。

二　中国境内南岛语系民族古文字文献研究

  关于中国境内南岛语族群的文字文献研究，以往几乎忽略不计，以致人们对有关文字文献的认知研究十分有限，对有关文献在台湾历史文化发展进程、族群关系研究方面的重要价值被忽视。2010 年台湾"中央"研究院语言学研究所出版了由李壬癸编著，黄秀敏、简静雯、陈鸣鸾、许淑铃协编的《新港文书研究》(《语言暨语言学》专刊系列之三十九)，极大地丰富了中国南岛语系族群文字文献的研究，为了丰富新知，以下谨按李壬癸编著《新港文书研究》所载的内容对新港文书为代表的台湾南岛语族群文献作大略介绍。

  新港文书，也称为"新港文"，是现今台湾台南一带西拉雅族（Siraya）和法佛朗（Favorlang）语所留传下来的土地租借、买卖与借贷等方面的契约文书，俗称"番仔契"，也就是我们所说的"新港文书"。它成为台湾最早有文字记录的语言。凡是以罗马字所写的契约也都被通称为"新港文书"，包括台南西拉雅语（Siraya）的卓猴、岗仔林、牛稠埔，Taivuan 语的麻豆、大武垄、湾里，以及高雄、屏东马卡道（Makatau）语的茄藤、下淡水等社，其中既有仅使用罗马字拼音书写的单语（平埔族新港语）文书，也有汉语与罗马拼音字对照的双语文书。现存的"新港文书"有一百多件，是研究平埔族文化、台湾地方族群历史的珍贵文献，因语言失传，能解读"新港文书"的学者甚少。新港文书的解读对台湾南岛语言学研究，对于了解平埔族群历史社会有独到的价值。日本人村上直次郎在1933年就将《新港文书》刊行出版，但未加解读，一般人以为无法解读。仅村上、小川尚义等人进行部分解读，且仅能辨识极少数的文字。这些契约中最早的是1683年的一件麻豆文书，而年代最晚的是第21号新港文书，年代是1813年。

在荷兰殖民者统治台湾期间（1624—1662年），荷兰驻台宣教师为了传教以及协助推行政务，一方面自己努力学习当地语言，另一方面也利用罗马字编纂原住民语的字典，并且以罗马字教导当地平埔族人书写其语言。目前所知年代最晚的新港文书，完成于1813年，那已经距离荷兰人离开台湾的1662年超过150年了，却仍然有人继续使用荷兰人所传导的罗马字书写契约文书。

西拉雅语群的文献包括以下四种：（1）圣经马太福音整本的西拉雅语翻译；（2）西拉雅语的基督教义要旨；（3）乌特烈稿件（Utrecht manuscript）；（4）新港文书。

《新港文书研究》分为三大部分：第一部分是村上所收101件新港文书的转写和解读，第二部分为新增收69件新港文书的转写和解读，第三部分则是150件新港文书原件、照相或摹写本图版。地图显示19世纪末西拉雅语群的分布。附录一是西拉雅人名、地名的索引。新港文书最早的一件是写于康熙二十二年（1683），最晚的一件是嘉庆二十三年（1818），地点遍布于嘉南平原和高屏地区的各社。在荷兰人离开台湾之后，又延续了近一个半世纪之久（1683—1818年）。到了19世纪上半叶（大约1830年左右）西拉雅语消失了，这个书写系统也就断绝了。借此可考订西拉雅语消失的年代、西拉雅人的姓名制、西拉雅是母系社会（多由女性出面订约）、西拉雅人当时的家庭经济状况，等等。此外，我们也要试图从各社的契约文书文字上的差异，理出各地方言上的差异。"中央"研究院进行了一项跨领域的新增主题研究计划"新港文书研究"。其目的，就是要全面收集和考订目前可见之新港文书；此外是在进行新港文书内容的解读，逐词地翻译和整篇地意译。全书收录了新港文书总共170件。

《新港文书研究》分析的研究内容有：（1）转写这些手写的书写体为印刷体字母，因为有些字母很不容易辨认清楚；（2）尝试逐词翻译，包括实词与虚词；（3）决定词界，有些文书上语词的书写方式是几乎每个音节都分开来写，需连起来才能成为有意义的个别语词，更进一步还要决定到哪里才是完整的句子，才能解读；（4）尝试解读各件文书的内容。研究中面临的最大的困难是今日已没有人会说西拉雅语了，无法得到发音人的协助而得到较完整可信的解读。

就新港文书研究的路径或称方法而言，一方面要借助于荷兰殖民台湾时代有关的语文数据，以及村上直次郎一书中所收录的那些新港文书的文字和内容，另一方面也要借助于小川尚义（未发表稿件）当年对该书中的各种契约文书所做的整理工作，同时也要参考最近几年外国学者（如Adelaar 1997，1999，2000，2004；土田滋1996；Tsuchida 2000）对西拉雅语法结构的研究报告。新港文书绝大多数都是单语的，就是只以西拉雅语群的语言写成。但也有数十件是双语的，即同时有西拉雅文和中文，内容虽大致相似，但也有不少出入。日本学者村上直次郎收集的 101 件新港文书，其中只有 28 件是双语的。这些年来，国内外的学者陆续收集，其中也有 41 件是双语的。双语文书对解读工作帮助非常大。新港文书是中国境内最早出现汉字以外的文字系统，也是罗马字母的书写系统，是西方传教士在台湾传教活动的物证。这些契约文书对语言学、历史学和民俗学等多学科均有重要研究参考价值，理应得到重视。

三 阿尔泰语系民族古文字文献研究

(一) 回鹘文文献

回鹘文献的研究，尤其是与佛教文献有关的残叶文献的译注考释成为该领域的重点。张铁山发表了一系列有关回鹘文文献研究译注论文具体有《吐鲁番柏孜克里克出土四件回鹘文〈因萨底经〉残叶研究》(《敦煌辑刊》2011 年 2 期)，《吐火罗文和回鹘文〈弥勒会见记〉比较研究——以吐火罗文 YQ1.31/2、YQ1.3 1/1、YQ1.9 1/1 和 YQ1.9 1/2 四页为例》(《敦煌吐鲁番研究》12 卷，上海古籍出版社 2011 年版)，《吐鲁番柏孜克里克出土回鹘文刻本〈佛说天地八阳神咒经〉残页研究》(《敦煌辑刊》2011 年 2 期)，《吐鲁番柏孜克里克出土三页回鹘文〈佛说天地八阳神咒经〉残页研究》(《吐鲁番学研究》2010 年第 2 期)，《吐鲁番柏孜克里克出土两叶回鹘文〈慈悲道场忏法〉残叶研究》，《汉文—回鹘文〈金光明经·舍身饲虎〉校勘研究》(《新疆师范大学学报》2012 年第 4 期)。张铁山、皮特·茨默合写的《两页回鹘文〈华严经·光明觉品〉写本残卷研究》(《民族语文》2012 年第 4 期) 首次对两页八十卷《华严经·光明觉品》进行原文拉丁字母换写、转写和汉译文、注释。这些文章集中对回鹘文献进行译释，同时将回鹘文本与汉文本进行校勘，找出二者的不同之处，并探讨回鹘文本的翻译技巧。

其他专题论文有耿世民的《新疆古代语文佛典的发现和研究：回顾与展望》(《西域文史》第 6 辑)，李树辉的《圣彼得堡藏 SI 2 Kr 17 号回鹘文文书研究》(《敦煌研究》2011 年第 5 期)，阿不都热西提·亚库甫的《北京大学图书馆藏回鹘文〈西宁王速来蛮赞〉新探》(《西域文史》第 6 辑)。钟焓的《从"海内汗"到转轮王：回鹘文〈大元肃州路也可达鲁花赤世袭之碑〉中的元朝皇帝称衔考释》(《民族研究》第 6 期) 考察了回鹘文《大元肃州路也可达鲁花赤世袭之碑》中一个回鹘文有关皇帝的称衔用语 tala yning ärkligiqaγan qan 在当时的含义及其产生流行的背景。此外还有阿依达尔·米尔卡马力等的《吐鲁番博物馆藏回鹘文〈慈悲道场忏法〉残叶研究》(《敦煌研究》2011 年第 4 期)，阿依达尔·米尔卡马力、杨富学的《敦煌莫高窟 464 窟回鹘文榜题研究》(《民族语文》2012 年第 3 期)，包文胜的《读〈暾欲谷碑〉札记：türk sir 与"锻奴"》(《敦煌辑刊》2012 年 3 期)。此外，涉及突厥语文献的还有张铁山的《拉德洛夫及其突厥学研究》，张铁山的《〈突厥学文集〉1951—2009 年篇目译介》；土谷舍娃撰，杨富学、张海娟译的《新疆探察及早期中古突厥语写本的发现》(《西域文史》第 5 辑)。阿里木·玉苏甫的《回鹘文〈说心性经〉》(《民族语文》2010 年第 1 期)，通过分析认为《说心性经》是一部回鹘文佛教哲学原著。迪拉娜·伊斯拉非尔的《国家图书馆藏"畏吾儿写经残卷"跋文研究》(《民族语文》2011 年第 3 期) 考证了国家图书馆藏"畏吾儿写经残卷"是回鹘文佛经《广大发愿颂》，并对其跋文部分进行了拉丁字母换写、转写、翻译和注释。李经纬的《回鹘文社会经济文书辑解》与［苏联］谢尔巴克（А. М. Щербак）著、李经纬译《十至十三世纪新疆突厥语文献语言语法概论》均由甘肃民族出版社2012年出版，对于进一步深入研究回鹘文社会经济文书和回鹘文文献语言学的推进均有重要参考价值。耿世民、魏萃一著《古代突厥语语法》（中央民族大学出版社2012年版）分为"导论·古代容厥文、回鹘文及方言概述"，"第一章·语音"，"第二章·词汇"，"第三章·词法"，"第四章·句法"。《古代突厥语语法》主要为对三个时期古代突厥文献语法的描述，包括漠北发现的鄂尔浑碑铭、吐鲁番地区出土的高昌回鹘王国时期的文献和喀喇汗王朝时期的文献。

2010年10月24—26日新疆吐鲁番学研究院举办的"西域古典语言高峰论坛"，2012年11月中央民族大学主办的"西域—中亚语文学国际学术研讨会"，汇集了一大批中外西域古文献研究的专家学者，发表了一系列全新的研究成果，喻示着西域多民族古文献研究逐渐成为国内民族古文字文献研究领域国际化程度较高、学术积累和研究成果丰厚、进展十分明显的研究领域。

《语言背后的历史——西域古典语言高峰论坛论文集》（上海古籍出版社2012年版）包括：茨默的《一件古回鹘文 idiyut 文书》，茅埃的《柏孜克里克新出婆罗谜文写本》，吉田丰的《论几件突厥化粟特语文书及其社会语言学的背景》，阿卜杜热西提·亚库甫的《〈大乘无量寿宗要经〉回鹘文译文的多语言原典》，段晴的《Hedin 24 号文书释补》，亨特的《吐鲁番葡萄沟景教遗址出土的叙利亚语、粟特语和回鹘语写本》，伊斯拉菲尔·玉素甫、张宝玺的《文殊山万佛洞回鹘文题记》，松井太的《阿拉提藏品中的一件粟特语回鹘语双语文书》，朱玉麒的《王树楠的西域胡语文书题跋》，杨富学的《甘州回鹘行用文字考》，李树辉的《圣彼得堡藏 SI 2 Kr 17 号回鹘文文书研究》，穆拉维耶夫的《吐鲁番出土的一件叙利亚文写本中所见近世波斯语婚约》，王启涛的《吐鲁番出土汉文献的借词》，王丁的《中古碑志、写本中的汉胡语文札记（三）》，李刚的《回鹘文买卖奴隶文书初探》，艾克拜尔·尼亚孜的《维吾尔语与马具相关的词汇浅析》，徐文堪的《略论古代西域的语言和文字》，梅村坦的《柏孜克里克出土非汉文文献国际合作项目综述》，厄休拉·辛姆斯—威廉姆斯的《重议国际敦煌学项目资料库》和《重聚巴别塔：记吐鲁番西域古典语言学峰会》。

茨默、茅埃、吉田丰、松井太、梅村坦等西域民族古文献研究专家与中国学者间的积极互动成为该研究领域的最大特色，使学术研究的视野、水准均得到全面提升。

木再帕尔、高莲花的《古代维吾尔语中的波斯语借词》（《满语研究》2011年第2期）认为，古代维吾尔语中的波斯语借词是在不同历史时期由波斯语及伊朗语族语言借入维吾尔语的，其借用与古代维吾尔人和波斯人的文化交流和宗教信仰具有密切的关系。另外还有 Volker Rybatzki、胡鸿的《古突厥文写本〈占卜书〉新探：以写本形态与文本关系为中心》（《唐研究》第16卷，2010年），张铁山、李雪的《关于俄藏编号 SJKr. 4/638 回鹘文文书的几个问题》（《吐鲁番学研究》2010年第1期），松井太著、广中智之译的《吐鲁番出土回鹘文书中所看到的七康湖和其灌溉》，周凤英的《突厥语文献中 can 即汉字"盏"考》，李刚的《回鹘文"ayaVqa tagimlik"一词新解：兼谈回鹘佛教信仰礼仪》，［俄］克里亚施托尔内著，杨富学、王立恒译的《新疆与敦煌发现的突厥卢尼文文献》。张世才的《两份维吾尔文契约文书研究》[《新疆大学学报》（哲学人文社会科学版）2012 年第 1 期] 根据 19 世纪 20—40 年代在喀什写成的两份察合台维吾尔文契约文书，分析了它们的书写格式，着重解读两份契约文书所反映的瓦克夫（waqf）制度的问题。认为在清代南疆，虽然清政府实行政教分离，没有正式地向宗教机构施舍过土地，但作为朝廷命官的各级伯克以私人名义向宗教机构捐赠瓦克夫地可能不在少数。

古代突厥文文献研究有洪勇明的《古代突厥文〈苏吉碑〉新释》（《中央民族大学学报》2010 年第 1 期），该文对古代突厥文《苏吉碑》所记载的内容作了全新的诠释。

（二）蒙古文文献

蒙古文文献研究集中于具体的令旨类文献，文献中出现的专名术语的考释研究一直被重视。主要成果包括：[日] 松井太著，杨富学、刘锦译的《敦煌出土察合台汗国蒙古文令旨》（《中国边疆民族研究》2011 年第 4 辑），宫海峰的《"脱脱禾孙"语音考》、《〈元朝秘史〉中的"兀鲁阿惕/兀鲁额惕"及其相关问题》（《西域历史语言研究集刊》第 4 辑），二木博史的《关于蒙疆政权时期蒙古语定期报刊》（《中国边疆民族史研究》第 2 辑，中央民族大学出版社 2009 年版），敖特根的《敦煌莫高窟北区出土蒙古文文献研究》（民族出版社 2010 年版），洪金富的《元朝文献考释与历史研究：称谓篇》（《"中央"研究院历史语言研究所集刊》2010 年第 12 期），党宝海的《青山（K ke Aγula）与元大都》（《中国史研究》2011 年第 4 期）指出，忽必烈圣旨中的 K ke Aγula/青山儿/青山子、马可波罗和鄂多立克提到的"绿山"、乌马里记载的 Kuk Taq 均为万寿山，今北京北海琼华岛。根据元大都的修建过程和当时高丽使臣的记载可知，元大都是以万寿山一带为核心设计建造的。其他成果还有，乌兰巴根的《清初辽、金、元三史满文、蒙古文翻译研究述评》（《民族研究》2011 年第 4 期），松川节、敖特根、乌云其木格的《关于 1240 年汉蒙碑铭中的 aldaγ-situ》（《敦煌学辑刊》2011 年第 2 期），罗纳·塔斯、敖特根的《蒙古文文献目录编纂史概述》（《敦煌学辑刊》2012 年第 4 期）等。

黑水城蒙古文文献研究成果有照那斯图的《关于"不兰奚"的蒙古文对应形式 buralqi 及其相关问题》（《中国史研究》第 4 期），文章利用黑水城出土回鹘式蒙古文文献，探讨了"不兰奚"的蒙古文形式 uralqi，考察了按答奚的蒙古文形式及意义。蔡美彪对现存西安市长安县博物馆的《长安竹林寺碑》作了译释（《长安竹林寺碑译释》，《中国蒙元史学术研讨会暨方龄贵教授九十华诞庆祝会文集》民族出版社 2011 年版）。《清华元史》（第 1 辑）共发表论文九篇，讨论主题涉及元时期的八思巴字和畏兀儿字蒙文、阿拉伯文、波斯文、契丹文、藏文等民族语文素材。具体为蔡美彪的《元龙门建极宫碑译释》，党宝海的《"戏出秃打"与"哈黑义磨"》，乔治·兰恩的《关于元代的杭州凤凰寺》，亚历山大·莫顿的《元杭州凤凰寺回回墓碑考》，刘迎胜的《至元元年初设太庙神主称谓考》等。

乌云毕力格刊发了一组有关蒙古历史文献研究论文，涉及蒙古文文献与蒙古历史间的深刻关联，涉及蒙元时期、清朝蒙藏关系的重大历史事件和制度文化问题，具体有《清前期理藩院满蒙古文题本》（1—23 卷），乌云毕力格、吴元丰、宝音德力根主编的《西域历史语言研究丛书：蒙古学卷》（1—7 卷）（内蒙古人民出版社 2010 年版）。乌云毕力格的《内齐托音喇嘛与锡埒图库伦旗》（《西域历史语言研究集刊》第 4 辑，科学出版社 2010 年版）；《十七世纪卫拉特各部游牧地考（一）》（《西域研究》2010年第1期）；《十七世纪卫拉特各部游牧地考（二）》（《西域研究》2010年第2期）；《喀尔喀和托辉特部青衮咱布相关的一份满蒙文题本（Qalq-a-yin qotogoid-un Cinggünjab-du qolbugdaqu nigen manju mongol ayiladqal-un tuqai)》（《内蒙古大学学报》2010年第5期）；《亦邻真先生与黑城出土畏吾体蒙古文文本研究》（《西域历史语言研究集刊》第4辑，科学出版社2010年版）；《十七、十八世纪之交的西藏秘史：绕关于六世达赖喇嘛仓央嘉措的满蒙文秘档》（QUAESTIONES MONGOLORUM DISPUTATAE, VI, Oct, 15.）；《乌珠穆沁某些民间故事的历史根源：关于民间故事和历史研究的关系问题》（蒙古文）（QUAESTIONES MONGOLORUM DISPUTATAE, VI, Oct, 15.2010）；《〈金轮千辐〉所载扎鲁特蒙古》（《西北民族大学学报》，2010年第6期）；《关于内扎萨克蒙古盟的雏形——以理藩院满文题本为中心》（与宋瞳合作）（《清史研究》2011年第4期）；《1655年以前的喀尔喀扎萨克问题》（QUAESTIONES MONGOLORUM DISPUTATAE, VII, October, 15.2011）。

新近有关蒙古历史文献的整理研究比较重要的还有乌兰的《元朝秘史》（校勘本）2012年由中华书局出版。《元朝秘史》对于蒙古史乃至整个蒙古学的研究具有非常重要的意义。目前已形成一门国际性的学科"《秘史》学"。作为一部史书，首先文献学方面的研究必不可少。然而，由于客观条件的限制和研究本身的难度，学界一直缺少一部完整的、高质量的校勘本。本校勘本对原书所有三个部分都进行了校勘，利用的参校本多达11种，搜集较全，还参考利用了与《元朝秘史》蒙古文原本有间接关系的罗桑丹津《黄金史》，因此能够较好地保证校勘质量。

嘎日迪、斯钦巴图、都楞的《新发现的〈全宁张氏先德碑铭〉回纥蒙古文探究》（《蒙古语文》2012年第12期）一文，抢救解读了内蒙古赤峰市翁牛特旗境新近内发现的一座石碑的蒙古文。该石碑的汉文早在20余年前被李俊义解读，目前已严重损坏。因为该石碑汉文朝上躺倒地上，故面朝下的蒙古文没有被人发现多年，直到2011年10月有人发现。嘎日迪等学者对该石碑蒙古文碑铭的释读，为蒙古文古代文献研究增添了新的内容。

（三）八思巴文文献

八思巴文文献虽然数量有限，但作为有元一代的重要历史文献，涉及元朝政治历史文化的诸多方面，不少学者坚持对这宗独具特色的文字文献的收集、汇编、译释研究，为蒙元史的研究提供可信的史料，成为蒙古文文献研究的重要构成。具体成果有蔡美彪的《八思巴字碑刻文物集释》（中国社会科学出版社2011年版），全书分为碑刻、文物两个类。《上编·碑刻》部分收录有：《龙门建极宫碑》（1275年、1276年）、《周至重阳万寿宫碑》（1280年、1277年、1283年）、《泾州水泉寺碑》（1289年）、《平谷兴隆寺碑》（1294年）、《昌黎云峰寺残碑》（1297—1307年）、《林州宝严寺碑》（1298年）、《河东延祚寺碑》（1303年）、《易州龙兴观碑》（1309年）、《周至重阳万寿宫碑》（1313年、1314年、1318年）、《林州宝严寺碑》（1313年附1244年）、《周至重阳万寿宫碑》（1314年）、《彰德善应储祥宫碑》（1314年）、《元氏开化寺碑》（1314年）、《邰阳光国寺碑》（1318年）、《潞州天宁寺碑》（1321年）、《邹县仙人万寿宫碑》（1335年）、《周至重阳万寿宫碑》（1341年、1351年、1358年）、《长安竹林寺碑》（1343年）、《兖州达鲁花赤墓碑》（1318年）、《泉州基督教徒墓刻石》(1311年—1324年)(附录：碑刻存目)。《下编·文物》收录有《立皇后玉册》、《加上皇太后尊号玉册》、《叶尼塞州蒙古长牌》、《兰州圆牌》、《省府巡牌》、《扬州出土巡牌》、《洛阳出土令牌》、《吐蕃国师帝师玉印及白兰王金印》、《亦都护高昌王玉印》、《怀庆达鲁花赤之印》、《宁远务关防课税条印》、《总把之印》、《传世印押》、《加官进禄牌》，附录《八思巴字蒙语词汇简表》、《注释及释名索引》、《后记——忆包培》。全书收录的八思巴字碑刻文物对于蒙元史的研究和八思巴文文献语言的本体研究均有重要的价值。

照那斯图、薛磊著《元国书官印汇释》（辽宁民族出版社2011年版），以八思巴文官印为核心，充分收录了皇帝、国师、帝师、国公及诸王印，中央官署及其下属印，都元帅府、侍卫亲军及其下属印，管军万户、千户、百户、总管、总把、弹压印，元代义兵官印，路府州县等地方官署印，达鲁花赤、奥鲁、提领印，驿站印。为后人研究蒙元时期的制度文化提供了可考的物证和文献。

由 D. Tumurtogoo 和 G. Cecegdari 编的《Mongolian Monuments in' Phags-pa Script》2010年由中国台湾"中央"研究院语言学研究所出版，全书分法旨，佛教文献，其他次要碑铭，牌子、印信，附录。对每篇文献的释读、译写分为引介、转写、转注和参考文献四个部分。该书是在照那斯图的《八思巴字和蒙古语文献·Ⅰ研究文集》（日本东京外国语大学亚非语言文化研究所1990年刊行）和《八思巴字和蒙古语文献·Ⅱ文献汇集》（日本东京外国语大学亚非语言文化研究所1991年刊行）之后对八思巴字及其文献所作的全新译注和结集。

（四）女真文文献

存世的女真文献十分有限，因此，新材料的问世和解读是推进本研究领域学术进展的关键。最新的女真文文献成果有爱新觉罗·乌拉熙春、吉本道雅合著的《韩半岛から眺めた契丹女真》（从朝鲜半岛看契丹、女真）（京都大学学术出版会2011年版），该书的第二章解读了韩国国立中央博物馆所藏的"庆源女真大字碑"，第三章解读了韩国国立中央博物馆所藏"北青女真大字石刻"。其他论文还有刘华为的《女真大字背文的大定通宝铜钱考》（《东北史地》2010年第2期）。唐均的《楔形文字和女真文字中音补结构比较研究》[《中国海洋大学学报》（社会科学版）2011年第3期] 一文通过对楔形文字与汉字式的女真文字之间的音补结构比较，指出进行音补结构比较研究，不仅有助于深化构拟尚未完全释读的女真文字所记录的语言，而且充分体现了音补成分在普通文字学上的深远意义。

戴光宇的《女真语和汉语音变趋同现象初探》（《满语研究》2012年第1期），通过对以汉字标音记录女真语词语的文献资料的阅读发现，其标音汉字的读音处于从中古音向近代音的过渡阶段，入声韵尾被忽略才能读出合乎女真语语音规律的发音特征。作者指出，女真语的塞音、鼻音收尾如同日本语的促音和拨音，并不十分稳定。这种音变趋同现象对探讨女真语和汉语的语音演变过程研究具有一定的参考价值。张儒婷的《女真文的兴衰存废》（《兰台世界》2012年第33期）对女真文兴衰存废过程的考察，分析了这种现象出现的偶然性和必然性，并在整理和探讨女真文文献遗存的情况下总结归纳特点和问题，以期对现今少数民族语言文字的保护、研究、发展和档案管理提供有益的经验和借鉴。薛瑞兆的《论女真字文化的兴衰》（《民族文学研究》2011年第6期）一文分析研究女真文被创制至消亡的过程以及对于女真文化的积极作用，指出女真崛起后创立了自己的民族文字，经过推广与应用，成为金代交流思想与传播信息的工具之一,形成新的女真文化基础。金亡后,女真文字在中原迅速衰落,而在东北地区与朝鲜半岛仍流行使用,至明末清初退出社会生活。

(五) 契丹文文献

契丹文文献研究有爱新觉罗·乌拉熙春、吉本道雅合著的《韩半岛から眺めた契丹女真》(从朝鲜半岛看契丹、女真)(京都大学学术出版会2011年版)一书中的第一章:《契丹语史料中所见的"高丽"》;第二章:《高丽史料中所见的"契丹人"》;第三章:《〈三国遗事〉所见的"皇龙寺九层塔"》;第四章:《渤海遗族姓氏 mirgir(mirgi)》。该书下编的第一章《韩国国立中央博物馆所藏契丹小字铜镜》首次解读了韩国国立中央博物馆所藏《契丹小字七言绝句铜镜》第四节设有石刻文语江总录和现存契丹字、女真字石刻史料,第四章《韩国国立中央博物馆所藏朝鲜国王奏谢表》全面解读了韩国国立中央博物馆所藏的两件满文《朝鲜国王奏谢表》。附编为《辽史地理志东京辽阳府条小考》。"结语"为《契丹小字七言绝句铜镜》的解读并阐释了有关史实,成为契丹文物文献研究领域的最新的成果。

爱新觉罗·乌拉熙春的《契丹語諸形態の研究》(东亚历史文化研究会2011年版)是日本文科省研究项目2008—2010《契丹语辞典の编纂》的阶段性成果,序编是该书引作例证使用的迄今发现的契丹大小字石刻的全译,上编论析了契丹语各种形态后缀所具有的"性"范畴的各种表现形式,下编论析了分论契丹语体词、动词、虚词的各自形态特征及语法意义。此外还收录并全文解读了5件新出契丹大小字墓志,叙述了相关的历史背景,论证了契丹与近邻诸民族之间的联系,该书较充分地刊布了诸多契丹文字新材料并利用资料作为考证契丹历史的依据。爱新觉罗·乌拉熙春、吉本道雅合著的《新出契丹史料の研究》(松香堂,2012年)等展示了契丹研究崭新的方向。

刘凤翥的《契丹小字〈耶律宗教墓志铭〉考释》(《文史》2010年第4辑)解读耶律宗教契丹小字墓志。刘浦江的《再论契丹人的父子连名制:以近年出土的契丹大小字石刻为中心》(《清华元史》第1辑创刊号,商务印书馆2011年版)指出,早在大贺氏与遥辇氏时代之交,契丹人已在使用带有属格后缀的第二名,而这种形式的第二名正是父子连名的产物。认为至迟在大贺氏时代后期,子名前连型亲连子名制已在契丹人社会中出现。契丹族进入父系氏族社会后可能产生父子连名制。

爱新觉罗·乌拉熙春的《敌辇岩木古与室鲁子嗣新考》(《北方文物》2011年第3期)释读契丹文《惕隐司孟父房白隐太傅位志碑铭》、《故显武将军上师居士拔里公墓志》,廓清了孟父房敌辇岩木古一族9代人的世系,淳钦皇后异父仲兄室鲁一族12代人的世系,并对相关史实进一步深入考证。

陈晓伟的《再论契丹"五色纪年说"——以契丹小字 买 为中心》(《文史》2010年第4辑)确定了契丹语中甲乙、戊己、庚辛、壬癸四组天干的本义,应分别释为"青"、"黄"、"白"、"黑",由此证明前人提出的"五色纪年说"是可以成立的。

2010年度契丹文字文献研究的论争聚焦于《萧敌鲁墓志》和《耶律廉宁墓志》的真伪问题的辨析。国内外契丹文字专家就关于两方契丹小字墓志——《萧敌鲁墓志》和《耶律廉宁墓志》的真伪问题而引发争论。内蒙古大学吴英喆和芬兰赫尔辛基大学杨虎嫩的英文著作《契丹小字的新资料:萧敌鲁和耶律详稳墓志考释》(*New Materials on the Khitan Small Script*:

A Critical Edition of Xiao Dilu and Yelü Xiangwen, Folkestone: Global Oriental, 2010) 刊布了上述两方墓志。中国社科院学者刘凤翥在《中国社会科学报》发表三篇文章认定两方墓志均属赝品〔《契丹小字〈萧敌鲁墓志铭〉和〈耶律廉宁墓志铭〉均为赝品》（2010年5月19日第5版）；《再论〈萧敌鲁墓志铭〉为赝品说》（2010年6月16日第5版）；《再论〈耶律廉宁墓志〉为赝品》（2010年11月10日第5版）〕。随后吴英喆、杨虎嫩联合在该报上发表了回应文章。吴英喆发表了《契丹小字〈萧敌鲁墓志铭〉及〈耶律详稳墓志〉绝非赝品：与刘凤翥先生商榷》（12月8日第5版），《契丹小字碑铭真伪辨：答刘凤翥先生》（杨虎嫩撰，唐均译，12月8日第5版）。聂鸿音发表了《契丹小字墓志真伪辩：兼与刘凤翥先生商榷》（6月16日第5版），聂鸿音的《〈契丹小字的新资料〉读后》（《满语研究》2011年第2期）则认为是真品。吴英喆2012年出版的日文新著《契丹小字新发现资料释读问题》系日本东京外国语大学的项目"契丹语言、契丹文字的新展开"的成果之一，首次刊布了《耶律玦墓志铭》、《萧回琏墓志铭》、《耶律蒲速里墓志铭》三通新近发现的契丹小字墓志的拓本、抄件，对铭文进行了解读。2012年出版了《谜田耕耘：契丹小字解读续》（辽宁民族出版社）对1993—2009年刊布的《耶律宗教墓志》、《萧居士墓志》等19件契丹小字资料进行释读研究，并将释读成果汇编成《新拟改拟字表》、《词语释义表》及《〈辽史〉指误草记》，该书还对2009年以前刊布的全部志石中的32件石刻进行了仔细校勘，录文后附校勘记，利于读者检阅。

金适的《北京地区首现契丹文字石刻》（《东北史地》2011年第5期）刊布了一件契丹小字石刻。德国学者布威纳的《契丹小字民俗钱》（《中国钱币》2011年第1期）认为他所刊布的辽民俗钱上的契丹小字应释读为"天长地久"，表明契丹人深受道家思想熏陶。吴英喆《契丹小字"迭剌部"考释》（《民族语文》第5期）从表示"部"的契丹小字入手，结合新发现的契丹文墓志，为"迭剌"的契丹小字构拟了音值，并对其含义提出了意见。相关的还有孙伯君的《契丹小字解读新探》（《民族语文》2011年5期）、卓鸿泽的《"蒲速"与相关的契丹语文解读问题》（《西域历史语言研究集刊》第4辑）。

（六）满文文献

王敌非的《清代满文读本会话类文献研究》（《满语研究》2011年第1期）认为有清一代，满语文作为官方语言文字在全国范围内普及，形成了大量的满文文献。满文读本会话类文献所记录的清代满语、汉语对于我们了解当时满汉语言状况具有重要的意义。春花的《论清代满蒙语文教科书：〈阿拉篇〉》，又称《告诉篇》，是一部以满语动词alambi "告诉"的词根ala-之下接续各种动词词缀及其他成分为例，讲述满文、蒙古文语法及满文、蒙古文翻译方法的教科书，也是一部满、蒙、汉对照词典。乾隆年间博赫辑《清语易言》中出现"阿拉篇"，嘉庆年景辉以蒙古文翻译编写《蒙文法程》，赛尚阿增订校勘刊行之后"阿拉篇"广泛流传。我们对现存三部《阿拉篇》与《清语易言》、《蒙文法程》进行比较，可以厘清清朝满、蒙八旗子弟语文教科书的形成和发展过程。佟颖的《〈皇清职贡图〉满语词汇分析》成书于清乾隆年间，大型民族图志《皇清职贡图》的满汉合璧图说文字涉及国家、部族、地名、人名、服饰、特产等词语，为满语词汇研究提供了宝贵的语料。将《皇清职贡图》满文图说与光绪年间刊行的《清文总汇》及现代满语辞书相互对比后，发现一些词语在语音上存在着元音转换、辅音转换等现象。季永海的《一件关于北京城的满文档案》认为1997年台北故宫博物院出版的《宫中档康熙朝奏折》中，有一件关于北京城的满文奏折，内容是九门步军统领费扬古等奉旨奏报太和殿至永定门之间的长度，以及内城四周的长度。此文献对研究北京城有一定的价值。乌云格日勒、宝玉柱的《清代民族语文翻译研究》指出，清朝的译馆分中央及地方机构四译馆、理藩院等若干种，翻译人员主要来自当时的京师国子监学、八旗官学、宗室官学以及府、州、县学。清代科举考试重视官吏双语能力，考试中特设翻译科，选拔翻译人才，朝廷对翻译、通事腐败纳贿、寻衅误国之事有严厉的问责制度。清朝时期，蒙古文翻译已有一定规模，除了直接翻译汉文小说以外，还通过满文翻译汉文小说。

吴元丰的《清代新疆历史满文档案概述》（《满语研究》2010年第2期）指出，乾隆时期清朝统一新疆天山南北，开始往全疆各地派兵驻防屯田，设置机构和官员进行管理，从而巩固了统一局面，实现了对新疆地区的有效管理。此后，皇帝、中央部院与新疆驻防将军、参赞大臣、办事大臣、领队大臣等衙署之间为处理新疆事务形成了大量历史文献，其中满文文书档案不在少数。这些反映新疆历史的满文档案史料，内容丰富，涉及面广，具有重要的史料价值和研究价值。高娃的《多文种译本的词语比较对版本校勘的作用——以〈蒙古源流〉oγürcaγ为例》（《满语研究》2010年第2期）指出，一种文献多文种译本的词语比较对了解该文献语言特点有重要的作用。比较研究《蒙古源流》多文种版本的 oγürcaγ 一词就可发现，《蒙古源流》各种版本均有讹化《蒙古秘史》语句的现象。

敖拉的《明万历己未年满蒙盟誓文献比较研究》（《满语研究》2010年第2期）指出，明万历己未年（1619）后金与内喀尔喀五部盟誓，这是满蒙关系发展史上至关重要的事件。其后，更多的蒙古部落归附后金政权，为后金的发展壮大起到了重要的支撑作用。梳理《无圈点档册》等满汉文献的原始记载，比较不同文献对盟誓史实的描述，有助于我们准确了解该事件的原貌及其影响。王敌非的《〈满文老档〉词汇探索二题》（《满语研究》2010年第2期）认为，《满文老档》是清入关前以满文书写的官修编年体史书，因记事详细、内容广泛而受到学者们的关注。通过对其词语用法的分析研究，可以发现《满文老档》词语多选自满语口语，用法不尽规范。对这些词语进行分析，有助于深入理解满语的演变。

关笑晶的《清代满蒙辞书"序"研究》（《满语研究》2011年第1期）指出，清代编纂的满蒙辞书的"序"记载了编纂者及其对满语文的态度和编纂过程等，对清代满语文及其使用情况研究具有较高的价值。通过对清代满蒙辞书"序"的研究，可以窥视清政府大量编纂多文种辞书的目的及清代旗人的语言态度。徐莉的《〈续修四库全书总目提要〉小学类满文图书提要探析》（《满语研究》2011年第1期）认为，《续修四库全书总目提要》是20世纪20—40年代由东方文化事业总委员会编写的大型古籍提要目录，共收入古籍33000余种，基本反映了清乾嘉以后至20世纪30年代存世典籍的概况。其中有满蒙文提要数百篇。其中的经部小学类满文图书提要共123篇，所述及满文图书版本众多、内容翔实，为研究清代中后期此类满文古籍的状况及满语文发展史提供了大量信息。

王敌非的《满文阿礼嘎礼字母发微》（《满语研究》2011年第2期）指出，满文阿礼嘎礼字母是针对梵文拼写佛经咒语而创造的音译系统。对满文阿礼嘎礼字母的研究不仅方便我们阅读满文佛经文献，同时对清代满语研究具有重要意义。魏巧燕的《乾隆内府舆图》（《满语研究》2011年第2期）指出，满语地名探析清代满汉文《乾隆内府舆图》是经实地测绘而成的全国地图，可与清朝地理志书相辅相成，为研究清代历史地理提供直观、原始的素材。《乾隆内府舆图》的绘制承前启后，对后世地图和西方地图的绘制具有一定的影响。该图注记的满语地名，种类齐全，语义丰富，对于我们了解满语地名区的地理与人文环境具有重要意义。晓春的《〈蒙汉合璧五方元音〉研究》（《满语研究》2011年第2期）指出，《蒙汉合璧五方元音》是喀喇沁右旗贝子海山翻译樊腾凤的《五方元音》而写成的，在用蒙古文拼写汉语方面该书具有独特之处。吴元丰的《近百年来满文档案编译出版综述——以中国大陆为中心》（《满语研究》2011年第2期）回顾与思考近百年来满文档案编译出版状况，有助于今后满文档案的开发利用。韩晓梅的《马佳氏满文家谱研究》（《满语研究》2011年第2期）指出，新发现的双城满族马佳氏满文家谱是记载马佳氏乌瓜一支人口繁衍、世系分布的宝贵资料，蕴含的大量历史资料和语言文化信息。吴雪娟的《清代八旗户口档与家谱整理研究——以瑷珲满族扎库塔氏为例》指出，在八旗制度的发展中，地缘组织逐渐取代了血缘组织，变成满族社会组织的重要基石，但是血缘的纽带作用依然不可忽视。关注满文官方户口档案和民间家谱，有助于我们审视满族及使用过满文的其他少数民族的社会历史发展状况。

台湾学者罗盛吉的《康熙帝皇十四子称名与玉牒真伪》（《满语研究》2012年第2期）指出，雍正帝虽略改玉牒，但对早年起居注册则未加改动。柳泽明、阿拉腾的《东洋文库藏雍乾两朝〈镶红旗档〉概述》（《满语研究》2012年第2期）指出，东洋文库藏雍正、乾隆两朝《镶红旗档》日文译本于1972年、1983年出版，汉文译本于1987年出版。该档所包含的镶红旗满洲旗人的历史资料内容丰富而广泛，全面反映了雍乾两朝八旗社会的政治、军事、经济活动。

黄金东《日本满文古籍文献及其整理研究概况》（《满族研究》2011年第1期）指出，日本很早就开始有意识地收集满文文献，其收藏数量是除了中国以外最多的国家。日本满文古籍文献的整理和研究工作取得了巨大的成就，处于较为显著的地位。该文对日本满文古籍文献及其整理研究工作进行了论述。王敌非的《满译藏传〈往生咒〉考释》（《满族研究》2012年第1期）认为佛教经咒类文献是在佛教发展的漫长历史中逐渐积累形成的，以佛教经文和咒文汇编而成的文献，对满译《往生咒》中梵文、满文以及汉文对音的研究，对于直接准确地考证梵文字母的读音、揭示满译佛经咒语的规律，对研究佛教在整个清代宗教中的地位具有重要意义。

对有清一代满文文献档案的翻译、考释、汇集编纂成专门的文献档案汇编是中国第一历史档案馆等满文文献主要收藏单位的核心工作，2010—2012年有关专题的满文档案汇编后出版了多种，丰富了清代历史文化研究的文献资料和史料。具体成果有中国第一历史档案馆编，王小红、关孝廉主编，王小红、关孝廉、赵玉梅、张凤良、关精明、张莉等翻译，2011年岳麓书社出版的《乾隆朝军机处满文寄信档译编》24册，共计198万字。寄信是寄信上谕的简称，又称"寄谕"、"字寄"、"廷寄"。寄信上谕是指由军机大臣撰拟，经皇帝审阅后以军机大臣之名，通过寄信方式发出的上谕。此种上谕发出之前，军机处也都抄录存档，按一定厚度装订成册，称之为寄信档。该书收录的是军机处乾隆朝满文寄信档所载上谕，共计4289件，起止时间为乾隆十五年至六十年（1750—1795）。主要反映东北、西北、西南等边疆地方的官员调遣、兵丁防务、调兵征战、开垦屯田、设厂放牧、审办案件、民族事务、涉外事务等情况。该著被收入《国家清史编纂委员会·档案丛刊》。

中国第一历史档案馆、右玉县人大常委会教科文卫工作委员会合编，何朝善、吴元丰主编，吴元丰翻译，2010年中华书局出版的《清宫珍藏杀虎口右卫右玉县御批奏折汇编》3册，黑红两色套印，满汉文原件影印编排，汉译文27万字，分别排列于各满文影印件之后。该书收录的档案选自军机处满汉文录副奏折、宫中满汉文朱批奏折等，共计761件（包括附件28件），其中满文315件、满汉文合璧32件、汉文414件，起止时间为康熙四十九年至宣统三年（1710—1911）。主要反映杀虎口税务官员的挑选补放、年征税银数目、减免税额、查禁透漏关税；右卫驻防八旗官员的升迁调补、俸银米石、奖赏抚恤、纠参处分，兵丁的挑补革退、操练技艺、军械配备、饷银米石、抽调出征、换防巡查；右玉县知县的升迁调迁、纠参革职，常平仓粮谷的采买储存、平粜借支，以及田禾灾情等。

中国第一历史档案馆编，郭美兰编译，2010年上海古籍出版社出版的《清代军机处满文熬茶档》2册。其满文原件影印排列于每册前部，而汉译文则集中编排于其后，共计20万字。该书收录的档案选自军机处熬茶档，是汇抄准噶尔部首领噶尔丹策零及策妄多尔济那木扎勒经奏请乾隆帝，获准派使赴藏熬茶过程中形成的奏折、上谕、寄信、奏书等文件而形成的专档，共计263件（包括附件32件），起止时间为乾隆五年至乾隆十三年（1740—1748）。主要反映准噶尔蒙古首领三次奏请遣使赴藏熬茶，清廷为安排准噶尔蒙古熬茶使赴藏，委派官员接送、接济粮草牲畜、招商贸易变现、加强边卡防务等情况。

中国第一历史档案馆、中国人民大学国学院西域历史语言研究所合编，乌云毕力格、吴元丰、宝音德力根主编，2010年内蒙古人民出版社出版的《清前期理藩院满蒙文题本》24册，该书收录的档案选自中国第一历史档案馆所藏清前期理藩院满蒙题本，共计1613件，其中满文917件、满蒙文合璧696件，起止时间为顺治十年至乾隆六十年（1653—1795）。主要反映达赖喇嘛、班禅额尔德尼等大活佛遣使赴京进献礼品，照例分别赏赐；白塔寺、黄寺、岱噶庙、归化城庙等寺庙主持喇嘛的挑选补放，以及物品供应；蒙古、西藏、回部王公台吉等年班朝觐进贡及其爵位的承袭，病故后遣员致祭赏银；各部蒙古编设旗佐，补放盟长、扎萨克等员管理，及回疆各城伯克的挑选补放，派员办理蒙古各部会盟事宜、审理案件等情况。

中国第一历史档案馆、中国边疆史地研究中心合编，吴元丰、厉声主编，2011年广西师范大学出版社出版的《清代新疆满文档案汇编》283册，该书收录的档案均选自军机处满文录副奏折，共计72812件（包括附件8887件），起止时间为雍正八年至宣统三年（1730—1880）。主要反映新疆地区的职官、军务、民政、司法、财政、农业、牧业、矿产、贸易、货币、文化卫生、宗教、地理、交通运输、工程、天文地理、礼仪祭祀、藩属国及部落关系、外交等方面情况。

由辽宁省民族事务委员会、辽宁民族出版社、中国第一历史档案馆合作完成的《阁本满文老档》是清入关前用满文写成的编年体档册，记载了清入关前政治、经济、军事、社会、民族、文化习俗、天文、地理以及与周边邻近国家、部族的交往关系等方面事宜。该著用无圈点的老满文写成。《满文老档》初存盛京（沈阳）崇谟阁。顺治元年（1644）清入关定都北京后，保存在紫禁城内的内阁大库。到乾隆年间，为了彻底解决《满文老档》原本永久性保存和经常性利用的问题，乾隆帝下令重抄《满文老档》原本。原本《满文老档》现藏于台北故宫博物院，也称《旧满洲档》，是用老文书写的；乾隆年间重抄本中用新满文写的三部《满文老档》按照存放处分为内阁藏本、崇谟阁藏本和上书房本。内阁藏本现存于中国第一历史档案馆，崇谟阁藏本现存于辽宁省档案馆，上书房藏本下落不明。此次编译出版选用的是中国第一历史档案馆保存的乾隆年间重抄藏于内阁的版本，故名《内阁藏本满文档》。以满文原文、罗马字母转写、汉文译文为序排列，合编成20册，其中第1册至第16册为满文原文，第17、18册为罗马字母转写，第19、20册为汉文译文。

著名阿尔泰学家芮跋辞（Volker Rybatzki）与罗依果（Igor De Rachewiltz）合著的《阿尔泰语文学导论——突厥语、蒙古语和满语》（*Introduction to Altaic Philology*: *Turkic, Mongolian, Manchu*, 2010）出版问世。芮跋辞长于古突厥语文学与蒙古语文学，罗依果长于中古蒙古语文学研究，二人合著的这本著述对于学界深入了解阿尔泰语系古文字文献而言有着重要的推动意义，必将成为影响广泛的阿尔泰语文学论著之一。洪金富主编，王巧渝、黄意静、陈毓华、许正弘、赵琦助编的《"中央"研究院历史语言研究所藏辽金石刻拓本目录》由中国台湾"中央"研究院历史语言研究所2012年出版，全书338页，收录"中央"研究院历史语言研究所傅斯年图书馆所藏石刻拓本，以辽金时期为主，西夏较少，另有少数年月不详者，总计347种。拓本所据，有墓志和墓碑，有刻经和造像，有题名和诗词，不一而足；有经幢，有塔记，有圣旨，有牒文，丰富多彩。目录编排大致以刻石年代先后为序。凡经着录之拓本，均有相关说明与图影。书末附录石刻资料详录表、辽金帝系表、年历表与征引书目，编制索引，并选录编者田野访碑所摄图影数帧，提供进一步检索与研究之利便。有关设计多文种文字文献的论文还有陆庆夫的《敦煌汉文文书中的民族资料分布概述》。史金波《少数民族文字古籍与国学》（《国学研究》第25卷，北京大学出版社2010年版）概述了契丹文、女真文和西夏文的创造、发展史及前人的研究。卓鸿泽的《历史语文学论丛初编》（上海古籍出版社2012年版）收录作者以英、汉两种文字写成的关于历史、语言方面的研究论文20篇，其中的不少论文对阿尔泰古文字古文献解读而言富有参考价值。诸如：《塞种源流及李唐氏族问题与老子之瓜葛：汉文佛教文献所见中、北亚胡族族姓疑案》、《"演揲儿"为回鹘语考辨：兼论番教、回教与元、明大内秘术》、《新发现札克丹满汉混合诗歌二首》、《吐谷浑的藏文拼写、藏文名称及其阿尔泰语源》、《杂胡称兜鍪为"突厥"说》、《论鲜卑语"拓（搨）跋"不同于"秃髪"》等，涉及梵汉、汉藏、鲜卑语、契丹文、回鹘语、满文等多种文字文献的比较研究。

四 中国境内印欧语系民族古文字文献研究

（一）吐火罗文文献

20世纪60年代初季羡林发表《吐火罗语的发现与考释及其在中印文化交流中的作用》（《语言研究》创刊号）为新中国首篇讨论吐火罗问题的专门论文。之后，仅有季羡林的《吐火罗文弥勒会见记译释》、《吐火罗文A中的三十二相》、《敦煌吐鲁番吐火罗语研究导论》等研究成果问世，几成绝响，吐火罗语研究面临后继无人的局面。

吐火罗语学者庆昭蓉、荻原裕敏（Ogihara Hirotoshi）两位学者都曾在巴黎受教于著名吐火罗语专家皮诺教授，他们新近的论著专攻吐火罗语文献，荻原主要进行佛教文书的考订，庆昭蓉研究世俗文书，使中国学界吐火罗文献研究开启了新的局面。他们的研究表明，只要善用新疆和敦煌的出土文献、汉译佛典和汉籍资料，不少吐火罗语文献的重大问题即可以得到解决。

具有代表性成果有荻原裕敏的《カラ語A《Brhaddyuti-Jātaka》の部派帰属について》（《東京大学言語学論集》2010，30：169-185），《en fragment de planchette de bois en tokharien B》（与Georges-Jean Pinault 合写）（Journal Asiatique 298. 2010，1：173-202），On a fragment of the Cakkavatti-sīhanāda-sutta in Tocharian B）（《西域历史语言研究集刊》第四辑：2010年187-199），Internal relationships and dating of the Tocharian B monastic accounts in the Berlin collection（与庆昭蓉合写）（《内陸アジア言語の研究》2010d25：136-142.）；notes on some Tocharian Vinaya fragments in the London and Paris collections. Tocharian and Indo-European Studies 12：111-144.（2011b）「トカラ語B《Udānālankāra》に於ける Avadāna 利用について」（《東京大学言語学論集》31：213-233.）《龟兹语《盲龟值浮木孔》比喻》（中央民族大学中国少数民族古籍研究所编《首届中国少数民族古籍文献国际学术研讨会论文集》民族出版社2012年版）。《龟兹语 smāṃ 考释》（《西域文史》第六辑：49-60.），Ching Chao-jung（庆昭蓉）and Ogihara Hirotoshi，"On the Internal Relationships and the Dating of the Tocharian B Monastic Accounts in the Berlin Collection"，《内陸アジア言語の研究》（Studies on the Inner Asian Languages）25（2010）：75-142.）荻原裕敏的《吐火罗A语文献中的历史资料》（载《语言背后的历史——西域古典语言高峰论坛论文集》，上海古籍出版社2012年版）。

庆昭蓉的《唐代安西之帛练——从吐火罗B语世俗文书上的不明语词 kaum * 谈起》（《敦煌研究》2012年第4期）从龟兹语（吐火罗B语）世俗文书与敦煌、新疆出土唐代文书的比较出发，考订用作价值尺度与支付工具的 kaum * 应该指帛练一类的丝织品。庆昭蓉的《从吐火罗B语词汇看龟兹畜牧业》（《文物》2012年第3期）认为新疆自古盛行畜牧，在西域南道上，牛羊驼马，以及牛羊乳制成的酥都是古代精绝国的主要课征项目。汉唐之间跻身西域大国的龟兹，在牧业方面亦具坚实基础。《晋书》云龟兹"人以田种畜牧为业"；《周书》载龟兹物产与焉耆略同，可见也是"畜有驼马牛羊"。《北史》记载万度归在焉耆获"橐驼、马、牛、杂畜巨万"，在龟兹则"大获驼马而还"，可见两国之殷富。然而除了涉及交通、军备的驼马等大型家畜，塔里木盆地周边的牧业不如农垦、酿造、纺织等受到学者重视。庆昭蓉的《古代新疆佛寺的畜牧业——龟兹研究院所藏吐火罗语畜牧关系木简》（《龟兹石窟保护与研究国际学术研讨会会议论文集》），庆昭蓉和荻原裕敏合著的"Internal Relationships and Dating of the Tocharian B Monastic Accounts in the Berlin Collection"（Studies on the Inner Asian Languages 25，2010，p. 110 n. 83.）；庆昭蓉的研究成果还有《大谷收藏品中一件龟兹语木简文书之再析》、《国学的传承与创新：冯其庸先生从事教学与科研六十周年庆贺学术文集》，（上海古籍出版社2013年版）、《重议柘厥地望——以早期探险队记录与库车出土文书为中心》（《西域文史》第6辑），等等。其中《唐代"税抄"在龟兹的发行——以新发现的吐火罗B语词汇 sau 为中心》（《北京大学学报》2012年第4期）认为吐火罗语官私文书在数量上远逊于其他古代西域语言。然而仔细研究龟兹语（吐火罗 B 语）佛寺账簿等出土文书可以发现，唐代龟兹也广泛发行作为税收凭证的"抄"，这个现象与已知西州、于阗等地情况是一致的。另外还有《龟兹语—印度俗语双语木简 THT4059、THT4062 与 SI P/141 昀再考释》（载《语言背后的历史——西域古典语言高峰论坛论文集》，上海古籍出版社 2012 年版），耿世民的《古代车师—焉耆、龟兹语："吐火罗语"的发现与研究》（《吐鲁番学研究》2010 年第 1 期）。

（二）于阗文文献

于阗文文献的研究，近来也吸引了不少学者致力于此，但大都以语文学视角的研究为主，而从语言学角度的研究则十分罕见。荣新江《汉语—于阗语双语文书的历史学考察》（《语言背后的历史——西域古典语言高峰论坛论文集》，上海古籍出版社 2012 年版），不再满足于对文献的译释，而是在校订汇总前贤译文的基础上开启文献背后的历史史迹和文化交流史的探寻。洪勇明的《甘州回鹘登里可汗考辩》（《西域研究》2010 年第 2 期）在对勘于阗文书和敦煌石窟遗书的基础上，探讨了吐蕃文书 Pt. 1188《敕命委任状》和 Pt. 1082《致归义军仆射张淮深书》的写作时间和作者，勾勒出甘州回鹘汗国的早期历史。认为甘州回鹘政权的第一代可汗登里可汗就是太子狄银，也就是唐昭宗册封的天睦可汗。907 年左右，甘州回鹘政权日趋稳定，势力逐步强大。这方面成果还有刘文锁《于阗文占卜文书》（《敦煌文献·考古·艺术综合研究：纪念向达先生诞辰 110 周年国际学术研讨会论文集》，2011 年），荣新江、朱丽双的《图文互证——于阗八大守护神新探》（《敦煌文献·考古·艺术综合研究——纪念向达先生诞辰 110 周年国际学术研讨会论文集》，2011 年），荻原裕敏、庆昭蓉的《新出据史德语寺院契约文书及其他》，朱玉麒的《吐鲁番文书中的玄宗诗》，白玉冬的《〈希内乌苏碑〉译注》，段晴、策勒县文管所《尉迟曜 11 年裴捺卖地案牍》，刘文锁的《于阗文 Or. 11252 号文书简注》（《西域文史》第 7 辑）。

此外，国内译介了日本学者吉田丰的重要论文，吉田丰著、田卫卫译的《有关和田出土 8—9 世纪于阗语世俗文书的札记（三）上》（《敦煌学辑刊》2012 年第 1 期），《有关和田出土 8—9 世纪于阗语世俗文书的札记（三）中》（《敦煌学辑刊》2012 年第 2 期），《有关和田出土 8—9 世纪于阗语世俗文书的札记（三）下》（《敦煌学辑刊》2012 年第 3 期）。作者根据一系列被考证为 8 世纪后半期至 9 世纪初期左右的于阗语世俗文书，从人头税、徭役、布帛、谷物、劳动力、其他物品以及利息等六个方面深入讨论了于阗之税的征收情况以及相关文书的运行情况，探讨了于阗的税制、历史、文书运行制度的应用的状态。

（三）佉卢文文献

此方面的主要成果包括：段晴的《中国国家图书馆藏 BH5-3 号佉卢文买卖土地契约》（《西域文史》第 6 辑，科学出版社 2011 年版），皮建军的《中国国家图书馆藏 BH5-4、5 号佉卢文信件和买卖契约释读与翻译》（《西域文史》第 6 辑，科学出版社 2011 年版），张雪杉的《中国国家图书馆藏 BH5-6 号佉卢木牍文书释读与翻译》，林梅村的《佉卢文材料中国藏品调查记》（《西域研究》2011 年第 2 期），罗帅的《罗巴塔克碑铭译注与研究》，马小鹤的《旃檀忽哩与天可汗——上海博物馆藏中亚三语钱币研究》（《西域文史》第 7 辑，科学出版社 2012 年版）。

其他有关论文还有新疆龟兹研究院、北京大学中国古代史研究中心、中国人民大学国学院西域历史语言研究所合著的《克孜尔尕哈石窟现存龟兹语及其他婆罗谜文字题记内容简报》；庆昭蓉的《俄国国立艾尔米塔什博物馆所藏佉卢文字及婆罗谜文字木简》；皮特·茨默撰，张铁山、李雪译的《英国图书馆斯坦因收藏品中的突厥语摩尼教文献》（《西域文史》第5辑，科学出版社2010年12月版）；皮诺撰，耿世民译的《新疆吐火罗语写本及其佛教文献》；霍旭初的《玄奘、义净法师的译经与龟兹壁画内容解读》；广中智之的《佛教传入于阗的传说与史实》；李吟屏的《山东兖州兴隆塔地宫北宋纪事石碑碑文及于阗僧人法藏事迹初探》；马小鹤的《摩尼教十天王考：福建霞浦文书研究》；瓦尔特施密特撰、刘震译的《吕德斯与西格追思》；戴密微撰，潘涛译《林藜光追思》；耿世民的《瓦尔特施密特教授及其对新疆古代语文学及艺术研究的贡献》；哈扎诺夫撰、贾衣肯译《游牧民与外部世界》第二版"导言"。

（四）粟特文文献

粟特文文献事关中西交流和西域贸易史，有关的文书的解读翻译一直是研究的重点。新近出现的成果有：毕波与 N. Sims-Williams 的《于阗粟特文书之一：四件经济文书》（*Sogdian documents from Khotan, I: Four economic documents*），（with N. Sims-Williams），（*Journal of American Oriental Society* 130.4，2011，pp. 497 – 508.）；吉田丰著、本孝子译《有关新出的粟特文资料——新手书记写给父亲的一封信：兼介绍日本西严寺橘资料》（《敦煌学辑刊》2010年第3期）；利夫希茨著、杨富学、赵天英译《亚洲博物馆藏摩尼教文献》；尼可拉斯·辛姆斯—威廉姆斯的《吐鲁番出土的叙利亚语与近世波斯语医药文献从中古波斯语、帕提亚语底本看粟特语本的翻译特征》（《语言背后的历史——西域古典语言高峰论坛论文集》，上海古籍出版社2012年版）。其中，乜小红的《中古西域民汉文买卖契约比较研究》一文以买卖契约为例，将古代西域各种民族文字的契约，如粟特文、于阗文、回鹘文等契约文书，与汉文契约作出比较，发现在契约的程式、内容甚至用语上，都具有一致性。这是西域各族在与汉族人民长期经济文化交往中，对汉文契约模式的认同，从而适应、仿效的结果，也是西域各族对中原传统契约文化的一种传承。

第 二 篇

特约稿件

凝练目标、深化改革，促进民族研究事业迈上新台阶

——在2012年中国社会科学院民族学与人类学研究所创新工程座谈会上的发言

（2012年11月2日）

王延中

大家上午好！这次会议快到尾声了。听了大家的发言，收获很大，很受启发。大家的意见将成为我所调整创新工程方案的重要参考。根据会议安排，我做一个发言。发言的内容来不及认真准备，有些是我自己的想法，有些是受大家启发随机产生的感想，没有经过集体讨论，不代表研究所给明年和未来一个时期我所创新工程定调或者确定框架。作为个人发言，谈一点如何推进研究所创新工程的想法。

一 为民族学与人类学研究所进入创新工程单位进行再动员和再准备

在正式发言之前，首先谈一下对这次会议的一些思考和体会。这几天会议进程中我有一些插话，主要意思是提出和明确这次会议的目的。根据院创新工程要进行思想发动，深入动员，提高认识，凝练目标的要求，在我们所作为创新工程试点单位2013年进入创新工程之前，明确我们的主攻方向，做好各种准备，这不仅是试点方案的准备，也是思想准备和组织准备。我们的准备工作既有虚的也有实的。原来计划本次会议为创新工程务虚会，主要和大家谈一些思想和看法。在组织会议过程中发现这次会议不完全是"务虚"，有实际的内容和工作筹划的内容，就改成了座谈会。其次，这次会议是非常重要的，这一点得到了大家的认可。在大家非常忙的情况下，能抽出这么长时间，几乎是用一个礼拜的时间进行深入交流和研讨，所里下了很大的决心，大家也做出了很大的努力。在会议即将结束的时候，对大家这段时间以来精心筹备会议，对各位发言人在会上进行的认真发言并提出非常有建设性的意见十分感谢！

关于本次会议的主题和目的，科研处事先发布的会议通知中做了一些介绍。在大会发言中，一些同志也有所涉猎。但在我们这次会议之前，不少同志并不知道这次会议要干什么。

还有些同志是到会之后才明确我们要干什么。通过这次会议，大家现在明确这次会议就是研究所进入创新工程的准备会和动员会。通过这次会议，大家进一步明确了我们进入创新工程后要干什么。参加会议的学术委员、职称委员、各部门及各研究室负责同志现在明确了会议目的，但所里没有参加会议的同志还不是太清楚。昨天下午有的同志提出来各个部门和研究室向本部门、本研究室同志传达一下会议情况，让大家更加充分地了解一下创新工程的总体考虑。这是很好的意见，希望大家把这次会议的情况和精神及时向同志们介绍和交流。如果大家担心记不全、记不准，需要掌握会议情况，也可以参看速记稿。下面我谈一些意见。

二 进一步提高开展哲学社会科学创新工程重要意义的认识

通过这次会议，大家有一个共同的感觉，即进一步增强或提高了对推进创新工程重要意义的认识。哲学社会科学创新工程，是我们所贯彻院里决定、推进民族研究事业迈上新台阶的一项重大举措。

中国社会科学院自2011年开始进行哲学社会科学创新工程试点，正式启动了我国哲学社会科学界的创新工程工作。本次会议上院创新办、科研局、人事局三个职能部门的负责同志的报告，向大家介绍了我院创新工程的来龙去脉、现在的进展情况及正在部署的工作。中共十七大特别是十七届六中全会关于文化大发展、大繁荣的决定，对于我国当前面临的形势进行了深刻的分析，明确了今后的任务，特别是哲学社会科学研究领域的任务。当今世界格局和中国国情都在发生着深刻的变化。作为崛起的大国，中国在应对世界范围的各种挑战和应对国内问题的挑战方面，面临着很复杂的局面，形势很严峻。在这种情况下，我国提出要建立创新型国家的目标，提出了社会主义文化大发展、大繁荣的任务，提出了哲学社会科学研究为社会主义文化大发展、大繁荣应当承担的职责与使命。

深化改革是完成上述目标和任务的唯一途径。自党的十四大提出建立社会主义市场经济体制以来，围绕上述任务中国在各行各业进行了近20年的改革，也取得了很大进展。但是，也有一些领域的改革推进步伐缓慢，事业单位的改革就是其中之一。

大家知道，事业单位是在计划经济体制下生成的，现在很多制度，包括人事制度、薪酬制度、退休保障制度等依然延续了计划经济时期的管理体制，没有像企业那样进行比较彻底的改革。作为事业单位的重要组成部分，科研事业单位的科研管理体制、组织方式、经费管理方面虽然也进行了一些改革，但总体上延续着事业单位的管理体制。这与建立创新型国家总目标和总任务很不适应。哲学社会科学领域开展创新工程，既是科技界、文化界重大改革的重要组成部分，但也是其中相对滞后的部分。科技部早在20世纪90年代就启动了不少重大创新计划，在科教兴国战略下教育系统启动的各项改革比科学界要早。中国科学院在1998年提出国家创新工程体系建设，我院到21世纪第二个十年才开始推进科研体制机制的改革，应该说并没有什么先机可言，更多的是压力和挑战。

当然，这次创新工程也是我院和各个学科发展的一次难得机遇。2004年中央颁布了《繁荣发展哲学社会科学的决定》（中央三号文件）。2005年5月19日，院党组书记陈奎元同志和当时常务副院长冷溶同志向中央政治局常委会汇报了中国社科院贯彻落实2004年中央三号文件的情况，提出建立中国社会科学院哲学社会科学创新体系的构想，并得到中央政治局常委会的批准。贯彻"5·19"会议是解决社科院很多难题、促进发展的一次难得契机。之后几年，我院推进了一系列的改革，比如建立学部制度，建立马克思主义研究院，大力推进国情调研，推进行政管理体制改革，取得了不少进展。但在科研管理体制机制改革问题上，改革初期尚未真正破题。不仅科研领域的改革比较滞后，在其他一些领域也没有抓住科研资源大投入的时机。

为了深化科研体制机制改革，根据财政部等中央部委的建议，中国社会科学院从2009年开始研究如何启动综合改革的设想。经过两年的努力，中国社科院关于开展以创新工程推动科研改革的设想，列入了国家第十二个五年发展规划，并且进入党的十七届六中全会决议文件中，成为全党共识和国家的意志。这实际上是社科院抓住了最后发展的机遇，很多同志说这是我们抓住了发展的良机，这是末班车了，如果赶不上末班车，机会就没了，所以是大家的危机和机遇意识推动这次创新工程。很多单位的领导同志还是心里很清楚，表面上看我们增加了一些科研经费，在科研条件上有了很大的进步，这其实是一次深层次的科研体制机制的革命。

从院领导的多次讲话，主管领导在科研部门多次会议上的报告以及文件都能看出这样的精神。这次会议之后，大家对实施创新工程的认识应该提高一个层次，这并不是简单地增加一点科研经费和智力创新报偿。

大家有了这样的认识，将对推进研究所下一步的发展和建设起到很好的促进作用。首先，大家提高了推进改革的积极性和紧迫感。过去大家针对问题，提出过改革的呼声，甚至迫切要求改革，不能再等下去了。但由于多种条件制约，我们所没有作为首批试点或2012年的试点单位。根据规划，2013年我们所将作为新的一批试点进入创新工程，这将成为我们推进改革的新动力。院领导也明确表示，只要我们条件具备，准入条件不再受限制的话，明年我们可以作为创新工程试点单位。我们已经为创新工程试点单位进行了两轮准备。刚才昌东书记已经对我们准备两轮的情况以及成果作了介绍。已经确定的方案凝练了大家的心血，是大家共同努力的成果。昌东书记说有必要调整，但不是推倒重来。我很同意他的观点，这次会议也是为调整方案进行准备的会议，或者说是为完善方案进行新一轮集思广益的会议。

大家评价了研究所的学科现状和学科地位，从各个研究室甚至个人研究的角度对研究所的学术研究、学科建设提出了很多真知灼见，从历史和宏观角度提出了完善方案时需要把握的一些问题。不少建议具有很强的可操作性。文件组的同志会把大家的意见和建议记录下来，通过研究梳理，看哪些意见可以放到完善后的方案里，哪些意见短期内不一定作为方案放进去，但可以作为研究所确定长远发展目标的参考。通过这样的梳理、归类，把大家的意见和设想、想法变成全所完善方案的重要依据。如果这点能做好，我们方案的调整大致就有一些基本的思路和框架，因为我们来不及在全所范围内再动员一次。我也希望大家把我们会上的情况，大家发言和讨论的情况向本部门、本研究所同志通报，并把征询大家意见的情况反馈给文件组，希望将这次会议上形成的共识变成全所的共识。

这次会议在一定程度上也是我们所各个部门之间、各位参会同志之间的学术交流会和信息沟通会。这次发言顺序不是按职务高低和原来研究室的顺序排的而是打乱的，管理部门和研究室之间也是打乱的，所领导之间也是打乱的，并没有按照固定的程式。扎洛以及会务组的同志做这样的安排是费了心思的。为什么这样做？其目的就是希望大家的发言有一些共同交流的成分。大家的发言不仅沟通了各自对完善创新方案的思考，而且打破了学科之间界限过于封闭的状况。通过交流，大家增强了相互理解，也就是相互认可度增强了。大家都在努力做工作，不是只有某些同志做工作。各个研究室的学者工作努力，管理部门的同志也在努力做工作。这增强了对研究所各个部门不同类型工作之间的理解和包容，这样有利于我们加强团结，营造和谐干事的良好氛围，也有利于实现院党组关于转变工作作风和学风的要求和部署。自前几年开始，院里提出并开展了加强"两风"建设的改革。科研人员主要是落实实事求是的学风（狭义的学风），管理部门主要是改进服务科研的工作作风。"两风"建设对全院、各所、每位同志都是适用的。

这次讨论座谈会大家提出了研究所未来发展方向的意见，提出了加强研究所的管理特别是基础管理工作的建议，非常有价值。关于我们研究所未来的学科方向，在各个不同分支学科内部大家还是比较清楚的。民族历史学、民族政治学、世界民族学、民族语言学、人类学等各个学科，都提到了各自的研究方向。但就全所来讲，是不是各个学科的方向就是全所的方向？总体来讲是的，各个学科的基本方向基本确定了全所学科建设的目标和方向，但作为一个研究所，大家有一种期待，即如何确定这个所级机构的目标，作为一个整体，还需要明确研究所的组织目标是什么。大家在这方面也提出了很多好的意见，希望研究所确定明确的发展重点，改进科研方法和手段，加强资料建设等。这些意见非常宝贵。

大家都进一步强调了田野调查的基础性地位和重大现实意义，甚至把田野调查确定为我们研究所的立所之本，这也是我近期考虑的一个关键问题。我们目前正在进行的国情调研有田野调查，但不完全等同于我期待的大规模田野调查。我们组织的田野调查一定是个有组织的调查，而不是散兵游勇式的国情调研或走马观花式的国情考察，不是简单地让大家就到田野里观察、看一看，而是要有明确的目标和任务，要有组织架构来支撑，要有整个科研规划，要有学术规范，要有最后的成批量的研究成果。这样的调查要发挥研究所的整体合力和优势，真正产生一批具有影响力的拳头产品。大家提出民族所要多组织一些重大项目，形成代表性的系列科研成果。刘世哲同志讲的20世纪50年代的少数民族大调查已经过了半个多世纪了，非常有必要再做一次。这点已经形成了大家的共识，甚至提出了很多具体的设想和规划。这些意见符合创新工程方案凝练目标、明确主攻方向的要求，应该值得重视。前几天，我向陈奎元院长报告了自己来所两个月来的工作情况，向他请示希望开展民族地区一个大型调研项目的想法，并报告了初步的方案。陈院长希望我们应该搞一次大规模的民族调查，具体方案需要进一步完善。应该说，大家的意见和所领导、院领导的意见其实是一致的。这样的目标确定下来后，就为我们开展创新工程整体项目做了很好的铺垫。当然我们还需要进一步完善项目的设计，争取经费，组织调查研究队伍，还要设计整个调研方案的具体细节，这是大家在这次会议上形成的一个重要共识。

还有一个共识是大家感觉到我们的管理工作比较薄弱，目前管理部门的一些同志都是刚上任不久和刚调整不久，对管理业务有一个熟悉的过程。科研管理工作中我们面临着如何完成结项等急迫的问题，但很多工作往往处于被动应付的状态。这样的管理状态难以保证创新工程顺利进行，更难以保证科研人员全身心地把主要精力用在调研和成果撰写上。

通过这次座谈会，大家认识到，创新工程的改革不是单一方面的改革，而是综合改革。综合改革的重点有四个方面：一是科研管理体制机制的改革；二是用人体制机制尤其是岗位管理的改革；三是资源配置和研究经费使用方面的改革；四是科研成果、科研业绩评价体系方面的改革。这些改革的内容，是大家发言的重点。有些同志不一定全面讲，但也讲到了很多重要的侧面。改革既然是综合的、全面的，我们肯定是按照院里已经出台的相关政策文件去落实。当然，我们研究所有自己的实际情况，如果和文件有个别不一致的地方或需要调整的地方，我们会向院里有关部门和院领导打报告，获得批准后再做调整。总体上，新的工作思路是按照院里关于创新工程的思路进行总体部署。

三 客观评估研究所学科发展与学术研究现状，明确优势与劣势

民族所科研工作改革的目标如何确定？改革的任务和方向在哪里？这需要大家对研究所的学科现状有恰当的评估和清醒的认识。这个问题也是大家讨论时间最多的，对我们所工作现状的评价虽然有分歧，但总体意见有些共同的地方。

刚才昌东书记也介绍了他的看法，历史上的辉煌大家没有太多的异议，现实中我们整体地位的下降也没有太多不同的意见，但下降的原因是什么，可能也有不同的看法，是我们自身不努力，还是整体宏观环境变化导致的？抑或宏观环境与自身多种因素造成的，这有些看法上的差异。关于我们现在的地位，应该说也是有共同的地方，从整体上看，从综合研究的能力和研究的成果，包括研究人员整体水平来看，国内还没有哪个专职机构或教学机构能与我们抗衡，但把民族所作为一个单位和整个民族学界对应，那我们的劣势和缺少优势的领域就很多了。

我们过去是一览众山小，现在是别人都以民族所为竞争对象，如果把这些和我们竞争的所有领域、人员作为竞争对手比较的话，那显然一个研究机构，就是再给500个编制也不能包打天下。所以虽然有认识上的分歧，大家对现状还是有清醒的认识，看到了我们的优势，也看到了整体上下滑的势头，包括后备力量的不足。在这点上，我其实还有一些个人的想法。虽然来所时间不长，我明显感觉到研究所对未来的前景不是很明确，前进的动力不足。

我们要通过实施创新工程赶上去，靠什么才能赶上去？我觉得要主要靠历史形成的综合优势，同时要找到我们前进的突破口。民族所传统上划分为民族理论、民族学、民族语言、民族史研究四个片。这四个片和现代社会科学的几个一级学科相关联，发展前景有一致的地方。我们历史上一些特色研究人才凋零，难以为继，成为绝学。这些学科要大发展没办法了，但是还得在力所能及的范围内加以保护。院里确定的六个绝学学科，我们还要尽量延续下去。此外，我们要看到学科发展的方向是扶持新型交叉学科。这需要目前各学科充分交流与合作。这方面做得好，新兴交叉学科就可以逐步涌现出来获得发展空间。在研究方式上也要强调综合，既要基础研究，也要应用对策研究、实验研究；既要田野调查，又要进行社会学强调的问卷调查；既要进行定性研究，也要开展定量研究。我们研究的是不同类型的人群，全世界的人都是我们的研究对象。如果把人群只定义为"民族"，我们的研究对象就更加明确。中

国各民族、世界各民族都要包括，当然重点还是研究国内的各少数民族。当然，汉族也属于民族学的研究对象。过去学者也有这样的论述和论证，并且把汉民族和海外华人研究联系起来。其实，跨境民族研究和海外多国内的移民，也是民族学研究的方向。我们不愁找不到研究对象和研究方向，只要大家努力探索，我们的研究方向还是明确的。目前大学的研究生找论文的题目都很难找，但在我们这儿却不是问题。民族所拥有比较丰富的学术资源平台，院管八九个全国性的研究会挂靠在我们所。这在高校是不得了的学术资源。我们所还主办三个公开发行的学术期刊，还有一个专业年鉴、几种"皮书"和系列出版物。大家在会议上提出要编辑出版"皮书"或专题研究报告，这将进一步丰富我们的学术平台。

当今世界网络化、信息化、数字化浪潮十分猛烈，民族所在一些领域从很早的时候就进行了这方面的探索，也形成了一定的先发优势或技术优势。比如，影视人类学、实验语音学和计算语言学、网络中心组织的一些数据库等。研究方式和研究手段的多样性，对研究所的未来非常重要。这些年来，国家财政和社会各界加大了对社会科学的科研经费投入。2011年全国研发经费投入是9000亿，从总量上看已经名列前茅。在这种背景下，我们所科研人员通过各种渠道争取了不少科研项目和科研经费，促进了科研事业的发展。

当然，我们的科研资源方面也存在不少劣势。能在社会和市场上争取资源可以成为研究所科研资源的重要补充。我们所科研经费主要来自财政性经费，社会性资源不多。财政性经费一是竞争强，二是管制严格，不利于综合利用。经费来源渠道相对单一和我们的学科性质有关。由于我们的研究基础和优势主要体现在历史、语言等基础研究领域，争取市场化的社会资源相对困难。我们的研究对象主要是少数民族，研究的地区主要是少数民族地区。民族地方的经济发展水平和人民群众的收入水平不高，文化产业化程度很低，我们难以从研究对象那里获取经费资源。另外，加强民族文化保护方面还主要依赖国家的投入，指望从研究对象那里得到资源是很难的。我们的研究成果又是小众成果，不像汉语研究和经济研究、社会研究，面向的是大众。我们在社会上、市场上争取资源是很不容易的，这导致大家把眼光过于集中在所内资源和财政性资源上。

科研经费是我们完成科研任务的保障。现代科研离不开科研经费投入，需要大规模的调研、需要实验、需要设备、需要仪器，还需要团队，而且市场化之后人力成本也提高了，这些都需要必要的经费投入。但是也要看到，好的成果和科研经费投入量之间不一定存在线性关系，尤其是精品成果的产生，与经费投入并不完全是成正比的。

对研究所现状的认识大家有不少看法是共同的。历史上看我们辉煌过，而且整个社科院和我们差不多，历史上看社科院也非常好。但是，面对激烈的学术竞争，很多研究所与民族研究所一样，面临着不少类似的情况。当然一些新兴研究所会在一些学科领域具有较强的学术地位，一些传统研究所经过创新工程改革和他们的努力又得到了提高，比如考古所就比较突出。考古所属于典型的基础研究，在规模和研究方式等不少方面与我们很相像。但他们第一年就进入了创新工程，使他们的经费资源和设备水平得到了非常大的提升。因为我们进入创新工程试点单位滞后了两年，要赶上去需要付出更大的努力。

现在大家也不再存在对我们研究所盲目乐观的情绪，我们所也基本没有盲目乐观的资格。但我想强调，大家更不要盲目地悲观，因为整体的哲学社会科学状况和自然科学、工程科学就是这样的状况。在社会科学院,我们和其他所相比,研究对象和研究氛围、区域都还是比较弱势一点,的确没有必要一定和过去伟人进行历时比较。我们一定要和自己比,在现在的起点上,将来做出的业绩能不能比现在还好,这倒是我们需要共同探讨的,也就是说通过改革,不能使改革之后带来的局面和成绩质量少于现在,那改革就失去意义了。大家忧虑的是,怎么样通过改革使我们所能有更好的发展,使我们学科能有更好的跃升。

四 按照中央对我院的三大定位要求,明确创新工程发展目标

民族研究所在未来发展目标怎么选择呢?从宏观角度讲,民族所创新工程所确立的目标一定要同中央给社科院的三大定位结合起来。中央把社科院确定为马克思主义的坚强阵地,哲学社会科学的最高殿堂,党中央国务院的思想库、智囊团。社科院的定位是靠研究所来体现的,我们作为社科院36个研究所之一,而且是编制、人员最多的研究所,理所当然要为完成党中央、国务院赋予社科院三大定位的职责做出我们应有的努力。不然这个研究所,这么多人对社科院没有贡献,我们在社科院的地位也会下降。

按照三大定位的要求,创新工程方案调整要凸显或突出民族所在这三大定位上到底要做什么,至少在马克思主义坚强阵地方面我们一定要保持清醒的头脑。前天院里记者对我们所开这个会进行报道,让我谈谈所创新工程目标的确定问题。

我认为创新工程目标的确定,首先要明确理论上的正确导向。没有理论上的正确导向,就离开了正确的方向。陈奎元院长曾经在党组会上说过这样一句话,学术殿堂历史上有,过去中国有翰林院,国外也有皇家科学院。当今世界各国思想库、智囊团林林总总、五花八门非常多,社科院虽然被评为亚洲第一智库,但事实上各类智库也很多。真正能够体现社科院特色的不是殿堂也不是智库,而是马克思主义的坚强阵地。这个坚强阵地是我们明确或引导殿堂建设和智库建设的一个灵魂,所以在马克思主义坚强阵地方面,民族所一定要旗帜鲜明地强调这一点。民族学具有很强的政治属性,在一定程度上民族问题是政治问题。

按照社科院定位和中国特色社会主义大的视野确定我们的理论方向非常重要。我们的学者要在马克思主义民族学理论,在党的关于民族问题的一系列制度、法规方面和党的民族政策方面保持清醒的头脑。一方面要用马克思主义基本理论的观点、方法来看待民族问题,更重要的是要用中国特色社会主义理论体系,用中国共产党解决民族问题的历史经验来指导我们的民族问题的研究。这点上,我们所过去一直做得非常好,现在也做得非常稳,这是必须坚持的。在这方面,我们大家都要有清醒的头脑,不要使我们的研究偏离社会主义的政治方向,不要偏离党关于民族问题的各种方针政策,更不要为了得到一点资源,做出对民族所有害的事情。

必须十分重视基础研究。需要明确我们学术上整体优势怎么样保持,或者在某些领域争创新优势,要成为我国乃至世界上民族研究领域的一个重要学术中心。在国内我们目前还有综合优势,能不能将我们的综合优势保持下去,核心内容是基础研究必须得到强化,必须重视基础研究,没有基础研究做依托,我们的应用对策成果就失去了厚度,也失去了长期发展后劲。所以,基础研究一点都不能忽视,基础研究人才的培养还需要加强,保护绝学的任务

不能放松，不能在所里把绝学真的办"绝"了。基础研究本身并不是没有用的，基础研究和应用对策研究也不是截然分开的，也不是说一个学者是基础研究学者就不能提出国家可以采纳意见的应用对策成果。不能简单地把学者分成基础研究学者或应用研究学者。二者只是在关注点与研究方式方法上有所区分而已。

进一步强化和突出应用对策研究。既然我们的基础研究有用而且可以发挥应用价值，在当前全党、全国面临现代化过程中重大转型和结构转型时期，民族问题研究就不能够变成书斋里象牙塔式的文字游戏，必须进一步明确强化应用对策研究的导向。当然我们的导向，不能搞成过去"影射史学"，必须强调科学性。要使我们的对策研究、实验研究、民族地区一些发展问题的研究，的确能够发挥智库的作用。我们所很多同志做出了很好的业绩，尤其是何星亮同志以及在座的很多同志写过不少《要报》，发挥了很大的作用。他们不仅为《要报》提供信息，很多研究成果也都具有应用价值。像影视人类学的文化产品就可以在电视台播出，很多专家学者都可以在高校、社会上宣传我们的民族政策和学科知识，培养人才，这些都是应用。目前我国处于社会转型时期，民族问题更加凸显。我们要在保持国家长远利益、可持续发展问题和边疆稳定问题等方面保持敏锐的政治意识，这是我们研究所非常重要的任务和职责。不能说这些问题不是基础研究就不去搞。我相信在这点上大家是有共识的，不需要过多地强调。在强调重视基础研究的同时，更要重视应用对策研究。要进一步加大应用对策研究的组织、协调和投入，让更多的专家学者能在基础研究的同时在应用对策研究方面产生一些好的成果。

大家的发言其实都与我院的三个定位有关。当然，我们还有一些自身学科建设的特殊任务，甚至是很急迫的任务。比如濒危语言的抢救和少数民族文化遗产的抢救与保护。我们研究所这方面的职能很重要。在现代化过程中，少数民族的一些语言、物质遗产、非物质文化遗产和口头传承的东西消失得很快，必须加以保护。自建所以来，民族所的历届领导和学者已经有意识地加以研究和保护，而且在一些方面走在前面，积累了大量的资料、实物、音像、语料和研究材料。这不仅可以应用于科学研究，而且是文化多样性的体现，也是国家长远发展非常宝贵的财富。北京市把四合院全拆了，再找四合院很困难。人口数量很少的一些少数民族语言可能再过一两代人就没了，现在再不抢救保护，将来有钱再来考虑这个问题就悔之晚矣，也就没有机会了。

五 明确研究重点，立足国家需要积极稳妥地进行学科调整

大家对研究所的学科布局、学科发展提出了不少意见和建议，都提出学科调整的问题。关于学科调整，这是牵扯全局的大事，我也谈一些意见。由于来所时间不长，如何进行学科调整的思考并不是很成熟，只是提出来供大家讨论。

说到学科，必须谈研究所的历史。民族所是1958年成立的，而且是合并了1956年成立的中国少数民族语言研究所后形成了目前的格局。不论怎样，我们的研究重点聚焦在少数民族问题研究上。现在大家越来越看到少数民族和区域之间的关系，所以我们把少数民族地区的发展联系起来。中国的少数民族及民族地区尤其是民族区域自治发展问题需要进一步研究。

我们不能只研究人群而不研究区域。既然我国少数民族大部分居住在中西部，当然也有一些居住在城市里的少数民族。因此，我们的研究重点不能离开少数民族和民族地区发展。但我们又不能把自己封闭起来，只研究少数民族和少数民族地区，尤其是民族区域自治地区。因为即使在民族区域自治地区也不仅仅是少数民族地区，它必然涉及汉民族，如果我们把汉民族的眼光拓展到海外，还涉及海外华人。随着中国不断发展，越来越多的海外的人涌向中国，有大量的移民到中国来，移民也可以是我们的重要研究对象。

从人群的角度来看，我们的研究对象包括少数民族、汉族、海外华人、跨境民族和外国民族（世界民族）。从区域角度来讲，要研究少数民族聚居的地区，包括民族区域自治地方，也要研究更大范围的区域问题甚至世界大局。我看到高丙中教授的一篇文章，提出要加强民族研究的全球性视野，我很认同。中央民族大学专门成立了海外民族研究中心，有一些项目培养学生进行海外民族志的研究，已经具有了初步成果。由此我想提出民族所研究对象的两个格局问题，即人群格局与区域格局，从人群和区域两个角度来研究民族问题。研究中国少数民族和民族地区发展不能忽略外围的影响，也不能忽略相互之间的交流与沟通。

传统的四个学科领域当然是历史形成的，有合理的地方，现在没有必要完全打破它推倒重来。但和现在的新兴学科、交叉学科不断涌现相比，光靠这四个领域圈定研究领域和范围就不够了，所以我们必须在新的领域上进行探索。从学科角度来看，立足于从学理学、学科分野、学科差异来定位，这样来看我们完全可以拓展出以学科为依托的研究领域，像民族政治学、民族理论史、世界民族等。

加强民族政治学学科建设与问题研究。因为民族问题很大程度上是政治问题，特别是民族国家、民族主义的情况下更是个政治问题。所以这肯定是我们要考虑的。民族理论还不完全是民族政治问题，从学科界限、教学角度讲可以先区分一下。我们的民族理论研究室、世界民族研究室都可以围绕民族政治的基本理论进行探讨。

关于民族经济学的研究，我原来对民族经济学的理解也和受经济学训练的学者考虑有相同之处，认为民族经济学主要是研究区域人群经济活动的，但也不是太清楚。昨天吴兴旺同志从人类学、民族学的角度来探讨民族的经济行为，对我很有启发。还有两位同志从经济学和民族经济学差异性和一般性方面做了很好的解读，让我受益匪浅。所以，民族经济学的确需要发展，因为现实需要更大。目前经济与社会研究室的名称太大，可以从经济学、社会学不同的角度研究民族地区发展问题，分开可能更有利于确定自己的研究重点。

关于民族历史学的研究领域与范围，大家都没有什么歧义。对此我不再赘述。

关于民族学的研究，我一直比较模糊。我们的民族学学科有三个研究室，表面上职责分工很清晰，但具体到理论方法上又有多少交叉，不是很清楚。首先是该学科与所名重复，不论叫民族学还是人类学，都属于社会文化人类学或者民族学，这个名称历史上争论很多，直到今天也很难区分。人类学研究领域已经非常宽，2009年世界民族学与人类学大会明确了人类学的30多个领域，不可能都进入我们民族所的学科建制序列。党的十八大明确提出了中国特色社会主义五大文明建设问题，其中有一个领域是社会建设。虽然社会学研究所主要研究这个问题，但是民族学、人类学和社会学之间不可能完全截然分开，要发挥智库作用不能人为地画地为牢，何况民族地区也有社会管理问题。怎样把民族视角与社会管理、社会发展结合起来值得关注。其实，民族社会学已经是一个比较成熟的学科，不少专家在这方面做出了不少业绩。北大的马戎教授，民大的杨圣敏教授、包智明教授等在这方面都有一些研究成果。因此，从加强民族地区综合研究尤其是社会建设角度，应该设立民族社会学学科。我提出来该学科不是马上就设一个研究室。只是从研究领域来讲，研究民族地区这个区域来讲，研究少数民族发展不仅是研究经济发展、增加多少收入，也不是简单地研究宗教信仰和文化习俗，还要研究社会组织、社会治理、社会发育、社会发展。

文化人类学领域很宽，我们比较强调民族宗教文化研究。其实，民族地区最大的问题之一是生态问题，十八大特别强调生态文明建设。生态与经济有关，和民族学、人类学有关，可以叫生态人类学，也可以叫民族地区的生态问题研究，具体名称将来再研究。

民族语言学基础雄厚，需要进一步加强。由于不是语言学家，对此我没有把握。在语言学学科归属和发展上，是把它归类为一般语言学还是归类于少数民族语言学，需要语言学家提出意见。如果归类于一般语言学，从记录、描写、比较上做我们是有优势的，这些年来该学科的国际化、规范化、资料积累、信息化技术方面有一些基础，也做出了获得国际同行认可的业绩，这我们不应忽略它，还需要进一步扶持。反过来讲，如果从濒危语言保护和文化遗产保护方面，必须有一个民族语言学的视角，这与我们研究所的性质有关。

既然我们研究区域的问题，不能够放弃或者不能够不关注国家在西北和西南两大区域内的研究，我希望加强新疆地区和西藏地区的综合研究。比如新疆历史与当代发展研究，西藏历史与当代发展研究。过去民族所具有很强的优势，现在优势不在，需求又很大。不少同志也很希望设一个这样的机构，地方也有这样的需求，院领导也基本认可，也提出了设想。10月14日，我向陈奎元院长汇报工作。他说民族所要做新疆问题研究当然好，但要注意和边疆史地中心有所区别。中央各部门在援疆方面措施很多，关于新疆发展方面的重大问题应当与各个部委衔接好。民族所的优势和长处还是历史和基础研究，不能放弃这一点。关于新疆各个民族语言、民族历史的基础研究很重要，在国家需要的时候可以拿出有真知灼见的东西。根据上述意见，我考虑在条件成熟的时候，对这两个区域设置单独的研究室。

要进一步加强学术平台建设。根据创新工程的要求，进一步加强技术和物质保障。研究所已经在少数民族语言和语音实验，影视音像技术、资料，调查资料的数据库，研究所的信息网络技术平台等方面有了一定的基础，要在创新工程的框架下得到进一步提高。在物质保障方面，财务保障、经费保障是必不可少的。还有图书资料，我们在图书和期刊管理上还不错，但对专题资料的管理要进一步加强，不能使这些资料因学者个人出国、退休、去世就丢失或者处理掉了。这是国家和几代学者花了多少经费、精力积累起来的财富，必须注意保护和使用。这些资料没有标准化、数字化的话，对以后的使用也不利，所以，这些资料的加工、分类、管理也必须加强。研究所环境和学术设备的管理和维护方面也要考虑。

关于学科的布局，我考虑到这样一个情况，感觉到要根据需要和可能，在条件成熟的时候适当增设一些研究室，在现在总体框架不变的情况下暂时不作大的调整。根据设置区域研究机构的属性和研究对象，包括民族地区发展的要求，跳出过去单一民族研究的视角，要强化从区域角度进行综合调查和研究视角。我们要强化任务导向的研究团队的建设，也就是说研究室是个基本的学科依托，但项目不是只有一个研究室承担一个项目，或者项目组的成员不能跨室，这点恰恰是任务导向和学科导向的差异。学科是以研究室为依托，但任务并不以研究室为唯一依托，可以一个研究室承担多项任务，或多个研究室承担一项任务。院内院外的科研人员也可以参加和承担我们的研究任务，这样任务导向就清楚了，不完全是以研究室作为任务导向的载体。

六　深化人事制度改革，加强人才队伍建设

实施创新工程的重要任务是推进管理体制机制改革，以改革促创新和发展。首先是编制问题改革，要根据实际需要进行适当调整。编制和人员跟着任务走，而不是编制跟着研究室固定不变。院里对研究所也有这样的考虑，新设了这么多的研究所过去都没有编制，中编办控制说不给你新编制，院里只能从别的所空编中来调剂。我们研究所过去编制很多，现在降到170个，但是在编人员没有那么多。如果人员再萎缩下去，编制还会减少。那我们所设立的一些研究任务怎么完成，没有自己培养的专职研究队伍，光靠外面人给你打零工和长期工，不可能成为研究所长期依托的主要力量。我们这两年有十余位同志要退休，已经退休的是160多位，两年之后就有180多人的离退休人员队伍。如果我们不增加新人，人员老龄化将更加严峻，研究任务也将难以完成。要有危机感，否则研究所将来自身的生存基础都找不到了。必须增强后备力量，在人事制度改革方面，创新工程的确为我们解决编制限制，也为人才短缺问题提供了一些思路和方法，即打破编制的界限，使用人方式更加灵活。

一方面，要用好进人指标，在此前提下要通过创新工程引进人才的办法来解决我们急需的人才。院里有这样的新政策，要引进只能是引进人才，人才的档次越高越容易获得审批。另一方面，我们要发挥好现有人才的作用，充分发挥好竞争岗位的竞争激励作用。为什么要设创新岗，我们现在所里的人才总量也不算少，我相信大部分同志是愿意做好工作的。但是，由于人是有惰性的，如果没有有效的竞争激励机制，完全是靠个人自觉的话，很难完成创新任务，研究事业也难以持续。竞争激励机制就是逐步明确进入创新岗和不进入创新岗的制度设计和成果标准。要让大家认识到，进入创新岗是激励同时也是压力，不进入创新岗位也不是"万事大吉"，仍有工作标准。如果不努力工作，就可能被淘汰到编制外，甚至调离。将来的人事制度是和市场经济体制相关的人事制度，是科研事业单位进行人事制度改革的必经趋势。只不过为了减少剧烈震动，使适用创新岗要求和任务的人进入创新岗。其实，创新岗与非创新岗位之间是没有界限的。创新岗是流动的，年度考核之后要进行调整，也可能是项目完了进行调整。创新岗的设置不是一种福利，而是责任和压力，是为了激励大家更好地出成果。

要进一步加强环境建设和制度建设。良好的学风和工作作风、和谐的人际关系、鼓励做事的氛围都是有利于人尽其能、人尽其才的必要条件。大家对此应该达成共识。领导班子的团结协作对一个所的风气引导至关重要。全所、各个部门、所有同志之间的团结与协作对研究所的未来发展至关重要。大家有意见可以提，但不要影响我们的团结与协作。学术批评无禁区，但我们一定要有一个和谐的人际关系。在制度建设方面，我们院里的制度已经颁布，要加以落实，同时根据所的情况进行细化。人才使用方面，不能对离退休同志的聪明才智完

全置之不理，因为这些老同志、老专家积累了一辈子，而哲学社会科学的特点决定了，退休不意味着这些人的哲学社会科学创新能力、科研成果的分量会下降，而是会提高。我们所是院里非常突出的例子，所以要充分发挥好离退休老同志的作用。当然我们也要意识到离退休老同志毕竟退休了，按规定不能进创新岗。我们要在可能的情况下发挥他们的咨询参谋作用，给他们的个人科研工作创造条件。同时，如果他们愿意且能够参与我们创新工程的任务，我们也非常欢迎。我们要充分利用好研究所的各种平台资源，如学会、中心、刊物、皮书、年鉴、数据库、实验室等资源，在条件许可的情况下向兄弟单位开放，促进大家的合作和资源共享。这样才能使不是我们所的人才，也能为我们所用。大家在合作、协作过程中共同提高，促进国家民族学、人类学事业的不断发展。

七 依托研究室适当增设创新项目，促进科研资源的优化配置

研究所资源配置方面，我们主要的资源来自国家财政方面的经费，也有少量社会上、市场上的经费。这些资源是我们做好科研必要的和必不可少的条件，要充分利用好这些资源。如何使我们的资源配置更加合理，而不是简单地分配资源是需要我们认真思考。经济学认为市场机制在资源配置方面发挥基础作用有利于提高全要素生产力，如果我们的资源配置就是简单地撒胡椒面和简单地按人员数量平均分配，也不一定能够促进科研。计划经济时期的资源配置方式从整体上看是低效的，如果现在采用那种方式也会是低效的。资源配置一定要有重点，要鼓励先进、鼓励大家干事，而不是简单地平均配置资源。配置资源要和我们承担的任务相关联、和大家的业绩相关联、和人才培养相关联，也要平衡好创新岗和非创新岗之间的相互关系。涉及物质科研条件方面的需求，只要论证充分，我们可以单独向院里申请。这是创新工程资源配置的要求。设备方面的需要单独申请，不占创新岗位人均3万元的经费标准，大家需要设备一定要尽早提出来。目前的问题一是科研业务经费花不出去，二是设备需求难以满足，科研条件无法改善，实施创新工程就是要改变这种情况。科研业务经费要专款专用，否则国家财务制度、院里财务制度、审计制度不允许。大家要把科研经费用在科研上，用在改善大家的科研条件上。

由于2013年才能进入创新单位，目前研究所的科研经费与创新工程经费还没有并轨。按照科研局的设想，2014年之后所有科研业务专项经费会以总额拨付方式配置到各个研究所。学科建设、研究室建设、党支部经费、B类课题经费、所重点课题经费都和人均3万捆在一起，打包下拨，这叫总额拨付。总额拨付之后经费配置将有大的调整。我们现在要做的只是根据创新工程人均3万的经费设置创新工程项目，配套相应经费。目前所内承担国家社科基金或重大国家项目负责人，如果我们在上一轮的岗位竞争中没有进去的，根据科研局的意见可以优先考虑。进岗之后人均3万的经费也不完全平均分配，要根据项目需要进行统一考虑。目前还只有部分同志进岗，将来80%人员进岗还有20%的同志不能进岗。所以，资源配置上不是所有的科研经费都用在创新岗位上，必须全盘考虑，综合调控。此外，还要考虑民族所青年科研人员的培养、特需人才的引进、科研活动的安排与管理等方面的经费使用。

根据文件要求和所里工作部署，以前确定的创新项目和进岗方案要继续保留。但是，根

据我们所学科布局要新设一些创新项目，因此必然会对创新工程科研经费及相关事项进行适当调整。新设项目可以主要考虑未进岗人员，原来7个项目组根据创新工程的新要求做出适当调整也是可以的，包括课题组人员、研究任务、研究内容和框架设计都可以适当调整。当然首先要征得原项目负责同志的意见。如果原课题负责人自己不愿意动，也可以不调整。由于原来7个项目涵盖不了研究所创新学科方向，我们会增设一批新的项目，首席研究员会增加一些，使创新项目与首席研究员数量基本覆盖各个学科，在研社科基金项目首席专家也在创新项目首席研究员考虑范畴。为了全所整体利益，创新工程项目的设计和调整要请大家抓紧设计。创新工程项目要有充分论证，包括项目论证、岗位论证、经费论证等。院里按岗给经费，一个岗给3万。论证应以此为基础，但不能按每个人平均3万资助。

目前社科基金项目首席专家已经是创新项目首席研究员，按50%进岗比例测算（目前不确定），现在有7个首席研究员。从学科布局考虑，大约增设10个左右的项目和首席研究员。（待最后批准）。大家先申报，由学术委员会审议哪些项目可以作为创新工程的新项目。科研处会给大家一个准备考虑的时间，申报项目经学术委员会以及创新工程整个评审过程提出的修改意见再完善。要明确申报项目与首席研究员岗位有关，但也有可能根据学科布局进行调整，目的是使项目实施更加科学合理。

根据大家意见，我们准备申报一个重大专项，就是大规模少数民族地区的综合调查。我请几位同志参与了前期工作，以后会进一步研究，等批下来之后我们再开展少数民族地区的综合大调查项目。这不是几个所领导和几个同志的事，而是全所的事。不管是不是进入创新岗，都要参与这项工作。这项工作具体方案我们有些新的考虑，会打破室的界限，重新组合一个区域性的调查队，完成区域性综合调查。这个调查最好选择跟踪性的、内容全面的、具有学术研究价值的选题，由我们所各方面专家共同参与，吸收所外人员参加进行大规模调查。这是新形势下具有整体结构设计的、组织化的综合调查。

要加强科研经费的使用管理。我刚看中国科学网发的一个材料，北大生物学饶毅教授对科研经费使用中的问题有不少评论和抨击。他认为科研经费的分配，应该明确是为了国家尽可能做好的科学研究，而不是个人的利益分配，也不是哪个单位的利益分配。科研经费是做什么用的呢？是希望带来知识的推进、技术的改造。科学研究不是福利制度，技术也不是福利制度，科研经费不是福利经费，你要分福利应该到民政部去。目前科技界关于科研经费的使用也有很多批评。科研经费使用管理不善的问题必须要改变。要加强科研经费的管理，除了财务执行进度的管理，还要强化研究目标、研究预算以及研究过程之间的匹配性。如果科研经费管理不善，不仅会降低科研水平，还会助长浮躁的学术风气，甚至滋生腐败。加强科研经费监管，除了在申报环节上把好关，还要考虑把科研成果与结余经费的处理结合起来，增加"上缴"乃至处罚措施，督促科研经费真正用在项目上，多出科研成果。我们所的科研业务专项经费其实已经被处罚过了。去年处罚了60万，今年又少下拨几十万。这些钱本来是支持大家做科研的，但没有按计划支出完。这可能是因为科研人员在编制预算方面有些经验不足，科研活动和预算之间的确不是日常经费那么简单，有很多不可预测的因素，但归根结底是不了解我院科研经费改革的宏观背景。实行创新工程之后，科研经费和过去的课题制经费相比已经发生了很大变化。课题制下，课题结余经费可以滚动使用；实行总额拨付、预算经费零余额制度之后，节余经费要上缴之后重新申请使用。在新体制下，课题负责人不是科研经费完全意义上的控制人，支配权限有所下降。特别是目前关于科研经费的支出管理进一步强化，经费使用一定要符合财务制度。项目主持人只是按照财务制度规定享有项目经费的使用权，没有经费随意支配权和结余经费的处置权。

八 完善考核与学术评价机制，加强对创新工程的领导与管理

完善考核与学术评价机制十分迫切。这也是加强研究所日常管理的基本任务。科研考核是人才管理和激励机制的必要保证，也是形成良好向上学风的促进力量。在创新工程实施过程中，我院把学术考核和工作考核放在一个非常重要的地位，这对我所可以说是切中时弊。

科研考核评价直接影响职称晋升、年度考核、学术水平和科研资助考核（包括后期资助考核）。在这些方面都需要完善相应的制度，没有此类制度可以先拿院里的用，不符合我们再改，也可以参照其他研究所来进行调整。考核关键是落实，考核开始不一定把标准规定得特别高，使大多数同志过不了关，那不叫考核，也不可能发挥好激励约束作用。我们希望让80%—90%的人在考核过程中感到有一定的压力，也能够完成任务。

考核制度一旦确定下来之后关键是落实和执行，考核如果走形式、走过场，就像一些课题项目结项一样不会有好结果，不能保证科研成果的质量。将来科研课题结项不是几个评委在那儿说一说，简单投个票，应该报告学术研究进展和成果影响力。本室的同志可以来听一听，别的室的同志甚至所外学者也可以听一听。结项的时候尽可能在大一点的会议室，让大家有这样的旁听机会，包括研究生也可以来听一听，等于给他们上课了。科研考核应该成为研究所日常管理的重要组成部分。

创新工程应该说给我们所提供了前所未有的机遇，但其实从我个人来所之后感到最大的是压力。调整和完善研究所创新工程方案是压力，方案制定以后将来怎么样执行，执行之后怎么样才能得到好的结果，目前都是未知数。而留给我们的时间已经非常有限，希望大家都要有紧迫感。本来，本次会议不应该给大家多讲困难和压力，气可鼓不可泄。我发言本意是给大家鼓劲的，但也谈到了责任与压力。大家要认识到，院所进行创新工程改革，不是简单地给大家增加一点点智力报偿、创新报偿，而是让大家解放思想，创新管理体制机制，探索出优秀人才、优秀成果的新体制、新氛围。创新工程给大家增加了新任务、新要求，特别是让每个创新岗找准目标，找出差距，找对思路，鼓足干劲，努力完成三大定位赋予我们的职责与任务。

要加强对创新工程的领导与管理。要在研究所党委领导下进一步理顺领导体制和管理制度。要贯彻落实《研究所党委书记管理条例》、《研究所所长管理条例》，切实完善所长负责制，完善领导体制机制，发挥好我们所各类各级组织的功能。从党的历史可以看出，组织优势是中国共产党优势的重要方面，是五大优势之一。我们在这里开会其实也体现了组织的优势。受各种因素制约，我们现在不能召开全所所有同志都参加的工作会议。首先请学术委员、职称委员和各部门负责人参加座谈会、动员会，是因为这个岗位上你有负责人的职责。参会的同志不单是科研人员，更是负责某一个部门、某一个领域的领导。所里的科研任务是靠大

家去贯彻落实。因此，要进一步完善和发挥好所内各级各类组织的组织保障作用。这个组织保障机制包括所党委、所长办公、所务会议、所行政科研管理会议，也包括全所职工参加的职工代表大会或者所工作会议。要支持并发挥好其他群众团体和民主党派的积极作用。在学术评价方面，要特别注意发挥所学术委员会、所职称委员会的功能，包括导向功能、评价功能、监督功能、考核功能。

我相信只要我们依靠院党组的坚强领导，在所党委的集体领导下，依靠班子成员和全所同志相互之间的精诚团结和共同努力，在推进创新工程试点的促进下，我们所未来一定能做出好的业绩。这是我的希望，与大家共勉！

谢谢大家！

"第二代民族政策"讨论述评

王希恩

进入21世纪以来，随着民族问题的增多和学术思想的开放，中国的民族理论研究呈现出前所未有的活跃。先是马戎教授提出的民族问题"去政治化"和"文化化"主张激起了很大反响，由此引发的讨论此起彼伏；而至2012年，"第二代民族政策"又骤然成为民族研究领域最受关注的热点。

一 "第二代民族政策"论点的提出及主要内容

"第二代民族政策"的论点由胡鞍钢和胡联合两位学者提出。2010年胡鞍钢和胡联合首先发表论文《与时俱进推动民族交融一体是国家长治久安的治本之策》，提出："民族问题是事关国家长治久安的核心和要害问题。为确保国家的长治久安，应与时俱进地从制度上顺应和推动民族交融一体，以'去标签化'和'非政治化'作为处理族群问题的基本方向，从制度上不断淡化公民的族群意识，防止族群意识与地方意识相互叠加强化，从根本上铲除一切形式的地方民族主义赖以滋生的土壤，着力改革调整不合时宜地强化族群意识、族群身份的思想理念和制度设计，使公民自觉将自己首先认同为国家的公民（中华民族的一员），大力增强各族公民对中华民族的认同，不断推进中华民族一体化。"[①] 该文虽然没有正式提出"第二代民族政策"概念，但已基本陈述了相应的观点。

2011年10月，胡鞍钢和胡联合在《新疆师范大学学报》（人文社会科学版）第5期上发表《第二代民族政策：促进民族交融一体和繁荣一体》，该文重申了前文的观点，同时强调要"与时俱进地实现我国民族政策从第一代向第二代的转型，即实现从识别国内56个民族、保持56个民族团结发展的第一代民族政策，到推动国内各民族交融一体、促进中华民族繁荣一体发展和伟大复兴的第二代民族政策的转变，建构起凝聚力越来越强、你中有我、我中有你、不分你我、永不分离的中华民族的繁荣共同体"。于此，"第二代民族政策"的提法和论点正式提出。文章认为2010年中央第五次西藏工作座谈会和新疆工作座谈会提出的促进"民族交流交往交融"方针为"我国民族政策从第一代向第二代转型的标志"，作者分三个部分具体阐述了自己的观点：

---

① 胡鞍钢、胡联合：《与时俱进推动民族交融一体是国家长治久安的治本之策》，《探索》2010年第4期。

第一，充分认识促进民族交融一体、建构和强化国族认同的特殊重要性。文章认为：无论是从历史来看，还是从现实来看，建构起人民对民族国家的认同，强化其爱国主义情感和凝聚力，是现代国家治理社会、维护国家长治久安的最基本的内在本质要求。应该清醒地认识到，从国家治理的角度看，任何国家的长治久安，根本在于从制度上建立一个统一的民族（国族），强化国族认同，淡化族群（民族）认同，通过制度安排使族群（民族）问题非政治化，不给任何人声称是某一"地方民族利益"代表和领导者的机会，重中之重在于通过制度安排来保障官员始终做维护国家安全统一的积极领导力量，防止其在政治大气候变化时成为分裂国家的领导力量。

第二，善于借鉴和吸取国际上处理民族问题的成功经验和失败教训。世界各国处理民族（种族）问题的方法，各国不尽相同，各有特点，但大体上可以分为两种基本模式：大熔炉模式和大拼盘模式（或称马赛克模式）。通过近代百年来的实践证明，大熔炉模式是解决民族（种族）问题比较成功的方法，虽然其间由于促进民族交融一体、强调公民不分民族（种族）身份的权利和义务平等而难免会产生一些民族摩擦和民族冲突，但是能够有效地防止民族矛盾和民族冲突演变为民族分裂问题，最突出的典型是美国、巴西、印度等大国；大拼盘模式则是处理民族问题比较失败的方法，因其强调民族分界、民族身份、民族团体和地域多元主义体制而使社会泾渭分明、政治多元分野，无法促进民族交融一体而建构统一的国族，容易使民族矛盾冲突与地区矛盾冲突交织在一起，最终演化为民族分裂甚至民族战争，最突出的典型是（前）苏联、（前）南斯拉夫、（前）捷克斯洛伐克等国。

第三，与时俱进地从政治、经济、文化、社会等各方面促进民族交融一体和繁荣一体。一是要从政治方面促进民族交往交流交融一体。处理民族问题必须要有智慧和策略，应善于采取"非政治化"的方法，从保障个人的公民权利平等（而不是强化国内各族群、民族的集体身份和集体权利）的角度，按照在法律面前一律平等的法治原则来处理，坚持是什么问题就按什么问题来处理，不宜把涉及不同族群（民族）的个人问题、矛盾和冲突当作族群（民族）问题来处理。要通过制度建设和制度创新（包括法制建设和法制创新）保障国内各公民的权利平等，不使任何公民因族群（民族）属性而享有特权或被歧视，切实从政治上保障和促进每一个公民的自由而全面的发展，不断增强个人的公民身份和中华民族身份归属。二是要从经济方面促进民族交往交流交融一体。经济因素在民族问题上具有基础性作用，我国少数民族地区是国家统一、全国一盘棋、民族交融、多元一体的最大受益者。我们一定要顺应经济交往交流交融一体的发展趋势，更好地促进民族地区的加快发展，更好地促进民族地区与国内其他地区的共同繁荣发展。三是要从文化方面促进民族交往交流交融一体。我们一定要顺应文化交往交流交融的客观需要，既充分尊重和保持文化的多样性，又不人为强化、固化公民的文化差异属性，要更加重视促进各民族文化的交往交流交融，加强对一切族群文化与中华民族文化一体化、共通共融的宣传，反对任何形式的地方族群（民族）主义和大族群（民族）主义，不断强化各族干部群众的中华民族意识、国家意识和公民意识，不断增强各族公民对中华民族的身份认同，不断增强抵御民族分裂主义的免疫力。四是要从社会方面促进民族交往交流交融一体。我们一定要适应全球化、信息化、现代化的客观实际，适应国内外民族交往交流交融的客观实际，深刻认识促进国内外各民族人员交往交流交融的历史大趋势，不再强化中国是由56个民族（族群）组成的观念和做法。我们要适应社会发展的客观实际，促进各民族公民的交往交流交融，而不要人为地把这种差异和属性固定化和强化。要高度重视促进国内各民族人口的大流动，高度重视推进各族公民混居杂居，坚持计划生育基本国策，平等对待各族（族群、民族），大力推进国家通用语言文字的普及，特别重视教育在促进民族交往交流交融中的基础性作用。

此外，在系统阐述第二代民族政策主张的同时，胡鞍钢和胡联合还分别在《中国社会科学报》和《学习时报》上发表文章，就国外处理民族问题的模式和经验重申了自己的理解。①

二 "第二代民族政策论"的驳议

胡鞍钢和胡联合的文章发表以后，很快产生了反响。《新华文摘》等刊物及一些网站做了转载，各种赞同和支持的声音也通过网络不断反映出来，但正式支持的文章则鲜少见到，而公开的批评和驳论则大量出现。

首先公开提出批评的是张海洋，他在《中国民族报》中撰文指出：《第二代民族政策：促进民族交融一体和繁荣一体》这篇文章公开主张中国实施他们倡导的"第二代民族政策"，其目标就是搞民族关系"大跃进"。他批评一些"主流学者仍然不肯把民族文化多样性和民族认同意识当成中国的正面资产，仍然要把它当成国家的负资产来处理。在包括联合国在内的国际社会经过后现代反思，都把文化多元主义当成建构国民认同之本的背景下，他们这种落伍见识实在让人啼笑皆非"。②

紧接其后黄铸也发表文章指出："第二代民族政策"的作者用心是好的，但是急于实现民族融合和由此提出的一套政策措施是不可取的，也是难以实现的。这一套政策并不新鲜，早在1958年"大跃进"和1966年"文化大革命"中就实行过了。总体来说，应当承认我国现行民族政策是正确的、成效显著的，我们必须坚定地坚持下去，并不断加以完善，绝对不能轻易搞什么"第二代"，另起炉灶。③

2012年2月23日，中国民族理论学会召集在京的部分专家学者，就当前的民族理论热点问题举行座谈；4月7—8日，中央民族大学民族理论与政策研究中心在北京举办"民族理论研究热点问题学术研讨会"；7月30日—8月1日，中国民族理论学会在昆明召开第十次全国民族理论研讨会。这些会议一边倒地对"第二代民族政策"的观点提出激烈批评，认为"第二代民族政策"说试图重新构建我国的民族理论体系，背离了中国是一个统一多民族国家的事实和中华民族多元一体的历史基础，违背了民族的历史发展规律，无视中国民族区域自治制度的巨大优越性和已经取得的伟大成就。处理民族问题必须尊重民族发展的客观规律，自然实现各民族交往交流交融，而不宜人为倡导民族融合。也有学者认为，"第二代民族政策论"的要害是否定党和国家的民族政策，尽管可以做学术讨论，但不能违背宪法，越出政

---

① 胡联合、胡鞍钢：《"民族大熔炉"和"民族大拼盘"：国外民族政策的两大模式》，《中国社会科学报》2011年10月20日；胡联合：《国外是如何处理民族问题的》，《学习时报》2011年11月7日。
② 张海洋：《民族团结是中国立国之本》，《中国民族报》2011年12月30日。
③ 黄铸：《何为"第二代民族政策"》，《中国民族报》2012年1月13日。

治底线。这些批评普遍把"第二代民族政策"的提出和民族问题的"去政治化"和"文化化"的观点联系起来,认为"第二代民族政策"的提出是"去政治化"理论的逻辑发展。

2012年2月3日—5月11日,郝时远在《中国民族报》上连续11期发表论文,分别以"中国民族政策的核心原则不容改变"、"反恐反分裂的族别、地区指向极端错误"、"国际经验的比较和借鉴必须实事求是"、"巴西印度能为中国民族事务提供什么'经验'"、"关于构建中华民族的几点思考"为题,对"第二代民族政策"的论点做了全面批评。与此同时或稍后,他又在《新疆社会科学》、《西北民族大学学报》、《世界民族》、《中南民族大学学报》和《环球时报》、《贵州民族报》等报刊上撰文重申和强调了自己的观点。

郝时远是把"第二代民族政策论"和"去政治化"联系起来分析的。他在其"中国民族政策的核心原则不容改变"部分指出:中国的民族区域自治制度不是"苏联模式",用"苏联模式"括套中国解决民族问题的制度、政策和实践而提出"去政治化"主张,是一个违背事实的伪命题。据此以"第二代民族政策"之说来取代"真正的民族平等"核心原则是理论和实践的误导。中国民族政策的核心原则就是各民族真正的平等,即各民族在政治、经济、文化和社会生活等方面享有无差别的社会平等权利。在统一的多民族国家,"真正的民族平等"是族际关系团结互助、和谐共融的前提。平等、团结、互助、和谐的社会主义民族关系,就是中国巩固和发展的族际关系境界。"第二代民族政策"的提出者认为,"我国少数民族地区是国家统一、全国一盘棋、民族交融、多元一体的最大受益者"。这种"最大受益者"的说法,是不是意味着除了民族地区外还存在"非最大受益者"的地区?汉族聚居地区难道不是改革开放、西部大开发战略的"最大受益者"?从改革开放东部率先发展,到一定阶段实施经济发展重心的转移——西部大开发战略,这是"两步走"发展战略的必然结果,也是各民族共同团结奋斗、共同繁荣发展的必然要求。既然立意于"国家统一、全国一盘棋、民族交融、多元一体",那就是各民族人民都是"最大受益者"。西部地区、民族地区在经济社会发展进程中"受益",体现了中国特色社会主义制度的优越性,作为这一制度有机组成部分的民族区域自治制度的优越性就是使中国各民族人民受益。今天中国的发展不是1958年"超英赶美"的自我想象,西部地区、民族自治地方的快速发展、跨越式发展也不是1958年的"大跃进"和"多快好省",中央倡导促进"民族交往交流交融"的目的是要各民族在共享经济社会发展成就中相互认知、相互认同、相互包容,而不是重刮1958年的"民族融合风",更不是取消民族政策的所谓无差别"公民平等"。只有各民族真正平等,才能实现广泛的交流、才能保持和睦的交往、才能成就自觉的交融,这是通则和公理。坚持和完善以各民族真正平等为核心原则的制度和政策,才能巩固和发展社会主义民族关系,才能促进各民族的交往交流交融。①

在"反恐反分裂的族别、地区指向极端错误"部分,郝时远指出:在当代中国的发展进程中,面对反对和打击"三股势力"的严峻斗争,这是不争的事实。但是,"三股势力"毕竟是由一个国家的国民、一个地区的民众、一个民族(或宗教)的群体中的极少数极端主义

---

① 郝时远:《中国民族政策的核心原则不容改变——评析"第二代民族政策"说之一(上、下)》,《中国民族报》2012年2月3日、2月10日。

分子组成，因此也必须在防范、反对和打击这些势力的斗争中防止出现类似西方学者所说的"一种危险的倾向，就是将少数人的行动归因于整个社会的政治或文化缺陷"。这里所说的"社会"包括国家、地区、民族、宗教和阶层。"三股势力"的共同特点是极端性，并自诩代表了某个民族、某块领土、某种宗教的利益，而反对"三股势力"的斗争如果指向某个民族、某个地区、某种宗教、某个阶层，不仅同样具有极端性，而且是对"三股势力"自诩代表性"宣示"的承认或迎合，因此是极端的错误观点。"第二代民族政策"提出者族别性的"草根阶层"和"地方民族精英"的指向并没有区分"极少数"、"少数"、"个别"，而是为渊驱鱼式地指向了一个"我族类"的整体，即某个少数民族的草根阶层和精英阶层。当然，这种指向有一定的历史观念根源和现实心理市场。在一个多民族国家中，如果产生或形成对某个族别的整体性不信任，就不可避免地会造成族际之间的隔阂甚至对立而不是"交往交流交融"。

"第二代民族政策"对行政区划问题的强调同样服务于族别、地区的这一指向。其实，中国的省区市布局，随着经济社会的发展、城镇化、人口流动、生态环境保护、行政管理体制层级繁复等诸多因素的作用，必然要进行改革和调整，而且各层级民族自治地方的辖区也一定会在这种改革和调整中有所变化，这是可以预期的"全国一盘棋"的布局。但是，这种改革和调整并不包括质疑、削弱、取消民族区域自治制度。早在苏联解体之际，曾经出现过一种建议，即将地域广阔的自治区拆分开来以消除培植民族分裂"天然土壤"的"领土"，通过类似于"多封众建"式的权利划分而相互制约，等等。"第二代民族政策"提出者认为："必须清醒地认识到，处理民族问题必须要有智慧和策略，应善于采取'非政治化'的方法。"然而，他们总结的"国际经验教训"——"防止草根阶层"——"通过制度安排"——两个"不允许"——行政区划管理体制改革——等等，当然不是"非政治化"的"智慧"，也不是"文化化"的"策略"，而恰恰都是非常"政治化"的要求。

事实上，中华文明之所以数千年传承不懈，其中就包含了历朝各代对"五方之民"及其后裔多样性的治理之道，"天下统一、因俗而治、和而不同（或不同而和）"就是"三位一体"的高度政治智慧，中国的民族区域自治制度不仅体现了中国历史文化传统中的这些智慧，而且也顺应了现代国际政治中普遍以"自治模式"处理和解决民族问题、地区问题的政治实践的发展趋势，因此中国"在统一国家原则下实行民族区域自治制度"是符合自身历史和现实国情以及世界潮流的"先见之明"。看不到这一点，将中国的民族区域自治制度绑架在"苏联模式"之上，就难免会重蹈历史上"非我族类"、"分而治之"、"以夷制夷"的所谓"政治谋略"的老路。①

在胡鞍钢和胡联合的文章中，"借鉴和吸取国际上处理民族问题的成功经验和失败教训"是其论证"第二代民族政策"的重要依据，占约1/3的内容，而郝时远在其系列论文中也用了约1/3的篇幅做了驳议。

在"国际经验的比较和借鉴必须实事求是"部分，郝时远指出：在解决民族问题方面，

---

① 郝时远：《反恐、反分裂的族别、地区指向极端错误——评析"第二代民族政策"说之二（上、下）》，《中国民族报》2012年2月17日、2月24日。

中国虽然形成了符合国情特点的制度、法律和政策，但是绝不排斥吸收和借鉴国外的成功经验。学界有关世界各国民族问题与民族政策的研究，不仅为国人认识"民族大千世界"展开了国际视野，而且为吸收和借鉴提供了智力支持。但是，吸收和借鉴人类社会的文明成就，绝不能脱离实际，即"国际经验教训"来源国的实际和本国的国情实际。在"第二代民族政策"说的"国际经验"评介中，认为世界上大体存在两种民族政策：一是"民族大熔炉"、二是"民族大拼盘"（或称马赛克模式），这种看似高度抽象的概括并不确切。抽象的概括不是"诗学化"的描述，而是在把握事物的本质基础上的理性升华。"第二代民族政策"提出者大而化之地对世界范围处理和解决民族（种族）进行的"两种概括"，并由此做出诸多空洞无物的"大判断"——"通过近代几百年的实践证明，大熔炉模式是解决民族（种族）问题比较成功的方法，虽然其间由于促进民族交融一体、强调公民不分民族（种族）身份的权利和义务平等而难免会产生一些民族摩擦和民族冲突，但是却能够有效地防止民族矛盾和民族冲突演变为民族分裂问题，最突出的典型是美国、巴西、印度等大国"，完全不符合实际的判断。所谓"民族大熔炉"的本质是同化，而且通常是强迫同化，其实践包括斩尽杀绝、驱赶围困、分化迁居、语言禁止、身份归化等制度性的措施，体现了人格优劣、种族歧视、消除差异、剥夺权利、强制划一的"公民平等"；而所谓"民族大拼盘"的本质是分治，其实践包括联邦制、民族区域自治、民族自治、民族地方议会、保留地等制度性的安排，也包括更为普遍的多元文化主义社会政策的实践，体现了承认存在、尊重权利、消弭冲突、平等相处、多元一体。

郝时远认为，在美国历史上，并不存在所谓"第一代"、"第二代"，甚至"第三代"的"大熔炉模式"。用这种所谓"代际"之说来为"第二代民族政策"寻求美国经验，是对美国"种族融合政策"的误读，也是对中国解决民族问题政策实践的误导。民权运动以前的美国"种族融合政策"的本质是种族歧视，民权运动以后的政策取向是反种族歧视。这种从歧视到反歧视的政策转变，在加拿大、澳大利亚等典型的移民国家都是一样的。美国虽然不存在"中国式"的民族识别，但是美国的"种族识别"、"族群归类"则是官方始终坚持的基本原则。"第二代民族政策"提出者认为美国"不得以种族身份为理由在政治任命、选举、教育、工作机会等方面给任何人以优待或歧视"之说，是不符合事实的断言。以"肯定性行动"为代表的具有"优惠"、"照顾"、"倾斜"为特点的政策，就凸显了"种族"和"族群"等身份。"第二代民族政策"提出者在"国际经验"的借鉴中，认为美国等"大熔炉"的国家"特别是不容许任何一个族群生活在一块属于自己的历史疆域内"，"特别是不允许任何族群有自己的历史地域范围和特权，因此，即使发生族群矛盾和族群冲突，也不会演化成民族分裂问题"。事实上，美国、巴西这些国家根本没有这样的"经验"，对印度来说更是无稽之谈。对美国等国所谓"特别是不允许任何族群有自己的历史地域范围和特权"的称道，当然是为了指点中国。如果说美国印第安人"保留地"之类是个"例外"，那么中国各民族（少数除外）地域性分布聚居则是千百年来的历史通则。绝大多数少数民族如同绝大多数汉族一样，经年继世生活在目前的聚居地区，也就是生活在"自己的历史地域范围"。这不是谁"允许"或谁"不允许"的问题，而是一个统一的多民族国家典型的自然、历史结构性格局。在中国，依据宪法规定在少数民族聚居地区实行历史因素与现实因素、政治因素与经济因素、民族因素与地区因素相结合的自治,既不是美国印第安人的"保留地",也不是因纽特人的"自治区",更不是苏联的加盟共和国。看不到这一点,所谓"国际经验教训"的借鉴,如果不是牵强附会,就一定是违背事实。"第二代民族政策"提出者所有关于"国际经验"的落脚点,都是服务于美国的种族冲突、族群矛盾没有"演化成民族分裂问题"这一虚构的假说。美国是一个典型的移民国家,自其结束了"殖民地"与"宗主国"的关系独立建国之后,加入美国国籍、成为美国公民是黑人争取人权、后续移民做"美国梦"的最大目标。美国对国民、移民的治理,从防范的角度讲,是通过移民法、归化法来控制"加入美国",而不是防止"分裂美国"。当然,这并不是说美国就没有内源式的民族分裂主义和独立运动。事实上,美国存在各种各样的种族、民族分裂问题。①

在"巴西印度能为中国民族事务提供什么经验"部分,郝时远着重谈了巴、印两国在处理民族问题方面的主要做法和政策,说明了与中国的差异和不可取之处。郝时远认为,在关涉巴西种族问题的研究中,离不开印第安人、殖民者、黑人奴隶、各色移民的关系,其中历史上的"同化政策"等强制措施亦是重点。至于对巴西人的种族融血、"种族融合"现状的描述和评介,并不意味着是对一种成功处理族际关系"经验"的推介或赞扬,而是对一种"历史过程"产生的"现实结果"的描写。这个历史过程就是巴西的"白化"政策,即鼓励白人殖民者通过屠杀和性关系从生物学和肤色上消灭印第安人、黑人等"劣等种族",也通过对印第安人的姓名、语言禁止和葡萄牙语的推行,以及宗教的教化等同化措施,使印第安人的部落、文化、语言、习俗在不断"碎片化"的过程中趋于灭绝。这种充满暴力、强制、阴谋等罪恶的"历史过程",的确产生了所谓"民族大融合"式的"现实结果"。但是,这种"现实结果"绝不是令人称道或仰慕的"经验"。巴西作为世界新兴经济增长体的"金砖四国"之一,在21世纪的经济社会发展中取得了骄人的成就,但并没有解决自己的民族问题,包括种族问题和地方分离主义问题。巴西与美国的不同之处,在于历史上没有搞"种族隔离制度",但是几个世纪的"白化"政策并没有使全体国民变成"白人",所以在美国民权运动之后,巴西亦步亦趋地取消了以"白化"为核心的同化政策,但是又不得不面对承认种族、土著、亚裔等国民成分多样性及其平等权利的现实,以致一个"种族融合"程度最高的国家,也需要继续向美国的"肯定性行动"学习,以至于解决讳莫如深的种族不平等问题已经开始在国家、社会层面"蔚然成风"。

关于印度部分,郝时远指出,"第二代民族政策"提出者认为印度独立以来大力推行类似美国、巴西的"民族大熔炉"政策,着力将上百个传统部落和土邦构建为一个统一的"印度民族","不搞民族识别","千方百计"通过语言政策、历史教科书、音乐、电影等工具强化国民的"政治与文化认同",所以已经"比较牢固地建构起了'印度民族'的身份和身份认同,有力地维护了印度国的统一和安全稳定",所以印度也属于没有"演化为民族分裂问题"的"国际经验"之列。但是,这些绝非作者自主的实证研究,不过是以讹传讹的假说。事实表明,就国际范围比较而言,世界上没有哪一个国家像印度那样存在数量众多的语区性、

---

① 郝时远:《国家经验的比较和借鉴必须实事求是——评析"第二代民族政策"说之三(上、中、下)》,《中国民族报》2012年3月2日、3月9日、3月16日。

民族性、宗教性的分离主义运动，也没有哪一个国家像印度那样存在类型繁多的本土恐怖主义暴力活动。不能否定印度建国以来对"落后阶级"实行的教育、就业优惠政策在消除贫困方面取得的成绩。但是，印度试图用"落后阶级"或"社会欠发达群体"来掩盖种姓的不平等，显然是失败的。"第二代民族政策"提出者认为，中国应该"把对以族群（民族）成分为优惠照顾帮扶对象的政策调整为对处于贫困弱势处境的公民为优惠照顾帮扶对象的政策，以不断淡化各族群（民族）意识，强化公民意识和中华民族意识"。如果这一思路来自"印度经验"，那么这个"印度经验"属于完全不符合印度实际的"伪经验"。①

在"关于构建中华民族的几点思考"部分，郝时远认为："第二代民族政策"提出者的文章突出强调了"中华民族意识"问题，但是为此而求取美国等国家的所谓国家民族建构的"国际经验"，脱离国情实际地进行"国际比较"，用以证明中国解决民族问题的"失误"，构建中华民族的"缺失"，结果只能适得其反。在"第二代民族政策"提出者的心目中，20世纪50年代中国政府开展"民族识别"是学习"苏联模式"的"失误"之源。殊不知真正促成"民族识别"的本土学术资源并非来自苏联的影响，而主要是西学的知识体系。郝时远在文章中回顾了20世纪30年代我国学术界关于"中华民族是一个"的论争及其影响，指出"中华民族是一个"与"民族识别"的结合产生了"多元一体"，这是学界先辈留给我们的遗产。无论近现代以来有关"中华民族"的概念之争有多少种观点，中华民族（Chinese Nation）作为统一的多民族国家的国家民族（state nation）就是代表中国各民族人民的总称。中华民族是由全体中国人组成的一个民族共同体，是中国人自立于世界民族之林的唯一代表和民族标志。对中国来说，中华民族这一国家民族概念，虽然仍存在对其内涵的认知与理解问题，但是根本不存在引起"取消"或"保留"之争的问题。20世纪50年代包括民族识别在内的民族大调查所产生的学术成果之一，就是中华民族。包括海峡两岸关系中最大公约数的共识，"一个中国"的民族共同体表达，就是两岸人民同属中华民族。因此，如果按照经典民族国家"一族一国"的理论括套，那就是"一个中华民族、一个中国"。这在概念上不存在歧义，但是要达成广泛、深入、稳定的自觉共识（自觉认同），则是民族国家建设的任务。近代以来，中国的民族国家建设从思想理论到政治实践，已经历了百年。有关"民族"、"国族"及其"主义"的解读和阐释也数度形成高潮，但是"中华民族"的国家建设仍是一个正在进行的过程，而且也还处于初级阶段。党和国家在大力推进经济社会发展进程中，倡导各民族在共同团结奋斗、共同繁荣发展基础上的"交往交流交融"，就是为了增强各民族的"中华民族化"，其中通过国家教育体系推广汉语普通话，就是在促进各民族的"交往交流交融"。在这方面，国民教育体系的建设和发展可谓任重道远。但是，实现国家通用语言文字的普及，离不开经济生活的需求，这种自觉的需求是教育实现程度最强劲的动力。不仅如此，在关涉各民族交流融通的社会生活各个层面，民族意识消长、人口流动广泛、族际通婚普遍等诸多方面也只能在经济社会发展进程中自然发生，而不是改"民族"为"族群"，改"三个离不开"为"三个分不清"就可达成的。中华民族建构，是通过国家的力量实现中国各民

---

① 郝时远：《巴西印度能为中国民族事务提供什么"经验"——评析"第二代民族政策"说之四（上、中、下）》，《中国民族报》2012年3月23日、3月30日、4月6日。

族、各阶层、各地区在政治、经济、文化和社会生活共同性基础上产生心理、感情升华的必然结果。这的确需要"人工培育",但不能"揠苗助长"。①

郝时远的这些文章系统、全面,颇具针对性和说服力,是批评"第二代民族政策论"的代表性作品。

关于其他的批评文章,因发表报刊比较分散,金炳镐将其编纂成书,以《评析"第二代民族政策"说》为题,2013年1月由中央民族大学出版社出版,基本可以反映概貌。

金炳镐着重从政治原则上对"第二代民族政策论"做了批判,他认为"第二代民族政策"说违背了中国特色社会主义民族理论,是主张者的政治臆断,这一观点是民族问题"去政治化"的必然延续,违背了民族和民族问题的发展规律,也违背了中国特色社会主义民族政策。一个国家的基本国情是这个国家实行什么样的政治制度、政策等的最基本的前提。符合中国基本国情的中国共产党的民族政策,行之有效,取得了辉煌的成就。不顾我国的基本国情,不顾民族发展试图超阶段地实现"民族融合",这是急躁冒进的"左"的思想的反映,不利于统一多民族国家的长治久安。②

做出类似批评的还有龚学增和熊坤新等。龚学增认为:关于如何在新的形势下,从国家长治久安的战略高度,进一步正确认识妥善处理好我国民族问题的各种观点和建议,反映了当前民族研究领域思想的活跃,有益于不同观点的交流、借鉴和吸收。但是,由于现实民族问题的政治性、敏感性,有些观点公开发表出来已不是单纯的学术性探讨和正面的建言献策,而是出现了与党和国家现行民族工作基本制度、方针政策相矛盾的现象,需要高度关注。"第二代民族政策"提出者关于"促进民族交融一体和繁荣一体"的政治设计是不慎重的。新世纪新阶段,在国内外错综复杂的形势下,我国民族问题确实面临严峻的挑战,特别是国内外分裂势力和国际敌对势力极力利用民族问题破坏我国民族团结和祖国统一,反分裂斗争依然长期复杂尖锐。在这种情况下,民族政策需要与时俱进,不断充实完善,民族工作不断改进,这是没有问题的。但是,经过实践检验是正确的基本的民族工作的制度、方针、政策,则必须保持连续性、稳定性,必须坚持,不能动摇。道理很简单,因为随着社会的不断发展进步,几千年形成的中国民族国情没有变,党和国家的民族政策正是基于中国的民族国情基础上的。既然如此,就没有必要将党的民族政策分为第一代和第二代。"第二代民族政策"的提出者在其洋洋洒洒的长文中,只提要制定实施"第二代民族政策",却对他们认为的"第一代民族政策"除了说明仅限于"识别56个民族,保持56个民族团结发展"之外,没有进行基本的正面评估。言外之意很明确,后面的论证,特别是"促进民族交往交流交融一体"的政治设计,实际上是引发人们对于以往党的民族基本政策的怀疑,是以改变党的现行的基本民族政策和制度的方式来推进他们所主张的所谓"交融一体"的目标。③ 熊坤新也指出:有人想通过制度化行为来"促进民族交融一体和繁荣一体",像处理民族问题"去政治

---

① 郝时远:《关于构建中华民族的几点思考——评析"第二代民族政策"说之五(上、中、下)》,《中国民族报》2012年4月13日、4月20日、5月11日。
② 金炳镐主编:《评析"第二代民族政策"说》,中央民族大学出版社2013年版,第17—18页。
③ 龚学增:《正确理解和把握党中央提出的"各民族交往交流交融"》,载金炳镐主编《评析"第二代民族政策"说》,中央民族大学出版社2013年版,第102—106页。

化"一样，也许其主观愿望是好的，但严重脱离客观现实，根本不具有可操作性。而且如果真的按照这种所谓"新思路"来处理中国的民族问题，在可预知的情况下，很快就会乱套。解决民族问题急不得，"心急吃不得热豆腐"，"欲速则不达"，我们必须要按照民族发展规律来办事，必须要按照我国的实际国情和民族情况来办事，既有的民族理论和民族政策基本上都是正确的，至多只是需要不断修订、补充和完善的问题，根本用不着全盘否定和推倒重来。①

在批评"第二代民族政策"的文章中，都永浩的《什么样的民族政策可以保证中国长治久安》，以其36页的大篇幅和批评语言之尖锐引人注目。他说："第二代民族政策"没有新意，其主要观点在一百多年前的中国就已经出现，国民党政府还部分实施过，产生了灾难性的后果，加速了其政权在大陆的灭亡。一百多年后的今天，"第二代民族政策"的作者还想重蹈覆辙，相信历史不会后退，同时中国也无力承担实施"第二代民族政策"所造成的国家动荡、民族冲突的后果。"第二代民族政策"的作者为了论证其观点的正确和可行，列举"成功"的"民族大熔炉"国家和"失败"的"民族大拼盘"国家为自己的观点举证，但遗憾的是，这些例证不是被歪曲，就是以偏概全，严重失实。"第二代民族政策"的主要观点，从内容上看完全脱离中国的现实国情，所举例证不仅不能佐证其观点，而且所述内容严重失实，甚至有颠倒黑白之嫌。"第二代民族政策"的作者试图用否定民族的集体权利、强调公民个体的平等权利的方法解决民族问题，可以说，这样的愿望是理想化的。"第二代民族政策"说否定少数民族的集体权利将会使民族分裂活动加剧，将会使我们反对达赖集团及其他分裂势力的斗争陷入极其困难的境地，使中国在解决民族问题、维护国家统一的一系列措施上失去可以回旋的空间。"第二代民族政策"意味着必须修宪和修改、取消其他法律规定，在各民族的民族认同仍然很明确、很强烈的情况下，这无疑会给国家带来灾难。"第二代民族政策"是很不智慧的说法，如果民族问题真的如此简单，民族问题或许早就不存在了。②

针对"第二代民族政策"论者在文中将各国民族政策分为"大熔炉"和"大拼盘"两种模式的观点，周少青根据威尔·金利卡近期的一项题为"多元文化主义政策指标"的研究，对当前世界各主要国家民族政策的一般事实做了分析，然后批评说：当前我国学界在民族问题的国际比较研究中，普遍存在基本概念的不对接、基本事实的不一致和基本结论的巨大分歧等现象。甚至面对同一个国家，不同的论者往往持有不同的事实和价值判断，并继而提出不同甚至迥然相异的国际"经验"和"教训"。希望民族政策的国际比较研究建立在弄清有关国家民族政策和立法的事实基础之上。③ 这一批评不无道理。

此外，《黑龙江民族丛刊》从2012年第1期开始，组织刊登了"民族理论前沿研究系列论文"，包括《中华民族：是"民族复合体"还是"民族实体"?》、《民族与族群：是概念的

---

① 熊坤新：《处理民族问题必须遵循民族发展规律》，载金炳镐主编《评析"第二代民族政策"说》，中央民族大学出版社2013年版，第47—54页。

② 都永浩：《什么样的民族政策可以保证中国长治久安》，载金炳镐主编《评析"第二代民族政策"说》，中央民族大学出版社2013年版，第55—91页。

③ 周少青：《当前世界各主要（多）民族国家民族政策的事实缩略》，载金炳镐主编《评析"第二代民族政策"说》，中央民族大学出版社2013年版，第257—262页。

互补还是颠覆?》、《民族问题"去政治化"、"文化化":是"新思路"还是"老套路"?》、《民族融合:是当前促进还是将来实现?》等。金炳镐和他的学生成为这些论文的主要作者。该刊"编者按"称,目前中国的民族理论研究事实上正在形成三个学派,即马克思主义民族理论学派、西方民族主义理论学派和现实主义学派。该刊组织的这些论文,"是马克思主义民族理论对近些年来的'西方民族主义理论学派'一系列观点的一次系统性回应和批判",而其中也包括了对"第二代民族政策"论点的批判。

三 关于"第二代民族政策"讨论的分析

在对"第二代民族政策"论的批评中,很多文章都把这一论点与在民族问题上的"去政治化"主张联系起来,认为这两种观点的本质是一样的,"去政治化"是对我国现行民族政策的理论否定,"第二代民族政策"是在此基础上的政策构想。但"去政治化"的提出者马戎却并不认同这一点。他撰文专门做出澄清,并就"第二代民族政策论"的讨论表明立场,而他的观点也仍然是对"第二代民族政策论"的批评。

他认为:我们在思考如何进一步加强"中华民族"共同意识的同时,对56个民族所呈现出的"多元"必须给予足够重视,尊重少数民族的宗教与历史传统,切实保障这些文化遗产的继承与发展,努力关注少数民族在现代化进程中面临的各项具体问题。忽视了"多元",就无法建立巩固的"一体",唯有在共同发展、共同繁荣的基础上,我们才能够真正巩固和发展各民族对"中华民族"的政治认同、经济认同和文化认同。在"中华民族多元一体"的整体框架下,"一体"和"多元"两方面不可偏废。在中国这样一个地域辽阔、族群众多的国家,由于历史发展进程各不相同,各群体间必然在许多方面存在不同程度的差异,因此,在族际交往和共同发展的过程中,一定要充分考虑到各族之间的差异性。必须尊重族群之间的多样性和社会发展的渐进性。在中国近代史中,爱国始终是少数民族精英的主流,现在活跃于国家建设各行各业的我国少数民族精英们,包括广大干部、知识分子、社区领袖、宗教人士、企业家等,绝大多数在1949年后出生,在党领导的学校里接受现代学校教育,在各级政府和不同的社会机构中发挥作用,他们在广大少数民族民众中有很大的影响力。多年来政府推行的民族理论教育和民族干部选拔体制,也使少数民族精英一般具有较高政治素质和较强民族意识及责任感。因此必须坚定地尊重和依靠少数民族精英。在维护国家统一、反对民族分裂活动的同时,我们必须时刻警惕"大汉族主义"的动向和危害。如果我们由于无知或者"无所谓"的态度伤害了其他各民族人士的感情和权益,导致他们对祖国产生隔阂,这种行为就是对国家和人民的犯罪。因为这种行为在客观上就是帮助境外敌对势力破坏中国的软实力,破坏中国在21世纪建设一个和谐社会并完成向现代化国家的艰苦转型。毋庸置疑,进入21世纪后,反对"大汉族主义"仍将是中国社会面临的一个长远的历史任务。大汉族主义本质上是一种排他、狭隘的大民族主义。当然,在坚决反对大汉族主义的同时,我们也要反对一切排他和狭隘的地方民族主义。

当然,马戎也对其他批评者的"上纲上线"表示不赞同,认为即使有些观点不十分全面,也应该理性地分析对待。因为他相信大家都是在努力思考如何改善当前的民族关系,并为国家统一、民族团结的百年大计出谋划策。因此主张大家相互尊重、心平气和地开展学术讨论，在学术上大家努力思考如何相互拾遗补阙。①

连被公认为与"第二代民族政策"作者同一阵营的马戎都表态反对，说明这一观点的确有违公理了。可能也正因为这一点，"第二代民族政策"论的作者虽然仍在一些场合对自己的观点做了重申，但并没有对上述批评做出正面的回应。当然，并不是没有赞同意见。就在"第二代民族政策"论受到普遍批评的同时，仍然有人发表文章，称现行民族政策使"民族的特殊性被不断地放大"、"娇惯纵容"了少数民族，提倡"减少民族间的异质性，促进民族间自然融合"。② 只是这样的文章并不多。

"第二代民族政策"论的提出并非偶然。长期以来，我国经济社会发展的大潮冲淡了人们对民族问题长期性的认识，汉族人口占绝大多数的国情使人们对多民族的存在及其权益关注不够。而随着现代化的推进和民族问题的增多，人们在"反思"问题缘由的时候，映入眼帘和脑际的又都是对少数民族"照顾"、"优惠"的"不合理"，想到的办法又是最传统的消除异己的"融合"和"一体化"。对"第二代民族政策"批评的反应之快、文字之系统、分析之深刻都是这一主张提出者和响应者远不可及的。"第二代民族政策"的提出和讨论，反映了中国社会在民族问题和民族政策知识方面的一种明显缺失：即大多数人不甚了解中国民族问题的国情，不甚了解中国民族政策的真正含义，不甚了解国际社会在尊重民族和文化多样性及其权益保护问题上不断增长的共识。在当今知识爆炸的时代，民族知识的缺失在此便显得尤为不合时宜。而当这种缺失变为想当然的"建议"和"对策"的时候，自然要遭到民族问题实践和理论上的强烈对撞了。如果说"第二代民族政策"讨论有着不期然的收获的话，那应该首先就是使民族知识和民族理论政策得到一定的普及。这种普及对克服我们社会不应有的茫然是绝对必要的。

当然，收获的不仅是普及，也有民族问题研究本身得到的推进。除了上述直接针对"第二代民族政策"所提问题外，参与讨论的学者还把分析的视角扩展到更为深入和广泛的领域。

如李红杰对平等观、发展观、国家观和方法论等重大议题做了自己的探讨。他指出：平等是现代民主政治的核心理念，是当代政治合法性的前提和基础。然而，由于平等理念在内涵和实际运作上的多义性和复杂性，人类对它的认识、理解、掌握和实践，并不是一蹴而就的。这在民族事务上表现得尤为突出。有人主张以"公民平等"否定民族平等，表明了他们在平等理念上的困惑和误解。对此，应从"包容性平等"切入，为公民平等与民族平等的互补与统一，为处理好当代民族事务构建理念基础。他对目前学界普遍提倡的"民族国家构建"做了激烈批判，认为世界进入近代以来，民族国家与同化主义结成天然联盟，成为各国普遍的政策选择。持续数世纪的民族国家建构，无论是在各国的现代国家整合进程方面，还是在形成以主权国家为基本单位的现代国际格局方面，都有一定的历史意义。但如果不能与时俱进，不及时超越民族国家的历史局限性，其结果是悲剧性的。他认为，我国已经结束了

---

① 马戎：《如何进一步思考我们现实中的民族问题——关于"第二代民族政策"的讨论》，《中央民族大学学报》2013年第4期。该文根据作者文集《中国民族史和中华民族共同文化》（社科文献出版社2012年版）中"关于当前我国民族问题的进一步讨论"一文的第二部分修订而成。

② 马宁宁：《对我国民族政策的几点思考》，《商》2012年第6期。

民族国家建构而进入了"多民族国家"时代，向"民族国家"的回归是没有希望的。第一，这种回归意味着国家的建构要以民族因素为基础，而这种民族因素只能像民国时期那样的"二者选一"，要么是排他性的民族国家，要么是合众为一的"单民族"国家，两个路径都是对多民族国家的否定，都可能带来灾难性的后果。第二，向民族国家的回归，不仅会导致国家层面的"民族热"，并且随之也会带动各个民族的"民族热"。两种"民族热"的并行发展，已成为威胁国家建构的重要因素，在一定程度上削弱国家的整合。根本出路是，彻底摆脱民族国家的束缚，继续坚持多民族国家建构轨道。所谓的多民族国家，是不再建构在某一民族性之上，而是建立在公民身份与民族身份相互包容的理念基础上的国家。就民族而言，这样的国家建构意味着：第一，"国家越族"。无论是现在还是将来，国家的整合不再建立在族裔单一性的基础之上，而是以各民族共同利益为至上追求，这就是说，超越的是单个民族的族裔性，却能包容"一个都不少"的各个民族。第二，"民族去国"。将民族与国家联系起来，甚至等同起来，既是民族国家的核心内容，也是各种极端民族主义的理念源泉。割断和去掉民族与国家的内在联系，拨开民族与国家理念的挂钩，使任何民族分裂和分离主义失去逻辑、理念支撑，将民族事务变成多民族国家建构中一般的权利分享与共同发展的问题。第三，在"平等"理念基础上进行国家建构。①

  对"民族国家构建"做出这样的理解，尽管不一定会得到多数人的赞同，但对思考当前人们热议的"民族国家"、"多民族国家"、"公民国家"以及相关的民族问题都是有益的。

  再比如针对社会上对民族优惠政策的议论，毛公宁撰文指出：对少数民族和民族地区实行优惠政策，是解决少数民族和民族地区发展滞后，从根本上解决我国民族问题的迫切需要，是实现民族平等、促进各民族共同繁荣发展的必然要求，符合有关国际法的要求。在一个统一的多民族国家，公民权利平等固然十分重要，但它不能代替民族平等权利。少数民族作为一个弱势群体，除了享有一般公民权利平等以外，还有一些特殊的问题（如少数民族的生存权和发展权、少数民族语言文字的使用、民族风俗习惯和宗教信仰的尊重和保护等），需要国家采取一些特殊的政策措施来解决，以保证少数民族的基本人权得到切实保障。公民权利平等和民族平等权利是相辅相成、并行不悖的，不应把这两者对立起来和割裂开来。认为实行民族优惠政策是对汉族的不平等，主张取消这些政策，这种说法是站不住脚的。因为，我国现在实施的民族优惠政策，主要体现在区域政策上，比如中央对民族地区的基础设施建设投资、财政转移支付、税收减免、对贫困县的扶持、对民族地区教科文卫事业的投入、公共服务领域的投资等，都不是专门针对某些特定民族的，同一区域范围的各个民族，包括汉族，都得到了实惠。当然，这方面的政策也有一个调整和完善的问题，比如在一些边远地区和高寒山区，对长期在那里工作和生活的汉族干部群众的子女，是否也应当给予适当照顾，当地省一级政府，是否可以采取一些变通的办法，在本省高校招生中给上述地区的汉族考生适当加分或降低录取分数线，这是需要认真研究解决的。② 毕跃光也指出：如果民族优惠政策是

---

  ① 李红杰：《民族"视角"呼唤与时俱进——谈当前民族研究中的热点话题》，载金炳镐主编《评析"第二代民族政策"说》，中央民族大学出版社2013年版，第107—133页。

  ② 毛公宁：《关于坚持和完善民族优惠政策的几点思考》，载金炳镐主编《评析"第二代民族政策"说》，中央民族大学出版社2013年版，第161—162页。

"反向歧视"的话,那么,它也只不过是民族国家构建过程中存在的"正向歧视"的合理补偿而已。以目前指责最多的高考加分为例,对于母语不是汉语的少数民族考生,按汉语的方式进行思维、答题、作文,其难度要大于汉族考生,这是不争的事实。加之民族地区教学条件差、师资力量薄弱,适当的加分照顾是必要的。但有些论者将其上升到教育"不公平"的高度,实际上会给许多考生造成误导,许多落榜的汉族考生就有可能将自己落榜的原因归咎于少数民族的加分政策,从而形成对这一政策的敌视态度。实际上,中国的高考加分不是仅仅针对少数民族的,除了各类优秀学生加分外,还有退役士兵、烈士子女、归侨学生、归侨子女、华侨子女甚至灾区考生加分等。在有的省区,并不是每个少数民族考生都可以享受加分政策,而且照顾的分值也没有想象中的那么大。比如,云南省 2011 年的高考政策性照顾加分政策规定,符合条件的考生,在高考中可获得 10 分至 20 分的照顾加分或优先录取的待遇。同一考生增加的分值不超过 20 分。云南有 25 个世居民族,但享受 10 分照顾的仅有哈尼族、傣族、苗族、傈僳族、拉祜族、佤族、景颇族、瑶族、布朗族、怒族、阿昌族、普米族、德昂族、独龙族、藏族、蒙古族、基诺族、水族、布依族等 10 多个民族,而白族、回族、纳西族等均不在照顾之列,彝族和壮族考生也仅限农村户口考生;而享受 20 分照顾的却有如下内容:"汉族考生"(指土生土长或随父母到边疆,户口、上学逆推连续十年以上,现仍在边疆的考生),还有"农业人口独生子女报考省内普通高等学校者"。所以,对于这类优惠政策也不能大而化之地进行评判。其实,中国目前最大的教育不公平在于优质教育资源分布的不均衡,这是一种结构性的矛盾。[①]

而对于同样议论很多的民族区域自治,马俊毅则从政治哲学和人权理论的角度做了分析,认为在多民族国家,只保障公民权利,是无法保障少数民族的完整人权的。基于对少数民族成员人权的保护,实行对于少数民族特定权利的保障是许多国家通行的做法。我国对于少数民族的特定权利包括使用和发展本民族语言文字、保护和发展少数民族传统文化、少数民族保持或改革风俗习惯及宗教信仰的自由、少数民族干部培养使用这几个方面,其根本目的在于保障少数民族完整的人权。[②]

我国的民族理论研究长期以来因被冠以"僵化"、"教条"而被诟病。其实,改革开放以来,尤其是进入 21 世纪以来这种状况正在得到改变,而在关于民族问题"去政治化"和"第二代民族政策"这样的讨论中,不同观点的争论和对撞已几乎冲破了所有可以冲破的"禁区"。民族理论研究已经呈现了前所未有的活跃局面。只是,我们的讨论还是应该遵循应有的学术规则,也应该遵循应有的政治原则,以有利于民族平等团结、国家稳定和各民族共同繁荣为标准。而如果做到这一点,中国民族理论的进步和发展也便真的指日可待了。

---

① 毕跃光:《民族政策的核心原则不容动摇——评析"第二代民族政策"》,载金炳镐主编《评析"第二代民族政策"说》,中央民族大学出版社 2013 年版,第 156 页。
② 马俊毅:《论我国民族区域自治制度的政治优势》,载金炳镐主编《评析"第二代民族政策"说》,中央民族大学出版社 2013 年版,第 205 页。

辛亥革命100周年与中国民族问题研究述论

方素梅

1911年爆发的辛亥革命迄今已逾百年。作为20世纪中国发生的第一次伟大革命，辛亥革命具有不可磨灭的历史意义。一个世纪以来，对于辛亥革命的研究在不同领域展开，并不断走向深入。本文从民族研究的视角，对国内辛亥革命100周年的相关活动及论著进行述论，力求反映学界在深化辛亥革命研究方面的努力及其取得的进展。

一

在中国，没有哪场革命或运动像辛亥革命一样，引起社会各界如此高度重视和隆重纪念。特别是辛亥革命100周年来临之际，海内外华人纷纷举行各种形式的活动，以纪念这场深刻影响中华民族发展历程的伟大革命。

在民族工作和民族研究领域，有关部门和机构同样举行了辛亥革命100周年纪念活动。例如，中共中央统战部有关部门在北京组织召开"辛亥革命百年讨论会"，来自中国社会科学院、中央民族大学、云南民族大学、内蒙古大学的学者围绕"辛亥革命时期中国民族问题的演变"、"辛亥革命与中国现代统一多民族国家构建"、"辛亥革命前后的边疆危机"、"辛亥革命与中国近代民族主义"、"辛亥革命在处理民族问题上的历史局限性"等议题，进行了讨论和交流；国家民族事务委员会有关部门在呼和浩特组织召开"辛亥革命与中国民族关系"学术研讨会，与会专家学者从不同侧面，围绕"辛亥革命与中国民族关系"这个主题进行了热烈探讨；中国社会科学院民族学与人类学研究所在北京组织召开"中华民族与辛亥革命百年"学术讨论会，来自中国社会科学院、北京大学、中央民族大学、中共中央党校、中国藏学研究中心、中国人民武装警察部队学院、日本神户大学、社会科学文献出版社、日本藤原书店等机构的学者和专家，围绕辛亥革命时期的民族主义与民族思潮、辛亥革命与边疆民族地区的社会转型、辛亥革命与现代民族国家建构、辛亥革命与中华民族伟大复兴等议题，进行了广泛的学术交流。

从2010年起，出版界策划举行的纪念辛亥革命100周年的活动即已开始，2011年达到高潮，并一直延续至今。据不完全统计，2011年出版的以"辛亥"或"1911"命名的著作、资料和读物在80多种。根据中国知网的搜索，2011年期刊发表的以"辛亥革命"为主题的各类文章达到2847篇，如果加上报纸、文集及其他媒体的文章和报道，其数量则是数不胜数。

民族研究领域的核心期刊如《民族研究》、《云南民族大学学报》、《黑龙江民族丛刊》，以及《中国民族》、《中国民族报》等报纸杂志，也组织了辛亥革命研究专栏，刊登了学者们对于辛亥革命与中国民族问题研究的最新观点与思考。

上述情况说明，辛亥革命100周年纪念活动形式多样，盛况空前，受到社会各界高度重视。在当下及未来一段时期里，辛亥革命研究仍将是学界关注的重要方向。

二

辛亥革命发生后，关于辛亥革命的研究即已开始，其中一直包含与民族有关的内容。在革命史观的影响下，相当长的时期里学者们将研究重点集中在少数民族对辛亥革命的贡献及辛亥革命对少数民族及民族地区的影响等方面。其代表作为林家有先生所著、1981年由河南人民出版社出版的《辛亥革命与少数民族》。其后，随着国内外学术交流的不断扩大和研究范式的转变，辛亥革命与中国民族问题研究的维度得到很大扩展。卓海波在《近年来辛亥革命与民族问题研究综述》（《云南民族大学学报》2011年第5期）一文中，将之归纳为辛亥革命时期革命派的民族主义、辛亥革命时期引发的边疆危机、民族地区开展的辛亥革命、"五族共和"思想对近代中国社会的发展、多民族国家的建构及边疆民族地区的发展所产生的影响等几大方面的内容。辛亥革命100周年出版和发表的相关论著，大多是对上述内容的进一步阐释和探讨。限于篇幅，本文拟就以下几个方面进行论述：

（一）辛亥革命与中华民族研究

20世纪80年代末，费孝通先生提出"中华民族多元一体格局"理论，引发了中华民族研究的热潮。辛亥革命与中华民族的关系，成为讨论的重点，其中黄兴涛的《现代"中华民族"观念形成的历史考察——兼论辛亥革命与中华民族认同之关系》（《浙江社会科学》2002年第1期）影响最大。

辛亥革命与中华民族研究，涉及如何评价辛亥革命的问题。一个世纪以来，对于辛亥革命的评价从来没有停止过，各种观点在不断地碰撞和交锋。辛亥革命100周年来临之际，社会各界重新审视辛亥革命的历史地位和现实意义时，纷纷给予史无前例的高度评价。正如胡锦涛在"纪念辛亥革命100周年大会"上的讲话中指出："辛亥革命推翻了清王朝统治，结束了统治中国几千年的君主专制制度，传播了民主共和的理念，以巨大的震撼力和深刻的影响力推动了近代中国社会变革。虽然由于历史进程和社会条件的制约，辛亥革命没有改变旧中国半殖民地半封建的社会性质，没有改变中国人民的悲惨境遇，没有完成实现民族独立、人民解放的历史任务，但它开创了完全意义上的近代民族民主革命，极大地推动了中华民族的思想解放，打开了中国进步潮流的闸门，为中华民族发展进步探索了道路。"可以说，这个阐述代表了学界的主流观点。

辛亥革命的历史功绩不仅仅在于推翻了君主专制制度，辛亥革命所传播的革命精神，一直成为激励中华民族不断奋进的动力，这正是纪念辛亥革命的社会价值所在，也是社会各界不断加深对辛亥革命认识之潜力所在。随着中国社会的进步，进一步探讨辛亥革命对于中华民族发展的意义，逐步成为学界重新评价辛亥革命的一个基本出发点或共识。郝时远在《辛亥革命与中华民族内涵之演变》(《民族研究》2011年第4期)中,以一百多年以来中国人对"民族"、"中华民族"的理解为线索,说明了辛亥革命对于近代中华民族复兴的意义。他强调:辛亥革命结束了中国延续两千多年的封建王朝统治,使中国在积贫积弱、遭受帝国主义列强百般欺凌的困境中,迈入了现代国家的门槛,走上了国家民族的整合之路,开启了中华民族伟大复兴的先声。现今,辛亥革命过去了一百年,这一革命所激发的中华民族自觉意识也经历了一个世纪的变迁。实现中华民族伟大复兴的目标已经确定,但是实现这一目标依然任重道远。为此,作者呼吁将"中华民族"写入宪法,使之成为国家根本大法确立的国家民族。

费孝通先生在阐述中华民族多元一体格局理论时,曾经指出:"中华民族作为一个自觉的民族实体,是近百年来中国和西方列强对抗中出现的,但作为一个自在的民族实体则是几千年的历史过程所形成的。"辛亥革命是中华民族由自在走向自觉的重要转折点,关于这一论题的研究不断展开。例如,都永浩的《辛亥革命前后的"中华民族"概念》(《中国边疆史地研究》2012年第3期),陆鹏、中和的《辛亥革命与中华民族意识——纪念辛亥革命100周年民族理论系列论文之六》(《黑龙江民族丛刊》2011年第6期),都重新对辛亥革命时期中华民族概念的演变过程进行了梳理。林家有的《辛亥革命与中华民族的觉醒》(广东人民出版社2011年版),则从更加广博的视角,对辛亥革命与中华民族的形成与发展,进行了较为全面的论述。全书分鸦片战争后中华民族自觉民族意识的形成、清政府的民族压迫政策与辛亥革命时期中国的民族问题、中华民族危机的加深与孙中山民族主义纲领的制定、民族资产阶级的民族观与解决辛亥革命时期民族问题的主张、资产阶级革命派的民族主义宣传与中华民族自觉意识的形成、辛亥革命与中华民族的复兴、资产阶级的民族主义思潮与辛亥革命的结局、辛亥革命与中国少数民族的觉醒、结语等几个部分,集中反映了作者多年来在辛亥革命与中华民族研究上的辛勤探索和创见。

辛亥革命与中华民族研究,不仅涉及中华民族观念的形成,还涉及国家认同、民族关系调整等,而这些又与近代民族国家建构密切相关,因此将在下面进行述论。

(二) 辛亥革命与近代民族国家建构

20世纪80年代以来,随着国际学术交流的逐步活跃,西方民族国家理论传入中国,对国内学术界造成了强烈冲击,无论是政治学、民族学还是历史学,都对民族主义、民族认同、国家观念等一系列与近代国家建构密切相关的理论概念和历史事实进行了探讨,每年都有一定数量的著述问世。辛亥革命推翻了清王朝统治,成立了中华民国,此一创举被视为开启了中国近代民族国家建构的新纪元。李禹阶在《辛亥革命与中国近代国家和民族的转型》(《红旗文稿》2011年第18期)中说:"辛亥革命不仅是一次结束中国封建帝制的革命运动,而且是中国近代国家与近代民族形成的新起点,是一次将封建王朝国家和以'夷夏之别'为标志的古代民族向近代世界主权国家和近代民族转化的政治革命与民族革命。这使辛亥革命在中国近代国家和民族产生、形成的历史进程中,具有划时代的里程碑意义。"在民族国家理论指导下,学界试图以不同于以往的视角来审视辛亥革命的历史地位与作用。

辛亥革命与近代民族国家建构,首先涉及思想论争和道路选择问题。论争的焦点集中体现在资产阶级知识分子的民族主义思潮及其实践上。以往的研究大多肯定了革命派的作用,对改良派思想主张的积极意义挖掘不够,随着辛亥革命100周年的到来,这种情况有了改变。郑大华的《辛亥革命与中国近代民族国家的初步建立》(《教学与研究》2011年第9期),通过对革命派和改良派建立"民族国家"的不同主张进行评析,明确指出在建立民族国家的问题上,无论就历史而言,还是从现实来看,立宪派的主张都要比革命派的主张正确得多,可以说立宪派的主张是近代中国建立民族国家唯一正确的选择。石碧球的《辛亥革命前后近代中国民族国家认同的形塑》(《思想战线》2011年第4期)和孙军的《辛亥革命与近代中国民族国家观念的确立》(《大连大学学报》2011年第6期),也认为辛亥革命对推动中国近代民族国家认同和国家观念的形成起到了积极作用。孙军还特别提出,改良派关于多民族国家思想的阐述,无疑为五族共和政策在中华民国的实行奠定了基础,在客观上也为新国家继承清帝国的法统提供了理论依据。

近代中国的民族国家建构主张,深受西方民族主义影响。以往的研究虽然指出了其中的关联性,但剖析仍显不足。陈建樾在《国族观念与现代国家的建构:基于近代中国的考察》(《云南民族大学学报》2011年第5期)中,把辛亥革命前后中国国族观念与现代国家的建构置于世界范围内的变革当中来考察,特别揭示了美国经验对近代中国建构现代国家的意义。他认为,现代国家的建构理论深刻影响了辛亥革命时期革命党人的宪政思想,期望通过"一国一族"的、以汉族为核心的国族的建构以建构民族国家。不过,西方诸多思想在中国的实际情况下,能否站得住脚却是需要慎重检验的。或许,效法西方似乎并不一定意味着要摒弃历史遗产,但如何利用现代国家建构的政治经验来处理"自己的历史遗产"却显然是一个决定成败的关键点。孙宏年在《辛亥革命前后治边理念及其演变》(《民族研究》2011年第5期)中,也揭示了西方思想对中国的影响。作者认为,辛亥革命前后仿"殖民"体制和"同化"理念是伴随着边疆治理的建议和"种族革命"问题的论战出现的,是中、西观念结合的产物,其中既借鉴了近代以来列强统治殖民地的做法,又吸收了中国历史上的大民族主义观念和近代西方"生存竞争"、强势民族"同化"弱小民族等观念。这是在研究辛亥革命和近代中国边疆史、民族关系史时无法回避的问题。

中国的近代国家转型,实际上在辛亥革命前夕就已经开始,特别是晚清政府实施的改革或政策到底起到了什么作用,学界的讨论较为热烈。例如化除满汉畛域问题,就引起了大家的关注,但是仍然有深入探讨的空间。李细珠在《清末预备立宪时期的平满汉畛域思想与满汉政策的新变化——以光绪三十三年之满汉问题奏议为中心的探讨》(《民族研究》2011年第3期)中,通过搜集已刊与未刊档案、官方文书、私人文集、日记及报刊等资料,具体探讨了光绪三十三年慈禧太后化除满汉畛域懿旨出台的原因,官绅奏议讨论的问题及其应对之策,以及清政府满汉政策的新变化,为观察清末满汉关系演变与清王朝覆灭问题提供了新的视角。再如新政问题,也是目前学界讨论的热点。扎洛在《清末民族国家建设与张荫棠西藏新政》(《民族研究》2011年第3期)中,把张荫棠在西藏举办的新政置于近代民族国家建设和国族建构的背景下进行考察,指出张荫棠的目的在于建立一体化的中央集权管理体制和建构具有同质文化的国族,但是,受单一民族国家理念的影响,特别是对"民权"(民主)思想采取排斥态度,使他未能充分关注当地的文化传统和利益诉求,因而未能实现其预期目的。作者认为,在某种意义上,张荫棠的西藏新政是对在中国这样一个多民族社会如何构建现代民族国家的历史性命题的尝试性解答，其中的得失利弊，值得深入研究。

中华民国成立后，开始了一系列制度建设，宪政便是其中最为重要的内容。方素梅的《民国初年的制宪活动与民族事务》（《民族研究》2011年第5期），以民国初期国内民族立法活动的考察为基础，分析民国初年宪法、国会组织法、参议院及众议院议员选举法的相关内容，以及其他有关少数民族事务的法律法规，揭示了民初立法活动中有关民族问题的规定产生的历史背景、现实条件及其社会意义和影响。作者认为，民初在开展法制建设的过程中，对民族立法给予了必要的重视，制定了相关的法律、法规，对于解决民国时期中国的民族问题，维护国家统一和领土完整，产生了积极的意义和影响，因此，民国政府为建构现代多民族统一国家所作出的努力值得肯定。

民族关系调整是近代民族国家建构的重要内容。辛亥革命时期，国内民族矛盾特别是满汉矛盾成为一个主要社会矛盾，同时也是革命派和改良派论战的一个焦点。因此，关于满汉关系的研究一直受到关注。其中，常书红的《辛亥革命前后的满族研究——以满汉关系为中心》（社会科学文献出版社2011年版），从近代社会变动的视角，对辛亥革命与满汉关系、民族认同，以及民初的满族社会与满汉文化融合等，进行了系统深入的考察；对以往学界关注不够的一些问题，也做了新的探究，有助于深化对近代满族社会变迁乃至整个近代中国社会历史发展的理解。此外，王希恩在《辛亥革命中的满汉矛盾及其影响》（《西南民族大学学报》2011年第10期）中认为，革命党的排满反满，否定了清政府统治的合法性，唤起了人民的觉悟，推动了辛亥革命的发生，但同时却模糊了帝国主义列强对中华民族的主要威胁，混淆了革命目标，培植了大汉族主义及其共生的地方民族主义，为革命后统一民族国家的建立和民族关系留下了隐患。作者强调，清末民初中国人民族意识的提升及其理论反应是中国近代民族主义的滥觞。它有两个实践源头，一是反帝，二是排满。两者有因果关系，但二者又产生了不同的历史影响。延绵于20世纪中国的各种民族主义其实都可以从这一时期找到源头。贾艳丽在《辛亥革命中的满汉冲突与调适》（《清史研究》2011年第3期）中，也对满汉矛盾及冲突进行了分析，指出以反满为口号的辛亥革命给满族人带来了心理伤害，给满汉关系造成新的紧张局面。

从总体上来说，辛亥革命在很大程度上推动了国内民族关系的新发展。这不仅反映在民族观论战中的双方观点趋向一致，也反映在民国政府所提倡的民族平等原则。那么，辛亥革命到底使国内民族关系在哪些方面得到调整？方素梅在《辛亥革命与中国民族关系新变化》（《云南民族大学学报》2011年第5期）中，对此进行了阐述。作者指出，五族共和思想的提出，为国内民族关系的改善提供了精神土壤；民族平等由国家宪法进行确认，成为资产阶级民主共和国的政治伦理道德原则，这在中华民族的发展史上具有积极的意义，对进一步改善中国民族关系，增强各民族之间的团结和联合，起到了推动作用。裴圣愚、秉浩在《辛亥革命与中国民族关系——纪念辛亥革命100周年民族理论系列论文之四》（《黑龙江民族丛刊》2011年第5期）中，也指出辛亥革命爆发之后，民族关系的主要特征、处理民族关系的基本原则和中华民族观念都有了根本性的转变，从华夷之辨到"民族平等"、从驱除鞑虏到五族共和、从汉族实体到多民族复合体，可以说，辛亥革命对中国民族关系产生了重要而深远的影响。

(三) 辛亥革命与边疆民族社会

辛亥革命与边疆民族社会的关系，主要包含三个方面的内容，一是少数民族对辛亥革命的支持和贡献，二是边疆危机和反分裂斗争，三是边疆民族地区的社会转型。一直以来，关于少数民族对辛亥革命的支持和贡献，以及辛亥革命时期的边疆危机与反分裂斗争，受到学界较大重视并取得了较为丰硕的成果，关于边疆民族地区社会转型的研究，则处于方兴未艾之中。将上述内容结合在一起，从宏观的视野来考察辛亥革命与边疆民族地区社会的关系，也逐渐成为一种趋势。

从宏观角度进行研究的著述有：冯建勇的《构建民族国家：辛亥革命前后的中国边疆》(《中国边疆史地研究》2011年第3期)着重从民族国家构建的角度探讨辛亥革命前后蒙、藏等边疆地区的政治变迁。作者的意图是创设一种阐述语境，对晚清民初中央政府实施构筑民族国家及边疆地区之民族国家认同、整合边疆之历程，予以简单梳理，并从民族国家构建的视角，对辛亥革命之地位予以再认识。实际上，作者对辛亥革命与边疆民族社会的关系研究颇为深入，其专著《辛亥革命与近代中国边疆政治变迁研究》于2012年由黑龙江教育出版社出版。该书的一大特点是在大量一手资料，特别是外国资料的支撑下，对外国列强在中国边疆实施的方针和策略的背景及其变化过程、中国政府的应对及其调整有着更加客观的分析。王瑜卿、肖锐的《辛亥革命与中国边疆民族地区建设——纪念辛亥革命100周年民族理论系列论文之五》(《黑龙江民族丛刊》2011年第5期)也论述了辛亥革命爆发后边疆民族地区的危机，以及中央政府捍卫国家主权和领土完整、推动边疆建设和开发的努力。作者认为，孙中山等人将边疆民族地区的发展纳入整个国家的发展规划、把少数民族发展与中华民族的发展紧密结合起来的思想和计划开拓了同时代人的眼界，对后世亦有着极大的启示与借鉴意义。

针对某个边疆民族地区进行研究的著述有：潘先林的《辛亥革命时期云南军都督府民族政策析论》(《云南民族大学学报》2011年第6期)对云南军都督府的民族政策进行了评析。作者认为，云南军都督府结合云南实际，提出"汉、回、满、蒙、藏、夷、苗各种族结合一体"的主张，同时宣布云南军都督府的政纲为"汉、回、蒙、满、藏、夷、苗各族视同一体"，这是事实上的"七族共和"思想，是云南军都督府对民国初年"五族共和"思想的丰富和发展。王亦秋的《辛亥革命时期云南的改土归流》(《思想战线》2011年人文社会科学专辑)认为，辛亥革命时期云南民族关系变动的一个突出表现，即是当局对云南边疆民族地区进行了民族政策的调整，在滇边进行了改土归流。尽管这一次滇边民族地区的改土归流，是十分不彻底的，改变的只是中央政府对民族地区的统治方式，并没有改变人民受剥削受压迫的地位。但是在民主革命思想的影响下，对云南民族关系的影响却是十分深远的，尤其对于促进云南边疆民族地区民族政治的发展和人民民主意识的提高，发挥了不容忽视的历史作用。邱熠华的《民国政府任命的西藏办事长官——以陆兴祺研究为中心》(《中国藏学》2011年第3期)利用已公布的档案及相关资料，讨论了陆兴祺在民国初期涉及的西藏事务，以及北京政府时期设立的西藏办事长官等职官沿革，民国时期中央政府与西藏地方的关系等问题。

关于少数民族和民族地区对辛亥革命的支持和贡献，以往的研究成果较为丰富。2011年比较重要的专著有陈晓虎的《回族与辛亥革命》（宁夏人民出版社）、潘先林和张黎波的《天南电光——辛亥革命在云南》（云南人民出版社）。其他如广西、贵州、新疆等地响应辛亥革命的论著及资料集也有出版和发表。

三

一个世纪以来，辛亥革命研究持续不断开展并走向深入，充分说明了这场伟大革命所具有的历史地位和现实意义。通过以上的述论，我们可以看到辛亥革命与中国民族问题研究取得了很大的突破与进步，研究领域不断拓展，研究成果更加丰富，研究视野不断扩大，研究方法得到创新。从历史学到民族学、政治学，学者们采取多学科的理论和方法对辛亥革命与民族问题进行研究，其中不乏新视角、新观点、新资料的佳作。例如，对于民族主义及革命力量、对辛亥革命影响的重新评价，都体现了研究范式的转变，显示出与主流学界更加一致的特点。特别是从中国多民族国家的历史国情出发，从近代民族国家建构的视角去理解辛亥革命的历史地位和现实意义，对推动中华民族伟大复兴无疑具有积极作用。

辛亥革命与中国民族问题研究同样存在不足。一是热点突出，但是仍然需要拓展空间。目前的研究相对集中在政治、思想、军事方面，经济、社会和文化领域关注不够。即使是在同一领域，关注的焦点也较为单一。例如，对于辛亥革命力量的研究，主要集中在对革命派、立宪派的分析上，其他思想流派，特别是少数民族力量的研究需要加强。二是定性分析为主，新资料的挖掘显得薄弱，对于资料的解读仍然受到固有模式的很大限制。三是学界鸿沟较深，民族研究领域的学者与近代史领域的学者交流不多，对话很少。实际上，辛亥革命研究中的许多论题，如近代中国民族主义、清末新政、边疆危机、中央与地方关系等，都是大家共同关注的。近年来，民族研究领域的学者对于辛亥革命研究的主流观点和方法吸收很快，但是要想真正融入其中，与之共同形成辛亥革命研究的合力，尚需时日。

国际人类学与民族学联合会第十六届大会专题会议设置及学术特色评价

杜发春

国际人类学与民族学联合会第十六届大会（以下简称大会），于2009年7月27—31日在云南昆明成功举行。会议期间和会后，各种报纸、杂志和网络媒体对大会作了大量的报道，据统计，国内各纸质媒体和网站对主流媒体的大会报道纷纷转载共达60000多条。中国人类学民族学研究会还编辑出版了《大会媒体报道集》和大会画册《共襄和谐 百年历程》[①]，同时，为了纪念大会成功召开一周年，中国人类学民族学研究会于2010年8月27—29日在广州中山大学召开了"学科负责人联席会议"。可以说，大会对中国学界的影响是非常深远的。笔者作为从2003年申办大会到2009年召开大会在学术筹备方面的全程直接参与者，有必要对大会的学术专题会议的征集、设置和会场安排等情况作一简要回顾和评价。

一 大会基本情况简述

大会由国际人类学与民族学联合会（International Union of Anthropological and Ethnological Sciences, IUAES）主办，中国人类学民族学研究会承办，云南大学和云南民族大学协办。大会的主题是"人类、发展与文化多样性"，会期5天，主会场设在云南大学。会议期间，举办了大会开幕式、主题发言、专题会议、名家讲座、影视展览、文化展览、学术考察、国际人类学与民族学联合会分支机构会议及大会闭幕式等活动。其中，学术专题会议达到165场，每天有50多个会场在同时开会，是整个大会的重头戏和核心。

大会规模盛大，参会人员来自约100个国家和地区，约计4300人，其中，国内外专家学者约3400人（国际1000余人，中国约2400人），会展、影视展人员约300人，志愿者约600人。大会安排了纳斯（Peter Nas）、郝时远等5位国际知名学者作了主旨发言，帕多[②]等14位知名专家作名家讲座。更为重要的是，大会安排了165场学术专题会议、18场影视专题会

[①] 黄忠彩主编：《共襄和谐 百年历程——国际人类学与民族学联合会第十六届大会》，中国民族摄影艺术出版社2010年版。

[②] 帕多（Italo Pardo），英国肯特大学教授，他是大会邀请的名家讲座人之一，作了题为"社会主义，自由主义和都市问题"（Socialism, Liberalism and the Urban Question）的讲座。

议，每天举办的专题会议40多场①，各国学者充分展示和交流了各自最新、最前沿的学术研究成果。会议期间，大会还组织了6个文化展览和23场影视展映。还精选了体现云南人类学与民族学研究特色的5个学术考察点，近600名志愿者为参会学者服务，这在历届大会都是少有的。与此同时，大会还分别召开了 IUAES 执委会工作会议、常务理事会会议、全体会议，举行 IUAES 选举和确定下届大会举办地点等有关事宜。大会收到论文或摘要5000余篇。虽然原定2008年7月召开的世界大会因故延期一年，但历经6年筹备后，大会最终于2009年7月在昆明成功举行。

大会的筹备和召开得到了中央和国务院的高度重视。会议召开前夕，2009年7月26日上午，时任中共中央政治局常委、全国政协主席贾庆林在北京会见了来华出席大会的 IUAES 主席瓦格斯（Luis Alberto Vargas，墨西哥国立大学教授）一行，国家民委主任、中国人类学民族学研究会会长杨晶等参加会见。在7月27日的开幕式上，时任中共中央政治局委员、国务院副总理回良玉代表中国政府致辞，他说，文化多样性是人类社会的客观现实，是当今世界的基本特征，也是人类进步的重要动力。促进世界文化多样性的发展，推动不同文明之间的对话和合作，是世界各国政府和我们每个人的共同责任。回良玉希望把这次大会办成一次特色鲜明、内容丰富、影响广泛的大会，为促进国际人类学与民族学的全面发展，为推动建设持久和平、共同繁荣的和谐世界作出贡献。

IUAES 主席瓦格斯在大会开幕式致辞时说，人类学是由人类对自己的过去和现在进行研究，是人类自己的一面镜子，展现人类在生物学、精神以及社会文化等方面的多样性。大会旨在促进人类学者和民族学者的学术交流和国际合作，论坛尽可能对这个领域的各种学术流派和直接经验开放。

大会是经国务院批准后，国家民委以中国都市人类学会名义于2003年7月在意大利佛罗伦萨举办的 IUAES 第十五届大会上申办成功的。IUAES 是在联合国教科文组织注册成立的、在人类学和民族学界最具影响力的世界性组织，该组织的目标是加强世界各地区学者间的沟通和联系，共同推动人类知识的进步，更好地理解人类社会，促进自然与文化以及不同文化之间的和谐共处，并在自然与文化和谐共存基础上创造一个可持续发展的未来。IUAES 每5年举办一次世界大会，规模为3000—5000人，目前已经举办过15届。首届大会于1934年在伦敦召开。5年一次的国际人类学民族学世界大会是 IUAES 举办的规模最大的会议，也是世界人类学民族学界的盛事。素有国际人类学民族学"奥林匹克大会"之称。除了1968年在日本、1978年在印度、1993年在墨西哥举行外，历届世界大会多在欧美国家举行。

二 专题会议设置、会议主题及其学术特色

在昆明人类学大会上，学术专题会议达到165场，影视专题会议18场，每天有约50个会场在同时开会，是整个大会的重头戏和核心。

---

① 每天40多个专题会议分布在50多个会场，因为有的大型的专题会议又分为2—3个专题同时开会，故每天有50多个会场在同时开会。

（一）专题会议设置标准

在大会筹备过程中，设定了专题会议的设置标准：（1）与大会总主题"人类、发展与文化多样性"紧密关联，体现学科最新进展，兼顾世界性与区域性、时代性与历史性、学术理论性与实践能动性。理论研究专题要有前沿性、挑战性和创新性。应用研究要体现人类学民族学独特视角和建设性解决方案。（2）每个专题会议设主席1名，人数较多或受大会鼓励的专题会议可设2名联合主席。专题会议主席应由本研究领域有较高学术造诣、研究成果有较大影响的学者担任。在具体筹备过程中，具备上述条件的中青年学者受到鼓励。（3）保证至少有来自3个国家的8人以上提交论文的代表出席会议。（4）专题会议设置的鼓励方向是体质人类学、生物人类学、医学人类学和生态人类学，鼓励外国学者与中国学者共同主持的专题会议。（5）大会的工作语言为英语，但也鼓励某些专题会议使用本专题参会学者一致同意使用的某一种语言。

在2006—2009年的4年间，学术筹备办共收到世界各地学者提交的471份专题会议申请提案，学术工作委员会先后分8批讨论通过了363个专题会议。到2008年3月，经过归并整合后的专题会议为156个。但是，由于原定2008年7月召开的大会因故延期一年，使得40多个专题会议被迫取消和重组，截至2009年4月，确认继续组织后，加上新申报核准并重新归并整合之后的专题会议达到165个。

（二）按学科和主题划分的专题会议

根据IUAES各专业委员会的名称、人类学民族学各分支学科的特点和专题会议的主题等因素，筹委会学术工作委员会将165个专题会议归并为34个大的类别（以学科名的英文首字母为序）：老年人与老龄化、考古人类学、儿童少年及未成年人、传播人类学、文化多样性的多学科综合研究、发展人类学和经济人类学、教育人类学、企业人类学、生态/环境人类学、民族文化研究、民族关系与民族认同、食品与营养、性别与女性人类学、全球化人类学、历史人类学、人文生态学、人权研究、土著知识、法律人类学和法律多元化、语言人类学、医学人类学和流行病、移民人类学、博物馆和文化遗产、游牧民族研究、体质人类学和分子人类学、心理人类学、宗教研究、体育人类学、理论人类学、旅游人类学、都市人类学、紧急人类学、影视人类学和云南研究。以下分别对各主题和学科作一简述。

1. 老年人与老龄化（Aging and the Aged）

关于老年人与老龄化的专题会议有两个，一是"多样文化中的老龄化前景"，主席是IUAES老年人与老龄化委员会主席Dena Shenk和Leng Leng Thang；二是印度浦那大学人类学系Amrita Bagg主持的"亚洲地区老龄和社会性别的女性化问题"。两个会议的规模在40人左右，以国外学者为主。

2. 考古人类学（Archaeological Anthropology）

这一主题学科由两个专题会议组成：印度人类学调查研究所Anek Ram Sankhyan和V. R. Rao主持的"特别关注亚洲的类人猿与人类的进化：新证据及新解释"；云南大学李昆声主持的"世界考古学文化的多样性"。两个会议规模有60人左右。

3. 儿童、少年及未成年人类学（Children, Youth and Childhood）

这一学科主要由IUAES儿童少年及未成年委员会主持，约80人参加，含7个小的专题，包括:"儿童的公民身份和团体身份:他们在生活场景","政策制定和公民身份理念下的权利与义务","中国人的童年","童年民族志","知识的传递与儿童能动","社会化范式的重构","全球化对儿童的双面影响:前景与灾难"。此外,还有捷克共和国内分泌研究所肥胖管理中心 Jana Parizakova 主持的"世界不同地区儿童肥胖问题"等。

4. 传播人类学(Communication Anthropology)

在此领域,中央民族大学白润生组织了"少数民族新闻传播与民族地区社会发展"专题会议,参会人员20人,基本上为中国学者。

5. 文化多样性的多学科综合研究(Cultural Diversity in Multi-disciplinary Research)

这一学科和主题共有11个专题会议,其中国外学者组织的专题会议7个,中外学者联合组织的专题会议2个,中国学者独立组织的2个。这些专题主要有:美国康涅狄格大学 Gloria Emeagwali 组织的"非洲文明、民族学、知识生产",孟加拉国拉沙黑大学 M Zulfiquar Ali Islam、Md Mustafa Kamal Akand 主持的"人类通过仪式的族群多样性",法国让·姆兰里昂第三大学 Frangville Vanessa 组织的"文化多样性的商榷:变动性、民族主义和混杂性的再现",巴西利亚大学 Adolfo de Oliveira、Miguel Alberto Bartolomé 和 Gonzalo Diaz Crovetto 共同主持的"镜中游戏:拉丁美洲人类学中的认同主题和分歧主题",英国 Muhammad Mushtaq、Yunas Samad 和 Pritam Singh 联合组织的"多民族国家中的权力分享",古巴 Juan Marinello 文化研究与发展中心 Ana Vera Estrada 和 Marisol Pérez Lizaur 主持的"田野工作中调查者的职业道德",中国社会科学院杜发春与加拿大政策研究所 Jean L. Kunz 组织的"中加民族文化多样性管理:对多元文化的比较研究",中国社会科学院民族文学研究所朝戈金和美国 Mark Bender 联合组织的"口头传统与文化多样性",云南大学瞿明安和美国佛罗里达大学施传刚主持的"人类婚姻家庭的多样性与文化变迁",中南民族大学邓红蕾主持的"多元文化社会中的中国哲学和谐理论",云南省社会科学院郭大烈和中国社会科学院木仕华联合主持的"纳西学研究的新视野"。

文化多样性的多学科综合研究这一学科和主题,是本届大会参会人数较多的主题之一,超过400人,其中,"纳西学研究"150人,"人类婚姻家庭的多样性与文化变迁"60人,"全球化时代中的文化多样性:对多元文化的比较研究"45人。

6. 发展人类学和经济人类学(Development and Economical Anthropology)

有9个专题会议涉及发展人类学和经济人类学,参会人员230人,主要是中国学者主持的专题会议或中外联合主持,每个专题会议的规模不大,除个别专题会超过30人外,一般为15—20人。研讨议题包括:"人类学、民族学视野中的经济范畴:经济人类学暨民族经济学专题会议"(组织者:中央民族大学施琳和美国边地研究 Tamar Diana Wilson),"山地民族农村社区贫困成因与扶贫战略"(组织者:云南大学肖迎),"亚洲的小额信贷与反贫困的人类学视角"(组织者:孟加拉国拉沙赫大学 A. H. M. Zehadul Karim),"区别何在?社会评估与社会科学家在发展和投资中的作用"(组织者:澳大利亚 Susanna Price, Wang Chaogang, Bettina Gransow, Kathy Robinson),"西藏社会变迁研究"(组织者:中国藏学研究中心格勒),"参与和发展:发展人类学的前沿"(组织者:中山大学周大鸣),"对发展干预的人类学反思:当前状况和挑战"(组织者:北京大学朱晓阳、香港乐施会陆德泉),"民族发展研究与文化及文化遗产保护"（组织者：中央民族大学张铭心），"亚洲国家发展计划的人民参与"（组织者：印度兰契大学 A. K. Singh）等。

7. 教育人类学和土著教育（Educational Anthropology and Indigenous Education）

这一主题只有两个专题会议，参会人员在60人左右。一是南开大学陈巴特尔主持的"教育与人类文化多样性的发展"，46人参会；二是美国加州大学 Emily Wilcox 主持的"后改革时期中国的教育和专业自我塑造"，15人参会。

8. 企业人类学（Enterprise Anthropology）

企业人类学是本届大会的亮点之一，它是把文化人类学的理论和方法运用到企业领域的一门新兴学科。中国社会科学院民族学与人类学研究所张继焦认为，企业人类学可以研究企业组织、人力资源管理、消费者行为分析、产品设计、市场营销、广告宣传和沟通策略、企业文化、跨文化管理、国际营销中的跨文化适应、企业的社会责任、企业的地方性和群体性、一个新兴的群体——少数民族企业家等12个领域。

在本届大会上，召开了"首届企业人类学国际论坛"，约60人参会，由7个小的专题组成，包括："企业人类学：回顾与展望"（组织者：美国太平洋文化研究中心 Ken C. Erickson），"企业人类学：硅谷高科技企业中的华人"（组织者：旧金山州立大学 Bernerd P. Wong），"少数民族企业家，移民定居与可持续发展"（组织者：加拿大莱尔森大学关键和 John Young），"全球化时代东亚公司文化比较研究"（组织者：日本国立民族学博物馆 Hirochika Nakamaki 和香港大学 Dixon Heung Wah-Wong），"企业的社会责任：人类学视野"（组织者：中国社会科学院李宇军），"东南亚和中国的华人企业家"（组织者：马来西亚大学 Thock Kiah Wah 和 Thock Ker Pong），"社会资本在中国华人企业中的作用"（组织者：科技部中国科技发展研究中心赵延东）等。

9. 生态/环境人类学（Ecological/Environmental Anthropology）

这一主题有8个专题会议，其中，国外学者组织的3个，中外合作组织的3个，中国学者组织的2个，均为小型专题会，参会人员为15—30人。包括："马拉雅：生态适应性和文化"（组织者：IUAES 小岛人类学委员会 Ajai Pratap Singh），"处于可持续和难持续旅游业之间的生态博物馆学"（组织者：意大利佛罗伦萨大学 Antonia Bertocchi），"水人类学"（组织者：印度新哈社会研究所 S. Narayan），"民族传统生态学知识论坛"（组织者：云南民族大学何耀华、金秉模、横山广子），"人类学视野下的中国环境问题"（组织者：日本综合地球环境研究所 Nakawo Masayoshi 和中国社会科学院城市发展与环境研究所李宇军），"跨文化的生态安全观对话"（组织者：吉首大学罗康隆和韩国首尔大学金京秀），"阐释环境问题的文化背景：生态人类学在当代的理论和实践化"（组织者：云南省社会科学院郑晓云），"生态环境与民族文化"（组织者：贵州民族学院石开忠）等。

10. 民族文化研究（Ethnic Culture Studies）

本届大会上关于民族文化研究的专题较多，共有15个，以中国学者组织的会议为主，其中相当一部分专题会议的工作语言为中文。这一主题中，国际学者组织的有4个，包括："中国的少数民族和族群性"（组织者：澳大利亚国立大学 Nicholas C. T. Tapp 和 Elisabeth Hsu），"当代民族学关于族群理论、政策和个案的研究"（组织者：保加利亚科学院民族研究所

Elya Tzaneva)，"台湾的怀旧情感及其社区文化"（组织者：香港树仁大学 Selina Ching CHAN），"印度部落民的生物文化多样性"（组织者：印度兰契大学 Karma Oraon）。中外学者合作组织的有1个，"和谐社会构建中的文化多样性"（组织者：中央民族大学田晓岫和美国太平洋路德大学 G. E. Guldin）。

中国学者独立组织"民族文化研究"专题会议有10个，比如，"藏彝走廊：文化多样性、族际互动与发展"（组织者：四川省民族研究所李绍明和台湾"中央"研究院黄树民），"跨文化的对话——藏汉文化的双向交流"（组织者：西北民族大学束锡红），"全球化背景下的中国西北少数民族——民族传统文化传承、保护与发展"（组织者：兰州大学王希隆和杨建新），"百越民族稻作文化、海洋经济、南方水上丝绸之路"（组织者：中国民间文艺家协会稻作文化专业委员会刘芝凤和华南师范大学林河），"少数民族的传统文化的教育、传播与传承"（组织者：云南省社会科学院杨福泉），"格萨尔文化研究"（组织者：西北民族大学坚赞才让），"中国民族学学会'文化多样性与和谐社会建设'研讨会"（组织者：中国民族学学会何星亮等），"今日民族学与当代世界（圆桌会议）"（组织者：广西民族大学周光大），"解读客家历史与文化：文化人类学的视野"（组织者：广东嘉应学院房学嘉），"族群/聚落/民族建筑"（组织者：中国建筑研究会姬旭明和清华大学建筑学院单德启）等。

在这些专题中可以明显看出，不少颇具中国特色，如藏彝走廊、客家研究、格萨尔文化研究、文化多样性与和谐社会建设等，而且参会的绝大多数是中国学者，发言时使用中文，会议规模也比较大。例如，中国民族学学会大会230人，又分为6个次专题（民族和谐、宗教和谐、汉民族传统文化、和谐世界、东亚文化、小民族与当代世界）。此外，客家文化、民族建筑、今日民族学与当代世界圆桌会议等会议的人员都在100人左右。当然，由于这些会议使用中文发言，在一定程度上限制了国外学者的参与。

11. 民族关系与民族认同（Ethnic Relations and Ethnic Identities）

涉及这一主题的专题会议有14个，以中国学者为主，其中，中国独立组织的专题会议有6个，主要从不同区域探讨民族关系、民族理论、民族政策、民族主义等。比如，"东北亚跨界民族地区的民族关系/和谐社会研究"（组织者：吉林省民族研究所刘智文），"20世纪中国西南少数民族社会制度变革与和谐发展"（组织者：西南民族大学陈玉屏），"马克思主义民族理论与民族问题实践"（组织者：中国民族理论学会王希恩），"民族主义：历史、现实与未来"（组织者：中国社会科学院民族所刘泓），"中国少数民族研究与民族政策"（组织者：中央民族大学金钶镐和熊坤新），"苗族人类学研究"（组织者：贵州省苗学会翁家烈和贵州大学张晓）。这些专题会规模都在50人以下。

中外联合组织的专题会议有4个，主要探讨民族文化认同问题，例如，"中国与东南亚民族论坛"（组织者：广西民族大学周建新和越南社会科学院 Pham Quang Hoan），"壮泰族群：认同与文化交流"（组织者：广西社会科学院赵明龙和泰国西北大学 Ratanaporn Sethakul），"不同国家或历史背景下苗族的民族认同建构研究"（组织者：中国社会科学院民族所石茂明、美国罗格斯大学人类学系 Louisa Schein、日本庆应义塾大学文学部 SUZUKI-Masataka、贵州大学杨志强），"1860年以来德国关于中国的民族学研究"（组织者：新疆师范大学、德国慕尼黑大学王霄冰）等，规模在30人左右。

这一主题中，外国学者组织的专题会议有4个，探讨民族性、民族关系等，每个专题会参会人数较少，为8—10人，只有半天的发言和讨论。例如，"族性的呈现：实践与研究的动力学"（组织者：IUAES民族关系委员会主席E. L. Cerroni-Long），"转型社会中的制度变迁与民族关系"（组织者：加拿大多伦多大学Janet Salaff和Wei Xing），"民族与发展：南亚与东南亚的问题"（组织者：印度德里大学Amarjiva Lochan），"从经济学、社会学和公共政策视角看种族和民族"（组织者：美国明尼苏达大学Samuel L. Myers）。

12. 食品与营养人类学（Food and Nutrition）

这方面只有1个专题，是由IUAES食品委员会、印度德里大学Raghbir Singh组织的"人类成长与营养"，参会人数10人。

13. 性别与女性人类学（Gender and Woman Anthropology）

在本届世界大会中，性别/女性研究和女性学者异常活跃，有80多位相关学者参加了研讨，旁听者过百人。依托IUAES女性人类学委员会，学术工作委员会把有关专题整合成"女性人类学委员会论坛"，由9个小的专题组成："女性的知识及与环境相关的技能"，"妇女及女童对经济和发展的贡献"（组织者：IUAES执委兼女性委员会联合主席Faye V. Harrison和Subhadra Mitra Channa），"女性当家的家户：其社会意义及经济意义"（组织者：Subhadra Mitra Channa），"知识，想象，福利策略和赋权：性别障碍和机遇"（组织者：Faye V. Harrison），"性别、文化、自然资源管理和利用"（组织者：加拿大纪念大学Marilyn Porter、云南社会科学院伍呷），"女性人类学：不同国家的学科经验"（组织者：美国翠林亭大学人类学系Beth E. Notar、云南社会科学院伍呷），"女性研究的全球化和本土化：跨学科视野"（组织者：美国华盛顿大学Tani Barlow、云南社会科学院伍呷），"多民族省份云南的妇女与发展：数据和实践经验"（云南社会科学院伍呷），"文化多样性问题：女性学学位课程的重新设计"（组织者：中华女子学院张李玺、云南社会科学院伍呷）等。

此外，中国学者在此研究领域的专题会议还有："社会性别视角下少数民族妇女的健康与生态环境"（组织者：云南民族大学杨国才），60人；"回顾与展望：民族、性别与发展研究"（组织者：西南民族大学马林英），36人；"社会性别视野中的传统与发展"（组织者：全国妇联妇女研究所）20人；"多元化社会中的穆斯林妇女：性别，发展与妇女的声音"（组织者：牛津大学Maria Jaschok、兰州大学徐黎莉），约20人。

14. 全球化人类学（Globalization Anthropology）

这方面有5个专题，约50人，都是由外国学者主持召开的，包括："全球化的人类学"（组织者：IUAES执委、美国威廉玛丽学院Tomoko Hamada Connolly），"全球文明的未来：人类学视角"（组织者：俄罗斯国立人文大学Andrey Korotayev、俄罗斯科学院Dmitri Bondarenko），"经济危机，武装冲突和战争：破坏多样性的关键进程"（组织者：科特迪瓦波克大学Diamoi Joachim Agbroffi），"波利尼西亚关系网构建和当代全球化进程"（组织者：瑞士纽沙泰尔大学Christian Ghasarian、法属波利尼西亚大学Tamatoa Bambridge），"人类学的国际合作圆桌会议"（组织者：世界人类学联合会理事会Gustavo Lins Ribeiro）等。这5个专题会的人数都比较少，一般为8—10人，只有半天的研讨。

15. 历史人类学（Historical Anthropology）

这一主题只有两个专题会议，60余人参会。一是厦门大学蓝达居组织的"历史人类学：时空与文化的互动"，41人参加；二是中国民族史学会罗贤佑和刘正寅主持的"古代民族志文献与族际认知"，20人参会，以中国学者为主。

16. 人文生态学（Human Ecology）

IUAES人文生态学委员会组织的"第九届IUAES人文生态学委员会世界学术大会"（9th World Academic Conference on Human Ecology）由五个专题组成："偶发或周期：人类个体发育中的爆发成长"（Causal or Cylical-Pulsative Growth in Human Ontogenesis），"种系与个体发育中的人类体形和体态的变异"（Variation in Human Size and Form in Phylo-and Ontogetic Development），"人属动物种系与个体发育中的牙齿突出变化"（Changes in Teeth Eruption in Phylo- and Ontogenesis of Homo），"出生月份对人类成长和发育的影响"（Months-of-Birth-Effect on Human Growth and Development），"牙齿人类学的新进展：遗传基因及环境因素"（Advances in Dental Anthropology：Genetic and Environmental Factors）。以上这5个专题的参会学者主要来自国外，总人员约50人。上述专题的议题和参会学者基本上来自体质人类学及其圈子，把它单列是为了突出IUAES人文生态学委员会主持的五年一次的"世界大会"。

17. 人权研究（Human Rights）

主要由IIUAES人权委员会主席Buddhadeb Chaudhuri组织的7个小专题组成："土著人：为了生存而奋斗"，"为了全民健康：土著人的智慧与知识的适用性"，"人类的安全，弱势群体及发展：全球化时代凸现的挑战"，"宗教，共同体主义及人权"，"人权的普遍性与亚洲人的宗教和文化"，"人权：北半球与南半球凸现出的挑战"，"多民族的亚洲：和平，冲突的转化与可持续发展"。该委员会会议实际参会人数约50人。此外，还有印度鲁克瑙大学Alok Chantia主持的"人权与多元文化社会的连续性：一种全球视野"专题会议，人员约20人。

18. 土著知识（Indigenous Knowledge）

参加此主题的参会者以国外学者为主，约100人，相关专题会议有6个：IUAES土著知识及可持续发展委员会联合主席Dorothy Billings（美国）和Viatcheslav RUDNEV（俄罗斯）主持的"原住民知识和可持续发展"，孟加拉国拉沙赫大学M. Zulfiquar Ali Islam组织的"生态资源管理的土著知识"，科特迪瓦波克大学Abolou Camille主持的"土著知识和信息社会：黑非洲发展的风险"，印度维斯维巴拉第大学D. Das Gupta主持的"原住民知识体系与普同的人民权利"，美国华盛顿州克拉克学院James M. Craven主持的"土著认识论与科学：与新古典理论、复合理论和辩证历史唯物主义的平等和反差"。

19. 法律人类学和法律多元化（Legal Anthropology and Legal Pluralism）

这一主题仅有两个专题会议，43人参会。一是俄罗斯科学院民族学人类学研究所Yulia N. Sushkova主持的"宗教法、社团法与习惯法：共生于一体"，参会者8人全部来自俄罗斯。二是中央民族大学徐中起和中国社会科学院张冠梓共同组织的"文化多元与法律多元：法人类学的视角"，参会人员35人，以中国学者为主。

20. 语言人类学（Linguistic Anthropology）

这一主题的专题会议最多17个，在各学科中是动员最广泛的，参会人员超过400人，以

中国学者为主,来源三个方面:

(1) 中国社会科学院少数民族语言研究中心"语言人类学研究大会",参会人员200人,由8个专题组成:"跨喜马拉雅地区的藏缅语族"(组织者:中国社会科学院孙宏开、荷兰莱顿大学 George van Driem、台湾"中央"研究院语言学研究所孙天心),"汉藏语系语言的谱系分类及其历史演变"(组织者:孙宏开、澳大利亚特鲁伯大学 Randy LaPolla、美国加州大学 James A. Matisoff),"濒危语言"(组织者:荷兰格罗宁根大学 Tjeerd de Graaf、中国社会科学院徐世璇),"语言接触和语言的混合——关于混合语理论"(组织者:中国社会科学院黄行、香港城市大学 Benjamin K. T'sou),"从人类学角度探讨东亚族群与语言的关系"(组织者:复旦大学王士元、金力,上海师范大学潘悟云),"语言调查的计算机软件设计及其实现"(组织者:中国社会科学院江荻、美国世界少数民族语文研究院 Bryan Allen),"语言变化与生态环境"(组织者:中国社会科学院周庆生),"国际阿尔泰学研讨会:东北亚、中亚与国际通古斯语言文化"(组织者:中国社会科学院朝克)。

(2) 中国学者独立组织的专题会议7个,参会人员约190人。专题会议包括:"中国阿尔泰语系与汉语关系研究"(组织者:北方民族大学赵杰),16人;"中国西南少数民族的语言文学"(组织者:云南民族大学陈锡周),24人;"国际满—通古斯语言文化与人类学研讨会"(组织者:黑龙江大学赵阿平),30人;"语言民俗、民俗语言与文化多样性的传承和变异"(组织者:辽宁社会科学院曲彦斌),40人;"语言接触与濒危语言"(组织者:云南师范大学袁焱),24人;"语言,教育,认同:中国北方及周边国家少数民族文化的变迁"(组织者:内蒙古大学那顺巴依尔),10人;"语言、城市化与民族认同:城市语言调查"(组织者:南京大学徐大明),40人。

(3) 外国学者主持的专题会议2个:"语言和文化多样性意识:濒危语言正在发生的变化"(组织者:IUAES 语言人类学委员会、墨西哥国立大学人类学研究所 Yolanda Lastra,),12人;"21世纪亚洲他者的民族志话语"(组织者:印度海德拉巴大学 Eswarappa Kasi 和 Ramesh C. Malik Ramesh C. Malik),18人。这两个会议的参会者以国外学者为主,30人左右,均来自世界各地的语言人类学专家。

21. 医学人类学和流行病(Medical Anthropology and Epidemiology)

这一主题中外学者互相合作,各有千秋,共有7个专题145人参会,其中,外国学者组织了5个专题约67人参会,中国学者独立主持了2个专题78人参会。首先,IUAES 医学人类学与流行病学委员会组织的两个专题:"医学人类学与流行病学:21世纪的挑战"(组织者:委员会主席、克罗地亚人类学研究所 Pavao Rudan,美国孟菲斯州立大学 Linda. A. Bennett,委员会执行秘书长、克罗地亚社会科学研究所 Sanja Spoljar-Vrzina),"与21世纪人类学相一致:文化、医学和布雷顿森林现实"。两个专题会议28人,主要来自国外。

其次,美国和印度学者主持3个专题:"关于传染病的文化政治探索"(组织者:加州大学伯克利分校 Nicholas Bartlett,Theresa MacPhail),11人;"公共卫生与人类学"[组织者:美国杰克逊州立大学(密西西比)Mohammad Shahbazi],18人;"医学多元论、卫生领域及就医行为:批判医学人类学的问题与视角"(组织者:印度迈索尔大学 H. Krishna Bhat),

20 人。

最后，中国学者独立主持的两个专题会议是：首都医科大学卫生与家庭医学学院王嵬主持的"种群多样性，移民与健康"，55 人参加；中山大学陈华组织的"中国的医学人类学研究"，23 人参加。

22. 移民人类学（Migration Anthropology）

移民研究也是本届大会中专题和参会人数较多的，达到 10 个专题，参会人员约 170 人。其中，国外学者组织的会议有 5 个，参会人数 60 人："东亚人的移民：发展和多元化的含义"（组织者：国际移民联合会主席美国人 David W. Haines），19 人；"21 世纪初期的移民和离散社群：变迁，适应和融合"（组织者：南非卡组路那塔大学 Anand Singh），11 人；"东亚认同景观状述：东亚社会变迁与散居海外的东亚人"（组织者：加州圣荷西州立大学 June Anne English-Lueck），12 人；"全球化进程中的亚洲文化、移民和交易"（组织者：日本茶水女子大学 Yasuko Minoura），10 人，"流动中的非洲人：20 世纪末及 21 世纪非洲国际移民的社会含义"（组织者：IUAES 执委、泛非人类学联合会 Maxwell Owusu），4 人。

中外合作和中国学者独立组织的会议有 5 个，参会人员 110 人："移民与可持续发展：全球视野、政策、实践和人类学知识应用"（组织者：河海大学陈绍军、世界银行 Michael M Cernea），45 人，"亚太地区的劳动力迁移和社会流动"（组织者：加拿大玛尼托巴大学 Ellen R. Judd、张继焦），16 人，"跨国主义和'家'的想象：全球化场景中的变动的家庭边界、劳动力和离散化"（组织者：南京大学人类学研究所范可、香港中文大学人类学系谭少薇），15 人；"人口迁移与民族散居"（组织者：中国社会科学郑信哲、韩国尹麟镇），15 人；"国际移民与海外华人"（组织者：中国社会科学院海外华人研究中心郝时远、曾少聪），24 人。

23. 博物馆和文化遗产（Museum and Cultural Heritage）

这一主题的专题会议有 7 个，参会人员 270 人。其中，IUAES 博物馆和文化遗产委员会主席、荷兰来顿大学教授 M. K. Gautam 组织了两个小专题："多重认同，文化遗产与博物馆"，"南亚处于主流社会与多重认同之间的流散社群：定居社会的整合、文化冲突与政治庇护"，参会者主要是来自国外的学者，19 人。

中国学者组织了 5 个比较大的专题会议，每个专题人员为 30—70 人，共计 250 人，以中国学者为主。5 个专题按参加人数多少排列分别是："民族服饰与非物质文化遗产保护"（组织者：中国民族服饰研究会杨源），"中国中东南少数民族文化多样性与非物质文化遗产保护"（组织者：中南民族大学民族学博物馆柏贵喜），"中国西部民族文化遗产的保护与利用研究"（组织者：中央财经大学社会学系苏日嘎拉图），"侗台语民族非物质文化传承与发展"（组织者：广西民族大学李富强、澳大利亚墨尔本大学杜立平、广西民族大学黄兴球），"全球化背景下少数族裔传统艺术的传承保护"（组织者：云南大学何明）。

24. 游牧民族研究（Nomadic Peoples Studies）

这方面的专题会议有 7 个，参会人员约 190 人。IUAES 游牧委员会组织了"游牧社会的变迁及发展大会"，来自 30 多个国家的 60 余名学者参加了会议，该委员会大会总策划人是游牧委员会主席、英国牛津大学教授 Dawn Chatty。分为 3 个大的专题："游牧发展的全球评估"

(组织者：美国史密斯学院 Elliot Fratkin、威斯康星大学 Anatoly Khazanov)，"游牧策略应对目前非洲的政治和生态破坏"（组织者：加拿大麦吉尔大学 John Galaty 和德国科隆大学 Michael Bollig），"生态移民国际论坛"（组织者：中国社会科学院杜发春和美国科罗拉多州立大学 Julia A. Klein）。IUAES 游牧委员会大会的总策划人 Dawn Chatty 教授还是大会邀请的名家讲座人，她的讲座题目是"为保护自然而失去了土地和家园：21世纪传统的土著游牧民族"（Dispossession and Displacement to protect Nature: Traditional and Indigenous Nomadic Peoples in the 21st century）。

中国学者独立组织了4个专题会议，参会人员达130余人，其中，西北民族大学斯琴孟和主持的"跨国游牧民族文化比较研究"参会人员达到70人，中国社会科学院社会学研究所王晓毅组织的"草原环境与牧民生活变迁"参会人员34人，内蒙古大学蒙古学中心齐木德道尔吉组织的"作为历史和历史记忆的游牧：中国北方少数民族传统及其当代应用"参会人员16人，内蒙古自治区行政学院组织的"游牧社会的传统与变迁"参会人员15人。

25. 体质人类学和分子人类学（Physical Anthropology and Molecular Anthropology）

在本届人类学大会上，关于分子人类学和体质人类学的专题会议有6个，参会人员达130人。能召集到如此规模的专题会议实在不容易，超过了大会学术筹备办公室的预想。因为这两个学科也是大会专题会议鼓励设置的方向，换言之，传统的中国人类学界对这方面还不太熟悉。①

IUAES 副主席、意大利佛罗伦萨大学人类学系 Brunetto Chiarelli 主持3个小专题，只有10人参加，参会者都来自国外。3个专题为："灵长类基因组比较"（Comparative Genomics of Primates）、"古代 DNA 研究"（Ancient DNA Studies）、"大脑发育和演化的遗传基础"（The Genetic Basis of Brain Development and Evolution）。

复旦大学金力和美国辛辛那提大学医学院 Ranajit Chakraborty 主持了"分子人类学"专题会，20人参加，探讨了以下议题：对中华民族的祖先群体的遗传文化遗产进行保护，使文化保护与遗传结构的分析相统一；对中华民族的源头民族进行精确的地理和人群定位，对中华民族的祖先群体进行探索；南北两支人群对现代东亚人群的相对贡献及历史上东西方人群发生基因交流的年代估计；美洲印第安人在亚洲的祖先群体的确定；东亚人群与太平洋岛屿人群的关系等。

上海交通大学医学院张海国主持的"肤纹学之经典和活力"（The Classics and Vigor of Dermatoglyphics）专题会，37人参加。肤纹学是体质人类学的经典学科，它以人类（和其他灵长目）手的掌纹和指纹、脚的足掌纹为研究对象，以计算统计和分类为研究方法，以发掘

---

① 相对于人类学的其他领域，体质人类学和分子人类学是比较独特的，尤其是产生于20世纪60年代的分子人类学，它将分子生物学理论和技术应用于人类学领域，通过研究人类 DNA 中所蕴藏的遗传信息来揭示整个人类的形成与演化过程，并寻找人类的祖先。这一领域的国际化程度是比较高的，中国的研究人员主要来自中国科学院遗传研究所、复旦大学分子人类学研究中心、上海交通大学医学院、辽宁医学院等。体质人类学则倾向于研究比较解剖学，特别是人类与高级灵长类动物（如黑猩猩、大猩猩）之间的关系。关于种族的解剖学比较研究现在已经为迅速发展的人类遗传学研究所取代，人类遗传学同人口统计学、法医学、古医学等学科一起组成最广泛意义上的现代生物人类学。

肤纹的生物学信息为目的。①

辽宁医学院席焕久主持的"人的差异与自然适应"（Human Differences and Natural Adaptation）专题会议集中探讨人类的个体差异及群体差异表现及其形成的原因，旨在以生态健康促进人的健康。该专题认为，人类不仅在形态上存在时空上的差异，而且在代谢、免疫、疾病易感性、心理、行为和认知能力上也存在差异。人类的这种差异是长期"自然选择"遗传适应的结果，是遗传与环境共同作用产生的，也是文化多样性造成的。有61人参加了该专题，主要是中国解剖学会人类学专业委员会会员，以中国学者为主。

26. 心理人类学（Psycho-anthropology）

本届大会的心理人类学只设置了两个小专题，共有15人参会。一是北京大学国际关系学院组织的"心理人类学家许烺光与中国"，8人参会。二是瑞典隆德大学心理学系Roger B. Sages主持的"殖民和后殖民场景下的多文化接触：现象学研究"，7人参会。心理人类学是文化人类学的一个分支，强调用心理学内容和方法来研究人类的行为，该学科研究的重要领域如下：文化与个性、发展与文化、精神异常与文化、认知与文化等。1961年，美籍华裔人类学家许烺光（Francis L. K. Hsu）出版了《心理人类学——研究文化和个性的方法》。②

27. 宗教研究（Religious Studies）

宗教研究是人类学民族学研究的传统领域。根据专题会议的申办情况，大会设置了6个专题，参会规模达到240人。其中，外国学者组织的有3个：云南大学外籍专家、英国剑桥大学David Lewis组织的"俄罗斯和中亚民族志：不同族群间、文化间和宗教信仰之间的关联性"，有108人参加；印度巴纳拉斯大学Rana P. B. Singh组织的"朝圣的景观宇宙图式与圣地城市规划"，19人参加；美国波士顿大学吴科萍主持的"地方性与全球性：当代中国佛教的复兴"，14人参加。中外合作主持的专题会议1个，"当代社会不同宗教信仰及族群文化间的调适与共存：基于云南实例与世界经验的比较"，由云南大学何林和韩国韩神大学Sung Min Ryu联合主持，34人参会。中国学者独立组织的专题2个：北京师范大学色音的"民俗文化与宗教信仰"，41人参会；四川大学张泽洪主持的"中国西南少数民族宗教研究"，29人参会。

28. 体育人类学（Sport Anthropology）

华南师范大学体育科学学院胡小明和广州体育学院倪依克合作组织了"体育人类学"专题会议，15人参加，主要是中国学者。该专题会议探讨如何将体育和人的健康幸福更加紧密

---

① 根据肤纹学研究的应用目的还有很多的分支，如由公安系统掌握的、在公安刑侦应用的刑侦指纹学；由人类学工作者研究的，寻找肤纹在民族群体间差别和渊源的，为中华民族在体质上的多元一体提供具体数据的民族肤纹学；由医学研究人员主持的、探索肤纹与人类健康关系的医学肤纹学等。1979—1996年，在中国肤纹学研究协作组的协调下，全国数百个科研医务单位的千余名肤纹工作者把在大陆上聚居的56个民族肤纹全部调查了一遍。2003年，海峡两岸肤纹学者同心协力，对台湾的少数民族肤纹进行了调查研究，于2006年在《中国科学C辑》上发表了关于噶玛兰族群肤纹研究的论文。在国内外人类学领域，只有中国的肤纹学者完成全国范围所有民族的肤纹调查研究，也只有肤纹是完成全国全民族调查研究的人类学项目。

② Francis L. K. HSU. (ed.), *Psychological Anthropology: Approaches to Culture and Personality*, Homewood, Illinois, The Dorsey Press, 1961, p. 520.

地联系起来，以保持人类作为一个生物物种的生存活力。体育人类学是从体育的角度来研究人类全面可持续发展的一门新兴学科。作为体质人类学和文化人类学的结合点，它揭示和分析人类与体育相关的因素，综合研究人类的体育问题。主要研究对象包括：体育原理，以建立全面认识体育的新视角；民族体育，以深挖和弘扬人类传统文化遗产；竞技，以摆脱单纯追求人体极限的误区；定位和标示，以把握未来人类体育的发展轨迹。

29. 理论人类学（Theoretical Anthropology）

这一主题的专题会议主要由国外学者组织，共有7个专题，参会人员70人，其中6个为国外学者主持。IUAES理论人类学委员会组织了4个小专题，30人参会，主要是来自欧洲和俄罗斯的学者，包括："全球文明的未来：人类学视角"（组织者：俄罗斯国立人文大学 Andrey Korotayev 和俄罗斯科学院 Dmitri Bondarenko），"人类学与哲学：学科交叉及学科转变"（组织者：捷克巴尔杜比采大学和 Ananta Kumar Giri），"人类学理论中的早期国家"（组织者：波兰弗罗茨瓦夫大学 John Clammer），"跨文化的文化理论"（组织者：IUAES理论人类学委员会创立人，斯洛文尼亚马里博尔大学、斯洛文尼亚卢布尔亚纳大学 Vesna V. Godina）。

另外，来自喀麦隆 Yaounde CASSRT 大学泛非人类学会的 NKWI Paul Nchoji 主持了"非洲目前的人类学研究和教学"专题，12人参加，主要是非洲学者。NKWI Paul Nchoji 教授还是本届大会的主旨发言人之一，代表非洲在大会上作了"非洲人类学研究和教育"的主旨发言，他还是 IUAES 文献委员会的主席。

印度人类学调查所 V. R. Rao 和 N. K. Das 主持了"南亚人类学研究的趋向"，14人参加。厦门大学人文学院西方社会研究中心的贺霆组织了"人类学西方社会研究"专题，16人参会，主要来自法国，探讨西方中国印象和法国的中医。

30. 旅游人类学（Tourism Anthropology）

这方面的专题会议有2个，参会人员35人。一是美国加州伯克利分校的 Nelson Graburn 和厦门大学彭兆荣联合组织的"东亚多元文化社会中的旅游业和少数民族群体"，20人参加，来自美国和中国等国。二是日本国立民族学博物馆韩敏主持的"旅游与全球地方化：东亚社会的视角"，15人，主要是日本、韩国和中国等国的学者。

31. 都市人类学（Urban Anthropology）

都市人类学方面的专题会议主要由两部分组成：一是 IUAES 都市人类学委员会组织的7个专题，50多人参会："都市象征与超现实城市"（组织者：荷兰莱顿大学 Peter Nas 和罗嘉玲），"都市多元文化的社会碰撞"（组织者：西班牙 UCM 大学 Margarita del Olmo 和 Caridad Hernández），"都市化与都市贫民"（组织者：印度 加尔各答大学 Sumita Chaudhuri），"冲突中的城市与具有冲突特质的城市"（组织者：都市人类学委员会联合主席英国肯特大学 Giuliana B. Prato 和塞尔维亚东南美洲人类学国际协会 Vesna Vucinic-Neskovic），"社会主义，自由主义和都市问题"（组织者：英国肯特大学 Italo Pardo 和 Giuliana B. Prato），"探寻文化多样性的资源：旅游与发展"（组织者：英迪拉·甘地国立开放大学 KAPIL KUMAR），"新的门户城市：港口城市再审视：一种比较方法和理论的视角"（组织者：西班牙国立大学远程教育 Fernando Monge）；二是中南民族大学许宪隆主持的"都市族群与族群关系"，50人，以中国学者为主。外国学者组织的专题还有加拿大多伦多大学社会学系 Eric Fong 和 Wei Xing 组织的"多民族城市里的种族和民族关系",只有 5 人参会。

32. 紧急人类学研究（Urgent Anthropological Research）

在 2009 年昆明 IUAES 大会上,共有 4 个专题归为紧急人类学研究,均为印度学者组织的,参会人员 30 人左右:"世界恐怖主义的起因与应对策略"（组织者:印度兰契大学 Paras Kumar Choudhary）,"灾难与发展:从政策到实践的人类学探究"（组织者:尼赫鲁大学社会科学学院 Sunita Reddy）,"渔民的习俗:人类发展与文化多样性"和"应用人类学,发展和文化多样性"（组织者:紧急人类学委员会南印度区主席 P. R. G. Mathur 和 Promode Kumar Misra）。

为何设置紧急人类学专题?因为在 IUAES 下有一个紧急人类学研究委员会,其关注和呼吁政府和民众采取紧急行动以确保濒危民族语言和文化遗产不被破坏并得到有效保护。该委员会正式成立于 1973 年在芝加哥举行的第九届 IUAES 大会上。之前,在 1952 的第五届 IUAES 大会上,奥地利民族学家 Robert von Heine-Geldern 教授组织了一个关于"民族学和语言学的紧急任务"专题会议,1956 年,这份会议议程名为"拯救民族学"（An S. O. S. of Ethnology）,这一动议导致成立了一个"紧急人类学民族学研究委员会"（Committee on Urgent Anthropological and Ethnological Research）,Robert von Heine-Geldern 教授为首任委员会主席,Anna Hohenwart-Gerlachstein 博士为秘书长。1973 年,在芝加哥举行的第九届 IUAES 世界大会上,该委员会正式成为 IUAES 的专业委员会,名称也改为现名（紧急人类学研究委员会）。现任主席是 Stephanie Wiesbauer-Hohenwart,她是奥地利维也纳医科大学民间医学系教授。

33. 影视人类学（Visual Anthropology）

本届大会由筹委会影视组负责安排展映 24 场人类学影视片,并在"迈向民族志电影与多媒体作品的媒体认识论"的总主题下,举办 18 场影视人类学学术专题会议,有 11 篇结合影片节选的论文发表,参会总人员近 300 人。

这 18 场影视人类学学术专题会议分别是:"面向民族志电影和多媒体作品中的对于媒体的认识论"（组织者:IUAES 影视人类学委员会 Mejte Postma、鲍江）,"疾病防治与应用的影视人类学"（组织者:新疆师范大学迪木拉提、刚果电视台 Mwendanga Musengo、中国人民大学刘谦）,"汉人社会的组织与人类学电影"（组织者:美国华盛顿大学 William Lavely、中国人民大学庄孔韶）,"影视人类学与纪录片的对话"（组织者:中国传媒大学陈刚、白俄大学社会学系 Anatoli Rubanau、中国社会科学院民族研究所周泓）,"中国 1950—1960 年代人类学影片回顾"（组织者:中国社会科学院民族研究所杨光海、邓卫荣）,"影视人类学的方法与实践"（组织者:中国影视人类学会揣振宇、陈景源、雷亮中）,"用于教学的民族志媒体制作的方法"（组织者:美国南加州大学 Gary Seaman）,"宗教与媒体"（组织者:中国人民大学黄剑波）,"云南文化的影视人类学研究与实践"（组织者:云南大学杨慧）,"中国西南影像中的文化变迁"（组织者:挪威卑尔根大学 Frode Storaas、云南大学张海）,"非物质文化遗产保护（文化诠释与摄制）"（组织者:云南大学何明）,"西北文化人类学观察的文本与摄制"（组织者:兰州大学徐黎丽、王海飞）,"影视人类学片中的女性与女性问题"（组织者：北京师范大学刘夏蓓、蔡华），"区域民族志电影"（组织者：云南省政协戴光禄、谭乐水），"视觉人类学与跨文化观察"（组织者：中山大学邓启耀、法国亚维农艺术学院 Jacques Defert），"影视人类学的应用"（组织者：中国社会科学院民族研究所庞涛、张小敏，美国洪堡州立大学 WURLIG BAO），"中东欧的表象和社会政治变迁：1950—1980 年代的电影和影视艺术"（组织者：罗马尼亚布加勒斯特大学 Damiana OTOIU、比利时布鲁塞尔大学 Cristian PREDA），"草原文化的传承与发展"（组织者：内蒙古电视台恩和巴雅尔、哈布尔）。

34. 云南研究（Yunnan Studies）

云南是中国乃至世界民族文化多样性最为突出的地区之一，26 个民族和谐共处在红土高原上，本届大会选择在云南昆明举办也主要基于这方面的考虑。为此，大会设置了 3 个专题会议专门讨论云南，参会人员近 100 人：（1）云南民族大学和少英主持的"云南人类学和民族学：历史与现状"，50 人参加；（2）云南民族大学和少英、中央民族大学杨圣敏和日本国立历史民俗博物馆篠原彻 SHINOHARA Toru 联合主持的"人与自然和谐共存：云南民族文化及其生物多样性研究"，27 人参加；（3）云南大学沈海梅主持的"云南研究：人类、发展与文化多样性的多学科视角"，45 人参加。

三 对学术专题会议的总体评价

2009 年昆明人类学大会的召开，对于中国学界来说，其影响是深远而广泛的。现任 IU-AES 主席纳斯认为："这次大会为更多的人类学家了解中国、中国的少数民族、中国的人类学家及其研究成果提供了良好的机会。同时，中国的学者们得以更好地了解到世界其他国家的人类学研究，并且越来越成为世界人类学界及国际人类学与民族学联合会的重要成员。"[①] 就大会期间召开的各种专题会议而言，具有以下几大特色：

（一）专题会议的设置严格遵循国际惯例并与国情相结合

按照规定，专题会议主席（主持人或组织者）应由本研究领域有较高学术造诣、研究成果有较大影响的学者担任。但在具体筹备过程中，具备上述条件的中青年学者也受到了鼓励，个别专题会议主席甚至由博士研究生担任，比如美国加州大学旧金山分校 Emily Wilcox 主持的"后改革时期中国的教育和专业自我塑造"等。同时，鼓励外国学者与中国学者共同主持的专题会议，鼓励申报体质人类学、生物人类学、分子人类学、医学人类学方面的专题会议，鼓励云南研究专题会议等。不少专题颇具中国特色，如藏彝走廊、客家研究、格萨尔文化研究、文化多样性与和谐社会建设等。据统计，在 165 个专题会议中，国外学者主持的和中外联合主办的专题会议占 70%。应当指出的是，专题会议之间可比性较小，因为会议的规模差别特别大。据 2009 年 4 月统计，专题会议为"大型会议"（参会人员超过 100 人）有 5 个，中型会议（50—100 人）有 20 个，"中小型会议"（30—50 人）有 27 个，"小型会议"（30

---

① 参见黄忠彩主编《共襄和谐 百年历程——国际人类学与民族学联合会第十六届大会》序言，中国民族摄影艺术出版社 2010 年版，第 4 页。

人以下）为 104 个，以小型会议为主。2009 年 7 月大会召开时，有些大型会议和中型会议连续每天都开会（27 日下午—31 日），有的大型会议分成 2—3 个会场，同时在 2 天召开。而大多数小型专题会议只开 1 天，有的半天就结束。

（二）专题会议按学科和主题归并的意义重大

对于中国人类学民族学界来说，组织上千人的学术会议尚属首次。抛开其他后勤因素，仅就会议的学术层面而言，对这些专题会议如何安排是摆在学术筹备办面前的艰巨任务。在筹委会学术工作委员会的指导下，我们根据 IUAES 各专业委员会（现有 28 个）的名称、人类学民族学各分支学科的特点和专题会议的主题等因素，将 165 个专题会议归并为 34 个大的类别。这一归并意义十分重大，首先使筹委会领导和学术筹备办对各种学术专题会议和进度有了较清晰的了解，后续的许多问题都迎刃而解。比如会场安排时，学术筹备办就尽量安排同一主题或学科的专题会议能够在同一会场或相邻的会场开、尽量在不同的时间开，以方便专题会议主席、发言人和旁听者。其次，这一归并对专题会议主席也是很大的鼓励，许多专题会议主席看到自己主持的会议被列在某一学科中，无形中在某种程度上确立了自己的学术地位。尤其是在本届大会上首次出现的学科或专题会议，比如企业人类学、体育人类学、科技人类学、云南研究等，其意义和影响则更大更深远。最后，在专题会议整合归并之基础上，学术筹备办公室于 2009 年 4 月提出了专题会议的场馆安排的初步测算方案。测算依据包括以下因素：IUAES 各专业委员会主席的会议计划、各专题会议主席的要求、云南大学会场的规格，以及各类会议所需会场的规格和天数、有效研讨时间等。会场的基本要求，每天需要 70 个会场，其中"大型会场"（100 人以上）每天 18 个，"中型会场"（50—100 人）每天 22 个，小型会场（50 人以下）每天 30 个。大会召开前，根据会议报名注册人数，学术筹备办最后确定每天需要 57 个会场。

（三）专题会议对大会主题及其相关主题进行了深刻探讨

大会的主题是"人类、发展与文化多样性"，由中国方面提出，得到国际学界的广泛认同。165 个专题会议围绕这一专题而展开，从不同的学科探讨了什么是发展、如何发展等诸多具有全球性意义的问题，提出人类学的见解，发挥民族学、人类学在探索人类社会可持续发展、多样共容、和谐共存进程应有的学术功能，促进中国人类学民族学研究的发展。参加会议的国内外专家学者普遍认为，大会使中国学界的国际学术话语权得到提升，倡导和谐世界的理念引起海外学者的强烈共鸣。大会通过了中国学界起草的《昆明宣言》，宣言倡导和谐世界、共同繁荣与文化多样性，这是近百年来中国人类学民族学界首次在世界的舞台上发出了自己的声音。

当然，在昆明召开的第十六届 IUAES 大会的专题会议也有不足之处，主要是参会的国外学者规模还不太理想，参会的 3400 余名学者中，国外学者 1000 余人，约占 30%。某些中国学者主持的专题会议的国际化程度不高，邀请的国外学者比例较少，以中国人为主，不少专题会议的工作语言为中文，这在一定程度上限制了国外学者的参与。但无论如何，我们可以骄傲地说，本届大会在中国成功召开，"标志着中国学界与国际学界之间的交流与合作迈上了新的台阶,开启了人类学学科发展与国际学术交流的崭新局面"。①

第十七届人类学世界大会将于 2013 年在英国曼彻斯特召开,主题为"人类的演进,新兴的世界"②,我们希望中国人类学与民族学学界派出强大阵容参加,进一步走向世界。

---

① 黄忠彩主编:《共襄和谐 百年历程——国际人类学与民族学联合会第十六届大会》,中国民族摄影艺术出版社 2010 年版,第 7 页。
② IUAES 第十七届世界大会定于 2013 年 8 月 5—10 日在英国曼彻斯特召开,主题为"人类的演进,新兴的世界"(Evolving Humanity, Emerging Worlds)。由曼彻斯特大学承办,曼彻斯特市政府资助。大会官网:www.iuaes 2013.org。

移民和多元文化对经济发展的影响

——中国社会科学院与加拿大约克大学国际会议综述

杜发春

"移民和多元文化对经济发展的影响"中加国际学术研讨会于2011年10月14—15日在北京中国社会科学院召开。会议由中国社会科学院和加拿大约克大学联合主办，中国社会科学院民族学与人类学研究所承办。10月14日上午，研讨会隆重开幕。中国社会科学院副院长武寅出席会议并致辞。出席会议的有加拿大约克大学副校长洛娜·赖特（Lorna Wright）、中国社会科学院国际合作局局长张友云，中国社会科学院民族学与人类学研究所党委书记、副所长张昌东，青海社会科学院副院长孙发平，青海社会科学院副院长苏海红，新疆社会科学院副院长库兰，云南大理学院副校长刘荣等国内外专家学者50余人。

会议安排了4个主旨发言，8个专题中有28人发言。约克大学政治学系教授傅尧乐（Bernie Frolic）、约克大学亚洲研究中心主任苏珊·亨德斯（Susan Henders）、中国社会科学院民族学与人类学研究所研究员曾少聪、青海社会科学院副院长苏海红分别做了主旨演讲。在两天的会议期间，与会学者围绕"国内移民与环境问题"、"国内移民和劳动力转移"、"民族传统文化和跨文化研究"、"文化多样性和民族企业家"、"国际移民和融合"、"海外华人研究"、"多元文化主义评价和中加关系"、"多元文化主义和少数民族研究"等议题展开了深入探讨。会议收到论文22篇。参会学者中，国际学者除了加拿大约克大学外，还有不列颠哥伦比亚大学、加拿大社区学院协会等单位。

本文拟从中加关系、生态移民和劳动力转移、国际移民研究和海外华人研究、多元文化研究四个方面对本次会议的学术成果综述如下。

一 中加关系

中国和加拿大两国的友好关系是此次学术会议成功举办的前提条件。20世纪60年代初，当中国发生饥荒时，加拿大不顾西方的阻挠向中国出口了粮食，国际主义战士白求恩（Norman Bethune）在中国家喻户晓。虽然中加关系由于国际政治影响经历过一些曲折，但总体来说中加关系一直都比较良好，而且势头越来越好，学术交流自始至终都未出现断裂。近年来，中国和加拿大学术界之间的交流日益频繁，促进了两国学者之间更为密切的沟通和交流。张友云认为，本次中加学术研讨会为两国学术交流注入了新的活力。参会的一些学者回顾分析了中国和加拿大的历史现状，为此次学术会议建构了一个交流平台。

武寅副院长在开幕式的致辞时指出，虽然中国与加拿大国情存在较大差异，两国学者在移民和文化多样性研究方面的侧重点不同，但彼此可以互相学习。加拿大是一个移民大国，移民在国家的经济、社会、文化和政治结构方面发挥着重要影响，中国在加拿大的移民群体数量是不容忽视的。中国目前关注的焦点是国内移民，比如农村流动人口问题，发展移民、水库移民、生态移民、游牧民定居等特殊需要的人口迁徙和人口流动现象。虽然中加两国的研究有所不同，但中加学者经过交流与沟通，拓宽了彼此的知识面，取长补短，增进了中加两国的友好关系，进一步巩固和推进了中加学术交流与合作。

中国与加拿大的学术交流并非一帆风顺，而是受中加国际政治关系影响。傅尧乐指出在1970年前，加拿大在中国迫切需要国际援助之时向中国出售小麦，增进了加中友谊，但总体来说，受国际政治影响，双方合作交流受到局限。加拿大在新中国成立后曾多次向中国寻求双边合作，但受冷战和中国"文化大革命"的一些因素影响，加中关系并未取得实质性进展。自中国改革开放以来，两国在学术领域的交流更为频繁，但也经历了一些波折。张友云指出，1981年中国社会科学院与加拿大社会科学人文科学研究理事会（SSHRC）签署了第一个国家间的学术交流与合作协议。但到了20世纪80年代末期，由于一些社会因素的干扰和加拿大自身遇到的一些问题，包括财政方面的问题，加方与中国社科院的交流逐渐减少，在20世纪90年代几乎停滞，之后才又逐步恢复其合作。根据傅尧乐的发言，经过约克大学和中国社会科学院的共同努力，双方于2010年9月在多伦多签订了合作协议，这是中加学术友好合作的具体体现。

中加交流合作不仅存在于机构之间，还体现在个人之间的交流。加拿大对华友好人士在中加合作中扮演了重要角色。约克大学傅尧乐和大卫·拉姆斯登（David Lumsden）在会议中都提到了白求恩对促进中加友好关系的积极作用。拉姆斯登希望中加学术合作能够对中加医学人类学的发展研究起到一个积极的作用。四川大学赵毅具体提到了文幼章（James G. Endicott）一家三代对中加两国交流的积极贡献。文幼章之父文焕章（Rev. James G. Endicott）和其母赫尔（H. Mather Hare）医生是加拿大卫理公会1893年派到四川华西差会的传教士，为当时四川教育和民众卫生知识的普及做了不少有益的事情。文忠志（Stephen L. Endicott）生于中国上海，现在约克大学执教。20世纪70—80年代，文忠志教授先后在四川大学任教，为中国培养了一批英语人才，并受到了中国领导人的接见。像他父亲文幼章一样，文忠志教授对中国怀有深厚的感情，继续传递着中加两国人民友好交往的薪火。

还应说明的是，参加本次学术会议的加拿大学者中有几位是中国问题研究专家，大卫·拉姆斯登教授是加中友谊的使者，曾获得中国政府的长城友谊奖。傅尧乐教授此次是第42次来中国。洛娜·赖特等人都来过中国多次。中国参会者中有50%以上去过加拿大，与加拿大学术机构建立了联系。

二 生态移民和劳动力转移

移民及其相关问题研究，一直是国内外人口学、社会学和人类学界关注的热点问题。加拿大在移民研究方面整体学术水平较高,对我国移民研究有很大的借鉴意义。从广义角度看,生态移民和国内劳动力转移是移民研究的一个有机组成部分。大多数学者认为,生态移民是指生态脆弱地区的农牧民迫于环境压力和生存压力而实施的"非自愿"迁移,把原来位于环境脆弱地区高度分散的人口,通过移民的方式使他们集中起来,形成新的村镇,在生态脆弱地区达到人口、资源、环境和经济社会的协调发展。生态移民是当前我国为改善生态环境、消除区域性贫困而采取的一项政策。在中国真正意义上的生态移民只有不到 20 年的历史,而其作为一项国家的环境政策加以实施并流行开来仅有不到 10 年的时间。国内的相关学者在会议上对在政府引导下的生态移民进行了探讨,向加拿大一些学者提出了各自的研究看法。

(一) 生态移民的后续发展问题

青海省三江源地区生态移民后续产业发展引起了诸多学者的关注。苏海红对三江源地区生态移民的后续产业发展进行了研究。青海省从 2005 年开始在三江源区实施了天然草原植被恢复与建设、草场围栏、天然草地退牧还草等一批重大工程,并于 2008 年初在河南县、治多县和玛沁县开展了草地生态畜牧业建设试点,并取得一定成效。近年来,为有效保护生态环境和做到资源的可持续开发利用,三江源区限制非本区农牧民在区内采集虫草,对合理保护与开发虫草资源、增加当地农牧民收入起到一定的积极作用。通过多年努力,目前三江源区的生态观光、探险旅游、民族文化旅游等品牌已经逐步形成,旅游产品的市场知名度正在逐步提升,并随着交通、能源、市政、通信等基础设施相继建成,三江源区的旅游接待能力获得大幅度提高。

但是,生态移民后续产业发展问题成为移民社会适应过程中的最大难题。按照苏海红的观点,青海省三江源生态移民后续发展存在以下主要问题:区位条件限制了后续产业的发展空间;社会适应性问题影响牧民参与后续产业发展的积极性;社会事业的严重滞后和特殊困难束缚了市场经济的发展;畜牧业发展水平和产业化经营水平较低;中藏药加工和民族手工业发展缓慢;高原旅游业起步艰难;生态移民后续产业缺乏有效的发展规划和政策保障。在此基础上,苏海红提出了三点建议:制定优惠政策保障后续产业健康发展;加强三江源区的社会事业建设;建立和完善生态补偿机制。

虽然孙发平、杜青华与苏海红都是针对三江源的生态移民开展研究,但苏海红更加注重宏观性的分析,而孙发平和杜青华的分析更为微观和具体。他们通过对泽库县 M 村进行实地调研了解到三江源区的生态移民生活水平从整体层面看是上升的,具体事例是:搬迁以后,牧民喝上了自来水;住房条件得到改善;原先发病率较高的高血压、高血脂、关节炎等高原病比以前减少了;搬迁之后,许多家里都装上了电话,有些条件好的牧民还配上了手机,与亲戚朋友和外界的联系比以前方便多了。但是,伴随着移民生产生活方式的改变和定居生活成本的提高,移民家庭的后续生产生活引发了一系列问题,比如最低生活保障问题,移民子女的教育、技能培训和转移就业等。这些是生态移民工程所面临并亟待解决的问题。孙发平和杜青华进一步探讨了就业渠道、生活环境、医疗和教育等方面对三江源区生态移民生活状况的影响,指出外部援助在一定程度上改善了当地牧民的生产生活条件,但牧民的自力更生才是解决问题最实实在在的途径。如果没有牧民自身对未来生活的努力和具备良好的应变能力,他们当中的大多数依然会生活在贫困线以下。同时,在当前移民过程中出现了移民身份认同、社区人口老龄化、民族文化的传承和多样性受到挑战等诸多现实问题。

中央民族大学副教授祁进玉和中国社会科学院民族学与人类学研究所杜发春同样关注了生态移民，提出了一些生态移民过程中出现的社会问题，这与孙发平和苏海红的观点有共通之处。祁进玉以黄河源头流域为个案，调查发现少数族群首先面临的是生态移民后复杂的社会适应与文化适应问题，诸如生产生活方式的转变、社交网络结构的变化。涉及移民的宗教、文化传统、生活习俗以及饮食习惯等方面也随之改变。大部分生态移民不具备城镇生产活动所需的劳动技能，因此择业渠道十分狭窄，对生态移民的后续发展造成较大的负面影响。与此同时，传统的草原游牧文化与现代的城镇定居文化的冲突，导致生态移民群体出现了文化震惊、文化断裂甚至是"文化休克"现象。杜发春分析了三江源生态移民的移民认同和迁出地的草场管理。在调查中许多移民说，搬迁后自己到底属于什么身份搞不清楚，移民戏称"四不像"：即不是牧民（没有草场，已经上缴国家），不是农民（没有土地，大多也不会种地），不是城里人（没有城镇户口，移民的户口还在原籍牧区），不是工人和干部（没有工作）。有的移民称自己处于社会"边缘中的边缘"，属于"弱势群体中的弱势群体"。关于生态移民迁出地的草场管理，杜发春认为，生态移民搬迁后禁牧草场管护难度大，达不到恢复环境的初衷。按照国家的退牧还草及生态移民方案实施整体搬迁、零散搬迁后，要求对移民的草场进行禁牧，使草场休养生息，自然恢复。但是因无专门的草场管护经费，致使禁牧草场存在谁都管、谁都不管，抢牧、过牧的现象，加之禁牧草场不是连片集中，而是呈镶嵌式分布，增加了管护难度。也就是说，生态移民后原迁出地的草场管理难度大，达不到恢复黄河源头生态环境的初衷。

除了对青海地区的生态移民进行探讨研究以外，一些学者对其他地区不同形式的生态移民做了发言。广西社会科学院壮学研究中心李甫春研究员对广西自然保护区的建立而产生的少数民族生态移民状况做了分析，提出了选择兼顾生态与民生的自然保护模式。广西众多自然保护区的建立引发了当地政府与周边少数民族诸多矛盾冲突。李甫春在调查研究中发现，广西各地自然保护区的实际情况千差万别，从而导致了保护区条例很难贯彻实行。在许多自然保护区，一旦坚决贯彻实行自然保护区条例，就有可能使当地社区特别是居住在核心区、缓冲区和试验区的各族群众陷入贫困，从而必然遭到当地各民族居民的强烈抗争。而当地政府如果同情周边社区群众，关注当地民生，为当地各民族同胞的生存和发展着想，自然保护区条例的实施就不能全面落实。因此，在贯彻实行自然保护区条例的过程中，政策执行者经常处于两难的处境。在此基础上，李甫春根据成功的和失败的移民搬迁行动案例提出了三点建议：(1) 生态移民搬迁首先要尊重个人和民族的意愿；(2) 安置地要比原居住地拥有更好的生产生活条件；(3) 要具有适应移民生存发展的良好人文环境。

水库移民也是生态移民的一个有机组成部分。广东行政学院经济学部傅尔林教授针对中国水库移民的生存与发展作了会议发言。据统计，到2008年年底中国水库移民为1900万多人，包括繁衍人口共达到2600万人，而且对水库区域的进一步开发会产生更多新的水库移民。傅尔林指出由于过去对水库移民生存与发展认识的局限性，水库移民安置方式不尽合理，导致水库移民与当地农民的贫富差距日益扩大，引发了各种社会矛盾。广州地区新的"瞻前顾后"的水库移民安置模式使得水库移民的生存和发展得以改善。但总体来说，水库移民很难真正融入当地的社会经济关系之中,因此傅尔林认为只有城镇化和工业化才是水库移民生存和发展的出路,其故土难离的情结才能逐渐淡化。

(二) 劳动力转移

与中国市场化经济转型相伴随的社会现象就是中国农村劳动力的转移。总体来说,中国农村劳动力融入城市生活的难度系数较大,这一定程度上影响了中国的人力资本积累和国家的整体竞争力,会加剧中国社会的两极化和城市贫民窟的形成,进而影响社会的稳定和可持续发展。

大理学院刘荣等学者从不同时代的农村劳动力各自的社会融合需求和社会所能提供的社会融合客观条件入手,指出"新生代农村劳动力"逐渐成为外出农村劳动力的主体并且在整个经济社会中发挥着越来越大的影响。总体来说,新生代农村劳动力对自我身份的认知比较模糊,且大多一毕业就进入城市,没干过多少农活,渴望留在城市。但城乡分割的教育体制使得新生代农村劳动力,特别是"流二代"普遍缺乏接受良好教育的机会,导致他们既没有父辈那样的体力和耐力,又没有城里孩子的文化技能,但他们又不愿轻易放弃努力,而是尽可能地利用父辈的社会资本和自己的人际关系网络努力地在城市谋生。按照转移方式,农村劳动力可分为四种类型:(1)自主转移。这是指农村青年通过上学读书,进而考取中高等院校,最终在城市就业的一种劳动力转移形式。自主转移的个人成本高,社会融合最好。(2)临时转移。这是指在特定时期经济发达地区出现民工荒或因农村地区自然灾害的发生,各级政府出巨资大规模组织农村劳动力到经济发达地区就业的一种劳动力转移形式。这种转移方式社会成本高,社会融合最差。(3)自发转移。这是指自主和临时转移之外的一种劳动力转移形式,属季节性转移,其转移存在相当程度的盲目性。这种方式的转移成本低,社会融合最慢。(4)培训转移。这是指有组织地培训农村劳动力,使这部分劳动力拥有一定的工作能力、生活技能,能适应产业发展需要、社会需要,有选择职业的自主权。这种转移成本低,社会融合较快。刘荣认为建立农村劳动力转移职业教育体系有助于农村劳动力更好地融入城市社会,同时需要加强农村劳动力与城市居民之间的交流互动,对"流二代"实施早期社会融合教育,加速农村劳动力的现代化转型,这样才能使中国农村劳动力更好更快地融入城市社会生活。

相比较刘荣的宏观研究,苏州大学社会学系叶继红教授具体以江苏省为例,通过使用SPSS软件对问卷数据处理和回归分析发现,集中居住区农村劳动力移民总体上适应状况良好。社区环境和配套设施、社会交往和社区参与、地区差异以及身份认同等因素对集中居住区移民的文化适应具有显著影响。因此,对政府部门来说,应该扩展居住区公共空间面积,加强居住区社区建设,同时在推进过程中要考虑地区差异因素。对农民来说,需要积极配合政府的行动,加强社区参与和邻里交往,以提高对集中居住的适应能力。

不论是刘荣还是叶继红的研究都未对劳动力移民进行性别分类,清华大学华商研究中心博士后莎娜·斯特林(Sara Sterling)在会议上提供了女权主义的分析角度,对北京秀水街的女性劳动力转移进行了探讨,着重分析了中国女性劳动力。北京秀水街的空间变化反映了秀水街市场消费类型的变化,秀水街的商家主要由来自国内其他省份的女性移民构成。消费者很多是外国人,交易语言不仅仅局限于中文。秀水街女性劳动力某种程度上展现了北京都市独立女性移民的新形象,挑战了中国传统文化中女性依附男性的刻板印象。秀水街的现代独立女性移民的出现是在中国现代化和国际化市场贸易下形成的。在秀水街工作的现代独立女性通过与不同种族不同国家的消费者进行沟通协商时,增进了对不同文化的了解并提高了运用不同语言进行交流沟通的能力,使商业交易活动得以顺利进行。

三 国际移民和海外华人研究

国际移民问题已经成为21世纪面临的全球性问题。人口在全球化市场经济的促动下规模日益庞大,国际移民现象已经成为西方学界关注的热点之一。加拿大作为一个传统的移民大国,吸纳了大量国际移民。改革开放后,中国已成为世界移民输出大国,出国人数日益增加,出国人数的年龄结构和社会层次也越来越异质化。华裔是加拿大人口较多的移民主体之一,为促进加拿大移民研究与国内移民研究之间的交流与对话,此次会议的主题之一就是在国际移民这一大背景下探讨加拿大相关移民政策和海外华人研究。

(一) 国际移民研究

国际移民现象日益规模化,加拿大作为移民大国,吸引了诸多学者对加拿大的移民进行多方面研究。约克大学人力资源学院副教授方涛(Tony Fang)运用宏观经济预测模型模拟了移民持续增长对加拿大经济的影响。模拟的结果显示加拿大移民增长对以下因素产生积极的影响:国民生产总值、总需求、投资、生产力、政府开支、税收尤其是政府净结余,然而对人均国民生产总值和对失业则基本没有影响。方涛进一步分析指出需要真正关注的是移民本身,他们较难融入加拿大劳动力市场,新移民越来越多地陷于贫困之中,并且由于新、老移民有可能互为替代,老移民日益受到新移民增长的负面影响。倘若加拿大能更好地将移民纳入劳动力市场,这对移民本身和加拿大的整体经济发展都是有利的。

女性学在当今的学术界占有一定的主导地位,与方涛的宏观数据模型分析相区别,苏珊·亨德斯从女性学的角度探讨了加拿大魁北克的移民政策。魁北克的经济发展需要高水平的移民流入,魁北克自治的移民政策与加拿大联邦制的移民政策有所出入。苏珊·亨德斯在此基础上着重探讨了移民政策以及公民权对女性移民的影响。另外,作为法语区的魁北克也或多或少受到了外来移民文化的影响。尽管目前魁北克通过公民权将女性移民纳入社会儿童福利的范畴,但仍然存在由于社会结构性问题而导致的对外来女性移民的不公平待遇。比如对魁北克自身法语区和法裔族群的强调则导致当地的穆斯林妇女并没有真正被纳入魁北克主流社会,而使他们成为一个相对独立的亚群体。总体来说,不论是魁北克自身的移民政策还是加拿大联邦政府的移民政策都未全面地考虑到女性移民的社会制度保障问题。

加拿大社区学院协会曾萌华(Maggie Zeng)博士从社会工作的角度对加拿大移民现状进行了探讨。她指出移民对于加拿大的人口增长和经济繁荣至关重要。虽然加拿大对技术移民有着极大的需求,但近年由于全球经济复苏较为缓慢与中加两国经济的变化,加之移民本身条件和需求的变化,相关的移民政策和针对移民的服务项目应有所调整,以更有效地支持新移民尽快融入加拿大的劳动力市场。加拿大联邦政府支持加拿大社区学院协会在2007年开始在中国做了一些探索性的尝试,比如在新移民出发前在其所在国提供就业协助服务,并通过与加拿大的合作伙伴密切合作,包括向移民提供在线咨询服务、资历认证准备、求职准备、相关培训等。根据移民所具备的技能和所拥有的资源,帮助新移民进入加拿大相关的行业寻找就业机会。曾萌华还指出语言能力是加拿大新移民取得经济成功的关键因素,同时加拿大社区学院协会在中国的移民项目的确对一些中国移民起到了积极的作用。

事实上大批华人向加拿大移民只是中国对外移民的一个细流,历史上东南亚才是中国海外移民的主要迁徙地。中国社科院民族所曾少聪研究员以东南亚的菲律宾和马来西亚为中心,着重讨论了"二战"以后华人与当地主体民族的关系,并阐述菲律宾和马来西亚由于实施"民族歧视"的政策,引发了诸多民族矛盾和冲突。菲律宾和马来西亚的华人与当地主体民族的关系实际上是被统治与统治的关系。当地华人在很长一段历史时期受菲律宾和马来西亚的政治、经济、文化上的民族歧视。曾少聪指出中国海外移民最显著的特点是民间自发的移民活动,与中国官方几乎没有联系。因此,中国的海外移民在移居地只能走和平相处、共同发展的道路,不可能在海外建立殖民地。在殖民时代,海外华人时常惨遭殖民者的屠杀和驱逐(例如华人在菲律宾曾遭受六次屠杀和五次驱逐)。总体来说,华人与其他民族的接触和互动以和睦相处为主,偶有冲突,大多是由于其他民族挑衅而起的。在菲律宾和马来西亚,华人与当地主体民族之间的冲突,主要不是因为民族和文化的差异引起,而是由于政治和经济的原因直接导致的。概括地说,民族和文化的差异被政治化和经济化后引发了诸多直接冲突。曾少聪反思了菲律宾和马来西亚的民族政策,进一步指出"多元文化"作为文化、教育和移民政策的概念,虽然也遭到一些质疑,存在一些不足,但是它是进步的、开放的、包容的,是建立在各民族平等、互惠和互相尊重的基础上的。只有当菲律宾和马来西亚政府摒弃民族歧视,承认多元文化,实施平等的民族政策,菲律宾和马来西亚华人与当地主体民族的关系才会朝着更为融洽的方向发展。

(二)海外华人研究

中国历史上很早就开始了海外移民,在19世纪上半叶,大批华人就开始移居北美包括加拿大以及欧洲,并在世界各地繁衍生息。近现代中国较大规模的海外移民是世界性大规模移民潮的一个组成部分。此次会议对加拿大地区的华人以及其他地区的海外华人做了探讨。

旅居北美的华人历来是海外华人研究关注的焦点。清华大学华商研究中心主任龙登高教授在会议上讨论了北美华人。他通过北美华人巴士的成长来进一步探讨如何超越族群经济。龙登高指出城际唐人街巴士服务已经从一个不起眼的小众市场逐步发展为北美一些地区重要的交通力量,并对占主导地位的北美传统巴士服务构成了挑战,同时也促进了北美传统巴士服务的创新与改革。龙登高等学者在田野调查的基础上将北美华人巴士的成长概括为六个阶段:(1)混乱的开端:主要满足中国移民的交通需求;(2)快速成长并挑战已有巴士线路,受到了学生和低收入群体的欢迎;(3)为了更好地满足市场需求,进行合理化运营和改善服务;(4)超越华人经济圈:从边缘走向主流,被更多的美国主体消费者所认同接受;(5)竞争与模仿:唐人街巴士浪潮,复兴了美国公路交通运输业;(6)城际巴士服务复兴和产业一体化:中途停车点的餐饮业发展。龙登高的研究通过对北美华人巴士起步仅为中国移民主体服务而扩展到被北美主流社会所接纳的巴士运输的研究,展现了北美华人如何在北美主流社会里扎根立足的一面。

在海外华人研究中，对身居北欧的华人研究相对较少。芬兰赫尔辛基大学社会学系硕士曹谦调查了 15 个在芬兰的中国移民，采用定性分析的方法，从社会学的角度剖析了中国移民在芬兰的社会福利制度下的生存状态。他主要调查了四个跟移民生存状态息息相关的方面：住房、就业、医疗和儿童抚养，并依据芬兰社会学家 Allardt 的 "Having, Loving and Being"，从社会关系网和个人满足度两个角度解析中国移民在住房、就业、医疗和儿童抚养的适应情况。芬兰并不是传统意义上的移民国家，因此一开始并未受到很多中国移民的关注。但当中国移民被纳入芬兰的社会福利制度下，中国移民则偏向选择永久性移民芬兰。同时，赡养中国国内年迈的父母的义务和难以真正融入芬兰社会的心理压力导致一些中国移民最终放弃永久性移民芬兰。在移民过程中，与朋友、移民中介公司、学校、雇主、家庭亲戚的社会关系，影响了中国移民在芬兰的住房、就业、医疗和儿童抚养的状况。芬兰社会福利系统的确在一定程度上帮助了中国移民更好地适应芬兰社会，但大多数中国移民并未形成对芬兰社会福利系统严重的依赖关系。随着时间的推移，中国移民在芬兰的住房条件都得以改善，但就业状况的改善幅度很小。大多数中国移民就业状况仅限于芬兰的低端就业市场，他们很难进入芬兰的中上层就业市场，这导致很多中国移民对芬兰的就业状况很不满意。但总体上，中国移民享受到芬兰平等的儿童抚养权利和免费公共医疗系统，因此中国移民对芬兰政府仍抱有感恩的心态。芬兰福利保障系统很大程度上提高了那些在芬兰低端就业领域的中国移民的幸福感。

龙登高从经济角度探讨了北美华人，曹谦从社会福利的角度探讨了芬兰华人，而中国社科院民族所张小敏从文化角度分析了"海归"对中国都市文化的影响。比如，海归方舟子高举西方"科学"的旗帜，全面否定中医。相反，另一位海归徐文兵，在与国外文化的碰撞中，进一步挖掘中国汉字的含义，出版了《字里藏医》，进一步宣传了中国传统文化，并在中央人民广播电台讲授中医经典《黄帝内经》，将传统文化的养生哲学带给大众。张小敏认为，海归的杰出代表通常在通信、IT 等高科技领域。他们不仅带来了国外的先进科学技术，也对中国都市文化带来了一定的影响。信息技术进一步推动了信息的传递，比如微博等。"饶毅事件"反映了"海归"对中国传统的"差序格局"所形成的科研领域人际关系的反思，深刻影响着中国当前的都市文化。

移民研究中，移民输出国对人才外流现象一直都比较关注。北京外国语大学付美榕教授对当前加拿大华裔科技人才回流趋势及其文化根源做了发言。她指出从加拿大回归的中国科技人才只是"细流"，而非"大潮"，具有科学与工程博士学位的加拿大"海归"，尤其是成就卓著的科学家并不多见。通过对加拿大三所高等院校——多伦多大学、约克大学和萨斯喀彻温大学的 18 位科学家的深度访谈与实地观察，了解到这些科技人才由于各种考虑选择"不归"，但文化因素是最主要的。对于他们来说，加拿大的最大吸引力在于其文化氛围，尤其是简单平和、相互尊重的人际关系与健康、宽松、自由的社会环境。从个人层面上，由于中国"荣归故里"与"衣锦还乡"的传统观念，许多中国学者，若非被引才计划招募回国，会感到回国不够体面而继续留在加拿大工作。在社会层面上，中国科技人才流失的根源在于三个根深蒂固的文化观念，即人际情义、功利主义与平均主义。这种文化破坏了科技界的公序良俗，损害了科学家的职业尊严，从而阻碍了海外科技人才的回归。因此付美榕认为科技人才流失困境的出路在于改善中国科研文化，而对科技领域的自省自律比自上而下的行政手段更重要。

四 多元文化主义及其相关研究

加拿大自1971年采取多元文化主义政策以来引发了国内外学者的激烈讨论。围绕多元文化主义与少数民族权力保护的讨论研究一直是近些年来学术界的热点。此次"移民和多元文化对经济发展的影响"中加国际学术研讨会关注的学术焦点之一就是多元文化研究。加拿大多元文化主义政策实施以来，对加拿大的民族团结和谐起到了很好的积极作用，这对我国的民族政策发展有一定的指导和借鉴意义。

（一）多元文化主义研究

天津师范大学常士䛖教授和安徽师范大学韩家炳副教授都对加拿大"多元文化主义"进行了历史回顾。韩家炳在会议上提到了加拿大历史上出现的三次大的移民高潮。加拿大政府根据不同历史阶段的实际情况采取了相应的民族文化政策，加拿大社会大致经历了由"盎格鲁一致论"、"熔炉论"、"文化多元主义"到"多元文化主义"的演变过程。大量移民的涌入使加拿大民族结构与文化组成发生了巨大变化，这些客观上为加拿大多元文化主义的形成提供了历史发展背景。

常士䛖对此进行了相关反思。加拿大多元文化主义自20世纪70年代产生以来经历了不同的阶段。在70年代，加拿大的多元文化主义政策重点放在对文化差异的承认和保护上，即承认不同族群文化的差异性并从法律上授予文化权利。进入80年代以后，随着加拿大多元文化主义政策实施发展，以及在前一时期出现的种族偏见和实际中存在的歧视等，加拿大多元文化主义政策更加注重了多元文化的平等。进入90年代以后，加拿大多元文化主义政策又有了新的进展。政策重点放在了建设性参与和社会建设上。但在对多元文化主义政策分析中，宗教是一个特殊的领域。它的差异性更多地与种族、出生国家以及其他因素有着密切的联系。而对如此复杂的宗教问题，多元文化主义政策缺乏事先的考虑和周到的安排。多元文化主义政策注重了文化权利的平等和"分"，但过分的"分"（divisiveness）带来了不同族群事实上的"隔离"、断裂和孤立化，在社会生活中导致了社会的分裂。尽管加拿大多元文化主义努力通过社会和政治营造一种整合的局面。但正如不少加拿大人认为的，加拿大的多元文化主义导致一种"虚假联合"的局面。常士䛖认为在全球化时代，多元文化社会既要尊重文化差异，又要构筑共同的公民身份；既要授予权利又要承认义务，鼓励整合而不是同化。

与常士䛖和韩家炳的历史分析相区别，山东潍坊学院副教授王俊芳从认同角度分析了加拿大多元文化主义政策。她指出加拿大多元文化主义政策的确强化了加拿大人的国家认同感。从长远来看，这一政策的深入实施需努力强化族群成员的公民权身份，以公民权为本位来构建国家认同和族群认同。不管是居于主流地位的英裔和法裔，还是非主流地位的土著和其他少数族群，在多元文化主义政策的作用下，族群矛盾和认同危机得以缓解。族群成员逐渐认识到决定身份归属和文化属性的最重要因素并非族裔血统，而是公民权。加拿大公民，无论种族、性别、族群或宗教信仰的差别，都享有基于法律和政策的平等，同时必须承担建设和保卫加拿大的神圣使命。这样多元文化主义政策就能在尊重族群自身的同时超越族群自身的局限性。

对"多元文化"政策研究是当今主流学术界的讨论重点之一。中国社会科学院民族学与人类学研究所副研究员周少青在会议上进一步提出了探讨多元文化主义的五个不同维度：（1）事实维度的多元文化主义。在全球化的条件下，任何特定国家或地区的主体族群或宗教文化群体，都有可能在另外一些国家和地区成为族群、宗教或文化上的少数群体。事实维度的多元文化主义并不要求政府将保护少数民族的权利作为追求目标。（2）意识形态维度下的多元文化主义。这是一整套的信念和原则以及具体主张，借助于"一种具有理解性的想象"，使之成为"良好社会"和"理想秩序"的护身符。（3）理论维度下的多元文化主义。概括地说，理论维度下的多元文化主义包括激进的多元文化主义、自由多元文化主义、社群主义的多元文化主义和保守的多元文化主义。（4）政策维度下的多元文化主义。这是一种"行动中的多元文化主义"，它所体现的少数民族权利保护，也相应成为一种"行动中的法"。（5）价值理念维度下的多元文化主义。这主要是一种价值观，其内容大致包括平等、正义、尊重差异和包容（宽容）等。周少青指出多元文化主义的核心是承认文化的多样性，承认文化之间的平等和相互影响。

（二）文化研究的具体应用

文化研究总体来说是一个很大的研究范畴，对文化的具体研究需要一个特定的情境。洛娜·赖特指出每种文化有其自身的价值并且渗透在经济活动中。当一方的文化不能理解另一方文化的价值和惯例的时候，谈判就会出现问题，当更多文化卷入谈判，情况会变得更为复杂。她以加拿大、日本和中国等国的文化差异进行比较，总结了跨文化的国际谈判中的五个步骤：（1）初次接触（Contact initiation）；（2）预热期，建立信任感（rapport building）和准备策划（planning and preparation）；（3）磋商阶段，包括互换信息（exchange information）、构思备选方案（generate alternative）、解决争议（resolve disputes）；（4）确定方案（closure attempts）；（5）实施阶段（implementation）。进一步谈到在经济发展中如何利用多元文化的优势，其首要的一步就是承认和重视文化差异，然后在实践中践行这种认知。商业谈判正是践行这种认知的第一场所。她给出了具体的例子，比如领导力（leadership）在加拿大的文化情景中更为偏向于领导者对下属员工的激励，而在亚洲文化中领导更注重团队的整体一致性。

与洛娜·赖特一样，不列颠哥伦比亚大学亚洲研究所爱丽娜·卡普里尼（Elena Caprioni）在会议中分析了文化多样性对外商直接投资的影响。自1992年以来中国一直名列全球三大外商直接投资目的地。2000年超过200家矿业公司热切希望并准备开拓利润丰厚的中国西部矿业市场，但到了2011年许多公司离开了中国市场，留下的公司多数也仅仅是供应设备和努力进行市场营销。2011年1—4月有8152家新批准设立的外商投资企业，外商投资达到388亿美元。在中国一共有37家加拿大矿业公司，其中有19家在中国西部。爱丽娜·卡普里尼指出，虽然中国西部的资源矿场很丰富，但由于很多加拿大公司不了解中国文化，因此在与中国合作的过程中出现一些摩擦，打击了加拿大外商继续在中国投资的信心。她指出加拿大公司应该通过技术共享在技术方面做出让步，而不应该因自身的优越感而产生技术垄断。只有当中国和外商都彼此意识到文化多样性对企业经营合作的重要性时，才能取得市场贸易的双赢局面。

　　太原科技大学讲师梁高燕在会议中也探讨了对不同文化了解的重要性。她以跨文化敏感度量表对太钢集团的150名不同国籍和文化背景的工作人员进行调查。结果显示，太钢集团中不同国籍和专业职务的工作人员的跨文化敏感度有差异，他们获得跨文化经验和进行外语学习的主要方式也有显著差异。中外工作人员获得跨文化经验和进行外语学习的方式总体呈现多样化趋势。太钢的在职培训内容主要强调员工的纪律遵守程度和技术掌握情况，企业员工的外语培训、跨文化交际培训和文化差异的培训不受重视。实际工作生活中，员工经常遭遇跨文化交际尴尬和跨文化交际失败的情形。为了最大限度地避免文化冲突，员工普遍认为应扩展跨文化培训的内容，这对于提高员工的跨文化交际敏感度，进行有效的跨文化交际，增进企业员工的凝聚力，增强企业的活力均有重要意义。

　　除此以外，云南农业大学经济管理学院赵鸭桥教授针对云南多民族共存的具体社会事实，指出云南多民族群体对社会发展的不同观念，提出政府在制定相关发展政策时应考虑不同民族的发展愿望，并不能简单地以主体民族的发展观作为唯一的指导方向，而应考虑到少数民族的具体发展倾向，否则很容易"好心办坏事"。赵鸭桥指出生活在不同地区不同文化背景下的少数民族，不太可能完全按照主体民族的发展步骤进行社会发展，少数民族的发展策略需要更多地考虑少数民族自身的特殊性和地域性。因此政府在制定发展策略时不能采用"一刀切"的方式，断然地认为不符合主流发展模式的少数民族发展方式就是落后的。

　　上海大学社会学系巫达教授以上海彝族为例研究了传统文化与族群边界，提出了族群资本（ethnic capital）的概念。族群资本是布迪厄社会资本概念的衍生，指以一定的社会文化背景的族群为基础的社会关系。巫达指出上海聚集着各式各样的族群和各种文化，形成万花筒般的多元族群与多元文化景象。生活在上海的彝族人，平时所操用的文化与周围汉族人所操的文化内容是基本没有差异的。他们的彝族传统文化仅仅是体现在彝族人之间或在他们特别需要展示彝族文化的时候。上海彝族人用于建构彝族社会网络的传统文化元素，例如传统节日、宗族观念、等级内婚观念等，不仅是他们用于表述身份认同的文化元素，更是彝族用来区分"自我"和"他者"的重要手段。来到上海的彝族人，他们不仅没有减弱对彝族文化的认同，相反，对一些本来生活在彝族人较多、不必强调族群身份的地区的人来讲，他们到了上海之后反而更加强化了彝族意识。巫达进一步提出了全球化背景下的上海彝族人的文化是在多元文化的环境中体现的。

　　密苏里州立大学—辽宁师范大学国际商学院教授琳达·科维（Linda Covey）探讨了如何对神话和迷信运用理性思维来进行深层思考。她提出了三个重要的理念：（1）认知失衡（Cognitive Dissonance），由于一个人同时持有的不同观念或者行为而引发的思想交错混乱；（2）二分法（Dichotomy），用建立在非理性基础上的不可协调的思维去解释世界而产生的矛盾性；（3）迷信（Superstition），一种基于非现实的理念。迷信在一些情境下是有益的，但在另一些情境下却是有害的。有些迷信严重歪曲了社会事实导致发展的障碍。这些理念给予参会学者很多启示。琳达·科维指出人类的文化普遍存在幽灵一说，但科学家通常将幽灵信仰、死后还有生命的信仰称为迷信。倘若一个人既信仰幽灵的存在又相信科学，就会导致认知失调。因此琳达·科维认为学习运用理性思维破解这些观念或信仰，有助于推动个体和社会的发展。运用理性思维需要承认一些概念的不可调和性,然后针对这些概念做一个系统的梳理分析,从而重新认识一些文化观念和科学信仰。

(三) 原住民研究

加拿大原住民作为少数民族群体,延续着土著文化。辽宁警官高等专科学校副教授魏莉认为土著文化之所以能够在主流文化的压迫下幸存下来,主要归因于其内在的智慧和理性与少数民族群体内部的凝聚性。土著文化主要通过口头传述、传统仪式和土著教育传承下来,其价值体系包含了慷慨与仁慈、宽容与勇敢、谦恭与坚韧等,而并非野蛮和愚蒙。

然而,原住民在很长一段历史时期内并未真正被主流社会所认同接受。加拿大原住民在劳动就业方面面临诸多困难。辽宁师范大学副教授王红艳指出,与其他加拿大主体民族相比,加拿大原住民在培训、教育及劳动力市场参与等方面仍然受到歧视,并未享有真正的平等权,他们的就业率和就业水平远远低于加拿大主流群体。如何促进和帮助原住民就业与接受技术培训是加拿大政府亟待解决的任务之一。自从 1989 年起,加拿大一系列就业与培训政策的出台,对于提高原住民就业水平、获得资金支持、增强原住民自治能力等方面均起到关键性作用。从长远的战略眼光看,加拿大政府应大力支持原住民青少年接受必备的知识和技能培训,以便他们能够参与到激烈的劳动力市场竞争中。从总体上看,加拿大针对原住民的就业政策,一方面通过政府和原住民权力机构的合作,共同参与原住民人力资源的发展,促进社区的能力建构;另一方面确保加拿大原住民在就业方面享有真正的平等权和自主权,增强原住民的自治能力。

西南民族大学副教授肖琼指出,加拿大多伦多、温哥华、卡尔加里等城市均有规模不等的原住民中心。这些中心不仅是加拿大城市原住民自我管理的中心,还是原住民教育中心、信息中心、文化中心及精神中心等。虽然,在城市化进程中,加拿大原住民也面临不同程度的现实问题,但城市原住民中心对加拿大城市人口管理及原住民社区文化建设等方面发挥着积极作用。肖琼在对加拿大城市原住民中心社会功能的梳理总结基础上,提出加拿大城市原住民中心的构建模式和自我管理理念对我国城市少数民族流动人口问题的解决和社区管理将起到较大的启示作用。具体地讲,通过对加拿大城市原住民中心的经验借鉴,我国城市少数民族人口管理中,可以帮助成立让少数民族自我参与的自我管理发展中心,以有效促进我国城市管理部门、城市原有居民与少数民族流动人口之间,以及少数民族流动人口彼此之间的沟通与理解,从而帮助少数民族流动人口更好地适应城市,发展自我。

中国社会科学院民族学与人类学研究所党委书记张昌东在闭幕式讲话中指出,在经济全球化的发展进程中,中国和加拿大两国都面临移民问题和文化多样性等诸多问题。此次中加会议对如何解决移民的社会融入和国家认同、国内生态移民后续发展、劳动力转移问题、文化多样性与文化融合、民族传统文化保护等做了广泛的讨论研究。中加两国学者结合本国的实际,在有关领域开展了卓有成效的沟通交流。中国社会科学院国际合作局局长张友云在闭幕式讲话中认为,此次会议是中国社会科学院与加拿大重要的学术机构之间近十几年以来的一次重要的、富有成果的合作。会议的规模虽然不大,但其意义却很深远,具有开拓性的意义,树立了一个双方合作的典范。

民族区域自治地方政府网站发展水平调查报告

（2010—2011）

孔 敬 马 爽

一 引言

电子政务（Electronic Government，E-Government）是现代电子信息技术与政府改革相结合的产物，是政府运用信息技术手段改造管理体制、改进管理手段，建设高效、廉洁、低成本政府的创新工程[①]。我国的电子政务起步于20世纪80年代末期，各级政府机关开展了办公自动化工程，建立了各种纵向及横向的内部信息办公网络。1999年，40多个部委（办、局）的信息主管部门共同倡议发起了"政府上网工程"，开始系统推进电子政务的发展。

政府网站是实现电子政务的平台之一，开展政府网站的调查是检验我国电子政务十多年来的建设成果。本文结合民族区域自治地方的实际情况，提出了民族区域自治地方政府网站发展水平评价指标，于2010—2011年对全国155个民族区域自治地方，包括5个民族自治区、30个自治州和120个自治县的政府网站进行了调查，基于调查结果对民族区域自治地方的政府网站信息发展水平进行了阐述和分析，揭示了民族区域自治地方政府网站信息服务的发展动态与趋势。

二 民族区域自治地方政务网站评价指标体系构建与获取

（一）民族区域自治地方政府网站发展水平评价体系构建

对政府网站发展水平的测量，可参考电子政务的评价体系。当前国际上较有代表性的电子政务发展评价体系如下。[②]

一是联合国经济与社会事业部提出的电子政务评价指标体系。从"政府网站建设现状"、

---

① 赵卓宁：《网站对政府电子政务服务支持的评价研究》，电子科技大学，管理科学与工程专业硕士论文绪论，2008年5月，第1页。

② 杨云飞：《政府服务评价：中国电子政务发展水平测评》，清华大学出版社2010年版。

"信息基础设施建设"以及"人力资源素质"三个方面,对联合国190多个成员国的电子政务实施情况开展了专项调查和研究,并根据评价结果,将各国电子政务的网站建设划分为起步阶段、提高阶段、交互阶段、在线事务处理阶段以及无缝链接五个阶段。自2003年开始,联合国经济与社会事业部就通过联合国公共行政与发展管理司来出版全球电子政务报告。其2012年全球电子政务报告的[①]电子政务发展指数包括三个重要的衡量标准,即在线服务的范围和质量(在线服务指数)、电子通信基础设施的发展状况(通信设施指数)和内部人力资源状况(人力资本指数),每个分项指数占同等权重。每一分项指数都是能够独立进行提取分析的综合指数。如在线服务指数,包括国家门户网站、电子政务门户网站和电子参与门户网站,以及相关的教育、劳动、社会服务、健康、金融、环境部门的网站。除了评估国家门户网站的内容和特征以外,还根据万维网联盟的网页阅读无障碍指南对其内容的易读性进行了测试。

二是美国著名咨询公司Accenture公司提出的电子政务评价指标体系[②]。该评价指标体系将169项政府在线服务项目作为评价指标,包括服务宽度、服务深度、可识别性、客户建议性、组织结构、交互性、网络连通性等,侧重于评价电子政务的"总体成熟度"。通过调查和评价,将调查的国家和地区按照电子政务服务的整体成熟程度,分为四种类型:创新的领导者(总体成熟度都超过50%)、有发展前景的竞争者(总体成熟度介于40%—50%)、持续的完成者(总体成熟度介于30%—40%)、平台的构建者(总体成熟度低于30%)。

三是美国Brown大学提出的电子政务测评方法,方法比较简单,具体测评指标为20多项覆盖电子政务各个领域的标志性特征,所有样本数据均通过互联网获取。指标体系包括:(1)测评内容:在线信息、服务传递、公众接入情况;(2)具体考察特征:在线信息或刊物发布、在线数据库、音频按钮、视频按钮、支持多种语言、商业广告、保险基金、限制性区域、用户支付、残疾人接口、隐私政策、安全措施、在线服务、服务种类总量、数字签名、信用卡支付、电子邮箱地址、在线论坛、自动邮件提示更新信息、个性化站点界面、PDA接入、站点英文版;(3)指标权重:各指标采用相同权重(100分),总分为各指标积分和。

四是TNS(Taylor Nelson Sofres公司,世界第四大市场信息咨询服务公司)提出的一套电子政务评价方法与指标体系,包括:(1)测评内容:发展程度(延伸的社会广度和行业深度)、应用程度(政务的技术能力和集成度)、人口覆盖面和对个人隐私信息安全的关心;(2)指标权重:测评结果都按照各国人口权重进行校正;(3)测评方式:测评以问卷方式采集原始数据;(4)测评对象:问卷针对各国电子政务用户、网民和一般公众。

五是美国Jersey Newark州立大学和韩国Sungkyunkwan大学提出的包括"安全/隐私、可用性、站点内容、在线服务和公众参与"五个部分的电子政务评测框架,以评估全球政府网站的公共服务传递情况和公众参与情况。

---

① The United Nations Department of Economic and Social Affairs (DESA), 2012 Global E-Government Survey: E-Government for the People [R/OL], [2012-02-28], [2013-01-10], http://unpan1.un.org/intradoc/groups/public/documents/un-dpadm/unpan049752.pdf.

② 杨云飞、白庆华:《电子政务评价指标体系》,《计算机应用与软件》2004年第21期。

上述五个国外电子政务评价指标体系，均以国家整体电子政务评价研究为目标而建，用于进行国家和地区间的横向比较和总结电子政务发展的普遍特征和发展差异。这类指标体系不仅考察政府网站表现，还将信息通信基础建设、电子政务的基础环境因素（如隐私安全、使用者素质及数量）等纳入评价框架之中[①]。本文研究的政府网站发展水平评价指标的构建将参考这类指标体系关于政府网站评价部分的分指标。

目前国内对政府网站评估体系的研究也不断发展。例如：2006年大连理工大学管理学院王雪华和葛冬雪提出的将政府网站发展水平分为信息发布、在线服务、垂直整合和水平整合4个阶段，含3个层次共计29个指标的评价体系[②]；2007年浙江师范大学文献信息研究中心王云娣提出的包括信息内容、信息设施、服务方式和服务效率4个类别2个层次共计16个指标的评价体系[③]；2008年北京工业大学经济与管理学院阮平南和韦江提出的包括信息公开、网上办事、公众参与和网页设计4个方面3个层次共计44个指标的评价体系[④]。

考虑我国民族区域自治地方的互联网发展水平和数据的可获得性（大多数民族地区能提供该指标的数据），并参考联合国和国内研究提出的政府部门网站评价体系，本文提出了民族区域自治地方政府网站发展水平评价指标体系。该指标体系包含建网站率、信息发布、网站功能和网站文种4个大类，共计9项指标。具体指标及说明如表1所示。

表1　　民族区域自治地方政府网站发展水平调查指标体系

一级指标	二级指标	指标说明	调查范围
建网站率	政府门户网是否建站	即人民政府网站是否建站	民族自治区、自治州和自治县
	政府部门水平建站率	建立网站的政府部门数除以该自治区或自治州、县所设立的政府部门数	
	政府门户网垂直建站率	所辖地市和县级人民政府的建网站数除以总数	民族自治区、自治州
信息发布	信息月更新条数	网站每月更新信息的条数	民族自治区、自治州和自治县
	信息更新指数	信息更新指数等级划分见表2	
网站功能	信息公开	是否开设信息公开栏目	民族自治区、自治州和自治县人民政府网
	在线服务	是否开始在线服务栏目	
	互动交流	是否开设互动交流栏目	
网站文种	民族文字网站	以蒙、藏、维、哈、朝和傣文等现行文字为调查对象	民族自治区、自治州和自治县

---

① 郝媛媛、李一军、姜茨：《基于网站的电子政务评价研究方法综述》，《情报科学》2006年第24期。
② 王雪华、葛冬雪：《政府门户网站评价指标体系研究》，《大连理工大学学报》（社会科学版）2006年第27期。
③ 王云娣：《政府网站信息服务能力综合评价研究》，《电子政务》2007年第11期。
④ 阮平南、韦江：《北京市电子政务评价体系研究》，《北京行政学院学报》2008年第2期。

（二）通过网上抽样调查获取指标数据

本次政府网站建设情况的调查范围是全国155个民族区域自治地方，包括5个民族自治区、30个民族自治州和120个民族自治县，调查对象包括我国各级民族区域自治地方的各个政府机关单位，调查内容包括是否拥有自己的网站、网站的栏目与功能、网络信息资源更新、是否拥有民族文字网站等。调查方式是通过互联网对上述调查对象的网站进行调查，重点对各级自治区域的人民政府机关进行调查，不但对155个民族区域自治地方的人民政府机关进行调查，还对各自治区和自治州所辖地市级和县级人民政府机关进行调查。调查时间为2010年8月至2011年8月。各级民族区域自治地方人民政府网站网址详见附录"中国民族区域自治地方人民政府网址列表"。

三 调查结果与分析

（一）民族自治区政府网站发展现状

1. 自治区政府门户网站建设现状

以下分别从人民政府网站的信息量发布状况、人民政府网垂直建站率和电子政务功能发挥状况3个方面对5个民族自治区的政府门户网站建设进行阐述。

（1）自治区人民政府网站信息发布状况

5个自治区人民政府网站的信息量与信息更新的调查结果如表3所示。

表2　　　　　　　　　　网站信息更新指数评分计算标准

信息更新等级指数	自治区 信息更新量达 （条/月）	自治州 信息更新量达 （条/月）	自治县 信息更新量达 （条/月）
0	0	0	0
1	1	1	1
2	10	3	3
3	20	5	5
4	30	10	10
5	50	30	15
6	100	100	20
7	150	200	40
8	200	400	60
9	250	600	100
10	300	800	250

表3 5个自治区省级人民政府网站信息量与更新情况

自治区名	网站信息更新排名	网站信息量更新（条/月）	信息更新等级指数
广西壮族自治区	4	120	6
内蒙古自治区	1	1700	10
宁夏回族自治区	5	100	6
西藏自治区	3	170	7
新疆维吾尔自治区	2	200	8

注：表中各自治区以拼音顺序排序，信息更新级别指数按表2评分标准计算。

由表3可见，5个自治区人民政府门户网的网站信息更新都较为及时，每月信息更新都在100条以上。其中内蒙古自治区的信息更新量最大，每月信息更新达到1700条。其次是新疆维吾尔自治区、西藏自治区、广西壮族自治区和宁夏回族自治区。

（2）自治区人民政府门户网垂直建站率

5个自治区人民政府门户网垂直建站率分为所辖地市级人民政府网建站率和所辖县级人民政府网建站率两级，调查结果分别如表4、表5所示：

表4 5个民族自治区所辖地区级人民政府门户网建设情况

自治区名	所辖地（市）数（个）	建网站地区数（个）	建网站率（%）
广西壮族自治区	14	14	100.00
内蒙古自治区	12	12	100.00
宁夏回族自治区	5	5	100.00
西藏自治区	4	2	50.00
新疆维吾尔自治区	14	14	100.00

表5 5个民族自治区县级人民政府门户网建设情况

自治区名	所辖县（旗）数（个）	建网站县数（个）	建网站率（%）
广西壮族自治区	76	76	100.00
内蒙古自治区	79	78	98.73
宁夏回族自治区	22	20	90.91
西藏自治区	74	32	43.24
新疆维吾尔自治区	88	88	100.00

表4、表5分别从地市级和县级两个层次展示了5个民族自治区所辖地市和县的人民政府网站建设情况。由表4可见，除西藏以外，其他4个自治区人民政府门户网站在地市级全面普及建设，建网站率均达到100%，西藏建网站率为50%。由表5可见，5个民族自治区人民政府门户网站在县级层面的普及情况分为三类，一是全面普及地区，包括广西壮族自治区和

新疆维吾尔自治区,建网站率达100%,二是大范围普及地区,包括内蒙古自治区和宁夏回族自治区,建网站率分别为98.73%和90.91%,三是起步发展地区,即西藏自治区,其建网站率为43.24%。综合来看,民族自治区政府门户网垂直建站普及推广工作良好;信息建设的垂直整合表现为初级的链接阶段,尚未开展深层次的信息整合应用;从地域来看,西藏自治区与其他自治区相比有较大的差距。

(3) 自治区人民政府门户网站电子政务功能发挥状况

对5个民族自治区人民政府网站在信息公开、在线服务和互动交流三大主要电子政务功能方面的调查结果如表6所示。

表6　　5个民族自治区人民政府网站栏目功能建设情况

自治区名	栏目数（个）	是否开设"信息公开"栏目	是否开设"在线服务"栏目	是否开设"互动交流"栏目
广西壮族自治区	12	是	是	否
内蒙古自治区	11	是	是	否
宁夏回族自治区	8	是	否	是
西藏自治区	13	是	否	是
新疆维吾尔自治区	7	是	是	是

由表6可见,在依托网站平台发挥信息公开、在线服务和互动交流三项主要电子政务功能方面,新疆维吾尔自治区人民政府网全部开设了相应栏目,广西壮族自治区、内蒙古自治区、宁夏回族自治区和西藏自治区开设了其中两项功能。虽然各自治区开设了相关栏目,但从政府门户网站的实际应用来看,三项主要电子政务功能中仅政务信息公开发挥了较大作用,其他两项功能还处于试探性应用阶段,网站所支持的在线服务和功能还很少,公众的参与交流度也不高。

2. 自治区政府部门网站建设现状

我们对5个民族自治区政府部门网站建设情况进行了调查,调查范围包括公安厅、民政厅、卫生厅、水利厅、财政厅、商务厅、文化厅、交通厅、司法厅、国土资源厅、科技厅、教育厅、审计厅、新闻出版局、发改委、旅游局、粮食局、体育局、统计局等共54类部门,共计调查部门224个。调查结果如表7—表9所示。

(1) 自治区政府网站水平发展情况

表7展示了5个民族自治区政府部门网站水平建设情况,由表7可见,内蒙古自治区和新疆维吾尔自治区发展较好,建网站率分别达97.96%和95.83%,其次是广西壮族自治区和宁夏回族自治区,建网站率分别为90.00%和87.76%,然后是西藏自治区,建网站率为36.84%。可见,除西藏自治区的政府部门在网站的推广建设较缓慢以外,其他4个民族自治区政府在网站建设上都已进入全面普及推广阶段,绝大多数政府部门都建立了自己的网站,但同地区不同政府部门网站之间的水平整合应用尚未开展。

表7　　5个民族自治区政府部门网站水平建设调查统计

自治区名	调查政府部门数（个）	建网站数（个）	建网站率（%）	建网站率排名
广西壮族自治区	40	36	90.00	3
内蒙古自治区	49	48	97.96	1
宁夏回族自治区	49	43	87.76	4
西藏自治区	38	14	36.84	5
新疆维吾尔自治区	48	46	95.83	2
合计	224	187	81.68	

（2）自治区政府部门网站信息发布状况

表8和表9展示了5个民族自治区各政府部门主办网站信息量与更新的调查统计结果。由表可见，从网站信息更新频率和信息量这两个指数来看，广西壮族自治区和新疆维吾尔自治区最好，它们的信息更新指数远高于其他3个自治区。相比之下，西藏自治区的各政府部门网站信息更新频率较慢，信息建设与其他自治区的发展有一定差距。

表8　　5个民族自治区政府机关主办网站信息更新频率调查统计

自治区名	月发布信息大于30条的网站数（个）	月发布信息大于100条的网站数（个）	月发布信息大于200条的网站数（个）	月发布信息大于300条的网站数（个）
广西壮族自治区	24	15	6	5
内蒙古自治区	13	7	6	2
宁夏回族自治区	17	4	0	0
西藏自治区	4	3	0	0
新疆维吾尔自治区	25	15	11	4

表9　　5个民族自治区政府部门主办网站信息平均更新量排名

自治区名	建网站政府部门数（个）	平均更新信息量（条/月）	平均信息更新等级指数	信息更新排名
广西壮族自治区	36	155.28	4.97	1
内蒙古自治区	48	52.04	2.83	3
宁夏回族自治区	43	32.42	2.60	4
西藏自治区	14	33.79	2.07	5
新疆维吾尔自治区	46	104.33	4.43	2

3. 自治区政府网站发展概述

综上所述，从网站水平与垂直建站率来看，我国5个民族区域自治地方除西藏以外，政府网站建设已大范围普及，但政府部门网站水平与垂直整合还未展开；从信息内容更新来看，新疆维吾尔自治区和广西壮族自治区信息量较大，信息更新频率高，其次是内蒙古和宁夏回族自治区,西藏自治区与其他自治区有较大差距;从网站功能方面来看,各自治区主要发挥了政务信息公开的功能,而在线服务和公众参与方面尚未大力展开;在民族文字网站开发方面,内蒙古、西藏和新疆维吾尔自治区都有部分政府网站开办了本民族语言版本的网站。5个民族自治区建设的网站绝大多数都有自主开发的在线数据库支持,具有独立的网站系统平台。总体来看,5个自治区中,西藏自治区的政府网站建设还处于发展阶段,有一半以上的政府机关尚未建立网站,还有待各级政府加大投入、大力扶持。

(二) 民族自治州政府网站发展现状

1. 自治州人民政府网站建设现状

我们对30个民族自治州人民政府,以及自治州所辖的255个县级人民政府进行了网站建设情况调查,结果如表10所示。

表10　　　　　　　　30个民族自治州人民政府网站信息更新情况

省名	自治州名	网站信息排名	信息量更新(条/月)	信息更新等级指数	政府门户网垂直建站率(%)
四川省	甘孜藏族自治州	1	1632	10	44.44
四川省	阿坝藏族羌族自治州	2	1590	10	92.31
四川省	凉山彝族自治州	3	1437	10	100.00
云南省	红河哈尼族彝族自治州	4	1143	10	100.00
青海省	海西蒙古族藏族自治州	5	925	10	100.00
新疆维吾尔自治区	博尔塔拉蒙古自治州	6	900	10	100.00
新疆维吾尔自治区	巴音郭楞蒙古自治州	7	845	10	100.00
新疆维吾尔自治区	伊犁哈萨克自治州	8	660	9	100.00
青海省	海南藏族自治州	9	620	9	100.00
青海省	果洛藏族自治州	10	589	8	100.00
新疆维吾尔自治区	昌吉回族自治州	11	555	8	100.00
青海省	黄南藏族自治州	12	522	8	100.00
贵州省	黔东南苗族侗族自治州	13	506	8	100.00
新疆维吾尔自治区	克孜勒苏柯尔克孜自治州	14	500	8	100.00
云南省	楚雄彝族自治州	15	394	7	100.00
贵州省	黔西南布依族苗族自治州	16	367	7	100.00
湖南省	湘西土家族苗族自治州	17	353	7	100.00
云南省	德宏傣族景颇族自治州	18	341	7	100.00
青海省	海北藏族自治州	19	305	7	100.00
吉林省	延边朝鲜族自治州	20	259	7	100.00
云南省	西双版纳傣族自治州	21	242	7	100.00
云南省	大理白族自治州	22	230	7	100.00
湖北省	恩施土家族苗族自治州	23	209	7	71.43

续表

省名	自治州名	网站信息排名	信息量更新（条/月）	信息更新等级指数	政府门户网垂直建站率（%）
贵州省	黔南布依族苗族自治州	24	192	6	100.00
青海省	玉树藏族自治州	25	120	6	100.00
云南省	文山壮族苗族自治州	26	113	6	100.00
云南省	迪庆藏族自治州	27	75	5	50.00
甘肃省	临夏回族自治州	28	30	5	62.50
云南省	怒江傈僳族自治州	29	26	4	100.00
甘肃省	甘南藏族自治州	30	20	4	25.00

（1）自治州人民政府门户网信息发布状况

由表10可见，30个自治州全部建有州人民政府门户网，绝大多数网站的月更新信息量达100条以上，信息发布状况较好。但不同自治州之间的差距较大，有信息更新量较大，每月达1000条以上的地区，如甘孜藏族自治州、阿坝藏族羌族自治州、凉山彝族自治州和红河哈尼族彝族自治州；也有信息更新量较小，每月信息量更新不超过30条的地区，如临夏回族自治州、怒江傈僳族自治州和甘南藏族自治州。从地域分布来看，四川和新疆两省区所辖自治州的信息更新情况最好，多在9、10级以上，如图1所示。

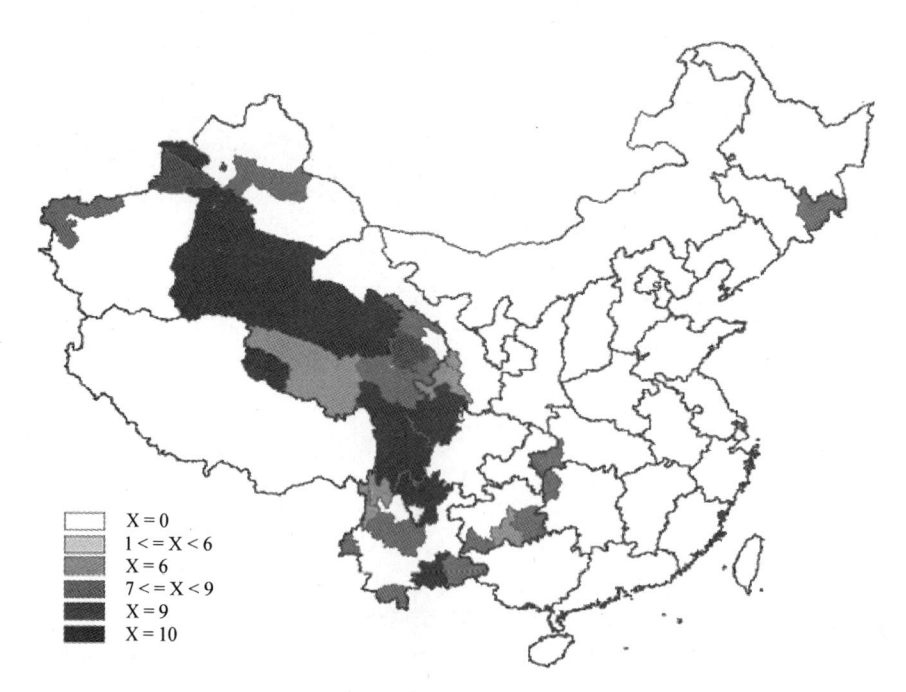

图1　30个民族自治州人民政府机关网站信息更新分级分布

注：X为信息更新等级指数。

(2) 自治州人民政府门户网垂直建站率

由表10中的30个自治州所辖县级人民政府建网站率可见，有6个自治州的政府门户网站垂直建站率不到100%，包括阿坝藏族羌族自治州（92.31%）、恩施土家族苗族自治州（71.43%）、临夏回族自治州（62.50%）、迪庆藏族自治州（50.00%）、甘孜藏族自治州（44.44%）和甘南藏族自治州（25.00%），其中垂直建站率50%以下的全部为藏族自治州。总体来看，80%以上的自治州在县级层面普及了政府门户网建设，但还有少部分，特别是藏族地区在县级层面的政府门户网建设还处于起步阶段。

(3) 自治州人民政府门户网电子政务功能发挥状况

调查结果表明，在依托网站平台发挥信息公开、在线服务和互动交流三大主要电子政务功能方面，30个自治州中有9个开设了这三大功能栏目，有13个开设了其中两大功能，有8个自治州仅仅实现了信息公开这一项功能。同自治区一样，虽然多数自治州开设了相关栏目，但从网站的实际应用来看，三项主要电子政务功能中除政务信息公开的应用较多以外，其他两项功能还处于试探性阶段，支持的在线服务和功能还很少，公众参与度也不高。

2. 自治州政府部门网站建设现状

我们调查的州级政府部门包括发改委、法制局、工商局、广电局、国税局、国土局、文化局、水利局、交通局、科技局、安监局、体育局、农业局、劳动局、招商局、人事局、商务局、民宗局等40类政府部门，共调查政府部门1200个。调查统计结果如表11所示。

表11　　　　　　　　30个民族自治州政府部门网站建设情况

省区名	自治州名	建网站率（%）	政府部门网站平均信息更新等级指数
湖北省	恩施土家族苗族自治州	50.00	5.65
四川省	凉山彝族自治州	40.00	5.06
青海省	海西蒙古族藏族自治州	70.00	4.11
贵州省	黔东南苗族侗族自治州	30.00	3.92
四川省	甘孜藏族自治州	15.00	3.67
湖南省	湘西土家族苗族自治州	82.50	3.61
四川省	阿坝藏族羌族自治州	50.00	3.20
吉林省	延边朝鲜族自治州	85.00	3.00
新疆维吾尔自治区	巴音郭楞蒙古自治州	72.50	2.90
新疆维吾尔自治区	伊犁哈萨克自治州	80.00	2.75
新疆维吾尔自治区	博尔塔拉蒙古自治州	67.50	2.37
甘肃省	临夏回族自治州	45.00	2.33
云南省	西双版纳傣族自治州	57.50	2.26
新疆维吾尔自治区	昌吉回族自治州	77.50	2.19

续表

省区名	自治州名	建网站率（%）	政府部门网站平均信息更新等级指数
新疆维吾尔自治区	克孜勒苏柯尔克孜自治州	70.00	1.96
云南省	德宏傣族景颇族自治州	72.50	1.86
云南省	迪庆藏族自治州	62.50	1.80
云南省	楚雄彝族自治州	62.50	1.76
云南省	怒江傈僳族自治州	37.50	1.60
云南省	文山壮族苗族自治州	67.50	1.48
云南省	大理白族自治州	80.00	0.94
贵州省	黔西南布依族苗族自治州	75.00	0.93
云南省	红河哈尼族彝族自治州	85.00	0.82
青海省	海北藏族自治州	52.50	0.76
甘肃省	甘南藏族自治州	70.00	0.43
青海省	黄南藏族自治州	65.00	0.42
青海省	果洛藏族自治州	50.00	0.00
青海省	海南藏族自治州	47.50	0.00
青海省	玉树藏族自治州	12.50	0.00
贵州省	黔南布依族苗族自治州	0.00	

（1）自治州政府网站水平发展情况

由表11中的自治州政府部门建网站率来看，30个民族自治州的政府网站水平普及发展不平衡，普及率较高的有延边朝鲜族自治州、红河哈尼族彝族自治州、湘西土家族苗族自治州、伊犁哈萨克自治州和大理白族自治州，这5个自治州的州级政府部门建网站率达80%以上。相比之下，甘孜藏族自治州、玉树藏族自治州和黔南布依族苗族自治州的各政府部门网站建设普及率非常低。从地域分布来看，新疆、云南、湖南和吉林等省区所辖自治州政府部门网站建设的普及率较高，青海、四川和贵州等省区所辖自治州政府部门网站建设的普及率较低，如图2所示。总体来看，民族自治州政府部门的网站建设工作已大范围普及发展，但同一自治州各部门网站间信息的水平整合工作尚未展开。

（2）自治州政府部门网站信息发布状况

由表11可见，30个自治州政府部门网站信息更新频率普遍较低，绝大多数政府部门的信息更新工作滞后，特别是青海省所辖有3个自治州政府部门平均信息更新等级指数为零。30个自治州中，只有恩施和凉山等少数自治州信息发布更新情况较好。从地域分布来看，湖北、四川、湖南和吉林等省区所辖自治州网站信息更新较多，青海省除海西蒙古族藏族自治州较好以外，其他藏族自治州的信息更新工作基本处于停滞状态，如图3所示。

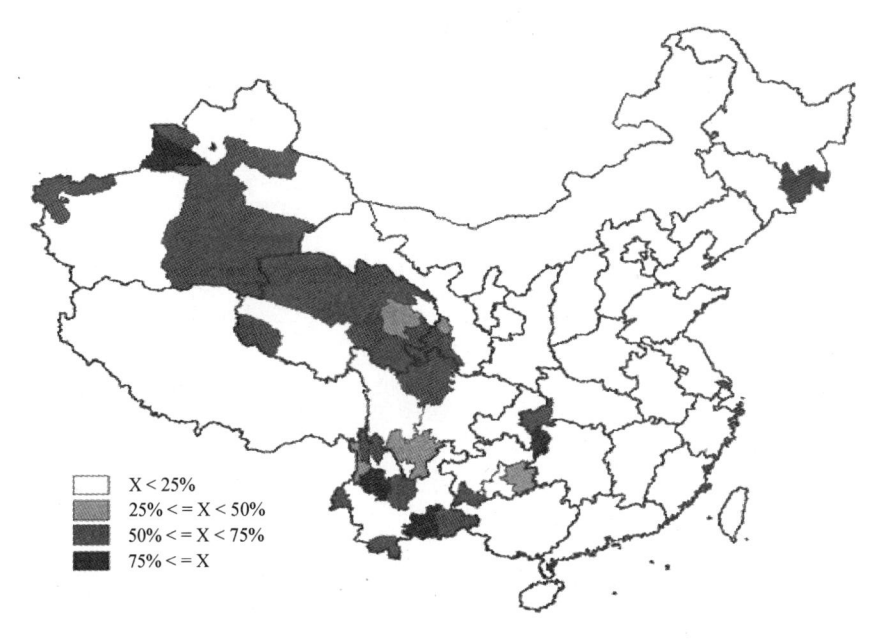

图2 30个民族自治州政府部门建网站率分级分布

注：X为建网站率。

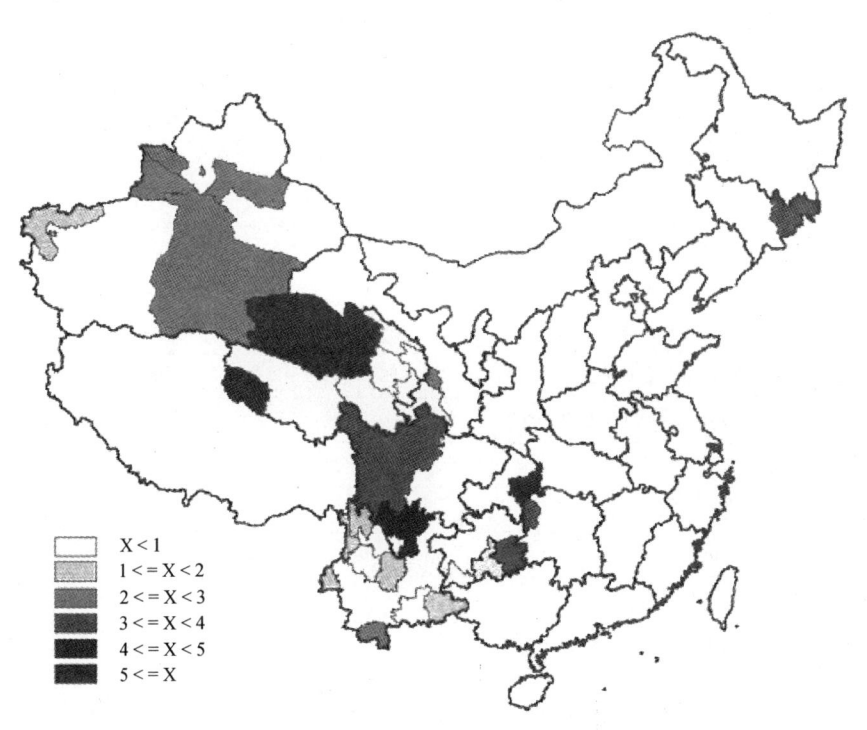

图3 30个民族自治州政府部门已建网站平均信息更新分级分布

注：X为平均信息更新等级指数。

(三) 民族自治县政府网站发展现状

1. 自治县人民政府网站建设现状

120个民族自治县人民政府的网站建设情况调查结果如表12所示。

表12　　　　　　　　120个民族自治县人民政府机关网站建设情况

省名	自治县（旗）名	网站信息更新排名	网站信息量更新（条/月）	信息更新等级指数
云南省	峨山彝族自治县	1	715	10
浙江省	景宁畲族自治县	2	490	10
甘肃省	天祝藏族自治县	3	451	10
辽宁省	阜新蒙古族自治县	4	355	10
广西壮族自治区	隆林各族自治县	5	330	10
贵州省	镇宁布依族苗族自治县	6	283	10
重庆市	酉阳土家族苗族自治县	7	270	10
贵州省	印江土家族苗族自治县	8	262	10
重庆市	秀山土家族苗族自治县	9	260	10
新疆维吾尔自治区	和布克赛尔蒙古自治县	10	250	10
青海省	大通回族土族自治县	11	248	9
贵州省	玉屏侗族自治县	12	246	9
云南省	耿马傣族佤族自治县	13	228	9
重庆市	石柱土家族自治县	14	220	9
甘肃省	肃南裕固族自治县	15	216	9
海南省	陵水黎族自治县	16	210	9
贵州省	关岭布依族苗族自治县	17	203	9
辽宁省	宽甸满族自治县	18	188	9
新疆维吾尔自治区	巴里坤哈萨克自治县	19	183	9
贵州省	紫云苗族布依族自治县	20	177	9
吉林省	前郭尔罗斯蒙古族自治县	21	175	9
湖北省	五峰土家族自治县	22	175	9
湖南省	麻阳苗族自治县	23	172	9
云南省	石林彝族自治县	24	165	9
云南省	沧源佤族自治县	25	153	9
贵州省	三都水族自治县	26	143	9
湖南省	通道侗族自治县	27	136	9
青海省	互助土族自治县	28	130	9
新疆维吾尔自治区	焉耆回族自治县	29	130	9

续表

省名	自治县（旗）名	网站信息更新排名	网站信息量更新（条/月）	信息更新等级指数
新疆维吾尔自治区	塔什库尔干塔吉克自治县	30	121	9
甘肃省	张家川回族自治县	31	116	9
重庆市	彭水苗族土家族自治县	32	110	9
内蒙古自治区	鄂温克族自治旗	33	110	9
贵州省	务川仡佬族苗族自治县	34	108	9
贵州省	道真仡佬族苗族自治县	35	108	9
海南省	乐东黎族自治县	36	105	9
新疆维吾尔自治区	木垒哈萨克自治县	37	105	9
云南省	禄劝彝族苗族自治县	38	102	9
青海省	河南蒙古族自治县	39	102	9
广东省	乳源瑶族自治县	40	100	9
广东省	连南瑶族自治县	41	100	9
内蒙古自治区	莫力达瓦达斡尔族自治旗	42	100	9
湖南省	靖州苗族侗族自治县	43	95	8
四川省	峨边彝族自治县	44	92	8
黑龙江省	杜尔伯特蒙古族自治县	45	90	8
辽宁省	喀喇沁左翼蒙古族自治县	46	90	8
湖北省	长阳土家族自治县	47	89	8
广西壮族自治区	融水苗族自治县	48	85	8
云南省	孟连傣族拉祜族佤族自治县	49	85	8
吉林省	长白朝鲜族自治县	50	84	8
辽宁省	岫岩满族自治县	51	80	8
贵州省	威宁彝族回族苗族自治县	52	77	8
四川省	北川羌族自治县	53	75	8
云南省	新平彝族傣族自治县	54	65	8
云南省	墨江哈尼族自治县	55	61	8
海南省	昌江黎族自治县	56	60	8
湖南省	新晃侗族自治县	57	59	7
云南省	漾濞彝族自治县	58	56	7
贵州省	松桃苗族自治县	59	56	7
青海省	民和回族土族自治县	60	56	7
吉林省	伊通满族自治县	61	53	7
青海省	循化撒拉族自治县	62	52	7

续表

省名	自治县（旗）名	网站信息更新排名	网站信息量更新（条/月）	信息更新等级指数
广西壮族自治区	大化瑶族自治县	63	51	7
青海省	门源回族自治县	64	51	7
内蒙古自治区	鄂伦春自治旗	65	50	7
广西壮族自治区	恭城瑶族自治县	66	50	7
湖南省	江华瑶族自治县	67	45	7
四川省	马边彝族自治县	68	43	7
云南省	玉龙纳西族自治县	69	42	7
云南省	屏边苗族自治县	70	42	7
贵州省	沿河土家族自治县	71	42	7
云南省	金平苗族瑶族傣族自治县	72	41	7
海南省	琼中黎族苗族自治县	73	38	6
云南省	维西傈僳族自治县	74	35	6
云南省	寻甸回族彝族自治县	75	34	6
广西壮族自治区	都安瑶族自治县	76	34	6
云南省	元江哈尼族彝族傣族自治县	77	33	6
河北省	青龙满族自治县	78	32	6
湖南省	芷江侗族自治县	79	32	6
河北省	宽城满族自治县	80	30	6
广东省	连山壮族瑶族自治县	81	25	6
广西壮族自治区	环江毛南族自治县	82	25	6
云南省	西盟佤族自治县	83	23	6
四川省	木里藏族自治县	84	21	6
河北省	大厂回族自治县	85	20	6
广西壮族自治区	三江侗族自治县	86	20	6
河北省	围场满族蒙古族自治县	87	20	6
新疆维吾尔自治区	察布查尔锡伯自治县	88	20	6
辽宁省	新宾满族自治县	89	20	6
湖南省	城步苗族自治县	90	16	5
广西壮族自治区	罗城仫佬族自治县	91	15	5
广西壮族自治区	巴马瑶族自治县	92	15	5
海南省	白沙黎族自治县	93	15	5
甘肃省	阿克塞哈萨克族自治县	94	13	4
海南省	保亭黎族苗族自治县	95	13	4

民族区域自治地方政府网站发展水平调查报告 · 259 ·

续表

省名	自治县（旗）名	网站信息更新排名	网站信息量更新（条/月）	信息更新等级指数
云南省	宁蒗彝族自治县	96	12	4
河北省	丰宁满族自治县	97	12	4
云南省	景谷傣族彝族自治县	98	12	4
青海省	化隆回族自治县	99	12	4
甘肃省	肃北蒙古族自治县	100	11	4
云南省	兰坪白族普米族自治县	101	11	4
广西壮族自治区	富川瑶族自治县	102	10	4
云南省	河口瑶族自治县	103	7	3
云南省	巍山彝族回族自治县	104	7	3
辽宁省	清原满族自治县	105	6	3
甘肃省	积石山保安族东乡族撒拉族自治县	106	5	3
河北省	孟村回族自治县	107	3	2
广西壮族自治区	金秀瑶族自治县	108	0	0
广西壮族自治区	龙胜各族自治县	109	0	0
辽宁省	本溪满族自治县	110	0	0
辽宁省	桓仁满族自治县	111	0	0
云南省	南涧彝族自治县	112	0	0
云南省	双江拉祜族佤族布朗族傣族自治县	113		
云南省	宁洱哈尼族彝族自治县	114		
云南省	江城哈尼族彝族自治县	115		
云南省	澜沧拉祜族自治县	116		
甘肃省	东乡族自治县	117		
云南省	景东彝族自治县	118		
云南省	贡山独龙族怒族自治县	119		
云南省	镇沅彝族哈尼族拉祜族自治县	120		

注：以网站信息更新排名为序，信息更新等级指数为空，即为该自治县人民政府尚未建立网站。

(1) 自治县人民政府门户网信息发布状况

由表12可见，120个自治县中有80个自治县的月平均信息更新量达30条以上，说明约2/3的自治县人民政府网站较好地发挥了信息发布功能。120个民族自治县人民政府基本上都建立了自己的网站，但也有8个自治县还没有自己的网站，另有5个县人民政府虽然建立了网站，但没有任何更新信息。同自治区、自治州相比，民族自治县在人民政府门户网站建设方面表现出更大的发展不平衡问题，有约15%的自治县信息更新量较大，也有约30%自治县网站信息建设工作滞后，甚至尚未起步。即使在同一省区的不同民族自治县发展也不一致，有发展良好，也有还未起步的自治县，如云南和辽宁省。从地域分布来看，信息开发滞后、信息更新不及时的自治县人民政府网站主要分布在云南和辽宁省，而新疆、湖南、重庆等省区直辖市所辖的自治县人民政府网站信息化建设工作开展得相对较好，如图4所示。

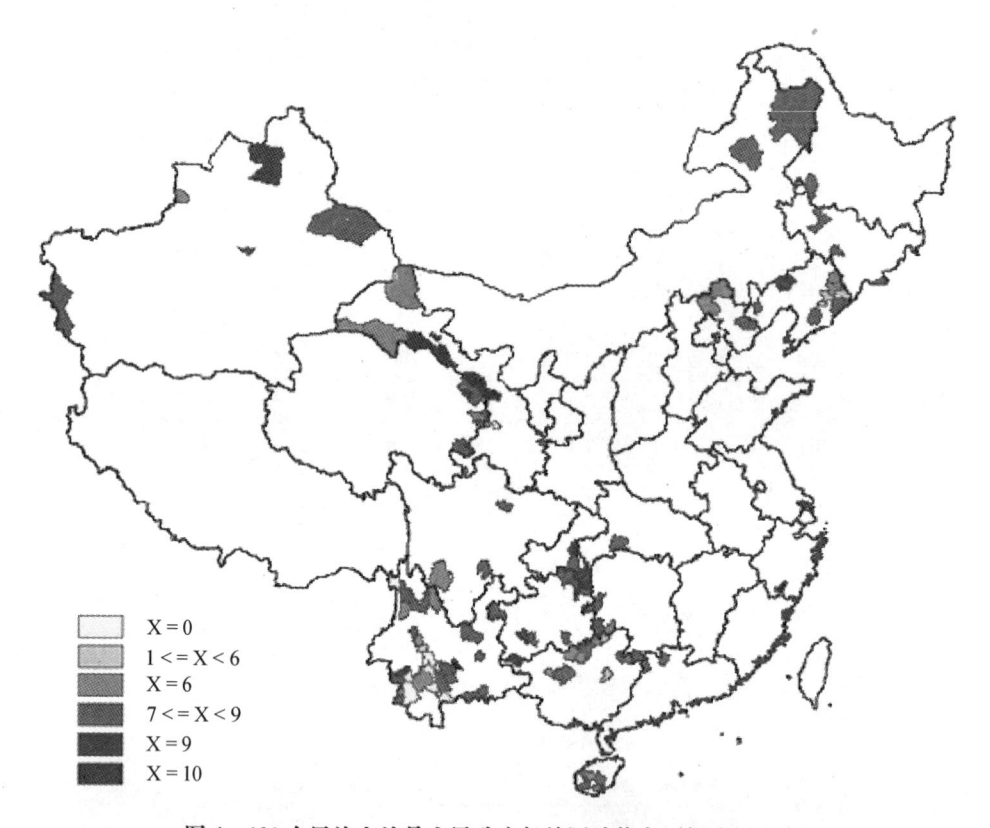

图例：
- $X = 0$
- $1 <= X < 6$
- $X = 6$
- $7 <= X < 9$
- $X = 9$
- $X = 10$

图4　120个民族自治县人民政府机关网站信息更新分级分布

注：X为信息更新等级指数。

（2）自治县人民政府门户网电子政务功能发挥状况

调查结果表明，在依托网站平台发挥信息公开、在线服务和互动交流三大主要电子政务功能方面，在信息发布状况较好的80个自治县人民政府网站中有18个自治县开设了这三大功能栏目，有24个自治县开设了其中两大功能，有38个自治州仅仅实现了信息公开这一项功能。同自治区、自治州一样，虽然有的自治县开设了在线服务和互动交流栏目，但从网站的实际应用来看，三项主要电子政务功能只有政务信息公开取得了实质性应用，在线服务还处于起步阶段，公众参与度也不高。

2. 自治县政府部门网站建设现状

我们对120个民族自治县各政府部门的网站建设情况进行了调查，调查的州级政府部门包括发改局、工商局、公安局、广电局、国税局、国土局、环保局、监察局、建设局、交通局、教育局、科技局、粮食局、林业局、民政局、民宗局、农业局、气象局、人事局、商务局、司法局、统计局、卫生局、文化局等共37类政府部门，调查单位共计3232个。调查的统计结果如表13所示。

表13　120个民族自治县（旗）政府部门网站建设情况

省名	自治县（旗）名	建网站率（%）	平均更新信息（条）	平均信息更新等级指数
云南省	宁洱哈尼族彝族自治县	100.00	3.62	1.70
云南省	景东彝族自治县	100.00	5.22	2.16
湖北省	长阳土家族自治县	97.30	3.81	1.56
云南省	元江哈尼族彝族傣族自治县	97.30	6.28	2.22
云南省	漾濞彝族自治县	97.30	4.33	1.36
云南省	南涧彝族自治县	97.30	4.61	1.56
云南省	贡山独龙族怒族自治县	97.30	2.17	1.36
云南省	镇沅彝族哈尼族拉祜族自治县	94.59	8.91	2.14
云南省	维西傈僳族自治县	94.59	4.17	2.03
云南省	巍山彝族回族自治县	94.59	2.89	1.49
云南省	景谷傣族彝族自治县	94.59	6.40	2.34
云南省	河口瑶族自治县	94.59	0.37	0.20
云南省	沧源佤族自治县	94.59	3.17	1.60
湖北省	五峰土家族自治县	91.89	1.62	1.00
湖南省	通道侗族自治县	91.89	0.79	0.53
云南省	宁蒗彝族自治县	91.89	3.97	1.79
云南省	峨山彝族自治县	91.89	7.12	2.24
云南省	墨江哈尼族自治县	89.19	6.18	2.33
云南省	金平苗族瑶族傣族自治县	89.19	0.09	0.06
云南省	西盟佤族自治县	86.49	2.97	1.41
广西壮族自治区	融水苗族自治县	86.49	2.97	1.47
云南省	禄劝彝族苗族自治县	86.49	5.69	2.16
云南省	兰坪白族普米族自治县	86.49	3.94	1.56
新疆维吾尔自治区	焉耆回族自治县	83.78	39.06	4.13
云南省	江城哈尼族彝族自治县	81.08	6.30	2.50
云南省	新平彝族傣族自治县	78.38	7.48	2.69
甘肃省	肃北蒙古族自治县	78.38	3.38	1.52
云南省	双江拉祜族佤族布朗族傣族自治县	78.38	7.55	2.07
辽宁省	桓仁满族自治县	78.38	3.55	1.72
云南省	玉龙纳西族自治县	75.68	0.57	0.39

续表

省名	自治县（旗）名	建网站率（%）	平均更新信息（条）	平均信息更新等级指数
云南省	石林彝族自治县	75.68	6.43	1.75
云南省	屏边苗族自治县	75.68	0.25	0.14
云南省	澜沧拉祜族自治县	75.68	0.82	0.39
云南省	耿马傣族佤族自治县	75.68	4.86	1.93
云南省	寻甸回族彝族自治县	72.97	4.85	2.00
浙江省	景宁畲族自治县	70.27	10.92	3.12
青海省	互助土族自治县	70.27	1.12	0.77
新疆维吾尔自治区	和布克赛尔蒙古自治县	70.27	26.19	3.35
云南省	孟连傣族拉祜族佤族自治县	67.57	4.28	2.08
青海省	大通回族土族自治县	67.57	28.36	1.72
甘肃省	阿克塞哈萨克族自治县	67.57	1.88	1.08
青海省	循化撒拉族自治县	64.86	0.21	0.13
青海省	民和回族土族自治县	64.86	1.13	0.29
湖南省	芷江侗族自治县	59.46	1.91	0.73
河北省	丰宁满族自治县	59.46	4.45	1.77
辽宁省	岫岩满族自治县	54.05	4.75	1.35
新疆维吾尔自治区	木垒哈萨克自治县	54.05	10.75	2.85
辽宁省	阜新蒙古族自治县	51.35	4.11	0.89
甘肃省	肃南裕固族自治县	48.65	16.94	1.89
河北省	青龙满族自治县	35.14	7.54	2.92
贵州省	印江土家族苗族自治县	32.43	0.67	0.33
河北省	围场满族蒙古族自治县	29.73	0.91	0.36
贵州省	道真仡佬族苗族自治县	27.03	8.00	2.30
贵州省	务川仡佬族苗族自治县	24.32	0.67	0.33
内蒙古自治区	鄂温克族自治旗	24.32	1.00	0.67
四川省	峨边彝族自治县	24.32	0.00	0.00
内蒙古自治区	莫力达瓦达斡尔族自治旗	21.62	4.13	1.13
湖南省	靖州苗族侗族自治县	21.62	1.25	0.88
吉林省	长白朝鲜族自治县	18.92	0.71	0.43
甘肃省	张家川回族自治县	18.92	20.29	3.29
贵州省	玉屏侗族自治县	18.92	0.29	0.29
辽宁省	本溪满族自治县	18.92	22.14	3.29

续表

省名	自治县（旗）名	建网站率（%）	平均更新信息（条）	平均信息更新等级指数
新疆维吾尔自治区	巴里坤哈萨克自治县	18.92	36.43	2.43
重庆市	酉阳土家族苗族自治县	16.22	2.50	1.33
湖南省	新晃侗族自治县	16.22	3.33	2.00
甘肃省	天祝藏族自治县	16.22	57.67	4.00
广东省	乳源瑶族自治县	16.22	11.67	3.33
重庆市	彭水苗族土家族自治县	16.22	16.83	2.33
湖南省	麻阳苗族自治县	16.22	4.83	2.17
广东省	连南瑶族自治县	16.22	11.83	3.33
广西壮族自治区	环江毛南族自治县	16.22	7.33	2.17
四川省	北川羌族自治县	16.22	0.00	0.00
重庆市	石柱土家族自治县	13.51	19.40	3.20
吉林省	前郭尔罗斯蒙古族自治县	13.51	11.20	2.60
四川省	木里藏族自治县	13.51	0.00	0.00
四川省	马边彝族自治县	13.51	0.00	0.00
广东省	连山壮族瑶族自治县	13.51	12.60	2.40
湖南省	江华瑶族自治县	13.51	3.80	1.60
内蒙古自治区	鄂伦春自治旗	13.51	4.40	1.80
广西壮族自治区	恭城瑶族自治县	10.81	5.75	2.25
广西壮族自治区	富川瑶族自治县	10.81	7.50	2.25
贵州省	沿河土家族自治县	8.11	0.00	0.00
海南省	陵水黎族自治县	8.11	3.00	1.67
甘肃省	积石山保安族东乡族撒拉族自治县	8.11	1.33	1.00
河北省	大厂回族自治县	8.11	2.33	1.33
新疆维吾尔自治区	察布查尔锡伯自治县	8.11	259.33	3.67
海南省	保亭黎族苗族自治县	8.11	0.67	0.67
广西壮族自治区	巴马瑶族自治县	8.11	2.00	1.00
贵州省	镇宁布依族苗族自治县	5.41	14.00	3.00
吉林省	伊通满族自治县	5.41	2.00	1.00
重庆市	秀山土家族苗族自治县	5.41	10.50	4.00
贵州省	松桃苗族自治县	5.41	0.00	0.00
广西壮族自治区	三江侗族自治县	5.41	7.50	2.50
辽宁省	清原满族自治县	5.41	12.50	3.00

续表

省名	自治县（旗）名	建网站率（%）	平均更新信息（条）	平均信息更新等级指数
河北省	孟村回族自治县	5.41	0.00	0.00
广西壮族自治区	罗城仫佬族自治县	5.41	18.00	4.50
海南省	乐东黎族自治县	5.41	1.00	0.50
辽宁省	宽甸满族自治县	5.41	23.50	3.50
河北省	宽城满族自治县	5.41	2.00	1.00
青海省	化隆回族自治县	5.41	91.50	4.50
黑龙江省	杜尔伯特蒙古族自治县	5.41	1.00	0.50
广西壮族自治区	大化瑶族自治县	5.41	0.50	0.50
湖南省	城步苗族自治县	5.41	3.00	2.00
海南省	白沙黎族自治县	5.41	0.00	0.00
贵州省	紫云苗族布依族自治县	2.70	19.00	5.00
贵州省	威宁彝族回族苗族自治县	2.70	31.00	6.00
新疆维吾尔自治区	塔什库尔干塔吉克自治县	2.70	244.00	9.00
贵州省	三都水族自治县	2.70	1.00	1.00
海南省	琼中黎族苗族自治县	2.70	3.00	2.00
青海省	门源回族自治县	2.70	12.00	4.00
广西壮族自治区	龙胜各族自治县	2.70	20.00	6.00
辽宁省	喀喇沁左翼蒙古族自治县	2.70	3.00	2.00
青海省	河南蒙古族自治县	2.70	1.00	1.00
贵州省	关岭布依族苗族自治县	2.70	6.00	3.00
海南省	昌江黎族自治县	2.70	0.00	0.00
辽宁省	新宾满族自治县	0.00		
广西壮族自治区	隆林各族自治县	0.00		
广西壮族自治区	金秀瑶族自治县	0.00		
广西壮族自治区	都安瑶族自治县	0.00		
甘肃省	东乡族自治县	0.00		

注：以政府部门建网站率为序，信息更新等级指数为空，即为该自治县（旗）政府尚未建立网站。

(1) 自治县政府部门网站水平发展状况

由表13可见，我国政府部门网站建设工作在民族自治县层面上尚未全面推广普及，在120个民族自治县中，有48个县的政府部门建网站率超过了50%，有72个县有一半以上的政府部门尚未建立其部门网站。各自治县政府部门的网站建设发展很不平衡，有些自治县的全部政府部门均已建设网站，但也有自治县其全部政府部门均未建网。从地域分布来看，云南省、湖北省所辖自治县政府部门建网站率较高，其中云南省所辖自治县政府部门建网站率最高，说明该省在政府部门网站建设工作方面很有组织性，如图5所示。

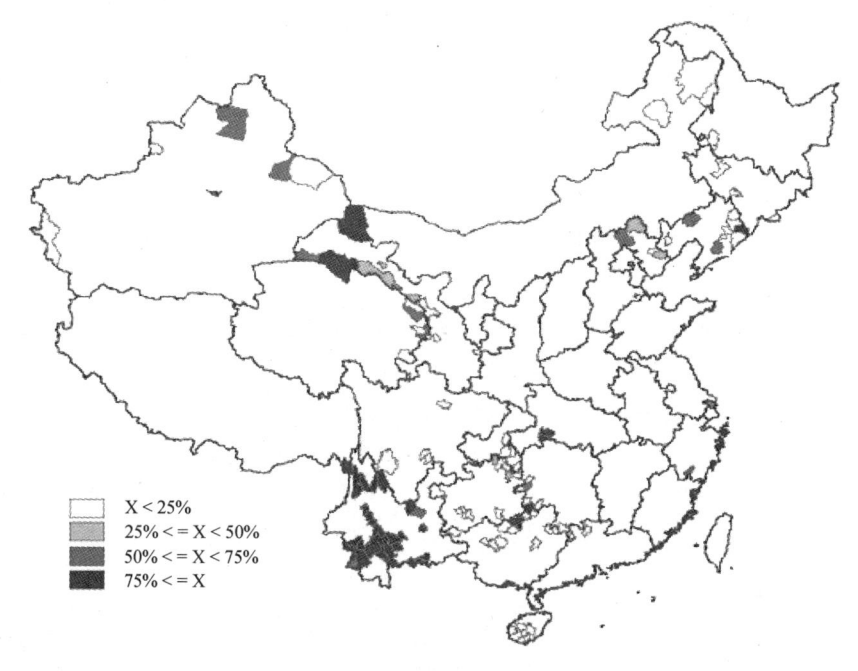

图5　120个民族自治县政府部门建网站率分布

注：X为建网站率。

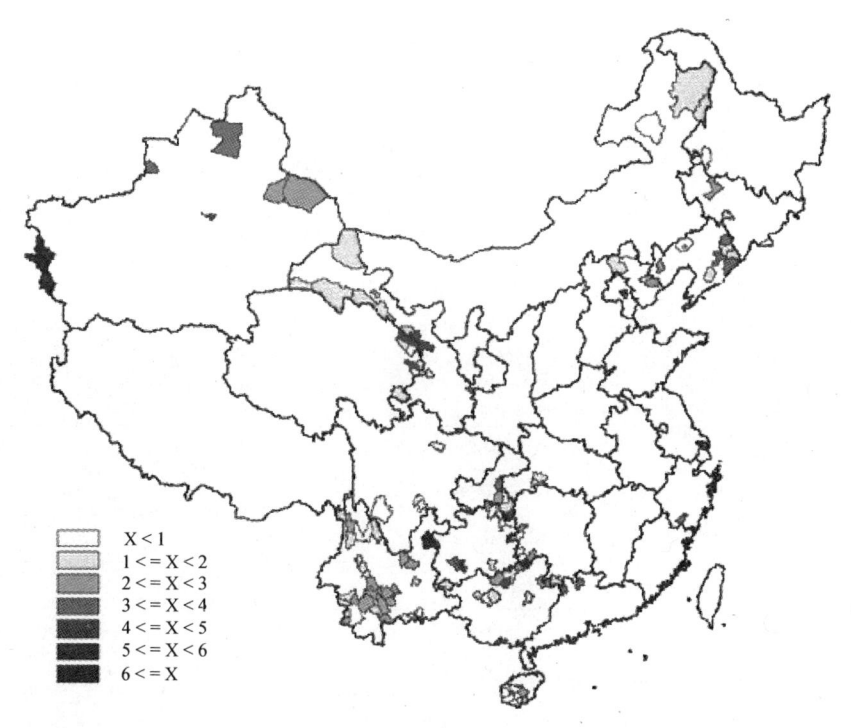

图6　120个民族自治县政府部门网站信息更新分级分布

注：X为信息更新等级指数。

(2) 自治县政府部门网站信息发布状况

由表 13 和图 6 可见,我们调查的 120 个民族自治县中,只有少数县的政府部门网站信息较为丰富,绝大多数县的信息更新工作滞后,月平均信息更新量不足每月 30 条。总体来看,我国民族自治县地区政府机关信息化发展仍处于起步阶段,还有待改进和进一步发展。

(四)政府网站民族文字发展现状

当前民族文字网站版本建站数量为蒙文 24 个、维文 11 个、藏文 5 个、朝鲜文 9 个、俄文 3 个、哈萨克文 2 个、柯尔克孜文 2 个、傣文 2 个,共有 58 个少数民族文字网站,各政府部门建立的民族文字网站列表见表 14;从民族文字网站的文种来看,当前使用人口较多的蒙文、藏文和维文三大少数民族文字中,由民族区域自治地方自主开发的藏文版网站数量相对较少;从地域分布来看,民族文字网站建设也存在地区发展差异问题,如内蒙古自治区有 23 个民族文字网站,新疆维吾尔自治区 17 个,西藏自治区 4 个,吉林省 8 个,云南省 2 个,广西壮族自治区 2 个,青海省、辽宁省各 1 个。总体来看,目前我国民族区域自治地方政府网站开发的民族语言网站还较少,与当地少数民族语言使用者的需求还有较大差距。

表 14　　　　　　　　　　民族文字网站列表

文种	网站名与网址
蒙古文	西乌珠穆沁旗政务门户　http://mw.xwq.gov.cn/
	中国巴彦淖尔　http://www.bynr.gov.cn/mongol/
	中国·包头　http://www.baotou.gov.cn/mw/index_mwb.html
	鄂尔多斯在线　http://mng.ordos.gov.cn/
	中国·二连浩特　http://mw.elht.gov.cn/
	中国·呼和浩特　http://www.huhhot.gov.cn/mongol/home/index.asp
	呼伦贝尔市人民政府　http://mwzf.hlbe.gov.cn/
	内蒙古·科尔沁右翼中旗　http://mengwen.kyzq.gov.cn/
	中国内蒙古　http://www.omjms.gov.cn/
	苏尼特右旗政务门户　http://mw.sntyq.gov.cn/
	阿巴嘎旗政务门户　http://mw.abg.gov.cn/
	太仆寺旗政务门户　http://mw.tpsq.gov.cn/
	新疆和静县人民政府　http://mon.xjhj.gov.cn/
	中国马都 锡林郭勒政务门户　http://www.xilingol.gov.cn/
	锡林浩特市政务门户　http://mw.xilinhaote.gov.cn/
	镶黄旗政务门户　http://www.nmxhq.gov.cn/
	内蒙古·新巴尔虎右旗　http://xyq.0470888.com/newsite/index.asp
	新巴尔虎左旗政务网　http://www.xzq.gov.cn/mw/
	内蒙古·兴安盟　http://mengwen.xam.gov.cn/Default.aspx
	正蓝旗政务门户　http://mw.zlq.gov.cn/

续表

文种	网站名与网址
蒙古文	正镶白旗政务门户　http：//mw.zxbq.gov.cn/
	巴音郭楞蒙古自治州人民政府　http：//mon.xjbz.gov.cn/
	苏尼特左旗政务门户　http：//mw.sntzq.gov.cn/
	内蒙古自治区民族宗教网　http：//www.nmgmzw.gov.cn/
维吾尔文	新疆维吾尔自治区人民政府　http：//uygur.xinjiang.gov.cn/
	阿克苏政府网　http：//uygur.aks.gov.cn/
	若羌县人民政府网站　http：//uyghur.loulan.gov.cn/
	新疆和静县人民政府　http：//uyg.xjhj.gov.cn/
	巴音郭楞蒙古自治州人民政府　http：//uyg.xjbz.gov.cn/xjbzww/baxbat.html
	新和县人民政府网　http：//uygur.xjxinhe.gov.cn/
	中国·克拉玛依　http：//http：//www.klmy.gov.cn/wwb/Pages/default.aspx
	中国·伊宁　http：//uy.yining.gov.cn/
	尉犁政府网　http：//u.yuli.gov.cn/
	新疆新闻在线网　http：//www.xjbs.com.cn/
	莎车教育信息网　http：//shache.cc/index.php
藏文	中国西藏新闻网　http：//tb.chinatibetnews.com/
	西藏人民广播电视台　http：//tb.tibetradio.cn/
	西藏农牧经济信息网　http：//www.xznjw.gov.cn/njwzw/
	西藏藏语言文字网　http：//www.xzzyw.cn/xzyw/xz/index.do
	玉树广电信息网　http：//www.yushugd.com/
朝鲜文	中国·阜新　http：//korean.fuxin.gov.cn/
	延边招商网　http：//www.ybinvest.gov.cn/K_index.aspx
	延边旅游局资讯网　http：//kr.cybta.com/user/
	延边朝鲜族自治州农业信息网　http：//www.zl2000.com.cn/zl_k_index.htm
	延边朝鲜族自治州知识产权网　http：//www.zl2000.com.cn/zl_k_index.htm
	广西壮族自治区旅游政务网　http：//kr.gxta.gov.cn/
	延边图书馆　http：//yblib.com.cn/Default.asp
	延边人民出版社　http：//www.ybcbs.com/
	延边电视台　http：//www.iybtv.com/

续表

文种	网站名与网址
哈萨克文	中国·伊犁 http://kazak.xjyl.gov.cn/
	新疆新闻在线网 http://www.xjbs.com.cn/
俄文	中国·满洲里 http://www.bigport.com.cn/
	广西壮族自治区旅游政务网 http://ru.gxta.gov.cn/
	延边旅游局资讯网 http://ru.cybta.com/user/
柯尔克孜文	克孜勒苏柯尔克孜自治州人民政府 http://218.31.148.124/index.jsp
	新疆新闻在线网 http://www.xjbs.com.cn/
傣文	西双版纳新闻网 http://www.bndaily.com/
	西双版纳电视网 http://www.bntv.cn/

四 结束语

本文结合民族区域自治地方的实际情况，提出了民族区域自治地方政府网站发展水平评价指标，并对5个民族自治区、30个民族自治州和120个民族自治县的人民政府及政府部门，共计6000多个政府机关单位进行了网站建设情况的调查。调查结果表明，从人民政府门户网建设来看，民族区域自治地方的网站建设已在自治区、自治州两级全面发展，但在自治县层面还未全面普及；从人民政府门户网垂直发展来看，在自治区层面，除西藏自治区以外，其他自治区已全面向下普及建立政府门户网站，但上下级政府间信息的垂直整合应用尚未展开，在自治州层面，80%的自治州已向下全面建立政府门户网站，其余部分自治州还处于起步阶段；从民族区域自治地方政府部门网站的水平发展情况来看，政府部门网站水平整合尚未开展，在地区分布上存在地区发展不平衡问题，总体来看，是新疆、内蒙古、广西、湖南和吉林等省区发展相对好一些，西藏、贵州和青海等省区还处于发展起步阶段，还有待各级政府加大投入、大力扶持；从自治民族成分来看，西藏自治区和自治州的网站建设与其他民族区域自治地方均存在一定差距；从信息内容更新来看，大多数民族自治区地方的信息建设不足，信息更新频率较低，县级政府部门的信息更新普遍滞后，在自治区层面来看，新疆、广西等省区信息量较大，西藏自治区与其他自治区有较大差距；从依托网站发挥电子政务功能来看，各民族区域自治地方的政府网站主要发挥了政务信息公开的功能，在公众参与和在线服务方面尚未取得实质性进展；在民族文字网站开发方面，在自治区、自治州和自治县三个层面都有部分政府网站开办了本民族语言版本的网站，但目前开发民族语言版本的政府网站还较少，信息更新也很不足，与当地少数民族语言使用者的需求还有较大差距。

附录：中国民族区域自治地方人民政府网址列表（2011年）

一、自治区

广西壮族自治区
　　广西壮族自治区（汉文版）http：//www.gxzf.gov.cn/

内蒙古自治区
　　内蒙古自治区（汉文版）http：//www.nmg.gov.cn/

宁夏回族自治区
　　宁夏回族自治区（汉文版）http：//www.nx.gov.cn/

西藏自治区
　　西藏自治区（汉文版）http：//www.xizang.gov.cn/

新疆维吾尔自治区
　　新疆维吾尔自治区（汉文版）http：//www.xinjiang.gov.cn/
　　新疆维吾尔自治区（维文版）http：//uygur.xinjiang.gov.cn/
　　新疆维吾尔自治区（英文版）http：//www.sinkiang.gov.cn/

二、自治州

甘肃省
　　甘南藏族自治州（汉文版）http：//www.gn.gansu.gov.cn/
　　甘南藏族自治州（英文版）http：//www.gn.gansu.gov.cn/html/english/index.ht
　　临夏回族自治州（汉文版）http：//www.lx.gansu.gov.cn/

贵州省
　　黔东南苗族侗族自治州（汉文版）http：//www.qdn.gov.cn/
　　黔南布依族苗族自治州（汉文版）http：//www.qiannan.gov.cn/
　　黔西南布依族苗族自治州（汉文版）http：//www.qxn.gov.cn/

湖北省
　　恩施土家族苗族自治州（汉文版）http：//www.enshi.gov.cn/

湖南省
　　湘西土家族苗族自治州（汉文版）http：//www. xxz. gov. cn/

吉林省
　　延边朝鲜族自治州（汉文版）http：//www. yanbian. gov. cn/
　　延边朝鲜族自治州（朝文版）http：//www. ybkap. org/
　　延边朝鲜族自治州（英文版）http：//tris. yanbian. gov. cn/

青海省
　　果洛藏族自治州（汉文版）http：//www. guoluo. gov. cn/
　　海北藏族自治州（汉文版）http：//www. qhhb. gov. cn/
　　海南藏族自治州（汉文版）http：//www. qhhn. gov. cn/
　　海西蒙古族藏族自治州（汉文版）http：//www. haixi. gov. cn/sites/main/zww. jsp？ColumnID＝1394
　　黄南藏族自治州（汉文版）http：//www. huangnan. gov. cn/
　　玉树藏族自治州（汉文版）http：//www. qhys. gov. cn/

四川省
　　阿坝藏族羌族自治州（汉文版）http：//www. abazhou. gov. cn/
　　甘孜藏族自治州（汉文版）http：//www. gzz. gov. cn/
　　凉山彝族自治州（汉文版）http：//www. lsz. gov. cn/

新疆维吾尔自治区
　　巴音郭楞蒙古族自治州（汉文版）http：//www. xjbz. gov. cn/
　　巴音郭楞蒙古族自治州（维文版）http：//uyg. xjbz. gov. cn/xjbzww/baxbat. html
　　巴音郭楞蒙古族自治州（蒙文版）http：//mon. xjbz. gov. cn/
　　博尔塔拉蒙古自治州（汉文版）http：//www. xjboz. gov. cn/
　　昌吉回族自治州（汉文版）http：//www. cj. gov. cn/structure/index. htm
　　克孜勒苏柯尔克孜自治州（汉文版）http：//www. xjkz. gov. cn/index. html
　　克孜勒苏柯尔克孜自治州（柯尔克孜文版）http：//218. 31. 148. 124/index. jsp
　　伊犁哈萨克自治州（汉文版）http：//www. xjyl. gov. cn/
　　伊犁哈萨克自治州（哈文版）http：//kazak. xjyl. gov. cn/

云南省
　　楚雄彝族自治州（汉文版）http：//www. cxz. gov. cn/
　　大理白族自治州（汉文版）http：//www. dali. gov. cn/dlzwz/5116089176692883456/index. html

德宏傣族景颇族自治州（汉文版）http：//www.dh.gov.cn/
迪庆藏族自治州（汉文版）http：//www.diqing.gov.cn/
红河哈尼族彝族自治州（汉文版）http：//www.hh.gov.cn/
怒江傈僳族自治州（汉文版）http：//www.nj.yn.gov.cn/nj/72057594037927936
文山壮族苗族自治州（汉文版）http：//www.ynws.gov.cn/
西双版纳傣族自治州（汉文版）http：//www.xsbn.gov.cn/Index.html

三、自治县

甘肃省
    阿克塞哈萨克族自治县（汉文版）http：//www.akesai.gov.cn/
    肃北蒙古族自治县（汉文版）http：//www.subei.gov.cn/
    肃南裕固族自治县（汉文版）http：//www.gssn.gov.cn/
    天祝藏族自治县（汉文版）http：//www.gstianzhu.gov.cn/huarui
    张家川回族自治县（汉文版）http：//www.zjc.gov.cn/
    积石山保安族东乡族撒拉族自治县（汉文版）http：//www.gsjishishan.gov.cn/

广东省
    连南瑶族自治县（汉文版）http：//www.liannan.gov.cn/
    连山壮族瑶族自治县（汉文版）http：//www.gdls.gov.cn/
    乳源瑶族自治县（汉文版）http：//www.ruyuan.gov.cn/

广西壮族自治区
    巴马瑶族自治县（汉文版）http：//www.bama.gov.cn/Default.html
    大化瑶族自治县（汉文版）http：//www.gx.xinhuanet.com/wq/dahua/xwxx.htm
    都安瑶族自治县（汉文版）http：//www.gx.xinhuanet.com/dtzx/duan/
    富川瑶族自治县（汉文版）http：//www.gxfc.gov.cn/
    恭城瑶族自治县（汉文版）http：//www.gx.xinhuanet.com/dtzx/guilin/gongcheng/
    环江毛南族自治县（汉文版）http：//www.hjzf.gov.cn/
    金秀瑶族自治县（汉文版）http：//www.gx.xinhuanet.com/dtzx/jinxiu/
    龙胜各族自治县（汉文版）http：//www.lszfxx.gov.cn/
    隆林各族自治县（汉文版）http：//www.gxll.gov.cn/
    罗城仫佬族自治县（汉文版）http：//www.gx.xinhuanet.com/wq/luocheng/
    融水苗族自治县（汉文版）http：//www.rongshui.gov.cn/index.asp
    三江侗族自治县（汉文版）http：//www.gx.xinhua.org/dtzx/sanjiang/index.htm

贵州省
    道真仡佬族苗族自治县（汉文版）http：//www.gzdaozhen.gov.cn/

关岭布依族苗族自治县（汉文版）http：//www.guanling.gov.cn/Pages/
三都水族自治县（汉文版）http：//www.sdx.gov.cn/
松桃苗族自治县（汉文版）http：//www.songtao.gov.cn/
威宁彝族回族苗族自治县（汉文版）http：//www.gzweining.gov.cn/
务川仡佬族苗族自治县（汉文版）http：//www.gzwuchuan.gov.cn/
沿河土家族自治县（汉文版）http：//www.yanhe.gov.cn/index.asp
印江土家族苗族自治县（汉文版）http：//www.yinjiang.gov.cn/structure/index.htm
玉屏侗族自治县（汉文版）http：//www.yuping.gov.cn/
镇宁布依族苗族自治县（汉文版）http：//www.gzzn.gov.cn/
紫云苗族布依族自治县（汉文版）http：//www.gzzy.gov.cn/web
白沙黎族自治县（汉文版）http：//baisha.hainan.gov.cn/
保亭黎族苗族自治县（汉文版）http：//baoting.hainan.gov.cn/
昌江黎族自治县（汉文版）http：//changjiang.hainan.gov.cn/cjgov/index.html
乐东黎族自治县（汉文版）http：//ledong.hainan.gov.cn/
陵水黎族自治县（汉文版）http：//www.lingshui.gov.cn/
琼中黎族苗族自治县（汉文版）http：//www.qiongzhong.gov.cn/

河北省

大厂回族自治县（汉文版）http：//www.lfdc.gov.cn/
丰宁满族自治县（汉文版）http：//www.fn.gov.cn/
宽城满族自治县（汉文版）http：//www.hbkc.gov.cn/
孟村回族自治县（汉文版）http：//www.mengcun.gov.cn/index.asp
青龙满族自治县（汉文版）http：//www.chinaqinglong.gov.cn/
围场满族蒙古族自治县（汉文版）http：//www.vcxzf.gov.cn/

黑龙江省

杜尔伯特蒙古族自治县（汉文版）http：//www.drbt.gov.cn/

湖北省

长阳土家族自治县（汉文版）http：//www.hbcy.gov.cn/
五峰土家族自治县（汉文版）http：//www.hbwf.gov.cn/

湖南省

城步苗族自治县（汉文版）http：//www.chengbu.gov.cn/
江华瑶族自治县（汉文版）http：//www.jh.gov.cn/
靖州苗族侗族自治县（汉文版）http：//www.jzwww.cn/
麻阳苗族自治县（汉文版）http：//www.mayang.gov.cn/

通道侗族自治县（汉文版）http：//www.hntd.gov.cn/
新晃侗族自治县（汉文版）http：//www.xinhuang.gov.cn/
芷江侗族自治县（汉文版）http：//www.chinazhijiang.gov.cn/

吉林省
长白朝鲜族自治县（汉文版）http：//www.changbai.gov.cn/
前郭尔罗斯蒙古族自治县（汉文版）http：//www.qianguo.gov.cn/
伊通满族自治县（汉文版）http：//www.yitong.gov.cn/

辽宁省
阜新蒙古族自治县（汉文版）http：//japanese.fuxin.gov.cn/
阜新蒙古族自治县（朝文版）http：//korean.fuxin.gov.cn/
阜新蒙古族自治县（英文版）http：//english.fuxin.gov.cn/
本溪满族自治县（汉文版）http：//www.bx.gov.cn/
阜新蒙古族自治县（汉文版）http：//www.fuxin.gov.cn/
桓仁满族自治县（汉文版）http：//www.hr.gov.cn/
喀喇沁左翼蒙古族自治县（汉文版）http：//www.kazuo.gov.cn/
宽甸满族自治县（汉文版）http：//www.lnkd.gov.cn/
清原满族自治县（汉文版）http：//www.qingyuan.gov.cn/
新宾满族自治县（汉文版）http：//www.fszwgk.gov.cn/xinqin/xbindex.asp
岫岩满族自治县（汉文版）http：//www.xiuyan.gov.cn/

内蒙古自治区
鄂伦春自治旗（汉文版）http：//www.elc.gov.cn/
鄂温克族自治旗（汉文版）http：//www.ewenke.gov.cn/
莫力达瓦达斡尔族自治旗（汉文版）http：//www.mldw.gov.cn/welcome/

青海省
门源回族自治县（汉文版）http：//www.qhmy.gov.cn/
互助土族自治县（汉文版）http：//www.huzhu.gov.cn/
化隆回族自治县（汉文版）http：//www.hdhl.gov.cn/
民和回族土族自治县（汉文版）http：//www.minhe.gov.cn/
循化撒拉族自治县（汉文版）http：//www.xunhua.gov.cn/
河南蒙古族自治县（汉文版）http：//www.hnx.gov.cn/
大通回族土族自治县（汉文版）http：//www.datong.gov.cn/

四川省
　　北川羌族自治县（汉文版）http：//beichuan.my.gov.cn/
　　峨边彝族自治县（汉文版）http：//www.ebian.gov.cn/
　　马边彝族自治县（汉文版）http：//www.mabian.gov.cn/FrontPage/HTML/index.asp
　　木里藏族自治县（汉文版）http：//ml.lsz.gov.cn/

新疆维吾尔自治区
　　巴里坤哈萨克自治县（汉文版）http：//www.xjblk.gov.cn/
　　塔什库尔干塔吉克自治县（汉文版）http：//www.tashkurgan.cn/
　　焉耆回族自治县（汉文版）http：//www.xjyq.gov.cn/
　　木垒哈萨克自治县（汉文版）http：//www.mlx.gov.cn/
　　察布查尔锡伯自治县（汉文版）http：//www.xjcbcr.gov.cn/
　　和布克赛尔蒙古自治县（汉文版）http：//www.xjhbk.gov.cn/

云南省
　　沧源佤族自治县（汉文版）http：//www.cangyuan.gov.cn/
　　峨山彝族自治县（汉文版）http：//www.yxes.gov.cn/
　　耿马傣族佤族自治县（汉文版）http：//www.yngm.gov.cn/
　　河口瑶族自治县（汉文版）http：//www.hk.hh.gov.cn/
　　金平苗族瑶族傣族自治县（汉文版）http：//www.jp.hh.gov.cn/
　　景谷傣族彝族自治县（汉文版）http：//www.jg.gov.cn/
　　禄劝彝族苗族自治县（汉文版）http：//www.luquan.gov.cn/
　　孟连傣族拉祜族佤族自治县 http：//www.menglian.gov.cn
　　墨江哈尼族自治县（汉文版）http：//www.mojiang.gov.cn
　　南涧彝族自治县（汉文版）http：//nj.dali.gov.cn/
　　宁蒗彝族自治县（汉文版）http：//njlp.xxgk.yn.gov.cn
　　屏边苗族自治县（汉文版）http：//www.ynpb.gov.cn/
　　石林彝族自治县（汉文版）http：//www.shilin.gov.cn/
　　巍山彝族回族自治县（汉文版）http：//www.ws.yn.gov.cn
　　维西傈僳族自治县（汉文版）http：//www.weixi.gov.cn
　　西盟佤族自治县（汉文版）http：//www.ximeng.gov.cn/
　　新平彝族傣族自治县（汉文版）http：//www.xinping.gov.cn
　　寻甸回族彝族自治县（汉文版）http：//www.xd.gov.cn/
　　漾濞彝族自治县（汉文版）http：//www.yangbi.gov.cn
　　玉龙纳西族自治县（汉文版）http：//www.ynyl.gov.cn
　　元江哈尼族彝族傣族自治县（汉文版）http：//www.yjx.gov.cn/
　　兰坪白族普米族自治县（汉文版）http：//njlp.xxgk.yn.gov.cn

浙江省
　　景宁畲族自治县（汉文版）http：//www.jingning.gov.cn/

重庆市
　　彭水苗族土家族自治县（汉文版）http：//ps.cq.gov.cn/
　　石柱土家族自治县（汉文版）http：//sz.cq.gov.cn/index.html
　　秀山土家族苗族自治县（汉文版）http：//xs.cq.gov.cn/
　　酉阳土家族苗族自治县（汉文版）http：//youy.cq.gov.cn/

彝文信息处理技术 30 年发展历程与展望

沙马拉毅

彝族是我国民族大家庭中人口较多的一员，据 2010 年统计，共有 800 多万人口，分布在云南、四川、贵州、广西四省区。彝族是一个跨国界民族，越南有近万人，泰国、缅甸、老挝、柬埔寨等国家都分布有彝族。

彝族有自己的语言文字，彝文古籍卷帙浩繁，彝文有三千年以上历史。彝语属汉藏语系藏缅语族彝语支，分为六大方言区，1980 年在征求各方意见的基础上，国务院以［1980］70 号文件批准推行《彝文规范方案》：规定了以彝语北部方言的圣乍语为基础方言，以喜德语音为标准音，规定一字一音，819 个字加次高音符号的字以及一个替音符号，共 1165 个字符；书写一律从左到右横排；还确定使用国际通用的阿拉伯数字和彝文原有的数字。2011 年 3 月，根据四省区彝学会和滇、川、黔、桂彝文古籍整理出版协作会议的要求，在原有国务院批准实行的规范彝文基础上，增加了六个音节、83 个字，统一制定了注音符号，共有 1251 个音节，5589 个通用规范彝文字，涵盖了彝语六大方言区的全部音节和常用字，使彝文信息处理工作从原来的规范彝文进入了全国通用规范彝文阶段。

从 30 年的实践证明来看，彝文规范方案推行后，培养了一大批彝语文专业人才，彝语文也得到了广泛使用，有力促进了彝族地区经济、文化等社会各项事业的发展，这也是我国对少数民族文字进行必要规范改革的一个成功的典型例子，同时也为规范彝文的信息化处理技术的发展奠定了的基础。

一 规范彝文信息处理技术三十年的发展历程

从 20 世纪 70 年代起，在周恩来总理的关怀下，由当时的四机部、中国科学院、国家出版局等部门发起"汉字信息处理技术工程"，语言文字信息管理工作开始提上国家语言文字工作日程。我国是一个多民族多语种的国家，有 53 个少数民族都有自己的语言，将近 30 个少数民族使用 30 余种民族文字。因此，在研究汉字信息处理时，我国一直都很重视各少数民族语言文字的计算机信息处理工程，国家对少数民族语言文字处理系统的开发也给予了极大的关注。

彝文信息处理工程也正是在这股语言信息处理浪潮中启动和发展壮大起来的。

彝文信息处理是指用计算机对彝文进行转换、传输、存储、分析和加工的科学，是一门与语言学、计算机科学、心理学、数学、控制论、信息论、声学、自动化技术等多种学科相关联的边缘交叉性科学。

彝文信息处理的研究工作其实早在1982年就拉开了序幕，近30年过去了，彝文信息处理工作走过了曲折的道路，经历了漫长的发展历程。

中文所包括的文字不仅是汉字，它包括蒙、维、彝、朝等我国所有文字，还包括古代的甲骨文、金文、小篆等文字。因此，在研究中文信息处理时，我国一直都很重视各少数民族语言文字的计算机信息处理工程。

（1）《PGYW彝文计算机》。1982年，沙马拉毅及其团队在苹果计算机上开发了彝文，虽然不能打印出彝文，但能在屏幕上显示出彝文，字形较美观。

（2）《微型计算机彝文处理系统YWCL》。1984年6月，我们在PIED PIPER微机上进行了彝文处理的研制。建立了彝文字库，可用BASIC或FORTRAN语言调用，可编写彝文文件进行编辑和修改工作，经过移植也可以在其他类型的微机上应用。此项成果开发成功后，于1984年10月27日通过了省级专家技术鉴定，1985年获四川省科技进步奖。

（3）《计算机激光彝文/汉文编辑排版系统》。这是列入国家经济发展规划委员会1985—1987年的重点技术开发项目。1986年4月通过了电子工业部和国家民族事务委员会共同主持的部级专家技术鉴定。该系统采用了和汉字系统兼容的策略，基本上没有改变原主系统的硬件配置，其主要指标和汉字系统基本相同。该系统的排版功能是保留了汉字系统的书宋、仿宋、黑体、楷体和小标宋五种字体以及多种数字、字母和符号。并增加了含次高调在内的1165个彝文字，彝文字的字宽和字高之比为11∶6，共有14种文号，可排长、扁两种彝文字体。照排速度为5号字每秒60个字，分辨率为每毫米292线。可以编排16开和32开的普通彝文书刊以及彝文汉字混合编排，标点符号行末自动禁排，还能够自动编排页码、安放书眉等。该系统的编辑功能是：增删、进行修改、分段、段落合并等。可以复制，将文章合并，或将一篇文章分成若干章节，可以利用长城0520及兼容机上的WORDSTAR等文字编辑及处理功能。该系统是我国首次运用激光照排技术进行少数民族文字处理的编辑排版系统。在鉴定会上，彝文编码输入方案被命名为"沙马拉毅输入法"。1986年5月在北京"全国'六五'期间科学技术攻关项目展览会"上荣获国务院电子振兴办公室颁发的优秀科技成果奖。

（4）《计算机彝文/汉文/西文系统》。1985—1986年，沙马拉毅及其团队在长城0520A型计算机上进行了彝文/汉文/西文系统的研制，采用软件插接兼容的策略，坚持不增加硬件成本，在保留原汉字系统的基础上，根据彝语音及彝语音符号的特点，设计了具有唯一性的彝文编码方案，增加了彝文音素输入法和区位输入法。建立了系统公用字库，从而使该系统拥有丰富的中西软件资源。该系统在保留了原系统功能的同时，增加了彝文处理功能。系统包括彝文编码方案、彝文字库、输入输出的彝文显示、打印等一套程序。最突出的特点是：彝、汉、西文可以随机混合编排打印。可横排也可竖排，也可以打印长体和扁体彝文，有从A—P的几十种字号的彝文。该系统还可以与计算机激光照排系统联机使用。

（5）《北大方正彝文激光照排系统》。1992年，为迎接党的十四大召开，上级有关领导要求党的十四大会议文件各种翻译文件都要用激光照排统一印刷。为向党的十四大献礼，沙马拉毅及其团队日夜奋战，修改、编制了彝文编码方案和彝文字模稿，与北京大学方正集团新技术开发公司联合在方正系统上开发了"北大方正彝文激光照排系统"。该系统建立了白体、宋体、黑体等彝文矢量精密字库。字体美观，符合书籍、报刊印刷要求。键盘未作任何改动。该系统有区位码、彝拼码两种输入法，有书版和报版，是当前报社、出版社、印刷厂、国家机关、学校教学科研使用的主要彝文计算机系统。该系统只作激光精密字库的发排使用。因 24 点阵的打印字库未修改完，字形不美观，不适合针打文件，只能作校对。

（6）《YWPS 彝文桌面办公系统》。1995 年，西南民族学院计算机中心研制成功了 YWPS 彝文桌面办公系统。该系统与 WPS 金山系统完全兼容，有彝文拼音输入法、彝文笔画输入法，用 48 点阵的打印字模，字形美观，适于办公自动化使用。

（7）《YWUC 彝文系统》。计算机《YWUS 彝文系统》的开发是基于希望汉字系统 UC-DOS6.0，该系统具有希望汉字系统的所有功能，并提供了彝文拼音输入法、笔画输入法。

（8）《YWWIN 彝文系统》。《YWWIN 彝文系统》是在中文 WINDOWS95 下开发的。彝文 WINDOWS95 提供了彝文全拼（彝全拼）输入法，彝文简拼（彝拼）输入法，彝文笔画（彝笔）输入法，彝语词汇（彝词）输入法。

（9）《计算机彝文字幕系统 YWZM》。《计算机彝文字幕系统 YWZM》是集彝文、汉文、英文为一体，具有图像、文字编辑、创作、播放等广播级字幕系统。彝汉字幕系统采用加拿大进口图像卡作为硬件平台，用 32 位保护模式进行编程，因而系统稳定性好、速度快、编辑十分方便、视频指标高。彝汉字幕系统采用界面菜单人机对话方式，界面菜单有文本编辑、字幕创作、字幕播出、卡拉 OK 制作、艺术绘画、新闻唱词、视频调整、系统退出等功能，彝汉字幕系统中有彝文白体、宋体 2 种字体，汉字字体 40 多种，英文字体几十种，有 40 多种播出方式。彝汉字幕系统适用于电视录像字幕、新闻字幕，彝汉文卡拉 OK 制作等。

二 彝文信息处理有关国家标准

《信息交换用彝文编码字符集》、《信息交换用彝文 15x16 点阵字模集及数据集》是 1988—1989 年由四川省民委、国家电子工业部共同提出。主要起草人为沙马拉毅；发布时间是 1992 年；发布机关为国家技术监督局。

（1）《信息交换用彝文编码字符集》（G86032）。

本标准于 1989 年制定完成，收彝文规范字 819 个，带次高调符号彝文 345 个，1 个替音符号 C（wu），共计 1165 个彝文字符，编码于 16—28 区，其他图形符 688 个，编码于 1—9 区。1165 个彝文字符采用彝文字母表以音序排列，便于输入和查找。

1989 年 7 月，云南、贵州、广西、四川、北京的有关计算机专家和彝语文专家及有关省市区领导 90 余人，云集凉山彝族自治州首府西昌邛海宾馆，历时三天对 2 项彝文信息处理国家标准方案进行了热烈讨论，最后一致同意将 1165 个规范彝文国家标准方案上报国家有关机关颁布。

1992 年该项标准由国家标准出版社出版，国家技术监督局颁布实施。

（2）《信息交换用彝文 15×16 点阵字模集及数据集》。

这是与《信息交换用彝文编码字符集》同时制定并审定通过，同时发布实施的。主要起草人为沙马拉毅。

该标准规定了信息交换彝文图形字符的 15×16 点阵字模及其数据。它主要适用于汉字信息处理系统中的显示设备，也可适用于点阵印刷设备和其他有关设备。本标准提供彝文字形 1165 个，其他图形符号 688 个。这些字符横向为 15 点，纵向为 16 点。字形实用、美观，完全适用于屏幕显示等。

（3）《信息交换用彝文 24×24 点阵字模及数据集》。

三 彝文信息处理国际标准

该标准由国家技术监督局、国家电子工业部、国家语委及国家民委下达任务，四川民族事务委员会、四川省民语委、西南民族学院负责研制，主要研制人为沙马拉毅。主要科研成果有《计算机彝文、汉文、西文系统研制》，为省级鉴定成果，院科鉴（86）002 号；《计算机—激光彝文/汉字编辑排版系统》由沙马拉毅负责输入编码、字模设计，1986 年通过部级鉴定；《信息交换用彝文编码字符集》通过省级鉴定，由国家标准出版社出版；《信息交换用彝文 15×16 点阵字模集及数据库》通过省级鉴定，由国家标准出版社 1992 年出版；《信息交换用彝文 24×24 点阵字模及数据集》通过省级鉴定，为国家标准；《计算机北大方正彝文激光照排系统》沙马拉毅负责输入编码设计、字模设计，1992 年。此外，还有《YW2001 彝文视窗系统》（单机版、网络版）、《北大方正彝文书版系统、报版系统》、《国际标准彝文办公系统》、《彝文字幕系统》、《彝文手机系统》等。

1982 年，开发了《PGYW 彝文计算机》；1984 年，开发了《微型计算机彝文处理系统 YWCL》，并于 1984 年 10 月 27 日通过了省级专家技术鉴定，1985 年获四川省科技进步奖；1986 年，《计算机激光彝文/汉文编辑排版系统》通过了电子工业部和国家民族事务委员会共同主持的部级专家技术鉴定。该系统是我国首次运用激光照排技术进行少数民族文字处理的编辑排版系统。1986 年 5 月在北京"全国'六五'期间科学技术攻关项目展览会"上荣获国务院电子振兴办公室颁发的优秀科技成果奖；1985 年，中国计算机技术服务公司、华北终端设备公司和北京民族印刷厂合作，开发了《CMPT-Ⅱ大键盘彝文系统》，曾用于六届四次全国人大文件印刷；1986 年，中国计算机服务公司和北京民族印刷厂合作，在华光Ⅱ型上开发成功《华光Ⅱ型彝文、汉字、西文计算机激光照排系统》；1989 年，云南、四川、贵州、广西、北京等省、市、自治区的有关专家、学者在西昌会议上一致通过了 1980 年国务院批准实施的规范彝文作为我国彝文信息处理标准。1992 年，国家技术监督局颁布实施了国家标准《信息交换用彝文编码字符集》、《信息交换用彝文 15×16 点阵字模集及数据库》、《信息交换用彝文 24×24 点阵字模及数据集》等三项规范彝文信息处理国家标准。1998 年在丹麦哥本哈根通过了《多八位彝文编码字符集》国际信息标准。1986 年，《北大方正彝文激光照排系统》研制成功，是我国首次运用北大激光照排技术进行少数民族文字处理的编辑排版系统；也是当前报社、出版社、印刷厂等主要使用的彝文信息处理系统。该项成果在北京科学会堂国家民委和国家电子工业部联合主持的鉴定会上，被两院院士王选命名为"沙马拉毅输入法"。1998年，在滇、川、黔、桂四省（区）彝族古籍整理协作会第六次会议上通过了"将国务院批准的四川规范彝文作为我国彝族统一文字的会议纪要"。至此，计算机彝文信息处理事业得到了迅猛发展。2000年后彝文信息处理技术的各项成果如春笋般涌现，从开始只能对单字的处理到现在的词汇处理，从文书编辑到电子彝文出版系统，已经形成了一套完整的彝文信息处理技术体系。2001年出版了专著"计算机彝文信息处理"；2003年"计算机彝文输入码及其键盘"获国家专利；2005年研制的"中小学汉彝对照电子词典"和"彝文文献全文数据库研究与开发"均填补了国内相关方面的空白；2006年西南民族大学与北大方正合作开发的UNICODE彝文系统问世，计算机彝文字体从开始的2种发展到现在的白体、黑体、细黑体、宋体、仿宋体、综艺体、圆头体、手写体8种字体；2007年西南民族大学与北大方正合作研发的彝文书版研发成功；2008年完成了"彝语六大方言语音库"的建设；2008年研制建立了"彝汉双语平行语料库和术语库"；2009年研制的"彝语语料库"；2009年西南民族大学与中国社会科学院民族学与人类学所合作"彝语声学参数数据库"的研制成功，开创了彝语实验语音学研究的先河，也为西南少数民族语言实验语音学研究工作的开展进行了有意义的探索。2009年研制成功彝文手机，被誉为"彝语文发展进程中的里程碑"，使历史悠久的彝族传统文化与移动通信技术相结合，为彝语言文字向科技化、信息化迈进开辟了一条新路，为彝区经济的发展注入新的活力；2009年11月，全国彝语术语标准化工作委员会在西南民族大学成立，这是我国彝语文信息化处理研究工作的一件大事，对进一步推动滇、川、黔、桂四省区彝语文全面规范化、标准化、信息化进程，促进彝语文信息化建设的健康发展具有重要的现实意义和深远的历史意义。

综上所述，规范彝文信息处理技术发展30年的辉煌历史产生了一大批令人鼓舞的成果，这些成果概括起来可以归纳为如下几个方面：

（1）彝语文现代化取得丰硕成果，有关彝语文的规范化、信息化建设的一系列国家法规、标准及规范已经形成。

（2）彝文信息处理技术已达到实用化水平，并在实际应用中日趋成熟。

（3）已建设完成一批颇具影响的信息处理用彝语言资源库，部分彝文信息处理技术已在实际应用中发挥作用。

（4）彝文信息处理的国内外学术交流与合作机构和环境已经建立，彝文信息处理正在时代信息化建设的浪潮中逐步开拓前进。

通过30年的社会实践，彝文信息处理的研究成果已经赢得了全国广大彝文计算机用户的青睐，现已广泛应用于全国党代会、全国人民代表大会、全国政协会，以及彝族地区的新闻出版、教学科研、国家机关等领域，发挥了巨大的社会效益，并且加快了彝语文工作的现代化和信息化建设的步伐，推进了彝族社会进入现代化信息时代的进程。

四 规范彝文信息处理技术的展望

从现有的中文信息处理理论和方法以及彝语言资源数据库的现状来看，规范彝文信息处理以后要做的研究课题相当多，如文字识别、语音识别、机器翻译及其他民族语言对照词库、跨平台的操作以及计算机彝文网络系统等，还要开发基于彝语言资源库的多种应用系统，如果这些项目都实现了的话，规范彝文信息处理将会有更辉煌的发展与前景。

随着彝族地区经济文化的发展，规范彝文信息处理技术的应用必将得到更大范围的发展。我们有理由相信规范彝文信息处理会像其他学科一样，需要经过众多学者长久的、坚持不懈的探索和实践。我们期待着语言学（包括计算语言学）、语音学、信息科学、智能科学、计算机科学、哲学等各个领域的专家密切合作，在规范彝文信息处理中实现"规则与统计共舞，语言随计算齐飞"。

规范彝文信息处理方面的开发应用，不仅标志着规范彝语文的社会功能在这一领域的不断扩展，而且为彝语言文字的繁荣和发展，为彝语言文字的现代化开辟了广阔前景，更有利于促进民族地区政治、经济、文化的全面发展。

在今天，互联网把世界各地的计算机连接了起来，共享信息和技术是必然的趋势和需要，因此各地区、各民族之间的各种语言信息资源的互相交流变得越来越重要。规范彝文信息处理技术及其相关运用系统的研制开发，将会提高规范彝文使用者的工作效率，吸引更多的彝文用户，提高规范彝文信息化的普及程度。更重要的是，开发基于文本理解的彝语言信息处理技术，对于促进规范彝文的现代化，促进彝族地区信息化的建设，弘扬优秀的民族文化等都具有重要的科学意义和社会意义。

第三篇

学者学人

蔡美彪先生访谈录

乌兰：蔡先生，您好。最近《中国民族研究年鉴》编辑部委托我与您联系，希望为您做一次访谈，介绍给广大读者。您在刚刚出院的情况下就同意接受采访，真是令人感动，我本人并代表《中国民族研究年鉴》编辑部向您表示衷心的感谢。

您潜心历史研究几十年，贡献卓著，以广博的学识、丰硕坚实的成果和坚持求实求真的人格魅力奠定了自己在学界的地位，赢得了高度赞誉和广泛敬仰。周清澍老师曾评价您"是我国卓有成就和贡献的史学家，可称之为当今史学泰斗"。您最主要的工作和最突出的贡献，首先就是参与和主编了《中国通史》。这部十二册的巨著，在学界和社会上都产生了积极的影响，受到了普遍好评。关于这部书的总体情况，您已经做过比较详细的介绍，而在一次谈到如何保持后六册与前四册的完整性时您提到："后边问题复杂，每个时期不仅有汉族，还有少数民族，宋、元、明、清都是这样，所以在章节结构上我们和前四章并不完全一样，也是根据后边的具体情况，并不是和前边四章体系完全一样。"那么，能不能从民族史的角度请您谈谈该书处理非汉族历史内容的原则或设想？

蔡美彪：范文澜同志创作的《中国通史》原来是提供给广大干部阅读的知识性读物，并不是学术专著。延安时期编写的本子题为《简编》，篇幅较少。新中国成立后修订，扩展篇幅，才对各少数民族的历史有所叙述。如隋唐时期分别编写吐蕃国、回鹘国、南诏、大理国四章，与唐朝并列，据事直书，较全面地反映了唐代中国的全貌，也体现了民族平等的原则。范老去世后，我们继续编写未完成部分，开头就碰到了宋辽金时期。元朝为编写这一时期的纪传体史书，对编写体例争论了几十年，叫作"正统辩"。最后确定宋史、辽史、金史各编一部，解决了争议。但没有编写西夏史。西夏立国西北一百九十年，对历史发展有重大影响。我们反复考虑之后，努力克服当时文献上的困难，为夏国自立一章，形成宋辽夏金四国四章并列，以便读者了解各国的兴衰。元朝统一，只列一节，题为"元朝统治下的各民族"，分别叙述各民族的简况。清代部分，也援此例，设为"清朝统治下的各民族"一节。中国几十个民族，几千年来有分有合，有和有战，有民族压迫也有民族融合。历史的内容错综复杂，发展的道路迂回曲折，如实地、全面地记述历史事实，才能深刻认识各民族凝结为一体的历史过程和发展规律。在中国通史的领域里，对待汉族和非汉族的历史不能有双重标准，都要遵循历史唯物主义的原则，一切从实际出发，具体事物具体分析。这些是我们写作时的设想和努力方向。书中只对一些少数民族的历史做了极简要的介绍，难得周全，更不可能多做理

---

* 蔡美彪（1928.3.26— ）浙江杭州人。1949年毕业于南开大学历史系，1952年毕业于北京大学研究生部。中国社会科学院荣誉学部委员，近代史所研究员，著名史学家。

论分析。疏误之处，有待读者指正。

乌兰：1948年您还在读大学时就发表了《元秘史中所见古代蒙古之婚俗》一文，依据史料记载，分析、归纳了古代蒙古人婚俗的几种形式和特征，并做出一些合理的解释，即使在今天读来也仍然具有参考、借鉴价值。近些年来我主要做《元朝秘史》的研究，很想了解您当时选择这一题目的初衷和写作心得。

蔡美彪：我在大学时读过社会学课程，后又选修杨志玖先生开设的"《元朝秘史》研究"专题课。您说的那篇文章《元秘史中所见古代蒙古之婚俗》，是我的一篇习作，只是排比一些资料，很肤浅。我原来还想继续对古代蒙古氏族制度做些研究，但没能如愿。1950年夏季，我参加社会学家林耀华先生率领的燕京、清华、北大三校民族调查团，去内蒙古呼伦贝尔地区考察。林先生要我协同他做蒙古族亲属称谓的调查，由我记音，回京后做了整理。这年秋季，我到北大文科研究所工作，罗常培先生送给我一本他的新著《语言与文化》，其中有一节竟是"亲属称谓与婚姻制度"，我读后惊喜不已。在两位先生的启示下，我打算再做一个课题，拟为"元秘史中所见古代蒙古的亲属称谓"。元代汉文文献中记录的蒙古亲属称谓，多是汉语称谓的比附套用，掩盖了原来的内在含义。《元秘史》中保存了大量蒙古语原词，是珍贵的记录。我有志于这项研究，但已是有心无力。现在我把这个课题贡献给您。您如果有兴趣做这件事，一定比我做得好，也一定会对古代蒙古的亲属制度得到更多的理解，有所发现。

乌兰：改革开放以来，在几代学者的努力下，蒙古史研究、元史研究乃至其他一些民族史研究的状况有了很大的转变，其中一个显著现象就是民族文字及其文献资料受到了更多的重视。而史料整理等基础性的研究工作，费时费力，对专业知识的要求相对也高，民族文字文献的整理更是如此。这类工作对于提高研究人员的能力和水平也具有重要意义，黄时鉴老师曾说过："研究中国古代史的人，应该至少做一次整理点校古籍的工作。"您读研究生兼做助教时即开始整理北大所藏的大量碑拓，您如何理解基础性研究工作的重要性以及与理论研究的关系？

蔡美彪：您提的这个问题很重要。前辈学者对历史研究工作的要求，主要强调两条：一是要在基础史料上下功夫，一是要善于独立思考。这是和自然科学不一样的。数学、物理学可以把别人的新成果作为研究的起点，不必再去引据阿基米德、牛顿、瓦特。历史研究不同。尽管秦汉史研究的专著、论文很多，你要研究项羽、刘邦还得依据《史记》、《汉书》。不能依据别人的文章，写自己的文章。对于别人的所谓"新成果"，包括中国和外国的，都应该有所了解，但又都要加以识别，可以同意，也可以不同意，可以参考，也可以不参考。对于基础史料的理解程度和独立思考的深度，才是学术评价的依据。

如您所说，"史料整理等基础性研究工作，费时费力"，难度很大。非汉族史料的整理和基础性研究，难度更大。这不仅是因为语言障碍需要克服，也还因为不同时代不同民族有着不同的思维方式，不同的道德标准、文化传统以及互不相同的社会政治制度。汉文文献往往是应用汉族的思想习惯和传统观点来观察和记录非汉族状况，不免似是而非。剥去汉化的外衣，才能发现合理的内核。所以，要想深入了解各民族具体的历史实际，就需要付出很大的功力依据原始史料做基础性的研究。这类工作的甘苦，不易为人知。工作的意义也不容易被人们了解和认同。这就需要甘于寂寞，人不知而不愠，为学术事业无私奉献。新中国成立以来六十多年间，各民族历史文献的整理研究取得了划时代的成就。这表明无数的奉献者付出了穷年累月的辛勤劳动，应当受到人们的尊敬。各民族的文化宝库中还有大量文献有待整理研究。希望年轻一代的朋友们继承前辈的奉献精神，继续努力做出更多的成绩。

乌兰：记得在内蒙古大学蒙古史研究所学习、工作时，导师亦邻真老师、周清澍老师在课上和课余都曾多次夸赞您的文章，说您的文章不仅学术水平高，而且文风正，不故弄玄虚，无废话；不兜圈子，逻辑清楚，语言简明流畅，让我们每篇必读，从两个方面认真学习。您2012年11月在中国藏学中心作学术讲座时谈到如何写好文章的一些问题，我觉得很受启发，认为对纠正目前学界的一些不良倾向也具有正面警示作用，因此能否请您再具体展开来谈一下呢？

蔡美彪：如何写文章是个大题目，不知从何说起。我的文章写得并不好，并不像您说的那样。承您过奖，愧不敢当。如果问我的体会，我只能说一句话，努力为读者服务。

文章有多种类型，您说的是学术性文章。这也有两类：一类是传播知识的普及性文章，另一类是专业性文章，破解疑难，探索未知。两类文章读者对象不同，但都是写给读者看的，不是个人抒情遣兴。所以，必须考虑让读者容易看，看得明白，看得下去并愿意看。要做到这些并不容易。首先需要对要谈的问题想清楚，先别急着写，等想清楚了再说。写作时要处处为读者着想。比如：能写得简短就不要拖长，浪费读者时间；能用平常话说明白就不要用生僻的词句，令人费解；引用史料旨在说明问题，不能贪多；注释明意而止，不需烦琐，如此等等的问题，心中有读者才能更好地为读者服务。如果心里总想着显示自己有学问，看书多、材料多，就难免陷于烦冗，影响读者畅读。文章怎么写才算好，还包含文学修养和写作技巧等问题，前人论说很多，见仁见智，都给人以启迪。就学术文章来说，树立为读者服务的观念，或许有益。

乌兰：非常感谢您精彩的回答。考虑到您身体的关系，我不再提出更多的问题，但是您现有的回答已经让我又学习到了很多，包括精神层面和专业方面的，更加明确了应当努力和坚持的方向。我想您所讲的内容是对民族史研究乃至整个历史研究的新贡献，必将引起广泛的重视。关于"《元秘史》中所见古代蒙古亲属称谓"的研究，承蒙您器重和鼓励，我一定会努力去做，争取不辜负您的期望，届时还少不了当面向您请教呢。最后，希望您多多保重身体，注意劳逸结合，祝您健康吉祥。

周清澍*先生访谈录

乌兰：周老师，您好。最近《中国民族研究年鉴》编辑部提出希望为您做一次学术访谈，委托我与您联系。在亦邻真老师和您的直接指导下，我读完了硕士研究生、博士研究生课程，获得了历史学博士学位，其后直到今天，仍然不断得到您无私的教诲。今天能借这样一个机会请您谈谈自己的研究生涯，我感到非常高兴。您爽快地同意接受采访，我本人并代表《中国民族研究年鉴》编辑部向您表示衷心的感谢。

您是蒙元史学界著名的大家，以自己广博的学识和对学科发展需要的透彻理解，几十年不懈努力，在科研、教学工作以及学科建设等方面都作出了非常重要的贡献，成为新中国蒙元史研究事业的奠基人之一。实际上您的研究范围不仅限于蒙元史，纵向上起成吉思汗，下逮明、清时期蒙古史；横向扩至辽、夏、金史，涉及政治史、经济史、部族史、历史地理、文献学、学术史等多个领域。您在《民族研究》复刊二十周年时曾谈及民族研究的目的，着重讲了"弘扬各民族的历史和文化，加强各民族的自信心和自豪感"的问题。现在能否请您谈谈民族史研究的理论和现实意义？在研究当中应该注意哪些问题？

周清澍：几年前我曾应《民族研究》的邀请发表感言，我将自己多年思考的问题，即所学专业有何用途作为回复，非常浅薄。你对我的评价过誉了，尤其是在党指导下的理论和现实问题，我没有回答这类问题的能力。

乌兰：1962年是一个具有特殊意义的年份，值成吉思汗诞生八百周年、《蒙古源流》成书三百周年。当年，以内蒙古大学历史系为主，内蒙古史学界举办了相应的学术纪念活动，全国不少蒙古史学者前来参加，成为学界的一大盛事。您写出了自己的第一篇蒙古史论文《成吉思汗生年考》，还与他人合作完成了论文《〈蒙古源流〉初探》，提交会议，赢得了崇高的声誉。蔡美彪先生曾总结您的研究特征为"由博返约"、"求真求实"、"赋有新义"。请问您的治学理念和体会如何呢？

周清澍：你提到的两篇论文，不能算我潜心研究的成果，而是完成领导所交任务的急就章。在写作过程中，当然有所收获和体会。

1961年冬，内蒙古大学向内蒙古党委报请第二年举办纪念成吉思汗诞生八百周年学术会议。宣传部指示，由于生年有不同说法，应上报有关资料，确认是诞生八百周年才能举办。为此领导将任务交给我，我也尽可能地搜罗资料完成了任务。拉施特的《史集》当时只有俄译本，国内很难看到，好在我自己有书并有自译稿。我发现第2分册《成吉思汗纪》与《圣

---

*周清澍（1931.12.1— ）湖南省邵阳地区武冈县人。1954年毕业于北京大学历史系，1957年研究生毕业于北京大学历史系亚洲史专业。内蒙古大学蒙古史研究所教授，著名蒙元史学者。

武亲征录》同一蓝本,因而对照着读,发现《亲征录》和《元史》从壬戌年(1202)开始纪年,《史集》同样从这年起算一单元,可是在此前的1195年开始又另增七年有纪年的一单元,所列史实在汉文史料和《元朝秘史》中皆有记载,但既无纪年,也不似这几年内连贯发生的事。在1196—1203年这单元的标题上写着:"在最后之一年,成吉思汗满四十一岁"。与《亲征录》所载同年"时上春秋四十有二"(中国算虚岁)是一致的。但拉施特在1167—1194年这单元的总标题上又说"到最后之一年成吉思汗满四十一岁",他正是根据这增添的记载肯定成吉思汗享年七十二岁。但他忘了将原始史料中的真实记录删除,因而留下自相矛盾的漏洞让我轻易地否定了他的说法。

其次是洪钧与伯希和根据杨维桢的《正统辨》,说宋太祖与元太祖都生于亥年,因此洪钧得出中外史料都证明成吉思汗生于乙亥(1155)年;伯希和则强调干支全同,同生于丁亥年。

当时学校很重视此事,于北辰副校长亲自过问,令我去北京查书并向老师请教。我将初稿交翁独健先生审阅,他拿出一本《哈佛亚洲研究杂志》,展示其中洪煨莲的《蒙古秘史源流考》说,这篇文章中引用李慈铭读《宋季三朝政要》的《日记》,提到成吉思汗的生年问题。我回去查《宋季三朝政要》原书,才知《正统辨》是从此书摘抄,但删去了"生于乙亥,以庚申岁即位,命伯颜平江南"的具体内容。这三件事放在一起,明明是指忽必烈的出生、即位年和平南宋的事,作者是宋末遗民,将元太祖和世祖的长串谥号搞混了,因而得出汉籍中有史料佐证《史集》的说法,经我澄清,也被推翻了。

发现以上两点是《成吉思汗生年考》排除异说的要害,但科学研究中这种机会很难得,当然要感谢翁先生的指导。

你提到的《蒙古源流初探》一文,不是我个人的成果。我接手前,白音已阅读过内蒙古各处馆藏的蒙文原本,做了大量审查版本和校勘的工作,写出了初稿。由于他的汉文表达有困难,领导指定我修改。写作过程中,林沉(亦邻真)对我们的帮助很大,我们三人常聚在一起讨论到深夜。当时我正值而立之年,的确感到特有灵感,从扩大论文视野到频出新见,也得到他俩的赞赏。值得回味的不是论文的好坏,而是几个青年人在没导师指导下的真诚合作。

你没提到的《蒙古社会如何向封建制度过渡的问题》一文,却是我下过功夫自认为较满意之作。当时史学界风行所谓历史分期问题,但普遍有简单化的倾向。恩格斯的《家庭、私有制和国家的起源》,从古希腊和日耳曼人的历史记载中总结出若干特点,但不似《蒙古秘史》那种亲见亲闻的记载生动。在国家未出现前确有一个父家长奴隶制时期,同时包含奴隶制和农奴制的萌芽,也就有两种发展可能,从而打破了斯大林必经五种社会生产方式的教条。当时学长张广达正在北大讲授元史,与我常有交流,由于我采用他所译《原始文化史纲》的观点,所以对我的论文大加赞扬。

至于"治学的理念",我没特意总结过,你可以从我叙述的经历和体会中看出来。

乌兰:蔡美彪先生曾评价您"治学勤奋,博览群书"。作为您多年的学生,我对您的最深印象也是"博学",恐怕接触过您的人都会有这种感觉,因为不管是专门请教学术问题,还是平时聊及其他领域的事情,您总能将其来龙去脉一一清楚道来。例如刘元珠教授就曾赞叹您的博学,说您具有"照相机记忆"。您曾回忆叔父对您成长的影响,说叔父所留题词

"博学、审问、敬业、乐群"八个字是自己治学等方面的终生准则。可否谈谈您是如何看待博学的？博学对于历史研究尤其是民族史研究具有什么意义？

周清澍： 我没资格称博学，反而会感到是嘲讽我不专精。我有一大缺憾，学蒙元史是改行，中国史只在大学上过基础课。当年所学的世界近现代史、亚洲史后来很少用得上。

你提到我叔父的题词"博学、审问、敬业、乐群"八个字是我治学等方面的终生准则，这是入大学后逐渐领悟的。从进北大开始，我见识了什么是博学。跨进沙滩北大的图书馆，打开了我这个三家村中学生的眼界，看到插架满厅的中西文阅览室，仅录书名的卡片柜就有几十架，才知道学问之大，有读不完的书。一年级上课，由张政烺先生辅导，不管课内课外的内容，其有问必答。余逊先生讲课，不管是秦汉的前四史，还是南北朝的八书二史，原文都是默写到黑板上。我羡慕和崇敬老师们的博学，开始懂得应朝此方向努力。

我调来内蒙古工作，改行从头学起，治蒙元史须掌握各种文字的史料，须借鉴国外的研究成果，我认识到自己业务知识贫乏，还有掌握的外语差而且少等缺陷，但不能对自己降格要求。如我不懂法文，也猜着读伯希和的《圣武亲征录注》，感到某一段有用时，就请教懂法文的人讲解、译出。在写《中国通史》西夏一章时，从俄文书刊中发现《天盛年改新定律令》一书，我不懂西夏文，就请黄振华先生帮我翻译。伯希和所得敦煌藏文文献有《八世纪五个回鹘人出使亚洲高原北部记》，我不懂藏文，借用《亚细亚杂志》的译文，引用到论文中，后来大家都能看到王尧先生从藏文译出的译文。因此，我的体会是，面临任何研究课题，应从最高标准要求，竭泽而渔地搜罗有关的史料和信息，哪怕我的能力只能浅尝辄止，也争取尝一尝。譬如，我校召开过几次国际蒙古学会议，讨论的内容，包括从古到今的历史，还有文学、语言等。所有的报告我都听，论文提要都看，不懂就从中学一点，没资格发言就耐心地听，多少会听出些门道。我在蒙古族的同行朋友中生活五十多年，自愧没学会蒙文，但仍敢在你们蒙古族学者中讨论学术，敢写论蒙文史书《蒙古源流》的文章，敢于为你的大著写序，只能说我胆大，岂能称"博学"。

我学力有限，对许多棘手的课题仍敢于尝试，虽无力使研究深入，但发现了一些珍贵史料和佚书、新书，为有专长的研究者提供了方便。

乌兰： 您从20世纪70年代初开始，先后在《元史》点校、《中国通史》、《中国历史大辞典·辽夏金元史分册》、《中国大百科全书·中国历史卷》、《蒙古族简史》、《内蒙古历史地理》等集体项目中承担了重要的工作，成果面世后反响颇佳，广为使用。现在，集体项目的机会大大增加，科研经费也普遍增长，然而真正高质量的成果却不易看到。您觉得当前集体项目的做法与您那时的情况主要有何不同？现在应当注意哪些问题、避免哪些倾向？

周清澍： 1959年初我从农村回到学校，领导让我改行学蒙古史，同时参加了《蒙古族简史》的编写，号称边干边学。从那时起，直到1985年《中国历史大辞典》审稿结束，二十多年中，我主要参加集体研究工作（20世纪90年代又主编《内蒙古历史地理》）。

我对过去搞运动式的编书是不赞成的，尤其是所谓边学边干，实际上是不学而要求能干，往往是浪费青春。但某些研究工作并非独力所能完成，必须聚集学有专长、志同道合者共同完成。这两类工作我都参加过。前一类我自知学力浅薄，又迫于时限，内心虽不以为然，但仍设法弥补自己的不足。如我一贯早睡，竟为此发奋，每夜工作到凌晨三点。读《蒙古秘史》，开始展阅就昏昏欲睡，坚持读了多遍，终于将全书几乎默记下来。至于后来点校《元史》等工作，都是国家的大工程，深感参加这类任务的光荣和责任重大，参加者又是能同心协力的朋友，因此元史学界累次协作任务完成得既快又好，得到好评。例如，《中国历史大辞典·辽夏金元史分册》定稿时，我因事进京，主编蔡美彪留我一同终审，当时编委朋友或任所长，或任主任，都脱不了身，只有我无官一身轻，心想能为朋友分忧也是我的荣幸，于是就独自留下工作了半年。稿子收齐后，有近百难写的词条无人承担，我只得硬着头皮承接下来并完成。

我叔父书勉我的题词，后四个字是"敬业乐群"，这很适用于我和一起参加过集体项目的朋友。如朱熹夫子所说，"敬业"就是"专心攻志以事其业也"。工农百业的人皆能专心其业，知识分子皆能专心致志于科学事业，社会生产力、科学技术才能发展，这是极简单的马克思主义道理。新中国成立以来，对新中国满怀希望的知识分子，认为从此会施展一己之长，既有自己的前途，也能报效社会和国家。谁知运动不断，资产阶级思想越改造越多。老师热心教学生，落得用资产阶级思想腐蚀青年的罪名；学生专心学，被批为走白专道路；科学家潜心研究，又被责以"只会拉车，不会看路"。最后干脆说"知识越多越反动"，把大家都赶到农村去劳动。在当时，我的专业知识从无到有；从"专心致志"学习到热爱"以事其业"，在频繁的运动中，能够有事可做，能够和志趣相同的朋友合作，一起探讨学问并从中取益，这就是"乐群"，是我们这一代人的共同心情。如我们参加点校《元史》时，大家在一起工作，除平常的上下午两班，又增晚上一班。驻校军宣队发现主楼四楼彻夜灯火通明，非常惊讶，问我们因何这样努力，大家的回答是，"文化大革命"耽误我们的时间太多了，现在有事可干，有使不完的劲，并不感到辛苦，来加夜班都是自觉自愿的。

由于能力有限，这类工作中我负担的部分不尽如人意，但主观上我是尽心尽力敬业的。

你所说当前一些消极现象，我认为是从以往的极"左"又走向另一极端。文科的研究，科研经费少一点也能干。如果贪图经费，编造一些大而无当的工程，聚集一批不敬业而只想从中分享好处的人，反而事情做不好。

乌兰：您1957年从北京大学历史系毕业后分配到内蒙古大学工作，除了科研、教学工作外，几十年间陆续为历史系、蒙古史研究所和校图书馆购进了大量的图书、文物资料，包括珍贵的蒙古史波斯文图书、俄文图书等，还有500多份辽、金、元时期不同文种的碑拓，数量可观的陶器、青铜器、古钱币等文物，为形成内蒙古大学蒙古史研究资料的特色收藏立下了头功。您在内大校庆四十周年时曾撰文谈过一些这方面的情况，不知现在收藏、利用的情况如何？您认为史料的搜集、保存、整理对于研究具有怎样的意义？

周清澍：我是自觉自愿要求来内蒙古工作的，本来我是分配在北大的。我们这一代人的青年时代充满了革命的豪情，只想为祖国作出更大的贡献，那就是到最需要自己的地方去。当时还没有历史系，更无系领导，戴学稷是筹建历史系的负责人，就住在我们宿舍里，我们这些他在北大结识的朋友成为他的参谋。首先是罗致教师，提供信息谁可能挖走，或毛遂自荐；其次是购买图书，搜罗资料。总之，那时的心情不同于现在谋职就业的大学毕业生，自认是为创建一所新大学出力的主人翁。

图书一类是北大赠送的。我们得到时任图书馆长向达先生的支持，赠送给我校122函的巨帙《清实录》（伪满影印本），燕京哈佛学社出版的专著丛刊和各种引得。院系调整取消了暨南大学，图书调归北大，来不及开箱整理，也都调归内蒙古大学。

另一类是采购。1957年11月，我同戴学稷专程前往上海、苏州、南京、济南等地买书。此后一直到1965年，利用出差的机会，主动为图书馆采购。在校期间，图书馆收到国内外书商的图书目录，也让我圈定选购。

买书耗费我不少精力，有时是很辛苦的事。住在北大和西郊的时候，每周约进城两次，从西城到东城，马不停蹄地跑遍旧书店，回来时上了32路车，累得抓住车上吊环就睡着了。我工资不高，来回车费、途中吃饭也是一笔开支，加上看到好书，自己也买，因此弄得非常拮据。但是我却乐此不疲，先是因爱买书，所以愿为图书馆尽义务。这可算另一种敬业，其实我能从中自得其乐，尤其是买到难得的好书时，即使不归自有，也颇有成就感。

买了几年书，学到了不少知识，尤其是古籍的目录版本之学。我校图书馆馆藏渐多，我也学会重点搜罗。如地方志，我随身带着朱士嘉的方志目录，凡馆藏有的都画上圈，到每个书店就让店员挑选没圈的书。收罗元人文集，就自编元人文集版本目录。其中善本不可能买到，又从北图等大图书馆摄制了一批元明刻孤本。

外文书我也买到一些好书。如苏联1957年前科学院所有出版的历史著作和学术刊物。三书架沙俄时代的旧书，其中有两部百科全书。你译注《蒙古源流》用的底本库伦本，是我从旧书店的外文书目中发现的这部德国影印本。1736年出版的杜阿德的《清帝国和中国鞑靼人的地理、历史概述》，英、法文版两部各4卷也是从书目中发现买回的，现已成为图书馆珍藏的展览品。商务印书馆出版的《穆拉维约夫——阿穆尔斯基伯爵》（1891年俄文原版）、内蒙古人民出版社的《蒙古及蒙古人》（第二卷1898年原版），所用原本也都是我从旧书店淘来的。

此外，学长吴荣曾和我得到张政烺先生的帮助挑选，为历史系采购了能办一个小博物馆的文物。经向达先生的指点，为研究室买到500张辽、金、元的石刻拓片。纪念校庆时的文章，我特意写亲身接触到的几位老教授的事迹，包括还戴着右派帽子的向达先生。他们都充满政治热情，曾主动支持内蒙古大学的建设。

乌兰：2011年您出版了《学史与史学——杂谈和回忆》一书，其中十篇与怀念恩师和学术挚友有关。读来不仅能了解到那些学术前辈们的学识和情操，也能体察到您尊师重友的品格。实际上您对我们这些学生也同样是极尽爱护、提携，一心想把我们培养成才的。每当想到您，心里总是感到暖暖的。您认为好的老师对学术传承和学术事业的健康发展具有什么积极作用呢？还有，您和亦邻真老师"共事近四十年，生同岁，同出于北大，毕生同在内蒙古大学蒙古史研究室、所工作，并一同从事蒙元史研究"。乌云毕力格师弟曾比喻您二人"如雄鹰双翼、车驾双轮"。初上工作岗位的您二人，风华正茂、才华横溢、志同道合、相得益彰，在科研和教学方面一直配合默契，逐渐撑起蒙元史研究的一片天地，使内蒙古大学蒙古史研究所成为该学术领域的一块重镇。我非常怀念在您身边学习、工作的那些岁月，感到自己特别幸运。还想请您谈谈内蒙古大学蒙古史研究所成立的过程以及办所特点。

周清澍：我在美国十年，闲暇无事，常回忆往事。此生事业是从入北大学历史开始的，我们是新中国最早的一批大学生，经历过知识分子改造运动，与老师们有过近距离接触。当时将他们的历史翻个底朝天，将任何缺点上纲上线进行批判，多年后发现他们的缺点与一般人一样，并非资产阶级所独有，在现今的知识分子中普遍存在，甚至更严重，无所谓阶级性。因此我的回忆，是对当年的荒谬进行反思。60年前这段历史已有人开始研究并从中总结教训，亲历者逐渐故去，我的回忆也许能为他们提供些素材。

在20世纪五六十年代，旧知识分子被有的领导压制和歧视，学问再大，扣上不懂马列的资产阶级知识分子的帽子，就予以全盘否定。自己从事科学研究数十年后，回顾老师们的经历和治学道路，总结他们的成就和贡献，才明白当年幸遇那么多名师，却不懂得认真学习，不懂得虚心求教"审问之"，耽误了光阴，错过了难得的机遇。

到内大以后，开始是我一人从事元史研究，四年后林沉来校与我同治蒙元史，在没有导师的情况下，我俩业务的长进，常得益于相互间的切磋。

北大校友我写了两个人，其一是蔡美彪，我入北大，他已是研究生第二年，早我五年。我在他领导下参编《中国通史》和《中国历史大辞典》，是我名副其实的学长。其二是林沉，他入北大，我已是研究生第三年，晚我六年。但不同的是，他年长我两三月，有蒙古族治蒙古史的天然优势，反而他成为我的学长。

我们的友谊不仅由于专业相同，还由于治学理念接近。也许我们同受北大师长学风的影响，反对一切浮夸的学风。首先要求个人治学严谨，也反对集体为了搞经费，争抢力所不能及的科研项目。他担任所长后，大小事都事先同我商量。他的主张遭到抵制，或言谈得罪所内外的人，因我能理解他的思路，故能充当他的支持者，或帮他消除误会。

乌兰：杉山正明十几年前谈及日本的元代史研究今后大的可能性时，从全面利用史料的角度出发，认为"以前的蒙古帝国史研究实际上可以说大体都是单引擎飞行的状态下进行的"，提倡综合利用东西方史料群文献。您从1978年招收第一届硕士研究生时就开设了"蒙古史史料学"课程，内容涉及蒙古史不同语种、不同类型的史料文献，强调充分占有史料的重要性。请问您对目前国内蒙古史研究、元史研究的现状看法如何？认为取得了哪些进步，还存在些什么问题？

周清澍：杉山正明谈的是日本史学界的情况。我认为，在20世纪上半期，日本由于国力较强，加上满蒙侵略政策的驱动，在蒙古史的研究上总体超过我国。从代表人物说，王国维这样的多方面成就的天才学者，在中日两国都是空前的；"单引擎飞行的"陈援庵，作为中国人其国学的深度日本学者也难达到。但王国维专攻蒙古史仅几年后就早逝，其他学者都因为战乱等不安定环境而成绩有限，而日本则产生了一批有成就的学者和学术著作。

就学术发展方向来说，也许我国有洪钧的榜样，由于在学术界颇有影响的二陈鼓吹，我国先后派出韩儒林、邵循正、翁独健三位先生向伯希和学习，目的非常明确，就是综合利用东西方史料研究蒙元史。可是韩、邵先生刚回国，翁先生还在法国未学成，中日战争已爆发。此后八年抗战，四年内战，三十年人为的阶级斗争内斗，致使本来文化、科学不发达的中国，各个学科皆蹒跚不前，既有的人才不能发挥所长，甚而遭摧残，新的人才又培养不出来。这不是没有认识到的问题，而是社会环境不允许。

日本在20世纪初，白鸟库吉等人的研究就不能说是"单引擎飞行"，我明白杉山的意思，是指其师本田实信先生出国专门学习波斯等文字，回国后能综合汉文和穆斯林史料进行综合研究，并带出他们这批学生。的确，他们的研究扩大了视野，取得了新进展。因此，从事蒙元史的研究，须掌握多学科的知识和多种语言文字。

现在，国内外研究蒙元史的队伍扩大了，研究的问题越来越细。除元朝和伊利汗国两蒙古王朝留下若干史著和丰富史料外，金帐汗国有古俄文史料，高加索有古阿明尼亚文史料，正在打仗的叙利亚也有古叙利亚文史料，甚至有用叙利亚文刻的墓碑散布在内蒙古和新疆霍城。西欧有东来、西去的商人或传教士的游记等。国内还有各族文字史料，尤其是奉为帝师的藏传佛教也有不少藏文史料。实际上，一个人很难包打天下，伯希和那样的天才毕竟是罕有的。

对于年轻的学者来说，时间还允许进一步提高，不妨把目标放高一些，不要满足于硕士、博士、教授的头衔，应尽量充实自己，争取做一个"双引擎、多引擎飞行"的专家。有的人外语条件差也不要气馁，如能认真钻研，即使只掌握汉文史料，研究元王朝腹地的历史还大有文章可做，有待深入，治中国史中国人还是要胜过外国人。同样，外族人学蒙文，终不及蒙古族人占天然优势。我看到少数论文，连外国人已熟悉的汉文史料都不知道，那就太不应该了。

内蒙古大学蒙古史研究从开始就重视吸收国外的研究成果，搜罗和采购国外图书资料，定购专门杂志。1960年以后配备了专门的翻译人才。1962年创办《蒙古史参考资料》，"文化大革命"前出版25辑（25辑制版未印，"文化大革命"后又出43辑），免费寄赠全国各大学图书馆和历史系，是全国唯一系办介绍国外研究的刊物。研究室内潘世宪、金启孮、周建奇、周良霄、黄时鉴、余大钧、林沉、白音等都是常看外文书的，其中潘世宪、周建奇、余大钧专职搜罗国外成果，译编刊物。在当时对外封闭的情况下，在全国的历史系中也是罕见的。近年来，我注意到大学招生强调外语，出国留学、进修者渐多，已有人能直接利用波斯文史料或译书，有非汉文蒙元史名著的研讨班，有人综合国外优秀成果发表论著，这是可喜的现象。但我从大量论著中，发现直接利用外文史料和国外成果的学者反而不如当年，如我的印象不误，这倒是一种应克服的不良倾向。

乌兰：您退休后仍笔耕不辍，直到前年还有文章发表，其中既有不少回忆师友的文章，也有多篇学术论文。结束侨居美国的生活回到内蒙古大学后，您又多了义务为人审稿、改稿和答复学术咨询等事情。请问您今后在研究方面有些什么具体打算呢？

周清澍：我退休后闲来无事，在美国选择写回忆消遣。回国后喜欢有朋友来往，参加健康允许的活动，只不过为填补晚年生活的空闲而已。我的回忆分两部分：一部分是入大学到参加工作后，另一部分是思念此前我生长的故乡。后者我以回忆地、物为主，见物思人，也忆及我经历的往事。初稿在《武冈文史》发表，后来我发现引用的地方志颇有错误，也有遗漏，因此想在这小地方范围内翻翻书，做一点查缺纠误的工作，近年研究者利用方志的人渐多，也许我的工作能对他们提供借鉴。这仍是我消遣余生的安排，谈不上"笔耕不辍"，创什么名山事业。

乌兰：谢谢。这次又真是不虚此行，听了您精彩的回答，感觉又上了一堂特殊的专业课，收益颇多。您所讲的内容非常重要，相信对学界尤其是年轻学子会产生积极有益的影响。祝愿您和屠丽珠老师健康快乐、吉祥如意。

史金波[*] 先生访谈录

木仕华：史先生，首先感谢您接受《民族研究年鉴》采访。您能获得令人钦佩的学术成就，成为西夏语文、历史、民族史学和民族学诸多领域的著名学者，是诸多因素综合作用的结果。而一个人青少年时期的成长环境和经历，应是不可忽略的因素。下面请您谈谈您的家世、故乡，以及对您影响和帮助最大的几位师长。

史金波：我祖籍河北省涿州市，自幼生长在涿州以南的高碑店。这里属华北平原北端，是多慷慨悲歌之士的燕赵大地，民风朴实，豁达仗义。战国时荆轲刺秦王之前与燕丹辞别的易水，在我家西部。我家北面是三国刘备、张飞的故乡。踏遍千山万水撰写《水经注》的郦道元、伟大的数学家祖冲之、唐朝著名诗人卢照邻、佛教禅宗南宗祖师慧能、陈桥兵变后做了皇帝的宋太祖赵匡胤都离我家乡很近。这里是宋、辽边界，我家北面祁沟一带还有当时因双方对峙而挖掘的地道。元代高碑店是大都通往保定的必经之路，著名宰相安童和拜住祖孙皆葬于此，记述他们事迹的高大墓碑民国时被毁，但由此而叫响的高碑店名称却遗留至今。这里虽远离西夏，但南面保定郊区的寺庙遗址中还发现了明代西夏文石经幢，那是西夏后裔消亡前最后的历史见证。清王朝的西陵离高碑店仅几十公里，埋葬着清代4位皇帝和他们的后妃。清末义和团运动如火如荼，高碑店是中心之一，义和团大师兄张德成就是高碑店人。我就从这里求学走向人生之路。

---

[*] 史金波，男，汉族，1940年3月3日出生，河北省高碑店市人。1962年中央民族学院（今中央民族大学）语文系毕业，考入中国科学院民族研究所读西夏研究生，1966年研究生毕业，留民族研究所工作。1982年为民族所历史研究室主任，1983年为副研究员，1988年为研究员，同年任副所长至1998年。2002年为中国社会科学院学术委员会委员，2006年被选为中国社会科学院首批学部委员。

现任中国社会科学院西夏文化研究中心主任、民族学与人类学研究所研究员、中国社会科学院研究生院民族学系教授、博士生导师，国家文物鉴定委员会委员，全国古籍保护工作专家委员会副主任。兼任中国史学会理事、中国西南民族学会副会长、中国少数民族哲学社会思想史学会副会长、中国民族史学会顾问（法人代表）、中国文字博物馆顾问、中国敦煌吐鲁番学会顾问、中国宗教学会名誉理事等。任宁夏大学兼职教授。1990年获得国家级有突出贡献中青年专家称号。曾任中国民族古文字研究会会长、中国民族史学会常务副会长、中国民族学会副理事长、日本东京外国语大学客座教授。

从事民族研究工作近50年，学术领域为西夏文史、中国民族史和中国民族古文字。出版著作29种（含合作），参与撰写、编辑《中国大百科全书》、《辞海》等辞书和著作27种，发表文章247篇（含合作），俄、日译文5篇，参与或主创影视和网络科教项目10种。主要代表作有：《西夏文化》（吉林教育出版社，1986年获第一届国家图书奖提名奖）、《西夏佛教史略》（宁夏人民出版社1988年版；台湾商务印书馆1993年重印，获光明杯二等奖）、《类林研究》（合著，宁夏人民出版社1993年版，获西北五省区图书奖、第二届全国古籍整理图书一等奖）、《西夏天盛律令》（合著，科学出版社1994年版；《中国珍稀法律典籍集成》之一，《集成》获第一届中国社会科学院优秀科研成果荣誉奖）、《中国活字印刷术的发明和早期传播——西夏和回鹘活字印刷术研究》（合作，社会科学文献出版社2002年版；获中国社会科学院优秀科研成果一等奖和第二届郭沫若中国历史学奖二等奖）等。

我生长在一个普通的农民家庭，属白屋寒门。父母勤劳朴实、正直善良。在新中国成立前后，当地群众不太重视教育、家庭生活还很困难的情况下，父母执着地供我们5个子女上学，这在当地甚为少见。1948年，我在家乡上小学。4年后我便考入河北省定兴县中学。1955年，我进入重点中学涿县一中。在小学、中学里，我深知上学不易，故学习比较用功，尤喜语文、数学和历史，成绩忝居前列。我出身农村，使我一生热爱劳动人民。

几十年的学术生涯，使我深深感到学术进步离不开师长的教诲和指导，也离不开同事们的合作和帮助。

引导我进入西夏学殿堂的是我的研究生授业导师王静如先生。王先生学贯中西，尤长于语言学，在20世纪30年代中、日、俄竞相研解西夏文时，先生出版《西夏研究》三卷，享誉学界。先生教我学西夏文并不专门上课，只是告诉我有关书目，让我抄写西夏文、汉文对照词语集《番汉合时掌中珠》。这种方法能使我独立思考，在当时很适合我的学业。为了学会历史语言比较，先生教我阅读法国语言学家梅耶撰写的《历史语言学中的比较方法》一书，使我大开眼界。先生一生致力于西夏研究，有执着的治学精神，到晚年仍孜孜矻矻，黾勉勤奋，直至先生离世前我每到先生家，仍见先生伏案工作，其坚忍不拔、贯彻始终的治学精神令人感动。先生1990年辞世，享年88岁。师母对我十分热情，她和我母亲同年，每次见到她都会问我母亲身体如何。先生去世后我每年都几次看望师母。师母终年96岁。

翁独健先生是著名的蒙元史学家，青年时即作成《道藏子目引得》，功力深厚。他主持点校的《元史》，为学术界提供了《元史》的最佳版本。先生在民族所是分管民族历史研究的副所长。我先后任历史研究室的副主任、主任，后任民族所副所长，也负责民族历史研究室工作，作为先生的下属和晚辈经常到先生家请示工作。先生住南池子大街，当时我差不多每月总有一两次去拜访。除业务组织工作外，先生对我学业耳提面命，教我重视资料，重视目录，要求写作勤于思考，精于文笔。先生的睿智和思辨不断给我启迪。我多次参加先生主编的《中国民族关系史纲要》的研讨。先生总体宏观把握历史上纷繁复杂的民族关系，驾轻就熟，游刃有余，显示了学术大家的才略和魄力，使我受益良多。先生在研究工作中十分重视资料积累，特别重视少数民族文字资料，他率先倡导组织中国民族古文字研究会。1980年8月在承德市召开了民族古文字学术研讨会，并成立了中国民族古文字研究会。翁先生自始至终指导筹备并亲自参加组织这次会议。有的同志根据先生对会议的贡献提议请先生做会长，先生坚辞不任，极力推荐在国外访问的民族所另一位副所长傅懋勣先生为会长。当时傅先生在国外访问，未能参加会议。最后大家同意了翁先生的提议，选举傅先生为会长。先生这种只知奉献、不计名位的精神，令我敬仰，并尊为楷模。先生作为民族史研究的巨擘，是中国民族史学会的创立者。1983年在成都召开的中国民族团体联合会上，我代表先生向会议作了关于成立中国民族史学会的报告，经过审议，最后得到会议批准，中国民族史学会正式成立。学会成立后先生被选为理事长，我则作为秘书长、常务副会长协助先生工作，直至1986年先生辞世。先生坚持原则、耿直不阿的道德情操，注重资料、长于思考的治学理念，因材施教、循循善诱的育人方法，爱憎分明、侃侃而谈的精神风貌，给我留下了极深的印象。

王森先生是著名的梵文学家、藏学家，于藏传佛教、藏传因明学和藏族史十分熟悉。先生撰写的《西藏佛教的十篇资料》是第一次对西藏佛教系统、科学的研究，尚未正式刊布于世，即被广泛传诵。后以《西藏佛教发展史略》为名出版。我初接触佛学，遇难懂难解之处，辄趋先生处求教，先生循循善诱地指引，并常从看似摆放杂乱的书堆中找出需要的书籍借我。元代庆吉祥编校的佛经目录《至元法宝勘同录》就是在先生家第一次见到的。我撰写的第一篇有关佛教的论文即请先生过目修改。后我撰写《西夏佛教史略》书稿，先生也检阅大半，并提出宝贵意见。先生平易谦虚，晚年撰写有关梵文贝叶经卷的论文，竟将手稿交我提意见。我自知才疏学浅，难以提出意见，但也不愿错过学习机会。拜读后对先生知识之渊博、功力之深厚、文笔之流畅更加崇敬。

民族研究所外的几位学术前辈对我也教诲有加。季羡林先生是蜚声海内外的国学大师，是倡导建立中国民族古文字研究会的领袖，一直被推举为研究会名誉会长。我负责主持研究会时，先生多次莅临学术研讨会致辞演讲。先生对西夏学关心备至，每每询问近况。2002年出版国家图书馆馆刊西夏学专号时，请先生题字，先生欣然允许。我如约到先生处取题字时，先生早已写好题字"加强国学研究，扩大国学范围"。为不影响年事已高的先生健康，准备取到题字便离开。但先生精神矍铄，谈兴滔滔，论西夏，讲学术，谈猫趣，竟达40余分钟。想到先生家属和医生张贴在门外不准会客的通知，赶紧告别。我承担中国社会科学院重点项目"西夏社会研究"时，曾向先生汇报。此项目成果《西夏社会》即将完稿时，先生十分高兴，欣然命笔，题写书名。该书出版后，我到解放军总医院看望先生，并将《西夏社会》送先生指正，先生十分欣慰，并高兴地摆上《西夏社会》与我合影。我还向先生汇报了当时正在进行的西夏社会文书研究，先生说这项工作很重要，并为尚未完成的书稿提前书写书名"西夏文书研究"。不想此次见面竟成永别。现在我所做的"西夏文书研究"课题之一"西夏经济文书研究"作为国家社科基金项目，已经以优秀等级结项，未辜负先生信任和殷切希望之情。

另一位国学大师任继愈先生是佛学研究领袖，关心西夏佛教研究。过去有关宗教、佛教辞典很少涉及西夏内容。20世纪80年代我撰写《西夏佛教史略》时，曾给先生写信汇报，先生于1987年5月11日回信鼓励："《西夏佛教史略》亟盼早日问世，补上学术界这一空白。"《西夏佛教史略》出版后先生又鼓励我继续深入研究。1998年先生筹划编辑佛教大辞典，欲填补西夏佛教内容，嘱我承担。适值我去日本讲学一年，未遑完成。俟我回国后，先生又指示敦促。我即放下其他案头工作，专心撰写西夏佛教词条，竟得110多条，总计5万余字，在这一有重要影响的佛学辞书中填补了西夏佛学的空白。1932年北京图书馆曾出版"西夏文专号"，推动了西夏学进展。2000年我筹划于专号出版70周年之际，再出纪念专号以期进一步推动。先生作为国家图书馆馆长鼎力支持，决定由中国社会科学院西夏文化研究中心与国家图书馆合作编辑出版。先生题字"加强西夏研究 充实中华文化"祝贺，先生还亲笔为专号撰写前言，他精练地概括了中国的历史、信仰、文化特点后指出："过去由于资料不足，我们对西夏文化研究得很不够。现在地下文物不断出现，为我国西夏研究开拓了广泛前景。"又热情勉励西夏研究同人："早年王静如先生，对西夏研究有开创之功。现有史金波同志带动了一批研究西夏文化的中青年学者，埋头钻研，成绩斐然。"并预言："假之以时日，我国的'西夏学'必将呈现异彩。因为这是一项大工程，要有宗教学、历史学、地理学、民族学、人类学，从不同角度共同考察，群策群力，一定会取得更大的成功。"2002年8

月1日在国家图书馆举行"西夏珍贵文献文物展览"开幕式暨《国家图书馆学刊》西夏研究专号首发式,全国政协副主席罗豪才和任先生出席,他们兴趣盎然地参观展览。我感到他们对中国传统文化一隅的西夏文化深切的关怀和对西夏研究者的支持和鼓励。

著名史学大师白寿彝先生尤重史学理论和民族史学研究。我每到先生处求教,都能从理论和方法上受益。后先生被推选为中国民族史学会会长,我作为常务副会长到先生家请示工作更频。每当学会召开研讨会前,我皆向先生汇报准备工作,聆听指示。先生则从历史研究大势出发,指出研究重点,所虑者长,所谋者大。先生晚年有目疾,不能外出,便写好会长致辞或录音交我在会上宣读。为纪念先生90华诞,同人编辑论文集以为庆祝,我应邀撰西夏风俗论文以贺先生。先生主编《中国通史》分册陆续出版,对我随出随赠。先生去世后,其女儿遵先生嘱,将最后出版的几册寄我。现每见书架上的22册巨著,如睹先生风采。

给我关怀、教诲的师长辈学者屈指难数,所内还有傅懋勣、陈述先、刘荣俊先生,院内有夏鼐、郭朋、熊德基、蔡美彪先生,京内有马学良、史树青、邓广铭、宿白、金启孮先生,京外有吴天墀、方国瑜、江应梁、马耀、方龄贵、林幹先生等。前辈们对西夏学、民族史学和我本人的关怀、帮助,我总铭记于心,并思不辜嘱托,努力钻研。

我自20世纪70年代"文化大革命"尚未结束时,便开着军宣队"批林批孔"的介绍信,到北京图书馆(现国家图书馆)整理馆藏的西夏文典籍。90年代我参与国家图书馆李致忠先生主持的《续修四库全书》编纂工作,后来又参加"中华善本再造工程",2007年作为全国古籍保护工作专家委员会副主任参与古籍保护工作,这期间结识了傅熹年、冯其庸、傅璇宗、李致忠、程毅中、白化文、许逸民诸位专家,他们都是学养深厚、各有专长的版本学、目录学的专家,在与他们共事、交往中,一方面有耳濡目染之便;另一方面我有意识地向他们请教,这样十几年的时间,既学得了不少自己所缺的知识,也增进了与诸位的学术感情。

2001年,我成为中国社会科学院学术委员会委员,在这30多人的集体中,集中了社会科学的各类人才,大家有时开会讨论学术问题,有时还介绍各自的学科及前沿状况,有时集体外出考察。我深知这是一个大的知识宝库,连茶余饭后都是知识的气场,我注意向各位专家讨教,其中包括相近的史学、法学、宗教学、语言学,也包括离自己专业较远的哲学、文学、经济学等。几年的时间这个高端的学术大家庭使我的学识宽度和深度都有不少长进。我从事研究的西夏学、民族史学虽比较偏僻,但都是带有综合性的学科,各学科的知识对研究者都有益处。我从中受益,也不断将学到的知识反映在近些年的著述中,如近年关于西夏经济文书的研究部分就得益于此。我从中体味到,研究无止境,要不断吸收新知识,从书中学习,从调研中学习,也从师友身上学习,学问方能长进。

木仕华:您的科研与教学主要围绕西夏语文、历史与文化展开的。在漫长的学术生涯中都有哪些时代契机和个人因素使得您乐于从事少数民族历史与文化研究的?

史金波:1958年是"大跃进"的年代。高中将要毕业时,除上课外,我还到农村参加挖渠等重体力劳动。报考大学时,我原已填表报考北京政法学院为第一志愿,后看到迟来的中央民族学院招生简章,上有少数民族地区的风情照片,很受吸引;加之明确供给饭食,于是我改报中央民族学院为第一志愿。当时包括班主任老师在内,都不大懂得报考大学的常识,以至于我把北京大学报为第二志愿,现在看来成了笑话。如果当年多一点报考常识,也许我与西夏研究无缘。

我本喜欢文学，报考的是语文系，但我在中央民族学院学习的是很陌生的彝语。那时我们都很听话，只要国家需要，让我们学什么就学什么。在汉族李民老师和彝族倮伍阿什老师的辛勤教导下，我们天天朗读、背诵彝语单词、句子和课文。开始时，我们既感到新鲜，又感到很困难，因为彝语中有不少语音在汉语普通话中是没有的，如严格区分清浊音、舌边颤音、双唇颤音、紧喉音等，学起来拗口、吃力。但我们觉得这是组织交给我们的学习任务，学习彝语是为了掌握为彝族服务的本领，因此学习非常卖力，课上、课下经常读得嗓音沙哑，嘴角直流白沫。三年下来，学习好的同学已能叽里呱啦说一大堆彝语了。

中央民族学院素有学习民族语言的优良传统，即学生在学校学习一段时间后，要到少数民族地区去实习。我们班的实习地点在四川省凉山彝族自治州的喜德县，那里是凉山彝语的标准音点。直至1957年，彝族社会还处于奴隶制社会阶段，生产力水平十分低下。民主改革后，奴隶翻身成为主人，但经济发展仍很落后，人民生活困苦，居住条件很差，连我这个农村出身、不畏吃苦的人也大出意料，一时很不适应。我们从成都到县城要坐3天卡车，中途要过海拔3000米以上的泥巴山，山上无树木，只有裸露的黄土。很多人晕车，有的吐得不省人事，只好在路过的县城打针急救。从县城到区里，要背着行李徒步走80里土路。经过湍急没膝的河流时，没有桥梁，只好分成男女生搭配的四五人一组，互相搀扶着渡河，以免被河水冲倒。从区里到乡里，再到村寨，只有崎岖难行、上下攀爬的山间小路。那时正值我国困难时期，生活条件如雪上加霜。凉山地区气温偏低，农作物生长季节短，农民以洋芋（土豆）为主食，每日两餐，皆为煮洋芋蘸辣椒盐汤，除非婚丧嫁娶和年节，天天如此，连苞谷都属细粮。我们实行粮食定量，每顿三四个土豆，没有任何油水，每顿也就吃个半饱。当时人人都有饥饿感，整天饥肠辘辘。实习队全体师生都浮肿，但仍然努力学习彝语。

大凉山重峦叠嶂，满眼皆是高山大川。当地彝族人的住房多是土打墙房屋，房顶铺设劈开的薄木板，上压石块以固定。房中靠右边是火塘，火塘中有三块石头支锅做饭，火塘旁是主人睡眠的地方。他们多无被褥，和衣而卧。房屋左边关养牲畜，用木棍栅栏使人、畜隔开，实际上人、畜仍同住一室。牲畜之上用木棍搭一平台，称之为"楼"，"楼"上存放杂物并备客人居住。当地没有厕所，人们于无人处随意"方便"。我的房东是兄弟俩，哥哥稳重，弟弟活泼。我们朝夕相处，关系十分亲密。特别是晚上，我和他们一起谈生活，说民俗，讲笑话，说尔比（彝族格言），他们经常纠正我的发音和语句错误。老乡讲的话语言生动、简洁，往往与课本上的语句有出入。有时我把彝话说错了，意思满拧，引起他们善意的大笑。我在彝家的"楼"上蜗居半年，每晚身下有十数只羊与我同眠，不时能听到"咩！咩！"的叫声和咳嗽声。冬天很冷，屋里、屋外几乎是同一温度，气温时常在零摄氏度以下，雪花能从屋顶木板斜缝中飘落到脸上。天热时则腥臊并起，气味难闻。我们身上的虱子之多，令人咋舌。晚上身痒难耐时，我便和主人一起把衣服脱下，在尚有余火的火塘上抖搂，能听到虱群掉落于火塘中"吧！吧！"的爆裂声。当地贫困老乡一件披衫或披毡往往要穿若干年，甚至穿一辈子。彝族人一般不穿鞋子，天寒地冻也都赤脚行路，有的脚底冻出大裂口。为了减少痛苦，使创口愈合，他们有时只好自己忍痛，用未经消毒的普通针线把创口缝上。

我们参加农田劳动和乡村基层工作，在劳动、工作中学习语言，记录语言资料。记得有一次，我背着几十斤洋芋爬山过涧，帮助老乡去交公粮。一路上，我向一位彝族老人学习彝族格言。老人边走边教我，不小心滑倒。筐里的洋芋滚散一坡，大家满山遍野地帮他拣洋芋。主人的居室、田间地头、大会小会、婚事丧礼，都是我们学习彝语的场所。实习快结束时，我已说得一口流利的彝语，并与另一位同学被老师选为当地县人代会的翻译。那里的彝族老乡非常勤劳、淳朴、聪明。我不仅学到了民族语言，心灵也受到强烈震撼，得到了净化和升华。我第一次了解到，中国竟还有这样贫穷落后的地区，那里的人民有如此顽强的生存毅力。我当时已是一名中共预备党员，也是在彝语班发展的唯一一名党员。当时确有为改善少数民族处境、为少数民族事业长期工作的决心。

1962年我将要大学毕业时，中国科学院民族研究所的王静如先生要招收一名西夏文研究生，我们语文系的主任、著名语言学家马学良老师来彝语班动员我们去报考，说这是国家的需要。当时我对西夏一无所知，对王先生也不了解，更不知研究生有何待遇。我在班里年纪最小，愿意求学深造，但家里生活困难，需要我工作挣钱来支持。我内心踌躇不定，于是赶紧征求家里的意见。父母来信说，只要我有机会上学深造，家里困难点没关系。老人这样全力支持的态度，扫除了我报考研究生的顾虑。从确定报名到参加考试，只有十来天准备和复习的时间，但最后我被录取了。就这样误打误撞，我有幸成了中国第一名西夏文研究生，从此步入西夏研究的行列，与西夏打了一辈子的交道。

成为西夏文研究生以后，逐步了解到原来西夏是中国中古时期的一个王朝。当时使用的文字——西夏文，在20世纪30年代，苏联、中国以及日本都有专家进行研究，中国的王静如先生等的研究达到了当时的最好水平。而我介入西夏研究的20世纪60年代，中国的西夏研究已经停滞多年，落后于苏联、日本。我想，西夏作为中国的一个王朝，西夏文作为中国的一份文化遗产，中国的研究者理应承担起继承和发展传统文化的责任，把西夏研究责无旁贷地做好。

其实我长期立足少数民族历史文化研究，一是责任感，对社会，对人民的一份担当，包括对少数民族历史文化传承、发展的责任，也包括对少数民族社会、经济发展的责任；二是有兴趣，有解破未知的欲望。比如西夏研究中的一个个难题，一层层迷雾，都是我的兴趣所在。为解破这些难题，冲破这些迷雾，我喜欢钻研，愿意挤出更多时间，不惧辛苦劳累，若有新的进展，即有满足感、成就感，顿时疲劳化解。

虽然西夏和民族史是我的主要研究领域，但对少数民族的现实发展我也时有关注。只要我了解到有为少数民族和少数民族地区发展可建言之处，便怀着对少数民族的深厚感情写出来，供有关方面参考。

1994年我写过关于加强西藏宗教工作的报告，刊登于中国社会科学院《要报》；1997年我写了《关于重视少数民族文字文物保护和鉴定的建议》，刊登于中国社会科学院的《信息专报》，经当时的国务委员李铁映同志批示后，国家文物局长又作了具体批示，文物局为此召开了全国民族文物座谈会和工作会议，对推动民族文物的保护和鉴定起到了一定作用；1998年写了《近年出土的西夏泥活字佛经是现存最早的活字印本，建议尽快组织专家作出鉴定》一文，刊登于中国社会科学院的《信息专报》，引起国家文物局重视，很快组织文物专家对武威出土西夏文佛经进行鉴定，认定为活字版本，定为国宝级文物。同年我写了《建议加强对西藏人权立法的研究和宣传工作》，也登载于中国社会科学院的《信息专报》，受到中央外宣办的重视。中央外宣办根据我的建议向中央写了组织起草西藏人权立法情况的请示。李瑞环、胡锦涛、钱其琛、丁关根、王忠禹、罗干、王兆国等领导同志批示或圈阅，后由外宣办和中国社会科学院民族研究所课题组完成了关于西藏人权立法的白皮书，在《人民日报》上发表。

此外，我还在调查研究的基础上，写出了一些针对现实问题的文章。在西藏人权研究方面，结合人权理论，深入西藏调查，写出了《西藏现代化和西藏人权》、《西藏宗教信仰和西藏人权》等文章，其中有的文章作为中央党校藏族班的教学参考。还在彝族调查的基础上写出了《重视家支问题吸收德古参政议政》、《略论凉山彝族地区人口和社会发展》等反映凉山彝族现实的对策性文章。近些年我了解到凉山州各县先后聘用一些德高望重、能调解纠纷的"德古"做特邀人民陪审员，有效地发挥了他们的积极作用，感到十分高兴。

作为少数民族，特别是像我这样对生活过的凉山地区有着深厚感情的人，我深为少数民族地区的发展和人民生活水平大幅度提高感到由衷的高兴，也想为这些地区的建设和发展添砖加瓦、出力献策，同时也为阻碍这些地区发展的问题，比如凉山较为严重的吸毒贩毒问题，感到牵肠挂肚，忧心忡忡。

木仕华：《西夏佛教史略》是您25年前的一部重要著作，而且至今都是国际西夏学界研究西夏佛教的必读之书和经典作品。25年后回首来看，这部著作的主要成就在哪里？是否还有缺憾？您对当下的西夏佛教史的研究有何新见解？

史金波：佛教对我是一门陌生的学问，在接触西夏之前，对佛教茫然不知。从事西夏研究后，西夏文文献中有大量佛教文献，要翻译这些文献就要懂得佛学的基本知识，于是去读佛教史的有关著作，又去阅读一些重要佛经，慢慢知道一些佛学知识，也体会到佛学的博大精深。通过翻译西夏文佛教文献，不仅能利用佛学知识，新的西夏文佛学资料还可以补充中国佛教史中有关西夏佛教的部分。这样对佛学，特别是西夏佛教有了越来越浓厚的兴趣。

过去西夏佛教资料十分稀缺，在中国佛教史中，西夏佛教几乎是一片空白。我在五十多年前从事西夏研究工作时，就开始注意西夏佛教史料的收集和整理工作。自1973年以来曾多次整理北京图书馆所藏西夏文佛经，从中发现了一些有重要价值的西夏佛教文献。在从事西夏文物考察活动中，又收集了一些有关佛教的资料和图片。对流散于国外的有关西夏佛教的资料，也尽量了解和积累。同时利用这些宝贵资料写了数篇西夏佛教方面的文章。在资料积累和研究过程中，感到有关西夏佛教史的资料逐步丰富，史实渐次连贯。

在佛学专家王森教授、郭朋教授以及同事们的鼓励和支持下，我自1982年开始撰写《西夏佛教史略》这部著作。此书主要是发掘、利用西夏文文献资料和考古新发现的资料，结合汉文记载的史料，构建出较为系统的西夏佛教发展史，包括佛教在西夏的发展，西夏佛经的翻译、印施和流传，西夏的寺庙和僧人，西夏佛教的宗派和艺术以及西夏灭亡后党项人的佛教活动等内容，同时具体分析了西夏佛教发展的历史背景和它在西夏文化中的地位。著名佛学专家郭朋为此书写了序言，其中提到："西夏佛教史的研究，依然很薄弱。治西夏学者，已为数很少；而对于西夏佛教史，则更少有人问津。令人感到非常欣慰的是，中年学者史金波同志（他从事于西夏研究已经二十多年），现在撰写出了《西夏佛教史略》这部具有很高学术价值的专著,这就填补了我国佛教史以及民族文化史上的一个空白。这部书,剖析透彻,叙述明晰,是一部极为难得的独创性的史学专著。出版之后,相信一定会受到学术界的欢迎和赞赏。"郭先生的谬奖是对我的激励和鞭策,使我在此后仍不敢懈怠,始终进行西夏佛教资料的挖掘和研究。

当时写这样一部专著对我来说是很困难的。首先还是感到资料的不足。特别是资料的系统性不强。比如西夏历朝对佛教的政策,往往没有直接的材料,只能依靠对一些佛事活动的分析或间接材料的补充说明。又比如关于西夏佛教宗派、寺庙的资料也很不完备。另一个困难是自己对佛教的专业知识了解不多,研究不深,自感功力不够,对于西夏佛教史这一课题前人涉及不多,这就更增加了一层困难。但也正因为这是一件既有意义又有困难的工作任务,才更激励着自己去学习、去积累资料,在前人研究的基础上去钻研探讨。毋庸讳言,这本书既有进展,也留下了遗憾。

首先是保存西夏佛教文献最多的俄藏黑水城出土文献当时多未见到,当然也谈不上有效利用。俄藏黑水城文献中不仅包含了大量西夏文佛经和西夏时期的汉文、藏文佛经,而且还有很多重要的佛经序言、跋尾、发愿文和大量题款,有不少具有年款,还有很多佛教绘画,这些对西夏佛教史研究有着重要学术价值。在一些世俗文献中也含有十分重要的有关佛教的重要内容,比如著名的西夏法典《天盛律令》中就有大量关于佛教的法律条文。此外,汉文文献中也相继发现与西夏佛教有重要关系的资料,如《大乘要道密集》中有不少西夏时期的藏传佛教经典。此外,当时对西夏佛教的认识也有待提高和改进。如在《西夏佛教史略》中依据国外专家介绍的《天盛律令》的材料,参考了其他专家著述中的意见,认为西夏政府中的护法功德司与其他两个功德司一样,是管理佛教的机构。待数年后我们见到并翻译了《天盛律令》原文后才知道,这原来是一个管理道教的政府机构。五年后台湾商务印书馆重印《西夏佛教史略》时我才在"重版序"中加以改正。

近些年来,随着西夏研究资料的大量刊布,西夏佛教的研究出现了前所未有的蓬勃发展的可喜局面,国内外有一大批专家参与,陆续撰著了大量论文和专著,使西夏佛教研究领域不断拓宽,研究内容不断深入,成绩显著。我也先后写出了一些论文,利用新的资料对西夏佛教史作出了补充和修正。

在研究资料不断丰富和专家们的热情参与下,我期待着在不久的将来有更为全面、充实的西夏佛教史面世。

木仕华:您和雅森·吾守尔先生合著的《中国活字印刷术的发明和早期传播——西夏和回鹘活字印刷术研究》出版问世后在国际学术界赢得了广泛的赞誉,并荣膺中国社会科学院第四届优秀科研成果一等奖和第二届郭沫若中国历史学奖的二等奖。请您谈谈这本著作研究的缘起、写作过程和重要学术观点及贡献。

史金波:1993年我们在俄罗斯整理西夏文文献时,发现了4种活字版文献,俄罗斯克恰诺夫教授在其中一种文献内发现了西夏文"活字"二字。原来我整理过的国家图书馆所藏西夏文文献中有60多卷《大方广佛华严经》,也是活字版印刷品。西夏文化发达,印刷术兴盛,这些是现存世界上最早的活字印刷品。我认识到这些文献的特殊意义,便进行深入研究,先后发表了《现存世界上最早的印刷品——西夏活字印本考》、《西夏活字版文献及其特点》

等文章，着重介绍西夏活字印刷品为世上早期印刷实物，并且存世较多，品类齐全，对中国活字印刷史研究具有重要意义。这一时期国内也陆续发现多种西夏文活字版文献，甘肃武威发现了西夏文《维摩经所说经》，宁夏的贺兰山方塔遗址发现了《吉祥遍至口和本续》，都是西夏文活字版文献。孙寿龄和牛达生两位先生分别撰写了论述西夏文活字版价值的论文。

这时中国社会科学院民族研究所维吾尔族学者雅森·吾守尔访问法国归来，他向我介绍了在法国巴黎吉美博物馆考察过伯希和从中国敦煌盗走的900多枚回鹘文木活字，并制作了拓片，进行了初步研究，认为这些木活字时代较早，并含有字母活字的特征。我们几次交谈后有一个共同的想法，西夏和回鹘文的活字印刷资料加在一起，可以形成中原发明，西夏和回鹘借鉴发展，再向西传播的中国活字印刷发明、流传的明确链条，有力地证明活字印刷源于中国，汉族和少数民族共同发展了活字印刷，并向西方传播的历史事实。我们很快合作写了一篇《西夏和回鹘对活字印刷的重要贡献》的论文，《光明日报》以一整版的篇幅刊布，在学术界特别是在印刷史学界产生了一定影响。

一段时期以来，国外一些学者发表论著认为活字印刷是德国、韩国发明的，造成认识上的混乱。有的中国媒体不明就里，便人云亦云，无视中国在11世纪发明活字印刷的事实，在报纸上宣扬上一个千年的十大发明中竟有德国的活字印刷术。为此我国有关部门倡导加强中国的印刷术研究。1998年中国社会科学院召集几个所的有关专家开会，决定为此设置项目，我和雅森·吾守尔应邀与会，并受命承担"西夏和回鹘活字印刷"的课题。我们将这一重要课题既看成攻坚克难的学术任务，也看成弘扬包括少数民族在内的中华民族传统优秀文化的一项工作，更视为义不容辞地维护中国活字印刷发明权的重要使命。我们在过去研究的基础上，认真布列提纲，抓紧时间整理、研究西夏和回鹘活字印刷资料，同时学习中外印刷史，收集有关资料。几个月后，我和雅森·吾守尔先后到日本讲学、访问。在日本期间，我们继续深入研究，收集资料，提炼观点，讨论书稿。1999年夏天我们已经形成了初稿，后又几经修改于2000年基本定稿。书稿完成后，定名为《中国活字印刷术的发明和早期传播——西夏和回鹘活字印刷术研究》。

此书以西夏文活字印刷品和回鹘文活字等古代文献、文物为依据，集学术论证和实物图版展示于一体，对毕昇发明活字印刷术后不久，活字印刷术在西夏和回鹘地区的传播和使用进行了研究，再现了活字印刷术在上述两个民族中是如何得到应用的，并根据语言和文字特点进行改进，创造出新类型活字的历史图景。同时对活字印刷术沿着丝绸之路传播到欧洲的途径进行了探讨。西夏和回鹘的活字印刷从时间上填充了中国活字印刷术西传中两个世纪的过渡时期，从地域上由中原地区向西推进了两千多公里。西夏和回鹘使用和发展活字印刷术在活字印刷史上具有重要意义，证明中国活字印刷术的发明、传播和使用是当时中华文明高度发展的必然结果，融合了中原与边疆地区各族人民的智慧，显示出中国各民族共同发展优秀文化的事实。

木仕华：如果说《西夏佛教史略》是您早期学术的一座高峰，得到学界的诸多好评，那么您的《西夏社会》则更像是您近期西夏学研究的全新拓展和创新之作。请您谈谈这部著作的诞生过程以及它所体现的新观点、新视野、新问题、新材料、新数据、新方法、新理论都有哪些？

史金波：我著力作《西夏社会》主要是因为发现了一大批西夏文资料，特别是1997年、2000年在俄罗斯整理黑水城出土文献时，查阅了俄国专家原未注录、整理的文献，从中发现了一大批西夏文社会文书，同时在一些文献的封面、封底衬纸中也发现了不少社会文书。这些文书计有1000余号，包括户籍、账籍、军籍、契约、告牒、书信等。这些虽多为缺头少尾、难以识别的西夏文草书残卷，但确为直接反映西夏社会的珍贵原始资料，它们无论在数量上还是在内容上皆可与敦煌社会文书相媲美，对研究、认识西夏社会有极高的学术价值。近几年我在整理这些资料的过程中，着手探究西夏社会经济，又发现西夏社会研究另一片新的天地。

西夏历史资料虽经一些专家不断搜寻、整理，甚至出版了像韩荫晟先生编辑的《党项与西夏资料汇编》这样集大成的资料集，但有关新的西夏重要历史事件的发掘甚少，而在大批西夏文新资料中也几乎没有西夏重要政治、军事事件的发现。与之相比，40多年来有关西夏社会的资料不断增多，使我们有可能对知之甚少的西夏社会不断加深认识。80年前国学大师王国维先生有言："古来新学问起，大都由于新发现。"陈寅恪先生更进一步指出："一代之学术，必有其新材料与新问题。"西夏社会研究就属于既有新发现的材料，又存在很多学界尚难解明问题的领域。近些年来，我侧重于西夏社会资料的收集、整理和研究，1997年在俄罗斯发现大批西夏文社会文书时就下决心经过若干年的时间，撰写一部展示西夏社会全貌的专著。1999年开始布列提纲，伏案写作，到2001年将"西夏社会研究"申报为中国社会科学院重点科研项目时，已经有约20万字的书稿大纲。

一个国家、一个王朝的社会，构成复杂、内涵丰富。过去研究社会或侧重社会风俗，如衣食住行、婚丧嫁娶等，类似于风俗史；或侧重社会文化，如语言文字、教育科技、文学艺术等，又类似于社会文化。诚然，这些都是社会生活不可缺的重要组成。但社会生活还应有更广泛的内容，它应该是经济基础和上层建筑的综合，包括社会的物质生活和精神生活的方方面面。为使西夏王朝的社会生活更丰满地展现出来，我想构拟出一个范围宽泛的西夏社会，通过它可以多方面、多层次、多角度地透视西夏社会，了解鲜为人知的西夏王朝。全书分上下两册，共103万字，附有照片200余幅。其内容首先介绍西夏的历史和自然环境，探讨西夏的民族构成，然后着重研究西夏经济生活中的农业、畜牧业、狩猎业、手工业、商业，上层建筑中的职官、法律、军队，社会文化中的语言文字、教育科技、文学艺术以及社会风俗中的衣、食、住、行、婚、丧、嫁、娶等，还探讨了西夏灭亡后的后裔，最后总结了西夏社会性质和特点。

此书中尽量多使用新的西夏文资料，特别是新发现的直接反映西夏社会的文书，如对西夏基层组织、里甲和户籍制度、家庭和财产状况、军抄组织、租税、度量衡、物价、历法等的研究都是在新的西夏文资料基础上的新收获。我经过几年释读，也提高了识读西夏文草书的能力。

我尽量提炼一些新的见解。对重要问题或学术上有争议的问题，提出自己的新见；作者曾做过研究的问题，增加新的资料，提出新的看法；对一些问题，经分析考证，给予新的评价，新的定位。注重综合研究，寻找规律和特点。特别是在"结语"部分，提炼总结出西夏社会基本特征为：1. 势力大体均衡的多民族社会，2. 带有前封建社会残余的封建社会，3.

具有创造性的多元复合文化社会。这是对西夏社会民族、社会性质、社会文化的概括。

书中也注意开掘汉文的新资料，在过去已知的汉文文献中寻求西夏社会的新视点，使之发挥新的作用。较多地运用比较研究是我的一项追求，一是在西夏王朝内对各民族情况进行比较，一是与邻近宋、辽、金王朝比较研究，此外还利用其他少数民族如彝族、藏族民族学资料比照研究。

我想，研究西夏社会，对深入认识西夏王朝具有重要意义，不仅可以透视西夏社会多方面的构成和运行状况，还可知其利弊得失，对今后正确处理多民族地区的社会问题、制定有关政策和制度有一定的参考价值。

木仕华：自《俄藏黑水城文献》出版以来，《中国藏西夏文献》、《法藏西夏文文献》、《英藏黑水城文献》、《日本藏西夏文文献》也顺次出版问世，成为学界瞩目的新热点，请您对这些已经出版问世的西夏文献作一简要评述。

史金波：俄罗斯科学院东方学研究所圣彼得堡分所（今俄罗斯科学院东方文献研究所）收藏的中国黑水城出土文献，卷帙浩瀚，包罗宏富，数量巨大。其中包括西夏文、汉文、藏文、回鹘文等多种民族文字类型，以西夏文文献数量占绝大多数，有8000多个编号，约20万面，汉文文献也有相当数量。这些文献多属宋、西夏、金、元时代的古籍，距今有700—900年的历史，内容丰富，学术价值很高。

1993年中国社会科学院民族研究所、上海古籍出版社与该所达成协议，合作编辑、出版全部俄藏黑水城文献。根据协议，中俄专家合作，进行整理、著录、拍摄和出版，定名为《俄藏黑水城文献》，由史金波、魏同贤、克恰诺夫主编。现今这些为学术界所瞩目的文化瑰宝已经陆续公诸世上。《俄藏黑水城文献》计划出版30册左右，已经出版的《俄藏黑水城文献》前20册，包括汉文文献6册（1—6册），西夏文世俗文献8册（7—14册，其中包含社会文书3册），佛教文献6册（15—20册）。即将面世的包括西夏文佛教文献和其他民族文字文献。

《俄藏黑水城文献》的前6册中收入了500多种文献，最早的有唐代文献，有多种稀见的宋刻本，如《吕观文进庄子义》、《广韵》等，有著名的金代刻本《刘知远诸宫调》、宋人笔记《新雕文酒清话》和蝴蝶装《南华真经》，有珍贵的写本术数类著作《六十四卦图》，还有数十件填补空白的宋代西北军政文书。特别是其中有大量的西夏文刻本和写本，其中有反映西夏社会的《杂字》，有很多西夏时期的社会文书，还有大量的西夏时期的写本和刻本佛经，其中有多种发愿文，还有不少最早的汉文藏传佛教经典，其中也含有一些元代的社会文书。这些跨越了五六个世纪的珍贵文献，不仅为中国的古籍增添了不少精彩典籍，特别是对宋代、西夏社会、宗教、印刷术研究提供了大量新的资料，也开拓新的学术领域，如用西夏汉文藏传佛教文献研究藏传佛教、以宋代文书研究宋朝的军政制度等。

《俄藏黑水城文献》第7册以后的西夏文文献学术价值更受重视，正是以这些文献为主体才促成了西夏学科的形成和发展。在世俗文献方面有兼具《说文解字》和《广韵》特点的西夏文韵书《文海宝韵》，其编纂形式为西夏首创，在中原地区的韵书中尚无先例；还有以声母分类的字书《音同》，西夏文韵图和韵表《五音切韵》，同义词典《义同》等；有西夏文—汉文双解语汇集《番汉合时掌中珠》，是便于当时番汉民族学习对方文字、语言的辞书，是最早的双语双解四项词典，在中国辞书编辑、出版史上具有重要地位；有20卷的西夏王朝法典《天盛改旧新定律令》，是中国中古时期唯一基本保存完整的原本法典，也是第一部用少数民族文字刻印、颁行的法典，在内容的广泛性和形式上的系统性方面非常突出；有多种类型的历书，其中包括连续80多年的珍贵历书；有1500余件社会文书，包括户籍簿、纳粮文书、买卖契约、典当契约、借贷契约、社邑文书、军籍文书、军人续补文书、告牒、信函等，其中很多有西夏的年号和印章。在翻译作品中有《论语》、《孟子》、《孝经》等经书，《十二国》、《贞观政要》等史书，《孙子兵法三注》、《六韬》、《黄石公三略》等兵书，《类林》等类书。西夏文佛经占西夏文文献的最大宗，共有400多种，数千卷册，有的译自汉藏，有的译自藏传，也有很高的学术价值。已出版的西夏文佛经虽占《俄藏黑水城文献》6册之多，皆为《大般若波罗蜜多经》，近450卷，在西夏文佛经中数量最多。此后待出版的《俄藏黑水城文献》10多册，包含种类繁多的佛经，能更充分地展示西夏文佛经的面貌，为西夏佛教和西夏佛教史的研究提供更丰富、更有价值的资料。此外，还有不少藏文文献，其中包括时代最早的藏文刻本佛经，以及一些古藏文的世俗文献，皆具有重要文献和版本价值。

《俄藏黑水城文献》整理出版，使研究者能十分方便地获得过去难以见到的、内容极为丰富的西夏资料，实现了几代西夏研究者的梦想，改变了西夏资料匮乏的状况，为西夏研究奠定了资料基础，使西夏研究形势根本改观，充满了新的希望，也为西夏学的发展开辟了广阔的前景。

《俄藏黑水城文献》还带动了西夏文献的出版，后来陆续有《中国藏西夏文献》、《英藏黑水城文献》、《法藏敦煌西夏文献》和《日本藏西夏文文献》的出版，使西夏文献的出版呈现出繁荣的景象。

《中国藏西夏文献》包括各地陆续出土的西夏文文献，约有一万余面，有很高的学术价值。是除《俄藏黑水城文献》以外数量最多的出土西夏文献，而且它有两个特点，一是其出土地点涵盖地域宽，不仅包括宁夏、甘肃、内蒙古、陕西、新疆等西夏故地，也包括存藏于北京、河北等中原地区的文献；二是历时时间长，它包括西夏、元代、明代三个历史时期，而《俄藏黑水城文献》中的西夏文文献仅为西夏时期。

《英藏黑水城文献》也有很高的学术价值。从文献内容和形制看，是斯坦因步科兹洛夫后尘在黑水城的"拾遗"，两者文献性质相近，装帧形式也属相同类型。但若从文献数量和质量两个方面来看，俄藏和英藏差别巨大，难以同日而语。英藏文献从数量上看，不过是俄藏的1/50。原俄藏未登录的西夏文社会文书即有1500多件，仅此总量恐怕也超过英藏所有的西夏文文献。俄藏文献完卷、完册多，内容系统性强，文献价值和文物价值高。俄藏世俗著作和佛教著作有近500种，多数为英藏所无。当然英藏文献中也有闪光亮点，如有几页韵书为俄藏所无；又如兵书《将苑》也是新见孤本；法典残叶中有个别内容为俄藏所缺，可以补遗；有些佛经也为俄藏不见，如《海龙王经》等。

《法藏敦煌西夏文献》仅有不足二百件残叶，学术价值不能与上述相提并论。

《日本藏西夏文文献》主要篇幅为京都大学所藏11卷《大方广佛华严经卷》，这些早在30多年前日本西田龙雄教授在《西夏文华严经》（3册）中已经刊布并进行了研究；此外还有龙谷大学图书馆等处所藏的一些残页。

总之，近年出版的西夏文献，皆为有重要历史和文献价值的古籍珍品，因此国内外存藏的西夏文献的出版对西夏研究都有推动作用。

木仕华：史先生，您在长期的学术生涯中经历了各种政治运动的干扰，外加收入低、条件差等种种困难，却能够始终保持健康的身体，谦逊平和、淡定从容的心态，经受住了人生中的各种考验和历练，矢志于学术并取得成功。如今您虽已年过古稀，却依旧在研究繁难的西夏文草书文献，并在《历史研究》上发表了《黑水城出土西夏文卖地契研究》等高水准的学术论文，实在令我们后学惊敬不已。上了年纪，一般学者已经很难再经受这种体能和智能的较量了，您是如何确立信念，克服困难，义无反顾地坚守学术前沿的？

史金波：人活一世，对社会应有所贡献，对人民应有责任感。中国的知识分子多有为国为民的理想和抱负。我们没有赶上救人民于水火，救国家于危难的战争年代，但建设国家、服务人民和社会的理念自幼植根于胸。有了责任感，就有了大的目标和方向，为此就不畏危难，不惧艰苦。为完成"少数民族现状与发展调查"，我先后带队两次到条件十分艰苦的大凉山彝族地区、两次到空气稀薄的西藏藏族地区调查。在西藏天天吸氧，仍坚持工作。为了完成与俄罗斯合作出版珍贵西夏文献的任务，四次到俄罗斯工作，饮食、上班、交通条件都不好，是十足的"洋插队"，我们仍兢兢业业地工作，不耽误一个工作日，每次都圆满地完成任务，受到俄方和有关方面的好评。由于饮食条件差，第二次回国后我胃部剧痛，胃镜检查为慢性萎缩性胃炎。因工作需要，又先后两次坚持赴俄工作。1990年民族研究所一位在土耳其工作的专家，因意外事故去世，需要一位所领导代表院里去处理后事。当时中东战争爆发在即，土耳其是伊拉克近邻，德国参战部队已经进驻，中国大使馆为一级战备。在这种形势下我接受院、所委托，前往火药味十足的土耳其。到那里两天后中国民航停飞，几天后我完成任务即将返回时，中东战争已经爆发。我只好乘坐德国的飞机绕道回国。到首都机场后，组织上又要求我立即飞往乌鲁木齐去安葬这位同志。我家属重病，旅途疲劳，但我仍然二话没说，又登上去乌鲁木齐的飞机。

长期的科研工作需要倾心专注，投入大量时间。我是普通人，智商平平，想做好本职工作，就要以勤补拙，多学多问，多花时间。一生时间有限，有效工作时间更短。要做好学问就要舍弃很多与学问无关的生活。仰视前贤，鲜有懒散而获大成就者。我于"文化大革命"后期较早恢复西夏研究，做"地下"科研，抢出几年时间。后来在做研究工作的同时，一直做研究室、研究所的组织、领导工作，这要耽搁不少时间，因此只能多挤时间进行科研工作，中午不休息，晚上加夜班，休息日仍要工作。在公交车上，只要有座位就在车上看书，有几次坐过站。中年时家在通州，每周往返一次，花费五六个小时。当时自学日语，很多日语单词和句子在公交车上记诵。至今每天工作时间仍保持在9—10小时，连外出开会都习惯带上写作任务。偶因无聊事耗费时间，顿生自责忏悔之心。

我的研究领域基本属基础学科，有时也会涉及现实问题研究。西夏文史、民族史是传统文化研究，也可归入大国学范畴，需要倾注更多精力，需要更持久的耐力。这种研究工作时间要抓紧，但不能搞短平快，要避免急于求成。现今的一些规定往往要求短时间内拿出高质量的成果，可能会形成欲速不达的尴尬后果，甚至会产生学术不端行为。我写的一些稍有内容的论文都有一段修改、沉淀的时间，其间多看书，多思考，多请教，尽量请同行专家提意见。出版著作往往在论文的基础上形成，但不是几篇论文的相加，而是结构更系统，内容更丰富，资料更完备，研究更深入，观点更明晰，在质和量上都应有明显的提升。

一个人在工作中、生活中都会碰到各种各样的困难，会遇到多种人际关系。我不敢说看人看事都会准确，但我尚能坚持原则，不搞阴谋诡计。"文化大革命"时我曾一度在北京市"革委会"工作，当时某领导召开非组织会议，我当面提出反对意见。清查"5·16"时，当时的专案组以政治高压和被迫承认者的"指认"，逼我承认"5·16"，我心情平静，始终坚持讲真话，相信事实会胜于谎言。工作中我愿意多看同事的优点，学习各人的长处，求同存异，尽量顾全大局。有人搞些小动作，或做一些伤害人的言行，我知道后若非原则问题多不计较，原则问题则当面交换意见。我对自己有严格的要求，对合作的同事、学生在工作、学习上也希望按规矩、按计划行事，但对他人的行事风格、特点则取宽容、包容的态度。有人有品质问题，盼其改正，若难以改正，则耐心等待。我认为一个人的人生道路或科研道路都是自己走出来的，各以其言行书写自己的历史。

近些年来，大家越来越认识到学风问题不容乐观。有人被名缰利锁所困，剽窃他人成果，侵犯知识产权，伪造学术历史，自以为得计，实际上不仅毒化了学术空气，也将自己置于沉重负担之中而难以自拔，活得很累。对于学风问题，我比较看重。我以为好的学风是进行正常研究的前提，而学术不端行为不仅影响学术研究，还会给学术研究带来灾难性的后果，侵蚀研究队伍，影响长远的科研发展。当前大家多关注学风问题，我们不但应自己坚持学术操守，还要有抵制不良学风的勇气。对于剽窃、侵犯知识产权等恶劣行为应给予揭露，对一般学术失范行为也应提出要求，加强规范。近两年来，中国科协、教育部、中国科学院、中国社会科学院、中国工程院联合组织进行全国科学道德和学风建设宣讲教育，我被聘为全国科学道德和学风建设宣讲专家，自觉多了一份责任，也想为端正学风作些贡献。

我出身农村，年幼时得过大病，身体瘦小，上学后注重锻炼，身体渐好。我自小干过很多农活，经受过磨炼，不怕吃苦，能忍饥渴，有病发烧仍可坚持工作。我工作、干活不怕累，认为人的精力就是为了使用的，睡一觉就会恢复。我总想保持良好、乐观的精神状态，遇事向前看。有事能解决就积极办理，无法解决的就放起来，不去多想。对一些流短蜚长，少去计较，来个难得糊涂。一大堆需要研究的问题等待去做，哪有空闲耽搁在无谓的纷扰中。有人品质恶劣，无理取闹，往往多退避三舍；但要涉及学风问题，则应坚持原则，明辨是非。

木仕华：1994年您曾在台北《历史博物馆馆刊》撰文讨论过《西夏学的研究现况与国学的互动》这一问题，时间一晃过了20年了，请您继续就同一个问题谈谈您最新的思考？因为我们知道您近年来致力于拓展西夏学与其他学问之间的对话与交流活动，对西夏学的发展至为重要。

史金波：目前对"国学"的定义、范围有不同的认识。在对国学的热议中，关于国学研究范围的讨论是一个重点，比如国学与儒学的关系，国学与传统学科分类的经、史、子、集的关系等，但鲜见论及国学与少数民族文化的关系。我赞成季羡林先生"大国学"的见解。少数民族的历史文化内容多应纳入国学范围。20世纪三四十年代北京大学出刊的《国学季刊》中就有不少关于少数民族历史文化的论文。1994年我在台湾的《历史博物馆馆刊》上发表过《西夏学的研究现况与国学的互动》，探讨了西夏学与国学的关系。2010年我又在《国学研究》中发表了《少数民族文字古籍与国学》的论文，在更大的范围内研究少数民族文化与国学的关系。我认为包括古籍在内的少数民族历史文化与国学关系密切，应成为国学的研究对象。

少数民族历史文化研究起步较晚。新中国成立后，随着民族研究工作的大力开展，少数民族历史文化研究大踏步前进，有了大幅度提升。比如在《中国通史》中都给了少数民族以应有的地位，增加了少数民族历史的篇幅。有些专门史，如科技史等也增添了少数民族科技的内容。但是也应该看到很多专门史中多缺乏少数民族的内容，我想作为民族史学工作者，应尽可能地填补这些空白。前些年国家新闻出版总署组织编纂《中国出版通史》，我和黄润华先生责无旁贷地参与其中，经过几年的研究，写了20多万字少数民族出版内容的书稿，分别加入各有关卷中。在2009年这套9卷本的大型出版史的新闻发布会上，新闻出版总署署长柳斌杰在讲话中特别提到："《中国出版通史》充分重视各个民族出版史研究，从搜集史料入手，反映各个民族文字出版在中国出版史中的重要作用和伟大贡献，这也使出版史研究对于促进民族团结、巩固国家统一方面具有重要意义。"同样，在中国印刷史、中国书籍史中我们也把少数民族在这些领域的发展、成就、贡献尽量填补进去，以使中国优秀传统文化在这些领域有全面的体现。

上海辞书出版社出版的《辞海》是国内外广泛应用、带有权威性的工具书，其中的民族卷一直由我们民族所和中央民族大学的专家承担。我自20世纪90年代以来，一直担任民族史分科的主编。《辞海》十年修订一次，要求有新的内容，工作量很大，但又不算项目，不计成果。近些年国家又立项组织出版《大辞海》，增容扩版，分卷出版，任务更加艰巨。我仍任民族卷民族史分科主编，经过几位专家几年的通力合作，顺利完成任务，民族史方面的词条和词条内容都有显著增加，由原来10多万字，增扩成30多万字，占《大辞海·民族卷》总量的40%多。参加此项工作的多为老同志，大家勤勤恳恳，兢兢业业，长期为此付出。大家认识到民族所作为民族研究的国家队承担这样的项目是我们责任所在，不能只看利益，不顾社会和学术责任。

20世纪末国家启动了"中华善本再造"工程，我被邀作为编委会委员参与此项工作，除参与汉文典籍善本的遴选、论证、审查提要等项工作外，因为编委中只有我一人涉足民族古文字文献研究，还主要负责选择、提供少数民族文字善本书目。目前"中华善本再造"一期工程已经完毕，二期工程包括根据我提供的书目选取了40多种少数民族文字古籍善本。这是少数民族文字善本第一次与汉文古籍善本一起向学术界、向社会亮相，对展示少数民族优秀传统文化有着重要意义。

2007年国务院发布文件，由文化部牵头、9个部委参与开展了全国古籍保护工作，为此成立了专家委员会，我作为专家委员会副主任主要参与少数民族古籍保护工作，主持少数民族文字珍贵古籍名录的评审。六年来，古籍保护工作取得了很大成绩，在各地建立古籍保护机构、举办多种类型的培训班、组织专家评审珍贵古籍名录和重点保护单位。截至2013年4月，经国务院批准公布了4批国家珍贵古籍名录，其中包括少数民族文字珍贵古籍近千种。看到这样一大批少数民族文字文献堂而皇之地登上大雅之堂，感到十分欣慰，我们从事民族古文字文献研究工作的专家们，为弘扬中华民族优秀传统文化，为传承少数民族文化遗产又尽了一份心力。

由于历史上未给西夏修成"正史",致使西夏资料稀缺,这影响了很多专门史缺乏西夏的身影。近些年来因西夏学新资料大量刊布,西夏文文献解读硕果累累,西夏研究进展较快,很多缺乏西夏内容的专门史可以得到补充,这样不仅填补了中国专门史的空白,也可开拓西夏研究领域,使西夏学的宽度和深度都有新的推进。我除去先后撰写了《西夏文化》、《西夏佛教史略》、《西夏社会》专著外,还在一些全国性大型专门史著作中受邀撰写有关西夏部分。如在1999年出版的《中国饮食史》中我写了"西夏的饮食"(华夏出版社);在2001年出版的《中国风俗通史》中我写了"西夏的风俗"(上海文艺出版社);在2011年出版的《中国妇女通史》中写了"西夏的妇女";目前正在编纂的《中国灾害史》和《中国殡葬史》中我也承担了关于"西夏灾害史"和"西夏丧葬史"部分。我想我们从事民族史研究的专家有责任在中国历史中恰如其分地增加有关少数民族的内容,以使中国历史的阐述更加全面,更为丰富。

木仕华：2013年是王静如先生诞辰110周年,听说以此为主题的纪念性学术论坛也将要召开,请您借这个缅怀先贤的良机,谈一谈海宁王国维、上虞罗氏父子、王静如、聂历山、吴天墀、龚煌城等国内外西夏学前辈导夫先路的开拓之功,然后再谈谈西田龙雄、桥本万太郎、克平、克恰诺夫、孟列夫、苏敏等国外前辈的学术贡献以及您与他们之间的学术交游,最后谈谈对西夏学后学的期待和建议。

史金波：对于西夏文这种难以破译的文字及其文献,中国国学大师们早就给予很大关注,或收集资料,或解读文字,或诠释文献,或考证文物,收获綮然。王国维先生很早即注意到西夏新资料的发现,他在1925年发表的《最近二三十年中中国新发见之学问》中指出："惟宣统庚戌,俄人柯智禄夫大佐于甘州古塔得西夏文字书,而元时所刻河西文大藏经,后亦出于京师。上虞罗福苌乃始通西夏文之读。今苏俄使馆参赞伊凤阁博士（Ivanoff）更为西夏语音之研究。"陈寅恪先生更是亲手操刀诠释西夏文文献,撰著《斯坦因 Khara-Khoto 所获西夏文大般若经考》。1932年赵元任和陈寅恪先生又同时为当时的青年西夏学者王静如先生的《西夏研究》作序,为西夏研究张目助威。

上虞罗振玉先生收集、编著新见西夏资料,所获甚多。1913年自俄国伊凤阁教授手中得见《番汉合时掌中珠》1页,他深知该书的重大学术价值,次年即借得此书9页石印流传,后又增补,庶几完备。又多方收集西夏印章,成《西夏官印集存》一书,利用官印中的西夏年款,订正西夏纪年,很有价值。更值得称道的是其几位公子对西夏皆情有独钟。其长子罗福成著《西夏译莲华经考释》。特别是次子罗福苌,其聪颖异常,学贯中西,撰写《西夏国书略说》专著,深得西夏文字个中三昧。1932年,罗福苌在《国立北平图书馆馆刊》4卷3号（西夏文专号）上发表《俄人黑水访古所得记》、《西夏赎经记》、《大方广佛华严经卷一释文》、《妙法莲花经弘传序释文》、《宋史夏国传集注》（部分）等,惜英年病逝,年仅26岁,令人扼腕叹息,若非早逝,其可贡献于西夏学者不可限量。王国维先生曾为其作传悼念。罗振玉先生的幼子罗福颐先生熟悉古代文物,也注重西夏资料,他搜集西夏印章等文物,又继兄未竟事业,续作《宋史夏国传集注》。我于1974年在故宫见到罗福颐先生时,先生已过古稀之年。先生热情地事先联系好故宫业务部门,让我看到故宫所藏西夏文印章、铜牌,还有一部明代西夏文木刻版《高王观世音经》。后来我们利用这一重要文献撰写了《明代西夏文经卷和石幢初探》一文，这有赖于罗先生给予的帮助和关怀。2005年我们组织出版《中国藏西夏文献》时，需要收入故宫藏西夏文《高王观世音经》，几经联系竟找不到此经存放何处，查诸故宫图书馆目录也未录入。后来找到也在故宫工作的罗福颐先生之子罗随祖先生，他查找此书在书画部，并提供另有一部西夏文《大方广佛华严经》也藏于故宫。我怀着兴奋的心情到故宫面见罗随祖先生，阅览两部西夏文文献，除已见到的《高王观世音经》外，又新见木活字版西夏文《大方广佛华严经》卷第七十四，原出宁夏灵武，唯此卷末有北京广济寺主持现明所书后记，有周肇祥题跋，传承有序，至为珍贵。上虞罗氏一门三代，对西夏学贡献继继绳绳，延续百年，可谓奇迹。

业师王静如先生在学术上涉猎广泛，造诣很高，在汉语音韵、秦汉史、古代与现代少数民族如西夏、契丹、女真、突厥、回鹘、吐蕃、达斡尔、土家、苗等民族的历史、语言和文字，以及古代生产工具史等学科的研究方面成效卓著。特别是在西夏研究方面取得了举世瞩目的成就。先生入"中央"研究院历史语言研究所的第二年（1930年），在研究古汉语音韵的同时，发表了《西夏文汉藏译音释略》一文，在当时西夏研究的早期，此文无疑具有开创性。特别是先生撰著的《西夏研究》三辑，涉及西夏语言、文字、文献，考证推敲，功力深厚，是当时西夏研究的高水平成果。此书获法国法兰西研究院铭文学院授予的东方学"儒莲（S. Julien）奖"，王先生成为中国西夏学最重要的奠基者。今年是先生诞辰110周年。为弘扬先生的重要学术成就，我们特意举办第三届西夏学国际学术论坛暨王静如先生学术思想研讨会，邀请国内外学术同人共同纪念先生的突出学术业绩和贡献，研讨、学习先生的学术思想，同时与先生家属合作编辑、出版《王静如文集》，以飨盛会。

聂历山（Н. А. Невский）是20世纪二三十年代苏联西夏学研究的主要奠基人，一生致力于中国黑水城出土、保存在列宁格勒的西夏文文献的整理研究。他由于有使用黑水城文献的便利条件，加之天资聪颖，用力很勤，取得了辉煌成就。他早年写出了《西藏文字对照西夏文字抄览》等重要著作，特别是30年代撰著、60年代影印出版的遗著《西夏语文学》共收其11篇论文和最早的西夏文字典手稿，成为西夏学的经典著作之一。字典手稿中包含自大量西夏文文献中录出的极具学术价值的词语，从中可知其披览西夏文献范围之广泛，西夏文释读之精准，西夏文文献利用研究之专深，后学者自其著述中受益良多。我在研究生学习期间，初见其著作，赞叹不已。也因当时还难以见到苏联专家可以方便利用的西夏资料而深感遗憾。

西田龙雄先生是继石滨纯太郎后日本西夏研究最大成就者，也是国际西夏学最具影响力的专家之一，是日本西夏研究的领军人物。他的研究领域很宽，涉及日本语言、汉藏语言、多种中国民族古文字研究，其中以西夏研究用力最多，成果累累，成就最大。在西夏研究领域内，除西夏语言成就突出外，有关西夏文字、文献、宗教都有很多建树。他先后出版西夏研究专著《西夏语的研究》（2册）、《西夏文华严经》（3册）、《西夏语韵图〈五音切韵〉的研究》（3册）、《西夏语〈月月乐诗〉的研究》、《西夏文字新考》、《西夏语研究新论》等。1979年11月日本京都日中学术交流恳谈会代表团来中国访问，团长是著名学者井上靖，副团长即是西田先生。当时民族研究所是主要接待单位之一，在座谈会上，我一方面聆听先生的学术报告,同时也展示我们的研究成果,与西田先生深入切磋学问,进行热络的学术交流。此后西田先生经常来北京、宁夏等地访问。1986年我首访日本时,他在京都接待我,并陪我到书店购买美国陆宽田出版的《掌中珠》影印本,后得以在中国出版整理本。1998年我应日本东京外国语大学邀请,作为该校客座教授访问日本,11月在京都举行西田先生70岁寿辰庆典,便邀请我和时在日本参加《妙法莲华经》展览的俄国克恰诺夫教授一起到东京参加其庆典。记得当我和克恰诺夫教授祝贺先生古稀大寿并与寿星西田教授站在一起时,大家为日、中、俄三国西夏学专家热烈鼓掌。先生近些年身体有恙,前年与世长辞,我闻后悲痛不已,发去了唁电。

供职于东京外国语大学亚非语言研究所的桥本万太郎教授也是一位杰出的语言学家,他研究汉语和汉语方言,发表了不少高水平的著述。他也加盟西夏语言的研究,于20世纪60年代初期发表数篇西夏语言研究力作,其中有《〈掌中珠〉夏汉对音研究的方法》、《西夏国书字典〈音同〉的同居韵》、《关于〈文海〉韵的音韵组织和唐古特语音韵论》、《关于唐古特语(西夏语)的"韵"的组织》、《关于〈文海〉韵的音韵组织》等,依据《掌中珠》、《音同》、《文海》的资料,着力探讨了西夏语的声韵,首先提出《音同》的同居韵问题,提高了对这几种西夏语基本文献的认识,对西夏语言的研究产生了重要影响。1986年我访日时,他请我到其横滨的别墅交流学问,在凉台上吃烧烤。不料第二年便辞世,我可能是最后见到他的中国朋友之一。他中年去世,是汉语研究、西夏语研究的重大损失,令同行十分惋惜。

克恰诺夫（Е. И. Кычанов）教授是俄罗斯西夏学的领军人物。我自做西夏文研究生后,即开始了解俄罗斯专家们的西夏研究著述,其中包括当时也还年轻的克恰诺夫的成果,那时虽未谋面,也算神交心会。中国改革开放以后,逐渐恢复了与苏联的学术交往,西夏学是捷足先登的学科之一。1987年我有幸成为中国西夏学界第一批访问列宁格勒东方学研究所的客人,始与克恰诺夫教授等西夏学专家们亲切会面,进行学术交流。我与克恰诺夫教授相识25年,期间有很多学术交往,并有重要学术合作,应是相知多年的老同事、老朋友。教授长我八年,我视他为学长。克恰诺夫教授对西夏研究的贡献是多方面的,其学术成就多带有开创性,非一般人所能企及。在文献整理方面,他和戈尔芭切娃女士在伊凤阁、龙果夫、聂历山教授等老一辈专家工作的基础上,于1963年共同出版了《西夏文写本和刊本目录》一书,第一次使世人了解到俄藏黑水城出土的珍贵文献有400余种,使人们眼界大开:原来东方学研究所有这样多重要、精彩、难得的资料。1999年,他又编辑出版了《西夏文佛教文献目录》,详细注录了俄藏374种、数千卷西夏文佛经,使学术界对深藏于密库的西夏文佛教文献有了全方位的了解。在文献释读方面,其贡献尤多。他以锲而不舍的精神认识、熟悉了难以释读的西夏文字,逐步解通西夏文文法,开始踏上漫漫的西夏文文献的解读之路。特别值得提出的是1988—1989年他出版的《天盛改旧新定律令》4册,俄译并研究了这一重要西夏文文献,同时刊布了原文。他以一人之力,完成一千多页西夏文文献的翻译、研究,需要的是非凡毅力、大量时间和高超水平。在专题研究方面,他在西夏历史、社会诸多领域,推进了对西夏的认识,填补了西夏历史的空白。他还发现并释读了西夏文社会文书,使学术界了解到还有这样一类特殊的重要资料,对研究西夏基层经济、军事、社会具有极为重要的意义。

克恰诺夫教授不仅学识渊博，还具有亲和力和学术组织能力。他不仅长期担任圣彼得堡东方学研究所的领导职务，与国内学人融洽相处，还经常与国外专家合作，集多方之力共同推动西夏研究的发展。1992年院领导委托我与俄方联系，希望与俄方合作整理、出版藏于俄国的敦煌和黑水城文献。我写信给克恰诺夫教授，很快得到时任圣彼得堡东方学研究所所长的彼得罗斯扬教授、副所长克恰诺夫教授的联名正式答复，同意与我所合作，共同整理、出版该所所藏黑水城出土的全部文献。1993年春克恰诺夫教授来华谈判，很快达成了合作出版的协议文本，克恰诺夫教授和我都是此书主编。经过艰苦的注录、拍摄和烦琐的编辑工作，现已出版《俄藏黑水城文献》20册，全部出齐共30册左右。这批古籍的出版，为西夏研究提供了大量资料，实现了几代学人的梦想，为西夏研究拓展了更为广阔的空间。在中国历史各王朝中，近些年西夏王朝大量文献的问世，令原来基础并不厚实的西夏研究由冷转热，为学术界所瞩目。去年闻听克恰诺夫教授因病去世，不胜哀悼，我撰写了纪念文章《西夏学的丰碑——克恰诺夫教授西夏研究的重要贡献和影响》，以资纪念。

克平（К. Б. Кепинг）教授是俄罗斯杰出的西夏学家，她本人出生在中国天津市，少年时代回国。她在西夏语言研究方面建树突出，早年曾参与整理、研究西夏文韵书《文海》，后来一方面整理、翻译重要西夏文文献，一方面以其熟悉语言学的优势，利用这些文献研究西夏语言，先后出版了《西夏译孙子》（1979年）、《西夏译遗失的汉文类书〈类林〉》（1983年）、《西夏语—词法》（1985年）、《新集慈孝记》（1990年）等，此外还发表了不少论文。她对西夏语动词前缀和西夏语的人称呼应现象的研究具有开创性，对解破西夏语语法难题作出了关键的贡献。1989年，根据中苏签订的学术交流协议，一批苏联专家来中国研修一年，列宁格勒东方学研究所的克平教授和孟列夫教授也在其中。克平教授事先和我联系，说苏联专家都是以进修的名义来中国的，需要请一名中国专家做导师，她想请我做她的导师。考虑到克平已是贡献很多的西夏学家，开始时我没有答应她的请求。但她一再提出，如果我不答应，她就不能来中国，因此最后我还是勉强答应了她的请求。我对克平教授的研究成果早就非常欣赏，我曾将她的论文《西夏语的结构》（1989年）译成中文发表，以便于国内专家参考。她来中国后，我们多次进行学术探讨，还在民族研究所专门为她组织了学术座谈会，请她做学术报告。2000年我第4次到圣彼得堡东方学研究所整理黑水城文献时，还与她交流心得，并到她家做客。后她也因病离世，使西夏学界又遭重创。

孟列夫（Л. Н. Меньшиков）教授是俄国著名的敦煌学家，同时在西夏学领域内作出了突出的贡献，在学术界享有很高的声誉，受到国内外专家们的称赞和尊敬。他勤奋努力，著作等身，待人热情。其所著《黑城出土汉文文献叙录》（1984年），是遍览几百种文献，并一一考证形制、内容、时代、特点后得到的成果，以其功力深厚，而享誉学界。此书出版后，使学术界得知黑水城出土文献中尚有这样多、这样重要的汉文文献。记得当时正是季羡林先生领导大家编纂《敦煌学大辞典》之时，编委们见到此书争相观看。我从其所附西夏《佛说圣大乘三皈依经》图版中，发现有"白高大夏国"的题款，兴奋异常。原来过去把西夏文中的西夏国名都译成"白上国"。这是第一次见到汉文的西夏国名，看来"白高国"才是西夏国的确切译文。不久我便在著作中将这一新的认识加以强调。中俄合作整理出版《俄藏黑水城文献》，教授是编委，我们每次赴俄，他都给予帮助，他多次邀我们到他的别墅过周末。

2001年孟列夫教授75岁寿辰，圣彼得堡东方学研究所所长波波娃请我为孟列夫教授的业绩作出评价，以示祝贺。当2005年波波娃告诉我孟列夫教授去世的噩耗时，我不敢相信，因为孟列夫教授的身体很棒，总像年轻人一样有精神。

　　我与吴天墀先生可谓忘年之交。1980年吴天墀先生独自撰著的《西夏史稿》问世，一鸣惊人，给初步发展的西夏学界带来了莫大惊喜。我从1962年研习西夏，未闻师友提到过还有一位吴先生在研究西夏史。很快这部优秀著作便为学界所熟知，产生了广泛影响。通过史学大家徐中舒先生为该书撰写的序言可知，《西夏史稿》问世，并非一时仓促草就，而是作者经历20多年的积淀，在极为困难的条件下长期积累资料，认真伏案写作的成果。1981年在银川召开的西夏研究学术研讨会上，我高兴地见到了年近古稀的吴先生。先生精神矍铄，步履矫健，谈起学问，滔滔不绝，宛如青年。先生平等待人，毫不以大家自居。我与先生接触受益很多，先生也不耻下问，想更多地了解西夏文文献的内容。后来我几次到成都出差都去看望先生。先生为人谦和，体贴后学。我们每年都通信联系，后来先生目力减弱，写信简略，但常随信将自己的近照寄给我。我理解先生的用心，及时给先生写信，也将自己的照片寄赠先生。先生与我交谈时往往以自己未谙西夏文为遗憾。20世纪90年代初，他开始担任西夏史硕士研究生和宋史博士研究生的导师。后来先生曾约我给他的研究生上西夏文课程。我觉得责无旁贷，自然应允。后终因事务繁杂、时间安排参差未能如愿履约。1997年为加强西夏研究，中国社会科学院成立了西夏文化研究中心，我忝任中心主任。当时中心聘请了吴先生等国内外知名西夏研究专家为学术委员，从此我们又多了一层联系。20世纪80年代编纂《中国大百科全书》，代表一个王朝的"西夏"主条是重点条目，由吴先生执笔撰写，还有一些短条，部分由吴先生撰写，部分由我撰写，我写的多以有关西夏文文献为主。后《中国大百科全书》欲出版第二版，2002年负责中国历史宋代部分的邓小南教授与我联系说：《中国大百科全书》条目要修订，"西夏"的特长条一要补充近些年的新进展，二要压缩字数，此外还要增加部分新条目。并说已与吴天墀先生联系，他因年事高，身体欠佳，推荐您来做西夏条目的增改工作。嗣后我用了数月时间在"西夏"特长条中重点用新见的西夏文资料补充了西夏社会、文化、宗教诸方面的内容，同时也按要求适当压缩了文字，新增补了20多个条目。遗憾的是，吴先生尚未见到第二版《中国大百科全书》便于2004年与世长辞了。2010年商务印书馆欲出版《中华现代学术名著丛书》，《西夏史稿》为所选之一种。为便于读者阅读，在书后加作者学术年表和题解文章，邀我撰写。我写了《我读〈西夏史稿〉》一文以响应。去年先生百年诞辰，四川大学举办纪念会议，大家回忆前贤，不胜感佩。

　　很长时间不知道台湾也有人研究西夏。20世纪80年代初，我发表了几篇有关西夏语言、文字的文章，如《略论西夏文字的构造》（1981年）、《西夏语构词中的几个问题》（1982年）、《西夏语中的汉语借词》（1982年）。后来从《"中央"研究院历史语言研究所集刊》看到龚煌城先生差不多同时也在研究西夏，发表论文的研究题目也与我颇类似，如《西夏文字的结构》（1981年）、《西夏语的汉语借词》（1981年）、《西夏文字中的汉语汉字成分》（1982年）等。我感到既惊讶，又高兴。我们身处两岸，毫无联系，研究的题目竟几乎雷同，似乎心有灵犀，好在我们研究的内容各有特点。我们之所以有这样的共同考虑，大概也都符合了初涉西夏语言文字必经的研究路径。我为在海峡另岸有这样一位同行、知音感到欣喜。

龚先生对大陆西夏研究也很重视，他曾写道：1984 年 12 月李方桂先生从大陆回到台湾时，抵达饭店后便迫不及待地拿出史金波、白滨、黄振华三位先生合著的《文海研究》送给他。该书在当时的台湾是不容易购得的。后来两岸学者有条件进行联系时，我与龚先生始建立联系。1993 年 10 月龚先生来大陆访问，我为其组织了学术报告会，报告题目是"西夏语的韵母构拟问题"，过一日在我家宴请了龚先生伉俪。1998 年 5 月我受邀率少数民族文化代表团访问台湾，15 日在台作了关于"俄藏黑水城文献整理和研究"的报告，由龚先生讲评。18 日在台湾历史博物馆作了"关于西夏历史文化研究"的学术报告，龚先生也在座助兴。2000 年我第四次赴俄罗斯圣彼得堡整理西夏文文献时，恰逢龚先生也来此访问。我们多次在东方学研究所见面，交流西夏学问，他将刚刚完成的论文稿《西夏语动词的人称呼应与音韵转换》给我以征求意见，我看后觉得龚先生这一新的成果推动了西夏语言研究。当年此文正式刊布，获得好评。龚先生对汉藏语系的比较研究、上古汉语的构拟都有深入研究，其对西夏语言的研究，特别是西夏语音的构拟为学术界称道，被多数同行引用。后先生荣获台湾"中央"研究院院士称号。2010 年我发表了《西夏语人称呼应和动词音韵转换再探讨》一文，系在龚先生研究基础上的续貂之作，可惜先生未见此文便与世长辞。先生一生发表论文数十篇，集成《西夏语文研究论文集》《汉藏语研究论文集》。

　　说到这样多前辈和同行、朋友已经作古，似乎有些伤感，西夏学界损失很大。但我们又看到新起的中青年西夏学者，越来越多，掌握西夏文者也呈增长态势。前年、去年我们中国社会科学院西夏文化研究中心和宁夏大学西夏学研究院合作举办的两期西夏文研修班，各有70、80 多人参加。在今年 9 月召开的第三届西夏学国际学术论坛上，有 120 位专家与会，其中多数是中青年学者。近些年，西夏研究随着新资料的大量刊布和人才的成长，出现了蓬勃发展的良好态势。我想，研究人员多当然是好事，而研究人员水平、研究成果的质量的提高更为重要。近年我在主持国家社科基金特别委托项目"西夏文献文物研究"时，向各位承担、参与子课题的专家们提出了八项"学术要求"，其中包括：要加强历史责任感和社会责任感；要有足够的时间投入；要善于多动脑筋，思考问题，提炼观点；要不求数量，而求价值，不求速度，而求质量；要严格要求，严格考核，严格评审；要互相学习，使完成项目的过程成为培养西夏学后续人才的过程；要尊重和学习前人成果，要尊重知识产权；要反对抄袭，避免重复，不敷衍，不凑合，不炒冷饭，不说大话，不弄虚作假。我想，做研究工作需要有为国家、为人民服务的志向，有积极向上、奋发努力的执着精神，有解疑释惑、创意图新的奋斗意志，又要有甘守寂寞、平和淡定的心态。希望以此与年轻人共勉。

施正一*先生访谈录

刘晓春：施先生，作为当今民族学、经济学与民族经济学领域的著名学者，您是我非常敬仰的老师，我想知道您是如何走上学术之路的？作为一名在江南出生的汉族人，民族经济学家是如何炼成的？我很想了解您的传奇经历，能否从您的童年谈起？

施正一：好的。安徽省桐城县（现为枞阳县）是著名的桐城学派的发祥地，那里山清水秀，风光迷人。1932年1月，我就出生在那里。很小的时候，我就开始熟读经书诗文，这大概得益于家风。祖父务农，父亲教私塾，能写善吟，常陶醉在优美的诗文中。我是家中之长子，深得祖父偏爱，故启蒙较早，为我日后走上学者生涯奠定了较为坚实的基础。

1949年二野四兵团进军大西南（后排左一为施正一）

不幸的是，在我五岁的时候母亲就去世了，父亲为了养家糊口奔走他乡，未满三个月的弟弟由姑妈抚养，苦难的童年在我的生命中留下了不可磨灭的伤痕，使我过早地懂得了人世

---

* 施正一（1932—），著名经济学家、民族学家、民族经济学的开创者，中央民族大学经济学院教授。

间的爱恨冷暖。1944年，祖父和姑妈送我去浮山中学读书，师从当地名儒，我本人也很刻苦，所以学习成绩一直名列前茅。中学毕业的时候，受革命思想的影响，1948年，我投笔从戎，加入了中国人民解放军的队伍，参加了解放云南的战斗。在云南工作了5年，主要从事人事、保卫、组织与文秘工作。

云南是个多民族的省份，当时广大的少数民族人民仍然过着贫困悲惨的生活。衣不遮体的苗女、面如土色的彝民、饿死在街头的婴孩、弱不禁风的老妪，令我辛酸不已，时至今日仍挥之不去。置身于如此凄凉的场景，我当即立下志愿：要把自己的一生献给祖国，献给少数民族人民，著书立说，为少数民族地区的经济发展服务。因此，后来民族经济学科的创建绝非偶然。

刘晓春：人的一生有很多机遇，以先生学识之功底，五年从戎之资历，完全可以走上一条坦荡的仕途之路，但您为什么毅然选择了读书这条充满荆棘的学海之路？在您求学过程中，给您印象最深的老师是谁？对您影响最大的老师是谁？

施正一：云南解放以后，我留在部队做文秘工作。首长问我今后有什么打算，是否想从政？我告诉他说，我想读书，想帮助少数民族发展教育。1954年8月，组织派我到中国人民大学经济系学习，开始了我的求学生涯。随后又被选拔到经济学说史专业攻读研究生课程，师从苏联专家卡达拉耶夫教授。一日，卡达拉耶夫教授携弟子畅游颐和园，行至长廊景区时教授突然发问道："请问诸弟子，这长廊上的每幅画都反映了什么经济思想？"诸弟子无言以对。良久，教授言道："此问题不必今天回答，我提问的目的就是要告诫同学们凡事要善于观察，善于发现问题，善于创新，否则学问是做不好的。"此后，我的学习方法大有改变，认识到读书写作犹如女子绣花，马虎不得，当一丝不苟。中国人民大学名师荟萃，但对我影响最大的学者是马克思主义理论家孟氧教授。孟氧教授聪明绝伦，文采飞扬，气节高尚，大师风范。"文化大革命"期间惨遭迫害，身心备受摧残，虽文弱书生，却从未向恶势力低过头，弯过腰。我对恩师之才学人品气节心悦诚服，故师生之情从未因时间和环境的变迁而褪色，一直保持终生。

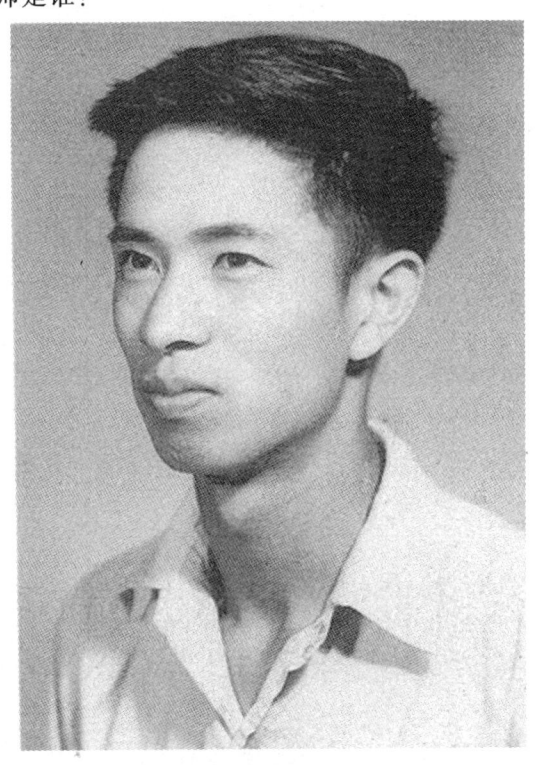

青年时期的施正一
1954年留影

1958年3月，研究生班毕业以后，为了实现自己曾经立下的誓言，我主动要求到中央民族学院任教，从此便与中国少数民族教育事业、中国少数民族经济发展研究事业结下了不解之缘。

刘晓春：施先生，您是从什么时候开始研究马克思的《资本论》的？"民族经济学"这一概念又是什么时候提出来的？创建民族经济学的意义是什么？

施正一：我从20世纪50年代开始研究马克思的《资本论》，并撰写了大量的读书笔记。我认为，作为一名理论工作者若是离开了马克思主义理论与方法的指导，不仅做不出成绩来，甚至还会走弯路，开倒车，更何况著书立说呢？对于马克思主义的理解我就是从大量反马克思的著作中总结出来的，那些反对马克思的人恰恰不懂得什么是真正的马克思主义。马克思主义的基本理论从来就没有过时，永远也不会过时，那么如何才能保持马克思主义的生命力？那就是要结合新的情况，增加新的内容，不断完善与发展。

然而，天有不测之风云，随着"文化大革命"的到来，是非颠倒，人性泯灭，学术研究和教学工作已无法正常进行。尽管如此，我依旧义无反顾地追求着自己的梦想，蜗居斗室，读书写作，做力所能及之事。"十年浩劫"之后，改革开放如春风化雨，我和所有的知识分子一样扬眉吐气，迎来了科学的春天。20世纪70年代末，中国历史发展面临一个重大的转折点，全国工作的重点开始转移到经济建设上来，国家开始实施改革开放政策。在新时期和新情况下，产生了许多新的需要和新的研究兴趣。中国民族工作和民族问题研究也出现了拓展新思路的呼声。以往，中国民族学研究的重点集中于民族文化、民族语言、民族风俗和民族历史等方面。而在这一时期，发展民族经济成为民族地区和学术界都必须思考的问题。中国有56个民族，各民族分布极不平衡，经济发展水平参差不齐。1979年在中央民族学院校庆三十周年的学术研讨会上，我首次提出了建立民族经济学新学科的建议，并在会后组织班子编写这门学科的第一本教材即《中国少数民族经济概论》。我认为，民族经济学一方面是从民族角度出发来研究经济问题；另一方面，又是从经济角度出发来研究民族问题，民族经济学的研究范围可划分为广义和狭义两个方面，从广义上来讲，它是研究世界上各个民族的经济问题，从狭义上来说，它是研究中国少数民族经济问题。过去，人们只把民族学和经济学当作两门不相干的学科，民族学家不关心经济学，民族工作者不了解经济学理论与方法；反过来，经济学家也不关心民族学，经济工作者也不熟悉民族理论民族政策。有了民族经济学之后，两门学科理论方法相互交叉、相互结合、相互补充，开辟了一个新的研究领域，拓宽了人们的视野，进入了又一个新的学术世界。它的作用是任何其他学科都不能代替的，在学科发展史上有它特殊的地位与意义。民族经济学研究的最大成就，就是开拓出社会科学的理论新领域，使更多的人认识和了解到中国少数民族的经济生活状况和少数民族地区的经济发展状况。

刘晓春：据我所知，到目前为止，先生已出版专著6部，主编著作12部，发表学术论文130余篇。民族经济学科的创建和西部大开发的提出与论证是先生在学术界所处高度的两块标志性的奠基石。先生在理论上的贡献与思想精髓归纳起来主要有哪几个方面？

施正一：第一，是关于理论思维的科学方法研究。从20世纪50年代开始，我就着手研究马克思的《资本论》，并撰写了《理论思维与经济科学》一书。我认为传统观点把马克思《资本论》中应用的理论思维方法仅仅归结为"从抽象上升到具体"的方法，不仅是片面的，而且也是错误的。马克思在《政治经济学批判》与《资本论》中所应用的理论思维方法是"表象—抽象—具体"的科学方法，这个方法具有普遍的价值意义。对理论思维科学方法研究所取得的理论成果，我又运用于科研与教学活动中，为"民族经济学"和"广义民族学"的创立奠定了坚实的基础。

第二，把民族学与经济学结合起来，提出并倡议创立了"民族经济学"新学科。我在专著《民族经济学与民族地区的四个现代化》一书中指出，我们讲的民族经济学不同于现在人们所讲的"少数民族经济学"或"少数民族地区经济学"，虽然它们之间存在多种联系与多种共同点，但有某些本质上的差异；也不同于西方的"经济人类学"与"发展经济学"，两者不仅没有任何联系，而且没有什么共同点。为了新学科的建立和发展，我著书立说，对民族经济学的概念及理论依据、研究对象、研究方法，民族经济学的特点、范畴及其与其他学科的关系，学科任务及研究方向都做了描述和理论分析。所有这些研究成果对于丰富民族学学科建设、促进民族经济发展和民族地区社会繁荣，加强民族团结、保证社会稳定都具有重要作用和现实意义。

第三，把民族学划分为"狭义民族学"和"广义民族学"。1993年由我主编，数十位专家参与撰写的巨著《广义民族学》正式出版发行。该书一经问世便引起社会轰动。我在总序中写道："所谓狭义民族学也就是传统意义上的民族学，主要研究现存的原始民族中的氏族制度或落后氏族中的前资本主义诸种文化形态。所谓广义民族学，则是指中国民族学家在马克思主义理论方法指导下正在开拓创建的具有中国特色的民族学，即中国的马克思主义民族学。"广义民族学的提出，对于从学科角度和理论角度加强对民族和民族问题的研究具有极为重要的现实意义。

第四，率先提出了关于西部开发的问题。早在1988年出版的《中国西部民族地区经济开发研究》一书中，我就对西部民族地区的概念、特点、战略方针与实现战略目标的各种依据做了较详细的分析和论证。这为后来党中央提出西部大开发的战略构想做了一定的舆论和理论准备。

第五，对中外经济思想史的研究取得一些成绩。早在20世纪50年代，我就设想编写一本中国式的经济学说史教材，但由于种种原因，这一美好愿望始终没有实现。搞了一辈子经济学说史研究怎能留下遗憾？我不甘心啊！新千年伊始，我就反复思考原先的构想，把编写经济学说史教材改写成大众经济学理论知识，以通俗易懂的"小传"形式，把经济学大师们的高深理论变成大众能够接受的东西。故此，由我主编的《中国历代经济思想家·百人小传》、《外国历代经济思想家·百人小传》两部著作于2003年相继问世。第三部著作《中国当代著名经济学家·百人小传》也如期出版。

第六，首次提出了建立"宗教文化形态学"的构想。在《中国少数民族宗教文化的几种表现形态与宗教文化形态学》一文中，我提出了"宗教文化形态学"的概念，并对此学科研究的意义、研究的对象及方法做了非常深刻的论述。我认为，宗教是一种文化，虽然"宗教文化"这个概念已经使用很长时间了，但把宗教当作一种"文化形态"来研究并提出宗教文化形态学，在中国学术界似乎还没有见到过。国内外有关宗教方面的研究学科较多，如宗教人类学、宗教社会学、宗教心理学、宗教生态学、宗教现象学、宗教史学、宗教哲学、宗教民俗学、宗教文化学等，但提出"宗教文化形态学"这一概念从未有过。

刘晓春：2001年11月，中国社会科学出版社出版了先生新著《施正一文集》。在当代学术界先生是一位颇有个性、旗帜鲜明、勤奋而多产的经济学家和民族学家,文集囊括了先生学术研究中的精品佳作。文集出版之际,正是先生七十大寿之时,可喜可贺。您能谈谈这本书吗?

施正一:该书共63万字,分上下两卷,第一编:方法论;第二编:论广义民族学;第三编:论民族与民族问题;第四编:论经典作家贡献;第五编:论民族经济学与民族经济发展;第六编:论社会制度改革;第七编:论发展战略问题;第八编:论西部民族地区经济发展;此外还有代序和附论。党和国家领导人阿沛·阿旺晋美、杨静仁,著名经济学家于光远等都为该书题了字。于光远先生的题字是:"正一也七十了。从八十年代初到今年的二十年中,他在民族学方面写了很多的文章。现在结集出版是件可喜可贺的事情。我赞成他对民族学研究对象、研究目的的看法。当前世界民族问题的研究也绝不能以正一所说的狭义民族为限。在我国的五十年代中抢救民族资料是必要的,今天就大大不够了。在今天就应该进行正一所孜孜不倦地研究的民族经济学那样的研究,研究中国少数民族新的文化形态。在施正一文集一书即将付梓之际,作为在中国少数民族研究有长期接触的我,写这一百多字表示祝贺,并祝愿正一在民族学研究的领域中不断取得新的成就。"

刘晓春:先生对民族经济学的开创与发展作出了重要贡献,民族经济学创建以来的主要成就有哪些?

施正一:中国少数民族的人口约占全国人口的8.08%(1990年统计),而他们居住和分布的面积却占全国土地面积的60%以上。经济学科各方面的研究深度极不平衡,许多重大问题尚未提出和讨论。中国少数民族经济是中国国民经济的一个重要组成部分,但是,对中国少数民族经济,尤其是西部民族地区经济的研究,在相当长的历史时期内却为人们所忽视,很少有人专门涉猎它和研究它。可以说,在民族经济学创建以前,我国已出版的经济学著作基本上都是有关东部发达地区的,对于欠发达地区,尤其是西部民族地区的研究著作尚不多见。自民族经济学创建以来,在理论建树和实践上都获得了学术界与政府部门的广泛重视。主要成就为:首先提出了一系列创新理论,例如最早对民族经济范畴做了科学的界定,明确提出了创立"民族经济学"新学科的建议;最早提出了民族地区经济发展中的"差距"问题,并进行了比较系统深入的调查与分析;最早提出了针对差距必须实施"加速发展战略方针",并对这个方针的重要性及其各种具体措施进行了系统的论述;最早提出了西部民族地区的经济开发问题,并对如何开发与何时全面开发以及该地区必将成为国家建设重点等做了探索性的论证;也是比较早地分析研究了西部民族地区的人口人才问题;最早提出了波浪式发展与"双向大循环理论";并对边境开放与边境贸易以及民族地区的生态环境、乡镇企业和市场培育诸问题开展了调查研究。同时,还对各种不同的经济区如西藏经济、新疆经济、内蒙古经济、广西经济、宁夏经济与青藏高原经济圈、北部湾经济圈、东北亚经济圈以及各民族省区境内的某些小流域经济开发区等进行了专题性研究。出版了数十种有影响的学术著作,发表了数百篇重要学术论文。这些理论成果大多数在实践中得到了验证,同时在学术界和政府部门也已经或正在得到认同。

刘晓春:学术上有万千流派。有人说,先生创建的民族经济学很"土",您是怎么看的?少数民族和民族地区经济是我国国民经济的有机组成部分,但在发展过程中,少数民族和民族地区经济研究也将面临新的考验,有许多新的问题有待于深入研究和探索,同时,还有许多经验和教训需要重新认识和总结,对此您有哪些想法?

施正一：土有什么不好？土亦是洋,土亦是时髦,亦是世界水平。科学可以和世界接轨,但学术研究绝非参帮入伙的事。中国有中国的特色,所以就应该有适合自己发展的理论。我认为,应该根据国家发展的需要,从民族地区的实际情况出发,在科学的理论思维方法指引下,走我们自己的道路来创建与发展有中国特色的民族经济学这门新学科。实践证明民族经济学的创建无疑有助于加深对市场经济条件下民族关系的再认识,促进民族问题的解决,加速少数民族地区的经济发展。

多元民族文化与经济发展的关系将成为西部开发不可回避的问题。西部地区民族众多,各民族之间经济、文化、社会发展水平相差悬殊,遗憾的是有些人往往忽视了这一特点,把西部看成"无人区",从纯经济学的角度把东部地区或国外的发展模式生搬硬套过来,其结果只能是到处碰壁。面对民族、文化、宗教、经济错综复杂的西部,国家在实施开发战略时要特别考虑少数民族地区的特殊区情,只有了解国情,分析民族地区的区情,环顾世界,才能制定出科学的经济发展战略、规划。

从研究方法上看,民族经济学把民族与社会结合起来研究,既在民族问题的研究中研究经济问题,又在研究经济发展进程中研究民族问题,同时,又把民族经济学的研究视野推进到世界民族发展和经济发展的大格局中,即研究国家层面的民族经济,从而拓宽了民族经济学的研究思路和研究领域,这种研究本身就具有创造性。从20世纪90年代起民族经济学的研究开始面向全球,走出国门、走向世界。从那时以来,在把主要精力放在研究国内民族经济的同时,也开始注意研究国外一些有关民族经济问题,并取得了一些成果,例如对南亚地区民族国家的民族经济问题,俄罗斯与中亚国家的民族经济问题,海外华人华侨的族群经济问题,地缘经济与周边国家经济问题等的研究。我认为,从历史发展趋势的角度看,当今世界民族问题与经济问题已经十分明显地结合在一起,一国之内的民族问题也已经与国外的多种因素发生着种种的联系,加之随着我国对外全方位开放的发展,并且已经成为当今世界上有举足轻重影响的少数几个大国之一,我们再继续把民族经济研究范围局限在国内少数民族地区,不仅不利于学科的发展,而且也不利于国内民族经济的研究。在21世纪里,我们不仅要继续深入地研究国内各种民族经济问题,特别是西部民族地区大开发问题,我们也需要加紧研究国际各种民族经济问题。这是新的时代赋予我们学科新的历史性任务。

刘晓春：民族经济学的提出本身就是一种创新,民族经济学的研究对于中国现代化的贡献不仅表现在研究对象上,而且对整个中国经济的发展进程及经济走向以至对构建中国经济学的基础理论都是非常重要的。那么,民族经济学如何再上新台阶?

施正一：第一,进一步加强基础理论研究,建立和完善更为科学的学科体系。历史的发展、现实的要求,使民族经济学的研究必须站在全球大视野的角度上来探索它的研究对象与研究方法,并构筑理论框架与体系。也就是说,研究民族经济学必须树立四种理念,即全球的理念、时代的理念、历史的理念和中国的理念。民族经济也存在"抽象的民族经济"、"国家层面的民族经济"、"少数民族经济"三个方面的内容。最初的"民族经济学"理论,主要研究中国少数民族经济或少数民族地区经济。中国少数民族经济或中国少数民族地区经济,作为一个特定的研究领域进行专门研究是完全必要的。但是，这种研究必须扩大视野，不仅要从国家整体发展高度来开展这种研究，而且还要把这种研究放到全球的民族问题与经济问题交叉结构中去进行，研究各个民族或民族国家的经济问题，把国家主体民族的经济问题也纳入本学科的研究范围之内是非常必要的。但是，仅仅如此也还是不够的。学科概念、范畴，研究对象的明确，理论逻辑框架的合理、科学才是民族经济学理论研究的核心。即对民族、民族经济与民族经济学的科学内涵，民族经济学的研究对象、任务、方法、意义以及与其他相关学科的关系，民族因素与经济因素的互动关系，民族经济与生态环境、传统文化、人口结构、社会制度、民族问题之间的关系，民族经济政策与发展规划研究，民族经济学的发展趋势等问题进行更为深入的阐述和论证。

第二，进一步加强实证研究，为现实经济发展服务。民族经济学已经研究和正在研究的主要问题概括起来将大致包括以下几个方面：一是开展了民族地区资源开发与产业发展方面的研究；二是民族地区边境贸易的研究产生了较大的反响；三是对东西部经济发展差距问题的特别关注；四是西部大开发的研究成为近几年来的热点问题；五是民族地区全面建设小康社会成为当前研究的重点问题；六是民族地区新农村建设成为当前的热点问题。

当然，在其他领域学者们也进行了研究，只是还没有形成气候，还需要今后进一步拓展，甚至是填补某些领域的空白。

今后需要研究的重点问题应包括以下几个方面：民族经济政策方面的研究；民族经济发展中的制度创新问题；民族地区城镇化研究；民族经济发展中的"三农"、"三牧"、"三林""三猎"问题；22个人口较少民族的发展问题；城市民族人口的就业问题；民族经济发展中的非经济因素问题；民族经济个案研究；家庭经济研究；跨境民族经济发展比较研究；民族文化与经济发展的关系问题；民族文化与生态文化的关系问题；少数民族的社会心态与经济行为研究；民族经济学史等。

第三，继续为少数民族地区培养高级领导人才和高级技术人才。民族经济学不是一个仅仅限于学者个人研究兴趣的新学科，而是极为重视专业性教育发展，大力培养各级各类民族经济人才的学科。20多年来，民族经济学在高等教育中从无到有，取得了快速的进展。例如，1982年至今，仅中央民族大学少数民族经济研究所已培养了几百名硕士研究生。从1994年开始培养博士研究生，至今也有百余名毕业生。民族经济学专业还特别注意培养少数民族的高级人才，并且卓有成效，一些民族经济学专业的博士、硕士生已经成为中国少数民族自治地方的高级领导人，他们在重要岗位上运用民族经济学的理论方法来思考和处理实际问题，为当地选择适合的发展思路，努力建设民族特色鲜明、环境保护良好、可持续发展的少数民族地区经济。他们在实践中也在不断丰富和发展民族经济学的理论内涵。如民族经济学专业博士曹征海著《和合加速论：当代民族经济发展战略研究》一书，就是在他的博士论文基础上改写而成的。再如王正伟著《伊斯兰经济制度论纲》一书，黄定嵩著《中国——东盟自由贸易区与西南民族经济》一书，都是在其博士论文基础上改写而成的。值得一提的是，近几年来，民族经济学专业的硕士论文研究范围越来越广，研究视角也越来越宽，选题新颖，具有一定的现实意义。

刘晓春：岁月无情，人有情，谈笑之间先生已从教50余载。先生就像一头老黄牛，几十年如一日，伏案勤耕，吐哺育人，鞠躬尽瘁，比肩一代宗师。据同行和学生反映先生十分重视为人才成长创造条件，热情肯定学生的进步和成绩，甘为他人作嫁衣，成人之美之事说不完也道不尽。您在教书育人方面有哪些体会？

施正一：过奖了。比如，有些研究课题我完全可以独立完成，但为了给学生更多的成才机会，宁可放弃自己的利益也要拉学生一把，让他们经风雨、见世面，给他们研究课题，教他们著书立说，甚至帮学生找工作等。我主编的《广义民族学》成就了一批学术新人，《民族经济学教程》又使新一代学者脱颖而出。要成就一番事业，绝非一人之力所能完成，必须培养一大批有志之士。我的弟子大多数都来自少数民族地区，比如来自宁夏的王正伟博士，来自内蒙古的曹征海博士，等等。令我欣慰的是，各路弟子无论从事何业，其人品、才学、政绩都均为各界所称道。

改革开放以来，特别是发展市场经济以来，学生就业不是计划经济体制时的统包分配，而是自由择业，因此，有的学生就有可能找不到合适的工作。那么如何才能解决这个问题呢？我认为，培养学生只考虑"教书育人"、"因材施教"是远远不够的，还必须加上"因需施教"才行。这里讲的"需"，不仅包括国家的需要，社会的需要，也包括个人发展的需要和家庭希望的需要。经过广泛收集资料，并针对"因材"与"因需"两个方面的问题，我总结了这样几条想法：一是要全面了解学生。这不仅是帮助学生制订学习计划的依据，而且也是导师制订培养方案的基础。二是把"因材施教"与"因需施教"辩证地结合起来。对学生来说，前者是主观条件，后者是客观条件，教师不能只教书不育人，不能只上完课了事，不考虑学生的出路与未来的发展。要对学生负责，乃至一生负责。三是要知道研究生阶段对一个人来说既是一生中学习的终点，又是未来发展的起点，是一个关键点、枢纽点，把握好这个点对于现代向高层次发展的人来说，具有极端重要的作用。因此，不仅要精心设计好专业的各门课程，而且要针对每个学生的具体特点与实际需要进行指导。核心的问题是培养创新能力与决策能力。所以，为适应高层次发展的需要，我开设了"科学的理论思维方法"这门新课，着重培养学生的自主创新能力。此后，我又开设了"决策经济学"，虽然这门新课尚无系统的教材，一切都在探索之中，但这恰恰是我为之自豪而又愉悦之事，探索与创新是我的终生课题。四是在实践教学中，不是把上课、读书、调查、写论文划段分开，而是结合不同类型学生的不同实际，根据统一培养方案，要求每个人制订各自的学习计划。核心问题是学位论文的主题内容是什么？五是抓纲举目，贯穿全过程。即从第一学期第一堂课开始，在布置教学计划的同时就提出有关学位论文的要求。总之，一句话，做人，怎样做人，做个什么样的人？是我追求的主题。这既是对导师，也是对学生。所以，我经常讲，做学问，首先做人，教书首先教人；做学问难，做人更难；教书难，教好人则更难。谁能保证一个人能永远都向好的方向发展呢？因此，我认为，在研究生教育之后，还要发展终身教育，这是人类社会发展的需要，也是教育事业发展的必然结果。有了这一条，并且坚持做好这一条，人类才有可能通向美好的明天。

刘晓春：先生以"治学、立德、做人"之美德，率先垂范，严如慈父，宽似挚友，令我终生难忘。"一生不说假话，一生不做坏事，一生为人民服务"是先生做人之原则，立德之根本，也是我等年轻人立命安身之根本。最后，感谢先生赐教。

王尧*先生访谈录

木仕华：王老师，首先感谢您接受《中国民族研究年鉴》的笔谈采访！

以下以历史先后为序，请您谈谈1951年离开南京大学来北京学习藏语文并作为终身志业的历史机缘。

王尧：1951年5月初，奉调离宁，告别了母校南京大学，拜辞了胡小石、罗根泽、汪辟疆、方光焘、张世禄诸位师尊（如今都已作古了，思之泫然）和同学（其中有周勋初、包忠文、顾黄初、穆克宏、郭维森诸位卓有成就的学长，如今已在各自学术领域发挥长才，而郭恬兄却过早谢世，令人惋惜），只身北上，来到北京。

那时对于西藏和西藏学简直是一窍不通，毫无了解，胸中茫然无绪。只想到临离南大前潘菽校长语重心长的嘱咐，要参加到保卫国防、解放西藏的伟大斗争中去，是十分光荣的任务，是与抗美援朝同样光荣的。当时正是举国上下"雄赳赳、气昂昂，跨过鸭绿江"进行轰轰烈烈的全民"抗美援朝，保家卫国"运动的时期。年轻人的热血汹涌奔腾，"去吧！到西藏去，到祖国最需要的地方去！"是年轻人最响亮的口号，正是我们这一批年轻人响应祖国号召，发誓要为刚刚成立的人民共和国作贡献的最好时机。

就在我到北京不久，尚在筹备中的中央民族学院（现更名中央民族大学）以极大的热情接待我们，我与先期到达的从复旦大学、安徽大学、山东大学、湖南大学、广西大学和北京大学等校调来的同学们一起欢庆5月23日达成的"中央人民政府和西藏地方政府关于和平解放西藏的十七条协议"，欢乐通宵，兴奋不已。来自西藏高原原西藏地方政府的代表——阿沛·阿旺晋美（后来阿沛同志成为国家领导人之一，我也有机会多次向他请教，并为他充当翻译，乃后话）、凯墨·索南旺堆、土丹列门、土丹登达和桑颇·登增顿珠跟我们见了面。看到他们穿着光彩艳丽的丝绸长袍，梳拢着光可鉴人的辫发，听他们说着不同的语言，心里感到好生奇怪！想到祖国的需要，西藏的需要，急于想早日学会藏语，早日承担起祖国交给

---

* 王尧，男，汉族，江苏涟水人，1928年出生，原就读于南京大学中文系，1951年就读于中央民族学院语文系藏语专业，师从著名藏学家于道泉先生、著名语言学家马学良先生，后留校任教至今。现任中央民族大学藏学研究院名誉院长，2009年荣聘为中央文史馆馆员。

毕生从事古藏文资料收集和研究，著有《宗喀巴评传》、《西藏文史考信集》、《吐蕃金石录》、《吐蕃简牍综录》、《敦煌本吐蕃历史文书》、《吐蕃敦煌文献选》、《西藏故事集》（汉、英文本）、《西藏萨迦格言译注》、《西藏说不完的故事译注》、《藏学零墨》、《水晶宝鬘》、《吐蕃文化》等，发表论文数百篇，在国际藏学界享有崇高的学术声誉。

曾任奥地利维也纳大学、德国波恩大学、加拿大多伦多大学客座教授，现任中央民族大学藏学教授，北京大学兼职教授，中国佛教文化研究所特邀研究员，波恩大学《藏文历史文献》刊编委（1981年起），主编《国外藏学研究译文集》、《贤者新宴》等藏学研究学术丛刊。

自己的任务。

木仕华：新中国成立以来的近半个多世纪的学术生涯中，您这一代学者经历了诸如待遇低、条件差，各种政治运动干扰等种种困难，您是如何确立信念，克服困难，义无反顾地坚守藏学研究这一终生的事业？

王尧：首先要做一点解释：什么是"西藏学"？简单地说，"西藏学"就是研究西藏的学问。还要把"西藏"二字解释清楚："西藏"是位于我国西南边陲的一个广阔的地区，目前称为西藏自治区（人口223万，首府拉萨）。在历史上，这一地区有不同的称呼：唐、五代、宋，一直到元代都称为"吐蕃"。古人按照当时的藏人自称 Bod（蕃），汉语译为吐蕃，发音为"吐博"或"吐钵"。而"吐"字很可能是汉语的"大"字，合起来，就是藏人的豪言壮语——大蕃（见于公元823年立于拉萨的唐蕃会盟碑）。明代称为乌斯藏，清代称为卫藏，实际上是藏语 dbus-gtsang 的译音。除了西藏以外，藏族还分布于青海、甘肃、四川和云南四省，分别在各省建立了自治地方（自治州、自治县）。西藏学研究就包括西藏自治区和上述四省的藏族自治地方在内（人口合计446万）。在西方，习惯上称西藏学为 Tibetan Studies 或 Tibetology。我们自己有时将其简称为"藏学"。

这一学问是跨越社会科学和自然科学的综合性研究学科。实际上包括语言文字学、考古学、历史学、地理学、宗教学、文学、艺术、美术、雕塑、绘画、音乐、舞蹈、民间说唱、戏剧、天文、历法、藏医藏药、建筑桥梁等多种学术领域。而藏语文恰好是入门的钥匙。我接触、进入西藏学领域，正是从学习藏语文开始的。

木仕华：您对唐代吐蕃时期的三大文献："敦煌吐蕃文献"、"吐蕃金石铭刻"、"吐蕃简牍"的系统释读、译注、订正研究，使这批千年遗珍，得以重现本真，与同一时期的汉文史料互补辉映，成为信史资料，对西藏古史、吐蕃史、中亚史及相关领域的研究起到了极大的推动作用，开拓奠基之功不可没，使唐代吐蕃史的研究进入新境界，同时有力推动了吐蕃时期的历史文化研究，有功于国际藏学界。因此台湾藏学家林冠群先生在其著《〈敦煌本吐蕃历史文书〉与唐代吐蕃史研究》一文中指出："有关吐蕃三大文献的发掘利用，系由国外学者开启风气之先。金石铭刻方面，由英国学者理查德逊、意大利学者杜齐；简牍由英国学者托马斯；敦煌文献吐蕃史料则有法国学者巴克、托马斯、杜散为代表。而首先有系统译注吐蕃三大文献，并先后出版有：《敦煌本吐蕃历史文书》、《吐蕃金石录》、《吐蕃简牍综录》，使国人对唐代吐蕃史的研究，得以更上层楼者，王尧应居首功！"林冠群的评论理当为客观允当之论。请您谈谈吐蕃时期的三大文献研究的缘起和艰辛历程以及对该研究领域的新思考和期待。

王尧：由于藏文研究班工作的无声催促和实际的需要，我便开始探索古代藏文的发展脉络，主要把精力放在吐蕃时期（即公元11世纪以前）的藏文研讨上，而吐蕃时期最可信的文献有三大类：一是敦煌石窟遗书中的藏文写卷，二是吐蕃时期遗留下来的金石铭刻文字，三是从新疆、青海等地地下发掘的简牍文字。

我以极大的兴趣去钻研敦煌写卷。首先把注意力放在最出名的《敦煌本吐蕃历史文书》上。1940年在巴黎出版的 *Documents de Toung-houang Relatifs a L'histoire Du Tibet*（Paris, 1940）是法国巴黎大学藏文教授巴考（J. Bacot, 1890-1967，他是于道泉教授的老师）、杜散（Ch. Toussant）和英国牛津大学教授托玛斯（F. W. Thomas, 1877 - 1956）三人通力合作的一本最重要的古代藏文历史文献的翻译和解读。此书是利用巴考、拉露、托玛斯和杜散几位在精选法藏和英藏的敦煌藏文写卷编成的，1941 年在巴黎出版，虽然在第二次世界大战最严重的战火纷飞的年代，但人们还是以极大的热情赞扬这本书。

于道泉先生鼓励我在这方面努力，并把他从海外携来的原本交我，谆谆嘱咐用心研读。在当时我无法看到原卷，只好把上述书中转写的藏文一一还原（为藏文），再逐字逐句去揣摩，参考他们提供的译文。

十分感谢马雍教授，当他知道我在研究这一本书，便把他从法文译出的汉文底稿交给我，使我得到很好的参考。马雍教授是最勤奋的中亚学家之一，孜孜不倦，积劳成疾，1985 年英年早逝，令人慨叹，学术之不幸也。一直到史无前例的"文化大革命"年代，我仍未敢忘怀此项工作。

在 1969—1972 年的三年中，下放到湖北潜江"五七"干校，以戴罪之身监督劳动时，我仍在坚持，为了躲避那些"革命"先生们的举报、监视，我把上述那本书的藏文原文抄写在小学生练习本上，就便装在上衣口袋里，可以随时翻阅、琢磨而又不露声色。但是，还是被"革命派"发现，被斥为"贼心不死"！直到"文化大革命"结束，拨乱世之风，反正当之途。

1979 年，青海民族学院教材科在藏文教师王青山同志的推荐下，大胆地把我抄在练习本上的藏文原文和汉文译文排印成册，供有关的同行参考。这可说是这本书的最早版本。后来，1980 年陈践同志参加进来，协助我改进了译文，增加了注释、考证之后，由北京民族出版社正式公开出版，定名为《敦煌本吐蕃历史文书》。还敦请闻宥教授题签了书名。闻老苍劲古朴的书法，雄浑而有生气，使人见了顿觉思想萌动，精神为之一爽。

此后，我编著的《吐蕃金石录》（1982 年版）和《吐蕃简牍综录》（1986 年版，也与陈践同志合作），都敦请闻老手书题签。如今，闻老早于 1985 年驾鹤而去，他老先生遗留下来的手泽历历在目，人亡琴在，令人泫然。《敦煌本吐蕃历史文书》出版后，受到藏学界同行的热情关注，初版三千册，很快售罄。此后，我又得到去巴黎和伦敦两地图书馆调阅藏文原卷的机会，校正了若干由于转写和还原过程中的舛错，乃改订了原书，附上了原卷的照片，1992 年重新出版了增订本，与《吐蕃金石录》和《吐蕃简牍综录》二书一致，成为三本一套的吐蕃文献丛书。与此同时，我发表了《吐蕃文献学导论》一文，对古藏文的特点、文献情况等做了力所能及的较全面的介绍。

20 世纪 60 年代，中央民族学院举办了两期藏文研究班，敦请西藏当代最著名的学者东噶·洛桑赤列活佛来主持讲席，我承乏一些教学助理工作，与他共事。事实上跟他朝夕晤对，随处学习。这两期研究班，各三年，培养了一批藏学研究的骨干，担任西藏自治区负责工作的有档案局局长、广播电视局局长、社科院院长、西藏大学副校长，乃至自治区政府副主席等要职。实际上这两期研究班把西藏学研究大大地提高了一步。东噶·洛桑赤列活佛与我共事前后十多年，又几次一道出国参加会议（1985 年德国的慕尼黑、1992 年挪威奥斯陆和意大利的西安那、1995 年奥地利的格拉茨），对我的学术生涯影响至巨。他虽然身为活佛，饱学经典，但思想活跃，不落流俗，颇能适应新的时代潮流，锐意吸收新的知识和新的理论，能开拓新的视野,绝不囿于陈说,是最为通达的大师级的藏学权威。记得1985年在慕尼黑第四届国际藏学会上,他发言之前说了一句:"今天能到革命导师马克思、恩格斯的故乡来参加会议非常高兴。"与会的西方人为之侧目,有人问我:"东噶喇嘛是共产党员吗?"1997年7月12日竟以骨癌重患不治而往生了。他留下了一大批著作、一大批弟子、一大批未完成的项目撒手而去,令人伤悲。

木仕华:王老师,您的研究以语言学为本位,兼用语文学的方法,并贯彻于文献研究、译注及西藏历史宗教诸多专题的研究中。尤其是藏语研究,是您长期坚守并有卓见的研究领域,其中您关于藏语发展史提出了五段分期说,自成一家;探讨藏语方言的分区、藏语声调的产生轨迹的典型论文如《藏语的声调》、《藏语数词中的"垫音"》、《藏语mig字古读考》颇受学界好评,请您就此谈一谈藏语语言学及汉藏语言研究方面的一些见解。

王尧:藏文是藏语的书面形式。传统的说法认为藏文是吐蕃赞普松赞干布(?—650)时文臣通米桑布札参照梵文创造的。关于创造藏文、推广藏文的故事很动人,说是通米桑布札等十六位西藏青年被赞普派到天竺去,学习梵天文字,十五位在印度得病身亡,只有通米桑布札一人学成回藏,以梵文的兰查体和瓦尔都体的字母为基础,参照藏语的实际,创造出三十个字母和四个元音符号的藏文(正楷和行书),并制定了拼写规则和文法、规范的词语实例等,献给松赞干布。赞普大喜,乃亲自学习,并下令在全藏推广。这就是今天我们见到的藏文。于道泉先生非常同意贡噶上师的观点,完全遵循古代的传统,而且认为藏文就是古代藏语的遗留,由于长时期的历史演变,藏文和口语之间产生了距离,而各地方因为山川险阻,交流不便,形成了不同的方言,所以一句成语就产生了:"一个喇嘛一个教派,一个地方一个方言。"(bla-ma re-re chos-lugs re/lung-pa re-re skad-lugs-re.)

在以后的几十年中,遵循于道泉先生和贡噶上师的教导,我一直努力地探索书面语与方言之间的发展关系及异同。1956年6月号的《中国语文》杂志发表了我第一篇描写藏语声调的论文。那是根据赵元任博士在《仓央嘉措情歌》一书的音系分析中对藏语拉萨方言的语音系统的归纳后得出的观点,进一步明确了藏语拉萨方言中声调形成的语音变化现象;并以若干书面语的实例来证明:声调是书面语(也就是古代藏语)演变的结果。这一篇小小的论文居然受到王力(了一)先生的重视,他在《汉语史稿》第一分册中加以征引,使我受宠若惊。当时,我与四川大学的张永言教授、中山大学的黄家教教授、厦门大学的陈世民先生四人组成一个助教听课小组,按时在北京大学文史楼中文系随堂听讲。了一先生在讲"汉语史",每每在课后亲切地和我们交谈,让我们提提意见。假若没有记错的话,当时还有许绍早先生、石安石先生都与我们同堂。了一先生不疾不徐的声音,柔和温婉的讲课艺术,至今犹在目前显现。他老人家八十高龄时书赠的条幅云:"鼎湖访胜未缘悭,古寺巍然霄汉间,浩浩飞泉长溅水,苍苍丛树密遮山。夏凉爽气高低扇,冬暖晴云来去闲,自顾山灵应笑我,行年八十尚登攀。癸亥霜降后六日录旧作游鼎湖山诗以应王尧同志雅嘱。王力时年八十有四。"了一师以八十四岁高龄所书的墨宝,笔力雄健,风格挥洒,字如其人,诗如其人,悬在室中,朝夕晤对,令人低回向往。

在藏语及吐蕃文献研究的基础上,参照了国内外时贤的论点,我设计了一个方案,把藏语发展分为五个时期:

一、上古时期，或称原始藏语时期。为公元 6 世纪以前藏语的统称，目前并无文献及实物资料可证，仅能从古代宗教——本教（Bon）的传统、仪轨、咒词中，以及嘉戎、安多方言中发现若干古语古词。

二、中古时期，或称吐蕃时期。时间为公元 7 世纪—10 世纪之间。因为有了文字，有若干著作和翻译作品可资印证。敦煌石窟遗书中的藏文写卷、吐蕃时期的金石铭刻和竹木简牍这三大类文献，再加上许多早期译出的佛典，可作为中古藏语的最基本、最可靠的凭证。我的工作在一段时间里集中搞了这一档事。

三、近古时期。吐蕃王朝崩溃，各地豪强势力割据称雄。同时，教派林立，众说蜂起，各地方势力拥有自己的学者，或著书立说，或翻译佛经，或托古埋葬文献。因之语言中新的因素在不断增长，但旧有的古语古词的影响尚未泯灭，新旧并存，十分活泼清新，就是这一时期语言的特点。

四、近代时期。13 世纪以来，元王朝与西藏领袖人物合作，完成了西藏地方纳入祖国版图的重要步骤。以后的明清两代，逐步加强了中央政府对西藏地方的管理。政令统一，教派活动也逐渐规范，学者以极大的创作热情写出大量著作。而且藏文《大藏经》的结集、雕版流通，都是这一时期的伟大成就。藏语反映了这一时期文化事业的繁荣，一批语言大师的著作问世，异彩纷呈。

五、现代时期。20 世纪以来，整个中国都卷入了时代的激流，处于祖国西南边疆的西藏地方也不例外。清王朝被推翻、帝国主义势力的入侵，战火绵延，政治动荡；及至中华人民共和国成立，西藏和平解放，西藏社会发生了巨大的前所未有的深刻变化。随着经济建设的开展，文化、科学、教育事业蓬勃发展，藏语文迅速地顺应时代的发展要求，报纸刊物、出版物如雨后春笋，从电影和广播更可看出语言的变化非常明显。新词术语大量增加，新的表现方法不断涌现，修辞更加讲究，文法更加严密和规范。

以上的语言历史分期是个人构想的一个框架。而方言的歧义，也往往就是历史的反映，我曾以一篇论文《藏语 mig（目）字古读考》（1984 年）来表明我的观点。在那篇文章里，我认为代表最古老藏语特点的是嘉戎方言，其次是安多方言，再次是康方言，而卫藏方言（尤其是拉萨话）是代表了发展最快、距离古代藏语最远的方言。然而，它正代表了藏语发展的潮流和方向。

至于敦煌藏文写卷则是记录最古老的藏语实况的资料，十分可贵。为了说明这一点，我又写了《吐蕃文献学概述》一文，加以阐明。同时与陈践同志合作解读了大约五十个藏文写卷，利用这些资料撰写了《吐蕃的兵制》、《吐蕃的法制》和《吐蕃的官制》三篇论文。《吐蕃仪礼问答卷》和《北方若干国君之王统叙记文书》的解读和译文都曾引起了同人的兴趣。后来，我们把这些资料结集为《敦煌吐蕃文书论文集》出版（1987 年）。以上是我学习、研讨藏语文的简要回顾。

木仕华：王老师，您多年来主编的 1983 年创刊的《国外藏学研究译文集》和 2000 年创刊的《贤者新宴》等学术丛刊备受国内同道的推崇，影响广远，有力推动了中国藏学的发展进程，功德无量，也请您谈谈最早的初衷和实际的功效。

王尧：古人说：他山之石，可以攻玉；又说：知己知彼，百战不殆。我下决心要办一个刊物，专门刊登介绍国外藏学家论著的汉译文，这是参加国际藏学会后在思想上的一大收获。后来在几位青年同志带动下搞了起来，几经周折，试刊两期，适逢研究所里有不同意见，几乎把这个刊物扼杀在襁褓中。但是，"青山遮不住，毕竟东流去"，这个刊物办妥手续，公开亮相，叫作《国外藏学研究译文集》，至今已出十余辑，共约四百万字。都是与通晓法文、英文、德文、日文、俄文的同志合作，由他们翻译出来，供搞藏学研究的同志们参考、借鉴的。还出过三种专辑（两本敦煌学专辑和一本语言学专辑）。据有关同志反映，确实对了解情况、沟通中外、交流学术起了一些作用。

木仕华：尊师重教是我们这一国度的优秀文化传统，先生对于道泉先生道德文章的敬重，足为我们学生辈的楷模。您为了表达对中国现代藏学的开山创派者于道泉先生的教诲之恩，编辑出版《平凡而伟大的学者——于道泉》（河北教育出版社 2001 年版）以缅怀先师的举措，引人注目，实为美谈。请您谈谈于先生与您在学习藏语文和佛学的历程中的师生之谊，以及您与贡噶上师、东噶·洛桑赤列教授等藏族硕学之间的交谊。也请您谈一下中央民族大学藏语文及藏学专业的创设、发展历程。

王尧：感谢于道泉教授，他以最大的热情和耐心诱导我们如何学习藏语。他认为先学会口语，然后，在通晓语言的基础上，再去学习藏文，可能会快一些。因为藏文和藏语有一定的距离。也就是文言与白话的差别，如果一开始就学藏文，难点太集中了，效果不会太好。他设计了一套拉丁字母拼写藏语的方案，编出若干课的口语教材，生动、有趣。

于道泉教授精通藏、蒙、满、英、法、德、匈、土耳其和世界语等多种语言，他广博的语言知识和宽容谦和的态度令我们这些后生小子十分钦佩。他邀请在京定居的藏族老学者曲吉洛卓先生（来自拉萨，曾在南京国民政府蒙藏委员会任职，取汉名李春先，并宣称自己是随同文成公主入藏的唐宗室官员的后代，所以姓李），以标准的拉萨口音讲授，还记得这位李老先生在他编的教材的人物中取了一个诨名"旗杆"来比喻于教授。于先生十分宽容地笑着说："他编的口语真流畅，取的诨名也很风趣。"老师们合作的关系是很好的。我们住在北长街的班禅办事处后院，有机会跟藏族官员接触，学习语言。还有云南藏族钟秀生先生和巴塘藏族格桑居勉先生作为助教帮助于教授做辅导工作。那时，整天听到"嘎、卡、噶、阿"的拼读声，一遍一遍的朗读声，弥漫在北海公园的侧畔。同时还约请了拉萨功德林寺派驻雍和宫的僧官土登尼玛喇嘛和原在拉萨与汉族人士结婚、随夫来北京定居的罗桑曲准女士做口语训练、对话、答问的辅导。所有这些都是于道泉教授不辞辛苦的安排，使我对学习有了初步的认识，更引起了学习的浓厚兴趣。不久，我们远离北京，前往藏区，开始了新的学习历程。

于道泉先生最服膺的人物是陈寅恪。而陈先生以语文知识治史叫作"以汉还汉，以唐还唐"，或者叫作历史语言学派。这也是于先生经常给我们介绍的，他一直希望我们用藏语为工具来了解藏传佛教（他自己在 30 年代初就曾以《明成祖和宗喀巴来往书信译释》作出过范例），而佛教是藏族人民普遍信仰的宗教。

佛教于公元 7 世纪传入西藏，唐朝文成公主和尼婆罗赤尊公主二位都是虔诚的佛教徒，嫁给吐蕃赞普松赞干布时，先后把佛教信仰带进藏区，留下千古佳话。首先是赞普（藏王）和宫廷的后妃信仰了佛教，又逐步推广到大臣和群众中。

我在贡嘎上师处接受了文化教育，也接受了宗教教育，算是藏传佛教噶举派的信士。贡嘎上师选出噶举派最重要的上师米拉日巴（1040—1123）的传记让我们诵读学习。这一位苦行高士，以避世静修，遁迹山林，历尽磨炼，锐意于心性澄圆，证得菩提。他的故事令人感动。这一本传记，虽然是噶举派的传人在公元15世纪根据民间传说的故事收集编辑成书，但却非常动人。单说汉文译本就有王沂暖、刘立千和张澄基氏三种，均发表应世，以王译最早；刘译较为翔实，译注更为周密；张译本比较口语化，往往又以信仰者的态度做一些诠释，引人入胜，使我对藏传佛教有了一些基本概念。

为了丰富藏文研究班的学术活动内容，组织开设专题讲座，奉命去邀请周叔迦先生讲授"中国佛教的十宗"，法尊法师讲授"西藏佛教的前弘期"和"西藏佛教的后弘期"（这两次演讲的记录稿都在《现代佛学》杂志上发表），高观如先生讲"佛教与中国文化"，喜饶嘉措大师讲"藏族的佛教信仰"，同时也请牙含章先生讲"无神论与宗教信仰——党的宗教政策"。这些讲座对我来说也是吸收营养的大好机会。

特别是有两门课我承担辅导工作：其一是由张克强（建木）先生（1917—1989）主讲藏文本的名著《印度佛教史》（rgya-gar chos-byung），这是16、17世纪藏族学者多罗那它（1575—1634）的著作，被后人认为是补足印度佛教历史（特别是后期历史）的专门作品，早有俄文、德文、日文和英文译文，影响颇大。克强先生选择此书作为"藏文古典名著"这一课程的教材是独具匠心的。他在此书的汉译本出版的译者序言中说："中央民族学院约我讲授一门有关佛教的课程，其目的是为加强听课者阅读藏文古典的能力。当时商定就以此书的藏文原本作课本，从1963年2月起讲了一年，全部讲完。在讲授时把打印出来的汉译文发给听讲者，作为参考。"

多氏史（即本书）有一项特殊的贡献，即提供了佛教晚期历史的一些资料，尤其是在玄奘、义净访印之后的人物、学说、教团、寺院、施主、教敌的一些情况，在其他资料中是最缺乏的（见《印度佛教史》，多罗那它著，张克强译，四川民族出版社1988年版）。

我在"读后赘语"中也写了一段话，可以移在这里作为证明："此书藏文原文朴素无华，平实清新，与当时藏族学者中间流行的奢靡浮艳的藻饰体大相径庭，而克强先生的汉译也忠实地反映了这一特点。先生在佛学、梵文、藏文、训诂、辞章等方面的造诣极深，融合藏梵，移铸汉语，三年之中，两轮到底。我当时承乏辅导，随堂听讲，如坐春风，收益极大。"

如今，张克强先生逝世已经九年，音容笑貌时在眼前。1996年，在赵朴初会长的大力支持下，宗教文化出版社出版了《张建木文集》，我在序言的最后，说了几句心中的感念：伫立白塔之巅，俯览碧树黄甍，车流如川，往来不息，而在商潮冲荡、人文淡泊之际，张克强先生文选得以出版问世，岂不正是"沤灭全归海，花开正满枝"吗？

另一门课程是五世达赖阿旺罗桑嘉措（1617—1682）的历史著作《西藏王臣史》（Deb-ther dpyid-kyi rgyal-movi glu-dbyangs），是由东噶·洛桑赤列活佛主讲，我随堂做一些翻译和辅导工作，实际上，我是从头学起，跟着研究班同学一起通读了全书。这本出了名的难读的书，是因为作者喜欢用藻饰语词来表达思想，打个比方吧，好似京戏里，不说太阳落、月亮出，而歌唱吟弄"金乌坠、玉兔升"一样，你就得下功夫去学，太阳一个词的藻饰体就有六十三个之多。

幸亏东噶活佛是一位十分渊博的大家，他把这本书弄得烂熟，讲起来眉飞色舞，生动而富于情趣，我一边听课，一边做翻译和辅导，还把它译成汉文。后来，王森先生（1910—1981）在撰写《关于西藏佛教的十篇资料》（即后来正式出版的《西藏佛教发展史略》）时，嘱我把据《西藏王臣史》译出的《萨迦世系》和《帕珠世系》两章汉文稿，交给他，附在他的大作之后，作为附录，得以印过若干册。

我的全译稿上交教研室负责人保管时，却在"文化大革命"中遗失了。不管如何，这一本书的教学辅导也是极为难得的机遇，使我在藏文古典作品学习上迈上一个台阶。从那以后，我在阅读其他一些专著如《西藏王统记》、《土观·宗派源流》、《萨迦世系史》、《红史》和《巴协》等书时，就比较轻松愉快了。

在此基础上，我曾写过两个中篇的文章：《吐蕃佛教述略》、《西藏佛教文化十讲》，先后在《中国哲学》和《中国文化》上发表，应该说都是在上述几位老师帮助下，读书、思考的心得而已。现在，当我写这个题目的时候，他们都已远去了。

贡噶活佛是我们到藏区投奔的第一位高僧。他曾担任十六世大宝法王噶玛巴的经师，有关于西藏历史、宗教、文化等多部著作，在东部藏区有极高的威望。他将我们接到贡噶雪山上的贡噶本寺（依藏文名称"康松扎"，意思是"名闻三界寺"），和噶玛堪布一道教导我们，选用萨班·贡噶坚赞（1182—1251）的哲理诗《萨迦格言》作为教材，让我们精读这一部杰作，这使我能初窥藏文古典作品的门径，颇有身置庄岳，仰之弥高之感（后来，我在随堂听讲之余，把它译成汉文，曾在《人民日报》文艺版上连载了好几个月，又结成集子出版）。

贡噶活佛又推荐了一部《佛陀释迦牟尼赞注》，让我们了解了印度佛教史和佛陀本身的故事，饶有趣味，这一切对于研究藏族文化、历史极为重要，使我们终生受用，永远难忘。在贡噶山上生活的日子至今萦怀，既紧张又活跃，既有诸多难关，又有克服困难后的欢乐。记得我曾到离寺几十里的玉龙榭村去参加一次婚礼，第一次直接了解藏族的礼俗，热烈的场面，送亲迎亲的各种仪式，酒肉频频传递，歌舞通宵达旦，尤其是赞礼的人长长地诉说本地本族历史的赞词。我还听不大懂，靠着藏族学长斯那尼玛口译有所了解。后来我连夜写了一篇《牧场上的婚礼》，在《中国青年报》上发表。

贡噶上师真是一位循循善诱的好老师，他教过不少弟子：在中国台湾和美国成为一代密教大师的陈健民、屈映光、张澄基（藏文名著《米拉日巴传》、《道歌》的英文和汉文译者，于右任先生的女婿）都是上师的及门上首。不过，他们几位都是在我们上山以前就离开了，未能见面。1954年春天，贡噶上师应中央民族学院之聘，作为客座教授来到北京，真正实行韩愈在《师说》中所说的传道、授业、解惑来了。一时前来中央民族学院宿舍求法的、求教的、参拜的熙熙攘攘。其中有李济深先生，他以共和国副主席之尊，前来拜望。记得那一天，先来了好几位解放军，警卫森严，把贡噶上师的寓所前后把定，李先生一进门纳头大拜，称弟子礼。还有著名抗日将领十九路军司令、佛学家陈铭枢先生，哲学大师梁漱溟先生都曾先后来拜，执礼甚恭。足见上师道行感人之深。

9月，第一届全国人民代表大会第一次会议期间，上师被聘为大会藏文翻译处的顾问，与于道泉教授、法尊法师、才旦夏茸活佛、黄明信先生、桑热嘉措活佛等藏文专家合作共事，完成了《宪法》等五部大法的藏文翻译。我作为学徒，随侍在侧，受到很多实际教益，听到老一辈学者的谈话、议论，对藏语文中的口语与书面语的差异、各方言（卫藏方言、康方言、安多方言）之间的分歧和共同点有了深一层的了解。组织上安排上师到北戴河去度假、休养，我也随侍前往。在那里观赏石碣遗篇，幽燕胜迹，上师非常开心，似乎对海滨生活感到新奇而有趣。在休养期间，巧遇古文字学家杨伯峻先生也在那里度假。杨先生是我国著名文字学家杨树达（遇夫先生）的侄儿，曾担任过冯玉祥将军的文学教师，他对贡噶上师十分崇敬、仰慕，请教了好几个有关密教的问题（由我充当翻译），谈得非常融洽。当时杨先生新婚，偕夫人一起拜见上师。1982年夏天，在北京召开的国际汉藏语研究第十五届大会期间，我又一次与杨伯峻先生相遇，同住友谊宾馆中主楼，比邻而寓。杨先生还深情地回忆起与贡噶上师的那次学术会晤。流光易逝，感叹无常，贡噶上师已于1957年阴历正月29日在贡噶寺圆寂了。杨伯峻先生也在前几年遽归道山，记下这一段往事，算是对二位先生的纪念。

贡噶上师是康区木雅人，除了讲藏语以外，还讲一种非藏语的木雅话。我曾注意到他跟侍者阿旺诺布用木雅语交谈。一句也听不懂，感到非常奇怪，后来读到邓少琴先生所著的《木雅西吴王考》，才知道木雅是mi-nyag的译音。历史学家认为木雅古译"弥药"，可能就是西夏党项人的一支。西夏亡国（1217），部民逃散，这支南来，就是今天居住在康区的木雅人。上师在新中国成立前到内地弘法，曾任国民政府的国大代表，并被封为辅教广觉禅师。在内地多次传法讲经，有很多信众。至今在海外还有他的再传或者三传弟子在弘传噶玛噶举的教法，可见其影响之大。上师曾口述《心经》藏文本，译为汉文，比较汉藏两种文本的异同。1988年和1990年我在香港中文大学访问期间曾应"金刚乘学会"刘锐之会长之邀，到该会访谈，从而知道这一学会传习宁玛派大圆满教法，同时也供奉贡噶上师，尊为师祖。1994年，我应台湾的政治大学之聘前去讲学三个月，在台北知道有一贡噶精舍，一位女性蒙古族的"贡噶老人"在弘传噶举派教法，她也是贡噶上师的弟子。

木仕华：您几乎见证了新中国藏学走向世界的所有重要事件，请您先谈谈新中国藏学走向世界的历程，然后再谈谈您与旅美学者著名语言学家李方桂、张琨，著名藏学家法国藏学家石泰安，匈牙利的G.乌瑞教授，奥地利藏学家斯坦克奈尔教授，捷克藏学家约瑟夫·高马士博士等国际藏学界学术前辈的交谊，最后请瞻望一下国际藏学的未来。

王尧：1981年8月，我首次应邀到维也纳参加研讨会。对我来说，固然是初次出国，这也是中国人以中华人民共和国公民和学人的身份第一次参加西方世界组织的藏学会议。当波音飞机展翅飞翔，在漆黑的夜空中离开祖国西行时，我心中是忐忑不安的，我们与西方世界隔绝已久，平常只听到一些不友好的消息和对立的报道，不知道在会议上会遇到什么情况？一切是那么难以捉摸。可是到了维也纳，出人意料，首先就受到奥地利维也纳大学藏学—佛学系主任，也是会议组织委员会主席的斯坦克奈尔教授（Dr. E. Steinkellner）的热情接待，他亲自驾车到机场来接我，十分和蔼可亲，我们一见如故。又指定他的助手莫哈博士（Dr. Much）专门负责安排照顾我的生活，无微不至。

在会上见到了旅美的长者李方桂教授和夫人徐樱女士，张琨教授和夫人贝蒂·谢芙茨女士。李先生、张先生都是原"中央"研究院史语所的老人，与于道泉先生同事，是我的师辈，他们二位十分关切国内藏学研究的发展情况，都有一颗赤诚的爱国之心。当我发表论文时（我在会上提交了两篇论文：一是《藏语mig（目）古读考》；二是《宋少帝赵显遗事》），二位先生一再鼓励我。在发言当中，我离开手上的英文讲稿，用藏语向在座的藏族学者们致意约三分钟,全场为之愕然,因为外国藏学界在当时很少有人能讲藏语口语的。二位先生十分高兴,会后对我说:"国内搞藏学研究有充分的条件,搞好口语训练非常好、非常正确。"从那以后,我又与二位先生多次相会,多次请教。如今李先生和夫人均已谢世,张先生和夫人也已从加州大学伯克莱校区退隐,但他们亲切温婉的关怀一直留在记忆之中。

在那次会议上还第一次见到旅居德国的藏族学者邦隆活佛和旅居法国的噶尔美博士,我们结下了友好的情谊,从那以后还一直保持联系、来往,或在会议上相遇。我去德国、法国访问、教学时也得到他们的帮助。他们回国、返乡也曾到北京访问。最令人难忘的是与匈牙利藏学家 G. 乌瑞教授的相会。乌瑞是当代最有成就的藏学家之一。他曾就藏族的语言、文字、历史、宗教、民族关系、考古以及在中亚史上的重要地位等发表过一百余篇重要论文,其中绝大多数都译成汉文发表过。他的文章一贯作风严谨,实事求是,客观公正,不阿不谄,与西方某些学者借题发挥、恶意反华、煽动分裂者不同,备受同行称赞。当他 1991 年七十大寿时,维也纳大学藏学—佛学系为他征集国际藏学界同人著文出版一部厚重的祝寿文集。可惜就在当年的 7 月 17 日,他却因病不治溘然去世了。我们在 1981 年第一次见面时,他就十分热情主动地和我结交,赠送我前两届会议的专集,并介绍匈牙利几位藏学学者与我认识,还把他已发表的论文抽印本约九十篇一整套全部赠送给我。第二年,也就是 1982 年秋,我应聘到维也纳大学藏学—佛学系任客座教授一年,正是接了他的位置。这时,我才知道他是匈牙利的共产党人,他是怀着对中国同志的国际主义的感情来对待我的。可惜他身体一直不好,患有严重的哮喘病,受到疾病的折磨,十分痛苦。直到去世,也未能实现到我国访问的愿望。这位才思敏捷、文笔清新、立论公平、通晓多种语言的藏学界朋友,一位禀赋甚高的国际友人,永远值得怀念。在这里把他夫人的来信转录于下,以寄哀思:

亲爱的王尧教授:

我以我的丈夫乌瑞教授的名义,向您表示深深的感谢,在为他庆贺七十寿辰的专辑中拥有您的论文的这种荣誉。他非常喜欢这一专集,论文饶有兴味,且有高度价值。他正准备从中学习并逐一回函申谢,但是,他已没有时间去做了。所以,这里只能由我来表示简短的谢忱。

卡特琳娜·乌瑞·柯哈米
1991 年 7 月 18 日于维也纳

谨以深切的悲痛通知同事和朋友们:

我的丈夫乌瑞教授(哲学博士)1991 年 7 月 17 日在维也纳逝世。他的全部精力贡献给学术事业,直到最后的一息。

卡特琳娜·乌瑞·柯哈米
1991 年 7 月 18 日于维也纳

在维也纳的会上还巧遇旧友,捷克(当时还叫捷克斯罗伐克)查尔斯布拉格大学东方学系的约瑟夫·高马士博士。1956—1958 年,他在我们学院留学,随于道泉教授学习藏文和现代藏语,因而厮混得比较熟。他回国后发表了《德格印经院目录》、《候鸟的故事》和《萨迦格言》的捷克文译本，还撰写过《白居易给吐蕃大相的四封信》等重要论文，名噪一时。并应邀到澳大利亚堪培拉大学汉学研究院做过客座研究员一年，算是由我国培养的藏学新人。此次在维也纳相见，喜出望外，他关切地询问于老师的身体健康，教研室同事、朋友们的情况。一别二十多年，再未见过面，这次见面，握手，拥抱，莞尔相视而笑。一切都不用说了，"人生一场戏，世界大舞台"啊！

会上又见到另一位"名人"，奥地利的汉尼斯·哈拉（Heinrich Harrer）。此公曾以《在藏七年》（Seven Years in Tibet）一书轰动一时，系"二战"期间纳粹余孽，逃亡西藏，巴结上察绒（tsha-rong）噶伦，亲近达赖喇嘛家属，于是出入"达拉"之府（Yab-gshis Stag-1a）（十四世达赖的亲属府邸），成为一名洋人帮闲。帮闲自然有点帮闲的本事，声色犬马、斗鸡走狗，再加"照相机"、"瑞士表"一些洋玩意儿，把个十来岁的、正在成长的小达赖逗得不亦乐乎。他也得其所哉，在西藏混得蛮像回事儿。一混七年，这就是这位洋帮闲的本钱。临走带走了西藏大批文物、唐卡和银币。在印度写出了那本迎合西方人士对西藏雪域的神秘而好奇的心理的书，一时纸贵洛阳。好！这下子这名前纳粹帐前的走卒，居然摇身一变成为熟悉西藏统治阶级内部事务的专家、反华阵营的帮手。于是，他就更忙了，奔走于美国驻印度大使馆大使韩德孙门下，在锡金、印度上蹿下跳。他参与炮制了一系列反华反共，以阻挠西藏获得和平解放的种种阴谋（见于高尔斯坦《喇嘛王国的覆灭》一书，时事出版社1994年8月版）。这名帮闲，又成为十足的帮凶了。当然，所有这一切都一一失败了。他也就缩回维也纳，出售他从西藏弄回来的赃物，吃他的巧克力、黄油面包去了。本来他不是学术界中人，但这次也来参加这个藏学研讨会。他不提任何论文，又羞羞答答不愿面对人们的询问，只是打打招呼，就再也不见踪影了。算是我在这次会上开了眼，话头还得拉回来，那次会使我亲眼见到、亲耳听到国际上有那么多人对西藏学有兴趣，我们应该认真考虑。

1982年夏，应邀到美国纽约哥伦比亚大学参加第三届国际藏学会。本来，会议的组织委员会派了巴巴拉·阿齐兹博士（Dr. B. Aziz）来北京，约见于道泉教授、王辅仁同志和我。我陪她去见于老。于老从来不喜欢见外宾，尤其不在家中见客，这次是个例外。大概因为阿齐兹博士是阿拉伯血统（黎巴嫩裔），在英国伦敦大学政治经济学院读的博士学位，专业是文化人类学，导师是海门多夫（C. Von Fürer-Haimendorf）。她跟于老谈伦敦、谈英国，谈到很多英国学术界的趣闻。于老非常高兴，破天荒地安排饭菜在家中招待客人。阿齐兹博士非常佩服于老渊博的学识和地道伦敦口音的典雅英语，虽然他当时已经八十二岁高龄，但他思维敏捷，理路清楚，诙谐、幽默，十分风趣，对我国藏学界的历史真是如数家珍，娓娓而谈。

阿齐兹博士再三敦请于老前往纽约参加会议，于老也微笑答应了，可是到临办手续前又决定不去了。阿齐兹博士在会上作了一个专题报告"中国老一代藏学家于道泉、李安宅二教授的近况介绍"，引起了与会者极大的兴趣。我在会上介绍我国藏区藏戏的发展现状时，还特别提到莎翁名剧《罗密欧与朱丽叶》（Romeo and Juliet）以藏语演出的盛况（那是了不起的艺术精品，上海戏剧学院藏语班的同学集体努力完成这一划时代的演出），我断言：现代藏语可以表达世界上任何文学名著！与会听众报以热烈的掌声。

在这次会上结识了牛津大学的两位藏学家：阿瑞斯·马可（Dr. Aris Marke）和克拉克（Dr. C. Clarke）。马可的太太就是缅甸著名的民主运动领袖昂山素季。1985年在慕尼黑的藏学会上见了一个面，纤弱文静，像个女大学生，看不出竟是一位社会活动家和领袖，大概由于她是缅甸独立运动领袖、缅甸国父昂山将军的女儿吧！昂山素季被软禁在仰光七八年了，1992 年秋，我应邀在牛津大学访问时，阿瑞斯·马可请我到他家去看看，他带着两个男孩，住在牛津大学校园内，家中没有主妇，乱得可以。克拉克娶了复旦大学毕业在英国留学的王金钗女士，夫唱妇随，都有很理想的工作，而且极关心西藏农牧业的发展，常到西藏做田野调查，生龙活虎，想不到竟在今年春季遽尔以脑瘤过世，令人扼腕。

  1982 年秋，我应聘到维也纳大学藏学—佛学系教了一年书，为客座教授直接去教外国学生，对自己也是锻炼。我要加紧提高英语表达能力，努力把课堂上的事弄妥帖。

  到了 1983 年春天，我去了巴黎，那是石泰安教授（Prof. R. A. Stein）的精心安排。当我从维也纳直达巴黎的火车到站时，有一位中国留学生许女士举着牌子来接站，旅馆、图书馆借书证、访问日程等都安排得停停当当！旅法藏族学者噶尔美博士（Dr. S. Karmay）在 1981 年维也纳的会议上我们已经结识。这次，我应邀来巴黎访问，又是石泰安教授（他的导师）的客人，噶尔美博士当然分外热情，在我到达后的第二天，即由他陪同到巴黎国家图书馆东方手稿部去阅读敦煌写卷文书。科恩主任确实是难得的好人，悉心接待，不厌其烦，我一再调阅写卷，都如愿以偿，使我能在短短的两个星期中，尽可能多地阅读到重要的藏文卷子，把《敦煌本吐蕃历史文书》所包括的几个卷号都一一做过核对，纠正了我们原书中的若干错误，也补足了几处重大的阙文，心满意足。而后在海瑟·斯脱达（Heather Stodard）的陪同下我游览卢浮宫，一睹蒙娜丽莎的芳容，当然也忘不了去拜访周恩来总理当年留学巴黎时住过的旅馆，忘不了去凭吊一番巴黎公社社员墙遗址、协和广场和凯旋门。那时，马雍教授和陈高华教授也正在巴黎开会，他们二位听主人说我在巴黎，于是联袂到拉丁区的大学旅馆来找我。我们三人一道去香榭丽舍大街徜徉漫步，欣赏夜巴黎的景色。经过"红磨坊"夜总会门口，议论一番，一听说五百法郎一张门票，我们只好望而却步了。

  马雍教授在 1985 年就过早地离开了我们。但，他那爽朗的笑声、坚毅的精神永远留在我的心中。前面提到的石泰安教授是法兰西学院汉学和藏学讲座教授，是继沙畹、伯希和（Paul Pelliot）、马伯乐（H. Maspero）、戴密微（Paul Demieville）以后的汉学藏学并举的重要人物。在 20 世纪 30 年代，他逃避希特勒纳粹党徒的迫害，从德国逃亡到巴黎，与于道泉先生结为密友，志趣相投，共同的理想缔结了牢固的友谊。第二次世界大战后，音讯隔绝了几十年，直到 1980 年，经由于道泉教授出面邀请，他才又一次来到他时时念想的中国，并且遍访了甘肃、四川等省。我曾陪他在北京参观、访问。由此缘故，当他知道我在维也纳大学教书时，便应邀来到维也纳大学短期访问和作学术报告，这就又一次见了面。接着，我就自然地作为他的客人去巴黎了。离开巴黎，我又一鼓作气去了伦敦，主要还是为了调查收藏在英国印度事务部图书馆的敦煌藏文写卷和若干新疆出土的藏文简牍。管理这部分资料的奥开菲（Michael O'keefe）先生也颇合作，最为难得的是从他手中接过来托玛斯（F. W. Thomas）教授的《关于西域的敦煌藏文文献》四卷本和瓦累布散（Vallée Paussin）编写的《斯坦因搜集的敦煌藏文写卷目录》，这是十分难得的工具书，已经很难买到。我本以为"踏破铁鞋无觅处"，想不到"得来全不费工夫"。也许是海瑟·斯脱达女士的介绍信起了作用了吧！在伦敦大英博物馆东方语言部担任主任的其美活佛盛情接待自不必说，还有中文部的吴方思（Wood

Frances）女士的帮助。她来北京时，也访问过于老，我参加过接待。后来，我又两次（1992、1995年）访问伦敦时，在伦敦大学亚非学院（SOAS）阅读资料，又与上述二位时有过从。还有机会借阅了黎吉生（H. Richarson）和查尔斯·贝尔（Ch. Bell）等前殖民政府官员在西藏写的若干报告的手稿。当然不会忘记到海格特公园墓地去瞻仰卡尔·马克思墓园，在他的半身塑像前献上一束小花。同时，回过头来，又在海格特访问一下于道泉先生旅英期间的故居。

通过这次在巴黎、伦敦的访问，写了一篇《最近十年国外学者对敦煌藏文写卷研究的述评》，发表在《中华文史论丛》上，算是一个交代。1985—1987年我接连访问德国（当时叫西德，或者正规地称为联邦德国），主要在巴伐利亚州的首府慕尼黑和临时首都波恩（我国台湾省的人却喜欢叫她"波昂"）开会、教书。

旅德的藏族学者邦隆活佛，色拉寺出身，曾获拉然巴格西（头等格西）荣誉，又在慕尼黑大学获哲学博士学位，一直在巴州科学院亚洲研究所与于伯赫博士（Dr. H. Uebach）合作编写《藏德大词典》。他的本寺是云南中甸大寺，出生在昌都地区，学经受教育在拉萨，纯粹是偶然的因素茫茫然地漂流到印度，然后又到了西德。经过一段艰难痛苦的文化"休克"，他终于找到了自己的定位，以《佛经律藏中的故事》一篇四百多页的论文获得了哲学博士学位之后，一切都顺利了。他以一名流亡者、难民的身份越过了社会等级，跨进了西方的学术圈子，得到应有的尊严和荣誉。他几次回国、回到故乡、回到云南中甸，所见所闻，觉得宽慰。特别是昌都军分区解放军医院为他的老母亲医好了白内障，使老人能重见光明，真让他万分感激。见面时他一个劲儿地说"解放军真好！"大大地缩短了存在已久的与当地政府的疏离感，转而变成非常亲切的朋友。在波恩大学中亚学系工作的扎雅活佛（昌都管觉人）、普康活佛（山南琼结人）和白马才仁喇嘛（四川白玉人），他们三位分别从事"现代藏语"、"佛教文化艺术"和"宁玛派经典"的研究和教学，都已入了德籍，有了比较稳定的收入，生活都很不错，因而都能以正常的心态看待西藏的变革，对发展的前景也抱有希望。

特别是白马才仁喇嘛1986年回到阔别已久的故乡——四川省甘孜藏族自治州白玉县，亲眼见到家乡的巨变，兴奋不已，拍摄了大批照片。当时，正逢第十世班禅大师在四川考察，还在百忙中接见了他，他更感到无比光荣。回到波恩，连续几天，他用"故乡见闻录"的名义，在系里集会上放映幻灯，边放映边解说，极为生动活泼。其中，幻灯上出现了他的妹妹和弟弟等家中老小的镜头，他解释说：他们都成了共产党的人了（指他们都是共产党员），如今，都是很有体面的人，家里生活过得很好……他的行动，颇让某些搞分裂活动的藏人不高兴，扬言说：白马才仁被共产党收买了！后来引发了他跟达赖喇嘛之间的一场文字辩论。看来，"事实胜于雄辩"，"日久见人心"。

1984年6月，在布达佩斯匈牙利科学院举行了一次盛大的纪念活动，以国际研讨会的形式纪念乔玛（Alexander Csoma de Ksama，1784－1842）这位欧洲藏学研究的先驱，我国也派人参加了。据说这位匈牙利（当时还属奥匈帝国的臣民）血统的哲学博士，1823年在慕尼黑大学取得学位后，为了寻访自己匈牙利民族的根，只身东行，长途跋涉到达印度境内的藏人居住区拉达克，就停了下来，进入一座佛教寺庙，锐意潜修，学习藏语藏文。乔玛一住九年，真正过着禁欲的宗教徒苦修生活，按藏人说的他的生活是清茶糌粑，一盏酥灯，全部精力用在研讨藏文、藏族历史和藏传佛教上。1834年,乔玛从寺庙出来,到了加尔各答,受雇于英国殖民政府——东印度公司图书馆。就在这个野心勃勃的殖民公司支持下,乔玛一口气出版了三本专书:《藏文英文字典》、英文的《藏文文法》和《藏文大藏经分析目录》。后来,乔玛又奉东印度公司派遣,前往拉萨,想进一步去敲开西藏的大门,不意在喜马拉雅山南麓、锡金边境上染热病去世。算是赍志以终,至今还在他的墓地上立有碑文。从此,这位行径古怪的学人就成为欧洲乃至西方世界藏学研究的引路人,他的三本书名副其实地成为藏学入门的津梁。匈牙利科学院设有"乔玛纪念奖学金",鼓励青年学习藏学,自20世纪70年代起,并以"纪念乔玛国际藏学研讨会"的形式每三年组织一次国际会议,固定在匈牙利举行,偶尔也在奥地利举行。

1985年第四届国际藏学会在德国慕尼黑召开。1989年第五届国际藏学会在日本东京召开。1992年第六届国际藏学会在挪威奥斯陆—法根尼斯召开,与上几届不同,我国大陆派出了二十五人参加,再加上中国台湾来了六人,实际上,有三十一位中国人参加。队伍可谓大矣!反映了我国藏学研究的发展、队伍的壮大和改革开放政策的落实。1995年6月的第七届国际藏学会在奥地利的格拉茨举行时,我国有二十六位代表参加。今年,1998年7月第八届国际藏学会在美国印第安纳大学布鲁明顿校区举行时,我国又派出了二十八位代表参加,仅西藏自治区就有西藏社科院和西藏大学的人员十人。实际上,我国藏学研究的进展已经是举世公认的了。我们以充分的信心迎接21世纪的藏学热,或藏学研究的高潮到来。

毛宗武*先生访谈录

龙国贻：尊敬的毛老先生，您是著名的苗瑶语专家，恰逢今年您90高龄，我们想请您谈谈您的治学经历。

毛宗武：与语言学结缘，纯属偶然。我虽地主家庭出身，但家里很穷，初中念了一年半，当了两年师范生，又教了四年中小学，随后考取了广西大学史地系。那时候学校包吃包住，但衣服得自己买，我才念到大二，衣服已经破得不像样。为能穿暖，我想到去考兵团的干校，正在这当口上，中央民族学院通过教育部去广西大学要人，待遇很好。那时想法特别简单，我离开广西，来到北京，脱离史地领域，走近语言学，竟是为了最基本的生活需求。那是1951年11月，我28岁。入学后我被分配到语言学系从事瑶语方面的工作，学校目的不是研究瑶语，而是创制瑶文，为此我们进行了长达三年的调查，我感觉瑶族太分散、没有创制文字的条件，就默默地搞瑶语研究，又念了研究生，现在看来与给瑶族创制文字相比，研究瑶语这条路显然是对的。

最终把苗瑶语研究作为毕生事业，既是志趣所致，又是理念使然。研究生期间我被借调到中央统战部工作，后统战部常务副部长会议决定把我留到统战部。我在从政与治学间坚决选择了语言学，于是夜闯副部长家门表达返校意愿，领导劝我作为一个团员要服从组织分配，我坚持说国务院发文要求"归队"，学什么专业就回到什么领域去工作，我要求归队。经过两个小时的坚持和一个星期的静候，终于如愿被送回中央民族学院，于是自1956年起，我正式开始了终生的事业——苗瑶语研究。

1956—1958年，我作为中国科学院少数民族语言调查队队员，整整三年都待在田野，广泛了解瑶语情况，也普查了苗语和畲语，之后进入社科院民族所工作。又经过长期的调查和研究，我发现瑶族居住比较分散，语言面貌复杂，就在罗季光先生的指导下写苗瑶语简志，罗先生是主要撰稿人，我参与研究，最终署名苗瑶语组。罗先生辞世后，我在他的基础上继续深入，写成《瑶族语言简志》。后与王辅世先生研究的苗语做比较，与他合作写成《苗瑶语古音构拟》。自称瑶的苗族很多，语言也不一致，我想弄清楚这些问题，因为与苗族接触不多，而我们所的李云兵正好是苗族，主要研究苗语，所以我跟他合作，又写了几本专著《巴哼语研究》、《炯奈语研究》、《优诺语研究》等，期间又整理出版了《汉瑶简明分类词典》和《瑶族勉语方言研究》。

现在回想起来，最关键的一个选择，就是从中央统战部坚决回到语言学道路上来，在那

---

* 毛宗武（1926.8— ），广西永福人。1951年毕业于广西大学史地系历史专业。中国社会科学院民族学与人类学研究所研究员，苗瑶语专家。

个特殊的年代，是很不容易的。这使得我的工作与兴趣一致，学术与生命融合，此生足矣。

龙国贻：我们知道，您最重要的引路人是罗季光先生，自民族语言大调查始，再到把您留在社科院民族所工作，直至指导您写语言简志等。您能跟我们详细谈谈那一段岁月，并介绍那时以来的国内苗瑶语研究情况吗？

毛宗武：罗季光是我的领导，他一直指导我，手把手教我，是我的恩师，最早把拉伽语从苗瑶语分离出来归入壮侗语的就是他。学生时代，他就一个人去广西调查，20世纪30年代从北京大学毕业，又师从罗常培攻读硕士，当了多年中学教师、教导主任，后来罗常培调他到中国科学院语言研究所少数民族语言组第四组当研究员，当时组长是傅懋勣。民族所从语言所独立出来后，傅懋勣当副所长。傅先生是个人才，他留学英国，剑桥大学毕业。他到新疆去，也没去几次，很短的时间就能用维吾尔语做报告。当时他在语言研究所任第四组组长，罗季光任副组长。民族所分出来之后，罗季光管语言室，后任命为语言室主任，还兼在瑶语组工作，调查期间他是壮语组（第一队）副队长，袁家骅是队长，王均是第二副队长。罗季光亲自指导我，凡是有名的聚居比较多的地方我都去过了，比如：广西、云南、湖南、广东、贵州，当时大调查我们去了三年。调查之后他挑选了两个人，我在其中，之后再对我们进行了半年考察，后来决定把另一位分配到广西民族学院，把我留在了社科院民族所。之后我一直不断补充调查，很多地方去了多次，比如云南河口县，我去了两次；广西龙胜县，去了三四次。我很感激那个发音人老赵，1954年，罗季光独自去广西调查语言，落脚点在桂岭师范，他在那里挑了发音人，调查时老赵在窗外，听到发音人的错误就大声纠正，罗季光就请他进来，发现他是个十分理想的发音人，于是请他到北京。他当时已婚，无法调动配偶，调查完之后就回去了。调查时他和我在一个组，我是组长，他是副组长。专业上我当时掌握得还不够，很多问题都要靠他帮助解决，所以除了罗季光先生之外，我第二需要感激的人就是赵旬，后来多次到龙胜，还去他家里探望。还有你这几年常去调查的广东连南县，我也去过两三次。

刚刚跟你讲的是指导过我的人，现在跟你说说我指导过的人。我在社科院民族所工作之后，总共带了两个人，一个是郑宗泽，一个是蒙朝吉。因为编制的原因，郑宗泽被安排在图书馆待了一年，之后才从图书馆调入研究室，跟着我调查。蒙朝吉跟我调查的时间最长，调查的语言点也最多，我还与他合写了《畲语简志》。经过长期调查研究，我了解到瑶族居住比较分散，瑶族的语言有两三种，瑶族也有自称苗族的，比如海南岛的苗语其实就是瑶语。为什么会产生苗族语言又叫瑶族语言，瑶族语言也叫苗族语言，畲族也有这个问题，原来我到浙江、江西和福建调查，看畲族的族谱，有的叫作苗族，但是又有瑶族漂洋过海的那个故事，所以这样看来很复杂，是什么原因造成的我们还不清楚。罗季光就要我写语言简志，凡是称为苗族瑶族的，要把他们的语言搞清楚，到底是不是苗族瑶族，我就在他的指导下研究，罗季光是主要撰稿人，署名是苗瑶语组。罗先生去世后，我在他的基础上继续研究，写成《瑶族语言简志》。写完之后就把瑶语的材料与王辅世的苗语进行历史比较。王辅世很聪明，他念过好几个大学，非常优秀，外语也很好，大学毕业之后在中学教了很多年书，在西北做过英语教师，后来做苗瑶语的研究。我们一起在苗瑶语组，我是政治组长，他是业务组长，我受他领导，跟他合作写了《苗瑶语古音构拟》。自称瑶族但实际上讲苗语支语言的也有很多种，而且他们的语言也不一致，比如蒙朝吉的母语是布努语，就是属于苗语支。因为我跟苗语接触不多，我们所的李云兵主要研究苗语，他本人又是苗族，所以我后来就是跟他合作研究，刚刚说过的，出版了好几本书。写到最后我就没有力量写了，因为没有材料，人们怎么把苗族和瑶族的名称混合、为什么混合，这个问题我本想搞清楚，但是苦于没有材料，虽然我在广西大学是就读史地系，但是只学了一年半就转做语言了，历史也不怎么做，我已经没有时间再重新去仔细查看瑶族的历史、瑶族的族谱了。以前调查瑶语主要做语言调查，目的是创制文字，所以不重视族谱，这方面材料稀缺，但是我希望你有时间翻翻历史，看看他们什么时候分、什么时候合，但是这个问题非常难以研究，因为没有文字。只有族谱作为一个线索，但是光靠族谱并不能解决这个问题。很难，需要你再想想其他办法。

龙国贻：好的，这既是您对后学寄予期望，也是今后苗瑶语研究必须解决的问题，我们会在先生的基础上继续努力。还想借这个机会请您谈谈国外的苗瑶语情况。

毛宗武：国外的苗瑶语专家，影响最大的是张琨。他在美国，根据我和王辅世发表的材料来研究，超过王辅世。1947年他发表论文《苗瑶语声调问题》，奠定了苗瑶语声调比较研究的基础，这些个问题连王辅世都没看出来，但是张琨研究好了。现在国外主要是日本人在研究，日本有位学者叫新谷中彦，他出了两本书送给我，还有几篇论文。除了日本人之外，研究苗瑶语的少之又少，其他也有人写过一些论文。国外的情况我们了解得不多。如果要研究国外的苗瑶语，泰国的苗瑶语分布得相对比较多一些。当年我们想去泰国调查，我和王辅世两人都想去，但是组织上不批准，没有经费支持，只能作罢。我到了云南省河口县两次，那里的声调保留得比较好。

龙国贻：根据您的指点，去年我在昆明找了个河口的发音人做初步了解，声调很有意思，准备以后深入研究。在您看来，苗瑶语研究的难点和瓶颈是什么？

毛宗武：现在研究的是综合的问题，我综合研究了勉语的，出版了《瑶族勉语方言研究》，布努语也综合研究了，蒙朝吉出版了《瑶族布努语方言研究》，其他的语言我们只是调查了一点，没有很好地研究。目前研究的困难是材料不够，尤其古代历史没有文献记载，语言也没有文字的记载，所以苗瑶语的历史研究非常困难，这是个瓶颈。瑶族的语言这么复杂，有瑶，也有苗，还有拉伽语，拉伽还属于壮侗语，这么复杂，到底是为什么？我看了一点材料，就是拉伽到大瑶山去，去了之后就把每个山占领了，当了山主，瑶族（勉）进去之后就向拉伽租地来种。为什么这么复杂，怎么形成的，这些个问题一直在我的脑海里，苦思不得其解。瑶族的成分这么多，其实真正的瑶就是勉语，除了勉的方言土语外，很早的时候跟苗语也有关系，但是我们没有历史文献，我们认为苗瑶语原来是一家，这个可能性很大，也看得出原来确实是一家，但是我们没有文字材料，没有说明。

龙国贻：您诸多学术贡献中，自己最满意的是什么？

毛宗武：我最大的成果就是原来《辞海》、《辞源》里都说畲族没有语言，我带蒙朝吉去调查过畲语，到广东调查发现他们有语言，所以我与蒙朝吉在《中国语文》发表了《有关畲语的语言问题》。假设当时没有搞清楚这个问题，现在还说畲族没有语言呢，字典里都这么说。另外，我和王辅世合作构拟了苗瑶语古音，现在还没有谁能够超越。之前外国也有人搞苗瑶语的构拟，我们的构拟比他的科学。

宣德五*先生访谈录

千玉花：非常感谢您接受我们的采访。您是我国朝鲜语研究领域的资深专家，能否谈谈您是如何走上朝鲜语研究这条道路的？

宣德五：新中国成立之初，国家急需东方语文翻译人才，遂从全国各大专院校抽调一批学生到北京大学东语系学习。我便是1951年10月从上海圣约翰大学新闻系保送到北大东语系学习的调干生。当时朝鲜战场上硝烟弥漫，国内开展了轰轰烈烈的抗美援朝运动，从一片爱国热忱出发，我毅然决然地选择了朝鲜语专业。那时，东语系的培养目标是翻译人员，授课内容主要是听说读写译等翻译能力的培训。1955年7月大学毕业后，系里考虑到要培养一些东方语文的师资，便把我留下当研究生，跟随朝鲜政府派来的援华专家、知名朝鲜语言学家柳烈教授学习。在他的具体指导下，我确定了朝鲜语语法作为我研究的主攻方向，并与他商讨选定了我的论文题目为"论朝鲜语的粘附成分"，因为这些后附于实词词干后的语法成分是构建朝鲜语各种类型句子的关键成分。通过这篇论文的撰写，在柳烈教授悉心指导下，我向他学习了如何选定研究主题以及根据这一题目如何收集材料，又如何分析综合这些材料的研究方法，这就为我今后的研究奠定了初步的基础。

1979年以前，我主要在北大，后来又调到解放军外语学院从事教学，而科研工作则是围绕教学和教材编写进行的，其成果反映在《朝鲜语读本》和《朝鲜语实用语法》这两本教材中。前者是我和解放军外语学院的两位教员共同编写的供汉族学生学习朝鲜语的基础教材，我负责语音、词汇、语法的注释以及每册书末的词汇附录。此教材的一、二册经过试用，教学效果良好，1964年铅印为内部教材。《朝鲜语实用语法》是我根据自己学习和讲授经验、体会，针对汉族学生学习朝鲜语的特点而编写的语法教材，此教材运用传统语法的分析方法，对朝鲜语的词类、词缀（即粘附成分）和句子结构进行了全面系统的论述，为此获得解放军总政治部颁发的三等功授奖证书。

1979年以后，我调入中国社会科学院民族研究所工作，这是专门从事科学研究的机构，我的任务发生了转变，研究领域有所扩大，除继续朝鲜语语法的研究外，还对朝鲜语的方言作了调查研究，对朝鲜文字的历史变迁情况进行专题研究。就是这样，我一步一个脚印地走上了朝鲜语研究这条道路。

千玉花：20世纪80年代，您组织一支队伍赴东北三省详细调查了朝鲜语方言，出了本《朝鲜语方言调查报告》，那次调查是迄今为止规模最大的朝鲜语方言调查。请您回顾一下这

---

* 宣德五（1933.2— ），江苏省扬州市人。1959年研究生毕业于北京大学东方语言文学系朝鲜语专业。中国社会科学院民族学与人类学研究所研究员，朝鲜语专家。

段历史。

宣德五：1956—1957年，为了弄清全国少数民族语言的基本情况，并帮助我国一些少数民族创制和改革文字，曾由中国科学院少数民族语言研究所筹备处和中央民族学院开办了少数民族语言调查训练班，培训了数百人组成七个调查队分赴民族地区，对我国少数民族语言和方言土语进行了普遍调查。当时由于条件未具备，没有去延边地区进行对朝鲜语的普查工作。20世纪60年代，有个别朝鲜语文工作者进行过朝鲜语的方言调查，以后又由于种种原因而中断。这样，我国朝鲜语的普查就成了一个空白点。而我国朝鲜族，除了说济州岛方言的极为罕见外，说其他方言的人在我国东北三省都很容易找到。利用我国朝鲜族人民说的话，全面研究朝鲜语的地域方言比起处于分裂状态的朝鲜半岛，条件更为有利。1979年我调到民族研究所工作后，当时负责满蒙朝的学科带头人、资深研究员喻世长先生就跟我们朝鲜语组的几个同志商讨，觉得对朝鲜语进行普查的时机已成熟，应该填补这一空白。这样，我们就开始酝酿，准备进行这一工作。而年逾花甲的喻先生自始至终，从组织普查工作队，到去民族地区蹲点调查，回来后整理材料，撰写《朝鲜语方言调查报告》，他都亲自参与，运用他丰富的经验，给了我们具体细致的指导。

1981年，我们和东北三省朝鲜语文工作协作小组办公室（简称三协办）取得联系，以我们所语言研究室的名义和三协办共同组织了一次为期两个月的试点调查，地点选在黑龙江省绥化县兴和乡兴和村，调查的是庆尚北道庆州方言。在此基础上，我们编制了朝鲜语方言调查大纲。

1982年，在国家民族事务委员会的支持下，由上述两个单位倡导正式组织了中国朝鲜语普查工作队，参加的成员共22人（其中进行实际调查的人员19名），我被选为工作队负责人之一。我们首先在北京举办了一个月的培训班，以提高调查人员的听音、记音能力，熟悉调查大纲的使用方法。实地调查是从1982年7—11月，分三个组同时进行，共调查了东北三省13个县市，记录了20位发音合作人提供的20个点的材料。

我们每到一个地方，负责调查这个方言特点的同志必先询问什么村子保存原有那个方言的特点，到了那个村子，又寻找受其他方言影响最小的几个家庭，然后从这几个家庭中选定大家公认的词汇丰富、发音清晰的老大爷或老大娘作为我们的发音合作人，要求调查人员准确地记录下他们的发音，力求获取准确无误的发音材料。

1984—1985年间，民族研究所参加调查的三位同志——我、赵习和金淳培又先后集中三个月的时间到每个调查地进一步核实了各个点的原始记录材料，并对各个点的材料之间的相互配合关系进行了补充调查。

这次朝鲜语方言调查取得的成果集中反映在我和两位同事合作编写并由我最后统稿的《朝鲜语方言调查报告》一书中。全书百万字，汇集了田野调查所得的全部词汇材料，颇富资料价值。书中分语音、语法、词汇三个部分，对这些材料作了理论性的探讨和规律性的说明，同时还运用方言地理学的方法，根据发音合作人的原籍绘制了三十五幅朝鲜半岛方言地图。此书的学术价值在于：

1. 首次系统地刊布了我国朝鲜语的方言口语材料；
2. 首次描述了我国朝鲜语方言的分布情况，这对国外读者来说，可以说是全新的信息；

3. 既描写了各个方言调查点的语音系统和语音特点，也把它们相互联系起来与现代书面语作平面比较，与中古文献的书写形式作历史比较，并用罗列公式的方式阐明了它们之间的语音对应规律，探索了各方言语音的历史发展轨迹。材料翔实，体系严谨。在各个调查点的方言从语音、语法、词汇三个方面进行描写和比较的基础上，最后在"朝鲜语方言的划分"一章中，抽出若干条在地域分布上比较整齐的方言差异现象，画成一幅"朝鲜语方言现象综合图"，从地图上综合观察方言现象的分布情况，归纳出每个方言区别于其他方言的独有的特点，这就给每个方言下了简单而有效的定义，由此而确立了朝鲜半岛上的六大方言区：中部方言、东南方言、西南方言、西北方言、中北方言、东北方言，而把六镇方言单独划分为一个独立方言——东北方言，把除六镇地区以外的咸镜道方言划为中北方言，这对传统的方言划分法作了重要修正；

4. 书中辟专章阐述了朝鲜语汉字词的朝汉对音系统关系，书后又把汉字词作为"词汇材料之四"单列出来，列举了它们在各方言点的读音、朝鲜语的中古读音和这些汉字的切韵声韵，这对研究朝、汉语音演变历史具有重要的参考价值；

5. 在描写辅音系统时，提出了与传统观点不同的零音位主张，并对其变体作了细致的描述，揭示了零音位起着切分音位的作用。零辅音的设定使对朝鲜语音节构成类型的描写有了新的说法，即把传统上根据书写形式确定为以元音为首音的开、闭音节，都归并到以辅音开头的音节类型中。

此书经过两年多的整理编写，终于在1986年年底完稿，由延边人民出版社于1991年4月出版。

《朝鲜语方言调查报告》填补了我国少数民族语言调查研究的空白。此书一问世，在国内外朝鲜语学界引起了很大的反响。中国社会科学院资深研究员喻世长先生曾撰写专文评述了编写此书的指导思想，介绍了方言研究的几点经验，指出在方法上对少数民族语言方言口语的调查研究有重要的参考价值；延边大学朝文系崔允甲教授称此书如实地反映了中国朝鲜语的方言情况。韩国著名语言学家李基文教授在我去韩国进行学术访问时也曾当面指出，把六镇话划为独立方言具有重要的学术价值；韩国太学社还将此书翻印出版。在此书出版的第二年，即获得本所优秀科研成果奖；2001年又获得第一届中国朝鲜语学会优秀著作奖。

千玉花：您在1994年出版的《朝鲜语基础语法》一书的影响力很大，是我国1992年以后从事韩国语教育的老师们的必备参考书。此书在1999年度获得了韩国东崇学术奖功劳奖。东崇学术奖是韩国语言学界的最高荣誉奖，能否谈谈获奖经过与感受？

宣德五：1979年以前，我先在北京大学，后又调到解放军外国语学院任教，主要讲授朝鲜语语法。在教学过程中，我始终注意收集材料，如讲课时学生提出的疑难问题，学生作业中出现的错误造句等。平时就对这些问题进行研究，并经常向教研室有长期教学经验的朝鲜族教员请教，进行深入研讨。1978年，我根据自己二十多年语法教学的实践经验，在上述调查研究的基础上，针对我国学生学习朝鲜语的特点和难点，编写成一部朝鲜语语法教材，并油印成册，供解放军外语学院教学使用，结果教学效果良好，学员们反映这部语法教材比较实用，能解决学习中存在的问题。为此由学院申报，获得解放军总政治部颁发的三等功授奖证书。

1979年来到民族研究所后，我继续语法研究工作，把我过去收集的材料作进一步分析综合整理，在上述油印的语法教材的基础上，保存其原有的框架未动，但对若干例句和解释说明作了修改补充。该书得到北京大学韩国学研究中心的推荐，由韩国大宇学术财团资助，由商务印书馆于1994年正式出版发行，书名为《朝鲜语基础语法》。此书首先根据词的形态特点，句法功能及其意义划分出八大词类，分章论述了各类词的语法特点。对一些封闭性的虚词，则列举其常用的重要成员，一一描写了它们的功能和用法。与其他语法著作不同，此书认为粘着于实词词干后表示语法意义，并具有游离性的成分，既非助词也非词尾，书中称它们为"词缀"（或称粘附成分），以区别于汉语的助词和印欧语的词尾。从类型学来看，朝鲜语属粘着语，因此这些粘附成分，书中称为"词缀"的成分是朝鲜语语法系统中关键性的部件，也是汉族学习中的难点。书中尽可能详尽地列举各类词缀的重要成员，运用同一现象的辨析以及和汉语相对比的方法，准确细致地阐明其意义和用法。此书着力于论述朝鲜语语法中与汉语不同的特点，以帮助汉族掌握和使用这一语言，这是此书区别于国内外一般朝鲜语语法著作的独特之处。此书出版后博得学界和读者普遍的好评，成为朝、韩语言学习者和从事朝、韩语教学的老师们的常用参考书，1997年商务印书馆重印此书4000册。

1998年，韩国东崇学术基金会给我发来一份申请表，让我填写申请并简要介绍申请奖项的著作的主要内容。我填好申请，并附上《朝鲜语基础语法》一书，一并寄给了韩国东崇学术基金会，经过它们严格的评审，决定授予我1999年度韩国东崇学术奖功劳奖，并以该基金会理事长、文学博士金敏洙教授的名义给我发来奖状，内容如下：

宣德五从事我国语言研究。他为我国语言学术的发展和在国际范围内的普及全身心地投入研究，作出了艰苦的努力。在宣扬我们民族学术事业方面树立了巨大的功劳，特授予此奖。

1999年9月17日

韩国东崇学术基金会授予我如此殊荣，我感到内心有愧，只能将此看作对我的鞭策，鼓励我继续作出努力。

2004年，为了提供作为外国语的韩国语教学参考和交流使用，韩国学者孙正义特意来北京找我商谈将《朝鲜语基础语法》译成韩国语出版事宜。孙正义教授毕业于韩国著名大学延世大学中语中文学科，并在该大学研究生院取得硕士、博士学位，曾先后在延世大学、江原大学、首尔女子大学等任教，当时又来到中国任延边科技大学东方语学系教授。我认为他是可以信赖的一位学者，便同意授权与他进行翻译出版。2004年7月，孙正一教授翻译完稿，由韩国新星出版社正式出版了此书的韩文版。

此后，我陆续收到一些读者的来电来信，询问何处可以购得此书，结果得知《朝鲜语基础语法》一书早已售罄。适逢中韩两国建交十五周年，又逢中韩文化交流年，社会科学文献出版社有意出版此书，我便欣然同意，对此书若干例句进行了增删修订，又按韩文缀字法的规范改写了原书的拼写法和分写法，同时对书中一些术语及其内涵和外延作了适当的修改，并将此书更名为《韩国语基础语法》，由社会科学文献出版社于2003年8月正式出版发行。

千玉花：您与照那斯图老师合写的《训民正音和八思巴字关系探究》一文在国内外学界引起了训民正音研究热潮，请您谈谈该文。

宣德五：随着 21 世纪的来临，我就在想用什么研究新成果来迎接新世纪的到来。一天，照那斯图研究员和我谈起朝鲜文字的起源，似乎跟八思巴文字有一定的渊源关系。我跟他说在韩国无论是历史上还是现代，都有训民正音八思巴字起源说，但纵观 20 世纪 40 年代以前有关这一问题的学说，其研究方法大多依据某些文献资料进行推论，其中多有牵强附会之说，即便是把正音文字其他文字加以对照研究，也缺乏对有机的联系作规律性的说明，难以避免偶然的类似。我们两人都认为对这一问题有进一步深入探讨的必要，而照那斯图先生正是研究八思巴文字的专家，我和他合作肯定能在这方面取得新的成果。于是我们两人当即确定了研究的题目"训民正音和八思巴字的关系探究"，副标题为"正音字母来源揭示"，同时还作了学术分工，由我收集资料专门论述训民正音指定的过程及其制字原理和理论渊源，并根据历史资料详尽地介绍有关训民正音起源的各种学说，而照那斯图先生专门研究和论述正音文字和八思巴字的渊源关系。他论述的部分正是这篇论文的重点，《民族语文》杂志 2001 年第 3 期刊登了这篇论文。文章发表后，引起了国内外学者的关注，照那斯图先生还应邀赴韩国参加了他们的学术研讨会，就这一问题发表了专题学术讲演，进一步解说了这篇文章的主要论点。韩国的学者以浓厚的兴趣与照那斯图先生探讨了这一问题。

此后不久，照那斯图先生身患重病，胃癌夺去了他宝贵的生命。我为他的离去感到无限悲痛，所幸我和他合作完成了这篇论文的写作，此文将成为对他最好的永久纪念。

千玉花：您的研究领域包括了朝鲜语的语音、语法、词汇以及我国朝鲜语言使用的实际情况分析等。朝鲜语并非您的母语，但您学习研究了 50 余年。您既做过教学又做了研究。能否讲一下多年从事朝鲜语教学研究工作的经验和体会？

宣德五：我从事五十余年的朝鲜语教学和研究，确实也取得了一些经验和体会，当然还谈不上深刻，其中也有不少是老生常谈。但是我认为即使是老生常谈，却具有普遍意义。我的一些体会简述如下：

1. 万丈高楼平地起，基础一定要打扎实。我虽然一开始学习的是翻译，但听说读写译的训练，却给我打下了牢固的朝鲜语这一门外国语的基础，为我日后的教学、科研铺平了道路。

2. 科研固然主要是个体进行的活动，但绝不能独自一人闭门造车，必须要集思广益。①要向前辈学者学习，传承他们的学术传统，深刻理解他们已取得的研究成果；②随时与同辈同行进行交流，及时跟他们研讨自己的研究心得，以弥补不足，纠正错误；③教学相长，要向学生学习。注意收集他们在学习过程中提出的疑问以及他们作业中出现的错误，这些都为今后研究提供了极好材料。"三人行，必有吾师"，这已成为我教学科研的座右铭。

3. 要广泛地、详尽地占有材料。材料来源无非两种，一是从书面文献中收集到的材料；一是向群众做调查研究，上述的教学相长就是这方面很好的例子。而作为语言研究来说，下到民族地区，收集当地群众的口语材料，做田野调查，这比起前者来更为重要，能提供活生生的材料。

4. 要广泛了解本门学科研究的历史发展和现状。我平时就很注意这方面的情况，随时加以总结。我的两篇文章《二十世纪的中国朝鲜语研究》和《当代韩国的语言学研究》就是这方面阶段性成果。只有这样才不至于重复别人的研究，不至于像俗话所说的"炒冷饭"、"嚼别人嚼过的馍"。这样才能在既有成果的基础上，与时俱进地把学术研究一步步地推向前进；

5. 我们既要尊重前辈研究所取得的既有成果，但又不能畏于前人的成就，要敢于突破，敢于创新，正如陈寅恪先生所说，要有"自由的思想，独立的精神"；

6. 在学术研究的过程中，要有锲而不舍、持之以恒的精神。我至今还记得我们的恩师季羡林先生对我的同班同学、终身伴侣张明慧和我所作的教导："天分固然重要，关键还在于勤奋。"季先生于1998年10月4日还特为我们题词："书山有路勤为径，学海无涯苦作舟。明慧、德五勉之"，不幸先生于2009年逝世，他赐赠的墨宝，弥足珍贵。可见科研要取得成果，就跟登山一样，要不畏艰险，勇于攀登，才能达到山的顶峰。所以科研是个艰苦的过程，要不怕苦，并且以苦为乐，要甘于坐冷板凳。科研绝不是短期的行为，切忌急功近利，心情浮躁，贪走捷径，投机取巧，甚至违反学术道德，剽窃他人的著作。要遵守学术规范，遵守学术道德，这条底线绝不能突破。

千玉花：您除了教学和科研外，在翻译领域也有建树，为中朝、中韩文化交流作出了贡献。请您谈谈您主要译作的一些情况。

宣德五：除了研究工作外，我还做了一些笔头翻译工作。

我曾译过若干篇有关朝鲜语研究的短篇论文，计有：

朝鲜语和蒙古语的关系，[朝鲜] 洪起文著，阿尔泰语文学论文选译续集，1982年。

朝鲜语的系属，[韩国] 李基文著，阿尔泰语文学论文选译，1980年。

朝鲜语的深层结构，[韩国] 高永根著，民族语文研究情报资料集1，1983年。

东北黑河地方满语的一个特色——朝鲜语、满语比较研究的一份报告，[日本] 河野六郎著，民族语文研究情报资料集10，1988年。

此外，我和张明慧（我的终身伴侣）还合译过一些作品。主要有《白凡逸志——金九自叙传》、《〈论语〉、〈孟子〉和行政学》、《李箕永短篇小说集》等。

我们最早翻译的作品是参加集体翻译的《朝鲜短篇小说集》（人民文学出版社1959年版），这以后就是合译了朝鲜著名文学家李箕永的作品，书名为《李箕永短篇小说集》（人民文学出版社1983年版）。

中韩建交后，我们又合译了韩国的一些作品。

1994年是韩国开国元勋白凡金九先生逝世45周年。为了缅怀先生的斗争业绩，其哲嗣金信先生（1922年出生在上海，曾任韩国空军参谋总长、交通部长、国会议员、驻外大使等职，中韩建交后先后访问中国达五十次之多，他自称是喝长江水长大的，是半个"中国人"）通过人民出版社副社长兼副总编庄浦明先生约请我们翻译金九自叙传《白凡逸志》一书。金九先生是反抗日本殖民统治的无私无畏的爱国志士，是流亡上海建立韩国临时政府的领导人之一，后为临时政府主席，是大韩民国的开国元勋。《白凡逸志》是大韩开国血史的实录，是金九先生反抗日本侵略、争取民族独立的见证，因此我们欣然同意翻译此书。此书于1994年由民主与建设出版社出版，2006年重庆出版社再次出版此书。这个译本采用了金信先生提供的原著手稿，是最完善的本子。他在此译本的"跋"中高度评价说："我衷心感谢为翻译本书而付出极大心血的宣德五、张明慧伉俪，他们的译笔信达雅，简直无瑕可摘。"我们的恩师季羡林教授还特为此译本写了序文。

韩国知名学者李文永教授曾毕业于美国迪法恩斯学院经营学系、美国密西根大学行政学系研究生院，时任高丽大学教授、韩国行政学会会长。1999年，李文永教授拜访北京大学季羡林教授，商讨在中国翻译出版他的专著《〈论语〉、〈孟子〉和行政学》一书。季老让他找张明慧。在季老的关怀下，东方出版社的东方出版公司总经理龙开元同志和邓蜀编审以及张明慧和我、沈仪琳、赵习四位译者在北京大学签订了出版合同。2004年我们完成了译稿，由东方出版社出版。李文永教授本想请季老写序，恰好季老刚动了白内障手术，视力欠佳，故只能为此书题写了书名。

1993年我院文献信息中心和韩国国际交流基金会合作，共同创刊了《高丽亚那》（韩国文化和艺术）中文版季刊。我们两人应邀为1993—2004年各期的《高丽亚那》（中文版）翻译了韩国文化艺术评介文章、文学家的评论及韩国中短篇小说如金东里的《黄土记》、玄镇健的《好运的日子》、金承钰的《雾津纪行》等。

2004年我们又应21世纪出版社之约翻译了韩国梁承旭所著《诸神的诞生——希腊罗马神话里诸神的故事》和《无比神奇的精灵世界》两书。这是封笔之作，结束了我们的翻译生涯，为中朝、中韩文化交流尽了绵薄之力。

千玉花：能否请您谈谈我国朝鲜语研究的现状以及如何加强朝鲜语研究的建议？

宣德五：我退休已有二十年，特别是近年来患了脑梗，腿脚已不灵便，因此与外界联系甚少，对朝鲜语研究现状不甚了了，故不敢妄加评述。对民族所语言研究中心如何加强朝鲜语研究，我倒有一点想法。我认为目前靠一名研究人员，力量不免有些单薄，应该采取措施"引进来，走出去"。一方面我们应引进一些人才，至少能组成一个朝鲜语研究小组，这样可以互相研讨，互相切磋；另一方面，应该加强与外单位的联系，例如中央民族大学和延边地区的语言学者，和他们进行协作，这只是我的一点建议，不知可行否。

突厥语文学大师耿世民教授

张定京

国际知名古代突厥语文学家,中国哈萨克语言文学、古代突厥语文学专业的创始人耿世民教授

耿世民教授2000年获得"国际阿尔泰学常设会议(PIAC)金奖"

  自20世纪70年代末起,世界突厥语文学学界一提到中国,自然与耿世民这个名字相联系。耿世民教授作为中国突厥语文学第一人,以自己突出的成就推动了学科的发展,在某种程度上也影响了世界突厥语文学发展的进程。

  耿世民,男,汉族,江苏徐州市铜山县人,生于1929年11月28日,中央民族大学哈萨克语言文学系、维吾尔语言文学系教授,国际知名古突厥语文学家,国务院学位委员会1989年批准的博士生导师,享受国家特殊贡献津贴的专家。他1953—1979年任助教,1979年任副教授,1985年任教授,1989年经国务院学位委员会评为博士生导师。历任教研室主任,院、系职称评定委员会学科评审组成员,国家民委职称评定委员会学科评审组成员,中国阿尔泰学研究会名誉会长,中国维吾尔古典文学和十二姆卡木研究会名誉会长,中国突厥语研究会历届副会长,中国维吾尔历史文化研究会常务理事,中国民族语言学会、中国中亚文化研究会、中国《福乐智慧》研究会理事,中央民族大学中国少数民族语言文学学院阿尔泰学研究中心名誉主任,中国《新疆通史》编委,土耳其大型丛书《突厥民族》编委,国际摩尼教研究会名誉顾问,美国哈佛大学《突厥学报》顾问,土耳其《突厥语研究》、《现代突厥语研究》、《突厥学》和北京外国语大学《亚非研究》顾问等。

耿世民教授毕生献身于民族语文教学与研究事业,1949考入北京大学东语系就读维吾尔语科,1952年全国高校院系调整时转至中央民族学院,1953年毕业留校任教至2012年11月。作为新中国成立后我国自己培养的第一代民族语文学家,他开创了诸多第一。1953年他创办我国高校的哈萨克语专业,开办了第一个哈萨克语本科专业班,讲授《哈萨克语》、《现代哈萨克语语法》等课程,并编写了相应的教材;1956—1958年,苏联专家E. 捷尼舍夫(Tenishev)受聘来中央民院突厥语研究班讲课时,任其助手,并承担该班的部分教学任务;1956年在我国首次科学准确地判断出阿勒泰地区的一小部分蒙古人所操语言是一种属于古代突厥语的图瓦语;1976年受新疆维吾尔自治区有关领导的委托,主持开办了我国第一个"古代突厥—回鹘语专业班",担任主要教学任务,并编著了我国第一套系统的"古代突厥—回鹘语教材"(共八册,包括《古代突厥文碑铭选读》1册、《回鹘文献选读》2册、《黑汗王朝时期文献选读》3册、《总词汇》1册、《古代突厥—回鹘语文献语法》1册);1985年起招收国内第一批古代突厥—回鹘文献方向的硕士研究生,1993年招收国内高校突厥语言学方向的第一批博士研究生,为我国突厥语文学队伍的建设培养了一批精英人才。他的这些教学科研活动,为我国的哈萨克语言文学、突厥语文学学科建设作出了重要的奠基性贡献。

语言田野调查在耿世民教授的教学、科研活动中占有重要地位。他1952年赴新疆伊犁、塔城地区调查维吾尔语和哈萨克语;1955年、1956年、1959年三次参加新疆少数民族语言调查;1956年在我国首次科学、准确地判断出阿勒泰地区的一小部分蒙古人所操语言是图瓦语,并在我国首次记录了该语言的大量第一手材料;并在此后,多次前往新疆、甘肃、青海等省区,调查研究古代文献及维吾尔、哈萨克、裕固、撒拉等语言。这些材料的研究发表引起了国内外学者的关注。

他用汉、英、德、维吾尔、哈萨克等语出版了《维吾尔古代文化和文献概论》、《回鹘文〈弥勒会见记〉研究》、《敦煌突厥回鹘文书导论》、《现代哈萨克语法》等专著20余部;受联合国教科文组织之约请为该组织主编的《中亚文明史》第四卷撰写了《高昌王国》一章;受国际东方学协会之约请为该会主编的《突厥语文学基础》第三卷撰写了《突厥汗国》一章;用中文、维吾尔文及英、法、德、日等文字发表《回鹘文亦都护高昌王世勋碑研究》、《回鹘文〈俱舍论〉残卷研究》、《试论塔里木盆地民族的融合和近代维吾尔族的形成》等论文200余篇;首次直接从原文翻译出版了古代突厥文突厥汗国碑铭、回鹘汗国碑铭以及11世纪维吾尔著名学者尤素甫·哈斯·哈吉甫的《福乐智慧》;另外,翻译出版了世界著名学者用法、德、英、日、俄文撰写的《高地亚洲》([法]伯希和)、《中亚简史》([原苏联]巴尔托里德)、《古代突厥语法》([德]葛玛丽)、《西域文化史》([日]羽田亨)、《西域文明史概论》等名著10余部。

在近60载的教学科研工作中,耿世民教授共用汉、英、德、法、维吾尔、哈萨克等语言文字出版了《维吾尔古代文化和文献概论》、《现代哈萨克语语法》、《哈密本〈弥勒会见记〉研究》等专著26部,《古代突厥语法》、《西域文明史概论》等译著21部,发表学术论文200余篇。其中先后有7部(篇)论著获得国家新闻出版总署、中国社科院、国家民委和北京市颁发的优秀科研成果一、二等奖,直至 2011 年,他还以 82 岁高龄获得国家民委第二届人文社会科学成果奖中唯一的论文类特等奖。

　　成就这些丰硕成果的,是耿世民教授一心做学问、心无旁骛的学术精神,是他视学术高于生命的真正学者的境界。他曾被季羡林先生称为北京 5 个真正的学者之一。世界古代突厥语文学泰斗、德国的葛玛丽(A. von Gabain)教授评价说:"现在我们的中国同行也在研究中亚和古代维吾尔文化方面取得了很大成就,其中有代表性的是耿世民教授……耿世民教授可称之为真正意义上的'语文学家'(Philologist),在此较短的时间内他发表了众多有关中亚突厥—回鹘语文献、佛教和摩尼教以及现代哈萨克语方面的论著,从而在很大程度上丰富了我们关于中亚和古代突厥语文的知识。"耿世民教授精通古代突厥语和现代维吾尔语、哈萨克语、土耳其语等 10 余种古今突厥语言,通晓英、俄、法、德、日等多种主要外语。他的研究涉及哈萨克语、维吾尔语、图瓦语、裕固语、古代突厥语,其中哈萨克语和古代突厥语的研究成就最大,在古代突厥语文学领域达到世界前列水平。

　　他的学术研究,分 3 个历史阶段。20 世纪 50 年代—70 年代后期,以现代哈萨克语为主,他参加 50 年代国家组织的大规模的语言国情调查,调查国内哈萨克语的状况,发表国内第一篇哈萨克语调查报告,亲手创办国内的哈萨克语专业,组建最初的 3 人师资队伍,编写综合哈萨克语、哈萨克语语法、汉哈翻译等系列教材,由于利用外语直接参考德国学者冯·加班、苏联著名突厥学家阔诺诺夫、巴斯卡阔夫、阿曼卓洛夫、科耶涅斯巴耶夫等大师的学术著作,他编写的教材,尤其是哈萨克语语法教材具有很高的起点和水准。70 年代后期以来,耿世民教授的研究以古代突厥—回鹘语文学为主,兼顾新疆古代历史、文化和宗教学,这期间用英文、德文、法文发表了数十篇论著,在突厥学领域,尤其是古代突厥语文学领域成为令世界同行瞩目的重量级学者。21 世纪以来,又涉及汉唐时期新疆已死亡的古代和田塞语与"吐火罗语"的学习与研究。自 20 世纪 80 年代以后,他多次应邀赴国外著名大学的突厥学、中亚学、东方学、宗教学中心讲学和从事研究工作,其中包括德国的波恩大学、梅茵茨大学、法兰克福大学、美国的印第安纳大学、法国的巴黎大学、英国的伦敦大学、丹麦的哥本哈根大学、日本的京都大学、土耳其的安卡拉大学等。

　　由于他"多年来杰出的学术成就",1992 年德国洪堡基金会授予他"国际知名学者奖",设在美国印第安纳大学的国际阿尔泰学常设会议于 2000 年授予他"国际阿尔泰学常设会议(PIAC)金质奖章",土耳其共和国语言学会 2000 年授予他"荣誉院士"称号。这些在突厥语文学和阿尔泰学领域相当于"诺贝尔奖"的荣誉,标志着他在中国的土地上已经把世界突厥语文学大大往前推进了一步,作出了杰出贡献。哈萨克斯坦学者更是认为耿世民教授是中国突厥语言学第一人,哈萨克斯坦的报纸称耿世民教授为"中国突厥语言学之圣"。身为真正的学者,耿世民教授淡泊名利,从不张扬,获得这样的巨大荣誉后,竟然把证书压在箱底,没有告知任何外人,他获得阿尔泰学金奖之事还是他当时的学生在数月后的一个偶然机会中发现的,随后经一再询问才发现还有一份土耳其语言学会关于他当选院士的通知书和一个 8 年前获得的国际大奖——洪堡基金会"国际知名学者奖"。

　　这些荣誉,对于从事突厥家的学者来说,都是一生中的最高追求,能得到其中一项,一生足矣。而耿世民教授没有止步于这些荣誉,当 2000 年获得 PIAC 金奖,事业和荣誉达到巅峰之时，已过古稀之年的他没有停下来歇歇脚，享受殊荣，而是井喷般地又爆发出研究写作的激情。在那之后的12年中，他出版16部学术专著，翻译校注7部学术著作及论文，发表近100余篇学术论文，并撰写了20余篇关于国外学术著作及学者介绍，获得北京市优秀研究成果一等奖和国家民委优秀科研成果特等奖。在此期间，他还被国内外多个专业学术机构、组织和刊物聘为名誉会长、顾问等。也是在这12年中，耿世民教授又为我国的突厥语文学事业培养了6名博士生和1个博士后，且每学期为博士生、硕士生、本科生开课，同时应邀在中国人民大学国学院讲授《西域胡语及历史研究》，在北京外国语大学亚非学院土耳其语专业讲授《世界突厥民族历史》，主持了历时2年的由北大、北师大、人大、北外、民大、中国社科院、国家图书馆的学者参加的"古代突厥文献讲习班"。在刚刚过去的2012年，耿世民教授还为研究生开授《古代突厥语文学》课程，为本校哲学与宗教学院开授《西域历史上的宗教》课程，并完成西域古代宗教、哈萨克语文学和古代突厥语文学3部书稿。如此分量的工作是一个学者举毕生之力也难以完成的，而这就是一位83岁的老者近12年来的工作。

2009年，就在他心脏安装完5个支架刚刚4天（在夫人病逝前3个小时），坚持提前出院，一个重要原因是他刚刚准备好3个讲座的材料，要在放假前为博士生讲完，而就在出院后半个月，又完成了一篇1万字的新作。2012年10月底，在距他逝世一个多月前，也即在他无法骑车和行走一个多月后，仍坚持让家人用轮椅推他前往中央民大文华楼为研究生上课。这，已不是简单的奉献，这是视学术高于生命的中国学者的境界。

潜心做学问的人通常都在学术上异常严肃认真，但对物质生活的要求却不高。耿世民教授是这方面的典型。做学问深深地融入了他的生命，是他生命中最重要的部分。他可以不关心他家住在什么房子里，可以不关心家里的一切家务琐事，可以不清楚子女日常生活状况，可以不关心自己的衣着、用餐，甚至顾不上关心自己到底得了什么病，病到什么程度。但对自己当前阶段和下一阶段该做和要做什么学问和研究，在某个相关问题上，一个观点是谁第一个说的，后来有谁如何说过，其观点分别刊在哪个杂志的第几期，别的学者对该观点有什么看法和评论以及相关学者的姓名、年龄等相关信息均掌握得一清二楚。在古代突厥语文学领域世界范围内有谁发表和出版了新著，提出了什么新观点，全都一清二楚。有时一旦记不起来还会着急得不能自已，一定要通过各种途径弄清楚方会罢休。他生活非常简朴，一块馕一碗茶就是一顿饭，走到哪儿都骑一辆自行车，穿衣也从不讲究，只是全身心投入学术研究，每天除了吃饭睡觉和最基本的休息外都在埋头读书、伏案工作。

耿世民教授不计较小事，但给人留下深刻印象的是大事从不糊涂。在做人方面，他言传身教，教导学生要为人正派、诚实、爱国，要有正确的人生观，"要勤奋，要坚强"。他容不得一点不文明、不道德、不诚实。一次去安定医院看病，交钱取药后骑车回家走出近5公里了，发现医院多找了一块多钱，非坚持让学生花近1个小时返回去退还多找的钱。这样的人生态度、学术精神，深深地影响着他的学生们，成为他们茁壮成长的养分。耿世民先生，中国突厥学的一代宗师于2012年12月17日离开了我们，带走了一个时代，但他给中国突厥语言学界留下了永远的精神财富，他的精神、他的品格、他的高度，永远激励着后人。令人欣慰的是，他的事业兴旺发达、后继有人。他培养了一批高层次的优秀学者，其中具有代表性的佼佼者阿不都热西提·亚库甫博士，已成为国际知名的突厥语言学家，现任德国柏林科学院吐鲁番学研究中心研究员、中央民族大学教育部长江学者特聘教授、中央民族大学中国少数民族语言文学学院院长，曾任德国法兰克福大学阿尔泰语言学系主任。

耿世民教授的学术精神永存！

第四篇

学术活动

2010年国内召开的部分学术会议

张建培

【2010年海峡两岸少数民族教授学术研讨会】
主办单位：西南民族大学
时　　间：2010年4月6—7日
地　　点：四川省成都市
参会人员：来自中国大陆、中国台湾地区的80余位专家学者
问题讨论及评述：此次会议就民族高等教育的发展历史、现状和未来发展方向，以及民族高等教育的教学管理、学生培养、招生就业等，特别是对少数民族学生培养方面展开了热烈探讨。此次研讨会是西南民族大学举办的第一次海峡两岸少数民族教授学术会议。会议的成功召开，对于推动两岸民族高等教育的合作与发展将起到积极的作用。（摘自《西南民族大学学报》2010年第5期）

【第六届全国因明学术研讨会】
主办单位：中国逻辑学会因明专业委员会
时　　间：2010年4月24—25日
地　　点：河南省洛阳市宜阳县
参会人员：来自全国20多个省、市、自治区，以及中国香港、台湾地区和外籍访问学者70余位
收到论文：60余篇
问题讨论及评述：此次会议以"因明和佛教义理、因明中的量论研究、当代因明研究新视野"为主题，主要涉及汉传因明义理研究、藏传因明研究、因明知识论研究、因明史及相关研究、因明与佛教义理、因明与当代社会、因明与方法论等方面。此次研讨会涉及范围较广，研究层次较深，在一定程度上开拓了因明研究的新领域。（摘自《世界宗教研究》2010年第3期）

【第三届中国民族研究西南论坛——宗教、民族与社会】
主办单位：《民族研究》杂志社、西南民族大学
时　　间：2010年4月28—29日

地　　点：四川省成都市
参会人员：来自全国高校和民族科研机构的80余位专家学者
问题讨论及评述：与会专家学者分别就"宗教历史文化与经典研究"、"宗教田野调查研究"、"宗教学、宗教人类学、宗教哲学等相关学科的理论与方法研究"等专题进行深入研讨。论坛以"宗教、民族与社会"为主题，深入探讨了新形势下我国各民族面临的宗教、社会新问题，为民族宗教和相关研究的专家、学者提供了一个学术交流平台。（摘自《民族学刊》2010年第1期）

【"都市与族群"学术研讨会】
主办单位：上海大学文学院族群研究中心
时　　间：2010年5月17—18日
地　　点：上海市
收到论文：30篇
问题讨论及评述：此次会议是我国首次以"都市与族群"为专题的学术研讨会。专家学者们围绕都市族群概念、城市与族群、民族、社会组织和都市民族等专题进行了讨论。研讨会的成果分为：1. 人类学族群研究的背景和理论探讨；2. 都市族群与族群性群体问题；3. 族群的形成；4. 族群与族群关系研究；5. 族群与文化遗产政治研究；6. 饮食与都市族群文化研究；7. 族群与都市化；8. 其他等八大类。（摘自《西北民族研究》2010年第4期）

【首届"全国瑶族文化高峰论坛"】
主办单位：中国少数民族研究中心、广西壮族自治区文化厅、广西来宾市人民政府
时　　间：2010年5月22—24日
地　　点：广西金秀瑶族自治县
参会人员：115位专家学者
问题讨论及评述：与会专家学者围绕4个主题展开讨论。1. 费孝通与金秀瑶族文化的历史渊源；2. 金秀瑶族文化资源在瑶族研究中的地位；3. 金秀旅游开发与瑶族传统文化的保护和传承；4. 中国民族卫生医药和瑶医药发展。（摘自《广西民族研究》2010年第3期）

【纪念费孝通、林耀华诞辰100周年暨民族学中国学派理论与方法学术研讨会】
主办单位：中央民族大学
时　　间：2010年6月11日
地　　点：北京
参会人员：来自国家民委、中国社会科学院以及50多所高等院校和科研单位的160余人
问题讨论及评述：此次大会的大会发言分为两部分：1. 纪念费孝通、林耀华诞辰100周年的来宾讲话；2. 民族学中国学派理论与方法学术研讨。（摘自《广西民族大学学报》2010年第5期）

【中国突厥语研究会第十次学术讨论会暨研究会成立三十周年纪念大会】
　　主办单位：中国突厥语研究会
　　时　　间：2010年6月12—13日
　　地　　点：甘肃省兰州市
　　参会人员：来自北京、新疆、甘肃、青海等地的70余位专家学者
　　收到论文：83篇
　　问题讨论及评述：会议期间专家学者们分为语言文化组、应用语言学组和古文献组，就我国操突厥语族语言诸民族的语言、文学、翻译、双语学习与教学、古文献、民族宗教以及社会生活等方面进行了深入热烈的讨论。（摘自《语言与翻译》2010年第3期）

【"伊犁历史文化与社会变迁"学术研讨会】
　　主办单位：新疆伊犁师范学院人文学院、伊犁学研究中心
　　时　　间：2010年6月26—27日
　　地　　点：新疆伊犁
　　参会人员：来自乌鲁木齐、重庆、塔城、伊宁等地的71位专家学者
　　收到论文：26篇
　　问题讨论及评述：与会代表围绕伊犁学的构建、伊犁历史、伊犁民族、伊犁文化及文化产业建设、伊犁方志编撰及研究等领域提出了很多有意义的论点，展开了广泛而深入的学术讨论交流。此次学术研讨会是一次以伊犁区域历史文化研究为主题的学术盛会。本次研讨会的一个重要成果就是"伊犁学"这一全新的学术概念得到了与会学者的广泛认可。伊犁学研究的开展及本次研讨会的召开，对于新疆区域历史文化研究特别是伊犁学研究，将产生重大的推进作用，对于推进伊犁州社会经济发展、建设文化大州具有重要意义。（摘自《伊犁师范学院学报》2010年第3期、《伊犁师范学院学报》2011年第1期）

【中国长白山与满族文化研讨会暨第二届满族文化研究机构联席会议】
　　主办单位：长春师范学院满族文化研究所
　　时　　间：2010年6月26—28日
　　地　　点：吉林省长春市
　　参会人员：来自全国几十所院校和科研机构的70余位专家学者
　　问题讨论及评述：与会专家学者围绕长白山与满族的历史、长白山与满族的文学、满族的长白山祭祀、长白山与满族文化旅游开发以及长白山与满族的民俗等问题进行了集中的研究讨论。一批青年学者投入了满族文化研究，为满学研究增添了新鲜血液。此次会议是满学研究学界的一次盛会。大会为全国各地的满学研究专家学者、研究机构提供了一次学术交流的机会，进一步推动了我国满学研究的深入。（摘自《满族研究》2010年第3期）

【"2010民族宗教问题高层论坛暨中国宗教学会年会"学术研讨会——当代中国宗教若干重大理论与政策问题研究】

主办单位：甘肃省委统战部、西北民族大学、中国宗教学会、中国统一战线理论研究会民族宗教理论甘肃研究基地

时　　间：2010年6月29—30日

地　　点：甘肃省兰州市

参会人员：来自北京、上海、四川、云南、山东、河南、新疆、宁夏、甘肃等地多所高校和科研机构的70余位专家学者

收到论文：70篇

问题讨论及评述：本次会议紧紧围绕"当代中国宗教若干重大理论与政策问题研究"，根据与会专家提交论文的内容分宗教问题、马克思主义宗教观、宗教对话与佛教、伊斯兰教、道教与基督教五个研讨主题进行了讨论。与会学者还围绕马克思主义宗教观中国化、如何充分发挥宗教上层人士积极作用、中国南传佛教的宗教管理模式、道教发展的新动向等问题展开了探讨和交流，进一步扩大了本次论坛的研究视阈，丰富了研究成果。（摘自《世界宗教研究》2010年第4期、《西北民族大学学报》2010年第5期）

【固原历史文化学术研讨会】

主办单位：宁夏师范学院

时　　间：2010年7月5—7日

地　　点：宁夏固原市

参会人员：50余位专家学者

收到论文：36篇

问题讨论及评述：此次会议围绕固原历史上的政治、军事、经济状况，固原社会史、文化史、丝绸之路与固原、回族历史文化、固原考古与文物等论题展开热烈的交流和讨论。此次研讨会的举办，不仅促进了跨地区间的学术交流与合作，扩大了学术研究视野，为今后的固原历史文化提供了广阔的思路，而且对进一步推动固原历史文化研究走向深入，更好地为地方社会经济与文化发展服务开拓了新的渠道。（摘自《西夏研究》2010年第3期）

【第二届海峡两岸藏学研讨会】

主办单位：中国藏学研究中心、台湾中国文化大学

时　　间：2010年7月6—8日

地　　点：中国北京

参会人员：来自海峡两岸的46位专家学者

收到论文：46篇

问题讨论及评述：此次会议的主题是以藏学和蒙古学为重点，集中围绕历史研究、当代研究、宗教研究、文化艺术研究展开讨论。此次会议具有如下特点：1. 首次将藏学、蒙古学相结合，重点突出。2. 会议涉及各个方面，内容丰富。会议内容涉及了藏学、蒙古学的历

史、文化、宗教、当代等多方面的问题,从多角度展开了学术探讨,有利于学术的深入。3. 新材料、新观点、新角度。此次会议不仅有新的考古发现及重要史料的公布,更有对既有观点的再探讨、再认识和再坚持,不仅有对传统历史文献的新诠释,也有对历史人物、历史事实的新考订。(摘自《中国藏学》2010 年第 3 期)

【青海民族大学"民族研究所成立 30 周年暨民族学学科建设研讨会"】
主办单位:青海民族大学民族研究所
时　　间:2010 年 7 月 27—28 日
地　　点:青海省西宁市
参会人员:来自北京、四川、甘肃、青海等地高校及科研机构的 70 余位专家学者
问题讨论及评述:此次大会的发言围绕"'大民族学':学科建设与发展动态"、"建所 30 年:成就、经验与希望"两个主题展开。(摘自《青海民族研究》2011 年第 1 期)

【广西民族研究学会第五届、广西壮学学会第三届会员代表大会暨"民族团结与民族发展"学术研讨会】
主办单位:广西民族研究学会、广西壮学学会
时　　间:2010 年 7 月 31 日—8 月 1 日
地　　点:广西南宁市
参会人员:来自广西各高等院校、科研院所、民族工作部门的专家学者 140 余人
收到论文:60 多篇
问题讨论及评述:此次研讨会的内容主要涉及民族团结与民族发展、民族历史与民族关系、民族文化与民间信仰、非物质文化遗产与民族文化旅游开发等领域。(摘自《广西民族研究》2010 年第 3 期)

【2010 丝绸之路与西北历史文化学术研讨会】
主办单位:西北民族大学
时　　间:2010 年 7 月 31 日—8 月 2 日
地　　点:甘肃省兰州市
参会人员:参加会议的 70 余名专家学者分别来自全国 19 所高校和科研机构
收到论文:35 篇
问题讨论及评述:此次会议内容涵盖丝绸之路与西北历史文化研究的诸多领域。具体内容涉及 1. 丝绸之路史研究;2. 敦煌学研究;3. 西域研究;4. 宗教研究;5. 西北史地研究;6. 西北地区考古研究等诸多方面。会上大家提出不少新问题,做了新的探索,对深化丝绸之路史和西北历史文化研究有重要的学术价值。(摘自《敦煌学辑刊》2010 年第 3 期)

【中国·三家子满族语言文化论坛】
主办单位:中央民族大学中国少数民族语言文学学院、黑龙江大学满族语言文化研究中

心、黑龙江省富裕县人民政府

  时　　间：2010 年 8 月 3—5 日

  地　　点：黑龙江省富裕县

  参会人员：80 余位专家学者

  问题讨论及评述：此次会议主题是探讨"三家子满族语言文化的抢救与保护"。与会专家学者为我国满族语言文化的传承献计献策。通过专家学者的共同努力，中国满族文化遗存的抢救与保护、整理与研究，必将步上一个新的台阶，取得更大的成绩。（摘自《黑龙江省民族丛刊》2010 年第 4 期、黑龙江新闻网）

【中国民族语言学会第十届学术讨论会】

  主办单位：中国民族语言学会、北方民族大学

  时　　间：2010 年 8 月 4—7 日

  地　　点：宁夏银川市

  参会人员：来自全国 40 所高校、研究机构及民族语言文字工作单位的 90 余位专家学者

  收到论文：70 余篇

  问题讨论及评述：此次会议的主要议程有两项，即：1. 交流中国少数民族语言研究的最新研究成果；2. 中国民族语言学会领导班子换届选举。会议选举了第九届学会理事会。（摘自《民族语文》2010 年第 5 期）

【2010 海峡两岸西域文化学术研讨会】

  主办单位：新疆生产建设兵团台湾事务办公室、塔里木大学

  时　　间：2010 年 8 月 10—12 日

  地　　点：中国新疆阿拉尔市

  参会人员：来自中国内地、香港、澳门、台湾地区的 130 余人

  收到论文：90 余篇

  问题讨论及评述：此次会议的主题是丝绸之路风云变迁与西域文化系统阐述。会议围绕 1. 丝绸之路与文明对话；2. 中华文明史上的西域；3. 西域屯垦戍边两千年；4. 环塔里木文化多样性；5. 古今中外西域探查史；6. 西域文化的现代转型六个专题展开了讨论。大会在"和而不同"的讨论中系统地梳理了西域文化成果，深入反思西域研究方法论。（摘自《社会科学战线》2011 年第 5 期）

【汉唐文明下的龟兹文化学术研讨会】

  时　　间：2010 年 8 月 15—17 日

  地　　点：新疆库车县

  收到论文：31 篇

  问题讨论及评述：此次会议围绕汉唐时期龟兹地区的历史考古研究，以两汉时期西域政治、出土文书研究、龟兹地区考古文物的研究为研讨重点。（摘自《西域研究》2010 年第 4 期）

【民族问题专题学术研讨会暨黑龙江省民族文化传承与保护学术研讨会】
主办单位：黑龙江省民族研究所、中央民族大学中国民族理论与民族政策研究院、黑龙江省民族研究学会
时　　间：2010 年 8 月 17—22 日
地　　点：黑龙江省哈尔滨市
参会人员：来自北京、天津、黑龙江、宁夏等省（区市）民族研究机构和高等学院、出版机构的近 50 位专家学者
收到论文：28 篇
问题讨论及评述：会议围绕"中国民族问题的发展趋向及当前研究的重点和黑龙江省民族文化的传承和保护"的主题展开研讨。此次会议的学术交流及学术观点主要集中在：1. 对"民族融合"、民族问题"去政治化"等观点进行反思；2. 民族理论研究要坚持"三不要"，即不要自我孤立，不要把中国特例化，不要把民族问题过于敏感化；3. 边疆问题与民族问题关系；4. 黑龙江省民族文化传承与保护。（摘自《黑龙江民族丛刊》2010 年第 5 期）

【首届中国人类学民族学学科负责人联席会议】
主办单位：中国人类学民族学研究会
时　　间：2010 年 8 月 27—29 日
地　　点：广东省广州市
参会人员：来自全国 28 所大学和科研机构的 50 余人
问题讨论及评述：此次会议主要围绕中国人类学民族学研究会工作的开展和进一步推动人类学民族学在中国现代化建设和未来发展中的作用两个问题展开。学者们加强了对国家宏观战略的把握和社会发展重大问题的认识，彼此进行了良好的学术沟通和工作交流。会议对"十二五"期间及以后的中国人类学民族学学科发展、对研究成果更有效地服务于和谐社会建设，将会产生积极的影响。（摘自《广西民族大学学报》2010 年第 6 期）

【海峡两岸"土司制度与边疆社会"学术研讨会】
主办单位：中国社会科学院台港澳学术委员会
时　　间：2010 年 8 月 31 日—9 月 2 日
地　　点：广西桂林市
参会人员：来自中国大陆、中国台湾地区的 40 名专家学者
问题讨论及评述：与会专家学者分别就"改土归流与土司制度"、"不同区域土司制度述略"、"文学视阈下的土司制度"、"发掘档案资料，解读土司制度"、"关于土司研究的展望与思考"等问题进行报告，并展开了深入、细致的交流与探讨。此次研讨会为研究土司制度、边疆史提供了一个学术交流的平台，促进了两岸及各地区学者之间深入而广泛的交流，对元明清时代出现的"土司现象"进行了宏观和微观相结合、纵横深入比较的研究，为今后边疆史的研究提供了更为开阔的思路和新的研究路径，也为两岸之间、各科研机构与地方高校多

元化的交流与合作提供了契机。(摘自《广西民族研究》2011年第1期)

【西藏传统文化与和谐社会建设暨纪念《西藏民族学院学报》创刊30周年学术研讨会】
主办单位：中国藏学研究中心、西藏民族学院
时　　间：2010年9月22—26日
地　　点：陕西省咸阳市
参会人员：来自北京、广东、四川、甘肃、青海、云南、河南、陕西及西藏的60余位专家学者
收到论文：40余篇
问题讨论及评述：整个会议紧紧围绕西藏传统文化与和谐社会建设暨纪念《西藏民族学院学报》创刊30周年这个主题展开讨论。学者们就构建西藏和谐社会、藏学传统研究领域、藏学研究的新气象、纪念《西藏民族学院学报》创刊30周年及未来发展等进行了深入研讨。此次学术会议的召开，不仅对强化西藏民族学院对外学术交流的力度、锻炼研究队伍的科研能力发挥了作用，同时对进一步提高西藏民族学院的学术交流层次，进一步扩大学校的社会影响，提升学院的整体办学实力也产生了良好的效果。(摘自《西藏民族学院学报》2010年第6期、《中国藏学》2011年第1期)

【中国世界民族学会第九届会员代表大会暨学术讨论会】
主办单位：中国世界民族学会、上海国际问题研究院、国家民委民族问题研究中心、中央民族大学、中南民族大学
时　　间：2010年9月24—28日
地　　点：上海市
参会人员：来自全国各大院校及科研机构的100多位专家学者
收到论文：64篇
问题讨论及评述：此次会议学术讨论的主题是当代世界民族关系与民族政治理论。论题主要集中在以下几个方面：民族政治理论的反思与创新；国别民族关系与民族政策；民族主义、民族认同与国家认同；跨界民族、国际移民与海外华人；国际法中的少数人权利保护；城市化过程中的民族融散、重新聚合与文化多样性；国内外民族分离主义组织研究；国外对中国少数民族的研究与中外学术交流；民族政治学的学科建设等。(摘自《世界民族》2010年第6期)

【黑水城文献整理与研究学术研讨会】
主办单位：河北省社会科学院
时　　间：2010年9月23—25日
地　　点：河北省石家庄市
参会人员：来自北京、天津、上海、陕西、山东及河北的30余位专家学者
问题讨论及评述：此次会议的主题围绕黑水城文献"整理"和"研究"两个中心展开，

确定了黑水城文献整理的原则,还就黑水城文献尤其是汉文文献进行了研究。提交的会议论文内容涵盖了宋、金、元不同历史阶段的文献。(摘自《西夏研究》2011年第1期)

【中国少数民族文学学会第七届代表大会暨学术研讨会】
主办单位:中国少数民族文学学会
时　　间:2010年10月9—11日
地　　点:广西南宁市
参会人员:70余位专家学者
收到论文:70余篇
问题讨论及评述:此次会议研讨了少数民族文学研究成果、现状、问题和发展趋向。代表们分为3个小组进行了讨论。内容涉及中国少数民族文学研究历史的反思、新形势下少数民族文学学科发展的趋势、少数民族文学的教学与学科建设、民族经典文学研究与多民族文化融合、民族文学研究方法创新、学术成果推广、民族文学学科人才培养以及民族文学与自然生态研究等一系列问题。(摘自《民族文学研究》2010年第4期)

【中国西南民族研究学会第十五次年会暨第八届会员代表大会】
主办单位:中国少数民族文学学会
时　　间:2010年10月14—17日
地　　点:四川省成都市双流县华阳镇
参会人员:来自中国、加拿大的120余位代表
问题讨论及评述:此次会议的主题是"交流、互动、发展和全球视野中的西南各少数民族"。专家们本着交流、互动、发展的目的,从全球视野中探讨了西南各少数民族的历史、文化与发展。(摘自《民族学刊》2011年第1期)

【全国语言接触与语言关系学术研讨会】
主办单位:《民族语文》杂志社
时　　间:2010年10月22—24日
地　　点:贵州省贵阳市
参会人员:80余位专家学者分别来自全国近20所高校及科研机构
问题讨论及评述:此次会议围绕语言接触与语言关系两大主题展开讨论,涉及汉、藏缅、壮侗、苗瑶、突厥、阿尔泰和朝鲜等民族语言。学者们在语言接触与语言历史演变、语言研究的方法与理论、实验语音学、双语现象以及其他一些专题研究领域进行了广泛的交流,就各具体语言在语言、语法、词义、民族文字等方面展开了热烈探讨。(摘自《民族语文》2010年第6期)

【第二届少数民族地区信息传播与社会发展论坛】
主办单位:第二届少数民族地区信息传播与社会发展论坛组委会、中国人民大学新闻学

院、中国人民大学新闻与社会发展研究中心、西藏民族学院新闻传播学院

时　　间：2010年10月24—26日

地　　点：陕西省咸阳市

参会人员：来自全国33所高校、多家新闻传播机构的110名专家学者

问题讨论及评述：论坛秉承"传播·团结"的主题，其中突出主题是关于西藏、涉藏信息传播的研究，以"少数民族地区信息传播与社会发展"为范畴，展开了广泛的学术研讨。论坛还设立了8个分论坛：1. 少数民族地区新闻事业研究；2. 少数民族新闻传播研究；3. 传媒与少数民族地区社会变迁研究；4. 文化传播与形象建构和民族认同；5. 少数民族信息传播方式；6. 传媒与少数民族文化保护与发展；7. 少数民族地区突发事件传播与和谐社会构建；8. 少数民族地区媒介素养与媒体责任，涉及少数民族信息传播的多个领域。（摘自《西藏民族学院学报》2011年第1期）

【中国民族学学会第七届全国会员代表大会暨"少数民族与中华民族的复兴"学术研讨会】

主办单位：中国民族学学会

时　　间：2010年10月28—31日

地　　点：湖北省武汉市

参会人员：218位专家学者

收到论文：160余篇

问题讨论及评述：此次学术研讨会共组织了16场学术讨论会，围绕民族学学科建设与发展，民族经济社会发展与变迁，民族、国家的认同与建构，民族文化与遗产保护，民族关系，海外华人与国外民族问题等展开热烈的讨论。（摘自《中南民族大学学报》2010年第6期）

【首届中国羌族非物质文化遗产与灾后重建研讨会】

主办单位：中国非物质文化遗产研究院、四川音乐学院绵阳艺术学院、四川省羌学学会、北川羌族自治县文化旅游局

时　　间：2010年11月2日

地　　点：四川省绵阳市

问题讨论及评述：会议紧紧围绕"中国羌族非物质文化遗产与灾后重建"这一主题，与会专家学者就羌族历史的研究，羌族非物质文化遗产保护与传承，灾后羌族地区文化重建等进行了探讨，并提出了很好的建议。（摘自《民族学刊》2011年第2期）

【中央民族大学民族学与社会学学院第五届研究生论坛会议】

主办单位：中央民族大学民族学与社会学学院、"985工程"中国当代民族问题战略研究基地

时　　间：2010年11月18—20日

地　　点：北京市

参会人员：84 位学者

问题讨论及评述：论坛以"加强国内民族学、人类学、社会学、考古与博物馆专业校际师生间的学术交流思想互动，促进学科发展"为宗旨，以"田野调查，立身之本"为主题。论坛采取专家主讲、学生参与讨论的形式。论坛是中央民族大学民族学与社会学学院为加强学科间、校际间、师生间的交流，励志青年学子承前启后，促进学科发展而做的尝试。（摘自《广西民族大学学报》2011 年第 2 期）

【2010 中国彝学论坛·纪念国务院批准《彝文规范方案》推行 30 周年学术研讨会】

主办单位：西南民族大学、四川省彝学学会、中华彝族企业家协会、全国彝语术语标准化工作委员会

时　　间：2010 年 11 月 19—21 日

地　　点：四川省成都市

参会人员：来自北京、上海、云南、贵州、广西、四川等省、市、自治区的 100 多人

收到论文：50 多篇

问题讨论及评述：此次论坛的主题是：回顾规范彝文发展历程，促进新时期彝族语言文化保护开发、彝学学科建设及彝区社会发展。与会者围绕"规范彝文实践成效、彝语术语标准化建设、彝族企业家与彝族文化开发、彝族传统文化、彝学学科建设"等专题进行了热烈的讨论和交流。（摘自《民族学刊》2011 年第 1 期）

【首届藏学珠峰论坛】

主办单位：中国藏学研究中心

时　　间：2010 年 11 月 23—24 日

地　　点：中国北京

参会人员：近百位专家学者

问题讨论及评述：本次论坛分社会经济、当代研究、历史、宗教、藏医药 5 个小组。会议的特点主要体现在 3 个方面：1. 内容丰富。同一小组中，学者们关注的问题也有所不同，选题多样，方法各异，既有理论探讨，也有应用研究，内容几乎涉及藏学研究各个领域的方方面面。2. 成果新颖。论坛的选题中，大多数都是各位专家学者最新的研究成果，其中既有对相关问题的新探讨，又有众多田野调查的资料和成果，同时还出现了好几份当下课题最新进展的情况汇报，对近年来我国藏学研究的最新成果作了一次集中展示。3. 交流广泛。论坛有来自 11 个省、自治区、直辖市的近百位专家学者参加，不同地区、不同民族、不同年龄的学者共聚一堂，充分利用论坛这个平台实现了全国藏学界的全面交流。（摘自《中国藏学》2011 年第 1 期）

【纪念《满族研究》创刊 25 周年暨促进满族文化研究发展繁荣论坛】

主办单位：辽宁省民族宗教问题研究中心

时　　间：2010 年 12 月 3—5 日

地　　　点：辽宁省沈阳市

参会人员：来自全国39个科研院所和大专院校80余位专家学者

问题讨论及评述：此次论坛主要围绕《满族研究》杂志在25年的办刊历程中所取得的成绩、未来的发展，以及满族文化研究的发展方向等议题进行了讨论。会上还展示了由辽宁省民委和中国第一历史档案馆合作整理、辽宁民族出版社出版的满文古籍精品——《内阁藏本满文老档》。（摘自《满族研究》2010年第4期）

2010年我国学者参加的国际学术会议

张建培

【百年敦煌文献整理研究国际学术讨论会】
主办单位：中国敦煌吐鲁番学会、浙江省社会科学界联合会
时　　间：2010年4月10—12日
地　　点：中国浙江省杭州市
参会人员：来自日本、俄罗斯、美国、中国以及中国香港、台湾地区的130余位专家学者
收到论文：80余篇
问题讨论及评述：此次会议内容涉及文学、语言、历史、经济、地理、宗教、艺术等方面。与会代表分成"语言文学"、"文献史地"、"宗教艺术"三个小组分别进行了四场论文研讨会。会议梳理了过去百年的研究历史，加强了国际敦煌学界的交流，丰富了敦煌学研究的主题。（摘自《敦煌学辑刊》2010年第2期）

【壮族布洛陀文化研究与旅游开发学术座谈会】
主办单位：中国广西壮族学会、广西田阳县人民政府
时　　间：2010年4月22日
地　　点：中国广西田阳县
参会人员：来自中国、泰国的80余位专家学者
问题讨论及评述：会议围绕布洛陀文化的进一步研究、保护和开发等问题进行了座谈交流。（摘自《广西民族研究》2010年第4期）

【边缘与多元：近代以来甘宁青地区的中西文化交流学术研讨会】
主办单位：中国甘肃兰州大学宗教研究中心
时　　间：2010年5月18—21日
地　　点：中国甘肃省兰州市
参会人员：国内外专家及宗教界人士约1000人
问题讨论及评述：此次会议旨在促进学界对近代以来甘宁青乃至西北地区的中西文化交流及基督宗教传播的历史与现状进行多方面、跨学科的研究。会议特邀中国、美国四位

资深教授就"宗教研究的理论与方法"和"中国西北宗教问题"举办了专题演讲。年轻学者们主要就基督宗教在甘宁青地区的传播、基督宗教与甘宁青社会、基督教与穆斯林的相遇、基督宗教在宁夏和基督宗教与藏区社会等议题展开讨论。（摘自《兰州大学学报》2010年第6期）

【第四次文明对话国际学术研讨会】
主办单位：中国南京大学、哈佛大学燕京学社
时　　间：2010年6月11—14日
地　　点：中国江苏省南京市
参会人员：来自美国、日本、意大利、中国的专家学者84人
收到论文：43篇
问题讨论及评述：此次大会的主题是"文化理解与文化对话的百年进程"。大会按照论文选题和大会主题的侧重点不同而分为六个专题：1. 中国历史上的回儒对话；2. 回儒对话的现代思考；3. 伊斯兰在中国的发展；4. 文明对话的理论探索；5. 文明对话的前瞻；6. 文化理解与文化对话的百年历程。（摘自《回族研究》2010年第3期）

【2010敦煌论坛：吐蕃时期敦煌石窟艺术国际研讨会】
主办单位：中国敦煌研究院
时　　间：2010年7月21—24日
地　　点：中国甘肃省敦煌市
参会人员：来自日本、法国、瑞士、新加坡、中国大陆和中国台湾地区的50余位专家学者
收到论文：45篇
问题讨论及评述：此次会议集中展示了专家学者对吐蕃时期敦煌石窟艺术的丰硕研究成果。此次会议分为八个专题，即：1. 洞窟藏文题记、密教文献与洞窟思想研究；2. 政治与样式；3. 历史与艺术；4. 石窟经变画、图像专题研究；5. 密教尊像研究；6. 西藏考古与艺术；7. 毗沙门天王像研究；8. 莫高窟第465窟研究。（摘自《敦煌研究》2010年第5期）

【首届中国回族非物质文化遗产保护国际研讨会】
主办单位：中国文化部非遗司、宁夏大学、宁夏文化厅等
时　　间：2010年7月23—25日
地　　点：中国宁夏银川市
参会人员：来自中国内地及中国香港地区、美国、德国的100多位专家学者
收到论文：50余篇
问题讨论及评述：与会专家学者分为三个组，围绕国际视野中的非物质文化遗产保护与研究、花儿及其他民歌研究、中国回族非物质文化遗产保护与研究三个主题展开了讨论。大家分享了国内外非物质文化遗产保护研究经验，共同探讨有效保护和传承回族非物质文化遗

产课题，努力构建科学的回族非物质文化遗产保护机制，深化回族文化研究。（摘自《中国新闻—大洋网》、《西北民族研究》2010年第3期）

【人类多样性及其历史过程研讨会】
主办单位：西南民族大学民族研究院、《神山与圣山》研究计划工作团队
时　间：2010年7月24—26日
地　点：中国贵州省贵阳市
参会人员：来自美国、中国大陆及中国台湾的研究人员
问题讨论及评述：此次研讨会的召开，旨在综合多种学科的力量，深入研究青康藏地区多元文化和丰富的历史，促进对人类多样性及其历史过程的理解。此次会议围绕五个主题展开讨论：1. 探讨哪些是中国最早出现的现代人类语言、体制形态、遗传基因和文化因素，如何认定他们是最早或较早的及其"遗存"在今日中国地理空间及相关人群中的分布状况；2. 最早出现于中国的人类语言、体制形体、遗传基因、文化因素是外来的，本土产生的还是混合的；3. 人类语言、文化、遗传基因在人类群体中之"多样性"与"共性"产生的历史机制与过程；4. 主观的人类族群与国家认同如何形成，包括语言、文化、遗传基因在族群与国家形成上有何贡献，族群与国家认同产生后，该人群之语言、文化、遗传基因可能有何变化，我们的专业学科如何思考人的主观认同问题；5. 研究在人群社会中，语言、文化、遗传基因的维持与变迁的微观过程。（摘自《民族学刊》2010年第2期）

【西南地区多民族和谐共生关系研究国际学术会议召开暨《民族学刊》首发式】
主办单位：中国贵州大学人文学院、贵州大学长江学者团队、西南民族大学西南民族研究院、贵州民族学院
时　间：2010年7月27—28日
地　点：中国贵州省贵阳市
参会人员：来自美国、加拿大等国家和中国海峡两岸及香港地区的120位专家学者
问题讨论及评述：本次研讨会共分为四个专题，即：1. 多民族共生关系与跨族人类学；2. 西南各民族的族际关系探讨；3. 西南地方文献档案与社会历史变迁；4. 族性、性别与社会—文化空间。此次学术研讨会内容既广泛又具体，主题与实践性突出，推动了中外学术交流，取得了良好的效果，与会者们积极地参与互动和热烈讨论，对西南地区多族群共生的特质以及相关的学术研究动态有了更深入和直观的认识。（摘自《民族学刊》2010年第2期）

【历史上的中国新疆与中亚国际学术研讨会】
主办单位：中国《新疆通史》编委会、新疆社会科学院、中国社会科学院历史研究所
时　间：2010年8月19—20日
地　点：中国新疆乌鲁木齐市
参会人员：来自俄罗斯、哈萨克斯坦、乌兹别克斯坦、吉尔吉斯斯坦、塔吉克斯坦、土

耳其、印度、日本等国家和中国海峡两岸及香港地区的专家学者110余人

收到论文：70余篇

问题讨论及评述：与会学者围绕"历史上的中国新疆与中亚"这一主题，就新疆及中亚地区地理交通、考古文物、文献整理，以及历史上中亚地区与中国新疆地区的经济文化交流等内容进行了广泛深入的交流和研讨。具体研讨内容有：1. 历史时期中亚和新疆地区的关系研究；2. 中亚历史专题研究；3. 新疆历史文化专题研究；4. 相关考古材料刊布和研究；5. 文献资料的刊布和诠释。此次会议在学术交流内容方面凸显了跨学科研究方法的实际应用、涉及广阔的时空背景、以多民族为研究对象三个主要特点。（摘自《西域研究》2010年第4期、《中国史研究动态》2011年第2期）

【"满学：历史与现状"国际学术研讨会】

主办单位：中国北京市社会科学院满学研究所

时　　间：2010年8月30日—9月1日

地　　点：中国北京市

参会人员：来自中国大陆及台湾地区、日本、美国的30多位专家学者

问题讨论及评述：会议主题涉及满文档案文献的利用，日本、美国和中国台湾的清史研究动态，满族史，满语文的拼写、时态等方面。此次会议总结了不同国家、地区满学研究的传统方式，对其研究现状进行深入的讨论。与会学者在如何科学利用满文档案文献等方面达成共识，对各国在清史研究方面的动态进行交流，引起共鸣。同时，在满族历史、语言等方面也进行了有益的探讨。（摘自《满族研究》2010年第4期）

【黑水城文献与西夏学国际学术论坛】

主办单位：中国宁夏大学西夏学研究院

时　　间：2010年10月15—18日

地　　点：中国宁夏银川市

参会人员：来自中国、俄罗斯、日本等国的近百位学者

收到论文：90余篇

问题讨论及评述：此次会议就六个主题展开讨论：1. 西夏学研究的视角、趋势和方法；2. 黑水城文献考释研究；3. 黑水城文献与西夏学国际化；4. 西夏文献文本化与数字化；5. 西夏历史、语言、艺术和考古；6. 西夏学学术史（科考、档案与收藏）。此次论坛在总结西夏学研究成果、进一步推动黑水城文献与西夏学研究方面，发挥了积极作用。（摘自《甘肃民族研究》2011年第1期）

【首届中国少数民族古籍文献国际学术研讨会】

主办单位：中国国家民族事务委员会、中央民族大学、北京市民委、西南民族大学

时　　间：2010年10月19—22日

地　　点：中国北京市

参会人员：来自 14 个国家的 80 多位专家学者

问题讨论及评述：会议议题包括五项内容，即：1. 某一文种的古籍文献专题研究；2. 国内外某一区域（某一机构）的中国少数民族古籍文献收藏现状报告；3. 濒危小少文种古籍研究；4. 中国少数民族古文字研究；5. 中国少数民族古籍文献保护与抢救。此次会议旨在深入交流古籍整理研究方法，探讨古籍保护与应用方式，传递资料与学术信息，沟通学术观点，进而推动和促进中国少数民族古籍文献学科建设向前发展。（摘自《西南民族大学学报》2010 年第 11 期）

【中国、越南与东盟十国少数民族的融合与发展国际研讨会】
主办单位：中国广西民族大学、越南社会主义共和国民族委员会民族研究院
时　　间：2010 年 10 月 21—22 日
地　　点：越南河内市
参会人员：来自中国、老挝、越南三国的 102 名专家学者
收到论文：37 篇
问题讨论及评述：本次会议主要围绕民族文化的交流与融合，少数民族的经济发展，各国政府在消除饥饿、减少贫困方面的政策与实践经验，民族传统文化保护与发展面临的问题，少数民族教育与卫生事业的发展，经济发展对少数民族地区生态环境的影响，少数民族的人才培养与民族地区科学事业的发展以及中国、越南与东盟各国的经济合作与文化交流等主题进行探讨。这些主题对中国与东盟各国的政治、经济和文化的发展都具有积极的意义。（摘自《广西民族大学学报》2011 年第 1 期）

【2010 年中日学者藏学论坛】
主办单位：中国藏学研究中心
时　　间：2010 年 10 月 21 日
地　　点：中国北京市
参会人员：来自中国、日本、德国的近 20 位学者
问题讨论及评述：此次会议涉及藏文翻译特征研究、日本涉藏史研究、藏传佛教研究、藏汉艺术交流研究等方面。"中日学者藏学论坛"这一形式，得到与会中、日学者的一致肯定。（摘自《中国藏学》2011 年第 1 期）

【西域古典语言学高峰论坛——语言背后的历史】
主办单位：中国新疆维吾尔自治区文化厅、文物局、吐鲁番行署
时　　间：2010 年 10 月 24—26 日
地　　点：中国新疆吐鲁番市
参会人员：来自中国大陆、台湾地区、德国、英国、俄罗斯、日本的 60 多位专家学者
收到论文：40 余篇
问题讨论及评述：会上来自各国的专家学者就各自在语言文字方面的最新研究成果进行

探讨。具体涉及：1. 语言文字综论方面的研究；2. 回鹘文研究；3. 叙利亚语研究；4. 于阗语研究；5. 粟特语研究；6. 古代藏语研究；7. 婆罗米文字研究；8. 吐火罗语研究；9. 西夏文研究；10. 双语文献的研究；11. 古代汉语研究；12. 语言文献及其他方面的研究。此次会议展示了近几年来在研究西域出土的各种语言文字材料和涉及这些材料背后的历史等方面的最新成果。（摘自《吐鲁番学研究》2010 年第 2 期）

2011年国内召开的部分学术会议

张建培

【魏晋南北朝时期的新疆学术研讨会暨《新疆通史·魏晋南北朝卷》审稿工作会议】
主办单位：《新疆通史》编委会
时　　间：2011年4月16—17日
地　　点：陕西省西安市
问题讨论及评述：此次学术研讨会有两个主题：1. 交流近年来新疆魏晋南北朝时期的考古发现与研究新成果，为《新疆通史·魏晋南北朝卷》的编写工作提供一些新资料。2. 对已经完成的《新疆通史·魏晋南北朝卷》部分书稿进行评审。会议发言内容比较集中，讨论比较深入，气氛活跃，取得了较好效果。（摘自《西域研究》2011年第3期）

【中国社会科学院国学研究论坛暨中国社会科学院敦煌学研究回顾与前瞻学术研讨会】
主办单位：中国社会科学院文史哲学部
时　　间：2011年4月28—29日
地　　点：北京市
问题讨论及评述：此次会议由国学研究论坛和学术研讨会两部分组成。与会学者主要围绕敦煌学学术史回顾与前瞻、敦煌文献整理和研究、敦煌艺术研究三个主题进行深入而热烈的学术探讨。（摘自《中国研究动态》2011年第5期）

【纪念西藏和平解放60周年学术研讨会】
主办单位：中国社会科学院、中国藏学研究中心
时　　间：2011年5月19日
地　　点：北京市
参会人员：60多位藏学专家学者
问题讨论及评述：与会学者围绕和平解放西藏战略的提出、"十七条协议"的签订及其重要意义、进军西藏及相关民族工作、党的治藏政策及西藏和平解放以来的主要成就等问题进行了热烈而深入的讨论。（摘自《中国藏学》2011年第3期）

【第二届康藏文化研究论坛】
主办单位：中国藏学研究中心、西南民族大学
时　　间：2011年5月30日
地　　点：四川省成都市
参会人员：100多位专家学者
收到论文：47篇
问题讨论及评述：会议围绕藏文文献典籍、宗教历史、藏族文化与艺术、康藏社会文化四个主题进行了广泛而深入的研讨。藏学涉及多学科领域，研究范围广泛、研究角度多样化、观点新颖独到，康藏文化研究的内容更为丰富。与会者认为，无论是研究康藏宗教历史或康藏文化艺术都与藏文古籍文献整理研究密不可分。大家达成共识，认为今后藏文古籍文献资源有效利用尤为重要。（摘自《中国藏学》2011年第3期、《民族学刊》2011年第4期）

【辛亥革命与中国民族关系研讨会】
主办单位：国家民委监督检查司、内蒙古自治区民委
时　　间：2011年7月
地　　点：内蒙古呼和浩特市
问题讨论及评述：与会的专家学者从不同侧面，围绕"辛亥革命与中国民族关系"主题，就辛亥革命导致的国家重建对中国近现代民族关系造成深远影响，辛亥革命使中华民族意识增强，辛亥革命增强了各民族的现代国家意识，辛亥革命对边疆地区的民族关系产生极大影响，辛亥革命时期外国势力干涉中国内政对当时的民族关系产生恶劣影响，辛亥革命对中国民族观、民族理论、民族学研究有重要影响6方面问题进行了讨论。会议认为，研究辛亥革命对中国民族关系的影响，对维护我国民族团结和社会稳定有着多方面的积极作用。（摘自《民族研究》2011年第6期）

【民间文化与公共秩序："历史的民族志"实践及反思学术研讨会】
主办单位：上海大学人类学研究所
时　　间：2011年7月18—19日
地　　点：上海市
参会人员：20多位专家学者
问题讨论及评述：专家学者们围绕历史人类学的反思和现状、民间文化和公共秩序的意义和关联、国家权力的运作与政权组织的建设等问题作了主题发言。本次研讨会试图从历史人类学的视野透视20世纪中国民间文化变迁的历史逻辑，并在"历史的民族志"层面进行方法论反思。（摘自《民族学刊》2012年第1期）

【元明时期的新疆学术研讨会】
主办单位：《新疆通史》编委会
时　　间：2011年7月19—20日

地　　　点：新疆乌鲁木齐市
　　参会人员：40余位专家学者
　　收到论文：19篇
　　问题讨论及评述：元明时期新疆的民族分布格局和宗教、文化面貌发生了前所未有的变化，并对后来新疆的政治和宗教、文化格局产生了重要影响。本次研讨会涉及元明时期新疆历史研究的诸多领域，其中元明时期新疆政治史和元明时期新疆历史文献方面的整理、研究是这次会议的两大热点。本次会议还组织专家对《新疆通史·元明卷》试写稿进行了评议。（摘自《西域研究》2011年第4期）

【吉林省满族说部学会成立暨首届满族说部学术研讨会】
　　主办单位：吉林省社会科学院、中国社会科学院民族文学所、吉林省民族宗教研究中心
　　时　　　间：2011年8月9日
　　地　　　点：吉林省长春市
　　参会人员：专家学者150余人
　　问题讨论及评述：此次研讨会中，满族史诗《乌布西奔妈妈》较受关注，与会学者认为其包含许多远古时期的信息，应是满族说部研究的重点。学者们对于满族说部的历史文化价值与文学意义、满族说部的不同文化主题以及与满族说部相关的满族文化、语言、艺术等方面的研究发表了自己的看法。（摘自《社会科学战线》2011年第10期）

【第一届中国土司制度与民族文化学术研讨会】
　　主办单位：中国社会科学院中国边疆史地研究中心、吉首大学
　　时　　　间：2011年8月20—23日
　　地　　　点：湖南省吉首市
　　参会人员：150多名专家学者
　　收到论文：84篇
　　问题讨论及评述：专家学者以中国土司制度与民族文化为主题，围绕土司学理论与方法、中国土司历史与文化、永顺老司城土司遗址与土司历史文化等议题进行了深入的研讨。此次会议取得了如下成果：1. 形成了土司研究的视野；2. 引入了多学科的理论与方法，拓展了研究领域。此次会议拓展了土司传统研究领域，主要是将土司制度进行了微型化研究。（摘自《民族学刊》2011年第5期）

【根敦群培与恰白·次旦平措学术思想研讨会】
　　主办单位：西藏社科院
　　时　　　间：2011年9月13—17日
　　地　　　点：西藏拉萨市
　　参会人员：70余人
　　收到论文：40余篇

问题讨论及评述：根敦群培先生是西藏自治区现代藏学的史学泰斗和启蒙家，恰白·次旦平措先生是德高望重的著名藏学家。此次研讨会专家学者对根敦群培和恰白·次旦平措的生平、成果以及学术思想进行了广泛深入的研讨，从不同角度和不同层次深入研讨了根敦群培与恰白·次旦平措的学术思想，高度评价了两位先生的学术思想、治学精神和爱国主义精神。会议论文和发言材料，涵盖了历史学、文学、艺术、考古学、文献学、语言学、人类学等学科，以及治史精神、批判精神、学术方法、思维特征、爱国主义等各个方面。（《西藏研究》2011 年第 5 期）

【关于"国家"的若干重要理论问题的认识与思考学术研讨会】
主办单位：《中国社会科学》杂志社、西南民族大学
时　　间：2011 年 9 月 15—18 日
地　　点：四川省成都市
参会人员：40 多位专家学者
问题讨论及评述：与会者围绕"国家"和"祖国"、"爱国主义"与"民族主义"、"主权"与"人权"，以及国家形态、国家职能、形成道路、运作方式、动力机制等话题，从政治学、历史学、国际关系、法学、民族学等多学科、多领域、多视角进行了热烈而深入的研讨。专家们指出，"国家"往往与"民族"联系在一起，这必然使得对"国家"问题的探讨具有高度的政治性，它关涉多民族国家的民族团结、政治稳定与共同发展。因此，探讨"国家"问题既具有重要的理论意义，更具有重大的现实意义。（摘自《民族学刊》2011 年第 6 期）

【首届中国西北地区民间文化遗产保护与传承研究高级培训营会议】
主办单位：西北民族大学"西北民族非物质文化遗产保护研究中心"、《西北民族研究》学刊社、甘肃省民俗学会、新疆师范大学历史与民族学学院、新疆少数民族文化遗产保护研究中心
时　　间：2011 年 9 月 16—17 日
地　　点：新疆乌鲁木齐市
问题讨论及评述：此次会议的目的是：围绕民族学、人类学、民俗学、文化遗产保护研究等民间文化学科的理论、方法、现状及趋势等方面，以专题讲座和学术研讨的形式，对从事民间文化遗产保护与传承工作的各族青年学者进行一次较为系统的培训。专家学者们从我国多元一体的民族格局的实际出发，对民族关系研究的状况、方法与实践，民族文化保护以及非物质文化遗产等诸多领域的前沿和热点问题，进行了大视野下微观而深入、细致的讲解，尤其针对西北地区民族民间文化遗产保护、民族关系研究的方法与实践等部分进行了具体、生动、通俗的解析与交流。（摘自《西北民族研究》2011 年第 4 期）

【新疆哲学学会 2011 年年会】
主办单位：新疆哲学学会

时　　间：2011 年 9 月 17 日
　　地　　点：新疆乌鲁木齐市
　　参会人员：100 余位专家学者
　　问题讨论及评述：此次年会围绕"现代文化与新疆各民族传统文化转型"这一主题，从哲学与现代文化、现代文化与新疆各民族传统文化、现代文化与新疆精神、现代文化与新疆各民族共有精神家园构建四个方面展开了深入广泛的探讨和交流。本届年会对新疆以现代文化为引领，推进新疆跨越式发展和长治久安两大战略具有启示意义。（摘自《新疆社会科学》2011 年第 6 期）

【多元文化与国家建设学术研讨会】
　　主办单位：中国世界民族学会、天津师范大学政治文化与政治文明建设研究院、天津师范大学政治与行政学院
　　时　　间：2011 年 9 月 24—25 日
　　地　　点：天津市
　　参会人员：50 余位专家学者
　　问题讨论及评述：会议围绕多元文化与实践、多元文化与民族问题、多元文化与政治文化、多元文化与现代国家四个主题展开了小组讨论，重点涉及以下五个方面内容，即：1. 多元文化主义思潮的基本内涵；2. 多元文化政策的实施困境；3. 全球化进程中的身份认同与主权风险；4. 多元文化社会民主政治的前途；5. 多族群社会国家建设的路径选择。此次研讨会是我国民族学界与政治学界共同发起的学术论坛，顺应了跨学科、多维度的研究趋势。与会代表在对话交流中达成了广泛共识，充分认识到学科融合对于学术创新的重大意义。（摘自《民族研究》2011 年第 6 期）

【纪念陈述先生百年诞辰学术研讨会】
　　主办单位：中国社会科学院民族学与人类学研究所
　　时　　间：2011 年 10 月 22 日
　　地　　点：北京市
　　参会人员：80 余名学者
　　问题讨论及评述：学者们缅怀了陈述先生的生平和治学精神，高度评价了陈述先生的学术贡献，并围绕辽金史及契丹女真史研究、民族史文献研究等民族史专题进行了广泛的学术讨论。会议论文以辽金史、契丹女真史研究为多，还有一些关于民族史其他研究专题的论文。民族志文献研究也已成为本次研讨会的另一重要议题。本次研讨会将对中国民族史研究事业的繁荣发展，起到积极的推动作用。（摘自《民族研究》2012 年第 1 期）

【第四届中国民族研究西南论坛：西南研究与 21 世纪中国民族学人类学发展学术研讨会】
　　主办单位：中国社会科学院民族学与人类学研究所《民族研究》编辑部、西南民族大学

时　　间：2011 年 10 月 29—30 日

地　　点：四川省成都市

参会人员：近 50 位专家学者

收到论文：30 篇

问题讨论及评述：此次研讨会主要围绕：1. 关于民族学人类学学科的反思；2. 关于统一的多民族国家；3. 关于"跨境民族"、"跨界民族"；4. 关于藏彝走廊；5. 关于西南少数民族宗教信仰五个议题进行讨论。中国民族研究西南论坛既是在西南地区开展的以民族学、人类学、民族问题研究为主旨的学术交流平台，又涵盖了西南地区民族学、人类学、民族问题及相关人文社会科学等诸多方面的研究。会议期间，学者们还就相关的热点问题进行了讨论。（摘自《民族研究》2011 年第 6 期、《民族学刊》2012 年第 1 期）

【首届"西北民族走廊的文明、宗教与族群关系研讨会"】

主办单位：中央民族大学"985 工程"民族发展与民族关系问题研究中心、中央民族大学民族学与社会学学院

时　　间：2011 年 11 月 25—27 日

地　　点：北京市

参会人员：60 余位专家学者

问题讨论及评述：与会专家学者围绕西北民族走廊的宗教文化、族群关系等议题展开了积极、深入的交流和研讨。此次研讨会是国内首次专门针对"西北民族走廊"召开的一次高水平学术会议，不但为国内外学者开展西北民族走廊研究提供了一个良好的交流平台，也推动了西北民族走廊的深入研究。（摘自《西藏民族学院学报》2012 年第 1 期）

【全国高等院校彝汉双语教材编译审定委员会暨彝学学科建设研讨会】

主办单位：西南民族大学

时　　间：2011 年 11 月 30 日—12 月 2 日

地　　点：四川省成都市

参会人员：100 多位专家学者

问题讨论及评述：与会专家学者就彝汉双语教材建设与彝学学科发展进行了热烈的讨论。（摘自《民族学刊》2012 年第 2 期）

【"草原生态与人文价值：中国牧区人类学研究三十年"研讨会】

主办单位：中山大学人类学系、中南民族大学南方少数民族研究中心、石河子大学政法学院

时　　间：2011 年 12 月 2—4 日

地　　点：广东省广州市

参会人员：40 余位学者

问题讨论及评述：与会学者围绕中国牧区人类学研究：理论与经验，草原生态与社会、

文化，草原生态与牧区经济发展等论题从不同学科视角展开了热烈、深入的研讨。此次会议旨在对 30 年来中国人类学牧区研究进行总结，讨论国内外相关研究形成的学术认识，推动中国牧区人类学的深入研究。（摘自《原生态民族文化学刊》2012 年第 1 期）

【中国人类学民族学 2011 年年会】
主办单位：中国人类学民族学研究会
时　　间：2011 年 12 月 10—12 日
地　　点：中国广西壮族自治区南宁市
参会人员：409 位专家学者
收到论文：290 篇
问题讨论及评述：此次年会以"社会转型、民族和睦与可持续发展"为主题，主要围绕中国社会转型时期，少数民族地区的经济、社会、文化、生态等问题，共同探讨交流了民族之间长期和睦共处、共同发展的实践经验和理论政策。（摘自《广西民族大学学报》2012 年第 1 期）

【中国社会科学院民族学与人类学研究所首届青年学术论坛】
主办单位：中国社会科学院民族学与人类学研究所
时　　间：2011 年 12 月 21—23 日
地　　点：北京市
参会人员：60 余位青年学者
收到论文：60 篇
问题讨论及评述：此次论坛分为八个单元，研究内容涉及民族理论、民族学、人类学、民族宗教、民族历史、民族经济、民族语言文字、民族文学艺术等，参会青年学者从不同学科和视角对我国乃至世界范围内的民族问题进行了学术交流，展现了较高的理论水平和较为宽广的学术视野。不少论文紧密关注当前民族地区的发展问题，具有积极的现实意义。一些研究成果具有鲜明的跨学科、交叉学科特点。此次论坛对培养民族研究学人才有着深远的意义，在青年学者中产生了积极的反响。（摘自《民族研究》2012 年第 1 期）

2011 年我国学者参加的国际学术会议

张建培

【田野、理论、方法：中法人类学与社会科学对话学术研讨会】
主办单位：北京大学社会学系、法国国家科研中心
时　　间：2011 年 4 月 8—10 日
地　　点：中国北京市
参会人员：来自中国和法国的 23 位专家学者及部分编辑、记者
问题讨论及评述：此次会议围绕主题"中法对话——人类学与社会科学目光的交叉"展开。中法学者就各自研究的问题分别作了发言，并就共同关心的问题进行了比较深入的讨论。演讲、讨论和辩论使此次研讨会会风一新，中法学者得以充分交流和相互了解。此次会议议题广、学者多、级别高，在中法人类学与社会学学术交流史上堪称空前。（摘自《民族研究》2011 年第 3 期）

【2011 年布洛陀文化学术研讨会】
主办单位：广西壮学学会、百色市人民政府
时　　间：2011 年 4 月 9—11 日
地　　点：中国广西百色市田阳县
参会人员：来自中国、越南、老挝、缅甸、泰国、印度等国家的 180 多位专家学者
收到论文：100 多篇
问题讨论及评述：此次研讨会主要围绕布洛陀文化，布洛陀麽经，布洛陀文化资源保护与旅游开发，布洛陀文化与同源民族民间信仰关系，布洛陀麽经收集、整理、译注等论题展开广泛交流与深入讨论。（摘自《广西民族研究》2011 年第 2 期）

【2011 年梵文贝叶经写本研究论坛】
主办单位：中国藏学研究中心宗教研究所
时　　间：2011 年 6 月 15 日
地　　点：中国北京市
参会人员：来自中国海峡两岸和香港特别行政区及德国的近 30 位专家学者
问题讨论及评述：与会的专家学者围绕本次论坛的主题——如何开展梵文贝叶经研究进

行了热烈的讨论。12位学者作了发言,其中9位专家围绕如何开展梵文贝叶经写本研究提出了看法和意见。此次会议,就梵文写本研究问题进行讨论和学术交流是第一次。与会者一致认为在加强国际合作研究的同时,开展国内的自主研究课题是适时的,也是梵文研究的必然趋势。(摘自《中国藏学》2011年第4期)

【2011年第二届西夏学国际学术论坛】
主办单位:宁夏大学西夏学研究院、中国社会科学院西夏文化研究中心、武威市人民政府
时　　间:2011年8月17—21日
地　　点:中国甘肃省武威市
参会人员:来自俄罗斯、日本等国家及中国大陆与台湾地区的120多位专家学者
收到论文:100余篇
问题讨论及评述:论坛分西夏历史文化、西夏语言与西夏文文献、西夏汉文文献与文物考古三个小组对涉及西夏历史文化、语言文字、碑刻绘画艺术、宗教等方面的研究进行了讨论和交流。此届论坛准备充分,是参加人数最多、学者最多、会议提交论文最多的一届国际西夏研究盛会。此次会议大量使用新的材料,提出了许多新的见解,对西夏学研究的进展大有裨益,进一步推动了西夏学研究的国际化、规范化。(摘自《甘肃民族研究》2011年第3期、《西夏研究》2011年第4期)

【2011敦煌论坛:文化遗产与数字化国际学术研讨会】
主办单位:甘肃省文物局、敦煌研究院、国家古代壁画保护工程技术研究中心
时　　间:2011年8月19—22日
地　　点:中国甘肃省兰州市
参会人员:来自美国、英国、德国、比利时、新西兰、日本、新加坡、以色列等国家及中国大陆与台湾地区的137位学者
收到论文:62篇
问题讨论及评述:敦煌文化遗产数字化问题是此次论坛的热点,主要包括对敦煌石窟艺术文物数字化和相关资源库(数据库)建设问题的探讨,以及对本领域其他相关问题的探讨,重点讨论了石窟艺术文物数字化问题。(摘自《敦煌学辑刊》2011年第3期)

【第十届人类学高级论坛暨第二届客家文化高级论坛】
主办单位:中国赣南师范学院、人类学高级论坛秘书处、客家文化高级论坛秘书处
时　　间:2011年10月21—24日
地　　点:中国江西省赣州市、广东省河源市
参会人员:来自韩国、中国海峡两岸和香港特别行政区的100多位学者
收到论文:85篇
问题讨论及评述:本届论坛是人类学高级论坛和客家文化高级论坛合并举办的盛会,论

坛下设"主题演讲"、"青年论坛"、"海峡两岸圆桌会议"、"客家文化高级论坛"。1. 主题演讲。学者们围绕文化认同、迁徙与离散、客家等议题作主题发言。作为人类学高级论坛的10年诞辰，以"族群迁徙与文化认同"为会议主题，集中讨论关于移民、认同、迁徙、离散等社会现象，将视野放置于全球化的话语之下，与国际学术话题并置，对以往学术成果进行总结，并以此为话头，预示了对未来学术的长远追求。2. 青年论坛。本届人类学高级论坛将青年论坛安排在大会发言，这是一个创举。这样做的原因，一是因为本次大会是人类学的第十届高级论坛，有纪念性、标志性的意义，二是要为成立青年委员会，建立"未来之星"论坛做准备。3. 圆桌论坛由两部分组成，即海峡两岸圆桌论坛和客家文化论坛，主题分别为客家迁徙与文化离散、学科交叉与地域关怀。（摘自《广西民族研究》2012年第1期、《西南民族大学学报》2011年第10期、《广西民族大学学报》2011年第6期）

【中加少数民族/原住民经济社会发展学术研讨会】
主办单位：中国西南民族大学、加拿大研究协会
时　　间：2011年10月26日
地　　点：中国四川省成都市
问题讨论及评述：研讨会上，与会学者围绕中加少数民族/原住民教育、中加少数民族/原住民地区资源与生态环境保护、中加少数民族/原住民经济发展、中加少数民族/原住民传统文化的传承与保护四个主题进行了广泛交流。参会人员还就会议研讨内容与发言专家进行了现场交流和热烈讨论。（摘自《民族学刊》2011年第6期）

【中山大学人类学系复办三十周年系列学术活动·第二届青年人类学论坛】
主办单位：中国中山大学人类学系
时　　间：2011年12月9—11日
地　　点：中国广东省广州市
参会人员：来自日本、中国海峡两岸和香港地区的40多位专家学者
问题讨论及评述：此次会议以"中国研究：他者与自者的视野"为主题，围绕7个议题进行讨论，即：1. 他者、自者与方法；2. 经验、理论与视角；3. 政治、文化与边界；4. 文化、遗产与再造；5. 亲属、身份与意识；6. 组织、环境与合作；7. 开放的人类学。（摘自《北方民族大学学报》2012年第2期）

【纪念傅懋勣先生百年诞辰学术研讨会】
主办单位：中国社会科学院民族学与人类学研究所、中央民族大学中国少数民族语言文学学院
时　　间：2011年12月17—18日
地　　点：中国北京市
参会人员：来自中国、法国、美国等国家的80多人
收到论文：78篇

问题讨论及评述：此次研讨会分纪念发言和学术讨论两个单元。学术研讨部分，内容涉及中国境内少数民族语言的结构类型、语言历史演变、语言接触、民族古文字和古文献、实验语音学和计算语言学、社会语言学和语言规划等。与会代表深情回顾了傅懋勣先生不朽的学术业绩，并一致认为，民族语言文字研究者要认真继承和发扬老一辈民族语言文字学者不畏艰险、孜孜以求的学术精神，乐于奉献、甘当人梯的学术风范，谦和宽容、淡泊名利的人格追求，把民族语言文字学科的建设和发展推向更高的水平，为我国的民族文化事业作出更大的贡献。（摘自《民族语文》2012年第1期）

【第五届中国与东南亚民族论坛国际研讨会】
主办单位：中国广西民族大学、老挝社会科学院历史研究所
时　　间：2011年12月28—29日
地　　点：老挝万象市
参会人员：来自中国、老挝、越南、缅甸四国的50名专家学者
收到论文：32篇
问题讨论及评述：此次会议以"民族整合与发展"为主题，围绕社会经济发展与国家安全、民族文化遗产的保护与发展、民族政策等专题进行了探讨。（摘自《广西民族大学学报》2012年第3期）

2012年国内召开的部分学术会议

张建培

【第三届满族文化研究机构负责人联席会议暨促进满族文化研究发展创新论坛】
主办单位：辽宁省民族宗教问题研究中心
时　　间：2012年4月14日
地　　点：辽宁省沈阳市
问题讨论及评述：本次会议旨在推动满族文化研究深入开展，加强满族文化研究机构相互交流。与会学者围绕如何深入发展满族文化研究，以及如何办好《满族研究》展开了热烈讨论。（摘自《满族研究》2012年第2期）

【黑水城出土律令与词讼文书整理与研究学术研讨会】
主办单位：河北省社会科学院
时　　间：2012年5月5—6日
地　　点：河北省石家庄市
问题讨论及评述：与会专家围绕黑水城出土的律令与词讼文书整理、土地案卷研究、婚姻案卷研究、契约保证等问题进行了研讨。（摘自《西夏研究》2012年第3期）

【第十四次全国民族语文翻译学术研讨会】
主办单位：中国民族语文翻译局、中国翻译协会民族语文翻译委员会
时　　间：2012年5月17—19日
地　　点：北京市
参会人员：来自全国各地16个民族的98位专家学者
收到论文：137篇
问题讨论及评述：与会代表围绕我国民族语文政策、翻译理论和实践、当前翻译工作中面临的机遇和挑战等问题展开学术研讨，取得了积极成果。（摘自《中国民族》2012年第7期）

【第五届中国民族研究西南论坛"田野、历史与理论"学术研讨会】
主办单位：西南民族大学、中国社会科学院民族学与人类学研究所《民族研究》编辑部

时　　间：2012年5月18—20日
地　　点：四川省成都市
参会人员：60余位专家学者
收到论文：55篇
问题讨论及评述：与会专家学者围绕8个主题进行研讨：1.中国民族学与人类学学科发展的反思及理论建设；2.20世纪中国民族学、人类学田野调查与研究；3.历史人类学与区域社会研究；4.旅游人类学与少数民族旅游研究；5.经济人类学与少数民族经济研究；6.民间艺术、非物质文化遗产与艺术人类学；7.族群理论与民族关系研究；8.物质流动与文明传播。（摘自《民族学刊》2012年第4期、《民族研究》2012年第4期）

【2012中国·贵州·凯里苗族文化论坛】
主办单位：贵州省苗学会
时　　间：2012年5月27—28日
地　　点：贵州省凯里市
参会人员：100余位专家学者
问题讨论及评述：此次论坛，专家学者就苗族文化发展、传统文化、历史文化、生态文化等多个主题进行了发言讨论。针对"苗族和苗族地区文化创新发展"进行了交流讨论，为苗族和苗族地区经济社会跨越式发展建言献策。（摘自《原生态民族文化学刊》2012年第2期）

【"侗族大歌"保护工作交流会暨专家论坛】
主办单位：贵州省文化厅、黔东南州政府
时　　间：2012年6月13—14日
地　　点：贵州省黎平县
参会人员：70余位专家学者
问题讨论及评述：与会专家学者就侗族大歌的保护传承所取得的经验和今后的工作方向进行了交流，共同探讨保护的最佳方式及传承的最优途径。会议从多角度多层面对侗族大歌的保护现状进行了评估，对申遗前后不同方面的保护所取得的成绩进行了科学评价。（摘自《原生态民族文化学刊》2012年第2期）

【"跨文明互动：区域研究的视野"学术研讨会】
主办单位：青海民族大学民族学与社会学学院
时　　间：2012年6月11—14日
地　　点：青海省西宁市
参会人员：来自全国各地的50多位专家学者
收到论文：近60篇
问题讨论及评述：此次研讨会分为主题发言、专题发言、学术考察三个板块：1.主题发言：会议邀请四位国内外知名学者围绕"中国、区域、文明、互动"的命题作主题演讲；2. 专题发言与讨论：与会专家学者从民族学、人类学、历史学、藏学、文化语言学、文化社会学等多角度探讨了跨文明对话的各类学术议题，分享了研究心得。此次会议的特点是：1. 主题发言充分显示了雄厚的学术实力，对以后的研究将作出重要的学术贡献；2. 藏学与人类学、民族学研究的交叠态势，数场专题发言体现了研究方法与研究思路的交互性；3. 河湟研究和藏彝研究的成果相得益彰，各显专长；4. 评议精彩，彰显学术功底，有助于后续研究。（摘自《青海民族研究》2012年第3期）

【新疆宗教史学术研讨会】
主办单位：《新疆通史》编委会
时　　间：2012年6月21—22日
地　　点：新疆维吾尔自治区乌鲁木齐市
参会人员：50多位专家学者
问题讨论及评述：与会专家就新疆的原始宗教、民间信仰、外来宗教、佛教史、伊斯兰教、摩尼教、道教等宗教史研究中的一些问题展开了讨论。（摘自《西域研究》2012年第3期）

【黔东南州侗学研究会第四次会员代表大会暨全国侗学论坛与纪念州侗学会成立20周年座谈会】
主办单位：黔东南州侗学研究会
时　　间：2012年6月27—28日
地　　点：贵州省凯里市
参会人员：来自北京市以及湖南、广西、湖北、贵州近200人参加会议
问题讨论及评述：论坛本着为侗族文化保护与发展献计献策，为促进侗族地区经济社会又好又快、更好更快发展作贡献的宗旨，围绕中国侗学研究、侗族传统优秀文化的挖掘、保护、传承、发展以及合理开发利用等主题展开研究讨论。（摘自《原生态民族文化学刊》2012年第2期）

【边疆民族关系与和谐社会构建学术研讨会】
主办单位：云南民族大学民族研究所、中央民族大学民族学与社会学学院、中国社会科学院民族学与人类学研究所《民族研究》编辑部
时　　间：2012年6月下旬
地　　点：云南省腾冲县
参会人员：30余位专家学者
问题讨论及评述：会议期间，学者们就边疆民族地区的民族政策、生计方式、人口流动、文化自觉、宗教信仰、民族风情旅游、民族现代性、感染性疾病的控制对民族关系与和谐社会建设的影响等问题进行了交流发言，并深入探讨了什么是现代意义上的边疆、边疆的文化

隐喻以及边疆发展治理的维度等问题。(摘自《民族研究》2012 年第 5 期)

【近代以来中国边疆社会变迁学术讨论会】
主办单位：内蒙古师范大学历史文化学院、中国社会科学院边疆史地研究中心
时　　间：2012 年 7 月 10 日
地　　点：内蒙古自治区呼和浩特市
参会人员：近 40 位专家学者
问题讨论及评述：此次会议的主题是探究近代以来的中国边疆社会，尤其是北部边疆地区在转型过程中的反响，边疆与内地互动历程，从而引起学界对边疆的重新思考。(摘自《内蒙古师范大学学报》2012 年第 6 期)

【辽宋金时期新疆历史学术研讨会】
主办单位：《新疆通史》编委会
时　　间：2012 年 8 月 20—22 日
地　　点：新疆维吾尔自治区乌鲁木齐市
参会人员：来自中国社会科学院、北京大学、南京大学、暨南大学、内蒙古大学的 60 多位专家学者出席会议
问题讨论及评述：学者们分别就辽宋金时期新疆的政治、经济、军事、思想文化等方面的有关问题作了认真深入的研讨。(摘自《西域研究》2013 年第 1 期)

【中国人类学民族学 2012 年年会】
主办单位：中国人类学民族学研究会
时　　间：2012 年 9 月 21—25 日
地　　点：甘肃省兰州市
参会人员：来自中国大陆与中国台湾地区以及越南、法国等国家和地区的 550 多名专家学者
收到论文：380 多篇
问题讨论及评述：此次年会的主题是"民族和睦与文化发展"，大会学术研讨由主旨发言和 24 个专题会议(其中影视人类学分会在新疆师范大学举办)两部分组成。6 位知名学者作了题为"人类学民族学中国学派的道路、历史的脚步与当前的任务"、"中国乡村都市化再研究"、"中华民族共有精神家园的文化考源"、"人类学民族学视野下的民族经济研究"、"差异与共生的五个维度"、"关于当前我国民族问题的进一步讨论"的主旨发言。主旨发言和专题会议涉及的学术研究领域较为广泛，特别是对我国转型社会中的若干重大现实问题，从人类学与民族学的视角进行了深入研讨。许多涉及民族意识与国家认同、加快发展与文化遗产保护、社会转型与应用人类学的议题引起了与会专家学者的强烈共鸣，取得了广泛共识。(摘自《民族学刊》2012 年第 6 期、《西北民族研究》2012 年第 4 期、《满族研究》2012 年第 4 期)

【中国人类学民族学 2012 年年会"文化交流交融与民族信任和谐"专题会议】

主办单位：中央民族大学中国民族理论与政策研究中心、中国民族理论与民族政策研究院、西北民族大学民族理论研究中心

  时 间：2012 年 9 月 21—25 日

  地 点：甘肃省兰州市

  参会人员：50 余位专家学者

问题讨论及评述：与会专家学者围绕多角度阐述民族间文化交流交融、现阶段不宜提民族融和、增强民族间信任和谐等议题，各抒己见，从多学科多角度研究了文化交流交融与民族信任和谐的作用和意义，分享了最新学术观点。（摘自《西北民族大学学报》2013 年第 1 期）

【中国人类学民族学 2012 年年会暨区域民族文化发展与多元文化互动专题研讨会】

主办单位：中国人类学民族学研究会

  时 间：2012 年 9 月 22—24 日

  地 点：甘肃省兰州市

  参会人员：来自北京、福建、云南、四川、新疆、甘肃等省、市、自治区的 20 位专家学者

  收到论文：20 余篇

问题讨论及评述：此次专题研讨会的主旨是"区域民族文化发展与多元文化互动"，与会专家围绕会议主旨，充分发挥自己的专业才学，阐述自己的学术观点，体现了不同地域、不同民族、不同特色的文化及文化研究成果。（摘自《甘肃民族研究》2012 年第 4 期）

【汉民族学会年会暨荆楚文化学术研讨会】

主办单位：中国社会科学院民族学与人类学研究所、中国民族学学会汉民族分会

  时 间：2012 年 10 月 8—11 日

  地 点：湖北省武汉市

  参会人员：120 多位专家学者

  收到论文：40 余篇

问题讨论及评述：会议讨论议题主要包括汉民族在中国文化发展中的贡献、荆楚文化的历史地位及作用、汉文化与荆楚文化的互动关系、汉文化与中国现代文化产业战略发展、荆楚非物质文化遗产及其保护、汉民族与少数民族互动研究、汉民族区域文化研究、汉语方言研究、汉文化在海外的传播和发展等。（摘自《民族研究》2012 年第 6 期）

【西夏学学术研讨会暨李范文先生治史 60 周年志庆】

主办单位：宁夏社会科学院

  时 间：2012 年 10 月 11 日

  地 点：宁夏回族自治区银川市

参会人员：70余位从事西夏学研究的专家学者

收到论文：40余篇

问题讨论及评述：与会专家围绕西夏学发展历程、西夏王陵申报世界文化遗产、西夏学研究动态、西夏文献研究、西夏语言文字、西夏历史文化等问题进行了深入讨论。还分别就西夏学最新的考古发现、历史研究、文献研究、研究队伍现状及面临的不足和困难等问题，进行了广泛的交流。（摘自《西夏研究》2012年第4期）

【百色学院民族文化翻译研究中心成立暨"壮族嘹歌英译"学术研讨会】

主办单位：广西百色学院、广西平果县人民政府

时　　间：2012年10月24日

地　　点：广西壮族自治区百色市

参会人员：30余位专家学者

问题讨论及评述：与会专家学者就百色学院民族文化翻译研究中心成立的重要意义、今后工作重点以及壮族嘹歌英译涉及的有关学术问题作了积极发言和交流。（摘自《三月三》2012年第6期）

【灾难与发展：羌学研究中心学术年会暨第二届灾难人类学学术研讨会】

主办单位：四川省哲学社会科学重点研究基地羌学研究中心、西南民族大学西南少数民族研究中心

时　　间：2012年11月10日

地　　点：四川省成都市

问题讨论及评述：此次研讨会紧紧围绕"灾难与发展"的主题，并结合羌学研究之于中西方视野下的灾难人类学研究进行了深入探讨。（摘自《民族学刊》2013年第1期）

【党的十八大与中国民族理论创新发展学术研讨会】

主办单位：中央民族大学中国民族理论与政策研究中心、国家民委重点研究基地当代民族问题与中国特色民族理论研究基地、中央民族大学中国民族理论与民族政策研究院

时　　间：2012年12月15—16日

地　　点：北京市

参会人员：来自全国20多所高校科研机构的专家学者与硕士、博士研究生及报纸杂志主编、记者近100人

问题讨论及评述：与会学者围绕"党的十八大是中国民族理论创新发展的里程碑"、"坚持中国特色社会主义民族理论的内核不动摇"、"与时俱进发展中国特色社会主义民族理论体系"等议题，就中国共产党的十八大对于民族理论创新发展的影响、如何以十八大精神为指导创新发展民族理论进行了热烈讨论，达到了理解精神、澄清思想、辨明道理、取得共识的目标。（摘自《云南民族大学学报》2013年第1期）

【《顾太清集校笺》出版首发研讨会——何晓芳谈金启孮先生与辽宁满学研究】
主办单位：北京市海淀区政协文史会、区史志办、区文联
时　　间：2012 年 12 月 31 日
地　　点：北京市
参会人员：30 余位专家学者

问题讨论及评述：与会学者从不同的角度对新书《顾太清集校笺》给予了高度的评价和肯定，认为《顾太清集校笺》是研究顾太清诗词最具学术性的、最权威的版本，并对金启孮先生在顾太清研究和满学研究领域所作出的巨大贡献表示深深的敬意。（摘自《满族研究》2013 年第 1 期）

2012年我国学者参加的国际学术会议

张建培

【第九届国际双语学会议】
主办单位：中国中央民族大学、泰国清莱皇家大学、国际双语学学会
时　　间：2012年1月26—28日
地　　点：泰国清莱府清莱市
参会人员：来自美国、泰国、日本等国家和地区以及中国内地与香港的100多位专家学者
问题讨论及评述：会议围绕双语现象的理论和方法研究，双语现象个案研究（湄公河区域及周边地区的少数民族），双语教育的教学方法、策略、问题及解决方案，双语比较研究，双语发展和趋势的国际研究，双语技术革新，对外汉语教学等问题展开了讨论。此次会议还调整了国际双语学学会的组织机构。（摘自《民族语文》2012年第2期）

【首届东亚人类学论坛：人类学与历史】
主办单位：中山大学人类学系、香港中文大学—中山大学历史人类学研究中心
时　　间：2012年3月28—30日
地　　点：中国广东省广州市
参会人员：来自日本、韩国、越南、英国、美国等国家和中国海峡两岸及香港地区的34名专家学者
收到论文：29篇
问题讨论及评述：此次论坛围绕人类学与历史的关系，就人类学的"历史"与历史学的"历史"的关联性进行了跨学科的对话，就人类学与历史相结合的可能性进行了探讨，就人类学民族志的学术功效进行了思考。除了这种方法论意义上的人类学与历史学的"历史"研究以外，论坛还特别关注人类学最为基本的比较研究，特别是东亚人类学本土定位时的自者与他者的比较研究。此次论坛共设置了四场分会，其主题分别是"方法论、宗族、族谱等文献资料"、"客家、水上居民、居民的形成与异化、宗教"、"现代化与历史、少数民族"、"不同学科看待历史的视角是否有差异"。（摘自《广西民族大学学报》2012年第4期）

【"山——人类学的视野"国际学术工作坊】
时　　间：2012年4月27—28日
地　　点：中国四川省成都市大邑县
参会人员：来自英国、美国、韩国、挪威、加拿大、中国等国的20余位专家学者
问题讨论及评述：此次学术工作坊由主题讲演、学术报告、圆桌会谈、研究生读书会四部分构成，深入讨论了人类学视野的拓展问题。（摘自《西北民族研究》2012年第3期）

【第二届中国少数民族古籍文献国际学术研讨会】
主办单位：中央民族大学、西南民族大学和中国民族古文字研究会
时　　间：2012年7月13—15日
地　　点：中国四川省成都市
参会人员：来自美国、俄罗斯、日本、法国、中国等国家和地区的80多位专家学者
收到论文：74篇
问题讨论及评述：此次研讨会围绕四个主题展开讨论：1. 刊布文献整理新材料；2. 民族古籍理论研究；3. 民族古籍保护方法研究；4. 民族古籍专题研究，包括汉文在内的民族古文献研究。内容涉及藏、彝、蒙、满、西夏、西域及其他南方民族文献，涵盖了文献学、语言学、语音学、音韵学、宗教学和历史学等，对中国少数民族古籍文献的收集、整理和研究工作产生了积极影响，把中国少数民族古籍文献整理研究工作推向了一个新的广度和新的深度。（摘自《民族学刊》2012年第5期）

【元代国家与社会国际学术研讨会】
主办单位：中国元史研究会、南开大学历史学院、河北省张北县人民政府
时　　间：2012年8月25—27日
地　　点：中国天津市
参会人员：来自海内外的130余名专家学者
收到论文：120余篇
问题讨论及评述：会议主题是：元代金石碑刻及其他资料研究，黑城文书、《至正条格》及相关问题研究，元代国家与社会，成吉思汗与13—14世纪的中国。（摘自《中国边疆史地研究》2012年第4期）

【第二届中国土司制度与边疆社会国际学术研讨会】
主办单位：云南师范大学、云南省景东彝族自治县人民政府
时　　间：2012年9月29日—10月3日
地　　点：中国云南省昆明市、云南省普洱市景东彝族自治县
参会人员：来自日本等国和中国大陆与台湾地区的100余位专家学者
收到论文：80余篇
问题讨论及评述：与会学者围绕"土司制度理论、研究方法及学术史研究"、"元明清时

期土司相关问题研究"、"土司制度及改土归流相关问题研究"、"近代以来土司制度演化研究"、"土司制度相关资料整理研究"等相关问题进行了热烈的讨论。此次会议是继 2011 年召开的第一届土司制度会议后的又一次重要的土司制度研讨盛会。本次会议旨在持续推动土司制度及相关问题的学术研究，将土司制度研究引向深入。（摘自《中国史研究动态》2013 年第 1 期）

【汉代西域考古与汉文化国际学术研讨会】
主办单位：中国新疆文物局、中国社会科学院考古研究所
时　　间：2012 年 10 月 16—19 日
地　　点：中国新疆维吾尔自治区乌鲁木齐市
参会人员：来自英国、德国、韩国、日本、越南等国和中国内地与香港地区的 130 余名专家学者
收到论文：130 多篇
问题讨论及评述：与会学者围绕"汉代西域考古发现与研究"、"汉代丝绸之路与中西文化交流"、"汉代考古发现与研究"、"汉代历史与汉文化研究"四大议题展开交流。此次会议扩大了汉代考古与汉文化研究视野，对于完整解读中华文明具有重要意义。（摘自《西域研究》2013 年第 1 期）

【第四届吐鲁番学国际学术研讨会暨古代钱币与丝绸高峰论坛】
主办单位：中国文物学会、新疆维吾尔自治区文化厅、新疆维吾尔自治区文物局、吐鲁番地区行政公署
时　　间：2012 年 10 月 19—21 日
地　　点：中国新疆维吾尔自治区吐鲁番市
参会人员：来自法国、德国、俄罗斯、中国的 100 余位专家学者
问题讨论及评述：此次会议以"古代钱币与丝绸"为主题，国内外的专家学者交流了国内外考古发现及研究的最新动态和成果，进一步推进了丝绸之路钱币学、纺织品学的研究，突出了吐鲁番地区在古代丝绸之路上发挥的巨大作用，以及吐鲁番历史上繁荣的贸易经济和兼容并蓄的社会文化，充分彰显了新疆文物系统在学术研究领域的成就，展现了吐鲁番地区近年来在吐鲁番学研究方面的学术成果。（摘自《吐鲁番学研究》2012 年第 2 期）

【第六届国际彝缅语学术研讨会暨西南民族大学彝缅语研究中心揭牌仪式】
主办单位：西南民族大学、中国社会科学院《民族语文》杂志社、北京大学中国语言学研究中心
时　　间：2012 年 11 月 2—4 日
地　　点：中国四川省成都市
参会人员：来自美国、澳大利亚、瑞典、中国等国家的 50 多位专家学者和 100 多位彝学院学生

收到论文：48 篇

问题讨论及评述：专家学者围绕彝缅语的历史音韵学、彝缅语的比较语言学、彝缅语具体语言的描写、彝缅语的濒危语言保护和复兴、彝缅语的文化语言学、彝缅语的文字学、彝缅语与其他藏缅语之间的关系等议题进行了广泛而深入的研讨。此次研讨会具有非常重要的承前启后的意义，之后的国际彝缅语研讨会将成为一个重要的学术平台，彝缅语研究的深度和广度也会因为这次会议而大大加强。（摘自《民族学刊》2013 年第 1 期、《民族语文》2012 年第 6 期）

【第二届亚洲人类学民族学论坛】

主办单位：中国社会科学院民族学与人类学研究所、中央民族大学世界民族学人类学研究中心、中国民族学学会

时　　间：2012 年 11 月 9—10 日

地　　点：中国北京市

参会人员：来自日本、韩国、越南、马来西亚、新加坡、澳大利亚、美国、意大利、加拿大，以及中国大陆与台湾地区约 80 位专家学者

收到论文：78 篇

问题讨论及评述：本次论坛的主题为"资源环境与人类社会"，主要围绕资源环境与人类生存、地理环境与人类文化多样性、资源开发与社会发展、生态文明与人类可持续发展、亚洲环境问题与文化生态个案研究、生态危机与环境政策、生态人类学的新进展、文化资源与民族文化产业、亚洲人类学民族学前沿理论与分支学科发展等议题展开了讨论。论述内容的丰富、范围的广阔和角度的多样化，是这次学术论坛的突出特点。（摘自《民族研究》2012 年第 6 期）

【"交流与融合：清代民族文化"学术研讨会】

主办单位：北京市社会科学院满学研究所、北京大学明清研究中心

时　　间：2012 年 11 月 24—25 日

地　　点：中国北京市

参会人员：来自韩国与中国的 50 余位学者

收到论文：46 篇

问题讨论及评述：与会学者围绕"清代民族文化"这一主题展开了深入讨论，内容涵盖清代民族文化的发展演变与特点、清代满汉文化的交融与满汉关系、满族文化及与各民族的交流、民族与政治文化、清代政治制度、满文文献、文学艺术等方面，涉及历史学、社会学、民族学、文献学、文学、语言学等多个学科。（摘自《满族研究》2013 年第 1 期）

【中国第三届蒙古学国际学术研讨会】

主办单位：内蒙古社会科学院、中国蒙古学学会

时　　间：2012 年 12 月 13—14 日

地　　　点：中国内蒙古自治区呼和浩特市

参会人员：来自蒙古、俄罗斯、日本、法国，以及中国大陆与台湾地区的专家学者230余人

收到论文：160余篇

问题讨论及评述：与会专家围绕"蒙古族文化与生态文明"这一主题从"蒙古语言文字"、"蒙古文学"、"蒙古历史"、"草原文化"四个方面展开研讨。学者们集中研讨了蒙古学面临的重点、热点和难点问题。该研讨会展示了蒙古学研究各个领域的最新成果，探讨了蒙古学研究的发展道路，发现了新的学术生长点。同时，大会向著名蒙古学家、内蒙古大学教授清格尔泰颁发了"中国蒙古学奖"，清格尔泰是第一位获得"中国蒙古学奖"的学者。（摘自《内蒙古民族大学学报》2012年第6期）

【"企业和城市发展：并非全是经济的问题"国际会议】

主办单位：中国社会科学院民族学与人类学研究所

时　　　间：2012年12月15—16日

地　　　点：中国内蒙古自治区呼和浩特市

参会人员：来自美国、加拿大、日本、马来西亚，以及中国内地与香港地区的近30名专家学者

问题讨论及评述：与会代表主要围绕四个方面展开研讨：1. 对日本、印度、赞比亚、马来西亚、中国等不同国家的企业个案分析；2. 对传统杂货店、"老字号"企业、企业经营理念、企业文化、企业社会责任、国际品牌、非正式经济、劳动就业、企业与城市发展的关系等的专题研究；3. 对企业人类学这个新兴学科建设的探讨；4. 对新兴宗教和太极的传播、合作社等现象的分析。通过这次国际会议交流，与会代表一致认为，人类学、民族学、社会学等非经济学的学者，可以跟宏观经济学、产业经济学、区域经济学、工商管理学等学者合作，共同探讨工业化、城市化中的生态环境保护、企业社会责任、城乡协调发展、民族文化传承、资源利用与可持续发展等有关问题。（摘自《民族研究》2013年第1期）

第五篇

新书·学术论文索引

2010年新书目录

[说明：排列顺序为著作，文章名称，编著（译）者，出版单位，著作页码数或卷数]

一 综合

定远县志/李德龙主编，中央民族大学出版社.550
鹤庆年鉴：2006—2008/段智深编，云南民族出版社.458
临沧市年鉴2009/李生云主编，云南人民出版社.456
中国民族研究年鉴2008年卷/揣振宇 华祖根主编，中央民族大学出版社.645
中国历史百科全书（图文珍藏修订版）第六卷：民族·民俗/徐寒主编，中国书店.602

二 民族问题理论

边疆民族地区和谐治理：在应急管理框架下的考察/朱秦著，云南人民出版社.265
城市化进程中的中国民族医疗保障/谢红莉著，人民出版社.220
当代中国民族宗教问题研究 第五辑/中国统一战线理论研究会民族宗教理论甘肃研究基地编，中国社会科学出版社.321
当代中国民族宗教问题/龚学增 胡岩主编，中共中央党校出版社.349
东南亚伊斯兰教与当代政治/贺圣达主编，中国书籍出版社.482
多民族国家的民族政策与族群态度/孔建勋等著，中国社会科学出版社.324
佛光降临谁家？——"贡唐文殊大师"转世灵童寻访认定坐床全景图说/王云峰著，甘肃民族出版社.574
福建民族与宗教/何绵山著，厦门大学出版社.347
甘肃民族地区科学发展与和谐社会建设问题研究/张积良著，民族出版社.281
国家、民族与中国农村基层政治/张和清著，社会科学文献出版社.356
贵州：民族关系的构建/杨昌儒等著，贵州人民出版社.464
汉藏佛学比较研究/沈卫荣著，上海古籍出版社.722
杭州民族·宗教志/《杭州民族·宗教志》编纂委员会编，杭州出版社.479

和谐社会与民族地区政府能力研究/青觉著,人民出版社.310

活佛转世及其历史定制/陈庆英 陈立健著,中国藏学出版社.191

近代以来中国边疆民族宗教问题的历史演进/王欣田著,宗教文化出版社.328

理解民族关系的新思路:少数族群问题的去政治化/谢立中主编,社会科学文献出版社.315

论民族性/〔英〕戴维·米勒著,刘曙辉译,译林出版社.225

美国对华战略和"西藏问题"/卢秀璋著,中国藏学出版社.404

满与汉:清末民初的族群关系与政治权力(1861—1928)/〔美〕路康乐著,中国人民大学出版社.441

蒙古族佛教文化调查研究/唐吉思著,辽宁民族出版社.702

明末清初回族三大汉文译著家伦理思想研究/梁向明著,光明日报出版社.222

民族性·世界性/牛运清等著,山东大学出版社.351

民族地区公共财政保障制度创新研究/梁积江等著,人民出版社.333

民族地区行政区划改革研究/张友著,民族出版社.215

民族工作文献选编(2003—2009年)/国家民族事务委员会 中共中央文献研究室编,中央文献出版社.471

民族、国家与边界——"跨国民族文化发展研究"研讨会论文集/白振声 杨建新主编,中央民族大学出版社.276

民族、国家与边界/白振声等著,中央民族大学出版社.276

民族交往心理的跨文化研究/李静著,中国社会科学出版社.407

民族与宗教的互动:阿拉伯民族主义与伊斯兰教关系研究/刘中民著,时事出版社.441

民族政治学(第二版)/周平著,高等教育出版社.334

民族法学前沿问题研究/吴大华等著,法律出版社.301

中国民族刑事政策研究/郑齐猛著,民族出版社.250

民族交往与发展/杨盛龙等著,民族出版社.323

民族政策过程及实证分析/龚志祥著,中央民族大学出版社.264

民族主体性的觉解:马克思主义哲学中国化的想象力/李广昌著,中国社会科学出版.277

民族宗教统战理论政策在新疆的实践与研究/王文衡著,新疆人民出版社.365

民族高等教育的改革与发展/李能武著,哈尔滨工程大学出版社.433

民族地区社会治安综合治理研究/田小穹著,中央民族大学出版社.238

美国对华战略和"西藏问题"(1959—1991)/卢秀璋著,中国藏学出版社.404

庆祝新中国成立六十周年暨民族地区科学发展理论研究/杜丹等著,西南交通大学出版社.520

青海世居少数民族公民法律素质调查与研究/张立群等著,青海人民出版社.406

少数民族地区民生状况统计分析与预测/徐世英著,中央民族大学出版社.239

社会主义与民族/〔德〕赫尔曼·黑勒著,刘刚译,中国法制出版社.132

世界华人穆斯林概观/刘宝军编著,宁夏人民出版社.130
四川民族地区工业经济发展研究/李勇著,中国农业出版社.197
苏联民族问题理论与政策研究/熊坤新著,中央民族大学出版社.307
天下与帝国:中美民族主体性比较研究/江宁康著,南京大学出版社.355
维吾尔族萨满文化遗存调查/阿地力·阿帕尔等著,民族出版社.576
乡土秩序与民间法律:羌族习惯法探析/龙大轩著,中国政法大学出版社.345
"五化"背景下民族问题研究/何晓芳著,白山出版社.291
西北少数民族地区政府行为文明与公民权保障研究/王肃元等著,人民出版社.430
西双版纳发展论/黄映玲著,云南大学出版社.365
西部民族地区自发移民迁入地聚居区建设社会主义新农村研究/张体伟著,中国社会科学出版社.283
西部资源开发与民族利益关系和谐建构研究/王文长著,中央民族大学出版社.370
西方民族社会学经典读本:种族与族群关系研究/马戎编,北京大学出版社.425
西南边疆民族研究/何明主编,云南大学出版社.237
西南民族地区出生人口性别比失调问题研究/杨军昌等著,民族出版社.324
云南民族区域自治60年:马克思主义民族理论在云南的实践/张田欣主编,云南人民出版社.263
西南少数民族民间法的变迁与现实作用/周世中等著,法律出版社.422
西夏河西佛教研究/崔红芬著,民族出版社.450
新中国处理少数民族宗教问题的历程和基本经验/龚学增主编,宗教文化出版社.335
新中国民族法制史论/李鸣著,九州出版社.406
新中国民族地区行政区划研究/田烨著,中央民族大学出版社.238
新中国民族理论60年/金炳镐著,中央民族大学出版社.545
新疆维吾尔自治区民族团结教育条例/新疆维吾尔自治区人民代表大会法制委员会著,新疆人民出版社.26
新疆历史与民族宗教理论政策教程学习指南/遇恒勇著,新疆大学出版社.141
彝族原始宗教艺术文化初探/龙俚贵著,巴蜀书社.257
彝族氏族祭祖大典仪式与经书研究:以大西邑普德氏族祭祖大典为例/朱崇先著,民族出版社.664
尹宜公民族工作文选/罗静主编,云南民族出版社.379
域外萨满学文集/郭淑云著,占春主编,学苑出版社.390
元代至民国治藏政策法规汇要/张双智编著,学苑出版社.143
云南民族关系调查研究/郭家骥著,中国社会科学出版社.578
云南乡规民约大观/黄珺主编,云南美术出版社.674
藏彝走廊西部边缘民族关系与民族文化变迁研究/高志英著,民族出版社.372
中国民族区域自治法制化:回顾与前瞻/朱玉福著,厦门大学出版社.386
中国城市民族区运行研究/张勇著,中央民族大学出版社.310

中国共产党民族干部政策研究/刘荣著,社会科学文献出版社.319
中国共产党在边疆少数民族地区执政方略研究/钟世禄等著,云南人民出版社.393
中国民族法制60年/熊文钊主编,中央民族大学出版社.711
中国少数民族地区人口状况研究/吕红平等著,中国社会科学出版社.356
中国国民党民族理论与民族政策研究/赵学先等著,中央民族大学出版社.276
中国少数民族地区社会组织研究/李俊清 陈旭清主编,中国社会出版社.312
族际政治在多民族国家的理论与实践/陈建樾 竞红主编,社会科学文献出版社.482

三 民族经济

楚雄州少数民族和民族聚居区科学发展研究/黄正山 李德胜主编,云南民族出版社.268
非平衡、共有和地方性:草原管理的新思考/王晓毅 张倩 荀丽丽编著,中国社会科学出版社.450
贵州少数民族地区人才资源开发研究/单晓娅著,中国经济出版社.367
回眸中国2009——中国民族地区经济社会发展概况/钱江著,五洲传播出版社.57
海西蒙古族藏族自治州社会主义新农村新牧区建设规划/谢长礼等编,青海人民出版社.324
加快民族地区经济社会发展的金融支持体系研究/张家寿著,人民出版社.292
雷山苗族文化与旅游丛谈/唐千武主编,中央民族大学出版社.375
历代新疆屯垦管理制度发展研究/张安福著,中国农业出版社.258
木里藏族经济发展战略研究/韦安多著,中央民族大学出版社.183
牧区与市场:牧民经济学/达林大 易生著,社会科学文献出版社.607
穆斯林商道/马福平 泽峰著,民族出版社.349
民族地区旅游企业成长/龙祖坤著,电子科技大学出版社.218
民族企业品牌之路/邹广文等著,经济日报出版社.201
民族自治地方政府能力与区域经济社会发展/阎柏著,云南人民出版社.351
民族地区媒介素养引论/徐晓红著,西南交通大学出版社.202
民族多样性和谐/缪家福著,中共中央党校出版社.427
民族地区生态规划/李迪强著,中国环境科学出版社.238
青藏高原区域可持续发展研究/刘同德著,中国经济出版社.285
青海省藏族地区经济与社会协调发展研究/张宏岩著,中央民族大学出版社.364
穷则思变:粤北必背瑶寨变迁记/吴国富著,广东人民出版社.375
商品经济与中国近代民族经济进程/陈庆德著,人民出版社.254
外推与内生:西南民族地区经济生产方式转型与社会文化变迁/吴晓蓉著,广西师范大学出版社.238
网络传播与云南少数民族文化的现代建构/庄晓东等著,科学出版社.207

西藏援助与发展/靳薇著，西藏人民出版社.369

西部民族地区农村信息化实践与理论探索/赵晖等著，宁夏人民出版社.309

西部民族地区可再生能源发展研究/史锦华著，新华出版社.334

西部资源开发与民族利益关系和谐建构研究/王文长著，中央民族大学出版社.370

西南民族区域特色经济问题研究/邹平等著，科学出版社.145

新疆区域经济发展中少数民族人力资源开发研究/李全胜等著，中国经济出版社.414

新疆贫困状况及扶贫开发/新疆维吾尔自治区党委政策研究室课题组编著，新疆人民出版社.382

新阶段边疆少数民族地区农村扶贫开发模式及对策研究/刘维忠等著，高等教育出版社.286

元代民族经济史/李幹著，民族出版社.1415

游牧民族农业发展问题探索/阿德力汗·叶斯汗著，民族出版社.279

中国少数民族地区经济发展方式转变研究/郑长德　罗布江村等著，民族出版社.292

中国少数民族地区经济增长研究/舒燕飞著，新华出版社.330

中国少数民族经济学/刘永佶著，中国经济出版社.581

中国西部民族地区农村发展/李盛刚著，民族出版社.161

中国西部民族地区新型工业化/曹海英著，中国经济出版社.385

四　民族学与人类学

本色毛南：毛南族卷/李甜芬著，广西民族出版社.155

边陲多民族和谐聚居村：新疆布尔津县冲乎尔乡奇巴尔托布勒克村调查报告/耶斯尔著，社会科学文献出版社.230

边村新貌：新疆布尔津县杜来提乡哈拉塔尔村调查报告/石岚著，社会科学文献出版社.210

边境布依家园：云南省河口县桥头乡老汪山村社会与经济发展调查报告/赵旭峰　何作庆著，社会科学文献出版社.217

被表述的民俗艺术/刘统霞著，知识产权出版社.205

比较视野下的维吾尔文化/阿布都外力·克热木著，民族出版社.292

白石：释比与羌族/周毓华编著，中国文联出版公司.353

毕力格巴图尔——永不消逝的记忆/内蒙古自治区公安厅公安史研究室著，中国人民公安大学出版社.638

冲击、适应、重塑：网络与少数民族文化/岳广鹏著，中央民族大学出版社.330

传统与嬗变：河州八坊回族人的生活世界/马东平著，甘肃民族出版社.259

从马林诺斯基到费孝通：另类的功能主义/谢立中主编，社会科学文献出版社.366

村落·信仰·仪式：河湟流域藏族民间信仰文化研究/谢热著，社会科学文献出版社.202

重返喀什噶尔/[瑞典]贡纳尔·雅林著，杨镰编，崔延虎　郭颖杰译，新疆人民出版社.280

草原牧歌/陈建明著，岳麓书社.158

草原华章/山西博物院主编，山西人民出版社.141

草原文化/于丹等著，吉林出版社.120

大理民族文化研究论丛（第四辑）/赵怀仁主编，民族出版社.698

多维民族文化边界地带民族社会文化变迁研究/李臣玲著，民族出版社.261

迪庆藏族自治州非物质文化遗产保护名录（第一卷）/吴春光等著，云南民族出版社.228

达斡尔族萨满文化遗存调查/丁石庆　赛音塔娜编著，民族出版社.337

多元族群与中西文化交流：基于中西文献的新研究/特木勒编，上海人民出版社.299

滇萃：云南少数民族对华夏文明的贡献/张增祺著，云南美术出版社.240

敦煌莫高窟北区出土蒙古文文献研究/敖特根著，民族出版社.376

敦煌文献与佛教研究/李德龙著，中央民族大学出版社.272

东北边陲的俄罗斯民族村/赵淑梅等著，社会科学文献出版社.212

鄂伦春人文经济/刘晓春著，知识产权出版社.228

20世纪中国文学民族性与现代性的双重变奏/刘学明著，四川文艺出版社.268

俄罗斯文化在中国：人类学与历史学的研究/唐戈著，北方文艺出版社.374

俄侨与黑龙江文化/荣洁等著，黑龙江大学出版社.224

洱海区域的古代文明（上下）/张增祺著，云南教育出版社.750

非物质文化遗产保护理论与方法/乌丙安著，文化艺术出版社.339

甫白文存/张博泉著，兰州大学出版社.318

贵州少数民族口述传播史研究/蓝东兴著，民族出版社.415

广西民族传统文化概观/余益中著，广西人民出版社.484

固始移民与闽台文化研究/尹全海　崔振俭主编，九州出版社.349

规束与共享：一个水族村寨的生活文化考察/王学文著，民族出版社.275

过山瑶的乡源/李少梅著，民族出版社.310

海南岛苗族社会调查/中南民族大学编著，民族出版社.294

河洛文化与客家文化/安国楼著，河南人民出版社.275

河西走廊藏文化史要/赵永红著，甘肃人民出版社.275

红河彝族文化遗产古籍典藏（影印本）/李涛　普学旺主编，云南人民出版社.20册

《回回药方》研究/牛阳主编，宁夏人民出版社.348

厚德载物：人口较少民族文化保护与发展/王建民等著，中央民族大学出版社.222

黄龙地区宗教文化研究/潘显等著，巴蜀书社.395

黄淑娉评传/孙庆忠著，民族出版社.241

灰地：红镇"混混"研究（1981—2007）/黄海著，生活·读书·新知三联书店.278

回族文化大观/吴建民主编，贵州民族出版社.259

回族文化概要/敏贤麟主编，甘肃人民出版社.199
贺昌群译著五种/贺昌群译，国家图书馆出版社.204
贺州客家/韦祖庆　杨宝雄主编，广西师范大学出版社.231
海南州地名文化释义/才洛著，甘肃民族出版社.738
红河流域的民族文化与生态文明/郑晓云　杨正权主编，中国书籍出版社.550
胡商、胡腾舞与入华中亚人——解读虞弘墓/张庆捷著，北岳文艺出版社.215
话说古都群：寻找失落的古都文明/张轸著，吉林文史出版社.844
海南黎族和台湾少数民族民俗比较/詹贤武著，南方出版社.314
疾痛的故事：苦难、治愈与人的境况/[美]克莱曼著，上海译文出版社.324
江上船歌：街津口赫哲乡纪行/孟修　胡凡著，黑龙江大学出版社.149
近代中国东北移民研究/高乐才著，商务印书馆.333
客家地名文化/林善珂主编，社会科学文献出版社.387
论社会人类学/[英]爱德华·埃文思—普里查德著，世界图书出版公司.286
李安宅与华西学派人类学/陈波著，巴蜀书社.355
雷公山苗族巫词贾理嘎别福/文远荣编译，中央民族大学出版社.495
嫏嬛著稿/李孝友著，云南人民出版社.248
李敖论台湾族群/李敖著，中国友谊出版公司.358
辽代石刻文续编/向南　张国庆　李宇峰辑注，辽宁人民出版社.376
傈僳族历史文化探幽/侯兴华著，云南大学出版社.305
岭南文化/李权时等著，广东人民出版社.120
蒙元文化与海原/马新民著，宁夏人民教育出版社.265
蒙古游牧文明与伊斯兰文明的交汇/敏贤麟著，北京宗教文化出版社.366
蒙古密码/特·官布扎布著，中国民族摄影艺术出版社.285
蒙古族饮食图鉴/裴聚斌　桂小平编著，内蒙古人民出版社.429
满族服饰文化研究/曾慧著，辽宁民族出版社.218
民族汇聚与文明互动：北朝社会的考古学观察/张庆捷著，商务印书馆.662
民族社会学概论/高永久著，南开大学出版社.283
民族人口学纲要/石开忠著，贵州民族出版社.169
民族文化遗存形态的产业社会化与生态文化创建/郝朴宁等著，科学出版社.435
民族小岛/马成俊　马伟主编，民族出版社.894
民族学研究集刊（上下）/中山文化教育馆研究部民族问题研究室编，国家图书馆出版社.258
民族研究文集2009/杨筑慧著，中央民族大学出版社.437
民族遗产·第三辑/文日焕　祈庆富主编，学苑出版社.251
民族院校哲学社会科学创新发展研究/雷召海等编著，民族出版社.495
民族政治学（第二版）/周平著，高等教育出版社.334
民族研究：社会视角中的发现/张建新著，中央民族大学出版社.362

美在金秀/黄振江　赵贵坤主编，广西美术出版社.125

民族与社会之间/赵利生著，中国社会科学出版社.396

民族历史与现代观念/李振宏著，河南大学出版社.312

民族、文明与新世界：20世纪前期的中国叙述/王铭铭主编，世界图书出版公司.492

闽都文化述论/薛菁著，中国社会科学出版社.596

闽南璞山人的社会与文化/余光泓等主编，厦门大学出版社.362

民族社会学研究/鲁建彪著，中国社会科学出版社.237

明末清初回族三大汉文译著家伦理思想研究/梁向明著，光明日报出版社.222

民族学人类学论坛·第二辑：散杂居民族问题研究/雷振扬著，民族出版社.471

满族萨满文化遗存调查/富育光著，民族出版社.223

纳西、摩梭民族志：亲属制、仪式、象形文字/［德］米歇尔·奥皮茨　［瑞士］伊丽莎白·许主编，刘永青等译，云南大学出版社.407

南方民族研究/林伦伦主编，暨南大学出版社.215

南方民族考古/成都文物考古研究所编，科学出版社.469

娘家与婆家：华北农村妇女的生活空间和后台权力/李霞著，社会科学文献出版社.246

南永前图腾诗的人类学境界/田子馥著，吉林人民出版社.286

区域文化与中华文化/黄易宇　于志平主编，知识产权出版社.293

启示、觉悟与反思：音乐人类学的中国实践与经验三十年（1980—2010）/洛秦主编，上海音乐学院出版社.5册

融水民族文化简明读本/吴慧兰著，广西民族出版社.142

水秀南方：水族卷/包晓泉著，广西民族出版社.155

水之意蕴：傣族水文化研究/艾菊红著，中国社会科学出版社.253

千古之策/王翰林主编，新疆生产建设兵团出版社.135

黔东北地域阳明文化研究/敖以深著，知识产权出版社.239

黔东茶园山文化解读/周政文著，学苑出版社.519

侨村蒜岭的变迁/郁贝红等著，社会科学文献出版社.474

清朝的国家认同/刘凤云等著，中国人民大学出版社.432

入驻拉卜楞/尕藏才旦著，甘肃民族出版社.287

入藏四年/［印度］艾哈默得·辛哈著，周翔翼译，兰州大学出版社.174

人类学与当今人类问题/［美］约翰·博德利著，周云水　史济纯　何小荣译，北京大学出版社.309

人类学诗学/［美］伊万·布莱迪（Ivan Brady）著，徐鲁亚等译，中国人民大学出版社.410

尔苏藏族文化研究/王德和著，四川大学出版社.227

人类学写作/徐新建主编，四川大学出版社.419

人类学·弱势关怀/廖智宏著，黑龙江人民出版社.566

人生史与人类学/王铭铭著，生活·读书·新知三联书店.351

书斋与田野/藤星等著,民族出版社.227
水族墓葬石雕/杨俊著,四川美术出版社.200
隋唐民族关系思想史/崔明德著,人民出版社.474
畲族妇女口述史研究/朱丹著,浙江工商大学出版社.210
畲族饮食文化/梅松华著,学苑出版社.328
圣土边坝/于君伦著,中央编译出版社.187
神圣与亲和:中国羌族释比文化调查研究/赵曦著,民族出版社.353
四川土司史话/安川著,巴蜀书社.160
四至八世纪吐鲁番的胡姓与民族/董永强著,陕西人民出版社.386
《诗经》文化人类学/王政著,黄山书社.681
世界华人图典/吴文娟主编,上海文艺出版社.337
世界文明通论——中华文明·中国少数民族文明(上下)/何星亮著,福建教育出版社.939
世系谱牒与族群认同/张全海著,世界图书出版公司.101
三江源玉树民族文化/尼玛扎西著,青海人民出版社.418
丝绸之路/[瑞典]斯文·赫定著,江红 李佩娟译,新疆人民出版社.309
丝绸之路:内陆欧亚考古与历史/刘文锁著,兰州大学出版社.410
丝绸之路古道研究/丁笃本著,新疆人民出版社.262
丝绸之路上的考古、宗教与历史/罗丰主编,文物出版社.335
丝绸之路上的回响/冯福宽 杨连福主编,中央民族大学出版社.172
丝绸之路中国与欧洲宗教哲学交流研究/张西平著,新疆人民出版社.351
梭戛日记:一个女人类学家在苗寨的考察/方李莉著,学苑出版社.311
锁江记忆:四川平武锁江羌族乡社会调查报告/程瑜主编,知识产权出版社.361
通向义宁之学:王永兴先生纪念文集/《王永兴先生纪念文集》编委会编,中华书局.570
西北少数民族文化/雷金瑞著,甘肃文化出版社.326
天祝藏族民俗/乔高才让主编,甘肃文化出版社.320
土族文化传承与变迁/裴丽著,民族出版社.197
吐蕃佛教/黄明信著,中国藏学出版社.239
探赜索隐/史新民著,武汉出版社.384
图像文化人类学/吴秋林著,民族出版社.316
跳菜:南涧彝族的飨宴礼仪/秦莹著,云南人民出版社.321
驼队/[瑞典]安博特著,杨子 宋增科译,新疆人民出版社.192
唐宋时期黄河流域的外来文明/毛阳光等著,科学出版社.259
天山问穹庐/马大正著,山东画报出版社.252
田野的回声:音乐人类学笔记/萧梅著,上海音乐学院出版社.334
王承权詹承绪纳西学论集/王承权 詹承绪著,民族出版社.337

王世英纳西学论集/王世英著,民族出版社.215

西南文化创世纪:殷代陇蜀部族地理与三星堆、金沙文化/饶宗颐著,上海古籍出版社.269

夏村社会/萧楼著,生活·读书·新知三联书店.331

西部地域文化心态与民族审美精神/李天道著,中国社会科学出版社.329

西夏人的精神世界/张迎胜著,宁夏人民出版社.258

西藏最后的秘境:吉隆/吉林省第三批援藏通化工作组编著,西藏人民出版社.211

贤者喜宴——吐蕃史译注/巴卧·祖拉陈瓦等著,中央民族大学出版社.604

硝烟下的智勇之旅——理想信念与民族情怀/曲惠成等著,军事谊文出版社.288

西方旅行者眼中的拉卜楞/宗喀·漾正岗布等著,甘肃民族出版社.242

行旅悟道:人类学的思路与表现实践/庄孔韶著,北京大学出版社.428

文化传播与人口较少民族文化变迁:裕固族30年来文化变迁的民族志阐释/王海飞著,民族出版社.269

文化基因与社会变迁:中国社会主义路径走向的民族文化解析/赵传海著,河南大学出版社.311

文化人类学的湘西文本:土家族苗族历史文化研究/杨选民 杨昌鑫著,湖南出版社.324

文化遗产保护诠说/白庚胜著,宁夏人民出版社.360

文献研究·第一辑/高国祥主编,学苑出版社.158

文化交流:重塑艺术和人类学/[美]马尔库斯、迈尔斯编,阿嘎佐诗 梁永佳译,广西师范大学出版社.434

文野互动:民族考古文集/胡鸿保 林春著,中央民族大学出版社.463

翁文灏古人类学与历史文化文集/翁心钧等整理,科学出版社.386

我们流着不同的血液:以血型、基因的科学证据揭开台湾各族群身世之谜/林妈利著,前卫出版社.241

汶川地震灾后贫困村重建与本土文化保护研究/黄承伟等著,社会科学文献出版社.400

无父无夫的国度:重女不轻男的母系摩梭/周华山著,光明日报出版社.247

无萨满时代的萨满:新疆师范大学萨满国际会议论文集/迪木拉提·奥迈尔编,民族出版社.320

文化传承与民族教育田野调查——三十三位凉山彝人访谈录/阿里瓦萨(刘正发)著,中央民族大学出版社.516

文化人类学导论/石奕龙著,首都经济贸易大学出版社.366

西藏的寺与僧:1940年代/柳升祺著,中国藏学出版社.163

卓尼藏族研究/魏贤玲著,民族出版社.319

藏族古代法新论/华热·多杰著,中国政法大学出版社.299

西北少数民族仪式考察/郝苏民著,学苑出版社.287

西北史地论稿/吕卓民著,中国社会科学出版社.393

新版中国北方诸族的源流/朱学渊著,华东师范大学出版社.366

新疆哈萨克族文化转型研究/夏里甫罕·阿布达里著,新疆人民出版社.246

信仰与秩序:广西客家民间信仰研究/刘道超著,广西师范大学出版社.288

新疆新观察/储安平　浦熙修著,新疆人民出版社.286

悬棺密码/安东著,中国戏剧出版社.192

西部人文资源考察实录/方李莉主编,学苑出版社.295

心智与审美:云南少数民族文化管窥/王明东著,云南大学出版社.212

寻找食人部落:来自野蛮世界的生存档案/〔美〕海耶克著,陕西师范大学出版社.233

寻找裸露的石头:依西肯村纪行/魏影　王阳著,黑龙江大学出版社.177

瑶凤鸣翠:瑶族卷/冯艺著,广西民族出版社.157

瑶族盘瓠龙犬图腾文化探究/李祥红　王孟义著,民族出版社.217

瑶族盘王祭祀大典:瑶族盘王节祭祀礼仪研究/奉恒高　何建强编著,民族出版社.146

彝风异俗:彝族卷/黄佩华著,广西民族出版社.155

应用人类学研究:基于澜沧江畔的田野/尹仑著,云南科技出版社.288

艺术人类学:艺术的存在和存在的艺术/高长江著,中国社会科学出版社.341

艺术人类学/王胜华著,云南大学出版社.288

坳瑶社会变迁:广西金秀大瑶山下古陈村调查/谷家荣著,云南人民出版社.303

云南少数民族思想观念历史与发展/姚顺增著,云南民族出版社.249

云南少数民族传统文化研究/杨志明等著,人民出版社.234

云南少数民族的文化产业与文化传承机制研究/赵世林著,民族出版社.263

越地民俗文化论/寿永明　宋浩成　俞婉君著,人民出版社.268

元代诸族建筑及居住文化/白翠琴　杜倩萍著,黑龙江人民出版社.271

元江傣族文化·第一辑/许洪畅主编,云南民族出版社.360

永恒的歌唱:云南民族民间歌谣与民族死亡观研究/陈艳萍著,云南大学出版社.159

原生的法:黔东南苗族侗族地区的法人类学调查/徐晓光著,中国政法大学出版社.348

云南跨境民族文化初探/和少英等著,中国社会科学出版社.360

云南少数民族精神文化与文化精神:纳西、彝诸民族文化遗产研究/李国文著,民族出版社.496

云南壮族坡芽歌书符号意义解读/王志芬著,云南大学出版社.420

炎黄文化研究·第十一辑/赵德润主编,大象出版社.271

语言人类学/纳日碧力戈著,华东理工大学出版社.198

藏区宗教文化生态/尕藏加著,社会科学文献出版社.293

藏味文化/王勇　王全成编著,时事出版社.348

藏族文化志/丹珠昂奔著,上海人民出版社.223

扎巴藏族:21世纪人类学母系制社会田野调查/冯敏著,民族出版社.548

赵心愚纳西学论集/赵心愚著,民族出版社.359

政策视野中的少数民族非物质文化遗产/赵学义　关凯著,民族出版社.357

中国民族学2009·第二辑/杨建新主编,甘肃民族出版社.242

中国体质人类学研究/张继宗等编著,科学出版社.290
中国少数民族遗传学概论/李树春编著,中央民族大学出版社.325
中国丘北彝族僰人探析/朱法飞主编,云南民族出版社.217
中国陕甘宁青伊斯兰文化老照片:20世纪30年代美国传教士考察纪实/王建平编,上海辞书出版社.183
中国壮学·第四辑/李富强主编,民族出版社.418
壮行天下:壮族卷/严凤华著,广西民族出版社.155
中古敦煌佛教社会化论略/马德著,中国社会科学出版社.280
中国朝鲜族与在日朝鲜人社会比较研究/朴婷姬著,延边大学出版社.283
中国传统社会宗教的世俗化研究:以金元时期全真教社会思想及传播为个案/夏当英著,巴蜀书社.319
中国达斡尔族名人风采录/杜兴华 巴图宝音主编,中央民族大学出版社.579
中国大地上的穆斯林/马跃 樊前锋著,宁夏人民出版社.282
中国的匈奴/杨献平著,花城出版社.268
中国古代北方民族体育史考/黄聪著,人民出版社.345
中国现代民俗学检讨/施爱东著,社会科学文献出版社.226
中国伊斯兰教西道堂研究文集/敏生光主编,甘肃民族出版社.3册
中国伊斯兰探秘:刘智研究/金宜久著,中国人民大学出版社.268
中华民族早期源流/王玉哲著,天津古籍出版社.296
壮侗语民族历史文化研究/莫俊卿著,中央民族大学出版社.377
壮族社会民间信仰研究/黄桂秋著,中国社会科学出版社.471
壮族习惯法研究/陈新建 李洪欣著,广西人民出版社.383
宗教人类学(1—2)/金泽 陈进国主编,中央民族大学出版社.449
宗教人类学学说史纲要/金泽著,中国社会科学出版社.441
走进雷山苗族古村落/吴玉贵主编,中央民族大学出版社.258
走进苗疆腹地台江/邰磊著,贵州民族出版社.204
族群性的建构和维系:一个宗教群体历史与现实中的认同/哈正利著,宁夏人民出版社.261
族群性与族群认同建构:四川尔苏人的民族志研究/巫达著,民族出版社.306
最后的绅士:以费孝通为个案的人类学史研究/杨清媚著,世界图书出版公司.261
中国伊斯兰教苏非学派史论之一:哲赫忍耶/杨学林著,宁夏人民出版社.291
中国少数民族遗传学概论/李树春著,中央民族大学出版社.325
中华民族魂/刘国辉著,贵州大学出版社.202
藏传佛教四大活佛系统与清朝治理蒙藏方略/星全成等著,青海人民出版社.329
藏族创世论/曲甘·完玛多杰著,青海民族出版社.226
中国人类学评论·第16辑/王铭铭著,世界图书出版公司.286
中国人类学评论·第14辑/王铭铭著,世界图书出版公司.280

中国人类学评论·第15辑/王铭铭著，世界图书出版公司.298
中国人类学评论·第17辑/王铭铭著，世界图书出版公司.293

五　民族历史

阿昌族百年实录/傅仕敏主编，中国文史出版社.333
阿昌族今古奇观/赵家培编著，德宏民族出版社.242
敖鲁古雅风情/刘云山著，内蒙古人民出版社.177
八月的年节：一个土著堡子的生存仪式/焦虎三著，四川人民出版社.163
白石·释比与羌族/周毓华编著，中国文联出版公司.353
白族百年实录/傅仕敏主编，中国文史出版社.601
白族本主/杨恒灿编著，云南科学技术出版社.415
百年西藏/张晓明著，华文出版社.204
保安族文化概要/苏有文主编，甘肃人民出版社.181
北庭历史文化研究：伊、西、庭三州及唐属西突厥左厢部落/薛宗正著，上海古籍出版社.787
边疆考古研究·第9辑/吉林大学边疆考古研究中心编，科学出版社.420
布依学会二十年：1988—2008/白明政主编，贵州民族出版社.217
布朗族百年实录/傅仕敏主编，中国文史出版社.347
常宁瑶族/肖丽萍著，中国民族摄影艺术出版社.270
成吉思汗的黄金家族/李强著，金城出版社.401
触摸夜郎古国/林齐模编著，华龄出版社.615
达地水族乡志/韦荣慧主编，中央民族大学出版社.310
傣族百年实录（上下）/傅仕敏主编，中国文史出版社　社会科学文献出版社.1062
稻城：香格里拉精神史/祝勇等著，人民出版社.394
东北民族研究·第三辑/南文渊著，辽宁民族出版社.202
东胡、乌桓、鲜卑研究集成/孙海　蔺新建主编，中州古籍出版社.12册
侗情如歌：侗族卷/蒙飞著，广西民族出版社.115
鄂温克族百年实录（上下）/杜刚著，中国文史出版社.1287
二十四史唐宋元明时期西域史料汇编/陈世明等著，新疆大学出版社.922
风起苗舞：苗族卷/严凤华著，广西民族出版社.156
凤兮仫佬：仫佬族卷/何述强著，广西民族出版社.157
甘丹颇章时期西藏地方史宗论：以十三世达赖喇嘛新政改革为中心/罗布著，民族出版社.522
甘肃古国史话/米生军著，甘肃文化出版社.262
古代北亚游牧民族：语言文字、文献及其宗教/乔吉著，内蒙古大学出版社.218
古代中国与其强邻：东亚历史上游牧力量的兴起/［美］狄宇宙著，贺严　高书文译，

中国社会科学出版社.374
 古代中外文化交流史/王小甫等编著,高等教育出版社.309
 广东民族研究论丛·第十四辑/马建钊主编,民族出版社.750
 贵州少数民族古籍研究（二）/陈乐基主编,贵州民族出版社.235
 归化城厅志稿/李德龙主编,中央民族大学出版社.741
 过渡礼仪/［法］范热内普著,张举文译,商务印书馆.154
 哈尼考辨/哲赫著,云南民族出版社.221
 黑龙江民族风情/舒展著,黑龙江教育出版社.300
 呼伦贝尔大草原/巴义尔著,中央民族大学出版社.208
 湖南土家族风情/梁先学 庞年玖主编,岳麓书社.301
 花腰傣礼俗/刘振华主编,云南民族出版社.180
 拉卜楞寺高僧传略/洲塔编著,甘肃民族出版社.220
 拉卜楞民俗风情/华瑞·东智著,甘肃民族出版社.193
 拉萨市藏传佛教寺院/群培著,西藏人民出版社.390
 狼自北方来：匈奴/刘星著,中国文史出版社.301
 辽宁民族60年/包玉梅主编,辽宁民族出版社.219
 楼兰：千年的传奇和千年的谜/穆舜英 梁越著,外文出版社.167
 明月天山/于阗著,世界知识出版社.233
 南诏大理国科学技术史/李晓岑著,科学出版社.272
 南诏国的法律与社会控制/罗家云著,中国民族摄影艺术出版社.226
 内蒙古历史文化/侯世忠 斯热文主编,民族出版社.306
 怒族百年实录/傅仕敏主编,中国文史出版社.502
 普米族百年实录/傅仕敏主编,中国文史出版社.369
 曲靖回族历史与文化/马明勤著,云南大学出版社.549
 西夏河西佛教研究/崔红芬著,民族出版社.450
 河西佛教史/杜斗城等著,中国社会科学出版社.687
 河西走廊藏文化史要/赵永红著,甘肃民族出版社.275
 湖南民族关系史/伍新福著,湖南人民出版社.588
 基诺族百年实录/傅仕敏主编,中国文史出版社.465
 京色海岸：京族卷/包晓泉著,广西民族出版社.156
 景颇族百年实录/傅仕敏主编,中国文史出版社.762
 客家古邑史要/刘路红等著,华南理工大学出版社.140
 傈僳学研究/鲁建彪著,民族出版社.368
 辽夏关系史/杨浣著,人民出版社.384
 辽金军制/王曾瑜著,河北大学出版社.369
 辽金时期懿州历史与文化研究/张志勇著,长江出版社.260
 拉卜楞史话/丹曲著,甘肃民族出版社.220

拉卜楞寺藏传佛教文化论稿/丹曲著,甘肃民族出版社.416
拉卜楞寺及其属寺/杨才让塔等著,甘肃民族出版社.240
拉卜楞文化导读(上下)/王砚主编,甘肃民族出版社.512
拉祜族百年实录/傅仕敏主编,中国文史出版社.573
历代新疆屯垦管理制度发展研究/张安福著,中国农业出版社.258
傈僳学研究/鲁建彪主编,民族出版社.368
傈僳族百年实录/傅仕敏主编,中国文史出版社.732
辽宋西夏金代通史(陆)周边民族与政权卷/漆侠著,人民出版社.331
朗润学史丛稿/邓小南著,中华书局.531
马背帝国风云录:十三世纪的蒙古大汗们/李旸著,当代中国出版社.246
民国边政史料续编1—30/马大正主编,国家图书馆出版社.18952
民国川边游踪之《泸定考察记》/任乃强著,中国藏学出版社.116
民国川边游踪之《天芦宝札记》/任乃强著,中国藏学出版社.143
民国川边游踪之《西康札记》/任乃强著,中国藏学出版社.179
民国湘西苗乡纪实/隆名骥著,北京燕山出版社.358
民主革命先驱刀安仁/曹成章著,中国社会科学出版社.502
民族风情/田兆元著,外语教学与研究出版社.234
民族历史与现代观念:中国古代民族关系史研究/李振宏 刘克辉著,河南大学出版社.312
民族史研究·第9辑(总第11辑)/苍铭主编,中央民族大学出版社.437
蒙古史词典(古代卷)/薄音湖主编,内蒙古大学出版社.565
蒙古史研究·第十辑:金启琮教授诞辰九十周年纪念专辑/齐木德道尔吉 宝音德力根主编,内蒙古大学出版社.351
蒙古族佛教文化调查研究/唐吉思著,辽宁民族出版社.702
蒙元帝国/朱耀廷著,人民出版社.473
纳西、摩梭民族志/[德]米歇尔·奥皮茨 [瑞士]伊丽莎白·许主编,刘永青等译,云南大学出版社.407
南方民族考古·第六辑/霍巍 王毅主编,科学出版社.468
南方民族研究/林伦伦主编,暨南大学出版社.215
南方民族史与民族关系史论集/练铭志著,广东人民出版社.369
女真民族史/孙进己 孙泓著,广西师范大学出版社.318
南国回风:回族卷/海力洪著,广西民族出版社.157
纳西族百年实录/傅仕敏主编,中国文史出版社.898
南北史考索/高敏著,天津古籍出版社.625
羌族通史/耿少将著,上海人民出版社.477
契丹开国皇后/杨军著,中国国际广播出版社.192
契丹民族史/孙进己 孙泓著,广西师范大学出版社.301

千年龟兹古国/徐东编著，华龄出版社.135
清皇族的阶层结构与经济生活/赖惠敏著，辽宁民族出版社.301
羌族/李贫著，人民出版社.137
乾隆朝大小金川之役研究/彭陟炎著，民族出版社.415
龟兹史料辑录/裴孝曾主编，新疆人民出版社.4460
青唐盛衰：唃厮啰政权研究/祝启源著，青海人民出版社.387
清代军机处满文熬茶档/中国第一历史档案馆编，上海古籍出版社.911
清代驻京喇嘛研究/陈晓敏著，北京燕山出版社.212
清代京旗回屯问题研究/魏影著，黑龙江大学出版社.246
清南略考实/沈一民著，黑龙江大学出版社.285
清史译丛/于沛主编，浙江古籍出版社.372
清台湾奏稿三种/陈湛绮责编，全国图书馆文献缩微复制中心.314
山情·水韵·苗寨风/唐千武主编，中央民族大学出版社.269
神秘的楼兰古国/徐东编著，华龄出版社.140
失落的渤海古国/林攀编著，华龄出版社.136
史林遗痕/孙玉良著，兰州大学出版社.437
宋辽金史论稿/杨果著，商务印书馆.439
宋辽战争论考/王晓波著，四川大学出版社.272
宋元史学的基本问题/［日］近藤一成主编，吕静译，中华书局.305
宋元战争史/陈世松等著，内蒙古人民出版社.415
隋唐帝国与东亚/［日］堀敏一著，韩昇 刘建英编译，兰州大学出版社.175
唐代藩镇研究/张国刚著，中国人民大学出版社.220
唐代佛教/［美］威斯坦因著，张煜译，上海古籍出版社.211
唐西州官吏编年考证/李方著，中国人民大学出版社.471
吐鲁番学研究/李肖等著，上海古籍出版社.926
佤族百年实录/傅仕敏主编，中国文史出版社.663
乌古斯和回鹘研究/李树辉著，民族出版社.464
新疆察哈尔蒙古西迁简史/中共博尔塔拉蒙古自治州委员会党史研究室著，民族出版社.233
新疆和平解放史/张安军 曹文著，新疆生产建设兵团出版社.347
匈奴：古代游牧国家的兴亡/［日］泽田勳著，王庆宪 丛晓明译，内蒙古人民出版社.238
雪山下的丑行：西藏暴乱的来龙去脉/徐明旭著，四川教育出版社.393
寻找被遗忘的王朝/白滨著，山东画报出版社.223
寻找达斡尔人的足迹：东霍尔莫津村纪行/周喜峰 黄彦霞著，黑龙江大学出版社.137
匈奴史/林幹著，人民出版社.306
寻找失落的西域文明/杨镰著，北京航空航天大学出版社.269

西夏社会文书研究/杜建录著，史金波主编，上海古籍出版社．307

西夏文书档案研究/赵彦龙著，宁夏人民出版社．360

西北道教史/樊光春著，商务印书馆．789

西南边疆民族研究/何明主编，云南大学出版社．237

西南古籍研究（2008 年）/林超民主编，云南大学出版社．460

西南彝志/王运权主编，贵州民族出版社．477

西域考古文存/王炳华著，兰州大学出版社．532

西域文史·第四辑/朱玉麟主编，科学出版社．314

《西番译语》校录及汇编/聂鸿音　孙伯君编著，社会科学文献出版社．389

西藏历史和佛教的语文学研究/沈卫荣著，上海古籍出版社．722

西藏的历史与人文景观/王维强　陈庆英著，中国藏学出版社．215

西藏历史大事年表/夏玉·平措次仁著，西藏人民出版社．354

西藏民俗文化/陈立明　曹晓燕著，中国藏学出版社．433

西藏文史资料选辑·第 25 辑：格龙·洛桑旦增自传/格龙·洛桑旦增著，中国藏学出版社．276

西藏文史资料选辑·第 26 辑：平息 1959 年西藏武装叛乱纪实/杨一真著，中国藏学出版社．188

西藏文史资料选辑·第 27 辑：昌都强巴林寺及历代帕巴拉传略/江参等编著，扎雅·洛桑普赤译，中国藏学出版社．192

西藏志考：云龙州志稿　防城县小志/李德龙主编，中央民族大学出版社．639

新疆考古论集/孟凡人著，兰州大学出版社．514

新疆四道志/佚名撰，中央民族大学出版社．527

延边朝鲜族史（上）/《延边朝鲜族史》编写组编，延边人民出版社．393

1759—1949 年新疆多民族分布格局的形成/齐清顺著，新疆人民出版社．320

彝族毕摩百解经/吉尔体日　吉合阿华　吉尔拉格编译，巴蜀书社．506

英国国家图书馆藏敦煌西域藏文文献/金雅声　赵德安主编，上海古籍出版社．377

元明清时期的傣族法律制度及其机制研究/吴云著，人民出版社．350

元史浅识/高荣盛著，凤凰出版社．459

云南民族地区民主改革资料集/秦和平编，巴蜀书社．487

云南少数民族古籍文献调查与研究/李国文著，民族出版社．731

中国边疆民族研究·第四辑/达力扎布主编，中央民族大学出版社．367

中国朝鲜族风俗百年/政协延边朝鲜族自治州委员会文史资料与学习宣传委员会编，辽宁民族出版社．616

中国各个民族：英汉对照/方华文编著，安徽科学技术出版社．474

中国民族发展史纲要/王文光等著，云南大学出版社．390

中国民族古籍研究 60 年/张公瑾　黄建明主编，中央民族大学出版社．440

中国民族史研究 60 年/达力扎布主编，中央民族大学出版社．559

中国南方少数民族的变迁/李甫春　赵明龙著，民族出版社.329

中国少数民族节日/胡起望著，中国国际广播出版社.183

中国少数民族历史故事/李松茂等著，宁夏人民出版社.2册

中国锡伯人（上下）/那启明　韩启昆总主编，辽宁民族出版社.1636

章嘉呼图克图研究/邓建新著，北京宗教文化出版社.359

藏传佛教面面观/吴均著，中国藏学出版社.137

藏传佛教认识论：开启量学（因明学）宝库之金钥匙/多识仁波切著，甘肃民族出版社.228

藏传佛教四大活佛系统与清朝治理蒙藏方略/星全成　陈柏萍著，青海人民出版社.329

藏史论考/周伟洲著，兰州大学出版社.269

藏文古籍图录/赵国忠等著，甘肃人民美术出版社.239

藏彝走廊（上下）/袁晓文主编，民族出版社.947

藏族/李英子著，吉林文史出版社.120

藏族/李春林著，新疆美术摄影出版社.168

浙江畲族史/邱国珍著，杭州出版社.296

中部西藏与蒙古人：元代西藏历史（增订本）/［意］伯戴克著，张云译，兰州大学出版社.174

中古北方民族史探/陈琳国著，商务印书馆.470

中国古代北方民族通论/林幹著，人民出版社.380

中国回族暨伊斯兰教研究/张世海著，甘肃民族出版社.362

中国民族史/王柏龄著，吉林出版集团有限责任公司.582

中国民族史/吕思勉著，岳麓书社.261

中国民族发展史纲要/王文光等著，云南大学出版社.390

中国民族文博·第三辑/民族文化宫博物馆编，辽宁民族出版社.452

柱间史：松赞干布的遗训/阿底峡尊者著，中国藏学出版社.198

中国近代民族英雄的杰出代表/廖宗麟著，光明日报出版社.299

中国历史——喀喇汗王朝史·西辽史/魏良弢著，人民出版社.383

中华民族婚俗奇观/马飞编著，四川民族出版社.216

辽金西夏研究年鉴：2009/景爱主编，学苑出版社.373

六　民族语言文字

布依语长篇话语材料集/周国炎主编，中央民族大学出版社.631

侗台语概论/倪大白著，民族出版社.431

方块壮字研究/覃晓航著，民族出版社.393

国家图书馆藏满文文献图录/黄润华主编，国家图书馆出版社.377

国家图书馆藏彝文典籍目录/杨怀珍编著，中华书局.287

哈萨克语语音知识/迪丽达著,伊犁人民出版社.144
汉羌词典/周发成编著,中国文联出版公司.504
汉藏语学报(第4期)/戴庆厦主编,商务印书馆.227
吉昌契约文书汇编/孙兆霞等编,社会科学文献出版社.464
揭秘水书(上下)/王传福等著,贵州民族出版社.806
基于第二语言教学的汉语哈萨克语动词谓语句对比研究/成燕燕著,民族出版社.418
揭秘水书:水书先生访谈录(上下)/贵州省档案馆 贵州省史学会编,贵州民族出版社.806
景洪市嘎洒镇傣族语言文字使用现状及其演变/赵凤珠主编,商务印书馆.336
辽代石刻文续编/向南 张国庆 李宇峰辑注,辽宁人民出版社.376
论东亚语言塞音的音变规则/燕海雄著,中西书局.416
蒙古语族语言研究史论/曹道巴特尔编著,内蒙古教育出版社.330
蒙汉历史接触与蒙古语言文化变迁/曹道巴特尔著,辽宁民族出版社.408
民族文字古籍/谢沫华主编,云南美术出版社.161
《纳西东巴古籍译注全集》诠释/习煜华编,云南民族出版社.423
纳西语汉语翻译理论和实践研究/李英著,云南民族出版社.200
纳西东巴文献用字研究/黄思贤著,民族出版社.360
片马茶山人及其语言/戴庆厦主编,商务印书馆.228
普通人类语言学视角下的语音简化性研究/尹铁超等著,北京大学出版社.147
清代官修民族文字文献编纂研究/乌兰其木格著,辽宁民族出版社.300
十二世纪以来的缅甸语语音研究/岳麻腊著,民族出版社.259
丝绸之路语言研究/赵杰著,新疆人民出版社.255
泰国清莱拉祜族及其语言使用现状/戴庆厦主编,中国社会科学出版社.482
佤语话语材料集/赵富荣 陈国庆编著,中央民族大学出版社.227
文化变迁与语言传承:土家族的语言人类学研究/谭志满著,中国社会科学出版社.203
文化与语言:云南少数民族语言与汉语的语言文化比较研究/骆小所等著,云南人民出版社.272
锡伯语通论/萨蒙等著,新疆人民出版社.468
《西番译语》校录及汇编/聂鸿音 孙伯君编著,社会科学文献出版社.369
西夏新译佛经陀罗尼的对音研究/孙伯君著,中国社会科学出版社.196
新编汉蒙成语大词典/宝力高编著,辽宁民族出版社.893
新疆民汉双语现象与社会发展之关系/陈世明主编,民族出版社.532
彝文改革述论/姚昌道著,四川民族出版社.318
彝语方言研究/陈康著,中央民族大学出版社.623
永州女书/李广福等主编,湖北教育出版社.222
元江县因远镇语言使用现状及其演变/白碧波主编,商务印书馆.246
藏缅语族部分语言使用的变迁/胡素华主编,民族出版社.354

藏文字符研究：字母、读音、编码、字频、排序、图形、拉丁字母转写规则研究/江荻 龙从军著，社会科学文献出版社.272

中国语言规划续论/李宇明著，商务印书馆.336

中国少数民族语地名文件选编/商伟凡主编，中国社会出版社.297

中国少数民族语言使用现状及其演变研究/戴庆厦著，中央民族大学出版社.354

中国少数民族语言文字信息处理研究与发展/戴庆厦　赵小兵主编，民族出版社.390

中国多文字时代的历史文献研究/聂鸿音　孙伯君编，社会科学文献出版社.456

壮汉语同源词研究/蒙元耀著，民族出版社.357

壮语描写词汇学/班弨著，民族出版社.137

壮文基础读本/广西壮族自治区少数民族语言文字工作委员会著，民族出版社.330

汉文古籍图录/于兰生　赵兰香著，甘肃人民美术出版社.199

回族典藏全书总目提要/吴建伟　张进海主编，宁夏人民出版社.260

西北史籍要目提要/田澍　陈尚敏主编，天津古籍出版社.289

《云南丛书》书目提要/李孝友等执笔，中华书局.322

中国少数民族古籍总目提要·侗族卷/陈乐基等主编，中国大百科全书出版社.422

中国少数民族古籍总目提要·鄂伦春族卷/吴长林　苏亚拉图主编，中国大百科全书出版社.340

中国少数民族古籍总目提要·鄂温克族卷/吴长林　苏亚拉图主编，中国大百科全书出版社.352

中国少数民族古籍总目提要·贵州彝族卷（毕节地区）/陈乐基主编，中国大百科全书出版社.609

中国少数民族古籍总目提要·赫哲族卷/都永浩　谷文双主编，中国大百科全书出版社.282

中国少数民族古籍总目提要·黎族卷/黄明荣主编，中国大百科全书出版社.314

中国少数民族古籍总目提要·苗族卷/陈乐基等主编，中国大百科全书出版社.681

中国少数民族古籍总目提要·土家族卷/梁先学主编，中国大百科全书出版社.493

七　民族教育

冲突与变革：社会转型期云南边疆民族地区家庭教育研究/王凌著，人民出版社.12335

基于第二语言教学的汉语哈萨克语动词谓语句对比研究/成燕燕等著，民族出版社.418

甘肃民族地区科学发展与和谐社会建设问题研究/张积良著，民族出版社.288

民族院校大学生思想政治教育工作机制创新研究/金炳镐等著，中央民族大学出版社.323

民族教育科研成果资料选编·第一辑/于洪武著，民族出版社.256

民族教育科研成果资料选编·第二辑/于洪武著，民族出版社.185

全面提高民族教育质量促进民族文化传承与发展/夏铸等著，民族出版社.545

少数民族大学生国家认同教育创新研究/陈达云等编著,民族出版社.259

少数民族受教育权保护研究/熊文钊主编,中央民族大学出版社.332

少数民族双语教育的理论与实践/方晓华著,学苑出版社.198

四川省民族地区教师微型课题研究成果集/四川省教育科学研究所著,四川教育出版社.339

乌江流域民族地区教育发展史/李良品等著,重庆出版社.658

西北少数民族传统体育研究/芦平生 熊振强著,兰州大学出版社.139

西部民族贫困地区农村义务教育财政、资源配置与效益研究/郭建如著,民族出版社.432

新疆高校民族预科教育的理论与实践/武金峰著,新疆人民出版社.312

新疆少数民族汉语教学研究/苗东霞著,中央民族大学出版社.390

新疆民汉双语现象与社会发展之关系/陈世明主编,民族出版社.532

新中国民族教育政策研究/孟立军著,科学出版社.231

西北民族地区音乐教育研究/王朝刚著,上海音乐学院出版社.382

学校教育·地方知识·现代性:一项家乡人类学研究/巴战龙著,民族出版社.407

云南少数民族学生留学巩固率策略研究——以维西傈僳族为例/杨卉著,云南人民出版社.257

语言冲突研究/何俊芳 周庆生编著,中央民族大学出版社.370

中国农村义务教育财政体制变革与义务教育发展:社会学透视/郭建如著,民族出版社.410

民族教育的改革与探索/欧开灿著,贵州教育出版社.327

八 世界民族

澳大利亚土著人研究/石发林著,四川大学出版社.320

不列颠人:传说和历史/[美]斯奈德著,范勇鹏译,北京大学出版社.347

从"民主岛"到"郁金香革命":吉尔吉斯斯坦政治转型研究/焦一强著,兰州大学出版社.262

丛林、性别与澳大利亚历史的重构/[澳]谢菲著,侯书芸译,广西师范大学出版社.277

德意志之在:游思德意志民族文化性格(上下)/鲁成文著,世界图书出版公司.691

对德意志民族的演讲/[德]费希特著,梁志学 沈真 李理译,商务印书馆.251

2008年海外华侨华人概述/王望波 庄国土编著,世界知识出版社.182

复杂社会的崩溃/[美]泰恩特著,邵旭东译,海南出版社.299

高句丽军队与战争研究/杨秀祖著,吉林大学出版社.296

古代北亚游牧民族/乔吉著,内蒙古大学出版社.218

海外民族志与中国社会科学/谢立中主编,社会科学文献出版社.314

何为日本人/[日]山本七平著,崔世广等译,国际文化出版公司.472

近30年来东亚华人社团的新变化/庄国土等著,厦门大学出版社.507
近代西欧民族主义/李肇忠著,人民出版社.288
渐进中的转型:联邦运动与澳大利亚民族国家的形成/王宇博著,商务印书馆.276
橘瑞超西行记/[日]橘瑞超著,柳洪亮译,新疆人民出版社.300
跨境民族政治认同研究/和跃宁著,云南民族出版社.244
老挝佬族与中国壮族文化比较研究/黄兴球等著,民族出版社.243
缅甸高地诸政治体系:对克钦社会结构的一项研究/[英]利奇著,杨春宇 周歆红译,商务印书馆.316
欧盟东扩视野下中东欧少数民族保护问题研究/杨友孙著,江西人民出版社.240
欧亚大陆北部的古代冶金:塞伊玛—图尔宾诺现象/[俄]切尔内赫等著,王博 李明华译,中华书局.308
欧亚学刊·第九辑/余太山 李锦绣主编,中华书局.356
欧洲的灵魂:欧洲认同与民族国家的重新整合/洪霞著,中国大百科全书出版社.209
日本民族之起源/杨喜松著,策马如林文化事业有限公司.966
山区少数民族与现代缅甸联邦的建立/祝湘辉著,世界图书出版公司.303
萨摩亚人的成年/[美]玛格丽特·米德等著,周晓虹 李姚军 刘婧译,商务印书馆.276
谁是美国人?/[美]塞缪尔·亨廷顿著,程克雄译,新华出版社.315
世界征服者实录/萧启庆等著,文化艺术出版社.147
泰国华人社会:历史的分析/[美]施坚雅著,许华等译,厦门大学出版社.390
泰利的街角:一项街角黑人的研究/[美]列堡著,李文茂 邹小艳译,重庆大学出版社.174
五千年犹太文明史/[英]马丁·吉尔伯特等著,蔡永良 袁冰洁译,上海三联书店.387
外交官夫人的回忆/[英]凯瑟琳·马嘎特尼著,王卫平 崔延虎译,新疆人民出版社.478
亚细亚民俗研究·第七辑/苑利主编,学苑出版社.376
越南华侨史/徐善福 林明华著,广东高等教育出版社.383
中越民间文化的对话/农学冠等主编,民族出版社.197

九 少数民族文学艺术

傣族非物质文化遗产概说/刀波主编,民族出版社.460
雕刻出来的祈祷:原始艺术研究/朱狄著,武汉大学出版社.576
东巴音乐/桑德诺瓦著,中央民族大学出版社.330
多元文化格局中的民族文学研究:中国社会科学院民族文学研究所建所30周年论文集/汤晓青主编,中国社会科学出版社.413
格萨尔文化研究/岗·坚赞才让 伦珠旺姆主编,甘肃民族出版社.362

古代西域服饰撷萃/新疆维吾尔自治区博物馆编,文物出版社.149
贵州少数民族音乐文化集粹·土家族篇,武陵土风/贵州省音乐家协会编,高应智编著,贵州人民出版社.220
贵州少数民族音乐文化集粹·彝族篇,乌蒙古韵/贵州省音乐家协会编,胡家勋编著,贵州人民出版社.292
贵州少数民族音乐文化集粹·芦笙篇,芦笙乐谭/贵州省音乐家协会编,张中笑编著,贵州人民出版社.152
贵州少数民族音乐文化集粹·苗族篇,千岭歌飞/贵州省音乐家协会编,王承祖编著,贵州人民出版社.200
呼图克沁：蒙古族村落仪式表演/董池著,学苑出版社.190
科尔沁萨满神歌审美研究/陈永春著,中央民族大学出版社.462
拉卜楞民间舞"卓"/贡保南杰主编,甘肃民族出版社.211
拉祜语四音格词研究/刘劲荣著,中央民族大学出版社.484
丽江民族民间文化荟萃/徐晴著,云南人民出版社.206
满族民间故事·辽东卷/夏秋主编,辽宁民族出版社.3册（418；426；528）
民族体育跨文化融合/陈青著,民族出版社.553
民族文学文化论集/王光著,知识产权出版社.343
民族民间文化艺术资源保护的理论与实践/谢彬如著,贵州民族出版社.335
民族传统武术文化的传播与推广/赵斌等著,哈尔滨地图出版社.375
民族主义视野中的中日文学研究/刘舸著,湖南大学出版社.266
诺幺和咪奏/杨勤盛　杨亚东编译,贵州民族出版社.142
普洱民族民间传说故事/李大帅著,云南教育出版社.208
少数民族毯/北京师范大学经济与资源管理研究院少数民族毯项目组著,民族出版社.194
少数民族受教育权保护研究/熊文钊著,中央民族大学出版社.332
少数民族非物质文化遗产教育传承研究：以云南省为例/普丽春著,民族出版社.253
书写民族音乐文化/陈铭道著,上海音乐学院出版社.280
司岗里史诗原始资料选辑/毕登程搜集整理,民族出版社.281
宋辽金元文学/张维民等著,宁夏人民出版社.314
石林阿诗玛文化发展史/刘世生著,云南民族出版社.311
生生不息的传承：孝与壮族行孝歌之研究/蒙元耀著,民族出版社.670
田野中的文化呈现：穿越文化浸洗的僳嘎人歌舞研究/谭必友　田级会著,人民出版社.294
窝伙垤文化史/马岑晔著,云南民族出版社.396
西藏古代体育文化/丁玲辉著,西藏人民出版社.134
西夏艺术史/陈育宁　汤晓芳著,上海三联书店.383
西北少数民族音乐研究/张君仁著,上海音乐学院出版社.366

新疆游牧民族传统体育文化概论/彭立群著,北京体育大学出版社.319

新疆少数民族学生汉语介词习得研究/李遐著,新疆大学出版社.295

湘西当代民族文化传人录/田仁利主编,中央民族大学出版社.376

锡伯族文学简史/贺元秀著,中央民族大学出版社.407

藏传佛教艺术发展史(上下)/谢继胜主编,上海书画出版社.1055

云南少数民族剧种发展史/包钢编著,云南科技出版社.173

文学的"民族形式"讨论资料/徐迺翔著,知识产权出版社.671

云南文山州民族民间舞蹈探源/袁蓉著,中国戏剧出版社.215

云南民族复调音乐研究/张兴荣著,云南大学出版社.317

云南省民族民居建筑设计方案图集——拉祜族民居/云南省住房和城乡建设厅著,云南科技出版社.58

中国少数民族舞蹈的采集、保护与传播/[美]费鹤立等著,何国强 许韶明译,云南大学出版社.163

中国少数民族音乐/王华著,中国人民大学出版社.190

中国少数民族图案与配色/邹加勉等著,大连理工大学出版社.207

中国少数民族历史故事/李松茂等著,宁夏人民出版社.2册

中国少数民族民间歌曲赏析/李小峰著,中央民族大学出版社.224

壮族当代小说民族审美导论/陈丽琴等著,民族出版社.310

中国新时期少数民族小说研究/吕豪爽著,河南大学出版社.179

藏族歌舞/李措毛等著,青海人民出版社.151

(供稿人:李振杰)

2011年新书目录

[说明：排列顺序为著作、文章名称，编著译者，出版单位，著作页码数或册数]

一 综合

保亭黎族苗族自治县年鉴2010/付开勇主编，南方出版社.460
北川羌族自治县年鉴（2009）/黄宪礼主编，北川羌族自治县地方志办公室.502
昌吉回族自治州统计年鉴2011/杜金文主编，昌吉回族自治州统计局.446
昌江黎族自治县年鉴2010/符明雄主编，海南出版社.344
玉屏侗族自治县志：1991—2005/蔡文友主编，方志出版社.640
长阳年鉴2011/刘淮主编，三峡电子音像出版社.330
楚雄州年鉴2011/郭孟贤主编，云南科技出版社.428
峨边彝族自治县年鉴2010/峨边彝族自治县地方志编纂委员会编，中国文化出版社.306
丰宁满族自治县年鉴2010/丰宁满族自治县党史地方志编纂委员会办公室编纂．丰宁满族自治县党史地方志编纂委员会办公室.333
甘孜州年鉴2010/刘启蓉主编，方志出版社.254
果洛藏族自治州年鉴2010/梅贤春主编，青海民族出版社.528
和布克赛尔蒙古自治县年鉴2010/乌·叶尔达主编，新疆人民出版社.244
河口瑶族自治县年鉴2011/冯锐主编，河口年鉴编辑部.393
乐东黎族自治县年鉴2009/白丽华主编，海南出版社.288
长阳土家族自治县志：1979—2000/湖北省长阳土家族自治县志编纂委员会编纂，方志出版社.994
凉山彝族自治州志：1991—2006（上下）/李志华总编，方志出版社.1494
凉山年鉴2010/李志华主编，四川科学技术出版社.352
禄劝年鉴2011/刀福东主编，云南人民出版社有限责任公司.462
南涧年鉴2011/潘建祥主编，云南美术出版社.433
屏边年鉴2011/杨自权主编，德宏民族出版社.352
五峰年鉴2010/叶厚全主编，五峰史志办公室.259

石林年鉴2011（总第13卷）/刘世生主编，云南民族出版社．45

西双版纳年鉴2010（总第十期）/李泽总编辑，德宏民族出版社．678

新平年鉴2011（总第十五期）/邓会宾主编，德宏民族出版社．383

寻甸年鉴2011/蔡刚　高建明总编，德宏民族出版社．376

中国民族百科全书6：藏族　门巴族　珞巴族卷/丹珠昂奔主编，中国出版集团　世界图书出版公司．862

中国民族年鉴2011年卷/石玉刚主编，中国民族年鉴编辑部．718

中国民族研究年鉴2009年卷/揣振宇　华祖根著，中央民族大学出版社．571

中国民族统计年鉴2010年卷/乐长虹　盛来运主编，民族出版社．984

二　民族理论

白垓乡的故事：地域史脉络下的乡村社会建构/肖文评著，生活·读书·新知三联书店．497

边疆民族心理、文化特征与社会稳定调查研究/高静文等著，民族出版社．344

参与式农村社区综合发展：云南少数民族社区的实践经验/何俊等主编，中国农业出版社．162

城市多民族社区管理模式研究/单菲菲著，中国社会科学出版社．282

冲突与整合：民族政治关系模式研究/严庆著，社会科学文献出版社．301

达斡尔族斡米南文化的观察与思考：以沃菊芬的仪式为例/萨敏娜等著，民族出版社．295

当代中国边疆五省区乡村民主发展研究/赵丽珍著，人民出版社．176

当代中国城市民族关系研究/蒋连华著，民族出版社．251

当代中国的西藏政策与治理/宋月红著，人民出版社．393

当代中国少数民族习惯法/高其才主编，法律出版社．343

道教与中国少数民族关系研究/张桥贵著，云南大学出版社　云南人民出版社．152

东西之间的"西藏问题"/汪辉著，生活·读书·新知三联书店．301

多民族国家的政治整合研究/侯万锋　王宗礼著，兰州大学出版社．189

多民族社会中的法律与文化/张晓辉著，法律出版社．349

多元文化空间中的湫神信仰仪式及其口头传统/王淑英著，民族出版社．243

鄂伦春自治旗民族区域自治研究/徐长恩著，中央民族大学出版社．176

二十世纪五十年代西藏的政治与宗教/曾传辉著，社会科学文献出版社．549

发达国家促进民族教育均衡发展政策研究/姜峰　万明钢主编，民族出版社．288

法治视野下的民族自治地方政府研究/胡献旁著，知识产权出版社．238

分化调适与整合：新疆多民族杂居区东乡族移民文化变迁研究/陈民祥著，民族出版社．311

佛教文化与辽代社会/张国庆著，辽宁民族出版社．321

甘肃临夏门宦调查/李维建　马景著，中国社会科学出版社.437
贵州省少数民族地区环境保护法律问题研究/余贵忠著，贵州大学出版社.193
国家认同：民族发展政治的目标建构/黄岩著，民族出版社.259
国家与社会关系视野下的明清河湟土司与区域社会/张生寅著，宁夏人民出版社.238
国家政权对瑶族的法律治理研究/高其才著，中国政法大学出版社.275
汉军旗人官员与清代政治研究/孙守朋著，人民日报出版社.220
黑龙江萨满文化/王铁峰编著，黑龙江人民出版社.230
后冷战时期民族分离主义研究/张友国著，首都师范大学出版社.190
回族社会的和谐与发展：第十九次全国回族学研讨会论文集/丁宏主编，宁夏人民出版社.412
建构与认同：新中国民族工作研究——以贵州省为例（1949—1956年）/伍小涛著，民族出版社.299
近代新疆南疆司法制度研究/梁海峡著，民族出版社.306
经济组织中的维吾尔族妇女/李智环著，中国社会科学出版社.236
纠纷与秩序：对石林县纠纷解决的人类学研究/王鑫著，法律出版社.345
康区藏传佛教历史地理研究/王开队著，四川大学出版社.295
黎族传统社会习惯法研究/陈秋云等著，法律出版社.325
凉山彝族纠纷解决方式研究/李剑著，民族出版社.270
两汉魏晋南北朝与西域关系史研究/余太山著，商务印书馆.475
流动中的传统：云南多民族多宗教共处的历程和主要经验/何其敏　张桥贵主编，宗教文化出版社.389
马克思主义理论在西藏的研究成果/王春焕　游洁主编，西藏人民出版社.577
马克思主义民族观在中国的实践和发展/魏新春主编，四川人民出版社.338
美国国会与中美关系中的"西藏问题"/郭永虎著，世界知识出版社.299
蒙古民族问题述论/周竞红著，社会科学文献出版社.305
蒙元制度与政治文化/姚大力著，北京大学出版社.489
民族大迁徙/安介生著，江苏人民出版社.282
民族地区基本公共服务均等化研究：以新疆为例/伍文中　任爱华著，经济科学出版社.259
民族地区社会管理创新/吴开松　方付建主编，民族出版社.267
民族法学评论·第七卷/毛公宁　吴大华主编，民族出版社.403
民族关系/［美］塞罗妮—隆　周建新主编，知识产权出版社.163
民族教育政策法规选编/司永成主编，民族出版社.351
民族理论与民族政策教程/薛洁　金炳镐主编，中央民族大学出版社.395
民族区域自治法理论与实践探索研究/王生华著，法律出版社.341
民族区域自治权论/李春晖著，民族出版社.262
民族区域自治政策在西藏的成功实践/降边嘉措著，社会科学文献出版社.247

民族社会学论文集/艾斌主编，中央民族大学出版社．372
民族团结发展之路：中国共产党民族政策在广西的光辉实践/邓群主编，广西人民出版社．198
民族问题概论/吴仕民主编，四川人民出版社　人民出版社．512
民族习惯法的经济分析/游志能著，中央民族大学出版社．252
民族乡法制化进程研究/李鸣编著，中国水利水电出版社．285
民族政策创和谐/孟学华执笔．贵州民族出版社．151
民族主义与近代中国民族理论/张淑娟著，光明日报出版社．261
民族自治地方依法行政问题研究/谢尚果　高兴武著，广西民族出版社．277
民族宗教研究·第1辑/马建钊主编，广东人民出版社．224
民族宗教知识干部读本/沈小龙编著，广东人民出版社．209
明末清初达赖喇嘛系统与蒙古诸部互动关系研究/王力著，民族出版社．364
纳西族法制史研究/郭大烈主编，云南民族出版社．401
南岭走廊民族宗教研究：道教文化融合的视角（上下）/王建新主编，宗教文化出版社．715
南诏大理国观音图像学研究/王明达著，云南人民出版社．263
内蒙古人口与资源、环境协调发展研究：兼论人口功能发展分区/杨艳昭等著，中国社会出版社．138
漂在北京：少数民族的身份认同与社会适应/祁进玉　严墨主编，中央民族大学出版社．359
平地女性与山地女性：大理地区不同生态环境下女性地位的变迁/张宏宏著，民族出版社．168
秦汉边疆与民族问题/王子今著，中国人民大学出版社．534
青海民族工作的实践与讨论/杨虎德主编，西苑出版社．345
清朝京控制度研究/李典蓉著，上海古籍出版社．545
清代八旗索伦部研究：以东北地区为中心/韩狄著，中国社会科学出版社．215
清代满汉关系研究·第四辑/中国社科院近代史所政治史研究室编，社会科学文献出版社．670
清代治理回疆政策研究/王力著，民族出版社．252
清代中央政府治藏法律制度演变研究/王东春著，人民出版社．318
清代驻京喇嘛研究/陈晓敏著，北京燕山出版社．212
清水江文书之法意初探/程泽时著，中国政法大学出版社．412
黔东南苗族婚姻习惯法与国家法的冲突与调适/李向玉著，知识产权出版社．249
全球化时代的民族宗教问题/曹兴著，中国政法大学出版社．292
人口较少民族实施分类发展指导政策研究：以云南布朗族为例/张晓琼著，民族出版社．247
乳源模式：后发民族地区践行科学发展观的成功之路/彭璧玉编，民族出版社．263

三江流域少数民族农村社区变迁研究/俞茹著,人民出版社.247

散杂居回族经济与回汉民族关系研究：以山东省枣庄市台儿庄区为例/杨晓纯著,中央民族大学出版社.324

少数民族大学生的民族认同研究/徐柏才著,人民出版社.367

少数民族纠纷解决机制与社会和谐：以四川民族地区为例/邓建民 赵琪著,民族出版社.255

少数民族权益保护实用读本/李积霞等主编,甘肃文化出版社.122

少数民族人才资源因族开发战略研究：理论建构及对红河哈尼族人才资源开发的实际分析/曾豪杰著,云南大学出版社.212

少数民族人口散、杂居现状与发展态势研究/王锋著,中国社会科学出版社.236

社会互动中的民族认同建构：关于青海省河南蒙古族认同问题的调查报告/萨仁娜著,中央民族大学出版社.193

社会主义法治建设与藏族法律文化的关系研究/隆英强著,中国社会科学出版社.256

熟悉的陌生人：大城市流动穆斯林社会适应研究/白友涛等著,宁夏人民出版社.269

思想中国：现代性民族国家重构的前沿问题/吴励生著,商务印书馆.420

四川民族地区民主改革研究：20世纪50年代四川藏区彝区的社会变革/秦和平著,中央民族大学出版社.461

土司政治与族群历史：明代以后贵州都柳江上游地区研究/陈贤波著,生活·读书·新知三联书店.274

土族撒拉族人口发展与问题研究/刘成明著,甘肃民族出版社.217

吐蕃统治河陇西域时期制度研究/陆离著,民族出版社.411

吐蕃统治河陇西域时期制度研究：以敦煌新疆出土文献为中心/陆离著,中华书局.353

网络民族主义与中国外交/王军著,中国社会出版社.302

五次人口普查贵州各民族人口变动原因分析/石开忠编著,电子科技大学出版社.93

西北少数民族地区政府行为文明与公民权保障研究/王素元著,人民出版社.430

西北少数民族政治文化建设研究/杜军林著,光明日报出版社.202

西部边疆建设的理论与实践/杨红英著,科学出版社.260

西部民族地区自发移民迁入地聚居区建设社会主义新农村研究/张体伟著,中国社会科学出版社.283

西南民族地区人才资源开发研究/罗洪铁主编,西南师范大学出版社.352

西南民族社会发展理论与实践研究报告/陈跃主编,西南师范大学出版社.435

西藏苯教寺院历史及其现状/夏玉·平措次仁著,西藏人民出版社.181

西藏的女儿：60年60人口述实录/卢小飞主编,中国藏学出版社.504

西藏社会发展研究/马戎主编,民族出版社.654

西藏生死书/索甲仁波切著,郑振煌译,浙江大学出版社.419

西藏宗教研究：佛教在西藏的遗产及其当代诠释/沈阳著,中国藏学出版社.362

先秦人口流动民族迁徙与民族认同研究/张国硕著,大象出版社.274

现阶段中国民族政策及其实践环境研究/青觉等著，社会科学文献出版社．411
县级民族区域自治运行研究：峨山彝族自治县的个案分析/王传发著，人民出版社．410
香巴拉的迷途：十四世达赖喇嘛人和事/厉声等著，世界知识出版社　四川人民出版社．367
新疆边防管理与边疆建设/靳娟娟　金天义主编，社会科学文献出版社．513
新疆古代佛教研究/才吾加甫著，社会科学文献出版社．270
新疆民族混合家庭研究/李晓霞著，社会科学文献出版社．412
新疆锡伯、蒙古、塔吉克三民族7—18岁学生体质状况分析/杨俊敏主编，新疆人民出版社．166
新形势下民族理论与民族政策的发展与完善问题研究/许卫　江国华主编，内蒙古人民出版社．388
新中国民族法制建设探析：1949—1965/汪亚光著，宁夏人民出版社．198
新中国民族关系与民族政策的互动研究/贺琳凯著，云南大学出版社．235
研究与探索文集/李进新著，新疆人民出版社．339
伊斯兰文化·第四辑/丁士仁主编，甘肃人民出版社．239
伊斯兰文化：探索与回顾/马云福著，宁夏人民出版社．384
阴法唐西藏工作文集（上下）/阴法唐著，中国藏学出版社．857
元代行省制度（上下）/李治安著，中华书局．958
云南民委工作60年/王承才主编，云南民族出版社．538
者述村布依族习惯法研究/周相卿著，民族出版社．196
藏传佛教对藏族传统习惯法的影响研究/索南才让著，民族出版社．205
藏族盟誓研究：以甘南藏区为例/牛绿花著，中国社会科学出版社．307
早期汉文伊斯兰教典籍研究/杨晓春著，上海古籍出版社．207
秩序与生活：中古时期的吐鲁番社会/孟宪实等主编，中国人民大学出版社．498
中古夷教华化丛考/林悟殊著，兰州大学出版社．320
中国边疆治理研究/周平等著，经济科学出版社．435
中国边疆治理研究/陈霖著，云南人民出版社．269
中国妇女通史·辽金西夏卷/张国庆等著，杭州出版社．362
中国妇女通史·元代卷/陈高华著，杭州出版社．272
中国共产党民族工作九十年/国家民族事务委员会研究室编，民族出版社．482
中国共产党民族理论政策干部读本/国家民族事务委员会编，民族出版社．514
中国共产党在西藏的执政基础研究/侯典明著，西藏人民出版社．252
中国共产党在新疆执政为民的实践与历史经验研究/段良主编，新疆人民出版社．305
中国共产党怎样解决民族问题/郝时远著，江西人民出版社．320
中国历代民族理论民族政策研究/贾东海主编，中央民族大学出版社．641
中国民族地区公共服务能力建设/张序等著，民族出版社．377
中国民族区域自治的社会生态分析/侯德泉著，中央民族大学出版社．257

中国民族区域自治发展报告2010/郝时远　王希恩主编，社会科学文献出版社．494
中国民族政策简史/徐杰舜等著，宁夏人民出版社．477
中国民族政策与朝鲜族/金炳镐　肖锐著，中央民族大学出版社．228
中国名城名镇伊斯兰教研究（上下）/李兴华著，宁夏人民出版社．934
中国南方少数民族宗教/梁庭望　柯琳著，青海人民出版社．316
中国萨满教/赵志忠著，青海人民出版社．241
中国萨满文化研究/色音著，民族出版社．361
中国少数民族非物质文化遗产法律保护基本问题研究/韩小兵著，中央民族大学出版社．252
中国社会转型期民族利益协调研究/常开霞　刘俊生著，知识产权出版社．323
中国早期四土经营与民族整合/周书灿著，合肥工业大学出版社．376
追太阳：萨满教与中国北方民族文化精神起源论/王宏刚等著，民族出版社．401
准格尔旗扎萨克衙门档案基督宗教史料/苏德毕力格主编，广西师范大学出版社．540

三　民族经济

长阳模式研究：一个民族自治县和国家扶贫开发重点县对发展的理解与实践/雷振扬　李忠斌等著，民族出版社．310
传统与现代的互动：以沧源佤族为中心的研究/樊华著，商务印书馆．299
传统与现代整合：云南回族历史·文化·发展史纲/纳麟著，云南大学出版社　云南人民出版社．150
从分散布局到现代分工：新疆区域聚集经济发展道路研究/李鹏著，民族出版社．292
东北少数民族城市化研究/南文渊等著，民族出版社．460
侗族地区经济文化保护与旅游/吴大华主编，中国言实出版社．642
古代蒙古货币研究/虹宝音著，辽宁民族出版社．251
贵州民族经济工作六十年的理论与实践/李莜竹著，电子科技大学出版社．97
回族经济思想研究/朱琳著，宁夏人民出版社．291
回族经济研究/杨怀中主编，宁夏人民出版社．377
近代宁夏开发思想及实践研究/张天政著，人民出版社．448
金代商业经济研究/王德朋著，社会科学文献出版社．239
经济转型期民族区域经济社会发展实践与理论探索：西南民族大学客座教授经大忠文辑/张友主编，民族出版社．264
跨越文化的界限：民俗风情旅游文化问题及其解决/黄爱莲　潘冬南著，旅游教育出版社．172
旅游·少数民族与多元文化/杨慧主编，云南大学出版社．507
旅游业驱动民族地区经济社会发展研究：以张家界为例/麻学锋著，电子科技出版社．286

苗族农村改革与发展/贵州省苗学会编，中央文献出版社．220

民国时期青藏高原经济地理研究/张保见著，四川大学出版社．329

民族地区经济体制研究/张春敏著，中国社会科学出版社．389

民族地区西部大开发效应研究/杜受祜著，中国大百科全书出版社．207

民族经济学/李忠斌等编著，当代中国出版社．414

民族自治地区经济发展方式转变理论与实证研究/李声明等著，经济科学出版社．235

明蒙关系Ⅲ贸易关系：马市/〔美〕亨利·赛瑞斯著，王苗苗译，中央民族大学出版社．261

内蒙古经济增长技术效率分析与经济增长方式的转变研究/李相合　曹霞著，民族出版社．305

内蒙古西部地区发展问题研究：中组部第十批赴内蒙古挂职博士服务团/童年成等著，首都经济贸易大学出版社．234

民族自治地方税权论/王玉玲著，中国社会科学出版社．386

漂移的时空：当代中国少数民族的经济生活/王琛著，社会科学文献出版社．389

少数民族与扶贫开发/黄承伟　王建民主编，民族出版社．272

首届拉卜楞文化与民族地区经济社会发展学术研讨会论文集/丹曲主编，甘肃民族出版社．569

宋元时期藏族地区经济研究/杨惠玲著，人民出版社．333

探索与成果：三十年来新疆经济改革与发展研究文集/阿不都热扎克·铁木尔著，新疆人民出版社．385

唐代的西域屯垦开发与社会生活研究/张安福等著，中国农业出版社．313

特殊类型贫困地区多维贫困测量与干预：四川省阿坝藏族羌族自治州案例/曹洪民等著，中国农业出版社．263

文化视角下的中国西部农村少数民族社会保障研究/黄维民　冯振东著，中国社会科学出版社．420

西部民族地区自发移民迁入地聚居区建设社会主义新农村研究/张体伟著，中国社会科学出版社．283

西北民族省区城镇化模式与制度创新/毛生武著，中国经济出版社．255

西部大开发与新疆跨越式发展/刘以雷著，社会科学文献出版社．304

西部地区民族经济发展问题研究/高新才著，甘肃民族出版社．567

西南民族地区发展适用技术研究/苏振锋著，陕西人民出版社．265

西南少数民族贫困县的贫困和反贫困调查与评估/庄天慧著，中国农业出版社．346

西南瑶族自治地方加快转变经济发展方式研究/莫小莎等著，广西人民出版社．317

西域文史·第六辑/朱玉麒主编，科学出版社．366

西藏特色农牧业发展与科技支撑体系研究/尼玛扎西主编，西藏人民出版社．237

香格里拉区域经济发展方式转变研究/王德强　廖乐焕著，人民出版社．252

新疆和田绿洲"生态贫困"问题研究/李万明著，新疆生产建设兵团出版社．186

新疆克孜勒苏柯尔克孜自治州发展战略研究/娄品姬著,新疆人民出版社.283
岫岩满族自治县耕地地力评价/于世举　侯长河主编,中国农业出版社.187
沿边开放和新疆边境民族地区开放型经济发展研究/司正家等著,中国经济出版社.436
研究新疆2010/甘昶春主编,新疆人民出版社.588
以信息技术推进西部民族地区农牧区发展研究/何翼扬　文兴吾著,西南财经大学出版社.233
隐存的"白金时代"——洱海区域盐井文化研究/赵敏著,云南人民出版社.165
云南布朗族（莽人、克木人）贫困与反贫困问题研究/陈津云著,云南民族出版社.319
云南省少数民族会计发展史研讨会论文集/赵学源　陈红主编,经济科学出版社.412
中国民族地区农村发展研究/吴开松等著,中国社会科学出版社.271
中国少数民族地区产业技术创新研究/张熙奀著,民族出版社.225
中西部少数民族贫困地区财政支农效率及结构优化研究/叶慧　吴开松著,科学出版社.187
壮族经济史/覃乃昌著,广西人民出版社.668
波川村调查：毛南族/李澜主编,中国经济出版社.428
达木村调查：珞巴族/党秀云　周晓丽主编,中国经济出版社.262
恩和村调查：俄罗斯族/青觉主编,中国经济出版社.360
豪猪龙爪箐村调查：傈僳族/黄健英　王德强主编,中国经济出版社.355
库尔干村调查：柯尔克孜族/宋才发主编,中国经济出版社.374
老姆登村调查：怒族/杨聪主编,中国经济出版社.260
勐昂村调查：布朗族/王玉洁　郭利华主编,中国经济出版社.414
牛窝子村调查：普米族/冯彦明主编,中国经济出版社.338
坡脚村调查：苗族/李俊清　彭建主编,中国经济出版社.291
铜匠村调查：仫佬族/王文录主编,中国经济出版社.384
营官村调查：藏族/罗莉主编,中国经济出版社.261
资丘村调查：土家族/何伟军主编,中国经济出版社.416
则克台村调查：哈萨克族/杨思远主编,中国经济出版社.339
忠信村调查：纳西族/王文录主编,中国经济出版社.362

四　民族学与人类学

阿昌族文化论集/曹先强主编,云南民族出版社.865
巴土文化探究集/田玉成著,中央民族大学出版社.357
白族文化研究2011/和生弟　赵润琴主编,云南民族出版社.514
北狄、东夷和华夏传统文明建构/艾荫范著,光明日报出版社.223
北方民族民俗文化初探/朱立春著,长春出版社.138
北海客家/世界客属第24届恳亲大会组委会编,广西师范大学出版社.229

本土异域间：人类学研究中的自我、文化与他者/赵旭东著，北京大学出版社 .353

边疆民族发展论坛：新疆、西藏专题论文集/白振声　周伟洲主编，中国社会科学出版社 .157

边疆民族心理、文化特征与社会稳定调查研究/高静文等著，民族出版社 .344

边境上的村落——广西龙州县金龙镇横罗村板门屯调查报告/郝国强　严月华著，社会科学文献出版社 .188

伯都讷满族文化概览/王维宪等编著，吉林人民出版社 .498

布依族纺织文化与性别视角/黄晓著，光明日报出版社 .188

草原文化研究资料选编·第六辑/宝力格主编，内蒙古教育出版社 .713

茶山瑶历史与文化/吴学东主编，民族出版社 .348

超越：世界危机与人类的选择/李华平著，当代中国出版社 .267

城市新移民的社会认同：感性依恋与理性策略/雷开春著，上海社会科学院出版社 .300

成吉思汗文化与伊金霍洛：伊金霍洛 2010 成吉思汗文化论坛论文集/奇·朝鲁等主编，内蒙古大学出版社 .554

楚雄民族文化论坛·第五辑/杨甫旺主编，云南大学出版社 .509

楚雄彝族文化史/杨甫旺　李德胜主编，云南民族出版社 .325

传承与固守：当代散杂居民族生活方式变迁研究/沈再新著，世界图书出版广东有限公司 .302

传统与现代的互动：以沧源佤族艺术为中心的研究/樊华著，商务印书馆 .299

从中国历史来看中国民族性及中国文化/钱穆著，九州出版社 .144

打造民俗特色综合发展的新农村：黑龙江省宁安市渤海镇江西村调查报告/阚德刚　马树森著，社会科学文献出版社 .219

当午耕耘集/齐清顺著，新疆人民出版社 .460

达斡尔资料集——第十集（上下）/《达斡尔资料集》编辑委员会　全国少数民族古籍整理研究室合编，民族出版社 .3385

达斡尔族萨满文化遗存调查/丁石庆　赛音塔娜编著，民族出版社 .337

达斡尔族斡米南文化的观察与思考：以沃菊芬的仪式为例/萨敏娜等著，民族出版社 .295

傣族生态文化研究/刘荣昆著，云南大学出版社 .224

当代彝族学者彝学研究文选/王正贤等著，贵州大学出版社 .208

当代中国少数民族习惯法/高其才主编，法律出版社 .343

迪庆州民族文化保护传承与开发研究/郭家骥　边明社主编，云南人民出版社 .443

滇池草海西岸八村调查报告（上下）/何国强主编，知识产权出版社 .864

滇川黔桂四省（区）毗邻县第二届彝学研讨会论文集/洪波主编，云南人民出版社 .330

滇南苗族文化论集/侯健著，云南民族出版社 .190

侗族古俗文化的生态存在论研究/张泽忠等著，广西师范大学出版社 .302

东巴文化与纳西哲学/李国文著，云南人民出版社　云南大学出版社 .199

东北亚民族文化评论·第一辑/祁进玉　孙春日主编,学苑出版社.178

短衣壮的家乡：广西大新县宝圩乡板价村调查报告/王柏中等著,社会科学文献出版社.243

多样性与变迁：婚姻家庭的跨文化研究/瞿明安　施传刚主编,知识产权出版社.242

多元文化空间中的湫神信仰仪式及其口头传统/王淑英著,民族出版社.243

多元一体的客家文化/吴永章著,华南理工大学出版社.270

都市族群与族群关系/许宪隆主编,知识产权出版社.242

鄂尔多斯蒙古族文化/额鲁特·珊丹著,吉林人民出版社.416

2008年穿越横断山脉：川藏南线民族考古综合考察/李文儒　高大伦主编,四川大学出版社.204

二十世纪汉族学者彝学研究文选/马长寿等著,贵州大学出版社.202

二十世纪前半期的云南民族学/白兴发著,民族出版社.278

法国藏学精粹（一、二、三、四）/郑炳林主编,甘肃人民出版社.1470

法律人类学：名家与名著/张冠梓主编,山东人民出版社.429

法律与文化：法律人类学研究与中国经验/赵旭东著,北京大学出版社.293

发展中的藏北牧区：西藏那曲县罗玛镇14村调查报告/范远江著,社会科学文献出版社.236

甘南藏族自治州游牧人口的机制、模式和效应研究/王娟娟著,经济科学出版社.304

高句丽移民研究/苗威著,吉林大学出版社.305

古驿站上鄂族村：黑龙江塔河县十八站鄂伦春民族乡鄂族新村调查报告/王利文　董刚著,社科文献出版社.275

广东客家/温宪元等主编,广西师范大学出版社.504

广西客家/钟文典著,广西师范大学出版社.306

桂林客家/王建周主编,广西师范大学出版社.195

贵州少数民族传统文化辞典/邓永汉　龙耀宏主编,贵州教育出版社.358

贵州少数民族体育理论与方法/冯胜刚著,贵州民族出版社.302

贵州少数民族传统文化辞典/邓永汉　龙耀宏主编,贵州教育出版社.358

贵州省少数民族地区环境保护法律问题研究/余贵忠著,贵州大学出版社.193

贵州世居民族迁徙史（上下）/李平凡　颜勇主编,贵州人民出版社.817

贵州主要少数民族生殖健康/陆卫群　朱江著,知识产权出版社.273

桂海越裔文化钩沉/黄桂秋著,中国书籍出版社.433

桂林客家/王建周主编,广西师范大学出版社.195

国际哈尼/阿卡区域文化调查：中国金平县哈尼田哈尼族罗比·罗们人文化实录/杨六金　李正有著,云南人民出版社.439

国际哈尼/阿卡区域文化调查：中国金平县普角哈尼族果作人文化实录/施建光著,云南人民出版社.439

国际哈尼/阿卡区域文化调查：中国金平县营盘哈尼族格活人文化实录/杨六金等著,云

南人民出版社.340

国际哈尼/阿卡区域文化调查：中国金平县者米哈尼族哈备人文化实录/何绍明　刘洁婷著，云南人民出版社.194

国际哈尼/阿卡区域文化调查：中国绿春县哈德哈尼族腊米人文化实录/王力著，云南人民出版社.280

国际哈尼/阿卡区域文化调查：中国勐海县格朗和哈尼族阿卡人文化实录/张永杰　张雨龙著，云南人民出版社.418

国际哈尼/阿卡区域文化调查：中国新平县平掌哈尼族卡多人文化实录/自正发著，云南人民出版社.336

国际哈尼/阿卡区域文化调查：中国元阳县大坪哈尼族阿邬人文化实录/卢鹏　路伟著，云南人民出版社.334

国际哈尼/阿卡区域文化调查：中国元阳县马街哈尼族郭合人文化实录/王凌虹著，云南人民出版社.251

国际哈尼/阿卡区域文化调查：中国元阳县上新城哈尼族罗缅人文化实录/孙东波等著，云南人民出版社.328

国际哈尼/阿卡区域文化调查：中国元阳县新街哈尼族昂倮人文化实录/杨六金　卢朝贵著，云南人民出版社.286

国际移民政策研究/李明欢著，厦门大学出版社.402

国门第一村：广西凭祥市友谊镇礼茶村中礼屯调查报告/郑一省　蒋婉著，社会科学文献出版社.209

郭尔罗斯蒙古族文化/额鲁特·珊丹著/吉林人民出版社.416

汉藏文化交流史话/刘忠著，社会科学文献出版社.173

赫哲鱼文化/王世卿等著，黑龙江教育出版社.262

红水河流域少数民族传统体育文化的传承与发展/郎耀秀　韦丽春主编，广西民族出版社.331

湖南民族探秘（上下）/吴万源著，人民出版社.760

黄土地的变迁：以西北边陲种田乡为例/张畯　刘晓乾著，人民出版社.462

回族社会的和谐与发展：第十九次全国回族学研讨会论文集/丁宏主编，宁夏人民出版社.412

火眼龙虎：迪庆彝族文化初探/毛建忠著，云南民族出版社.308

简明文化人类学：人类之镜/［美］康拉德·菲利普·科塔克著，熊茜超　陈诗译，上海社会科学院出版社.328

教育人类学视野下的岩洞嘎老文化传承研究/乔馨著，中央民族大学出版社.415

解读客家历史与文化：文化人类学的视野/房学嘉主编，知识产权出版社.338

客家妇女社会与文化/房学嘉著，华南理工大学出版社.210

客家礼仪/张杰编著，华南理工大学出版社.224

客家史略/饶任坤著，华南理工大学出版社.252

客家文化与和谐广西/徐天河著,浙江大学出版社.262

客观文化、主观认同与民族意识:来自湖南维吾尔族的调查与分析/佟春霞著,中央民族大学出版社.194

客家人与客家文化/丘桓兴著,中国国际出版社.221

魁阁:实地研究报告(第一卷)/何明主编,民族出版社.660

跨境瑶族研究:中越跨境瑶族经济与文化交流国际学术研讨会论文集/玉时阶主编,民族出版社.602

蓝靛瑶的甜蜜生活:广西百色市右江区龙川镇六能村六能屯调查报告/周建新 雷韵著,社会科学文献出版社.234

历史时期土家族妇女生活与社会性别研究/黄秀蓉著,西南师范大学出版社.219

历史源流与民族文化:"三江并流地区考古暨民族关系研究学术研讨会"论文集/李钢 李志农主编,云南大学出版社.378

黎学研究备览/王献军编,民族出版社.444

良溪古村与珠玑移民/石坚平著,中国华侨出版社.424

狼牙刺地上的村落:西藏拉萨市曲水县达嘎乡其奴九组调查报告/徐君著,社会科学文献出版社.269

辽夏金元体育文化史/王俊奇著,人民出版社.250

灵长类视觉:现代科学世界中的性别、种族和自然/[美]唐娜·哈拉维著,赵文译,河南大学出版社.737

六洞九洞侗族村寨/粟周榕编著,贵州民族出版社.163

柳州客家/罗万贵主编,广西师范大学出版社.259

陆川客家/俞伟汉 徐一周编,广西师范大学出版社.183

路途漫漫丝貂情:明清东北亚丝绸之路研究/陈鹏著,兰州大学出版社.299

论汉族客家民系/林开钦著,福建人民出版社.360

论民族自尊与文化传承/郭大烈著,云南民族出版社.400

旅游人类学教程/龚锐主编,旅游教育出版社.230

满汉文化交流史话/定宜庄著,社会科学文献出版社.185

美术人类学/徐建融著,黑龙江美术出版社.370

蒙地色彩/巴义尔著,中国民族摄影艺术出版社.486

蒙古族游牧文化与女性民俗文化探微/邢莉著,世界图书公司.262

苗岭山区雷公山麓苗族村寨/刘必强编著,贵州民族出版社.141

闽西客家大典/曾耀东等主编,海风出版社.760

闽粤移民与台湾社会历史发展研究/邓孔昭主编,厦门大学出版社.335

马克思主义与人类学:马克思哲学关于"人的本质"的概念/[匈]乔治·马尔库什著,李斌玉 孙建茵译,黑龙江大学出版社.205

民族大迁徙/安介生著,江苏人民出版社.282

民族地区生态环境安全研究:以甘南藏族自治州为例/胡珀著,中国社会科学出版

社.224

民族古籍论丛/陈乐基著,贵州民族出版社.283

民族文化传媒化/刘建华　[奥]巩昕頔著,云南大学出版社.328

民族文化交融与元散曲研究/云峰著,广西师范大学出版社.224

民族文化学新论/张碧波著,黑龙江人民出版社.459

民族文化与文化软实力:第二届贵州民间文化青年论坛论文集/龙耀宏主编,民族出版社.399

民族文化与遗传资源知识产权保护/王景　周黎著,知识产权出版社.423

民族研究文集2011:历史·文化·保护/刘明新主编,中央民族大学出版社.484

民族学和社会学中国化的探索:抗战时期专家对西南地区的调查研究/聂蒲生著,中国社会科学出版社.374

民族政治学/周平著,云南大学出版社　云南人民出版社.382

"那"人社会的嬗变:广西宁明县江镇洞廊村社会发展报告/吕俊彪等著,社会科学文献出版社.225

内蒙古生态移民研究/包智　任国英主编,中央民族大学出版社.399

普洱边地文化论丛/周联友著,云南民族出版社.252

羌文化与凤县/霍彦儒　袁永兵主编,陕西人民出版社.264

羌族释比口述史/阮宝娣编著,民族出版社.703

覃乃昌集:华南稻作史与民族文化研究/覃乃昌著,线装书局.272

情系尔玛:首届中国羌族非物质文化遗产与灾后重建研讨会论文集/龚珍旭　林川主编,兰州大学出版社.254

求索集:陈风贤人类学民族学文集/陈风贤著,中国社会科学出版社.338

全面建设小康社会进程中的云南"直过民族"研究/晓根主编,中国社会科学出版社.235

全球化下的佛教与民族:第三届两岸四地佛教学术研讨会论文集/刘成有　学愚主编,光明日报出版社.551

人类成长与社会环境/徐永祥　王瑞鸿编著,中央广播电视大学出版社.234

人类、发展与文化多样性:国际人类学与民族学联合会第十六届大会专题会议综述/黄忠彩主编,知识产权出版社.174

人类社会的根基:人类学的重构/[法]莫里斯·郭德烈著,董芃芃等译,中国社会科学出版社.298

人类行为与社会环境/龚晓洁　张剑主编,山东人民出版社.322

人类行为与社会环境/彭华民主编,高等教育出版社.502

人类学讲义稿/王铭铭著,世界图书出版公司.646

人类学课程设计模式的研究:以黑龙江省X鄂伦春民族学校为个案/杨宏丽著,东北师范大学出版社.320

人类学民族学视野下的西南干旱(2009年秋—2010年夏)问题研究/石开忠　尹绍亭主

编，电子科技大学出版社.132

人类学视野中的教育研究/滕星　海路主编,民族出版社.575

人类学研究：第一卷·汉人社会研究专辑/庄孔韶主编,知识产权出版社.202

人文生态学/［波］安娜·辛尼阿斯卡　［波］拿破仑·沃兰斯基主编,知识产权出版社.141

日本"满族移民"社会生活研究/石艳春著,高等教育出版社.149

日本纳西学论集/白庚胜译,民族出版社.438

儒家民族思想研究：先秦至隋唐/樊文礼著,齐鲁书社.317

萨满文化论坛（第二届）/张洪江主编,吉林人民出版社.402

少数民族传统体育理论与实践/张延庆著,中央民族大学出版社.300

少数民族地区移民安置可持续发展研究/刘翠芬　王振刚编著,黄河水利出版社.134

少数民族人才资源因族开发战略研究：理论建构及对红河哈尼族人才资源开发的实际分析/曾豪杰著,云南大学出版社.212

社会性别视野下少数民族妇女的健康与生态环境保护/杨国才主编,知识产权出版社.301

审美心理与民族文化：以彝族审美文化为个案研究/肖国荣著,四川大学出版社.200

生态移民与文化调适：西北回族地区吊庄移民的社会文化适应研究/马伟华著,民族出版社.277

适应·认同·发展：多维视野中的民族与民族研究/白明政主编,贵州民族出版社.404

衰落的通天树：新疆锡伯族萨满文化遗存调查/奇车山著,民族出版社.494

四川民族地区民主改革研究：20世纪50年代四川藏区彝区的社会变革/秦和平著,中央民族大学出版社.461

死亡与右手/［法］罗伯特·赫尔兹著,吴凤玲译,上海人民出版社.143

松原蒙满文化研究论文选集/阿汝汗主编,吉林人民出版社.414

台湾客家/丘昌泰著,广西师范大学出版社.163

台湾农会的人类学考察：以芦竹乡农会为例/兰世辉著,黑龙江人民出版社.207

探索与求真：西域史地论集/殷晴著,新疆人民出版社.454

梯田文化论：哈尼族生态农业/王清华著,云南大学出版社　云南人民出版社.328

土家族非物质文化的教育保护与传承研究/谭志松著,民族出版社.260

佤族文化研究·第一辑/赵明生主编,云南民族出版社.339

佤族研究·第一辑/赵秀兰主编,云南民族出版社.289

网络黼黻与比特研究计划：对中国西南的媒介人类学反思/周雷著,江西人民出版社.236

维吾尔族城乡女性比较研究：以切克曼村与乌鲁木齐市为例/努尔古丽·阿不都苏力著,中央民族大学出版社.257

维吾尔族研究点滴/依不拉音·穆提义著,新疆人民出版社.234

微观视角的西部地区少数民族文化产业可持续发展研究/王克岭著,光明日报出版社.227

文化边缘：六枝彝族文化研究/吴秋林等著，西南交通大学出版社．269

文化孤岛与文化千岛：贵州民族民间文化与社会发展研究/谢廷秋著，齐鲁书社．393

文化民族性问题研究/童萍著，人民出版社．232

文化人类学/林惠祥著，商务印书馆．374

文化自觉与文化生态保护：腊尔山地区苗族文化生态保护研究/石群勇著，民族出版社．315

文明交往视角下纳西族文化的发展/郑卫东著，云南民族出版社．581

我国西部民族地区农村行政执法问题研究/刘志坚主编，甘肃人民出版社．635

无国界移民：论人口的自由流动/［瑞士］安托万·佩库　［荷］保罗·德·古赫特奈尔编，武云译，译林出版社．341

西北少数民族政治文化建设研究/杜军林著，光明日报出版社．202

西北世居少数民族日常交往心态研究/马进著，民族出版社．238

西部民族地区自发移民迁入地聚居区建设社会主义新农村研究/张体伟著，中国社会科学出版社．283

西部少数民族地区信息化绩效评估/梁春阳等主编，宁夏人民出版社．310

西方音乐人类学经典著作译丛/洛秦主编，上海音乐学院出版社．（尚未出齐）

西南边疆民族研究·第九辑/何明主编，云南大学出版社．205

西南少数民族医药古籍文献的发掘利用研究/陈海玉著，民族出版社．293

西双版纳傣族热带雨林生态文化/许再富主编，云南科学技术出版社．154

西域人文学术研究/陈国光著，新疆人民出版社．405

西域文化/王勇　高敬编著，时事出版社．447

锡伯文化（总第45期）/新疆人民出版社编，新疆人民出版社．123

锡伯族濒危传统文化图典/贺灵主编，新疆人民出版社．254

锡伯族文化/李阳等著，辽宁民族出版社．307

先秦人口流动民族迁徙与民族认同研究/张国硕著，大象出版社．274

现代口承神话的民族志研究：以四个汉族社区为个案/杨利慧等著，陕西师范大学出版总社有限公司．330

乡村变迁：西藏日喀则市东嘎乡通列和帕热两村调查报告/边巴著，社会科学文献出版社．262

乡村巨变：西藏山南勒布门巴民族乡调查报告/杜莉著，社会科学文献出版社．250

乡民闲暇与日常生活：一个白马藏族村落的民族志研究/王越平著，民族出版社．397

小民族的世界：中国兴安岭田野工作笔记/何群著，社会科学文献出版社．305

新疆历史丛稿/田卫疆著，新疆人民出版社．461

新疆历史与文化（2005—2007）/田卫疆主编，新疆人民出版社．592

新疆蒙古族民间信仰与社会田野调查/李媛著，民族出版社．200

新疆通志：第十二卷（地名志）/新疆维吾尔自治区地方志编纂委员会　《新疆通志·地名志》编纂工作委员会，新疆人民出版社．370

新疆行政地理沿革史/魏长洪著,新疆大学出版社.240

新媒体与民族文化传播研究·第二辑/吕乐平 赵丽芳主编,中国广播电视出版社.303

新中国文化政策与少数民族音乐舞蹈艺术的发展/李珊著,西南交通大学出版社.262

兴边富民新壮村:广西靖西县龙邦镇其龙村调查报告/王柏中等著,社会科学文献出版社.215

沿边公路进深山:广西大新县雷镇新丰村弄得屯调查报告/周建新 雷韵著,社会科学文献出版社.232

弇兹集/赵俪生著,兰州大学出版社.357

瑶族文书档案研究/郑慧著,民族出版社.352

瑶族文化探骊:全国瑶族文化高峰论坛论文集/曾艳主编,中央民族大学出版社.539

一个移植在海滨的村庄:广西防城港市企沙镇华侨渔业新村调查报告/郑一省 蒋婉著,社会科学文献出版社.208

移民的秩序:清代四川地域社会史研究/[日]山田贤著,曲建文译,中央编译出版社.322

移民问题国际比较研究/潘兴明等著,上海人民出版社.129

伊隆戈人的猎头:一项社会与历史的研究/[美]罗纳托·罗萨尔多著,张经纬等译,北京大学出版社.291

医学人类学/张有春编著,中国人民大学出版社.323

仪式中的艺术/何明主编,社会科学文献出版社.316

艺术人类学/易中天著,上海文艺出版社.427

艺术人类学拾零/施艳萍主编,内蒙古人民出版社.91

阴山文化史/王炜民等著,人民出版社.385

音乐人类学的理论与方法导论/洛秦著,上海音乐学院出版社.438

隐存的白金时代:洱海区域盐井文化研究/赵敏著,云南人民出版社.165

隐藏民族灵魂的符号:中国饮食象征文化论/瞿明安著,云南大学出版社 云南人民出版社.217

影视人类学理论探索/李光庆著,民族出版社.320

用哲学和民族学原理调查云南民族村寨/姚顺增著,云南民族出版社.334

永远的"西域":古代中国与世界的互动/胡孝文 徐波主编,黄山书社.239

游牧记忆:图说哈萨克族游牧文化/贺振平编著,新疆美术摄影出版社 新疆电子音像出版社.118

游牧民族法律文化研究:国际人类学与民族学联合会第十六届世界大会"游牧民族法律文化研究"/内蒙古典章法学与社会学研究院编,北京燕山出版社.345

悠悠穆棱河 青青粮台山:黑龙江穆棱市兴源镇东村调查报告/韩磊 董鑫著,社会科学文献出版社.256

语言民俗与农区蒙古族村落的文化变迁/王志清著,中国社会出版社.298

沅陵白族民俗文化撷珍/王淑贞 钟玉如著,线装书局.357

云南跨境民族文化初探/和少英等著，中国社会科学出版社．360

云南民族村/袁兵　王永刚主编，云南人民出版社．107

云南民族发展研究文集·第一辑/木桢主编，云南民族出版社．343

云南少数民族文化传承论纲/赵世林著，云南人民出版社．273

云南纸马的艺术人类学解读/曲艳玲　王伟著，云南大学出版社．283

藏传佛教的文化功能与社会作用/多尔吉等著，中国藏学出版社．233

藏学研究·第十集/中央民族大学藏学系编，民族出版社．204

藏族文化资源与开发/赵佐贤　张佳生主编，白山出版社．589

早期丝绸之路探微/杨共乐著，北京师范大学出版社．269

张有隽人类学民族学文集（上下）/张有隽著，民族出版社．1219

政治人类学：亚洲田野与书写/阮云星　韩敏主编，浙江大学出版社．389

政治人类学通论/何国强著，云南大学出版社．389

中澳公共服务与少数民族文化保护学术研讨会论文集/张若璞　李俊清主编，中央民族大学出版社．435

中俄边境新农村：黑龙江绥芬河市阜宁镇建新村调查报告/刁丽伟　宋伟东著，社会科学文献出版社．245

中国共产党少数民族文化建设研究/李资源等著，人民出版社．610

中国古代的民族识别（修订本）/王文光　段红云著，云南大学出版社．331

中国黑白崇拜文化：生殖崇拜文化的深层结构探索/普学旺著，云南人民出版社　云南大学出版社．259

中国红河县洛恩哈尼族哈尼人文化实录/李凯冬　朱欣著，云南人民出版社．339

中国近现代民族政治与社会研究/徐永志主编，民族出版社．392

中国民族学·第七辑/杨建新著，甘肃民族出版社．178

中国民族学人类学社会学史：1900—1949/孟航著，人民出版社．406

中国人类学评论·第18辑/王铭铭主编，世界图书出版公司．295

中国人类学评论·第19辑/王铭铭主编，世界图书出版公司．290

中国人类学评论·第20辑/王铭铭主编，世界图书出版公司．278

中国少数民族非物质文化遗产法律保护基本问题研究/韩小兵著，中央民族大学出版社．252

中国少数民族美学研究/邓佑玲著，中央民族大学出版社．203

中国少数民族有毒药物研究与应用/李志勇编著，中央民族大学出版社．395

中国少数民族职官制度/张晓松著，云南大学出版社．226

中国少数民族传统体育/崔乐泉著，贵州民族出版社．433

中国西部苗族学术研讨会论文集/文山壮族苗族自治州苗学发展研究会编，云南民族出版社．374

中国西南少数民族民俗风情要略/郎玉屏等编著，四川人民出版社．192

中国西南少数民族文化要略/肖琼等编著，四川人民出版社．169

中国乡—城移民的城市社会融入/刘建娥著,社会科学文献出版社.250

中国艺术人类学基础读本/周星主编,学苑出版社.542

中国裕固族研究·第一辑/钟进文　巴战龙主编,中央民族大学出版社.527

转型时期中国民间的文化生态研究/忻平等著,上海大学出版社.534

壮族文化生态美/黄秉生著,广西民族出版社.268

五　民族历史

阿尔档案/阿尔村人编著,文物出版社.254

阿柔部落社会历史文化研究/洲塔著,青海人民出版社.282

安顺苗族/杨志凤主编,贵州民族出版社.405

安顺市西秀区苗族志/安顺市西秀区民族宗教事务局　安顺市西秀区苗学研究会编,贵州人民出版社.455

80后摩梭女达布口述生活史/赵明湄著,中央民族大学出版社.195

八思巴字碑刻文物集释/蔡美彪著,中国社会科学出版社.380

巴音郭楞蒙古族史:近现代南路土尔扈特·和硕特社会发展研究/吐娜等著,线装书局.236

白桦遗韵:中国北方桦皮文化/王益章　王铁峰编著,黑龙江人民出版社.134

白族研究一百年/赵启燕著,云南大学出版社.236

百年西藏:20世纪的人和事/张晓明等著,华文出版社.204

北方民族民俗文化初探/朱立春著,长春出版社.138

北魏平城时代(修订本)/李凭著,上海古籍出版社.417

北魏史/杜士铎主编,北岳文艺出版社.474

贝叶书写的文明:傣族历史文化漫记/中共德宏州委宣传部编,云南美术出版社.136

边疆民族史专题研究/杨永福著,民族出版社.320

边史探研/陈超著,新疆人民出版社.275

边缘、族群与国家:清末西北回民起义/周耀明著,宁夏人民出版社.283

濒临消失的广西少数民族服饰文化/玉时阶著,民族出版社.207

沧源翁丁佤族社会调查/李国明编著,辽宁大学出版社.133

倡立一门新学科:中国现代民俗学的鼓吹、经营和中落/施爱东著,中国社会科学出版社.403

传统仪式的现代适应性:由对长阳土家族"跳丧"仪式的否定之否定研究而来/黎力著,上海书店出版社.159

川东北考古与巴文化研究/马幸辛著,西南交通大学出版社.138

从淮夷族群到编户齐民:周代淮水流域族群冲突的地理学观察/朱淮平著,人民出版社.258

大漠孤烟:蒙古史元史/黄时鉴著,上海百家出版社.317

大山之子：景颇族历史文化漫记/中共德宏州委宣传部编，云南美术出版社．146
达地水族乡志/韦荣慧主编，中央民族大学出版社．310
达斡尔族源于契丹论/巴图宝音等主编，中国社会科学出版社．252
党项西夏文献研究（一、二、三、四）/杜建录主编，中华书局．2426
傣族历史地理研究/高金和　李小梅著，辽宁大学出版社．149
傣族族源族称学术研讨会论文集/刀承华主编，云南民族出版社．449
戴鸡冠帽的彝族撒梅人/马春梅主编，云南人民出版社．136
当代云南阿昌族简史/赵家培　段惠兰主编，云南人民出版社．126
道真仡佬族苗族自治县志：1988—2007/刘学刚主编，方志出版社．721
滇史求索录/李惠铨著，云南人民出版社．342
东北民族历史与现状研究/朱立春等著，长春出版社．206
东北三江流域非物质文化遗产/王福安主编，黑龙江教育出版社．170
东夷文化通考/张富祥著，上海古籍出版社．701
侗族民俗风情/吴鹏毅编著，广西民族出版社．153
都安瑶族史/罗炳高　罗松编著，广西民族出版社．465
都匀民族风情录/郭玉山主编，贵州大学出版社．377
敦煌吐蕃文献选辑·文化卷/郑炳林　黄维忠主编，民族出版社．379
敦煌吐鲁番文书与唐代西域史研究/刘安志著，商务印书馆．375
敦煌吐鲁番研究（第十二卷）/中国敦煌吐鲁番学会编，上海古籍出版社．538
多民族关系中的裕固族及其当代社会研究/贺卫光等著，民族出版社．361
多姿多彩的贵州民族婚俗/兴义市文化体育旅游和广播电影电视局编，贵州科技出版社．197
峨山彝族一甲子/易长生　官朝弼主编，云南美术出版社．285
额吉河：17位蒙古妇女的口述历史/宝贵敏著，民族出版社．437
2008年穿越横断山脉：川藏南线民族考古综合考察/李文儒　高大伦主编，四川大学出版社．204
耳苏人沙巴象形文和图经调查/宋兆麟编著，民族出版社．257
法国西域史学精粹（一、二、三）/郑炳林主编，甘肃人民出版社．1112
梵净山苗族纪事（第1卷）/石国生主编，贵州民族出版社．272
歌舞为伴的民族：傈僳族历史文化漫记/中共德宏州委宣传部编，云南美术出版社．116
共和国少数民族英豪传/金星华主编，贵州民族出版社．312
共和国少数民族英烈传/金星华主编，贵州民族出版社．365
解放军中喇嘛营/王云鹏　卢云北著，中国文史出版社．114
唃厮啰家族世袭史/齐德舜著，民族出版社．298
甘肃古国史话/米生军著，甘肃文化出版社．262
古代中国东北民族地区建置史/程妮娜著，中华书局．575
古代神话与民族/丁山著，江苏文艺出版社．368

古代世界的民族与宗教/刘健等著，江西人民出版社.463

古道驿站托克逊：新疆政协文史资料/阿尤甫·铁衣甫主编，新疆人民出版社.206

古滇国金属技术研究/李晓岑　韩汝玢编，科学出版社.192

古老的茶农：德昂族历史文化漫记/中共德宏州委宣传部编，云南美术出版社.120

锅庄旧事/龚伯勋著，四川民族出版社.233

贵州白族史略/赵卫峰著，宁夏人民出版社.212

哈尼族口传文化译注全集（第17卷）/李扬　李涛主编，云南民族出版社.395

汉籍蒙古族民俗文献辑注/白·特木尔巴根辑注，民族出版社.274

湖南瑶族/李本高主编，民族出版社.557

回族百年奋斗史话/杨志平著，甘肃民族出版社.262

回族谱序与宗源考略/马文清主编，吉林文史出版社.1076

回族与辛亥革命/陈晓虎编著，宁夏人民出版社.273

火之民族/李友华著，云南民族出版社.293

吉林回族研究/沙允中著，吉林出版集团股份有限责任公司.129

嘉绒藏族民俗志/李茂　李忠俊著，中央民族大学出版社.490

江西畲族百年实录/陈国华主编，江西人民出版社.428

近代新疆防务建设研究/童远忠著，江西人民出版社.260

径源回族民俗/王文清编著，宁夏人民出版社.182

京族民俗风情/曹俏萍编著，广西民族出版社.128

句町国史/何正廷著，民族出版社.413

口承文化论：云南无文字民族古风研究/王亚南著，云南人民出版社　云南大学出版社.294

拉卜楞民俗文化/华锐·东智著，甘肃民族出版社.426

俍傜何在：明清时期广西浔州府的族群变迁/唐晓涛著，民族出版社.268

黎族三月三节传统文化/黄翠玲著，海南出版社.239

历史时期西南开发与社会冲突的调控/黎小龙等著，西南师范大学出版社.344

历史源流与民族文化：三江并流地区考古暨民族关系研究学术研讨会论文集/李钢　李志农主编，云南大学出版社.378

傈僳族研究（二）/鲁建彪主编，民族出版社.274

连江·畲族风/阮道明主编，海峡文艺出版社.261

濂溪故里：考古学与人类学视野中的古村落/郭伟民主编，科学出版社.330

凉山民族研究1：1992—1993/马尔子主编，民族出版社.399

了解回族（上下）/杨怀中主编，宁夏人民出版社.794

了解伊斯兰教/杨怀中主编，宁夏人民出版社.449

辽代北镇踪涵/董明编著，辽宁教育出版社.186

辽代金银器研究/张景明著，文物出版社.353

林悟殊敦煌文书与夷教研究/林悟殊著，上海古籍出版社.523

洛阳出土少数民族墓志汇编/李永强　余扶危主编，河南美术出版社 . 419

毛泽东与西藏和平解放/杜玉芳著，中国藏学出版社 . 148

满族民俗民谣与传说/郭凤山搜集整理，吉林人民出版社 . 330

满族与长白山/张佳生主编，辽宁民族出版社 . 679

毛南族民俗风情/过竹编著，广西民族出版社 . 120

蒙古帝国/易强著，上海人民出版社 . 346

蒙古秘史/蒙古宫廷史官著，常峰瑞编译，中央编译出版社 . 264

《蒙古秘史》伦理思想研究/斯仁著，高等教育出版社 . 192

蒙古史纲要（修订本）/达力扎布编著，中央民族大学出版社 . 303

蒙古族全史（第一卷）/留金锁著，浩斯巴特尔　包拉阿塔译，辽宁民族出版社 . 258

蒙古族全史（宗教卷）/乔吉著，内蒙古大学出版社 . 344

蒙古语族诸民族民俗概论/南快莫德格著，民族出版社 . 330

蒙元时期札剌亦儿部研究/谢咏梅著，辽宁民族出版社 . 288

秘境德宏：神奇的孔雀之乡/张建章　周灿编著，中国旅游出版社 . 160

苗族民俗风情/过竹编著，广西民族出版社 . 148

民俗教育研究：以八连多民族村民组为个案/伍隆萱著，中央民族大学出版社 . 321

民族过程与中国民族变迁研究/王希恩主编，民族出版社 . 461

民族史研究·第10辑/高翠莲主编，中央民族大学出版社 . 486

明代蒙古汉籍史料汇编——张雨·边政考外四种/薄音湖编辑点校，内蒙古大学出版社 . 342

明代云南民族发展论纲/段红云著，人民出版社 . 367

明代卫所归附人研究：以辽东和京畿地区卫所达官为中心/奇文瑛著，中央民族大学出版社 . 260

明清回族进士考略/杨大业著，宁夏人民出版社 . 594

明清时代改土归流后黔中少数民族区域社会的变迁：以黔东及黔东北地区宗族为例/高应达著，浙江大学出版社 . 134

靺鞨、渤海与周边国家、部族关系史研究/马一虹著，中国社会科学出版社 . 417

墨江哈尼族风情录/赵德文等著，云南民族出版社 . 280

墨江哈尼族自治县志：1978—2005/胡梦雄等主编，云南人民出版社 . 790

穆克登碑问题研究：清代中朝图们江界务考证/陈慧著，中央编译出版社 . 296

仫佬族民俗风情/过伟著，广西民族出版社 . 126

仫佬族通史/潘琦主编，民族出版社 . 661

南北盘江红水河布依族历史文化研究/龙青松等著，贵州人民出版社 . 399

纳西族考古文物资料汇编/木基元主编，云南民族出版社 . 411

纳西族史料编年/周汝城等编纂，云南民族出版社 . 269

纳西族水文化/木里编著，云南科技出版社 . 263

纳西族与藏族历史关系研究/杨福泉著，云南人民出版社　云南大学出版社 . 356

"那"人社会的嬗变：广西宁明县江镇洞廊村社会发展调查报告/吕俊彪等著，社会科学文献出版社.225

南方民族考古·第七辑/四川大学博物院等编，科学出版社.538

南宁回族史稿/马安禄　翁乾麟主编，宁夏人民出版社.242

南诏大理国观音图像学研究/王明达著，云南人民出版社.263

南诏大理国瓦文/田怀清著，云南人民出版社.486

内蒙古土默特金氏蒙古家族契约文书汇编/铁木尔主编，中央民族大学出版社.258

盘锦朝鲜族史略/权衡益著，辽宁民族出版社.135

屏边苗族自治县志：1978—2005/陆永奎主编，云南人民出版社.703

契丹风韵：内蒙古辽代文物珍品展/深圳博物馆　内蒙古博物院编，文物出版社.167

契丹若干问题研究/陈永志著，文物出版社.157

契丹人：百战立国/或跃在渊著，云南人民出版社.277

契丹文珍稀符牌考释图说/裴元博　陈传江著，安徽美术出版社.164

契丹文珍稀钱币考释图说/裴元博　陈传江著，安徽美术出版社.206

黔西南历史文化二十二讲/中共黔西南布依族苗族自治州委宣传部编，贵州民族出版社.218

黔东南苗族侗族女性服饰文化比较研究/周梦著，中国社会科学出版社.276

钱币与西域历史研究/王永生著，中华书局.362

且兰考·贵州民族概略/余若瑔　安健著，贵州大学出版社.194

青海藏族阿柔部落社会历史文化研究/王云著，民族出版社.292

清朝三百年史/张杰著，社会科学文献出版社.570

清代新疆和卓叛乱研究/潘向明著，中国人民大学出版社.268

清代以来新疆屯垦与国家安全研究/张安福著，中国农业出版社.240

清代至民国时期归化城土默特土地契约——第一、二册/朱瑞英主编，内蒙古大学出版社.944

清华元史·第一辑/姚大力　刘迎胜主编，商务印书馆.501

《清实录》与清档案中的广东少数民族史料汇编/练铭志　张菽辉主编，广东人民出版社.317

清史论丛2011年号/李世愉主编，中国广播电视出版社.345

清史论丛2012年号/李世愉主编，中国广播电视出版社.329

清史译丛·第十辑/于沛主编，齐鲁书社.346

羌族释比口述史/阮宝娣编著，民族出版社.703

人口较少民族实施分类发展指导政策研究：以云南布朗族为例/张晓琼著，民族出版社.247

乳源瑶族自治县志：1990—2003/张志韶等主编，中华书局.809

桑植白族风情/谷俊德编著，民族出版社.300

畲乡景宁实录/吴建强主编，中国文史出版社.382

社会变革时期的彝族婚姻形态研究（1368—1949 年）/沈乾芳著，民族出版社 . 266

双阳满族史话/赵国强著，吉林人民出版社 . 362

水书·金用卷/杨介钦　韦光荣译注，贵州民族出版社 . 138

水书·秘籍卷/陆春译注，贵州民族出版社 . 500

水书·麒麟正七卷（上下）/杨介钦　韦光荣译注，贵州民族出版社 . 520

水书·阴阳五行卷/蒙耀远译注，贵州民族出版社 . 136

水书·正五卷/蒙邦敏等译注，贵州民族出版社 . 401

水文化中的数学智慧：德宏傣族民俗文化中的数学元素/周长军等著，云南大学出版社 . 121

松原蒙满祭祀文化/刘宏等撰稿，吉林人民出版社 . 191

宋辽金元方志辑佚（上下）/刘纬毅等辑，上海古籍出版社 . 1154

宋辽金元建制城市研究/韩光辉著，北京大学出版社 . 215

隋唐辽宋金元史论丛·第一辑/黄正建主编，紫禁城出版社 . 403

台湾高山族/叶兴建编著，福建教育出版社 . 101

探寻寿光古国/李洼著，齐鲁书社 . 341

唐朝的北方边地与民族/李鸿宾著，宁夏人民出版社 . 402

唐代蕃将/马驰著，三秦出版社 . 321

天山家宴：西域饮食文化纵横谈/贺菊莲著，兰州大学出版社 . 302

铁弗匈奴与夏国史研究/吴洪琳著，中国社会科学出版社 . 226

土家源/马尚云　刘光容主编，湖北美术出版社 . 191

土司政治与族群历史：明代以后贵州都柳江上游地区研究/陈贤波著，生活·读书·新知三联书店 . 274

佤山拓荒者足迹/王敬骝编，云南民族出版社 . 193

拓跋史探（修订本）/田余庆著，生活·读书·新知三联书店 . 279

蛙文化之乡/保亭黎族苗族自治县文化广电出版体育局编，海南出版社 . 46

魏晋南北朝史论丛续编·魏晋南北朝史论拾遗/唐长孺著，中华书局 . 263

维吾尔族文化简史/阿不都克里木·热合满　马德元主编，新疆人民出版社 . 318

维吾尔族研究点滴/依不拉音·穆提义著，新疆人民出版社 . 234

西北边疆考古教程/李怀顺　马军霞编著，甘肃人民出版社 . 275

西盟佤族/岩采主编，云南民族出版社 . 390

西南边疆民族研究·第 9 辑/何明主编，云南大学出版社 . 205

西南史地与民族：以宋代为重心的考察/刘复生著，巴蜀书社 . 335

西双版纳傣族热带雨林生态文化/许再富主编，云南科技出版社 . 154

西双版纳傣族拴线系魂文化/艾罕炳著，云南大学出版社 . 253

西双版纳傣族政治形态研究/刘强著，中国社会科学出版社 . 194

西双版纳哈尼族/杨军主编，云南美术出版社 . 97

西夏史/唐荣尧著，宁夏人民出版社 . 261

西夏学·第七、八辑——第二届西夏学国际论坛专号（上下）/杜建录主编,上海古籍出版社.623

西域考古记举要·中国西部考古记/[法]郭鲁柏撰,冯承钧译,国家图书馆出版社.110

西域史地探微/郭平梁著,新疆人民出版社.444

西藏:事实与数字2011/王刚毅　亓文公主编,五洲传播出版社.177

西藏阿里文化源流/杨年华　尼玛达瓦编著,云南美术出版社.449

西藏昌都地区文史资料·第二辑/土呷　当曲·仁青久乃主编,西藏人民出版社.297

西藏民俗文化论丛/张虎生等主编,西藏人民出版社.271

西藏史话/徐志民著,社会科学文献出版社.194

西藏知识问题解答/王晨　董云虎主编,人民出版社.299

锡伯族风俗/关伟著,辽宁民族出版社.253

锡伯族历史与文化（上下）/贺灵编,新疆人民出版社.1167

锡伯族礼仪文化/佟加　庄夫著,新疆人民出版社.165

锡伯族西迁/吴世旭著,辽宁民族出版社.245

新疆近世史论文选粹/纪大椿著,新疆人民出版社.468

新疆历史与文化2005—2007/田卫疆主编,新疆人民出版社.592

新疆屯垦与文化研究论丛2008/郭宁主编,中国农业出版社.322

新疆屯垦与文化研究论丛2009—2010年卷/郭宁主编,中国农业出版社.350

新中国的西藏60年/车明怀主编,西藏人民出版社.850

辛亥革命前后的满族研究:以满汉关系为中心/常书红著,社会科学文献出版社.242

匈奴葬仪的考古学探索:兼论欧亚草原东部文化交流/马健著,兰州大学出版社.365

寻根腊罗巴:昌宁彝族民俗文化考察/杨耀程　殷钺君著,云南民族出版社.268

鸦片战争前后西藏百年历史/许广智主编,民族出版社.340

鸦片战争前后西藏百年历史研究论文选辑/许广智主编,民族出版社.463

亚细亚民俗研究·第八辑/邹明华　高雅玲主编,学苑出版社.252

仰望高山:白寿彝先生的史学思想与成就/杨怀中主编,宁夏人民出版社.466

瑶族民俗风情/李肇隆著,广西民族出版社.169

彝族民俗风情/王光荣著,广西民族出版社.197

仪式·音乐与婚姻:青海互助土族传统婚礼及其音乐的调查与研究/祁慧民著,中国社会科学出版社.214

仪式、信仰和村落生活:邦协布朗族的民间信仰研究/黄彩文著,民族出版社.239

阴山鸣镝:匈奴在北方草原上的兴衰/华喆著,兰州大学出版社.242

永恒的瞬间:云南民族记忆1949—2009/汤双清　纳麒主编,云南人民出版社.397

元史及民族与边疆研究集刊·第二十三辑/刘迎胜主编,上海古籍出版社.208

云南民族关系简史/杨德华著,云南大学出版社　云南人民出版社.132

云南山地白族古村落:大达/张启发著,云南民族出版社.284

云南少数民族节庆文化/张忠良编著,云南人民出版社.141

云南佤族医药/王志红主编，中国中医药出版社 . 269

在大学与田野间：林耀华自传/林耀华著，北京大学出版社 . 262

藏族历史大纲/欧潮泉著，民族出版社 . 368

早期传教士彝族考察报告/［法］高尔迪埃　［法］维亚尔编著，校真译，贵州大学出版社 . 158

中共新疆地方史：1937—1966/中共新疆维吾尔自治区委员会党史研究室著，中共党史出版社 . 396

中古艺术宗教与西域历史论稿/姚崇新著，商务印书馆 . 499

中古中国的粟特胡人：以长安为中心/毕波著，中国人民大学出版社 . 315

中国白族村落/中共大理白族自治州委员会　大理白族自治州人民政府编，云南民族出版社 . 249

中国北方青铜器的欧亚草原文化因素/李刚著，文物出版社 . 268

中国侗族医药/龙运光等主编，中医古籍出版社 . 739

中国 22 个人口较少民族文物研究/李铁柱主编，辽宁民族出版社 . 387

中国共产党西藏历史图志（上下）/公保扎西总编，中央文献出版社 . 1190

中国古代藏缅语民族源流研究/万永林著，云南大学出版社　云南人民出版社 . 201

中国古代民族关系史大事记/田继周编著，社会科学文献出版社 . 788

中国民族史话/周茶仙著，中国国际广播出版社 . 213

中国民族政策与朝鲜族/金炳镐　肖锐著，中央民族大学出版社 . 228

中国近现代民族史/陈连开等主编，中央民族大学出版社 . 983

中国南方民族史/王文光著，云南人民出版社　云南大学出版社 . 331

中国少数民族婚丧风俗/严汝娴　刘宇著，商务印书馆 . 184

中国少数民族节日/胡起望　项美珍著，中国国际广播出版社 . 157

中国少数民族姓氏/杜若甫主编，民族出版社 . 1245

中国少数民族语地名概说/杨立权　张清华著，中国社会出版社 . 376

中国少数民族重大节日调查研究/邢莉编著，民族出版社 . 635

中国西南氐羌民族源流史/段丽波著，人民出版社 . 367

中国西南少数民族民俗风情要略/郎玉屏等编著，四川人民出版社 . 192

中国云南彝族/李阳喜　童成青主编，云南民族出版社 . 263

中国早期四土经营与民族整合/周书灿著，合肥工业大学出版社 . 376

众神栖落新疆：东西方文明的伟大相遇与融合/南香红著，九州出版社 . 375

周恩来与西藏的和平解放/降边嘉措著，西藏人民出版社 . 320

壮族：他们的历史文化与民族性/［美］杰弗里·巴洛著，金丽等译，广西人民出版社 . 256

壮族民俗风情/黄伟晶　黄桂秋编著，广西民族出版社 . 184

族群的演进博弈：中国图瓦人研究/关丙胜著，社会科学文献出版社 . 380

尊王黜霸：云南由乱向治的历程（1644—1735）/付春著，云南大学出版社 . 270

北京藏传佛教史/于洪著，宗教文化出版社 . 249

北魏政治史（七）/张金龙著，甘肃教育出版社.670

六　民族语言文字

白语研究概述：1950—2010/赵黎娴著，云南民族出版社.269
比较台语手册/李方桂著，清华大学出版社.368
察布查尔锡伯自治县锡伯族语言文字使用现狀调研/朝克主编，方志出版社.387
常用藏族手语词典/西藏自治区聋人协会主编，西藏人民出版社.653
侗台语核心词研究/陈孝玲著，巴蜀书社.410
侗台语论文集/李方桂著，清华大学出版社.358
东巴象形文常用字词译注（修订版）/赵净修著，云南出版集团公司　云南人民出版社.126
傅懋勣民族语文论集/傅懋勣著，民族出版社.552
仡佬语布央语语法标注话语材料集/李锦芳主编，中央民族大学出版社.785
广西隆林各族自治县语言使用情况调查与研究/蒙元耀等著，广西民族出版社.324
广西民族语文工作法律法规政策参考/广西壮族自治区少数民族语言文字工作委员会编，广西民族出版社.420
贵州民族语文工作六十年/龙海燕等著，电子科技大学出版社.124
哈佛燕京学社藏纳西东巴经书（第一卷至第四卷）/孙伯君主编，中国社会科学出版社.1911
哈尼语言文化论/杨羊就著，云南民族出版社.224
汉朝语动词性结构对比与偏误分析/黄玉花著，民族出版社.289
汉黎字典：赛方言/黄权主编，云南民族出版社.281
汉彝简明词典/武自立　纪嘉发编著，四川民族出版社.737
汉语水语关系词研究/曾晓渝著，重庆出版社.243
汉语水语关系论：水语里汉语借词及同源词分层研究/曾晓渝著，商务印书馆.305
汉藏语同源词研究（四）——上古汉语侗台语关系研究/丁邦新　孙宏开主编，广西民族出版社.342
鹤庆白语研究/赵金灿著，民族出版社.352
湖南西部四种濒危语言调查：土家语、小章苗语、关峡平话、麻塘话/杨再彪著，民族出版社.336
胡振华文集（上中下）/中央民大中国少数民族语言文学学院编，中央民族大学出版社.1638
混沌学与语言文化研究新动态：国外相关研究译文集/张公瑾　丁石庆主编，中央民族大学出版社.262
江华勉语研究/郑宗泽著，民族出版社.475
江永女书文字研究/彭泽润著，岳麓书社.389
今日新西藏/晋美旺措主编，中国画报出版社.313

景颇族载瓦语言文字/朵云拥汤著,德宏民族出版社.163

居都仡佬语参考语法/康忠德著,中国社会科学出版社.299

跨语言文化研究·第三辑/张京鱼主编,中国社会科学出版社.353

拉祜族双语教学研究/盖兴之等,人民出版社.223

澜沧拉祜族语言使用现状及其演变/戴庆厦主编,商务印书馆.283

临夏回族汉语方言语音格局/金雅声　柳春著,民族出版社.235

满语语法（修订本）/季永海编著,中央民族大学出版社.355

缅彝语音韵学/李永燧著,社会科学文献出版社.864

苗汉双语教学研究与实践/石学东著,语文出版社.338

民族语文教学研究·第二辑/刘劲荣　罗海麟主编,云南民族出版社.315

民族语言学论稿：梁敏　张均如论文选/梁敏　张均如著,社会科学文献出版社.591

民俗语言学研究史纲/李阳　董丽娟著,社会科学文献出版社.274

墨江哈尼族卡多话参考语法/赵敏　朱茂云著,中国社会科学出版社.308

纳西东巴文异体字关系论/刘悦著,安徽文艺出版社.258

内蒙古额尔古纳俄罗斯语研究/白萍著,中国社会科学出版社.255

日本藏西夏文文献（上下）/武宇林　[日]荒川慎太郎主编,中华书局.537

桑植白族民家腔口语词典/谷利民主编,民族出版社.389

少数民族学生三语学习的心理学研究：以藏族学生为例/崔占玲著,暨南大学出版社.181

少数民族语言与粤语/欧阳觉亚著,暨南大学出版社.197

石林县矣美堵村彝青语调查/李德君等著,云南民族出版社.135

双语双方言（十）/陈恩泉主编,深圳报业集团出版社.421

双语双方言问题研究/陈恩泉著,国际文化出版公司.422

双语学研究·第三辑/戴庆厦主编,民族出版社.637

水语复音词研究/冯英著,中华书局.311

四川盐源县各民族的语言和谐/戴庆厦主编,商务印书馆.197

土族、羌族语言及新创文字使用发展研究/宝乐日著,民族出版社.297

突厥语言学基础（原《突厥语概论》修订本）/李增祥编著,中央民族大学出版社.574

突厥语族语言语音比较研究/吴宏伟著,中央民族大学出版社.184

外来词汇对中国语言文化的影响/修刚主编,天津人民出版社.199

维吾尔语词汇与文化研究/李纯著,新疆生产建设兵团出版社.272

五色话研究/韦茂　韦树关等著,民族出版社.406

现代蒙古语正蓝旗土语音系研究/宝玉柱　孟和宝音著,民族出版社.379

现代彝语教程/沙马打各　何刚主编,四川民族出版社.308

湘西矮寨苗语参考语法/余金枝著,中国社会科学出版社.511

新创文字在文化变迁中的功能与意义阐释：以哈尼、傈僳和纳西族为例/马效义著,民族出版社.288

燕齐壮语参考语法/韦景云等著,中国社会科学出版社.463
彝文起源及其发展考论/马锦卫著,民族出版社.310
语言调查语料记录与立档规范/范俊军著,暨南大学出版社.390
语言田野调查实录(五)/王远新主编,中央民族大学出版社.423
元江苦聪话参考语法/常俊之著,中国社会科学出版社.364
云南德宏州景颇族语言使用现状及其演变/戴庆厦主编,商务印书馆.338
藏语方言调查表/孔江平等编著,商务印书馆.291
中国白族白文文献释读/张锡禄 [日]甲斐胜二主编,广西师范大学出版社.714
中国古代藏缅语民族源流研究/万永林著,云南大学出版社 云南人民出版社.201
中国女书起源及书法/周进隆著,湖南美术出版社.195
中国少数民族特殊语音研究/周学文著,知识产权出版社.240
中国少数民族文字古籍整理与研究/崔光弼 吴贵飚主编,辽宁民族出版社.485
中国少数民族语言文字规范化信息化报告/李宇明主编,民族出版社.228
中国少数民族新创文字应用研究:在学校教育和扫盲教育中使用情况的调查/滕星 王远新主编,民族出版社.629
中国西南民族象形文字资料集(上下)/宋兆麟主编,学苑出版社.268
北京地区蒙古文古籍总目/宝音 吴贵飙主编,内蒙古文化出版社.423
楚雄彝族自治州图书馆馆藏彝族文献书目提要(第二卷)/姜荣文主编,云南民族出版社.420
馆藏康藏民族文献摘要/曾义著,经济日报出版社.626
宁夏地方文献暨回族伊斯兰教文献导藏目录(二)/丁力主编,阳光出版社.329
中国少数民族古籍总目提要:哈萨克族卷/萨尔哈提·阿汗主编,中国大百科全书出版社.454
中国少数民族古籍总目提要:塔吉克族卷/扎米尔·赛都拉·扎德主编,中国大百科全书出版社.422
中国少数民族古籍总目提要:维吾尔族卷/吐尔汗·皮达主编,中国大百科全书出版社.390
中国少数民族古籍总目提要:乌孜别克族卷、塔塔尔族卷、俄罗斯族卷/木合塔尔·艾山等主编,中国大百科全书出版社.413
彝族古籍文献述要/郭玉富编著,云南科技出版社.185
丽水畲族古籍总目提要/吕立汉主编,民族出版社.352
甘肃藏敦煌藏文文献叙录/马德主编,甘肃民族出版社.892
民族文献提要:2000—2009/林艺主编,云南大学出版社.538
中国文化遗产研究院藏西域文献遗珍/郝俊红主编,中华书局。309
广东民族古籍研究/张菽晖 李筱文等著,广东人民出版社.212

七 民族教育

多元文化视野中的民族院校/张俊豪著,民族出版社.194

多元文化整合教育视野中的维汉双语教育研究：新疆和田中小学双语教育的历史、现状与未来/艾力·伊明著，民族出版社．331

发达国家促进民族教育均衡发展政策研究/姜峰　万明钢主编，民族出版社．288

甘宁青民族地区职业教育研究/赵翔宇著，民族出版社．252

孤岛突围：文化视野中的藏族小学与社区关系研究/龙藜著，广西师范大学出版社．189

贵州少数民族传统体育理论与方法/冯胜刚著，贵州民族出版社．302

哈萨克族女性教育变迁研究/张兴著，新疆人民出版社．203

红水河流域少数民族传统体育文化的传承与发展/郎耀秀　韦丽春主编，广西民族出版社．331

教育公平与乌江流域民族教育发展研究/彭寿清等著，人民出版社．417

拉祜族双语教学研究/盖兴之等著，人民出版社．223

民族传统体育文化新论/刘坚　刘宗立主编，云南大学出版社．234

民族教育理论与政策述论/郭献进等著，湖南师范大学出版社．268

羌族教育发展史/吴定初等著，商务印书馆．405

潜在课程的性别审视：在东乡族中小学的教育人类学考察/吕晓娟著，甘肃教育出版社．330

清代南方民族地区的义学研究/于晓燕著，云南民族出版社．274

人类学视野中的教育研究/滕星　海路主编，民族出版社．575

少数民族大学生思想政治教育理论与方法/徐建军著，人民出版社．288

少数民族教育管理研究/艾比布拉·胡贾著，中央民族大学出版社．271

少数民族社区多元文化与学校发展/雷兵主编，云南大学出版社．120

文化变迁中的文化再制与教育选择：西双版纳傣族和尚生的个案研究/罗吉华著，民族出版社．347

文化·教育与发展：全球视野下的中国少数民族教育/［美］白杰瑞主编，中央民族大学出版社．357

无根的社区　悬置的学校：湖南大金村教育人类学考察/李红婷著，民族出版社．253

希望：中国民族教育政策研究报告/荣仕星等著，黑龙江人民出版社．300

西南少数民族文化心理与教育：民族智力、人格、价值观与教育/蔡笑岳等著，广东人民出版社．195

西藏教育发展史/房灵敏等编著，西藏人民出版社．281

西藏民族教育近代化发展历程的特殊性研究/赵君著，西藏人民出版社．281

新疆多元民族体育发展/朱梅新等主编，新疆科学技术出版社．267

中国民族教育研究/吴德刚著，教育科学出版社．233

中国少数民族教育与美国多元文化教育比较研究/张学强主编，民族出版社．344

中国少数民族教育政策体系研究/王鉴主编，民族出版社．389

中国少数民族传统体育/崔东泉著，贵州民族出版社．433

中国少数民族传统体育荟萃/第九届全国少数民族传统体育运动会组委会新闻宣传部编，

贵州人民出版社.143

中国少数民族地区信息传播与社会发展论丛/郑保卫主编,光明日报出版社.395

中国少数民族文字古籍整理与研究/吴贵飙主编,辽宁民族出版社.485

中国西藏教育研究/吴德刚著,教育科学出版社.251

中国藏族文化教育发展史略/孟作亭 孟福来编著,民族出版社.366

八 世界民族

世界民族综论/高永久等编著,南开大学出版社.320

东南亚古国资料校勘及研究/黄南津 周洁编著,中国社会科学出版社.473

东南亚与华侨华人研究论文索引:2006—2010/徐斌编,厦门大学出版社.370

2009年海外华侨华人概述/王望波 庄国土编著,世界知识出版社.247

俄美新较量:俄罗斯与格鲁吉亚的冲突/吴宏伟主编,长春出版社.225

高句丽移民研究/苗威著,吉林大学出版社.305

古代世界的民族和宗教/刘健等著,江西人民出版社.463

华侨华人研究报告(2011)/丘进主编,线装书局.316

华侨华人研究报告2011年/林勇主编,社会科学文献出版社.417

华侨史/朱杰勤著,广西师范大学出版社.335

华侨史话/陈民 任贵祥著,社会科学文献出版社.163

互动与创新:多维视野下的华侨华人研究/刘泽彭主编,广西师范大学出版社.568

基督教与近代西方民族国家/彭小瑜著,江西人民出版社.504

晋江华侨华人研究/李天锡著,方志出版社.213

老挝佬族起源研究文集/范宏贵等主编,世界图书出版广东有限公司.446

马新史学80年:从"南洋研究"到"华人研究"/廖文辉著,上海三联书店.344

美国华侨华人与台湾当局侨务政策/孙逊著,九州出版社.271

美国穆斯林移民:文化传统与社会适应/马莉著,中央民族大学出版社.301

美国种族简史/[美]托马斯·索威尔著,沈宗美译,中信出版社.312

蒙古入侵时期的突厥斯坦(上下)/[俄]巴托尔德著,张锡彤 张广达译,上海古籍出版社.846

梦回东方:华侨华人百年心灵史/郑万里等著,广东人民出版社.326

民族国家构建视角下的苏丹内战研究/刘辉著,中国社会科学出版社.223

欧洲华侨华人与当地社会关系:社会融合·经济发展·政治参与/王晓萍 刘宏主编,中山大学出版社.250

青田华侨史/周望森 陈猛林主编,浙江人民出版社.364

日本对南洋华侨调查资料选编:1925—1945·第一辑/崔丕 姚玉民译,广东高等教育出版社.417

日本对南洋华侨调查资料选编:1925—1945·第二辑/孙承译,广东高等教育出版社.

435

日本对南洋华侨调查资料选编：1925—1945·第三辑/姚玉民等译，广东高等教育出版社.264

世代相传的塔吉克民族实用装饰艺术/［塔吉克斯坦］哈姆罗洪·扎里菲著，吴喜菊［塔吉克斯坦］尼约佐夫译，民族出版社.366

泰国北部山地民族舞蹈文化研究/岳春著，云南大学出版社.164

泰国傈僳族社会发展和文化变迁：整体研究和个案调查/侯兴华著，云南大学出版社.357

外国人眼中的中国形象及华人形象研究/朱小雪主编，旅游教育出版社.194

现代国家与民族建构：20世纪前期土耳其民族主义研究/昝涛著，生活·读书·新知三联书店.481

现代欧美移民与民族多元化研究/梁茂信著，商务印书馆.463

兴衰之路：民族问题视域下的苏联民族国家建设研究/张祥云著，人民出版社.322

寻找夏威夷：波利尼西亚土著文化展/吴志跃主编，福建教育出版社.200

移民族群艺术及其身份：泰国潮剧研究/张长虹著，厦门大学出版社.274

印度尼西亚客家/罗英祥著，广西师范大学出版社.331

越南华侨史/徐善福　林明华著，广东高等教育出版社.383

越南瑶族民家古籍（一）/奉恒高主编，民族出版社.778

苏维埃时期吉尔吉斯斯坦的民族问题研究/邓浩著，中国社会科学出版社.234

九　少数民族文学艺术

阿细跳月论坛·第一辑/弥勒县阿细跳月协会编，云南民族出版社.278

白族的建筑与文化/寸云激著，云南人民出版社.254

北方少数民族服饰色彩与图案/范铁明等著，哈尔滨工程大学出版社.227

濒临消失的广西少数民族服饰文化/玉时阶著，民族出版社.207

草原秘藏：游牧族群的人形雕像/乌热尔图著，内蒙古大学出版社.278

昌宁苗族服饰/穆尚勇主编，云南民族出版社.469

东方巫傩与恩施傩文化/龚英明主编，湖北美术出版社.80

敦煌服饰文化研究/竺小恩著，浙江大学出版社.259

符号与记忆：黎族织锦文化研究/孙海兰　焦勇勤著，上海大学出版社.299

贵州侗族服饰文化与工艺/张国云著，苏州大学出版社.169

贵州水族艺术研究/杨俊等著，贵州民族出版社.241

汉族题材少数民族叙事诗译注：壮族　仫佬族　毛南族卷/蓝柯主编，民族出版社.492

赫哲族传统图案集锦/王英海等编著，黑龙江教育出版社.214

黑龙江满族民居建筑艺术/单琳琳　李考智著，哈尔滨工业大学出版社.207

纪录片档案：鄂伦春族/杨光海编著，民族出版社.178

黎锦/王晨　林开耀著,苏州大学出版社.143

猎民绝艺:鄂伦春族狍皮制作技艺/张敏杰著,黑龙江人民出版社.136

陇南白马人民俗文化研究:服饰卷/余永红主编,甘肃人民出版社.248

苗族银饰/李黔滨主编,文物出版社.226

民族服饰:一种文化符号——中国西南少数民族服饰文化研究/邓启耀著,云南人民出版社.330

怒江大峡谷少数民族民居建筑文化与开发/向杰著,云南美术出版社.175

黔东南苗族侗族女性服饰文化比较研究/周梦著,中国社会科学出版社.276

羌族释比唱经:王治升说唱/阮宝娣　徐亚娟采录翻译,民族出版社.756

人类学视野下的传统工艺/万辅彬　韦丹芳　孟振兴著,人民出版社.352

少数民族妇女的知识和文化:民族民间传统手工艺及服饰/杨国才著,中国社会科学出版社.241

手上的记忆:两个苗族妇女的生活世界/王小梅　王建萍著,贵州大学出版社.237

水族马尾绣/卢延庆著,贵州民族出版社.116

突厥语民族口头史诗:传统、形式和诗歌结构/[德]卡尔·耐西尔著,阿地里·居玛吐尔地译,中国社会科学出版社.447

文化记忆与歌月舞韵:文化生态学视野下的云南古戏台/申波著,云南大学出版社.244

西江苗族"换装"礼仪:教育人类学诠释/陈雪英著,重庆大学出版社.204

湘西苗族银饰锻制技艺/田特平等著,湖南师范大学出版社.214

湘西土家族织锦技艺/田明等著,湖南师范大学出版社.129

仪式中的艺术/何明主编,社会科学文献出版社.316

一针一线:贵州苗族服饰工艺/[日]鸟丸知子著,中国纺织出版社.166

银图腾:解读苗族银饰的神奇密码/戴建伟著,贵州人民出版社.188

云南民族民间艺术的伦理观研究/刘红著,中国社会科学出版社.300

中国白族传统民居营造技艺/宾慧中著,同济大学出版社.216

中国北方捕猎民族纹饰图案与造型艺术:鄂温克族卷/沃岭生主编,刘玉亮著,黑龙江教育出版社.241

中国·凉山彝族服饰/胡小平著,中国旅游出版社.166

中国少数民族神话概论/文日焕　王宪昭著,民族出版社.436

中国少数民族英雄史诗/潜明兹著,中国国际广播出版社.177

壮族风物传说的文化研究/陈金文著,民族出版社.405

(供稿人:林浩)

2012年新书目录

[说明：排列顺序为著作，文章名称，编著译者，
出版单位，著作页码数或册数]

一 综合

中国民族统计年鉴2011/乐长虹 盛来运编，中国统计出版社.778
中国民族年鉴2012/《中国民族年鉴》编委会编，民族出版社.718
景东彝族自治县民族志/颜仕勇主编，景东彝族自治县民族宗教事务局编，云南民族出版社.343
湖北省民族法规汇编：1988—2012年/湖北省人大民族宗教侨务外事委员会编，湖北人民出版社.656
果洛藏族自治州年鉴2011/薛东曲主编，果洛藏族自治州地方志编纂委员会编，青海民族出版社.487

二 民族问题理论

当代中国的民族宗教问题与军队民族宗教工作/王志平著，中国社会科学出版社.228
中国民族发展：概念、途径和理论体系/贺金瑞著，社会科学文献出版社.319
族群、民族与国家构建：当代中国民族问题/马戎著，社会科学文献出版社.388
当代中国民族宗教问题研究·第6集/中国统一战线理论研究会编，民族出版社.222
中国特色民族理论政策与实践/李若青 毕跃光 杨文顺编著，云南大学出版社.221
中国特色社会主义民族理论概论/赵新国著，云南民族出版社.307
中国民族理论研究2011/金炳镐 王颖主编，中央民族大学出版社.484
民族理论与民族政策/《民族理论与民族政策》教材编写组编，中央广播电视大学出版社.193
中国民族理论研究2010/金炳镐 哈正利主编，中央民族大学出版社.543
民族理论与民族政策/陈德主编，兰州大学出版社.246
西南民族地区城市化进程中人口流动与民族关系发展互动研究/陶斯文著，民族出版

社.283

中国—东盟合作背景下的西南民族自治地方经济发展自主权研究/李莉著,经济管理出版社.247

参与与行动——西北多民族聚居大城市社会组织防治艾滋病的田野调查/张宁著,云南大学出版社,217

中国民族理论政策与民族发展/孙振玉主编,民族出版社.268

宗教与西部少数民族现代化/王存河著,民族出版社.299

中国民族自治地方社会建设与管理研究:以云南民族自治地方为例/段尔煜主编,中共中央党校出版社.193

中国民族自治地方社会建设与管理研究/段尔煜主编,中共中央党校出版社.743

中国城市少数民族流动人口的生活适应性研究/马胜春著,中国财政经济出版社.243

新牧区建设与牧区政策调整——以内蒙古为例/盖志毅著,辽宁民族出版社.739

旅游感知视角下西南少数民族地区农业旅游发展模式研究/黄燕玲 罗盛锋著,科学出版社.264

自治区自治条例与民族区域自治创新研究/彭谦主编,中央民族大学出版社.311

云南民族工作回忆/王连芳著,民族出版社.376

西部大开发与西藏农牧区的稳定和发展/徐平 张群著,中国藏学出版社.484

民族立法与我国民族地区法制建设研究/康耀坤著,法律出版社.210

中国民族法制体系的构建/李鸣著,中国政法大学出版社.262

民族法制体系的建构/熊文钊主编,中央民族大学出版社.536

民族法学/李艳君编,云南大学出版社.318

中国民族发展:概念、途径和理论体系/贺金瑞著,社会科学文献出版社.319

新中国民族政策在云南实践经验研究/赵新国著,中国社会科学出版社.395

西北边疆管理模式演变与社会控制研究/田澍等主编,天津古籍出版社.518

西部民族地区反贫困问题研究/贡保草 杨维军著,甘肃科学技术出版社.202

中国少数民族文化产业发展概论/贾银忠著,民族出版社.355

民族、宗教与云南的和谐发展:"云南论坛·2009"文集/杨福泉主编,云南省社会科学院科研处编,云南人民出版社.210

民族、宗教、统一战线理论和政策/格桑培杰主编,西藏人民出版社.408

少数民族乡村政治体系的变迁与发展——以云南沧源佤族乡村为例/王丽华著,人民出版社.342

西部民族地区城市化进程中失地农民问题研究/苏东海著,人民出版社.261

中国少数民族干部队伍建设的理论与实践/孙懿著,社会科学文献出版社.292

阴法唐西藏工作文集(上下)/阴法唐著,中国藏学出版社.857

中国民族法学理论与热点/王允武 李剑著,民族出版社.482

锦屏乡土社会的法与民间纠纷解决/徐晓光等著,民族出版社.229

民族旅游与少数民族妇女发展/吴忠军 张瑾 项萌等著,民族出版社.302

少数民族女性人才资源开发研究——以广西为个案/徐学莹　唐荣德著,广西师范大学出版社.253

三　民族经济

云南民族地区扶贫模式研究/丁忠兰著,中国农业科学技术出版社.213
中国民族地区经济增长预测与发展研究/张建平等编著,中国经济出版社.335
民族经济全面转型发展战略研究/李建中主编,中国财政经济出版社.686
民族经济可持续发展战略研究/李建中著,中国财政经济出版社.639
西部少数民族牧区新农村建设研究/张文秀等著,中国农业出版社.273
北京少数民族乡村经济发展研究/刘芳　何忠伟　桂琳著,中国农业出版社.396
西北回族社会发展机制/王永亮编著,宁夏人民出版社.263
民族地区新农村建设调查报告/康基柱　孟凡东主编,中央民族大学出版社.386
民族地区旅游产业集群理论研究/周萍著,西南交通大学出版社.139
西南民族地区新农村建设农业保险发展模式研究/杨兴洪　邢启顺等著,贵州大学出版社.218
达木村调查：珞巴族/党秀云　周晓丽主编,中国经济出版社.262
乌珠牛录村调查：锡伯族/张丽君主编,中国经济出版社.406
红旗村调查：朝鲜族/李克强　侯超惠主编,中国经济出版社.344
蓝靛瑶村寨调查：云南河口县老范寨乡斑鸠河小牛场村调查报告/金少萍　唐晓云著,社会科学文献出版社.302
扎毛村调查：藏族/杨思远主编,中国经济出版社.340
墨脱村调查：门巴族/王丽平主编,中国经济出版社.283
番茅村调查：黎族/王玉芬主编,中国经济出版社.446
东家村调查：土族/青觉主编,中国经济出版社.396
多型论：民族经济在云南/马丽娟著,云南大学出版社.262
赛乌素嘎查调查：蒙古族/黄健英主编,中国经济出版社.376
资丘村调查：土家族/何伟军主编,中国经济出版社.262
中国民族地区经济增长预测与发展研究/张建平等编著,中国经济出版社.335
东北边陲的俄罗斯民族村/赵淑梅等著,社会科学文献出版社.212
燕北地区的蒙汉杂居村/于水等著,社会科学文献出版社.837
科尔沁沙地边缘的半农半牧村/哈达著,社会科学文献出版社.181
茂盖图山下的农牧演替/金泉著,社会科学文献出版社.224
历史上西北民族贸易与民族地区经济开发/魏明孔　杜常顺著,中国社会科学出版社.243
区域成长理论与实践：民族地方城镇化及区域发展探索/毛生武著,中国经济出版社.177
民族地区经济发展方式转变研究/刘永佶著,中国社会科学出版社.734

中国少数民族经济史概论/刘晓春编著，知识产权出版社.351
民族地区产业经济发展研究/张友编著，民族出版社.229
漂移的时空：当代中国少数民族的经济生活/王琛著，社会科学文献出版社.389
云南民族"直过区"居民收入差距和贫困研究/杨栋会著，科学出版社.222
环青海湖少数民族地区特色城镇化研究/丁生喜著，中国经济出版社.280
纳家户回族文化产业开发研究/杨占武著，宁夏人民出版社.291
民族文化资源数字化与产业化开发/谈国新　钟正著，华中师范大学出版社.320
葡萄的实践：一个滇南坝子的葡萄酒文化缘起与结构再生产/郑向春著，北京大学出版社.238

四　民族学与人类学

中国珞巴族/格桑　王蔷编著，黄河出版传媒集团　宁夏人民出版社.249
中国佤族/陈国庆编著，黄河出版传媒集团　宁夏人民出版社.318
中国水族/韦学纯编著，黄河出版传媒集团　宁夏人民出版社.286
中国基诺族/张云编著，黄河出版传媒集团　宁夏人民出版社.304
中国阿昌族/熊顺清编著，黄河出版传媒集团　宁夏人民出版社.236
中国白族/王锋编著，黄河出版传媒集团　宁夏人民出版社.401
中国保安族/马少青编著，黄河出版传媒集团　宁夏人民出版社.279
中国布依族/周国炎编著，黄河出版传媒集团　宁夏人民出版社.334
中国藏族/苏发祥编著，黄河出版传媒集团　宁夏人民出版社.406
中国朝鲜族/太平武编著，黄河出版传媒集团　宁夏人民出版社.244
中国达斡尔族/齐勤编著，黄河出版传媒集团　宁夏人民出版社.430
中国德昂族/唐洁编著，黄河出版传媒集团　宁夏人民出版社.285
中国东乡族/马福元编著，黄河出版传媒集团　宁夏人民出版社.237
中国侗族/杨筑慧编著，黄河出版传媒集团　宁夏人民出版社.416
中国独龙族/杨将领编著，黄河出版传媒集团　宁夏人民出版社.182
中国俄罗斯族/苏闻宇编著，黄河出版传媒集团　宁夏人民出版社.216
中国鄂伦春族/关小云编著，黄河出版传媒集团　宁夏人民出版社.361
中国高山族/杨梅编著，黄河出版传媒集团　宁夏人民出版社.398
中国哈尼族/李泽然编著，黄河出版传媒集团　宁夏人民出版社.358
中国汉族/徐杰舜编著，黄河出版传媒集团　宁夏人民出版社.412
中国赫哲族/孙玉民编著，黄河出版传媒集团　宁夏人民出版社.198
中国布朗族/陶玉明编著，黄河出版传媒集团　宁夏人民出版社.239
中国仡佬族/周小艺编著，黄河出版传媒集团　宁夏人民出版社.306
中国裕固族/钟进文编著，黄河出版传媒集团　宁夏人民出版社.507
中国壮族/梁庭望编著，黄河出版传媒集团　宁夏人民出版社.356

中国畲族/钟伯清编著,黄河出版传媒集团　宁夏人民出版社.330

中国锡伯族/贺灵编著,黄河出版传媒集团　宁夏人民出版社.363

中国瑶族/潘琼阁编著,黄河出版传媒集团　宁夏人民出版社.259

中国京族/何思源编著,黄河出版传媒集团　宁夏人民出版社.246

中国景颇族/祈德川编著,黄河出版传媒集团　宁夏人民出版社.368

中国柯尔克孜族/阿地理·居玛吐尔地编著,黄河出版传媒集团　宁夏人民出版社.360

中国乌孜别克族/米娜瓦尔·艾比布拉·努尔编著,黄河出版传媒集团　宁夏人民出版社.210

中国拉祜族/杨春编著,黄河出版传媒集团　宁夏人民出版社.299

中国黎族/文明英编著,黄河出版传媒集团　宁夏人民出版社.425

中国满族/关凯编著,黄河出版传媒集团　宁夏人民出版社.292

中国毛南族/谭自安编著,黄河出版传媒集团　宁夏人民出版社.320

中国怒族/李绍恩编著,黄河出版传媒集团　宁夏人民出版社.295

中国普米族/和向东编著,黄河出版传媒集团　宁夏人民出版社.170

中国羌族/张曦编著,黄河出版传媒集团　宁夏人民出版社.369

中国撒拉族/马明良编著,黄河出版传媒集团　宁夏人民出版社.348

中国塔吉克族/高雪编著,黄河出版传媒集团　宁夏人民出版社.321

中国塔塔尔族/周建华编著,黄河出版传媒集团　宁夏人民出版社.265

中国土家族/彭武麟编著,黄河出版传媒集团　宁夏人民出版社.338

中国土族/张生寅编著,黄河出版传媒集团　宁夏人民出版社.349

中国回族/丁克家编著,黄河出版传媒集团　宁夏人民出版386

中国傈僳族/欧光明编著,黄河出版传媒集团　宁夏人民出版社.401

中国傣族/何少林　白云编著,黄河出版传媒集团　宁夏人民出版社.447

走进中国回族（上下）/马玉祥主编,中国大百科全书出版社.543

彝家新生活:四川彝家新寨掠影/四川省民族事务委员会　四川省扶贫和移民工作局　四川省大小凉山综合扶贫开发领导小组办公室编著,四川美术出版社.163

碧约人的社会变迁与文化适应/汪力娟　赵德文著,云南大学出版社.179

阿昌族社会的文化适应研究/寸晓红著,云南大学出版社.210

中国学派的道路:"费孝通、林耀华百年诞辰纪念会暨民族学中国学派理论与方法学术研讨会"论文集/杨圣敏编,中央民族大学出版社.266

中国民族法治发展报告（2011）/吴大华主编,中央民族大学出版社.374

楚雄民族文化论坛·第6辑/杨甫旺主编,云南大学出版社.522

陶云逵民族研究文集/陶云逵著,民族出版社.689

超越"新战国":吴文藻、费孝通的中华民族理论/王铭铭著,生活·读书·新知三联书店.218

东北人口较少民族优秀传统文化/朝克等著,方志出版社.478

桑植白族博览/谷利民主编,民族出版社.203

多民族边境社区民众生活与国家在场：基于云南省盈江县盏西镇的实证研究/李树燕著，民族出版社.275

民族村寨社区参与旅游制度与传统文化保护比较研究/王汝辉著，人民出版社.251

西南地区多民族和谐共生关系研究论文集/纳日碧力戈　杨正文　彭文斌主编，贵州大学出版社.387

职责与使命/苏海荣著，云南民族出版社.372

青海回族民间文化集/马忠　马小琴主编，青海人民出版社.950

云南少数民族盟誓文化/陈斌　张跃著，民族出版社.412

朝鲜族/郑信哲著，翟振武主编，中国人口出版社.137

摩梭母系制研究/严汝娴　刘小幸著，云南人民出版社.250

文化多样性背景下的宗教和谐/何星亮　郭宏珍主编，知识产权出版社.254

文化多样性背景下的民族和谐/何星亮　郭宏珍主编，知识产权出版社.419

闽南顶城人的社会与文化/余光弘　杨晋涛主编，厦门大学出版社.315

侗族口传经典/傅安辉编，民族出版社.278

松花江下游的赫哲族/凌纯声著，民族出版社.998

藏彝走廊里的白马藏族：习俗、信仰与社会/刘志扬等著，民族出版社.369

传承与变迁：旅游中的族群与文化/孙九霞著，商务印书馆.287

宗教信仰与民族文化·第四辑/廖旸主编，社会科学文献出版社.554

历史、神话与民族志/张亚辉等著，民族出版社.246

双星水族：贵州独山双星水族调查与研究/张振江主编，知识产权出版社.544

三都三洞水族：贵族三都三洞乡调查与研究/张振江主编，知识产权出版社.872

锦屏乡土社会的法与民间纠纷解决/徐晓光等著，民族出版社.229

族群记忆与文化认同：瑶族史诗《盘王大歌》的文化学解读/胡铁强　陈敬胜著，湘潭大学出版社.203

民俗文化与宗教信仰/色音主编，知识产权出版社.282

雪山之书/郭净著，云南人民出版社.531

哈萨克族民间信仰与社会研究资料汇编/贺灵　努尔巴哈提·吐尔逊编，民族出版社.599

满族姓氏综录/刘庆华编著，辽宁民族出版社.723

民族研究文集（2011）/刘明新主编，中央民族大学出版社.548

藏汉佛教哲学思想比较研究/乔根锁等著，上海古籍出版社.450

民族社会学研究/南文渊著，辽宁民族出版社.237

辽河岸畔锡伯村/曹晓峰等著，社会科学文献出版社.279

中国朝鲜族传媒与和谐社会建设/李逢雨著，人民出版社.228

如何做田野笔记/［美］罗伯特·埃默森等著，上海译文出版社.309

社会文化变迁中的西部民族关系/路宪民著，民族出版社.315

社会转型与土家族社会文化发展/苏晓云主编，民族出版社.610

昙华彝风——彝族哩颇人的社会生活/张跃主编，民族出版社.442

同源异流的文化情结——中韩国际婚姻中朝鲜族女性婚姻移民现象探析/全信子著，学苑出版社．247

城市化进程中的西北民族关系/汪春燕著，中国社会科学出版社．361

控拜村：苗族村落文化的传承者/于法稳等著，中国社会科学出版社．136

探索与实践：湖北民族学院民族学专业研究生学术论文集/邓辉煌主编，民族出版社．333

转型与嬗变中的都市少数民族人口——以昆明为例/戴波著，民族出版社．306

孔子民族观与宗教观研究/张天圣著，经济管理出版社．167

新疆穆斯林研究/[日]佐口透著，章莹译，新疆人民出版社．309

贵州近现代民族文化思想研究/田永国等著，浙江大学出版社．181

哲理侗文化/陈应发著，中国林业出版社．188

宗教、社会与发展/丁宏主编，中央民族大学出版社．298

民族关系文化差异化调适研究/周忠华著，西南交通大学出版社．194

张声震民族研究文集（上下）/张声震著，广西民族出版社．739

仡佬族文化研究论文集/胡洁娜主编，民族出版社．334

超越"新战国"：吴文藻、费孝通的中华民族理论/王铭铭著，生活·读书·新知三联书店．218

畲族文化新探/宁德师范学院等编，福建人民出版社．433

云南省香格里拉县"藏回"族群研究/张实　李红春著，知识产权出版社．143

德宏傣族人生礼仪念词研究/刀承华著，人民出版社．324

满族人的那些事儿/徐淦生著，中国文联出版公司．278

民族民间文化论坛·第四辑/田兆元　扎格尔主编，上海社会科学院出版社．242

伊斯兰教与中国穆斯林社会现代化进程/丁宏　敏俊卿著，中央民族大学出版社．221

畲族文化泰顺探秘/钟炳文著，宁波出版社．206

地方性的尝试——云南回族特殊族群民族认同、族群关系及社会文化变迁研究/冯瑜　赵卫东　李红春著，知识产权出版社．265

仪式·消费·生态——南新平傣族的个案研究/赵文娟著，知识产权出版社．271

新疆与中亚跨界民族研究/艾莱提·托洪巴依主编，民族出版社．199

西南边疆民族研究·第8辑/何明主编，云南大学出版社．275

金秀瑶族村规民约/莫金山编著，民族出版社．352

文化认同与发展第三届中国与东南亚民族论坛论文集/吴国富主编，民族出版社．334

贵州毛南族/邹洪涛　杨正举主编，贵州民族出版社．291

民族文化与遗传资源知识产权保护/王景　周黎著，知识产权出版社．423

丝路文化新方位·新疆现代文化研究篇/梁超主编，社会科学文献出版社．297

中国人文田野·第五辑/西南大学历史地理研究所编著，巴蜀书社．234

中间地带——西南中国的社会性别、族性与认同/沈海梅著，商务印书馆．466

遭遇与调适"现代文化背景下的城市穆斯林"学术研讨会文集/马强　马德福编著，甘

肃民族出版社 . 303

中国民族性（一）：一百五十年中外"中国人像"/沙莲香著，中国人民大学出版社 . 428

中国民族性（二）：1980年代中国人的"自我认知"/沙莲香著，中国人民大学出版社 . 276

中国民族性（三）：民族性三十年变迁/沙莲香著，中国人民大学出版社 . 358

中国回族茶文化/金晓军　王国强主编，阳光出版社 . 204

民族共治：民族政治学的新命题/朱伦著，中国社会科学出版社 . 327

民族伦理文化研究/易小明著，湖南大学出版社 . 273

民族研究文集/何俊芳主编，中央民族大学出版社 . 574

草根非政府组织扶助弱势群体功能探究/杜倩萍著，社会科学文献出版社 . 251

原住民与社区传统资源法律保护研究/徐家力著，上海交通大学出版社 . 300

民族与国家何以和谐——云南沧源佤族民族认同与国家认同实证研究/袁娥主编，知识产权出版社 . 311

一个信仰群体的移民实践——义乌穆斯林社会生活的民族志/马艳著，中央民族大学出版社 . 561

宗教·社会与发展："穆斯林社会发展问题"研讨会论文集/丁宏主编，中央民族大学出版社 . 298

历史神话与民族志/张亚辉等著，民族出版社 . 246

多民族边境社区民众生活与国家在场——基于云南省盈江县盏西镇的实证研究/李树燕著，民族出版社 . 275

湖北省民族工作大事记：1979—2010/湖北省民族宗教事务委员会编，湖北人民出版社

毕节学院学术文库·彝学丛书：彝学研究（第2辑）/张学立编，民族出版社 . 518

互动与区分：川西鱼通人的信仰、仪式与象征的秩序/郭建勋著，民族出版社 . 372

藏传佛教在蒙古地区的传播研究/胡日查　乔吉　乌云著，民族出版社 . 365

中国南方民族宗教小词典/杨学政编，中国书籍出版社 . 498

马学良评传/木仕华著，民族出版社 . 303

历史、神话与民族志/王建民主编，民族出版社 . 246

永宁摩梭人婚姻家庭变迁研究/陈柳著，民族出版社 . 150

地方文献古迹志专辑·边疆及民族地区卷/来新夏编，学苑出版社 . 45册

二十世纪的民族与宗教/张建华等著，江西人民出版社 . 392

田野中的原生态文化：第二届中国原生态民族文化高峰论坛文集/李晓明　曾羽主编，甘肃人民出版社 . 352

雅砻江中下游地区的族群互动与认同：以九龙"里汝"藏族为中心的考察/王玉琴著，民族出版社 . 210

文化与生态、社会、族群：川滇青藏民族走廊石棺葬研究/罗二虎著，科学出版社 . 516

族群记忆与文化认同：瑶族史诗《盘王大歌》的文化学解读/胡铁强　陈敬著，湘潭大学出版社 . 203

西部民族走廊研究：文明、宗教与族群关系/苏发祥主编，学苑出版社．461
华南的乡村生活：广东凤凰村的家族主义社会学研究/［美］丹尼尔·哈里森·葛学溥著，周大鸣译，知识产权出版社．196
一个族群曾经拥有的千年辉煌：临高学研究初集/陈江主编，海南出版社．311
客家民间信仰与民俗文化/林晓平著，中国社会科学出版社．243
中心与边缘：客家民众的生活世界/刘大可著，社会科学文献出版社．463
发现侨乡：广东侨乡文化调整/郎国华著，广东人民出版社．257
客家方言特征词研究/温昌衍著，商务印书馆．177
客家圣典：一个大迁徙民系的文化史/谭元亨著，广东高等教育出版社．377
多重视角下的客家传统社会与聚落文化/房学嘉著，华南理工大学出版社．351
多元一体的客家文化/吴永章著，华南理工大学出版社．270
客家妇女社会与文化/房学嘉著，华南理工大学出版社．210
西南民族研究——西南民族研究院成立十周年纪念文集/西南民族大学西南民族研究院编，民族出版社．518
多元视角下的客家地域文化/房学嘉主编，华南理工大学出版社．350
民族认同与国家认同——跨国民族视阈下的巴尔虎蒙古人身份选择/张宝成著，人民出版社．340
民族志方法要义：观察、访谈与调查问卷/［美］斯蒂芬 L. 申苏尔等著，康敏　李荣荣译，重庆大学出版社．203
中国蒙古族朝鲜族民族发展与认同研究/吴楚克　徐芳　朱金春著，中央民族大学出版社．347
宗教与民族·第七辑/刘成有主编，宗教与文化出版社．536
中国各民族原始宗教资料集成：布依族卷侗族卷仡佬族卷/吕大吉　何耀华总主编，颜勇　周国茂　梁永枢布依族卷主编，吴嵘侗族卷主编，李平凡仡佬族卷主编，中国社会科学出版社．810
中国各民族原始宗教资料集成：拉祜族卷高山族卷畲族卷/吕大吉　何耀华总主编，王正华拉祜族卷主编，何大勇高山族卷主编，陈支平畲族卷主编，中国社会科学出版社．731
日月潭边邵人社会宗教文化的民族学考察/唐卫青著，中央民族大学出版社．229
儒学在青藏地区的传播与影响/李健胜　赵菱贞　俄琼卓玛著，人民出版社．360
藏传佛教阿弥陀佛与观音像研究/李翎著，甘肃民族出版社．433
毕节地区民族研究（三）/王世忠主编，毕节地区民族宗教事务局　毕节地区民族研究所编，贵州民族出版社．338
藏在山坳里的神秘家园：中国客家土楼文化/何志溪著，黑龙江人民出版社．124
客家河源/房学嘉等主编，华南理工大学出版社．474
西部民族走廊研究/苏发祥主编，学苑出版社．461
云南少数民族盟誓文化/陈斌著，民族出版社．412
客家人生态性生存/韦祖庆著，光明日报出版社．291

藏族十明文化/曲甘·完玛多杰著，青海人民出版社.299

四川苗族传统文化与现代化/王岚著，民族出版社.288

杨庭硕民族学研究论文集/杨庭硕著，中央民族大学出版社.503

仡佬族民俗文化研究/钟金贵著，民族出版社.214

武陵山民族研究文论/罗维庆著，湖南师范大学出版社.407

四川苗族传统文化与现代化/王岚著，民族出版社.288

阿凡提"话语"空间的自然—生态和历史—文化视域/杨亦军著，人民出版社.317

中国—加拿大民族与文化多元性比较研究/周一川著，上海交通大学出版社.437

大理民族文化研究论丛·第5辑/寸云激主编，民族出版社.671

阿尼玛卿山神研究/才贝著，民族出版社 357

拉祜族文化研究/丁春荣著，云南大学出版社.279

探索与实践：湖北民族学院民族学专业研究生学术论文集/邓辉煌编，民族出版社.333

延伸的平行线：滇越铁路与边民社会/吴兴帜 彭兆荣著，北京大学出版社.248

边疆发展中国论坛文集：(2010)发展理念卷/宋敏主编，中央民族大学出版社.407

边疆社会工作/李安宅著，河北教育出版社.67

红河彝族学二十年/师有福编，云南民族出版社.242

首届哈尼梯田大会（中国·红河）论文集/史军超主编，云南人民出版社.346

重庆民族乡概况丛书：后坪苗族土家族乡/滕新才 陈兴贵主编，陈兴贵著，金城出版社.332

重庆民族乡概况丛书：文复苗族土家族乡/滕新才 陈兴贵主编，韩红宇 李霞 赵亮亮卷主编，金城出版社.269

重庆民族乡概况丛书：地宝土家族乡/滕新才 陈兴贵主编，滕新才 周永健 袁瑛卷主编，金城出版社.335

重庆民族乡概况丛书：浩口苗族仡佬族乡/滕新才 陈兴贵主编，袁瑛卷主编，金城出版社.256

重庆民族乡概况丛书：清水土家族乡/滕新才 陈兴贵主编，李霞 李虎卷主编，金城出版社.301

重庆民族乡概况丛书：红椿土家族乡/滕新才 陈兴贵主编，赵翔宇 傅国群卷主编，金城出版社.276

重庆民族乡概况丛书：邓家土家族乡/滕新才 陈兴贵主编，滕新才 曾毅卷主编，金城出版社.307

重庆民族乡概况丛书：恒合土家族乡/滕新才 陈兴贵主编，陈永碧 田晓波卷主编，金城出版社.278

重庆民族乡概况丛书：云雾土家族乡/滕新才 陈兴贵主编，杜毅 王蓉卷主编，金城出版社.244

重庆民族乡概况丛书：长安土家族乡/滕新才 陈兴贵主编，董素云 叶礼群卷主编，金城出版社.313

重庆民族乡概况丛书：磨子土家族乡/滕新才　陈兴贵主编，赵翔宇　董素云卷主编，金城出版社．274

重庆民族乡概况丛书：太和土家族乡/滕新才　陈兴贵主编，毛伟　赵滟卷主编，金城出版社．284

重庆民族乡概况丛书：石桥苗族土家族乡/滕新才　陈兴贵主编，李虎　孙晓锦本卷主编，金城出版社．326

田野图志：重庆彭水少数民族非物质文化遗产考察/王希辉等著，西南交通大学出版社．244

中国社会科学院人类学年刊2012/色音主编，中国社会科学出版社．351

他我之间：人类学语境里的"异"与"同"/范可著，中国社会科学出版社．305

战争灾害与社会变迁：腾冲抗战的社会人类学研究/〔日〕荻野昌弘　李永祥主编，云南美术出版社．262

苏亚人为什么歌唱：亚马孙河流域印第安人音乐的人类学研究/〔美〕安东尼·西格尔著，赵雪萍　陈铭道译，陈铭道校订，上海音乐学院出版社．205

游牧：流动与变迁：新疆木垒县乌孜别克族游牧社会的人类学考察/解志伟著，知识产权出版社．249

风情镇西/许学诚著，新疆美术摄影出版社　新疆电子音像出版社．440

人文镇西/许学诚著，新疆美术摄影出版社　新疆电子音像出版社．424

丝路镇西/许学诚著，新疆美术摄影出版社　新疆电子音像出版社．458

神化镇西/许学诚著，新疆美术摄影出版社　新疆电子音像出版社．362

双城镇西/许学诚著，新疆美术摄影出版社　新疆电子音像出版社．327

马克思实践人类学哲学探索：对广义人类学哲学的实践特性研究/许鲁洲　苗启明著，云南人民出版社，261

华南两大族群文化人类学建构：重绘广府文化与客家文化地图/谭元亨著，人民出版社．366

学科、学术、学人的薪火相传：首届中国人类学民族学中青年学者高级研修班文集/谭志松　黄忠彩主编，民族出版社．295

宗教人类学·第三辑/金泽　陈进国主编，社会科学文献出版社．380

蒙古族传统体育传承的教育人类学研究/钟志勇著，中央民族大学出版社．194

应用人类学最新发展和在中国的实践文集/陈刚主编，民族出版社．339

人类学语境中的言语研究：言语研究范式转换与整合/陈忠华　韩晓玲著，外语教学与研究出版社．300

主体人类学原理："主体人类学"概念提出及知识体系建构/陈秉公著，中国社会科学出版社．500

创造与恩典：奥古斯丁《创世记字义解释》中的神学人类学/陈驯著，宗教文化出版社．182

灯神乐舞：秀山花灯人类学研究/崔鸿飞著，中央民族大学出版社．287

体质人类学/席焕久主编，知识产权出版社. 126

人类学研究（第一卷）汉人社会研究专辑/庄孔韶主编，知识产权出版社. 202

诠释人类学/叶启晓编著，北京大学出版社. 411

人类学概论/叶启晓主编，北京大学出版社. 296

人类学/民族学简明教程/和少英　姚伟编著，人民出版社. 403

如何做田野笔记/［美］罗伯特·埃默森　［美］雷切尔·弗雷兹　［美］琳达·肖著，符裕　何珉译，上海译文出版社. 309

当代人类学十论/潘天舒著，上海三联书店. 169

扶贫手记：中国基层政权行政机制的人类学观察/潘年英著，上海文艺出版社. 264

人类学讲堂·第一辑/潘蛟主编，知识产权出版社. 294

人类学讲堂·第二辑/潘蛟主编，知识产权出版社. 241

人类学讲堂·第三辑/潘蛟主编，知识产权出版社. 227

环境人类学/王天津　田广主编，宁夏人民出版社. 417

中国人类学评论·第21辑/王铭铭主编，世界图书出版公司. 310

中国人类学评论·第22辑/王铭铭主编，世界图书出版公司. 317

民族文化背景下的犯罪与矫正：对两所监狱少数民族服刑人员的法律人类学考察/王飞著，中央民族大学出版社. 289

民族体育·文化力·和谐社会：云南景谷、广西三江体育人类学田野实证调研/韦晓康　赵志忠　胡悦等著，中央民族大学出版社. 367

人类学视角下的壮族、瑶族和苗族医药/黄岑汉等主编，广西科学技术出版社. 127

世界的盛会　丰硕的成果：国际人类学与民族联合会第十六届大会最新学术成果概述/黄忠彩　张继焦主编，知识产权出版社. 333

旅游人类学视域下的乡村旅游与社会主义新农村建设/龚锐著，西南交通大学出版社. 277

教育人类学视角下蒙古族传统游戏研究/周智慧著，内蒙古人民出版社. 225

东北亚区域发展与民族研究：国际人类学与民族学联合会第十六届大会专题会议论文集/毕淑梅　刘智文主编，民族出版社. 313

晋藩屏翰：山西宁武关城的历史人类学考察/张友庭著，上海社会科学院出版社. 328

俄罗斯文化属性的人类学考察/张咏著，中央民族大学出版社. 320

宗教人类学·第三辑/金泽　陈进国主编，社会科学文献出版社. 380

蒙古族传统体育传承的教育人类学研究/钟志勇著，中央民族大学出版社. 196

应用人类学最新发展和在中国的实践文集/陈刚主编，民族出版社. 339

经济人类学/陈庆德　潘春梅　郑宇著，人民出版社. 411

马克思实践人类学哲学探索：对广义人类学哲学的实践特性研究/许鲁洲　苗启明著，云南人民出版社. 261

华南两大族群文化人类学建构：重绘广府文化与客家文化地图/谭元亨著，人民出版社. 366

动情的观察者：伤心人类学/［美］露丝·贝哈著，韩成艳　向星译，北京大学出版社．163

火的祭礼：阿细人密祭摩仪式的人类学研究/路芳著，北京大学出版社．230

风景郭洞独好：一个古村落生态文明的人类学研究/徐杰舜　赵杨　丁苏安著，黑龙江人民出版社．249

乡村人类学/徐杰舜　刘冰清著，宁夏人民出版社．565

中国社会的文化转型：人类学高级论坛十年论文精选/徐杰舜　关凯　李晓明主编，民族出版社．477

在文化的浸润中：民族民间育儿习俗的教育人类学观察/徐莉等著，广西师范大学出版社．294

在中国做田野调查/［美］玛丽亚·海默，曹诗第主编，重庆大学出版社．152

人类学：人类多样性的探索/［美］康拉德·菲利普·科塔克著，黄剑波　方静文等译，中国人民大学出版社．618

自然·文化·权力：对漫湾大坝及大坝之争的人类学考察/郑寒著，知识产权出版社．244

审美教育行为特征探析：人类学美学的视野/郑素华著，海燕出版社．242

文化人类学/刘其伟编译，百花文艺出版社．237

葵花：一个民族自治县的人类学研究/刘冰清　孙亚楠等著，黑龙江人民出版社．271

乡人说事：凤羽白族村的人类学研究/李东红著，知识产权出版社．314

泥石流灾害的人类学研究：以云南省新平彝族傣族自治县"8.14特大滑坡泥石流"为例/李永祥著，知识产权出版社．317

经济法总论的人类学解读/杨玉梅著，法律出版社．274

闽南北山人的社会与文化/杨晋涛　余光弘主编，厦门大学出版社．315

改变人类学：15个经典个案研究/［美］霍莉·彼得斯—戈尔登著，张经纬　夏航　何菊译，北京大学出版社．307

款约法：黔东南侗族习惯法的历史人类学考察/徐晓光著，厦门大学出版社．271

工商人类学/田广　周大鸣主编，宁夏人民出版社．339

社会转型期乡村文化：传承与断裂——玉村教育人类学考察/于影丽著，教育科学出版社．195

中国文学人类学基本问题研究/代云红著，云南大学出版社．307

村落权威再生产：基于对西双版纳曼村的人类学考察/陶琳著，云南人民出版社．229

民族学人类学论坛·第三辑：南方少数民族传统文化研究/雷振扬主编，民族出版社．396

流动的印象/庄孔韶主编，知识产权出版社．195

实用人类学/［德］伊曼努尔·康德著，邓晓芒译，上海人民出版社．238

华南两大族群文化人类学构建/谭元亨著，人民出版社．366

全球化人类学/［巴西］古斯塔夫·林司·里贝罗主编，知识产权出版社．115

莲花落：华北满铁调查村落的人类学再研究/兰林友著，社会科学文献出版社．377

本土的解说：宗族、族群与公共卫生的人类学研究/兰林友著，中国社会科学出版社．333

风景郭洞独好：一个古村落生态文明的人类学研究/徐杰舜　赵杨　丁苏安著，黑龙江人民出版社．249

东北亚区域发展与民族研究：国际人类学与民族学联合会第十六届大会专题会议论文集/毕淑梅　刘智文主编，民族出版社．313

厨房里的人类学家/庄祖宜编著，文化艺术出版社．257

移动的羌族——应用人类学视角下的直台村与文昌村/张曦　虞若愚著，学苑出版社．294

国家意识与地域文化——文化变迁中的河南乡土教材研究/班红娟　滕星著，民族出版社．423

秩序与争议：法律人类学导论/［英］西蒙·罗伯茨著，沈伟　张铮译，上海交通大学出版社．175

人类学语境中的言语研究：言语研究范式转换与整合/陈忠华　韩晓玲著，外语教学与研究出版社．300

电影或想象的人：社会人类学评论/［法］埃德加·莫兰著，马胜利译，广西师范大学出版社．251

山参之"野"：关于意义与价格之生成的人类学研究/孙晓舒著，知识产权出版社．236

论成为人：神学人类学专论/［美］雷·S.安德森著，叶汀译，上海三联书店．295

中国审美文化民族性的现代人类学研究/仪平策著，中国社会科学出版社．317

太阳下的日子：西藏农区典型婚姻的人类学研究/班觉著，中国藏学出版社．180

云南研究：国际人类学民族学联合会第十六届大会文集/和少英　何明　黄忠彩编，知识产权出版社．264

文化多元与法律多元/张冠梓著，知识产权出版社．357

中国文学人类学研究丛书：文化与符号经济/叶舒宪编，广东人民出版社．284

文化人类学：欣赏文化差异/［美］康拉德·菲利普·科塔克著，周云水译，中国人民大学出版社．426

空间　文化　表演：东北A市男同性恋群体的人类学观察/富晓星著，光明日报出版社．258

俄罗斯文化属性的人类学考察/张咏著，中央民族大学出版社．320

中国文学人类学基本问题研究/代云红著，云南大学出版社．307

人类学研究（第二卷）/庄孔韶主编，浙江大学出版社．283

转型中的实践：对一个"城中村"社区的人类学研究/邵媛媛著，中国社会科学出版社．294

中国审美文化民族性的现代人类学研究/仪平策著，中国社会科学出版社．317

侨乡·宗族·围龙屋：梅州南口侨乡村的田野调查/周大鸣　段颖主编，知识产权出版社．277

五　民族历史

青海古代游牧社会历史演进研究/丁柏峰著，人民出版社．280

文化信念与制度：川西北的变迁/丰禾著，四川民族出版社．189

元明清时期国家与边疆民族地区基层社会的互动关系研究：以法律变迁为中心的考察/方慧主编，中国社会科学出版社．348

王尧藏学文集（卷一）敦煌本吐蕃历史文书 吐蕃制度文化研究/王尧著，中国藏学出版社．485

王尧藏学文集（卷二）吐蕃金石录·藏文碑刻考释/王尧著，中国藏学出版社．296

王尧藏学文集（卷三）吐蕃简牍综录·藏语文研究/王尧著，中国藏学出版社．430

王尧藏学文集（卷四）敦煌吐蕃文书译释/王尧著，中国藏学出版社．404

王尧藏学文集（卷五）藏汉文化双向交流 藏传佛教研究/王尧著，中国藏学出版社．546

色尔藏族/曾维益著，兰州大学出版社．301

汉族民俗风情/苏韶芬　罗秀兴编著，广西民族出版社．163

苗族民俗风情/过竹编著，广西民族出版社．149

瑶族民俗风情/李肇隆著，广西民族出版社．167

京族民俗风情/曹俏萍编著，广西民族出版社．123

彝族民俗风情/王光荣编著，广西民族出版社．171

壮族民俗风情/黄伟品　黄桂秋编著，广西民族出版社．167

侗族民俗风情/吴鹏毅编著，广西民族出版社．171

毛南族民俗风情/过竹编著，广西民族出版社．131

仫佬族民俗风情/过伟著，广西民族出版社．137

中国回族史［修订本］/邱树森，宁夏人民出版社．705

回族历史文化常识/李秀琴　何克俭著，宁夏人民出版社．91

中国汉族通史（第一卷）/徐杰舜主编，宁夏人民出版社．320

中国汉族通史（第二卷）/徐杰舜主编，宁夏人民出版社．425

清文化与满族精神：水滴石斋前集/张杰著，辽宁民族出版社．472

清代少数民族图册研究/祁庆富等著，中央民族大学出版社．351

夷夏先后记/易华著，民族出版社．280

康巴藏族民俗文化/凌立著，四川人民出版社．549

西北民族论丛·第八辑/周伟洲主编，中国社会科学出版社．279

西域历史语言研究集刊·第五辑/中国人民大学国学院西域历史语言研究所编，科学出版社．530

藏汉佛教哲学思想比较研究/乔根锁等著，上海古籍出版社．232

清代西藏与布鲁克巴/扎洛著，中国社会科学出版社．308

中国彝族通史 第一卷至第四卷/王天玺主编，云南人民出版社．2168

当代云南瑶族简史/盘艳阳编，云南人民出版社．154
当代云南傣族简史/郑晓云编，云南人民出版社．225
萨满文化研究/张碧波著，甘肃民族出版社．597
西夏与周边关系研究/杨富学著，甘肃民族出版社．490
回鹘史初探/薛宗正著，甘肃民族出版社．635
辽朝史稿/任爱君著，甘肃民族出版社．405
回鹘文社会经济文书辑解/李经纬著，甘肃民族出版社．745
回鹘学译文集/杨富学著，甘肃民族出版社．457
敦煌民族研究/郑炳林著，甘肃民族出版社．567
民族古籍研究·第一辑/张公瑾主编，中国社会科学出版社．294
元史论集/杨讷著，国家图书馆出版社．497
云南民族的历史与文化概要（修订本）/王文光编，云南大学出版社．293
13—20世纪前期红河地区城市研究/范淑萍著，云南人民出版社．241
远山信仰的魔力：仡佬族崇拜与祭祀/袁礼辉著，民族出版社．314
仫佬族通史/潘琦主编，民族出版社．661
西夏文献论稿/聂鸿音著，上海古籍出版社．351
辽金佛教研究/怡学主编，金城出版社．366
清末民初蒙古议员及其活动研究/张建军著，中央民族大学出版社．477
新疆一九一二/崔保新著，社会科学文献出版社．396
元朝秘史（校勘本）/乌兰校勘，中华书局．409
明代女真与满洲文史论集/滕绍箴著，辽宁民族出版社．502
匈奴文化与诺彦乌拉巨冢/[苏]C.N.鲁金科著，孙危译，中华书局．343
文化视野下的白族古代碑刻研究/朱安女著，巴蜀书社．339
西南少数民族历史资料集/赵心愚 秦和平著，巴蜀书社．339
花篮瑶社会变迁/玉时阶等著，民族出版社．414
辽金西夏研究2010/景爱主编，同心出版社．432
突厥丧葬风俗研究/刘永连著，广西师范大学出版社．327
蒙古纪实本末/韩善徵撰．上海古籍出版社．340
元代东北统治研究/陈磊著，社会科学文献出版社．341
仡佬族通史/潘琦主编，民族出版社．661
云岭飞歌：云南少数民族文物辑萃/本书编委会编，文物出版社．247
辽河寻根 文明溯源/辽宁省博物馆编，文物出版社．243
大辽遗珍：辽代文物展/王清林 米培林主编，学苑出版社．144
俄藏黑水城文献（16）西夏文佛教部分/俄罗斯科学院东方研究所圣彼得堡分所 中国社会科学院民族研究所 上海古籍出版社编，上海古籍出版社．291
俄藏黑水城文献（17）西夏文佛教部分/俄罗斯科学院东方研究所圣彼得堡分所 中国社会科学院民族研究所 上海古籍出版社编，上海古籍出版社．296

辛亥革命与近代民族国家建构/方素梅　刘世哲　扎洛主编，民族出版社．384
密宗：藏传佛教神秘文化/尕藏加著，中国藏学出版社．349
根敦群培文化精选/中国藏学研究中心编，中国藏学出版社．172
根敦群培研究60年/中国藏学研究中心编，中国藏学出版社．502
蒙藏文明交往论稿/乌力吉巴雅尔著，中国藏学出版社．384
景东彝族简史/熊建荣主编，景东彝族自治县民族宗教事务局编，云南民族出版社．312
西域史地论集/周伟洲著，兰州大学出版社．439
国外敦煌学藏学研究：翻译与评述/杨铭著，兰州大学出版社．397
蒙元史与内陆亚洲史研究/韩儒林著，兰州大学出版社．315
丝绸之路经济史研究（上下）/殷晴著，兰州大学出版．651
西藏奏议　川藏奏底/吴彦勤校注，上海古籍出版社．170
没有主人的法座——甘丹赤巴述评/王维强著，中国藏学出版社．304
藏传佛教教义阐释研究文集·第一辑（汉藏对照）/郑堆主编，中国藏学出版社．269
口述当代西藏第一/白玛朗杰等主编，中国藏学出版社．231
清代西藏郡王制初探——读清史札记/李凤珍著，中国藏学出版社．403
汉英—英汉藏学翻译词典/向红茄著，中国藏学出版社．1093
西藏宗教探究：佛教在西藏的遗产及其当代诠释/沈阳著，中国藏学出版社．362
藏传佛教的文化功能与社会作用/多尔吉　刘勇　王川著，中国藏学出版社．233
满族姓氏寻根辞典/赵力编著，辽宁民族出版社．525
中国少数民族人类起源神话研究/王宪昭著，中国社会科学出版社．376
中国中古的族群凝聚/王小甫著，中华书局．340
元史及民族与边疆研究集刊·第24辑/刘迎胜主编，上海古籍出版社．186
中国藏西夏文献研究/杜建录编著，上海古籍出版社．356
满文档案研究/赵彦昌编著，广东世界图书出版公司．314
晚清云南剧变：杜文秀起义与大理政权的兴亡（1856—1873）/马诚著，四川大学出版社．224
黎族的历史与文化/王献军著，暨南大学出版社．370
匈奴史研究暨其他/阿尔丁夫著，中国社会科学出版社．272
明代蒙古史丛考/曹永年著，上海古籍出版社．370
中国北部边疆史若干问题研究/樊明方著，西北工业大学出版社．501
敦煌吐鲁番统治时期石窟与藏传佛教艺术研究/樊锦诗著，甘肃教育出版社．590
当代云南纳西族简史/杨福泉主编，云南人民出版社．319
碰撞交融与多元一体：宋元时期少数民族的贡献/杨蕤　张玮　冯璐璐著，宁夏人民出版社．423
乘象国揭秘：瑞丽傣族历史文化研究集萃/瑞丽市史志办公室编，德宏民族出版社．484
中国边疆民族地区自然环境资料丛刊云南卷/杨一凡编，学苑出版社．14册
回族史散论（上中下）/杨怀忠著，宁夏人民出版社．107

《资治通鉴》突厥回纥史料校注/杨圣敏校注,社会科学文献出版社.419
中国民族史和中华共同文化/马戎著,社会科学文献出版社.381
《维西见闻纪》研究/邓章应　白小丽编著,四川大学出版社.204
民国时期西南大区区划演进研究/张轲风著,人民出版社.406
回鹘社会经济文书辑解(上下)/李经纬著,甘肃民族出版社.745
汉晋胡汉佛教论稿/叶德荣　余太山著,兰州大学出版社.299
呼和浩特回族史料(第九集)/政协呼和浩特市回民区委员会　本书编委会编,内蒙古人民出版社.339
内蒙古通史(第四卷)明朝时期的内蒙古地区/郝维民　齐木德道尔吉总主编,乌云毕力格卷主编,人民出版社.577
近现代内蒙古游牧变迁研究:以扎赉特旗为例/阿拉腾嘎日嘎著,辽宁民族出版社.275
景颇族原始宗教文化研究/祁德川著,德宏民族出版社.458
德宏世居少数民族简史/张建云　张钟主编,云南大学出版社.198
中国北方民族历史文化论稿/杨富学著,甘肃民族出版社.473
回族历史报刊文选抗战卷(上)/王正儒　雷晓静主编,宁夏人民出版社.593
西夏古国的探秘者/朱鹏云主编,宁夏人民出版社.277
八风集:回族学研究论集/王永亮著,宁夏人民出版社.355
西域史地三种资料校注/李之勤编,新疆人民出版社.437
历代王朝与民族宗教/北京市政协民族和宗教委员会　北京联合大学民族与宗教研究所编著,民族出版社.326
道真古傩/冉文玉主编,政协道真仡佬族苗族自治县委员会宣教文卫体委员会　道真仡佬族苗族自治县民族宗教事务局　道真仡佬族苗族自治县文体广电旅游局编,贵州民族出版社.366
唐朝与中亚九姓胡关系史研究/许序雅著,兰州大学出版社.330
古代蒙古货币研究/虹宝音著,辽宁民族出版社.251
水族墓群调查发掘报告/贵州省文物考古研究所编著,科学出版社.411
嘉那·道丹松曲帕旺与嘉那嘛呢文化概论/桑丁才仁著,民族出版社.240
清代藏族历史/曾国庆　黄维忠编著,中国藏学出版社.535
木雅地区明代藏传佛教经堂碉壁画:四川甘孜地区民族与考古调查报告/罗文华主编,故宫博物院　四川省文物考古研究院合著,故宫出版社.527
中国北方游牧民族源流考/任崇岳　白翠琴著,黑龙江人民出版社.413
吐蕃地名研究/叶拉太著,人民出版社.311
神圣的文化建构:土族民间信仰源流/文忠祥著,人民出版社.323
中国少数民族人类起源神话研究/王宪昭著,中国社会科学出版社.376
通古斯族系的兴起(第二版)/高凯军著,中华书局.297
满足穆昆与萨满教:以满足石姓为例/苑杰著,民族出版社.240
元代文献与文化研究(第一辑)/韩格平　魏崇武主编,中华书局.327

泥上佛国 西藏擦擦造像/黄莉著,甘肃民族出版社.244

清前期治藏政策探赜/邓锐龄著,中国藏学出版社.375

回族历史报刊文选(经济卷)/王正儒　雷晓静主编,宁夏人民出版社.664

唐代吐蕃与西北民族关系史研究/杨铭　余太山著,兰州大学出版社.400

广西民族博物馆文集·第2辑/广西民族博物馆编,广西民族出版社.505

儒学在青藏地区的传播与影响/李健胜　赵菱贞　俄琼卓玛著,人民出版社.360

黄金草原——古代欧亚草原文化探微/张文玲著,上海古籍出版社.257

台湾民族问题：从番到原住民/郝时远　陈建樾编著,社会科学文献出版社.377

中国西南民族考古/张增祺著,云南人民出版社.334

中国西北宗教文献/卓新平　杨富学主编,甘肃民族出版社.24646

南方民族考古(第八辑)/四川大学博物馆　四川大学考古学系　成都文物考古研究所编,科学出版社.462

薪火相传——史金波先生70寿辰西夏学国际学术研讨会论文集/中国社会科学院民族学与人类学研究所编,中国社会科学出版社.547

藏传佛教宁玛派——度亡经(全译本)/莲花生著,祁正贤译,青海民族出版社.232

六　民族语言文字

中国民族语言学基础教程/王远新主编,中央民族大学出版社.419

戴庆厦文集　第一卷　景颇族语言研究/中央民族大学中国少数民族语言文学学院编,中央民族大学出版社.717

戴庆厦文集　第二卷　藏缅语族语言研究/中央民族大学中国少数民族语言文学学院编,中央民族大学出版社.806

戴庆厦文集　第三卷　有关语言学理论与方法的问题/中央民族大学中国少数民族语言文学学院编,中央民族大学出版社.624

戴庆厦文集　第四卷　双语学研究/中央民族大学中国少数民族语言文学学院编,中央民族大学出版社.473

戴庆厦文集　第五卷　汉语和非汉语研究/中央民族大学中国少数民族语言文学学院编,中央民族大学出版社.362

中国少数民族语言文字研究(一)/戴庆厦主编,民族出版社.848

中国少数民族语言文字研究(二)/戴庆厦主编,民族出版社.817

中国朝鲜语规范原则与规范细则研究/金永寿著,人民出版社.215

藏语言文字研究史/完玛冷智　多杰东智　周毛草著,社会科学文献出版社.224

西南少数民族原始文字产生与发展/邓章应著,人民出版社.311

傈僳语方言研究/木玉璋　孙宏开著,民族出版社.414

汉韩语言对比研究3/崔健　孟柱亿编,北京语言大学出版社.406

中国少数民族新创文字研究论文选集/滕星　王远新　海路主编,民族出版社.368

突厥语与古汉语关系词对比研究/赵相如著，社会科学文献出版社．354
布依语基础教程/郭堂亮著，贵州省少数民族语言文字办公室编，贵州民族出版社．274
语言田野调查实录（六）/王远新主编，中央民族大学出版社．390
语言田野调查实录（七）/王远新主编，中央民族大学出版社．477
纳西汉英词典/［美］孙堂茂编著，云南民族出版社．706
十至十三世纪新疆突厥语文献语言语法概论/李经纬著，甘肃民族出版社．225
中国土家族语言研究/田志慧著，中央民族大学出版社．628
中国民族语言文字研究史论（第三卷 索引卷）/朝克主编，中国社会科学出版社．650
西双版纳傣语基础教程/戴红亮　张公瑾编著，中央民族大学出版社．181
苗语台江话参考语法/姬安龙著，贵州省少数民族语言文字办公室编，云南民族出版社．358
中亚民族语言文化研究：中央民族大学建校60周年胡振华教授诞辰80周年"2011中亚民族语言文化论坛"论文集/张定京主编，中央民族大学出版社．656
现代维吾尔语参考语法/力提甫·托乎提主编，中国社会科学出版社．454
现代维吾尔语元音的实验语音学研究/易斌著，中国社会科学出版社．189
江西畲族语言研究/胡松柏等著，中国社会科学出版社．332
汉藏语系核心词/金理新著，民族出版社．484
藏缅语宾语句法标记比较研究/田静著，中国社会科学出版社．214
北方民族语言变迁研究/朝克　曹道巴特尔　陈宗振著，中国社会科学出版社．278
纳西母语和东巴文化传承与实践/郭大烈　杨一红主编，云南民族出版社．382
彝文经籍《指路经》研究/黄建明著，民族出版社．591
语言政策与语言规划——从民族主义到全球化/［英］苏·赖特著，陈新仁译，商务印书馆．311
释读旁落的文明——水族文字研究/韦宗林编，民族出版社．313
古壮字字典/广西壮族自治区少数民族古籍整理出版规划领导小组办公室编，广西民族出版社．513
台湾语言文字政策/戴红亮著，九州出版社．297
蒙古语与汉语句法结构对比研究/德力格尔玛　高莲花　其木格著，民族出版社．450
科尔沁左翼中旗蒙古族语言使用现状及其演变/哈斯额尔敦编，商务印书馆．271
云南绿春县哈尼族语言使用现状及其演变/戴庆厦著，商务印书馆．324
赵庄白语参考语法/赵燕玲著，中国社会科学出版社．303
水族水书语音语料库系统研究/梁光华等著，贵州民族出版社．235
蒙古语与汉语句法结构对比研究/德力格尔玛编，民族出版社．450
西夏文《孟子》整理研究/彭向前著，上海古籍出版社．295
傣族语音历史研究的若干问题/李强著，民族出版社．271
撒都语研究/白碧波编，民族出版社．396
傣语语音历史研究的若干问题/李强著，民族出版社．271

中国孟高棉语族语言与南亚语系/颜其香　周植志著，社会科学文献出版社．664

藏缅语宾语句法标记比较研究/田静著，中国社会科学出版社．214

壮族麼经布洛陀语言研究/何思源著，中国社会科学出版社．140

敦煌藏文语法研究/王志敬著，中国藏学出版社．359

"类解"类文献中的汉—朝词汇研究/金哲俊著，人民出版社．242

民俗典籍文字研究（第九辑）/王宁主编，商务印书馆．178

接触语言学/张兴权著，戴庆厦主编，商务印书馆．260

台湾南岛语民族研究丛书：台湾Amis语语料的解读与分析/林登仙编著　曾思奇译注，中央民族大学出版社．269

首届中国少数民族古籍文献国际学术研讨会论文集/黄建明主编，民族出版社．633

东乡语汉语词典/马国忠　陈元龙编著，甘肃民族出版社．212

浙江畲族民间文献资料总目提要/吕立汉著，民族出版社．494

东干语调查研究/林涛主编，中国社会科学出版社．363

七　民族教育

阿拉善教育百年记忆：1882—2010民族卷/巴图朝鲁主编，阿拉善盟政协教卫体人口发展计划生育委员会　阿拉善盟教育体育局编，宁夏人民出版社．400

中国民族高等教育问题研究/欧以克　陈秀琼著，广西师范大学出版社．230

高校民族传统体育的发展与实践研究/张世威　徐瑛　常鹏主编，中国商务出版社．182

新疆少数民族双语教育政策解读/方晓华主编，新疆维吾尔自治区双语教学工作领导小组办公室编，新疆人民出版社．114

基础教育阶段：云南民族教育的发展变迁/马丽娟　伍琼华著，中国社会科学出版社．319

经济文化类型与校本课程建构/滕星　巴战龙　欧群慧等著，民族出版社．328

民族思想政治教育研究文集（2011年）/徐柏才编，武汉大学出版社．303

民族学校教育中的文化适应研究：贵州石门坎苗族百年学校教育人类学个案考察/张霜著，民族出版社．227

散杂居少数民族基础教育现状研究/刘明新著，中央民族大学出版社．390

民族思想政治教育研究文集（2011年）/徐柏才主编，武汉大学出版社．303

中国少数民族高等教育入学机会研究——基于家庭背景的分析/谭敏著，福建教育出版社．283

少数民族学生个体因素与外语学习/张建海著，中央民族大学出版社．233

藏族传统教育发展研究/傅千吉著，甘肃教育出版社．233

少数民族大学生权利保障研究：以和谐社会建设为视角/高君智著，甘肃人民出版社．182

让和谐化成民族的素质："民族理论与民族政策"课程的"三化"改革探索与实施/龚永辉著，民族出版社．515

高校体育文化与民族体育文化研究/任莲香著,甘肃民族出版社.276

德宏世居少数民族传统体育概览/刘云主编,云南大学出版社.115

民族地区农村体育制度研究/卢兵　华志等著,世界图书出版广东有限公司.321

民族体育·文化力·和谐社会:云南景谷、广西三江体育人类学田野实证调研/韦晓康　赵志忠　胡悦等著,中央民族大学出版社.367

少数民族传统体育文化与项目价值/李宝峰　梁威　孔庆英主编,黑龙江教育出版社.343

广西民族体育十大特色节庆/容小宁主编,广西人民出版社.177

少数民族体育理论与实践/常智　刘炜　王维兴主编,北京师范大学出版社.191

中国西南边疆体育发展特征与模式研究/饶远等著,人民出版社.299

八　世界民族

生活在德国:对一个民族的剖析/[德]泰奥·松莫编撰　王民等译,南京大学出版社.522

泰国北部的云南人:族群形成、文化适应与历史变迁/段颖著,社会科学文献出版社.329

虚构的犹太民族/[以]施罗默·桑德著,王崟兴　张蓉译,上海三联书店.402

伊隆戈人的猎头:一项社会与历史的研究(1883—1974)/[美]罗纳托·罗萨尔多著,张经纬　黄向春　黄瑜译,北京大学出版社.291

华人族群及与德国社会的整合/何志宁著,人民出版社.345

战后马来西亚族群关系:华人与马来人关系研究/廖小健著,暨南大学出版社.256

少数族群传媒的文化记忆与族性书写——专著《星洲日报》文艺副刊不同时期对华人的身份建构/彭伟步著,暨南大学出版社.318

泰国民族国家的形成及其民族整合进程/庞海红编,民族出版社.247

中国广西与周边国家民族文化之旅/李甫春等著,民族出版社.536

华侨华人研究报告(2012)/丘进主编,社会科学文献出版社.292

华侨华人与国际关系/周聿峨　龙向阳著,厦门大学出版社.340

华侨华人与中国现代化简论/陈永胜著,光明日报出版社.211

华侨华人与湖北经济发展/李其荣著,湖北辞书出版社.369

菲律宾华人通史/庄国土　陈华岳主编,厦门大学出版社.843

海外华人公民领事保护问题研究:基于国际法人本化的视角/黎海波著,暨南大学出版社.226

海外菲律宾人与菲律宾的社会经济发展/李涛著,社会科学文献出版社.248

战后马来西亚族群关系/廖小健著,暨南大学出版社.265

中亚民族与宗教/林梅村著,江西人民出版社.456

欧洲族类源流略/王树枏著,岳麓书社.94

世界侨情报告2011—2012/刘泽彭主编,暨南大学出版社.274

跨境民族问题与国际关系——以斯里兰卡泰米尔跨境民族问题与印度和斯里兰卡关系为例/刘艺著，湖南出版社．258

拾贝集：欧洲民族过程研究论文选/穆立立著，社会科学文献出版社．158

美国的社会与个人：加州悠然城社会生活的民族志/李荣荣著，北京大学出版社．314

民族分离与国家认同：关于印尼亚齐民族问题的个案研究/张洁著，社会科学文献出版社．218

希腊人和希腊文明/〔瑞士〕雅各布·布克哈特著，王大庆译，世纪出版集团上海人民出版社．598

公民与社会：法国地方社会的田野民族志/张金岭著，北京大学出版社．464

陈年老窖：法国西南葡萄酒业合作社的民族志/〔美〕罗伯特·C.尤林著，何国强 魏乐平译，云南大学出版社．300

比较的幽灵：民族主义、东南亚与世界/〔美〕本尼迪克特·安德森著，甘会斌译，译林出版社．487

中古时期的基督教与民族/郭方等著，江西人民出版社．600

工业革命：世界民族与民俗/郭豫斌主编，华夏出版社．120

法国地方社会的田野民族志：公民与社会/张金岭著，北京大学出版社．464

九　少数民族文学艺术

边缘叙事：2006—2011年中国少数民族文化现象评析/郑茜著，钟进文主编，中国社会科学出版社．276

汉族题材少数民族叙事诗译注：侗族水族苗族白族卷/龙耀宏编著，民族出版社．747

少数族群传媒的文化记忆与族性书写/彭伟步著，暨南大学出版社．328

维吾尔族民间文艺与传统技艺/阿布都热扎克·沙依木等著，社会科学文献出版社．187

达斡尔族萨满服饰艺术研究/王瑞华　孙萌著，黑龙江大学出版社．217

鄂伦春族民俗与音乐的传承流变/王锐等编著，黑龙江大学出版社．244

布依族文化大观/贵州民委编，贵州民族出版社．495

侗族古歌（上下）/张民等编译，贵州民族出版社．169

贵州水族艺术研究/杨俊著，贵州民族出版社．241

回族民间文学导论/钟亚军　王宁丽编，宁夏人民出版社．248

民族文化交融与元杂剧研究/云峰著，人民出版社．294

中国人口较少民族书面文学研究/钟进文著，民族出版社．394

彝族古代文论研究/何积全著，民族出版社．224

文学与怀旧：论民族记忆的艺术传承/赵玲玲著，暨南大学出版社．280

仡佬族民俗文化研究/钟金贵　周帆著，民族出版社．214

草原文学论稿/徐文海著，中央民族大学出版社．289

寻根话语：民族叙事与现代性/林秀琴著，江苏大学出版社，262

远古的追忆：壮族创世神话古歌研究/蒙元耀著，民族出版社．585

生态批评与民族文学研究/李长中著，中国社会科学出版社．246

蒙古文学文体转化研究：青史演义与蒙汉文历史著作的比较/包红梅著，辽宁民族出版社．351

中华多民族文学史观及相关问题研究/李晓峰　刘大先著，中国社会科学出版社．355

彝族克智译注/阿牛木支　吉则利布译，四川大学出版社．428

侗族口传经典/傅安辉编，民族出版社．278

诗性的思维——壮侗民族民歌文化传承与发展的调查和研究/覃德清编著，北京科学技术出版社，256

湘西原始宗教艺术研究/陆群著，民族出版社．362

原住民遗产与知识产权：遗传资源、传统知识和民间文学艺术/［德］莱万斯基著，廖冰冰　刘硕　卢璐译，中国民主法制出版社．488

田野中的艺术/洪颖主编，社会科学文献出版社．355

中国少数民族服饰文化艺术研究/祁春英著，民族出版社．347

（供稿人：陈杰）

2010年汉文学术论文索引

［说明：排列顺序为论文文章名称/著（译）者，出版单位，期数或日期］

一 民族理论

对《共产党宣言》中关于"民族"的重要论述的再思考/陈玉屏，西南民族大学学报（人文社会科学版）.10

斯大林的"民族"定义对中国的"民族识别"影响研究/邓思胜 王菊，广西民族研究.1

邓小平民族理论探源/唐建兵，石家庄学院学报.1

论邓小平的民族文化思想/陈颜，西南民族大学学报.3

邓小平民族区域自治思想在西藏的实践和完善/田丽静，西藏民族学院学报（哲学社会科学版）.3

邓小平与西南少数民族地区的政权建立/宋键，贵州民族研究.5

突破民族问题高度政治化的困局：从读 B. A. 季什科夫的《民族政治学论集》谈起/潘志平，西北民族研究.1

论"政治民族"的竞争与共生：基于关系实在论的分析/王军，民族工作研究.1

唯物史观视野中的民族政治学研究/杨泽章 邹吉忠，贵州民族研究.1

民族政治研究概述：基于 CNKI 检索文献的统计分析/于春洋，贵州民族研究.1

当代中国族际政治整合若干问题分析/张会龙，云南行政学院学报.1

民族政治发展研究的缘起、论域及展望/汤法远，青海民族大学学报（社会科学版）.2

论族际政治及族际政治研究/周平，民族研究.2

从"没有统治者的部落"到"剧场国家"/王铭铭，西北民族研究.3

论多民族国家的族际政治整合/周平 贺琳凯，思想战线.4

发展协商民主，完善中国特色的族际政治整合/常士訚，民族研究.4

中国特色族际政治与协商民主专题导读/王希恩，民族研究.4

试论毛泽东思想与中国特色社会主义族际政治整合模式/寇鸿顺，湖北民族学院学报（哲学社会科学版）.6

论中国的族际政治和谐治理/刘荣,思想战线.6

边疆少数民族国家认同建设的意义、挑战与对策/陆海发　袁娥,青海民族研究.4

"奥斯曼主义"思潮始末:兼析"奥斯曼主义"与"泛突厥主义"之异同/苏闻宇,西北民族研究.1

民族主义与多民族国家的政治合法性/张文静　杜军,广西民族研究.1

多民族国家中的认同政治/[加]威尔·金里卡著,刘曙辉译,马克思主义与现实.2

民族主义与中国现代民族国家意识的形成/胡逢祥,华东师范大学学报(哲学社会科学版).2

民族分离主义的解读与治理:多民族国家化解民族矛盾、解决分离困窘的一个思路/王建娥,民族研究.2

论多民族国家中的民族认同与国家认同/高永久　朱军,民族研究.2

全球化进程中的民族与民族主义:评王希恩《全球化中的民族过程》/高永久,广西民族大学学报(哲学社会科学版).3

浅谈多民族国家中民族与国家的关系问题/白萍,黑龙江民族丛刊.3

全球化时代的新民族主义与国家建设/于福坚,青海民族研究.4

民族认同、族裔民族主义与后冷战时代的世界冲突/李学保,青海民族研究.4

浅论民族主义在全球化背景下的新变化/任其怿等,内蒙古大学学报(哲学社会科学版).4

指向和谐世界民族观的"三致"之作:《全球化中的民族过程》述评/龚永辉,世界民族.4

民族主义相关问题研究/都永浩,黑龙江民族丛刊.5

对近20年来美国中国"民族主义"研究中"冷战"思维范式的反思/韦磊,当代中国史研究.5

论民族主义的两面性/汪树民,云南社会科学.5

论民族主义的历史作用和本质/李乐,黑龙江民族丛刊.6

民族问题与社会主义/赵刚,云南社会科学.6

多民族语境中权力话语的和谐通道建设初探/常薇　毛浩然,民族论坛.9

多民族国家视域下的公民身份与国家认同/莫红梅,教学与研究.9

什么是民族主义:读安德森《想象的共同体》/胡文木,前沿.22

中、日、韩近代民族主义历史认识的形成探析/钟准,世界民族.3

民族自决思想的流变及当代诠释/张宝成　杨忠国,宁夏社会科学.1

论西藏的少数民族人权保护/黄秋丰,贵州民族学院学报.1

欧美学刊有关西藏人权文章述评/黎尔平,西藏研究.4

二十世纪人类社会组织的最高成就:试论《世界人权宣言》中诸文化人权观的引入与表达/屈新儒　程臻,人权.4

现代化进程中的中国少数民族价值观传承/周笑梅,延边大学学报(社会科学版).4

诉权理论与中国少数民族诉权/李湘刚,云南民族大学学报(哲学社会科学版).5

从民族主义的角度看"现代派"的未来探索/周密,贵州民族研究.5

云南边疆民族地区党的执政资源分析/胡昊苏,云南民族大学学报(哲学社会科学版).6

青海藏区基层党建工作的调查与思考/唐萍,青海社会科学.5

网络信息环境与民族地区党的建设/尤仁林,云南民族大学学报.4

三江源地区藏族贫困妇女参政意识探析/王秀花,贵州大学学报(社会科学版).5

西藏牧区妇女社会地位的变迁:以西藏那曲地区聂荣县为例/《民主改革以来西藏妇女社会地位变迁研究》课题组,西藏研究.6

电视、民族妇女宗教信仰与社会和谐三者的相关性/韦春昭,湖北第二师范学院学报.9

电视下乡、打工经历与贵州苗族、侗族乡村妇女家庭生活变迁/李欣欣 孙秋云,贵州民族研究.2

Diaspora:定义、分化、聚合与重构/李明欢,世界民族.5

民族国家的社会化:区域一体化对东南亚和中东欧国家的影响之比较研究/简军波,欧洲研究.1

试论跨界民族对国际政治关系的影响:理论及案例分析/吴金光,民族工作研究.1

2009年世界民族问题热点回眸:访中央民族大学熊坤新教授/李建辉,中国民族.1

国际合作打击"三股势力"策略探析/顾华详,新疆师范大学学报.1

论跨国族体问题的发展及其对中国边疆安全的威胁与对策/马曼丽 马磊,中南民族大学学报(社会科学版).1

试论欧洲认同视域中的民族主义/田烨,西北民族研究.3

跨界民族对国际政治关系的影响/吴金光,中国民族.4

瑞士与印度:相同的民族观不同的民族关系/李光,重庆文理学院学报(社会科学版).4

2009年世界民族问题热点回眸及原因与特点分析/熊坤新 张丽娟,黑龙江民族丛刊.5

种族主义:奴隶贸易与当代种族冲突/杨阳,重庆教育学院学报.5

后民族欧洲与宪政爱国主义:结构主义与文化主义的二元分析/高奇琦,民族研究.5

西方关于青少年族群认同研究的现状和进展/万明钢等,民族教育研究.6

关于新时期藏区统战工作的思考/刘斌,中国藏学.2

社会转型期民族干部政策面临的问题及对策研究/李安辉等,北方民族大学学报.1

新政策 新关怀:少数民族高层次骨干人才培养计划综述/特木尔巴根等,中国民族.2

党的少数民族干部政策在新疆的实践/阿布都热扎克·沙依木,新疆社会科学.2

新疆少数民族党政人才队伍建设研究/热伊丁·阿不都热扎克,新疆社会科学.3

公务员制度与少数民族干部队伍建设:以云南省丽江市调查为中心/孙懿,黑龙江民族丛刊.6

试论中国民族地区解决公共危机的经验与教训/熊坤新 胡琦,大连民族学院学报.4

当前中国群体性事件的政治学思考:基于亨廷顿政治稳定理论的视角/肖斌 青觉,黑龙江民族丛刊,6

生态移民政策的文化根源分析：基于内蒙古自治区通辽市W村的调查/赛汉，贵州民族研究.2

草原生态移民社会适应状况、心理健康水平调查报告：以内蒙古阿拉善盟孪井滩为例/李杰等，内蒙古师范大学学报（哲学社会科学版）.2

少数民族非自愿移民问题研究：以甘肃省甘南藏族自治州九甸峡水电工程移民为例/杨勇 杨润，中南民族大学学报.3

少数民族地区自发移民迁入地聚居区新农村建设的理论与实践：以云南省红河州开远市苗族自发移民为例/李汶娟，云南社会科学.3

中国非法移民问题探析/鸿鸣，中央民族大学学报（哲学社会科学版）.5

19世纪后半叶澳门葡萄牙人移居香港考/叶农，世界民族.6

民族地区的社会工作与和谐社会建设/胡日查，内蒙古民族大学学报.1

全球化背景下的当代中国民族认同/奂平清，北京工业大学学报（社会科学版）.1

论我国民族地区社会政治稳定/李普者，云南民族大学学报.1

政治视野中的当代中国民族工作/张谋，民族工作研究.1

论60年来贵州民族关系的发展及趋势/刘吉昌等，贵州民族学院学报.1

试论共同富裕与西部民族的繁荣发展/陈新海，青海民族大学学报.1

和谐行政视野下的民族地区公民有序行政参与/尹素琴，喀什师范学院学报.1

西北少数民族地区和谐社会构建问题与对策思考/刘荣 张文政，新疆大学学报（哲学·人文社会科学版）.2

民族团结理论新解：学习胡锦涛同志民族团结思想/于潜弛，黑龙江民族丛刊.2

民族地区构建和谐社会之我见/付江红，贵州民族学院学报（哲学社会科学版）.2

各民族团结进步是中华民族的希望所在/毛乐燕，西北民族研究.3

论当前城市散杂居民族关系的联动性/赵永忠，社科纵横.3

"两个共同"的提出及其理论与实践要求/康基柱等，西北民族大学学报（哲学社会科学版）.3

论我国城市化进程中的民族关系/陈智慧，民族工作研究.4

新时期西北民族地区民族团结简析/王洋，学理论.4

中国民族地区发展现状、问题与政策导向/董世举，华南师范大学学报（社会科学版）.4

关于建立民族工作学的理性探索/陈达云，中南民族大学学报（人文社会科学版）.4

论胡锦涛"四个有利于"民族工作成效标准的理论内涵/易蕙玲，黑龙江民族丛刊.4

民族和谐与系统观/乌杰，系统科学学报.4

中华人民共和国成立初期云南民族关系述论/龙海燕，云南财经大学学报（社会科学版）.5

现时期中国民族问题的特点及应对/赵炳林等，广东技术师范学院学报（社会科学版）.6

中国共产党民族理论创新的历史经验和重大意义/杨顺清，贵州民族学院学报.6

2005年以来国内民族理论基本问题研究简述/张建新，民族工作研究.6
胡锦涛关于正确认识和处理我国民族问题的思想/古丽来拉·阿林别克，实事求是.6
论邓小平民族哲学思想/何海涛，中南民族大学学报（人文社会科学版）.6
指导新疆工作的光辉文献：学习《新疆工作文献选编（1949—2010年）》体会之一/吴福环，新疆社会科学.6
中国特色社会主义理论体系的民族特色/彭家理，内江师范学院学报.11
坚定不移走中国特色解决民族问题的正确道路/贾庆林，求是.24
新中国党的民族政策的发展与启示/王忠 李书吾，南京政治学院学报.1
建国后周恩来的民族和谐思想及其现实启迪/相清平，内蒙古社会科学.1
浅析党的民族政策在西藏的具体实践/王红曼，中央民族大学学报.1
民族政策宣传面临的新形势与应对策略/红梅，广西民族研究.1
中国共产党边疆治理政策回顾/陈霖，云南社会科学.1
新中国60年民族理论体系的发展：新中国60年民族理论体系发展系列论文之一/金炳镐，黑龙江民族丛刊.1
中国特色社会主义在边疆民族地区的探索与实践/张晓琼等，贵州大学学报（社会科学版）.2
民族政策研究范式的转换：兼论民族政策评估的必要性/哈正利，民族工作研究.2
论胡锦涛的民族发展观/甄喜善，西北民族大学学报（哲学社会科学版）.2
新中国民族理论与民族政策的主题/青觉，实践（思想理论版）.2
民族法律规范政策化问题的法理思考/姚艳，西南民族大学学报（人文社会科学版）.2
中国共产党民族团结政策的历史考察/赵铁锁 肖光文，中国延安干部学院学报.2
中国民族政策价值取向分析/周平，当代世界与社会主义.2
民族自治地方政策指定过程中的突出问题分析/汤法远 夏鲲，黑龙江民族丛刊.2
毛泽东与班禅及达赖的交往记录：新中国成立后中共关注西藏发展的一个侧面/周良书，青海社会科学.3
国家民族政策导向下的地方性策略：凤县"汉"改"羌"潜在的运作机制/马岚，黑龙江民族丛刊.3
民族自治地方政策制定过程中的族际政治互动分析/汤法远，广西民族研究.3
抗战时期国共两党民族政策之比较/潘华 勾霄丹，社科纵横.4
建国初期党在西南边疆少数民族地区的分类指导政策/张晓琼，云南民族大学学报.4
中国民族话语的现代性思考/王菊，广西民族研究.4
从制度及政策看红水河流域少数民族地区的贫困/邵志忠，广西民族大学学报（哲学社会科学版）.4
新中国60年民族政策理论的发展：新中国60年民族理论发展系列论文之七/金炳镐 孙军 肖锐，黑龙江民族丛刊.4
建国以来党的民族理论与民族政策教育的伟大成就/赵永忠，喀什师范学院学报.4
试论民族关系调控中的政策调控/熊坤新 胡琦，西藏民族学院学报（哲学社会科学

版）.5

论中共第三代领导集体的民族发展观/娜芹，内蒙古师范大学学报（哲学社会科学版）.5

中国民族识别的依据/王希恩，民族研究.5

民族平等原则：王朝中国与当代中国民族政策的分水岭/周竞红，中央民族大学学报（哲学社会科学版）.5

民族政策研究范式的转换：兼论民族政策评估的必要性/哈正利，西南民族大学学报（人文社会科学版）.6

扶持人口较少民族政策实践的效果及存在的问题：以云南德昂族为例/李晓斌 杨晓兰，中南民族大学学报（人文社会科学版）.6

新中国60年民族政策探索：《新中国民族政策60年》述评/金玲，黑龙江民族丛刊.6

中共中央、国务院召开的新疆工作座谈会5月17日至19日在北京举行/中国民族.6

新形势下中国民族理论研究简析及其建议：基于2006—2010年民族理论研究分析/严庆，贵州民族研究.6

略论中国共产党的民族理论创新及其重大成果/杨顺清，贵州民族研究.6

民族和谐发展：中国共产党民族政策的核心理念：有感于《中国的民族政策与各民族共同繁荣发展》白皮书/孙淑秋 张玉强，民族论坛.9

民族政策微调中/朱雨晨，财经.23

中华民族多元一体格局与我国的民族政策/马启智，求是.23

民族宗教政策的新疆现实/王健君，瞭望.24

新形势下加强跨境民族问题研究的思考/张一夫 王泰，内蒙古民族大学学报.1

少数民族NGO与民族地区的和谐社会建设：以青海回族撒拉族救助会为例/樊莹，甘肃联合大学学报（社会科学版）.1

新中国成立初期对少数民族发展实施分类指导的早期探索/张晓琼，满族研究.1

试论"五化"背景下民族地区又好又快发展的几个问题/马万学，满族研究.1

"五化"背景下辽宁民族问题的基本分析及对策思考/何晓芳，满族研究.1

跨界民族问题与中国国家安全：建国60年来的探索与实践/李学保，中南民族大学学报（人文社会科学版）.1

西方视角中的西藏形象与话语/刘康，中国藏学.1

民族变迁与政策转型：以城市化背景下东北少数民族的发展变迁为例/卢守亭 南文渊，民族工作研究.1

我国现阶段民族问题的主要表现形式及其应对/青觉 严庆，黑龙江民族丛刊.1

例论中越边境跨国婚姻建立的基础：兼论"无国籍女人"的身份/罗柳宁，广西民族研究.1

以科学发展观构建新疆和谐民族关系/刘文振 靳诺，新疆大学学报（哲学·人文社会科学版）.1

乌鲁木齐基层社区应急管理工作情况及存在的主要问题与应对措施/马梦砚，新疆大学学

报（哲学·人文社会科学版）.1

民族心理与边疆社会稳定/高静文　赵璇，中南民族大学学报（人文社会科学版）.1

马克思主义民族理论中国化的回顾与展望/马海寿　戚桂锋，云南社会科学.1

论人口较少民族的社会稳定/左岫仙等，黑龙江民族丛刊.1

网络空间下中国大众民族主义的动员与疏导/杨飞龙等，黑龙江民族丛刊.1

边疆民族地区社会稳定的影响因素分析/李育全，黑龙江民族丛刊.1

四川省"十一五"期间"民族问题"研究述评/陈玉屏，民族学刊.1

解决"西藏问题"的柔性思考/周兴维，民族学刊.2

制定新疆反恐反分裂地方立法的必要性与可行性研究/白莉，新疆师范大学学报（哲学社会科学版）.2

试论西藏的地区现代化问题/杨亚波，西藏民族学院学报.2

社会资本对当前新疆民族关系的修复与重构/蔡文伯　王振，青海民族大学学报（社会科学版）.2

"疆独"、"藏独"的国际化路径研究/李捷　王婷婷，广西民族研究.2

经济转型期城市民族关系的影响因素及预警调控研究/张劲松，广西民族研究.2

共生互补视角下中国散杂居民族关系的特点/岳雪莲，广西民族研究.2

《民族关系与宗教问题的多维透视：以广西为考察中心》评介/汤夺先，广西民族研究.2

中国周边关系与边疆治理的互动：历史、模式及影响因素/夏维勇，云南师范大学学报.2

城市民族区性质的探析/张勇　马慧萍，民族工作研究.2

西方对中国西藏的媒体建构之文化解读：兼论西藏对外形象重塑的思考/刘新慧，西藏研究.2

人口较少民族政治参与探讨/朱玉福　伍淑花，黑龙江民族丛刊.2

中国民族问题面临的挑战：广西民族"四个模范"研究之一/覃彩銮，广西民族研究.2

论新疆和谐民族关系构建的思想道德基础建设/郑昆亮　李璐，北方民族.2

从"有限理性"看云南少小民族自主发展意识的激发/张锦鹏，云南社会科学.2

西方纵容袒护中国民族分离主义的原因/杨勉　张聪，阴山学刊.2

铲除恐怖主义根源，建设民族和谐社会/芒来，中央民族大学学报.2

中国民族国家建设的昨天与今天（笔谈）/陈明明等，社会科学研究（成都）.2

上访博弈的生成与蔓延：裕固族地区"马拉松改制"再研究/钟福国　闫天灵，中南民族大学学报.2

论我国边疆治理的转型与重构/周平，云南师范大学学报.2

突出重点　狠抓落实　不断开创云南民族团结进步事业新局面：在2010年全省民族工作会议上的报告（摘录）/王承才，今日民族.2

科学发展观是破解民族工作难题的锐利武器/杨晶，中国党政干部论坛.3

影响东北边疆民族地区社会稳定的问题及对策/肖瑶，理论界.3

群体事件对族群意识、族群关系的影响：以W事件为个案/祝方林，湖北民族学院学报

（哲学社会科学版）.3

维汉关系中族群意识与国家认同的实证分析/张国玉　余斌，西北民族研究.3

试论新疆地区非传统安全问题及其特点/李正元，西北民族研究.3

坚持和巩固马克思主义在西藏意识形态领域的指导作用/贺新元　王虎，西藏大学学报（社会科学版）.3

和谐社会建设中少数民族地区思想政治工作创新/龙江，贵州民族研究.3

西方议会、媒体、公众、达赖之间的利益链条与"西藏问题"/郭关玉　严世雄，黑龙江民族丛刊.3

边疆民族地区党的执政生态分析/车辚，黑龙江民族丛刊.3

新中国60年民族关系理论的发展：新中国60年民族理论发展系列论文之五/金炳镐　董强，黑龙江民族丛刊.3

新中国60年民族问题理论的发展：新中国60年民族理论发展系列论文之六/吴敏　中和，黑龙江民族丛刊.3

民族理论研究的新领域：民族理论发展史：读金炳镐《中国民族理论百年发展（1900—1999）》/赵健君，黑龙江民族丛刊.3

边境封控中民族宗教工作探要/张明庆，西安政治学院学报.3

当前我国的民族宗教问题/周益锋，西安政治学院学报.3

新中国民族团结的理论与实践/李富强，广西民族研究.3

边疆多民族地区群体性突发事件中领导角色冲突的双重效应/袁明旭，思想战线.3

彝族村社权力的结构、运行及影响：以云南栖村为例/廖林燕，思想战线.3

新中国成立以来云南民族识别的认识与反思/王文光　尤伟琼，云南民族大学学报.3

论民族自治地方政府的生态环境管理自治权/王乐宇，广西民族研究.3

和谐社会视野下实现民族团结的战略思考/任新丽，新疆师范大学学报（哲学社会科学版）.4

民族地区构建和谐社会再思考/陈冬红等，青海社会科学.4

国民教育中的"民族"教育及其时代性/严庆，西藏民族学院学报.4

树立民族团结意识，做民族团结事业的建设者和促进者/杨维周，西藏民族学院学报.4

延边地区社会主义民族关系的形成及特点/赵刚，大连民族学院学报.4

论当代中国社会关系中的民族因素/青觉　严庆，民族工作研究.4

在回顾历史中扩充智慧汲取营养：新中国民族团结宣传教育大事概览（上）/钟之重，民族工作研究.4

"新形势下推动民族地区经济社会全面发展的若干重大问题研究"开题论证会简讯/钟海燕，民族研究.3

辽宁少数民族自治县城乡公共服务一体化对策探析/张瑾燕，大连民族学院学报.4

国际反恐合作与新疆稳定/龚洪烈　木拉提·黑那亚提，新疆大学学报（哲学·人文社会科学版）.4

延边地区社会主义民族关系的形成及特点/赵刚，大连民族学院学报.4

试论中国民族地区解决公共危机的经验与教训/熊坤新　胡琦,大连民族学院学报.4

壮族的国家认同与边疆稳定:广西民族"四个模范"研究之二/覃彩銮,广西民族研究.4

试论我国城市民族关系影响因素度量指标/文妮,黑龙江民族丛刊.4

论网络时代舆论安全与西部边疆民族地区社会稳定/谢金林　张艺,新疆社会科学.4

牧民定居村落发展动力分析:新疆和静县X村个案研究/陈怀川,新疆社会科学.4

浅论新时期我国农村散杂居民族关系的特点及其重要地位/范才成,铜仁学院学报.4

论民族自治地方自治机关协商民主决策机制的完善/田钒平,民族研究.4

国务院新闻办"四个民族问题白皮书"新解/李宝奇,延边大学学报(社会科学版).4

内蒙古民族关系问题主要线索及反思/何群,中央民族大学学报(哲学社会科学版).4

政治学视野下的民族群体性事件及治理机制/吴亮,民族研究.4

从民族素质到公民素质:关于多民族国家追求和维护政治稳定的一种认识/陈烨,黑龙江民族丛刊.5

民族地区地方政府公共服务能力建设解析:基于区域行政一体化发展模式视角下的思考/金文哲　王谦,黑龙江民族丛刊.5

民族地区利益及其实现途径/乐晨宇,内蒙古社会科学.5

转型时期影响我国民族关系的主要因素及对策思考:以宁夏为例/陈凤林,上海市社会主义学院学报.5

中越边境地区少数民族新农村建设需求现状的实证研究:以金平县马鞍底乡四个少数民族为例/曹贵雄,红河学院学报.5

民族地区农村群体性突发事件的法律思考:以贵州为个案研究/曹务坤　梁宏志,云南行政学院学报.5

内蒙古自治区民族关系的和谐发展与精神文明建设/吴群,内蒙古民族大学学报(社会科学版).5

试析民族地区经济社会和谐发展的"非经济"阻力/张艾力,内蒙古民族大学学报(社会科学版).5

青海民族发展进步实证分析/关桂霞,青海社会科学.5

民族自治地方改善政府公共服务刍议/刘傲洋　张伟,青海社会科学.5

浅谈社会转型期民族和谐理念的基础/居来提·热合买提,喀什师范学院学报.5

论新疆高校反分裂反渗透的现实意义/陶小平　段巧玲,喀什师范学院学报.5

新中国成立初期构建新型民族关系的实践:以黔东南地区为例/范连生,党的文献.5

基于"软实力"建设的西藏社会稳定长效机制研究/杨明洪,西南民族大学学报(人文社会科学版).5

民族地区公共产品供给探究/郭佩霞等,新疆社会科学.5

贵州农村少数民族留守儿童社会支持系统研究/杨竹,贵州民族学院学报(哲学社会科学版).5

以人为本理念下的中国少数民族发展权/韩小兵　喜饶尼玛,人权.5

消除贫困与少数民族人权保障：以中国少数民族地区扶贫为例/王平，人权.5

云南民族关系现状与未来发展的思考/郭家骥，云南社会科学.5

论民族乡政府公共政策执行力的意蕴、偏差与纠偏/许才明，中央民族大学学报（哲学社会科学版）.5

我国边疆民族地区特色应急管理体系探析/石正义　邓朴，西南民族大学学报（人文社会科学版）.6

民族地区社会结构变化与应急管理能力建设/杨安华等，西南民族大学学报（哲学社会科学版）.6

论当代中国社会关系中的民族因素/青觉　严庆，国家行政学院学报.6

我国少数民族地区社会组织发展及社会功能研究/李俊清等，国家行政学院学报.6

新时期民族地区公共服务管理面临的问题与战略选择/党秀云等，中央民族大学学报（哲学社会科学版）.6

论少数民族政治发展的内在逻辑/周玉琴等，中央民族大学学报（哲学社会科学版）.6

新疆兵团民族工作经验初探/侯芳洁等，民族论坛.6

论构建云南民族地区和谐民族关系/和跃宁　罗琼芳，云南行政学院学报.6

涉及民族因素突发事件基本理论初探/徐金华，黑龙江民族丛刊.6

黑龙江省少数民族流动人口突发事件及权益保障研究/缪文辉，黑龙江民族丛刊.6

关于20世纪80年代以来我国民族成分的更改：以西南地区为例/赵永忠，学理论.6

民族意识的根源与新疆多民族地区稳定社会的构建/李静　戴宁宁，新疆社会科学.6

云南民族团结和谐发展的经验与启示/李若青，云南民族大学学报（哲学社会科学版）.6

云南跨境民族社会危机应对管理机制研究：基于边疆地区对艾滋病防控的社会调查/张金鹏，云南民族大学学报（哲学社会科学版）.6

西部民族地区民族宗教群体性突发事件研究/何颖，青海社会科学.6

从"议程设置"角度看民族地区突发公共事件的舆论引导/李欣，西北民族大学学报（哲学社会科学版）.6

浅析民族地区网络媒介对突发事件的舆论引导/石静，西北民族大学学报（哲学社会科学版）.6

1949—1952年中国共产党对班禅返藏问题的处理/张皓，西北民族大学学报（哲学社会科学版）.6

民族地区县级政府能力建设路径探析/秦位强等，社科纵横.7

论城市化与民族政治关系/汪春燕，西南民族大学学报（人文社会科学版）.9

民族宗教对西部民族地区城镇居民思想道德的影响及对策建议/郭娅，西南民族大学学报（人文社会科学版）.10

高举民族团结进步旗帜，努力创建民族团结进步模范自治区/王正伟，学习与研究.10

论和谐心理对内蒙古各民族和谐关系的重要性/刘强，前沿.21

论风险社会下西部少数民族农村公共产品供给模式创新/谢治菊，前沿.21

民族问题专题学术研讨会暨黑龙江省民族文化传承与保护学术研讨会综述/左岫仙，黑龙江民族丛刊.5

宪政视角下的民族区域自治制度/刘国利，内蒙古民族大学学报.1

制定自治区自治条例是中国特色社会主义民族理论的一项重要内容/龚力军，经济师（太原）.1

新中国60年来民族区域自治理论研究综述/熊坤新等，中南民族大学学报（人文社会科学版）.1

试论民族自治地方政府创新/姜大谦，西北民族大学学报.1

马克思主义中国化视阈中的民族区域自治/刘占奎 肖光文，内蒙古社会科学.1

民族区域自治建设的重大问题分析/汤法远，广西民族研究.1

制度安排与族群认同：民族区域自治视阈下族群认同的"工具性"因素分析/程守艳，广西民族研究.2

论民族区域自治制度蕴含的当代民主政治理念/彭庆军，青海民族研究.2

论新形势下我国民族区域自治制度的发展与完善/吴秀兰，青海民族研究.2

民族区域自治理论与实践创新思路的佳作：《中国民族区域自治形式创新研究》评析/陈丽明 陆鹏，黑龙江民族丛刊.2

民族区域自治制度中国化实践历程考察/绽小林，青海社会科学.2

中国民族区域自治制选择的历史考察/唐建兵，唐都学刊.2

权利的关照：民族自治地方非自治主体少数民族政治权利试探/程守艳，贵州民族研究.2

我国民族区域自治"自治权"与国际社会"地方自治权"研究/任新民 沈寿文，云南民族大学学报.2

民族区域自治权行使的影响因素及保障对策：中央与地方关系的视角/韩慧 徐会平，济南大学学报（社会科学版）.2

羁縻政策与民族区域自治制度：从中央与地方关系的视角/张文香 刘雄涛，中央民族大学学报.3

制定宁夏回族自治区自治条例的法理分析/王生华，黑龙江民族丛刊.3

论民族区域自治与法制统一性/马旭东，青海民族大学学报.3

十一届三中全会以来的民族区域自治/许彬 谢忠，当代世界与社会主义.4

近年来民族区域自治制度研究述评及展望/颜克伟 张吉，西藏民族学院学报.4

民族自治地方政府生态分析/杨松禄，西安建筑科技大学学报（社会科学版）.4

坚持和完善中国特色民族区域自治制度/郭慧，中共伊犁州委党校学报.4

我国民族区域自治制度研究的现状与理论思考/吕永红，新疆社科论坛.5

论民族区域自治制度的实施/郑晓林，凯里学院学报.5

三十年来我国民族区域自治制度研究综述/潘红祥，湖北民族学院学报（哲学社会科学版）.5

论新形势下中国民族区域自治制度的发展创新：基于当代政治社会学的研究视野/黄骏，

贵州民族研究.6

浅论我国民族区域自治制度/哈尔肯·哈布德克里木,理论视野.8

从联邦制到民族区域自治:中国共产党民族政策的转变/董世明,湖北社会科学.11

创新民族自治地方政府职能模式 推进民族地区经济社会发展/贾茜,行政与法.12

少数民族地区新农村建设中的资源整合:来自云南省保山市勐廷村的个案分析/余翠娥,云南社会科学.4

新中国60年民族理论政策:在实践中不断创新发展:第十七次全国民族理论专题学术研讨会综述/陆鹏等,黑龙江民族丛刊.1

第三届中国民族研究西南论坛:宗教、民族与社会学术研讨会综述/汤芸 张原,民族研究.4

第七次民族宗教问题与国家安全研讨会综述/西安政治学院军队民族宗教工作研究所,西安政治学院学报.3

世界上绝无仅有的一部丛书:《民族问题五种丛书》修订再版/中国民族.1

西南多民族地区青少年思想道德素质发展的制约因素:基于贵州省的实证调查/孙树文,吉首大学学报(社会科学版).4

民族地区社会主义核心价值体系建设思考/马丽萍,云南民族大学学报(哲学社会科学版).6

应重视多民族国家青少年的国家意识认同教育/夏桂霞,民族教育研究.4

新疆少数民族青年就业问题研究/张敏,新疆社会科学.4

对新疆强化"中华民族认同、中华文化认同"教育的思考/刘和鸣,石河子大学学报(哲学社会科学版).2

"7·5"事件后加强乌鲁木齐重点社区应急管理工作的几个问题/马梦砚,新疆社会科学.3

新疆城市民族工作的新问题及对策研究/虎有泽 杨富强,新疆大学学报(哲学·人文社会科学版).3

关于"疆独"问题的几点思考/贾春阳,广西民族研究.3

2008—2010:新疆周边新事态/潘志平,新疆社会科学.5

跨境民族共振效应与边疆地区的和谐发展:以云南跨境民族为例/陈文清 陈永香,楚雄师范学院学报.11

关于在西藏推进政府社会管理职能创新的思考/陈丽,中国藏学.1

浅谈当今世界的民族、宗教问题及其对西藏政局的影响/许广智,西藏大学学报.2

从制度理论角度解析中央西藏工作座谈会内涵/孙勇,西藏研究.2

维护西藏社会稳定中的社会化问题/方晓玲,西藏研究.3

立足西藏实际 增强做好民族工作的能力:学习中央第五次西藏工作座谈会精神体会/王春焕,西藏研究.3

简论对外传播与国家形象:兼论某些西方媒体对拉萨"3·14"事件的报道/周志琴,西藏研究.3

读《雪山下的丑行：西藏暴乱的来龙去脉》/廖祖桂，中国藏学.4

语言、话语与法律人类学：从《规则与关系：法律话语的民族志》一书谈起/胡鸿保 张晓红，青海民族研究.1

论法人类学方法在中国法制史研究中的运用/任海涛，内蒙古社会科学.2

论少数民族习惯法的自主发展与人权保障：文化多元视角/王飞 吴大华，广西民族大学学报.2

冗鱼寨布依族习惯法民族志/周相卿，贵州民族研究.2

乌江流域少数民族习惯法伦理精神探析/邓清华，黑龙江民族丛刊.3

西北少数民族法制建设中习惯法因素的整合/周晓涛，兰州大学学报（社会科学版）.3

习惯法类型与回族习惯法/李保平，宁夏社会科学.3

新中国60年少数民族习惯法研究现状及分析/彭谦等，西北民族大学学报（哲学社会科学版）.3

历史上西南少数民族地区族际纠纷解决机制研究/胡东兴，云南社会科学.4

困境与出路：少数民族刑事习惯法的现代转型/韩宏伟，云南社会科学.4

试析习惯法对民族地区法制建设的影响/李中和 祝辉，新疆社会科学.6

青海世居少数民族习惯法的正向功能探析/高永宏，青海社会科学.6

西南少数民族刑事习惯法及其现代价值/侯斌，西南民族大学学报（人文社会科学版）.7

少数民族习惯法的身份、功能与价值分析：以中国西部少数民族地区为例/陈卯轩，西南民族大学学报（人文社会科学版）.7

世居村落意识与社会功能思维：西部少数民族民间文化法律保护的基本维度/王佐龙，青海社会科学.3

云南少数民族法文化的形态及现状/王俊 周青，云南民族大学学报.3

论社会环境变迁对民族地区村民法律意识的影响：以法人类学为视角/李婉琳，思想战线.1

从西部看中国法治发展的走向：以黔东南苗族侗族自治州为视角/卓轶群，贵州民族研究.2

试论民族法学的性质、理论体系及其调整对象/郑毅，广西民族研究.3

西北少数民族地区依法行政研究：以政府权力运行机制的历史变迁为视角/康耀坤 马洪雨，青海民族大学学报（社会科学版）.4

民族自治地方法律变通的法理解析/张殿军，贵州民族研究.1

依法规范民族自治法规批准权的若干思考/陈云霞，贵州民族研究.1

《民族区域自治法》在新疆实施的回顾与展望/古丽娜·乌斯曼江等，西南民族大学学报（人文社会科学版）.2

自治区自治条例制定研究：以内蒙古自治区为例/白永利，内蒙古师范大学学报（哲学社会科学版）.6

杂散居少数民族权益法律保障研究/朱玉福，满族研究.1

浅议西部民族地区新农村建设中的民族法制建设/兰元富,贵州民族学院学报.1

加强民族法律清理　促进民族立法和谐统一/张殿军,内蒙古社会科学.1

论民族区域自治地方人口与计划生育管理配套立法/丁鹏,内蒙古大学学报(哲学社会科学版).1

关于反"东突"恐怖主义的法律思考/肖洪艳,民族论坛.2

当代中国少数民族的法律认定/戴小明,民族工作研究.2

中国少数人权利法律保护的实践评析/吴双全,甘肃社会科学.2

云南民族法制建设与少数民族权益保护/毛燕　赵新国,黑龙江民族丛刊.2

当代中国少数民族的法律认定/戴小明,中央民族大学学报.3

西部少数民族地区民主法制建设散考/姚涛,贵州民族学院学报(哲学社会科学版).3

论"东突"民族分裂主义犯罪的国内法律调整/王玫黎　张芷凡,西南民族大学学报.4

论上级国家机关的民族法责任/戴小明　黄元姗,湖北民族学院学报(哲学社会科学版).5

西北少数民族地区依法行政研究：以传统政治文化转型为视角/康耀坤　马洪雨,湖北民族学院学报(哲学社会科学版).5

论我国民族自治地方立法的指导思想/康耀坤　马洪雨,西北民族大学学报(哲学社会科学版).5

论我国少数民族权利的法律保护/张敏,民族论坛.6

论少数民族较贫困地区受教育权的法律保障：以新疆莎车县为例/张晶,新疆大学学报(哲学·人文社会科学版).1

关于蒙古族传统文化公法保护的思考：以内蒙古乌审旗为例/张文香等,内蒙古大学学报(哲学社会科学版).3

我国民族自治地方制定非物质文化遗产知识产权保护法令的几个问题/严永和,中央民族大学学报(哲学社会科学版).6

论少数民族传统知识的知识产权法保护/郑颖捷　王瑞龙,中南民族大学学报.3

略论恐怖主义行为罪与恐怖活动罪/古丽燕,新疆社会科学.6

古代北方民族法律起源探析/焦应达,内蒙古民族大学学报.3

藏区民间纠纷解决方式的困境与出路的博弈分析：以甘南藏族自治州某乡的个案为例/李虹,青海民族研究.3

藏族习惯法中的神明裁判探析/后宏伟　刘艺工,西藏研究.5

论南诏的法律制度/李剑　汪亚光,中南民族大学学报.2

从《庆元条法事类·蛮夷门》看南宋民族法制/谢波,思想战线.4

《天盛律令》卷一译释及西夏法律中的"十恶罪"/文志勇,宁夏师范学院学报.5

经学在西夏的传承及对西夏法制的影响/姜歆,宁夏师范学院学报.5

金代地方监察制度研究：以提刑司、按察司为中心/余蔚,中国历史地理论丛.3

《阿勒坦汗法典》及其内容浅析/那仁朝格图,内蒙古大学学报(哲学社会科学版).1

元朝判例法创制程序问题研究/胡兴东,内蒙古师范大学学报.1

元以来汉籍文献所见蒙古族习惯法管窥/白·特木尔巴根,内蒙古师范大学学报.1
元明清时期傣族法律制度重要特点及其机制刍议/吴云,云南师范大学学报.3
浅探《喀尔喀法规》中的罚畜刑/包思勤,西部蒙古论坛.1
清至民国新疆婚姻法制浅谈/梁海峡,新疆大学学报(哲学·人文社会科学版).1
适用于清代蒙古也克沙毕之法律:大活佛之领民与刑事裁判/[日]萩原守著,沙仁高娃译,内蒙古师范大学学报.1
北洋政府时期边疆省区的司法改革及特殊政策论析/李光和,贵州社会科学.7
1933—1949年新疆地方立法初探/白京兰,新疆社会科学.1
杨增新治新时期司法制度研究/伏阳,新疆社会科学.2

二 民族经济

主流化还是边缘化:民族经济学的挑战与机遇/左伟,贵州民族学院学报(哲学社会科学版).2
论中国少数民族经济学的逻辑起点与学理价值:以壮民族早期发展史为例/黄云,云南民族大学学报.2
形式分析在经济人类学场域中的运用与演化/陈庆德,广西民族大学学报(哲学社会科学版).4
论中国少数民族经济学科的概念关系/乌日,民族研究.5
关于少数民族经济概念的讨论/龙远蔚,民族研究.5
民族经济研究的学科体系问题/陈庆德,民族研究.5
中国少数民族经济学科建设再思考/庄万禄,民族研究.5
中国少数民族经济:核心概念、概念体系及理论意义/包玉山,民族研究.5
对民族经济学研究"冷"与"热"的思考/王建红,广西民族研究.1
中国少数民族经济学科理论专题研讨会述要/王秀艳 麦丽苏,民族研究.5
欧洲民族国家商业精神的嬗变/苏萍 朱新光,世界民族.1
经济人类学理论分析模式的演化/陈庆德 郑宇,西南民族大学学报(人文社会科学版).1
西方经济人类学理论发展的历程/许婧,西南民族大学学报(人文社会科学版).1
经济人类学视野中的交换/陈庆德 潘春梅,民族研究.2
论民族经济学体系构建方法/王建红,世界民族.3
日本的经营人类学/吴咏梅,广西民族大学学报(哲学社会科学版).5
参与式扶贫的中国实践和学术反思:基于西南少数民族贫困地区的调查/杨小柳,思想战线.3
内蒙古东西部贫困问题比较研究/王来喜等,中央民族大学学报.5
生态环境保护视域下的河套文明复归与展望:河套建立草农结合的生态经济产业的战略构想/盖志毅 刘慧,阴山学刊.2

传统替代与再生：呼伦贝尔牧民政策适应比较研究/乌尼尔，广西民族大学学报（哲学社会科学版）.3

民族地区非政府组织发展：问题剖析与对策探讨——以内蒙古东乌旗额吉诺尔镇哈日高毕嘎查哈日高毕牧业协会为例/金红磊　杨颖，中南民族大学学报.3

内蒙古自治区参与东北亚区域经济一体化的路径选择/丁鹏，内蒙古社会科学.1

延边地区对外开放度实证分析/郝方龙，延边大学学报.1

欠发达民族地区经济一体化中的制度创新研究：以延龙图为例/朴银哲　金兆怀，东疆学刊.1

长吉图开发开放先导区建设与东北民族地区经济振兴/车哲九，北方民族.1

民族区域主导产业选择的实证研究：以吉林延边朝鲜族自治州为例/张熙奀，中央民族大学学报.1

关于吉林省回族经济的研究/李海红，白城师范学院学报.5

构建甘宁新西北少数民族经济区的设想/康耀坤　马洪雨，开发研究.5

民族贸易与历史时期西北民族地区自然资源的开发/郭凤霞　杜常顺，青海师范大学学报（哲学社会科学版）.5

新时期促进甘南藏族自治州产业经济发展的理性思考/李泉，甘肃民族研究.2

甘肃民族地区经济发展走出困境的思路与对策/张积良，兰州大学学报.2

非正式制度视角的宁夏生态移民发展研究/王龙　王敏，西南民族大学学报.3

青海藏区与其他藏区经济社会发展的共同性与差异性分析/谢热，青海社会科学.5

雪灾与救助：青海南部藏族牧区的案例分析/扎洛，民族研究.6

青海藏区实施跨越式发展战略研究/马生林，青海社会科学.6

新疆经济和谐发展：现状、问题和对策/文峰，西北民族大学学报.1

人类学视野下的少数民族妇女经济组织研究：以新疆喀什地区疏勒县"迪丽凯西民族刺绣协会"为例/李智环　徐黎丽，新疆社会科学.2

民族地区反贫困发展机制研究：以新疆和田地区墨玉、策勒、洛浦三县为例/宋才发　周丽莎，新疆师范大学学报（哲学社会科学版）.4

论经济交往中的民族关系：基于新疆人口迁移的视野/席霍荣　张军，兵团学院学报.4

民族贫困地区经济社会协调发展的成功实践：长阳模式的理论思考/李忠斌等，黑龙江民族丛刊.2

世界金融危机带来的民族地区返乡农民工问题的思考：湖北省民族地区农村劳动力转移问题调查报告/谭志松，云南师范大学学报（哲学社会科学版）.6

从自然资源因素看红水河流域少数民族地区的贫困：广西红水河流域少数民族地区贫困原因研究之一/邵志忠，广西民族研究.1

民族地区民营经济发展制度研究：以四川凉山彝族自治州为例/徐成波，广西民族研究.2

四川民族地区资源开发、经济发展与稳定：以甘孜藏族自治州为例/王岚，西南民族大学学报.3

四川民族地区区域经济协调发展路径研究：以阿坝州、甘孜州、凉山州为例/杨风　李继红，湖北民族学院学报（哲学社会科学版）.5

四川民族地区生态环境与经济发展分析/程玲俐　吴铀生，西南民族大学学报（人文社会科学版）.6

民族地区扶贫资金投入对反贫困的影响评价：以四川省民族国家扶贫重点县为例/庄天慧　杨宇，西南民族大学学报（人文社会科学版）.8

清水江文书的整理利用与清水江学科的建立：从《清水江文书集成考释》的编纂整理谈起/张新民，贵州民族研究.5

走入市场："直过区"民族经济社会发展路径：以普洱市澜沧拉祜族自治县为例/徐俊等，今日民族.2

西南边疆民族地区农户贫困状况及影响因素分析：基于云南红河哈尼族彝族自治州农户的调查数据/陈贻娟等，思想战线.3

西双版纳曼听社区经济发展模式研究/俞茹，云南民族大学学报.4

浅析21世纪以来的云南民族地区扶贫政策/董世举，广东技术师范学院学报（社会科学版）.5

《循环经济促进法》在民族地区实施的问题及对策研究：以云南省红河哈尼族彝族自治州为例/廖华　万子娇，云南民族大学学报（哲学社会科学版）.5

从清末到民国云南诺邓盐的"交换圈"/舒瑜，西南民族大学学报（人文社会科学版）.7

西藏经济增长：事实、机理及政策选择/宗刚　李鹏，中国藏学.1

西藏城乡差距变化的收入来源构成及对策研究/杨涛，中国藏学.1

西藏实施西部大开发战略十年的成就和经验/朱玉福，西藏大学学报.1

论党的建设在西藏经济社会发展中的作用/贺新元，西藏研究.1

西藏三大经济区差异和协调发展的实证分析/陈朴　杨本锋，西藏研究.1

改革开放以来西藏产业结构演变及对经济增长的贡献分析/杨斌　潘明清，西藏大学学报.2

改革开放30年来的西藏非公有制经济发展问题探析/孙英敏，西藏民族学院学报.2

昌都地区区域经济发展战略研究/许成仓，中国藏学.3

西藏村庄整体搬迁绩效评估：基于德吉新村连续四年的观察——兼论大型社会工程命运的斯科特逻辑/杨明洪，中国藏学.3

基于偏离份额分析的区域产业效率评价：以西藏为例/杨峰　李国政，西藏大学学报（社会科学版）.4

西藏城乡发展差距分析/邓发旺　徐爱燕，西藏研究.5

西藏人地关系研究/赵兴国等，西藏研究.5

新世纪以来西藏经济发展取得的阶段性成就与经验/毛阳海，西藏民族学院学报（哲学社会科学版）.6

西藏经济现代化的演化：基于社会发展动力理论的考察/张艳红，西南民族大学学报

（人文社会科学版）.7

西部大开发10周年：成就、经验及对策/朱玉福，民族工作研究.1

西部大开发以来民族地区的经济发展与未来展望/郑长德，民族学刊.1

伊斯兰教代治理念与回族重商精神/马志峰，青海民族大学学报（社会科学版）.2

关于壮族经济史研究的几个理论问题/覃乃昌，广西民族研究.2

新、马、泰、越经济发展与环北部湾少数民族地区的对策/白爱萍，广西民族研究.2

蒙古族特有经济论/包玉山，内蒙古师范大学学报.2

重庆民族地区县域经济产业结构调整研究：以石柱土家族自治县为例/王友富等，黑龙江民族丛刊.2

改革开放以来赫哲族经济社会跨越式发展/杨晗，黑龙江民族丛刊.2

土地占有与鄂伦春族猎民的社会分化：以鄂伦春自治旗猎民村为例/查干姗登，黑龙江民族丛刊.2

空间经济现象：民族地区经济发展的分析框架及对策——《中国少数民族地区的经济发展：实证分析与对策研究》一书评介/张俊飚，中南民族大学学报.2

用事实说话，促科学发展：《中国民族自治地方发展评估报告》一书评介/唐鸣，中南民族大学学报.2

西部大开发10周年：成就、经验及对策/朱玉福，贵州民族研究.3

岭南文化的起源与壮族经济史：壮族经济史研究的一个基本理论问题/覃乃昌，广西民族研究.3

西部地区实施开发战略十年成就及相关问题/朱玉福，青海民族大学学报.3

边境少数民族县域经济发展模式研究/黄健英，黑龙江民族丛刊.4

东北人口较少民族经济发展研究/吴天喜　韩光明，黑龙江民族丛刊.4

帮助民族地区加快经济社会发展政策述论/雷振扬，民族研究.4

民族地区可持续发展竞争力比较研究/冉光和等，贵州民族研究.4

中国民族经济政策回顾及其评价/张丽君等，民族研究.4

民族地区低碳经济的发展路径/李鸿　张瑾燕，中南民族大学学报（社会科学版）.5

民族地区自主创新对国家经济安全的影响/李曦辉，中央民族大学学报（人文社会科学版）.5

西部民族地区发展低碳经济和机遇与挑战/王红曼　张方译著，西北民族大学学报（哲学社会科学版）.5

西藏农牧区公共品特殊性问题：基于供给与需求视角的分析/安七一，西南民族大学学报（人文社会科学版）.6

民族地区基本公共服务均等化的实现路径：基于财政收支结构的分析/刘梅，西南民族大学学报（人文社会科学版）.6

伊斯兰教经典经济理论对民族地区构建和谐社会的影响/孙颖慧，宁夏社会科学.6

大兴安岭鄂伦春族的贫困循环问题与扶贫对策/孙岿，大连民族学院学报.6

新一轮西部大开发民族地区发展探析/文妮，宁夏社会科学.6

社会主义市场经济的民族特色/潘海涛　张国安,贵州大学学报(社会科学版).6

困境与突围：少数民族村寨打工经济调查实录/杨经华　蒙爱军,黑龙江民族丛刊.6

我国民族地区产业结构优化与经济增长关系实证分析/罗添元　龙少波,新疆农垦经济.10

加强岭南民族经济史研究的思考/陈光良,广西民族研究.3

萨珊银币东输与唐代突厥内附诸族/王义康,中国历史文物.1

西夏王朝捐税制探析/姚轩鸽,宁夏社会科学.2

北方市镇与"商域宗族"：兼论"圈层格局"/周泓,民族研究.1

近三十年来的清代蒙古族经济史研究/刘文远,河北学刊.2

八旗贵胄的没落：清代旗人经济状况研究/陈力,兰州学刊.5

多民族聚居区族际经济互动与山区经济开发：以近代"藏彝走廊"地区白族商人为例/李灿松　周智生,中央民族大学学报.1

清末民初玉树地区经济问题研究/杨卫,青海民族大学学报(社会科学版).2

民族地区生态补偿机制问题研究：以甘肃甘南藏族自治州黄河重要水源补给生态功能区生态保护与建设项目为例/葛少芸,湖北民族学院学报.2

民国时期国人对西北屯垦问题的认识/王利中　岳珑,新疆社会科学.2

牧区经济发展中的文化不适及社会环境问题：青海祁连畜牧业经济可持续发展的调研报告/杨德亮,北方民族大学学报.3

新疆历代屯垦管理制度发展的动力机制研究/王春辉,伊犁师范学院学报(社会科学版).2

农村产业转型与农民角色变迁实证研究：以湖北高家堰土家族为例/向丽,广西民族研究.3

民族地区农业化肥污染的人类学探讨：以湘西土家族苗族自治州凤凰县吉信镇为例/张彤,中南民族大学学报(人文社会科学版).5

当前少数民族地区社会主义新农村建设农民主体地位缺失与保障的思考：以广西宜州市石别镇土桥横山屯为例/罗杰　韦艳枝,民族工作研究.2

云南少数民族村寨向"经济型、社会型、全面型"发展/姚顺增,云南民族大学学报.1

持续推进边境民族地区新农村建设的难点与对策：以滇东南为例/王俊程　胡红霞,内蒙古社会科学.5

北方草原游牧业经济的发展轨迹与基本经验：人类第一次社会大分工的伟大成就/何天明,阴山学刊.2

草原承包经营权生态化研究/王俊霞,内蒙古社会科学.3

武陵山民族地区农村全面建设小康社会的战略选择/吕学芳,吉首大学学报(社会科学版).5

西部民族地区产业结构对农民收入影响的实证研究/刘秀兰等,西南民族大学学报(人文社会科学版).7

中国藏区农牧区反贫困机制设计/杜明义　赵曦,贵州社会科学.8

辽金元时期东北地区农业发展的原因/孙立梅,吉林师范大学学报(人文社会科学

版).2

清代巴里坤屯田述论/苏奎俊,新疆社科论坛.1

清代喀喇沁地区蒙地开垦的背景与成因新论/季静,东北史地.5

清代喀喇沁地区的蒙地开垦之影响新论/季静,内蒙古民族大学学报(社会科学版).6

封闭中的变迁:近代四川木里的租佃制与族群关系/邹立波,中南民族大学学报(人文社会科学版).1

20世纪上半叶清水江流域苗侗社会的多重现代性考察:以林业开发制度变迁为例/孙兆霞,中央民族大学学报.2

汉唐时期西域屯垦及其作用/买买提祖农·阿布都克力木,喀什师范学院学报.1

论西藏农牧区的扶贫开发与可持续发展/杨红卫,西藏大学学报(社会科学版).3

蒙古族聚居区县域经济工业化发展的路径选择:以科右中旗为例/刘海池,内蒙古民族大学学报.1

以循环经济理念构建内蒙古生态产业体系/钢花 韩鹏,内蒙古师范大学学报.2

辽宁民族地区矿产资源开发与保护浅议/魏军,满族研究.4

论社会人际关系在近代西部民族地区城镇工商企业发展中的作用:以广西为例/陈炜 王文,青海民族研究.4

中国城市民族经济文化类型的形成:民族企业与民族企业家的作用/张继焦,广西民族大学学报(哲学社会科学版).5

中国民族地区工业效益的问题与提升对策/张冬梅,西南民族大学学报(人文社会科学版).6

青藏铁路通车对西藏生态环境的影响分析/朱玉福 唐文武,西藏民族学院学报(哲学社会科学版).3

人类学视野中的旅游对目的地负面影响研究述评/张晓萍 刘德鹏,青海民族研究.1

旅游人类学与旅游发展:旅游人类学者彭兆荣教授专访/赵春肖 彭兆荣,北方民族大学学报.3

旅游开发视野下的非物质文化遗产保护与开发研究:以土家族为个案/龙先琼 蒋小梅,吉首大学学报(社会科学版).6

现代旅游业影响下的游牧民族社会文化变迁研究:以新疆图瓦人为研究个案/侯豫新,黑龙江民族丛刊.3

论隆林各族自治县少数民族文化旅游的开发/黄春兰 李凯旋,百色学院学报.1

民族地区贫困村寨参与式发展的人类学考察:以广西龙胜龙脊壮寨旅游开发中的社区参与为个案/廖杨,广西民族研究.1

民族村寨旅游中居民人力资本产权研究:兼析《合作开发桃坪羌寨旅游协议》的合约缺陷/王汝辉,西南民族大学学报.4

非物质文化遗产在民族村寨旅游开发中的特殊性研究:以四川理县桃坪羌寨为例/王汝辉,贵州社会科学.11

"工分制"民族村寨旅游开发模式成因的文化生态学探析:以贵州省雷山县上郎德村为

个案/李天翼　孙美璆,黑龙江民族丛刊.6

旅游"仪式"观下的旅游活动安全问题研究:以云南西双版纳傣族泼水节为例/张晓萍　刘倩倩,广西民族大学学报.2

青藏铁路对西藏民俗文化旅游的影响及对策/觉安拉姆等,西藏大学学报.1

西藏旅游研究三十年回顾及展望:基于CNKI相关论文的统计分析/陈娅玲　杨新军,西藏研究.6

金融危机影响下我国民族地区的边境贸易发展/舒曼,中南民族大学学报(人文社会科学版).1

近五十年蒙汉互市贸易研究综述/王苗苗　尹航,甘肃民族研究.2

中国—东盟自由贸易区对我国西南少数民族边贸县减贫的影响分析:以云南省勐腊县为例/庄天慧等,广西民族研究.3

围坊而商的城镇回族经济刍议:临夏八坊当代回族经济调查研究/王平,北方民族大学学报(哲学社会科学版).5

少数民族地区集市的文化内涵分析:透视昙华彝族"赶街"/张跃　王晓艳,思想战线.6

高句丽与南北朝朝贡关系变化研究/刘文健,东北史地.2

历史上官营茶马贸易对汉藏关系的影响/王晓燕,青海民族研究.1

唐宋时期回族先民在甘宁青的商业活动/李晓英,青海民族研究.4

浅析明代海西女真物产的输出和输入/任君宇,学理论.12

清代达斡尔族贸易初探/陆万昌,黑龙江民族丛刊.1

康熙、雍正年间的茶马互市与民族关系/李英华　姚继荣,青海民族大学学报(社会科学版).2

论清代及民国时期丹噶尔(湟源)民族贸易与地方经济社会/郭凤霞　杜常顺,青海民族研究.2

"小历史"中的"小历史":历史人类学视野下的苗疆货郎担/张中奎,贵州民族研究.5

清入关前商业贸易/李兴华,满族研究.2

清前期吉林满族与朝鲜边境贸易述论/张杰,中国边疆史地研究.4

近代甘青民族地区度量衡制考议/李建国,青海社会科学.5

民国时期甘宁青的羊毛市场/李晓英,兰州大学学报.1

明中后期乌思藏朝贡使进京朝贡改道原因探析/喜富裕,西藏研究.4

关于民族区域自治地方财政自治权的几点思考:兼论民族区域自治地方与中央的权限划分/程建,内蒙古大学学报(哲学社会科学版).4

科学发展观视角下对西藏税收政策的再思考/魏小文,西藏民族学院学报(哲学社会科学版).3

当前我国民族和民族地区财政面临的几个问题/李登全,经济研究参考.3

民族地区财政体制改革方向探析/章文光,民族研究.3

民族地区应对国际金融危机的对策:以延边地区为例/董二磊　金华林,延边大学学报

（社会科学版）.3

清代至民国时期土默特财政管理体制探析/包银山，内蒙古师范大学学报.3

少数民族贫困地区货币政策区域化问题研究/赵晓芳　王亦龙，西北民族大学学报（哲学社会科学版）.3

论宋元时期藏区通行的货币/杨惠玲　尚明瑞，西藏研究.4

关于财政投资对少数民族地区经济增长影响的实证分析/左悦，民族论坛.1

西部民族地区农村金融运行机制分析：以湖北恩施土家族苗族自治州为例/侯志茹等，东北大学学报（社会科学版）.6

三　民族学

葛兰言（Marcel Granet）何故少有追随者？/王铭铭，民族学刊.1

从杨堃的一篇文章看法国社会学派民族学/常海燕，西北民族研究.4

"从事民族志"：马林诺夫斯基与格尔茨/胡鸿保　张丽梅，世界民族.1

疾病、卑湿与中古族群边界/于赓哲，民族研究.1

走出参与式发展的"表象"：发展人类学视角下的国际发展项目/郭占锋，开发时代.1

生前开颅，还是死后穿孔？——关于"中国五千年前开颅术"之商榷/何星亮，广西民族大学学报.1

民族地区人类学研究的方法与课题/王铭铭，西北民族研究.1

中国人类学者海外民族志研究的理论思考/张金岭，西北民族研究.1

多民族杂居移民村落中的族际通婚：对青海海西州乌兰县铜普镇四个移民村的个案调查/刘瑶瑶，青海民族研究.1

"结构"的历史到历史的结构：人类学关于结构研究的知识谱系/艾比不拉·卡地尔，青海民族研究.1

记忆、想象与重构：人类学对非洲形象的创造/马燕坤，北方民族大学学报.1

试析民族社区的内涵/高永久　朱军，北方民族大学学报.1

地域文化史研究的人类学路径：倾向于江南的案例/小田，清华大学学报（哲学社会科学版）.1

人类学视野下的非传统安全问题：概念与实践/杨文法，兰州大学学报.1

标识与符号："物"的人类学研究/吴兴帜，广西民族研究.1

人类学视野下的权力与文化表达：关于非暴力支配的一些表现形式/赵旭东，民族学刊.1

神话与哲学之间：列维—斯特劳斯的结构人类学述评/苑国华，黑龙江民族丛刊.1

游牧文化的人类学研究述评/彭兆荣等，民族学刊.1

归心沪筑：访著名人类学家纳日碧力戈教授/谢呆馥等，民族学刊.1

《写文化——民族志的诗学与政治学》误译举例/谢国先，民俗研究.1

建设科学理论与寻求"活的人生"：李安宅的人生轨迹与学术历程/汪洪亮，民族学刊.1

自我与他者的对话：初读李绍明先生作品/陈波，西南民族大学学报（人文社会科学版）.1

李绍明先生与近期西南人类学的发展/王建民，西南民族大学学报（人文社会科学版）.1

文化人类学视野下的大学文化与艺术教育/田阡，民族教育研究.1

少数群体权利的国际化/[加拿大]威尔·金里卡著，张慧卿　高景柱译，政治思想史.2

林耀华汉人社会研究的开创与传承/杜靖，广西民族大学学报.2

亚洲全球化与泰国人类学：来自乡土东南亚的视角/阿南·甘加纳潘，中国农业大学学报（社会科学版）.2

20世纪下半叶的欧美人类学理论/[美]谢丽·奥特纳著，何国强译，青海民族研究.2

涵摄中国传统文化，拓展中国人类学研究——评覃德清著《民生与民心——华南紫村壮汉族群的生存境况与精神世界》/龚树排，广西民族研究.2

吴汝康人类学实践中的人观思想及其来源/吴新智　杜靖，青海民族研究.2

应用人类学解决我国民族问题的功能分析/申梦博，内蒙古社会科学.2

略论20世纪法国人类学思想的嬗变/苑国华，青海民族研究.2

"物"的人类学研究/吴兴帜，青海民族研究.2

管窥中国社会科学研究困境的心史视角：《最后的绅士——以费孝通为个案的人类学史研究》书评/冯川，中国农业大学学报（社会科学版）.2

国外审美人类学的发展动态/向丽，国外社会科学.2

人类学仪式研究的理论学派述论/彭文斌　郭建勋，民族学刊.2

作为幻象的图腾制度：读《图腾制度》/吴银玲，西北民族研究.2

追寻那"遥远的目光"：纪念列维—斯特劳斯/张友庭，西北民族研究.2

仪式的研究与社会理论的"混合观"/王铭铭，西北民族研究.2

永不消逝的"神话"/卞思梅，西北民族研究.2

关于人类学文化翻译中的天真与真实/侯豫新，中央民族大学学报.2

"大侦探"列维—斯特劳斯：读《嫉妒的制陶女》/李伟华，西北民族研究.2

读《亚洲和美洲艺术中的裂分表现手法》/罗杨，西北民族研究.2

读《面具之道》/李金花，西北民族研究.2

寻找"高贵的野蛮人"：重拾人的完整/余昕，西北民族研究.2

列维—斯特劳斯的历史观/舒瑜，西北民族研究.2

从王铭铭的《无处非中》看中国人类学的海外事业/赵金虎，西北民族研究.3

政治化中的"土著艺术"：一种人类学的解读：读《抗争的艺术——现代世界的艺术、政治和认同》/王静，西北民族研究.3

非洲人类学：演进、实践与启示/蒋俊，西亚非洲.3

人类学视野下的"游牧文明"/罗康隆　谢景连，北方民族大学学报.3

灾害的人类学研究述评/李永祥，民族研究.3

博尔诺夫对存在主义的人类学批判及其教育意蕴/唐卫平　吴云鹏，青海民族研究.3

形与理：作为非物质文化遗产的口述传统/彭兆荣，云南师范大学学报.3

"文化界定历史"：萨林斯对历史的思考/温春香，世界民族.3

对斯图尔德"跨文化整合"理论的再认识/罗康隆 谭卫华，世界民族.3

全球化视野下的社会凝聚：理论与实践探索/张蕾，世界民族.3

对中国人类学发展总体的检阅：评瞿明安主编《当代中国文化人类学》/蔡家骐，云南民族大学学报.3

"文化民族性"的三种解读理路与情感重构/解丽霞，广西民族研究.3

杜蒙的人类学思想/张金岭，国外社会科学.3

对传统文明渐渐消逝的忧思：评潘年英的人类学笔记《伤心篱笆》/刘慧，中国民族.4

社会学视角下的伊犁草原文化/刘鑫渝，新疆师范大学学报（哲学社会科学版）.4

蒙古族村落社会变迁与民族"双重边缘"阶层的出现：以部分蒙古族村落社会分层现状为例/阿思根等，内蒙古民族大学学报（社会科学版）.4

人类学：巴塔耶通往莫斯的桥梁/支运波，青海民族研究.4

埃德加·莫兰的复杂性思想及其对人类学研究的批判/张连海 [美]约翰·霍根，青海民族研究.4

只要文化存在草原就能够得到保护：人类学学者访谈录之五十六/齐木德道尔吉答 徐杰舜问，广西民族大学学报（哲学社会科学版）.4

人类学视域下的历史时态/彭兆荣 郑向春，厦门大学学报.4

中国象征人类学研究综述/刘婷，贵州民族研究.4

日本归国残留孤儿眷属之社会适应性论析/鞠玉华 岳程楠，世界民族.4

文化学视角下的民族冲突问题研究/敬菁华，人民论坛.4

试论文化民族主义与民族凝聚力/陈圣钢，黑龙江民族丛刊.5

文化与人格研究和心理人类学的方法论剖析：以《菊与刀》与《家元》为例/游国龙，日本学刊.5

图像人类学视野下的西南干旱/马秋晨，贵州民族学院学报（哲学社会科学版）.5

文化人类学中的身体研究及中国经验探讨/章立明，世界民族.5

文化人类学视野下的回汉民族"干亲交往"：以宁夏固原市为例/李静 戴宁宁，宁夏社会科学.5

中国人类学的学术自觉与全球意识/麻国庆，思想战线.5

应用人类学视野中的民国边疆服务运动：以李安宅的相关论述为中心/汪洪亮，思想战线.5

再论作为方法的华南：人类学与政治学的交叉视野/谭同学，思想战线.5

文化人类学视野中的文化产业/马翀伟 晏雄，思想战线.5

广西、中国西南和人类学的区域社会研究：访著名人类学者张江华教授/张江华等，西南民族大学学报（人文社会科学版）.5

当代中国象征人类学研究评述/覃娜娜，中南民族大学学报（人文社会科学版）.5

论民族文化中图像化的整理与研究/闵英，贵州民族研究.5

当前人类学视野中遗产研究的三种范式/龚坚,东南文化.5

"周人尚左"与"右手的优越":中国古代分类体系的人类学解释/张应峰,山东师范大学学报(人文社会科学版).6

论博厄斯的人类学艺术思想:基于《原始艺术》的分析/郑素华,柳州师专学报.6

中西人类学比较/陈刚,黑龙江民族丛刊.6

全球化视角下的中国西部文化多样性:基于边疆与中心地位和作用的新认识/[意大利]Tommaso Previato 张海洋,黑龙江民族丛刊.6

社会学和人类学方法之对于科学史和医学史的应用/[美]席文,清华大学学报(哲学社会科学版).6

从社会人类学的视角阐释宁夏吊庄移民中出现的偏见与歧视现象/马伟华 马伟宁,西北人口.6

文化的生命与力量:费孝通的文化见解/窦存芳,贵州民族研究.6

心性的身体:医学人类学未来的研究引论/[美]西佩·休斯等著,罗文宏等译,思想战线.6

论人类学人观研究的物、人、心之维/李笑频,思想战线.6

中国爱滋病研究中的民族和性别问题/景军 郇建立,广西民族大学学报.6

中国爱滋病防治的人类学研究:社会文化行为的分析/兰林友,广西民族大学学报.6

情绪人类学发展百年综述/马威,世界民族.6

女性公共安全空间探析:以中国西北地区不同民族妇女民间组织为例/徐黎丽 纪婷婷,西南民族大学学报(人文社会科学版).7

人类学的重建和自省:由《学科重建以来的中国人类学》说起/马伟华 胡鸿保,西南民族大学学报(人文社会科学版).10

寻找他者:人类的自我发现之旅/罗安平,西南民族大学学报(人文社会科学版).11

科技人类学的盛会:第16届国际人类学与民族学世界科技人类学专题论坛综述/赵名宇,自然辩证法研究.1

应用人类学最新发展和在中国的实践学术研讨会综述/李文睿 陈刚,民族研究.4

论城市少数民族流动人口的劳动权益保障:以武汉市为例/徐合平,中南民族大学学报(人文社会科学版).1

维吾尔族流动人口特点、存在问题及对策:基于乌鲁木齐市和西安市的调查/阿布都外力·依米提 胡宏伟,中南民族大学学报(人文社会科学版).1

西藏城市化进程中的民族问题及其对策研究/赵君,中国藏学.1

民族地区农地保护与城镇化协调发展问题探讨/李凤梅,广西民族研究.1

少数民族迁移就业的成本和收益与城市民族工作的开展/江曼琦 翁羽,云南社会科学.1

边疆少数民族地区特色城镇化发展道路研究:以云南为例的分析/武友德 王源昌,云南师范大学学报.2

形象与想象:柏林的都市民族学/[德]沃尔夫冈·卡舒巴著,安德明译,民俗研究.2

金融支持西部民族地区城镇化进程/孙光慧,社科纵横.3

略论西部民族地区城市社区文化建设/杨军昌,贵州民族研究.3

西北地区少数民族城市化特点初探/汪春燕,黑龙江民族丛刊.3

新疆"环塔"区域新型城镇化建设的挑战与出路/新疆新型城镇化专题调研组,新疆师范大学学报(哲学社会科学版).4

城市化进程中的民族问题研究综述/马伟华,北方民族大学学报(哲学社会科学版).4

社会资本视角下的少数民族城市化/高永辉,内蒙古社会科学.4

少数民族地区人口城镇化问题研究:以四川藏区为例/沈茂英,西藏研究.5

关于城市民族问题的研究评述/郑信哲　张红,黑龙江民族丛刊.5

论城市化进程与民族地区文化冲突的类型/陈纪,新疆社会科学.5

兵团城镇化进程中的新疆民族关系和谐发展研究/白关峰,兵团党校学报.6

论西部城镇化与民族文化发展的相关性/李艳萍,云南民族大学学报(哲学社会科学版).6

城市化进程中少数民族文化空间保护研究/王建基　高永辉,新疆社会科学.6

少数民族地区城镇化问题研究:以四川藏区为例/沈茂英,西南民族大学学报(人文社会科学版).10

城市化进程中的民族凝聚力研究:概念、结构、意义/郭鹏,西南民族大学学报(人文社会科学版).11

少数民族转制社区居民的归属感研究:以北京M社区为例/唐梅等,西南民族大学学报(人文社会科学版).11

"都市与族群"学术研讨会综述/古妮莎·买买提,西北民族研究.4

阎云翔关于私人生活的研究及其对中国乡村人类学的启示/徐义强,中国农业大学学报(社会科学版).4

国家政策对族际婚姻状况的影响/李晓霞,新疆社会科学.5

20世纪晚期人类学的亲属研究/[美]迈克尔·G.佩勒兹著,王天玉等译,广西民族大学学报.1

从家庭继承方式看裕固族与哈萨克族文化差异/林红,新疆师范大学学报(哲学社会科学版).2

少数民族地区事实婚姻的效力问题初论/穆清,青海民族研究.1

社会转型期宁夏农村回族离婚问题初探:以同心县韦州镇为例/马晓娟　高石钢,宁夏师范学院学报.2

土默特蒙古族择偶的现状与变迁:基于内蒙古西部村落的调查/靳一萌,黑龙江民族丛刊.2

维吾尔族妇女婚居模式及婚姻家庭关系:基于新疆喀什地区S县A村的调查研究/冯雪红,吉首大学学报(社会科学版).5

维吾尔族妇女婚姻观镜像:基于新疆喀什地区S县A村的调查/冯雪红,兰州大学学报(社会科学版).5

从族际通婚看当代屯堡人与当地少数民族的关系/吴晓萍　蒋桂东,贵州民族研究.6

"作为文化的组织"的人类学研究实践：中国三个地区女性性服务者群体特征之比较及艾滋病/性病预防干预建议/李飞　庄孔韶，广西民族大学学报.2

关于迁入城市少数民族弱势群体生存现状的制度分析：以贵阳市少数民族背篼流动性非正规就业为例/王明黔，贵州民族研究.2

新疆高校少数民族毕业生择业意向调查分析/吐尔逊娜依·赛买提，中国民族.2

西部贫困山区农村居民消费问题研究：以乌江流域民族地区为例/熊正贤　吴黎围，贵州民族研究.6

西藏村庄迁移与社区重建：扎囊县拉其乡德吉新村的案例调查/杨明洪，民族学刊.1

藏北牧区定居点向村落变迁初探：以那曲县达嘎多、宗热格两村为例/郎维伟　赵书彬，西藏研究.6

反贫困视角下内蒙古农牧区医疗救助体系的构建与完善/张春梅，阴山学刊.1

民族地区新农合建设的社会功能研究：以内蒙古自治区为例/云秀清，阴山学刊.1

民族地区农牧民参加新型农村合作医疗的意愿及影响因素分析：基于肃南裕固族自治县的调查/刘荣，北方民族大学学报.3

贵州苗族地区留守老人问题研究/桂海君，贵州大学学报（社会科学版）.2

"社会性别视角下少数民族老龄化问题研究学术研讨会"综述/杨国才，妇女研究论丛.5

少数民族农村妇女流动对婚育的影响：以广西融水为例/蔡慧玲，云南民族大学学报.2

近年国内少数民族妇女参政研究综述/张翠，云南民族大学学报.2

湖南瑶族村落妇女生育健康中的公共卫生服务/杨卫玲，云南民族大学学报（哲学社会科学版）.6

民族地区农村妇女就业结构的思考：以宁夏为例/张雅琦　郭亚莉，社科纵横.9

我国少数民族农村社区的社会保障统筹研究：以剌尔滨鄂伦春族为例/李文祥，社会科学战线.2

青藏高原农牧区社会保障制度现状、问题与发展/武国亮等，大连民族学院学报.4

一个苗族村落的老龄人群社会保障传统支持网络及其变迁/贾仲益　赵建利，中央民族大学学报（哲学社会科学版）.4

人口较少民族地区新型农村养老保障制度建设探索："肃南计划生育家庭优先模式"的调查/郭志仪　金文俊，甘肃社会科学.6

区域差异视野下的艾滋病社区防治经验：云南L县之个案研究/余晓燕，社会.6

乡村少数民族社区的制度建设研究/张金鹏，宁夏大学学报（人文社会科学版）.5

我国农村民族社区基本公共服务问题研究/胡阳全，云南民族大学学报（哲学社会科学版）.6

论西南民族地区基层公共服务系统建设/韦正富　李敬，云南民族大学学报（哲学社会科学版）.6

传统社会发展动力理论的再审视及民族学意义反思/岳天明，西北民族研究.1

海外民族志：发展中国社会科学的一个路途/高丙中，西北民族研究.1

民族志书写：中国人理解海外社会的突破口/康敏，西北民族研究.1

新世纪民族意识研究新动向新观点述评/贾东海,西北民族研究.1

我国民族社会学经验研究的现状与反思：基于1998—2007年120篇经验研究论文的内容分析/赵锦山,延边大学学报.1

金沙江流域多民族聚居村落的民族关系考察：以丽江鲁南行政村为例/和万传　杨林军,楚雄师范学院学报.1

族群认同与族群性研究：兼论对中国民族问题研究的意义/祁进玉,青海民族研究.1

试谈民族调查活动中的语言转述问题/吴臣霞,贵州民族学院学报.1

现实抑或理想纲领：关于"中华民族多元一体格局"说的思考/姚新勇,民族艺术.1

边民主义与跨界民族主义：以中国西南边疆为研究对象/何跃,云南民族大学学报.1

族际通婚对族群认同的影响：以贵德县加莫台村为个案/李丽琴,青海民族大学学报.1

中华民族认同与国家建构：评《从多元走向一体：中华民族论》/常安,湖北民族学院学报.1

资源博弈过程中的民族性要素/陈庆德,北方民族大学学报.1

边疆·边界·边域：关于跨国民族研究的视角问题/邹吉忠,中央民族大学学报.1

经济文化类型：从"原生态型"到"市场型"——对中国少数民族城市移民的新探讨/张继焦,思想战线.1

以人为本理念下的中国少数民族发展权/韩小兵　喜饶尼玛,中央民族大学学报.1

属下能说话吗："诉苦文类"的民族志批评/马丹丹,社会（上海）.1

论"少数人"概念的界定/吴双全,兰州大学学报.1

中国各民族成员高度认同中华民族的理论探析/艾尔肯·吾麦尔　戚甫娟,喀什师范学院学报.1

岭南民族融合与经济文化类型嬗变研究/严雪晴,广西民族研究.1

李绍明先生对重建中国民族学人类学的贡献/胡鸿保等,西南民族大学学报（人文社会科学版）.1

叩响历史与山野的回音：李绍明民族学思想研究/王菊,西南民族大学学报（人文社会科学版）.1

南疆族群认同根源另类探析/热米娜·肖凯提,西南民族大学学报（人文社会科学版）.1

民族主义与爱国主义关系研究述评/李乐,黑龙江民族丛刊.1

华夏—汉族、中华民族与中华人民/都永浩,黑龙江民族丛刊.1

新疆南疆地区青少年国家认同影响因素实证研究/常宝宁,新疆社会科学.1

民国时期西南民族的识别与分类/朱映占,思想战线.2

抗战时期西南民族学"一枝独秀"现象探析/徐勤山　杨顺清,贵州民族学院学报（哲学社会科学版）.2

民国时期期刊《康藏前锋》的价值及文献计量分析/姚乐野　秦慧,贵州民族研究.2

新时期民族问题研究二三题/穆赤·云登嘉措,青海民族大学学报（社会科学版）.2

多民族中国政治合法性的文化基础构建/张文静　杜军,广西民族研究.2

民族团结教育中社会心态的调节与生成/马进，北方民族大学学报 .2
族群理论及其在我国应用的反思/陈心林，青海民族研究 .2
激情与困顿：中国民族学人类学本土化与国际化的反思/哈正利，中国民族 .2
民族认同的精神文化内涵/栗志刚，世界民族 .2
近代中国民族主义理论的生成与外来关键性因素/张淑娟，世界民族 .2
抗战时期的四川民族学研究/聂蒲生，黑龙江民族丛刊 .2
中国的族群关系/［澳大利亚］科林·麦克拉斯著，李健译，西北民族研究 .2
社会记忆与族群认同：潭溪社区的实证研究/陈心林，贵州民族学院学报（哲学社会科学版）.3
民族学与社会学之战及其终结？——一位人类学家的札记与评论/王铭铭，思想战线 .3
中国民族社会结构："民族分层"抑或"民族内部分层"/陈怀川，广西民族研究 .3
族群动员：一个化族裔认同为工具的族际政治理论/严庆，广西民族研究 .3
民族关系监测评价模型及其信息处理研究/张劲松，中南民族大学学报 .3
国家政权强力推动下的民族地区城乡均衡发展/李秉文，云南社会科学 .3
民族社会学视角下的西方多元文化主义研究/高永久　高永辉，中南民族大学学报 .3
我国早期民族学家在川南叙永苗族地区的田野调查/刘芳，广西民族研究 .4
费孝通先生与"武陵民族走廊"研究/黄柏权，中南民族大学学报（人文社会科学版）.4
民族关系监测预警的实践策略和保障机制研究/张劲松，贵州民族研究 .4
近现代社会变迁与民族关系/路宪民，世界民族 .4
"多元一体"与"一体多支"：从中华民族构成看民族团结/傅永聚，石河子大学学报（哲学社会科学版）.5
我国民族学研究领域学者、机构和地区的学术影响：基于 CSSCI（2005—2006 年）数据的分析/纳巨峰　王江，西南民族大学学报（人文社会科学版）.5
我国民族学 2005—2006 年的研究热点：基于 CSSCI 关键词的分析/徐莉　翟桂叶，西南民族大学学报（人文社会科学版）.5
近十年我国人口较少民族研究述评（1999 年—2008 年）：基于 CNKI 期刊的统计分析/姚丽娟　郝春媛，中央民族大学学报（哲学社会科学版）.5
关于当前民族问题研究的若干认识的思考/陈怀川，西南民族大学学报（哲学社会科学版）.6
当前中国民族理论研究应坚持的路径和方向/熊坤新，中央民族大学学报（哲学社会科学版）.6
WTO 总干事任命运作机制的人类学研究/于岩妍，中南民族大学学报（人文社会科学版）.6
论中国特色散杂居民族理论的形成和发展/李安辉，中南民族大学学报（人文社会科学版）.6
走出祖荫：六十年后的西镇人/韩忠太，民族研究 .6

蒙古国民族学家 S. 巴达姆哈坦与蒙古国现代民族国家的学术建构/黄莹, 西北民族大学学报（哲学社会科学版）.6

论李绍明先生的藏彝走廊研究观/木仕华, 西南民族大学学报（人文社会科学版）.8

区域民族学与李绍明先生的中国西南研究/张原, 西南民族大学学报（人文社会科学版）.8

情系西南民族五十载：写在李绍明先生逝世周年之际/孙宏开, 西南民族大学学报（人文社会科学版）.8

现代化与西南少数民族：李绍明美国西雅图华盛顿大学讲座（三）/李绍明, 西南民族大学学报（人文社会科学版）.8

叶长青康藏民族学研究综述/申晓虎 陈建明, 西南民族大学学报（人文社会科学版）.10

中国近代知识分子与边疆民族研究：以任乃强先生为个案的学科史讨论/王建民, 西南民族大学学报（人文社会科学版）.10

民族协调发展：我国当前民族发展理论的新概括/吴琼, 新疆大学学报（哲学·人文社会科学版）.2

物的民族志述评/彭兆荣, 世界民族.1

新年寄语/郝时远, 世界民族.1

论马克思主义民族理论中国化的历史发展：从经典作家民族理论到"中国模式"/张三南, 民族研究.1

关于民族问题的两重属性：三十年来民族问题概念广义、狭义之争的学理反思/龚永辉, 民族研究.1

民族概念三题/叶江, 民族研究.1

论国家认同、民族认同及文化认同——一种基于历史哲学的分析与思考/韩震, 北京师范大学学报.1

国际法之民族自决原则适用探析/于沄, 社会科学辑刊.1

论民族的两种基本类型/周平, 云南行政学院学报.1

"天下"观念与中国民族团结意识的建设/孔兆政 张毅, 中南大学学报（社会科学版）.1

民族自决理论及其中国实践/邓立群, 广西民族研究.1

新中国民族理论研究特色论：构建中国民族理论话语体系研究系列之一/黄仲盈, 广西民族研究.1

民族学期刊发展的历史回顾：写在《民族学刊》创刊之际/王建民, 民族学刊.1

以言行事与符号"仿真"：民族与族群理论的实践话语/纳日碧力戈, 民族学刊.1

人类学研究的范式交叉与民族志创作/张金岭, 云南社会科学.1

林耀华对当代中国人类学所作贡献再认识：在林耀华先生诞辰一百周年纪念会上的讲话/郑杭生, 广西民族大学学报.2

当代民族志的地方表述/彭兆荣 闫玉, 贵州民族学院学报（哲学社会科学版）.2

民族三元观/纳日碧力戈, 贵州民族学院学报（哲学社会科学版）.2

国家、民族与疆域：如何研究中国古代疆域史/张永江，中国边疆史地研究．2

马克思主义中国化与民族概念在我国的历史演变：构建中国民族理论话语体系研究之二/黄仲盈，广西民族研究．2

林耀华与中国西南民族研究：为纪念林耀华百年诞辰而作/潘守永等，广西民族大学学报．2

"交往行为理论"语境下的"民族"概念/刘荣清，世界民族．2

田野工作方法新境界：实证主义与人文精神的融合/刘谦，广西民族大学学报．2

论民族的观念性/都永浩，黑龙江民族丛刊．2

新中国60年民族概念理论的发展：新中国60年民族理论发展系列论文之二/金炳镐 栾爱峰 李泰周，黑龙江民族丛刊．2

新中国60年民族实体理论的发展：新中国60年民族理论发展系列论文之三/吴敏 秉浩 毕跃光，黑龙江民族丛刊．2

新中国60年民族发展理论的发展：新中国60年民族理论发展系列论文之四/肖锐 金浩，黑龙江民族丛刊．2

中国马克思主义民族理论研究的集大成：金炳镐民族理论著作评述/红梅，黑龙江民族丛刊．2

费孝通先生的民族理论/周星，内蒙古大学艺术学院学报．2

从"中华民族多元一体格局"到"共生互补"/沈再新，湖北民族学院学报（哲学社会科学版）．3

关于"民族"与"族群"概念的反思/何菊，湖北民族学院学报（哲学社会科学版）．3

全球化背景下的中华民族伦理认同/王传峰，贵州民族研究．3

民族认同与国家认同之比较/张宝成，贵州民族研究．3

公民道德建设中的民族认同与国家认同相统一探析/吴玉敏，青海师范大学学报（哲学社会科学版）．3

马克思对人类学唯物主义的超越及其理论意义/唐正东，马克思主义与现实．3

马克思主义民族理论中国化早期进程研究综述/孙军等，满族研究．3

马克思主义民族理论中国化历史进程的规律性探讨/金炳镐 孙军，满族研究．3

认同与承认：基于西方相关政治理论的思考/陈建樾，民族研究．3

论中国特色马克思主义民族观的新内涵/马玉堂，西北民族大学学报（哲学社会科学版）．3

我国现阶段不宜提"促进民族融合"/金炳镐 毕跃光，西北民族大学学报（哲学社会科学版）．3

中国特色社会主义民族理论的新发展/熊坤新等，西北民族大学学报（哲学社会科学版）．3

国家认同的建构：从边疆民族跨国流动视角的讨论/何明，云南师范大学学报．4

世界遗产与民族国家认同/马翀炜，云南师范大学学报．4

父子两辈的民族调查与研究：石建中访谈录/石建中 潘守永等，民族工作研究．4

中国化马克思主义民族观探源/唐建兵，郑州大学学报（哲学社会科学版）.4
民族志书写的自反性与真实性/田甲丙，西北民族大学学报（哲学社会科学版）.4
在国家与民族认同之间/彭兆荣，北方民族大学学报（哲学社会科学版）.4
族群与国家：文化的想象与公民的认同/邱守刚，北方民族大学学报（哲学社会科学版）.4
公共知识："文化族群"/"国家民族"与公民/李春霞，北方民族大学学报（哲学社会科学版）.4
交流与表征：民族性、民族主义与本土化/张春梅，黑龙江民族丛刊.4
中国各民族的政治认同：一个超级共同体的建设/纳日碧力戈，广西民族大学学报（哲学社会科学版）.4
试论新形势下民族高校马克思主义民族观教育/王伟　卫俊栋，民族教育研究.4
论多民族国家协调发展的政治基础/贺金瑞，中央民族大学学报（哲学社会科学版）.4
论发展民族关系与构建和谐社会/李大健，中央民族大学学报（哲学社会科学版）.4
对我国民族学/人类学研究生教学中知识与技能培养的思考/彭兆荣，中央民族大学学报（哲学社会科学版）.4
图像：人类学田野工作记录方式的视觉化倾向/徐红梅，世界民族.4
"民族"的边界与认同：以新宾满族自治县为例/刘正爱，民族研究.4
马克思实践唯物主义视域中的文化及其民族性/张春霞，内蒙古社会科学.5
论民族意识与民族主义的关系/张建军　李乐，新疆大学学报（哲学·人文社会科学版）.5
人类学他者与殖民主义：以日本人类学在"满洲"为例/刘正爱，世界民族.5
整体生存伦理与民族志实践/张佩国，广西民族大学学报（哲学社会科学版）.5
纪念·继承·发展：纪念费孝通、林耀华诞辰100周年暨民族学中国学派理论与方法学术研讨/陈理等，广西民族大学学报（哲学社会科学版）.5
哲思、继承与践理：费孝通先生的瑶山心愿和后生晚辈的信步追访/谷家荣，中央民族大学学报（哲学社会科学版）.6
从《古代社会》看摩尔根对民族学的贡献/郭玮，贵州民族研究.6
我国民族理论研究范式的竞存与创新/刘闽　吕永红，新疆大学学报（哲学·人文社会科学版）.6
田野民族志与中国人类学的发展：纪念费孝通、林耀华先生100周年诞辰/王建民，中南民族大学学报（人文社会科学版）.6
中国早期共产党人对马克思主义民族理论的传播与运用/张世飞，民族研究.6
加强对"中华国族"的核心认同/邱永君，理论视野.6
理性选择理论与民族研究辨析：基于自由民族主义的政治学分析/刘永刚，世界民族.6
略论人类学研究的空间转向/尤小菊，西南民族大学学报（人文社会科学版）.8
民族认同和国家认同研究综述/苏昊，民族论坛.8
慎用"族群"：族群研究的中国语境思考/宁华宗，西南民族大学学报（人文社会科学

版）.9

从多元走向一体：民族关系演变中的共生学取向/袁年兴，学术月刊（上海）.9

新世纪中国民族理论发展略要：基于相关文献研读的讨论和评述/于春洋　郭文雅，西南民族大学学报（人文社会科学版）.11

略论我国民族理论研究的发展与创新/来仪，西南民族大学学报（人文社会科学版）.11

论国家认同与民族（族群）认同的共生性/金志远，前沿.19

"民族"、"族群"概念研究及理论维度/常宝，世界民族.3

"民族—宗教问题"：概念、类型和实质/廖杨，世界民族.3

从"民族"与"族群"之争看中国民族理论研究的价值取向：构建中国民族理论话语体系研究之三/黄仲盈，广西民族研究.4

人类学方法在历史研究中的运用：以《蒙塔尤》为个案的分析/章衍，史学理论研究.1

跨文化交际研究中的民族社会学视角/梁改萍　冯小钉，荆楚理工学院学报.1

族群表述：生态文明的人类学意义/徐新建，北方民族大学学报.3

人口人类学若干理论问题：基于与民族人口学的比较分析/吕昭河　晏月平，北方民族大学学报（哲学社会科学版）.4

现代化进程中的民族政治整合及其适度性/高永久　柳建文，南开学报（哲学社会科学版）.5

国家权力与少数民族的自我发展/范瑞青，云南社会科学.6

宗教与民族的双重性关系/王萌　冯平，中国宗教.12

20世纪上半叶美国的中国民族主义研究/韦磊　刘颖，世界民族.2

人类学中国乡村学派初论：从费孝通林耀华先生百年诞辰谈起/徐杰舜，学术探索.6

共存与共赢：民族共生发展模式的构建与实践/袁年兴　谭晓静，新疆社会科学.1

西藏现代化过程中应关注和研究的问题/格勒　罗布江村，西南民族大学学报.4

试论城市少数民族流动人口的物质生活贫困问题/汤夺先，西南民族大学学报.4

华夏—汉族、中华民族与中国人/都永浩，民族工作研究.4

跨国民族流动与国家认同构建：以云南省文山州马关县箐脚村苗族为例/郑宇　曾静，北方民族大学学报（哲学社会科学版）.4

民族理论创新发展历程的梳理总结：第四届全国民族理论研究生学术研讨会综述/陆鹏　肖锐，青海民族研究.2

"2010民族宗教问题高层论坛暨中国宗教学会年会"学术研讨会综述/马桂芬，世界宗教研究.4

2010·中国西部民族学人类学论坛综述/王雪梅等，民族研究.5

2010年民族宗教问题高层论坛观点综述/梁皓然，西北民族大学学报（哲学社会科学版）.5

中国民族学学会第七届全国会员代表大会暨"少数民族与中华民族的复兴"学术研讨会综述/李然，中南民族大学学报（人文社会科学版）.6

首届中国人类学民族学学科负责人联席会议综述/黄锦　刘初明，广西民族大学学报.6

中国世界民族学会第九届会员代表大会暨学术讨论会综述/包胜利,世界民族.6
西方话语中的民族主义解析/宋荣超　严庆,贵州民族研究.1
"民族社会问题"涵义探讨/陈纪,广西民族研究.2
民族关系影响因素的社会调查：以循化撒拉族自治县起台堡村为例/白绍业,青海民族研究.2
论民族关系的本质及其奋斗目标/王英,青海民族研究.2
主族控制下的族群杂居村落：权力的文化网络视角/张和清,社会（上海）.2
族际伦理：民族关系研究的伦理学视野/蒋颖荣,思想战线.3
论大都市人的族群意识：以上海人个案为例/巫达,思想战线.3
论西北少数民族日常交往的民族群体心态/马进　武晓红,甘肃社会科学.3
边疆治理视野中的民族认同与国家认同研究探析/李崇林,新疆社会科学.4
云南人口较少民族社会发展的结构性差异与文化变迁/李晓斌　周真刚,中央民族大学学报（哲学社会科学版）.5
费孝通先生与少数民族的不解情怀：兼论费先生的金秀堂情结/覃录辉,中央民族大学学报（哲学社会科学版）.6
论以民族关系和谐促进社会和谐/李大健,黑龙江民族丛刊.6
佤族、布朗族、德昂族民族关系初探/杨竹芬,边疆经济与文化.7
从现实生存到文化生存：试论人口较少民族现代化问题的研究范式/黄娟,西南民族大学学报（人文社会科学版）.11
"多元统一"：欧洲认同的极限/洪霞,世界民族,1
当代台湾的"族群想象"与"族群意识"/沈惠平,贵州民族研究.1
民族自治村成立中的多方力量博弈：兼论民族认同意识衰落的历史根源/唐胡浩　杨光宗,湖北民族学院学报.1
中国人的民族性与孔子的典范人格/简涛,民俗研究.1
边疆民族心理及其边疆社会稳定的影响/高静文,新疆大学学报（哲学·人文社会科学版）.2
"民族性格"及其特点的辩证解析/赵荣　张宏莉,黑龙江民族丛刊.2
中华民族的共同文化与"黄帝崇拜"的族群狭隘性/马戎,西北民族研究.2
读《为什么餐厅里的黑人孩子都坐在一起》：兼论该书对构建中国和谐族群关系的启示/阳妙艳　常宝,西北民族研究.2
中国的民族识别及其理论构建/祁进玉,中央民族大学学报.2
历史记忆与族群认同：对鄂西南一个移民村落的历史人类学考察/李滨利　谭志满,湖北民族学院学报（哲学社会科学版）.3
边疆民族心理是边疆社会稳定的深层因素/赵璇　高静文,西北民族研究.3
少数民族流动人口的心理问题及其调适/汤夺先等,贵州民族研究.3
论网络民族情绪的宣泄与疏导/王红曼,云南民族大学学报.3
略论近代民族意识的形成与影响/张翠仙　郝保权,甘肃社会科学.3

种族特征、种族意识与族性认同：一个批判性的考察/曹丽，云南师范大学学报.4

新农村建设中少数民族的认同心理分析：以云南省维西县塔城村为例/罗强强，湖北民族学院学报（哲学社会科学版）.4

记忆、身份与认同：滇越跨境民族心理调查/谷家荣，吉首大学学报（社会科学版）.4

少数民族的公民意识与国家认同/吴钦敏，贵州民族研究.4

从族群到民族：地方认同与国家分类的博弈与互惠——潭溪社区的实证研究/陈心林，中南民族大学学报（人文社会科学版）.6

论少数民族成员公民意识的提升/左岫仙，黑龙江民族丛刊.6

对增强"四个认同"的几点思考/郑军辉，中国民族.12

中国南方跨国民族地区发展中的现实问题及其前瞻讨论/周建新 覃美娟，广西民族研究.2

积极促进以加强民族团结为重要内容的国民团结/郭永辉，新疆师范大学学报（哲学社会科学版）.4

论西北少数民族日常交往的同情心态/马进 武晓红，西南民族大学学报（人文社会科学版）.7

植物栽培：壮泰族群同源与分化的佐证/黄兴球，东南亚纵横.12

我国民族学研究状况分析：基于CSSCI（2000—2008）数据/严明，民族学刊.1

桂西北少数民族专题数据库建设研究/谭黔林，河池学院学报.4

文化适应：理论及测量与研究方法/杨宝琰 万明钢，世界民族.4

中华民族文化的多样性、同一性与互补性/何星亮，思想战线.1

民族文化的制度含义/梁碧波，广西民族大学学报.1

刍议西部民族地区文化保护与发展之"封闭式"发展观/刘学武 王新民，西北民族大学学报（哲学社会科学版）.2

对当代文化变迁特征与中国民族文化"全球化"的思考/冯瑞，新疆大学学报（哲学·人文社会科学版）.2

全球化语境下民族文化的传承问题/刘慧群，吉首大学学报（社会科学版）.2

以科学发展观推进民族地区非物质文化遗产传承和保护工作/王光荣，广西师范学院学报.2

少数民族狩猎文化保护区的制度设计/韩玉斌，内蒙古民族大学学报（社会科学版）.2

市场化与少数民族文化建设/吕洋，内蒙古民族大学学报.3

民族地区文化软实力提升策略研究/张琰飞，吉首大学学报（社会科学版）.3

理解少数民族文化：少数民族传统文化中的思维方式探析/刘招明，青海民族研究.3

民族民间文艺知识产权保护的制度设计：评价与反思/严永和，民族研究.3

少数民族文化需求回应机制与文化治理/陈路芳，云南社会科学.4

论文化传统的"体制锁定"与民族地区的现代化/张昭国 李红梅，黑龙江民族丛刊.4

关于全球化背景下民族文化生存观点的考察/王瑜卿，黑龙江民族丛刊.4

民族地方性知识的隐性表象及其显性化/欧阳佩瑾，铜仁学院学报.4

试论我国少数民族文化中的可持续发展思想/李忠斌　李杰　文晓国,黑龙江民族丛刊.4

论民族文化生态及其评估指标/施惟达　肖青,思想战线.5

文化民族主义与自由主义之比较：以近代中国为例/王春风,贵州民族研究.5

文化核心与民族认同的思辨：兼议亨廷顿的"文明冲突论"/张立军,内蒙古民族大学学报（社会科学版）.6

中韩民族文化遗产保护与利用的措施比较/张世均　刘兴全,西南民族大学学报（人文社会科学版）.7

发展我国少数民族文化的举措/徐金安,人民论坛.10

意义之维中的民族地区乡村文化产业/李德建　马翀炜,贵州社会科学.11

通过现代科学手段保存游牧文化：对话四川省民族研究所副所长李锦/石维斌等,中国民族.12

发挥学科优势　突出地域特色　努力为自治区东部经济社会发展做贡献："内蒙古东部经济历史文化研究基地"建设及思考/王顶柱,内蒙古民族大学学报.3

跨文化比较视野下的欧洲多元文化与蒙古族游牧文化初探/乌冉,内蒙古民族大学学报（社会科学版）.5

关于草原文化发展战略的几点看法/王福革,大连民族学院学报.6

民族文化产业发展与区域发展：以延边地区为例/边永奉,满族研究.4

丝绸之路与中西文化交流/张国刚,西域研究.1

宁夏回族文化旅游资源开发的SWOT分析/马东跃,中央民族大学学报.1

热贡文化生态保护区建设问题探析/杨自沿　仲新春,青海社会科学.3

浅谈青海省非物质文化遗产及保护问题/刘真,青海师范大学学报（哲学社会科学版）.4

试论新疆的文化多样性/张付新　谢贵平,西北民族大学学报.1

清末民初哈密人精神社会的日常呈现/刘海燕,新疆大学学报（哲学·人文社会科学版）.4

文化转型视野下的环塔里木民族文化认同/肖涛　高汝东,新疆社会科学.4

地域特征　民族本质　世界背景：岭南文化研究的三个维度/郭杰,华南师范大学学报.6

台湾地区原住民族非物质文化遗产权利保护立法评介/丁丽瑛,台湾研究.2

论茶马古道上的民族茶文化交流与和谐之美/蒋文中等,楚雄师范学院学报.1

民族文化的生态性与文化生态失衡：以西南地区民族文化为例/林庆,云南民族大学学报.2

从黔东南苗侗民族文化的传承现状看民族文化的发展观/张国栋　巴登尼玛,贵州民族研究.3

贵州少数民族聚落文化研究/赵星,贵州民族研究.3

民族文化村寨中的非物质文化遗产保护研究：以地扪生态博物馆为个案/尤小菊,贵州大学学报（社会科学版）.3

民族地区非物质文化遗产现状调查：以黔东南州丹寨县为例/余世明等，贵州大学学报（社会科学版）.3

云南少数民族非物质文化遗产传承模式构想/普丽春，云南民族大学学报.1

云南文化生态实验区建设启示/杨金杰，民族艺术研究.2

民族文化资本化与民族村寨社会转型：以云南为例/覃雪梅，思想战线.3

多元民族文化共生与云南和谐社会构建/张祖林，云南民族大学学报（哲学社会科学版）.5

云南民族传统文化保护区建设的理论与实践/熊正益，民族艺术研究.5

大理文化遗产保护现状与对策研究/安学斌　曹志杰，贵州民族研究.6

西藏非物质文化遗产保护中的问题与对策/马宁，西藏民族学院学报（哲学社会科学版）.3

西藏文化产业发展探索/李春华，西藏研究.3

新媒体语境下西藏非物质文化遗产的数字化保护与传承探究/常凌翀，西南民族大学学报（人文社会科学版）.11

在包容多元中促进公民身份认同建构：比较视野中的新加坡多元文化政治实践/常士闇，世界民族.6

网络技术对少数民族语言文化的影响/乌娜姬，中国民族.1

新疆少数民族大学生信息素养现状及培养对策/赵建基　石咏梅，四川图书馆学报.2

传媒对世界民族问题研究的导向作用/刘增林，中国民族.11

辽宁新宾满族自治县信息传播状况调查/刘海贵等，满族研究.2

媒介融合与少数民族地区广播电视发展/范文德，中国广播电视学刊.6

河西走廊民族聚集区域广电业适应性对策探究/李欣，中国广播电视学刊.6

从少数民族特色电视节目看民族文化的有效传播/李克，中国广播电视学刊.6

民族地区舆论传播策略研究/刘俭云，中国广播电视学刊.6

大众传播媒介对牧民的影响分析：以当雄县当曲卡镇、公塘乡为例/次旺卓玛等，西藏大学学报（社会科学版）.3

抓住历史机遇，致力于"少数民族新闻学"学科建设/周德仓，西藏民族学院学报（哲学社会科学版）.5

近20年来回族报刊研究综述/刘莉，回族研究.2

近代回族报刊与回族社会现代化意识的交互关系/张琴，青海民族研究.2

近代北京回族报刊与民族问题/韩晶，甘肃社会科学.2

清末民初少数民族文字"白话报"初解/周德仓　刘新利，西藏大学学报（社会科学版）.3

民国时期回族报刊文献《晨熹》：兼谈其内容与特色/刘莉，北方民族大学学报.1

1950年后中文穆斯林报刊统计表/马博忠，回族研究.2

少数民族文化汉文图书出版的重要性及其政策支持/李志荣，中国民族.5

浅谈民族院校图书馆的资源数据库建设与服务/覃熙，四川图书馆学报.4

西藏地区信息资源共建共享研究综述/张淼，西藏民族学院学报.1
中国古人类学早期传入的背景与过程/杜靖，青海民族研究.4
贵州荔波现代水族体质研究/李法军　李云霞　张振江，人类学学报.2
贵州侗族体质人类学研究/杨秀海等，人类学学报.2
中国云南白族和新疆维族7个Y-STR基因座的遗传多态性/黄艳梅等，人类学学报.2
体质、生态与文化：对福建省罗源县八井村畲族体质的个案研究/张实，人类学学报.2
贵州苗族、水族10对遗传性状的基因频率/张庆忠等，人类学学报.2
中国莽人、僜人、珞巴族与门巴族Heath-Carter法体型研究/郑连斌等，人类学学报.2
四川彝族成人手长、手宽和指长推断身高及性别判别的研究/木尔扯尔等，人类学学报.2
布依族人手的应用人类学研究/骆文斌等，人类学学报.2
广西京族体质人类学研究/廖彦博等，人类学学报.2
中国朝鲜族DXS7132、DXS6854和GATA31E08基因座遗传多态性/张永吉等，人类学学报.2
身体的多元表达：身体人类学的思考/麻国庆，广西民族大学学报（哲学社会科学版）.3
试论古代蒙古法中的生态环境保护/阿茹罕，内蒙古民族大学学报.1
云南少数民族传统文化中的生态伦理观/者丽艳，云南民族大学学报.1
论外来物种引入之生态后果与初衷的背离：以"改土归流"后贵州麻山地区生态退变史为例/杨庭硕，云南师范大学学报.1
生态人类学理论及其对农村学校布局调整的启示：延边朝鲜族自治州朝鲜族教育为例/申春善，延边大学学报.1
社会民俗与生态环境变迁的个案研究：以额勒苏台嘎查为例/孟和套格套，青海民族研究.1
近二十年来我国民族文化生态研究综述/龙运荣　李技文，贵州民族学院学报.1
甘肃南部林区族群生存文化的生态人类学研究：以舟曲县3个藏汉村寨为例/马宁，西藏研究.1
论苗族传统生态知识在区域生态维护中的价值：以贵州麻山为例/罗康隆，思想战线.2
贵州民族地区生态文明建设的理论与实践探索/李波，贵州大学学报（社会科学版）.2
高原藏区生态法治基本原则新探：基于藏族传统生态文明的视角/吕志祥　刘嘉尧，西藏民族学院学报.2
草原生态建设补偿机制研究：问题、成因、对策/孟慧君　程秀丽，内蒙古大学学报（哲学社会科学版）.2
草原生态重建的国家补偿/李晓惠　滕有正，内蒙古大学学报（哲学社会科学版）.2
基于聚类分析的内蒙古草原生态经济系统综合评价/巩芳等，内蒙古大学学报（哲学社会科学版）.2
气候灾变与乡土应对：龙脊壮族的传统生态知识/付广华，广西民族研究.2

论民族文化与生态系统的耦合运行/罗康隆,青海民族研究.2

原生态智慧的"他者"想像与文化多样性/李霞,青海民族研究.2

我国民族地区生态经济实现模式研究/杨玉文 李慧明,内蒙古社会科学.2

内蒙古草原生态劣化的深层生态学思考/布和朝鲁 马桂英,内蒙古师范大学学报.2

草原生态文化与生态文明建设/原丽红,内蒙古师范大学学报.2

民族的环境取向与地方性的生态认知/管彦波,中国农业大学学报(社会科学版).2

生态人类学思想述评/张曦,云南民族大学学报.2

试论加强生态文明建设对构建和谐内蒙古的重要意义/查干巴拉,内蒙古民族大学学报(社会科学版).2

论"原生态"的原生形貌/彭兆荣,贵州社会科学.3

确立藏族聚居区特色生态法治基本原则的路径选择/刘嘉尧 吕志祥,青海民族大学学报.3

地方性生态知识对区域生态资源维护与利用的价值/罗康隆,中南民族大学学报.3

外来生态知识的双重效用:来自广西龙胜县龙脊壮族的田野经验/付广华,中南民族大学学报.3

民族文化资源开发与生态文明建设联动的研究:贵州雷山县生态文明建设联动的思考/陈旖 邓玲,西南民族大学学报.4

蒙古族"约孙"的生态价值诠释:基于低碳和绿色发展的法理思考/黄华均,新疆大学学报(哲学·人文社会科学版).4

少数民族生态伦理思想的文化功能与现代价值/陈旭,新疆社会科学.4

西方生态人类学的发展过程与未来趋势/平锋,甘肃社会科学.4

脆弱性研究中生态学与人类学的视角对比/李方一 赵晓彤,中央民族大学学报(哲学社会科学版).4

试析傈僳族传统生态文化及其现代价值/李智环,教育文化论坛.5

生态哲学:从"实体中心论"走向"虚体中心论":以中国少数民族生态文化为视点/廖国强,思想战线.5

近三十年来云贵高原生态变迁研究综述:兼论民族地方性生态知识的价值/马国君,贵州民族研究.6

古代北方民族生态伦理思想的多元解读/安丰军,中央民族大学学报(哲学社会科学版).6

全球生态赤字背景下的内蒙古生态承载力与发展力研究/路战远,内蒙古社会科学.6

跨文化视野中的人类生态安全观:基于中国少数民族生态文化的分析/罗康隆,云南社会科学.6

论阿尔泰山区游牧民生计系统中蕴含的生态知识/南快莫德格,新疆社会科学.6

试论研究少数民族生态伦理思想的价值/刘东英,边疆经济与文化.7

试论赫哲族生态游的内涵及逻辑起点/郭晓勋,学术交流.10

生态人类学视野中的西南干旱:以云南旱灾为例/曾少聪,贵州社会科学.11

剧变的草原与牧民的栖居:一项来自内蒙古的环境人类学研究/张雯,开发时代.11

地方性医药知识传承模式及其内在机制与特点:以湘西苏竹村为个案/梁正海 马娟,吉首大学学报(社会科学版).1

《蒙古族萨满医疗的医学人类学阐释》评介/陈华,人类学学报.4

田野调查法在藏医古籍保护中的运用/潘秋平等,西南民族大学学报(人文社会科学版).11

四 民族宗教

小议儒学在贵州少数民族地区的传播方式/王蕾,贵州民族学院学报.1

儒家文化在青海少数民族地区的传播及其影响/张燕辉,青海民族研究.3

关于西夏儒学研究中的几个问题/李华瑞,西夏学.6

论儒家文化在青海少数民族地区的传承/张燕辉 孙静,青海师范大学学报.6

哈贝马斯晚近道德哲学中的民族宗教生活史问题/沈云都,思想战线.5

论藏族对印度因明学的继承发展及特点/拉先,西藏大学学报.1

民族宗教学的创立/牟钟鉴,世界宗教文化.6

多民族多宗教地区开展无神论思想宣传教育应注意的几个问题/戚甫娟,科学与无神论.6

以文化相对论的视角审视民族宗教文化/陈胜 李硕,西北民族大学学报(哲学社会科学版).2

宗教文化融合研究三题:以人类学的视角/王建新,中国宗教.3

"民族信仰"定义及其特质探析:基于少数民族传统信仰特质及当前"民间信仰热"的反思/和晓蓉,广西民族研究.3

文化人类学视野下的宗教文化及其研究的视角与焦点/马伟华,内蒙古社会科学.6

维吾尔族青年宗教信仰现状调查与分析/任红,新疆社科论坛.5

湖南少数民族神灵信仰与社会和谐关系研究/何敦培,民族论坛.4

石羊盐区多元宗教的形成、融合及变迁/李晓莉 杨甫旺,云南民族大学学报.1

近30年来中国学界东南亚华人民间宗教研究与展望/陈碧,世界民族.3

论内蒙古宗教制度改革/宝贵贞,西北民族大学学报(哲学社会科学版).2

少数民族地区汉族移民宗教信仰研究:以内蒙古阿拉善左旗巴彦浩特镇为例/丁鹏,北方民族大学学报(哲学社会科学版).6

蒙元时期的宗教政策与西域宗教的发展变化/郭益海,青海民族大学学报(社会科学版).4

元明清及民国时期青海宗教政策之启示/鄂崇荣,广西民族大学学报.1

新疆汉族宗教文化的历史与现状/高静文 秦卫,新疆社科论坛.6

藏彝走廊西部边缘多元宗教互动与宗教文化变迁研究/高志英 熊胜祥,云南行政学院学报.6

宗教和谐视角中的西藏佛苯关系浅析/和晓蓉,思想战线.2

神话与民间信仰/向柏松,中南民族大学学报(人文社会科学版).1

弗雷泽与南岛语族神话研究/鹿忆鹿,西北民族研究.1

20世纪中国神话学概观:《中国神话学文论选萃》(增订本)序言/刘锡诚,西北民族研究.1

试论锡伯族神话与民间传说/贺元秀　赵洁,伊犁师范学院学报.1

佤族与东南亚"U"形古文化带:以神话系统的比较为切入点/李子贤,思想战线.2

"亘三百里的盘古氏墓"真的是在广西大明山吗?——兼与黄世杰先生商榷/过伟,广西民族大学学报.2

抗战时期西南民族神话研究/徐德莉,贵州民族研究.2

近三十年中国各少数民族创世纪神话研究述评/陈娜　张开焱,内蒙古民族大学学报(社会科学版).2

上古神话研究的民族学、语言学视角/刘青,西南民族大学学报.3

夜空、月亮、星辰与创世母神:对西南少数民族地区创世母神神话的解读/林开强,西南民族大学学报.3

"蚕丛和鱼凫,开国何茫然":从传播学角度看古巴蜀文化的演进/赵志立,中华文化论坛.3

非物质文化遗产情境中的少数民族神话/黄静华,民族艺术.3

竹王神话传说新读及其族属关系的方法论探索/林芊,贵州大学学报(社会科学版).3

九隆神话:文献记载与民间口头传承之流变/杨薇　李子贤,楚雄师范学院学报.4

神话学与人类学/王铭铭,西北民族研究.4

非物质文化遗产语境中少数族裔神话的传承问题:以云南地区为例/黄静华,民族艺术研究.4

一部中国神话研究的精品力作:评《中国阿尔泰语系诸民族神话比较研究》/王宪昭,内蒙古民族大学学报(社会科学版).5

《中国阿尔泰语系诸民族神话比较研究》评价/格日乐,内蒙古社会科学.5

伏羲女娲、楚帛书与南方民族洪水神话/刘亚虎,百色学院学报.6

神话原始意象在后世的延续:以壮族花生人神话为例/李莉森,百色学院学报.6

汉族女娲神话与南方少数民族女始祖神话比较浅析/卢静,湖北民族学院学报(哲学社会科学版).6

神话王国诸相:对云南少数民族神话总体特征及存续的解读/李子贤,云南师范大学学报(哲学社会科学版).6

试论民间信仰与洪水神话存续之间的关系:以彝族史诗"梅葛"中的洪水神话为例/李娜,楚雄师范学院学报.7

天鹅处女型故事与萨满教/陈岗龙,百色学院学报.1

明清时期宁夏的民间信仰/仇王军,宁夏社会科学.1

萨满文化传承后继有人:评《达斡尔族萨满文化传承人:斯琴掛和她的弟子们》/觉罗,

满族研究.1

"猫鬼神"信仰的文化解读/鄂崇荣,青海民族大学学报.1

古代亚洲印欧语族群牛图腾崇拜研究/李树辉,青海民族研究.1

鬼神信仰及其惩罚性社会控制机制研究/洪涵,青海民族大学学报.1

权力的互嵌与争夺:小凉山彝族毕摩与东巴共存的田野调查研究/茆晓君,青海民族研究.1

满族萨满舞蹈的程式化与随意性探析/刘雪玉,吉林师范大学学报.1

论苯教的宇宙观/诺日才让,青海民族大学学报.1

略论萨满骨服的神话内涵/谷颖,长春师范学院学报(人文社会科学版).1

不同宗教信仰间的调适与共存:个贡山怒族(阿怒)实例的文化解读/何林 张云辉,学术探索.1

灵验与感恩:汉民族宗教体验的互动模式/甘满堂,民俗研究.1

试析历史上我国北方萨满教信仰群体宗教信仰的特点及成因/刘伟,理论月刊.1

哈尼族自然宗教的神职人员:莫批/黄绍文等,宗教学研究.1

人类学视阈中的昆仑山和建木:都广之野/黄世杰,宗教学研究.1

从《指路经》探索彝族文化内涵:以威宁《指路经》为例/余舒等,毕节学院学报.2

摩与傩/周国茂,贵州民族学院学报(哲学社会科学版).2

浅议彝族宗教文献《指路经》的文化内涵/李金发,毕节学院学报.2

中国西南少数民族傩文化与道教关系论略/张泽洪,贵州民族研究.2

理性与非理性的交锋:西方关于萨满教的话语转型/马惠娟,满语研究.2

藏族雍仲符号原型探究/扎巴,西北民族大学学报(哲学社会科学版).2

图像文化人类学视野中的务川仡佬族傩面山王/吴秋林,贵州民族学院学报(哲学社会科学版).2

"石壁":客家人的原乡图腾/张英明等,客家研究辑刊.2

现代语境中的新疆维吾尔萨满研究:基于人类学的视角/王建新,北方民族大学学报.2

《本教大藏经》的历史回顾与现状思考/同美,宗教学研究.2

社神崇拜在当代之盛行及原因探析:以广西博白客家社区为例/刘道超,广西师范学院学报.2

萨满教对东北地区少数民族服饰的影响/胡卫军 付黎明,民族艺术研究.2

前郭尔罗斯蒙古族萨满教"博"的祭祀仪式及博文化浅论/颜铁军等,吉林师范大学学报(人文社会科学版).2

藏族"拉则"文化意蕴解析/才项多杰,青海民族大学学报.3

"刻毡为形"试释:兼论突厥的祆神祭祀/崔世平,敦煌学辑刊.3

苯教神学研究:苯教神祇体系及特征分析/拉巴次仁,西藏大学学报(社会科学版).3

陇南白马藏族傩面具及装饰的符号特征与文化含义/余永红,民族艺术研究.3

荔波白裤瑶的自然宗教及其社会功能初探/黄胜等,贵州民族研究.3

萨满仪式中法器的运用及文化象征意义/陈旭,宗教学研究.3

客家民间风水信仰研究：以赣南为重点的考察/罗勇，广西民族大学学报（哲学社会科学版）.3

地方性与族群性：客家民间信仰的文化图像/周建新，广西民族大学学报（哲学社会科学版）.3

客家民间信仰研究综述/黄志繁，广西民族大学学报（哲学社会科学版）.3

苯教神学研究：苯教神祇体系及特征分析/拉巴次仁，西藏大学学报（社会科学版）.3

论藏族的山神崇拜习俗/魏强，西藏艺术研究.3

东汉禁中大傩仪执事官考/黎国韬，民族艺术.3

国家认同的隐喻：广西左江流域伏波信仰与班夫人信仰共存现象探析——广西伏波信仰研究系列之一/滕兰花，广西民族研究.3

西方人类学汉人民间神灵的解释模式评论：兼对涂尔干宗教社会学理论的再思考/石峰，世界民族.3

达斡尔族萨满"雅德根"词义解析/孟盛彬，北方民族.4

彝族史诗《梅葛》、《查姆》创世神话研究/陈永香，楚雄师范学院学报.4

中国西南少数民族梅山教研究的文化意义/张泽洪，宗教学研究.4

中国西南少数民族与韩国虎图腾崇拜比较研究/［韩］安东濬著，任晓礼译，宗教学研究.4

文化认同与民族主义：越南祖先崇拜问题的文化人类学反思/［越南］阮文政著，王晨娜等译，思想战线.4

论科尔沁萨满教造型艺术/赵志红，内蒙古民族大学学报（社会科学版）.4

满族语言与萨满文化/赵阿平，西北民族研究.4

元代蒙古族萨满教探析/色音，西北民族研究.4

鲁沙尔镇刘琦山神信仰的考察与分析/冉庆美等，青海民族研究.4

从忠勇之士到藏族战神：关帝在藏族人生活中的信仰/王丹　林继富，青海民族研究.4

晚清民国湘西屯政与白帝天王信仰演变/龙圣，吉首大学学报（社会科学版）.4

萨满神帽造型艺术/胡卫军　付黎明，民族艺术研究.4

萨满式文明与中国文化：以中国东北部索伦鄂温克族为例/王伟　程恭让，世界宗教文化.5

萨满教猫头鹰崇拜文化传统与族源传说：蒙古族猫头鹰始祖型族源传说起源探讨/包海青，内蒙古民族大学学报（社会科学版）.5

昆仑神话与西南彝语支民族的虎崇拜/陈永香　曹晓宏，青海社会科学.5

原始崇拜与人类精神变革探讨/刘益梅，新疆大学学报（哲学·人文社会科学版）.5

三星堆古蜀王国的山崇拜/张肖马，考古与文物.5

海南黎族原始自然崇拜的哲学分析/陈思莲，中央民族大学学报（哲学社会科学版）.5

灵魂、祖先与社会：越南侬族"盖邦"仪式与灵魂观研究/王越平，广西民族大学学报（哲学社会科学版）.5

从白虎图腾到向王崇拜/王海燕，三峡论坛.6

傣族"竜林"文化探析/阎莉,贵州民族研究.6

论藏族山神崇拜习俗/魏强,中央民族大学学报(哲学社会科学版).6

论汉文化对西藏本教的影响:以《纳萨侬杰》《侬杰》《三界调和真经》《嘉纳噶杜》为例/同美,西南民族大学学报(人文社会科学版).6

伊利亚德萨满教研究的基本特点及其影响/孟慧英,世界民族.6

浅析蒙古神话中的"太阳:光明"原型/阿拉坦格日乐,内蒙古民族大学学报(社会科学版).6

浅论阿尔泰语系民族"鹿""鸟"图腾/王其格,赤峰学院学报(汉文哲学社会科学版).8

探寻神秘的萨满世界:中国社会科学院民族学与人类学研究所孟慧英教授访谈/孟慧英 孟盛彬,社会科学家(桂林).9

清代新疆汉族移民民间信仰研究/刘向权,丝绸之路.10

白族本主名称考/董建中,西南民族大学学报(人文社会科学版).10

论原始宗教对中国古代文明起源发展的影响:以"绝地天通""铸鼎象物"为例/江林昌,东岳论丛.10

南诏"大虫皮衣"的文化解读/李成生,楚雄师范学院学报.11

外来僧人对吐蕃佛教及佛经翻译方面的贡献/旺多,西藏研究.1

新发现的梵文贝叶写本《中论颂》与《佛护释》/叶少勇,北京大学学报(哲学社会科学版).1

甘藏吐蕃钵阐布敦煌校经题记/张延清,敦煌学辑刊.1

西藏佛教前弘期的佛经翻译及特点/扎西卓玛,云南民族大学学报.3

西藏梵文《法华经》写本及《法华经》汉藏文译本/桑德,中国藏学.3

人类学视域下南传上座部佛教的中国阈限理论分析:以南传上座部佛教管理体系中的安章现象为例/郑筱筠,思想战线.2

以"赕"佛活动为中心的南传佛教实践与变迁/伍琼华,云南民族大学学报(哲学社会科学版).5

南传上座部佛教与傣族的村社生活:西双版纳勐腊县勐仓镇城子村的田野个案/金少萍,西南民族大学学报(人文社会科学版).9

《山法了义海论》所引佛教经论藏汉译文比较研究之一/班班多杰,中国藏学.1

《山法了义海论》所引佛教经论藏汉译文比较研究之二/班班多杰,中国藏学.2

《山法了义海论》所引佛教经论藏汉译文比较研究之三/班班多杰,中国藏学.3

西双版纳小乘佛教与傣族社会相适应问题探讨/吴敏,中南民族大学学报(人文社会科学版).4

西夏禅宗文献的多样性和禅教的融合/束锡红,暨南史学.6

《贤者喜宴——吐蕃史》的内容及其史料价值/周润年 黄颢,西藏民族学院学报.1

国外大黑天研究述评/黄杰华,中国藏学.1

藏传佛教噶举派与天台宗哲学思想之比较/谢丰泰,西藏民族学院学报.1

由兰州永登县博物馆藏明清唐卡看15—17世纪河湟地区藏传佛教信仰的变迁/杨鸿蛟,中国藏学.1

藏传佛教对西方心理学的影响/高颖等,中国藏学.1

三世章嘉入藏主持认定七世达赖喇嘛转世灵童的真相/邓建新,中国藏学.1

藏传佛教金刚法舞的起源研究/才让,民族艺术.1

藏传佛教格鲁派金刚法舞研究:以拉卜楞寺正月法舞为例/才让,北方民族大学学报.1

试论地理环境对藏传佛教的影响/王开队,广州社会主义学院学报.1

试论新疆地区的密教信仰:以千手观音图像为例/李翎,新疆师范大学学报.1

世俗化大潮下的藏传佛教在新疆的发展变迁:以精河县托林旦盖村蒙古族为个案/陆军,四川民族学院学报.1

清代蒙旗社会喇嘛教信仰问题研究/祁美琴,内蒙古大学学报(哲学社会科学版).1

议评《第司·桑杰嘉措阿拉善转世及第六世达赖喇嘛秘史》一文/罗旦,宗教学研究.1

藏传佛教缘起思想及其宇宙生成论意义/刘俊哲,民族学刊.1

区别对待宗教信仰和宗教社会制度:甘孜州民主改革中对藏传佛教制度的认识/秦和平,西南民族大学学报(人文社会科学版).1

略论清中期藏传佛教文化在内地的发展/向华娟,四川民族学院学报.2

元朝后藏地区坛城壁画考述/张亚莎,西藏大学学报.2

清朝对藏传佛教宗教事务的法律调整及其历史启示/牛绿花,青海师范大学学报(哲学社会科学版).2

吐蕃僧诤中"离妄想"观念辨析/汤绍波,中国藏学.2

论藏传佛教形成于吐蕃时期及其缘由/罗桑开珠,中国藏学.2

《藏传佛教大活佛系统与清朝治理蒙藏方略》评介/陈立健,中国藏学.2

"查玛"兼容性蕴涵阐发:以辽西蒙古贞地区为例/王静,满语研究.2

莲花戒与摩诃衍的思想比较研究/周拉,西北民族大学学报(哲学社会科学版).2

浅析明太祖朱元璋对藏僧的多封众建/张安礼,西藏民族学院学报.2

当代藏区僧侣与宗教职业生活/尕藏加,西北民族大学学报(哲学社会科学版).2

玉树嘉纳嘛呢石及其文化价值/罗桑开珠,青海民族大学学报(社会科学版).2

藏传佛教对西藏社会稳定影响的田野调查与理论分析/吴亮,民族工作研究.2

印度密宗宗派对西藏的影响/孙林,宗教学研究.2

赞雅班智达历世活佛生平事迹考略/扎扎,西部蒙古论坛.2

"留藏学法团"与民国时期汉藏文化交流/王海燕 喜饶尼玛,中国边疆史地研究.2

试论"燕行录"中藏传佛教消极形象产生的原因/师存勋,青海民族研究.2

论藏传佛教章嘉活佛系统的社会功能/邓建新,世界宗教文化.2

论明武宗崇奉藏传佛教/何孝荣,世界宗教研究.2

当代藏区尼众道场的经营与变迁:以个案调查为例/德吉卓玛,世界宗教文化.3

918年抑或978年:《青史》所载藏传佛教后弘期起始年考/陆军,西藏民族学院学报(哲学社会科学版).3

藏传佛教出家女性研究述评/马泽梅,伊犁师范学院学报(社会科学版).3

会供羯磨仪轨:建立人与神之间的情感联结——对觉域派会供羯磨仪轨的文化解读/德吉卓玛,青海民族研究.3

17至18世纪清朝与格鲁派上层的互动研究/马啸,青海民族研究.3

达赖喇嘛系统在清朝治理西藏中的作用/陈柏萍,青海民族大学学报.3

藏传佛教朝圣者自我的探析/陈国典 刘诚芳,西南民族大学学报.4

元明两朝对藏传佛教宗教事务的法律调整及其历史启示/牛绿花,青海社会科学.4

藏传佛教香巴噶举派综述/札细·米玛次仁,西藏研究.4

巴音郭楞蒙古自治州城镇和牧区蒙古族藏传佛教态度对比研究/姚学丽 刘仲康,世界宗教研究.4

新疆土尔扈特蒙古藏传佛教高僧/才让加甫,世界宗教研究.4

藏传佛教在构建藏族聚居区和谐社会中的作用:以甘南藏族自治州为例/马玉堂 郭艳,西藏民族学院学报.4

试论清代蒙古地区喇嘛洞礼年班制度/周乌云,内蒙古民族大学学报(社会科学版).4

清代五台山:一个历史人类学的观察/陈波,四川大学学报.4

清末嘉木样四世的内蒙古弘法之旅/扎扎,西部蒙古论坛.4

青海门源岗龙石窟的年代与族属/许新国,青海民族大学学报(社会科学版).4

西藏宗教文化传播渠道分析/袁爱中,西藏大学学报(社会科学版).4

藏传佛教东传与历代高僧祝国利民的史绩/冯智,西藏大学学报(社会科学版).4

古老村落的非物质遗存:翁达岗村铜佛像打制的田野调查/张建世,中国西藏.4

吐蕃宗论的和会/尹邦志,阿坝师范高等专科学校学报.4

藏传佛教影响西藏社会稳定的田野调查与理论分析/吴亮,贵州民族研究.4

清代昌都强巴林寺帕克巴拉活佛朝觐年班制度/张双智 张羽新,西藏民族学院学报(哲学社会科学版).5

关于藏传佛教文化与构建西藏和谐社会的几点思考/乔根锁,西藏民族学院学报(哲学社会科学版).5

藏传佛教艺术中的观音形象/余锦龙,云南民族大学学报(哲学社会科学版).5

民族意义上的藏传佛教/王智汪,贵州民族研究.6

藏传佛教文化的世俗化/李姝睿,青海师范大学学报.6

"蒙古化"的藏传佛教文化/阿拉腾其其格,内蒙古民族大学学报(社会科学版).6

试论藏传佛教的"宗教无偏向"与宗教对话/班班多杰,西北民族大学学报(哲学社会科学版).6

藏传佛教信仰在老年信徒社会支持系统中的功能变迁/蓝李焰,西南民族大学学报(人文社会科学版).8

宁玛派在德格地区的传播/公保才让,西南民族大学学报(人文社会科学版).8

浅析藏传佛教兴盛的历史原因及对蒙藏文化的影响/滕昭君,民族论坛.8

萨班对十二、十三世纪藏传佛教的批判:《三律仪辨别论》评述/张炜明 陈兵,西南民

族大学学报（人文社会科学版）.10

  藏传佛教尼僧寺院经济结构与模式初探/谢热桑沫,中国藏学.1
  初雪黄寺访经记：记第五届中国藏语系高级佛学院拓然巴学衔考试/扎西　洛布,中国西藏.1
  简述清代喇嘛衣单粮制度/周乌云　那仁朝格图,西部蒙古论坛.3
  藏族寺院建筑选址文化探微/龙珠多杰,中国藏学.3
  西藏格鲁派四大寺与甘肃拉卜楞寺的法缘关系研究/华锐·东智,西藏民族学院学报.4
  藏传佛教寺院的文化功能探析：兼谈寺院的出版文化功能/梁成秀,青海民族大学学报（社会科学版）.4
  三十年来国内藏传佛教寺院经济研究述评/王英,西藏大学学报（社会科学版）.4
  近代以前藏传佛教寺院的出版文化/梁成秀,西藏民族学院学报（哲学社会科学版）.6
  试论雍和宫在乾隆时期蒙藏政策中的作用/于洪,学理论.11
  内蒙古佛塔探寻/杜倩萍,寻根.1
  《藏传佛教寺院美岱召五当召调查与研究》出版发行/包博文,内蒙古文物考古.1
  20世纪中叶土默特地区寺院经济初探/乌云,内蒙古大学学报（哲学社会科学版）.3
  清代归化城的藏傳佛寺与经济/赖惠敏,内蒙古师范大学学报.3
  当代藏传佛教"部落寺院"与教众供养关系初探：以西仓寺院与西仓藏族调查分析为例/蒙小莺　蒙小燕,世界宗教研究.2
  西域回字形佛寺源流考/陈晓露,考古.11
  拉卜楞红教寺及其法会考述/扎扎　赵曙青,西北民族大学学报（哲学社会科学版）.2
  试论吐蕃政权对敦煌寺院经济的管制：敦煌世俗政权对佛教教团经济管理研究之一/王祥伟,敦煌学辑刊.3
  甘南藏传佛教信仰以及寺院经济的现状考察/丁莉霞,世界宗教文化.3
  清末民国时期拉卜楞寺商业活动刍议/孟虎军　房继荣,北方民族大学学报（哲学社会科学版）.4
  宁夏境内的西夏古塔建筑/牛达生,寻根.6
  宏佛塔建筑成就及出土文物价值探论/王瑞,宁夏大学学报（人文社会科学版）.6
  从衣单口粮制度看清代青海藏传佛教寺院的兴衰/张敏　康建国,青海民族大学学报.1
  瞿昙寺衰落原因分析/徐世栋　徐世梁,青海民族研究.2
  青海明代藏传佛教寺院的时空分布/朱普选,西藏民族学院学报（哲学社会科学版）.5
  塔尔寺与塔尔寺六族研究状况述要/张海云,青海师范大学学报.6
  伊犁藏传佛教寺院考述/胡方艳　曹生龙,西藏研究.5
  达玛沟：于阗佛国的惊人发现/张鸿墀等,新疆人文地理.6
  试论15至18世纪格鲁派在康区的势力扩展：以寺院为中心/王开队,中国藏学.4
  浅议西藏卓卡寺藏经与敦煌《大般若经》的关系/张延清,西藏研究.1
  从萨迦寺、仁钦岗寺与周围社区互动关系看藏传佛教信仰的现代转换/孙悟湖等,西藏研究.3

向生·西绕松布与西藏昌都强巴林寺建寺年代新考/土呷,中国藏学.4
中原地区早期地藏造像之样式、渊源和信仰/陈佩奴,云南社会科学.2
回鹘佛教文学研究的开创之作:读杨富学著《印度宗教文化与回鹘民间文学》/李小荣,吐鲁番学研究.2
佛教文化与西藏和谐社会建设学术研讨会综述/顾毳,西藏民族学院学报(哲学社会科学版).3
吐蕃佛教文化中的儒家文化:以敦煌文献为中心/韩锋,中国藏学.1
辽以释废:少数民族社会视野下的佛教/陈晓伟,世界宗教研究.1
山东兖州兴隆塔地宫出土遗物与新疆于阗佛教关系考/贾应逸,新疆师范大学学报.1
佛教初传时期的北方社会:读尚永琪《3—6世纪佛教传播背景下的北方社会群体研究》/刘进宝,西域研究.1
吐蕃佛教的社会地位研究/罗桑开珠,中央民族大学学报.2
于阗僧人法藏与兖州宋代金棺刍议/温玉成,世界宗教研究.2
古代藏族汉地佛教史观若干问题探析/朱丽霞,北方民族大学学报.3
香花佛事的宗教文化意义和族群标识:以粤东客家地区为中心的考察/[美]Yik Fai Tam著,罗薇译,广西民族大学学报(哲学社会科学版).3
僧人"慧觉"考略:兼谈西夏的华严信仰/崔红芬,世界宗教研究.4
论唐朝对西州佛教的管理/赵晓芳,西域研究.4
论佛教对吐蕃社会文化的影响/罗桑开珠,西北民族大学学报(哲学社会科学版).5
都邑的"市"、胡人聚落与佛教:以东汉魏西晋时期都城洛阳为实例/叶德荣,世界宗教研究.6
高昌回鹘与西夏佛教艺术关系考/陈爱峰,吐鲁番学研究.2
佛教在西域历史上的积极作用/陈世良,新疆人文地理.2
吐蕃归义军时期敦煌福田司初探/王祥伟,甘肃民族研究.2
青海"河南道"佛教传播源流考释/郭盛,青海师范大学学报.1
佛教传入龟兹时间考/霍旭初,新疆师范大学学报.1
中亚突厥之佛教/[德]克林凯特著,陈瑞莲译,甘肃民族研究.2
读《咱雅班第达传》札记/达力扎布,西部蒙古论坛.1
阿底峡在西藏传法历史考/郑堆,西藏大学学报.2
论三世章嘉呼图克图的文化贡献/邓建新,中央民族大学学报.3
吐蕃末期名僧拉隆·贝吉多杰生平拾零/扎西当知,西藏大学学报(社会科学版).3
关于阿其图诺门汗洞阔尔满珠习礼呼图克图/[蒙古国]勒·阿勒坛吉雅,内蒙古师范大学学报.3
自性与无自性之间:宗喀巴宗教哲学思想透视/朱连增,西藏研究.4
卫拉特高僧咱雅班第达呈清朝顺治皇帝的一份文书/叶尔达,西域历史语言研究集刊.4
魏晋北朝内迁氐羌民众的道教信仰/郑文,西南民族大学学报(人文社会科学版).2
论兰巴尼派对近现代维吾尔族依禅派的影响/艾合买提江·艾山,新疆师范大学学报.1

中国西北的乃格什班底耶/[美]约瑟夫·弗莱彻著,冶福东译,北方民族大学学报(哲学社会科学版).5

试论新疆维吾尔族中的什叶派穆斯林:来自莎车的调查研究/阿布力米提·亚森,北方民族大学学报.2

清真寺功能的共生学诠释/袁年兴　徐光有,中南民族大学学报.3

西北回族社会伊斯兰文化与社会网络:以甘肃临夏八坊回族聚居区为例/王平,世界宗教研究.6

乡村回族"哲玛提"时空变迁研究:以宁南山区H村"分坊建寺"为例/杨文笔,青海民族研究.1

宗教社区的联合与分离:宁夏韦州哈乙寺组织的民族志研究/马强　杨桂萍,世界宗教研究.1

伊斯兰教建筑儒化的和谐之音:以历史人类学的角度看宁夏清真寺/高法成,新疆社会科学.2

乡村混合门宦宗教社区中的寺坊结构及变迁:关于宁夏黑虎沟村的宗教民族志研究/马强,北方民族大学学报.3

清真寺:新疆大地上的奇特景观/楼望皓,新疆人文地理.3

和谐社会视阈下伊斯兰教对新疆回族的影响/龙群,西北民族大学学报(哲学社会科学版).2

女哈吉与通过仪式:基于青海循化穆斯林女性朝觐者的调查研究/韩淑云,北方民族大学学报.2

回族穆斯林"尔曼里"文化解析/杨文笔　马泽梅,世界宗教研究.2

少数民族大学生的伊斯兰教信仰状况调查:以某民族大学为例/张翼,中南民族大学学报.2

中国都市穆斯林社区研究述评/马伟华　胡鸿保,西北民族研究.3

都市流动穆斯林文化适应问题及其解决之道:基于问卷调查的广州个案实证研究/陈晓毅,青海民族研究.3

当代中国伊斯兰教的宗教经济与慈善事业/马平,宁夏社会科学.3

市场、移民与宗教的根植:义乌市伊斯兰教民族志研究/马强,回族研究.3

你所不知道的中国边缘穆斯林群体:简评丁明俊教授《中国边缘穆斯林群体的人类学考察》/敏忠秀,中国穆斯林.4

宗教生态平衡与抵御境外宗教渗透:兼谈民族识别与民族民间信仰若干问题/王爱国,世界宗教研究.4

从经济视角看伊斯兰文化对维吾尔族生活的影响/阿地力江·阿布都力,新疆社会科学.5

新疆回族伊斯兰教的宗教人类学考察/马岳勇,北方民族大学学报(哲学社会科学版).6

试论新疆南疆农村伊斯兰教教职人员影响力/热米娜·肖凯提　陈昌文,新疆社会科学.6

西藏昌都伊斯兰教的传承与发展调查/敏文杰,西北民族研究.1

论阿拜·库南拜的宗教哲学思想/郭益海,伊犁师范学院学报(社会科学版).3

明代穆斯林的法律地位:兼论法律因素对明代伊斯兰教传播与发展的影响/姜歆,宁夏社会科学.5

近代青海地区基督教传播的特点及社会影响/马明忠,青海民族研究.2

东干文学与伊斯兰文化/常立霓,北方民族大学学报(哲学社会科学版).4

十三世纪前后景教在西部蒙古地区的流行及影响/李超,西部蒙古论坛.4

传教士、山地民族与山区教会:立于广西三个区域堂点历史与现状的研究/曾志辉,世界宗教研究.4

基督教伦理对新疆"两教"信众的影响/李建生,新疆师范大学学报.1

西南边疆民族地区基督教发展与调适:以20世纪八九十年代云南德宏州为例/秦和平,民族学刊.1

厦门外籍基督教徒教师的宗教活动研究/吕云芳,世界民族.5

基督视阈中的傈僳族特色文化重述/宋建峰,西南民族大学学报(人文社会科学版).9

《边疆服务》评述/周蜀蓉,西南民族大学学报.4

基督教在中国少数民族中的传播:鄂温克族与拉祜族的比较研究/唐戈,世界宗教研究.5

近代基督教传入对云南禄劝彝族生活的影响/崔金明,民族论坛.6

蒙古帝国的建立与基督教的再度东传/贾宝维 包春喜,内蒙古社会科学.6

蒙元时期传教士与中西交通/韩华,西南民族大学学报(人文社会科学版).10

晚清巴黎外方传教会在广西民族山区传教活动述论/曾志辉,宗教学研究.3

天主教在广西民族山区的传播历史与现状/曾志辉,世界宗教文化.5

宗教认同与区域、民族认同:论20世纪藏彝走廊西部边缘基督教的发展与认同变迁/高志英,中南民族大学学报.2

天主教在西南民族地区传播与发展问题的思考:基于广西贺州、贵州凯里的调查/黄宗贵等,中南民族大学学报(人文社会科学版).4

从西方文献看19世纪下半叶中国内地会在康区的活动及与康藏社会的互动/赵艾东,西藏大学学报.2

近代内地会传教士叶长青与川边社会:以《教务杂志》史料为中心的介绍探讨/冯宪华,西藏研究.6

鄂尔多斯天主教的现状调查:对牧师约瑟生活故事及其家庭的关注/杨海英著,苏利德译,西部蒙古论坛.2

西域祆教艺术/周菁葆,西域研究.1

论犹太民族中的拉比及其历史作用/饶本忠,西亚非洲.8

试论摩尼教传入鄂尔浑回鹘的时间和原因/尼扎吉·喀迪尔,喀什师范学院学报.2

回鹘改宗摩尼教新探/王小甫,北京大学学报.4

祖先何在:人类学视野下的坟墓风水观之争/温春香,民俗研究.2

宁夏南部山区"都哇师"的类型、传承与功能/杨文笔,文化遗产.1
论贵池傩戏"非故事性剧目"/王平,民族艺术.3
毕摩惯习论:布迪厄理论在毕摩研究中的运用/王进　熊永翔,民族艺术研究.4
浅议建国前贵州少数民族地区巫文化/伍小涛,中共贵州省委党校学报.6
明清以来滇中地区的巫蛊叙事与族群认同/朱和双,楚雄师范学院学报.7
从谚语看巫蛊:以黔东南苗谚为例/刘锋　靳志华,西南民族大学学报(人文社会科学版).8
探秘神奇巫术湘西"辰州符"/胡炳章,民族论坛.12
当代新疆宗教工作的历史分期及其特征/罗会光,吉首大学学报(社会科学版).3
宗教教职人员与边疆稳定内在逻辑关系解读/绽小林　郭华,青海民族大学学报.3
宗教信仰自由权利在西藏的体现与保障:纪念西藏自治区成立四十五周年/姚俊开,西藏民族学院学报.4
滇西北地区少数民族青少年宗教信仰研究/寸云激,云南民族大学学报.1
新疆地区宗教文化特征论略/贾友军　迪丽娜尔,实事求是.1
重视维吾尔族信教群众的宗教心理,促进新疆社会稳定和谐/姚春军,新疆大学学报(哲学·人文社会科学版).1
境外宗教渗透与新疆意识形态安全/张春霞　蒲晓刚,新疆社会科学.1
云南多宗教和谐相处的主要原因/张桥贵,世界宗教研究.2
分化与重组:论场景转换下的都市藏族移民宗教行为变化/吴碧君,宗教学研究.2
对西北少数民族宗教信仰与政治文化建设的现实思考/杜军林,世界宗教文化.2
当前高校少数民族大学生信仰宗教成因及对策研究/依里合木·牙生等,新疆师范大学学报(哲学社会科学版).4
云南跨界民族的宗教安全问题探析/张金平,云南民族大学学报.4
以宗教与法律的良性互动促进新疆和谐发展的思考/王英姿,新疆社会科学.4
当前高校少数民族大学生信仰宗教成因及对策研究/依里合木·牙生,科学与无神论.6
坚持和巩固马克思主义在西藏意识形态领域的指导地位/贺新元等,西藏大学学报(社会科学版).3

五　民族历史

辽朝科举考试录取规模述论/高福顺,内蒙古社会科学.4
明朝人才选拔的民族政策研究/刘额尔敦吐,贵州民族研究.6
论土司与土司学:兼及土司文化及其研究价值/成臻铭,青海民族研究.1
试析清代西藏摄政官职的缘起/李凤珍,西藏民族学院学报.2
是办事大臣还是帮办大臣?——《清德宗实录》关于锡恒职衔记载的几处错误/白剑光,西部蒙古论坛.2
清代总理回疆事务参赞大臣素质的历史考察/甘桂琴,西域研究.1

"政治化"还是"文化化":晚清时期西方国家理论对中国的影响/赵环宇,黑龙江民族丛刊.2

清朝民族政策对当今民族工作的若干启示/王冬梅,中央民族大学学报.3

辽朝科举考试录取规模述论/高福顺,内蒙古社会科学.5

明朝人才选拔的民族政策研究/刘额尔敦吐,贵州民族研究.7

从元清两代民族政策对比看民族关系状态的重要性/许安平,贵州民族研究.3

"蚩尤平反"与"炎黄子孙":兼论近代以来中国国民整合的两条路线/杨志坚,中国农业大学学报(社会科学版).4

近代中国自由民族主义思想研究述评/暨爱民,吉首大学学报(社会科学版).2

孙中山民族整合思想的历史演变与局限/潘树章,贵州社会科学.4

略论民国初期孙中山的筹边政策/韩荣钧,新疆大学学报(哲学·人文社会科学版).1

30年来南京国民政府边政研究综述/段金生,中国边疆史地研究.3

萧一山论近代中华民族的自觉/田园,云南民族大学学报.3

危机、忧患、教化:民国时期政府处理石门坎问题的模式探讨/莫子刚,贵州民族学院学报.4

20世纪30年代内蒙自治声中蒙藏委员会改组刍议/杨思机,民族研究.5

王船山政治民族主义思想萌芽发微/彭传华,浙江学刊(杭州).6

王船山民族同化论及文化民族主义思想萌芽探析/彭传华,民族论坛.7

王船山民族思想基本观点概览/彭传华,民族论坛.8

吐蕃军队兵器简论/次旦扎西 杨永红,西藏大学学报.1

黑水城文献所见宋代蕃兵制度的新变化/陈瑞青,民族研究.3

吐蕃中节度考/朱悦梅,民族研究.3

一部唐朝朔方军研究的奠基之作:李鸿宾先生所著《唐朝朔方军研究》读后感/李玉伟,西夏研究.3

吐蕃军队作战的特点/杨永红,西藏研究.6

略论辽初中央军制的演变/郑毅,黑龙江民族丛刊.2

辽代汉军的社会地位和历史作用/赵旭峰,云南民族大学学报.2

元陕西四川蒙古军都万户府考/李治安,历史研究.1

从化外到化内:清代台湾土著军事化探析/刘正刚 乔玉红,西南民族大学学报(人文社会科学版).1

成都将军的设置及其在治理川西藏区中的作用/彭陟焱,西藏研究.1

清代东北驻防将军职掌比较研究/刘文波,内蒙古社会科学.3

清代伊犁将军直辖的两蒙古营制研究/吐娜,新疆大学学报(哲学·人文社会科学版).4

"大国学"视野下的中国少数民族文献/王继光,北方民族大学学报(哲学社会科学版).5

寻古觅籍 成绩卓著 任重道远——国家民委副主任丹珠昂奔谈少数民族古籍工作/杨

琤，中国民族.12

细节的力量：《新获吐鲁番出土文献》读后/赵红，西域研究.1

中国少数民族文字古籍整理研究中的几个问题/史金波，文献.3

准确把握黑水城文书的史料价值/邢铁，民族研究.3

青海地方文献保护开发与利用之我见/党海凤，青海民族大学学报.3

少数民族文献价值体现及其文献资源建设/任瑞豇，四川图书馆学报.4

少数民族历史文献开发整理的困境及出路探讨/李乾夫　杨勇，红河学院学报.5

地方社会与国家历史的长时段型塑：《吉昌契约文书汇编》价值初识/孙兆霞　张建，西南民族大学学报（人文社会科学版）.5

略论新疆少数民族文献资源的开发/艾吉尔·伊米提，民族论坛.9

关于民族地区图书馆实施可持续发展战略的思考/谢平，青海民族大学学报.1

西部民族地区图书馆多元文化服务及其实现/王岚霞等，情报资料工作.2

民族地区图书馆事业史领域的奠基之作：评乌林西拉主编的《内蒙古图书馆事业史》/包爱梅，情报资料工作.3

西南彝族地区公共图书馆特色文献建设研究/张颖惠，西南民族大学学报（人文社会科学版）.8

西藏自治区图书馆文献信息资源共建共享发展现状及对策研究/李子等，西藏民族学院学报（社会科学版）.5

民国时期甘青宁地区图书文化事业发展略述/卓尕措，青海民族大学学报.1

吐鲁番博物馆：四大文明的对话/李肖等，新疆人文地理.1

数字民族博物馆建设探讨/宋才发，黑龙江民族丛刊.2

普通博物馆与民族博物馆概念之辨析/宋才发，黑龙江民族丛刊.5

民族博物馆的三大基本职能探讨/宋才发，中央民族大学学报（哲学社会科学版）.5

民族高校博物馆与民族文物的传承与保护/索黛，北方民族大学学报（哲学社会科学版）.5

且末博物馆：千古文明的对接/张晖，新疆人文地理.2

展示西藏文化的窗口——西藏文化博物馆创建纪实/格勒等，中国西藏.1

民族档案学与民族地区档案建设/丁玉芝，青海民族大学学报.3

中国教育人类学研究述评/吴晓蓉，民族研究.2

历史人类学：如何走得更远？/张小也，清华大学学报（哲学社会科学版）.1

历史人类学视野中的档案与文本/杜靖，青海民族研究.1

走进田野的历史人类学——评赵世瑜的《小历史与大历史：区域社会史的理念、方法与实践》/张亚辉，西南民族大学学报.3

罗马公民权与罗马民族政策/宋海斌，中央民族大学学报（哲学社会科学版）.6

纳粹屠犹与犹太民族的现实主义转向/汪舒明，世界民族.2

犹太民族与吉卜赛民族之比较/冯定雄，浙江海洋学院学报（人文社会科学版）.3

世界历史视野中的东西方民族主义/叶险明，学术月刊（上海）.11

疆域视域中"中国"与"天下"、"中原王朝"与"中央政权"之影像/于逢春,云南师范大学学报.1

北方游牧民族造型艺术的风格与思想表述/张景明 刘朝晖,内蒙古社会科学.3

潇贺古道区域族群文化认同的建构/韦浩明,学术论坛.10

犹太人视野中的当代中国:兼评宋鸿兵的《货币战争》/张倩红,世界民族.1

论封建王朝治边的历史经验/方铁,云南师范大学学报.2

岭南移民与汉文化的扩张:考古资料与文献资料的综合考察/王子今,中山大学学报.4

两汉王朝治理西域的经验与教训/李大龙,北方民族大学学报(哲学社会科学版).5

简论两汉时期匈奴归降的三次浪潮及安置措施/王兴锋,许昌学院学报.6

西汉护羌校尉考述/刘国防,中国边疆史地研究.3

也谈"五属国":与龚荫教授商榷/安梅梅,民族研究.4

"屯田"并非赵充国治羌政策的核心内容/李大龙,中国边疆史地研究.4

降汉以后的呼韩邪单于不是西汉的"外臣"而是西汉中央王朝的臣/王庆宪,中央民族大学学报(哲学社会科学版).6

浅析东汉对北方民族"以退为进"政策/何治民等,民族论坛.2

"禅让"与"起元":魏晋南北朝的王朝更替与国史书写/徐冲,历史研究.3

魏晋南北朝时期山西的民族融合/闵睿,沧桑.4

魏晋南北朝时期南、北民族融合之差异/方高峰,西北师大学报(社会科学版).5

南北朝之前高句丽与中原王朝关系研究/张哲 何方媛,东北史地.5

魏晋南北朝民族关系与夷夏之辨/汪高鑫,史学集刊.6

2009年魏晋南北朝史研究综述/陈奕玲,中国史研究动态.9

2008年日本的魏晋南北朝史研究/[日]小尾孝夫著,杨振红译,中国史研究动态.10

魏晋南北朝时期民族论的时代特点及理论价值/马艳辉,兰州学刊.11

简论曹魏王朝的鲜卑政策:以王雄刺杀轲比能为中心/李大龙,黑龙江民族丛刊.5

略论匈奴汉赵政权与两晋的关系/庄金秋 崔明德,西北民族大学学报(哲学社会科学版).4

略论段部鲜卑与两晋的关系/庄金秋,东北史地.5

《晋永嘉丧乱后之民族迁徙》申论/胡阿祥,安徽大学学报(哲学社会科学版).5

防范与抚纳 抵抗与合作:论两晋十六国时期汉族士大夫在民族问题上的歧异/胡晓明 胡阿祥,理论学刊.8

叛服不常:略论慕容鲜卑与西晋的关系/金洪培,黑龙江民族丛刊.6

十六国时期的文化教育政策与民族融合/韩绪耀,人文杂志.1

前秦与西域东部关系考/李方,新疆师范大学学报(哲学社会科学版).2

冯跋拥立高云为北燕王之原因探析/金洪培,延边大学学报(社会科学版).4

前燕慕容廆君臣的华夷观/赵红梅,学习与探索.5

前燕慕容氏世系考/陈勇,民族研究.5

20世纪以来五燕史研究综述/高然,中国史研究动态.5

试论北燕与高句丽的政治关系/薛海波，东北史地．6
冲突中融合：浅议十六国时期的民族问题/刘东升，历史教学（高校版），8
"李贲之乱"与梁代的岭南民族政策/李柏，河北学刊．6
鲜卑豆卢氏世系补论/高然，中国边疆史地研究．4
《魏书》校正：以碑刻为材料/曾晓梅，北方文物．1
拓拔——北魏墓葬研究的学科背景与核心问题/倪润安，内蒙古文物考古．1
北魏立皇后铸金人占卜习俗考论/王爱民，滨州学院学报．2
关于拓跋鲜卑的发祥地问题：与李志敏先生商榷/曹永年，中国史研究．3
论北魏前期诸王爵位继承制度的特征/张鹤泉，河北学刊．3
北魏的"子立母死"制度/李文根，郑州航空工业管理学院学报（社会科学版）．3
拓拔魏代北史实拾遗/李书吉，学习与探索．3
拓拔代与平城/殷宪，学习与探索．3
北魏华林园听讼制度渊源考/曹刚华，民族研究．3
论北魏迁洛鲜卑上层之腐化及其原因/王永平，学习与探索．3
北魏民族关系思想论纲/崔明德，烟台大学学报（哲学社会科学版）．4
论北魏孝庄政权的构成和衰亡/苏小华，云南民族大学学报．4
论北魏前期的国家与豪族经济/薛海波，东岳论丛．4
北魏驸马都尉述论/刘军，史学集刊．5
北魏拓跋氏与黄帝渊源关系考证/刘文学，黄河科技大学学报．6
北魏孝文帝改革对我国民族大融合的启示/焦兴青，河南科技学院学报．9
周隋之际对高句丽册封的改易与隋丽关系之走向/周向峰，史林．5
试析隋与突厥经济关系的特点及存在的问题/岳雪莲，前沿．14
唐代江西地区胡人活动考述/梁琼，江西师范大学学报（哲学社会科学版）．4
天容海色本澄清/杜文堂，读书．7
唐与吐蕃在西域的争夺/雷富饶，宜春学院学报．9
有关《册府元龟》《旧唐书》中唐蕃战争的季节考析/冉永忠，西藏民族学院学报．1
石堡城唐蕃争夺战及其方位/王昱，青海社会科学．6
《资治通鉴》及新、旧《唐书》有关记载标点订误五则/赵心愚，民族研究．2
2008日本史学界的五代宋元史研究综述/[日]山口智哉著，蔡春娟　梁建国编译，中国史研究动态．5
宋朝对西南民族冲突的和断：以成都府路和梓州路为例的考察/赵永忠，贵州民族研究．1
宋代西北吐蕃联姻问题探析/刘兴亮，西藏大学学报．2
论北宋真宗、仁宗时期关于甘青蕃部的民族立法问题/陈武强，西藏民族学院学报．2
汉宋间敦煌家族史研究回顾与述评（上下）/冯培红　孔令梅，敦煌学辑刊．2—3
余靖出使契丹与蕃语诗致祸考议：兼说北宋仁宗朝廷对契丹之态度/曹家齐，文史．3
宋文帝民族关系思想初探/杨秋红，烟台大学学报（哲学社会科学版）．4

北宋中后期经略西北的负面影响/封婷，温州大学学报（社会科学版）.4

《王延德历叙使高昌行程所见》的笺证和研究/钱伯泉，西域研究.4

试析两宋时期盟约的制定与履行/李华，西北民族大学学报（哲学社会科学版）.5

略论范仲淹的民族关系思想/崔明德　郑炜，齐鲁学刊.6

西天山南北地区归属喀喇汗王朝的时间及相关历史：兼论龟兹石窟的始毁年代/李树辉，社会科学战线.6

简论北宋对西北缘边吐蕃熟户的政策/陈武强　格桑卓玛，北方民族大学学报（哲学社会科学版）.6

近20年北宋西北边疆军事经略研究综述/宫珊珊，丝绸之路.22

气候变化对宋夏战事的影响述论/金勇强，宁夏社会科学.1

评述完颜宗弼渡长江追捉宋高宗到临安/刘肃勇，北方民族.4

浅谈明代固原州志所载宋夏史料/张琰玲　张玉海，西夏研究.4

从澶渊之盟看民族融合/史式，文史杂志.2

蒙古与大理关系新探：以"斡腹之谋"为视角/石坚军，北方民族大学学报（哲学社会科学版）.4

2009年辽金史研究综述/周峰，东北史地.4

辽金时期民族关系思想的发展与中华民族多元一体格局的形成/郑炜　崔明德，中南民族大学学报（人文社会科学版）.4

20世纪以来辽金民族融合问题研究综述/王善军，西夏学.6

2009年辽金西夏史研究综述/康鹏，中国史研究动态.10

试析辽代述律后的后权和母权/王连连，江苏工业学院学报（社会科学版）.1

辽代辽河流域渤海人的社会状况/张利锁　宫岩，东北史地.1

耶律阿保机建国建制论略/陈秀娟，佳木斯大学社会科学学报.1

辽太祖传说研究/黄为放，北方民族.1

辽代"五押"问题新探/康鹏，中国史研究.1

释鲁之死考述/杨军，内蒙古文物考古.1

辽代丧葬礼俗举要：以辽代石刻资料为中心/郑乘燕，内蒙古大学学报（哲学社会科学版）.1

试论辽朝"因俗而治"的国策及意义/刘本锋，江西教育学院学报.1

西辽契丹人的社会经济及政治制度/王凤梅，吉首大学学报（社会科学版）.2

辽朝契丹人牧养牲畜技术探析/肖爱民，河北大学学报（哲学社会科学版）.2

契丹长寿公主婚姻考析/高宇，北方文物.2

东丹国废罢时间新探/康鹏，北方文物.2

金朝女真皇族研究现状述评/李玉君，北华大学学报（社会科学版）.2

《契丹国志》一则史料刍议：兼论契丹之旗鼓/陈晓伟　石艳军，东北史地.2

辽代女真与高丽朝贡关系考论/赵永春　历永平，东北史地.2

路振《乘轺录》所记"韩氏子"考辨/蒋金玲，北方文物.2

试论辽人的"中国"观/赵永春，文史哲.3
辽朝职官管理法律制度探析/孙振江，东北史地.4
辽代的乌马山奚/任爱君，北方文物.4
辽代的寺田及相关问题探究/张国庆，中国农史.4
辽天祚帝元妃身世及诸子考/史风春，内蒙古大学学报（哲学社会科学版）.4
契丹"四楼"别议/杨军，历史研究.4
辽人自称"中国"考/赵永春　李玉君，社会科学辑刊.5
石刻所见辽代宫廷服务系统职官考：《辽史·百官志》补遗之四/张国庆，辽宁工程技术大学学报（社会科学版）.6
契丹女性参政及其原因浅析/都兴智等，文化学刊.6
辽朝的地方制度建设与机构设置/任仲书，内蒙古社会科学.6
辽太宗朝的"皇太子"名号问题：兼论辽代政治文化的特征/邱靖嘉，历史研究.6
辽代的佛教与阅读/王龙，阴山学刊.6
浅析契丹人的生活形态/申梦博，牡丹江大学学报.10
辽太祖淳钦皇后研究述评/康建国，赤峰学院学报.10
辽代的边将：以西部边疆为中心的探讨/周峰，宋史研究论丛（保定）.11
试论上京临潢府及其州县的设置对契丹政权封建化的意义/杨福瑞，宋史研究论丛（保定）.11
位于辽上京周边的辽代多位重要人物墓地浅探/葛华廷，宋史研究论丛（保定）.11
淳钦皇后回鹘后裔辨证/康建国，宋史研究论丛（保定）.11
辽代社会史研究的新成果：评王善军《世家大族与辽代社会》/都兴智，宋史研究论丛（保定）.11
辽代的辽东边疆经略：以鸭绿江女真为中心的动态考察/孙昊，贵州社会科学.12
辽代的民族融合与历史文化认同意识/舒习龙，学术研究.12
西夏五台山信仰斠议/杨富学，西夏研究.1
金朝与西夏关系研究的几个问题/李浩楠，西夏研究.1
两件西夏兵器考略/李进兴，西夏研究.1
甘州回鹘、凉州吐蕃诸部与党项的战争及其影响/刘全波，西夏研究.1
早期党项拓跋氏世系考辨/周伟洲，西夏研究.1
试论西夏政权对北宋经略河湟区域民族政策的影响/杨文　高小强，宁夏社会科学.1
西夏地名考释：以ДХ.02822《杂集时要用字》为中心/韦宝畏　许文芳，宁夏师范学院学报.1
一款精心调制的西夏历史文化套餐：《说西夏》评介/彭向前，宁夏师范学院学报.1
西夏驿路与驿传制度/陈旭，北方民族大学学报.1
西夏后妃宗族考/佟建荣，西夏研究.2
从《天盛律令》看西夏皇族/陈玮，西夏研究.2
西夏学研究在宁夏/张琰玲，西夏研究.2

夏初三朝元老刘仁勖/牛达生，西夏研究.2
西夏的监察制度初探/魏淑霞，西夏研究.2
西夏僧人"德慧"师号考/崔红芬，宁夏社会科学.2
党项宗族与封建化进程探析/郑彦卿，宁夏社会科学.3
西夏党项族尚武精神在岩画中的演绎/崔凤祥　崔星，四川民族学院学报.3
西夏陵碑亭考古/余军，西夏研究.3
武威西夏墓出土冥契研究/于光建　徐玉萍，西夏研究.3
西夏王陵形制综论/杨浣　王军辉，西夏研究.3
简论西夏外交文书/江菊玉等，西夏研究.3
大黑根本命咒：西夏大黑天信仰的一个侧面/黄杰华，西夏研究.3
论西夏公文撰制机构与公文撰制人员/高宗池　赵彦龙，青海民族研究.4
从《述善集》匾额看河南濮阳西夏遗民的家族文化/胡若飞，西夏研究.4
近30年国内的西夏史研究述评/李华瑞，西夏研究.4
熙宁变法与宋夏战争/魏淑霞，西夏研究.4
西夏俗文学"辩"初探/孙伯君，西夏研究.4
多视角审视下的赫连勃勃/胡玉春，内蒙古社会科学.4
简论宋夏平夏城之战/张玉海，西夏研究.4
西夏国和僧侣/［俄］Е.И.克恰诺夫著，徐悦译，西夏学.5
西夏造纸技术初探/牛达生，西夏学.5
西夏佛教的"真心"思想/［俄］K.J.索罗宁，西夏学.5
党项、吐蕃关系杂议/张云，西夏学.5
从西夏岩画看党项族的个性特点/崔星　崔凤祥，黑龙江民族丛刊.5
巧于用典：西夏公文撰写技巧之一/赵彦龙　江菊玉，宁夏师范学院学报.5
新世纪初国内西夏佛教研究的回顾与展望/杨富学　张海娟，西夏学.6
从交聘仪注之争看西夏的政治地位/杨浣，西夏学.6
汉文史料中党项与西夏族名异译考/佟建荣，西夏学.6
西夏蕃名官号异译考释/翟丽萍，西夏学.6
黑水城唐卡中的净土信仰/史伟，西夏学.6
西夏人的婚姻与丧葬/林雅琴，宁夏社会科学.6
范仲淹与西夏研究文献综述/张琰玲，宁夏社会科学.6
成果丰硕的西夏学研究：《宁夏社会科学》西夏栏目述评/孙颖慧，甘肃社会科学.6
关于西夏佛与儒的几个问题/史金波，江汉论坛.10
从星宿神灵崇拜看西夏文化的杂糅性/崔红芬，江汉论坛.10
俄藏西夏天庆年间典粮文契考释/杜建录，西夏研究.1
西夏汉文写本《卜筮要诀》再探/彭向前，宁夏社会科学.1
近十年以来黑水城汉文文书研究综述/翟丽萍，中国史研究动态.4
张澍《观西夏碑》诗笺注/崔云胜，宁夏社会科学.6

从黑水城宋代文献看两宋之际宋夏关系/陈瑞青，江汉论坛．10
西夏汉文乾祐十四年安排官文书考释及其意义/孙继民，江汉论坛．10
黑水城文献研究回顾与展望学术研讨会综述/马淑萍，西夏研究．2
"黑水城文献研究回顾与展望"学术研讨会综述/樊丽沙　王立恒，甘肃民族研究．2
"黑水城文献研究回顾与展望"学术研讨会综述/宋坤，中国史研究动态．5
2002－2009年西夏学专著资料统计分析/马淑萍，西夏研究．4
论金代前期的宗室贵族群体/宋立恒，满族研究．1
有金一代：辉煌的历史与灿烂的文化（上）/周惠泉等，北方民族．1
试论金帝完颜亮对契丹人的政策/李玉君，北方民族．1
略述金代猛安谋克组织下契丹人的经济生活/夏宇旭，吉林师范大学学报．1
《金史》婆卢火身份新证/赵永春　李玉君，黑龙江民族丛刊．1
金世宗对高丽的睦邻友好政策/刘肃勇，北方民族．2
有金一代：辉煌的历史与灿烂的文化（下）/周惠泉等，北方民族．2
论金世宗挽救女真传统的措施/王对萍，沈阳大学学报．2
《金史》勘误三则/孙建权，北方文物．2
金代契丹人赐姓略议/夏宇旭，东北史地．2
金代皇室教育/兰婷　王伟，吉林师范大学学报（人文社会科学版）．2
金代刻书地点考/李西亚，北方文物．2
20世纪以来金代契丹人和奚人研究综述/夏宇旭，中国史研究动态．3
杨朴劝阿骨打称帝及其历史意义/李秀莲，满族研究．4
关于金代奴婢的几个问题/宋立恒，内蒙古社会科学．4
论金代契丹族耶律履父子词/白显鹏　于东新，黑龙江民族丛刊．5
论金与蒙元的和亲/王孝华，黑龙江民族丛刊．5
论金朝后期契丹人对蒙古的投附及作用/夏宇旭，黑龙江民族丛刊．5
金政权对辽代上京道州县省并原因初探/王淑兰，东北师大学报（哲学社会科学版）．5
论金代符牌制度/杨春俏，西北民族大学学报（哲学社会科学版）．5
从金陵考古发现看金代女真人的汉化问题/吴敬，边疆考古研究．9
开拓领域、改进方法，推动辽金契丹女真史研究：第十届中国辽金契丹女真史学术研讨会综述/任仲书，东北史地．6
成吉思汗墓葬所在与蒙古早期历史地理/陈得芝，中华文史论丛．1
蒙古帝国时期皇室的收继婚/吴蕊蕊　侯亚伟，内蒙古民族大学学报．1
元代回回学者史学活动述论/赵梅春，廊坊师范学院学报（社会科学版）．1
成吉思汗驻跸也儿的石河之时间考辨/张玉祥，西部蒙古论坛．1
1227—1231年蒙金关河争夺战初探/石坚军，内蒙古社会科学．1
元代亦集乃路祭祀初探/孔德翊　屈耀琦，西夏研究．1
论蒙古第三次西征的历史动因/徐良利，船山学刊．1
浅议元朝的"四等人"政策/李大龙，史学集刊．2

拖雷攻克中亚匿沙兀儿城之时间考辨/张玉祥,西部蒙古论坛.2

黑城出土柬帖文书刍议/兰天祥,宁夏社会科学.2

论蒙古第三次西征的历史背景和影响/徐良利,广州大学学报(社会科学版).2

西州回鹘国王对成吉思汗的朝觐及其历史意义/买买提祖农·阿布都克力木,内蒙古民族大学学报.3

蒙古前四汗时期蒙藏关系新探:以"斡腹之谋"为视角/石坚军,西藏大学学报(社会科学版).3

蒙古帝国史全景下的察合台汗国:《察合台汗国史研究》述评/邱轶皓,西域研究.3

蒙古前四汗时期蒙藏关系新探:以"斡腹之谋"为视角/石坚军,西藏大学学报(社会科学版).3

蒙哥汗灭宋战略计划新探/石坚军,内蒙古大学学报(哲学社会科学版).4

国内近三十年元丽人员往来研究概述/李鹏,内蒙古大学学报(哲学社会科学版).5

元朝科举体制下少数民族教育公平问题研究/花文凤,江汉大学学报(社会科学版).6

察罕脑儿行宫与蒙古皇室的鹰猎/党宝海,西北民族大学学报(哲学社会科学版),6

百年来元代东北史研究综述/薛磊,中国史研究动态.8

2009年蒙元史研究综述/默书民 张国旺,中国史研究动态.8

蒙古帝国时期皇室的通婚圈/吴蕊蕊,赤峰学院学报(汉文哲学社会科学版).8

从元代江南文化看民族融合与中华文明的多样性/陈得芝,北方民族大学学报(哲学社会科学版).5

对《蒙古秘史》研究史起点问题的思考:从《元朝秘史》是翻译文本说起/杭爱 乌黎,西部蒙古论坛.1

元代亦集乃路伊斯兰社会探析:以黑城出土文书、文物为中心/陈玮,西域研究.1

明代渝东南地区土司与中央政府的关系初探:以酉阳、石柱为例/杨花,重庆交通大学学报(社会科学版).2

认同差异与"复流为土":明代广西改土归流反复性原因分析/蓝武,广西民族研究.3

张居正改革前周边民族形势之透视/展龙,西北民族大学学报(哲学社会科学版).3

明代"西番诸卫"与河湟洮岷边地社会/杜常顺 郭凤霞,青海民族大学学报(社会科学版).4

明代外交模式及其特征考论:兼论外交特征形成与北方游牧民族的关系/万明,中国史研究.4

论固原"满四起事"的起因及民族属性/霍丽娜,宁夏师范学院学报.4

哈密卫忠顺王脱脱身世及相关问题考述/胡小鹏,民族研究.4

明朝的国家疆域观及其明初在西南边疆的实践/陆韧,云南师范大学学报(哲学社会科学版).5

试论明朝对女真的招抚/郑红英,黑龙江民族丛刊.6

从澳门到台湾:16—17世纪西方殖民者在中国的殖民活动/陈建樾,世界民族.6

治学严谨 别有意会:读张佳生《八旗十论》/康启昌,满族研究.1

浅论清朝的满蒙联姻政策/肖锐,满族研究.1

从荆州驻防八旗看清朝的旗民分治政策/曹婷,文史博览.1

论清代呼伦贝尔地方的旗兵制度及其特征/阿鲁贵·萨如拉,中国边疆史地研究.1

清代蒙古捐纳初探/宝音朝克图,西部蒙古论坛.2

清朝与西藏早期政治互动研究:以满藏互使的派遣为中心/马啸,青海民族大学学报(社会科学版).2

"以土制土"政治文化现象的深层解读:成臻铭《清代土司研究》评介/白建银,吉首大学学报(社会科学版).2

再论清代东北的旗、民管理体制/任玉雪,学术界.3

近三十年来东北地区八旗驻防研究综述/矫明君,满族研究.3

近三十年来东北地区八旗驻防研究综述/矫明君,北方民族.4

清代"拜唐阿"探略/杜家骥,西域历史语言研究集刊.4

2009年清史研究综述/毕卫涛,中国史研究动态.6

刍议皇太极团结汉官与汉民的政策/赵展,中央民族大学学报.1

论清政权入关前的身份构建/林士俊,黑龙江民族丛刊.1

试论清朝前期对三姓地区的统治/吕欧,满语研究.1

战争的角落:平定准噶尔战争中两个清军战俘的人生际遇/王东平,中国边疆史地研究.2

略论清前期对回疆的经营/王希隆 王力,兰州大学学报(社会科学版).3

蒙古林丹汗与满蒙初期政治关系/聂晓灵,满族研究.4

新疆军府制下的理民体制与满汉员的任用/华立,清史研究.4

清入关前的乌拉将士述略/张林,黑龙江民族丛刊.5

论清入关前对科尔沁蒙古的统一与管理/周喜峰,哈尔滨工业大学学报(社会科学版).5

试析明与后金统治层对喇嘛在双方斗争中作用的认识/高志超,东北史地.6

清代三姓副都统衙门设立之探讨/宋泽刚,求是学刊.6

三世章嘉对缓和青海政教关系的贡献/邓建新,青海民族大学学报.1

论康乾时期西南边政的决策调整:以"驱准保藏"之战为转折点/马国君,贵州民族研究.1

顺治六年多尔衮出兵喀尔喀始末/N.哈斯巴根,西部蒙古论坛.1

康熙帝第三次亲征噶尔丹史实考/黑龙 海纯良,西部蒙古论坛.1

论清代前期西南边政的决策演变:以康熙朝"驱准保藏"战前后为例/马国君,贵州大学学报(社会科学版).2

从日本的"唐船风说书"看康熙二十九年的乌兰布通之战/华立,中国边疆史地研究.3

乾隆朝八旗汉军出旗标准刍议/范传南,历史教学(高校版).6

黄陵县发现乾隆年间平定准噶尔告成碑/魏迎春 郑炳林,敦煌学辑刊.1

论大小金川战争中碉楼的作用/彭陟焱,西藏民族学院学报.2

论乾隆朝金川战役对清政府的影响/齐德舜，四川民族学院学报. 5

关于《大清乾隆五十八年"善后章程二十九条"》的题名问题/李保文，中国藏学. 1

第十三届国际清史学术研讨会综述/张晓玮，故宫博物院院刊. 3

晚清民族国家构建中的"满蒙联姻"地位研究/冯建勇，北方文物. 2

危机中的变革——太平天国运动前后满汉关系：以湘军为中心/陈力 李水红，阴山学刊. 4

杜文秀大理农民革命政权的历史贡献/马颖生，回族研究. 1

杜文秀起义研究的新篇章/林荃，回族研究. 1

编辑"杜文秀'卖国说'辩诬"栏目缀言/李有智，回族研究. 1

杜文秀研究的新开端/王瑞康，回族研究. 1

略评罗尔纲先生《杜文秀"卖国"说辟谬》一文/姜南，回族研究. 1

历史愈辩愈明——"杜文秀'卖国说'辩诬"有感/李健彪，回族研究. 1

从对杜文秀的污名谈历史研究中的几个问题/马强，回族研究. 1

杜文秀/罗尔纲，回族研究. 1

杜文秀大理政权是"封建割据政权"吗？/林荃，回族研究. 1

遥奉太平天国革命的杜文秀大理政权：三论杜文秀大理政权的性质/林荃，回族研究. 3

冲击与反弹：基督教与藏传佛教的早期遭遇——以保安教案为例/韦明等，兰州大学学报. 1

清末新政时期八旗团体的参政活动/尹立芳，满族研究. 1

李鸿章对朝鲜的"以夷制夷"政策与《朝美条约》的订立/方民镐，东疆学刊. 4

百色起义与广西民族团结传统/何龙群，广西民族大学学报. 1

伪满洲国时期日伪对赫哲族的殖民统治/杨光 高乐才，中央民族大学学报. 2

伪蒙疆政权的司法体系/宋从越，内蒙古社会科学. 3

伪蒙疆政权的立法/宋从越，阴山学刊. 4

伪蒙疆政权立法的特点/宋从越，阴山学刊. 5

内蒙古自治政府搬迁及其影响研究/孟和宝音，前沿. 21

近十年来中国民族融合史研究述评/陈炜等，历史教学问题. 1

略谈中国古代少数民族的思想文化/崔明德，烟台大学学报. 1

中国历史上民族融合的特点和类型/何星亮，中南民族大学学报. 2

中国历史上"民族和谐"探索/周伟洲，华夏文化. 2

"夷夏交争"：中华民族早期的陆海融通/张炜，云南师范大学学报. 3

民族大迁徙的地理环境因素研究：以中国古代民族迁徙为考察的重点/管彦波，西北民族大学学报（哲学社会科学版）. 3

早期中国民族史研究与王桐龄的《中国民族史》/魏威，湖北民族学院学报（哲学社会科学版）. 5

中华民族一体化的历史基础/艾那吐拉·哈力克，中央社会主义学院学报. 6

关于中国古代民族关系问题的新解读/李强等，历史教学问题. 1

民族·国家·社会：统一的多民族国家视阈下白寿彝先生的民族关系史学理论研究/范国强　管祥久，青海民族研究．3

王安石与司马光民族关系思想比较研究/杜善永，宁夏社会科学．5

刘师培与中国民族史研究：以《中国民族志》为中心/曾黎梅，楚雄师范学院学报．7

学术与身份：罗香林对中国民族史研究的贡献及启示/温春香，嘉应学院学报．9

构建中国"民族走廊学说"的意义/李星星，西南民族大学学报（人文社会科学版）．12

曹魏集团对各少数民族的政策差异探微/付国良，牡丹江师范学院学报（哲学社会科学版）．3

略论慕容鲜卑与两晋的关系/崔明德　庄金秋，西南民族大学学报（社会科学版）．9

一部民族史与思想史相结合的力作：读《隋唐民族关系思想史》/陈育宁，中国边疆史地研究．2

中国民族史学和民族理论研究的力作：《隋唐民族关系思想史》序/杨建新，烟台大学学报（哲学社会科学版）．2

隋唐五代时期乌江流域的人口迁徙与民族交流/彭福荣，西北民族大学学报（哲学社会科学版）．5

论隋唐时期的民族融合/戚万法等，广西社会科学．12

试论唐朝在边疆民族地区推行的羁縻府州制度/管彦波，青海民族研究．2

初唐前后正史修撰中对东北民族认识的差异/解洪旺，北方文物．3

从姜察拉本、姜摩赤尊到金城公主：唐代汉、藏、纳三族关系的一段轶事考释/杨福泉，中南民族大学学报（人文社会科学版）．5

唐代民族观之"华心"说/俄琼卓玛，青海社会科学．6

高丽女性在高丽与蒙元关系中的作用/崔鲜香，内蒙古大学学报（哲学社会科学版）．1

土司文化：民族史研究不能忽略的领域/成臻铭，广西民族研究．3

明代广西改土归流进程中关于设土与设流问题的论争/蓝武，广西师范大学学报（哲学社会科学版）．5

论播州"末代土司"杨应龙时期的民族关系/李良品　邹淋巧，贵州民族研究．5

明清时期东北民族关系研究的中外史料/徐凯，历史教学（高校版）．18

清代在甘青地区的民族政策及历史作用/杨虎得，中南民族大学学报．2

清朝族类隔离政策的失败及其历史遗产/熊芳亮，民族工作研究．4

乾隆年间蒙古准噶尔部第一次进藏熬茶考/吕文利　张蕊，内蒙古师范大学学报（哲学社会科学版）．4

清代鄂西与川边改土归流之比较研究：以容美土司与德格土司为例/岳小国，湖北民族学院学报（哲学社会科学版）．5

略论古代北方草原民族社会组织之若干特点/晓克，内蒙古社会科学．6

先秦时期内蒙古中南部地区居民的迁徙与融合/张全超　朱泓，中央民族大学学报．3

黑龙江民族史研究的一部力作：评周喜峰《清朝前期黑龙江民族研究》/白新良，黑龙江民族丛刊．3

黑龙江民族史研究的新突破：评《清朝前期黑龙江民族研究》/魏影，北方文物．3
试论清朝前期对黑龙江各民族的行政管理/周喜峰，学习与探索．5
科学鉴定古代种族：《丝绸之路古代种族研究》评介/罗沛，博览群书．3
研究甘青少数民族地区治理的多维视角：李清凌《元明清治理甘青少数民族地区的思想和实践》评介/何玉红　杨荣，甘肃社会科学．4
陕甘宁边区建构和谐民族关系的路径与启示/杨洪　李转，内蒙古社会科学．6
草原文化与陇右文化的亲和：以天水移民为研究视角/何生海，中央民族大学学报（哲学社会科学版）．5
历史上河湟地区回族与蒙古族的社会交往/马燕，青海民族大学学报（社会科学版）．2
论清代"环湖八族"形成的历史背景/索南多杰　德旦项毛，青海民族研究．2
一个支点，撬起一隅地方：评《岭南走廊——帝国边缘的地理和政治》/闫玉，重庆文理学院学报（社会科学版）．5
从四大民瑶看明清以来"南岭走廊"的族群互动与文化共生/刘秀丽，中南民族大学学报．2
漫谈武陵文化历史发展轨迹/戴楚洲，湖北民族学院学报（哲学社会科学版）．3
南方民族史研究中的几个问题/范宏贵，广西民族研究．3
试论"猺"、民、汉的演变：地方和家族历史中的族群标签/唐晓涛，民族研究．2
土民、客人与乡绅：万历至乾隆的黄姚社会/麦思杰，民族研究．2
通过征用帝国象征体系获取地方权力：明代广西土司的宗教实践/张江华，民族学刊．2
家族的历史抑或国家的历史：中越边境地区沿海族群之身份与认同的历史考察/杜树海，民族研究．2
平话人与客家人比较研究：以广西为例/徐杰舜　梁冬平，赣南师范学院学报．5
论何耀华的中国西南历史民族学研究/杨绍军，贵州民族研究．1
中国西南地区的北方游牧民族：以藏彝走廊为核心/曾现江，思想战线．1
藏彝走廊的汉族移民与汉藏互动：以九龙为个案的考察研究/王玉琴，西藏研究．1
西南少数民族社会历史调查：李绍明美国西雅图华盛顿大学讲座（二）/李绍明，西南民族大学学报（人文社会科学版）．1
藏彝走廊与丝绸之路/段渝，西南民族大学学报（人文社会科学版）．2
对20世纪中国西南少数民族聚居区社会制度变革的认识/陈玉屏，中南民族大学学报．2
吐蕃东渐与藏彝走廊的族群互动及族群分布格局的演变/曾现江，西藏大学学报（社会科学版）．4
学术选择与国家建构：论抗战时期大夏大学对西南少数民族的调查与研究/郭士礼，贵州民族研究．4
横断走廊：族群地理与生态史学——读徐新建《横断走廊——高原山地的族群与生态》/付海鸿，重庆文理学院学报（社会科学版）．5
历史上的砖茶之路及其社会文化功能/段继业，西南民族大学学报（人文社会科学版）．7
关于藏彝走廊的民族与文化格局：试论藏彝走廊的文化分区/石硕，西南民族大学学报

（人文社会科学版）.12

藏彝走廊的族群互动研究：汉彝文化边缘的冕宁多续藏族/袁晓文，西南民族大学学报（人文社会科学版）.12

民国时期川西北土司土屯部落变动考/田利军，贵州民族研究.5

明代四川少数民族的文化及其变迁研究/李晓斌　杨晓兰，西南民族大学学报（人文社会科学版）.9

"通道"与贵州明清时期民族关系的建构与反思/孙兆霞　金燕，思想战线.3

家人的社会记忆与族群认同/李技文，湖北民族学院学报（哲学社会科学版）.5

从居住格局看黔中屯堡人与当地少数民族的关系/吴晓萍　王锴，贵州民族学院学报（哲学社会科学版）.5

中外学者对云南近代民族史的研究述论/赵永胜，玉溪师范学院学报.1

1950年以前对云南民族的识别与分类/王文光　尤伟琼，广西民族大学学报.2

20世纪50年代以来滇西北怒江流域巴尼人研究述评/张媚玲　张曙辉，学术探索.3

谁是MOSO（摩沙）？——论古摩沙的分化与"纳系族群"的认同及识别问题/木仕华，思想战线.3

边疆地区民族观念的表达与重塑：以辛亥革命前后的滇西民族地区为例/贾益，云南社会科学.3

"藏穆之路"的回藏关系：云南省香格里拉三坝乡安南村田野调查/次旦顿珠　益西曲珍，西藏大学学报（社会科学版）.4

从三次剽牛盟誓看普洱多民族关系的发展/张海珍，思茅师范高等专科学校学报.5

门巴族、珞巴族的历史发展与当代社会变迁/陈立明，中国藏学.2

百年汉人宗族研究的基本范式：兼论汉人宗族生成的文化机制/杜靖，民族研究.1

广西汉族"壮化"现象个案研究：以东兰县花香乡弄兰村为例/马世英　梁世甲，广西民族研究.1

客家由来与客家文化的基本特点/谢重光，寻根.2

客家优良传统的根在河洛/刘加洪，寻根.2

客家：民族融合的"活化石"/罗勇，客家研究辑刊.2

以历史人类学的方法实践罗香林的学术思想：评《粤东客家生态与民俗研究》/叶远飘，客家研究辑刊.2

多元文化背景下屯堡研究的视角与意义/吴斌，吉首大学学报（社会科学版）.2

从多元走向一体是民族过程的规律：以汉民族的民族过程为例/徐杰舜，青海民族研究.2

汉族族源新探/刘志勇，成都大学学报（社会科学版）.2

耕耘在客家研究的田野上：人类学学者访谈录之五十五/罗勇　吴良生，广西民族大学学报（哲学社会科学版）.3

澳门客家源流及其族群认同/袁理，黑龙江民族丛刊.3

近代西藏昌都地区汉人社会生活初探/王川　刘波，中国藏学.3

屯军后裔、汉族移民与共同体：黔中屯堡及屯堡人的界定/吴斌，思想战线.4

从族际交往看当代黔中地区屯堡人与周边少数民族的关系/何彪　王锴，教育文化论坛.5

汉族管理控制偏好内部一致性实证研究/刘静　郑石桥，新疆社会科学.5

谈蒙古民族的中国认同问题/何志虎，宝鸡文理学院学报（社会科学版）.1

新疆蒙古族萨满教医疗活动的人类学分析/李媛，内蒙古民族大学学报.1

蒙古族如何应对现代化浪潮的挑战与机遇/敖力格日玛　阿思根，内蒙古民族大学学报.1

蒙古族传统自然观的当代意义/包国祥，内蒙古民族大学学报.1

继承中创新、开拓中发展：2004至2009年《西部蒙古论坛》感思录/马大正，西部蒙古论坛.1

青海卫拉特诸部落的起源/〔日〕佐藤长著，孟秋丽译，西藏民族学院学报.1

蒙古族天崇拜文化传统与族源传说：蒙古族族源传说起源探讨/包海青，青海民族大学学报.1

17世纪卫拉特各部游牧地研究/乌云毕力格，西域研究.1

土尔扈特蒙古西迁后的经济状况及其对东归的影响/李金轲　王希隆，中国边疆史地研究.1

古代蒙古族社会规范考述/那仁朝格图，内蒙古师范大学学报.1

17世纪卫拉特各部游牧地研究（续）/乌云毕力格，西域研究.2

天命论思想与蒙古族族源传说/包海青，北方民族大学学报.2

入关前八旗蒙古科举考/张永江　陈力，北方论丛.2

清代喀尔喀蒙古王公的朝觐制度述略/红霞，内蒙古民族大学学报（社会科学版）.2

成吉思汗祭祀的历史演变及现代境遇/那顺巴依尔，中央民族大学学报.2

论蒙古族的土地所有制/杨强，西北民族研究.2

蒙古族神话和古希腊神话伦理意蕴比较研究/包国祥，内蒙古民族大学学报.3

敖包祭祀与草原文化/王其格　塔娜，内蒙古民族大学学报.3

三家台蒙古村落调查记/穆昭阳，寻根.3

蒙古族穆斯林历史与文化研究概述/乌兰托亚，黑龙江民族丛刊.3

重庆彭水"象鼻塞碑"考释/王希辉，黑龙江民族丛刊.3

重庆南川龙岩城摩崖碑抗蒙史事考/唐治泽，四川文物.3

《成吉思汗箴言》与伊金霍洛生态发展/金钱伟，西部蒙古论坛.3

青海柴达木蒙古族家庭变迁调查：以宗加乡阿旺家族为例/红峰　王增，青海民族大学学报.3

传统的保持与再塑：关于白音敖包祭祀组织的观察与思考/张曙光，大连民族学院学报.4

"卫拉特"一词及其相关名词的由来浅析/贾木查，新疆大学学报（哲学·人文社会科学版）.4

阿尔泰乌梁海部族史诗的搜集、整理、研究概况/海英，西部蒙古论坛.4

噶尔丹执政初期准噶尔与清朝关系的新进展/黑龙，西部蒙古论坛.4

《世界征服者史》辨误一则/张玉祥,西部蒙古论坛.4

简述明代宁夏地区土达生活状况/李艳华,西部蒙古论坛.4

神机营的创建及其在朱棣北征蒙古中的作用/金宝丽,西部蒙古论坛.4

南路土尔扈特、和硕特部社会经济探析/吐娜,西部蒙古论坛.4

近代内蒙古地区民族关系研究:以土默川蒙汉民族关系为例/乌仁其其格,内蒙古师范大学学报(哲学社会科学版).4

蒙古族萨满咒语及其祭礼文化特征/陈永春,民族文学研究.4

巴尔虎蒙古族的历史记忆与认同实践/兴安,北方民族大学学报(哲学社会科学版).4

从马背到牛背:云南蒙古族民间叙事中的文化变迁镜像/邓启耀,广西民族大学学报(哲学社会科学版).4

蒙古族传统生态文化探源/王立平 韩广富,广西民族大学学报(哲学社会科学版).4

松山蒙古与明王朝关系研究/杨荣斌 马一,西夏研究.4

北方蒙古族的生态文化特色/孙丽华,白城师范学院学报.4

12—14世纪蒙古人的年龄结构/[日]大岛立子著,乌兰译,西域历史语言研究集刊.4

蒙古族游牧文明的标志性符号/邢莉,中央民族大学学报(哲学社会科学版).4

探寻蒙古族萨满教文化发展的轨迹/王立平 韩广富,黑龙江民族丛刊.4

小歹青身世与义州木市/特木勒,民族研究.4

阿勒坦车臣汗与沙俄的关系/范丽君,内蒙古社会科学.5

浅析和硕特蒙古在藏势力衰亡之原因/白希竹,四川民族学院学报.5

乾隆时期土尔扈特回归事件相关诗作研究/史国强,新疆大学学报(哲学·人文社会科学版).5

蒙古族传统生态文化价值观的形成及现实意义/王立平 韩广富,中央民族大学学报(哲学社会科学版).5

当代蒙古民族游牧文化相关问题之新解读/葛根高娃,中央民族大学学报(哲学社会科学版).6

《金轮千幅》所载扎鲁特蒙古/乌云毕力格,西北民族大学学报(哲学社会科学版).6

从蒙古族人名变迁看民族文化的融合/特木尔巴根等,中国民族.12

从《回部公牍》看民国前期回族的政治参与活动/方素梅,民族研究.1

《回部公牍》及其史料价值/方素梅,青海民族研究.1

西北回族聚居区天课制度研究/马玉秀,青海民族大学学报.1

西北回族社区"尔麦里"研究/沙彦奋,青海民族大学学报.1

北京的回族人口:1259—2000/马雪峰 苏敏,北方民族大学学报.1

南宁回族源流考/翁乾麟,回族研究.1

云贵回族对抗日战争的贡献/马尚林等,民族学刊.2

青海卡力回族语言认同的调查报告:以化隆县德恒隆乡德一村为例/马伟华,青海民族大学学报(社会科学版).2

明朝境内的蒙古团体:包括妇女和儿童/[美]亨瑞·赛瑞斯(H. Serruys)著,王苗

苗译，西部蒙古论坛.2

从文化认同到国家认同：论中华传统文化在回族形成与发展中的重要作用/李伟　丁明俊，北方民族大学学报.2

方法论视野中的回族学研究探析：以回族学构建过程中的教育理论研究为例/海存福，回族研究.2

民国时期回族的自我认同与国家认同/陈红梅，北方民族大学学报.2

掌教、乡约与保甲册：清代户口管理体系中的陕甘回民人口/路伟东，回族研究.2

社会资源与家族化进程：以明清青州穆斯林家族为例/丁慧倩，回族研究.2

古豫焦作行记：回族历史源头所在地初探/李华英，回族研究.2

试析伊斯兰教对回族心理素质及人际关系交往的影响/马梅英，甘肃民族研究.2

青海卡力岗人族群认同及其变迁的考察：以化隆县德恒隆乡德一村为例/马伟华，青海社会科学.2

论民国时期回族商业资本向产业资本的转化/王正儒，宁夏社会科学.2

无垣之"城"：近代西安回民社区结构探微/任云英，西北民族研究.2

羊头会、乡绅、讼师与官吏：同治以前关中地区的回、汉冲突与协调机制/路伟东，回族研究.3

近代回族政治意识与国家认同浅论：从"争教不争国"到"兴教救国"/陈红梅，西北民族研究.3

回族人口城市化中的自闭性特征及特殊的城市观教育研究/马成良，西北民族研究.3

左宗棠的甘宁青回族政策探析：以防范、隔离和民族同化为考察点/赵维玺，北方民族大学学报.3

城市边缘孤独的守望者：白银区"回民小村"城市融入中的排斥与内卷/巨晶，青海民族研究.3

自我的"他性"：论回族文化的兼容性/陕锦风，青海民族大学学报.3

多元民族文化环境中的西北回族社区文化：以甘肃临夏市八坊回族聚居区为视角/王平，青海民族大学学报.3

从社会性别视角看回族社区新农村建设：以云南大五茂林回族社区为例/武承睿，云南民族大学学报.3

历史上回商兴衰的若干因素探析/马平，回族研究.3

《冈志》中反映的明清北京牛街回族社会的族群关系/王东平，回族研究.3

认同的力量：绥西抗战中马家军英勇抗日行为的动力分析/马世英　杨建超，回族研究.3

绥西抗战与回族的国家认同：以马鸿宾、周进朝两个人的抗日爱国故事为论述中心/杨德亮，回族研究.3

回族社区法文化传统研究/马敬，西北民族大学学报（哲学社会科学版）.3

帕西傣与傣族的文化对话简论/乌创，思想战线.4

回族穆斯林的开放性及其文化心理底线/马平，青海民族研究.4

拉萨藏回及其文化思考/杨晓纯　马艳，青海民族研究.4

近代回族政治意识与国家认同：以1946年国民大会回民代表名额之争为例/陈红梅，青海民族研究.4

回族法文化的秩序意义与当代价值/李保平，宁夏师范学院学报.4

西北回族文化困境论/李世荣，宁夏师范学院学报.4

论回族"取籍"的阶段特征/杨文笔，宁夏师范学院学报.4

论新疆伊犁回族的涵化和文化适应/刘鑫渝　沙彦奋，北方民族大学学报（哲学社会科学版）.5

从《月华》看民国时期回族知识群体的国家意识/王晓霞，宁夏大学学报（人文社会科学版）.5

回族地区社会工作本土化探索：以宁夏为例/曲正，黑龙江民族丛刊.6

新疆回族历史辨误/李树辉，北方民族大学学报（哲学社会科学版）.6

民国穆斯林学术团体追求学会研究/马景，北方民族大学学报（哲学社会科学版）.6

唐、宋、元时期回族先民"华化"论略/梁向明，宁夏大学学报（人文社会科学版）.6

多视角下的四川回族：90年来四川回族研究概述/马尚林，西南民族大学学报（人文社会科学版）.12

青海藏族阿柔部落兴衰史探析/王云　洲塔，中南民族大学学报（人文社会科学版）.1

从赞普的神话时代到历史时代：读石泰安《西藏的文明》/何贝莉，西北民族研究.1

藏族"赔命价"习惯法与日耳曼民族"赎罪金"制度的比较研究/淡乐蓉，中国藏学.1

解析当代甘南牧区民间纠纷调解中的藏族部落习惯法/蒙小莺　蒙小燕，中国藏学.1

西方"朝圣"视野下藏族"神圣"地理研究及其分析/才贝，中国藏学.1

西藏网站在藏学研究中的作用/岳凤芝，西藏民族学院学报.1

平武厄哩寨白马藏族"跳曹盖"仪式的田野考察/邱月，西北民族大学学报.1

藏文化视野下的南诏境内族属解读/拉先，青海民族大学学报.1

吐蕃在唐蕃战争中的战略战术思想初探/刘力钢，青海民族大学学报.1

现代著名藏学家李思纯与陈寅恪交往述论/王川，西藏大学学报.1

汉藏交融与民族认同/沈卫荣，读书.1

平武厄哩寨白马藏族"跳曹盖"仪式的田野考察/邱月，西北民族大学学报.1

浅谈《格萨尔》中绝大多数妇女的社会地位及其婚姻状态/卡先也，西藏艺术研究.1

一位外国传教士眼中的甘南族群关系：埃克瓦尔《甘肃藏区边境文化关系》评述/陈声柏　王志庆，兰州大学学报.1

西藏家庭与西藏现代化三个发展阶段：对西藏50年来社会变迁的实地调查/格勒，人权.1

藏族农牧民人权享有的人类学和民族法学探析/郎维伟，民族学刊.1

班禅囊玛岗及西藏割据时期的历史疑难问题——访著名藏族学者诺章·吴坚先生/亚东·达瓦次仁，西藏大学学报.2

关帝信仰与格萨尔崇拜：以拉萨帕玛日格萨尔拉康为中心的讨论/加央平措，中国社会科学.2

藏族传统数字文化探析/范春文　王琼，西藏大学学报.2
吐蕃统治敦煌的监军、监使/陆离，中国藏学.2
唐代吐蕃的氏族/林冠群，中国藏学.2
藏族断代史的新探索：《民国藏事通鉴》评介/冉光荣，中国藏学.2
甘孜州康定县藏族习惯法及"赔命价"的人类学调查/韩雪梅，甘肃民族研究.2
明代吐蕃十八族考/武沐，西藏研究.2
藏族古代军事行动中的宗教因素探讨/次旦扎西晋美，西藏研究.2
清代西藏地方兵制考/郭胜利，西藏研究.2
嘉绒藏族的姓氏文化与村落社会的传统互助：以甘孜州沈村藏族为例/郎维伟　张朴，西藏研究.2
四川甘洛县新市坝镇尔苏藏族族外婚姻情况研究/王德和，西南民族大学学报（人文社会科学版）.2
从土司封号看嘉绒藏族土司与宗教的关系/邹立波，西南民族大学学报（人文社会科学版）.2
涉藏网站建设现状及进一步发展之思考/旺秀才丹，西南民族大学学报（人文社会科学版）.2
皆因有了王尧先生：《贤者新宴——王尧先生八佚华诞藏学论文集》编辑手记/马丽华，中国西藏.2
论西藏高校图书馆藏学文献专题数据库的构建/岳凤芝，西藏大学学报（自然科学版）.2
十九世纪滇藏关系解释范式的反思/[美]大卫·阿提威著，尼玛扎西等译，民族学刊.2
在神的怀抱里：一个安多藏族村落的生态——显圣景观/郁丹，西北民族研究.2
清初河湟地区基层社会组织变迁及其对藏族社会的影响/洲塔　何威，青海社会科学.3
关于"格萨尔"是否历史人物之我见/角巴东主　才项多杰，青海社会科学.3
都市藏族移民宗教信仰的现代转换/吴碧君，青海社会科学.3
"十八土司"属地及语言探析/王玉琴　德吉卓嘎，西藏大学学报（社会科学版）.3
西藏发展已经站在新的历史起点上：雪域高原各族人民庆祝第二个"百万农奴解放纪念日"/人权.3
父亲的"骨"和母亲的"肉"：嘉绒藏族的身体观与亲属关系的实践/李锦，广西民族大学学报（社会科学版）.3
藏族军事领域中的宗教性因素/吉俊洪　鲍栋，西藏大学学报（社会科学版）.3
北宋前中期吐蕃内附族账考/陈武强，西藏大学学报（社会科学版）.3
拉达克王国：公元950—1842年（六）——十八世纪上半叶的拉达克/[意]L.伯戴克著，彭陟焱译，西藏民族学院学报（哲学社会科学版）.3
现代化进程中青海藏族民众的宗教心态与行为研究/石德生，青海民族大学学报.3
成都市藏族移民社会融合的现状与影响因素分析/吴碧君，中共四川省委省级机关党校学

报.3

  十三至十九世纪初西藏地方上层斗争及其影响/星全成,青海民族大学学报.3

  论藏族龙神崇拜的发展演变及特点/魏强,青海民族大学学报.3

  崇山祭神：论藏族神山观念对生态保护的客观作用/洲塔,甘肃社会科学.3

  认知·传承·嬗变：尔地村传统民间文化调查/贾曼 扎西加措,中国藏学.3

  噶尔世家对唐军事战略研究/扎西当知,中国藏学.3

  中国藏学研究珠峰奖第二届评奖活动成功举行/中国藏学研究中心科研处,中国藏学.3

  白马藏区神职人员的渊源及现状调查研究/拉先,中国藏学.4

  西藏农村民间救助活动的比较制度分析：以巴日库村"吉度"现象为例/旦增遵珠,中国藏学.4

  佐海寺与青海湖周边的苯教/才让太,中国藏学.4

  拉喇嘛与国王：早期古格王国政教合一制初探/黄博,中国藏学.4

  吐蕃和平占领沙州城的宗教因素/张延清,西南民族大学学报.4

  略论藏族农耕民俗的生态文化学意蕴/史云峰,西藏研究.4

  藏族传统时间观念探析/杨晓荣 雷文华,西藏研究.4

  传统与现代：论安多藏族牧区社会冲突治理——基于两类常见纠纷的思考/冯海英,西藏研究.4

  在建构中寻求认同 在信仰中追溯记忆：以卓仓藏族为个案/羊措 羊中太,青海社会科学.4

  拉达克王国：公元950—1842年（七）——拉达克力量的衰退/［意］L.伯戴克著,扎洛译,西藏民族学院学报.4

  《元代至民国治藏政策法规汇要》评介/边吉,中国藏学.4

  居处模式的改变与藏族老年妇女的信仰生活：以川西鱼通人"哑巴会"为例/郭建勋,青海民族大学学报（社会科学版）.4

  "唐蕃甥舅会盟碑"相关疑难问题探讨：访著名藏族学者高瑞先生/扎西当知,西藏大学学报（社会科学版）.4

  论清至民国初年玉树藏族部落的变迁及其原因/杨卫,青海民族研究.4

  元明清中央政府治藏失误及其对藏区社会的影响/星全成,青海民族研究.4

  论藏族村落中的民间组织及其社会功能：以舟曲县武坪乡那下村为例/贡保扎西 琼措,西藏大学学报（社会科学版）.4

  构建西藏和四省藏区长治久安体制、机制的思考/王春焕,西藏大学学报（社会科学版）.4

  人类学藏族研究综述/严梦春、看本加,西藏大学学报（社会科学版）.4

  珠穆朗玛的风光：记第二届中国藏学珠峰奖/索珍,中国西藏.4

  西藏村落公共空间与村民阶序：以曲水县茶巴朗村为例/陈默,人权.4

  汉藏媒神"月老"文学形象考论/黄雪敏,中国社会科学院研究生院学报.4

  白马人族属研究述评兼及族群认同理论反思/周如南,阿坝师范高等专科学校学报.4

试论唐代西北诸族的"吐蕃化"及其历史影响/杨铭,民族研究.4

西藏民族学院学者文库建设思考/岳凤芝,西藏民族学院学报(哲学社会科学版).5

基于CNKI对《西藏民族学院学报》引证数据统计分析/孔繁秀,西藏民族学院学报(哲学社会科学版).5

现代化转型过程中青海藏族婚姻家庭文化的变迁与调适:以青海玉树藏族自治州上拉秀村为例/张硕勋等,甘肃联合大学学报(社会科学版).5

和谐视野中的果洛藏区习惯法审视/王海聪,青海师范大学学报(哲学社会科学版).5

一项河湟藏族民间信仰研究的硕果:《村落·信仰·仪式:河湟流域藏族民间信仰文化研究》读后/谢佐,青海社会科学.5

藏区民族文化遗产保护的几点思考/辛峰,青海社会科学.5

昆仑文化与藏族文化关系研究/林继富,青海社会科学.5

中国古典小说中所见藏事的痕迹/邓锐龄,西藏民族学院学报(哲学社会科学版).5

藏族传统宗教的政治属性/索南才让,西藏民族学院学报(哲学社会科学版).5

白马藏族的族属及其现状调查报告:以"格厘村"为个案研究/李加才让,四川民族学院学报.5

社会转型期的藏族家庭实证分析:对甘南藏族家庭的调查研究/李卫平,甘肃高师学报.6

《萨迦格言》中的"学者"形象略论/傅映兰 丁小平,西藏研究.6

民国时期藏学期刊《康藏月刊》述评/秦慧,贵州民族研究.6

伪造的吴丰培先生所藏《道光拉萨厅志》手抄本/房建昌,西藏研究.6

拉达克王国:公元950—1842年(八)——道格拉人占领拉达克/[意] L.伯戴克著,彭陟焱译,西藏民族学院学报(哲学社会科学版).6

四川藏区艾滋病预防干预的人类学实践:以扎巴藏族走婚人群为例/尚云川、范琼雯,西藏民族学院学报(哲学社会科学版).6

《格萨尔》:伟大的史诗在草原上流传/降边嘉措,西藏人文地理.6

论果洛藏族民间信仰的生态伦理/才让卓玛,西北民族大学学报(哲学社会科学版).6

转型时期川滇毗邻藏区民间纠纷解决机制考察:以凉山州木里藏族自治县为例/冉翚,西南民族大学学报(人文社会科学版).10

藏族尚红文化的宗教缘起/侯萍,中华文化画报.11

澳大利亚和新西兰主要涉藏研究机构和人员现状研究/周卫红,中国藏学.2

俄罗斯主要涉藏研究机构和人员概况/肖杰,中国藏学.3

第二届海峡两岸藏学研讨会综述/梁俊艳,中国藏学.3

湖南翦氏维吾尔族宗族文化的变迁/黄丽,三峡论坛.1

维吾尔族的族源及其形成过程(二):下——乌古斯和回鹘研究系列之十一/李树辉,喀什师范学院学报.1

维吾尔族妇女择偶的人类学考察:以新疆喀什地区S县A村为例/冯雪红,北方民族大学学报.1

《福乐智慧》中所彰显的生态伦理思想探究/陈旭,西域研究.1

现代化背景下罗布人社会文化变迁:尉犁县塔里木乡个案研究/买买提祖农·阿不都克里木 艾买提江·阿布力米提,新疆大学学报(哲学·人文社会科学版).2

近三十年国内近代南疆维吾尔族社会生活研究综述/成珊娜等,西域研究.2

新疆维汉中学生的交流与互动:来自乌鲁木齐的实证研究/王毅,北方民族大学学报.2

新疆维吾尔族学生民族认同与汉语学习关系的实证研究/杨茜 高立群,新疆社会科学.2

杨增新治新时期对维吾尔族政策探析/伏阳,北方民族.4

中—南亚"维吾尔问题"的提出与讨论/李琪,民族工作研究.4

《拉失德史》的史学思想/王旭送,西部蒙古论坛.4

近十年喀喇汗朝史研究综述(2000—2009年):兼论喀喇汗朝史研究对维吾尔族研究的影响/王建斌,西北民族大学学报(哲学社会科学版).4

维吾尔族的族源及其发祥地问题研究/钱伯泉,新疆社会科学.4

漠北游牧与西域农耕:维吾尔文化嬗变之窥/艾娣雅·买买提,广西民族大学学报(哲学社会科学版).4

关于我国维吾尔族民事惯例的形成与发展过程研究/古丽·司马义 刘涛,民族教育研究.4

浅谈维吾尔人的巴扎文化/艾尼瓦尔·买提赛地,喀什师范学院学报.5

试论维吾尔族与回族的文化交流:基于历史、语言、饮食的视角/阿布都外力·克热木,北方民族大学学报(哲学社会科学版).5

从边缘到中心:喀什经济特区背景下刀郎文化开发研究/毕剑,北方民族大学学报(哲学社会科学版).5

维吾尔谚语镜射出的维吾尔游牧文化与农耕文化/华锦木,中南民族大学学报(人文社会科学版).6

论族际个体互动视角下维汉关系走向及其深层影响因素/陈怀川 张素绮,新疆社会科学.6

湖南维吾尔族村落的族际通婚调查/黄丽 刘冰清,怀化学院学报.9

《八十二种苗图并说》的成书年代考证:以余上泗《蛮峒竹枝词》为研究文本/严奇岩,民族研究.1

"苗女"争论及其背后:论20世纪80年代初期苗族知识界的民族意识的"骚动"/杨志强,青海民族研究.1

台江县反排寨苗族习惯法中的神判制度研究/周相卿,贵州民族学院学报.1

湘西凤凰县民族文化变迁机制探析:以苗族为例/梁自玉,贵州民族学院学报.1

国家在场与近百年来湘西苗族文化的变迁轨迹/崔榕,贵州民族研究.1

高排苗族的拟制亲属与群体整合/罗忱,北方民族大学学报.1

蚩尤崇拜与民族认同:论当今中国苗族树立"精神共祖"的过程及背景/杨志强,青海民族研究.2

文化线路与古代历史文化研究/王先胜,民族艺术.2

天主教与滇南苗族传统文化习俗的嬗变/和少英　吴兴帜, 民族研究.2

民间自组织传统在民族乡村治理中的功能研究: 以苗族"议榔"活动为例/罗章　陈萍, 云南社会科学.2

20世纪80年代以来湘西苗族文化研究概况及存在的问题/崔榕, 湖北民族学院学报(哲学社会科学版).3

黔西苗族身份的汉文书写与近代中国的族群认同: 杨汉先的个案研究/张兆和, 西南民族大学学报.3

清帝国时期的苗疆叙事考察/张中奎, 西南民族大学学报.3

苗族和苗族地区文化发展的三个"特殊问题"分析/麻勇斌, 贵州民族学院学报(哲学社会科学版).3

贵州苗族迁徙史之特点及其意义/翁家烈, 贵州民族学院学报(哲学社会科学版).3

一部研究边疆少数民族历史画卷的力作:《〈黔南苗蛮图说〉研究》评介/红梅, 民族.3

苗族向滇东南和中印半岛北部迁徙的方式与特点/娄自昌　蒙永乐, 文山学院学报, 3

虚拟社区中个人族群身份的视觉化展演: 以三苗网论坛为例/石甜, 中国农业大学学报(社会科学版).4

从苗族古歌看苗族温和文化的底蕴: 值得深入认识的一种农业文化遗产/游建西, 贵州社会科学.4

浅议苗族的生产文化/李廷贵, 贵州民族学院学报.4

一朵瑰丽的民族文化奇葩: 石启贵先生遗著《民国时期湘西苗族调查实录》读后感/龙艳, 民族论坛.6

从"苗"到"苗族": 论近代民族集团形成的"他者性"问题/杨志强, 西南民族大学学报(人文社会科学版).6

试析清代湘西苗疆天王神判延续的因素/龙圣, 民族论坛.8

置身化外: 清前期湘黔边界苗疆民众生活的人类学分析/田阡, 社会科学战线.12

和谐社会视野下苗族"规则"在纠纷冲突中的探究/李里, 前沿.19

西南少数民族指路现象及其文化内涵/东旻, 贵州民族学院学报.1

中国西南诺苏(彝)地区的集市与现代性/刘绍华, 思想战线.1

彝族史诗《梅葛》的传承方式研究/陈永香, 广西民族大学学报.1

论道教与彝族原始宗教的互动与融合/杨甫旺　单江秀, 宗教学研究.1

祭火仪式的绘身与叙事: 以弥勒阿细祭火仪式为例/路芳, 民族文学研究.2

凉山彝族仪式叙述和文化的整体性/李春霞, 民族文学研究.2

本土非政府组织与少数民族地区社会资本的构建: 以凉山彝族妇女儿童发展中心为例/李光勇, 内蒙古社会科学.2

四川凉山彝族财产继承习惯法中社会性别规范研究/田茂旺, 西南民族大学学报(人文社会科学版).2

李绍明先生的彝族研究/马林英, 民族学刊.2

炙热与永恒: 视觉心理学语境下彝族先民宇宙观中的色彩分析/李倩倩, 贵州民族研

究.2

 21世纪彝族文化研究综述/薛景,贵州民族研究.3
 对威宁彝族宗教文化变迁事项的思考:兼论文化变迁与涵化理论的社会意义/穆春林,贵州民族学院学报(哲学社会科学版).3
 民族学视野下的义诺彝族"吉觉"仪式/蔡华　张可佳,民族研究.3
 论彝族民间史诗中蕴含的"树"的自然观/赖毅　严火其,云南民族大学学报.3
 论彝族人的"相配"观念:以彝族史诗为基础的研究/赖毅　严火其,云南师范大学学报.3
 彝、汉民间文化圆融的结晶:开远市老勒村彝族"人祖庙"的解读/李子贤,云南民族大学学报.4
 云南小凉山彝区民主改革时期家奴的安置措施及其影响/嘉日姆几,思想战线.4
 明代至民国时期彝族上层联姻对彝族自身的影响/沈乾芳　杨永福,曲靖师范学院学报.4
 彝族古代文论的作者及特点/何积全,百色学院学报.4
 大方县箐丰村彝族习惯法研究/樊纪兰,贵州民族学院学报.4
 旧书不旧的理由:《汉夷杂区社会研究:民国石林社会研究文集》编辑手记/罗焰,中国出版.4 上
 论凉山彝族族属认同的蛋形构造:从大小凉山的"农场"现象说起/嘉日姆几,社会学研究.5
 云南小凉山"农场彝人"的姓氏选择/嘉日姆几,民族研究.5
 小凉山彝族疾病文化的人类学研究:以宁蒗县跑马坪乡沙力坪村为例/张实　郑艳姬,云南社会科学.5
 彝族社会历史与传统文化及其学术研究/朱崇先　杨丽琼,楚雄师范学院学报.5
 楚雄彝族文献专题数据库建设模式研究/张德云　陈晓兰,楚雄师范学院学报.5
 凉山彝族社会性质的学术论争的反思/王菊,贵州民族研究.5
 历史文化认知与彝民族认同/李平凡,贵州民族学院学报.6
 乌撒彝族土司研究/东人达,贵州民族研究.6
 毕摩文化再生产论:布迪厄理论在毕摩研究中的运用/王进　廖玲,云南社会科学.6
 布迪厄资本理论视域下的彝族毕摩/王进,云南民族大学学报(哲学社会科学版).6
 文明的足迹:彝族历史文化传承田野调查琐记/杨红君,寻根.6
 彝族的火崇拜与火灾防范/朱茂昌,毕节学院学报.7
 《支格阿龙》与母权制/杨忠秀　阿育几坡,西南民族大学学报(人文社会科学版).8
 毕摩文献:独特而稀有的文化瑰宝/阿牛史日等,民族.8
 彝族狩猎文化刍论/杨甫旺,楚雄师范学院学报.8
 探析新时期凉山彝族社会分层现状及特征/陈顺强,西南民族大学学报(人文社会科学版).8
 毕节彝族土司与元明清中央政府的关系考论/卢玲,毕节学院学报.10
 创世史诗文化内涵的多样性与立体性研究:以《查姆》、《梅葛》为例/单江秀　施敏,

楚雄师范学院学报.11

  双柏彝族"查姆"文化初探/苏轼冰，楚雄师范学院学报.11

  国外彝学研究历史及现状之我见：浅议彝学研究的本土化、多元化与国际化/王成平，重庆科技学院学报（社会科学版）.20

  壮族歌咏文化的诗性思维与民族心理/陆斐　王敦，百色学院学报.1

  岑大将军崇拜初探/许方宁等，广西民族研究.1

  论壮族土司社会中汉堂流官的社会作用：以广西大新县境原土司为例/韦顺莉，贵州民族研究.2

  论开发壮族文化经济价值的动因、平台和主体/谭国志　谷中原，广西民族研究.2

  城镇化背景下少数民族乡村文化的保持：以壮族布洛陀文化为例/李志强，广西民族研究.2

  略论壮族师公教经书的价值：以广西马山县白山镇新汉村国兴屯师公教经书为例/莫幼政，广西师范学院学报.2

  壮族是创造的吗？——与西方学者K. Paimer Kaup等对话/李富强，桂海论丛.2

  论《麽经布洛陀》的壮族生态伦理意蕴/凌春辉，广西民族大学学报（哲学社会科学版）.3

  研究壮族的"他者"和壮族作为研究的"他者"：杰弗里·巴洛以及他的壮族研究/金丽，广西民族研究.3

  例论壮、岱、侬等跨国民族的认同状况——以广西那坡县念井村为例/罗柳宁，广西民族研究.3

  壮族传统水文化与当代生态文明建设/付广华，广西民族研究.3

  民间信仰文化遗产化之可能：以布洛陀文化遗址为例/徐赣丽，西南民族大学学报.4

  新时期壮族古籍整理回顾（上）/黄桂秋，百色学院学报.4

  壮族巫信仰研究的意义及人文价值：壮族巫信仰研究系列之十二/黄桂秋，广西师范学院学报（社会科学版）.4

  历史记忆与英雄祖先崇拜：以云南马关县壮族"侬智高"崇拜为例/罗彩娟，广西民族研究.4

  村落视野下壮族通婚圈的嬗变：壮族婚姻家庭研究之一/黄润柏，广西民族研究.4

  龙母传说中的壮民族文化因子/徐亚娟，中央民族大学学报（哲学社会科学版）.4

  族际通婚：一个影响民族关系的重要因素——桂林龙胜里排壮寨族际通婚的人类学考察/宋兴烈　徐杰舜，湖北民族学院学报（哲学社会科学版）.6

  广西民族研究学会、广西壮学学会"民族团结与民族发展"学术研讨会综述/付广华等，广西民族研究.3

  论解放前中国东北朝鲜人社会与在日朝鲜人社会的特点及其形成的原因/朴婷姬　吕秀一，东疆学刊.1

  人类学民族志视野内的中国朝鲜族研究：基于对"中国西南非汉族群"民族志与"韩国人类学"民族志成果总结与对比的反思/聂家昕，西南民族大学学报（人文社会科学版）.1

天津城市化进程中朝鲜族的涵化现象分析/戴维，北方民族大学学报.2

朝鲜［韩］民族源流与民族意识浅见/林坚，延边大学学报.2

东北朝鲜族近代反日民族教育的兴起/朴今海　姜善，东疆学刊.3

伪满时期日伪殖民主义教育与朝鲜族人民的反奴化斗争/朴今海　金东杰，延边大学学报（社会科学版）.3

论民主革命时期中国朝鲜族社会理想的历史演进/赵刚，延边大学学报（社会科学版）.3

赴韩朝鲜族劳工群体的国家、民族、族群认同/朴光星，云南民族大学学报.3

延边朝鲜族女性外流引起的婚姻法律问题研究/李玉子，云南民族大学学报.3

城市化进程中天津市朝鲜族的人口变迁及其原因分析/戴维，西南民族大学学报.4

"认同危机"与"发展困境"：当代中国朝鲜族社会变迁问题管窥/于春江等，四川民族学院学报.6

景泰、天顺年间建州三卫女真与明朝、朝鲜的关系/刁书仁，史学集刊，1

乌拉街历史文化遗产及价值探析/侯雁飞　翟敬源，北方文物.1

满族的虎崇拜/郑博等，北方民族，1

金朝皇族文化产生的背景探析/李玉君　李鸿飞，吉林师范大学学报.1

文化复兴运动中的第三种状态：以黑龙江宁安市伊兰岗为中心/阿拉腾，满语研究.1

试论满族共同体形成时期的文化多元成分/郭孟秀，满语研究，2

别开生面的史书：读《金启孮谈北京的满族》/白凤岐，满族研究.2

关于北京满族文化研究的几点思考/苑杰，满族研究.2

从群体互动角度分析满族形成过程/于海峰，满族研究.2

清代晋蒙沿边皇庄旗地初探：以内蒙古凉城县曹碾满族乡为中心/刘蒙林，内蒙古社会科学.2

东北地区的满族谱单形制/孙明，历史档案.2

满族及其先民的传统传播方式/汤景泰，西南民族大学学报（人文社会科学版）.2

黑龙江省满洲富察氏族谱考略/孙炜冉，北方民族.2

"满住"刍议：从《忠州金氏宗谱》说起/张德玉，北方民族.2

广博与新奇：评《八旗十论》/张迪，黑龙江民族丛刊.2

满族大学生民族认同的调查与分析：以黑龙江某高校为例/夏权威，黑龙江民族丛刊.3

叶赫部史初探/金基浩　李欣，北方民族.3

满族族名来历考辨/尹郁山，北方民族.3

吉林满族源流/张云樵，北方民族.3

美国著名满学家、清史专家柯娇燕教授谈满学与清史/汪立珍，满族研究.3

长白山文化是满学之源/刘厚生，满族研究.3

谈满族家谱研究与民族历史文化知识教育的关系/沈林　沈延林，满族研究.4

"九一八事变"后东北满族同胞的抗日斗争/金恒薇，满族研究.4

满族传统文化变迁情况调查/何晓薇，满族研究.4

满学研究的百花园：《满族研究》创刊25年来的工作情况/张佳生，满族研究.4

"在旗"的部族：索伦部与满洲八旗的融合/李典蓉　张蕊，内蒙古师范大学学报（哲学社会科学版）.4

东北地区民间满族谱牒原始形态考/孙明，黑龙江民族丛刊.4

解读满族祭祀中的女性/徐立艳，黑龙江民族丛刊.5

论八旗体制的残留对民初旗民社会生存的影响/戴迎华，历史教学问题.5

牡丹江地区满族祭祀仪典程式化研究/刁丽伟　王丽娜，牡丹江师范学院学报（哲学社会科学版）.6

宁安依兰岗满族关氏家族祭祀探析/郭孟秀，黑龙江民族丛刊.6

从"满族说部"看母系氏族社会的形成、发展与解体/杨春风，社会科学战线.9

满族文化研究的盛会："长白山与满族文化研讨会暨第二届满族文化研究机构联席会议"综述/吕萍，满族研究.3

"满学：历史与现状"国际学术研讨会综述/常越男，满族研究.4

"纪念《满族研究》创刊20周年暨促进满族文化研究发展繁荣论坛"综述/何晓薇，满族研究.4

挖掘满族优秀文化　构建和谐华夏文明："全国长白山与满族文化研讨会"综述/蒋立文，社会科学战线.10

关于达斡尔族禁忌的文化人类学解读/苏醒，黑龙江民族丛刊.1

巴尔达齐遭清廷惩处说之由来补释：以"齐帕告状"故事的史实原型为切入点/金鑫，满语研究.1

巴尔达齐遭清廷惩处说之由来补释：以"齐帕告状"故事的史实原型为切入点/金鑫，民族研究.4

达斡尔族非物质文化遗产保护的对策研究：以齐齐哈尔国家历史文化名城建设为例/何春歧　王巍巍，黑龙江民族丛刊.4

达斡尔族的爱国主义传统及其时代价值/苏醒，学术交流.10

草原鄂温克族毡帐文化/于学斌，满语研究.1

从回迁现象透视鄂温克族社会文化变迁及自我调适问题：以内蒙古根河市敖鲁古雅乡鄂温克族回迁现象为例/蒋楠楠，四川民族学院学报.3

鄂伦春人族群意识的当代转型研究/张金荣，社会科学战线.1

近现代鄂伦春社会转型中人口问题探赜：以黑河地区鄂伦春社会人口为中心/程尼娜，社会科学战线.1

人与地之纠葛：鄂伦春社会中的地域意识行为和功能/何群，中国历史地理论丛.1

异族通婚与文化接触的非零和取向：鄂伦春族个案/何群，西北民族研究.3

鄂伦春族文化发展中的困惑与思考/相华，黑龙江民族丛刊.3

鄂伦春民族传统文化中的道德因素/董迎轩，贵州民族学院学报（哲学社会科学版）.5

清代以降赫哲族聚集区的"外来移民"对其民族素质的影响/谭杰，吉林师范大学学报.1

黑龙江流域少数民族文化遗存保护与研究的一部力作：评张敏杰《赫哲族渔猎文化遗

存》/郭崇林，黑龙江民族丛刊.1

赫哲族传统交通工具研究/孙巍巍　宋魁彦，佳木斯大学社会科学学报.2

赫哲族发展与其人口规模的关系/尤文民，中央民族大学学报.3

《赫哲族历史文化研究》简评/程丽云，佳木斯大学社会科学学报.3

赫哲族非物质文化遗产现状研究/崔玉范，黑龙江民族丛刊.3

试析清朝对赫哲族的统治政策及影响/师清芳，黑龙江民族丛刊.3

清代"三姓"形成说新探/滕绍箴，民族研究.3

论清代"三姓"八旗设立与副都统考补/滕绍箴，中央民族大学学报（哲学社会科学版）.5

清代至民国时期赫哲族对外交换及其影响/范婷婷，黑龙江民族丛刊.6

简述赫哲族传统天人合一观/杨光　高恒建，世纪桥.6 上

中国民族史学会第七届会员代表大会暨"中国民族史研究的发展与创新"学术研讨会综述/何艳红，东方论坛.1

中国民族史研究的发展与创新学术研讨会综述/苏航，民族研究.1

论时间制度：以青海民和土族为例/文忠祥，青海民族研究.1

从土族宗教信仰文化看其文化的多元性/徐世栋等，青海民族大学学报.1

文献计量法在土族学文献研究中的应用分析/张青　徐建，青海师范大学学报.1

土族"於菟"祭祀与希腊酒神崇拜比较研究/杨菊，青海民族大学学报（社会科学版）.2

土族哲学思想初探/辛海明　文忠祥，青海民族大学学报.3

旅游开发对土族非物质文化遗产保护的影响：以互助土族自治县小庄村、大庄村为例/董文寿　鄂崇荣，青海民族大学学报.3

"嘛呢会"在土族社区居民生活中的地位及作用/殷生宝，青海民族大学学报.3

宗教人类学个案性研究的力作：评《土族民间信仰解读：地方性信仰与仪式的宗教人类学研究》/朱卫，青海社会科学.4

土族青年文化习性与跨文化适应力调查研究/张海育，青海民族研究.4

土族对中华民族的历史贡献/吕建福，青海民族大学学报（社会科学版）.4

"王化"家族：基于对西祁土司的历史考察/张海云，青海民族研究.4

从"孔木散"的繁衍发展看查加工的形成：兼谈查加工各主要地名的由来/韩得福，青海民族研究.1

民族认同与想象：以撒拉族为讨论个案/陶瑞　马建福，北方民族大学学报.2

新疆撒拉族历史迁徙与文化变迁研究/贾伟　李臣玲，新疆师范大学学报（哲学社会科学版）.4

论裕固族个体身份的基本构成/林红，新疆大学学报（哲学·人文社会科学版）.1

1978年以来国内裕固族婚姻研究文献综述/贾学锋　钟梅燕，西北民族大学学报（哲学社会科学版）.2

裕固族鄂博祭祀的当代变迁与社会功能/钟海燕，中国民族.3

全球化背景下人口较少民族非物质文化遗产保护问题研究：以裕固族为例/刘瑶瑶等，甘

肃社会科学.3

论裕固族个体身份认定的基本准则/林红，中南民族大学学报（人文社会科学版）.5

浅析现代化进程中影响裕固族族际通婚的因素/贾学锋　钟梅燕，黑龙江民族丛刊.6

近三十年来裕固族宗教研究的成就与问题/贾学锋，世界宗教文化.6

哈萨克族牧民定居的文化心理变化与心理疏导/周亚成，西北民族研究.1

佛经故事与哈萨克民间故事/刘守华，西北民族研究.1

哈萨克法典的二元特色：论哈萨克法典的民族习惯法特色与宗法封建法特色/托丽娜依·达列力汗，伊犁师范学院学报.1

汉朝时期汉族与哈萨克族先民乌孙接触的历史考察/杜秀丽，昌吉学院学报.1

乡村妇女职业教育促进哈萨克族传统社会文化转型：木垒哈萨克自治县大石头乡调查/李娜，新疆社会科学.1

禁忌与哈萨克民族发展/白山·纳马孜别克，伊犁师范学院学报（社会科学版）.2

跨国而居的哈萨克族经济变迁比较/木拉提艾力·买西来夫，伊犁师范学院学报（社会科学版）.2

哈萨克族的草原原始文化/阿班·毛力提汗，伊犁师范学院学报（社会科学版）.2

哈萨克族幼子继承制的遗存与变迁：以紫泥泉种羊场为例/杜亚莉，新疆大学学报（哲学·人文社会科学版）.2

变迁与调识：青海哈萨克族生产生活八十年/徐明如　僧格，北方民族大学学报（哲学社会科学版）.4

昌吉地区哈萨克族家庭结构形态及功能的变化：以昌吉市阿什里乡为例/库来西，昌吉学院学报.5

建国后新疆哈萨克族宗教信仰特征解读/陈刚，新疆大学学报（哲学·人文社会科学版）.6

试析民间交往对构建中哈两国哈萨克族和平跨居的作用与意义/邓娟　安丰岷，湖北民族学院学报（哲学社会科学版）.6

我与柯尔克孜族英雄史诗《玛纳斯》/胡振华，黑龙江民族丛刊.1

近三十年国内柯尔克孜族研究的回顾与反思/万雪玉，西域研究.1

黑龙江地区柯尔克孜族述略/波·少布，黑龙江民族丛刊.3

黑龙江柯尔克孜族文化研究/吴占柱，黑龙江民族丛刊.6

柯尔克孜族东迁黑龙江历史研究评述/吴元丰，黑龙江民族丛刊.6

中国柯尔克孜族的国家认同和民族认同调查研究/阿达莱提·塔伊尔，新疆大学学报（哲学·人文社会科学版）.6

新疆塔吉克族农业环境变迁与文化适应调查研究/刘明，新疆社会科学.4

黑龙江锡伯族传统文化传承现状调查与研究：以双城市农丰满族锡伯族中心学校为例/崔英锦，满语研究.1

锡伯族四次迁徙的文化生态学思考/赵超等，黑龙江民族丛刊.2

多元文化格局下的锡伯族传统文化/关伟，社会科学战线.2

锡伯族的活态史诗:"何钧佑锡伯族长篇故事"/江帆　陈维彪,西北民族研究.3

新疆察布查尔锡伯族宗教信仰历史与现状考察之一:锡伯族的藏传佛教信仰/胡方艳,宗教学研究.3

新疆俄罗斯族文化变迁研究/高莉琴　滕春华,新疆大学学报(哲学·人文社会科学版).5

历史上"他者"建构的瑶族:文化视野中的瑶汉族群关系研究/韦浩明,黑龙江民族丛刊.1

文明化进程中的瑶族生活史:以广西下古陈村为例/谷家荣,西南民族大学学报(人文社会科学版).1

论身体作为仪式文本的叙事:以瑶族"还盘王愿"仪式为例/彭兆荣,民族文学研究.2

身体的象征与延续:红瑶还花愿仪式研究——以龙胜金坑小寨为例/冯智明,广西民族大学学报(哲学社会科学版).3

民国时期广西瑶族地区传染病流行的成因及其影响/廖建夏,广西民族大学学报(哲学社会科学版).3

种族繁衍:花瑶宗教观念和信仰的核心理念/禹明华,吉首大学学报(社会科学版).3

广西金秀花篮瑶族源:东来说/莫金山等,广西民族研究.3

瑶民与太平天国运动发展关系考述四题/赵炳林,民族论坛.4

广西金秀瑶族石牌习惯法之违法规制探析:广西世居少数民族习惯法研究之二/李远龙　李照宇,广西民族研究.4

论过山瑶的挂灯仪式:来自广西河口的人类学调查/张晶晶,北方民族大学学报(哲学社会科学版).4

从"权力下乡"到"权力在乡":滇越边境瑶族村治变迁实证研究/谷家荣　杨素雯,广西民族大学学报(哲学社会科学版).4

民国时期瑶族民间"会"制种类探略/陈峥　黄馨莹,广西社会主义学院学报.5

文化断裂与文化自觉:越南瑶族民间文献的保护与传承——以越南老街省沙巴县大坪乡撒祥村为例/玉时阶,世界民族.5

阿科瑶寨的家族、宗教与寨老:权威的传统建构/王建新,思想战线.5

韩国瑶族文化研究现状与课题/[韩]安东濬著,崔元萍译,广西民族大学学报.6

南岭走廊与瑶族研究:人类学学者访谈录之五十七/玉时阶答,秦红增问,广西民族大学学报.6

越南瑶族研究回顾/[越]陈友山著,[越]阮小虹译,广西民族大学学报.6

瑶族宗教信仰中的盘王崇拜/张泽洪,广西民族大学学报.6

少数民族村庄文化产业化发展的困境与出路:以广西瑶族M村为例/郭占锋等,西南民族大学学报(人文社会科学版).11

在慕尼黑调查、研讨馆藏瑶族手本的日子/张劲松,民族论坛.12

族群认同的"多元性":以南岭民族走廊瑶族为例/李晓明,前沿.22

首届"全国瑶族文化高峰论坛"综述/谷家荣,广西民族研究.3

"莲池会"与白族母性文化关系探微/何志魁 唐冬梅,大理学院学报.1
文化身份与宗教信仰:从碑刻资料看傣族土司崇奉道教史迹/萧霁虹,贵州社会科学.2
村落生活中的白族甲马:大理白族甲马的现存状态及文化阐释/张翠霞,重庆文理学院学报(社会科学版).2
儒家道德文化在云南白族地区的传播/杨志玲,云南民族大学学报(哲学社会科学版).5
空间、物与洱海区域白族人的族性/沈海梅,西南民族大学学报(哲学社会科学版).7
《〈滇西摆夷之现实生活〉笺注》及《滇西土司区诸族图说》简介/薛宝,云南民族大学学报.1
原始宗教观念对傣族传统村落空间的投射/付声晖,理论界.1
傣族寨神勐神祭祀的集体表象/阎莉 莫国香,广西民族研究.1
傣族传统传播方式研究/柳盈莹,西南民族大学学报(人文社会科学版).2
傣族佛寺教育之思考/赵科 刀福东,楚雄师范学院学报.2
关于叭真及其与坤真、坤壮和陶真关系的重新解读/何平,世界民族.2
傣族地方人生场域中的灵魂关照:以官纯寨为例/孙嫱 孙振玉,北方民族大学学报.3
中国西南傣族民族志:历程与反思/龙晓燕,云南民族大学学报.3
元明清时期傣族社会等级法律制度/吴云,云南民族大学学报.4
民国民族国家建构过程中云南傣族边区民族关系研究/龙晓燕,思想战线.4
傣族寨神勐神祭祀之宗教解读:以涂尔干《宗教生活的基本形式》为分析框架/阎莉 张津夷,黑龙江民族丛刊.4
橡胶种植与西双版纳傣族社会文化的变迁:以景洪市勐罕镇为例/杨筑慧,民族研究.5
元代以来傣族传统婚姻关系法律制度的历史变迁及机制/吴云,思想战线.5
民族文化遗产的客位保护与主位传承:以傣族国家级非物质文化遗产保护为例/赵世林 田婧,云南民族大学学报(哲学社会科学版).5
新平花腰傣原始宗教信仰及变迁:以大沐浴村花腰傣信仰为例/柯贤和,楚雄师范学院学报.12
鲜为学界所知的阿邬人/卢鹏,今日民族.2
哈尼族稻作农耕仪礼初探/李普者,贵州民族研究.2
哈尼梯田文化审美的再认识/高玉玲等,贵州民族研究.3
哈尼族奕车人离婚现象的人类学分析/丁桂芳 黄彩文,民族研究.4
原始社会形态下的佤族民俗与音乐/田联韬,民族艺术研究.1
母系父系交织的婚姻:黄佤婚姻缔结形式探析/周家瑜,黑龙江民族丛刊.6
少数民族乡村传统社会资本及其对基层政治参与的影响:以云南省沧源佤族自治县G村为例/王丽华,思想战线.6
初民社会部落族群的规范和秩序:以1958年民族改革前西盟佤族纠纷解决机制为中心的分析/郭亮 陈金金,贵州社会科学.10
姓名、亲属称谓与社群关系:以腾冲古永傈僳人为例/熊迅,广西民族大学学报.1

傈僳族传统信仰与禁忌探析/余德芬，中南民族大学学报.2

美国和日本对东南亚山地傈僳族的研究：兼与中国傈僳族研究的比较/卢成仁等，南洋问题研究.3

民族理论视野下怒江傈僳族的发展/赵学先，云南民族大学学报.3

20世纪前半期中缅傈僳族的基督教发展/高志英，世界宗教文化.6

历史的回声：论民歌作为纳西族之社会记忆/唐婷婷，云南社会科学.2

永宁摩梭文化的发展与保护/和自兴，云南民族大学学报.3

社会与文化变迁对民族宗教文化认同的影响：纳西人对东巴教的认同及其变迁研究/杨福泉，思想战线.4

丽江古城文化的"道"与"器"/于洪，云南民族大学学报（哲学社会科学版）.5

纳西族东巴文化中和谐思想的四个维度/杨德辉等，民族论坛.9

宽宥与扬弃：拉祜族传统禁忌反思/林永，云南民族大学学报.3

论拉祜族的和谐文化/白应华，思茅师范高等专科学校学报.5

云南拉祜族贫困乡的非经济因素分析/樊坚，云南民族大学学报（哲学社会科学版）.5

景颇族族称新解/杨慧芳，思想战线.2

社会变迁中的布朗族文化：双江县一个布朗族村寨的人类学调查/黄彩文，楚雄师范学院学报.10

阿昌族口传文学传承发展的危机及对策：以梁河阿昌族地区"活袍调"为个案/张蕾梅，云南师范大学学报.3

德昂族上桒仪式的文化内涵/焦丹，今日民族.2

陇川县户弄村德昂族文化变迁/赵金萍，云南民族大学学报（哲学社会科学版）.5

人口较少民族的经济发展与民族关系调适：以德昂族为例/李晓斌等，贵州民族研究.5

独龙族传统文化面临的危机及保护对策/李金明，怒江社会科学.1

中、缅跨界独龙族：自称与他称释义/杨将领　李金明，世界民族.4

族名政治：云南西北部独龙族的识别/[法]施帝恩·格罗斯著，周云水译，世界民族.4

普米族族源研究/段红云　冯丁丁，四川民族学院学报.1

普米族韩规古籍的文化内涵及其价值/奔厦·泽米等，云南师范大学学报.4

裂变与统合：对一个普米族村庄社会过程60年变迁的人类学研究/朱凌飞，中央民族大学学报（哲学社会科学版）.5

普米族宗教的文化自觉与和谐/王进　熊永翔，世界宗教文化.6

布依族纺织文化对性别文化的建构/黄晓，贵州民族研究.1

论布依族文献古籍的发掘整理与研究/周国炎，贵州民族学院学报（哲学社会科学版）.2

实践记忆：非物质文化遗产传承的重要方式——基于布依族案例的思考/罗正副，贵州民族学院学报（社会科学版）.2

论布依族非物质文化遗产代表作申报策略/东潇，重庆文理学院学报（社会科学版）.2

文化自觉的动力：一个布依族村寨文化的审思/甘代军，云南社会科学.2

布依族交往禁忌与布依族地区和谐社会的构建/吴文定，河池学院学报（哲学社会科学版）.3

文化视野中的水族经济行为/蒙爱军，广西民族研究.1

外来文化冲击下水族习惯法的不同变迁：贵州省三都县两个水族村寨的比较/文永辉，贵州民族研究.4

国家化进程中的水族传统宗族社会/蒙爱军，西南民族大学学报（人文社会科学版）.5

贵州仡佬族精英的民族身份认同及其建构/杜芳娟　朱竑，地理研究.11

论贵州侗族环境习惯法的形成与演进/刘雁翎，贵州民族学院学报.1

款约与侗族传统生计方式的和谐运行/刘慧群　罗康隆，学术探索.1

侗族传统传播方式研究：基于传播符号运用之维度/吴定勇，西南民族大学学报（人文社会科学版）.2

款词与讲款：兼论黔湘桂边区侗族社会的口头"普法"形式/陈迪　徐晓光，贵州社会科学.3

侗族劝世歌评析/千玲玲，贵州民族研究.3

现代化进程中侗族地区乡村治理文化机制探究：以湖南省通道侗族自治县为例/舒丽丽，思想战线.3

冲突与整合中的传承：教育视野下侗族传统技术传承的思考/吴军，民族教育研究.3

尊重民族习惯法构建国家法与侗族婚姻习惯法适用良好互动的思考：来自三江侗族自治县八江乡和林溪乡的调查报告/周世中等，广西社会主义学院学报.5

侗族传统社会款文化再认识：兼论款约与款词之比较/粟丹，贵州民族研究.5

晚清南、北侗地区涵化差异管窥：以咸同年间侗民起义事件为分析中心/杨经华，西南民族大学学报（社会科学版）.6

姓氏符号、家谱与宗族的建构逻辑：对黔东南一个侗族村寨的田野考察/张银锋　张应强，西南民族大学学报（人文社会科学版）.6

作为侗族民族符号的鼓楼及其标准化的探讨/［美］卢百可，西南民族大学学报（人文社会科学版）.6

旅游场域中侗族鼓楼及其社会文化意义变迁/汤芸，西南民族大学学报（人文社会科学版）.6

侗族亚姓的民族社会学分析以黎平县为例/雷勇，内蒙古社会科学.6

现代化话语与当代土家族彩礼的变化：以埃山村为例/尹旦萍，兰州大学学报.1

土家族传统农业生产知识的实践内容及其现代价值：基于红烈和龙桥两个村寨的田野调查/李技文　柏贵喜，吉首大学学报（社会科学版）.1

著书正华年，研几难为驭：喜读萧洪恩先生《土家族哲学通史》/石朝江，贵州民族研究.2

关于构建土家学的管见/陈心林，湖北民族学院学报.2

论土家族非物质文化遗产传承教育的主要特征/谭志松，西北民族研究.2

非物质文化遗产基因保护探讨：以清江流域土家族始祖信仰为例/林继富，中央民族大学

学报.3

傩仪仪式与梯玛角色：湖南古丈县白溪村土家族"跳马"仪式的人类学考察/熊晓辉，湖北民族学院学报（哲学社会科学版）.3

全球化审视下土家族哲学研究的思考/袁东升，湖北民族学院学报（哲学社会科学版）.3

土家族"覃"姓族源考：以松滋市卸甲坪土家族乡覃姓为例/郭福亮，湖北民族学院学报（哲学社会科学版）.3

土家族非物质文化传承的教育形式及其变迁/谭志松，中南民族大学学报.3

毛古斯仪式产生源流及传承机制研究/邹珺等，民族论坛.4

民族学视野下土家族传统生态知识类型及其内涵/梁正海，湖北民族学院学报（哲学社会科学版）.4

土家族地区民间古籍的整理与保护研究：对鄂西五峰土家族自治县的田野调查/李诗选，湖北民族学院学报（哲学社会科学版）.4

族群认同的构建因素：基于对鹤峰县平山村的调查/向晶，湖北民族学院学报（哲学社会科学版）.4

文化哲学视域下的土家旷世奇歌：《梯玛神歌》/刘支皇，湖北民族学院学报（哲学社会科学版）.4

论土家族家族认同的基础及表现形式：以鹤峰县平山村为例/杨洪林，湖北民族学院学报（哲学社会科学版）.4

鹤峰屏山土家族招赘婚姻的延续与变迁/姜爱，湖北民族学院学报（哲学社会科学版）.4

土家族非物质文化教育传承立法的基本原则/覃美洲　谭志松，民族教育研究.5

《贵州"六山六水"民族调查资料选编·土家族卷》的史料价值/吴正彪，湖北民族学院学报（哲学社会科学版）.5

符号学视野下的土家族文化展演/杨亭，社会科学战线.5

由"大"变"小"的少数民族家庭：以湘西土家族为例/陆群，民族论坛.6

社会工作视域下的土家族族内社会支持网络特征研究/黄利会，湖北民族学院学报（哲学社会科学版）.6

再谈"土家学"的学科构建问题：兼与陈心林博士商榷/周兴茂，湖北民族学院学报（哲学社会科学版）.6

民族自我意识与"祖先认同"建构：以土家族祖先认同中的"巴人"为例/雷翔，中南民族大学学报（人文社会科学版）.6

论儒家学校教育与巴人：土家社会的儒化/黄秀蓉，西南民族大学学报（人文社会科学版）.10

抗战时期羌族地区的人类学研究/王田，西华大学学报（哲学社会科学版）.1

后秦立国前羌族姚氏动向之探析/许涛，贵州文史丛刊.1

国内外羌族宗教文化研究评述/邓宏烈，中央民族大学学报.1

基督教与民国时期四川羌区的社会研究/邓杰　刘力，西南民族大学学报（人文社会科学版）.1

羌族释比经典中古蜀都王的历史疑案考释：兼论长江上游古羌蜀和谐文化/赵曦　赵洋，西南民族大学学报（人文社会科学版）.1

从出土资料谈汉代羌族史的两个问题/汪桂海，西域研究.2

四川羌族传统信息传播方式初探/刘新慧，西南民族大学学报（人文社会科学版）.2

守候与认同：羌族勒色与汉族宗教建筑对话的文化指归/赵曦　刘敏，西北民族研究.2

北川羌族非物质文化遗产的保护现状调查分析/郭凤鸣，贵州民族研究.2

构建羌族文化生态旅游区研究/徐学书　喇明英，中华文化论坛.3

羌族原始宗教经典及神灵系统调查/周毓华　赵曦，西藏民族学院学报（哲学社会科学版）.3

羌族与中华民族多元一体格局/高强，中华文化论坛.4

云端里的绚丽：羌民族宗教文化研究九十年/孔又专　吴丹妮，西北民族大学学报（哲学社会科学版）.4

对话：宗教文化不平衡与平衡共生辩证发展：以羌族释比文化与道教、基督教对话为案例/赵曦，西藏民族学院学报（哲学社会科学版）.5

羌族历史与习俗研究/周毓华，西藏民族学院学报（哲学社会科学版）.5

羌族释比经典《泽基格布》战争与和平观念探讨/许箭星，西南民族大学学报（人文社会科学版）.8

羌族宗教与释比文化（上下）/李悦，文史知识.8—9

仫佬族族源新探/温远涛，广西民族研究.2

论广西毛南族形成的时间问题/孟凡云，中南民族大学学报（人文社会科学版）.5

珞巴族传统文化及其生存现状考察：从西藏米林县琼林村的旅游开发谈起/蔡光洁，西藏大学学报.2

基诺族传统信仰的生态伦理价值/罗维萍，黑龙江民族丛刊.1

基诺族的"跨越"与新中国解决民族问题的基本经验/董学荣，云南社会科学.1

从黎锦蛙纹分析黎族的族源问题/孙海兰，新东方.1

黎族"禁"习惯法的演变/韩立收，广西民族研究.3

试析近代海南黎族地区社会经济快速发展的情况及其原因/陈诚，琼州学院学报.4

黎族传统法文化的基本特征初探/韩立收，吉林师范大学学报.4

建省办特区以来海南岛黎族地区社会变迁研究/范士陈等，海南大学学报（人文社会科学版）.5

中国京族研究综述/黄安辉，广西民族研究.2

畲族盘瓠传说与其生计模式关系研究/曹大明，宗教学研究.1

"滨海畲族"：中国东南族群分布格局的一大变动/林校生，福州大学学报（哲学社会科学版）.5

闽浙赣交界地：地理枢纽与畲民族共同体的建构：以历史地理为视角/蓝图等，福州大学

学报（哲学社会科学版）.6

畲族文化研究的新收获：2009年全国畲族文化学术研讨会综述/谢重光　张春兰，宁德师专学报（哲学社会科学版）.1

清代台湾原住民不同社群的地权争夺/李凌霞，厦门大学学报（哲学社会科学版）.6

哀牢深山苦聪人扶贫攻坚管理模式研究：以云南省镇沅县拉祜族苦聪山寨为例/罗丹，思茅师范高等专科学校学报.5

从族源神话到平民传说：从南诏文学的发展看"族群记忆"的嬗变/刘亚虎，中南民族大学学报（人文社会科学版）.1

定安国小考/梁玉多，北方文物.1

匈奴和亲政策初探/张书艳，烟台大学学报（哲学社会科学版）.1

清代东北地区布特哈八旗建立时间考辨/陈鹏，满族研究.1

前秦苻坚的中国观与民族观/李方，西北民族研究.1

秦汉时期巴人的分布与迁徙/朱圣钟，重庆社会科学.1

《后汉书·高句骊传》史源学研究/郑春颖，中国边疆史地研究.1

从史禄国《北方通古斯的社会组织》看人类学/李金花，西北民族研究.1

靺鞨人种考/张全超　朱泓，史学集刊.1

论入华粟特人流向的完整线索及最终归宿：基于粟特人"回鹘化"所作的考察/邵明杰，青海民族研究.1

试论伊通河流域的古代文明/杨雨舒，北方民族.1

吐蕃与南诏交往略考/田峰，伊犁师范学院学报.1

外戚集团对吐蕃政治的影响探析/张海龙，西藏民族学院学报.1

巴人占卜用域考/曾超，湖北民族学院学报.1

唐以前西南民族地区的"夷"、"羌"之别：以汉文史籍记载为中心/陈东　袁晓文，思想战线.1

"山戎"名号考/李焕青，中央民族大学学报.1

近年来中国高句丽研究述评/郭美英等，社会科学战线.1

古代汉文史籍中的吐蕃大臣名号考/旺多，西藏大学学报.1

"卢方"的分布与迁徙/卢继旻，西北成人教育学报.1

冒顿为质月氏考/贾文丽，德州学院学报.1

关于渤海和高句丽继承性问题的补论/[韩]宋基豪著，陈爽　顾聆博译，历史与考古信息·东北亚.1

试论唐代吐蕃与西北各族的文化交流/杨铭，中国边疆史地研究.1

古代突厥与中国之间贸易与文化关系的考古证据/[俄]库巴列夫·格列布著，邓永红　古丽努尔译，吐鲁番学研究.1

略论秦汉匈奴服装材料的选用与来源/曹洪勇　赵斌，吐鲁番学研究.1

牧耕交映：从文明的视野看夷夏/徐新建，思想战线.2

甘州回鹘登里可汗考辨/洪勇明，西域研究.2

西域粟特胡人的社会生活与文化风尚/侯世新,西域研究.2
远古象雄人起源概说/南卡诺布著,阿旺加措译注,西北民族大学学报(哲学社会科学版).2
肃慎—女真族系历史沿革与分布地域研究与中国边疆学的建设/郝庆云,满族研究.2
论肃慎女真族系研究在中外民族史研究中的地位和作用/周喜峰,满族研究.2
肃慎—女真族系形成发展研究与民族学/赵阿平,满族研究.2
秦汉时期渤海航运与辽东浮海移民/王子今,史学集刊.2
青海卫拉特诸部落的起源(续一)/[日]佐藤长著,孟秋丽译,西藏民族学院学报.2
厄鲁特达什达瓦部归附安置始末:兼论其对清朝巩固新疆统治的作用/王力 王希隆,西部蒙古论坛.2
匈奴新统治阶层的形成:从诸王向中国式官僚的转变/冯世明,兰州学刊.2
先秦秦汉时期的"夏""夷"观念/孟祥才,南都学刊.2
契丹对奚族的征服及其统治方略/任爱君,内蒙古社会科学.2
论大理政权的军帅制:再论大理政权的性质/林荃,回族研究.2
古滇国虎文化简论/李成生,楚雄师范学院学报.2
吐蕃关内道战略战术的嬗变与粮秣补给关系试析/李新贵,军事历史研究.2
无弋爰剑史事考/薛生海,西南民族大学学报(人文社会科学版).2
论东女国的经济生活/吕变庭 王阔,青海民族研究.2
论吐蕃治下的吐谷浑/杨铭,青海民族研究.2
玄菟郡经略夫余微议/赵红梅,北方文物.2
论渤海国与黑龙江流域书法史的肇端/何鑫,黑龙江民族丛刊.2
对渤海的建国年代和建国地的讨论/郑永振,北方文物.2
敦煌写卷"陷蕃诗"研究六十年/伏俊琏 朱利华,吐鲁番学研究.2
清初巴蜀土著孑遗数量补证:从四个县志的"族姓"资料所见/龚义龙,湖北民族学院学报.2
《汉赵史论稿:匈奴屠各建国的政治史考察》读后/李鸿宾,民族研究.2
匈奴族人口研究的再思考/孙危 李丹,北方文物.2
再论大祚荣政权的族称和国号问题/赵炳林,历史教学(高校版).2下
马革裹尸何处还:马援征武陵蛮殁地新考/罗维庆 罗中,中央民族大学学报(哲学社会科学版).3
古代浑河地区民族族系嬗变及其文化特征/孙玉景,民族论坛.3
吐蕃统治时期敦煌吐蕃、汉族文化互动探讨/李吉和,西南民族大学学报(哲学社会科学版).3
建国以来月氏、乌孙研究综述/李芳,西域研究.3
莱国与周边国族的关系/孙进,东岳论丛.3
沙陀汉化之过程/王旭送,西域研究.3
中古时期中国西北民族的生肖纪年/孔庆典,西域研究.3

吐蕃族源"西羌说"的困境/陆军,四川民族学院学报.3
黠戛斯汗国政治制度浅析/王洁,内蒙古师范大学学报.3
论匈奴世袭制度/李春梅,内蒙古大学学报(哲学社会科学版).3
汉世"胡奴"考/王子今,四川文物.3
对夫余史中某些问题的探讨/宋福娟,社会科学战线.3
青海卫拉特诸部落的起源(续二)/[日]佐藤长著,孟秋丽译,西藏民族学院学报(哲学社会科学版).3
再论"击匈奴降者赏令"及其颁布时间/阎盛国,宁夏大学学报(人文社会科学版).3
明代扈伦四部/李健才,北方民族.3
论秦汉时期河湟羌人的经济社会结构及与青海草原生态环境的互动关系/张生寅,青海民族研究.3
论西汉时期匈奴地区的中原逃人/马勇,云南民族大学学报(哲学社会科学版).3
中国西南氐羌系统民族源流研究述评/段丽波 龙晓燕,思想战线.3
论肃慎族系诸称谓的关系及勿吉的来源/梁玉多,满族研究.3
肃慎族研究分类综述:近现代篇/姚玉成等,满族研究.3
论吐蕃政治文明进程/何峰,中国藏学.3
西戎沿革及吐蕃后裔习俗考略/兰本加,中国藏学.4
试析哀牢文化与哀牢犁耙会的渊源关系/肖正保,保山学院学报.4
孩懒水乌林苔部史事考/孙昊,白城师范学院学报.4
地缘集团:忽剌温即乌拉部/王冬芳,东北史地.4
青海卫拉特诸部落的起源(续三)/[日]佐藤长著,孟秋丽译,西藏民族学院学报.4
曷苏馆女真的几个问题/李自然 周传慧,满族研究.4
突厥政权和亲史述略/闫德华,内蒙古民族大学学报(社会科学版).4
匈奴西迁与欧洲中世纪文学的多元融合/吉晶玉,新疆大学学报(哲学·人文社会科学版).4
论渤海国的建国集团与国号、年号/郑永振,北方文物.4
《晋书·肃慎氏传》文献来源考/沈一民,北方文物.4
吐蕃王朝的分裂与灭亡/林冠群,西北民族大学学报(哲学社会科学版).4
关于唐代吐蕃军事占领区建制的几个问题/黄维忠,西北民族大学学报(哲学社会科学版).4
夏族起源、活动区域与禹都阳城探索/陈隆文,殷都学刊.4
正统年间建州左卫西迁考实:兼论东亚地区女真与明朝、李氏朝鲜的关系/刁书仁,中国边疆史地研究.4
建庭于乌兰察布地区的檀石槐部落大联盟/范丽敏,内蒙古社会科学.4
中国古夷人史迹与三星堆文化初探/王子尧,贵州民族学院学报.4
南夷社会文化变迁及其原因/叶成勇,贵州民族学院学报.4
薛延陀部名称与起源考/包文胜,内蒙古大学学报(哲学社会科学版).4

《大唐西域记》中所载西域女国考论/田峰，西北工业大学学报（社会科学版）.4
东夫余考/杨军，史学集刊.4
《山海经》与东夷古史研究：以鸟崇拜为中心/谢乃和　杨昕玥，黑龙江民族丛刊.4
论匈奴族史学的表现形式/王绍东　郑承燕，内蒙古大学学报（社会科学版）.5
1688—1725年间在青藏地区的喀尔喀人/阿音娜，内蒙古大学学报（哲学社会科学版）.5
坚昆都督府及其与唐朝的关系/王洁，内蒙古社会科学.5
柔然官号中的"军将幢帅大人使人与国相国师"/杜晓宇，内蒙古社会科学.5
浅谈高句丽民族的厚葬习俗/华阳，东北史地.5
高句丽故地与第二玄菟郡考/王志敏，东北史地.5
西夏文献中的"柔然"/聂鸿音，宁夏师范学院学报.5
"雕戈蒙豹尾，红旆插狼头"：古代突厥语族民族狼头纛考述/那木吉拉，内蒙古师范大学学报（哲学社会科学版）.5
玄菟郡的内迁与高句丽的兴起/魏存成，史学集刊.5
夫余族名的音与义/张士东　杨军，黑龙江民族丛刊.6
论北方民族族称的变化及其意义/祁美琴，黑龙江民族丛刊.6
靺鞨人的迁徙与渤海国/杨军，求是学刊.6
关于高句丽早期历史研究体系的几点看法/刘矩，东北史地.6
青海卫拉特诸部落的起源（续四）/[日]佐藤长著，孟秋丽译，西藏民族学院学报（社会科学版）.6
赫连勃勃诛焚佛法说证伪/刘林魁，宁夏社会科学.6
试论十六国时期胡人正统观的嬗变/彭丰文，民族研究.6
匈奴国家产生原因探析/冯世明，民族论坛.6
关于秽、貊或秽貊的考辨/苗威，社会科学战线.8
唐代吐谷浑族迁徙考论/汪家华，民族论坛.8
试论可乐文化/杨勇，考古.9
敦煌悬泉汉简所见河西的羌人/高荣，社会科学战线.10
南诏吐蕃联盟关系走向破裂的记录：赵昌奏状的研究/赵心愚，西南民族大学学报（哲学社会科学版）.10
靺鞨参与营州事变的原因及其东奔/蒋戎，社会科学战线.10
消失于川南群山的古僰族/余茂智，民族论坛.12
《高句丽渤海研究》（《高句丽研究》）丛书目录索引/[韩]高句丽渤海学会著，包艳玲　宋家慧译，历史与考古信息·东北亚.1
内蒙古自治区重点学科：内蒙古师范大学专门史专业学术成果《内蒙古通史》简介/内蒙古师范大学学报（哲学社会科学版）.3
清代阿拉善和硕特旗汉族移民的形成/富玉　谢咏梅，内蒙古师范大学学报（哲学社会科学版）.3
呼和浩特：民族友好往来的驿站/李萍，内蒙古师范大学学报（哲学社会科学版）.6

清末边疆地区基层行政管理体制改革与国家整合：以内蒙古鄂尔多斯为例/梁卫东　徐永志，黑龙江民族丛刊.6

近代内蒙古行政建制变迁特征研究/娜仁其其格，阴山学刊.6

阴山文化文献与研究概述/王炜民，阴山学刊.1

日本占领时期兴安省所设原因和演变过程研究/孟和宝音等，阴山学刊.2

关于黑龙江流域文明研究的几个问题的思考：从凤林古城址族属说起/张碧波　庄鸿雁，北方文物.1

河州土司何锁南考辨/洲塔　何威，西藏大学学报（社会科学版）.2

甘青地貌、族群、文化与宗教：来华传教士笔下的甘青社会/颜小华，兰州大学学报（社会科学版）.6

民族视野下的清代甘肃城市发展/黎仕明，陇东学院学报.6

地方政教体系的裂变与国家政权的楔入：1937年甘肃"博峪事变"及其善后考述/戴巍，北方民族大学学报（哲学社会科学版）.6

民国时期地方政府行政治理权在民族社会的确立：以青海藏族游牧区为例/张福春，湖南工业大学学报（社会科学版）.1

青海民国史研究的进入：兼评李文实先生的文章《马氏家族长期统治青海的原因试测》/菅志翔，青海民族研究.1

青海乐都境内堡寨与明清土司制度/王倩倩，青海师范大学学报（哲学社会科学版）.1

民族文化教育与青海藏族自治地方社会稳定/杨虎得，青海社会科学.2

论传教士对近代青海的认知/张科　马明忠，西北民族研究.2

明代卫所制度与青海高原屯寨文化的形成/先巴，青海民族大学学报（社会科学版）.3

近代游访拉卜楞的西方人及其旅行文献综述/妥超群　刘铁程，中国藏学.4

松筠"文化治边"思想及影响研究/郭院林　张燕，伊犁师范学院学报（社会科学版）.1

介绍近代奥斯曼帝国与日本军国主义觊觎中亚及我国新疆的两种新书/耿世民，喀什师范学院学报（哲学社会科学版）.1

《三州辑略》版本研究/高近　靳焱，伊犁师范学院学报（社会科学版）.1

论喀喇汗王朝的统治制度/蓝琪，西域研究.1

"献俘礼"与"北庭大捷"质疑/盖金伟，西域研究.1

荣赫鹏对新疆南部地区的坎巨提部的几次探查/樊明方　王薇，西域研究.1

晚清满汉关系与新伊分治/王力，西域研究.2

民国时期新疆蒙古族人口分布状况及数量/孟楠，西部蒙古论坛.2

清代伊犁九城的布局与战略作用研究/彭修建，伊犁师范学院学报（社会科学版）.2

塔尔巴哈台额鲁特十苏木历史简况/门德别列克　苏仁加甫，西部蒙古论坛.2

发现新疆：发生在荒漠与绿洲中的探险秘事/杨镰，新疆人文地理.2

左宗棠收复新疆及新疆建省/王嵘，新疆人文地理.2

在历史、国际环境与现实间阐述新疆的历史与现状：评厉声主编《中国新疆：历史与现状》/于逢春　干阳阳，中国边疆史地研究.3

伊犁将军府：国家统一的历史见证/周轩，新疆人文地理.3
阿古柏入侵时期英国对中国新疆地区的侵略/樊明方　孟泽锦，西域研究.3
媲摩绿洲的历史命运：新疆环境演变史的典型例证/殷晴，新疆大学学报（哲学·人文社会科学版）.3
从衣食住行看清末民初哈密人的生活/刘海燕，新疆社会科学.3
从新疆铸币史看中央王朝对西域的管理与影响/杜坚毅　杜斗斗，新疆钱币.4
清代中期新疆汉民族来源及人口问题/李芳，新疆大学学报（哲学·人文社会科学版）.4
论清代伊犁多民族移民开发及其历史意义/赖洪波，伊犁师范学院学报（社会科学版）.4
试论清代遣犯和流人群体对新疆开发的贡献/杨银权，青海民族大学学报（社会科学版）.4
唐代乡里制在于阗的实施及相关问题研究：以新出贞元七年和田汉文文书为中心/张铭心　陈浩，西域研究.4
近代土耳其对中国新疆的渗透及影响/许建英，西域研究.4
唐代前期西州老年人口试探：基于对吐鲁番出土相关文书的考察/王春花，西域研究.4
清代哈密人口规模考论/冯玉新，甘肃社会科学.4
论抗战胜利前后国民政府对新疆的筹划/杨华山，中国边疆史地研究.4
清代伊犁满营旗屯探讨/周学锋等，石河子大学学报（社会科学版）.5
一百年前老照片中的新疆史实：评《1910，莫理循中国西北行》/周轩　李亚茹，新疆大学学报（哲学·人文社会科学版）.6
试论清朝治新政策在西域诗歌中的反映/唐艳华，新疆大学学报（哲学·人文社会科学版）.6
"清代新疆历史"学术研讨会综述/鲁迪，西域研究.3
历史上的中国新疆与中亚国际学术研讨会综述/江平，西域研究.4
汉唐文明下的龟兹文化学术研讨会综述/苗利辉等，西域研究.4
2010年丝绸之路与西北历史文化学术研讨会述评/段小强　尹伟先，敦煌学辑刊.3
边缘与多元：近代以来甘青地区的中西文化交流学术研讨会综述/陈声柏，兰州大学学报（社会科学版）.6
1636年淡水原住民反抗西班牙殖民者的斗争/刘彼德，台湾研究集刊.4
略论晚清时期桂东南地区自然灾害与民间信仰/高茂兵　刘色燕，广西民族研究.1
明清时期两广的地缘政治关系及其影响/滕兰花，广西民族研究.1
近代广西少数民族地区的行政网络构建/李辉善等，贺州学院学报.3
文教普及与边疆秩序：清前期对广西府江流域的文教治理/徐毅，中国边疆史地研究.3
远谋与近虑的兼容：对"驱准保藏"前后清朝西南边政决策调整的透视/马国君，广西民族研究.3
唐古巴的考察与英国对中国西南边疆的觊觎/赵艾东，中国边疆史地研究.4
民族关系视野下的近代西南边疆教案/张媚玲，思想战线.5
历史时期"西南"区域观及其范围演变/张轲风，云南师范大学学报（哲学社会科学

版).5

黄龙庙会：藏彝走廊多元文化空间的一个范例/汪志斌，中华文化论坛.4

清代四川土家族苗族地区的城市发展：以川东南三厅为例/马天卓，西南民族大学学报（人文社会科学版）.1

权力政治与地方自治：20世纪30年代的"康人治康"运动/友珍，西藏大学学报（社会科学版）.3

任乃强先生对西康建省的贡献/任新建，西南民族大学学报（人文社会科学版）.10

民国时期云南少数民族政治行政制度的变迁/张晓松 李根，云南行政学院学报.1

论中原王朝对云南经营模式的转换/李伟，云南师范大学学报（哲学社会科学版）.4

元明清时期的基层组织与国家法适用研究：以云南民族地区为中心的考察/胡兴东，云南师范大学学报（哲学社会科学版）.4

文化认同与多民族国家统一：以明代云南地区为例/赵旭峰 路伟，黑龙江民族丛刊.4

明清时期云南普米族、蒙古族和回族文化变迁比较研究/冯丁丁，楚雄师范学院学报.12

乌思藏本钦制度述略/尹航，廊坊师范学院学报（社会科学版）.1

戈伦夫《现代西藏的诞生》一误考辨/王川，民族研究.1

清乾隆五十八年（1793）藏内善后章程的形成经过/邓锐龄，中国藏学.1

试论张荫棠查办藏事前后的外交思想/赵君，西藏大学学报（社会科学版）.1

新政改革与大臣体制/罗布，西藏大学学报（社会科学版）.1

如何讲述本来的西藏？/殷实，读书.1

西藏2009年面对挑战逆势上扬/新华社记者，人权.1

明代进藏人员论析/刘永文等，西藏大学学报（社会科学版）.1

高原、民族与宗教：清代西藏城市发展特征/何一民等，民族学刊.1

美国托尔斯泰—杜兰"使团"1942—1943年入藏考/胡岩，中国藏学.2

山水一线间的亚东驿站研究/焦自云 汪永平，西藏研究.2

西藏农奴解放与世界文明进步的历程/张云，中国西藏.2

英俄对中国西藏的侵略与西藏"宗主权"谬论的由来/艾虹 李晔，东北师大学报（哲学社会科学版）.3

西藏问题的近代迷思/袁剑，西北民族研究.3

《西藏志》所载清代后期入藏路线考/房建昌，中国边疆史地研究.3

清乾隆朝富察家族与涉藏事务/白丽娜，中国边疆史地研究.3

"中华人民共和国昌都地区人民解放委员会"隶属关系的历史沿革/王小彬，中国藏学.3

藏东巨变六十载 团结奋斗谱新篇：纪念昌都解放60周年/王瑞莲 吾金平措，中国藏学.3

有泰与清末西藏政局的演变/康欣平，青海民族大学学报（社会科学版）.3

论昌都地区在推进西藏归入中国版图历史进程中的重要作用/土呷，中国藏学.3

近二十年（1989—2009）昌都研究综述/梁艳，中国藏学.3

有关近代西藏历史和汉藏关系的研究资料和研究回顾/朱丽双，中国藏学3

国民政府化解尼藏危机的历史意义/刘丽楣，中国藏学.4

南京国民政府蒙藏委员会治藏措施评述/张子新　喜饶尼玛，云南民族大学学报（哲学社会科学版）.4

政教分离，抑或政教合一———国民政府对西藏政治和宗教的政策考量/徐百永，中国边疆史地研究.4

《东方杂志》所见之清末藏事评议：以1904年英军侵藏为例/陈学然，西藏研究.5

论英国最早的两次涉藏事件/何文华，西藏研究.5

浅析清代西藏摄政官职/向巴泽仁，四川民族学院学报.5

试析国民政府初期西藏会议的筹备与失败/徐百永，西藏研究.5

近代西藏研究述评/央珍　喜饶尼玛，西藏民族学院学报（哲学社会科学版）.5

试论新中国建国前后地方和平解放范式的普适意义：兼议新中国建国历程中的西藏和平解放/孙勇，中央民族大学学报（哲学社会科学版）.5

圣城与都市之间：现代化建设进程中的拉萨/李多，西藏人文地理.5

西藏地方的摄政及摄政制度探析/央珍　喜饶尼玛，西北民族大学学报（哲学社会科学版）.5

建构主义：西藏治理的新范式：扎西仁增博士西藏研究述评/王俊峰　张植荣，民族工作研究.6

1888—1911年英俄在西藏的角逐/冯建勇，西藏研究.6

近代《泰晤士报》涉藏报道初探/郭永虎，西藏研究.6

略论准噶尔侵扰西藏及其在藏统治（1716—1720）/梁俊艳，新疆大学学报（哲学·人文社会科学版）.6

清代达木蒙古史事钩沉/曹培，西藏民族学院学报（哲学社会科学版）.6

为什么说"西藏自古以来就是中国的一部分"/罗广武，西藏民族学院学报（哲学社会科学版）.6

西藏跨越式发展踏上新征程：第五次西藏工作座谈会解读/朱晓明，中国西藏.2

傣泰民族起源和早期历史研究领域的新贡献：评黄兴球《壮泰族群分化时间考》/何平，广西民族研究.1

东南亚苗学中"苗人"的"民族与族群"问题/王金元，贵州民族学院学报（哲学社会科学版）.2

克伦人的起源与早期历史/何平　许红艳，思想战线.5

嵌入与内生秩序对边民国家认同的影响：以越南老街省达芬村红头瑶为例/马燕坤，河北北方学院学报（社会科学版）.5

从"八百媳妇"到"兰那王国"名称变更考释：泰国古代北方泰族国家变迁新探/饶睿颖，广西民族研究.2

泰国的傈僳族/庞海红，思茅师范高等专科学校学报.4

泰国的孟高棉语民族/何平，贵州民族研究.5

鸦片公营局制度下的爪哇民族关系研究/沈燕清，世界民族.3

印度表列种姓与表列部落探析/赵伯乐,世界民族.1

印度民族性格及其对印度国家的影响:以印度教民族为中心/宋海啸,世界民族.1

尼泊尔林布族的社会变迁:喜马拉雅山地文化的女性视角/[美]雷克斯著,周云水编译,西藏民族学院学报.1

东干文学中的"乡庄"世界及其文化意蕴探析/常文昌 高亚斌,北方民族大学学报(哲学社会科学版).4

试论中亚东干民族精神及其对当代中国新疆的"一般"性意义/孙亚萍,新疆大学学报(哲学·人文社会科学版).4

中东地区的德鲁兹人:历史与未来/张燕军,黑龙江民族丛刊.1

苏丹民族国家构建初探/刘辉,世界民族.3

国家建构和民族建构:内涵、特征及联系:以欧洲国家经验为例/王建娥,西北师大学报(社会科学版).2

新中世纪学复合论域研究解析:以中世纪欧洲犹太人问题为例/王云龙,社会科学战线.2

俄罗斯学者关于那乃人历史文化的研究历程/纪悦生,满族研究.3

俄罗斯学者关于乌尔奇族的研究历程/纪悦生,满族研究.4

俄国和西方的伊捷尔明人调查研究/张松,黑龙江民族丛刊.4

民族问题与苏联解体/李运平,史学月刊.7

近三十年来挪威萨米人身份地位的变化/谢元媛 [挪威]奥斯·考乐斯(Ashild Kolas),世界民族.3

澳大利亚民族国家的生成/王宇博,史学集刊.4

美洲民族构成及地域分布/管彦波,青岛科技大学学报(社会科学版).2

北美黑人族裔来源略论/高春常,鲁东大学学报(哲学社会科学版).1

美国印第安人研究的现状/王建平,美国研究.3

陕北地区少数民族姓氏孑遗研究/杜林渊等,黑龙江民族丛刊.1

中华姓氏文化中的少数民族融合因素探究/常雁,黑龙江民族丛刊.1

一份珍贵的族谱:广西回族《白氏族谱》考略/翁乾麟,回族研究.3

三家台蒙古族村《部氏族谱》续谱活动的现代意义/唐胡浩 杨光宗,中南民族大学学报(人文社会科学版).3

中国东北满族谱牒特点研究/于鹏翔 许淑杰,社会科学战线.4

一个勇于探索的学人:记民族考古学家汪宁生先生/王永平,社会科学战线.2

白寿彝先生的民族关系史观浅论/管祥久 范国强,学理论.12

唐敕使王玄策使印度事迹新探/李宗俊,西域研究.4

18至20世纪研究记述清皇室人物的西文书目提要/赵晓阳,满族研究.4

前秦氏族文人赵整考论/高人雄 宿月,新疆大学学报(哲学·人文社会科学版).5

扯力克汗西行青海刍议/晓克,西部蒙古论坛.2

六道轮回图与成吉思汗秘葬之地/高建群,西部蒙古论坛.3

噶尔丹生母考/马磊,西部蒙古论坛.4
何锁南族属的再探讨/武沐,中国边疆史地研究.4
明清回族进士考略(十九)/杨大业,回族研究.1
湖北钟祥回族答姓姓氏变迁的民族学考察/李安辉　王升云,回族研究.2
明清回族进士考略(二十)/杨大业,回族研究.2
岑毓英对西南民族地区文化教育贡献初探:岑毓英研究之三/施铁靖,广西民族研究.1
清庆亲王奕劻研究综述/周增光,满族研究.1
第一位出使俄国拜见俄皇的中国外交官托时/王希隆,中国边疆史地研究.4
对我国考古学研究最有影响力的历史文献:基于CSSCI(2000—2007)的分析/王迎春,西南民族大学学报(人文社会科学版).6
敦煌写本S.1438背《书仪》残卷与吐蕃占领沙州的几个问题/陆离,中国史研究.1
敦煌文献的写本特征/张涌泉,敦煌学辑刊.1
粟特民族对魏晋至唐初敦煌美术的影响/郭萍,贵州民族研究.6
青藏高原旧石器若干问题的讨论/汤惠生,青海民族大学学报(社会科学版).1
早期楚文化的民族环境/张硕,江汉论坛.12
黑龙江省哈尔滨市阿城区赵家崴子遗址发掘报告/黑龙江省文物考古研究所,北方文物.2
契丹金冠型式研究/卢盼　王江鹏,四川文物.5
浅析西夏力士碑座的艺术风格/杨蕤　董红征,四川文物.5
黑龙江省宾县索离沟遗址发掘简报/黑龙江省文物考古研究所,北方文物.1
多维视野下青海文物保护与民族旅游开发/刘国宁,青海社会科学.2
新疆东部地区古文化探微/张凤,西域研究.2
吴震先生与新疆文物考古研究/王欣,中国边疆史地研究.2
新疆考古发现与西域文明/宿白,新疆人文地理.3
汉唐西域考古:尼雅—丹丹乌里克遗址国际学术研讨会综述/于志勇,西域研究.2
器物民族志:中国西南民族博物馆与族群叙事/安琪,贵州社会科学.2
宋伯胤与滇西民族文物的保护/木基元,怒江社会科学.1
古水水电站西藏境内淹没区考古调查简报/哈比布,西藏研究.2
考古学所见西藏文明的历史轨迹/霍巍,民族研究.3
昌都卡若:西藏史前社会研究的新起点:纪念昌都卡若遗址科学考古发掘30周年/霍巍,中国藏学.3
西喜马拉雅地区立石遗迹初论/吕红亮,考古与文物.5
第四届西藏考古与艺术国际学术讨论会综述/贾维维　石岩刚,中国藏学.1
"第四届西藏考古与艺术国际学术讨论会"综述/何芳等,故宫博物院院刊.1
"岛夷卉服"、"织绩木皮"的民族考古新证/吴春明,厦门大学学报(哲学社会科学版).1
民族文物内涵的界定及其征集探讨/宋才发,贵州民族研究.3
中国西藏文化博物馆展品中的三枚清代摄政王印章初考/邹西成,中国藏学.3

概说西藏宗教中的法器与护符/孙林，西藏民族学院学报（哲学社会科学版）.5

圣地西藏：最接近天空的宝藏：西藏珍宝展在台湾/索文清，中国西藏.5

彝族神话传说与活态民俗印证下的三星堆器物符号的彝文化元素/单江秀　杨甫旺，楚雄师范学院学报.2

"边疆民族考古与民族考古学论坛·2009"会讯/胡昌国等，中国历史文物.1

论蒙古帝国军政二元管理体制对铸币的影响（一）：兼对察合台汗和哈剌旭烈汗统治时期的钱币辨析/蒋海明，新疆钱币.4

三江平原北部女真陶器的编年研究/乔梁，北方文物.1

论辽代陶瓷鸡冠壶的实用性/刘辉　刘丹，北方文物 3

辽代考古和历史研究的一部力作：评盖之庸《内蒙古辽代石刻文研究》/都兴智，内蒙古社会科学.1

格萨尔石刻文化的人类学解读：论康区宁玛派格萨尔与文化的渊源关系/公保才让，青海社会科学.3

从有关碑文资料看清代贵州的社会治安管理/吴大旬，贵州民族学院学报（哲学社会科学版）.1

金完颜希尹神道碑研究述略/穆崟臣　穆鸿利，北方文物.2

回族历史碑刻的重要价值及其发掘与研究现状/雷晓静　何志明，宁夏社会科学.4

《平蛮三将题名》碑镌刻时间新论/雷冠中，黑龙江民族丛刊.5

好太王碑证史与补史作用/陆丽华，通化师范学院学报.11

唐禄赞萨逻墓志考释/李宗俊，民族研究.3

石刻资料与西南民族史地研究：《唐南宁州都督爨守忠墓志》解读/郭声波　姚帅，中南民族大学学报（人文社会科学版）.4

突厥世系新证：唐代墓志所见突厥世系/王义康，民族研究.5

镌刻在石头上的历史洛扎吐蕃石刻/霍巍，中国西藏.2

玉树经石城之谜/高原，中国西藏.2

江孜十万佛塔题记的再考察/萨尔吉，中国藏学.3

广州南越国宫署遗址出土西汉木简考释/何有祖，考古.1

"夜郎王印"还是"道教法印"：贵州镇宁铜印的考辨/李远国，中华文化论坛.4

唃厮啰遗城"雍仲卡尔"考释/洲塔　樊秋丽，中国藏学.1

与生产力及文明同步发展：中国古代北方民族城市建设的轨迹/何天明，内蒙古社会科学.1

辽东半岛高句丽山城概述/王禹浪等，黑龙江民族丛刊.2

文化遗产保护和社区参与研究：以高昌故城为例/张铭心　徐婉玲，中央民族大学学报（哲学社会科学版）.3

清代新疆"满城"时空结构研究/朱玉杰等，满族研究.3

呼伦贝尔辉河流域古城群落遗址考/松迪　丽娜，北方文物.4

渤海上京城研究补遗/赵虹光，北方文物.4

汉代丝路南北道研究/殷晴，新疆社会科学.1

炳灵寺石窟与丝绸之路东段五条干道/李并成　马燕云，敦煌研究.2

从考古资料看滇藏茶马古道的历史渊源/李钢，中华文化论坛.4

承风戍考辨：兼论隋唐时入青海的南北两道/王英，青海民族大学学报（社会科学版）.4

吐蕃通往勃律、罽宾之道略考/田峰，青海民族大学学报（社会科学版）.4

宁古塔的源起与传说/周永梅　张克，牡丹江师范学院学报（哲学社会科学版）.5

云南盐津"僰人悬棺"考察记：兼辩川滇间"僰人悬棺"的族属/林向，四川文物.1

柳湾墓地屈肢葬式检讨/刘宝山，青海民族大学学报（社会科学版）.1

清代贵州民族墓葬类型及其特点：以竹枝词为分析文本/严奇岩，贵州民族研究.1

辽宁法库县叶茂台23号辽墓发掘简报/辽宁省文物考古研究所　沈阳市文物考古研究所，考古.1

大辽祖陵探秘/董新林，中国文化遗产.1

蒙元时期蒙古人壁画墓的确认/张晓东　刘振陆，内蒙古文物考古.1

试论贵州地区"石棺葬"的族属与源流/李飞，四川文物.2

再论康巴地区三岩藏人的居室葬/岳小国，中国藏学.3

浅析高句丽古坟壁画中的建筑形象/张明皓，北方文物.3

岭南腰坑葬及其族属研究/洪德善，四川文物.4

河西魏晋墓壁画少数民族形象初探/李怀顺，华夏考古.4

固原地区墓葬壁画现状调查/武瑛，宁夏师范学院学报.4

内蒙古地区青铜时代至早期铁器时代墓制的初步研究：以内蒙古中南部和东南部的墓葬资料为中心/曹建恩　孙金松，内蒙古师范大学学报（哲学社会科学版）.5

大同江下游高句丽封土石室墓的等级/赵俊杰，边疆考古研究8

石棺葬文化研究的新视野：藏彝羌走廊暨中国西部石棺葬文化研讨会综述/陈剑，中华文化论坛.1

莫高窟吐蕃期洞窟第359窟供养人画像研究：兼谈粟特九姓胡人对吐蕃统治敦煌的态度/沙武田，敦煌研究.5

库木吐喇第75窟研究：兼述供养人的族属/贾应逸　吕明明，吐鲁番学研究.2

佛光不灭：龟兹石窟探秘/胡笳等，新疆人文地理.6

库车玛扎伯哈石窟调查简报/新疆龟兹研究院，吐鲁番学研究.1

新发现的塔什库尔干河谷大像窟相关问题解析/王征，新疆师范大学学报（哲学社会科学版）.1

北庭文化遗产的传承研究：从北庭石窟寺到吉木萨尔千佛寺/王鹏辉，新疆大学学报（哲学·人文社会科学版）.1

神幻之影：拉萨大昭寺吐蕃木雕的艺术风格与源流/霍巍，西藏大学学报（社会科学版）.1

西藏再现吐蕃王朝早期珍贵壁画/和靖，西藏人文地理.1

集安高句丽壁画的服饰审美剖析/崔龙国，东北史地.2

敦煌壁画中蒙古族供养人半臂研究/董晓荣，敦煌研究.3

莫高窟吐蕃样式壁画与绢画的初步分析/谢继胜　赵媛，西北民族大学学报（哲学社会科学版）.4

关于榆林窟第25窟壁画藏文题记释读的两个问题/陆离，西北民族大学学报（哲学社会科学版）.4

高句丽美术考古的最新成果：初评《高句丽古墓壁画研究》/刘亚非　黄千，社会科学战线.7

长川一号壁画中所见高句丽服饰研究/郑春颖，边疆考古研究.8

贺兰山岩画的语法形式/王毓红　冯少波，宁夏师范学院学报（社会科学版）.1

阴山岩画中的葛天氏"古乐八阕图"之谜/张晓涧等，寻根.1

西夏党项族尚武精神在岩画中的演绎/祁跃等，黑龙江民族丛刊.2

试析西藏岩画中蕴含的原始体育因素/杨海航，西藏民族学院学报（哲学社会科学版）.3

岩画的叠压断代法：以意大利梵尔卡莫尼卡为例/杨超，西夏研究.3

意义的聚合体：贺兰山岩画的稳态语篇/王毓红，西夏研究.3

亚沟摩崖石刻族属考释/李秀莲，北方文物.4

贺兰山岩画的存在论分析/王毓红　冯少波，四川文物.4

阴山地区虎岩画刍议/张文静，内蒙古社会科学.5

岩画的类型与部族的迁徙/张亚莎，西藏人文地理.5

古丝绸之路上的留言簿：喀喇昆仑公路上的岩画和岩刻/王心阳等，西藏人文地理.5

西藏的石构遗迹与岩画/张建林，西藏人文地理.5

图像解析高原岩画内容探微/子马，西藏人文地理.5

不易读懂的历史，千年不绝的回音：西藏岩画的文化背景/米骥，西藏人文地理.5

西藏岩画：发现的故事/李永宪，西藏人文地理.5

高原重要的岩画点独特信息的传达/桑地，西藏人文地理.5

阴山格尔敖包沟岩画新发现/巴彦淖尔市博物馆等，文物.8

西喜马拉雅岩画欧亚草原因素再检讨/吕红亮，考古.10

朝鲜考古学目录索引/[韩]李鲜馥等著，包艳玲　宋家慧译，历史与考古信息·东北亚.1

民俗地图的学科依据："民俗地图"与"文化传承图"体系系列论文之一/何彬，民族艺术.1

略论民俗的形成与演变/刘世哲，民族学刊.1

民俗学表演理论核心概念探析/段静，北方民族大学学报（哲学社会科学版）.5

赣南客家人的婚俗礼仪/诸山，寻根.2

黔南婚姻习俗与家庭、婚恋观的形成：以多民族村八连婚俗为个案/伍隆萱，沈阳师范大学学报（社会科学版）.6

甘青地区羌人"引路羊"葬俗遗存考/冯玉雷，百色学院学报.6

女性与"民族文化"重构/刘秀丽　杜芳琴，江西社会科学.2

少数民族女性知识的缘起和发展：以传统手工艺服饰为例/杨国才，云南民族大学学报

（哲学社会科学版）.2

新疆出土三角形及长方形衣饰研究/万芳 李薏，西域研究.3

边界与边缘：高校学生民族服饰的认同内涵/马雪莲，青海民族研究.3

云南少数民族传统饮食文化的象征意义/瞿明安，民族艺术.3

饮食人类学与草原饮食文化研究/张景明，青海民族研究.4

民族地区经济增长视阈下习俗变迁的意义与路径分析/田钒平 王允武，西南民族大学学报（人文社会科学版）.8

客家礼俗的渊源流变/李积庆，寻根.2

汉人的丧葬仪式：基于民族志文本的评述/张佩国，民俗研究.2

贵州屯堡妇女服饰演变的社会透视/曾芸，贵州大学学报（社会科学版）.3

蒙元时期蒙古族尚金习俗及蒙古族英雄史诗《江格尔》/齐玉花，西部蒙古论坛.1

蒙藏风格参半的青海河南蒙古族自治县婚俗调查/艾丽曼，青海师范大学学报（哲学社会科学版）.2

那达慕对蒙古人文化知识体系建构的意义/白红梅 额尔敦巴根，民族教育研究.2

对蒙古族传统服饰文化传承问题的思考/曹莉，内蒙古大学学报（哲学社会科学版）.2

社会生活的变迁与蒙古族服饰的演变/李莉莎，内蒙古社会科学.2

蒙古族过年习俗的变迁/邢莉，西北民族研究.2

侈糜、奢华与支配：围绕十三世纪蒙古游牧帝国服饰偏好与政治风俗的札记/赵旭东，民俗研究.2

从蒙古族人名特征看农区蒙古族文化变迁：以辽宁西部阜新地区烟台营子村为例/王志清，北方民族大学学报（哲学社会科学版）.2

蒙古族与马文化/白德林，北方民族.2

试论蒙古族茶习俗/额布力图，内蒙古民族大学学报（哲学社会科学版）.3

布里亚特蒙古族传统服饰的文化象征/桂丽，西部蒙古论坛.4

十三世纪中叶西方使者眼中草原蒙古人的生活习俗/韩官却加，青海民族大学学报（社会科学版）.4

敦煌石窟中蒙古族服饰研究之二：蒙元时期汉族服饰对蒙古族服饰的影响/谢静，敦煌研究.5

新疆回族"哄房子"仪式及其社会生活构建：来自昌吉的调查研究/杨婷婷，北方民族大学学报（哲学社会科学版）.2

试论回族丧葬习俗中的宗教因素/熊坤新 张少云，西藏民族学院学报（哲学社会科学版）.3

旅游开发背景下的"汤瓶"功能变迁：以宁夏永宁县纳家户回族村为例/姜克银，民族研究.6

宗教与民族服饰的关系：解析伊斯兰教对回族服饰的影响/吴淑晶 闫丙娜，西南民族大学学报（人文社会科学版）.8

论伊斯兰哲学生死观对回族传统丧葬文化的影响/邱双成 崔华华，西南民族大学学报

（人文社会科学版）.9

藏族民俗文化中海螺的民俗符号解读：以口承语言民俗为参照/尹伟，青海民族研究.1

"大民族主义"抑或"普适主义"：张荫棠《训俗浅言》、《藏俗改良》析论/康欣平，西藏民族学院学报（哲学社会科学版）.1

《边政公论》对康藏文化习俗的介绍/韩殿栋等，西藏大学学报（社会科学版）.2

沟通人神：藏族服饰的象征意义及解读/李玉琴，西藏大学学报（社会科学版）.2

凉山州甘洛县尔苏藏族射箭节现状研究/王德和等，贵州民族研究.2

甘洛县新市坝镇尔苏藏族的琅玕比研究/王德和 古涛，青海民族研究.2

从婚俗文化看社会转型过程中藏族生育文化的变迁：以青海卓仓藏族为例/洲塔 王云，兰州大学学报（社会科学版）.2

神秘的藏地民间宗教文化习俗/高城，寻根.2

尔苏藏族和"还山鸡节"：基于文化记忆理论的阐释/唐佳，北方民族大学学报（哲学社会科学版）.3

白马藏人猪膘肉食体验的文化解读/汪丹，广西民族大学学报（哲学社会科学版）.3

"家西番"传统婚俗文化及其变迁/芦兰花等，西藏大学学报（社会科学版）.3

藏族节庆文化产业化的意义及其途径研究：以西藏节庆文化为例/旺宗，西藏大学学报（社会科学版）.3

试论藏族与傣族丧葬习俗之异同/王友富 何永兴，西藏民族学院学报（哲学社会科学版）.3

昌都民居的地域特色与装饰艺术风格：以贡觉县三岩民居和左贡东坝民居为例/汪永平等，中国藏学.3

"年"与གནའ：汉藏民族的原始信仰及其民俗演化/扎西东珠，西藏研究.3

云南省德钦县佳碧村藏族民居文化探微/褚潇白，中国藏学.3

论藏族天葬文化形成的环境因素/华智海，西北民族大学学报（哲学社会科学版）.3

川西贵琼人碉房中的锅庄石及其象征意义/郭建勋，西南民族大学学报（人文社会科学版）.4

再论三岩藏族的居室葬/坚赞才旦，中国农业大学学报（社会科学版）.4

青海黄南藏族村落祭神仪式分析/索端智，青海民族大学学报（社会科学版）.4

试论藏族盟誓仪式的动机和功能/牛绿花，青海民族研究.4

藏南山谷中的神秘古碉：洛扎考古记行之四/霍巍，中国西藏.4

浅谈西藏古老而神秘的服饰：普兰妇女传统服饰的穿戴习俗及价值/伍金加参，西藏艺术研究.4

藏族婚礼中箭的交换及其文化内涵/才项多杰，西南民族大学学报（社会科学版）.5

土地制度与嘉绒藏族房名的获得：对四川省雅安市宝兴县硗碛藏族乡的田野调查/李锦，西南民族大学学报（社会科学版）.5

甘肃藏、汉民族共有的"拉扎"节及其功能研究/马清虎，中南民族大学学报（社会科学版）.5

拉萨：西方人早期对西藏的窥视/房建昌，西藏人文地理.5
拉萨的遗产之一：藏式建筑艺术的博物馆/高晓涛，西藏人文地理.5
尔苏藏族"渣卓"节日文化研究/王德和，广西民族大学学报（社会科学版）.5
拉萨的遗产之二：非物质进行时/高晓涛 和靖，西藏人文地理.5
甘青地区藏族的端午节传说研究/白晓霞，西北民族大学学报（社会科学版）.5
嘉绒藏族婚俗中宗教活动的教育功能/李涯等，民族教育研究.6
浅谈藏族丧葬文化/边巴次仁，西藏研究.6
"邛笼"解读/石硕，民族研究.6
甘洛县尔苏藏族的丧葬习俗调查研究/王德和，西南民族大学学报（社会科学版）.9
藏族传统社会天葬习俗的缘由辨析/余仕麟，西南民族大学学报（社会科学版）.12
论维吾尔族传统首饰文化质点/热娜·买买提，新疆社会科学.3
维族婚姻习俗中尼卡（Nikah）仪式的人类学解读/石奕龙 艾比不拉·卡地尔，云南民族大学学报.3
"艾德莱斯"的历史和传说的文本研究/刘颖，喀什师范学院学报.5
维吾尔族葬礼中"折丧"仪式：传统仪式遭遇"赛场规则"的个案研究/阿布都哈德，北方民族大学学报（社会科学版）.5
论宗教民俗与维吾尔族审美文化传统/邹赞，新疆社科论坛.6
维吾尔族习俗中的多元宗教文化：以婚育为例/阿依先·肉孜 茹克亚·霍加，世界宗教文化.6
蚩尤神话中的苗族民俗文化透视/吴正彪，三峡大学学报（社会科学版）.1
《百苗图》：近代中国早期民族志/［美］何罗娜著，汤芸译，民族学刊.1
苗族纹样设计中的图形研究/唐昌乔，贵州民族研究.2
追寻农耕文明的"舞步"/吴一文，贵州民族学院学报（社会科学版）.3
"鼓藏节"仪式之权力表达/刘锋，贵州民族学院学报（社会科学版）.3
试析黔东南苗族服饰的文化整合/曾祥慧，贵州民族研究.3
解析西南地区苗族服饰的审美价值取向/谭华，中华文化论坛.3
从万物有灵看苗族建筑中的环境伦理思想/何泌章 夏代云，吉首大学学报（社会科学版）.3
从《百苗图》看19世纪初贵州高原各民族的纺织工艺/刘慧群 罗康隆，中央民族大学学报（社会科学版）.4
苗族服饰是自源发展的结果/杨东升，凯里学院学报.5
敲巴郎：黔中苗族宗族文化探微：以贵州高坡苗族为例/杨沛艳，贵州民族研究.6
仪式、神话与社会记忆：紫云自治县四大寨乡关口寨苗族丧葬文化调查/吴正彪 班由科，贵州民族研究.6
新见古籍《五溪苗族古今生活集》略述/胡彬彬，民族研究.6
控拜村苗族银饰与苗族白银文化引发的思考/游建西，贵州社会科学.7
关于苗族女服的形成、演化及时限问题：与席克定先生商榷/杨东升，西南民族大学学报

(社会科学版).8

  苗族服饰的生态美学意义阐释/何圣伦,贵州社会科学.9

  未来视野下苗族婚姻道德观构建的两个维度:以云南文山苗族婚姻习俗为例/陈世荣 邓显波,经济与社会发展.10

  韭菜坪彝族传统民居初探/周真刚,贵州民族研究.2

  试谈民俗节日文化与社会价值:以彝族年文化遗产为个案研究/吴桃 吉木哈学,西南民族大学学报(人文社会科学版).2

  密枝节祭祀中女性的缺席与在场/巴胜超,云南社会科学.3

  《苗蛮图》所见黔省彝族研究/李德龙,中央民族大学学报(社会科学版).5

  哀牢山中部彝族腊鲁人的风葬习俗/杨剑龙等,寻根.5

  浅论云南姚安彝族服饰特点/樊艳萍,楚雄师范学院学报.8

  浅析彝族土掌房的文化内涵及其保护价值:以云南省泸西县城子村为例/平慧,毕节学院学报.12

  凉山彝族传统习惯法中的信仰习俗/蔡富莲,西南民族大学学报(社会科学版).12

  旦歌:跨越中越边界的骆越天谣/农瑞群等,广西民族大学学报.2

  明清广西左右江地区土司的婚姻与策略/张江华,西南民族大学学报(社会科学版).5

  中越边境壮族跨国婚姻中的"拜后家"研究——以云南省河口县中寨村为例/王越平,民族研究.6

  朝鲜族妇女端午节打秋千的风俗由来/朴尚春,寻根.2

  中国朝鲜族民俗的文化特点之宏观考察/许辉勋,东疆学刊.3

  清代满族的丧葬习俗:从《御制增订清文鉴》谈起/关笑晶,满语研究.1

  论满族传统民居文化/于迪,满语研究.2

  满族婚俗文化略论/高松,满语研究.2

  满族人名的历史特征分析/冯璐,满语研究.2

  黑龙江畔大五家子一带满族的穆昆祭祀和丧葬/张松,满族研究.2

  清刻本《满洲四礼集》考略/刘志军,满族研究.2

  从清永陵《神树的传说》中折射出的女真人丧葬习俗/赵维和 王建中,北方民族.2

  浅谈满族民间传统祭祀习俗的形式与特点/杨晗,黑龙江民族丛刊.3

  试论雍正帝对东北地区"满洲本习"的维护/孙静,北方论丛.3

  满族收继婚习俗浅析/孙志鹏等,北方民族.4

  满族婚俗考述/刘中平,社会科学辑刊.4

  论满族说部的生成与播衍/江帆,西北民族研究.4

  满族"颁金节"与非物质文化遗产保护/石少涛,满族研究.4

  土族葬俗叙事与女性社会心理研究/翟存明 白晓霞,青海民族大学学报.1

  民俗节日作为文化旅游资源的征用及其策略:以民和土族纳顿节为例/辛海明,青海师范大学学报(社会科学版).4

  土族民俗及民俗音乐/李昕 叶姿含,青海社会科学.4

热贡地区土族"六月会"祭祀活动的仪式分析:以同仁县尕沙日村为个案/王康康 祁进玉,青海民族大学学报(社会科学版).4

同仁年都乎村土族"於菟"仪式舞蹈的文化蕴涵/范静 文忠祥,青海民族大学学报(社会科学版).4

撒拉族村落空间结构及空间观/韩得福,青海民族大学学报.3

裕固族早期饮食文化研究:以《肃镇华夷志》为主/高启安,敦煌研究.1

新疆哈萨克族女性民俗变迁/韩慧萍 薛洁,民俗研究.2

浅谈哈萨克族人生礼仪与民族进步/白山·纳马孜别克,新疆大学学报(哲学·人文社会科学版).3

试论影视人类学在哈萨克族阿依特斯保护中的作用/努尔巴哈提·吐尔逊,伊犁师范学院学报.4

浅谈哈萨克族的"安明格尔"婚姻制度:兼与古希伯来法"寡妇内嫁"婚姻制度相比较/阿依古丽,中央民族大学学报(社会科学版).4

哈萨克人阿依特斯(Aitys)的生命力:新世纪将有一个新的文化张力/郝苏民 热依汗古丽,北方民族大学学报(社会科学版).5

阿肯阿依特斯艺术及传承价值/库兰·尼合买提,新疆社会科学.6

浅谈塔吉克族婚俗/木克代斯·哈斯木,乌鲁木齐职业大学学报(社会科学版).3

浅谈锡伯族人生礼仪中的民歌/赵洁,伊犁师范学院学报(社会科学版).3

广西南丹白裤瑶葬礼仪式的审美人类学考察/雷文彪,广西民族研究.3

白裤瑶服饰文化刻录的上古文明/磨现强,广西师范学院学报(社会科学版).3

从此岸到彼岸:瑶族传统灵魂观念阅识:广西金秀大瑶山古陈村瑶"二次捡骨"葬俗调查/谷家荣,西北民族大学学报(社会科学版).4

瑶族盟誓文化特点/陈斌等,云南师范大学学报(社会科学版).6

也谈细腰鼓与瑶族长鼓的源流/谢崇安 黄建福,广西民族大学学报.6

大理洱海地区白族葬礼研究:兼论"礼"的视角在人类学仪式分析中的应用/张海超,云南社会科学.1

变异的三月街:历史记忆与民族认同/罗维庆 龙珍珠,民族论坛.5

实践与阐释:大理白族"绕三灵"/白志红,民族研究.5

大理坝区白族婚礼的当代变迁及影响/杨庆毓,云南民族大学学报(社会科学版).5

白族节日文化的人类学阐释:以大理周城白族为个案/张曙晖 董红樱,湖北民族学院学报(社会科学版).6

多维视野中的"歌"与"歌会"及其文化阐释:剑川石龙白族调与石宝山歌会的调查研究/张翠霞,重庆文理学院学报(社会科学版).6

芒市傣族民间南传佛教手工艺分类与特点/徐何珊,民族艺术研究.2

文化适应过程中的创造与保持:帕西傣春节习俗形成探析/马创,广西民族大学学报(社会科学版).3

傣族文身的造型特征研究/杨军等,民族艺术.3

金沙江河谷傣族泼水节的历史记忆与文化认同/刘祖鑫，云南师范大学学报（社会科学版）.5

西双版纳僾尼人的丧葬等级制及其变迁/张宁，民族研究.1

哈尼族祖先崇拜丧葬习俗及调适作用探讨/何作庆 瞿东华，宗教学研究.3

仪式操演与价值记忆：哈尼族奕车人"苦扎扎"献祭仪式分析/丁桂芳，中南民族大学学报（社会科学版）.5

消失的秋千架：阿卡人"耶苦扎"节的变迁与文化调适分析/张永杰 张雨龙，中南民族大学学报（社会科学版）.6

浅析佤族婚姻习惯法及其现代转化/郭亮，社科纵横.7

现代文化场域中纳西民歌之变迁/唐婷婷，青海民族研究.1

当代浪蒗摩梭人丧葬仪式考察/熊永祥，宗教学研究.2

纳西族传统民歌的文化功能与传承/唐婷婷，云南民族大学学报.2

纳西族挽歌的人文内涵/王宁莲，民族艺术研究.2

云南阿怒人建房"可汝调"研究/袁娥 丁爱华，湖北民族学院学报（社会科学版）.5

独龙女文面的文化阐释/高志英，西南民族大学学报（人文社会科学版）.2

论黔中布依族礼俗歌/周国茂，贵州大学学报（社会科学版）.1

布依族节日文化及其功能/白明政，贵州民族学院学报（社会科学版）.2

布依族民歌传承发展的前景及走向：布依族西部民歌文化生态调查/罗剑，贵州民族学院学报（社会科学版）.2

贵阳布依族传统村寨聚落生态价值研究/任飞，贵州民族研究.2

布依族"不落夫家"婚俗试析/李君怡，贵州民族研究.3

民族文化名片视域下的布依族六月六节日研究/周国茂，贵州社会科学.11

茂兰保护区水族干栏式建筑变迁的思考/赵月等，贵州民族学院学报（社会科学版）.5

水族端节仪式、功能与变迁微探/覃世钧，贵州民族研究.6

侗族村寨的防火习惯法/杨和能，中国民族.1

身体的规训：侗族的款、歌、仪式和其他/伍小涛，寻根.3

构建国家法与侗族婚姻习惯法适用良好互动的思考：来自三江侗族自治县八江乡和林溪乡的调查报告/杨和能 杨高策，湖北民族学院学报（社会科学版）.4

侗族风雨桥成因的人类学探析/石开忠，贵州民族学院学报.4

侗族村落民俗与妇女社会性别建构/蒋星梅，贵州民族学院学报.4

贵州地扪侗寨历史探源/张姗，贵州大学学报（社会科学版）.6

情绪人类学视野下的土家族"哭嫁"习俗研究/马威等，中南民族大学学报（社会科学版）.1

关于恩施土家族传统节日"女儿会"品牌建设的思考/覃章梁 覃潇，湖北民族学院学报.1

土家族地区农村居民生育意愿研究：对恩施自治州376位农村居民的调查分析/刘伦文 彭红艳，湖北民族学院学报.1

试论民俗变迁的条件：以石柱土家族自治县黄水镇黄水居委会青杠坪组民俗考察为中心/彭福荣，黑龙江民族丛刊．1

土家族"过赶年"的传播学解析/庹继光，西南民族大学学报（人文社会科学版）．2

湖南嘉禾伴嫁歌与土家族陪十姊妹歌之比较/李迪等，湖北民族学院学报．2

歌从武陵山上来：黔江高炉号子调查报告/刘壮，民族艺术研究．2

从《礼物的流动》看土家族诞生仪式中的礼物馈赠/张远满，湖北民族学院学报（社会科学版）．3

土家族酒歌的文化意向及其社会功能/谢亚平，内蒙古民族大学学报（社会科学版）．4

日常生活、传承客体和消费文本：对重庆石柱土家民歌"啰儿调"的文化人类学观照/向轼，湖北民族学院学报（社会科学版）．4

恩施土家族"女儿会"空间转换研究/王燕妮，湖北民族学院学报（社会科学版）．5

端午习俗与巴楚民歌/谢亚平，吉首大学学报（社会科学版）．5

重庆土家族婚俗现状研究/魏良福等，重庆文理学院学报（社会科学版）．5

土家族占卜习俗述略/田清旺，怀化学院学报．10

土家族婚礼中"讲礼行"的论辩内容及其意义浅议/覃娜娜等，怀化学院学报．10

羌族萨朗的价值及保护和利用/陈兴龙，西南民族大学学报（人文社会科学版）．2

羌族民俗与羌族传统生态文化/彭军 蔡文君，贵州民族研究．2

关于依托传统节庆构建民族文化保护与传承平台的思考：以羌族"瓦尔俄足节"为例/喇明英，西南民族大学学报．4

论黎族服饰与其历史进程的关系/王瑞莲，贵州民族学院学报．1

畲族"凤凰装"的非物质文化遗产保护价值/肖芒等，中南民族大学学报（社会科学版）．1

嵌入理论视野下的民俗节庆变迁：以浙江省景宁畲族自治县"中国畲乡三月三"为例/马威，西南民族大学学报（人文社会科学版）．2

台湾高山族与大陆古越族民俗文化的历史考察/陈友义，寻根．1

苦聪人婚姻习俗的变迁及其适应：以镇沅县恩乐镇易地搬迁的苦聪人为例/罗承松，社科纵横．12

秦汉风俗与"祀典"及其民间信仰演变：以宁夏固原历史经历与民间信仰变迁为例/薛正昌，兰州大学学报（社会科学版）．6

青海茶文化形成的民俗文化学分析/唐仲山，青海民族研究．3

清代台湾土著妇女的日常生活/刘正刚 曾繁花，西北民族大学学报（社会科学版）．2

西南少数民族女性文化中的技艺知识/杨国才，北方民族大学学报．1

从西南地区少数民族民间传说看铜鼓的厌胜功能/陈金文，广西民族研究．1

中国西南少数民族的火草布纺织/李晓岑 李云，云南社会科学．2

多民族地区村落文化保护与社会发展的思考：以贵州荔波水族村寨研究项目为例/李松，民俗研究．3

从"凿齿"观察贵州仡佬族与仫佬族的民族源流/罗青松，贵州民族研究．4

古籍《滇省夷人图说》、《滇省舆地图说》出版及评介/罗贤佑，民族研究.2
《滇夷风俗图》考略/孙麒，西南民族大学学报（社会科学版）.7
关于民族地理学学科体系建设中相关概念的辨析/管彦波，北方民族大学学报.3
从呼和浩特城市演变过程看绥远城兴建的意义/张威，内蒙古社会科学.5
清代鄂西南民族地区城镇基本特点分析/王肇磊，贵州民族研究.4
阿里地名拾趣/古格·其美多吉，中国西藏.1
论拉萨古地名中的美化历史地名现象/达瓦　阿贵，西藏大学学报.2
西藏珠峰自然保护区人文遗产综合考察/顿珠拉杰，西藏研究.3
试论南京国民政府边政研究的内容和方法/段金生　董继梅，云南师范大学学报.1
陶保廉与西北边疆问题研究：以《辛卯侍行记》为中心/贾建飞，中国边疆史地研究.2
致用史观与冯家昇的边疆史研究/张永帅　张炜，中国边疆史地研究.2
论"大漠游牧文明板块"在中国疆域最终底定过程中的地位/于逢春，内蒙古师范大学学报.3
学界对民国学人西南边疆问题著述研究综述/王振刚，中国边疆史地研究.4
论罗振玉对边疆史地学的贡献/周常林，北方民族大学学报（社会科学版）.6
20世纪40年代中国边疆研究的方法与理论：以《边政公论》为中心/段金生，北方民族大学学报（社会科学版）.6
多民族国家疆域研究的历程及其特点/李大龙，云南师范大学学报（社会科学版）.6
论清代改流与中国西南疆域的整合/黄秀蓉，云南师范大学学报（社会科学版）.6
试论我国民族地区行政区划发展历史及现状/田烨，广东技术师范学院学报.5
喀亚斯与双河城：伊犁史地论札之三/姜付炬，伊犁师范学院学报.1
古格故城遗址/张建林，中国西藏.1
继承人类古代文明遗产，谱写中西文化交流篇章：《丝绸之路研究丛书》（第二部）出版简述/张田，西域研究.1
探索中西文化交流史的学术长卷：《丝绸之路研究丛书》评述/田卫疆，新疆社会科学.1
宁夏2009年丝绸之路国际学术研讨会综述/马晓玲，考古.3
"丝绸之路"国际学术研讨会纪要/张卫光，中国史研究动态.5
秦塞河防军城"浑怀障"名源浅释/吴忠礼，宁夏社会科学.6
从索离沟的考古发现看古索离国的地望/李延铁　于建华，北方文物.2
丝绸之路对两汉之际西域的影响：以考古学为视角/肖小勇，西域研究.4
汉代"西南夷"行政地名考略/张卉，贵州民族研究.4
西夜、子合国考/王文利　周伟洲，民族研究.6
吉林省通化市自安山城调查报告/通化市文物保护研究所，北方文物.3
唐代安西都护府渭干河西岸遗址群的调查与研究/邢春林，新疆师范大学学报.1
渠犁、阇甄、妫塞：唐中期新置西域羁縻都督府探考/郭声波　颜培华，中国边疆史地研究.1
唐代河陇陷蕃失地范围考/李军，云南师范大学学报.4

李昌宪先生《中国行政区划通史：宋西夏卷》评介/田志光　王曾瑜,中国史研究动态.9

辽上京皇城西山坡建筑部落的属性及其功能：从辽太祖营建西楼与皇都的线索与动机说起/任爱君,北方文物.2

重大收获　丰硕成果：祝贺《渤海上京城》出版/朱国忱,北方文物.3

渤海上京文化研究的回顾与思考/刁丽伟,满族研究.4

试从藏族文化视角解读元大都十一城门之谜/张双智,中国藏学.4

明代登辽海道的兴废与辽东边疆经略/陈晓珊,文史.1

《明史·西域传》之八答黑商辨误二则/范雅黎,西部蒙古论坛.3

明初加强洮州卫建设的原因探析/杨士钰,中央民族大学学报（社会科学版）.5

清代满城内涵及数量探讨/黄平,内江师范学院学报.5

金长城研究概述/孙文政,中国边疆史地研究.1

位卑未敢忘忧国：《蒙古游牧记》著述年代考/王惠荣,中国边疆史地研究.1

略谈王树枏编纂的《新疆图志·国界志》：《新疆图志·国界志》点校前言/李之勤,中国边疆史地研究.1

武落钟离山在水布垭大坝一带：从一幅古地图分析巴人发祥地/宫哲兵　何智斌,湖北民族学院学报（社会科学版）.3

《满人四门官花园地之图》与宁夏新满营/陈永耘,宁夏师范学院学报.2

传教士与康熙朝蒙古舆图的绘制/N.哈斯巴根,中央民族大学学报.3

敦煌吐鲁番文献中藏汉天文历算文化关系研究/傅千吉　肖鹏,西藏大学学报（社会科学版）.4

六　民族语言文字

对我国语言学研究最有影响的国外学术著作分析：基于CSSCI（2000—2007年度）数据/周冰清,西南民族大学学报（社会科学版）.10

语言使用与族群关系：五种类型分析/孟红莉,西北民族研究.1

语言关系与国家安全/戴庆厦,云南师范大学学报.2

语码转换和语言混合/劲松,民族语文.6

食物名探源/黄树先,民族语文.5

论四川省盐源县各民族的语言和谐/乔翔　余金枝,中央民族大学学报（社会科学版）.6

东南亚语言"居住"义语素的多功能模式及语法化路径/吴福祥,民族语文.6

印度语言政策与语言文化/周庆生,中国社会科学院研究生院学报.6

喀麦隆官方双语政策的性质及失败原因/郑崧,西亚非洲.3

波罗的海国家的语言政策与民族整合/戴曼纯　刘润清,俄罗斯中亚东欧研究.4

弱势语言官方地位争取及母语保护传承实践：新西兰毛利语言复兴运动的经验探讨/高霞　陈·巴特尔,民族工作研究.1

加拿大非官方语言文化的保存及发展/高霞,民族工作研究.1

加拿大土著的语言与族群/王朝晖,中国民族.3

美国少数民族及移民语言政策的历史演变/王双利,湖南第一师范学院学报.2

语言意识形态:语言人类学新篇/纳日碧力戈,世界民族.4

全国语言接触与语言关系学术研讨会综述/本刊记者,民族语文.6

先秦汉语"见"类动词的清浊交替及其来源/洪波　杨作玲,民族语文.1

汉语施事宾语句与SVO型语言施事、受事的区分参项:兼论汉语"句位高效"的类型特征/储泽祥,民族语文.6

甘肃临夏方言元音声学特征研究/柳春等,甘肃社会科学.2

广西武鸣官话的入声性质及成因/李连进,民族语文.2

绥宁(关峡)苗族平话入声变异研究/胡萍,中国社会语言学.1

从姑姨舅类称谓看海南语言间的相互影响/刘剑三,民族语文,2

回族话中用词的宗教本源/李生信,宁夏社会科学.1

文化民族主义与马来西亚华文教育/王焕芝,西南民族大学学报(社会科学版).10

市场经济条件下少数民族文字图书出版状况报告/周庆生,民族学刊.1

多语言环境下少数民族儿童及其家庭语言选择行为的分析/郝杰,民族教育研究.3

民族语言格局:历史的产物(上)/沈坚,历史教学问题.1

民族语言格局:历史的产物(下)/沈坚,历史教学问题.2

少数民族流动人口语言交流与民族关系的思考/陈海玲,满族研究.2

中华民族多元一体格局的语言观/道布,民族语文.2

语言濒危现象的生态学思考/尹洪山,青岛科技大学学报(社会科学版).3

游牧民族语言的文化维度与认知范畴/丁石庆,伊犁师范学院学报(社会科学版).3

论语言在族群认同中的地位和表现形式/王锋,云南师范大学学报.4

试论少数民族家庭语言和谐是促进社会和谐的原动力/李建宏　王瑛,语言与翻译.4

徐松石民族学论著中的语言学思想/覃凤余　杨扬,广西民族研究.4

论民族语言文字平等与民族团结/蒙元耀,广西民族研究.4

民族语言历史比较研究之管见/秦楠　江海燕,青海民族研究.4

双语、符号转换及其产生背景研究/格桑益西,西藏研究.5

少数民族语言对其文化的影响/李睿,人民论坛.9中

云南汉一民语言与道德伦理/王兴中,楚雄师范学院学报.10

构建统一多民族国家语言和谐的几个问题/蒋颖,语言与翻译.3

构建民族地区双语和谐社会的思考/王远新,民族教育研究.5

满族学者在近代语音研究的贡献之一:《黄钟通韵》与辽宁语音研究/汪银峰,满族研究.3

中国南方民族语言塞擦音的类型与系属特征/燕海雄　孙宏开　江荻,语言研究.4

少数民族濒危语言有声语档建设再论:OLAC技术规范及其适应性/范俊军,西北民族大学学报(社会科学版).6

云南少数民族语音与汉语语音对立特征的量化比较/王渝光,楚雄师范学院学报.10

论新疆少数民族学生对国家通用语言的认同：从新疆少数民族民考汉学生参加普通话测试现象谈起/周珊，新疆师范大学学报（社会科学版）.2

"各民族公民有权使用本民族语言文字进行诉讼"原则之思考/王磊，新疆社会科学.6

关于民族语言文字规范化的思考/金京植，中国民族.1

论少数民族语言文字的保护对策/李晓丹，北方民族.2

西南民族象形文字链/宋兆麟，西北民族研究.3

西南民族象形文字链探析/宋兆麟，民族艺术.3

传教士在西南少数民族地区的文字创制活动/陈建明，宗教学研究.4

语言态度与少数民族新创文字的前景/赵金灿，北方民族大学学报（社会科学版）.5

模因学理论对少数民族语言文化传承与保护的启示/赵俊海，长江师范学院学报.1

论宗教文化对云南少数民族语言的影响/张二朴，楚雄师范学院学报.12

新疆古代民汉文字翻译说略/陈世明，西北民族研究.1

清代民族语文翻译研究/乌云格日勒 宝玉柱，满语研究.1

少数民族文物翻译中的补偿问题/戈思齐，内蒙古大学学报（社会科学版）.2

清初辽金元三史满蒙翻译史考述/乌兰巴根，西域历史语言研究集刊.4

亟待加强和重视的少数民族辞书研究/包和平，中国民族.6

中国少数民族辞书研究存在的问题及对策/包和平，大连民族学院学报.6

双语教育政策新动向：以美国、澳大利亚和中国为例/周庆生，新疆师范大学学报.1

怎样培养有扎实功底的民族语言研究博士/戴庆厦，民族教育研究.1

论双语教育在传承与保护少数民族非物质文化遗产中的重要作用/吴正彪，民族教育研究.2

新疆少数民族双语教学的发展/姚文遐，伊犁师范学院学报（社会科学版）.2

新疆少数民族多元文化与双语教育关系研究/张梅，新疆社会科学.3

我国与前苏联少数民族双语教育之对比研究/蔡红等，伊犁师范学院学报（社会科学版）.3

新疆少数民族学前双语教育的评析与思考（一）/刘秀明等，伊犁师范学院学报（社会科学版）.3

办好高校民族语文专业的几个认识问题/戴庆厦，云南民族大学学报.3

云南少数民族青少年双语关系的新特点/蒋颖，云南师范大学学报.3

新疆多民族地区双语教育的内在文化动因/魏炜 李儒忠，新疆社会科学.4

双语环境下的民族语危机及对双语教学的一点思考/王春玲，贵州民族研究.6

民族语学习动机研究/刘朝华，楚雄师范学院学报.7

四川民汉双语教学及其成效研究/吉克跃林，西南民族大学学报（社会科学版）.10

试论杨增新的民族语言观念/王泽民，新疆大学学报（哲学·人文社会科学版）.2

认知与建构：清代新疆语言政策的历史考察/王泽民，黑龙江民族丛刊.2

抗战时期迁居昆明的语言学家对地方民族语言的调查研究/聂蒲生，云南民族大学学报（社会科学版）.6

胡语文献涉"龙"诸名考辨/洪勇明，新疆师范大学学报（社会科学版）.2

中国南方民族古文字研究的一些瓶颈/王元鹿，中国海洋大学学报（社会科学版）.5

三件古蜀族文物铭文考释：兼论古蜀族与彝族的语言文字及族源的亲缘关系/钱玉趾，西南民族大学学报（社会科学版）.7

突厥语文献中 can 即汉字"盏"考/周凤英，吐鲁番学研究.1

古代突厥文《苏吉碑》新释/洪勇明，中央民族大学学报.1

《福乐智慧》论语言传播的起源和价值/张唐彪，喀什师范学院学报.2

新疆与敦煌发现的突厥卢尼文文献/［俄］克里亚施托尔内著，杨富学　王立恒译，吐鲁番学研究.2

《塞福列碑》语史置疑/洪勇明，伊犁师范学院学报（社会科学版）.3

中亚《古兰经注释》动词的态范畴/赵明鸣，民族语文.6

回鹘文契约中的 cin bitig 为汉语"亲契"考/刘戈，民族研究.1

关于俄藏编号 SJ Kr. 4/638 回鹘文文书的几个问题/张铁山　李雪，吐鲁番学研究.1

敦煌本回鹘文《阿毗达磨俱舍论实义疏》研究/萨仁高娃　杨富学，敦煌研究.1

一部维吾尔古文献研究的巅峰之作：评耿世民著《回鹘文哈密本〈弥勒会见记〉研究》/张建国，伊犁师范学院学报.1

回鹘文《说心性经》来源考/阿里木·玉苏甫，民族语文.1

回鹘文《梁朝傅大士颂金刚经》中的独特片段/王菲，新疆大学学报（哲学·人文社会科学版）.1

吐鲁番出土回鹘文书中所看到的七康湖和其灌溉/［日］松井太著，［日］广中智之译，吐鲁番学研究.1

敦煌回鹘写本《说心性经》中的夹写汉字现象/阿里木·玉苏提　帕提古力·麦麦提，西北民族大学学报（社会科学版）.2

俄藏回鹘文《玄奘传》一叶释读/马小玲，伊犁师范学院学报（社会科学版）.2

回鹘文"ayavqa tagimlik"一词新解：兼谈回鹘佛教信仰礼仪/李刚，吐鲁番学研究.2

吐鲁番柏孜克里克出土三页回鹘文《佛说天地八阳神咒经》残页研究/张铁山，吐鲁番学研究.2

回鹘文摩尼教诗歌及其审美特征/杨富学　阿布都外力·克热木，新疆大学学报（哲学·人文社会科学版）.3

回鹘文《梁朝傅大士颂金刚经》的版本及语言翻译特色/王菲，西南民族大学学报.4

从"海内汗"到转轮王：回鹘文《大元肃州路也可达鲁花赤世袭之碑》中的元朝皇帝称衔考释/钟焓，民族研究.6

契丹小字解读新探/孙伯君，民族语文.5

"天朝万顺（岁）"臆解可以休矣：辽上京出土契丹大字银币新释/［日］爱新觉罗·乌拉熙春，宋史研究论丛（保定）.11

论金代女真人的民族传统教育/王德朋，辽宁大学学报（社会科学版）.2

《同音》丁种本背注初探/韩小忙，西夏研究.1

《十一面神咒心经》的西夏译本/聂鸿音，西夏研究.1
黑水城出土西夏文《佛说最上意陀罗尼经》残片考释/孙伯君，宁夏社会科学.1
дх02822号文书再探/濮仲远，宁夏师范学院学报.1
中英两国的西夏文《慈悲道场忏罪法》藏卷叙考/杨志高，宁夏师范学院学报.1
西夏文《佛顶无垢经》考论/段玉泉 惠宏，西夏研究.2
俄藏西夏文《佛说八大人觉经》考/王培培，西夏研究.2
试论西夏语的"一生补处"：西夏语、汉语、梵文对勘/林英津，西夏研究.2
法藏敦煌西夏文文献考补/黄延军，西夏研究.2
西夏钱币研究随笔二则/牛达生，甘肃民族研究.2
西夏文字佚失字形结构的复原（一）/贾常业，西夏研究.2
保定西夏文经幢《尊胜陀罗尼》的复原与研究/李杨，宁夏社会科学.3
《仁王经》的西夏译本/聂鸿音，民族研究.3
俄藏《同音》丁种本背注之学术价值再发现/韩小忙，民族研究.3
俄藏黑水城西夏汉文文献数量构成及经济类文献的价值/孙继民，民族研究.3
俄罗斯科学院东方写本研究所西夏文文献之收藏与研究/［俄］克恰诺夫著，杨富学 裴蕾译，西夏研究.3
番汉语重唇音反切拟音之比较/贾常业 王艳春，宁夏社会科学.3
西夏文《慈悲道场忏罪法》第七卷两个残品的补证译释/杨志高，西南民族大学学报.4
西夏法律中的盗窃罪及处罚原则：基于西夏《天盛改旧新定律令》的研究/董昊宇，西夏研究.4
英藏黑水城西夏文《佛说佛母出生三法藏般若波罗蜜多经》残页考释/李晓明，西夏研究.4
武威市博物馆藏西夏文《维摩诘所说经》上集残叶考释/于光建 黎大祥，西夏研究.4
甘藏西夏文《佛说解百生冤结陀罗尼经》考释/段玉泉，西夏研究.4
西夏文字佚失字形结构的复原（二）/贾常业，西夏研究.4
《孟子》西夏译本中的夏汉对音字研究/彭向前，西夏学.5
西夏语的格助词/张佩琪，西夏学.5
《中国藏黑水城汉文文献》中的西夏姓氏考证/佟建荣，宁夏社会科学.5
概观西夏语语法的研究/［日］西田龙雄著，鲁忠慧译，宁夏社会科学.5
西夏语人称呼应和动词音韵转换再探讨/史金波，民族语文.5
面向语音拟构的西夏古文献数据库结构设计及其实现/叶建雄 单迪，西夏学.6
西夏文古籍字库建立研究/柳长青，西夏学.6
古代车师—焉耆、龟兹语："吐火罗语"的发现与研究/耿世民，吐鲁番学研究.1
西域古典语言学高峰论坛综述/汤士华，吐鲁番学研究.2
中国民族古文字研究会成立30周年庆祝大会综述/黄延军，民族研究.5
蒙古语与英语复合句连接方式的对比/梅花，内蒙古民族大学学报.1
莫高窟北区出土回鹘蒙古文卖身契约残片/敖特根，敦煌研究.1

蒙古语正蓝旗土语元音和谐律研究/宝玉柱，语言研究 . 1

蒙古语"那可儿"词义的演变/赛青白力格，青海民族大学学报 . 1

民族语言现状与非物质文化遗产的抢救：以青海土族语蒙古语为例/贾晞儒，攀登 . 1

蒙古语和锡伯语复数词缀 – s 比较研究/佟金荣，满语研究 . 1

日常生活经验的语言态度与民族教育：一个农区蒙古族聚居村落中蒙古族语言态度的调查/王志清，湖北民族学院学报（社会科学版）. 3

元代八思巴字文献所反映的浊音清化/宋洪民，古汉语研究 . 3

农区蒙古族的语言态度与身份意识：以辽宁西部阜新地区的烟台营子村为例/王志清，西部蒙古论坛 . 3

蒙古语"德吉"（degeji）的文化内涵及发展演变/贾晞儒，青海民族大学学报 . 3

异族通婚对语言使用模式演变的影响：喀喇沁地区个案分析/宝玉柱，西北民族大学学报（社会科学版）. 3

新疆博尔塔拉蒙古自治州少数民族使用语言情况调查分析/胡炯梅　彭凤，新疆职业大学学报 . 4

清代笔记中的藏语、蒙古语/王宝红，西藏民族学院学报 . 4

河北省境内的蒙古语言文化孤岛：尚义县五台蒙古营语言使用、语言态度调查/王远新，内蒙古师范大学学报（社会科学版）. 4

"蒙古文同音同形同类词"知识库的构建/淑琴　那顺乌日图，中央民族大学学报（社会科学版）. 4

基于 Uniscribe 和 OpenType 的蒙古文字处理软件 MWord 的设计与实现/斯·劳格劳，内蒙古师范大学学报（社会科学版）. 5

元明戏剧中蒙古语词的文化解析/郝青云，内蒙古民族大学学报（社会科学版）. 5

从赤峰汉语方言词汇的成因和来源看汉、蒙、满语言的融合/顾会田，黑龙江民族丛刊 . 6

论蒙古语与突厥语词根中的元音交替现象/照日格图，中央民族大学学报（社会科学版）. 6

从生态语言学的角度看蒙古族语言文化的发展/张晓宇，前沿 . 13

《中国少数民族语言研究 60 年》评介/妍华，语言与翻译 . 2

《中国少数民族语言研究 60 年》出版/戴庆厦等，民族语文 . 2

《中国少数民族语言使用现状及其演变研究》一书出版/朱艳华，民族语文 . 5

基于 EPG 的蒙古语语音研究/包桂兰，内蒙古大学学报（社会科学版）. 3

面向蒙古语标准音机器测评的语音数据库设计与建设/山丹，西部蒙古论坛 . 3

蒙古语元音弱化及脱落原因探析/姜根兄，内蒙古民族大学学报（社会科学版）. 4

阿嘎布里亚特方言和霍里布里亚特方言复合元音语音实验研究/阿拉坦，内蒙古师范大学学报（社会科学版）. 5

蒙古语标准音［O］与科右中旗土话对应研究/通拉嘎，内蒙古民族大学学报（社会科学版）. 6

八思巴汉语入声字研究/张静,黄山学院学报.1

从八思巴字文献材料看《蒙古字韵》的成书时间/宋洪民 韩振英,语言研究.2

瓦金达拉文字的创制及其研究概况/文英,西部蒙古论坛.3

关于"不兰奚"的蒙古文对应形式buralqi及其相关问题/照那斯图,中国史研究.4

《普度明太祖长卷图》及其第十三段回鹘蒙古文考释/哈斯额尔敦,内蒙古民族大学学报(社会科学版).4

《黑城出土文书》所见蒙古字学考/吴超,阴山学刊.6

汉蒙涉"马"谚语之文化义探析/许晋 程语诗,内蒙古大学学报(社会科学版).6

蒙古语助动词标注与分析/达胡白乙拉 萨仁图雅,内蒙古师范大学学报(社会科学版).5

多文种译本的词语比较对版本校勘的作用:以《蒙古源流》为例/高娃,满语研究.2

元代的翻译制度浅析/乌云格日勒 宝玉柱,西部蒙古论坛.4

汉—蒙机器翻译中源语言动词短语的转换及消歧方法/德·青格乐图,内蒙古师范大学学报(社会科学版).5

浅谈青海蒙古族习惯语/娜日斯,西部蒙古论坛.1

蒙古语卫拉特方言同义词的来源及特点/陶·布力格,语言与翻译.2

《蒙古秘史》语"都兀申"探源:兼论蒙古语科尔沁土语ta：J'irj/长山,西部蒙古论坛.2

库伦旗蒙古语方言文化漫谈/波·索德 永兰,内蒙古民族大学学报(社会科学版).2

略论乌兰察布前山方言词义/张一弘,集宁师专学报.3

蒙古语卫拉特方言双音节词重音的实验语音学分析/李兵 贺俊杰,民族语文.5

奉天八旗满蒙文中学堂初探/王风雷,内蒙古师范大学学报.1

贺州多族群语言互动典型案例研究:贺州多族群语言与族群认同关系研究之二/陈小燕 吕嵩崧,百色学院学报.6

和谐社会之语言和谐:云南省多民族地区语言使用、语言关系与语言态度研究:昆明市沙朗白族乡个案分析/何丽等,西南民族大学学报.3

敦煌藏文本《金光明祈愿文》研究/才让,敦煌学辑刊.1

普里克藏语介绍/T. Grahame Baileyg 瞿霭堂 劲松诠释,民族语文.1

藏语联绵词构词研究/施向东 王用源,南开语言学刊.2

敦煌藏文与标记vi相关的句法转换/王志敬,语言研究.2

试论藏语借词及其文化背景/东主才让,青海民族大学学报(社会科学版).2

永乐本《西番馆杂字》中所见汉藏语言的性质/王弘治,民族语文.2

彝、藏语言同源词识别释例/马锦卫,民族语文.2

关于敦煌文书中的"Lhe bsl"(蛮貊)与"南波"、"南山"/陆离,敦煌学辑刊.3

国内藏敦煌藏文文献的整理与研究回顾/黄维忠,敦煌学辑刊.3

茶文化初传藏区的时间与空间之语言学考证/杨海潮,青海民族研究.3

兰毗尼石柱的藏汉文字记载/王璐,中国西藏.3

更敦群培大师对藏语言文字研究的学术贡献/完玛冷智,中国藏学.3

论嘉绒语的借代关系/彭学云，中国藏学.3
藏文档案文献的文体种类述略/王巨荣，中国藏学.3
敦煌藏文文献《十善法广论》译注/尼玛，伊犁师范学院学报.4
巴基斯坦斯卡杜县发现的吐蕃王朝时期的藏文碑刻/陈庆英等，中国藏学.4
崔比科夫游记中的蒙藏地名考/阿音娜，中国藏学.4
P.T.1047写卷卜辞与吐蕃相关史事考释/陈楠，西北民族大学学报（社会科学版）.4
论藏族古籍文献装帧艺术/德吉白珍，西藏艺术研究，4
藏文字符的分类与功能描述/江荻 燕海雄，西藏研究.5
藏传佛教对藏语的影响/根呷翁姆，西南民族大学学报（社会科学版）.5
青藏地区谚语的特征与功能探析/蒲生华，青海师范大学学报（社会科学版）.5
藏语格言诗风格研究/廖艳莎，语文学刊.5
浅析西藏图书馆藏文图书编目自动化/德吉，四川图书馆学报.5
建设藏文古籍机读目录需要解决的基本问题/先巴，西藏研究.6
藏语固定短语A ma B形式研究/罗聿言 梁晓军，西南民族大学学报（社会科学版）.12
安多藏语送气擦音的实验研究/王双成 陈忠敏，民族语文.2
《第六代达赖喇嘛仓央嘉措情歌》赵元任藏语记音解读/瞿霭堂 劲松，中国藏学.3
藏语单音节声学参数数据库结构设计/廖艳莎等，陇东学院学报.4
迭部藏语音节合并现象及其联动效应：兼述周边土语的类似音变/仁增旺姆，西北民族大学学报（社会科学版）.6
藏语拉萨话元音单音节噪音声学参数分析/陈小莹 华侃 于洪志，语文学刊.8上
藏语音素音位系统的功能负担计算/杨阳蕊等，兰州学刊.10
拉萨藏语与香格里拉藏语语音之比较/赵金灿，四川民族学院学报.1
安多藏语i的舌尖化及其类型学意义/王双成，语言研究.2
藏文字母起源的再思考/萨尔吉，西北民族大学学报（社会科学版）.2
西藏洛扎吐蕃摩崖石刻与吐蕃墓地的调查与研究/霍巍 新巴·达娃扎西，文物.7
汉语和维吾尔语定中结构对比分析/袁生武，语言与翻译.3
藏语动词语法化研究/王志敬，西藏大学学报（社会科学版）.4
试论章嘉·若比多吉的翻译思想/格桑更堆，西藏大学学报.2
管·法成对汉藏佛经翻译的重大贡献/旺多，宗教学研究.2
英、藏、汉语比喻文化内涵比较与翻译/才让草，西北民族大学学报（社会科学版）.3
关于汉藏招牌翻译之管见/才让措，西北民族大学学报（社会科学版）.3
《西藏民族学院学报》有关藏文文献汉译系列评述/黄维忠，西藏民族学院学报（社会科学版）.5
日本唐五代汉藏对音译音研究/李无未，民族语文.5
康巴方言玉树话的语言特征研究/桑塔 达哇彭措，西藏研究.2
道孚语调查（上下）/根呷翁姆，四川民族学院学报.3—4
藏语方言词汇对比研究：德格话与松潘话的比较/王诗文等，西南民族大学学报（社会

科学版).12
　　试析康巴和安多方言区双语教育面临的挑战：基于四川省丹巴县双语教育的教育人类学考察/龙藜　巴登尼玛，西藏研究.2
　　论青海地方法规架构中的藏汉双语教育/何波，青海社会科学.3
　　论昌都地区双语教育的兴起和发展/姚便芳，中国藏学.3
　　藏汉双语教育政策的基本内涵/何波，青海师范大学学报.6
　　维吾尔语的两种人称一致关系/司富珍　塔力哈提，伊犁师范学院学报.1
　　应加强维吾尔语词汇语义学的研究：兼评《浅谈维吾尔语词义的变化》一文/沙文杰　王德怀，喀什师范学院学报.1
　　试论维吾尔语动词"qal-"/阿力木江·托乎提，喀什师范学院学报.1
　　从认知的角度分析汉维"一量多物"的现象/徐雪琴，喀什师范学院学报.1
　　维吾尔语的特殊词素/陈宗振，民族语文.1
　　汉语和维吾尔语多重定语语序的共性特点/李素秋，语言与翻译.1
　　汉语和维吾尔语二价经验动词基干句模对比研究/徐春兰，语言与翻译.1
　　汉维语形容词重叠式对比/江燕，语言与翻译.1
　　维汉恭维语及其回应对比分析/易红等，语言与翻译.1
　　维吾尔语篇章时空逻辑衔接类型及量化研究/王玲　张健，语言与翻译.2
　　从语义角度浅析维吾尔语转移句的认知模式/刘秀明　潘艳兰，喀什师范学院学报.2
　　从汉维语语序的对比看汉维语两种语言的语言类型特点/林青，喀什师范学院学报.2
　　汉维量词对比研究/巴拉提·吐逊巴克，新疆大学学报（哲学·人文社会科学版）.2
　　试论维吾尔语中的比喻及其民族文化特征/庄淑萍，新疆大学学报（哲学·人文社会科学版）.2
　　汉语维吾尔语中乌鸦文化内涵变迁之研究/许多会　巴拉提·吐逊巴克，伊犁师范学院学报（社会科学版）.2
　　维吾尔语词汇重复模式及语篇衔接功能/王新慧，民族语文.2
　　现代维吾尔语中的英语借词新探/乌买尔·达吾提等，语言与翻译.3
　　影响维吾尔语动词谓语句模的要素分析/徐春兰，中央民族大学学报.3
　　维吾尔语名词重叠研究/江燕等，新疆大学学报（哲学·人文社会科学版）.3
　　维吾尔语复数词尾"-lar/-lɛr"和汉语复数词尾"们"对比研究/罗花蕊　何玲，语言与翻译.4
　　汉维委婉语的语用及修辞对比研究/李芸　阿孜古丽·司马义，语言与翻译.4
　　维吾尔族大学生手机短信语言特点探析/李燕萍　王莉，语言与翻译.4
　　浅议维吾尔语离合词/曹春梅，语言与翻译.4
　　从亲属称谓语看汉、维民族文化差异/崔巍　张瑞，新疆大学学报（哲学·人文社会科学版）.4
　　汉维词语搭配与民族思维特点/巴拉逊·吐逊巴克，民族教育研究.4
　　古代维吾尔语借词研究/柳元丰，喀什师范学院学报.4

汉维语篇词汇衔接模式探索/王新慧，中央民族大学学报（社会科学版）.4

论维吾尔语功能语类格（K）的句法特性/力提甫·托乎提，民族语文.4

维吾尔语动词的体及其时间指向功能/阿不都热依木·热合提，民族语文.4

汉语和维吾尔语多重定语语序的个性差异/李素秋，喀什师范学院学报.5

汉维语修辞对比研究概述/李芸，喀什师范学院学报.5

新疆和田地区语言使用双向性现状研究/梁云等，中南民族大学学报（社会科学版）.5

维吾尔语对偶词的特点/木合塔尔·阿布都热西提，民族语文.5

维吾尔语的动物名称/巴拉提·吐逊巴克 开赛儿·买买提明·特肯，民族语文.5

维吾尔语中植物名称探究/巴拉提·吐逊巴克等，西北民族大学学报（社会科学版）.5

吐鲁番世居汉族语言使用现状调查研究/赵江民 范祖奎，新疆社会科学.6

维吾尔委婉语的社会交际功能/古丽扎尔·吾守尔，民族语文.6

维吾尔语篇章理解过程中的信息处理/潘艳兰，语文学刊，10 上

简议现代维吾尔语词汇扩展途径方面存在的问题/马德元，语言与翻译.4

探讨维吾尔语摹拟词的语义特征/杨超，语文学刊，6 下

从修辞对比倾向角度看汉语的拟声词与维语的模拟词/李芸，赤峰学院学报（社会科学版）.10

维吾尔语后置词 bilɛn 的语法化分析/徐涛，语言与翻译.2

论制约维吾尔语语序的各种因素之间的关系/林青，语言与翻译.2

PTS 原则与维吾尔语语序/杨卉紫，喀什师范学院学报.5

汉语和维吾尔语谚语中的植物喻体对比分析/热孜万古丽·沙依木，语言与翻译.3

汉维文化差异对成语翻译的影响/巩晓，语言与翻译.1

汉维詈骂语对比与翻译/武玉洁 李芸，喀什师范学院学报.4

俄语对维吾尔语伊宁话的影响/阿尔斯兰·阿布都拉，新疆大学学报（哲学·人文社会科学版），1

计算机辅助维吾尔语方言研究初探/欧阳伟，语言与翻译.2

浅议黔东南地区苗族语言的立法与保护/陆荣清，贵州民族研究.3

六十年来苗族语言文字研究综述/李锦平，贵州民族学院学报（社会科学版）.3

云南河口县桥头乡小打拉村苗族语言使用情况调查/熊玉有，贵州民族学院学报（社会科学版）.3

试论苗语量词的虚化与语境关系/罗兴贵，贵州民族学院学报.6

汉语"古无舌上音"的苗语例证/胡晓东，贵州民族学院学报（社会科学版）.5

黔东南老苗文的历史及现状的调查和研究/王贵生，凯里学院学报.5

苗族文字进学校教育体系的百年发展史简述/袁廷科，民族教育研究.6

黔东苗语的特殊重叠构形及其量范畴研究/冀芳，贵州民族研究.5

苗语贵阳次方言与川黔滇次方言语音比较/杨勤盛，贵州民族学院学报（社会科学版）.5

文化语言学视野下的黔东方言苗语亲属称谓特征及文化内涵/苏晓红，贵州民族学院学报（社会科学版）.5

里山彝语名词的性别语义范畴/田静,民族语文.2

毕摩语言论:布迪厄理论在彝族毕摩研究中的运用/王进,西南民族大学学报.3

论凉山彝语对普通话习得的负迁移/张富翠 取比尔莲,四川师范大学学报(社会科学版).5

川滇黔桂彝文文献调查与研究/李建平 马锦卫,中央民族大学学报(社会科学版).5

凉山彝族毕摩文献的抢救与开发/李红琴,四川图书馆学报.5

彝汉地名探源/陈世军,贵州民族学院学报.6

里山彝语性别词缀的来源及语法化/田静,中央民族大学学报(社会科学版).6

禄劝彝族大学生对彝语使用态度的分析/崔金明,民族论坛.7

凉山彝族委婉语及其语用功能/马富英,西南民族大学学报(社会科学版).12

彝语全浊音的语音分析/彭春芳,民族语文.2

彝语部分辅音特殊演化/朱文旭,语言研究.4

《规范彝文方案》推行30年实践效果述评/沙马拉毅,西南民族大学学报(社会科学版).8

通用彝文信息化字库建设/吴鳂,毕节学院学报.9

彝语诺苏话的连动结构/胡素华,民族语文.2

毕节方言中的彝语地名讨论/王兆春,贵州民族研究.3

也谈壮语否定句的语序/覃凤余 黄阳 陈芳,民族语文.1

马山壮语"形容词+NP"结构分析/王江苗,语文学刊.1

壮族"坡芽歌书"及其文字性质/李锦芳等,中央民族大学学报.1

壮族与客家族群互动中的语言关系/罗聿言 袁丽红,广西民族研究.1

推行拼音壮文步履维艰的反思/覃德民,广西民族研究.1

汉、壮接触诱发的语言变异的机制/李心释,广西民族研究.2

靖西壮语的方所系统/黄阳 程博,百色学院学报.2

壮语地名的命名特点及文化内涵:以广西马山县金钗镇为例/潘艳涛,广西师范学院学报(社会科学版).3

广西壮语民间倒话探析/杨玉国,广西师范学院学报(社会科学版).4

释"步""埠"/康忠德,民族语文.5

关于《粤风》及《〈粤风·壮歌〉译注》/梁庭望,百色学院学报.6

头塘壮语语音调查/黄彩庆,百色学院学报.2

方块壮字形声字形符文化蕴含略考/黄南津 柴晓锦,广西师范学院学报.1

方块壮字文献生存及传承状况调查分析:以龙州、象州、忻城三县为例/黄南津 高魏 陈华萍,广西民族研究.2

民族语文的社会功能与作用:兼谈壮文的创制/蒙元耀,广西师范学院学报.2

体大精深:第一部方块壮字研究专著:读覃晓航先生《方块壮字研究》/韦名应,广西民族研究.4

都安壮语te:n42的语法化分析/韦茂繁,民族语文.6

南宁平话中的壮语借词/王怀榕　袁舒婕,民族语文.2
朝鲜语指示词的话语标记功能/金顺女　金香花,东疆学刊.2
朝鲜语语言活力与朝汉双语集团/曹秀玲,东疆学刊.2
中国朝鲜语规范化方向与规范原则的思考/金永寿,东疆学刊.3
试论朝鲜语话语标记"어다"与"兆仑"的否定功能/金香花,东疆学刊.4
中国朝鲜语词汇变化的因素分析:以词汇变化原因为中心/金顺女,延边大学学报.6
朝鲜语对有亲属关系的第三者的称呼方式/安国峰,民族语文.6
关于朝鲜族男生的朝鲜语单元音共振峰的特征研究/金哲俊,东疆学刊.2
中国朝鲜族语言教育问题及其对策:以延边地区为例/曹福春,民族教育研究.5
黑龙江省朝鲜族中小学双语教学情况及原则问题探讨/朴泰秀,黑龙江民族丛刊.5
清代带满腔满味的"满汉语"语言现象/金道荣,文化遗产.1
遗留在岫岩地区中的满语成分/孙华,河北北方学院学报（社会科学版）.1
一件关于北京城的满文档案/季永海,满语研究.1
清代满文读本会话类文献研究/王敌非,满语研究.1
"哈尔滨"地名考释/黄锡惠,满语研究.1
《皇清职贡图》满语词汇分析/佟颖,满语研究.1
明万历己未年满蒙盟誓文献比较研究/敖拉,满语研究.2
满汉合璧《射的说》研究/吕欧　宋冰,满语研究.2
敖拉·昌兴与满文/吴刚,满语研究.2
清代新疆历史满文档案概述/吴元丰,满语研究.2
《满文老档》词汇探索二题/王敌非,满语研究.2
满语口语 drgi、vɛrgi 来源探析/长山　熊南京,满语研究.2
再论满语亲属称谓 eme/波·索德,满语研究.2
清代新疆历史满文档案概述/吴元丰,西域研究.3
东北地区满语衰微原因简论/冯云英,满族研究.3
日本满文古籍文献及其整理研究概况/黄金东,满族研究.3
浅论辽宁满语言文化遗产传承保护的对策/肖瑶,北方民族.4
满语满俗与东北方言/施立学,北方民族.4
浅谈满语与东北方言的形成/刘国石,北华大学学报（社会科学版）.4
《五体清文鉴》满语词汇中的蒙古语借词:以"马匹类·第一"为例/长山,黑河学院学报.4
三家子满语中的汉语借词类型及其特点研究/胡艳霞　贾瑞光,大连民族学院学报.4
满族语言与物质经济文化/赵阿平,黑龙江社会科学.4
满族语言与历史文化的阐释空间:读赵阿平教授的《满族语言与历史文化》/张殿典,黑龙江社会科学.4
辽宁满语、锡伯语濒危现状探析/董丽娟,文化学刊.5
少数民族族群语言保护的历史透视:以满语为个案/陈建伟,内蒙古社会科学.6

三家子村:"满语的活化石"/吴旭英 安晓丽,中国民族.11
从满文发展的历史与现状谈保护与发展满文的意义/吴敏,满族研究.2
满文木牌/王澈,历史档案.2
满文档案开发利用研究/赵彦昌 王红娟,满族研究.4
黑龙江富察哈拉满文家谱述论/张杰,满族研究.4
满语后置词研究/王敌非,黑龙江民族丛刊.4
满语方位词词缀-si探源/长山,黑龙江民族丛刊.4
敌葬岩木古与室鲁子嗣新考/爱新觉罗·乌拉熙春,北方文物.3
《五体清文鉴》满语词汇特点/长山,满语研究.1
论清代满蒙语文教科书:《阿拉篇》/春花,满语研究.1
探寻无文字社会历史文化发展轨迹的新途径:以达斡尔族变迁为例/孟盛彬,北方民族.1
新疆塔城阿西尔达斡尔民族乡多语博弈格局中的达斡尔语保持研究/孟德腾,语言与翻译.3
新疆塔城达斡尔族母语功能衰变层次及特点/丁石庆 王国旭,中央民族大学学报(社会科学版).6
鄂温克语短元音声学分析/乌日格喜乐图等,满语研究.2
中国民族语言学会第10届学术讨论会在宁夏银川召开/民族语文.5
撒拉语动词祈使式探源/米娜瓦尔·艾比布拉,中央民族大学学报.2
青海省撒拉族大学生语言使用及语言态度分析/刘洪宇 杨晖,青海师范大学学报(社会科学版).4
撒拉语数词的特点及功能/米娜瓦尔·艾比布拉,暨南学报(社会科学版).4
东乡语单元音声学研究/金雅声 张瑞珊,西北民族研究.4
新疆东乡语单元音音位研究/金双龙,西域历史语言研究集刊.4
保安语:断裂中的民族精神桥梁/马沛霖,甘肃民族研究.2
保安语中的保汉合璧词与非汉语借词/莫超等,西北民族大学学报(社会科学版).6
裕固族语言文化遗产保护问题探究/巴战龙,暨南学报(社会科学版).4
论哈萨克语ORNV结构中两类RN的句法性质/李玲,伊犁师范学院学报.1
试论哈萨克谚语中的性别歧视/古丽达娜·沙里木江,伊犁师范学院学报.1
哈—汉语语码转换的语用学初探/阿娜尔·努拉汗,语言与翻译.1
汉语重动结构在哈萨克语中的表达/杨建洪,语言与翻译.2
新疆哈萨克族与其他民族交往中的语码选择问题/魏炜,伊犁师范学院学报(社会科学版).2
哈萨克语中的汉语借词/蒋宏军,新疆大学学报(哲学·人文社会科学版).2
哈萨克魔法故事里的套语/毕桪,伊犁师范学院学报(社会科学版).3
新疆哈萨克族双语使用现状调查研究/曹生龙,伊犁师范学院学报(社会科学版).3
那拉提与雅玛图:伊犁史地论札之四/姜付炬,伊犁师范学院学报(社会科学版).3

从汉语的对应表达反观哈萨克语"S–N1–N2–V"句的深层语法关系/成燕燕,语言与翻译.4

汉语双宾语句与哈萨克语的对应表达/努尔巴汗·卡列力汗,伊犁师范学院学报.4

哈汉委婉语的文化内涵之比较/武金峰 于晶晶,伊犁师范学院学报.4

关于用亚美尼亚字母书写的一批克普恰克语（中古哈萨克语）文档/耿世民,伊犁师范学院学报（社会科学版）.3

哈萨克语语法结构特点概要（上）/张定京,语言与翻译.2

哈萨克语语法结构特点概要（下）/张定京,语言与翻译.3

实体语法理论与哈萨克语描写语法学/张定京,中央民族大学学报（社会科学版）.6

归化与异化在哈萨克谚语翻译中的运用/古丽达娜·沙里木江,伊犁师范学院学报（社会科学版）.3

塔什库尔干塔吉克族语言使用与语言态度调查/刘玉屏,西北民族研究.1

锡伯族与达斡尔族语言保持模式对比分析/丁石庆,满语研究.1

试析锡伯语动词词缀–bu/邓彦 武金峰,满语研究.2

察布查尔街名的文化内涵及其翻译/鄂雅娜,满语研究.2

家庭网络与少数民族语言使用：以新疆察布查尔锡伯族自治县锡伯语为例/刘宏宇 李琰,新疆社会科学.3

瑶族史诗《密洛陀》的认知语言学视角/谢少万 刘小春,广西民族研究.2

军寮瑶语h–及其历史来源/龙国贻,民族语文.5

新宁县瑶族乡濒危方言"峒话"调查/吴萍 许阳 胡萍,中南林业科技大学学报（社会科学版）.1

从词缀看江华汉语土话和瑶族勉语的接触/李星辉,桂林师范高等专科学校学报.2

对傣族语言产生影响的诸因素：以嘎洒镇部分村寨为例/赵凤珠,云南师范大学学报.1

西双版纳傣语人体隐喻化的思维特征/赵瑛,云南民族大学学报.3

傣族聚居区城镇、村寨语言文字使用情况调查：以云南省西双版纳景洪市嘎洒镇傣族儿童、青少年为个案/赵凤珠 赵海艳,民族教育研究.3

傣族亲属词的概念结构/张积家等,华南师范大学学报（社会科学版）.6

傣族小学生语言文字使用情况调查：西双版纳景洪市嘎栋曼迈小学为个案/赵凤珠 赵海艳,云南民族大学学报（社会科学版）.6

汉语和德宏傣语的声母比较/李强,云南民族大学学报.3

云南绿春县牛孔乡双语现象调查研究/李泽然 岳雅凤,民族教育研究.4

从佤语中的傣语借词看古傣语声母/尹巧云,民族语文.6

傈僳族新创文字研究综述/马效义,中央民族大学学报.1

审美人类学视野中的东巴文字/陈正勇,云南民族大学学报.1

纳日人颜色词的概念结构：兼与纳西人颜色词概念结构比较/王娟等,中央民族大学学报.2

纳西族汝卡东巴经初探/钟耀萍,中央民族大学学报.3

从异体字的差异看纳西东巴文的发展/黄思贤,甘肃联合大学学报(社会科学版).3

纳西东巴文中的简省和羡余/范常喜,中国海洋大学学报(社会科学版).3

东巴文字合素会意构形分析与应用/宋文娟等,西北民族大学学报(社会科学版).6

少数民族文字对中国现代学术与中华文明史研究的贡献:以纳西族东巴文字为例/郑卫东,今日民族.10

汉纳两种文字的差异与文字的发展规律/黄思贤　余淑芬,湖北社会科学.12

拉祜语量词研究/张雨江,云南民族大学学报.3

拉祜语和汉语四音格词的初步比较/刘劲荣　肖冬,暨南学报(社会科学版).4

拉祜语定语助词研究/陈丽湘,思茅师范高等专科学校学报.4

少数民族辅助式双语教学的发展困境与消解途径:基于云南省澜沧县拉汉双语教学的考察/李丹,贵州民族研究.5

耿马县景颇族和谐的多语生活:语言和谐调查研究理论方法的个案剖析/蒋颖　朱艳华,暨南学报(社会科学版).4

景颇语"宾谓同形短语"的特点及其成因:兼论景颇语附着型谓语/戴庆厦,语言学论丛.4

普米语施受标记系统的关联性/蒋颖,中央民族大学学报(社会科学版).4

普米语施受助词的分工互补关系/蒋颖,民族语文.4

布依语塞音的演变研究/占升平,贵州文史丛刊.3

布依语中唇齿擦音和舌尖擦音的演变/占升平,黔南民族师范学院学报.4

布依语名量词的产生和发展/龙海燕,贵州民族研究.5

说布依话的"水族"/郎丽娜,贵州民族学院学报(社会科学版).2

语言的和谐与发展:贵州少数民族三语教育研究:以黔南布依族苗族自治州都匀市阳和水族乡阳和中心校为个案/何丽,民族论坛.2

水书地支多种读音探析/潘朝霖,贵州民族学院学报(社会科学版).5

水书"二十八星宿"声母总结分析/牟昆昊,贵州民族学院学报(社会科学版).5

水书《正七卷》纪时地支的文字异读/白小丽,贵州民族学院学报(社会科学版).5

谈水书的古文字笔画元素/韦宗林,贵州民族学院学报(社会科学版).5

水书文字兼容性的探索/陈思,贵州民族学院学报(社会科学版).5

水书蕴含的水族哲学思想解读/唐建荣等,贵州民族学院学报(社会科学版).5

水书启蒙拜师仪式调查研究/王炳江　王德和,贵州民族学院学报(社会科学版).5

都匀市水书文化传承调查研究/韦荣平,贵州民族学院学报(社会科学版).5

濒危语言申报非物质文化遗产保护的思考:以居都仡佬语为例/姜莉芳,贵州民族学院学报.1

居都仡佬语形容词构形法研究/康忠德,铜仁学院学报.2

居都、大狗场仡佬语比较研究/龙海燕　蔡吉燕,贵州民族学院学报(社会科学版).5

居都仡佬语量词的基本语法特征和句法功能/李锦芳　李霞,语言研究.2

居都仡佬语的否定句研究/康忠德,广西民族大学学报(社会科学版).4

侗族新创文字的历史沿革/海路　李芳兰，贵州民族研究.6
侗族新创文字应用研究评述：以相关文献研究为线索/海路　李芳兰，湖北民族学院学报（社会科学版）.6
侗语方言土语间理解度调查/石林，贵州民族学院学报.4
侗语方言复音词的历史来源探析/龙耀宏，贵州民族学院学报.4
土家语俗语的特征及文化意蕴/谭志满，湖北民族学院学报.1
语言与族群：湖南潭溪社区实证研究/陈心林，中央民族大学学报.1
南部土家语的"孤岛"现象研究/向亮，民族论坛.1
土家族地区来凤话两种特殊的数量表示法/朱艳华，湖北民族学院学报.2
土家语地名的特征：以湖南省龙山县土家语地名为例/张伟权，湖北民族学院学报（社会科学版）.5
论土家族梯玛阶层的社会特征：基于母语存留区的田野考察/刘伦文，中南民族大学学报（社会科学版）.5
土家语语音的接触性演变/徐世璇，民族语文.5
族际交流与土家族语言的历史变迁：以鄂西南地区为例/谭志满，贵州民族研究.6
土家族语言文化概论/陈廷亮　杜华，长江师范学院学报.6
《苗防备览》所记土家语词汇校释/陈廷亮，中南民族大学学报（社会科学版）.6
土家语语音演变中的平衡与平衡破缺现象探析：兼谈汉语语音对土家语语音的影响/谭志满，怀化学院学报.6
以文字书写典范与以文化融合多元之间的互动与生成：以羌语发展与羌族认同的社会史为例/赵旭东　罗涛，广西民族大学学报（社会科学版）.3
龙溪羌语概况/郑武曦，民族语文.4
海南黎语使用现状与对策/李枚珍　王琳，海南大学学报（社会科学版）.4
论黎语的传承与保护/符宝玉，前沿.5
来语的声调系统及其演变/王轶之　符昌忠，民族语文.6
抢救濒危语言的实践：台湾原住民族语言能力认证述评/熊南京　姜莉芳，中央民族大学学报（社会科学版）.5
浙江畲族民歌语言小考/翁颖萍，民族艺术.1
论回族"小经"文字及其保护措施/哈正利　马超，青海民族研究.2
茶山人多语和谐的语言特点及其成因：以云南省泸水县片马镇岗房村茶山人为例/余成林，殷都学刊.2
文化生态视野下的女书及女书文化保护模式探析/贺夏蓉，中南民族大学学报.2
"白氏"家族话：中华民族文化大融合的见证/吴畏，贵州民族研究.3
回族用语研究回顾与思考/尹世玮，回族研究.3
"活着"的古文字/慈仁群佩等，民族画报.4
回族话与回族文化的同构性/李生信，宁夏师范学院学报.4
回族语言代码与民族心理特征的人类学解读/闪兰靖，北方民族大学学报（社会科学

版）.5

回辉话揭示的语言接触感染机制/江荻，民族语文.6

寻访永州瑶族女书/黄禹康，民族.12

日本阿伊努语衰退和复兴的历程/李炯里，人民论坛.3 中

彝缅语言与汉语、苗瑶语、壮侗语、白语的同源联系/盖兴之　宋金兰，云南民族大学学报.1

汉藏语中的塞尾爆破现象/沈向荣　刘博，民族语文.1

汉藏语言对"字"概念的认知异同及对应关系/多拉，西藏大学学报.2

从同族词个案探究汉藏语系的一种构词手段/宋金兰　江海燕，青海民族研究.2

第二届汉藏语言学奖揭晓/方言.2

汉藏缅语与印欧语的对应关系词及其意义/周及徐，语言研究.4

汉藏拟声词的比较与翻译探究/付挺刚，四川民族学院学报.5

汉藏语"阴转阳"条件试析/韦名应，中央民族大学学报（社会科学版）.5

说侗台语族核心词"脚"/陈孝玲，广西民族大学学报.1

标话里的撮口元音及其系列韵母/林伦伦，民族语文.1

论诶话的性质及其形成机制/曾晓渝　高欢，民族语文.2

侗台语的舌尖后音/金理新，民族语文.4

也谈"干栏"的语源/蓝庆元，民族语文.4

民族语语源研究的最新力作：《侗台语语源探索》述评/李芳兰，中央民族大学学报（社会科学版）.5

民族语语源学探索的奇葩：读《侗台语语源探索》/魏琳，中国民族.6

泰国拉祜族兼用泰语的状况及成因/蒋颖　刘劲荣，云南民族大学学报.4

从地理视时还原历史真时/潘悟云，民族语文.1

藏缅语工具格的类型及源流/朱艳华，民族语文.1

藏缅语人称标记的表现手段/李华平，四川民族学院学报.2

藏缅语选择疑问范畴句法结构的演变链/戴庆厦　朱艳华，汉语学报.2

藏缅语因果复句关联标记研究：兼与汉语比较/戴庆厦　范丽君，中央民族大学学报.2

藏缅语、汉语选择疑问句比较研究/戴庆厦　朱艳华，语言研究.4

藏缅语性别后缀产生的途径和历史层次/田静，语言科学.6

云南藏缅语族彝语支地理分布新探/骆小所，楚雄师范学院学报.10

苗瑶语"母亲"源流考/石德富，民族语文.4

阿尔泰语形容词比较级的一种形式/斯钦朝克图，民族语文.2

从"双语教育"看文化接触与文化认同：以濒危语言图瓦语为考察对象/侯豫新，西南民族大学学报.3

论借词对中亚突厥语族语言语音系统的影响/王新青，新疆大学学报（哲学·人文社会科学版）.3

从"双语教育"看文化接触与文化认同：以濒危语言图瓦语为考察对象/侯豫新，广西

民族研究.1
    孟高棉语言前缀/陈国庆，语言研究.1
    试论印尼语国语地位的确立与巩固/唐慧，世界民族.5
    希伯来语复兴与犹太民族国家建立/钟志清，历史研究.2
    简论梵学研究与西藏的梵文文献/桑德，西藏研究.1

七　民族文学艺术

    史学、文学与人类学：跨学科的叙事与写作/安琪，文学理论研究.1
    从神话—原型批评迈向文学人类学理论：中国文学人类学的兴起/林科吉，百色学院学报.1
    《九歌》应该是苗族古代民歌/熊晓辉，中央民族大学学报.1
    传统《格萨尔》早期版本梳理概况/曼秀·仁青道吉，中国藏学.1
    《格萨尔》拉达克本与贵德分章本情节结构之比较/李连荣，中国藏学.1
    《玛纳斯》中的丧葬习俗与拜火教遗风/古丽多来提，喀什师范学院学报.2
    《格萨尔》申遗始末/诺布旺丹，中国西藏.2
    多民族母语文学跨语际传播的困境与新路/李晓峰，云南民族大学学报.2
    《玛纳斯》史诗在西方的流传和研究/阿地玛·居玛吐尔地，伊犁师范学院学报（社会科学版）.3
    玉树依然临风：献给玉树震区英雄的《格萨尔》后代们/诺布旺丹，中国民族.6
    论作为艺术人类学研究对象的"艺术"/洪颖，民族艺术.1
    艺术人类学的西方语境与中国实践/吴晓，北方民族大学学报.2
    艺术人类学视野下的中国族群艺术研究述评/杨杰宏，民族艺术.2
    艺术人类学的民族志研究/毛巧晖，民族艺术研究.3
    艺术人类学：艺术与艺术家的魅惑/王铭铭，世界民族.4
    艺术人类学研究的对象及其田野实践/洪颖，思想战线.6
    地域性少数民族传统造型艺术的文化传承与保护/李勇，甘肃社会科学.5
    音乐人类学核心理念辨析/熊晓辉，百色学院学报.1
    论"民族"之于民族音乐学学科存在的意义/张君仁　邢燕燕，贵州民族研究.2
    音乐人类学研究的方法论意义/熊晓辉，广西民族研究.2
    音乐人类学的理论和实践：《音乐人类学论纲》自序/熊晓辉，社会科学管理与评论.3
    音乐人类学的历史语境与理论诉求/熊晓辉，青海民族研究.3
    透视音乐中的西藏历史/格桑，西藏艺术研究.1
    马洒侬人古乐的传承与发展探析/罗彩娟，广西师范学院学报（社会科学版）.3
    中国新疆塔塔尔族民歌之存现及其原因探析/崔斌　王建朝，新疆师范大学学报（社会科学版）.3
    族群艺术的身份建构与表述：以丽江洞经音乐为例/杨杰宏，思想战线.6

北魏前古代北方民族音乐艺术探析/李先叶,内蒙古社会科学.3

《摩诃兜勒》曲名含义及其相关问题/王福利,历史研究.3

铜鼓,这壮观的乐器/曹晖,中国民族.2

吐蕃时期的宫廷舞蹈/王晓莉 桑吉扎西,中国西藏.3

声像载体对云南少数民族原生态歌舞的保护与传承/王智 郭静,民族艺术研究.2

田野中的舞蹈与信仰:以维西县塔城热巴舞为例/张海超,民族艺术研究.1

湘西传统苗族鼓舞的传承方式及其发展/宋彩珍,吉首大学学报(社会科学版).4

中国少数民族戏曲的多元化与民族化/李悦,民族艺术研究.1

汗都春与曲子剧比较研究/肖学俊 韩芸霞,新疆师范大学学报(社会科学版).3

布依戏与传统戏曲审美/龚德全 陈玉平,贵州民族学院学报(社会科学版).2

戏剧人类学视角下的布依戏/李友玲等,贵州民族研究.3

大理古戏台的文化学意义/申波,云南民族大学学报.1

电视仪式:电视人类学研究发展/王清清,广西民族研究.1

藏地纪录片发展史略/张明,西南民族大学学报.3

土家人溪峒文化背景中的科学技术:读影视人类学作品《药匠》/雷翔,湖北民族学院学报(社会科学版).4

文化互动中的身份建构:以三部蒙古族影片为考察对象/邹华芬,吉首大学学报(社会科学版).4

庄学本:被遗忘的大师/葛莉,中国民族.7

八 民族教育

中国教育人类学研究述评/吴晓蓉,民族研究.2

George D. Spindler与文化教育人类学的成长:兼述弱势群体或少数民族在学业遭遇的不公正待遇/袁同凯,西北民族研究.3

教育人类学研究范式解读/赵翔宇 杨建新,世界民族.4

北宋河湟地区蕃学教育考述/肖全良,青海民族大学学报.1

辽朝教育的发展演变/桑秋杰 高福顺,社会科学战线.7

元朝蒙古族教育的异彩华章/冀文秀,阴山学刊.4

论江泽民民族教育思想/李建军 张国强,新疆师范大学学报.1

关于中国少数民族教育的几点思考/马戎,新疆师范大学学报.1

瑶学研究的新力作:评玉时阶、胡牧君等著《公平与和谐:瑶族教育研究》/俸代瑜,广西民族研究.1

新中国高考民族倾斜政策的回顾与反思/刘额尔敦吐,黑龙江民族丛刊.1

加拿大、澳大利亚的高校招生民族倾斜政策的共同特点及其启示/包满都拉,黑龙江民族丛刊.1

我国少数民族非物质文化遗产学校教育传承的政策分析/张爱琴,民族教育研究.1

浅析西南民族教育意义阐释的路径/蒋立松　吴红荣,民族教育研究.1
我国少数民族教育60年:回顾与思考/陈立鹏　李娜,民族教育研究.1
瑶族教育变迁的多维关怀:《公平与和谐:瑶族教育研究》评介/欧以克,广西民族大学学报.2
近5年裕固族教育研究进展述评:以研究生学位论文为例/巴战龙,民族教育研究.2
当前民族文化与教育发展所面临的主要问题及对策/王鉴,民族教育研究.2
试论我国民族教育政策的时代转向/张善鑫,民族教育研究.2
少数民族非物质文化遗产教育自治权的国际法保护/朱祥贵,民族教育研究.2
学校教育中的少数民族非物质文化遗产传承与发展研究:基于对云南省的调查/普丽春,民族教育研究.2
民族高等教育重点学科建设的回溯与思考/付娜,中央民族大学学报.3
论边疆高等教育区域均衡发展的社会属性/叶少玲　温爱花,云南民族大学学报.3
论多元文化视域下的民族教育价值取向/金志远,西南民族大学学报.3
新时期以来新疆民族教育政策的形成与发展/葛丰交等,新疆社会科学.3
教育公平视域下的少数民族学校教育问题研究/袁同凯,云南民族大学学报.3
对我国民族基础教育政策的几点认识/王平,民族教育研究.4
人口较少民族教育事业发展研究/朱玉福　周成平,民族教育研究.4
我国民族教育经济研究的回顾与反思/冯太学　张学敏,民族教育研究.5
我国高考招生中少数民族考生优惠政策的新思考/张诗亚,民族教育研究.5
少数民族文化认同与民族学校教育的发展/任志宏,河北学刊.6
一部推进中国教育人类学本土化研究的力作:评滕星的《教育人类学的理论与实践》/海路,民族教育研究.6
民族认同:民族基础教育课程知识选择的逻辑起点/金志远,民族教育研究.6
从文化认同与涵化视角看民族团结教育研究的深化:基于文化互动心理研究的初步分析/常永才　[加拿大]Johu W. Berry,民族教育研究.6
新中国60年民族教育观的变迁与创新/彭泽平　靳玉乐,民族教育研究.6
文化的中断·断裂:中国少数民族多元文化教育的现状/樊秀丽,西南民族大学学报(社会科学版).9
蒙古族教育制度的演变/白丽娟,满族研究.2
以科学发展观统领民族高等教育发展/刘凯　马介军,云南民族大学学报.1
少数民族人口流动与城市民族教育问题探讨:以山东省青岛市朝鲜族教育实践为例/郑信哲　黄娜,中南民族大学学报(社会科学版).1
对口支援西部地区民族教育回顾与展望/宝乐日,内蒙古师范大学学报.1
京族人产业模式的变化及其对教育的诉求/陈鹏等,黑龙江民族丛刊.1
乌江流域民族地区教育公平问题研究/李良品,贵州民族研究.2
京族教育研究/何思源,民族教育研究.3
乌江流域民族地区教育发展的规律、特点及启示/李良品　杨玉兰,民族教育研究.3

武陵山区民族教育五个问题的调查与思考/谭志松,北方民族大学学报(社会科学版).4

少数民族高考加分政策的公正性探究/杨芳,民族研究.6

金代女真官学/兰婷 王成铭,社会科学战线.9

从一个苗族村落的教育民族志反思中国边远民族地区教育/陈沛照,西南民族大学学报(社会科学版).10

民族高等教育发展的过去、现在、未来：2010年海峡两岸少数民族教授学术研讨会综述/刘兴全等,西南民族大学学报(社会科学版).5

黑龙江散杂居少数民族文化教育问题探析/张广才,教育评论.5

简析民国时期甘青地区蒙藏民族的现代教育/李晓英,民族教育研究.1

城市少数民族流动人口子女义务教育问题的调查分析：以对兰州市的调查为视点/汤夺先,黑龙江民族丛刊.1

"两难抉择"下的乡村回族教育：以海原县红岸村为例/杨文笔,宁夏师范学院学报.2

教育公平视野下：宁夏农村回族女性教育均衡发展问题的认识与思考/江晓红,新疆大学学报(哲学·人文社会科学版).3

青海民族教育研究文献统计分析(1980—2009)/柴秋香,青海民族大学学报(社会科学版).4

藏族游牧背景下教育模式的田野调查与宏观分析：以刚察县为个案/贾荣敏,青海社会科学.5

论塔塔尔族对近代伊犁教育事业的贡献及影响/李国强等,中共伊犁州委党校学报.1

新疆东乡族的学校教育现状及对策建议：以伊犁地区Y家族的三代东乡族人为例/马秀萍,伊犁师范学院学报(社会科学版).2

二十世纪以来新疆哈萨克族高等教育发展概览/鲁细珍 解玲,伊犁师范学院学报(社会科学版).3

新疆东乡族基础教育双"瓶颈"问题研究：以霍城县老城区为例/陈文祥,北方民族大学学报(社会科学版).4

乌江流域民族教育对经济发展的影响/熊正贤,贵州民族研究.4

文化生态学视野下民族地区教育发展的思考：以永顺县灵溪镇学校教育为例/彭永庆,广西民族大学学报.2

新中国初期学校教育政策在湘西苗族地区的实施及影响/崔榕,中南民族大学学报(社会科学版).5

关于西南三个区域文化传承类型与教育法制保障的思考/阚军,民族教育研究.5

民国时期凉山彝族教育状况研究/沙马阿桃,西南民族大学学报(社会科学版).5

国外义务教育均衡政策及其对重庆民族地区义务教育均衡发展的启示/王孔敬,贵州民族研究.2

从《康藏前锋》看民国时期康区教育/姚乐野 秦慧,西藏研究.3

明代贵州民族地区教育发展模式探微：以王阳明为考察对象/李兴祥,贵州民族研究.1

贵州民族教育发展回顾与展望/唐建荣,贵州民族学院学报.4

贵州少数民族地区学校教育史略/尹明芳，贵州民族学院学报.4

贵州省民族地区乡土教育现状及对策研究/杨文谢，贵州民族学院学报.4

文化安全视角下的云南跨境民族教育问题/何跃　高红，云南师范大学学报.4

近现代云南少数民族女性教育观念的变迁/金少萍　沈鹏，云南师范大学学报（社会科学版）.5

民国时期云南彝族教育略述/白兴发，云南民族大学学报（社会科学版）.6

民国时期云南民族地区学校教育的发展/马廷中，西南民族大学学报（社会科学版）.11

西藏现代教育的发展道路与历史经验/马汉斌　陈崇凯，民族教育研究.1

民国中后期西藏工布江达"江达小学"的创办及其历史作用/王川，西藏民族学院学报（社会科学版）.5

从多元文化视角看加拿大的高等教育/陈·巴特尔，楚雄师范学院学报.8

共同的挑战：中国—加拿大原住民及少数民族教育政策/［加］Paul S. Maxim 著，陈·巴特尔等译，学园.5

美国阿米什人的教育价值取向及对我国农村教育的启示/易兴霞，世界民族.5

西部游牧民族体育文化观探析/焦玉娥，北方民族大学学报.3

论传统社会的仪式性功能：以藏族三种民族传统体育运动为例/许韶明，西南民族大学学报.4

朝鲜族传统体育的特征与传承/栾桂芝　贾瑞光，大连民族学院学报.4

教育在西藏民族传统体育文化传承中的作用/佘静芳，人权.4

九　民族人口

历史上回族人口迁移与数量变动/韩永静，宁夏社会科学.1

维吾尔族流动人口特点、存在问题及对策：基于乌鲁木齐市和西安市的调查/阿布都外力·依米提　胡宏为，中南民族大学学报（人文社会科学版）.1

西南民族地区出生人口性别比问题论析/杨军昌，中央民族大学学报（哲学社会科学版）.1

开拓创新，抓住机遇，2009年新疆人口计生工作再创佳绩/新疆日报.1月24日

北京的回族人口：1259—2000/马雪峰　苏敏，北方民族大学学报（哲学社会科学版）.1

少数民族农村妇女流动对婚育的影响：以广西融水为例/蔡慧玲，云南民族大学学报（哲学社会科学版）.2

让青春之花更加健康地绽放：内蒙古通辽市科尔沁区青少年性与生殖健康教育纪实/吴美容，人口与计划生育（北京）.3

开创民族地区计生优质服务新局面/包真英，人口与计划生育（北京）.3

基于人口生态视野的贵州民族地区出生性别比失调问题研究/申鹏　杨军昌，人口学刊.2

宁夏人口问题与政策研究/魏淑清，北方民族大学学报（哲学社会科学版）.2

统筹解决贵州人口问题的思考/刘晓凯，人口与计划生育（北京）.4

城市化进程中天津市朝鲜族的人口变迁及其原因分析/戴维,西南民族大学学报(人文社会科学版)

延边朝鲜族人口负增长及其影响/赵月峰,黑龙江民族丛刊.2

独立后哈萨克斯坦的人口和社会发展/浦开夫,新疆大学学报(哲学·人文社会科学版).1

经济转轨以前俄罗斯人口贫困状况及原因/马蔚云,人口学刊.3

兰州市少数民族流迁人口空间行为特征及动力机制/高翔 鱼腾飞 宋相奎等,地理科学进展.6

贵州少数民族人口增长问题及对策探讨/曾翠萍 李国和,社科纵横.4

资源环境与古代长春民族人口发展变迁/翁有利 张丽瑷,吉林师范大学学报(人文社会科学版).3

对青海少数民族地区人口与经济协调发展的思考/严维青,攀登.2

草根规则与生育观念:生态与社会文化视野下的民族地区生育规则:以贵州省从江县侗族村落为例/徐晓光,中南民族大学学报(人文社会科学版).4

少数民族流动人口的心理问题及其调适/汤夺先 张莉曼,贵州民族研究.3

清代乾隆年间奉天民人口数探究/张士尊,东北师大学报(哲学社会科学版).4

"延龙图"区域人口发展战略研究/"延龙图"区域人口发展战略研究课题组,人口学刊.4

建国以来延边朝鲜族人口演变的特点/朴美兰,延边大学学报(社会科学版).4

清代伊犁人口变迁与人口结构特征探析/吴轶群,西域研究.3

清代哈密人口规模考论/冯玉新,甘肃社会科学.4

从台湾的族群分裂现象看人口质量范畴的局限性/史学斌,济南大学学报(社会科学版).4

中国和印度"失踪女孩"比较研究/原新 胡耀岭,人口研究.4

跨国移民与学缘网络:以日本D大学中国人研究者为个案/王立波 于淼,南方人口.4

人口人类学若干理论问题:基于与民族人口学的比较分析/吕昭河 晏月平,北方民族大学学报(社会科学版).4

民族人口研究的进展/黄荣清,民族工作研究.2

历史上回族人口迁移与数量变动/韩永静,宁夏社会科学.1

藏区村寨年龄组织个案调查:以松潘热务沟卡卡村为例/叶静珠穆,西藏大学学报.2

少数民族流动人口社会融入影响因素研究:对江苏省的实证分析/王振卯,内蒙古社会科学.5

中朝边境地区人口流失及对策:以延边朝鲜族自治州为例/孙春日,北方民族大学学报.3

论20世纪早期哈尔滨犹太人的人数问题/王志军 李薇,社会科学战线.2

清代陕甘回民峰值人口数分析/路伟东,回族研究.1

新疆少数民族人口社会流动问题初探/王平,新疆大学学报(哲学·人文社会科学版).4

新疆少数民族人力资源开发及经济影响/合力力·买买提，黑龙江民族丛刊.6
西南民族地区出生人口性别比问题论析/杨军昌，中央民族大学学报.1
西南少数民族两性角色差异的支点/熊丽芬　李劫，中央民族大学学报.1
贵州少数民族人口增长问题及对策探讨/曾翠萍　李国和，社科纵横.4
西藏妇女生育健康 生育意愿的现状调查/次仁央宗，西藏大学学报（社会科学版）.3
20 世纪 90 年代以来延边朝鲜族人口负增长原因探析/朴美兰，东疆学刊.1
宁夏人口问题与政策研究/魏淑清，北方民族大学学报.2
城市少数民族流动人口权益保障实施状况调查：以湖北省武汉市为例/彭建军　叶常青，民族工作研究.2
甘南藏区环境问题的人口因素分析/李卫平，甘肃社会科学.6
1949 年以来北京市少数民族人口规模变动及影响因素分析/胡玉萍，北京社会科学.5
西部边疆民族地区少数民族自发移民发展理论探索：以云南为例/高扬元　张体伟，学术探索.5
少数民族自治县县域人口发展问题研究：以广西环江毛南族自治县为例/覃双顶　农专文　王文震，经济与社会发展.8
少数民族流动人口社会融入影响因素研究：对江苏省的实证分析/王振卯，内蒙古社会科学.5
俄罗斯人口危机视阈下的人口结构分析/彭文进，新疆师范大学学报.3
新疆生态足迹与生态过剩人口分析/马晓钰　马合木提·托尔逊，新疆大学学报.4
湘南瑶族村落妇女生育健康中的公共卫生服务/杨卫玲，云南民族大学学报.6
少数民族地区人口城镇化问题研究：以四川藏区为例/沈茂英，西藏研究.5
新疆维吾尔族生育状况与生育观念的发展演变/司光南，社会科学论坛.20
新疆少数民族人口社会流动问题初探/王平，新疆大学学报.4
甘南藏区环境问题的人口因素分析/李卫平，甘肃社会科学.6
隋唐五代时期乌江流域的人口迁徙与民族交流/彭福荣，西北民族大学学报.5
民族宗教流动人口社会学调查：广州市华隆拉面从业群体的基本特征调查报告/熊威，贵州大学学报.6
少数民族流动人口对城市和谐发展的影响及对策/汗克孜·伊布拉音，未来与发展.12
甘南藏族自治州人口生育度量与分析/张广裕，甘肃社会科学.6
近代新疆跨国人口流动及其影响/王顺达　王冬梅，南方人口.6
辽宁省少数民族人口老龄化研究/王家宝　赵丽杰，沈阳师范大学学报.6

十　世界民族

再从引文看大陆华侨华人研究：以 1999—2008 年《华侨华人历史研究》载文为例/徐云，华侨华人历史研究.2
国外华侨、华人研究现状述评/李枫，世界民族.4

少数民族华侨华人对我国构建"和谐边疆"的影响及对策分析/石沧金 于琳琳,甘肃社会科学.1

海外华人的民族关系与种族关系/李胜生,西安交通大学学报(社会科学版).3

华侨华人国籍法律问题新论/刘国福,东南亚研究.4

第三届族群、历史与文化亚洲联合论坛:华人族群关系与区域比较研究国际学术研讨会综述/李其荣,南洋问题研究.1

国际移民视野下的海外华人与侨乡研究:"国际移民与侨乡研究国际学术会议"述评/刘进,华侨华人历史研究.4

东亚华商网络与华人社会:全球视野与区域格局下的观照:读庄国土、刘文正《东亚华人社会的形成和发展:华商网络、移民和一体化趋势》/王爱平,华侨华人历史研究.3

峇峇娘惹:东南亚土生华人族群研究/梁明柳 陆松,广西民族研究.1

国族塑造与族群认同:二战后东南亚民族国家建构中的华族身份认同变化/骆莉,东南亚研究.4

试论全球化背景下的国族认同:以东南亚华人为例/谢剑,浙江大学学报(社会科学版).5

1929年第一次南洋华侨教育会议研究:以文化认同与适应为视角/冯翠 夏泉,东南亚研究.6

东南亚华人在中国软实力提升中的推动作用与制约因素/许梅,东南亚研究.6

秉持与融合:东南亚华人"华人性"的嬗变/郭秋梅,东南亚纵横.9

20世纪80年代以来老挝柬埔寨华人社会发展探析/李绍辉,南洋问题研究.2

文化变迁中的互动与认同:泰国阿育他耶水上居民宗教信仰分析/秦璞,湖北民族学院学报(社会科学版).5

木姐华人社会的形成/陈丙先,世界民族.4

从社会结构视角看东南亚华人宗教信仰:以马来西亚华人宗教为例/高伟浓 汪鲸,东南亚研究.2

马来西亚纳吉政府华人政策调整述评/廖小健,华侨华人历史研究.4

试析20世纪80年代以来马来西亚华人总会组织的发现:以吉隆坡暨雪兰莪中华大会堂为例/郑达,东南亚研究.4

论华人在马来西亚现代化中的作用/李其荣,中南民族大学学报(社会科学版).6

从文学视角看当代新加坡华人的文化与社会变迁/郭惠芬,世界民族.1

族谱与新加坡"福建人"方言族群移民史研究/李勇,世界民族.1

二战后菲、美关系演变对华菲族际关系变迁的影响/杨宏云,新疆大学学报(哲学·人文社会科学版).6

印度尼西亚华人与祖籍关系及其民族融合问题:历史与现实/梁英明,华侨华人历史研究.4

宗教对印尼华人融入当地社会的作用:以印尼孔教、"三教"为例/王爱平,世界民族.5

中非关系的发展与非洲中国新移民/李鹏涛,华侨华人历史研究.4

后苏联时代俄罗斯"中国移民问题"论析/于晓丽,世界民族.3

"欧洲华侨华人与当地社会关系"研讨会综述/范若兰,华侨华人历史研究.4

简析加拿大华人新移民群体的宗教信仰转变现象/杜倩萍,世界民族.1

多元文化社会的民族关系与新种族主义:中国大陆移民在加拿大面临的社会障碍/宗力,西安交通大学学报(社会科学版).6

变动不居的认同:华人精英在硅谷:读王保华教授作品《硅谷中的华人:全球化,社会网络关系和族群认同》/陶瑞 马建福,西北民族研究.2

"从华南到北美:新视野下的美国华人移民研讨会"综述/万晓红,华侨华人历史研究.3

中国与亚洲的移民:实践与政策国际学术研讨会综述/张继焦,民族研究.4

走向多元民族、多元文化社会的韩国现状及对策/郑信哲,世界民族.3

论东亚人类学共同体的建构/何明,思想战线.4

对东南亚少数民族边缘化与分离运动的新解读:评《全球化进程中的东南亚民族问题研究》/俞云平 王雅琼,南洋问题研究.2

当代东南亚民族关系模式探析/陈衍德 彭慧,厦门大学学报.4

越南北部少数民族地区扶贫政策及影响/滕成达 夏军城,世界民族.6

民主转型环境下的当代马来西亚印度人族群抗争运动/阮金之,东南亚研究.2

论马来西亚华人地缘性社团的发展:以吉隆坡、雪兰莪两地为例/郑达,世界民族.6

二战前英属马来亚印度人的政治生活简析/石沧金 潘浪,世界民族.6

多元族群社会中的宗教认同:对吉隆坡一个穆斯林社区的田野研究/马强,东南亚研究.4

当代"印穆"对话探究/刘军,世界民族.1

印度那加人的民族分离主义运动浅析/李金轲 马得汶,世界民族.2

印度穆斯林的发展困境及政府的应对措施/刘向阳,南亚研究.4

穆斯林民族主义的形成:以巴基斯坦建国为例/钱雪梅,世界民族.5

浅议巴基斯坦境内的阿富汗难民问题/时宏远,世界民族.2

吉尔吉斯斯坦因民族问题引发骚乱对我国做好民族工作的启示/中央统战部研究室四处,重庆社会主义学院学报.6

南奥塞梯冲突及其对中东政局的影响/姚大学 闫伟,世界民族.5

阿拉伯民族的三大特点及其对阿拉伯政治思潮的影响:以民族与宗教关系为视角的考察/刘中民,国际观察(上海).3

吉卜赛:土耳其的被忘却的民族/[土耳其]阿里·阿拉伊齐著,陈思译,国际社会科学杂志.4

土耳其库尔德人问题研究述评/李秉忠,世界民族.4

伊拉克库尔德人问题的新变化及前景/田宗会,世界民族.4

黎巴嫩什叶派政治认同解析/李福泉,世界民族.5

以色列国内苏联犹太移民政党的成因及影响/周承,西亚非洲.8

以色列德鲁兹人的特殊地位/李志芬,世界民族.2

华夫脱党与埃及妇女权利运动:埃及女性主义与民族主义关系研究(1919—1939)/邢

桂敏，世界民族.2

当代不丹难民问题/杨思灵，世界民族.2

论尼日利亚的族群问题与国家建构/蒋俊，西南民族大学学报（社会科学版）.5

后种族隔离时代的国家——奉献世界杯盛宴的南非/刘泓，中国民族.7

试析南非种族主义政权的区域"扰乱政策"/刘伟才，史学集刊.2

另类现代性：南非后种族隔离时代的发展话语/兰·格林斯坦著，焦兵译，国际社会科学杂志.2

英帝国的"推力"与布尔人的"民族大迁徙"/孙红旗，西亚非洲.3

一体化变量下的当代西欧民族主义：新功能主义的视角/翟金秀，世界民族.1

民族国家崛起的宏大叙事与范式重构：评《强制、资本和欧洲国家，公元990—1992年》/艾仁贵，世界民族.2

中东欧国家少数民族政策中的欧盟建构因素/刘敏茹，当代世界与社会主义.2

区隔化制度的失败和民族国家的胜利：读《民族国家的胜利：苏联、南斯拉夫和捷克斯洛伐克解体的教训》/卢露，西北民族研究.4

乌克兰国家的民族构建问题：根源、成就与挑战/谢立忱，史学集刊.6

前苏联边疆治理的教训及启示/陈霖，云南行政学院学报.1

俄罗斯民族主义者的中亚观/肖斌 张晓慧，世界民族.2

前苏联民族政策中的经验教训对中国的警示/杨虎得 熊坤新，广西民族大学学报.1

矢量分析视角下对苏联民族政策失误原因的再解析/高长文，河北省社会主义学院学报.1

苏联民族工作的问题与反思/赵常庆，科学社会主义.2

阶级、反帝与苏维埃民族国家塑造：马列主义民族观与前苏联相关政治实践论析/常安，青海社会科学.2

苏联民族工作的理论与实践/赵常庆，科学社会主义.2

民族政策与苏联解体/左凤荣，当代世界与社会主义.2

前苏联民族关系紧张的原因及对我们的启示/王增杰，重庆社会主义学院学报.3

对苏联民族政策实践效果的反思：读萨尼教授（Ronald G. Suny）的《历史的报复：民族主义、革命和苏联的崩溃》/马戎，西北民族研究.4

俄罗斯族群复兴的推动者：读丹尼尔·特瑞斯曼的《俄罗斯的"族群复兴"：后共产主义秩序中地方领导人的分离行动主义》/孟红莉，西北民族研究.4

族群政治的制度逻辑：兼评菲利普·罗德的文章《苏维埃联邦政治与族群动员》/王娟，西北民族研究.4

民族认同与族际关系：俄罗斯阿尔泰共和国哈萨克人的凝聚与变迁/李琪，世界民族.4

试论当代俄罗斯反犹思潮与民族认同危机/敬菁华，前沿.16

试论费希特的民族主义思想/张宝梅，黑龙江民族丛刊.2

试论意大利裔美国人在"肯定性行动"中遭遇的困境/王凡妹，西南民族大学学报（社会科学版）.5

荷兰的社会经济政策与教育中的种族不平等/［荷兰］吉尔特·雅森 海提·戴科斯著，

黄觉译，国际社会科学杂志.4

人类学眼光：从斐济历史看民族国家和新殖民主义：约翰·凯利教授夫妇访谈录/安琪，北方民族大学学报.3

加拿大国内民族问题研究的理论模式/王昺，楚雄师范学院学报.8

从政治经济视角解析加拿大土著经济发展状况/魏莉，楚雄师范学院学报.11

清教主义的演变与美国民族主流文化身份认同/李安斌　王梅，甘肃社会科学.1

1960年代中后期的美国"黑人权力"运动及其影响/谢国荣，世界历史.1

美国亚裔参政分析：以2007年麻州地方选举为例/万晓宏，世界民族.2

杜波依斯与美国的种族问题/郭大勇，云南师范大学学报.4

二战后美国黑人人口演变及其影响/陈奕平，世界民族.5

分离主义与融入主义：从奥巴马现象看美国历史上黑人政治斗争的嬗变/王恩铭，史学集刊.6

一个并非民权运动领袖的黑人领袖：论马尔科姆·爱克斯与美国黑人民权运动的关系/王桂莲，世界民族.6

美国种族、人权与监禁制度观察/［美］大卫·科尔著，沐马译，国外社会科学文摘.9

美国"阿富巴"新战略及对我国西部安全局势的影响/朱正安等，新疆师范大学学报.1

青藏地区在中印地缘战略中的突出地位及国土安全分析/郭洪纪，青海师范大学学报（社会科学版）.5

美俄中亚战略研究：基于中国的视角/秦放鸣　孙庆刚，新疆师范大学学报.1

尼泊尔与我国西藏早期关系初探/赵萍，西藏研究.1

从历史过程中认识分裂与反分裂斗争的规律/朱晓明，中国藏学.2

当前中欧关系中的西藏问题/张会丽，阴山学刊.3

英国与早期"西藏独立"形象的塑造/赵光锐，国际政治研究.3

影响印度对中国研究的西藏因素/［印］沙拉德·K.索尼著，丽娜·玛尔瓦　吴宗翰译，国外社会科学.3

中欧在涉藏问题上的政治冲突/郑腊香，现代国际关系.9

20世纪40年代美国驻迪化领事馆的建立及其活动/闫佼丽，新疆社会科学.4

两部法律与阿伊努人的命运：从《北海道旧土人保护法》到《阿伊努文化振兴法》/周超，世界民族.6

（供稿人：王淑玲）

2011年汉文学术论文索引

一 民族问题理论

恩格斯的民族独立运动思想对当代民族问题的启示/陈人江，重庆社会主义学院学报.2

对斯大林民族定义的辨析与民族本质的探索/伍雄武，玉溪师范学院学报.1

毛泽东治藏思想理论研究——从民族与宗教视角分析/范式全，西藏研究.3

论毛泽东和谐民族思想的基本特征/孟凡东 乔瑞雪，黑龙江民族丛刊.3

毛泽东对马克思主义民族观中国化的贡献/赵刚，延边大学学报（社会科学版）.5

邓小平民族理论的发展思路与思维特色/刘绍卫，桂海论丛.5

孔子民族观与构建和谐民族关系/董强，满族研究.1

清朝时期儒学在青海循化地区的传播及难以展开的原因分析/赵春娥，青海民族研究.2

论王通的儒家民族思想/朱卫，青海民族大学学报（社会科学版）.4

河西儒学对吐蕃的影响/李健胜，西藏研究.5

明清时期汉文化西渐青海——以儒学传播为例/赵春娥，西北民族大学学报（社会科学版）.6

儒家民族观的基本内容和历代王朝民族政策遵循的基本原则/陈玉屏，西南民族大学学报（社会科学版）.6

中国少数民族美学研究及学科建设的思考/邓佑玲，中央民族大学学报（社会科学版）.4

朝鲜族海外留守青少年自我概念、家庭结构与心理健康的相关研究/朴婷姬 秦红芳，东疆学刊.3

民族心理研究的问题及其未来展望/杨晓梅，黑龙江民族丛刊.4

欧洲中世纪到近现代"民族"概念的演变与启示/唐书明 唐学敏，贵州民族学院学报（社会科学版）.2

论民族国家的两个问题/汪树民，吉首大学学报（社会科学版）.2

民族主义的"建构""重构""解构"与民族主义进程的不同步性/汪树民，广东海洋大学学报.2

民族利益协调：国家的抉择/常开霞，中央民族大学学报（社会科学版）.3

政党权威与制度建设——当代中国的族际政治整合/常士闾 韩正明，马克思主义与现

实.3

民族主义、民族国家与正当性问题/熊文驰,国际观察.3

论民族国家下的自我认同/乔世东,济南大学学报.3

民族主义与民族国家构建析论/王文奇,史学集刊.3

当代民族分离主义探析/奕如寒,前沿.3

当代中国民族主义的成因探析/唐建兵,湖北民族学院学报(社会科学版).3

马克思主义民族观教育的创新性研究/蔡海棠,贵州民族研究.3

中国共产党反对两种民族主义的理论和实践回溯/王希恩,民族研究.4

全球化、本土性与当代西方民族主义理论——北京大学博士生导师马戎教授访谈/马戎 邹赞,社会科学家(桂林).4

民族平等与"文化化"——国外民族政策的启示/嵇雷,学术论坛.4

国际政治视阈下的民族主义情绪/张三南,世界民族.5

边疆问题与民族国家的困境/施展,文化纵横.6

异中求和与和而不同——当代中国与加拿大民族政治观比较/常士訚,云南行政学院学报.6

西方学者如何解读民族主义的过去、现在与未来/胡海蓉,党政干部学刊(沈阳).10

论民族自决权的发展走向/李英芬 贺玉琼,前沿.23

文化多样性和人权能完美结合吗/[荷兰]伊冯娜·唐德斯著,黄觉译,国际社会科学杂志.1

《国家人权行动计划》背景下民族高校人权法教育研究/田艳 丛静,民族教育研究.1

从人权的国内保护视角谈我国散杂居少数民族权益的法律保障/彭谦 商万里,湖北民族学院学报(社会科学版).5

国际人权法对少数民族人权的平等保障/杨芳,西南民族大学学报(社会科学版).10

现代政治文化建设与多民族国家政治发展/丁志刚 徐占元,北方民族大学学报(社会科学版).1

中国现代国家构建中的族际政治整合/左宏愿,广西民族研究.1

有关民族政治发展研究的几点思考/于春洋 郭文雅,西北民族大学学报(社会科学版).1

族际政治整合研究评述/薛广庆等,新疆社会科学.4

底层民众与政治权力——西方政治人类学视野中的弱势群体研究述评/董建辉 徐雅芬,国外社会科学.6

社会主义多民族国家制度性国家认同的实现机制/欧阳景根,浙江社会科学.5

政教合一制度过程论——词义新辨及其产生过程/樊秋丽,世界宗教研究.3

多民族国家的政党与族际政治整合/周平,西南民族大学学报(社会科学版).5

在革命背景下俄国和中国的"民族构建"路径/马戎,大观.1

浅谈"奥斯曼主义"思潮变异及衰亡的原因/苏闻宇,世界民族.1

多民族国家民族分离主义治理战略研究/胡润忠,学术探索.1

马克思主义政治学视野中的民族和民族国家/任勇　付春,政治学研究.1

作为一种意识形态的民族主义:表现形式与实现机制/王颖超,中共南京市委党校学报.1

论外部力量与民族国家的建立及演变/汪树民,西南科技大学学报(社会科学版).1

论多民族国家中民族认同与国家认同的冲突——以中国为例/徐黎丽,西北师大学报.1

"想象的共同体"与当代西方民族主义叙述的困境/邹赞等,中南民族大学学报(社会科学版).1

论主权民族国家视野下的"民族自决权"/张宝成,内蒙古大学学报(社会科学版).1

多民族国家包容差异协调分歧的机制设计初探/王建娥,民族研究.1

论多民族国家民族认同与国家认同的特点及互动/何叔涛,云南民族大学学报(社会科学版).6

马克思主义民族融合理论的当代思考——兼论李维汉对民族融合的理论贡献/莫岳云,广东社会科学.6

认同问题与跨界民族的认同/吴楚克　王倩,云南师范大学学报(社会科学版).3

生存的策略——青海河南蒙古族"藏化"现象的探讨/林冠群,中央民族大学学报(社会科学版).3

费孝通与西北民族走廊/秦永章,青海民族研究.3

当代边疆地区的民族认同与国家认同——从云南谈起/郑晓云,中南民族大学学报(社会科学版).4

改革开放三十年来民族交往的变化及新问题/才让加等,西北民族大学学报(社会科学版).4

民族认同与中华民族认同浅论/柏贵喜,西南民族大学学报(社会科学版).11

现代化进程中的少数民族:从传统意识到现代意识/陈强　黎珏辰,前沿.5

全球化场域中中华民族文化身份与民族认同的建构/刘莉,思想战线.6

民族心理认同的结构及构建/任新民　周文,思想战线.6

论民族地区灾后心理危机干预中的跨文化问题/蓝李焰　陈昌文,内蒙古社会科学.6

民族政策体系视野下的民族识别及其解读/来仪等,青海社会科学.6

甘、桂乡村民族关系现状的差异性特点及因素分析——以耿萨村和弄兰村为例/梁世甲,湖北民族学院学报(社会科学版).6

民族刻板印象的研究与反思/何莹等,贵州民族研究.6

近六十年我国民族识别研究述评/李良品,云南民族大学学报(社会科学版).6

民国时期民族识别与分类的知识源流/马威,西南民族大学学报(社会科学版).8

民族意识的续写——对国外民族意识的评析/李伟,湖北第二师范学院学报.11

立足学科优势,打造名栏名刊——《广西民族大学学报》"人类学研究"栏目创办15周年回顾/廖智宏,广西民族大学学报(社会科学版).4

民族学期刊引用网络分析/万接喜,西南民族大学学报(社会科学版).8

西藏妇女教育的发展对策探析/索朗仁贵,西藏大学学报(社会科学版).3

西北穆斯林妇女参政现状及其制约因素——基于甘肃省广河县的田野调查/马桂芬,吉首大学学报(社会科学版).4

以"增权"促进少数民族妇女的发展/李凤琴,西南民族大学学报(社会科学版).8

青海对全国发展的重要贡献研究/课题组,青海社会科学.5

对民族自治地方政府绩效评估与对策思考/王海娟等,内蒙古师范大学学报(社会科学版).2

应加强对少数民族地区政府职能的理论研究/马准 杨松武,广西民族研究.3

发展稳定目标追求下的西藏县级政府建设/王跃 续文辉,西藏大学学报.1

关于构建西藏特色政府绩效评价体系的思考/王彦智,西藏民族学院学报(社会科学版).2

中国国家形态转型的边疆之维/刘晓原,文化纵横.6

少数民族地区公务员胜任力模型构建研究——基于新疆维吾尔自治区的实证调研/郑烨等,西南民族大学学报(社会科学版).3

云南省丽江市少数民族干部队伍现状调查/孙懿,民族工作研究.3

少数民族干部培养研究综述/井永杰,青海社会科学.3

少数民族干部队伍建设问题探讨——以云南省丽江市调查为基础/孙懿,中南民族大学学报(社会科学版).4

国家安全场域中边疆民族地区基层政权建设探析/马洪伟,云南社会科学.2

我国分裂主义的国际化及其引发的国际冲突研究/李捷 杨恕,新疆师范大学学报(社会科学版).2

民族群体性事件的治理与预警机制研究——以河南省为例/金炳镐等,云南民族大学学报(社会科学版).5

论边疆民族地区基层政权建设的目标创新——以非传统安全为研究视角/寇鸿顺,理论月刊.1

少数民族地区农村社会治安存在问题及对策分析——以延边朝鲜族聚居村落为例/张艳春,黑龙江民族丛刊.2

西藏特色社会保障体系建设综述/陈爱东,中国藏学.2

草原生态移民与文化适应——以黄河源头流域为个案/祁连玉,青海民族研究.1

探讨整合取向的民族社会工作——以甘肃七墩回族东乡族乡社区移民项目/钟福国等,甘肃社会科学.1

历史人类学视野下的移民史/梁勇,读书.3

新时期灾后移民的民族关系重建及其交往方式探研——以新疆塔吉克阿巴提镇社区为例/刘明,甘肃社会科学.5

边疆少数民族自发移民问题治理研究——基于对云南红河州开远市的调查与思考/陆海发,云南社会科学.5

西部边疆地区少数民族自发移民问题及其治理——基于对云南红河哈尼族彝族自治州开远市的调查与思考/陆海发,宁夏社会科学.5

民族团结的多视角解读/谭玉林 严庆,民族工作研究.1

论民族认同与爱国主义的契合/王付欣等,哈尔滨市委党校学报.1

民族概念:民族纲领政策的理论基础——纪念中国共产党建党90周年民族理论系列论文之二/金炳镐 孙军,黑龙江民族丛刊.2

民族关系特征:民族和谐社会建设的理论指导——纪念中国共产党建党90周年民族理论系列论文之四/陈丽明 金浩,黑龙江民族丛刊.2

民族问题概念:民族工作的理论依据——纪念中国共产党建党90周年民族理论系列论文之三/裴圣愚 秉浩,黑龙江民族丛刊.2

正确认识和处理民族问题若干关系/童言,中国统一战线.2

承续拓展 应时开新——中国共产党解决民族问题的基本经验/张建新,民族工作研究.2

中国特色社会主义民族理论发展面临的困境/赵健君,民族工作研究.2

十六大以来民族工作的新思路、新举措——《民族工作文献选编(2003—2009年)》评介/王骏,党的文献.2

如何看待当前中国的民族关系问题/马戎,理论视野.3

从公民权利视角看民族问题本质及其解决途径/刘熙瑞,中共珠海市委党校·珠海市行政学院学报.3

发展是民族团结的主旋律/叶介甫,甘肃民族研究.3

民族主义对中央与民族地区关系的影响和对策/胡恒富等,思想战线.3

与时俱进的中国共产党民族理论/赵刚,实事求是.4

略论乌兰夫的民族工作思想及实践/邢瑞娟,广西社会主义学院学报.4

广西民族团结的基本经验及其原因——广西民族"四个模范"研究之四/覃彩銮,广西民族研究.4

中国民族地区自我发展能力构建研究/郑长德,民族研究.4

论西藏民族区域自治地方政府绩效评估体系构建的特殊性/卫立浩,西藏民族学院学报(社会科学版).4

论少数民族地区政治发展与稳定的基本指标体系构建/李乐为,湖南师范大学社会科学学报.4

边疆治理视野下的认同整合研究/陆海发,青海民族大学学报(社会科学版).4

发展失衡、预警与超越预警——边疆民族地区发展失衡的思考/吕昭河,西南民族大学学报(社会科学版).4

西部大开发中民族意识变迁与政治稳定的关系探讨/杨沛艳,西南民族大学学报(社会科学版).4

论特定时空关系组合内的中国边疆政治/余梓东,云南民族大学学报(社会科学版).5

60年来中国民族团结进步创建工作的启示/甄朝党 苏丽杰,云南民族大学学报(社会科学版).5

构建共生互补型城市民族关系的思考——兼论城市和谐民族关系构建的基本人文理念和

实践目标诉求/沈再新　程芳，武汉纺织大学学报.5

中国共产党对待和处理民族问题的历史回顾/田忠福，中央社会主义学院学报.6

试论民族团结是中华民族之魂/肖锐　王瑜卿，黑龙江民族丛刊.6

民族社会工作中的问题与策略之争/程中兴，贵州民族研究.6

西部民族地区的政治稳定及其评价/陈自强，贵州民族学院学报（社会科学版）.6

民族大千世界与民族问题——《中国共产党怎样解决民族问题》导言/郝时远，民族论坛.7 上

我党处理民族问题的经验启示/张建新，人民论坛.7 中

论人民军队在促进民族团结进步事业中的历史责任/成都军区政治部，中国军队政治工作.8

中国共产党与马克思主义民族理论中国化——纪念中国共产党建党 90 周年民族理论系列论文之一/金炳镐等，黑龙江民族丛刊.1

马克思主义民族理论和党的民族政策在云南实践中的基本经验/宇振华，今日民族.1

刍议中共民族政策的价值取向/唐建兵，嘉兴学院学报.1

民族地区马克思主义理论与实践大众化的思考/唐曼莲，西藏大学学报.1

民族自治地方的政策制定与族际政治互动/汤法远，云南社会科学.1

近五年中国共产党的民族政策评述/熊坤新等，新疆师范大学学报（社会科学版）.1

指导新疆工作的光辉文献——学习《新疆工作文献选编（1949—2010）》体会之二/吴福环，新疆社会科学.1

像爱护自己的眼珠一样，爱护祖国统一和民族的团结——论乌兰夫维护祖国统一和增强民族团结的思想与实践/李凤鸣，内蒙古师范大学学报（社会科学版）.1

中国共产党西藏政策的内涵及决策模式研究/《中国共产党西藏工作理论与实践若干重大问题研究》课题组，中国藏学.2

论民族问题的文化化和法治化——我国民族理论和民族政策的反思、改革与完善/刘东亮，广西民族研究.2

民族地区政治稳定理论探析：内涵、特征与影响因素/左宏愿，广西民族研究.2

建国以来党和政府解决跨界民族问题的政策实践与经验启示/李学保，社会主义研究.2

从两个《提纲》看党的民族工作在少数民族革命中的作用/赵刚，大连民族学院学报.2

民主改革的思想历程——20 世纪中叶中国共产党少数民族社会改革思想研究/嘉日姆几，思想战线.2

我国散杂居民族政策的主要内容及特点/李安辉，中南民族大学学报（社会科学版）.2

浅谈对贯彻落实党的民族政策的几点认识/刘在华，吉林省社会主义学院学报.2

党的民族政策指引民族地区走向繁荣富强/黄选平，甘肃民族研究.2

对贯彻落实党的民族政策的几点思考/张小莉，辽宁省社会主义学院学报.3

中国扶持人口较少民族发展的政策及其实践研究/朱玉福　伍淑花，贵州民族研究.3

论新中国民族政策的合法性/欧以克，广西民族研究.3

分类指导政策在云南民主改革进程中的创造性运用与经验总结/张晓琼等，云南民族大学

学报（社会科学版）.3

关于中国化马克思主义民族政策的理性思考/唐建兵，青海民族大学学报（社会科学版）.3

民族政策体系：马克思主义民族理论中国化的体现——纪念中国共产党建党90周年民族理论系列论文之五/金炳镐　何山河，黑龙江民族丛刊.3

论中共第三代领导集体民族发展观的历史地位及其研究意义/娜芹，内蒙古师范大学学报（社会科学版）.3

民族自治地方政治发展的动力机制探析/汤法远　朱碧波，青海民族大学学报（社会科学版）.3

延安时期党的民族宗教政策探析/宋超　肖周录，新疆社会科学.3

中国扶持人口较少民族政策实践程度评价及思考/朱玉福，广西民族研究.4

我国少数民族优惠性差别待遇与反向歧视分析/王传发，广西民族研究.4

马克思主义民族理论和党的民族政策在新疆的实践与发展——纪念中国共产党成立60周年/何运龙，新疆社会科学.4

抗日战争时期中国共产党的民族纲领政策产生的背景/梁琛，满族研究.4

论民族识别理论与少数民族高考优惠政策的制定/吴永忠　李浩泉，贵州民族研究.4

第二代民族政策：促进民族交融一体和繁荣一体/胡鞍钢　胡联合，新疆师范大学学报（社会科学版）.5

将民族问题纳入统一战线范畴是中国共产党在民族工作上的重大创新/潘树章，西南民族大学学报（社会科学版）.5

"政策催化"：民族地区实现跨越式发展中一个被忽视的问题/任新民，云南民族大学学报（社会科学版）.5

中国民族问题的历史与现状/马戎，云南民族大学学报（社会科学版）.5

中国扶持人口较少民族政策实践程度评价及思考/朱玉福，民族工作研究.5

近年来中国民族政策研究检视及其创新思考——基于法律政策学的研究/王允武　李剑，湖北民族学院学报（社会科学版）.5

民族平等的实质内涵与政策限度/田钒平，湖北民族学院学报（社会科学版）.5

中国共产党90年来民族政策史论/张辰，内蒙古社会科学.5

转型期民族地区政策调整目标取向研究——以甘南藏族自治州为例/马仲荣，黑龙江社会科学.6

论中共第三代领导集体民族发展观的价值取向/娜芹，内蒙古师范大学学报（社会科学版）.6

论中国民族政策体系与集成/余梓东，中央民族大学学报（社会科学版）.6

中华民族的伟大复兴——中国共产党民族理论与民族政策的理论性与实践性/郝时远，云南民族大学学报（社会科学版）.6

也谈中国民族政策的价值取向——与周平教授商榷/王志立，学术界.9

也谈中国可进一步完善民族政策/包胜利，中国民族报.10

关于"两少一宽"民族刑事政策的三点思考/雷振扬，西南民族大学学报（社会科学版）.11

中国民族政策的十个方面/马启智，中国民族报.12月2日

浅议延安时期中国共产党的民族政策/王纪鹏　邢瑞娟，理论月刊（武汉）.12

以全球视野浅析我国的民族问题与民族政策/吴韩青，黑河学刊.12

浅析当前我国民族政策的导向之争/卢阳凌冰，重庆科技学院学报（社会科学版）.20

维护西藏社会稳定中的安全阀机制研究/方晓玲，西藏研究.1

论转型期涉及民族因素的群体性社会安全事件及应对——以新疆为例/阿迪力·买买提，黑龙江民族丛刊.1

当前我国民族群体性事件的特点与对策/董强，黑龙江民族丛刊.1

兴边富民行动10周年：成就、经验及对策/朱玉福，民族工作研究.1

云南边境村社会稳定的影响因素与防治对策调查分析——以云南边境村党组织负责人为调查对象/李育全，民族学刊.1

回望城市民族工作六十年——社会实践的丰富多彩与理论言说的力不从心/沈林，民族工作研究.1

全球网络时代的大众传媒与民族认同/龙运荣，广西民族研究.1

中国民族团结的"金秀经验"——兼谈广西"金秀经验"对中华民族认同建构的启示/何文炬　许立坤，广西民族研究.1

毛泽东与四川藏族地区的民主改革/周忠瑜，青海民族大学学报（社会科学版）.1

建国以来中国民族主义的历史嬗变/陈华，中共乐山市委党校学报.1

以社会主义核心价值体系引领和谐民族关系的构建/赵飞等，重庆社会主义学院学报.1

涉及民族因素的突发群体性事件处置行动逻辑研究/张成，贵州民族研究.1

精神文明建设在边疆民族团结稳定中的作用/和跃宁，云南民族大学学报（社会科学版）.1

西南边境民族地区和谐问题思考/张云莲等，云南民族大学学报（社会科学版）.1

知识社会学视野下的新中国民族识别工作/马威，中南民族大学学报（社会科学版）.1

试论城市少数民族社团在民族关系发展中的作用——以成都市满蒙人民学习委员会为例/陈永亮，满族研究.2

新民主主义革命时期中国共产党的民族工作机构/康基柱等，满族研究.2

回族聚居地区城市化过程中的民族问题——以宁夏回族自治区吴忠市利通区为例/周传斌等，回族研究.2

论乌江流域少数民族地区改革开放成果分享的法制保障/胡建华，黑龙江民族丛刊.2

民族地区地方政府合作模式比较研究/郑春勇，内蒙古社会科学.2

城市化进程中的民族和谐新探——以湖南城市民族工作为例/黄忠彩，云南民族大学学报（社会科学版）.2

内蒙古城市化进程中民族问题的表现及对策研究/马尚云　李慧勇，内蒙古大学学报（社会科学版）.2

边疆民族自治地区危机管理能力建设研究——以云南省德宏州为例/张金鹏　张含,云南社会科学.2

论云南散居民族的权益保障问题/王俊,云南社会科学.2

近二十年民族分离主义研究述评/张建军,西南民族大学学报(社会科学版).2

青海藏区民族关系追踪研究——以青海省黄南藏族自治州同仁县为个案/祁进玉,中央民族大学学报.2

失地少数民族遭遇的结构二元困境——基于贵州溪村四次征地事件的分析/马良灿,贵州大学学报(社会科学版).2

民族社团与城市民族工作/李然,湖北民族学院学报(社会科学版).2

科学发展观视域下的西藏发展——基于对中央第五次西藏工作座谈会精神的理解/肖方仁　孙霞云,西藏民族学院学报(社会科学版).2

作好民族宗教工作是维护国家安全与边疆社会稳定的重要保证/徐浩淼　邢明钢,新疆社会科学.2

少数民族地区公民非制度化政治参与的特点及致因分析/李生,内蒙古民族大学学报(社会科学版).2

影响新疆民族关系的诸因素分析/许尔才　张建军,当代世界社会主义问题.2

建国初期邓小平西南民族工作探析/庞昭,贵州社会科学.3

中国共产党90年来探索解决民族问题发展道路探析/刘吉昌,贵州民族研究.3

民族关系评估与检测——预警管理信息系统的构建/阎耀军等,中南民族大学学报(社会科学版).3

论当前我国边疆治理中的民族认同与国家认同整合/陆海发　胡玉荣,广西民族研究.3

牧民定居背景下影响城镇多民族间交往因素分析——甘南藏族自治州合作市调查报告/刘巍文　戴正,甘肃民族研究.3

社会主义核心价值体系在云南边疆民族地区的建设资源分析/桂皎,云南民族大学学报(社会科学版).3

20世纪90年代美国的中国民族主义研究/韦磊　李娇,西北民族研究.3

凉山彝族自治州少数民族权益保障的问题与对策/苏杰,黑龙江民族丛刊.3

当前城市民族管理的特点、问题及其功能探析/张小蕾,青海民族研究.3

论边疆社会问题的民族特性及其启示/陈为智,重庆工商大学学报(社会科学版).4

中国共产党民族治理早期法制构想与实践新论/常安,宁夏社会科学.4

以现代文化引领新疆和谐民族关系研究/木拉提·黑尼亚提,新疆大学学报(哲学·人文社会科学版).4

创新和加强社会管理　努力做好新时期民族、宗教工作/沃岭生,黑龙江民族丛刊.4

乌鲁木齐市居民跨民族文化交流现状研究/金玉萍,新疆大学学报(哲学·人文社会科学版).5

广西民族问题调查报告/中央党校"新形势下的民族宗教理论与实践"课题组,科学社会主义.5

论"民族问题"扩大化及其社会后果/甘文秀,四川民族学院学报.5

文化涵化与民族关系——湘西民族关系和谐发展研究之四/胡晨 胡炳章,吉首大学学报(社会科学版).5

论中国共产党民族团结教育思想与实践/李资源,中南民族大学学报(社会科学版).5

北京市少数民族类社会组织研究/陈旭清等,北京社会科学.5

中国城市民族关系和谐发展的思路/高永久 高响鸣,云南民族大学学报(社会科学版).5

构建社会主义和谐民族关系的研究/徐凤月,湖北民族学院学报(社会科学版).5

民族地区高校的族群关系与族群和谐/亚里坤·买买提亚尔,黑龙江民族丛刊.5

边疆多民族地区政治参与的治理成本研究/贺琳凯,云南师范大学学报(社会科学版).5

巩固发展民族团结进步事业 创建社会和谐稳定模范区/郭声琨,求是.6

民族团结教育实践与创新/土登等,民族学刊.6

加快推进少数民族聚居区民族事务服务体系建设——以内蒙古自治区锡林郭勒盟为例/塔娜 沈燕平,中央民族大学学报(社会科学版).6

新疆"四个认同"教育的思考/李瑞君 贺金瑞,中央民族大学学报(社会科学版).6

论社会转型期民族群体性事件的成因及其治理/高永久 左宏愿,中央民族大学学报(社会科学版).6

全球化视野下的中国民族关系研究:内视、自觉与正义/纳日碧力戈,中央民族大学学报(社会科学版).6

适应我国城市民族关系和谐发展态势的利益协调机制研究/高永久 左宏愿,西北民族大学学报(社会科学版).6

新疆和田地区的维汉民族关系调查/马秀萍,新疆社会科学.6

民族性群体事件预警机制研究/金炳镐 裴圣愚,西南民族大学学报(社会科学版).8

中国民族关系发展大趋势论/徐杰舜,学术探索.10

中国共产党认识和处理民族问题的基本经验/宇振华,中国民族.10

论民族团结社会稳定与和谐边疆构建/赵新国 毛晓玲,西南民族大学学报(社会科学版).10

基于社区管理涉及民族因素的群体性突发事件的成因分析及预防对策/张明善 李春杰,西南民族大学学报(社会科学版).10

完善民族区域自治制度的思考与建议/龚志祥 田孟清,湖北民族学院学报(社会科学版).1

走向民族区域自治——1921—1949年中国共产党民族政策变迁历史新探/王怀强,广西民族研究.1

制度·制度相关人·环境——民族区域自治制度的现实困境分析/程守艳,广西民族研究.1

论中国民族自治机关在农村环境的行政管理/陈叶兰,贵州民族研究.1

云南民族区域自治六十年的启示/范祖锜,云南民族大学学报(社会科学版).1
论民族区域自治制度的优越性/郭倩,赤峰学院学报(社会科学版).2
民族区域自治制度的功能变迁分析/汤法远,思想战线.2
民族区域自治制度的光辉普照西藏——纪念西藏和平解放60周年/热地,西藏研究.2
论科学发展指导下的西藏民族区域自治地方政府治理方式选择/王跃 李书勇,西藏民族学院学报(社会科学版).2
民族区域自治主体的宪政解读/李军,广西民族研究.3
广西壮族自治区自治条例之立法思考/谭万霞,广西民族研究.3
现阶段我国民族区域自治研究综述/田博,福建省社会主义学院学报.3
民族区域自治与中国的现代国家构建/王怀强,内蒙古社会科学.3
中国民族区域自治法现代化的新探索——简评朱玉福新著《中国民族区域自治法制化：回顾与前瞻》/韩光明,黑龙江民族丛刊.3
我们今天为什么要坚持民族区域自治制度/胡岩,民族工作研究.3
中国共产党对我国民族区域自治制度的探索与实践/张立群,青海社会科学.3
我们今天为什么要坚持民族区域自治制度/胡岩,科学社会主义.4
建国头七年的民族区域自治/谢忠 许彬,陕西行政学院学报.4
中国共产党民族观的历史嬗变——以民族区域自治制度的形成与发展为视角/李丽娜,大连民族学院学报.4
加强民族区域自治的法制建设刍议/刘子语,今日民族.4
我国民族区域自治制度价值理论研究综述/郭晓岚,阴山学刊.4
论我国中央与民族自治地方多元一体关系/冯广林 熊文钊,广东广播电视大学学报.5
从"五族共和"学说到民族区域自治制度——纪念中国共产党建党90周年和辛亥革命100周年/卢春樱,贵州民族研究.5
建国初期贵州威宁民族杂居区的社会改革/马玉华,云南师范大学学报(社会科学版).5
民族区域自治在云南的实践与发展/宇振华,云南民族大学学报(社会科学版).6
完善民族区域自治法制的若干思考/李剑 王允武,西南民族大学学报(社会科学版).6
民族区域自治制度是维护民族团结和国家统一的制度保障/宋才发,学习论坛.10
当前民族区域自治状况分析/和牟,人民论坛.10中
中国民族区域自治实践的萌芽——中共领导建立豫海县回民自治政府之探析/布青沪 陆维成,中共党史研究.12
民族变迁与政策转型——以城市化背景下东北少数民族的发展变迁为例/卢守亭,黑龙江民族丛刊.2
民族地区现代化进程中的路径依赖与体制锁定/李红梅,贵州民族研究.2
边界地区民族联谊活动的经验与创新——以湘黔渝边界民族联谊活动为例/石群勇,吉首大学学报(社会科学版).3
"从全球视角看华侨华人与侨务工作"学术讲座综述/李章鹏,华侨华人历史研究.4
海外藏人的"身份认同"：问题与政策出路——华侨华人的视角/宁一 张植荣,民族工

作研究.1
 关于"华侨华人与国际关系"的再思考/龙向阳　周聿峨,华侨华人历史研究.1
 少数民族华侨华人与跨界民族区别刍议/黄文波,广西民族研究.2
 故地求存:太平洋战争期间福建的返乡难侨/沈惠芬,世界民族.6
 "东南亚华人与祖籍国的关系"学术讲座综述/陈永升,华侨华人历史研究.4
 中共第三代领导对民族宗教理论的新发展/徐世和等,青海民族大学学报(社会科学版).1
 中国共产党的宗教—国家观/龚学增,西北民族大学学报(社会科学版).3
 中国特色社会主义宗教理论成果解读/牟钟鉴,西北民族大学学报(社会科学版).3
 简论改革开放以来中国共产党宗教政策的发展和演变/薛三让,北方民族大学学报(社会科学版).4
 略论妥善解决我国宗教教职人员社会保障的意义、问题及对策——藏传佛教宗教事务的法律化研究之二/牛绿花,西藏大学学报.1
 边疆民族地区宗教活动新特征及其对农村基层党组织与基层政权建设的影响——以云南省武定县为例/肖飒,科学与无神论.2
 宗教文明建设对甘肃少数民族地区文化发展的影响/范鹏,西北民族大学学报(社会科学版).3
 民族地区新农村建设中的宗教影响刍议/王冬丽,民族论坛.3
 新疆地区爱国宗教人士教育培训工作调研报告——以新疆社院和伊犁、喀什、吐鲁番三地培训工作为例/武汉市社会主义学院赴疆调研组,湖北省社会主义学院学报.6
 论宗教因素对民族关系的影响/庚荣,重庆社会主义学院学报.6
 社会转型中的嬗变与应对——谈当前新疆宗教工作及宗教学研究/郭泰山　董西彩,新疆社会科学.6
 1998—2005年民族省区村民自治状况分析/苏祖勤　王仲文,中南民族大学学报(社会科学版).5
 民族地区社会主义核心价值体系的社会工程建构/曹海玲,青海师范大学学报(社会科学版).3
 论信息理论视阈下新疆少数民族大学生青年马克思主义培养/徐艳　吴新平,新疆师范大学学报(社会科学版).6
 论新疆少数民族教育中的国家责任/张晶,新疆大学学报(哲学·人文社会科学版).6
 防范和处置涉及民族、宗教因素突发事件的原则与对策/本课题组,辽宁公安司法管理干部学院学报.4
 民族地区残疾人就业的现状分析与思考——以恩施土家族苗族自治州为例/郑建炯,凯里学院学报.5
 互动:转型期西部少数民族政治社会化的途径选择/张才圣　廖丽丽,齐鲁学刊.6
 新中国成立以来民族地区区域政治发展的历史变迁及其启示/冯霞　杨勇,学术论坛.11
 内蒙古非传统安全问题及其应对/李树林等,内蒙古师范大学学报(社会科学版).2

民族自治地方县级政府绩效评估指标体系构建的特殊性分析——以内蒙古为例/王奕君等,内蒙古师范大学学报(社会科学版).2

浅论少数民族的政治参与——以黑龙江省鄂伦春、赫哲、鄂温克为例/王佳,满语研究.1

民族分裂势力的渗透与西北地区民族高校的稳定/侯万锋,贵州民族研究.4

西北少数民族政治文化建设面临的国内发展机遇和现实挑战/杜军林,西北民族大学学报(社会科学版).6

新时期西北少数民族政治文化建设探析/杜军林,甘肃民族研究.3

当前甘南藏区社会稳定问题研究——以国内安全保卫工作为视角/陈茜,新疆警官高等专科学校学报.3

转型期民族地区社会矛盾的系统形态研究——以甘肃甘南藏族自治州藏区为例/马仲荣,北方民族大学学报(社会科学版).4

突发公共事件中媒介疏通的"低度效果"及解决路径——基于"3·14"事件中甘南藏族自治州舆论引导模式的多维调查/马廷魁,北方民族大学学报(社会科学版).4

甘肃民族地区的非制度政治参与及其治理/宁军,牡丹江大学学报.11

民族地区社会稳定与宁夏实践研究/李保平,宁夏师范学院学报.4

宗教对社会稳定的影响及其法治化管理问题——以青海藏区的宗教与社会稳定关系为视角/靳国胜,青海师范大学学报(社会科学版).6

青海民族地区区域发展与社会稳定的机制分析/骆桂花,青海社会科学.6

泛突厥主义对中国新疆的渗透及影响/贾春阳,世界民族.1

新疆基层反渗透的路径选择:健全公共文化服务体系/张春霞,喀什师范学院学报.2

从民间策略看新疆族群关系——以新疆焉耆为例/黄达远,民族学刊.3

论新时期民族关系和谐与构建和谐新疆/史界等,新疆师范大学学报(社会科学版).3

盛世才执政时期新疆区村制探析/陈芸 张皓,西域研究.4

牢牢把握富民固边的根本途径——深入学习中央新疆工作座谈会精神/曹兹纲,新疆社会科学.4

对口援疆背景下的民族关系协调机制/孙嵩,中南民族大学学报(社会科学版).4

"东突"产生和发展过程中的国际因素/潘志平 胡红萍,西北民族研究.4

民族主义与族际关系——科索沃问题对新疆社会稳定的启示/李虹,青海民族大学学报(社会科学版).4

民族分裂主义的成因及对策分析/吕永红 杨丽,黑龙江民族丛刊.5

我国西北跨界民族对新疆社会稳定的影响/张建兵,学理论.9下

马英九执政以来台湾族群矛盾演变及其走向/严安林,台湾研究.6

区域政府合作:武陵民族地区行政管理体制创新构想/陈勇,湖北民族学院学报(社会科学版).2

试论民族地区基层政权演变对社会文化变迁的影响——以湖北省恩施自治州来凤县革勒乡政府区划变动为例/范才成,咸宁学院学报.9

当代多民族社区族群关系模式探析——以湘西土家族苗族自治州为例/李然,北方民族大学学报(社会科学版).3

从文化认同走向民族团结的发展历程——广西民族"四个模范"研究之三/覃彩銮,广西民族研究.3

西南民族地区农村社会稳定问题研究/胡阳全,云南民族大学学报(社会科学版).6

四川藏区基层组织建设与社会稳定的关键/吴铀生,民族学刊.3

四川藏区稳定机制建设的思考/程玲俐　吴铀生,西南民族大学学报(社会科学版).10

政治学视野下贵州民族地区社会政治稳定分析——基于互动视角的态度与行为调查分析/龙立军　陈自强,云南行政学院学报.4

滇越边民跨国流动与社会稳定研究——基于国家、地方与边民的视角/谷家荣,广西民族研究.2

建国初期中国共产党分类指导少数民族地区民主改革略论——以云南为个案的历史考察/张晓琼,满族研究.2

云南边疆民族地区群体性事件诱因探析/唐滢等,管理学刊(新乡).5

云南边疆民族地区杂居民族关系问题刍议/管卫江　李青,中共云南省委党校学报.6

跨境民族的民族认同与云南边疆和谐社会的构建/龙庆华　段全武,社科纵横.7

历代治边与云南的地缘政治关系/方铁,西南民族大学学报(社会科学版).9

20世纪50年代党和国家大力改善西藏人权与民生纪实/郭冠忠,中国藏学.2

和平解放西藏是党的民族政策的胜利——纪念《关于和平解放西藏办法的协议》签订60周年/张双智,中国藏学.2

试论走有中国特色、西藏特点发展路子的辉煌成就——兼述西藏和平解放60年变迁的西藏经济社会发展成就/倪邦贵等,中国藏学.2

西藏跨越式发展与民族文化的调适/张群　徐平,中国藏学.2

达赖、班禅关系与新中国治藏方略研究(1949—1959)/孙宏年,中国边疆史地研究.2

"我所知道的达赖喇嘛"/杨公素　张植荣,民族工作研究.2

中国化的马克思主义民族理论在西藏的成果——纪念建党90周年暨西藏和平解放60周年/张英,西藏大学学报(社会科学版).2

和平解放西藏60年成就与变迁的启迪/倪邦贵　王文令,西藏大学学报(社会科学版).2

简论毛泽东思想对"十七条协议"的指导意义/孙勇,西藏大学学报(社会科学版).2

试论西藏地区的民主改革运动及其历史意义/许广智,西藏大学学报(社会科学版).2

中国特色西藏特点的科学发展道路特征分析——写在和平解放西藏六十周年之际/倪邦贵等,民族学刊.2

十世班禅与西藏和平解放及班禅问题的解决/张皓　刘杰,当代中国史研究.2

现代西藏历史中的谣言制造对社会政治的影响/尼玛扎西,四川省社会主义学院学报.3

和平解放:西藏跨越式发展的历史起点——纪念西藏和平解放60周年/白玛朗杰,西藏研究.3

西藏和平解放　中华民族统一大业的辉煌篇章——中央统战部常务副部长朱维群答本刊

记者问/朱维群等,中国西藏.3

依法反分裂,切实推进西藏由基本稳定走向长治久安/刘波,西藏发展论坛.4

试论民族区域自治制度与西藏的政治现代化/拉加当周,中国藏学.4

毛泽东与西藏解放事业/罗广武,西藏民族学院学报(社会科学版).4

历史跨越 历史巨变 历史启示——中国共产党是西藏各族人民利益的忠实代表/杨维周,西藏民族学院学报(社会科学版).4

简析达赖集团在日本的"藏独"活动/秦永章,西藏民族学院学报(社会科学版).4

护国利民 随顺世间——纪念西藏和平解放60周年/班禅额尔德尼·确吉杰布,中国西藏.4

透过六十年历史客观看待西藏经济社会发展的曲折性——纪念建党90周年与西藏和平解放60周年/贺新元,西藏研究.4

深刻的变革人民的选择——西藏政治60年发生根本性变革/人权.4

西藏发展进步的光辉道路/杜青林,人权.4

达赖集团洛桑森格《演说》的实质及应对思路/周伟,民族工作研究.4

论毛泽东为首的第一代中央领导集体在西藏社会发展中所奠定的基础作用/徐万发,西藏民族学院学报(社会科学版).5

在中国时代大语境中推进马克思主义大众化——兼议西藏地区及相邻省藏区马克思主义大众化路径/孙勇,西藏研究.5

中国共产党关于西藏发展理论的继承与创新/裴圣愚 熊坤新,大连民族学院学报.6

英国主流媒体的涉藏报道:剖析与借鉴——以英国《卫报》"3.14"前后的涉藏报道为例/邱道隆 张植荣,民族工作研究.6

论影响西藏公共危机管理的特殊因素/赵明霞,民族论坛(学术版).12

清代民族行政管理机构的演变/黄江华,四川民族学院学报.2

雍正治藏方略与其起因、影响和启示/冯智,西藏民族学院学报(社会科学版).3

古代西域双轨运行机制与社会结构/廖肇羽,社会科学战线.10

关于土司研究的几点思考/毛佩琦,云南师范大学学报(社会科学版).2

黑水城出土文书所见人事变化初探/吴超,吉林师范大学学报(社会科学版).3

论土司制度的灵魂/罗树杰,民族论坛.7上

《黑水城出土文书》所见亦集乃路达鲁花赤/吴超,阴山学刊.2

西宁办事大臣设置缘由初探/陈柏萍,青海民族研究.3

承继与嬗变:二十世纪初民族主义的中国化进程——以《湖北学生界》为中心/郭建民,北方民族大学学报(社会科学版).2

孙中山的大同理想及其意义——兼与康有为等人比较/魏义霞 高志文,黑龙江社会科学.5

文化民族主义理论视野下章太炎的礼俗观——以《订礼俗》、《礼隆杀论》为中心的分析/暨爱民 易明,吉首大学学报(社会科学版).6

民国政府的边政内容与边政特点——以南京国民政府为中心/段金生,思想战线.1

民国治边事业中的边政人员考察/朱映占　段红云,思想战线.4

国家在场与湘西苗族文化的变迁——民国政府的文化同化策略在湘西苗族地区的实践/崔榕,青海民族研究.1

论钱穆文化民族主义史学思想的形成/陈勇,史学理论研究.2

民国时期中缅边界问题对民族国家构建的回响/张子建,贵州民族研究.2

中国近代政治与文化视阈中的"种族"论/孙强,贵州民族研究.3

宋教仁的民族主义思想研究/王伟,黑龙江民族丛刊.3

辛亥革命与中华民族内涵之演变/郝时远,民族研究.4

杨增新治新期间对维吾尔族政策探析/伏阳,北方民族.4

近代民族危机驱动下传统民族观的转型/张媚玲,思想战线.4

辛亥革命前后近代中国民族国家认同的形塑/石碧球,思想战线.4

邓演达民族主义思想评析/刘强,黑龙江民族丛刊.4

孙中山民族认同心理的历史考察及当代价值/张韶梅,新疆大学学报(哲学·人文社会科学版).5

"民族主义",还是"国家主义"?——辛亥革命与民国的民族政治/熊芳亮,民族工作研究.5

辛亥革命与中国民族关系/国家民委监督检查司民族关系处,民族工作研究.5

论民国时期四川"夷务"问题——以雷波、马边、屏山、峨边为考察对象/谢睿,贵州民族研究.5

南京国民政府政治视野中的西南边疆/段金生　郭飞平,云南师范大学学报(社会科学版).5

章太炎的民族主义:天下、世界与民族国家/马辛,云南民族大学学报(社会科学版).5

国族观念与现代国家的建构:基于近代中国的考察/陈建樾,云南民族大学学报(社会科学版).5

从"因俗而治"到"五族共和"——中国民族治理模式的近代嬗变/杨顺清,贵州民族学院学报(社会科学版).6

"寻找国家":清末民国时期蒙古地方精英国家认同的演变与形成/常宝,社会科学战线.8

民国时期的少数民族精英:理解中国从"天下帝国"到"民族国家"进程的钥匙/马戎,社会科学战线.8

论毛泽东时代的民族主义与外交/王军,黑龙江民族丛刊.1

民族地区社会管理创新途径探析——以恩施自治州犯罪问题为例/赵世玉等,湖北民族学院学报(社会科学版).6

我国地方民族立法体系述评/刘振宇,满族研究.4

藏族大学生法律意识实证研究——基于478份问卷的调查分析/李春斌,湖北民族学院学报(社会科学版).2

2010年中国民族法学研究综述/王杰　王允武，民族学刊.2

中国人口较少民族的法律保护探讨/朱玉福，满族研究.3

侵犯少数民族风俗习惯的法律问题研究——以满族为例/柴阳，满族研究.3

影响中国少数民族法文化保护的因素探讨/张艳丹，贵州大学学报（社会科学版）.3

关于少数民族法律人类学的反思/耿羽，贵州民族研究.4

民族自治地方能动司法与法律变通/张殿军，北方民族大学学报（社会科学版）.3

民族地区村民的刑法认知程度调查/何兴伟　许文英，贵州民族学院学报（社会科学版）.5

"后体系时代"民族自治立法创新研究——以四川省民族自治立法为实证/陈云霞，贵州民族研究.2

民族习惯法的特殊规则对刑事案件的影响——以黔东南"扫家"、"看米"、"蛊"引发的司法个案为例/李向玉，北方民族大学学报（社会科学版）.3

少数民族非物质文化遗产保护的民族自治立法模式研究——以北川羌族自治县为实证/陈云霞，北方民族大学学报（社会科学版）.3

当前我国地方民族立法体系评析/刘振宇，湖北民族学院学报（社会科学版）.3

论民族自治地方立法的合法性/徐合平，中南民族大学学报（社会科学版）.4

自治州在宪法法律中的地位与作用/黄元姗，中南民族大学学报（社会科学版）.4

民族区域自治法配套立法主体刍议/吴克泽，宁夏社会科学.6

关于修改完善民族区域自治法的几点浅见/胡令明，民族工作研究.6

湖北民族地区农村"厌诉"根源的多维透视/覃美洲，贵州民族研究.2

民族聚居区域行政执法的特点与策略/韩舸友，贵州民族研究.2

论和谐社会语境下中国少数民族行政诉权的保障/李湘刚，云南民族大学学报（社会科学版）.3

论少数民族农民工行政诉权保障/李湘刚，思想战线.3

西部大开发的基本法——《西部开发促进法》/马玉祥　马志鹏，西北民族研究.3

科学发展观与民族法治建设关系研究/马玉祥　马志鹏，西北民族大学学报（社会科学版）.4

试析民族区域自治法中的软法规范/熊文钊　郑毅，中央民族大学学报（社会科学版）.4

边疆民族地区财政自治法律机制研究——以群体性事件的解决为视角/倪澎，湖北民族学院学报（社会科学版）.4

民族地区经济发展与法制建设的宪法性思考——以《宪法》第四条之规定为切入/韩舸友，贵州民族研究.4

和谐法治社会构建中的少数民族人权法律保护/赖静，贵州民族研究.4

民族区域自治地方法律变通的价值蕴涵/张殿军　崔慧姝，青海民族研究.4

民族区域自治地方立法变通途径探讨/徐晓光　黄逢贵，凯里学院学报.5

中国特色社会主义法律体系中的民族法/敖俊德，民族工作研究.6

对当前民族法制建设形势和任务的几点认识/国家民委政策法规司，中国民族.9

少数民族传统文化保护相关立法现状与完善/侯斌　周鸿彦，民族学刊.2

少数民族文化风险及其法律规制研究/田艳　王禄，贵州民族研究.4

《保护非物质文化遗产公约》与西藏"非遗"法律保护/杨长海，西藏民族学院学报（社会科学版）.5

民族地区生态环境保护的法制建设综述/王乐宇，甘肃民族研究.2

恢复性司法在我国藏族地区刑事冲突解决中的特殊意义/马德，青海民族研究.3

矫正少数民族服刑人员的理念、制度与文化/王飞，贵州社会科学.2

民族地区司法规律及司法权配置若干特殊问题研究/马天山，湖北民族学院学报（社会科学版）.4

川滇毗邻藏区习惯法对国家法的影响及启示——以凉山州木里藏族自治县为例/冉翚，民族学刊.2

藏族习惯法中的调解纠纷解决机制探析/后宏伟，北方民族大学学报（社会科学版）.3

苗寨社会秩序解读——从法社会学、法人类学的视角/浦加旗，文山学院学报.4

本土民族法文化的价值与内涵——以藏族赔命价习惯法对我国刑事司法的贡献为视角/隆英强，中南民族大学学报（社会科学版）.4

民族习惯法民间文本与原生态诗性文化——以西部神话史诗为例/石伶亚，中南民族大学学报（社会科学版）.4

青海藏区侵权事件处理中法律与宗族习惯法矛盾探析/陈艳　林宁，青海师范大学学报（社会科学版）.4

民间法规视野下的回族乡村乡规民约——以宁夏郭桥乡为例/马宇峰，青海民族研究.4

凉山彝族习惯法探析——以普雄地区习惯法为重点的考察/赖静　王友平，贵州民族研究.5

民族地区生态补偿机制总体框架设计/萨础日娜，广西民族研究.3

民族地区生态补偿机制问题探析/萨础日娜，西北民族研究.3

社会主义改造时期的乌兰夫牧区工作思想/吴海山，内蒙古民族大学学报（社会科学版）.5

裂变与重构——"博峪事件"与卓尼藏区基层政治变迁/戴巍，甘肃社会科学.1

论藏族习惯法的法哲学基础——以玉树部落制度为例/孙崇凯，青海民族研究.2

以则尔山为中心的尔苏藏族地方社会/李星星，中华文化论坛.2

试论安多地区多元文化共生格局的特点及其发展趋势/贾伟等，中南民族大学学报（社会科学版）.2

不能忘却的学术坚守——中国藏学研究的沉寂时期（1966—1976）/王启龙　阴海燕，西南民族大学学报（社会科学版）.2

论民族意义上的藏文化/王智汪，西南民族大学学报（社会科学版）.2

藏学文献收集研究的执着探索者/倪秀芳等，中国西藏.3

俄罗斯藏学研究之起源探析/张晓梅，中国藏学.3

尔苏、多续藏族研究及其关系辨析/袁晓文　陈东，中国藏学.3

康藏人民以商抗日与中华民族命运共同体的构建/美朗宗贞　德西永宗,西藏大学学报(社会科学版).4

以刑事和解方式推进藏族习惯法与国家法的互动——以果洛藏族习惯法中的"赔命价""赔血价"为例/王海聪,青海师范大学学报(社会科学版).5

著名藏学家恰白·次旦平措史学思想论述/徐志民,西藏研究.5

西方学人反思西藏认知的研究述评/赵光锐,民族研究.6

西南民族大学藏学学科建设的特色之路/罗布江村等,西南民族大学学报(社会科学版).6

论藏族传统法律文化及其社会作用/贡保扎西　琼措,西南民族大学学报(社会科学版).6

藏族传统文化与生态环境/张广裕等,民族论坛(学术版).12

2010年中国藏学研究评述——在首届藏学珠峰论坛上的主旨发言/拉巴平措,中国藏学.1

"首届藏学珠峰论坛"专家发言摘登/苏发祥等,中国藏学.1

"首届藏学珠峰论坛"综述/本刊记者,中国藏学.1

2010年中日学者藏学论坛在京召开/李学竹等,中国藏学.1

西藏和平解放60年与藏族文化遗产保护研讨会简述/李文学,民族研究.4

"西藏传统文化与和谐社会建设暨纪念《西藏民族学院学报》创刊30周年"学术研讨会综述/索珍,中国藏学.1

《福乐智慧》中隐喻及其体现的经济文化内涵探究/张琦,喀什师范学院学报.1

从法拉比政治图式到苏非式信仰——《福乐智慧》的"两世"并重及其偏转/乌丽亚·米吉提　刘成群,北方民族大学学报(社会科学版).1

维吾尔族妇女再婚若干问题研究——一项来自新疆喀什地区S县A村的田野考察/冯雪红,北方民族大学学报(社会科学版).4

维吾尔文献中的伦理文化观及现代意义/赵霞,新疆师范大学学报(社会科学版).5

《福乐智慧》中关于知识和智慧的论述/赵霞,新疆大学学报(哲学·人文社会科学版).5

刀郎维吾尔人及其文化的几点思考/艾比布拉·阿布都沙拉木,新疆社会科学.5

后现代·东方主义·民族志写作——从Louisa Schein《少数民族准则》谈起/段颖,西北民族研究.3

传统的复兴与文化重构——对巍山土主文化复兴的人类学分析/李金发　蔡华,黑龙江民族丛刊.1

论纠纷中的"事实"问题——基于彝区两个案例的思考/李剑,民族学刊.5

浅议贵州彝族对国家统一民族团结的历史贡献/龙江　似庆岑,贵州民族研究.5

论凉山彝族民间调解制度——以与人民调解调适为视角/张邦铺等,重庆文理学院学报(社会科学版).5

从"多元一体"理论看彝族法制的渊源及发展/汪亚光　李剑,宁夏大学学报(社会科

学版).6

1863—1884年俄国对远东朝鲜人政策探析/潘晓伟,北方文物.4

锡伯族"西迁"精神的内容及弘扬问题研究/马炜泽,中共伊犁州委党校学报.4

对保护和弘扬锡伯族优秀传统文化的思考/贺成绩,中共伊犁州委党校学报.4

景颇族教育、观念与经济发展——对边区跨境特困少数民族的调查/马光秋等,贵州社会科学.3

论少数民族原始宗教的社会控制功能及启示——以景颇族为例/赵天宝,北方民族大学学报(社会科学版).3

少数民族社区传统文化中的社会资本——以云南勐海布朗山乡为例/张慧,贵州大学学报(社会科学版).6

羌族地区城镇变迁述论/陈松 黄辛建,西南民族大学学报(社会科学版).4

"首届中国羌族非物质文化遗产与灾后重建研讨会"综述/何文海,民族学刊.2

改革开放以来海南黎族社会观念变迁及特征分析/陈思莲 范士陈,民族教育研究.5

从哈节看北部湾京族的跨国交往/廖国一 白爱萍,西南民族大学学报(社会科学版).5

区域畲族史该怎么写?——读邱国珍《浙江畲族史》/蓝炯熹,史学理论研究.2

台湾人类学原住民研究的发展及其知识形态/哈正利,世界民族.4

林惠祥与中国大陆的台湾原住民研究/陈建樾,民族研究.4

移民文化认同与民族关系的发展——以镇沅县恩乐镇易地搬迁的苦聪人为例/罗承松 杨洪,思茅师范高等专科学校学报.1

建国以来山越研究述评/程凌雷,中国史研究动态.2

弘扬爱国主义的东归精神 维护祖国统一/吐娜,新疆社会科学.3

金树仁主政新疆五年述评/买玉华,新疆社会科学.5

改土归流时期的湘西开发及其社会历史变迁/龙先琼,吉首大学学报(社会科学版).6

用文化统战促进民族团结——以百色起义为例/旷红梅,百色学院学报.2

基督教与川康民族地区西医业的兴起/邓杰,福建师范大学学报(社会科学版).6

近十年大陆学者对康区的研究及新趋势/石硕,西南民族大学学报(社会科学版).12

对邓小平与西藏和平解放之关系的历史考察和再认识/陶禾,西藏研究.1

由《筹藏刍议》看姚锡光的筹藏观/柳森,西藏研究.1

近代民族主义视野下的西藏问题/张双智,青海民族研究.1

西藏和平解放若干史实考释/宋月红,中国藏学.2

关于"十七条协议""附件"之研究——为西藏和平解放60周年而作/王小彬,中国边疆史地研究.2

争取和平解放西藏与昌都战役问题研究/宋月红,中国边疆史地研究.2

和平解放西藏与中央治藏政策的理论和实践/张云,中国边疆史地研究.2

20世纪50年代美国制定和执行西藏政策的跨部门分析/郭永虎,东北师大学报(社会科学版).2

浅谈中央人民政府与西藏地方政府签订《十七条协议》的历史意义/许广智,西藏研

究.2

社会主义民主政治在西藏的建立与发展——纪念西藏和平解放60周年/本刊编辑部,中国藏学.2

中国共产党如何应对"驱汉事件"的历史剖析/曲晓丽　程早霞,黑龙江社会科学.5

穿越历史时空——《西藏百年史研究》系列丛书序一/白玛朗杰,西藏研究.5

1904—1933年西藏危机原因探析/赵海军　徐黎丽,黑龙江民族丛刊.5

六世班禅与波格尔进藏/星全成,西北民族大学学报(社会科学版).6

论《中国西藏及甘青川滇藏区方志汇编》的价值与特点/刘健,青海师范大学学报(社会科学版).6

劳伦斯·瓦代尔《拉萨及其神秘》评介/梁俊艳,中国史研究动态.6

西藏共享性发展理路述要——基于藏汉文明共同体的解读兼应安竹·费雪等作者/周兴维,西藏研究.6

西藏地区中共基层党组织的创建及其意义(1950—1962)/刘波,西南民族大学学报(社会科学版).6

《西藏志考》成书时间及著者考/赵心愚,西南民族大学学报(社会科学版).12

"纪念西藏和平解放60周年学术研讨会"综述/本刊记者,中国藏学.3

"明清帝国的建构与中国西南土著社会的演变"国际学术研讨会综述/沈文杰等,中国史研究动态.2

祖源记忆:社会情绪与民族认同——《大理喜洲翔龙村张氏族谱》的个案研究/赵玉中,西南民族大学学报(社会科学版).8

费孝通对甘青民族社会发展的考察与构想——谨以此文纪念费孝通先生诞辰一百周年/马成俊　张海云,西北民族研究.1

求真的路——记回族史专家杨怀中先生/李华,回族研究.2

近四十年锡良研究综述/连振斌,内蒙古民族大学学报(社会科学版).1

宝棻任职川东道始末考/白莹,内蒙古大学学报(社会科学版).3

论邓恩铭早期革命思想的形成及现实指导意义/肖先治　王旭东,贵州社会科学.6

新疆文物事业"十一五"回顾与展望/盛春寿,中国文化遗产.4

新疆大遗址保护中的惠民工程——吐鲁番地区坎儿井保护与利用/郭梦源等,中国文化遗产.4

文化遗产廊道构建的理论与实践——以滇藏茶马古道为例/王丽萍,贵州民族研究.5

也谈五尺道的开通及其对西南夷地区社会发展的影响/谢崇安,贵州民族研究.5

论丝绸之路向茶马古道的转型——从词与物的传播说起/陈保亚,云南民族大学学报(社会科学版).5

岩画的考古学研究方法探讨——以哈密巴里坤八墙子岩画为例/孔令侠,吐鲁番学研究.1

民俗文化村的文化表演——以生态人类学的视角分析/潘峰,西北民族研究.2

关于民俗志书写的几点思考/程安霞,中央民族大学学报.2

民俗研究的人类学视角/桂榕,曲靖师范学院学报.2

常人方法学与民俗学"生活世界"研究策略——从民俗学研究范畴和范式转换谈起/张翠霞,中央民族大学学报(社会科学版).5

论少数民族习俗文化在社会主义和谐社会构建中的价值/荀利波,前沿.24

中国西南民族"螺丝结顶"墓葬的民俗学研究——以"瓦乡化"、"土家语"、"苗语"地区为例/白俊奎,青海民族研究.3

送魂:民族学视野中的"二次葬"习俗——从民族志材料看"二次葬"的定义及原因/袁晓文 陈东,广西民族大学学报(社会科学版).5

渝东南少数民族丧葬习俗与中国孝道文化/陈盛兴,重庆文理学院学报(社会科学版).5

侵犯少数民族风俗习惯罪中的几个问题研究/高巍,云南民族大学学报(社会科学版).2

自然地理分区与青海游牧社会的历史演进/丁柏峰,青海师范大学学报(社会科学版).5

固尔扎与海努克——伊犁史地论札之五/姜付炬,伊犁师范学院学报(社会科学版).1

拉铁摩尔对中国新疆的考察与研究/许建英,中国边疆史地研究.4

另外一个他者:灵长类社会研究在人类学中的价值/麻国庆,广西民族大学学报(社会科学版).6

传统环保文化与草原和谐发展——以内蒙古新巴尔虎左旗巴彦贡嘎查水文化为例/孟和乌力吉,云南师范大学学报(社会科学版).1

东北少数民族生态文化变迁中的体系危机与维度转换/吴丽娟,满族研究.1

藏族传统游牧方式与三江源"中华水塔"的安全/罗康隆等,吉首大学学报(社会科学版).1

乌兰布和沙漠治理实效性研究——以内蒙古杭锦后旗双庙镇继丰村治理乌兰布和沙漠为例/李卉青,内蒙古师范大学学报(社会科学版).1

山地民族的农耕模式与生态适应——基于对怒江峡谷秋那桶村的田野研究/温士贤,贵州民族研究.2

云南少数民族聚居区生态环境变迁与保护——基于法律人类学的视角/徐梅等,云南民族大学学报(社会科学版).2

略论建立和完善西藏生态补偿机制的意义/达瓦次仁,西藏研究.2

草原游牧民与森林游猎民的超自然循环——以内蒙古呼伦贝尔为例/阿拉腾,满语研究.2

自然与文化原生态:生态人类学视角的考察/余达忠,吉首大学学报(社会科学版).3

美、苏两种传统的民族生态学之比较——"民族生态学理论与方法研究"之二/付广华,广西民族研究.3

作为文化批评的当代生态人类学——《长城之外》及其他/郑少雄,西北民族研究.3

蒙古族传统自然观与当代生态伦理学/包国祥,内蒙古民族大学学报(社会科学版).3

基于社区视角的三江源自然保护区牧民参与生态旅游研究——以玉树称多县为例/黄芸玛等,青海师范大学学报(社会科学版).3

民族生态学在中国的发展——"民族生态学理论与方法研究"之三/付广华,广西民

研究.4

本土知识与本土化——评《本土生态知识引论》/李继群,吉首大学学报(社会科学版).4

内蒙古S苏木草原生态恶化原因的机构性解析/任国英　王子艳,中南民族大学学报(社会科学版).4

生态压力下民族地区新农村建设的思路与措施——以三江源地区为例/肖韶峰　李皓,西北民族大学学报(社会科学版).5

在诗意中共存——论侗族地方性知识的和谐生态意识/杨经华　董迎轩,贵州民族研究.5

瑶族林木生态伦理思想探析/安丰军,广西民族大学学报(社会科学版).6

民族地区生态环境问题及其治理的社会学思考/李诚　李进参,云南社会科学.6

三十年来中国医学人类学研究回顾/张宁　赵利生,浙江社会科学.2

近30年中国医学人类学研究的回顾与反思/徐义强,思想战线.3

中国少数民族相关艾滋病问题研究的再思考/张宁　武沐,贵州民族研究.4

我国少数民族传统医药的法律保护研究/张树兴等,云南民族大学学报(社会科学版).1

人类学视野中的民族医学疗效评价/张有春,中央民族大学学报(社会科学版).3

历史、文化与行动中的医学多元——对一个纳西族村落疾病与治疗的人类学考察/和柳,广西民族大学学报(社会科学版).4

民族地区生态环境保护与发展问题研究/李诚,内蒙古社会科学.6

WTO环境规则与我国西部民族地区环境保护制度的完善/唐海燕,民族学刊.5

历代西北防治自然灾害的对策及经验/黄兆宏,青海民族大学学报(社会科学版).2

二　民族经济

对民族地区人才市场建设的几点思考/张晗,延边大学学报(社会科学版).1

兴边富民行动的实践与成效考察——以云南耿马傣族佤族自治县为例/廖金焕　赵金洪,黑龙江民族丛刊.6

云南少数民族地区经济社会发展失衡预警系统的构建/李美娟,广西民族研究.4

民族地区碳排放效应分析与低碳经济发展/成艾华　雷振扬,民族研究.6

新时期以来党的民族经济发展观——从邓小平到胡锦涛的民族经济发展理念与实践/付金梅,广西民族研究.1

民族经济政策研究的若干问题/朱宏伟,广西民族研究.1

民族传统经济发展状况对民族成员的影响/额尔敦巴根,内蒙古民族大学学报(社会科学版).1

民族经济学发展中的"二重困境"/黄磊　李皓,中央民族大学学报(社会科学版).6

论民族性对民族经济体制的制约作用/马准,云南民族大学学报(社会科学版).6

民族经济学理论体系的发展/杨思远,中国民族.12

族群多样性与经济增长——基于经济学视角的综述/郑长德　单德朋,民族学刊.3

边疆民族志:经济人类学的视角与方法/施琳,广西民族大学学报(社会科学版).3

经济人类学与中国西南边疆少数民族发展国际研讨会纪要/潘春梅　王贤全,民族研究.4

"兴边富民行动"的理论思考及建议/张新平　陈胜,湖北民族学院学报(社会科学版).3

农牧民关键自然资本的丧失对其收入的影响研究——基于少数民族地区的实地调查/万玛当知　杨都,西北民族大学学报(社会科学版).6

内蒙古经济高增长背景下的"高投资、低消费"难题解析/任军,内蒙古民族大学学报(社会科学版).2

长吉图开发开放先导区建设对构建和谐民族关系的深远影响/吉林省民委课题组,北方民族.1

先行先试:沿边民族地区开发开放新模式——以延边地区为例/方琦,延边大学学报(社会科学版).1

延边朝鲜族自治州统筹城乡协调发展之我见/李铁,延边大学学报(社会科学版).4

推进延边转变经济发展方式的几点思考/王莹,延边大学学报(社会科学版).4

西北民族地区产业结构调整的实证研究/刘涛　张爱民,西南民族大学学报(社会科学版).3

构建甘宁青黄河上游多民族经济带的构想/阮静,宁夏党校学报.6

宁夏"吊庄移民"工程与民生效益/文妮,黑龙江民族丛刊.1

各民族互补合力与青海藏区的经济发展/梅端智,青海民族大学学报(社会科学版).2

青海民族地区不同民族收入分配差距的比较研究/王健等,青海民族研究.4

青海藏区社会经济发展的障碍分析及对策/刘小平,青海师范大学学报(社会科学版).4

青海民族地区经济可持续发展问题浅议/郭殿雄,青海师范大学学报(社会科学版).6

全力推动新疆跨越式发展的战略思考/吴筠,新疆师范大学学报(社会科学版).1

新疆跨越式发展中的几个重要指标的分析/王跃等,新疆社会科学.2

树立"六种意识"　营造"两种氛围"　努力实现阿勒泰地区跨越式发展和长治久安/张汉东,新疆社会科学.2

论新疆跨越式发展的难点与对策/顾华详,新疆师范大学学报(社会科学版).2

杨增新和杨缵绪对新疆财政问题的争论——兼谈新疆各民族的经济负担/文志勇,中国边疆史地研究.3

新疆民族地区经济发展问题研究/阿迪力·努尔　马惠兰,新疆财经.4

新一轮援疆中南疆农牧区新农村建设应坚持的几个原则/郭彩星,喀什师范学院学报.4

新时期新疆经济发展战略构想及政策取向/弯海川,新疆社会科学.6

论伊斯兰教对新疆民族经济发展的影响/龙群,北方民族大学学报(社会科学版).6

新疆"十一五"发展回顾及"十二五"展望/王跃等,新疆社会科学.6

省际边缘区域少数民族经济统筹发展研究——以武陵山经济协作区为例/黄健英　贾斌韬,湖北民族学院学报(社会科学版).4

制度变迁与民族地区的经济发展研究——基于恩施州的实证分析/田钊平,西南民族大学学报(社会科学版).1

民族山区转型农村的贫困人口及其分布——基于恩施州的实证研究/谭贤楚,贵州社会科学.9

以资源优势为依托建设五大绿色产业——基于对湖南省城步苗族自治县的调查/曹正城,文史博览·理论(长沙).10

加快湖南武陵山区经济社会发展的阻力及对策研究/戴楚洲,民族论坛(学术版).12

从人力资源因素看红水河流域少数民族地区的贫困——红水河流域少数民族地区贫困原因研究之三/邵志忠,广西民族研究.2

中越边境民族地区扶贫模式的困境与创新/王新哲,广西民族大学学报(社会科学版).6

中国广西、云南边境民族地区经济社会发展研究——国家民委/国家开发银行"兴边富民"调研报告/刘勇等,民族工作研究.6

民族地区社区发展现状、存在问题及构建模式研究——以四川凉山彝区为例/唐文娟,西南民族大学学报(社会科学版).2

"三大民生工程"下的四川藏区反贫困政策思考/蔡雪林 曾慧华,四川省社会主义学院学报.4

民族文化对民族地区经济发展的影响——以贵州省荔波县瑶麓瑶族乡为例/梁艳菊 覃琳,贵州民族学院学报(社会科学版).1

少数民族乡村在深入实施西部大开发战略下的经济发展路径——以贵阳市乌当区偏坡布依族乡为例/雷玷 田华,贵州民族研究.3

贵州民族自治地方实施"工业强省、城市化带动战略"之思考/刘吉昌等,贵州民族学院学报(社会科学版).4

"十二五"期间加快贵州民族地区经济社会发展的思考/吕海梅 卓玛才让,贵州民族研究.6

民族地区对外开放度与经济增长相关性分析——以云南省为例/李子成等,云南民族大学学报(社会科学版).1

风险冲击与贫困脆弱性——来自云南红河哈尼族彝族自治州农户的证据/陈贻娟 李兴绪,思想战线.3

云南藏区跨越式发展的实践与探索/王德强 史冰清,云南民族大学学报(社会科学版).5

云南民族地区经济发展面临的问题及成因分析/毛燕 毛晓玲,黑龙江民族丛刊.5

新中国建立60年来云南经济建设的历程与经验/马勇,云南民族大学学报(社会科学版).5

曲靖市少数民族地区经济社会发展调研报告/保明富,今日民族.11

解放西藏农奴合理性的经济学研究——基于估算出的农业生产函数/[日]大西广著,李晓苏译,中国藏学.2

西藏和平解放60年经济社会发展的历史回顾与评析/贺新元,西藏大学学报(社会科学

版）.2

西藏经济增长中的全要素生产率分析/贡秋扎西，西藏大学学报（社会科学版）.3

投资结构与西藏经济增长/唐沿源，西南民族大学学报（社会科学版）.3

西藏"十一五"时期经济发展回顾及"十二五"期间发展建议/陈朴等，西藏研究.3

西藏昌都地区生态建设与可持续发展探讨/达瓦次仁　次仁，中国藏学.4

兴边富民行动与西藏边疆民族地区的经济社会发展/陈立明，西藏大学学报（社会科学版）.4

割舍与依恋——西藏及其他藏区扶贫移民村考察/徐君，西藏大学学报（社会科学版）.4

试论西藏经济包容性发展的意义与路径/毛阳海，西藏民族学院学报（社会科学版）.4

论西藏经济社会实现科学发展与和谐发展的重要条件/陈敦山，西藏民族学院学报（社会科学版）.4

重思援藏项目的经济和社会效益——为靳薇《援助政策与西藏经济发展》序/马戎，青海民族研究.4

西藏农村公共产品特殊性研究/杨峰等，民族学刊.5

分析西藏传统民族手工业对跨越式发展的推动作用/达瓦次仁，西藏研究.6

新一轮西部大开发的战略目标：推动西部民族地区分享更多"发展红利"/杨明洪，民族学刊.1

西部民族地区经济与生态协调发展的理念转换与制度建构/田钒平，民族学刊.1

"十二五"时期民族地区跨越式发展战略评估/余远辉，国家行政学院学报.1

西部民族地区经济发展的现状与思考/高新才等，西藏大学学报.1

空间贫困理论视野下的民族地区扶贫问题/陈全功等，中南民族大学学报（社会科学版）.1

论以自主积极的民族经济体制改革促进民族经济发展/马淮，云南民族大学学报（社会科学版）.1

跨国运输通道是民族经济外向拓展之道/黄云，云南民族大学学报（社会科学版）.1

中国少数民族地区经济发展质量研究/郑长德，民族学刊.1

试论发展边疆民族地区经济的强边固防功能/杜人淮，广西民族研究.2

关于发展达斡尔民族经济的几点思考/于春梅等，黑龙江民族丛刊.2

中国沿边开发政策实施效果评价及思考/张丽君等，民族研究.2

民族地区的依法行政与经济社会发展问题研究——基于制度经济学视角/胡敬斌，贵州民族研究.3

民族经济政策执行问题研究综述/李婵玲，贵州大学学报（社会科学版）.3

少数民族自治县经济发展差距分析/黄健英　王晓倩，青海民族研究.4

民族地区资本市场发展与产业结构升级研究/翟华云　郑军，中南民族大学学报（社会科学版）.4

区域发展不平衡与边疆少数民族地区的发展——以吉林省延边朝鲜族自治州为例/朴光

星，云南民族大学学报（社会科学版）.4

论民族经济政策在边疆地区的实施研究/王果　刘正芳，红河学院学报.5

"十二五"时期促进民族地区经济社会发展的基本思路/钟海燕，民族学刊.5

武陵民族地区的土家族村庄特色产业发展研究——基于湖北省长阳土家族自治县资丘村的调查/何伟军　余维，湖北民族学院学报（社会科学版）.5

集中连片少数民族困难社区的灾害与贫困关联研究——基于渝鄂湘黔交界处149个村的调查/张大维，内蒙古社会科学.5

中国少数民族地区包容性发展研究/郑长德，西南民族大学学报（社会科学版）.6

我国贫困地区地方政府间关系模式探析——以武陵山经济协作区为例/钱轶群　黄顺康，湖北民族学院学报（社会科学版）.6

深度开发、个性化开发资源是西部经济发展必走之路——以恩施州为例/薛莉，湖北民族学院学报（社会科学版）.6

民族地区可持续发展的内在机理：一个制度经济学的分析视角/胡敬斌，贵州民族研究.6

少数民族贫困地区发展能力建设思考/李崇科，玉溪师范学院学报.11

少数民族特色产业创新与发展的对策建议/魏曙光，技术经济与管理研究（太原）.12

沿边开放与边疆少数民族地区和谐可持续发展研究/张欣　马林，改革与战略.12

中国藏区经济稳定与经济发展/钟海燕，西南民族大学学报（社会科学版）.12

边疆少数民族地区人力资本形成机制分析/常志有等，云南师范大学学报（社会科学版）.1

牧转农地区水资源利用调查研究——以肃南裕固族自治县为例/全迎红，甘肃民族研究.2

藏区农牧兼营经济模式研究——以甘肃卓尼郭大村为例/桑吉才让，甘肃民族研究.3

认知与调适：桑科乡藏族牧区资源利用与管理变迁考察/常丽霞　崔明德，北方民族大学学报（社会科学版）.6

合作与竞争——新疆南部维汉农民的生产交往调查/李晓霞，西北民族研究.3

少数民族地区退耕还草定居兴牧是向现代生产生活转型的未来既定方式——以新疆伊犁州尼勒克县苏布台乡苏布台村为例/李纯，新疆大学学报（哲学·人文社会科学版）.5

少边穷地区的村集体经济——新疆和田调查（上下）/王景新　严海淼，中国集体经济.9—10

民族地区现代特色农业发展研究——以长阳土家族自治县为例/柏振忠等，中南民族大学学报（社会科学版）.1

武陵山民族地区农户农地流转行为分析——基于恩施州农户的调查/杨佳　谭志喜，湖北民族学院学报（社会科学版）.6

民族贫困地区农户土地流转行为影响因素分析——基于凉山彝族自治州农户的调查/肖立群，西南民族大学学报（社会科学版）.12

民族地区农村土地流转现状及对策——以贵州省黔南布依族苗族自治州为例/李忠斌　饶胤，民族研究.2

贫困地区新农村建设分析——基于贵州省37个试点村的调查/刘舜青,贵州社会科学.12

毛驴数量的变化与西藏农村的发展和变迁——基于西藏中部4个农村社区的长期调查和研究/罗绒战堆 樊毅斌,中国藏学.2

从现金收入初探拉萨郊区农民的经济生活现状——以堆龙德庆县那噶村和林周二村为例/苏发祥 王媛,中国藏学.2

基于包容性增长理念下的西藏农牧区扶贫开发探析/毛阳海,西藏大学学报(社会科学版).3

西藏农牧区扶贫攻坚:一个基于政治经济学的分析视角/李继刚 毛阳海,西藏民族学院学报(社会科学版).6

畲村农业产业化组织模式的完善与创新——基于浙江景宁畲族自治县惠明寺等畲族村落的调查/王道,北方民族大学学报(社会科学版).1

我国民族地区农村反贫困存在的问题研究/张帆,湖北民族学院学报(社会科学版).2

边疆民族地区农村土地流转机制的创新研究/孙岢 刘明,社会科学辑刊.6

试析乌兰夫发展工业的战略思想/吴海山,内蒙古师范大学学报(社会科学版).1

近代新疆工业发展水平初探/陈剑平 郭义敏,伊犁师范学院学报(社会科学版).4

新时期我国边疆少数民族地区工人阶级特殊性分析/曹光 郝志敏,科学社会主义.5

中国旅游人类学的兴起/[美]纳尔逊．格雷本 金露著,金露译,青海民族研究.2

民族旅游学概念框架、学科体系与发展建议/覃建雄,西南民族大学学报(社会科学版).12

旅游发展与边疆的去边缘化/孙九霞,中南民族大学学报(社会科学版).2

论传统草原文化保护与草原旅游发展/葛宏,内蒙古大学学报(社会科学版).2

国际化旅游项目在民族地区文化融合的实证研究/何莽等,广西民族大学学报(社会科学版).2

民族地区乡村微型旅游企业对家庭的影响研究/李星群,广西民族研究.2

转变发展方式与藏区旅游业可持续发展/喜饶尼玛 李曦辉,中央民族大学学报(社会科学版).3

我国民族地区旅游产业的兼容性发展与要处理好的若干关系/把多勋 夏冰,甘肃社会科学.5

通辽市藏传佛教文化旅游价值研究/崔宁,内蒙古民族大学学报(社会科学版).5

民族文化旅游开发研究——以延边朝鲜族为例/张淑贤等,社会科学战线.6

环西宁特色民族文化旅游圈建设探讨/范静 文忠祥,青海师范大学学报(社会科学版).5

"三江源"地区生态旅游发展的社区参与问题研究/王锋,青海师范大学学报(社会科学版).5

旅游吸引物符号建构的人类学解析——以"神秘湘西"、"神秘文化"为例/赵玉燕,广西民族研究.2

旅游对目的地社区族群关系的影响——以海南三亚回族为例/孙九霞 陈浩,思想战线.6

遗产旅游与乡土社会——关于灵渠文化遗产的旅游人类学研究/周大鸣　石伟，广西民族大学学报（社会科学版）.2

基于和谐社会建设的西南民族地区旅游产业利益相关者利益冲突与协调研究/张海燕　李岚林，贵州民族研究.6

四川民族地区旅游先导产业发展构想及政策措施研究/马艳霞等，民族学刊.2

地域分布与共同体的形成——以泸沽湖地区旅游开发中的"摩梭化"现象为例/哈斯额尔敦，中央民族大学学报（社会科学版）.4

民族地区旅游效应下的社会变迁——以巴东县神农溪漂流地罗坪村为例/刘琼，重庆邮电大学学报（社会科学版）.6

重庆武陵民族文化旅游走廊开发策略研究——基于SWOT分析框架/刘安全　秦中应，重庆文理学院学报（社会科学版）.6

贵州民族地区旅游发展的法律思考——以黔东南苗族侗族自治州为例/黄蓓　雷欣欣，贵州大学学报（社会科学版）.1

外部利益相关者视角下的族群文化原真性研究——以从江岜沙苗族为例/孙九霞，广西民族大学学报（社会科学版）.1

贵州民族地区乡村旅游扶贫对农民收入的影响研究——以雷山县西江苗寨为例/张遵东　章立峰，贵州民族研究.6

云南宗教旅游开发的思路、原则和措施/张桥贵，云南民族大学学报（社会科学版）.1

边疆民族地区旅游国际化与产业创新路径——兼议桥头堡建设背景下西双版纳旅游产业发展战略/李庆雷，重庆文理学院学报（社会科学版）.5

西藏旅游中期青藏铁路效应与市场应对策略/王松平，西藏大学学报.1

民族文化遗产保护性旅游开发探讨——以藏香原产地西藏尼木县吞巴乡为例/宋志伟等，中央民族大学学报（社会科学版）.1

试论生态人类学对西藏旅游业的意义/张志亮，西藏研究.2

西藏生态旅游的成本收益分析/罗华　袁中华，西藏大学学报（社会科学版）.3

西藏旅游业的发展及其战略支撑功能分析/柳应华等，中国藏学.4

西藏阿里地区生态旅游区划及分区开发策略/古格·其美多吉　索朗仁青，西藏研究.5

越南瑶族旅游业发展状况评析——以老街省沙巴县大坪乡红瑶旅游为例/王柏中，东南亚研究.1

关于青藏高原地区回藏贸易体系的人类学探讨/杨文法，青海社会科学.1

都市环境下回族经商文化的调适——以西北X市回族A社区为例/康家玮，甘肃民族研究.1

我国民族贸易优惠政策的现状与反思/张悦，黑龙江民族丛刊.4

西北少数民族地区商业政策设计的原则与政策结构/蔡文浩，兰州大学学报（贵州社会版）.6

藏彝走廊地区白族商人的商贸空间网络演化研究/李灿松等，云南师范大学学报（社会科学版）.1

西藏自治区边境贸易对从业影响的实证研究——基于1978—2009相关数据的检验/黄菊英　蒙西燕，西藏大学学报（社会科学版）.2

当前西藏边境贸易经济的状况与对策/德吉卓嘎，中国藏学.4

《民族地区财政转移支付的效绩评价与制度创新》评介/魏后凯，民族研究.2

西部民族地区税收优惠政策研究综述/李俊杰等，中南民族大学学报（社会科学版）.1

论民族自治地方的税收收益权——由新疆资源税改革引发的思考/王玉玲，民族研究.1

民族地区税收优惠政策评价指标体系构建及绩效分析/李俊杰　刘渝，青海民族大学学报（社会科学版）.2

论分税制以来的民族地区税制改革/王玉玲　李金垒，中央民族大学学报（社会科学版）.3

民族地区吸引外商投资的税收优惠政策分析/李俊杰　刘渝，西北民族大学学报（社会科学版）.6

民族地区财政转移支付问题研究——以广西壮族自治区环江毛南族自治县为例/成艾华，中南民族大学学报（社会科学版）.5

国际侨汇对移民来源国经济发展的影响——国外学术观点综述/林勇，华侨华人历史研究.1

民族地区金融市场与民族企业融资问题研究/周运兰，中南民族大学学报（社会科学版）.4

信息技术：四川民族地区对外贸易发展的助推器/陈杰，黑龙江民族丛刊.2

大众传媒与民族地区经济社会和谐发展——以黔东南州侗族地区为个案/吴定勇，西南民族大学学报（社会科学版）.6

赫哲族村社会主义新农村建设中的问题与对策/吴瑶，黑龙江民族丛刊.6

谋生方式对白马藏族社会之影响/王含章，西藏民族学院学报（社会科学版）.5

藏族社会生计模式与家庭经济状况调查研究——以西藏贡觉县三岩区为例/岳小国，西藏民族学院学报（社会科学版）.5

试论藏族传统文化与青藏高原游牧经济的相互影响/苏永杰，西南民族大学学报（社会科学版）.6

藏族传统文化与四川藏区生态和谐发展研究/贾秀兰　唐剑，西南民族大学学报（社会科学版）.6

少数民族传统社会组织与村政组织在社会主义新农村建设中的和谐模式探讨——以桂北苗族村寨为例/蒋霞等，广西民族研究.3

彝族文化对高寒山区生态系统的适应——四川省盐源县羊圈村彝族生计方式的个案分析/杨庭硕　杨曾辉，云南师范大学学报（社会科学版）.1

西藏珞巴族经济社会发展的影响因素分析/扎西　周红，西藏大学学报（社会科学版）.4

市场经济对地方生态知识的影响——对三个人口较少民族的人类学量化研究/周云水　李旺旺，西藏大学学报（社会科学版）.3

关于西北民族地区环境建设的生态思考/安丰军，中央民族大学学报（社会科学版）.6

三 民族学

人类学学科建设综述/周辉,黑龙江民族丛刊.1

穿梭于学术研究与应用实践之间——庄孔韶教授访谈录/庄孔韶 孙庆忠,中国农业大学学报(社会科学版).1

人类学视野下的意识分类/彭文斌等,民族学刊.1

《西太平洋的航海者》对人类学田野调查的启示/陈兴贵 李虎,湖北民族学院学报(社会科学版).1

人类学、公共政策及全球移民——基于北美的比较视角/[美]韩大卫,北方民族大学学报(社会科学版).1

论美学与人类学的关系/阎丽杰,广西民族研究.1

走向后多元文化主义？变动中的多样性共同体、社会条件及背景/[德]斯蒂芬·维尔托维奇著,刘晖译,国际社会科学杂志.1

人类学怎样理解"父亲"——再论"无父无夫的社会"/蔡华,世界民族.1

做原生态民族文化的呵护人——人类学学者访谈录之五十八/曾羽 李益,广西民族大学学报(社会科学版).1

历史之维与生命之维："原生态文化"的双重视野——以"侗族大歌"的入世为例/徐新建,广西民族大学学报(社会科学版).1

原生态文化与中国传统/徐杰舜等,广西民族大学学报(社会科学版).1

传统知识的传承、创新和运用——对云南德钦红坡村的应用人类学研究/尹仑,云南民族大学学报(社会科学版).1

"原生态"批判——对话人类学家翁乃群教授/翁乃群 郑茜,中国民族.1

中国文化视野下的人类学海外民族志研究——基于法国田野经验的思考/张金岭,云南社会科学.1

中国"多地区连续进化说"是一种民族主义话语吗？——与西方人文学者沙伯力和舒喜乐的一个对话/杜靖,青海民族研究.1

西方人类学研究"原始民族"的三种价值取向/陈兴贵,青海民族研究.1

媒妁身份的人类学解读/韩雷,宁夏社会科学.1

西方应用人类学最新发展述评/陈刚,民族研究.1

我理解的"人类学"大概是什么？/王铭铭,西北民族研究.1

镜中镜——读《列维—斯特劳斯：人类学与美学》/冯莎,西北民族研究.2

论当代中国文化人类学的发展趋势/瞿明安,广西民族研究.2

从知识的视角理解福柯的话语观——兼论福柯对文化人类学的影响/杜静元,内蒙古社会科学.2

现代生物学、人类学和心理学视域中的人性观念论析/杨胜荣,云南师范大学学报(社会科学版).2

一个家乡人类学者的实践与思考/韩敏，广西民族大学学报（社会科学版）.2

文化研究与人类学的探索/［日］长谷川清，广西民族大学学报（社会科学版）.2

口传、书写和文化社会/［英］杰克·古迪著，梁昭译，重庆文理学院学报（社会科学版）.2

人类学之于公共管理实践的历史渊源及重要性/佟春霞　阎耀军，内蒙古大学学报（社会科学版）.2

人类学与科学史研究立场的异同——关于"主位"—"客位"与"辉格"—"反辉格"的比较研究/刘兵　包红梅，云南师范大学学报（社会科学版）.2

以开放的眼光看世界——人类学需要的大视野/徐新建，思想战线.2

乡民艺术民族志书写中主体意识的现代转变/张士闪，思想战线.2

西方后马克思主义人类学转向/巴胜超，世界民族.2

作为概念的村庄与村庄的概念——汉人村庄研究述评/杜靖，民族研究.2

人类学对非洲的发现与重现/马燕坤，世界民族.2

试论人类学理论中"结构—能动性"的对立与接合/李旭，北方民族大学学报（社会科学版）.3

回归人物的人类学研究——从"人生史"想到的/伍婷婷，西北民族研究.3

仪式的谱系与解释——读《人类学仪式的理论与实践》/罗正副，世界民族.3

列维—斯特劳斯"结构人类学"研究理路探析/王伟涛，世界民族.3

再谈"超社会体系"/王铭铭，西北民族研究.3

边缘：中国社会文化语境中的人类学关键词/杨德亮，西北民族研究.3

从布迪厄的"文化资本"理论谈族群文化的发展问题/常宝，西北民族研究.3

新多元主义的人类学比较研究述评/刘谦　冯跃，广西民族大学学报（社会科学版）.3

青海藏族青年跨文化适应力的调查研究/陈振宁　张永辉，青海民族研究.3

人类学者于田野中的行动尺度——评徐杰舜《福村迟来的转身：一个山村在景区开发中现代转型纪实之一》/郑向春，湖北民族学院学报（社会科学版）.3

加快少数民族地区发展过程中的人文资源保护/郝时远，西部蒙古论坛.3

陕北宗族的形成与特征/高萍，西北民族研究.4

回顾与反思：人类学视野下的中国汉人宗族研究/石奕龙　陈兴贵，世界民族.4

西方对他者的殖民表述：以异域西藏为例/［英］Dibyesh Anand 著，励轩译，西北民族研究.4

2010年国外社会学的族群研究综述/马戎等，西北民族研究.4

人类学者为何要研究灾难/［美］安东尼.奥利弗—史密斯　苏珊娜·M.霍夫曼著，彭文斌译，民族学刊.4

"食人"及其人类学解读/赵炳林，甘肃社会科学.4

人类学本土化探索历程评述——以吴文藻、费孝通和李亦园为主的讨论/徐义强，青海民族研究.4

简论莫斯的一般巫术理论及其学术地位/侯玉霞，湖北民族学院学报（社会科学版）.4

历史比较人类学——关于人类生物体谱系的研究/杨光荣,青海民族研究.4

人类社会的三个层面:经济生业、社会结群与文化表征/王明珂,青海社会科学.5

人类学一定会在中国扎根——访中山大学周大鸣教授/徐杰舜,中南民族大学学报(社会科学版).5

学者在场的人类学意义——村落知识生产经验反思/李立,民族学刊.5

关于我国应用人类学研究的若干问题/何星亮,中南民族大学学报(社会科学版).5

"我是谁?"和"我们是谁?"——"新全球化时代"文化认同的深度迷茫与自性澄明/李武装 刘曙光,中央民族大学学报(社会科学版).5

跨文化跨学科人类学交流的状态与前景/庄孔韶,云南民族大学学报(社会科学版).5

"误入歧途"的自我——读流心《自我的他性——当代中国的自我系谱》/赵红梅,世界民族.5

人类学的文学转向——民族志书写的另一种思考/王倩,世界民族.5

人类学的开放平台——中国人类学高级论坛十年报告/王璐,广西民族大学学报(社会科学版).5

试谈人类学理论中的实践理论——以布迪厄《实践理论大纲》和萨林斯《历史之岛》为例/杨德爱,重庆文理学院学报(社会科学版).5

关于"权力与权利"的人类学笔谈/范可 邵京 王华,江苏行政学院学报.5

仪式重构与社会整合:滇越边境Y村的个案/王越平,广西民族大学学报(社会科学版).5

人类学视野中"地理的地方"与"地方的地理"/彭兆荣,贵州社会科学.6

差异、认同与建构——论主流政治文化主导下的西北少数民族政治文化建设/杜军林,河西学院学报.6

论地方性知识的生成、运行及其权力关联/次仁多吉 翟源静,思想战线.6

中国亲属关系人类学的新发展——兼谈《人思之人:文化科学与自然科学的统一性》/刘明,世界民族.6

宗族组织与村落政治:同姓不同宗的本土解说/兰林友,广西民族大学学报(社会科学版).6

田野无界——关于人类学田野方法的思考/邵京,云南民族大学学报(社会科学版).6

英国人类学的传统与创新——以LSE人类学系为个案/杨文炯 樊莹,中南民族大学学报(社会科学版).6

二次世界大战后法国民族学与人类学的发展/屈小玲,中南民族大学学报(社会科学版).6

参与发展与人类学的应用——读《参与式社会评估:在倾听中求得决策》/马晓琴 杨德亮,宁夏社会科学.6

论"武陵文化圈"的定位、发展战略及研究方法/周兴茂 李梦茜,湖北民族学院学报(社会科学版).6

从革命到改革——循着人类学家波特夫妇的足迹/刘志扬 骆腾,社会科学战线.9

民族特色仪式对维护社会政治稳定的功能研究/廖小东　丰凤,求索.11

从加拿大第12次全国大都市会议看后经济危机背景下的加拿大多元文化主义/陈晓莹,楚雄师范学院学报.11

平等、资源与规则——关于两种制度体系理想类型的人类学分析/赛汉,前沿.11

为何研究灾疫文化?——探求当代灾疫的治本之道/唐代兴,西南民族大学学报(社会科学版).11

什么是灾害?——灾害的人类学研究核心概念辨析/李永祥,西南民族大学学报(社会科学版).11

灾难的理论研究:自然、权利和文化/[美]安东尼·奥立佛—史密斯著,纳日碧力戈译,西南民族大学学报(社会科学版).11

中国人类学的学术园地——纪念人类学高级论坛成立十周年/刘冰清　韦小鹏,西南民族大学学报(社会科学版).10

有多少意义可以重寻——简评《社会文化人类学丛书》/李列,广西民族大学学报(社会科学版).1

地域社会的构成:整体论的视角——以摩哈苴彝族村和周城白族村为例/朱炳祥,中南民族大学学报(社会科学版).3

文化资本与民族地区城乡一体化/李秉文　赵利生,云南社会科学.4

西部少数民族地区城镇化发展道路探析——以楚雄彝族自治州为例/罗维有,楚雄师范学院学报.1

从"候鸟"到"留鸟"——论城市少数民族流动人口的社会融合/李林凤,贵州民族研究.1

都市感知:都市人类学研究的新视角/秦洁,深圳大学学报.1

城市化进程中边疆地区民族问题治理/高永久　秦伟江,中南民族大学学报(社会科学版).2

简析少数民族流动人口对城市民族关系重构的影响/尹素琴,新疆社会科学.2

试析社会资本与城市多民族社区治理/单菲菲,北方民族大学学报(社会科学版).3

论边疆民族地区小城镇建设的特点、模式与路径/罗淳　潘启云,中央民族大学学报(社会科学版).3

城市少数民族流动人口群体的纠纷解决——以一个生活于广州的青海化隆籍"阿訇"为中心的考察/熊威　白关峰,甘肃社会科学.4

城市少数民族流动人口权利贫困问题论述/汤夺先　王增武,贵州民族研究.5

清代藏、新、蒙地区城市的发展变迁/何一民,民族学刊.6

银川市新生代少数民族流迁人口城市适应研究/高翔　宋相奎,中南民族大学学报(社会科学版).6

城市化进程中的民族关系转型——以东北少数民族城市化发展为例/南文渊　卢守亭,民族工作研究.6

文献与田野的融合:历史人类学与当代中国乡村研究/吴家虎,中国农业大学学报(社

会科学版).1

反思窥视法——中国乡村民族志中的乡村中心主义与尴尬/石汉,中国农业大学学报(社会科学版).1

藏族村庄内部和谐本质之探析——以四川省阿坝羌族藏族自治州某村为例/徐黎丽 侯廉洁,烟台大学学报(社会科学版).2

21世纪以来我国民族地区乡村社会变迁研究综述/李技文,贵州民族学院学报(社会科学版).2

云南民族村庄规划面临困境的人类学分析/施红,思想战线.4

现代化体验下少数民族乡村妇女的婚恋生活——以贵州西江千户苗寨为例/李欣欣,西北民族大学学报(社会科学版).4

新疆少数民族婚姻家庭的法律问题探析/阿依古丽·穆罕默德艾力,西北民族研究.4

西藏家庭与西藏现代化三个发展阶段/格勒,中国藏学.2

近十年来民族地区家庭文化建设研究综述/姚丹,大连民族学院学报.2

问卷解读拉萨市居民家庭状态/次仁央宗,中国藏学.3

社会变迁中亲属称谓的流变——以青海互助南门峡地区为例/纳玉兰,青海师范大学学报(社会科学版).3

近百年来都市回族婚姻家庭变迁研究——对北京三个回族大家庭的调查/杨青,中南民族大学学报(社会科学版).1

宁夏农村回汉族际通婚调查分析——以平罗县城关镇为例/何粉霞,北方民族大学学报(社会科学版).2

少数民族移民在城市中的跨族婚姻——对蒙古族、朝鲜族、彝族、傣族、白族、回族的调查研究/张继焦,广西民族研究.4

西北穆斯林妇女婚姻观之探究——基于甘肃省广河县的田野调查/马桂芬,甘肃社会科学.4

论人类学关于乱伦禁忌的文化解读/王伟臣,贵州民族研究.4

包容性增长视阈下民族地区就业研究——以内蒙古为例/齐义军,中央民族大学学报.2

城市外来少数民族务工经商人员生存状况调查——以成都市外来新疆维吾尔族人员为例/韩锋 杜社会,贵州民族研究.4

新疆少数民族就业状况及存在问题分析/赵强,西南民族大学学报(社会科学版).5

我国民族地区贫富收入差距研究/张薇,甘肃民族研究.2

青海牧区城乡收入差距实证分析/德拉太,甘肃民族研究.2

教育、卫生、社会保障等公共支出对居民消费率的影响——以内蒙古自治区为例/王文晶,黑龙江民族丛刊.5

新疆北部边境哈萨克族的定居化特色——塔城市"牧民社区"模式研析/李琪等,民族工作研究.1

西部草原牧区游牧民定居问题研究综述/李静等,内蒙古民族大学学报(社会科学版).3

少数民族聚居地区新农合建设效果及影响因素分析——以内蒙古地区为例/云秀清等，阴山学刊.3

对牧民定居背景下影响城镇多民族间交往因素的分析——以甘南藏族自治州合作市为例/刘巍文　邓艾，西北民族大学学报（社会科学版）.5

少数民族牧民定居政策实施效果与完善研究——基于新疆博尔塔拉蒙古自治州两个定居点的调查/雷振扬，中南民族大学学报（社会科学版）.6

追叙西藏共享型发展方式的轨迹：以公共医疗卫生为例/李中锋，中国藏学.2

我国民族贫困地区新型农村合作医疗制度实施状况调查——以贵州省若干农户为例/叶慧，中南民族大学学报（社会科学版）.2

民族地区城市低收入青年群体生存状况的实证分析——以西宁市为例/马会军，青海民族研究.3

武汉市藏族流动青少年的社会适应研究/张翼，贵州民族学院学报（社会科学版）.6

贵州民族地区高龄人口与长寿文化——基于黔东七个民族县的实证资料分析/杨军昌　罗婧，中央民族大学学报.2

社会护理保险法律制度对于应对西藏人口老龄化的价值/李春斌，西藏民族学院学报（社会科学版）.2

社会秩序理念下对侗族村寨孝养关系的思考——以贵州从江县下江镇平寨为例/高法成，北方民族大学学报（社会科学版）.2

社会性别与中国少数民族妇女发展问题研究——以贵州毕节地区少数民族妇女为例/周感芳，贵州民族研究.3

"增权理论"视阈下的少数民族妇女发展研究——以云南少数民族妇女发展为例/李凤琴，北方民族大学学报（社会科学版）.4

社会性别视野下西部民族地区民众思想状况调查与思考/郭娅，民族学刊.4

农村少数民族女性生育权的实现障碍及对策/阮丽娟等，贵州社会科学.12

关于城市少数民族流动人员权益保障的思考/王飞　吴大华，贵州民族研究.1

西部民族地区社会保障制度的现状、问题及对策——以新疆喀什地区为例/谢宗棠等，大连民族学院学报.2

西部民族地区农村最低生活保障问题研究——基于基本公共服务均等化的视角/谢冰，中南民族大学学报（社会科学版）.2

试论国家认同与边疆民族地区农村社会保障/李瑞君　王萃萃，黑龙江民族丛刊.5

略论西藏社会保障制度的演化/洛桑达杰　旦增遵珠，西藏民族学院学报（社会科学版）.6

少数民族地区社会保障管理模式研究/曾玉成等，贵州社会科学.9

血色情殇：纳西族、拉祜族的殉情自杀遗风/李建军，吉首大学学报（社会科学版）.3

加快推进民族地区城乡公共服务一体化/张瑾燕等，大连民族学院学报.2

西南民族地区社会工作初探/陈宇鹏，黑龙江民族丛刊.2

西北民族地区农村公共文化服务体系的完善——以青海为例/孙健，青海社会科学.2

重视农牧民的政治参与 构建青海和谐社会/张佐良,青海社会科学.2

"一主二辅":民族地区公共服务多元化供给的基本模式/张序,民族学刊.3

我国多民族地区县域协同治理之道/李敬,云南民族大学学报(社会科学版).3

论需求导向型的民族地区农村公共产品供给机制/吴开松 周薇,中南民族大学学报(社会科学版).5

西部农村突发事件与社会救助研究/姚丽娟 吴振华,中央民族大学学报(社会科学版).6

西藏农牧区村级公共服务制度创新研究——基于扎囊县德吉新村与民主村的比较分析/郑洲,西藏研究.6

历史事实与文本情境:人类学田野复原非洲本真态/马燕坤,西亚非洲.1

论和谐发展观与构建中国民族理论话语体系的关系——构建中国民族理论话语体系研究之四/黄仲盈,广西民族研究.1

边疆无界:万象共生的人类观/纳日碧力戈,中南民族大学学报(社会科学版).1

庶民学派查特吉对民族主义与后启蒙价值关系的再审视/陈义华,中南民族大学学报(社会科学版).1

论民族交流交往交融/金炳镐等,新疆师范大学学报(社会科学版).1

华夏之"汉"与族群之"汉"的辨析——兼论王明珂、张兆和对"汉"的理解及学界误读许烺光的原因/王红艳,西北民族研究.1

不同文化背景的族群在权利意识与实践中的冲突与整合/彭建军,民族工作研究.2

民国时期民族研究中的焦点问题/朱映占,云南民族大学学报(社会科学版).2

民族研究与西部新开发——兼论当代民族研究的地位和作用/刘兴全,民族学刊.3

政治与文化的双重变奏——我国少数族群问题研究的基本理路/荣司平,青海社会科学.3

当代大学生民族观分析/蓝波涛,民族教育研究.3

汉语"民族"的语境中性与皮格马利翁效应——马戎教授"21世纪的中国是否存在国家分裂的风险"述评/张海洋,思想战线.4

民族认同与国家认同的整合模式研究/郑娇 叶兴艺,渤海大学学报(社会科学版).4

论民族交流交往交融/金炳镐等,民族工作研究.4

普通高校大学生民族素质状况调查——基于洛阳K高校186份问卷的实证分析/卢守亭 南文渊,民族工作研究.4

少数民族权利保护的价值理念问题/周少青,世界民族.5

对当代中国民族主义的理性思考/唐建兵,宁夏社会科学.5

论全球化背景下的民族认同和爱国主义——对爱国主义情感的民族学解读/阿迪力·买买提,黑龙江民族丛刊.5

费孝通"小民族"思想初探——结合笔者鄂伦春族研究实践/何群,中央民族大学学报(社会科学版).6

西南少数民族的植物知识与生存智慧——博物学的视角/韦丹芳,广西民族大学学报

（社会科学版）.6

中华民族多元一体格局的历史特征/白漠，人民论坛.8

庄孔韶民族学人类学研究之一：文化生态、科学模式质疑与感知历史/周泓，民族论坛（学术版）.12

试论李达及其《民族问题》中的马克思主义民族观/余文兵　孙军，黑龙江民族丛刊.1

中华民族认同：中华民族共有精神家园的建设目标/郝亚明，广西民族研究.1

中国族群研究：缘起、成就及问题/海路　徐杰舜，广西民族研究.1

中西语境观照下的"Habitus"/王进　熊永翔，世界民族.1

民族文化认同：内涵与结构/王沛　胡发稳，上海师范大学学报.1

论民族认同的概念及其层次/王付欣　易连云，青海民族研究.1

民族志的三重性：科学、反思与行动/沈洪成，青海民族研究.1

当代云南民族识别的学术回顾/王文光等，思想战线.1

网络空间下的"汉服运动"：族裔认同及其限度/王军，国际社会科学杂志.1

论海外华人的中国认同/柴玲，国际社会科学杂志.1

公民国家认同的特点及其对外接纳度的关系研究——来自ISSP（2003）的证据/吴鲁平等，国际社会科学杂志.1

中华认同的形成/邓曦泽，国际社会科学杂志.1

民族复兴背景下当代中国的国家身份选择/李开盛　胡贵生，国际社会科学杂志.1

对当前我国民族学数据库建设的思考与建议/朱远来，中央民族大学学报（社会科学版）.1

民族国家观念的中国式阐释与中国主体性建构/袁剑，国际社会科学杂志.1

当前民族理论研究领域若干问题的哲学分析/马守途等，内蒙古师范大学学报（社会科学版）.2

所谓"海外民族志"/王铭铭，西北民族研究.2

从构建"和谐社会"到共建"和谐世界"——构建中国民族理论话语体系研究之五/黄仲盈，广西民族研究.2

民族英雄评价问题学术讨论/赵永春等，黑龙江民族丛刊.2

利益与民族的关系透视/常开霞，内蒙古社会科学.2

理解费孝通的一种新路径——从费孝通的亲迎"三区论"谈起/赵旭东　齐钊，广西民族大学学报（社会科学版）.2

田野调查，立身之本——中央民族大学民族学与社会学学院第五届研究生论坛会议综述/罗红波，广西民族大学学报（社会科学版）.2

从"人民主权"论卢梭的民族主义理论/张宝梅，世界民族.2

试论民族概念界定的困境与转向/郝亚明，民族研究.2

论中华民族共有精神家园的功能定位/郝亚明，北方民族大学学报（社会科学版）.2

民族区域自治角度看"族群"/冯园园，内蒙古民族大学学报（社会科学版）.2

民族学中国马克思主义学派对唯物史观的贡献——以鄂温克族和鄂伦春族研究为例/唐

戈　黄孝东，满语研究.2

明星广告、"赫尔墨斯"与田野报告人——合作民族志的一种可能/卢成仁，原生态民族文化学刊（贵州凯里）.3

"在场"与"生成"——反思"实验的民族志"/王杰文，中国农业大学学报（社会科学版）.3

马克思主义民族理论与中华民族论/江流，科学社会主义.3

马克思主义民族理论中国化的科学内涵探讨/赵刚，中央社会主义学院学报.3

十五年后的多点民族志研究/［美］乔治·马库斯著，满珂译，西北民族研究.3

共生互补：走向多元一体的必由之路——重读"中华民族多元一体格局"理论的几点认识/许宪隆　沈再新，民族工作研究.3

浅谈文化民族与政治民族的概念/张建军，黑龙江民族丛刊.3

西方"族群"思潮研究/王晓江，新疆社会科学.3

反思与重构：论"主体民族志"/朱炳祥，民族研究.3

如何思考中国的民族研究/马戎，青海民族研究.3

民族地区推进马克思主义大众化存在的主要问题与启示——以黔东南民族自治州为例/林庭芳　李年鑫，湖北民族学院学报（社会科学版）.3

民族知识体系建构的民国源流/马威，青海民族研究.3

田野、理论、方法：中法人类学与社会科学对话学术研讨会纪要/刘宏涛，民族研究.3

如何建设中国特色的民族学——论林耀华先生的学科建设思想/马威，广西民族研究.4

北极民族学考察记——兼谈民族志的写作/丁宏，西北民族研究.4

欧洲的一体与多元：人类学的表述与实践/刘珩，世界民族.4

关于马克思主义民族观的几点再认识/赵刚，云南社会科学.4

民族问题研究的基本思路和重要课题/都永浩，黑龙江民族丛刊.4

关于民族理论、民族政策、民族问题理论的几点思考/乌力更，民族工作研究.4

自由主义的民族主义：自由主义的或者民族主义的？——塔米尔《自由主义的民族主义》述评/黄其松，青海民族研究.4

近二十年我国跨国民族研究概览/郜春媛，民族.4 上

中华民族多元一体格局理论的三个层次/郭鹏，东方论坛.5

"历史民族志"与"历史的民族志"——民族志实践中的历史之纬/陈静，东方论坛.5

"大一统"理念与中国少数民族/何星亮，云南社会科学.5

全球化时代与法治范式的转换——从"民族国家"范式到"世界主义"范式/魏建国，思想战线.5

论中华民族建设/周平，思想战线.5

归属与创伤：伯林论民族意识与民族主义/陈来，天津社会科学.6

对李维汉"社会主义民族"理论时代价值的再认识/王志谦　肖流军，延边党校学报.6

中国本土民族概念的传统考略/龚永辉，民族研究.6

"自我的他性"：族群共同体的语境化表述/彭兆荣　李春霞，思想战线.6

人类学田野调查的意义与教学实践/周大鸣,云南民族大学学报(社会科学版).6

关于"民族问题"含义的再认识/姜勇　杨丽,新疆社会科学.6

对推进马克思主义民族理论大众化的一些思考/史春燕,甘肃社会科学.6

"自我的他者化"——关于本土田野实践的思考/范可,云南民族大学学报(社会科学版).6

民族志与作为过程的人类学——读英戈尔德在拉德克利夫—布朗讲座上的演讲稿/纳日碧力戈,云南民族大学学报(社会科学版).6

论区分民族理论的应然研究与实然研究/侯发兵,黑龙江民族丛刊.6

马克思恩格斯民族理论的内在逻辑/高媛媛,湖北民族学院学报(社会科学版).6

区隔与认同:费孝通与贵州少数民族/黄亦君,贵州民族研究.6

"'去政治化'的意思,就是要给少数民族更大的活动空间和更完整的公民权利"——对话著名社会学家马戎教授/郑茜　牛志勇,中国民族.9

民族交融:民族理论的创新和突破/路晓峰,中国民族报.11

抵抗与拯救——格尔茨"深描说"的当代意义/李清华,楚雄师范学院学报.11

我国民族学研究的关键词统计与分析——基于2000—2008年CSSCI数据/严明,西南民族大学学报(社会科学版).11

从民族利益的视角理解"民族问题"/亚合亚江·吾拉依木,中国民族报.12

论族称的初始意义/祁美琴,云南师范大学学报.1

"民族"与"族群"之辨/唐建兵　陈世庆,西北民族大学学报(社会科学版).1

"民族"与"族群"之辨/史成虎,四川理工学院学报(社会科学版).2

界定民族概念的重大命题/车哲九,北方民族.2

"主体人类学"概念的提出及知识体系建构/陈秉公,吉林大学社会科学学报.3

"少数民族"概念的产生与早期演变——从1905年到1937年/杨思机,民族研究.3

清末现代"民族"概念形成小考/黄兴涛,人文杂志.4

论民族走廊研究中的三个问题/曹大明,北方民族大学学报(社会科学版).4

汉语"民族"一词见于西晋永嘉年间/李超,世界民族.4

文化、文明、民族/乌力更,贵州民族研究.4

"民族"与"民族认同"问题研究述评/陈茂荣,黑龙江民族丛刊.4

散居少数民族概念解析/陆平辉,西北民族大学学报(社会科学版).5

省思"ethnography"的译名——兼与胡鸿保先生商榷/方明,世界民族.6

从"民族"概念重构谈马克思主义民族理论的中国化探索/来仪,西南民族大学学报(社会科学版).6

中国民族社会学学科的形成与发展/赵利生等,中南民族大学学报(社会科学版).1

民族志文体的合法性争夺/杨磊,中南民族大学学报(社会科学版).1

从自由到自决:民族主义思想的发展脉络/于福坚,广西民族研究.2

民族自治地方政治发展的形成机制分析/汤法远　宋振华,广西民族研究.2

族群冲突及其进程的心理基础与心理解释/王军,民族工作研究.2

"中国文学人类学理论与方法研究"（国家社科基金重大招标项目）开题论证会实录/严平等,百色学院学报.2

略论吐鲁番学理论与研究方法/程喜霖,吐鲁番学研究.2

中国少数民族相关艾滋病问题研究的再思考/张宁,甘肃民族研究.3

整合：当代民族政治关系的发展模式（上）/严庆,民族工作研究.4

整合：当代民族政治关系的发展模式（下）/严庆,民族工作研究.5

基于"儒家民族主义"范式转向的民族认同机制研究/李安定,西北民族研究.4

处于人文与社科之间的人类学和民俗学/王建民,民俗研究.4

浅谈民族问题"去政治化"与民族区域自治制度/苗丽 裴圣愚,承德民族师专学报.4

民族主义话语的媒介建构策略研究/熊慧,厦门大学学报（社会科学版）.4

传播心理学视野下少数民族文化传播者与受者关系新思辨/李虹 刘志军,黑龙江民族丛刊.5

民族、国家一体：民族国家形态的终结？/张宝成,前沿.5

人类学民族志的方志渊源/娥满,昆明理工大学学报（社会科学版）.6

复兴马克思关于人和人类世界的哲学合法性基础与当代意义/苗启明,思想战线.6

民族的政治和文化属性/都永浩,黑龙江民族丛刊.6

浅述人类学理论对结构与能动性关系的讨论/刘超祥,贵州民族学院学报（社会科学版）.6

论族际政治理论的基本内容及其当代价值/于春洋,西南民族大学学报（社会科学版）.12

论哈贝马斯的后民族结构学说/铁省林 王维先,当代世界与社会主义.1

李绍明与民族学"苏维埃学派"/徐新建,民族学刊.3

中国民族学学科史研究概述/张丽梅 胡鸿保,北方民族大学学报（社会科学版）.4

问渠哪得清如许 为有源头活水来——评《中国民族学科发展60年丛书》/白立元,民族教育研究.6

共同地域的演化与民族形成和发展的历史渊源/何叔涛,黑龙江民族丛刊.2

贵州方志中有关"穿青人"及其先民族源和族称的记载/李良品,贵州民族研究.2

中国特色民族发展道路的辩证考察/史成虎,临沂大学学报.5

民族关系发展的内生变量及其优化/唐志君,贵州民族研究.5

论中国民族关系发展的大趋势/徐杰舜,民族工作研究.5

少数民族认同心理与边疆社会和谐发展研究/郭玉云等,民族论坛（学术版）.12

哲学社会科学基金项目立项课题量统计分析——基于民族问题研究的视角/罗利群 刘伟民,湖北民族学院学报（社会科学版）.3

"魁阁"和"边疆人文研究室"之比较研究/杨绍军,贵州民族研究.1

"中国民族学学会会员录"小考/刘波儿,广西民族大学学报（社会科学版）.3

刍议陕甘宁边区的民族研究机构及其影响/贺小娜,延安大学学报.6

"中国、越南与东盟十国少数民族的融合与发展"国际研讨会综述/雷韵,广西民族大学

学报（社会科学版）.1

岭南民族研究学术研讨会在广州召开/冼春梅，民族语文.4

第四届中国民族研究西南论坛：西南研究与21世纪中国民族学人类学发展学术研讨会综述/王田，民族研究.6

"中加少数民族/原住民经济社会发展学术研讨会"综述/肖琼　丁克毅，民族学刊.6

多民族社会的民主制度——第八届中俄经济社会发展比较论坛国际学术研讨会纪要/徐向梅，国外理论动态.7

20世纪五六十年代云南民族调查照片资料数据库建设概述/毕先弟，云南社会科学.2

近十五年来国内学界跨国民族研究综述/张峰峰，甘肃民族研究.1

从贺州族群结构看中国民族关系模式/刘昊，广西民族研究.1

民族和谐共生关系的实证研究——基于对广西龙脊地区的调查/徐赣丽，广西民族研究.1

略论中国西南地区跨界民族的民族类型及相关问题/黄光成，东南亚南亚研究.1

论和谐民族关系建设/李普者，云南民族大学学报（社会科学版）.1

西南民族学院20世纪50年代民族调查概述/秦和平，民族学刊.3

关于民族关系主流问题的学术讨论/赵永春，广西民族研究.3

近期城市化进程中民族问题研究综述/马梅英，甘肃民族研究.3

乌鲁木齐城市社会空间演化及其当代启示/黄达远，西北民族研究.3

聚居还是混居——新疆南部汉族农民的居住格局与维汉关系/李晓霞，新疆大学学报（哲学·人文社会科学版）.3

从礼治到法治：一个苗族村落社会治理结构的变迁/赵倩倩　陈沛照，湖北民族学院学报（社会科学版）.3

河西走廊民族社区发展状况调查/王文棣　徐黎丽，兰州大学学报（社会科学版）.4

陆疆多民族"和谐社区"的建构与社会安全/徐黎丽　夏妍，兰州大学学报（社会科学版）.4

从民族关系视阈论中华文化/杨建新，西北民族大学学报（社会科学版）.4

对河西走廊民族社区发展的战略思考/王文棣，西北民族研究.4

跨"民族"视野下的地域社会与文化——由"款"组织所见的地域与民族社会的关系/杨志强　张可然，贵州大学学报（社会科学版）.4

社会资本：民族利益引导的理论基础/常开霞，山西高等学校社会科学学报.4

协调民族关系、促进社会和谐的若干国际经验探讨/刘国军，大连民族学院学报.4

"民族国家"与"国家民族"——"民族认同"与"国家认同"的紧张关系何以消解/陈茂荣，青海民族研究.4

国内学术界关于跨界民族问题研究中的分歧与思考/李学保，中南民族大学学报（社会科学版）.5

多民族聚居区和谐民族关系的考察与建议——以临夏市红园街道为例/贾毅，甘肃社会科学.6

武陵山民族地区和谐社会评价指标体系探微/肖映胜,吉首大学学报(社会科学版).6

散杂居民族的共生和内生/徐光有 袁年兴,咸宁学院学报.9

"理念先在"与汉人社会研究——庄孔韶人类学实践中的"理念观"/杜靖,民族论坛(学术版).12

论社会交往过程中的和谐民族关系构建——以天津市A社区为例/陈纪,西南民族大学学报(社会科学版).12

当代民族认同的建构思考——新时期沧源地区佤族认同建构实践/袁娥等,民族学刊.1

跨界民族认同意识的"心理适应度"/吴楚克,中央民族大学学报(社会科学版).1

论高校少数民族在校生族裔民族意识——基于一次小型调研的思考/王淑兰,中央民族大学学报(哲学社会科学版).1

多民族村落族群认同的原生特点与现代构建——以甘肃甘南夏河县桑曲塘村为例/徐黎丽 孟永强,广西民族大学学报(哲学社会科学版).2

华夏民族与国家认同意识的演变/李禹阶,历史研究.3

培育中华各族现代意识研究/徐蓉,上海师范大学学报(哲学社会科学版).4

族群互动与生存性智慧——以凉山彝族为例/巫达,西北民族研究.4

民族关系研究中的内隐偏见调查综述/卢焕华等,西北民族研究.4

论民族认同与国家认同一体化路径选择/马惠兰 陈茂荣,中南民族大学学报(社会科学版).4

西北少数民族日常交往的宗教心态/马进,中南民族大学学报(社会科学版).4

论"民族认同"与"国家认同"/陈茂荣,学术界.4

维汉民族交往中的"民族心理距离"解析/戴宁宁,新疆社会科学.5

民族识别与法律认定——以僚家人认定个案为研究样本/戴小明等,中央民族大学学报(哲学社会科学版).5

伊犁跨界民族的国家认同与民族认同调查研究/肖锐 胡琦,黑龙江民族丛刊.1

浅析现阶段"民族融合"观点的社会影响/文妮等,黑龙江民族丛刊.2

论西北少数民族日常交往的心态/马进,西北民族大学学报(社会科学版).4

文化生态学语境下的共生互补观——关于散杂居民族关系研究的新视野/许宪隆 张成,中南民族大学学报(社会科学版).5

新疆少数民族人才培养问题研究/郭汉军,新疆社会科学.5

人类学学科建设综述/周辉,黑龙江民族丛刊,1

从形式结构到社会创造性——法律人类学语言研究述评/洪涵 张晓辉,贵州社会科学.2

民族法学既是基础理论学科,也是指导实践的应用学科/刘振宇,中国民族.12

苗瑶民间法制研究的新成果——过竹等著《岭南地区苗族、瑶族"乡规民约"与和谐社会建构研究》序/段宝林,广西师范学院学报(社会科学版).1

小牛的DNA鉴定——黔东南苗族地区特殊案件审理中的证据与民间法参与/徐晓光,广西民族大学学报(社会科学版).1

黔东南台江县苗族林权习惯法研究——以阳芳寨为例/胡卫东 吴大华,广西民族大学学

报（社会科学版）.1

蒙藏地区区域性传统法规研究/杨士宏，青海民族大学学报（社会科学版）.2

彝族民间德古调解在劳动争议纠纷解决中的适用研究/贺玲，民族学刊.2

习惯法对少数民族传统文化的保护/周真刚，西南民族大学学报（社会科学版）.3

吐蕃向西域的开拓/田峰，西藏民族学院学报（社会科学版）.3

多元文化主义的兴衰？关于多样性社会中接纳和包容的新争论/［加拿大］威尔·金里卡著，焦兵译，国际社会科学杂志.1

民族文化：西部地区科学发展的瓶颈与内驱力/李金和，湖北民族学院学报（社会科学版）.1

草原游牧民族与草原游牧文化/邢莉 赵月梅，西部蒙古论坛.1

民族文化生态特征与民族文化生态保护关系研究/石群勇 龙晓飞，青海民族研究.1

多元文化差异政治思想：内在逻辑、论争与回应/王敏，民族研究.1

比较互动：全球化语境下地方小族群文化发展机制研究/戴庆中 陶渝苏，思想战线.1

中西文化的差异性与互补性/何星亮，思想战线.1

我国少数民族传统知识的保护战略/龙运荣，内蒙古社会科学.1

网络时代民族文化保护与开发互动研究/王真慧 龙运荣，广西民族研究.2

跨界族群非物质文化遗产互动的特点及和谐价值/刘海池，内蒙古民族大学学报（社会科学版）.2

尊重差异、包容多样与中华民族的文化认同/李鸿，大连民族学院学报.2

国家文化主权与原生态文化安全/白庚胜，百色学院学报.2

也谈民族文化的创新/杨昌儒，贵州民族学院学报（社会科学版）.2

让民族文化传承成为现实——读金志远的《民族文化传承与民族基础教育课程改革》/阿荣等，内蒙古社会科学.2

民族文化与干热河谷灾变的关联性/杨庭硕 伍孝成，云南社会科学.2

论消费文化与草原文化的融合机制/王埃亮，内蒙古民族大学学报（社会科学版）.2

现代语境中原生态民族文化保护与开发/冯雪红 张廷刚，内蒙古大学学报（社会科学版）.3

中国少数民族文化权利的挑战及回应：全球化的视野/付春等，贵州社会科学.3

人口较少民族传统文化保护探讨/朱玉福 伍淑花，黑龙江民族丛刊.3

文化安全语境中的民族文化资源与传媒产品/刘建华，新疆社会科学.4

促进多元文化和谐 建设民族地区和谐文化/陈宪章，大连民族学院学报.4

草原游牧文化面临的困境/哈斯塔娜，内蒙古师范大学学报（社会科学版）.4

少数民族农民工异地就业的文化适应性理论研究/李俊霞，成都行政学院学报.5

保护和发展少数民族特色村寨的思考/段超，中南民族大学学报（社会科学版）.5

多元民族文化与国家共同文化/都永浩，黑龙江民族丛刊.5

人口较少民族文化多样性的价值理论/黄光成，云南民族大学学报（社会科学版）.5

民族传统知识的内涵及其特征研究述评/李技文，西北民族大学学报（社会科学版）.6

文化秩序中的国家与族群/关凯，文化纵横.6

论数字技术在民族文化传播中的一体化功能/刘建华，内蒙古社会科学.6

论文化遗产数据库的构建及转化为教育资源的策略/罗江华，贵州民族研究.6

遗产的展示与文化解释/吴兴帜　洪树兰，贵州民族学院学报（社会科学版）.6

少数民族非物质文化遗产私权保护正当性的多维视角/余澜　梁业健，贵州民族研究.6

冲击与传承：大众传媒对少数民族文化的影响与思考/龙丽双，贵州民族学院学报（社会科学版）.6

少数民族文化发展面临的机遇、挑战及对策/国家民委文化宣传司，中国民族.10

多民族国家中少数民族文化保护的主体问题/高兆明，西南民族大学学报（社会科学版）.10

少数民族非物质文化遗产的研究/龙运荣，中国民族.11

保护和发展少数民族文化与构建和谐社会的关系/王洪　杨世英，法制与经济（南宁）.11上

文化视域下的民族地区反贫困策略研究/戴庆中　李德建，贵州社会科学.12

学科对话与学术创新——多元文化与国家建设学术研讨会综述/高春芽等，民族研究.6

文化遗产保护中民族与国家的诉求表述/杨正文，西南民族大学学报（社会科学版）.6

少数民族文化政策的功能定位探析/陈路芳，云南社会科学.3

中国共产党在民族地区的文化安全及对策/刘绍卫，楚雄师范学院学报.4

西南地区非物质文化遗产的区域性特征及整体性保护策略研究/杨静　唐经伟，中华文化论坛.3

关于少数民族文化体制改革的若干思考/陈乐齐，中南民族大学学报（社会科学版）.2

中国少数民族地区文化产业发展方式转变研究/熊正贤等，民族学刊.1

青藏高原草原文化系统概论/勉卫忠，内蒙古社会科学.6

文化生态保护区中的文化、文化生态及其主体性——以内蒙古东乌珠穆沁旗游牧文化生态保护区建设为例/赛汉，民族艺术研究.1

内蒙古科尔沁非物质文化遗产法律保护的模式研究/娜仁图雅，东北亚论坛.6

传统信仰文化在当代文化多元格局中的作用——以鄂尔多斯地区为例/王其格，内蒙古民族大学学报（社会科学版）.6

论徘徊在传统与现代之间的游牧/阿拉坦宝力格，中央民族大学学报（社会科学版）.6

关于乌兰牧骑制度的一种规范性分析——基于少数民族公共文化服务的视角/周正兵，北方民族大学学报（社会科学版）.6

论内蒙古非物质文化遗产的历史价值/刘春玲，阴山学刊.6

科尔沁非物质文化遗产行政法律保护的困境/付淑娥，内蒙古民族大学学报（社会科学版）.6

科尔沁非物质文化遗产文化生态环境保护研究/唐孝辉，内蒙古民族大学学报（社会科学版）.6

大兴安岭地区各民族文化何以完整共存/阿拉腾，满语研究.1

东北民族地区文化产业发展初探/卢俊松，黑龙江民族丛刊.5

弘扬黑龙江流域民族文化，推动边疆文化大省建设/李大方，黑龙江民族丛刊.4

青藏铁路周边少数民族文化遗产保护与旅游发展对策研究/邸平伟，青海民族研究.1

西北少数民族民间制度文化与生态环境保护/马宗保，内蒙古社会科学.1

西部民族地区乡村文化发展的时代诉求/李晓明，长白学刊.2

文化活力的激发与西北民族地区和谐社会的构建/岳天明　何如洋，北方民族大学学报（社会科学版）.3

青藏地区蒙古族青年跨文化适应力的调查研究/朱敏兰，青海民族大学学报（社会科学版）.3

构建西部丝绸之路沿线非物质文化遗产传承保护开发体系研究/南宇　杨永春，宁夏社会科学.5

关于河西走廊多民族文化互动模式的分析——以阿克塞、肃北、天祝三县为例/李元元　切排，西北民族大学学报（社会科学版）.3

少数民族传统文化变迁过程分析——以甘肃省肃北蒙古族自治县蒙古族牧民定居点为例/李元元，内蒙古社会科学.3

甘肃民族地区文化软实力提升存在的问题及对策/陶莉，西北民族大学学报（社会科学版）.6

宁夏文化产业现状及其发展之思考/鲁忠慧　安蕊莉，宁夏社会科学.6

青海非物质文化遗产的传承与创新/王琼瑶，青海师范大学学报（社会科学版）.4

青海非物质文化遗产保护现状与对策研究/李晓燕，青海社会科学.4

玉树地震灾区口传文献遗产整理研究述略/还格吉，民族学刊.4

历史上新疆少数民族与汉族文化互动探讨/赵江民，中南民族大学学报（社会科学版）.1

新疆多元民族文化特征分析/李正元　廖肇羽，兰州大学学报（社会科学版）.1

启蒙精神与新疆少数民族传统文化的转型/木拉提·黑尼亚提，新疆社会科学.4

现代文化引领下的新疆文化产业发展路径/周丽　冯宏丽，新疆社会科学.5

现代文化与新疆各民族传统文化转型——新疆哲学学会2011年年会综述/马凤强　郭无情，新疆社会科学.6

武陵山区少数民族传统文化保护与创新的内在运行机制探析/胡守勇，湖北民族学院学报（社会科学版）.6

民族文化资本化的社会经济效应分析——广西百色民族文化资本化典型研究/周叮波，百色学院学报.5

学术整合与文化自觉——南方丝绸之路视野下的非物质文化遗产研究/杨静，中华文化论坛.4

藏区文化建设与社会稳定和谐——以阿坝藏族羌族自治州藏区为例/陈颜，西南民族大学学报（社会科学版）.10

桥头堡建设与云南跨境民族文化的繁荣发展/和少英　李闯，云南民族大学学报（社会

科学版).5

《云南少数民族精神文化与文化精神——纳西、彝诸民族文化遗产研究》简介/薛宝,云南民族大学学报(社会科学版).6

中央西藏工作座谈会与西藏非物质文化遗产保护/马宁,西藏民族学院学报(社会科学版).1

门巴族珞巴族的传统文化及其在新时期的变化/陈立明,西藏民族学院学报(社会科学版).5

拉萨市多元文化共生现状特点与趋势分析/郭龙岩,西藏研究.5

努力推动西藏文化的保护与发展——在第三届西藏文化论坛上的演讲/朱维群,中国西藏.6

西藏非物质文化遗产的传承与发展——第三届中国西藏文化论坛在拉萨举行/卢颖,中国西藏.6

第三届中国西藏文化论坛论文摘要/中国西藏.6

青藏高原文化特色数据库建设的思考/贺晋霞,青海师范大学学报(社会科学版).6

中国民族民间文化重要品种空间信息数据库整编技术及实现方法/李明 张刚,青海社会科学.4

对外传播中西藏形象建构的策略和方式/刘小三,西藏民族学院学报(社会科学版).3

中国西藏(涉藏)网络媒体格局与现状探析/李炜,西藏民族学院学报(社会科学版).3

媒介素养与民族地区社会发展问题研究/张宏树,北方民族大学学报(社会科学版).3

"第二届少数民族地区信息传播与社会发展论坛"综述/周德仓,西藏民族学院学报(社会科学版).1

传媒辐射与区位中的拐点研究——关于中国西部汉藏民族混居区域的传媒调查/李苓 臧肖,西南民族大学学报(社会科学版).11

母语媒体"在地人"新闻传播实效的思考——以四川西部"三州"民族语言报为例/钟克勋 刘昌明,西南民族大学学报(社会科学版).6

当代西藏新闻传播事业的回顾与思考/王梦敏,西藏研究.1

论新闻出版工作在全面建设小康西藏中的基本任务/彭敏,西藏研究.6

20世纪30年代报刊媒介视阈下的新疆/刘海燕,新疆社会科学.1

文化体制改革背景下的西藏期刊发展研究/蓝国华等,西藏研究.6

文化体制改革对民族图书出版业的影响/葛艳玲 张瑞静,青海社会科学.4

探寻国族复兴之路:边疆安全与西北开发——以《新亚细亚》为中心的考察/杨永福 储竞争,宁夏大学学报(社会科学版).1

民族文献建设的受制因素与应对举措/曹玉平,中南民族大学学报(社会科学版).2

少数民族文献资源开发利用对策探讨/王娟,邵阳学院学报(社会科学版).5

辽宁省少数民族古籍保护及策略/王学艳等,大连民族学院学报.2

云南少数民族古籍修复研究/沈峥 甄昕宇,云南民族大学学报(社会科学版).2

试论少数民族文献的特点和价值利用/蔺继红,四川图书馆学报.2

民族文献保护与研究的宝库/高光,中国西藏.3
辽宁省少数民族古籍工作的新思考/闫立新,满族研究.4
近年新获吐鲁番出土文献概述/吴大旬等,贵州民族学院学报(社会科学版).6
《云南少数民族古籍文献调查与研究》简介/薛宝,云南民族大学学报(社会科学版).6
混农林契约文书研究的拓荒者——记贵州民族民间文献遗产保护研究专家杨有赓/胡展耀,中国民族.11
黑水城文献整理与研究学术研讨会综述/陈瑞青等,西夏研究.1
第三次全国少数民族古籍工作会议在北京召开/列来拉杜,民族画报.2
民族高校图书馆文献资源的状况及其对策——以延边大学图书馆为例/刘艳惠,延边大学学报(社会科学版).5
藏学专业图书馆馆藏建设和文献资源建设的发展和研究回顾/周毛,中国藏学.1
民族及民族地区图书馆是开展多元文化服务的重要角色/陈烨 宝音,内蒙古民族大学学报(社会科学版).5
网络环境下民族地区图书馆服务对策探讨/许斌,内蒙古民族大学学报(社会科学版).5
青海地方文献资源建设研究/王清香,青海社会科学.3
西藏图书馆事业的回顾与展望/胡京波等,中国藏学.2
民族博物馆的价值取向探讨/宋才发,民族学刊.1
生态博物馆建设与民族旅游的整体效应/张瑞梅,广西民族大学学报(社会科学版).1
民族博物馆的数字化建设/罕燕,中国民族.1
表述异文化:人类学博物馆的民族志类型研究/安琪,思想战线.2
传译民族文化与平等——吴泽霖先生的民族博物馆思想/温士贤 彭文斌,民族学刊.3
龙脊壮族生态博物馆的现在与未来/潘守永 覃琛,中国文化遗产.6
民族博物馆的文化自觉/唐兰冬,中国民族.10
伟大的事业,光辉的历程——繁荣发展的西藏哲学社会科学与藏学研究事业/西藏社会科学院科研管理处,西藏研究.6
朝鲜司译院都提调、提调及蒙学/乌云高娃,西部蒙古论坛.3
清初辽、金、元三史满文、蒙古文翻译研究述评/乌兰巴根,民族研究.4
农区蒙古族的蒙语传承与民族意识养成——辽宁西部阜新地区烟台营子村的语言生活民族志/王志清 陈曲,西部蒙古论坛.1
论民族居住格局对少数民族语言传承的影响——以乡村蒙古族为例/郝亚明,学术探索.2
《蒙古国科学院藏哈剌布哈城遗址出土蒙古桦皮文献》(Ⅱ)导论/[德]伊丽莎白·乔多著,乌兰巴根译,内蒙古民族大学学报(社会科学版).3
《成吉思汗箴言》代前言/苏赫巴鲁,北方民族.4
蒙古族传统伦理道德思想探析/乌云特娜,中央民族大学学报(社会科学版).3
散杂居民族"同而不化"的策略性应对——基于湖北省鹤峰县三家台村蒙古族的人类学

考察/沈再新　唐胡浩，中南民族大学学报（社会科学版）.3

古代蒙古宗教仪式与"只勒都"、"主格黎"祭祀/僧格，世界宗教文化.3

日常生活视野中的农区蒙古族族群认同与少数民族村落文化建设——以烟台营子村为个案/王志清，西南民族大学学报（社会科学版）.3

重庆蒙古族来源及其社会文化/王希辉，西南民族大学学报（社会科学版）.3

蒙古英雄史诗资料建设的里程碑——关于《蒙古英雄史诗大系》/呼日勒沙，内蒙古社会科学.3

蒙古英雄史诗搜集整理的学术史观照/陈岗龙，西北民族研究.3

古文文献资源数字化共建共享的研究/郭俊平　王福，四川图书馆学报.5

"箴儿干"考——兼论蒙古古代狩猎文化/僧格，北方民族大学学报（社会科学版）.5

阿尔泰乌梁海部族史诗濒危的考察/海英，青海民族研究.2

从日常生活视角看烟台营子村蒙古族族群认同的多重表述/王志清，北方民族大学学报（社会科学版）.2

蒙古豳王家族与河西西域佛教/张海娟　杨富学，敦煌学辑刊.4

本刊"蒙古学研究"名栏目建设若干质量信息综述/于默颖　杨开宇，内蒙古大学学报.4

巴尔虎蒙古族起源和名称研究/李·蒙赫达赉，呼伦贝尔学院学报.4

论蒙古古代婚姻制度——从现代法视角审视古代蒙古族婚姻制度/白军胜，内蒙古民族大学学报（社会科学版）.4

青藏高原蒙古族青年文化习性调查与研究/朱敏兰　绽小林，青海社会科学.5

大学生对蒙古族人的刻板印象/蔡浩，新疆大学学报（哲学·人文社会科学版）.6

蟒古思因·乌力格尔与本子因·乌力格尔关系探微/松波尔，内蒙古师范大学学报（社会科学版）.6

20世纪上半叶中的扎赉特旗蒙古人/孟根，内蒙古师范大学学报（社会科学版）.6

关于李家庄朵颜别部历史的几个问题/特木勒，内蒙古大学学报（社会科学版）.6

藏文化环境中回回民族身份的传承——以一个家族口述史为例/鲁顺元，青海社会科学.1

中国回族文化的产生、发展与繁荣/马通，甘肃民族研究.1

近代回族公益活动述论/兰天祥，北方民族大学学报（社会科学版）.1

回族的国家认同：建构与阐释的文化人类学视角/桂榕，北方民族大学学报（社会科学版）.1

梅文鼎的中国回回天文、历法研究/陈占山，汕头大学学报（社会科学版）.1

回族乡村乡规民约与西部民族地区法制现代化/马宇峰，宁夏师范学院学报.1

我国当代回族习惯法变迁原因探析/石春燕，宁夏师范学院学报.1

回回华化的现代案例：托茂人语言、姓名的回族化/杨德亮，宁夏社会科学.1

马霄石及其《西北回族革命简史》/王伏平，回族研究.1

"汉回"名称及群体出现时间考/周传慧，回族研究.1

历史上河湟地区回族与撒拉族的社会交往/马燕，回族研究.1

基于词频分析法的《回族研究》热点与演变研究/方媛媛，回族研究.1

回族农民工市民化及影响因素分析——基于对宁夏回族农民工的抽样调查/马金龙等，西北民族研究.2

北京回族女性的文化传承与变迁——以北京牛街李家为个案/[泰]纳静安，西北民族研究.2

论西北回族官僚资本的二重性/王正儒，回族研究.2

全球化背景：回族国家认同的现代性/桂榕，回族研究.2

当代回族国家意识的民间表述/马广德，回族研究.2

从中国回族的形成看新疆伊犁回族的源流问题/沙彦奋，青海民族研究.2

对银川市八零后回族农民工身份认同及市民化的调查分析/马金龙 李录堂，北方民族大学学报（社会科学版）.2

论回族习惯法在构建和谐社会中的作用/马剑龙 马剑梅，甘肃民族研究.2

回族心理素质对其经济行为的影响/马丽 才让加，甘肃民族研究.3

云南纳家营回族生存智慧的政治人类学解读/李红春，云南社会科学.3

文化交流与冲突中的国家认同与民族意识——以明末清初回族与西方传教士的文化碰撞为例/陆芸，云南民族大学学报（社会科学版）.4

回族伦理文化研究的视角与理论预设/李伟，宁夏社会科学.4

回族文化与和谐社会/陈凤林，广州社会主义学院学报.4

成熟的象征与存在的延续——回族家谱与回族家族形成初探/张訸，回族研究.4

关于回族生态伦理的文化透视/安丰军，回族研究.4

民国初期回族宗教观念与社会习俗的改良与适应——以民国回族知识分子报刊文章为例/王晓霞，回族研究.4

近代回族报刊对回族妇女的抗战动员与宣传——以《中国回教救国协会会刊》为例/刘莉，北方民族大学学报（社会科学版）.5

青藏高原回族青年文化习性与跨文化适应力的调查研究/马存芳，西北民族大学学报（社会科学版）.5

回族聚居地区的民族关系——基于宁夏L镇回汉社会交往与民族关系的调查/周传斌，北方民族大学学报（社会科学版）.6

中国回族二元一体的文化品格/徐焕文 杨岱庆，前沿.22

阿里普兰一带是藏族文化的重要发祥地之一——访著名藏族学者土登彭措教授/土登彭措扎西龙珠著，亚东·达瓦次仁译，西藏大学学报.1

藏族女性的角色与地位：文献回顾与研究展望/王天玉，西藏大学学报.1

多元文化视域下的藏族青少年民族认同/罗平等，西藏大学学报.1

阿柔部落政治法律形态考述/洲塔 扎西卓玛，中国藏学.2

神奇的阿里——厚重而灿烂的民族文化/慈仁群佩，民族画报.2

甘南藏族家族结构研究——基于卓尼藏族民间组织沙尼与汉族家族比较的视角/谢冰雪，北方民族大学学报（社会科学版）.2

扎巴研究的开拓与突破——评冯敏《扎巴藏族——21世纪人类学母系制社会田野调查》/李佐人,四川民族学院学报.2

云南迪庆藏族水文化/张实,云南师范大学学报(社会科学版).3

诠释藏东人的"家"/廖建新,西藏民族学院学报(社会科学版).3

卡布阿乌：嘉绒藏族老人超越家屋的权威/李锦,西藏民族学院学报(社会科学版).3

鲜水河谷扎巴藏族走婚制度研究/袁旭川,西南大学学报(社会科学版).4

扎巴藏族走婚制度、家户分工及社会性别/袁旭川,广西民族大学学报(社会科学版).4

中国古代藏族形成解析/郎维伟 郎艺,民族学刊.4

中国土司史上的一个典范——汶川瓦寺土司/任新建,中华文化论坛.5

浅析华锐藏族的姓氏渊源/杨才让塔,西藏民族学院学报(社会科学版).5

古藏文文献在线项目及其《法国国立图书馆和大英图书馆所藏敦煌藏文文献》/黄维忠,西藏民族学院学报(社会科学版).4

罗布人的渔猎文化及其变迁问题/艾力·艾买提,西夏研究.1

现代文化整合背景下维吾尔族传统文化变迁研究/古丽扎·尼牙孜,北方民族大学学报(社会科学版).1

民国时期新疆维吾尔族民事司法制度研究/伏阳,新疆大学学报(哲学·人文社会科学版).1

新疆罗布人传统生态知识的人类学解读/石奕龙 艾比不拉·卡地尔,云南民族大学学报(社会科学版).2

罗布人传统生计方式及其变迁/艾买提江·阿布力米提,喀什师范学院学报.2

维吾尔族传统文化的变迁及其影响因素研究/合力力·买买提,黑龙江民族丛刊.6

麻山地区苗族复合生计克服"缺少水土"的传统生态智慧/罗康隆,云南师范大学学报(社会科学版).1

苗族民族认同的层级论——对苗族"蒙人"的个案研究/古文凤,中央民族大学学报.2

清代锦屏文斗苗寨的宗族与宗族制度——兼及林业经营中的"家族所有制"、"家庭私有制"争议/潘志成 梁聪,贵州社会科学.2

黔东南苗族婚姻习惯法对司法实践的影响——以刑事案件被告人权利保护在司法实践中的"难点"为视角/李向玉,湖北民族学院学报(社会科学版).2

湘西苗族历史上形成的国家认同图景研究/谭必友,中南民族大学学报(社会科学版).3

苗疆再造与改土归流——从张中奎的博士论文说起/徐新建,中南民族大学学报(社会科学版).3

湘西苗族文化的现代化建构/崔榕,云南民族大学学报(社会科学版).4

解读苗族悠久的历史与文化/石莉,贵州民族研究.4

前近代时期的族群边界与认同——对清代"苗疆"社会中"非苗化"现象的思考/杨志强 张旭,贵州大学学报(社会科学版).5

苗族传统社会组织管理中的"绝对权威"与"充分民主"/张晓,贵州民族学院学报(社会科学版).5

论苗族古村落"路"、"桥"生命文化的发生/杨东升,云南民族大学学报(社会科学版).6

神圣化到世俗化的交换与财产权——对于黔东南台江苗族婚姻制度的思考/袁洁,湖北民族学院学报(社会科学版).6

"理辞"与"苗例"/胡晓东 胡廷夺,贵州社会科学.10

撒尼人的自我认同与他者"叙事"现象研究——以石林"大糯黑村"为个案/王友富等,黑龙江民族丛刊.1

论彝族魂鬼观念/杨甫旺,宗教学研究.1

复合文化:基督教背景下的彝族文化变迁/黄瑾,贵州民族学院学报(社会科学版).2

论彝族政治权力的历史变迁/廖林燕,云南师范大学学报(社会科学版).2

苏尼/嫫尼与彝族历史及其研究/罗庆春 李春霞,北方民族大学学报(社会科学版).2

彝族文献《孝敬父母经》之价值浅析/普梅笑,毕节学院学报.3

从"非遗"视角看彝族毕摩文化的法律保护机制/罗静,中央民族大学学报(社会科学版).4

彝族史诗《梅葛》原始共同意识的审美分析/肖国荣 张建,楚雄师范学院学报.5

当代云南彝族识别的回顾与反思/王文光 李艳峰,思想战线.5

凉山彝区本土司法实践现状——以越西县的调查分析为例/马林英 张利平,民族学刊.6

彝学研究:成就、形势与创新发展/白兴发,毕节学院学报.10

浅谈彝族"玛木"的伦理思想与归宿/王美英 吉木哈学,西南民族大学学报(社会科学版).11

凉山彝族战刀研究/陈小虎,西南民族大学学报(社会科学版).12

解读彝族观念中"雪族"与人类的关系/杨忠秀 比补日发,西南民族大学学报(社会科学版).12

壮族传统文化的生态伦理意蕴/孟立永等,百色学院学报.2

少数民族文化在主客位视野中的差异及其原因探析——以那坡县壮族"敏"支系传统文化为个案研究/陆潇玲,广西民族研究.2

壮族政治伦理之修身思想研究/梁银湘等,百色学院学报.2

思维视角下的壮族典籍英译探讨——以布洛陀史诗为例/陆莲枝,百色学院学报.2

壮族土司社会族群认同探微——以广西龙州县城为例/蓝韶星,广西民族研究.3

认识自我与认识当下——对壮族布洛陀文化在中国社会中位置的思考/何其敏,广西民族研究.3

论《布洛陀经诗》英译版本与翻译策略/陆勇,广西民族研究.3

论布洛陀文化的传承场/熊斯霞,广西民族研究.3

从僮人到壮族——20世纪以来对广西壮族论述的变迁/卢露,西北民族研究.3

壮族伦理思想的和谐意蕴及其当代价值/张志巧 唐凯兴,广西民族研究.4

村落视野下壮族择偶标准的嬗变——壮族婚姻家庭研究之二/黄润柏,广西民族研究.4

壮族政治伦理之治平思想研究/梁银湘 唐凯兴,百色学院学报.5

《麽兵佈洛陀》密码诠释/梁庭望,百色学院学报.5

壮族族群结构若干问题的思考/黄世杰,云南师范大学学报(社会科学版).6

情系壮族·引领壮学——张声震《壮学研究与〈壮学丛书〉》出版座谈会综述/骆裔,广西民族研究.3

论朝鲜族美德的形成、发展及其特点/宋昌洙,黑龙江民族丛刊.2

跨国民族劳务输出中的族群认同与国家认同——以龙井市龙山村S屯朝鲜族劳务输出韩国为例/周建新 黄超,思想战线.2

社会转型过程中朝鲜族婚姻家庭边缘化的影响及其对策/金香兰,延边大学学报(社会科学版).4

少数民族村新农村建设的成就及其启示——以延寿县朝鲜族村为例/张春梅,黑龙江民族丛刊.5

朝鲜族社会萎缩的危机及其发展路径选择/金强一,延边大学学报(社会科学版).6

少数民族新农村建设中存在的问题及其对策——以黑龙江省延寿县朝鲜族村为例/苏艳 康基柱,黑龙江民族丛刊.6

东北朝鲜族居民跨境流动:新中国政府的对策及其结果(1950—1962)/沈志华,史学月刊.11

民国时期中国东北朝鲜移民的生存状态研究/张丽梅,社会科学战线.12

满族历史研究重大问题的重新审视——评《满族要论》/张佳生,黑龙江民族丛刊.1

进一步深化满族研究,满足国家重大战略需求/余梓东,满族研究.1

开辟满族史研究的新视野——读[美]路康乐著《满与汉:晚清到民国初期的族群关系与政治权利,1861—1928》/吴磊 徐永志,满族研究.1

盛京满族研究与当代中韩学术交流——《韩国史料三种与盛京满族研究》读后/温长松,满族研究.1

满族姓名历史演变初探/马竞淤,满语研究.1

满族语言文化演变的浑沌学观察/胡艳霞 贾瑞光,满语研究.1

《八旗满洲氏族通谱》蒙古姓氏考/乌兰,民族研究.1

东北地区民间满族谱牒形制源流考/孙明,东北师大学报(社会科学版).1

满人瓜尔佳氏与关姓/张克,寻根.1

故土与边疆:满洲民族与国家认同中的东北/邵丹,清史研究.1

近二十年关于满族形成时间研究综述/陈力,满族研究.2

论满学研究的传统与创新/李艳枝,沈阳师范大学学报(社会科学版).2

"五化"背景下满族传统文化变迁原因初探/于海峰,满族研究.2

一梦红楼何处醒——假如启动满学视角读《红楼梦》又会怎样/关纪新,中央民族大学学报.2

清代八旗户口档与家谱整理研究——以瑷珲满族扎库塔氏为例/吴雪娟,满语研究.2

满族传统体育变迁及其价值/唐云松,满语研究.2

《满族与长白山》读后/孟慧英,满语研究.2

满族文化现代样态刍议/郭孟秀,满语研究.2

清代内务府旗人复杂的旗籍及其多种身份——兼谈曹雪芹家族的旗籍及其身份/杜家骥,民族研究.3

评《韩国史料三种与盛京满族研究》/温长松,中国史研究动态.3

"满洲"名称述考/陈鹏,民族研究.3

谈"五化"背景下对满族传统文化变迁的认识/吴勃,满族研究.4

满族对我国多民族国家的统一和对中华民族灿烂文化的杰出贡献/赵杰,满族研究.4

清代北京旗人的休闲生活/李红雨,满族研究.4

近三十年来晚清满汉关系研究述要/王宇,中央民族大学学报(社会科学版).4

试论朝鲜朝燕行使臣眼中的满族人形象/徐东日,东疆学刊.4

"选择性建构":国家、市场和主题行动互动下的文化身份与认同——对北京某满族村的个案研究/张岳　良警宇,黑龙江民族丛刊.4

拉林—阿勒楚喀满族京旗汉语方言岛述略/刘宇等,黑龙江民族丛刊.5

对"满人汉化"的思考——以清东陵汉学、汉教习的设立及裁撤个案为例/王海燕,东岳论丛.6

孔定芳著《清初遗民社会——满汉异质文化整合视野下的历史考察》评价/林存阳　杨朝亮,中国史研究动态.6

浅析国家政权在满族共同体形成与发展中的作用/孙浩洵,牡丹江大学学报.10

吉林省满族说部学会成立暨首届满族说部学术研讨会在长春举行/杨峰等,北方民族.2

清末民初达斡尔族文化变迁原因分析/隋丽娟　何丽文,北方文物.3

清末民初黑龙江地区达斡尔族的经济模式变迁/何丽文,黑龙江民族丛刊.3

族称"达斡尔"释名/孟盛彬,大连民族学院学报.4

清代达斡尔族五种社会群体的形成及特点/孟盛彬,东北史地.6

仪式过程与符号象征——索伦鄂温克火神祭祀仪式的田野研究/王伟,世界宗教文化.2

制度变迁的经济原因与困难——使鹿鄂温克族裔文明兴衰的启示/廖志敏　谢元媛,中国农业大学学报(社会科学版).3

清初喀木尼堪部降叛考述——兼论清初的使鹿部/沈一民,黑龙江民族丛刊.4

传统的消逝与情怀的眷恋——以鄂伦春传统狩猎文化变迁为例/张延庆等,中南民族大学学报(社会科学版).1

鄂伦春族族源的文献探析/王延等,黑龙江民族丛刊.2

当代语境下的鄂伦春族"摩苏昆"/李英,中央民族大学学报.2

清代东北地区鄂伦春族编旗初探/陈鹏,东北师大学报(社会科学版).2

鄂伦春族源与民族共同体形成辨析/赵金辉,呼伦贝尔学院学报.4

浅论鄂伦春族非物质文化遗产的保护与传承/相华,黑龙江民族丛刊.5

社会政策促进鄂伦春民族发展的实际效果评估——对内蒙古自治区鄂伦春自治旗托扎敏乡鄂伦春族猎民村的调查报告/田雨,内蒙古社会科学.5

浅谈鄂伦春族禁忌的类型/韩光明　张敏,黑龙江民族丛刊.6

日本帝国主义的殖民统治对赫哲族发展的影响/刘敏，内蒙古师范大学学报（社会科学版）.1

论非物质文化遗产"本真性"的评估标准——以赫哲族"伊玛堪"为例/韩成艳，贵州民族研究.2

从社会资本理论视角透视少数民族村庄的发展——基于一个东北赫哲族村庄的田野观察/赵勇 郭占锋，西南民族大学学报（社会科学版）.5

《皇清贡职图》与赫哲族/郭天红，黑龙江民族丛刊.6

海峡两岸"土司制度与边疆社会"学术研讨会综述/熊昌锟，广西民族研究.1

传统的断裂、复兴与家族史的传承——基于青海土族家族谱、口述史为文本的历史人类学分析/祁进玉，青海民族大学学报（社会科学版）.1

从村寺、祠堂看宗族对土族乡村社会的控制——基于景阳镇李氏土族的田野调查/张兴年，西北民族研究.1

《青海民族大学学报》（社会科学版）2001—2010年"土族研究"栏目载文分析/何腊梅，青海民族大学学报（社会科学版）.2

土族的"班斯纳得那"研究/杨卫，西北民族研究.2

甘肃土族生计结构变迁探析/田俊迁，云南师范大学学报（社会科学版）.3

历史记忆与族群认同——关于土族历史研究中的几个问题的反思/鄂崇荣，青海民族大学学报（社会科学版）.3

土族青年族群认同问题研究/张海育，青海民族大学学报（社会科学版）.3

土族传统伦理道德文化与幼儿社会性发展/马亚玲，青海师范大学学报（社会科学版）.5

撒拉族的家族组织与婚姻规制——基于血缘认知的文化逻辑分析/王建新，北方民族大学学报（社会科学版）.4

古浪县东乡族移民区民族关系调查与研究/李军，伊犁师范学院学报（社会科学版）.2

河湟穆斯林民族乡村社区关系构成研究——以东乡族为例/曹建华，伊犁师范学院学报（社会科学版）.4

多民族杂居区少数民族移民宗教文化变迁研究——以新疆伊犁地区霍城县老城村东乡族为例/陈文祥，青海师范大学学报（社会科学版）.5

河湟地区穆斯林民族婚姻的文化规制——以东乡族为例/曹建华 陈其斌，青海社会科学.6

关于农村保安族居民生活健康状况的调查研究——以甘肃省积石山县大河家镇大墩村为例/刘新华 马沛霖，甘肃民族研究.1

新一轮西部大开发与保安族地区经济发展问题研究/刘兴全等，西南民族大学学报（社会科学版）.6

历史文化记忆：支撑民族的脊梁——读《中国裕固族传统文化图鉴》/钟敬文，甘肃民族研究.1

裕固族乡村社区发展历程与模式的社会人类学分析/巴战龙，西北民族研究.4

裕固族非物质文化遗产保护性开发现状与对策/王玉明，河西学院学报.4

论哈萨克族物化、活动化的非语言符号/阿依努尔·木拉提，伊犁师范学院学报（社会科学版）.1

论在巴尔喀什湖攻击土尔扈特人的哈萨克首领的身份/唐江，西部蒙古论坛.1

我国哈萨克族基层社会组织探析/罗意，伊犁师范学院学报（社会科学版）.2

新疆哈萨克族传统婚姻家庭制度的民族特点及制度变迁/马幸荣，东北师大学报（社会科学版）.3

哈萨克族禁忌文化透视/巴哈尔古力·夏米提，伊犁师范学院学报（社会科学版）.3

《伊犁师范学院学报》2003—2010年"哈萨克文化研究"栏目载文分析/赛里克波力·伊来迪力　程如铁，伊犁师范学院学报（社会科学版）.4

一部研究跨国民族社会文化的力作——评介《哈萨克跨国民族社会文化比较研究》/张宁，俄罗斯中亚东欧研究.5

黑龙江省柯尔克孜族研究概述/波·少布，黑龙江民族丛刊.2

黑龙江柯尔克孜族姓氏研究/吴占柱，黑龙江民族丛刊.3

移民搬迁与文化适应：以帕米尔高原塔吉克族牧业文化为例/刘明，新疆社会科学.6

论锡伯族源自高车色古尔氏/温玉成，新疆大学学报（哲学·人文社会科学版）.1

锡伯家庙——太平寺的历史变迁/李云霞，满族研究.1

锡伯族禁忌的现代审视/王晓梅，黑龙江民族丛刊.4

锡伯族社会历史、文化研究述评/李云霞，中央民族大学学报（社会科学版）.5

南岭走廊过山瑶传统文化基本特征探论/李晓明，黑龙江民族丛刊.1

从史诗与民间槃瓠故事的传播看瑶族形成的阶段性文化特征/潘雁飞，广西师范学院学报（社会科学版）.1

岭南瑶汉互市与瑶族生计模式转型/严雪晴　容婷，广西民族研究.1

排、排瑶、瑶排、八排瑶等称谓之辨析/徐祖明，广西民族研究.1

瑶族史诗《密洛陀》的民族哲学观/谢少万　刘小春，广西民族研究.2

存与废的博弈——瑶族习惯法的未来发展/刘坚，广西师范学院学报（社会科学版）.2

美国瑶族的国家认同与文化认同/玉时阶，广西民族研究.3

论连南排瑶"食人命"的发生机理/赵炳林，贵州民族研究.3

论《密洛陀》的"创世"史诗中的自然文化观/张利群，广西民族研究.3

想象中的精神家园——瑶族"千家峒传说"的文化阐释/屈中正　陈敬胜，贵州民族研究.3

从瑶族历史看边缘的兴起——《另类中国：瑶族及其民族归属政治》/冯智明，贵州民族学院学报（社会科学版）.3

试论瑶山白裤瑶从"逃学"到"向学"转变的原因及其启示/黄胜，民族教育研究.3

瑶族归侨的社会记忆与认同建构——以广西十万山华侨林场为例/陈思慧，广西民族研究.4

瑶族石牌律研究的"三重证据法"/莫金山，广西民族研究.4

文化重构视野下的红瑶妇女生计变迁研究——以龙脊梯田景区黄洛瑶寨为例/张瑾，广西民族大学学报（社会科学版）.4

关于瑶族文化遗产保护的创新思考/盘森，黑龙江民族丛刊.4

居山游耕：中越边境瑶族生计方式形成动因与作用探析/胡美术 王希辉，湖北民族学院学报（社会科学版）.4

美国瑶族文献与世界瑶族迁徙地之关系/何红一，中南民族大学学报（社会科学版）.5

20世纪上半叶中国的瑶族研究/黄禾雨，文山学院学报.5

大瑶山瑶族文化遗产的保护、开发与可持续发展/莫志东，广西民族大学学报（社会科学版）.5

瑶族传统社区组织与社区共管——"传统知识与农村可持续生计行动研究"系列调研报告之二/邵志忠 过邵灵韵，经济与社会发展.11

大瑶山的记忆——20世纪80年代与前苏联民族学家克留科夫考察金秀瑶族追忆/徐杰舜，民族论坛（学术版）.12

祖籍、记忆与群体认同的变迁——大理白族古代家谱的历史人类学释读/张海超，北方民族大学学报（社会科学版）.1

南诏大理国时期滇西北白族政治文化的特征/雷信来等，青海民族大学学报（社会科学版）.1

永昌白族先民聚居史证——永昌《栖贤山报恩梵刹记》考/陈丽萍，保山学院学报.4

文山白族与大理白族比较研究/李和，云南地理环境研究.5

傣族佛寺教育与义务教育的冲突及其缓解——兼议"威斯康辛州诉约德"案/郑毅，贵州民族研究.1

金沙江河谷傣族族群的文化认同/刘祖鑫，云南民族大学学报（社会科学版）.1

叭真不是西双版纳第一代召片领——叭真真相再考/何平，思想战线.1

国家权力在民族地区的延伸——以云南德宏傣族土司制度为例/洪涵，云南民族大学学报（社会科学版）.2

傣族社区和文化对泥石流灾害的回应——云南新平曼糯村的研究案例/李永祥，民族研究.2

试论孟连傣族习惯法赋予拾得者权利的合理性——傣族习惯法研究之一/李小华，楚雄师范学院学报.4

哈尼族沟渠文化研究——以红河哀牢山区座洛村为例/杨六金 王亚军，云南社会科学.6

佤族文化中的国家认同实证考量/袁娥，云南民族大学学报（社会科学版）.2

佤族国家认同的历程、现状与挑战/陈晓婧，北方民族大学学报（社会科学版）.2

20世纪50年代云南西盟阿佤山佤族原始生活老照片——一个历史学家的田野调查/李家瑞 李跃平，民族学刊.3

在"水"中保护 在"用"中发展——以翁丁佤族原生态民族文化的保护与开发为例/樊华 章涤凡，云南社会科学.3

佤族男性婚姻挤压夫妻年龄差研究/白志红 李文钢，西南民族大学学报（社会科学

版）.8

民族与国家何以和谐——建国60年来国家与佤族的互动历程研究/袁娥，西南民族大学学报（社会科学版）.11

论傈僳族形成、发展过程中的民族迁徙/李智环，攀枝花学院学报.5

再探中泰傈僳族研究现状之比较/侯兴华　张国儒，东南亚纵横.5

傈僳族支系划分研究/侯兴华　张国儒，思想战线.6

传播学视域中怒江流域傈僳族宗教信仰变迁动因分析/吴洪亮　罗利群，贵州民族学院学报（社会科学版）.6

东巴视觉艺术符号圈的整体特征研究/吴志军　李亮之，民族艺术研究.1

丽江改土归流后纳西族的社会变迁/段红云，云南师范大学学报（社会科学版）.6

社会主义建设时期纳西族传统文化的保护与抢救/木基元，西南民族大学学报（社会科学版）.9

拉祜族亲属称谓及其文化内涵探微/杨云燕，怀化学院学报.10

怒族多元文化互动与性别承载/宋建峰，云南民族大学学报（社会科学版）.1

养老模式：当代怒族孝亲文化的传承——以云南贡山查腊怒族为例/宋建峰，民族学刊.4

阿怒人的国家认同研究——基于音乐文化的视角/袁娥　丁爱华，民族学刊.5

独龙族习惯法研究/王四新　徐文，中央民族大学学报.2

独龙族经济社会发展问题初探/杨云红，中共云南省委党校学报.6

论布依学/周国茂，贵州民族学院学报（社会科学版）.1

布依人的姓氏与字辈/王开级　程林盛，寻根.2

布依族议榔制度的社会元素及其功能分析/朱猛，兴义民族师范学院学报.3

册亨县五个布依族自然寨祭神立法制度研究/周相卿，贵州民族研究.3

龙泉寨当代布依族婚姻习惯法调查与研究/周相卿等，贵州民族学院学报（社会科学版）.3

中和素朴：布依族在生活中演绎的审美意识/黄守斌，兴义民族师范学院学报.4

试论保护、传承和发展布依族文化的意义/韦亚，兴义民族师范学院学报.4

从布依族地戏的分布看布依—汉的文化接触/肖可，贵州民族学院学报（社会科学版）.4

生命美学视野下的水族审美文化内涵分析/李月，贵州民族学院学报（社会科学版）.1

水族敬霞节文化内涵探析/覃世琦，贵州民族学院学报（社会科学版）.3

水族村寨空间结构中的家族制约因素——以的远村寨为个案的研究/张振江，广东技术师范学院学报（社会科学版）.4

水族非物质文化遗产保护的探讨/孙志国等，贵州民族学院学报（社会科学版）.6

仡佬族独特审美意识的历史与自然成因/胡洁娜　周帆，中央民族大学学报（社会科学版）.3

侗族萨文化研究——以广西龙胜各族自治县为例/杨军　黄艳，宗教学研究.2

"十洞"款会的历史变迁及其价值初探/石昌模,贵州民族学院学报(社会科学版).2

大众传播与民族地区和谐发展——从侗族和谐文化建设及侗族文化传承之角度/吴定勇,西南民族大学学报(社会科学版).2

仅隔一日立下的款碑——从江高增与增冲款碑看侗族联合大款区"定约"活动/徐晓光,贵州民族研究.3

纠纷解决中的非正式权威——当代侗族社会的寨老考察/粟丹,民族.4上

侗族的社会分层与婚姻选择/罗义云,云南社会科学.6

论侗族民间信仰的社会功能/余小云,吉首大学学报(社会科学版).6

现代化背景下侗族文化传承的思考/曾梦宇,前沿.22

论土家族土司研究的时代特点及未来走势/雷发军 成臻铭,湖北民族学院学报(社会科学版).1

族际通婚与族群关系——潭溪土家族的实证研究/陈心林,贵州民族研究.1

从《容美纪游》看容美土司的对外策略/瞿州莲,中南民族大学学报(社会科学版).1

明玉珍大夏国在土家族地区的行政建置/郭声波等,中南民族大学学报(社会科学版).1

土家族非物质文化遗产教育自治权地方立法的完善/朱祥贵 毛婧,民族教育研究.1

土家族灵魂观的传统文化内涵/徐瑾,湖北民族学院学报(社会科学版).2

改土归流后移民家族的建构及其意义——以湖南永顺县青龙村林氏为例/瞿州莲,广西民族大学学报(社会科学版).2

当代湘西土家族苗族族际通婚与文化互动/李然,贵州民族学院学报(社会科学版).3

符号哲学视域中偏岩土家族"宋姆兔"育人价值探究/向帮华,贵州民族学院学报(社会科学版).3

土家族研究历程及发展趋势/曹毅,湖北民族学院学报(社会科学版).3

土家族非物质文化遗产会展活态保护新模式探析/谭志国,广西民族大学学报(社会科学版).3

土家族傩文化现状解读——以恩施土家族苗族自治州为例/罗巧玲,湖北民族学院学报(社会科学版).4

从土王崇拜到私约归流——容美土司制度下的权威嬗变/史江洪 陈沛照,湖北民族学院学报(社会科学版).4

新时期民族文化动员与民族边界重构的动力——以长阳土家族自治县民族文化动员为例/谭必友,西南民族大学学报(社会科学版).5

论少数民族哲学史的书写方式——以萧洪恩的《土家族哲学通史》为讨论中心/张世保,中南民族大学学报(社会科学版).5

土家族古碑林:诠释审美价值观及文化传播方式——以恩施州鱼木寨古碑林为个案考察/戴宇立 谢亚萍,贵州民族研究.5

论土家族非物质文化遗产保护与传承的五个阶段/谭瑜,贵州民族研究.5

清江流域土家族八坪谭姓源流考/谭华梅,湖北民族学院学报(社会科学版).5

"改土归流":土司家族政治命运的转型/杨庭硕　杨曾辉,中央民族大学学报(社会科学版).6

汶川羌族文化略论/冉光荣,中华文化论坛.5

羌族释比经典蕴含的生死观探析/董常保　张晓英,吉首大学学报(社会科学版).5

羌族地区建置沿革考略/甲任　黄辛建,西南民族大学学报(社会科学版).5

民族融合与文化交流的侧影——论仫佬族传统文化的形成/崔昆仑,贵州民族研究.4

海南黎族传统继承制度初探/陈秋云　关丹丹,海南大学学报(社会科学版).3

族类认同与历史叙事——以海南岛黎汉关系为个案/唐启翠,广西民族研究.4

黎族族源、族称及族际关系/陈立浩　高泽强,琼州学院学报.4

黎族原始氏族社会简述/高泽强　陈立浩,琼州学院学报.4

海南"黎兵"考/王献军,贵州民族研究.4

仪式、权利与族群认同的建构——中国西南部一个京族村庄的个案研究/吕俊彪,广西民族研究.2

闽西畲客杂居区的族群意识——以上杭县古坊村的调查为例/钟晋兰,福建论坛(社会科学版).2

源出少昊帝,来自君子国——畲族族源考/黄锦树,韩山师范学院学报(社会科学版).4

休闲与畲族文化传承研究——以浙江遂昌三仁乡为例/雷水莲,浙江师范大学学报(社会科学版).5

畲族传统资源遗存现状及其反思——基于对浙江省遂昌县的调查分析/王振威　闫洪丰,湖北民族学院学报(社会科学版).5

苦聪人传统生活中的生态意识/朱力平,思茅师范高等专科学校学报.1

苦聪人文化适应性的社会心理研究/李春忠　罗承松,贵州民族学院学报(社会科学版).2

苦聪人妇女社会地位的变迁及其文化适应——以镇沅县恩乐镇易地搬迁的苦聪人为研究对象/罗承松,湖北民族学院学报(社会科学版).2

苦聪人易地搬迁后的心理适应研究——以云南省镇沅县的苦聪人为例/袁燕,楚雄师范学院学报.8

南夷社会文明进程的内涵及其模式/叶成勇,贵州民族学院学报(社会科学版).1

试论图瓦人的历史渊源及民族认同/南快莫德格,西部蒙古论坛.1

突厥语族民族文化专题研究点评/阿布都外力·克热木,西北民族大学学报(社会科学版).2

论突厥语族民族史诗类型及分类/阿地里·居玛吐尔地,西北民族大学学报(社会科学版).2

重提吐火罗——尉迟乙僧原籍考注/任平山,敦煌研究.3

内蒙古文化资源资本化开发研究——以蒙古族女性历史名人为例/张淑梅,内蒙古大学学报(社会科学版).6

仰韶文化刻齿骨片与云南少数民族记事木刻比较/罗江文,学术探索.6

辽宁省桓仁县高俭地高句丽山城调查/梁志龙等,东北史地.1

中国境内发现的高句丽山城/魏存成,社会科学战线.1

苗疆旧州古城在近代繁荣的原因讨论——山林农业与大田稻作农业交汇研究/游建西,贵州民族研究.5

吐峪沟石窟的新发现——影响吐鲁番历史的佛教遗址/李裕群等,中国文化遗产.2

洛阳新出北魏石棺床与粟特文化/张乃翥,甘肃民族研究.1

茶卡出土的彩绘木棺盖板/许新国,青海民族大学学报(社会科学版).1

汉代北部边疆地区移民墓葬反映的历史问题/杜林渊,考古与文物.1

清水河县塔尔梁壁画墓发掘述要/曹建恩 党郁 孙金松 李力,草原文物.2

2010年新疆伊犁河流域考古新收获/阮秋荣,西域研究.2

新疆哈密五堡艾斯克霞尔南墓地考古新发现/王永强等,西域研究.2

交河沟西粟特康氏家族的汉元素/于海琴 李辉朝,吐鲁番学研究.2

蒙元时期蒙古人壁画墓的分期/张晓东,华夏考古.2

"穹庐"与"拂庐"——青海郭里木吐蕃墓棺板画毡帐图像试析/吕红亮,敦煌学辑刊.3

集安高句丽千秋墓墓室形制新论/王春燕 孙仁杰,北方文物.3

青海都兰吐蕃墓葬群的文化蕴含及法律保护/刘国宁,青海民族研究.3

试论贵州地区"石棺葬"的分区与年代/李飞,考古与文物.4

吐蕃塔形墓的起源与原始塔葬/夏吾卡先,西藏大学学报(社会科学版).4

清永陵的坐龙文化考证/赵维和 王建中,满族研究.4

沽源南沟村元墓与阔里吉思考/周良霄,考古与文物.4

关于藏王墓数目及墓主身份的重考/强巴次仁 卓玛,西藏民族学院学报(社会科学版).4

试析成吉思汗陵最终在鄂尔多斯安放和供奉的原因/小红,内蒙古民族大学学报(社会科学版).4

探寻成吉思汗陵墓之谜/根秋多吉,中国西藏.4

连珠纹与哈日赛沟吐谷浑古墓发掘/许新国,青海民族大学学报(社会科学版).4

章怀太子墓西壁客使图高昌使者说质疑/程旭,人文杂志.6

石棺葬的起源与扩散——以中国为例/李水城,四川文物.6

内蒙古巴林左旗辽代祖陵龟趺山建筑基址/中国社会科学院考古研究所内蒙古第二工作队 内蒙古文物考古研究所,考古.8

内蒙古凉城县水泉辽代墓葬/内蒙古文物考古研究所,考古.8

大同新发现两座北魏壁画墓年代初探/张庆捷 刘俊喜,文物.12

山西大同文瀛路北魏壁画墓发掘简报/大同市考古研究所,文物.12

丹扬王墓考辨/李梅田,文物.12

山西大同云波里路北魏壁画墓发掘简报/大同市考古研究所,文物.12

吐鲁番出土胡人俑造型艺术解析/安尼瓦尔·哈斯木,吐鲁番学研究.2

石窟/慈仁群佩等,民族画报.3

吐蕃统治时期敦煌石窟研究综述/沙武田，西藏研究.3

炳灵寺石窟四臂观音造像试探/赵雪芬，西藏研究.1

新疆鄯善县吐峪沟石窟寺遗址/中国社会科学院考古所边疆民族考古研究室 吐鲁番学研究院 龟兹研究院，考古.7

吐蕃佛教石刻造像综述/席琳，西北大学学报（社会科学版）.1

蒙古高原石雕人像源流初探——兼论羊群庙石雕人像的性质与归属/魏坚，文物.8

敦煌壁画中吐蕃赞普像的几个问题/魏健鹏，西藏研究.1

敦煌壁画中的高句丽、新罗、百济人形象/杨森，社会科学战线.2

东乡红塔寺石窟壁画/张有财，中国文化遗产.2

"八天神"图像之误读——关于丹丹乌里克壁画残片的释读/李翎，西域研究.2

莫高窟第322窟图像的胡风因素——兼谈洞窟功德主的粟特九姓胡人属性/沙武田，考古与文物.3

榆林窟第29窟西夏武官服饰考/曲小萌，敦煌研究.3

敦煌壁画中的蒙古族供养人云肩研究/董晓荣，敦煌研究.3

高句丽壁画人物首服的辨识与研究/范鹏，北方文物.4

匈奴考古研究在蒙古国——以20世纪匈奴考古为例/雪莲，西部蒙古论坛.3

民族传统服饰的当代变迁/黄柏权，西南民族大学学报（社会科学版）.1

蒙元中国北方服饰文化研究综述/赵学江 曹洪勇，吐鲁番学研究.2

《濒临消失的广西少数民族服饰文化》评述/郑超雄，广西民族研究.4

从辅助服饰看黔东南地区苗族、侗族女性服饰的相似性/周梦，中央民族大学学报（社会科学版）.4

论唐代民族服饰的流行与融合/罗勇，民族论坛（学术版）.12

饮食人类学研究述评/彭兆荣 肖坤冰，世界民族.3

关于青藏高原碉楼的传说与民俗事象/石硕 陈东，西北民族大学学报（社会科学版）.4

从辽金饮食词语对比看金朝东北地区饮食文化/于为，长春师范学院学报（社会科学版）.4

茶对云南少数民族经济社会发展的影响和作用/杨洁，云南社会科学.5

略论辽代契丹髡发的样式/李甍，考古与文物.1

民族地区的民间文化认同——明清以来洮州地区汉民俗的传播与传承/阙岳，西北民族研究.1

蒙元时期蒙古族妇女面妆研究/齐玉花 董晓荣，青海民族大学学报（社会科学版）.1

建构传统：牧民社会时间的释义——以内蒙古那日苏嘎查蒙古族牧民为中心/宋小飞，民俗研究.1

浅析蒙古人的冠帽之饰及审美习俗/乌恩托娅等，内蒙古师范大学学报（社会科学版）.2

蒙古族节日民俗中动物元素之探析——以那达慕为例/吕秀华，中央民族大学学报.2

蒙古族那达慕的人文精神/邢莉，中央民族大学学报（社会科学版）.3

浅析蒙古族传统信息传播方式之一——石质媒介传播/陶格图，内蒙古师范大学学报

（社会科学版）．3

浅谈蒙古人服饰的装饰/乌恩托娅等，内蒙古民族大学学报（社会科学版）．3

蒙汉交汇区村落的民族民俗文化融合历程考察——以鄂尔多斯村落为例/段友文　高瑞芬，西北民族研究．3

时变俗移：从春节的娱乐活动看农区蒙古族的文化变迁——以烟台营子村近年来的春节娱乐活动为例/王志清　陈曲，西部蒙古论坛．4

论汉籍蒙古族民俗文献的研究价值/白·特木尔巴根，内蒙古师范大学学报（社会科学版）．4

蒙古族古代断腰袍及其变迁/李莉莎，内蒙古社会科学．5

当代八坊回族妇女嫁衣的人类学考察/苏静，西北民族研究．2

"拂庐"考辨/刘铁程，西藏研究．1

舟曲藏族居住及其礼仪民俗/尹永学，甘肃民族研究．1

仪礼与交换——白马藏人葬礼中交换的诠释/朱伟，西藏民族学院学报（社会科学版）．1

清代以来甘肃省文县白马藏族服饰演变探讨/王希隆等，中南民族大学学报（社会科学版）．1

从信念到习性——对藏族装饰图纹的民俗学考察/黄亚琪，青海师范大学学报（社会科学版）．1

青海绒哇藏族传统服饰变迁的民俗学解读/耿英春，青海师范大学学报（社会科学版）．1

试析藏族禁忌习俗的来源/达瓦卓玛，西藏艺术研究．2

非言语符号在西藏文化传播中的作用初探/彭敏　周德仓，西藏大学学报（社会科学版）．2

论藏族饮茶习俗的形成及其特点/罗桑开珠，中央民族大学学报（社会科学版）．3

无文字族群宇宙观念的身体表述——嘉绒跳锅庄的文学人类学阐释/李菲，北方民族大学学报（社会科学版）．3

桑的净化功能——《狐狸烟祭》中所反映桑的原初内涵/万代吉，西藏大学学报（社会科学版）．3

藏族婚礼中的哭嫁习俗/高慧芳，西藏大学学报（社会科学版）．3

青藏高原"碉房"释义——史籍记载中的"碉房"及与"碉"的区分/石硕，思想战线．3

藏族传统测量方法探析/杨晓荣　索朗玉珍，中国藏学．3

论建筑的民族文化属性——以藏式建筑为例/罗桑开珠，中国藏学．3

藏地山崖式建筑的起源及苯教文化内涵/石硕，中国藏学．3

居住空间的文化建构：白马藏族房屋变迁的个案分析/刘志扬，民族研究．3

西藏农区生育习俗与妇女健康——以日喀则地区拉孜县扎西刚乡玉妥村为例/参木拉等，西藏研究．3

试论卓仓藏族婚俗的仪式象征/巴盖措,青海民族研究.3
西藏博物馆馆藏清代西藏噶厦政府官员服饰赏析/杨曦等,西藏大学学报(社会科学版).4
藏族节日研究综述/马宁,西藏大学学报(社会科学版).4
论藏民族的丧葬习俗/索南才让,西藏艺术研究.4
中尼边境夏尔巴人和四川松潘夏尔巴人的民俗学对比研究/贡波扎西,西藏研究.4
多续藏族的地方性知识/袁晓文,西藏民族学院学报(社会科学版).4
藏族风马旗的精神指向/高城,寻根.4
对西藏三岩麻风病患者丧葬方式的田野调查/岳小国　英珍,新疆社会科学.5
谈《格萨尔》史诗中的丧葬习俗/丹增诺布,内蒙古民族大学学报(社会科学版).5
藏传佛教思想对藏族婚俗的影响——以四川省甘孜县农区婚俗为例/宾秀英　青麦康珠,民族学刊.6
论卓仓藏族婚俗的文化功能/巴盖措,青海师范大学学报(社会科学版).6
四川平武白马藏族的生态文化空间/王欣,西藏民族学院学报(社会科学版).6
论"塔拉克"离婚习俗的法律效力问题/艾力江·阿西木,甘肃民族研究.1
四川平武白马藏族的生态文化空间/王欣,西藏民族学院学报(社会科学版).6
新疆坎儿井工程中的祭祀活动/翟源静,云南师范大学学报(社会科学版).2
维吾尔族麻扎的功能职司及其演变研究/热依拉·达吾提,西北民族大学学报(社会科学版).2
维吾尔族人生礼俗与节日习俗中的文化生态/朱贺琴,西北民族研究.3
维吾尔族麦西莱甫的人类学阐释——对维克多·特纳"仪式过程"理论的运用及反思/严丽,湖北民族学院学报(社会科学版).4
信仰与习俗——新疆维吾尔族的婚姻观念行为/茹克亚·霍加,世界宗教研究.6
论维吾尔族"塔拉克"离婚习俗的法律效力问题/艾力江·阿西木,内蒙古民族大学学报(社会科学版).6
贵州黔东南苗族习惯法的生态伦理意蕴/龙正荣,贵州民族学院学报(社会科学版).1
湘西苗族婚姻文化的百年变迁/崔榕,贵州民族学院学报(社会科学版).1
"蒙萨"苗族"烧灵":二次葬的仪式化传承与变迁/刘锋　张敏波,民族研究.1
黔东南苗族传统银饰工艺变迁及成因分析——以贵州台江塘龙寨、雷山控拜村为例/张建世,民族研究.1
苗族服饰与中原服饰的关系问题——对苗族服饰来源"中原说"的辩驳/杨东升,吉首大学学报(社会科学版).4
论黔东南苗族古村结构特征及其形成的文化地理背景/杨东升,西南民族大学学报(社会科学版).4
黔东南苗族"独木龙舟节"桡手服饰及文化内涵/于倩,湖北民族学院学报(社会科学版).4
滇东南边疆苗族婚姻习俗探究——以麻栗坡县董干镇马崩村的调查为中心/田景春,楚雄

师范学院学报.5

生产生活方式变迁与苗族歌舞文化传承——以西江千户苗寨为例/李浩泉,云南社会科学.6

贵州化屋歪梳苗"打牛"祭丧仪式探析/黄秀蓉,民族研究.6

"射背牌":婚外情的智慧处置/刘锋 徐英迪,贵州大学学报(社会科学版).6

苗族古歌中的婚姻伦理与规则——以黔东南清水江苗族为例/曹端波,贵州大学学报(社会科学版).6

论苗族服饰的形成、演化时序——再与席克定先生商榷/杨东升,西南民族大学学报(社会科学版).9

苗族村寨选址的生态智慧与历史情结/麻勇斌,贵州社会科学.10

苗族丧葬礼仪的变迁——以湖南省凤凰县山江苗族地区为例/吴合显,民族论坛(学术版).12

密枝节祭祀起源模式与话语维护/宁智锋,贵州民族研究.1

凉山彝族"克智"传承的过去现在和未来/顾尔伙,民族艺术研究.1

彝族丧葬仪式的象征意义分析/余舒,贵州民族学院学报(社会科学版).2

试论古代彝族婚俗中的陪房现象/孔令彬,楚雄师范学院学报.2

象征人类学视野下的彝族丧葬仪式研究——以威宁县浆子林村为例/余舒,西南民族大学学报(社会科学版).3

从节事旅游论非遗保护:以彝族火把节为视角/杨丽琼 马平,湖北民族学院学报(社会科学版).3

伦理学视阈的云南彝族酒歌解读/何光群 朱卫华,楚雄师范学院学报.5

秩序重构的演出——韭菜坪彝族传统婚俗/周真刚,黑龙江民族丛刊.6

试论凉山彝族传统婚姻长期延续的原因/沈乾芳 杨世武,黑龙江民族丛刊.6

明清以来彝族上层婚姻特点的变化及原因/沈乾芳,贵州民族研究.6

学校教育中的少数民族文化传承现状调查研究——以国家级非物质文化遗产彝族海菜腔为例/普丽春 李文杰,内蒙古民族大学学报(社会科学版).6

历史视野里的彝族火把节/罗曲,楚雄师范学院学报.10

壮族婚礼的民俗特征及其文化内涵——以右江流域为例/黄鹏,百色学院学报.2

壮剧与民俗文化/陈丽琴,广西民族大学学报(社会科学版).2

歌圩的地方性表现及其意义——以广西西部德靖一带壮族民间节日"航单"为个案/陆晓芹,百色学院学报.5

中国朝鲜族丧葬礼仪习俗的变迁及其原因/廉松心,北方文物.1

中国朝鲜族民俗的形成与演进/许辉勋,延边大学学报(社会科学版).6

满族收继婚习俗浅析/孙志鹏等,北方民族.4

"满族说部学会成立暨首届满族说部学术研讨会"综述/杨春风 邵丽坤,社会科学战线.10

育俗叙事与土族女性心理/白晓霞,青海民族大学学报(社会科学版).1

撒拉族"庄窠—篱笆楼"民居的环境适应性研究/周品等,青海民族大学学报(社会科学版).4

哈萨克族"还子习俗"调查研究/刘明　古丽皮娅,伊犁师范学院学报(社会科学版).4

论哈萨克族民间禁忌的文化内涵和价值/古丽加玛丽·托力干,喀什师范学院学报.6

鹰笛:塔吉克人的珍贵文化遗产/林青,寻根.1

塔吉克族的婚礼及婚礼歌/马红艳,北方民族大学学报(社会科学版).4

瑶族"度戒"仪式的文化传承及教育意义/蓝翠柳,广西民族研究.2

保护瑶族乡村盘王节非物质文化遗产的意义和策略——以恭城瑶族自治县西岭乡新合村盘王节为例/毛汉领　陆叶,广西民族大学学报(社会科学版).2

社会身份标记:红瑶身体装饰的文化表达研究之一/冯智明,广西民族研究.4

社会身份标记:红瑶身体装饰的文化表达/冯智明　杜静元,民族艺术研究.6

布努瑶神秘的"送棺材"习俗解读/叶建芳,广西民族大学学报(社会科学版).6

民俗旅游语境中的民族节日表演艺术——以大理白族节日表演艺术为例/吴芙蓉,云南社会科学.6

丰产的文化理性解释——云南诺邓历史上两套丰产仪式之研究/舒瑜,民族研究.6

法治视野下的傣族传统建筑保护研究/田艳　王若冰,云南社会科学.1

傣族文化分类下的"琵琶鬼"现象解读——以西双版纳傣族为例/赵桅,中央民族大学学报.2

云南新平花腰傣饮食习俗的社会文化功能/耿毅,云南民族大学学报(社会科学版).2

花腰傣服饰的文化内涵及其保护探析/解晓丹,湖北民族学院学报(社会科学版).2

盈江县盏达傣族婚姻仪礼的文化内涵/赵洪云,云南民族大学学报(社会科学版).4

哈尼族奕车人"阿巴多"酒宴与青春期教育/黄彩文　丁桂芳,思想战线.1

论拉祜族民俗生活对现代化进程的影响和制约/李验波　赵泽洪,思茅师范高等专科学校学报.4

试论拉祜族搭桥节的文化内涵/杨云燕,楚雄师范学院学报.11

普米族"释毕戎肯"葬礼场域的社会关联/奔厦·泽米等,民族艺术研究.1

德昂女人藤篾腰箍的考察与文化阐释——以云南保山市潞江坝德昂族村寨为例/魏国彬,民族艺术研究.2

从布依族神话、古歌看布依族的生活习俗/龙国静,凯里学院学报.5

长底布依族祭祀节日的象征人类学分析/莫江凤,三峡论坛.6

水族稻田祭祀舞蹈研究/欧光艳,学术探索.10

南侗"鼓楼对歌"文化模式的历史考察/乔馨,东北师大学报(社会科学版).4

门的空间结构对生态智慧的表述——以侗族杆栏建筑为例/张晓春　李晓明,吉首大学学报(社会科学版).4

中国侗族传统建筑研究综述/赵巧艳,贵州民族研究.4

广西三江侗族大歌的经济开发价值探析/李子军,柳州师专学报.5

守望乡土:侗族居所建筑的文化变迁/余达忠,贵州民族学院学报(社会科学版).6

文化人类学视野下的土家族生育习俗——基于两个传统土家村寨的田野调查/刘琼,湖北民族学院学报(社会科学版).1

土家族的鼓习俗及其文化内涵/瞿宏州 瞿州莲,青海民族研究.3

土家族吊脚楼研究现状及其特点/张爱武 田晓梦,湖北民族学院学报(社会科学版).3

鄂西土家族端午节习俗及其特征/李艳芳,湖北民族学院学报(社会科学版).3

土家族社会生活习俗的演变/刘冰清 彭林绪,湖北民族学院学报(社会科学版).5

仪式类非物质文化遗产保护模式研究——基于长阳"撒叶儿嗬"保护的分析/王丹,湖北民族学院学报(社会科学版).5

撒叶儿嗬与乡村社会关系建设/林继富,湖北民族学院学报(社会科学版).5

"撒叶儿嗬"中的送神曲"刹九神子"辨义/陈金祥,湖北民族学院学报(社会科学版).6

鄂西南土家族招赘婚长期延续的原因探析——鹤峰县屏山村的个案研究/姜爱,长江师范学院学报.6

从清雍乾时期湘鄂西地方文告看土家族居住习俗变革/刘冰清 彭林绪,云南师范大学学报(社会科学版).6

改土归流后湘西土家族婚姻习俗的变迁/郗玉松,文史博览(理论).9

羌族"泰山石敢当"现象的文化成因/张犟,民族艺术研究.1

羌历年节日志——以"5.12"地震后直台村为例/田廷广等,西藏民族学院学报(社会科学版).2

川西北羌族成年仪式的调查研究——"十三仪式"的象征人类学分析/李正元,北方民族大学学报(社会科学版).4

对阿坝羌族祭塔的调查与初探/张志霞,四川民族学院学报.5

羌族婚俗浅议/张雯虹 孙文采,社会科学战线.5

仫佬族民歌的类型、功能及其意义/滕志朋等,广西民族研究.2

基诺族物质生产民俗研究/蔡婷婷,学理论.9 中

黎汉文化的冲撞——黎族文身的"被禁止"与"被终止"/王献军,贵州民族研究.6

粤东畲族招兵节研究——兼论南岭走廊民族文化互动特征/石中坚 黄韧,北方民族大学学报(社会科学版).5

思想之帝国:满洲民俗学与亚洲社会科学的长期变迁/[美]杜博思,民俗研究.2

大"文化空间"的构建与非物质文化遗产保护设想——以青海省大通回族土族自治县"六月六"会为调查个案/王国利,青海师范大学学报(社会科学版).1

喀什高台民居的形成历史及原因探析/李淑蘋 冯风雷,新疆社会科学.1

近二十年来"百苗图"研究文献综述/马国君 张振兴,中央民族大学学报(社会科学版).4

构建自我认同、确认的地域和民族文化标志——读《肃南裕固族自治县标准地名录》随感/钟进文 杜秀英,甘肃民族研究.3

探究藏族传统天文历算的渊源/宗喀·漾正冈布 拉毛吉,西藏大学学报(社会科学

版).2

藏族天文历算的传承与发展/卓嘎 次旦,甘肃民族研究.2

教育人类学视阈下的古代藏族天文历算文化传承方式探析/卓嘎 廖伯琴,民族教育研究.3

彝族的传统天时习俗/罗曲,民族学刊.6

同余思想在藏历纪年与公元纪年相互换算中的应用/赵云,西藏研究.6

云南蒙古族体质特征/郑连斌等,人类学学报.1

西藏藏族起源初探——来自掌指纹的线索/温有锋等,人类学学报.1

中国布里亚特人的体质特征/李咏兰等,人类学学报.4

蒙古族公众理解中的"赫依"——一项有关蒙医的公众理解科学定性研究/包红梅 刘兵,广西民族大学学报(社会科学版).4

从技术层面到精神层面的文化建构——苗族民间传统医药的人类学考察/吴正彪 杨赛,西南民族大学学报(社会科学版).9

四 民族宗教

藏传因明学的本土化/才华多旦,中国宗教.8

走进多面的宗教世界——《宗教人类学》第二辑评介/乌媛,世界宗教研究.1

新疆额敏县哈萨克族女性宗教心理调查研究/姚学丽 孙秀玲,北方民族大学学报(社会科学版).6

甜蜜何以是一种悲哀?——阅读《甜蜜的悲哀》/黄剑波,世界宗教文化.6

古埃及《亡灵书》与彝族《指路经》比较研究/莫色木加,甘肃民族研究.1

伊斯兰教与基督教在中国的接触、碰撞和冲突/陆芸,西北民族大学学报(社会科学版).4

新时期藏区宗教信仰的特点及自我调适/卓逊·多杰等,西北民族大学学报(社会科学版).4

西部地区大学生宗教观现状调查及对策建议/王政书 苏文明,民族教育研究.4

论闾山教对过山瑶道教的影响/徐祖祥,西南民族大学学报(社会科学版).8

非宗教信仰者看宗教——吉林省宗教问题调查研究成果之一/马平 郑博,北方民族.4

试论甘南藏传佛教与伊斯兰教的和谐共存——以西仓乡耿萨村为例/梁世甲,甘肃民族研究.3

试论当代回族大学生宗教信仰状况——以宁夏大学预科教育学院为例/王丽宏,宁夏社会科学.4

青海湟源宗教历史文化概述/参看加,青海社会科学.6

吉祥天女仪轨及功能在青藏高原民间信仰中的流变/高岩 鄂崇荣,青海社会科学.6

宗教社会中的女性——一项来自湖南苗族村落的研究/于鹏杰,中南民族大学学报(社会科学版).4

安多藏区的文昌神信仰研究/看本加，世界宗教研究.1

神灵·祖先·土地：一个屯堡村落的信仰秩序/彭瑛 张白平，贵州民族研究.3

云南民族文化强省建设中的宗教文化建设/纳文汇，今日民族.4

民族之间通婚影响多宗教和谐共处的研究——以云南省西双版纳自治州为例/张桥贵 李守雷，世界宗教研究.6

元代的宗教管理体制及其现代启示/刘康乐 旺多，西藏大学学报（社会科学版）.2

蒙古统治西域时宗教政策特点探析/郭益海，世界宗教研究.3

甘南藏区苯教寺院的历史与现状/阿旺嘉措，中国藏学.2

宁夏回汉族宗教文化融合探析/赵耀锋 张春丽，宁夏师范学院学报.5

青海共和县尕寺村佛教苯教和谐共存现状调查/聂玛才让，青海师范大学学报（社会科学版）.6

清代伊犁多神崇拜初探——以关帝庙为中心/唐智佳，伊犁师范学院学报（社会科学版）.4

喀什地区宗教文化生态现状及嬗变原因/李奋，北方民族大学学报（社会科学版）.6

法国传教士倪德隆在四川藏区活动考述/胡晓，宗教学研究.2

多元宗教兼容并包和谐发展——以云南跨境民族为例/陈文清，楚雄师范学院学报.10

西王母及中国女神崇拜的人类学意义/施传刚，青海社会科学.1

春神句芒论考/刘锡诚，西北民族研究.1

从"洪水型"神话看老挝老龙族与壮族的文化渊源/韦琴，广西民族大学学报（社会科学版）.2

论蒙古族神话对自然的解读/包晓华，西部蒙古论坛.3

中国创世神话深层结构分析/向柏松，中南民族大学学报（社会科学版）.4

傣泰壮创世神话核心观念的比较研究/刀承华，中央民族大学学报（社会科学版）.5

论中国多民族同源神话的文化特征/王宪昭，广西民族师范学院学报.5

中越跨境民族神话叙事及其文化功能——以"竹生人"神话母题的衍化为例/黄玲，百色学院学报.5

中国少数民族神话比较研究综述/那木吉拉，湖北民族学院学报（社会科学版）.6

神话的构成系统与民俗行为叙事/田兆元，湖北民族学院学报（社会科学版）.6

麽经文化起源神话探析/李慧，广西社会科学.10

唐宋之际敦煌苯教史事考索/陈于柱，宗教学研究.1

论彝族毕摩在传承与传播《支格阿龙》中的作用/沙马打各，西南民族大学学报（社会科学版）.1

达斡尔族萨满"雅德根"词义解析/孟盛彬，北方民族大学学报（社会科学版）.1

满族萨满教和最早的清宫萨满祭祀遗物/栾晔，满族研究.1

萨满文化与佟氏药谱疗术/刘红彬 韩东，满族研究.1

祖鼓：僜家人"哈戎"仪式的主导象征——以黔东南州黄平县枫香寨为例/李技文，新疆社会科学.1

试论满族萨满教与科尔沁博的起源/高娃，满语研究.1
三家子村满族萨满教拾遗/张松，满语研究.1
金平傣族的巫文化与心理治疗/和少英　刀洁，中央民族大学学报（社会科学版）.1
"神显"薏苡的象征解读——薏苡非夏族图腾论/杨栋，青海民族大学学报（社会科学版）.2
摩梭人达巴经及其文化内涵/陈柳，民族文学研究.2
从竹枝词看清代贵州民族民间信仰/严奇岩，宗教学研究.3
宗教场域论：一种民族宗教研究的新范式——以彝族毕摩教为例/王进，云南社会科学.3
普米族白石崇拜的文化解读/奔厦·泽米，云南民族大学学报（社会科学版）.3
试论满族萨满教对东北民间信仰的影响/姜小莉，吉林师范大学学报（社会科学版）.3
大地湾骷髅地画的萨满教含义/曲枫，北方文物.3
由口头叙事看西南少数民族崇龙信仰/徐磊，民族文学研究.3
中国萨满教若干问题研究述评/郭淑云，民族研究.3
东夷"尊鸟"与荆楚"崇凤"比较研究/田冲　陈丽，三峡论坛.4
论女真人面具——面罩的功能和用途/［俄］A.A.科拉特琴科夫等著，盖莉萍译，北方文物.4
清宫萨满祭祀的仪式与神话研究/张亚辉，清史研究.4
吉林九台满族杨氏"野神祭"遗俗/孙炜冉，满族研究.4
民族宗教的自主性发展——以大理周城白族村本主信仰变迁为例/崔应令　何菊，中南民族大学学报（社会科学版）.4
伊通萨满祭祀活动情况的调研报告/杨湖，满族研究.4
吐蕃的苯教与《世间总堆》/才让太，中国藏学.4
民间信仰与村落文明——以藏区神山崇拜为例/尕藏加，中国藏学.4
苯教寺院的教育与管理——以岷江上游苯教寺院为例/同美　娜么塔，中国藏学.4
民间文化视阈中的青海湖祭海/王伟章，青海社会科学.4
彝族苏尼与北方萨满的比较研究及方法论启示/唐钱华，北方民族大学学报（社会科学版）.4
西北基层社会水崇拜、水资源管理的传统与变迁——基于一个汉藏之间农耕村落的考察/裴恒涛　谢东莉，青海民族研究.4
论民族民间信仰对现代巨型工程的保护与维护/罗义群等，民族.4上
麽经感生神话研究/李慧　晋克俭，贵州大学学报（社会科学版）.5
清宫萨满神辞刍议/姜小莉，吉林师范大学学报（社会科学版）.5
傩戏的神话行为叙事探析——以湘西傩戏为例/田红云，思想战线.5
达斡尔族萨满敖包祭祀仪式的田野调查/孟盛彬　郝海迪，寻根.5
原始达斡尔族的崇拜与信仰/牛清辰，学理论.5中
交融与传承：紧密型民间宗教信仰体系的建构——对三家台蒙古族村的历史人类学考察/

唐胡浩，湖北民族学院学报（社会科学版）.6
真善美的执着追求——评富育光先生《萨满艺术论》/姜相顺，社会科学战线.6
试论西方萨满教研究的变迁/孟慧英 吴凤玲，世界宗教文化.6
达斡尔族萨满教的衰落与文化重构/孟盛彬，世界宗教文化.6
中国萨满文化研究综述/朱立春，社会科学战线.10
道真傩文化及其传承问题——《道真仡佬族苗族自治县志·傩文化》读后/杨军昌，西南民族大学学报（社会科学版）.11
纳人口传"达巴经"的现状及保护研究/喇明清，西南民族大学学报（社会科学版）.12
藏族典籍文献——宁玛十万续略述/陈鉴濉，中国藏学.1
藏文大藏经版本述略/董多杰，青海民族大学学报（社会科学版）.4
印度蒙古文《甘珠尔》《丹珠尔》研究概述/德勒黑，中央民族大学学报（哲学社会科学版）.5
蒙元时期佛经翻译和刊行/乔吉，西部蒙古论坛.1
《山法了义海论》所引佛教经论藏汉译文比较研究之四/班班多杰，中国藏学.1
《山法了义海论》所引佛教经论藏汉译文比较研究之五/班班多杰，中国藏学.2
《山法了义海论》所引佛教经论藏汉译文比较研究之六/班班多杰，中国藏学.3
包头市梅力更召庙诵经仪式的调查研究/贺宇，阴山学刊.5
藏族僧人的社会调解活动考辨——以15世纪之前的藏传佛教为例/朱丽霞，西藏研究.1
"一沙一世界，一土一如来"——记收藏家刘栋与擦擦/陈丹，中国西藏.1
论藏传佛教民间化的历史性转向及其意义——基于《米拉日巴传》的宗教学分析/郑生忠 江秀乐，青海社会科学.1
香港藏传佛教文化的发展/林锦江，中国藏学.1
元明清北京藏传佛教艺术的形成与发展/谢继胜 贾维维，中国藏学.1
20世纪前期青海湖地区蒙古族的宗教信仰/南文渊，青海民族大学学报（社会科学版）.1
蒙元时期藏传佛教各派与宗王之关系探析/尹雁，天府新论.1
东科尔活佛系统与藏传佛教格鲁派北渐蒙古地区/蒲文成，青海民族大学学报（社会科学版）.1
藏传佛教信仰体系与神权政治特质/郭洪纪，青海民族大学学报（社会科学版）.1
班禅系统在西藏地方与中央政府早期接触中的作用/星全成，青海民族大学学报（社会科学版）.1
论道教与藏传佛教女性伦理观之契合/刘玮玮，西藏大学学报.1
藏传佛教格鲁派与汉传佛教三论宗心性哲学之比较/乔根锁，西藏民族学院学报（社会科学版）.1
1978年来我国藏传佛教研究文献（藏文专著）综述/徐东明等，西藏民族学院学报（社会科学版）.1
论乌兰夫改革藏传佛教的思想/梅花，内蒙古师范大学学报（社会科学版）.1

宗教文化景观产生的环境背景——以青海石经墙与山西云冈石窟为例/朱普选,青海民族大学学报(社会科学版).2

藏传佛教金刚法舞面具的制作、分类及其宗教内涵之研究/才让,西北民族研究.2

纯粹的卡里斯玛及其传导性:当代康区及果洛地区藏传佛教转世喇嘛的心景/〔美〕郁丹,西北民族研究.2

明代汉译藏传密教文献和西域僧团——兼谈汉藏佛教史研究的语文学方法/沈卫荣 安海燕,清华大学学报(社会科学版).2

基督教宣道会对西北藏族传教地理格局的形成及其演变/刘继华,青海民族研究.2

《藏传佛教四大活佛系统与清朝治理蒙藏方略》评介/张科,青海民族研究.2

西藏本教是藏传佛教最典型的代表——关于岷江上游本波教与钵第教的讨论/同美,世界宗教研究.2

明宪宗皇帝的一份敕命及其对西藏佛教的崇奉/刘宏,内蒙古社会科学.2

论藏传佛教信仰对藏族社会心理与行为的影响/杨文法,西南民族大学学报(社会科学版).2

《贤者喜宴——噶玛噶仓》译注(一)/巴卧·祖拉陈瓦著,周润年译,西藏民族学院学报(社会科学版).2

松本史郎及其《西藏佛教哲学》/李学竹,西藏民族学院学报(社会科学版).2

佛教政治理念及藏传佛教政治功能/阿忠荣,青海师范大学学报(社会科学版).2

从北印度到布里亚特:蒙古人视野中的旃檀佛像/〔法〕沙怡然,故宫博物院院刊.2

菩萨在云之南:司徒班钦在云南的活动及其艺术影响力/〔美〕杜凯鹤,故宫博物院院刊.2

藏传佛教关于生死智慧的论说/刘俊哲,民族学刊.2

析蒙古诸王与藏传佛教各派的关系/尹雁,五台山研究.3

《文明的巫者——藏族社会的佛教》书评/李晨升,西藏民族学院学报(社会科学版).3

《贤者喜宴——噶玛噶仓》译注(二)/巴卧·祖拉陈瓦著,周润年译,西藏民族学院学报(社会科学版).3

元明之际藏传佛教东向发展的外部政治因素/李淮东,河北青年管理干部学院学报.3

蒙元时期藏传佛教在敦煌地区的传播/董晓荣,西藏大学学报(社会科学版).3

藏传佛教格鲁派在蒙古地区的传播方式及其特点/余粮才 王力,西藏大学学报(社会科学版).3

民国时期藏密在汉地的传播/孙华,西藏大学学报(社会科学版).3

近年来的藏传佛教艺术研究/胡泰洁,西藏艺术研究.3

从西人游记史料管窥古代蒙、藏佛教仪式音乐文化/杨民康,西藏艺术研究.3

民国时期南路土尔扈特、和硕特部的黄教/吐娜,西域研究.3

格姆女神当家的地方——论藏传佛教及其音乐在云南摩梭人中的传播历史与社会地位/桑德诺瓦,云南艺术学院学报.3

试论全球化背景下我国宗教与法律的关系及走向——藏传佛教宗教事务的法律化研究之

四/牛绿花，青海民族研究.3

略论藏传佛教的传承制度/普布，中国藏学.4

格鲁派之觉域教法传承初探/德吉卓玛，中国藏学.4

浅析十三世达赖喇嘛教育改革/罗布　田丽，西藏大学学报（社会科学版）.4

《贤者喜宴——噶玛噶仓》译注（三）/巴卧·祖拉陈瓦著，周润年译，西藏民族学院学报（社会科学版）.4

高原飞天——西藏西部佛教壁画巡礼之一/霍巍，中国西藏.4

藏地印经史话/李豫川，民族.4

藏传佛教的入世与出世观分析——从八思巴与迥丹热智的对话谈起/张云，西南民族大学学报（社会科学版）.4

苯教与藏传佛教之关系概说/阿旺加措，西南民族大学学报（社会科学版）.4

四津谷孝道及其《宗喀巴的中观思想》/李学竹，西藏民族学院学报（社会科学版）.5

藏传佛教文化视域中的儒家文化——以土观·罗桑却吉尼玛为例的初步探讨/杨胜利　段刚辉，西藏民族学院学报（社会科学版）.5

活佛转世制度的创立与历史文化背景/尕藏卓玛，甘肃社会科学.5

安多藏区宗教文化研究新馔——读丹曲博士《拉卜楞寺藏传佛教文化论稿》/朱悦梅，世界宗教研究.5

《贤者喜宴——噶玛噶仓》译注（四）/巴卧·祖拉陈瓦著，周润年译，西藏民族学院学报（社会科学版）.5

塔尔寺六族宗教信仰的历史与现状考察/张海云，青海师范大学学报（社会科学版）.6

藏传佛教戒律精神述论/牛延锋，西藏民族学院学报（社会科学版）.6

《贤者喜宴——噶玛噶仓》译注（五）/巴卧·祖拉陈瓦著，周润年　张屹译，西藏民族学院学报（社会科学版）.6

元仁宗藏传佛教管理探微/李德成，世界宗教研究.6

明清藏传佛教法器铃杵与汉藏艺术交流/吴明娣，世界宗教研究.6

略论藏传佛教觉囊派/西尼崔臣，西藏研究.6

格萨尔拉康藏文签谱《威慑俱全真日杰布之三界明镜灵签》与汉文签谱《关帝灵签》之比较研究/加央平措，西藏研究.6

藏传佛教朝圣者的心理压力分析/赵兴民等，社会科学研究.6

南诏大理国时期佛教密宗与白族先民政治生活的积极互动/周俊华等，大理学院学报.9

藏传佛教艺术传承中的口传教育探析/卓么措，西南民族大学学报（社会科学版）.11

对藏传佛教的三种误读/王智汪，中国社会科学报.11

1978年以来我国藏传佛教研究文献（藏文等译著）综述/徐东明等，西藏民族学院学报（社会科学版）.6

桑浦寺夏季法会及其意义初探——兼论桑浦寺寺院发展现状/达宝次仁，西北民族大学学报（社会科学版）.1

吐蕃敦煌抄经坊/张延清，敦煌学辑刊.3

论寺院在藏族古代文学发展中的作用/措科,青海民族研究.3
20世纪上半叶色拉寺"夺多"(破戒僧)的特质及其组织研究/旦增遵珠 泽拥,民族学刊.4
温姜多无例吉祥兴善寺修建史实考述——兼论藏文史书记载的温姜多寺、昌珠寺与于阗工匠入藏的关系/谢继胜 贾维维,故宫博物院院刊.6
南京弘觉寺塔地宫出土金铜尊胜塔像新考/廖旸,故宫博物院院刊.6
色科寺属寺考释/陈玮,青海社会科学.6
碧云寺金刚宝座塔图像探析/李俊,中国藏学.3
北京北海西天梵境七佛塔碑记考/周莎 楼朋林,中国藏学.3
关于杜尔伯特富裕正洁寺的调查/李伟 张彦明,黑龙江民族丛刊.1
内蒙古大召寺乃琼庙佛殿壁画护法神研究/奇洁,中国藏学.4
河南亲王与拉卜楞寺关系考/宗喀·漾正冈布 谢光典,宁夏大学学报(社会科学版).1
试论河南亲王府与拉卜楞寺的关系/白雪梅,青海民族研究.3
论互联网对藏传佛教寺院僧人教育的影响——基于对甘南藏区的调查研究/王秋花,北方民族大学学报(社会科学版).4
关于明成化年间"洮岷寺僧诡名冒贡"问题探讨/喜富裕,青海民族大学学报(社会科学版).4
试析寺院社会化管理及其得失——以青海省推动藏传佛教寺院社会管理之实践为例/华热·多杰,青海民族研究.2
青海夏琼寺与却藏寺关系探微/蒲文成,中国藏学.3
隆务囊索政权的建立与隆务寺的兴盛/当增吉,青海民族研究.3
当代安多农业区藏传佛教寺院的现状与思考/贾伟 李臣玲,青海师范大学学报(社会科学版).5
新疆藏传佛教名刹普庆寺研究/徐长菊,西藏大学学报(社会科学版).2
川北苯教名寺——苟哇象仓寺历史考证及现状调查/阿旺加措,宗教学研究.1
德格印经院在藏族文化发展史上的地位与影响/公保才让,中国藏学.1
当代条件下德格印经院保护要略/杨嘉铭 杨艺,中华文化论坛.6
当代藏族女尼的角色与认同——以康区亚青寺为例/白玛措,宗教学研究.3
试论历史时期藏传佛教萨迦寺院在康区的空间分布及其特征/王开队,宗教学研究.3
当前傣族缅寺教育的困境与保护/陈小华等,红河学院学报.1
艾旺寺造像艺术风格再探/白日·洛桑扎西,中国藏学.1
藏南山谷中的神奇古寺——洛扎拉隆寺考察记/霍巍,中国西藏.2
西藏宗教社区管理初探/朱新林,西藏研究.2
关于藏汉佛教因果报应论的比较研究/乔根锁 徐东明,中国藏学.4
藏区玛尼石的渊源及神圣意蕴/高城,寻根.6
论唐前期幽州地域羁縻州的佛教活动/尤李,贵州大学学报(社会科学版).1

辽朝佛教中独特的文化现象初探/康建国,内蒙古社会科学.1
《蒙古佛教史》与蒙藏文化交流/王继光,西北民族研究.3
泉州清源山三世佛造像记考论/崔红芬,民族研究.3
藏文文献所见于阗佛教/才吾加甫,西域研究.4
土地和宗教束缚下的贵族对近代西藏的影响——试析十三世达赖喇嘛新政的失败/张曦,四川民族学院学报.5
吐蕃钵阐布考/张延清,历史研究.5
驳《吐蕃僧诤记》关于政治因素的推论/久迈,西藏研究.6
塔里木盆地吐蕃佛教文化研究/才让加甫,新疆师范大学学报(社会科学版).5
南诏大理国佛教文化传入途径研究/张海超,青海民族大学学报(社会科学版).4
关于古格王国早期佛教遗存的再探讨——兼评则武海源《西部西藏佛教史·佛教文化研究》/霍巍,敦煌研究.3
藏东地区吐蕃时期佛教摩崖造像的发现/霍巍,考古学报.3
略论高句丽的佛教及其影响/李海涛,世界宗教文化.6
丝绸之路中亚路段巴克特里亚艺术中的佛教成分/李琪 孙瑜,青海民族大学学报(社会科学版).2
《禅定目炬》对吐蕃宗论的和会/尹邦志,西南民族大学学报(社会科学版).8
藏传佛教觉域派创始人玛吉拉准在藏传佛教发展史上的特殊地位/次旦扎西 顿拉,西藏大学学报.1
元代西藏的传记文学的精品——《笃布巴本生传》/陈庆英,西藏民族学院学报(社会科学版).1
明代藏区僧官制度探究/张治东,西藏民族学院学报(社会科学版).1
《西天佛子源流录》与班丹扎释的贡献/张润平 罗炤,民族研究.2
大智法王班丹扎释的家族与世系——以《西天佛子源流录·佛子本生姓族品》为中心/苏航,民族研究.2
清朝政府诰封棍噶札勒参的名号和颁给的印信考证/杨士钰,西北民族大学学报(社会科学版).2
宗喀巴大师与却藏活佛系统/蒲文成,西北民族大学学报(社会科学版).2
《俄藏黑水城文献》中通理大师著作考/冯国栋 李辉,文献,3
元代畏兀儿高僧必兰纳识理考/王红梅,宗教学研究.3
六世班禅与章嘉国师——从《六世班禅传》解读六世班禅入京缘起/王晓晶,西藏民族学院学报(社会科学版).3
"阿揽"与"浮(口知)":吐鲁番粟特胡名中的佛教因子/王睿,历史研究.3
第一世哲布尊丹巴政治活动研究资料综述/乌日图,呼伦贝尔学院学报.4
第四世阿莽活佛简论/[美]保罗·K·尼土普斯格著,仁青卓玛译,中国藏学.4
论六世班禅朝觐的背景与原因/柳森,宗教学研究.4
浅析《隆钦教史》"简介"的几个问题/布穷,西藏研究.4

近二十年来国内十三世达赖喇嘛研究动态述评/喜饶尼玛　马守平,西南民族大学学报（社会科学版）.4

第五世嘉木样生平考略/李晓丽　张冀震,中央民族大学学报（社会科学版）.5

辽代僧尼法号、师德号与"学位"称号考——以石刻文字资料为中心/张国庆,民族研究.6

藏文文献中的西天高僧室利沙事迹辑考/廖旸,中国藏学.1

族群变迁与文化聚合——关于梅山教的调查与研究/倪彩霞,世界宗教研究.1

天尊的降格与道教的转型——以德藏吐鲁番道教文献Ch.349、Ch.1002为例/刘屹,吐鲁番学研究.1

吐蕃时期敦煌道教及相关信仰习俗探析/刘永明,敦煌研究.4

浅谈道教文化对青海河湟地区民族文化影响——以道教正一派在河湟地区传播影响为例/马婧杰,青海民族研究.4

青海"在家道"的民俗学解读/谢海成,青海民族大学学报（社会科学版）.4

论云南巍山彝区道教的新变化/李金发等,青海民族研究.2

西北穆斯林朝觐后产生教派之原因探析——兼与历史上云南的情况相比较/沈玉萍,青海社会科学.5

中国伊斯兰教圣训学研究现状评述/马泽梅,青海民族大学学报（社会科学版）.1

伊斯兰现代主义与回族新式教育/沈毅,青海民族大学学报（社会科学版）.1

论清真寺的法组织功能及其对构建和谐社会的影响/王刚,青海民族研究.1

村域视野中清真寺社会功能及乡村治理——以甘青保安族、撒拉族人口较少民族聚居地为例/闫丽娟等,科学·经济·社会（兰州）.1

都市化进程中的清真女寺和女学/马强,回族研究.2

中国伊斯兰教清真寺经济模式及其结构功能探析/马志丽　丁耀全,青海民族大学学报（社会科学版）.4

尊重与互惠：道德共同体的建构——伊斯兰教西道堂处理社会关系的实践与启示/李晓英　敏俊卿,世界宗教研究.6

西道堂：作为宗教社区的社会实践功能分析/王雪梅　孙振玉,新疆社会科学.3

回族社会中的移民宗教组织与家族——灵明堂固原分堂考察/王建新,北方民族大学学报（社会科学版）.1

中国内地回族等四个穆斯林民族人口状况分析/丁克家　杨景琴,北方民族大学学报（社会科学版）.1

历史民族志、宗教认同与文学意境的汇通——张承志《心灵史》中关于"哲合忍耶门宦"历史论述的解析/张中复,青海民族研究.1

市民社会理论视域下的回族宗教组织研究/李保平,宁夏社会科学.1

流动穆斯林城市社会适应性实证研究——以兰州市回族、东乡族为例/高翔等,人口与经济.2

拉斐尔·伊斯拉力对中国回族伊斯兰教的误读/马强,西北民族大学学报（社会科学

版).2

百年青海伊斯兰教研究的轨迹与特征/马进虎,回族研究.3

分歧中的和谐——奄古鹿拱北的人类学调查/贾伟等,青海社会科学.3

金代伊斯兰教初探/陈广恩 黄橙华,北方民族大学学报(社会科学版).3

《回教考略》与清末民初的回耶对话/杨晓春,世界宗教研究.3

国内关于西藏世居穆斯林研究述评/杨晓纯,西北民族研究.3

13—14世纪黑水城的景教信仰/陈玮,寻根.1

怒江傈僳族教会的本土化研究/申晓虎,宗教学研究.1

中国少数民族基督教会之比较研究——以朝鲜族教会和苗族教会为例/宫玉宽,中央民族大学学报(社会科学版).3

云南少数民族基督教仪式音乐的新变异/杨民康,世界宗教文化.5

基督教在甘南藏区的传播及影响探析/陈改玲,西北民族大学学报(社会科学版).4

文化的挪用:西南少数民族信仰变迁中的基督教影响/申晓虎,民族学刊.2

近代基督教在西南少数民族地区的文字布道及其影响/陈建明,世界宗教研究.6

基督教浸礼宗在凉山彝区的传播历程及背景——以美国传教士柯饶富经历为例/马林英,民族学刊.2

川、康民族地区近代开发与经费制约——中华基督教会边疆服务中的经费问题/杨天宏,西南民族大学学报(社会科学版).1

基督教与川康民族地区的禁毒努力(1939—1949)/邓杰,世界宗教研究.1

19世纪40—60年代中期法国传教士"独占"康区的活动及其影响/向玉成 肖萍,西藏大学学报.1

1846—1919年传教士在康区的活动考述/赵艾东,贵州民族研究.5

"商人型传教士"的新型宗教:法国天主教传教士在滇西北的早期活动(1846—1865)/[法]施帝恩著,尼玛扎西、刘源译,西南民族大学学报(社会科学版).1

滇北花苗基督徒热衷唱诗原因解析——以云南昆明芭蕉箐教会为例/李昕,西藏民族学院学报(社会科学版).1

荣神益人的双重变奏——基督教在乌蒙山区苗族传播中的宗教事业与社会事业/孙浩然,湖北民族学院学报(社会科学版).5

20世纪80年代以来佤族地区基督教活动情况述论/秦和平,民族学刊.6

论日本人的"鸟居"信仰/王晓东,世界民族.5

"东方摩尼教"研究的两条路向——芮传明、王小甫摩尼教研究新作赘语/夏洞奇,世界宗教研究.2

唐大历、元和年间摩尼寺选址原因辨析/王媛媛,西域研究.3

唐宋墓葬出土陀罗尼经咒及其民间信仰/霍巍,考古.5

关于巫文化源流与创新之管见/屈全绳,中华文化论坛.1

邪病及其与社会文化的关系——河南王屋山区民间香会组织巫术治疗的社会人类学研究/吴效群,民俗研究.2

试论毕摩与梯玛的现实基础及合理性/谢国先,科学与无神论.3

西部民族地区巫术现象的解读——以一个案村为场域分析为例/何生海,内蒙古民族大学学报(社会科学版).3

阐释人类学视域下的毕摩及其信仰之意义与生命力/万志琼,思想战线.4

潭溪地区蛊文化的民间叙事与族群认同/陈心林,云南社会科学.6

云南少数民族"蛊女"意象的定格与超越——以《摩雅傣》为起点的叙事策略分析/朱和双,楚雄师范学院学报.10

民族地区构建和谐社会的宗教学思考——全面了解宗教功能、正确认识宗教特点、依法管理宗教事务/李大健,黑龙江民族丛刊.6

少数民族罪犯权利保护问题探究——以宗教对青海藏族罪犯矫正与权利保护的影响为视角/黄斌,甘肃社会科学.4

社会资本视角下的云南宗教/马媛,世界宗教文化.6

俄藏西夏文《佛说诸佛经》考释/王培培,宁夏社会科学.6

古代库车吐火罗语佛教/耿世民编译,吐鲁番学研究.2

藏文史籍《弟吴宗教源流》史料价值探析/阿贵,西藏大学学报(社会科学版).2

藏族早期民间信仰的形成及佛苯融通和适应——五、六世纪宕昌的家藏苯教古藏文写本/洲塔 韩雪梅,兰州大学学报(社会科学版).6

《格萨尔》史诗中苯教巫术文化与东巴教巫术文化之比较/龙仕平 李建平,西南民族大学学报(社会科学版).4

蒙古族敖包祭祀诵经音乐中的藏传佛教蒙古化因素——以呼伦贝尔市宝德格乌拉敖包祭祀仪式为个案/红梅,世界宗教文化.5

从法藏敦煌藏文文献中的观音经卷看吐蕃观音信仰/当增扎西,敦煌学研究.2

元代蒙古诸王在河西的佛教活动及影响/尹雁,西部蒙古论坛.4

论蒙古史诗中的岩石崇拜审美观念/额尔敦高娃,西北民族大学学报(社会科学版).5

回族的宗教信仰与政治信仰/李振中,西北民族研究.2

甘德县"德尔文部落"煨桑仪式的田野考察/措吉,西藏大学学报.1

藏族观音信仰的文化渊源及其三个体系/当增扎西,西北民族大学学报(社会科学版).3

从宗教学视野看吐蕃王朝的政教关系及其演变/陈尚才 张吉会,甘肃民族研究.3

数字崇拜与文化象征:对"嘉绒十八土司"历史文化内涵的探讨/曾现江,西藏研究.3

宗教和谐价值的人类学分析——以硗碛嘉绒藏族乡为研究个案/陈焱,西北民族大学学报(社会科学版).5

腊尔山苗族"巴岱"原始宗教"中心表现形态"的分径与混融/陆群,宗教学研究.1

箐苗"祭山"仪式的现象与思考——六枝县梭嘎乡补空寨个案调查/徐小明,贵州民族学院学报(社会科学版).2

权威的表征:对贵州清水江流域苗寨"土地菩萨"信仰之探析/徐英迪,贵州民族学院学报(社会科学版).5

贵州近代史上基督教入侵与苗族皈依的历史背景分析/王贵生，凯里学院学报.5
"自主性"文化变迁——读《天主教与滇南苗族传统文化习俗的嬗变》/唐婷婷，今日民族.11
彝族史诗《梅葛》、《查姆》中人类起源与灾难神话研究/陈永香 曹晓宏，楚雄师范学院学报.1
彝族洪水神话的文化时空性——以创世史诗《查姆》为例/杨甫旺，楚雄师范学院学报.1
中国彝族宗教文化研究综论/廖玲，四川民族学院学报.1
彝族葫芦：生命轮回的象征/张庆松 苏燕，民族艺术研究.2
凉山彝族民间信仰中的少女鬼——"妮日"/蔡富莲，宗教学研究.3
中国西南彝族宗教祖灵崇拜及多元信仰体系/张泽洪，宗教学研究.4
彝族灵魂观念与先秦巫术社会中的魂魄鬼神观/赵文，楚雄师范学院学报.8
论凉山彝族毕摩宗教功能与社会和谐/毛燕，西南民族大学学报（社会科学版）.12
壮族民间信仰研究的成果、独特价值及未来趋向/覃琮，广西民族研究.1
信仰·禁忌·仪式：壮族麽经布洛陀的审美人类学发微/王敦，广西民族研究.2
拂去历史尘埃，重现始祖灵光——"壮族始祖布洛陀"编造说辩正/覃彩銮，广西民族研究.2
壮族布洛陀神话破除中国无创世体系神话的旧说/潘其旭，广西民族研究.2
壮族人文始祖布洛陀信仰的传承与重构/覃丽丹，广西民族研究.2
壮族师公教神灵关系探析——以经书抄本《伏子请客》为例/莫幼政，广西师范学院学报（社会科学版）.2
壮族巫术、巫师与巫医/玉时阶，世界宗教研究.2
从广西龙州班夫人信仰看壮族民众的国家认同——广西民间信仰研究之三/滕兰花，广西民族研究.3
试析布洛陀神话叙事的演述者——布麽/李斯颖，广西民族研究.4
心灵传承视角下壮族布洛陀信仰的当代重构及其意义/和晓蓉，广西民族研究.4
壮族创世神布洛陀与盘古关系探析/黄世杰，中南民族大学学报（社会科学版）.4
三川土族"二郎神"信仰解读/马磊，甘肃民族研究.1
浅议土族信仰文化的多元性特征——以互助县纳家村庙会为例/阿忠荣，青海民族大学学报（社会科学版）.3
"非常态"的民间消解——土族求雨仪式解读/文忠祥，青海社会科学.4
土族民间信仰的民族心理学解析/王默，青海师范大学学报（社会科学版）.4
宗教信仰内驱力的多向度表达——以甘青裕固族女性为考察对象/李静 刘生琰，青海社会科学.6
新疆塔吉克族宗教生活环境的变迁与文化适应调查研究/刘明，喀什师范学院学报.2
瑶族雷神信仰中的生殖崇拜观念/王玲玲，重庆文理学院学报（社会科学版）.1
民族文化场域视角下的民间信仰管理——基于广西灵山汉族、金秀瑶族社区的考察与比较/何文钜　黄芳萍，广西社会主义学院学报．2

信仰移植：以木柄瑶岑大将军为例/黄家信，广西民族研究．4

滇南红河瑶族民间信仰文化述略/龙保贵，宗教学研究．4

人类学整体论视野下的民间信仰非物质文化遗产化——以广西红瑶为个案/冯智明，中央民族大学学报（社会科学版）．5

瑶族神符概说/赵家旺，广东技术师范学院学报（社会科学版）．6

空间视角下的白族本主庙与村庄的宗教生活/张海超，云南社会科学．4

宗教信仰对白族传统体育文化的影响/余贞凯　汪耀红，玉溪师范学院学报．11

论傣族节日庆典与南传上座部佛教的关系/吴之清，云南民族大学学报（社会科学版）．3

傣族的稻作与祭祀/阎莉，贵州民族研究．5

仪式与民族村寨文化的构建——以中越边境太平村哈尼族的调查为例/张黎明，楚雄师范学院学报．1

仪式、经济与再生产——以云南省红河州元阳县箐口村哈尼族"昂玛突"仪式为例/郑宇，中南民族大学学报（社会科学版）．1

哈尼族大母神塔婆与汉族女始祖女娲的比较研究/王惠，海南广播电视大学学报（综合版）．3

跨境橡胶种植对民族认同和国家认同的影响——以中老边境两个哈尼族（阿卡人）村寨为例/马翀炜　张雨龙，思想战线．3

绿春哈尼族"阿倮欧滨"祭祀的生态实践——兼谈哈尼族传统文化对生物多样性的保护/黄龙光等，云南师范大学学报（社会科学版）．5

宗教对话视野下制度化宗教与民间信仰的并存与互融——以云南省勐简大寨黄衣佤族宗教信仰情况为例/周家瑜，民族论坛．3

攀附与逃遁：民族信仰和谐共生——以藏传佛教与纳西族民族信仰为例/郭志合，青海民族研究．4

略论纳西族东巴教的"威灵"、"威力"崇拜/杨福泉，思想战线．5

拉祜族传统宗教生活中的生态利用/朱立平，怀化学院学报．10

通过原始宗教的社会控制——以景颇族为例/赵天宝，中央民族大学学报（社会科学版）．4

布朗族宗教信仰与和谐社会构建中应处理好的几个关系/黄彩文　李杰，云南民族大学学报（社会科学版）．2

布朗族民间信仰与差异族群关系的建构——以老曼峨村为例/安静，湖北民族学院学报（社会科学版）．4

人类学视野下的水族稻田祭祀仪式舞蹈文化解读/欧光艳，西南民族大学学报（社会科学版）．3

三洞水族使用巫术的原因初探/张振江　苏慕烽，思想战线．3

侗族"萨神"与原始"社"制之比较研究/龙耀宏，贵州民族学院学报（社会科学

版）.2

土家族白虎崇拜与汉族虎信仰之关系溯考/伦玉敏　黄浩，青海民族大学学报（社会科学版）.2

土家族梯玛还愿仪式研究/谭志满，黑龙江民族丛刊.2

羌族羊崇拜考/周传慧，黑龙江民族丛刊.1

庄氏《羌戎考察记》与羌民族宗教文化研究/廖宇　孔又专，三峡论坛.1

羌族临终关怀与羌族宗教/廖玲，敦煌学研究.2

藏彝走廊民族多元文化视野下的羌族宗教文化遗风探析/邓宏烈，贵州民族研究.6

京族多元宗教文化田野调查/颜小华，前沿.15

比较的视角：叶长青康区宗教文化研究探析/申晓虎，北方民族大学学报（社会科学版）.1

青藏高原东麓吐蕃时期佛教摩崖造像的发现与研究/霍巍，考古学报.3

藏区最早的摩崖石刻佛教造像/根秋多吉，中国西藏.5

康巴惊现藏区现存最早的摩崖石刻造像/根秋多吉，民族.7

神圣的民俗化与民间信仰的多元化——青海省大通县老爷山"朝山会"调研/邢海珍，青海社会科学.6

灵魂信仰与少数民族葬俗述略/张志诚，甘肃民族研究.2

甘肃临夏苏集镇汉族"扶山"祭祀的文化分析/武沐　崔明，青海民族研究.1

清代成吉思汗八白室及其主祭神象征物考辨/奇·斯钦，内蒙古大学学报（社会科学版）.6

闽南文化生态视域下的泉州回族祭祖习俗/丁玲玲，东南学术.6

原始宗教对达斡尔族风俗习惯的影响/德红英，内蒙古民族大学学报（社会科学版）.6

信仰民俗与区域社会秩序——以青海土族纳顿、醮仪、六月会为例/文忠祥，青海民族大学学报（社会科学版）.2

土家族摆手活动中祭祀神祇的历史考察/黄柏权，宗教学研究.2

宗教信仰对生态保护法治化的贡献——青藏高原世居少数民族生态文化的诠释/李长友　吴文平，吉首大学学报（社会科学版）.3

宗教的生态观及在民族地区环境保护中的重要作用/马伟华　早蕾，青海社会科学.4

五　民族历史

世界华侨华人数量和分布的历史变化/庄国土，世界历史.5

韩国华侨社会的形成、变迁及特征/王淑玲，世界民族.5

17至20世纪初印支华侨社会的形成与发展/邱普艳，世界民族.5

汉藏互动与文化交融：清代至民国时期巴塘关帝庙内涵之变迁/石硕　邹立波，西南民族大学学报（社会科学版）.6

清代西南少数民族的纠纷解决规范/伲澎，云南社会科学.3

少数民族法制史研究的回顾与思考/李鸣,民族研究.1

从北朝法制建设看中国古代民族间法文化的交流/杨华双,民族学刊.5

蒙藏"三典"之比较研究/杨士宏,中央民族大学学报(社会科学版).4

以法律为主导的宋代民族社会控制研究/高君智,西北民族大学学报(社会科学版).6

《天盛律令》中的比附制度——以《天盛律令》"盗窃法"为例/董昊宇,宁夏社会科学.5

论西夏法典中的拘捕制度/宋国华,宁夏社会科学.5

简论西夏法典对买卖契约的规则/孟庆霞 刘庆国,北方民族大学学报(社会科学版).6

清代新疆多元"法"文化初探/何永明,新疆大学学报(哲学·人文社会科学版).1

试论清代民族政策法制化的特点及其意义/余文兵,阿坝师范高等专科学校学报.1

乾隆年间"云南边外土司"建置研究/邹建达,中国边疆史地研究.2

清代民族政策法制化的特点及其历史作用/余文兵,云南民族大学学报(社会科学版).2

五世达赖时期制定的十三法典的文化解读/黄全毅,西藏民族学院学报(社会科学版).3

"苗例":清王朝湖南新开苗疆地区的法律制度安排与运作实践/黄国信,清史研究.3

普适伦理:清代云南大理石龙乡规碑文化诠释/陈鹏辉,西藏民族学院学报(社会科学版).4

清代回疆司法监察制度述略/梁海峡,青海民族大学学报(社会科学版).4

民国时期新疆刑法制度近代化初探/伏阳,新疆社会科学.1

北魏军镇长官多种官称的历史语境考察/徐美莉,内蒙古社会科学.4

吐蕃占领西域期间的军事建制及其特征/朱悦梅,西域研究.4

金朝初期对辽战争中降金契丹将士的军事活动及作用/夏宇旭,北方文物.4

金代前期军事心理战论析/贾淑荣,北方论丛.6

明朝对近畿达官军的管理——以北直隶定州、河间、保定诸卫为例/周松,宁夏社会科学.3

九边防卫与明帝国的财政体制变迁——以九边军费为探讨中心/赵毅 范传南,社会科学辑刊.5

明代永顺土兵军事征调述论/张凯 伍磊,湖北民族学院学报(社会科学版).6

论明代永顺土兵的军事制度/张凯 游俊,吉首大学学报(社会科学版).6

试析满族陈汉军旗的来源及特点/戴士权等,满族研究.1

清代库尔喀喇乌苏军政机构的设置/朱永明 王爱辉,西域研究.3

康熙雍正时期青海驻军考述/陈柏萍,青海民族大学学报(社会科学版).3

近三十年来东北地区八旗驻防研究综述/矫明君,北方民族.4

简论松筠的卡伦制度研究——以《钦定新疆识略》为中心的考察/张春梅 马长泉,内蒙古师范大学学报(社会科学版).5

论近代青州旗兵的军事活动/孙长来,满族研究.1

乌兰夫与"四三会议"后的内蒙古骑兵/朝克，内蒙古师范大学学报（社会科学版）.1
清代以来内蒙古地区的移民开垦及其对生态环境的影响/衣保中　张立伟，史学集刊.5
民族交融背景下全景式的元代经济史——评李幹《元代民族经济史》/孟凡云，中南民族大学学报（社会科学版）.1
成吉思汗经济发展思想及对当代的启示/李志强等，宁夏社会科学.4
敕书、朝贡、马市：明代女真经济的发展契机/栾凡，哈尔滨师范大学社会科学学报.2
《清代新疆社会经济史纲》评介/刘正寅　王称，西部蒙古论坛.1
清嘉道以来伯都讷围场土地资源再分配/赵珍，历史研究.4
青海马家官僚资本论略/王正儒，黑龙江民族丛刊.5
宁夏马家官僚资本的形成及其两面性/王正儒，宁夏社会科学.5
清代伊犁户屯的几个问题/鲁靖康，西域研究.1
喀喇汗王朝时期回鹘人的农业生产情况/沈淑花，青海社会科学.6
论金朝女真族农业平民经济状况的特殊表现/宋立恒，内蒙古社会科学.3
清代察哈尔右翼地区农垦进程研究/刘忠和，内蒙古大学学报（社会科学版）.1
从诚信的视角看清代黔东南锦屏侗族、苗族林业契约/曹务坤，贵州民族研究.3
锦屏林业契约考析/吴苏民，贵州民族研究.3
叶尔羌汗国时期天山南路的土地制度/周云，内蒙古大学学报.4
农牧结合——古代北方草原农业的突出特点/何天明，内蒙古社会科学.1
清代新疆屯田布局对我国西北安全的影响/张晓莉，石河子大学学报.3
元明时期广西壮族土司统治区农业开发的主要成就探因/蓝武，广西民族研究.2
南诏畜牧业探微/李成生，楚雄师范学院学报.10
民国时期内地蔬菜传入西藏略考/王川，民族研究.6
康藏公路修筑缘起及其历史作用/徐文渊　朱晓舟，西南民族大学学报（社会科学版）.9
明清以来西南民族地区集市习俗及成因——以贵州省为例/李良品，中南民族大学学报（社会科学版）.2
勿吉与中原王朝的朝贡关系/郭威，商丘师范学院学报.5
乌桓朝贡东汉王朝探微/赵红梅，社会科学辑刊.6
夫余与东汉王朝朝贡关系研究/赵红梅，社会科学战线.9
回鹘与唐的马绢贸易及其实质/刘正江，黑龙江民族丛刊.2
宋代朝贡贸易中的回赐问题/黄纯艳，厦门大学学报（社会科学版）.4
南宋广南西路横山寨的贸易/朱文慧，北方民族大学学报（社会科学版）.4
论明清时期民族政策的变化对湟水流域市场格局的影响/李新贵　王亚勇，青海民族研究.2
17世纪上半叶喀尔喀与明朝的短暂贸易/达力扎布，清史研究.2
隆庆、万历年间明朝与蒙古右翼的互市市场/金星，内蒙古大学学报（社会科学版）.5
论清中前期青海地区民间商贸的兴盛/勉卫忠，西北民族大学学报（社会科学版）.6
近代西北商品市场变动中的回商与京兰商路——以皮毛贸易为中心/谢亮，宁夏社会科

学.1

近代西藏巨商邦达昌/张发贤,西藏民族学院学报(社会科学版).2

清末蒙古地区经济商品化/何宝祥　李文玲,内蒙古民族大学学报(社会科学版).2

民国时期康藏贸易中的"统制"/康欣平,西藏民族学院学报(社会科学版).2

1919—1929年拉达克与中国新疆、西藏的贸易/朱卫,西域研究.4

试论民国时期西北回族商业经济特点/王正儒,回族研究.4

隆庆、万历年间明朝与蒙古右翼边境贸易/金星,内蒙古社会科学.5

论清代西藏与南亚贸易的主导权及其影响/陈志刚,中国藏学.4

清朝与南明弘光税策的得失比较研究/刘中平,满族研究.4

新疆洛浦山普拉出土人物栽绒毯内容再探——兼论印度教传入和田的年代及途径/张禾,西域研究.4

鄂尔浑突厥鲁尼文碑铭的culgl(culgil)/白玉冬,西域研究.1

中国第一历史档案馆蒙古文档案的收藏和整理与刊布情况/李保文,西部蒙古论坛.2

东西察合台系诸王族与回鹘藏传佛教徒——再论敦煌出土察合台汗国蒙古文令旨/[日]松井太著,杨富学　刘宏梅译,甘肃民族研究.3

敦煌藏文文书P.t.960所记于阗建国传说——《于阗教法史》译注之二/朱丽双,敦煌研究.2

敦煌藏文文书P.t.960所记于阗佛寺的创立——《于阗教法史》译注之一/朱丽双,敦煌研究.1

甘肃武山千佛洞石窟出土片画/臧全红,敦煌学研究.2

敦煌、西域古藏文文献所见苏毗与吐蕃关系史事/杨铭,西域研究.3

敦煌吐蕃文书中的"人马盟誓"情节新探——IOL Tidj731号藏文写卷研究释例/任小波,中国藏学.3

敦煌古藏文P.T.992《孔子项托相问书》释读/陈践,中国藏学.3

敦煌写本吐蕃文雇工契P.T.1297探析/李并成　侯文昌,敦煌研究.5

论藏文史籍《如意宝树史》的文献价值/张子凌,西藏民族学院学报(社会科学版).6

傣族与缅甸蛋生人龙女故事考论/徐磊,东南亚研究.1

论民族史学的演变/张文伟,吉首大学学报(社会科学版).2

时间就是社会——在历史人类学的脉络中解读《传统的发明》/常海燕,西北民族研究.2

《民族历史学》(Ethnohistory)简介/孙丽萍,史学集刊.2

廿四史在古代北方区域文化研究中的文献价值/德力格尔,内蒙古社会科学.3

吴城文化族属源流考辨/吴志刚,四川文物.1

春秋中期北方部族融入华夏国家的精神历程/梁葆莉,贵州民族研究.5

近百年来秦人族源问题研究综述/雍际春,社会科学战线.9

论游牧文化对秦文化的影响与秦对游牧文化的整合/王绍东,北方民族大学学报(社会科学版).2

汉朝对归附匈奴的军政管理措施考论/林永强,军事历史研究.3
汉简所见汉代河西羌人的生活状态/马智全,西北民族大学学报(社会科学版).6
也谈"击匈奴降者赏令"的颁布时间——与阎盛国先生商榷/崔建华,内蒙古社会科学.3
西汉与西域各国之间质子关系述略/魏贤玲,佳木斯大学社会科学学报.5
解忧公主与王昭君比较研究/黎虎,西域研究.1
郑吉"数出西域"考论/张德芳,西域研究.2
马援与我国民族地区的羁縻制度——马援研究之十六/施铁靖,广西民族研究.1
2010年魏晋南北朝史研究综述/戴卫红 刘凯,中国史研究动态.3
慕容鲜卑的崛起与夫余的灭亡——兼论夫余灭国的慕容鲜卑因素/赵红梅,黑龙江社会科学.5
"西和诸戎,南抚夷越"——诸葛亮民族政策思想探析/唐建兵,西北民族研究.3
试析诸葛亮的民族政策思想——"西和诸戎,南抚夷越"/史成虎,湖北民族学院学报(社会科学版).5
前燕中原时期胡汉分治制度考/李海叶,内蒙古社会科学.2
慕容鲜卑早期历史探论——关于慕容氏的起源及其对华夏文化的认同问题/赵红梅,学习与探索.3
慕容燕迁都探析/魏俊杰,齐鲁学刊.3
后燕退据龙城政治之"反动"/李海叶,内蒙古大学学报.4
建兴元年前燕"股肱"考述/赵红梅,黑龙江民族丛刊.6
慕容氏龙城归葬习俗与民族融合/李海叶,内蒙古师范大学学报(社会科学版).3
北朝民族关系研究述评/崔明德等,烟台大学学报(社会科学版).2
北朝文化精神中的草原文化取向/蒙丽静,山西大同大学学报.2
论鲜卑拓拔氏族群结构的演变/刘军,内蒙古社会科学.1
浅析拓跋鲜卑部落联盟/李玉顺,满族研究.2
北魏末年镇民暴动新探——以六镇豪强酋帅为中心/薛海波,文史哲.2
从熙平二年卢同上书看北魏后期军功赏赐制度/徐美莉,甘肃民族研究.2
高昌内徙与西域政局/王欣,中国边疆史地研究.3
常氏集团与北魏政治及佛教/陈开颖,北方论丛.3
北魏六镇起义的原因和启示/胡玉春,内蒙古社会科学.3
墓志所见北魏后期迁洛鲜卑皇族集团之雅化——以学术文化积累之提升为中心的考察/王永平,学习与探索.3
浅析拓跋代国/李玉顺,黑龙江民族丛刊.3
拓跋鲜卑西迁大泽、匈奴故地原因探析/梁云,内蒙古社会科学.4
北魏宗室亲恤制度试探/刘军,甘肃社会科学.4
慕容庞时期"谋主"黄泓籍贯考/赵红梅,中国边疆史地研究.4
高肇家族的移民及其民族认同/苗威,民族学刊.5

北魏道武帝早年踪迹考/李玉顺，延边大学学报（社会科学版）.6

北魏孝文帝改革诸王爵位封授制度考/张鹤泉　侯瑞，社会科学战线.9

北周武帝的民族政策刍议/裴恒涛，四川民族学院学报.2

隋唐五代时期的乌江流域各民族与中央王朝之经略/彭福荣，黑龙江民族丛刊.1

论隋唐营州的靺鞨人/范恩实，中国边疆史地研究.1

2010年隋唐五代史研究综述/侯振兵，中国史研究动态.5

屯垦西域与唐代西北边疆安全体系的构建研究/张安福，宁夏社会科学.1

唐代中央对藩镇控制问题研究综述/刘兴云，中国史研究动态.2

从P.T.1287卷的一篇传记看南诏与吐蕃结盟后的关系/赵心愚，历史研究.4

唐代西州主流文化认同研究/张安福　王春辉，吐鲁番学研究.1

从怛逻斯战役看中华文化与伊斯兰文化的文明交往/马明良，青海民族大学学报（社会科学版）.1

唐太宗与高句丽之战跨海战略——兼论海上力量与高句丽之战成败/张晓东，史林.4

倭玛亚王朝与唐朝争夺中亚的战争/赵永伦，贵州社会科学.7

从晚唐墓志中的党项史料看唐朝与党项的关系/保宏彪，西夏研究.2

中晚唐中原藩镇"防秋"问题的历史考察/朱德军，宁夏社会科学.2

安史之乱中的突厥与回鹘/［哈萨克斯坦］加莫洛夫著，杨富学　田小飞译，甘肃民族研究.2

五代变局与契丹肇兴——以辽代统治者进取幽州为中心/郑毅　张儒婷，社会科学战线.5

宋太宗民族关系思想的演变及对宋初疆域形成的影响/崔明德　郑炜，中国边疆史地研究.1

据形胜以逼夏——论北宋平夏城的战略地位/钱俊岭，宁夏大学学报（社会科学版）.1

试论北宋在河湟区域的堡寨修筑战略/杨文，青海民族大学学报（社会科学版）.2

试论北宋后期士大夫变法思潮与王安石变法对经略河湟民族政策的影响/杨文，西藏研究.2

2010年宋史研究综述/梁建国，中国史研究动态.5

浅析契丹对北宋的正统之争/温中华，文史杂志（成都）.6

南宋二王南奔对岭南经济文化的影响/邱树森，北方民族大学学报（社会科学版）.2

"中国多元一体"与辽金史研究/赵永春，中央民族大学学报（社会科学版）.3

金朝与西夏关系初探/袁晓阳，黄河科技大学学报.3

北方民族政权年号寓意初探——以辽、西夏年号为中心的考察/孙伟祥，东北史地.3

2010年辽金西夏史研究综述/尤李，中国史研究动态.4

浅谈北京辽代墓室壁画的特征/孙勐，文物世界.1

辽代前期汉人重臣高勋生平发微/周峰，北方文物.1

耶律余睹事件考/史风春，内蒙古师范大学学报（社会科学版）.1

辽兴宗民族关系思想初探/马晓丽　孙政，烟台大学学报（社会科学版）.2

从应县木塔秘藏题记看辽代的雕刻印刷业/杜成辉，北方文物.2

浅谈辽代年号钱/李丽新,北方文物.2

辽代经幢及其宗教功能——以石刻资料为中心/张国庆,北方文物.2

《中国历史·喀喇汗王朝史 西辽史》读后/周峰,民族研究.2

历史上的萧太后与萧太后的历史——《历史上的萧太后》评介/李西亚,黑龙江民族丛刊.2

石刻所见辽代监察狱案警巡系统职官考——《辽史·百官志》补遗之二/张国庆,黑龙江社会科学.2

试析辽代贵族婚姻对政权的影响及其妇女地位的变迁——以皇族、后族为中心/胡方艳,甘肃民族研究.2

契丹族史官与金代史学的发展/吴凤霞,史学史研究.2

辽墓反映的契丹人汉化与汉人契丹化/冯恩学,吉林大学社会科学学报.3

辽代奚人的生活探析/李月新 梁磊,长春师范学院学报(社会科学版).4

略论辽朝民族政策的区域性特征/纪楠楠,东北师大学报(社会科学版).4

耶律阿保机民族关系思想初探/孙政,烟台大学学报(社会科学版).4

契丹社会河流文化的历史解读/吴树国,黑龙江民族丛刊.4

辽代佛教"涉政"现象探析——"佛教文化与辽代社会变迁"研究之一/张国庆,社会科学战线.5

辽代契丹文化与汉文化的考古学观察/吴敬,社会科学战线.5

辽使儒化现象研究/姜维东,社会科学战线.5

辽朝社会保障措施述论/陈德洋,阴山学刊.5

契丹外戚房属世次考/史风春,内蒙古社会科学.6

草原巾帼——论契丹女性对辽代民族关系的影响/张敏,赤峰学院学报(社会科学版).11

试论辽对渤海遗民的统治政策/秦菲,黑河学刊.12

敦煌西夏洞窟分期及存在的问题/王惠民,西夏研究.1

西夏艺术研究及特征认识/陈育宁 汤晓芳,西夏研究.1

《西夏与周边关系研究》序/史金波,西夏研究.2

西夏榷场使文书所见西夏尺度关系研究/孙继民 许会玲,西夏研究.2

21世纪西夏文献整理与考释述略/马淑萍,西夏研究.2

近十年来西夏地理研究综述/王晓磊,西夏研究.2

宗教视域下西夏人与普米族的族属关系/熊永翔,宗教学研究.2

敦煌西夏石窟分期研究之思考/沙武田,西夏研究.2

西夏历史与文化/李蔚,西夏研究.2

《辽史·西夏外纪》中的"团练使"和"刺史"/聂鸿音,东北史地.2

西夏户籍研究综述/韩潇锐,东北史地.2

从西夏岩画看党项族的尚武精神/崔凤祥 崔星,军事历史研究.3

西夏党项族骑射文化考/崔凤祥 崔星,西夏研究.3

黑水城出土法律文献的整理与研究概述/姜歆，西夏研究.3
西夏史研究的新成果——评李蔚的《西夏史》/陇夫，西夏研究.3
西夏版画中的吐蕃和印度法师肖像/［俄］К.Б.克平著，彭向前译，西夏研究.3
北宋在环庆原诸州的防御措施/刘治立，西夏研究.3
试论西夏的科技档案/赵彦龙 杨绮，西夏研究.4
论西夏皇室婚姻的几个问题/刘兴亮，西夏研究.4
英藏黑水城出土西夏历书概述/许生根，西夏研究.4
西夏相权初探/魏淑霞，西夏研究.4
西夏学科建设与发展的未来：西夏学人才高地/魏淑霞，西夏研究.4
西夏汉文"南边榷场使文书"再研究/孙继民 许会玲，历史研究.4
铁弗匈奴及大夏国史料考辨/胡玉春，青海民族大学学报（社会科学版）.4
论党项夏国的骑射文化/崔星，黑龙江民族丛刊.5
气候变化对宋夏战事的影响再议/金勇强，宁夏社会科学.5
自然灾害与党项社会——论宋初夏州政权的经营/王东，宁夏社会科学.5
西夏皇陵何处寻/张笑峰，寻根.6
国内黑水城汉文文献的整理、翻译与研究/张琰玲 张玉海，宁夏社会科学.6
2010年西夏学研究综述/翟丽萍，宁夏社会科学.6
"黑水城文献与西夏学国际学术论坛"综述/樊丽莎 张海娟，甘肃民族研究.1
2011年第二届西夏学国际学术论坛综述/张笑峰，甘肃民族研究.3
西夏学研究的盛会——武威西夏学国际学术论坛综述/赵天英，西夏研究.4
略论金世宗的北疆经略——以对契丹、蒙古政策为例/黄鹏，佳木斯大学社会科学学报.1
金代文人刘祁《归潜志》对女真人的认同心理及文学活动/白显鹏，满族研究.1
20世纪40年代以来欧美学者金史研究综述/赵永春 赵燕，东北史地.1
中国女真族的领土意识初探/陈慧，史学集刊.1
金上京太庙考述/徐洁，北方文物.1
简论金代契丹族二税户及驱奴/夏宇旭，吉林师范大学学报（社会科学版）.1
完颜亮改革及其历史地位/刘肃勇，北方文物.2
宋金关系中的崔与之——以嘉定年间为中心的考察/武玉环等，北方文物.2
徽钦二帝在金"行宫"及其境遇状况考/那海洲等，满族研究.3
试论金世宗时期临潢府（路）经济发展的动因/贾淑荣，内蒙古民族大学学报（社会科学版）.3
评述完颜宗弼渡长江追捉宋高宗到临安/刘肃勇，北方民族.4
金代十始祖研究之"绥可"问题略考/綦岩，佳木斯大学社会科学学报.4
2010年金史研究综述/孙红梅，东北史地.6
金丽交聘路线考/孙建权，东北史地.6
王鹗与元代金史撰述/赵梅春，史学集刊.6

试论蒙元对敦煌的经营及其影响/陈光文，甘肃民族研究.1
"送晋卿丞相书"年代考——以高丽迁都江华岛之后的蒙丽关系为背景/乌云高娃，西部蒙古论坛.1
元代行省制度之现代价值/乌云高娃，西部蒙古论坛.1
元明清藩属制度建设的历史经验/黄松筠，社会科学战线.1
试析蒙元支配对高丽王朝的影响/李梅花，内蒙古大学学报（社会科学版）.1
元代对滇东北地区的经营与开发/陈碧芬，中央民族大学学报（社会科学版）.1
试论成吉思汗西征/苏博，北方民族.2
浅析元清两代对汉族政策的异同及其影响/赵艺蓬，渭南师范学院学报.3
元代武宗海山对哈剌和林边民的粮食供给问题探析/曹学川，内江师范学院学报.3
元人沙剌班考/王力春，北方论丛.3
"答剌罕"与古代蒙古狩猎文化/僧格，西北民族研究.3
元朝前四汗时期西域汉人的来源/贾丛江，西部蒙古论坛.3
略论北元时期蒙古的会盟/晓克，西部蒙古论坛.4
元代类书在元代社会史研究中的价值初探/贾慧如，内蒙古大学学报.4
试论元初北方汉儒的民族观及其政治抉择/罗贤佑，民族研究.4
蒙元时期游牧家产制与汉地中央集权制的冲突及影响/宫海峰，西域研究.4
论成吉思汗的德治和法治思想/陈永国，内蒙古民族大学学报（社会科学版）.4
2010年蒙元史研究综述/默书民，中国史研究动态.4
试论元代的宗教政策与宗教管理体制/陈杉　刘康乐，西南民族大学学报（社会科学版）.5
元代的"水达达"/蒋戎，东北史地.5
元朝魏王家族史事钩稽/张岱玉，内蒙古大学学报（社会科学版）.5
试论蒙古西征与罗斯国家的统一/贾宝维　张龙海，内蒙古社会科学.6
论元代契丹与蒙古的文化关系/苏鹏宇，信阳师范学院学报（社会科学版）.4
忽必烈第三次征日计划及诏谕日本/乌云高娃，西部蒙古论坛.2
阿儿浑觐见蒙哥之旅/魏曙光，西北民族研究.3
九州海底的马鞭——从民族学角度对忽必烈征日战争的失利的探析/高小岩　全美英，江淮论坛.6
明朝弃置敦煌考略/陈光文，敦煌学辑刊.1
群在时空之间：论明代土司的民族族系分布特点/成臻铭，青海民族研究.1
明蒙通使之使臣的选派和接待/姑茹玛，内蒙古大学学报（社会科学版）.1
十四至十八世纪土鲁番王统研究之考述/郭胜利，昌吉学院学报.2
五十四年来明代土司研究取得的成绩/成臻铭，广西民族师范学院学报.2
五十四年来明代土司研究存在的问题及对策/成臻铭，广西民族师范学院学报.4
试论归降的汉族知识人与明清易代/杨银权，陕西教育·高教.6
以羁縻论明末辽东之存亡/栾凡，社会科学战线.6

明玉珍大夏政权的施政及覆灭原因/张爽,乐山师范学院学报.6

明代惠水八番土司探析/杨军,贵州民族学院学报(社会科学版).6

论建州女真首领王杲犯边——以《清史稿·王杲列传》为中心/任丽颖　孟凡云,北方文物.1

明天启年间的佟卜年之狱考论/时仁达,黑龙江民族丛刊.6

《岷州卫建城碑文》与岷县《二郎山铜钟铭文》考论/高智慧　武沐,青海民族大学学报(社会科学版).2

明代关西七卫残破原因初探/纪宁,青海民族研究.1

"隆庆和议"新论/晓克,内蒙古社会科学.6

军府制下的伊犁将军与行省制下的新疆巡抚比较研究/周卫平,云南师范大学学报(社会科学版).1

公主格格下嫁外藩蒙古随行人员试析/祁美琴,满族研究.1

清朝三姓地区移民问题研究/吕欧,满语研究.1

关于"大清崇德三年军律"的几个问题/李保文,内蒙古师范大学学报(社会科学版).1

超越"汉化论"与"满洲特性论":清史研究能否走出第三条道路?/杨念群,中国人民大学学报.2

清代八旗生计问题探析/魏影,哈尔滨工业大学学报(社会科学版).2

八旗制度与八旗社会之整合/张佳生,满语研究.2

清代乌江流域的移民活动及其对民族关系的影响/张世友,重庆师范大学学报.3

2010年清史研究综述/王士皓　李立民,中国史研究动态.3

"抢西边"和"欲得中原"——"己巳之役"中满洲贵族新旧"战争理念"的碰撞和冲突/吴刚,清史研究.4

清朝人才选拔的民族政策研究/刘额尔敦吐,青海民族大学学报(社会科学版).4

清朝旗民婚姻政策考论/陈力,西南大学学报(社会科学版).5

补遗漏、订舛误、清疑窦——《钦定八旗通志·旗分志》按语初探/孙静,史学集刊.6

满族民族性:帝国时代的政治化结构与后帝国时代的去政治化结构/关凯,社会科学战线.8

清代八旗制度中的值年旗/杜家骥,历史教学.11下

简述漠北喀尔喀归附清朝的过程/香莲,赤峰学院学报(社会科学版).12

简述清朝对漠北喀尔喀的赈济措施/吉日嘎拉,赤峰学院学报(社会科学版).12

从"新清史"研究看《乾隆朝满文寄信档译编》的史料价值/常建华,历史档案.1

清太祖名为"努尔哈齐"论/张杰,辽宁大学学报(社会科学版).1

"金科誓盟"地很吉日格城考/博彦贺喜格,黑龙江民族丛刊.1

论满蒙初期政治关系与孝庄文皇后/聂晓灵,黑龙江民族丛刊.1

清代前期朝贡关系考辨——从《皇清职贡图》说起/佟颖,满语研究.1

清早期扎尔固齐官号探究——从满蒙关系谈起/哈斯巴根,满语研究.1

论清前期漠西蒙古入藏与西南边疆"改土归流"的关系——以康区的"改土归流"为视野/马国君,思想战线.2

试析努尔哈赤对乌拉部采取的斗争策略/陈陶然,哈尔滨师范大学社会科学学报.2

浅析清朝奉天文官选任的民族选择性/徐雪梅,北方文物.3

清初东北八旗汉军官员对地方社会的影响/陈二峰,学理论.3 中

清初俸禄制中的满汉差异/徐雪梅,云南师范大学学报(社会科学版).4

归附汉族知识人在清初人才战略中的作用/杨银权,山西师范大学学报(社会科学版).4

清初洮岷地区反清复明起义始末/丁士仁,西北民族研究.2

阿喇尼出使准噶尔汗国与喀尔喀问题的交涉/黑龙,北方论丛.6

雅克萨之战前后的达斡尔五百官兵考述/金鑫,中国边疆史地研究.1

雍正"改土归流"辨/吴丽华 魏薇,云南师范大学学报(社会科学版).1

1688—1690年康熙救助南下蒙古喀尔喀之新史料/黑龙,中国边疆史地研究.2

论康熙朝北京内城旗人的外迁及其影响/赵寰熹,中国历史地理论丛.3

康熙恪靖公主若干问题发微/李岭,内蒙古社会科学.3

清廷平定布尔尼之乱研究/芦婷婷,甘肃联合大学学报(社会科学版).6

清光绪朝京旗回屯呼兰始末/魏影,北方文物.4

论清朝的健锐营与金川土屯兵/彭陟焱,中央民族大学学报(社会科学版).3

清代满蒙联姻大潮中的暗流——土默特和硕额驸纳逊特古斯谋害格格案分析/乌兰其木格,内蒙古师范大学学报(社会科学版).3

用赫克特理论释读雍乾、乾嘉苗民起义带来的困境/吴倩华,西南民族大学学报(社会科学版).5

河湟回族起义军余部西进祁连山、阿尔金山路线及战事考/闫天灵,中南民族大学学报(社会科学版).6

"重估清朝统治下理藩院和礼部的行政和'殖民'职能"会议综述/边夫,中国边疆史地研究.3

论晚清西北边疆危机与清廷对策/张立程等,云南师范大学学报(社会科学版).1

清末预备立宪时期的平满汉畛域思想与满汉政策的新变化——以光绪三十三年之满汉问题奏议为中心的探讨/李细珠,民族研究.3

满族皇室分裂与宣统退位诏书/李喜霞,宁夏社会科学.5

以史为鉴,构建和谐的民族关系——以同治年间西北回族起义为例/何生海 董知珍,甘肃民族研究.3

宗教冲突、贸易冲突抑或族群冲突——19世纪末黄河上游一个藏族村落驱逐洋教士的过程分析/马成俊,广西民族大学学报(社会科学版).6

构建民族国家:辛亥革命前后的中国边疆/冯建勇,中国边疆史地研究.3

辛亥革命前后革命党人的民众动员策略与种族心态——以三份《讨满洲檄》的文本为讨论中心/张昭军,社会科学辑刊.3

晚清留日回族学生与辛亥革命——基于"留东清真教育会"会员史迹的考察/许宪隆

哈正利，民族研究.4

  辛亥革命与近代民族国家认同/许小青，史学月刊.4

  辛亥革命时期的"夷夏之辨"和民族国家认同/李帆，史学月刊.4

  辛亥革命与中华民族共同体精神的演进/罗福惠，史学月刊.4

  民族融合的新起点：纪念辛亥革命100周年/李良玉，史学月刊.4

  辛亥遗产：中华民族共同体建构的新开端/彭南生，史学月刊.4

  辛亥革命与商人经济民族主义思想的产生及发展/朱英，史学月刊.4

  新疆辛亥革命述论/刘国俊，新疆社会科学.4

  民族认同视野下的辛亥共和结局/王爱云，宁夏社会科学.4

  辛亥革命与中国民族理论——纪念辛亥革命100周年系列论文之一/毕跃光　金炳镐，黑龙江民族丛刊.4

  辛亥革命与少数民族——纪念辛亥革命100周年系列论文之二/孙军　金东杰，黑龙江民族丛刊.4

  辛亥革命对中国统一多民族现代国家构建的贡献/郑信哲，中南民族大学学报（社会科学版）.5

  辛亥革命对少数民族地区的深远影响——以湖北恩施土家族苗族地区为例/胡永铸，湖北民族学院学报（社会科学版）.5

  辛亥革命与中国边疆民族地区建设——纪念辛亥革命100周年民族理论系列论文之五/王瑜卿　肖锐，黑龙江民族丛刊.5

  辛亥革命与中国民族关系——纪念辛亥革命100周年民族理论系列论文之四/裴圣愚　秉浩，黑龙江民族丛刊.5

  辛亥革命与中国民族主义——纪念辛亥革命100周年民族理论系列论文之三/董强　金浩，黑龙江民族丛刊.5

  民族主义与现代国家/林超民，云南民族大学学报（社会科学版）.5

  辛亥革命与中国民族关系的新变化/方素梅，云南民族大学学报（社会科学版）.5

  近年来辛亥革命与民族问题研究综述/卓海波，云南民族大学学报（社会科学版）.5

  辛亥革命与中华民族凝聚力——纪念辛亥革命100周年民族理论系列论文之七/于潜驰　金炳镐，黑龙江民族丛刊.6

  辛亥革命时期回族知识分子的舆论爱国实践/钟银梅，宁夏社会科学.6

  辛亥革命与中华民族意识——纪念辛亥革命100周年民族理论系列论文之六/陆鹏　中和，黑龙江民族丛刊.6

  辛亥革命与中华民族复兴——纪念辛亥革命100周年民族理论系列论文之八/林艳　金浩，黑龙江民族丛刊.6

  辛亥革命时期云南军都督府民族政策析论/潘先林，云南民族大学学报（社会科学版）.6

  辛亥革命对中国民族关系的影响与启示/敏关楚，中国民族报.10

  从辛亥百年看民族认同/杨玮等，云南民族.10

少数民族对辛亥革命的贡献——推动统一多民族国家的建构/周竞红,中国民族.10

辛亥革命中的满汉矛盾及其影响/王希恩,西南民族大学学报（社会科学版）.10

"民族主义"还是"国家主义"?——辛亥革命与民国时期的民族政治/熊芳亮,中国民族报.10

西方民族主义的传播与辛亥革命/陈玉屏,西南民族大学学报（社会科学版）.12

从西藏近代反英斗争看藏民族国家观念的演变/何勤勇,西藏大学学报（社会科学版）.3

中华民族与辛亥革命百年学术讨论会综述/贾益,民族研究.4

辛亥革命与中国民族关系研讨会综述/闽莞,民族研究.6

1935—1936年国共内战与川西北土司（官）的政治态度/田利军,西南民族大学学报（社会科学版）.2

伪满时期黑龙江省少数民族教育述论/范婷婷,黑龙江民族丛刊.6

浅谈《中国少数民族简史丛书》修订本的新意与不足/杨青,新疆社会科学.1

《楚辞·天问》所见夷夏关系及其考古学印证/代生,重庆文理学院学报（社会科学版）.2

文化认同在中国早期国家经略与民族整合过程中的功能/周书灿,河北师范大学学报.4

民族志资料反映的指定服役制度/卢中阳,云南民族大学学报（社会科学版）.4

天下观念与华夷边界：从先秦到秦汉的认识转变/尹建东,云南民族大学学报（社会科学版）.4

特殊的文化交流使者——和亲公主的随嫁队伍/孔令彬,西藏民族学院学报（社会科学版）.4

中华民族多元一体格局的历史特征/白漠,人民论坛.8中

中华民族关系发展大趋势论/徐杰舜,学术探索.10

《尚书》民族思想初探/王灿,西北民族大学学报（社会科学版）.1

春秋少数民族与中原诸侯国通婚考/刘瑛,北京大学中国古文献研究中心集刊.10

秦汉统一多民族国家的建立对中国各民族形成与发展的意义/段红云,思想战线.2

认同与互动：秦灭巴蜀后巴蜀文化变迁的两层面相/杨民,四川文理学院学报.1

汉唐"风土记"中的西域风土映象——兼论华夷文化观在汉唐时期的转变/李传军,西域研究.1

论魏晋南北朝时期中国各民族的发展特点/段红云,学术探索.8

3—6世纪的草原丝绸之路/石云涛,社会科学战线.9

六朝时期"东亚文明圈"民族关系研究的另一种视角/童岭,云南民族大学学报（社会科学版）.4

《隋唐民族关系思想史》评介/李大龙,民族研究.3

一部具有拓荒意义的力作——评崔明德、马晓丽新著《隋唐民族关系思想史》/陈玉屏,西北民族大学学报（社会科学版）.4

深入挖掘　现代诠释——《隋唐民族关系思想史》评介/张钒星,中南民族大学学报

(社会科学版).4

 论隋唐时期的民族政策与各民族的大融合/段红云,云南行政学院学报.6
 隋唐时代少数民族内迁河洛地区之原因/卜祥伟,河南科技大学学报(社会科学版).2
 唐贞元年间点苍山盟誓的几个问题/赵心愚,民族学刊.2
 唐朝西域羁縻政策浅析/赵剑锋,新疆职业大学学报.2
 试论唐初唐蕃战争对党项羌的影响/保宏彪,宁夏社会科学.3
 再论中国的粟特柘羯军/王睿,西域研究.3
 南诏与吐蕃联盟关系的破裂及与唐关系的恢复——《异牟寻誓文》的研究/赵心愚,云南社会科学.6
 南诏国的事大藩属政治特质/廖德广,云南社会科学.6
 仆固部与唐朝关系考/赵靖 杨富学,新疆大学学报(哲学·人文社会科学版).6
 试析墀部松赞普时期的唐蕃关系/邹廷波,西藏民族学院学报(社会科学版).6
 北宋前期宋夏关系对北宋吐蕃招抚政策的影响/张雅静,宁夏社会科学.6
 浅析蒙元与甘青藏族关系的建立及民族间的友好往来/葛艳玲 李世勇,阿坝师范高等专科学校学报.1
 论羁縻治策向土官土司制度的演变/方铁,中国边疆史地研究.2
 高丽对蒙古文化的"受容"与排斥——以"蒙古风"在高丽兴衰为例/郑锡元,贵州民族学院学报(社会科学版).3
 浅析蒙元与甘青藏族关系的建立及民族间的友好往来/葛艳玲,西北民族大学学报(社会科学版).5
 明代回藏民族杂居格局的形成述论/杨作山,宁夏师范学院学报.1
 关于构建"土司学"的几个问题/李世愉,云南师范大学学报(社会科学版).2
 深化中国土司制度研究的几个问题/马大正,云南师范大学学报(社会科学版).2
 《全边略记》在民族关系史研究中的史料价值/布仁图 杨红梅,中央民族大学学报.2
 从女真首领王兀堂与明朝关系的转变看明朝民族政策失误/孟凡云,辽宁师范大学学报(社会科学版).3
 文化视野中明代广西瑶汉族群关系的建构/韦浩明,黑龙江民族丛刊.3
 中国土司研究百年学术史回顾/李良品,贵州民族研究.4
 明代乌江流域的移民活动及其对民族关系的影响/张世友,重庆师范大学学报(社会科学版).5
 第一届"中国土司制度与民族文化"学术研讨会综述/李跃平,民族学刊.5
 旗民与满汉之间——清代"随旗人"初探/定宜庄等,清署研究.1
 试论清朝对汉族的政策/孙淑秋,满族研究.1
 论清初西北边疆民族政策的指导思想/牛海桢,兰州大学学报(社会科学版).1
 论清代边疆问题与国家"大一统"/李治亭,云南师范大学学报(社会科学版).1
 "苗疆再造"与民族关系/杨军昌,吉首大学学报(社会科学版).3
 清初的巴克什与满蒙关系/N.哈斯巴根,满族研究.4

试论清代青海的政教合一制度/杨卫，青海民族大学学报（社会科学版）.4

八旗驻防族群土著化的标志/潘洪钢，中南民族大学学报（社会科学版）.5

论清朝对乌江流域民族地区的经略及其成效/张世友，铜仁学院学报.5

论清代施南府地区的人神、人鬼信仰与民族关系/陈冬冬 周国林，湖北民族学院学报（社会科学版）.5

永顺土司改土归流的"历史真实"——以湘西地区碑刻、地方志为中心的历史人类学考察/瞿州莲，西南民族大学学报（社会科学版）.8

清代西部地区少数民族乡约的推行及其原因/段自成，西南民族大学学报（社会科学版）.9

历史上华北地区的民族变迁/史金波，河北学刊.4

多元与一体的调适——以近代西北少数民族多元文化为例/王文利，新疆社会科学.2

论"陇西走廊"的概念及其内涵/马宁，西北民族大学学报（社会科学版）.2

试议"西北民族走廊"的范围和地理特点/秦永章，中央民族大学学报（社会科学版）.3

民族史学视阈下甘青藏族与蒙元关系刍议/葛艳玲，临沂大学学报.5

多维的矛盾：中国图瓦人的族群建构差异/关丙胜，民族学刊.5

《新疆图瓦人社会文化田野调查与研究》评介/刘明，西部蒙古论坛.1

防抚之间：清政府对台湾原住民的认知及应对——《台海使槎录》所反映的清前期治台政策分析/孙炜，湖北民族学院学报（社会科学版）.2

17世纪小琉球原住民灭族始末和原因探讨/刘彼德，台湾研究集刊.6

湘西地区民族关系发展流程略论——湘西民族关系和谐发展研究之一/胡炳章，吉首大学学报（社会科学版）.3

明代广西民族关系发展过程中的人地关系背景分析——以桂中地区为例/刘祥学，中央民族大学学报.2

从口述史角度看边疆多民族村庄的历史演变——以广西融水县安太乡培地村为个案/黄治国 贾桢，广西民族研究.4

近代广西西南边疆的移民与民族经济文化融合——从现代民族国家建构视阈的历史考察/韦福安，广西民族研究.4

乌江流域历代移民与民族关系研究散论/张世友，湖北民族学院学报（社会科学版）.1

论元明清时期滇川黔桂毗邻地区的移民/杨永福，贵州民族研究.1

武陵民族走廊土司宗族文化研究——以容美土司为例/岳小国，贵州民族研究.6

民国时期理番四土、五屯之社会文化研究与实践/王田，西南民族大学学报（社会科学版）.1

民国时期杂谷脑河流域的鸦片种植与族群互动——以佳山羌民杀团总事件为中心的讨论/王田，民族学刊.4

祖荫的张力——清代以降清水江下游天柱苗侗地区祠堂的修建/吴才茂等，原生态民族文化学刊（贵州凯里）.3

贵州"里民人"探寻/王献军，中南民族大学学报（社会科学版）.3

从宋元五姓番、八番罗甸地域分布演变看元初边疆民族行政制度的重大改革/郭声波　王宁，贵州民族研究.6

民国时期的贵州少数民族调查/何也，中国民族报.12

"分而不离"与"和而不同"——云南双河、户撒民族关系考察/苍铭，中央民族大学学报（社会科学版）.1

云南少数民族档案遗产流失及其整合性保护研究/华林等，思想战线.3

鸦片对近代云南沿边少数民族地区的影响/周艺，大理学院学报.9

云南永胜他留人与毛泽东祖先探源/何守伦，学术探索.12

略论清代汉人的"满化"/夏宇旭，满族研究.1

祭祀圈与信者圈——基于台湾苗栗县客家村的事例/［日］末成道男，客家研究辑刊.2

客家族群建构的人类学分析——评《海内外客家人的认同》/［日］河合洋尚，客家研究辑刊.2

论汉民族的形成/叶文宪，古代文明.3

客家原生地在客家族群认同中的作用/廖开顺，河南科技大学学报（社会科学版）.5

客家人、汉民族与中华民族/徐杰舜，云南师范大学学报（社会科学版）.6

海外客家研究的民族志传播学方法/余彬，嘉应学院学报.9

准噶尔汗国时期卫拉特蒙古诸部联姻述论/杨建新　马磊，中国边疆史地研究.1

近现代蒙古族与俄罗斯民族文化人格变迁比较/乌冉，内蒙古民族大学学报（社会科学版）.1

蒙古游牧社会变迁与"蒙古族村落群"成因关系追溯/白图雅　阿思根，内蒙古民族大学学报（社会科学版）.1

科尔沁非物质文化遗产寻求法律保护的紧迫性/娜仁图雅，内蒙古民族大学学报（社会科学版）.1

试论"燕行录"中蒙古人消极形象之成因/师存勋，青海民族研究.1

清代喀喇沁蒙古人的北迁及其影响/白玉双，内蒙古师范大学学报（社会科学版）.1

内格斯尔而外关公——关公信仰在蒙古地区/陈岗龙，民族艺术.2

洪武朝塔滩蒙古与明朝的关系/周松，中国边疆史地研究.2

明清两代中央政府与蒙古族地区政治互动异同之比较/马啸　张科，青海民族研究.2

元明蒙古豳王家族史研究回顾/杨富学　张海娟，吐鲁番学研究.2

成吉思汗降伏"十二歹汗"传说研究/那木吉拉，西北民族大学学报（社会科学版）.5

13世纪至14世纪欧洲人游记中的蒙古人形象/刘迪南，西北民族大学学报（社会科学版）.5

明代内附阿鲁台族人辨析/周松，西北民族大学学报（社会科学版）.5

多彩的时空隧道　灿烂的文化长廊——《安代之乡：库伦旗历史文化概要》简评/阿拉坦昌　戴武君，内蒙古民族大学学报（社会科学版）.5

民国前期新疆回队初探/伏阳，青海民族大学学报（社会科学版）.2

"小云南"与今云南祥云/胡子龙,寻根.2

地区回族史研究的力作——读《青海回族史》/何志明等,回族研究.2

民国时期回族社团组织及功能研究/丁明俊,北方民族大学学报(社会科学版).3

历史的语境和动力——近代回族社会转型的背景分析/张嵘,中南民族大学学报(社会科学版).3

宋代社会之变与回族先民的发展/童莹,回族研究.3

明清时期河南回族分布格局研究/胡云生,地域研究与开发.3

毛泽东致达赖喇嘛信函解读/张双智 张羽新,西藏研究.1

《韦协》译注(一)/巴桑旺堆译注,中国藏学.1

二十世纪二十年代邦达昌家族历史叙事与拉萨的政治斗争/[美]卡洛尔·梅可葛兰著,尼玛扎西等译,民族学刊.1

晚清藏边民族纠纷解决中的角色职能析论——以光绪年间循化厅所辖藏区为例/高晓波,西藏大学学报.1

历史的延续与实践的宽广——试论木里藏族的历史渊源/樊秋丽 洲塔,西藏大学学报.1

拉达克王国:公元950—1842年(九)——拉达克政府及其施政/[意]L.伯戴克著,扎洛译,西藏民族学院学报(社会科学版).1

拉达克王国:公元950—1842年(十)——拉达克的宗教历史/[意]L.伯戴克著,彭陟焱译,西藏民族学院学报(社会科学版).2

阿里克斯·马凯及其编著的《西藏历史》/苏发祥编译,西藏民族学院学报(社会科学版).1

《韦协》译注(二)/巴桑旺堆译注,中国藏学.2

明清时期藏区土司地区政治体制模式研究——以土流参治为核心/贾霄锋,青海民族研究.2

从明代汉藏间茶马互市看明代的治藏政策/敏政,青海民族研究.2

近十年来关于明清时期安多、康区历史研究的量化分析/高晓波,民族论坛.2

卓尼历代土司与中央王朝的政治关系/魏贤玲,西藏大学学报(社会科学版).2

"雪域牧耕文明板块"在中国疆域底定过程中的地位/于逢春,中国边疆史地研究.3

试析清初对青海藏族社会的治理/杨卫,青海民族研究.3

清代中期青海藏族"北迁"斗争述论/吕德胜,伊犁师范学院学报(社会科学版).3

清代三岩及其相关事件/泽勇,西藏研究.5

青海拉安藏族部落的历史与发展现状概述/才项多杰,青海社会科学.6

元代内迁畏兀儿人与佛教/陈高华,中国史研究.1

"缠回"更名"维吾尔"时间考/赵海霞,甘肃民族研究.2

康熙三十九年维吾尔族水利灌溉技术东传黑龙江考/金鑫,中国边疆史地研究.4

苗族迁入滇东南和中印半岛北部早期时间考/娄自昌,文山学院学报.4

明清时期湘西苗族起义频繁发生的原因述论/陈曦,广东技术师范学院学报(社会科学

版).4

略论王朝文献对少数民族历史的书写——以雍正朝开辟黔东南苗疆的战例为中心/马国群　李红香,曲靖师范学院学报.5

明清时期彝族土司联姻对西南地区的影响/沈乾芳,贵州民族研究.1

论元代对滇东北彝族土官的管理/顾霞,昭通师范高等专科学校学报.4

论明朝初期对水西彝族地区的法律控制/舒华,贵州民族学院学报(社会科学版).6

略论明代水西安氏土司的历史功绩/卢春樱,贵州民族研究.6

明代至民国时期彝族上层妇女的地位及作用/沈乾芳,西南民族大学学报(社会科学版).8

明代改土归流对西南边疆民族地区社会历史发展的双重影响——以广西壮族地区为中心/蓝武,贵州民族研究.1

明清时期桂西壮族土司的宗族制度/蒋俊,史学月刊.8

清末民初中国鸭绿江流域的朝鲜移民社会/廉松心,黑龙江民族丛刊.2

清朝卡外界内哈萨克身份问题再探讨——以"征收马匹"为中心/郑峰　张荣,北方民族大学学报(社会科学版).4

清代伊犁旗屯文化透视——锡伯族旗屯文化个案研究/仲高,伊犁师范学院学报(社会科学版).2

明代桂西土司力量在大藤峡地区的更替——兼论大藤峡瑶民起义的发生/唐晓涛,广西民族研究.3

从汉文文献看历史上百夷的经济生活/万红,青海民族研究.4

明代纳西族移民与滇藏川毗连区的经济开发——兼析纳藏民族间的包容共生发展机理/周智生,思想战线.6

民国年间乌江流域土家族地区民间社会组织的发展状况及表现形式/刘冰清　田永红,三峡论坛.2

明代土家族地区的皇木采办研究/谭庆虎　田赤,湖北民族学院学报(社会科学版).2

论明清土司时期乌江流域土家族地区的经济开发/钱璐,乐山师范学院学报.7

禹羌族群对长江上游早期文明的贡献/彭邦木,中华文化论坛.5

从冼夫人族性谈俚人与黎族的相关性及黎族的起源/冼周,广西民族师范学院学报.1

试论黎族古代文化与东南亚古代文化的共性/王献军,贵州民族研究.3

明清时期闽东、浙南地区的畲族经济/冯帆　李倩,江汉论坛.12

关于唐代"西蕃"一词是指称吐蕃还是回鹘的再讨论/姚律,敦煌研究.1

论汉匈关系中的三种"故事"/朱圣明,北方民族大学学报(社会科学版).1

论宋代的胡人/杨蕤,中国边疆史地研究.1

戎狄考辩/蔡英杰　李永勃,云南师范大学学报(社会科学版).1

走出契丹族发祥地马盂山误区/李景瑞,承德民族师专学报.1

Aλxovo 钱币和嚈哒的族属/余太山,中国史研究.1

论两汉时期羌人的凝聚/常倩,贵州民族研究.1

试论明代岷江上游的"番"与"羌"/吉俊洪,西藏大学学报.1

"环中国海"海洋文化的土著生成与汉人传承论纲/吴春明,复旦学报.1

关于肃慎的考古学文化/杨海鹏 姚玉成,满族研究.1

黑水靺鞨地域范围与黑水府治所初探/邓树平,满族研究.1

中国先秦古籍有关秽貊族的记载解析/董学增,东北史地.1

秦汉时期的岭南诸越族研究/冼春梅 刘付靖,广东技术师范学院学报(社会科学版).1

西汉时期乌桓历史辨析/潘玲,史学集刊.1

论"索国"与突厥部的崛起/温玉成,新疆师范大学学报(社会科学版).1

古代民族文献所见"奚"考/洪勇明,民族研究.1

唐《王会图》杂考/汤开建,民族研究.1

吐蕃赞普赤达尔玛的统治及其后的简要历史/安多·卡尔梅·桑丹坚参著,德康·索南曲杰 看召本译,西北民族大学学报(社会科学版).1

论南诏入犯安南对唐代国家安全的影响/陈国保,云南民族大学学报(社会科学版).1

从榆树老河深墓地看夫余邑落人群构成——兼及夫余地方统治体制问题/范恩实,北方文物.1

唐代牂牁蛮赵氏家族与首领赵国珍事迹考/付艳丽,贵州民族研究.2

吐谷浑研究三题/蒲文成,青海民族大学学报(社会科学版).2

吐谷浑手工业述略/袁亚丽,青海民族大学学报(社会科学版).2

吐谷浑与丝绸之路/李朝 张红岩,青海民族大学学报(社会科学版).2

鲜卑折掘氏与党项折氏/赵海霞,西北民族研究.2

试析南越由"蛮夷"向"半蛮夷"的身份转变及认同变迁——兼论南越灭亡之内因/朱圣明,广西民族研究.2

定安国考论/苗威,中国边疆史地研究.2

兀狄哈诸部落及其分布/戴光宇,满族研究.2

建州女真史研究的重要成果——读《建州女真遗迹考察纪实》/李治亭,满族研究.2

金毓黻先生与高句丽史研究/梁启政 黄伟宏,东北史地.2

吐谷浑统治集团内部矛盾探析/薛生海,青海民族研究.2

东突厥汗国属部的突厥化——以粟特人为中心的考察/彭建英,历史研究.2

匈奴政权右贤王制度探析/李春梅,内蒙古社会科学.2

"渤海乐"性质的文献学考察/刘晓东,北方文物.2

明代建州女真发展前期农业区域特征述论/朱永杰等,北方文物.2

渤海压印瓦"仏"字的构形来源/马洪,北方文物.2

关于少数民族家族史研究的史料问题分析——以唃厮啰家族为例/齐德舜,湖北民族学院学报(社会科学版).2

大祚荣附新罗考辨/孙玉良,社会科学战线.2

从藏族对裕固族的影响看吐蕃与回鹘的文化交流/阿布都外力·克热木,西北民族大学学报(社会科学版).2

浅析环境的变迁对党项政权都城选择的影响/陈冠南,宝鸡文理学院学报.2

环中国海海洋族群的历史发展/吴春明　佟珊,云南师范大学学报（社会科学版）.3

论"雪域牧耕文明版块"在中国疆域底定过程中的地位/于逢春,中国边疆史地研究.3

论少数民族家族史研究中的史料问题——以唃厮啰家族研究的个案为例/齐德舜,西北民族大学学报（社会科学版）.3

《突厥世系》史料价值刍议/罗贤佑,西部蒙古论坛.3

奚人历史文化遗存考述/毕德广　曾祥江,河北师范大学学报.3

海西乌拉卫试考/张林,社会科学战线.3

甘州回鹘宗教信仰考/杨富学,敦煌研究.3

中国西南古代氐羌民族的融合与分化规律探析/王文光　段丽波,云南民族大学学报（社会科学版）.3

托忒文历史文献对西方史学的影响——以帕拉斯《内陆亚洲厄鲁特历史资料》为中心/M.乌兰,民族研究.3

试述乙弗部鲜卑的族源及早期活动/俄琼卓玛,青海民族大学学报（社会科学版）.3

铁弗匈奴的族源、族称及其流散/吴洪琳,青海民族大学学报（社会科学版）.3

若干唐代西突厥史料献疑/陈涛,西域研究.3

略谈建州与建州女真的兴起/黄强　张克,北方文物.3

略谈流入高句丽的汉人群体/祝立业,北方文物.3

夫余对外关系史略/张芳　刘洪峰,黑龙江民族丛刊.3

清代姚安府嫚且蛮的图像记忆与文化认同/朱双和,民族艺术研究.3

黠戛斯汗国所属诸部考辨/王洁,内蒙古师范大学学报（社会科学版）.3

南越文王眜、胡二名同音说——附说貊、秽、胡的古音读/艾荫范,北方文物.4

《辽史》"阻卜"名称的演变/那顺乌力吉,西部蒙古论坛.4

夫余王国与中原王朝的关系及其灭亡的原因/董学增,北方民族.4

西陲坞堡与胡姓家族——《新获吐鲁番出土文献》研究二题/许全胜,西域研究.4

高句丽、渤海文化发展及其关系研究（国家社会科学基金重大项目介绍）/吉林大学社会科学学报.4

如何处理和确定高句丽的历史定位/魏存成,吉林大学社会科学学报.4

关于清代内札萨克蒙古盟的雏形——以理藩院满文题本为中心/乌云毕力格　宋瞳,清史研究.4

宣祖时期朝鲜与建州女真关系的调试/宋慧娟,东北史地.4

国内近三十年西突厥研究简述（1980—2010）/任宝磊,西域研究.4

"巴"名称的语源研究述评/周文德,贵州民族研究.4

试论藏彝走廊"夷"类人群入唐后的去向问题/陈东,贵州民族研究.4

评冒顿单于/吕喜林,阴山学刊.5

李楷固东征与渤海建国问题新考察/辛时代,史学集刊.5

高句丽"使者"、"皂衣先人"考/恩实,东北史地.5

契丹可突于被杀考/孟凡云,中南民族大学学报(社会科学版).5
戎夏一源说续论/周书灿,中州学刊.5
夷夏之争渊源考——兼论东夷有虞氏在民族发展史上的重要贡献/马兴,贵州民族研究.5
突厥变迁史中的认同问题/余潇枫 徐黎丽,云南师范大学学报(社会科学版).5
汉晋之际西南夷中的"叟"及其与蜀的关系/石硕,民族研究.6
中国西南乌蛮史研究与反思/段丽波等,思想战线.6
匈奴挛鞮氏部分成员多病、早逝原因初探/王庆宪,中央民族大学学报(社会科学版).6
契丹部族组织中的石烈/杨军,黑龙江社会科学.6
关于哈剌灰人的信仰问题/周传慧,北方民族大学学报(社会科学版).6
中国古代"封贡关系"新思考——论朝鲜与女真"封贡关系"的成因及影响/李宗勋 陈放,延边大学学报(社会科学版).6
哀牢夷族属新考/潘岳,黑龙江民族丛刊.6
匈奴社会形态再析/马利清,中州学刊.6
耿铁华教授与高句丽研究/梁启政,社会科学战线.11
从蒙疆经略使到热察绥巡阅使——民国北京政府后期奉直两系对蒙古地区的争夺/张建军,内蒙古师范大学学报(社会科学版).1
康熙朝对内蒙古地区汉族移民的政策浅析/杨耀田,内蒙古民族大学学报(社会科学版).2
郭尔罗斯前旗蒙地开放与抗垦斗争研究/孟和宝音,阴山学刊.3
明清时期内蒙古中西部历史灾害记录的特点/于志勇,内蒙古师范大学学报(社会科学版).3
清代卓索图、昭乌达地区农村官方基层社会组织研究/王玉海,内蒙古大学学报.4
"九·一八事变"前"满铁"关于东蒙古的调查资料/文宝,内蒙古师范大学学报(社会科学版).5
阴山文化史研究述评/王绍东,内蒙古社会科学.4
也论"辽土"与"辽人"——明代辽东边疆文化结构的多元倾向研究/张士尊,社会科学辑刊.6
富有史志价值的乌拉图录集锦/富育光,北方民族.4
《黑龙江大界江百村纪行》评介/李随安,北方文物.4
探访"西北走廊"/慈仁群佩等,民族画报.1
中古时期中原王朝和地方政权治理西域的经验与教训/李方,南京师大学报(社会科学版).2
清代安多民族聚居区的政区设置变化及其原因/高晓波,西藏民族学院学报(社会科学版).3
中国历代西北边疆安全体系下的屯垦戍边策略选择/张安福,伊犁师范学院学报(社会

科学版）.3

《蒙古、安多与死城哈喇浩特》序——彼·库·科兹洛夫及其第六次中国西部考察/王希隆，北方民族大学学报（社会科学版）.5

"有成例者易循"——读《甘肃通史》（隋唐五代卷）/刘再聪 张小虎，甘肃民族研究.2

现代国家政权在甘南藏区合法性建构的开端——民国时期甘南拉卜楞藏区保甲推行及其效绩考察/戴巍，北方民族大学学报（社会科学版）.6

民国时期的人口迁移与宁夏民族居住格局的形成/刘有安，宁夏社会科学.2

信息化视域下宁夏地方志保存和开发/王玉琴 王文娟，宁夏师范学院学报.4

试述清朝前期对青海的治理/郭福亮，青海民族大学学报（社会科学版）.1

清代湟水流域土司土地占有及赋税/王晓霞，青海民族大学学报（社会科学版）.1

西宁办事大臣考/周伟洲，西北民族大学学报（社会科学版）.1

论清代青海东部地区的行政变革与地方民族社会/杜常顺，民族研究.2

马步芳家族用兵果洛始末/果毛吉，青海师范大学学报（社会科学版）.6

马麒的身份转换与政治抉择——兼议民国时期地方割据势力的国家意识/菅志翔，社会科学战线.8

清代新疆官制边吏研究综述/周卫平，伊犁师范学院学报（社会科学版）.1

清朝治理西域的历史经验——从平定准噶尔到新疆建省/刘正寅，大观.1

试论金树仁统治时期国人的新疆观/买玉华，西域研究.1

格瑃额《伊江汇览》研究/鲁靖康，伊犁师范学院学报（社会科学版）.2

试析伊犁学研究中的"伊犁"地域涵义的多样性及其处理/陈剑平 丁杰，伊犁师范学院学报（社会科学版）.2

于阗文化考释——以《大唐西域记》中的佛国瞿萨旦那为例/田峰，伊犁师范学院学报（社会科学版）.2

清朝收抚阿勒泰及其管辖措施/刘国俊，西部蒙古论坛.2

清代新疆解决用水矛盾的多种措施——以镇迪道、阿克苏道、喀什道为例/王培华，西域研究.2

乾隆时期新疆自然灾害研究/阿利亚·艾尼瓦尔，中国边疆史地研究.3

《清史稿》"西域——新疆撰述"探析/马晓娟，史学史研究.3

"魏晋南北朝时期的新疆学术研讨会暨《新疆通史·魏晋南北朝卷》审稿工作会议"综述/鲁迪，西域研究.3

我国第一部研究喀喇汗王朝专著再版——《中国历史·喀喇汗王朝史·西辽史》评介/阿合买提·苏来曼，新疆大学学报（哲学·人文社会科学版）.3

贵在成"一家之言"——《喀喇汗王朝史、西辽史》（修订版）评述/田卫疆，新疆大学学报（哲学·人文社会科学版）.3

《中国历史·喀喇汗王朝史·西辽史》读后感/奇曼·乃吉米丁，新疆大学学报（哲学·人文社会科学版）.3

汉文史料与穆斯林史料的结合——魏良弢老师新版《喀喇汗王朝史、西辽史》学习札记/

华涛，新疆大学学报（哲学·人文社会科学版）.3

博学 慎思 笃行——读魏良弢师《喀喇汗王朝史、西辽史》/孟楠，新疆大学学报（哲学·人文社会科学版）.3

锡恒与清末阿尔泰地区的边防建设/白剑光，伊犁师范学院学报（社会科学版）.3

关于新疆高校"新疆历史与民族宗教理论政策教程"教材及教学存在的问题/宗永平，伊犁师范学院学报（社会科学版）.3

曾问吾及其《中国经营西域史》研究/赖洪波，伊犁师范学院学报（社会科学版）.4

外国人眼中百年前的伊犁/吴孝成，伊犁师范学院学报（社会科学版）.4

贯古通今，臂指相连——西域文明视野下的民汉文化大融合/廖肇羽，石河子大学学报（社会科学版）.4

新疆建省与近代新疆社会变迁/童远忠，新疆大学学报（哲学·人文社会科学版）.4

《清实录·新疆资料辑录》出版发行/赵星华，西域研究.4

三至五世纪新疆南部社会史状研究——以奴隶买卖的佉卢文文书为据/张婧，社会科学家（桂林）.4

清代乌鲁木齐城市的构建及演变/苏奎俊，新疆大学学报（哲学·人文社会科学版）.5

"伊犁历史文化与社会变迁"学术研讨会综述/陈剑平等，伊犁师范学院学报（社会科学版）.1

"历史上的中国新疆与中亚"国际学术研讨会综述/聂静洁，中国史研究动态.2

"元明时期的新疆"学术研讨会综述/王旭送，西域研究.2

文化戍边视野下的丝路文明融通——2010海峡两岸西域文化学术研讨会综述/庄宇，社会科学战线.5

元明清时期湘西土司的设置与变迁/田敏，中南民族大学学报（社会科学版）.1

民族社会失范与良序建设——一个基于"湘西事变"的分析/暨爱民，青海民族研究.4

元代广西土司的设置与分布态势探析/蓝武，贺州学院学报.1

孟森先生与《广西边事旁记》/谢祺，百色学院学报.2

元明土司制度下广西各族民众起事述议/蓝武，广西师范大学学报（社会科学版）.2

西南边疆早期现代化的主要现象及其与国家安全之关系/潘先林 张黎波，思想战线.2

国族建构语境下国人对边疆地区多元文化及教育方略的认识——侧重20世纪30—40年代的西南地区/汪洪亮，四川大学学报（社会科学版）.4

清末川康藏事：川西藏区改土归流的前奏/［美］王秀玉著，刘源等译，民族学刊.2

略述《康輶纪行》的史料价值/刘建丽，西藏研究.2

康定土司与"藏彝走廊"/郑少雄，读书.4

康藏史研究综述/石硕 邹立波，西藏大学学报（社会科学版）.4

法国传教士古纯仁《川滇之藏边》之史料价值——兼论《康藏研究月刊》所载外国人对康区的记述/赵艾东 石硕 姚乐野，西南民族大学学报（社会科学版）.10

讲述边缘人的历史和边缘人讲述的历史——作为事件和经历的中华基督教会边疆服务运动/汪洪亮，西南民族大学学报（社会科学版）.12

明清时期贵州卫所置废动因管窥/马国君等,贵州大学学报(社会科学版).2

从《黔记》看明英宗时期贵州地区的民族关系/王坤,邵阳学院学报.2

略论清代对贵州苗疆"生界"的经营及影响/马国君 黄健琴,三峡论坛.4

论明代前期黔中高坡苗区与朝廷的关系/鲁华,贵州民族学院学报(社会科学版).4

论明初卫所制设置对贵州建省的影响/杜成材,理论与当代(贵州).7

两汉时期贵州民族政策研究综述/党会先,人民论坛.8 中

元朝经营云南的伟大贡献/方铁,西部蒙古论坛.2

论明朝在乌蒙山地区的设治/吴喜 李祥,昭通师范高等专科学校学报.4

浅析樊绰《云南志》的史料价值/罗效贞,今日民族.12

清末民初拉萨动乱性质初析/张召庸 喜饶尼玛,中国藏学.1

清初甘丹颇章政权的性质和地位问题再探/罗布,中国藏学.1

国民政府成立初期中央政府与西藏地方政府关系刍议——"蒋介石致十三世达赖喇嘛书"撰写时间探析/张春燕 张丽,中国藏学.1

民国时期"康西"边缘的"汉人社会"——以西藏工布江达一地为中心/王川,西南民族大学学报(社会科学版).1

请与应的错位:顾实汗进兵青藏的原因与目的/罗布,西藏大学学报.1

简析明朝治藏的均势思想/贾丽芳,西藏民族学院学报(社会科学版).2

明代笔记中的西藏/韩殿栋 刘永文,西北民族大学学报(社会科学版).2

明清与西藏政治互动策略之比较/马啸,青海民族大学学报(社会科学版).3

《俄国与西藏——俄国档案文件汇编(1900—1914)》简介/王远大,中国藏学.3

民国政府任命的西藏办事长官——以陆兴祺研究为中心/邱熠华,中国藏学.3

清末民族国家建设与张荫棠西藏新政/扎洛,民族研究.3

明朝在西藏的主权地位/罗炤,中国藏学.3

清代驻藏大臣色楞额/邓锐龄,中国藏学.4

一部厚重的中国地方通史——谈恰白·次旦平措主持编著《西藏简明通史·松石宝串》的治史精神/王春焕,西藏研究.4

论固始汗进军西藏之谋略/张发贤,四川民族学院学报.4

清代游记中的准噶尔扰藏始末——以《德西迪利西藏纪行》为中心/阿音娜,青海民族研究.4

试析国民政府在西藏的熬茶布施及其效果/徐百永,青海民族大学学报(社会科学版).4

清末民初的西藏建省论/李勇军,中南民族大学学报(社会科学版).5

阐释南北关系的一个视角——读狄宇宙《古代中国与其强邻:东亚历史上游牧力量的兴起》/李鸿宾,中国边疆史地研究.3

1921年2月库伦之战/樊明方,新疆社会科学.6

略论朝鲜古史谱系的演变/杨军,黑龙江社会科学.2

《延边大学学报》(社会科学版)"朝鲜·韩国学研究"栏目述评/张京梅,延边大学学报

（社会科学版）．6

吐蕃国相尚纥心儿事迹补述——以敦煌本羽77号为中心/马德，敦煌研究．4

南诏诗人杨奇鲲事迹考/程印学，贵州社会科学．6

元代回回宰相阿合马功过评析/尹航，甘肃民族研究．3

契丹石抹家族在元代的变迁/罗海燕，黑龙江民族丛刊．3

论清代伊犁将军玉麟/李敏，伊犁师范学院学报（社会科学版）．4

吴三桂墓碑考/滕绍箴，云南师范大学学报（社会科学版）．5

崇武尚文，正风移俗——论贡桑诺尔布的历史贡献/刘桂荣，黑龙江民族丛刊．1

忽必烈与八思巴论/薛正昌，社会科学战线．5

简论清朝末年的齐默特色丕勒/白英，吉林师范大学学报（社会科学版）．5

关于郑和为咸阳王赛典赤后裔的研究/谢梅英，宁夏大学学报（社会科学版）．6

《宋史·赵思忠传》笺证/齐德舜，西藏研究．2

西藏历史进程中的两座丰碑——萨班·贡噶坚赞与阿沛·阿旺晋美合论/王尧，中国藏学．3

《陆荣廷评传》序/梁庭望，广西民族研究．3

百年共和中的陆荣廷将军/梁越，广西民族研究．3

"瑶妃"生平考辨/许立坤，广西社会主义学院学报．5

敦煌吐鲁番契约文书中"边"类表方位名词考察/陈菲菲，语文知识．1

敦煌汉文文书中的民族资料分布概述/陆庆夫，敦煌学辑刊．1

德藏吐鲁番文献《龙龛手鉴·禾部》残页小考/秦桦林，文献．3

普林斯顿大学藏吐鲁番文书唐写本经义策残卷之整理与研究/刘波，文献．3

敦煌文献"右行"考述——兼与杨森先生商榷/朱瑶，民族研究．4

"敦煌学网"——敦煌学数字化的总目标/韩春平，敦煌研究．5

近代中国敦煌学研究述评/王旭东　朱立芸，甘肃社会科学．6

信息时代下敦煌学研究的一些认识/杨晓　张景峰，甘肃社会科学．6

"中国社会科学院敦煌学研究回顾与前瞻学术研讨会"综述/陈丽萍　侯振兵，中国史研究动态．5

青藏高原边缘地区史前遗址2009年调查试掘报告/仪明洁等，人类学学报．2

从广南青铜文化遗存揭开句町王国的面纱/陈祯祥，云南民族．10

探秘契丹文物精品/《中国科学探险》杂志，民族画报．3

黑龙江金代考古述论/赵永军　李陈奇，北方文物．3

内蒙古巴林左旗塔布敖包新石器时代遗址2009年发掘简报/中山大学人类学系　内蒙古文物考古研究所，考古．5

贝格曼与中国西北考古/王新春，中国边疆史地研究．3

"汉唐西域考古：尼雅—丹丹乌里克国际学术研讨会"综述/罗帅，中国史研究动态．1

巴州地区的古代文化遗存概说/刘辉，吐鲁番学研究．2

论伊犁河谷索墩布拉克文化/丁杰，伊犁师范学院学报（社会科学版）．3

让千年丝路焕发新的生机——"十一五"期间新疆大遗址保护项目/梁涛，中国文化遗产.4

2006—2010年的新疆考古新发现/于志勇，中国文化遗产.4

丝绸之路新疆段申遗和国家考古遗址公园建设/乌布里·买买提艾力，中国文化遗产.4

珍藏西南民族文物/郭依，中国西藏.3

发现古蜀三星堆王族后裔——对今鱼凫王中都后裔的田野调查报告/贾银忠，西南民族大学学报（社会科学版）.1

国外学者对三星堆文化的研究/赖悦，中华文化论坛.3

海峡两岸珍藏的达赖班禅贡品/索文清，中国西藏.1

一方古织物和一座古城堡/霍巍，中国西藏.1

西藏传统历史古迹文化资源及其价值初探/次旺，西藏大学学报（社会科学版）.3

全球现代化背景下的西藏文物保护战略与策略的思考/霍巍，中国藏学.3

西藏阿里象雄文化发掘与保护探析/王松平，西南民族大学学报（社会科学版）.9

藏族传统饮食器具装饰纹饰/索郎卓玛，中国西藏.2

准噶尔汗国的普尔钱研究/钱伯泉，西部蒙古论坛.2

生态与历史——从滇国青铜器动物图像看"滇人"对动物的认知与利用/尹绍亭　尹仑，云南民族大学学报（社会科学版）.5

论汉代西北地区漆器手工业及其民俗文化特征/胡玉康　潘天波，西北民族大学学报（社会科学版）.6

鸟图腾、刻画符号与中国文字起源/刘德增，齐鲁师范学院学报.2

瞿昙寺中的五方碑刻资料/吴景山，中国藏学.1

回族历史碑刻的内容分类、地域特征及文字演变/雷晓静　王华北，回族研究.1

乌江流域民族地区历代碑刻文献的人物形象分析——以墓葬碑刻为中心/彭福荣，贵州民族研究.2

《爨宝子碑》和《爨龙颜碑》中疑难字形考释/秦建文，云南师范大学学报（社会科学版）.2

元代西夏遗民踪迹的新发现——元《重修鹿泉神应庙碑》考释/孙继民　宋坤，宁夏社会科学.2

玉树地区石刻文献遗产整理研究述评/夏吾李加，青海社会科学.5

唐代吐谷浑的迁徙及其在陕北地区的活动——延安市出土《李良僅墓志》研究/韩香，中国边疆史地研究.1

悬泉汉简二十年研究综述/马智全，中国史研究动态.5

金上京城址发现与研究/赵永军，北方文物.1

大连地区的高句丽山城/王禹浪　王文轶，哈尔滨学院学报.6

湖南永顺县老司城遗址/湖南省文物考古研究所，考古.7

论茶马古道的文化内涵/杨宁宁，西南民族大学学报（社会科学版）.1

论历史上三条茶马古道的联系及历史地位/李刚　李薇，西北大学学报（社会科学版）.4

清代新疆移民地名考述/罗佳，社会科学战线.6
穿越酉水　探秘湘西/李立等，民族艺术研究.6
广西的原生态地名——从"巴马、百色"说起/张惠英，百色学院学报.2
滇黔古代交通要道考/吴晓秋，贵州大学学报（社会科学版）.5
试论古代西藏阿里地域概念的形成与演变/黄博，中国边疆史地研究.1
略论西藏地名的结构与特点/古格·其美多吉，西藏大学学报（社会科学版）.3
评《中国古代疆域史》/陈绍棣，中国史研究.1
西北边疆史地研究的回顾与反思/田澍　何玉红，中国边疆史地研究.1
"边疆发展"献疑/范可，中南民族大学学报（社会科学版）.1
"西南研究"与中国边疆学构筑/娄贵品，思想战线.2
关于中国古代疆域理论若干问题的再探讨/周伟洲，中国边疆史地研究.3
从负数"中国"到单数"中国"——试论统一多民族中国及其疆域的形成/赵永春，中国边疆史地研究.3
试论中国疆域形成和发展的分期与特点/李大龙，中国边疆史地研究.3
特纳的"边疆假说"理论与当代中国边疆研究/周卫平，甘肃社会科学.4
民国时期的边政研究与民族学——从杨成志的一篇旧文说起/汪洪亮，民族研究.4
边疆、民族与国家：对拉铁摩尔"中国边疆观"的思考/黄达远，中国边疆史地研究.4
民国边疆刊物《西陲宣化使公署月刊》述略/成飞，西藏民族学院学报（社会科学版）.5
中国疆域理论学术研讨会述要/龙穆，中国边疆史地研究.3
辽东地名考/王禹浪　芦珊珊，黑龙江民族丛刊.1
藏区地名的文化意义初探/贡波扎西，北方民族大学学报（社会科学版）.1
"西南夷"地名考释二则/张卉，贵州民族研究.1
高句丽"平壤城"考/苗威，中国历史地理论丛.2
五代、宋时期陆上丝绸之路研究述评/杨蕤，西域研究.3
"额尔古涅—昆"之地理方位及相关问题考辨/李树辉，中国边疆史地研究.4
丝路石城方位考/杨共乐，世界历史.5
论"辽东渔猎耕牧文明板块"在中国疆域底定过程中的地位/于逢春，社会科学辑刊.6
营口地区的高句丽山城/王禹浪　王文轶，哈尔滨学院学报.9
探寻"霍去病征伐匈奴"之路/陈旭，中国国家地理.2
《魏书》木根山地望疏证/莫久愚，内蒙古社会科学.4
隋代大兴城的西域胡人及其聚居区的形成/毕波，西域研究.2
吐蕃与川西交往交通述略/田峰，青海民族大学学报（社会科学版）.1
塔里木盆地"沙埋古城"的两则史料辨析/田卫疆，新疆师范大学学报（社会科学版）.1
安西大都护府治所考——兼论豆勒豆尔奥库尔古建筑群/薛宗正，史学集刊.3
唐代西受降城、天德军的置废和建制沿革考述/张虎，阴山学刊.3

唐代石堡城、赤岭位置及唐蕃古道再考/李宗俊,民族研究.6

渤海国城市职能的演变——以渤海国五京为中心/李爽,社会科学战线.11

辽宁地区辽、金古城的分布概要（二）/王禹浪　李福军,哈尔滨学院学报.2

契丹建国前城邑建置考论/吕昕娱　杨福瑞,北方文物.4

契丹诸行宫都部署院初探/黄为放,牡丹江大学学报.6

宋夏吐蕃间的西凉府/孙颖慧　余目,西夏研究.4

关于亦集乃分省问题的探讨——以黑水城出土文书为中心/吴超,阴山学刊.1

出布儿与也里虔——伊犁史地论札之六/姜付炬,伊犁师范学院学报（社会科学版）.3

金元之际"十道"变迁考论——兼论元代腹里地区的形成/温海清,中国史研究.3

元上都遗址申遗的新成果——《创建开平府祭告济渎记》/王大方,内蒙古社会科学.5

东胜卫相关问题探析/张小永　侯甬坚,北方民族大学学报（社会科学版）.3

喇嘛教对归化城兴建及产生形态演变的影响/张威,内蒙古社会科学.5

毕力术江考——明代曲先卫地望及相关地名新证/妥超群　刘铁程,民族研究.6

试论明清时期丽江的城与墙/马银行,大理学院学报.11

《辛卯侍行记》所记吐鲁番与罗布之交通/周轩,吐鲁番学研究.1

《蒙古游牧记》考辨/那顺达来,内蒙古师范大学学报（社会科学版）.1

卡卢瑟斯笔下的清末唐努乌梁海/许建英,西部蒙古论坛.2

抚慰与控制：绥远城驻防设置的宗教原因/黄治国　赵鑫华,内蒙古民族大学学报（社会科学版）.4

《大清会典》、《蒙古游牧记》喀尔喀地名误读考辨/那顺达来,内蒙古师范大学学报（社会科学版）.6

"界在羌番、回虏之间"——明代甘肃镇边墙修建考/马顺平,社会科学辑刊.4

清代塞外第一座行宫——喀喇河屯行宫/郝志强　特克寒,满族研究.3

吉林省燕秦汉辽东长城考古调查概述/李树林　李妍,社会科学战线.10

泰克曼笔下的新绥汽车线路及蒙古人/许建英,西部蒙古论坛.1

长白山崇拜考/陈慧,社会科学战线.3

舆图中的川藏交通——解读清末彩绘地图《西藏全图》/阿音娜,西藏研究.1

唐《西域图志》及相关问题考/刘全波,中华文化论坛.5

从《皇舆全览图》看穆克登碑原址/倪屹,社会科学辑刊.4

舆图原自海西来——《桃里寺文献集珍》所载世界地图考/邱轶皓,西域研究.2

匈奴的生态文明及其现代价值/盖志毅,前沿.5

清代新疆自然灾害研究综述/阿利亚·艾尼瓦尔,中国史研究动态.6

藏彝走廊的自然灾害与灾难应对本土实践的人类学考察/张原　汤芸,中国农业大学学报（社会科学版）.3

元代类书的类型、特点及影响/贾慧如,内蒙古社会科学.6

《中国少数民族古籍总目提要·赫哲族卷》简评/郭天红,黑龙江民族丛刊.4

六 民族语言文字

民族民间话语及其启示/严庆　王伟,西南民族大学学报(社会科学版).8

语言结构的考察/吴安其,民族语文.1

语言哲学视野中的民族语言研究/刘瑾,外语学刊.3

母语与语言安全问题——纪念第十二个国际母语日/达·巴特尔,内蒙古社会科学.3

关于语言接触的几个特点/龙海燕,贵州民族研究.3

国外多民族国家语言政策与民族关系/何俊芳,中南民族大学学报(社会科学版).4

面向少数民族濒危语言的语档语言学/范俊军　张帆,西北民族大学学报(社会科学版).6

人类濒危语言的现状与抢救——保护濒临消失的语言,就是保护人类的"生物多样性"/金林,云南民族.7

语言研究应根植于我们的语言生活——中央民族大学戴庆厦教授访谈录/高媛媛,中国民族.11

语言政策的重要性和有利于文化多样性的多语制/〔澳大利亚〕约瑟夫·罗·比安科著,梁光严译,国际社会科学杂志.1

如何看待最近十年国外双语政策的变化/翁燕珩,中央民族大学学报(社会科学版).1

多民族国家的语言政策路径选择及其启示/张友国,中央社会主义学院学报.6

国外专名与语言规划研究一瞥/李丽　赵守辉,世界民族.6

全球化时代多民族地区的语言竞争与语言和谐/张梅,中央民族大学学报(社会科学版).4

多民族和多语言国家中的母语确认/劲松,北方民族大学学报(社会科学版).5

国外少数民族语言保护经验及其启示/夏威华　哈正利,民族工作研究.2

论元代西域多语状况的成因/蒋俊军,新疆师范大学学报(社会科学版).5

现代性建构的困境及出路——以新疆为例谈语言因素的制约与突破/张兴,伊犁师范学院学报(社会科学版).3

新疆多元语言文化互动下的民族认同研究/江承凤,甘肃社会科学.6

云南是一张烫金的语言名片和文化名片——评骆小所教授主编的《文化与语言:云南少数民族语言与汉语的语言文化比较研究》/闵艳平,楚雄师范学院学报.2

从语言人类学视角看美国的"民族"问题/张燕华等,西北民族研究.3

语言濒危与非物质文化遗产保护/孙宏开,云南师范大学学报(社会科学版).2

语言政策与语言规划:经济学与语言学比较的视角/张卫国,云南师范大学学报(社会科学版).5

少数民族与语言:一个经济视角/〔加拿大〕弗朗索瓦·瓦尔兰科特　〔瑞士〕弗朗索瓦·格林著,刘国辉译,云南师范大学学报(社会科学版).5

藏英手势语交际短路现象初探/杨艳华等,大连民族学院学报.4

借词和词语输入/徐世璇,贵州民族学院学报(社会科学版).2

文化视角下的翻译/[加拿大]安妮·布莉塞特著,李存娜译,国际社会科学杂志.1

说虎——兼论汉字的训读谐声现象/丁治民,民族语文.2

朝鲜李氏王朝时期转写汉字音中"正音"韵母音值的推定方法/孙建元,民族语文.4

近年重庆酉阳县新发现古书文字性质新探/李春桃,四川文物.5

汉语河州话及周边地区非指人名词的复数标记"们"/徐丹,民族语文.6

"言旨话"与屯堡人的历史记忆/张定贵,西南民族大学学报(社会科学版).8

云南少数民族汉语的性质和特点/杨瑞鲲,楚雄师范学院学报.11

东干语中的儿化现象/孙艳 王景荣,语言与翻译.1

同类型文体东干书面语与普通话书面语差异分析/海峰,新疆大学学报(哲学·人文社会科学版).5

《老乞大》、《朴通事》方位短语作状语的异常情况分析/储泽祥,民族语文.3

贵州少数民族语言完成体研究/冀芳,贵州民族研究.1

论亲属语言演变链/戴庆厦,贵州民族学院学报(社会科学版).2

从个体发展的视角谈民族语言的重要价值/白红梅,内蒙古民族大学学报(社会科学版).2

新起点 新任务——一份全面推进新疆双语学习工作的指导性意见/牛小莉,语言与翻译.4

非物质文化遗产保护中的少数民族语言保护/肖建飞 刘海春,黑龙江民族丛刊.4

两全其美,和谐发展——解决少数民族双语问题的最佳模式/戴庆厦,中央民族大学学报(社会科学版).5

维吾尔族大学生的语言态度调查与分析——以新疆师范大学民考民维吾尔族大学生为例/龙玉红等,新疆师范大学学报(社会科学版).6

试论民族语言对历史文化和地名研究的影响/赵寰熹,北方民族大学学报(社会科学版).1

青海"少数民族普通话"的特殊言语现象研究/刘启珍,青海师范大学学报(社会科学版).1

我国民族语言的沟通度与语言群体认同/黄行,云南师范大学学报(社会科学版).2

双语环境下的少数民族语言维护/安梅,贵州民族研究.4

城市化进程中的少数民族居民的语言选择和文化认同——以苏州回族为例/陈建伟,中州大学学报.6

云南少数民族语言使用研究回顾与展望/陈海宏 谭丽亚,西南石油大学学报(社会科学版).6

关于民族语文的初步探讨/尹静淑,黑龙江民族丛刊.1

论乌兰夫贯彻民族语文政策的措施体系/色·贺其业勒图,内蒙古民族大学学报(社会科学版).2

语言和谐:民族多元文化融合的枢纽/刘启珍,青海社会科学.3

少数民族濒危语言有声语档建设初探/范俊军，中央民族大学学报（社会科学版）.1
民族语中清鼻音的判断方法/张梦翰，民族语文.2
少数民族濒危语言有声语档建设三论/范俊军，北方民族大学学报（社会科学版）.3
双语政策平行落实的历时梳理与共时创新/赵杰，北方民族大学学报（社会科学版）.3
论少数民族语言文字权利的真实意蕴/杜社会，贵州民族学院学报（社会科学版）.3
少数民族新创文字与语言生态/陆勇，广西民族研究.1
中国少数民族语言数字信息分布式共享研究/赵生辉，情报资料工作.3
南方民族语言的名词分类词和数词分类词/步连增，民族语文.1
民族语言定语助词的分布考察/屈正林，民族语文.3
广征语言事实　阐发奥义于微末——人类学学者访谈录之五十九/李锦芳　何彦诚，广西民族大学学报（社会科学版）.2
青海少数民族语言与翻译论略/根恒卓玛　李玉莲，青海师范大学学报（社会科学版）.5
试论清代八旗的翻译科考试/王凯旋，辽宁大学学报（社会科学版）.6
我国少数民族辞书的演变源流及其特点/赵铸　冯文华，黑龙江民族丛刊.5
论法庭活动中民族语言翻译制度与实施——以青海地区为例/王欣，青海社会科学.4
《突厥语大词典》中方言理论的特点/欧阳伟，语言与翻译.1
麻赫穆德·喀什噶里与比较语言学/乌买尔·达吾提，新疆大学学报（哲学·人文社会科学版）.3
试析古突厥文中 Sir 的族属/洪勇明，西北民族大学学报（社会科学版）.4
浅析古代突厥文《暾欲谷碑》中出现的 tŭrk sir bodun——兼论薛延陀部落的历史/艾克拜尔·吐尼亚孜，中央民族大学学报（社会科学版）.5
《突厥语词典》中的 ol/赵明鸣，民族语文.6
从回鹘文献语言名词的数范畴看现代维吾尔语名词的数范畴/杨超，伊犁师范学院学报（社会科学版）.1
古回鹘文易经与道教因素之西传/问永宁，世界宗教研究.1
柏孜克里克新出三件回鹘文《金光明经》残片/［德］孜莫娜—克里斯特亚娜·拉施曼著，阿不都热西提·亚库甫译，吐鲁番学研究.1
俄罗斯学者 Л. Ю. 吐古舍娃及其回鹘文文献研究/张铁山，西域研究.1
吐鲁番柏孜克里克出土回鹘文刻本《佛说天地八阳神咒经》残页研究/张铁山，敦煌学研究.2
中古西域民汉文买卖契约比较研究/乜小红，西域研究.2
柏孜克里克出土的《玄奘传》回鹘语译本新残片/［德］茨默著，王丁译，吐鲁番学研究.2
国家图书馆藏"畏兀儿写经残卷"跋文研究/迪拉娜·伊斯拉菲尔，民族语文.3
回鹘文始用时间考/李树辉，青海民族研究.3
略论金刚天女与天魔舞女/黎国韬，宗教学研究.4
吐鲁番博物馆藏回鹘文《慈悲道场忏法》残叶研究/阿依达尔·米尔卡马力　迪拉娜·

伊斯拉非尔，敦煌研究.4

  吐鲁番柏孜克里克出土两叶回鹘文《慈悲道场忏法》残叶研究/张铁山，民族语文.4

  圣彼得堡藏 SI2Kr17 号回鹘文书研究/李树辉，敦煌研究.5

  回鹘文契约"官罚"内容研究/罗海山，贵州社会科学.9

  回鹘佛教功德思想管窥——以榆林窟回鹘文为例/牟成娟，西南民族大学学报（社会科学版）.11

  《契丹小字的新资料》读后/聂鸿音，满语研究.2

  守望"绝学"——满族收藏家李巨炎与契丹书法/于波，民族.4

  酷爱"天书"的满族收藏家——中国少数民族文字书法收藏第一人李巨炎的收藏人生/于波，中国民族.5

  "女真"译音考/聂鸿音，宁夏社会科学.5

  论女真字文化的兴衰/薛瑞兆，民族文学研究.6

  西夏语的动词/К.Б.克平著，段玉泉译，西夏研究.1

  西夏文《佛说斋经》译证/孙颖新，西夏研究.1

  《俄藏黑水城西夏文佛经文献叙录·绪论（2）》/［俄］叶·伊·克恰诺夫著，崔红芬译，西夏研究.1

  西夏文《禅源诸诠集都序》译证（上）/聂鸿音，西夏研究.1

  《佛说阿弥陀经》的西夏译本/孙伯君，西夏研究.1

  西夏文《正行集》考释/孙伯君，宁夏社会科学.1

  番汉语舌头音、舌上音反切拟音之比较/王艳春 贾常业，宁夏社会科学.1

  西夏文译本《六韬》解读/贾常业，西夏研究.2

  西夏文《禅源诸诠集都序》译证（下）/聂鸿音，西夏研究.2

  英藏西夏文残叶考补/文志勇 崔红芬，宁夏社会科学.2

  元代白云宗译刊西夏文文献综考/孙伯君，文献.2

  元刊《河西藏》考补/孙伯君，民族研究.2

  释"负赡"/彭向前，东北史地.2

  《天盛律令》中的"契丹"和"女直"/孙伯君，东北史地.2

  英藏西夏文《维摩诘经》考释/王培培，宁夏社会科学.3

  英藏西夏文献中的一幅版画及发愿文考证/段玉泉，宁夏社会科学.3

  《同音背隐音义》书名的拟定及其成书年代/韩小忙，宁夏社会科学.3

  未刊俄藏西夏文《天盛律令》印本残片/［日］佐藤贵保著，刘宏梅译，西夏研究.3

  西夏文韵书《同音》残片的整理/韩小忙，西夏研究.3

  西夏文《宫廷诗集》用典分析/梁松涛，西夏研究.3

  西夏语研究的发展历程/［日］西田龙雄著，鲁忠慧译，西夏研究.3

  论西夏语"不知云何作记"/林英津，西夏研究.3

  《俄藏黑水城西夏文佛经文献叙录·绪论》/［俄］叶·伊·克恰诺夫著，崔红芬译，西夏研究.4

西夏文《宫廷诗集》版本考/梁松涛,宁夏社会科学.4
保定出土明代西夏文石幢名称考/彭向前　杨浣,宁夏社会科学.4
俄藏黑水城文献911号西夏文医书第14—1页药方考释/梁松涛,敦煌学辑刊.4
关于西夏文书档案保密制度的一些探讨/尹江伟,宁夏社会科学.4
黑水城出土西夏文《大手印定引导略文》考释/孙伯君,西夏研究.4
夏译本《论语全解》、《孝经传》中的避讳字/贾常业,宁夏社会科学.4
英藏西夏文《金光明最胜王经》残叶考/惠宏,西夏研究.4
武威博物馆藏6746号西夏文佛经《圣胜慧到彼岸功德宝集偈》考释/于光建　黎大祥,敦煌研究.5
西夏曲子词《杨柳枝》初探/张清秀　孙伯君,宁夏社会科学.6
述吐火罗语在证明汉语—印欧语关系中的作用/李艳　李葆嘉,语言科学.6
蒙古语陈述句和疑问句语调比较研究/乌吉斯古冷　呼和,中央民族大学学报.2
论蒙古语动词语态的特点/斯钦朝克图,民族语文.2
学者访谈——访确精扎布教授/德·青格乐图,内蒙古师范大学学报(社会科学版).3
元代蒙式汉语方位词特殊功能形成的内部因素考察/冯赫,山东社会科学.4
蒙汉民族"白"色词的文化差异/席红英,内蒙古师范大学学报(社会科学版).4
蒙古语过去时与英语现在完成时的比较/鲍瑞　金力,内蒙古师范大学学报(社会科学版).4
基于影视剧语料库的蒙古语话语标记标注初探/包敏娜等,内蒙古大学学报(社会科学版).6
有关《蒙古字韵》的几个问题/耿军　张亚蓉,西北民族大学学报(社会科学版).2
《蒙汉合璧五方元音》研究/晓春,满语研究.2
蒙古语正蓝旗土语前化元音与后续短元音i/宝玉柱,中央民族大学学报(社会科学版).3
蒙古语词首元音前化与辅音腭化/包玉柱,民族语文.4
普宁藏本《密咒圆因往生集》的梵文—八思巴文对音研究/安娅,西夏研究.1
蒙古文el的来源/长山,民族语文.1
关于1240年汉蒙碑铭中的alday-situ/[日]松川节著,敖特根　乌云其木格译,敦煌学研究.2
关于蒙古语N+TALBI复合动词的结构语义初探/高娃,内蒙古师范大学学报(社会科学版).4
蒙汉语名词负数形式的比较分析/陈新义,沈阳师范大学学报(社会科学版).5
内蒙古蒙古语地名的特征及其英译策略/白常山　苗春,内蒙古民族大学学报(社会科学版).4
目的论视角下的少数民族特色词汇翻译——以蒙古族特色词汇为例/陈亚杰　王新,中国翻译.4
蒙古语科尔沁土语词汇研究二题/长山,内蒙古民族大学学报(社会科学版).2

信息感知与藏语的示证系统/李华平,四川民族学院学报.1

刍议西藏城镇化进程中藏语的发展演变/利格吉,西藏大学学报.1

夏河藏语中的汉借词与汉语西北方言/张建民,中国藏学.2

"克"(khal)在下迭部藏语中引起的数词系统及相关演变/仁增旺姆,中央民族大学学报.2

中国少数民族语言媒介史的拓荒之作——写在周德仓教授《中国藏语报刊发展史》出版之际/方汉奇,西藏民族学院学报(社会科学版).2

胡坦藏语语言学学术思想初探/燕海雄,暨南学报.2

藏汉语接触引发的语言演变/陈荣泽,西藏研究.3

藏语语义理解中功能性虚词研究/多拉,西藏大学学报(社会科学版).4

"他山之石,可以攻玉"——汉藏两语对比研究的一些心得/马进武,西北民族大学学报(社会科学版).4

"吐蕃":民族嬗变和语言接触形成的一个混合词/赵小刚,广西民族大学学报(社会科学版).4

敦煌藏文文书P.T.960所记守护于阗之神灵——《于阗教法史》译注之三/朱丽双,敦煌研究.4

五十身体词的藏汉对应/郑张尚芳,民族语文.4

道孚藏族物质文化的语言透视/根呷翁姆,西南民族大学学报(社会科学版).4

藏语测度句的功能与形式/李华平,西藏民族学院学报(社会科学版).5

论西藏未来的语言发展趋势/李永斌,四川民族学院学报.5

后吐蕃时代藏语文在西域河西西夏的行用与影响/[日]武内绍人著,杨富学译,敦煌研究.5

论古汉语和藏语同源词比较的音韵框架模式/冯蒸,汉字文化.6

藏文国际编码的发展与技术应用/吴兵 江荻,西南民族大学学报(社会科学版).8

藏文音节后加字组合形式统计/达哇彭措,语文学刊:外语教育研究.9上

藏文典籍文献的文化生命力解读——以《古译文献宝典》为例/万果,西南民族大学学报(社会科学版).10

石碑说话:见证中华民族的亲密——对话舒乙先生/梁黎 吴迪,中国民族.12

从迪庆东旺藏语看民族语言的多样性/祁文秀,中国民族.12

古藏语-r-的音变问题/王双成,西藏大学学报.1

藏语韵律单元的时长与音高研究/艾金勇,西藏民族学院学报(社会科学版).2

玛多藏语的声调/王双成,民族语文.3

安多藏语和小舌音/王双成,语言科学.5

藏文的故事——关于藏文的个人话语/噶哇扎西,中国西藏.2

古藏文碑铭学的成就与前景——新刊《古藏文碑铭》录文评注/任小波,敦煌学辑刊.3

莫高窟第465窟藏文题记再释读/堪措加,敦煌学辑刊.4

故宫博物院图书馆藏《蒙汉合璧大学读本》述介/王大忠,西部蒙古论坛.3

关于蒙古文古籍文献的研究与开发/斯琴图,内蒙古师范大学学报(社会科学版).4
新疆多元语言文化生态环境的历史考察/江承凤,西北民族大学学报(社会科学版).1
试论元代西域的多语状况及其演变/蒋宏军,新疆大学学报(哲学·人文社会科学版).2
佉卢文材料中国藏品调查记/林梅村,西域研究.2
关于古藏文文献《释犬相》的解读/刘勇,西南民族大学学报(社会科学版).12
论白马藏语词汇的一般特点/李瑞智 魏琳,凯里学院学报.5
藏语语尾研究的成就与发展/李华平,西北民族大学学报(社会科学版).2
语境与汉藏翻译中语词语义的确定/关却加,西藏研究.2
浅议藏汉俗语的互译/平措,西藏大学学报(社会科学版).3
从《语合二章》谈西藏早期的翻译实践和理论研究/索朗旺姆,西藏大学学报(社会科学版).3
汉藏传统翻译不可译思想比较研究/格朗等,西藏大学学报(社会科学版).3
"披愣"琐议/扎洛,中国藏学.3
吐蕃时期翻译文学汉译藏的特点——以敦煌吐蕃文书 P.T.1291 号和 986 号为例/刘瑞,四川民族学院学报.5
藏文翻译在传播佛教文化过程中的地位和作用/马多尚,民族教育研究.6
现代藏文辞书的发展/当增扎西,中国藏学.2
嘉戎语梭磨话音系分析(上、下)/严木初,阿坝师范高等专科学校学报.1—2
古藏语作格助词在现代方言中的表现/周毛草,民族语文.2
"唤醒"藏语嘉绒方言——访法国语言学家向柏霖教授/尼玛扎西 单增遵珠,西藏大学学报(社会科学版).3
多续语的语境生态及其应对策略/杨光荣,北方民族大学学报(社会科学版).6
借词对维吾尔语词汇的影响/郑燕,湖北第二师范学院学报.1
维吾尔族文化中民间绰号的探究/李纯,昌吉学院学报.1
主观性与维吾尔语时范畴/李遐,语言与翻译.1
维吾尔语新词语的数量和类型考察/司多巧 徐江,语言与翻译.1
修辞视角下的汉维语人名对比研究/李芸,语言与翻译.2
维吾尔语动物词汇特色/木合塔尔·阿布都热西提,语言与翻译.2
解析维吾尔语"ba"的义位组合规律/刘秀明等,语言与翻译.2
维吾尔族儿童母语透明文字朗读特点研究/买合甫来提·坎吉等,民族语文.2
现代维吾尔语缀加"slz"词语结构的文化研究/彭凤,东方论坛.2
汉维语外来词借入方法对比研究/陈燕 陈平,喀什师范学院学报.2
现代维吾尔语性别语言模式试析/薛玉萍,喀什师范学院学报.2
现代维吾尔语"抽象名词+siz"结构的宗教文化透视/彭凤,新疆社会科学.3
维吾尔语动词条件式-sa/-sɛ的语法化/彭嫣,中央民族大学学报(社会科学版).3
汉、维语个体量词"个"和 daŋ 的认知语义特征比较/贺群,中央民族大学学报(社会

科学版).3

　　试析维汉语言禁忌的成因及发展趋势/杨伟,语言与翻译.3

　　谈维吾尔语"bu/u"的隐性回指功能/张美涛,语言与翻译.3

　　论现代维吾尔人名使用特征/果海尔妮萨·阿卜力克木　克里木江·玉苏普,语言与翻译.4

　　汉维语基本颜色词价值取向的异同比较/张玲　热西甫·艾山江,语言与翻译.4

　　从语言接触角度看维语中汉语借词的"本族化"/张玲　茹克燕·肉孜,新疆职业大学学报.4

　　语言资源观视域下的语言现象与民族生存观/凯丽比努,西北民族研究.4

　　维汉语言接触过程中的借贷/李德华,新疆大学学报(哲学·人文社会科学版).4

　　黍、粟的维吾尔语词源考/沈淑花,西域研究.4

　　谈维语"bu/u"的显性回指功能/张美涛,喀什师范学院学报.4

　　维汉句内语玛转换句法限制——以乌鲁木齐市为例/曹湘洪等,新疆师范大学学报(社会科学版).5

　　汉维语味觉词语及其文化意义/靳焱　彭凤,新疆大学学报(哲学·人文社会科学版).6

　　论汉维语语序功能变式中的焦点变式/林青,喀什师范学院学报.6

　　俄维词语的概念义比较研究/艾尔肯·肉孜·艾尔图其,喀什师范学院学报.6

　　维吾尔族谚语镜射出的维吾尔商业文化/华锦木,中南民族大学学报(社会科学版).6

　　论维吾尔语否定成分 – ma/ – ma – 的句法特性/力提甫·托乎提,民族语文.6

　　民族杂居区维吾尔族居民语言认同现状研究——以上海为个案/陈建伟,今日民族.11

　　维语柯坪土语中的辅音变化及其音系学分析/吐尔逊·卡得,语言与翻译.3

　　维吾尔语元音和谐的自主音段分析/魏玉清　张吉生,语言科学.5

　　维吾尔语中性元音的优选分析/张吉生　魏玉清,外国语.6

　　维吾尔语的内爆音/王文敏　陈忠敏,民族语文.6

　　改革开放以来维语新词的产生方式/魏文娟,喀什师范学院学报.1

　　汉维语词汇搭配对比分析/郑燕,喀什师范学院学报.1

　　维吾尔谚语镜射出的宗教文化/华锦木　赵江民,西域研究.2

　　古代维吾尔语中的波斯语借词/木再帕尔　高莲花,满语研究.2

　　汉维语基本语气词意义的对比研究/孟彩霞,语言与翻译.3

　　维汉谚语中的性别歧视现象及成因透析/张毅,伊犁师范学院学报(社会科学版).3

　　维吾尔谚语的文化特征/华锦木,语言与翻译.4

　　修辞视角下的汉维代词对比研究/李芸　杨卉紫,新疆职业大学学报.4

　　从修辞视角看汉语双声叠韵词与维语对偶词/李芸,喀什师范学院学报.4

　　维吾尔语心理动词的分类及其句法、语义分析/卡依沙尔·艾合买提,喀什师范学院学报.1

　　维吾尔语篇章功能的主位探析/潘艳兰,喀什师范学院学报.2

汉维语名词在多重定语中的分布顺序及其理据/李素秋,语言与翻译.3
试析维吾尔语后置词语法化过程中的语用因素/李冰,语言与翻译.4
现代维吾尔语里的偏正词组及其在句中的作用/阿布都热合曼·库尔班 胡开兰,喀什师范学院学报.4
维吾尔语单句形式的复杂句模研究/徐春兰等,中央民族大学学报（社会科学版）.5
浅谈汉维语言族情的翻译/武玉洁,喀什师范学院学报.4
维吾尔语哈密次方言中的古代成分/阿尔斯兰·阿不都拉,民族语文.1
柯坪土语与维吾尔语标准语对比分析/马新军,语言与翻译.1
《维吾尔语罗布方言和蒙古语卫拉特方言词语比较研究》评介/斯哈娃特,文学教育.4上
维吾尔语柯坪土语动词的形态特征与标准语比较/吐尔逊·卡得等,喀什师范学院学报.6
"回子官学"初探/王东平,新疆大学学报（哲学·人文社会科学版）.6
黔东苗语形容词在词类中的地位/石德富等,中央民族大学学报（社会科学版）.1
普定"蒙撒"苗语在发展过程中与汉语彝语的关系/罗兴贵,贵州民族学院学报（社会科学版）.4
浅议苗语在广播影视领域中的使用/贺明辉,三峡论坛.6
谷撒苗语的声调特点/栗华益,中国语文.3
凤凰县阳光村苗语语音考察/龙明春,三峡论坛.6
试论语言接触对黔东方言苗语土语语音变化的影响/吴正彪 李永皇,贵州民族研究.6
黔东南老苗文圣经翻译文本研究以及"黑苗"属地的考证——兼与王再兴先生商榷/王贵生,宗教学研究.2
苗语三大方言共同造词心理例举/李天翼 李锦平,凯里学院学报.1
广西龙胜苗族"人话"的[t]组声母/胡萍 贝先明,方言.4
论苗语三大方言在语法上的主要差异/李天翼 李锦平,贵州民族学院学报（社会科学版）.4
湘西南酸汤话的演变与归属/瞿建慧 谢玲,贵州民族研究.6
黔东方言苗语前缀词Ghad的构词特点及语法功能/吴正彪,楚雄师范学院学报.10
彝语中的正反问句研究/赵小东 熊安慧,黔南民族师范学院学报.1
亿央语言和彝语的接触关系/李锦芳,民族语文.1
彝语言文字信息处理技术的现状分析与发展前景/王成平 沙马拉毅,西南民族大学学报（社会科学版）.2
彝语辅助词mu33/mu33ta33、ta33的功能/苏连科,民族语文.2
彝文古籍在不同学科领域内的价值体现——以《查姆》为例/唐碧君,毕节学院学报.3
楚雄彝族自治州彝语文立法研究/苏斐然,楚雄师范学院学报.4
信息处理用彝语词性研究/陈顺强 沙马拉毅,民族语文.4
西南民族大学彝语言文学专业发展历程论述/沙马拉毅等,西南民族大学学报（社会科

学版).6
　　凉山彝语名量词色彩义分析/马辉，西南民族大学学报（社会科学版）.8
　　汉、彝语言接触视角下的汉译地名——毕节地区古彝地名考略/王兆春，西南民族大学学报（社会科学版）.10
　　汉彝英数词习语及其所反映的民族文化/许巧云，西南民族大学学报（社会科学版）.12
　　彝语塞音清浊对声调实现的影响/王蓓，民族语文.4
　　彝族文字起源初探/阿里瓦萨，中央民族大学学报（社会科学版）.1
　　语际书写与民族文化的互动传播——以古彝文《阿诗玛》为例/巴胜超，云南社会科学.4
　　《彝语方言研究》出版/普弛达岭，民族语文.3
　　凉山彝族自治州彝汉双语教学实效性探析/李丰娟等，民族教育研究.3
　　"2010年中国彝学论坛·纪念国务院批准《彝文规范方案》推行30周年学术研讨会"在西南民族大学隆重举行/李跃平，民族学刊.1
　　从判断词看壮汉语的关系/蒙元耀，广西民族大学学报（社会科学版）.2
　　桂西北壮语"非定形容词＋名词"的结构关系/覃祥周　黄丽登，中央民族大学学报.2
　　汉壮语状态形容词的对比与互译/尹福建，广西师范学院学报（社会科学版）.2
　　壮语状态形容词的研究/韩林林，广西民族师范学院学报.2
　　武鸣壮语的最小韵律词/齐旺，文山学院学报.5
　　生态语言环境下大岭壮语的生存和变异/黄美新，梧州学院学报.5
　　壮语、汉语人称代词比较浅析——兼论壮语与西安方言的人称代词/齐旺，咸阳师范学院学报.5
　　靖西壮语中汉语借词的来源及部分语音特点/吕嵩崧，中央民族大学学报（社会科学版）.5
　　从广西钟山清塘壮语第六调看嘎裂声/麦耘，民族语文.1
　　武鸣壮语双音节声调空间分布研究/潘晓声　孔江平，民族语文.2
　　滇东黑尔壮语音系及其特点/侬常生，百色学院学报.4
　　"句町"地名乃壮语汉译之古文记者——与《"句町"读音考》作者商榷/龙符，文山学院学报.5
　　喃字对古壮字的影响/韦树关，民族语文.1
　　传统方块壮字的区域性/［澳大利亚］贺大卫，广西民族大学学报（社会科学版）.2
　　柳城县六塘壮语新词语初探/兰雪香等，百色学院学报.2
　　百色田阳壮话形容词后附成分研究/黄彩庆，百色学院学报.1
　　壮语与越南语颜色词的构词特点比较/黄美新，广西民族师范学院学报.5
　　大新三湖壮语四音格词的重叠/许雁，百色学院学报.5
　　朝鲜语状语词尾"■"与汉语结构助词"地"之比较/南日，延边大学学报（社会科学版）.1
　　朝鲜语冠形词的来源及结构特点/崔红花，民族语文.2

朝鲜语因果复句关联标记－ａｓ和－ｎｉｋｋａ的主观性差异/黄玉花,中央民族大学学报（哲学社会科学版）.3

朝鲜族人名的特点/姜镕泽,民族语文.3

朝鲜语收音发音形成及变化的考察/金永寿,民族语文.4

朝鲜语基数词的语法功能/崔惠玲,民族语文.1

《同文类解》汉译语词研究/林毅,内蒙古民族大学学报（社会科学版）.6

中国朝鲜族双语教育发展的阶段性特征——以延边朝鲜族自治州为例/崔成男,北方民族.4

清代满文的文字特色及音韵、音变特点/赵杰,满族研究.1

满语颜色词"白"词源探析/贾越,满语研究.1

《续修四库全书总目提要》小学类满文图书提要探析/徐莉,满语研究.1

东北满族文化认同研究——朝阳满语地名的社会语言学探究/何占涛,满语研究.1

乾隆年间黑龙江境内金川藏式碉楼考识/金鑫,满语研究.1

乾隆皇帝两方玉玺满文篆字的拼写失误/王岸英 黄锡惠,北方文物.1

乾隆朝右卫八旗官员侵贪案件满文档案/中国第一历史档案馆,历史档案.2

马佳氏满文家谱研究/韩晓梅,满语研究.2

清代满汉双语会话书研究/林毅,北方民族大学学报（社会科学版）.3

浅论辽宁满语言文化遗产传承保护的对策/肖瑶,北方民族.4

满语满俗与东北方言/施立学,北方民族.4

清朝旗人满语能力衰退研究/陈力,中央民族大学学报（社会科学版）.4

辽河流域满语地名命名方式探析/聂有财 冷翔龙,吉林师范大学学报（社会科学版）.5

民国以前文献中的伊通河流域满语地名原因研究/杨永旭 李佳静,吉林师范大学学报（社会科学版）.5

集体遗忘：满语衰微原因探析/徐立艳,吉林师范大学学报（社会科学版）.5

近三十年满汉语言关系研究述评/孙明,吉林师范大学学报（社会科学版）.5

满文历史文献探析/王立,吉林师范大学学报（社会科学版）.5

满语地名研究述略/林德春,吉林师范大学学报（社会科学版）.5

濒危语言现状分析——兼谈满语的濒危/李晓丽 张冀震,西北民族大学学报（社会科学版）.6

清代"巴图鲁"封号及其文化内涵/綦中明,山西师大学报（社会科学版）.6

满语时位词的特点/长山,赤峰学院学报.6

关于满语辅音ｋ、ｈ、ｇ/哈斯巴特尔,满语研究.1

黑龙江富察哈拉满文谱单人名语音变化浅析/张杰,满族研究.3

试论双元音的发音机制及满语双元音的成因/于鹏翔 许淑杰,吉林师范大学学报（社会科学版）.5

近百年来满文档案编译出版综述——以中国大陆为中心/吴元丰,满语研究.2

满文阿礼嘎礼字母发微/王敌非,满语研究.2

《乾隆内府舆图》满语地名探析/魏巧燕，满语研究.2
论建国后满文档案的管理/赵彦昌　黄娜，满族研究.4
论满语 gurun/长山，满族研究.2
《奉天通志》中东北方言的满语借词考证/张淼　高淼淼，满语研究.2
论汉语与满语中的"同义连用"现象/史维国，满语研究.2
满译"何陋之有"相关词语用法研究/王敌非，满语研究.1
漫谈清代官爵名称的翻译/程大鲲，满语研究.1
满译《般若波罗蜜多咒》中的阿礼嘎礼字/王敌非，黑龙江民族丛刊.6
清代满蒙辞书"序"研究/关笑晶，满语研究.1
普鲁士王家图书馆所编《御书房满汉书广录》/何文波，文献.3
从达斡尔族的语言转用看城市化进程对少数民族语言发展的影响/刘宏宇　李琰，中南民族大学学报（社会科学版）.2
论敖鲁古雅鄂温克语名词格形态结构/翁建敏，中国社会科学院研究生院学报.3
浅谈鄂温克语言的保护与传承/杜坚栋，满族研究.3
中国鄂温克语言研究概述/斯仁巴图，呼伦贝尔学院学报.4
鄂伦春语双音节词重音实验语音学报告/李兵　李文欣，民族语文.3
民族文化交流的写真——读《撒维汉词典》有感/贾晞儒，青海民族研究.3
东乡族双语使用与教学的人类学调查与思考/曹建华　陈其斌，青海民族研究.4
哈萨克语名词身份的双重标记/张定京，民族语文.1
如何区分哈萨克语中的外来词/蒋宏军，伊犁师范学院学报（社会科学版）.2
哈汉名词构词法对比/邰圣一，伊犁师范学院学报（社会科学版）.2
哈萨克语和汉语动物词汇文化内涵异同分析/成世勋，伊犁师范学院学报（社会科学版）.3
哈萨克语的情态词/乌鲁木齐拜·杰特拜，伊犁师范学院学报（社会科学版）.4
汉语"是"字句在哈萨克语中的对应表述/杨洪建，新疆师范大学学报（社会科学版）.5
哈萨克语与汉语元音比较/邓安方，伊犁师范学院学报（社会科学版）.3
哈萨克语自身代词"φz"与汉语人称代词"自己"对比研究/李建新，伊犁师范学院学报（社会科学版）.3
塔吉克族学生语言使用情况调查研究/克里木江·玉苏甫等，喀什师范学院学报.6
中国塔吉克族语言教育选择历史与现状调查/周珊，民族教育研究.3
双语模式下的锡伯语使用环境建设/佟加·庆夫，满语研究.1
新疆锡伯族聚居区的语言生活——察布查尔锡伯自治县乌珠牛录居民语言使用、语言态度调查/王远新，语言与翻译.2
锡伯语动词使动态被动态后缀的书面语与口语形式对比分析/邓彦，语言与翻译.4
锡伯语文的式微及其原因探析/杜秀丽，中央民族大学学报（社会科学版）.6
锡伯族青年女性口语中的汉语借词/邓彦　武金峰，满语研究.2

新时期新疆锡伯族双语教育发展现状及对策研究/武金峰 邓彦,伊犁师范学院学报（社会科学版）.4

内蒙古俄罗斯语概况/白萍,民族语文.4

外来语言与山区少数民族——以广西龙胜瑶族D村为例/刘丽敏,青海民族研究.2

连南瑶族自治县石蛤塘村的语言生活/庄初生 岳嫣嫣,文化遗产.2

连南八排瑶语使用状况与语言接触情况/班弨 肖荣钦,暨南学报.2

标敏瑶语汉借词的韵尾特点/赵敏兰,民族语文.6

从语言接触看白语的系属问题/罗自群,中央民族大学学报（社会科学版）.5

从乾隆《普安州志》所载"僰语"看贵州白族的语言/王锋,百色学院学报.5

西双版纳傣语空间方位隐喻研究/赵瑛,云南民族大学学报（社会科学版）.1

德宏傣语修饰语的语序探析/克原秀,云南民族大学学报（社会科学版）.3

语言接触与傣族亲属称谓的演变/保明所,怀化学院学报.12

哈尼语的述补结构/李泽然,民族语文.1

卡多话衰变现状研究/赵敏,楚雄师范学院学报.12

佤语的述补结构/王俊清,语文学刊.5

佤语地名特点研究/袁娥 赵明生,湖北民族学院学报（社会科学版）.6

四川省少数民族文字报纸的历史与现状/李谢莉,西南民族大学学报（社会科学版）.3

莽语与佤语的基本词汇比较——兼谈莽语与佤语吸收外来词的方式/赵秀兰,红河学院学报.5

纳西语四音格词的语音结构研究/和耀,大理学院学报.3

纳西东巴文异体字关系特征初步研究/李杉,邵阳学院学报（社会科学版）.1

对东巴文异体字中所见繁化现象的思考/刘悦,阅江学刊.3

纳西东巴文构形分类研究的探讨/李杉,理论月刊.3

东巴文语境异体字类化的途径和方式/白小丽,西北民族大学学报（社会科学版）.4

略论纳西族图画象形文字的象形意义/杨福泉,云南民族大学学报（社会科学版）.5

东巴文百年研究与反思/和继全,思想战线.5

纳西象形文字从记录到表现的转变/张云岭,民族艺术研究.6

东巴文研究的新趋势/邓章应,兰州学刊.12

纳西语四音格词构词方式简析/和耀,长江大学学报（社会科学版）.1

中泰跨境民族拉祜族兼用本国通用语现状之比较/朱艳华,云南师范大学学报（社会科学版）.2

拉祜语的述宾结构/张雨江,云南民族大学学报（社会科学版）.3

澜沧拉祜语村寨名的词汇系统/刘劲荣 张琪,民族语文.6

拉祜语宾格助词tha~31/李春风,民族语文.6

拉祜语紧元音：从嘎裂声到喉塞尾/朱晓农等,民族语文.3

载瓦语的差比句/朱艳华,中央民族大学学报.2

德昂语布雷方言中焦点的韵律编码方式/王玲等,中央民族大学学报.2

独龙语个体量词的产生和发展/杨将领,民族语文.6

黔西南州布依—汉双语消长的成因分析/周国炎 谢娜,贵州民族学院学报(社会科学版).1

布依语的使用现状及其结构特征——以贵阳市花溪区养牛村布依语为例/龙海燕 蔡吉燕,贵州民族学院学报(社会科学版).1

布依语构词的几种方式/王峰,三峡论坛.2

布依族学生习得英语句型的母语迁移研究/岑松林,哈尔滨学院学报.12

布依语辅音韵尾变化特征/龙海燕,民族语文.1

试析布依语中固有词的送气音/占升平,暨南学报.2

论水族语言禁忌及其成因/蒙耀远,黔南民族师范学院学报.1

构建水书学学科的思考/蒙耀远,贵州民族学院学报(社会科学版).5

水文是一种比甲骨文更早的远古文字/蒋南华等,贵州师范学院学报.4

略论水书中的阴阳五行/蒙耀远 文毅,三峡论坛.6

水语的句末语气词/韦学纯,民族语文.4

居都仡佬语差比句分析/康忠德,中央民族大学学报(社会科学版).1

仡央语分类补议/〔美〕艾杰瑞著,莫海文译,广西民族大学学报(社会科学版).2

《仡佬语布央语语法标注话语材料集》出版/朱玉柱,民族语文.4

红丰仡佬语连动结构的词汇化/何彦诚,民族语文.4

白云家族语共时对比研究/白云洪飞,贵州民族学院学报(社会科学版).4

从仡佬族文字的发现探析仡佬族的"和合"精神/吴苏民,中国民族.10

红丰仡佬语屈折构词的词义关系类别/齐旺,凯里学院学报.5

中越边境红仡佬语的系属地位/李锦芳 韩林林 韦名应,广西民族大学学报(社会科学版).2

论榕江侗语对当地汉语的影响/吴永谊,贵州民族学院学报(社会科学版).2

湖南通道"本地人"语言和文化中的侗汉接触和混合/杨通银 房艳平,广西民族大学学报(社会科学版).2

下坎侗语地名结构及其文化蕴含初探/何彦诚,百色学院学报.4

侗族语言使用现状及发展趋势/黄婧 李庆福,人民论坛.4中

"汉字记侗音"文献的历史文化价值/欧俊娇,贵州民族学院学报(社会科学版).2

《文化变迁与语言传承——土家族的语言人类学研究》评述/杨洪林,长江师范学院学报.1

土家族语言的现状与保护研究/秦廷斌,阿坝师范高等专科学校学报.3

叶德书:与土家语言缘定今生/杨元崇等,民族论坛.3

溪州竹枝词中的土家语词释义/陈廷亮 杜华,湖北民族学院学报(社会科学版).5

土家语的空间指代系统/徐世璇,民族语文.6

湘西土家语借词的语音特点/向亮,湖北民族学院学报(社会科学版).2

土家语与汉语被动句之比较/张伟权,湖北民族学院学报(社会科学版).2

土家语比较句的方言差异/向亮,吉首大学学报(社会科学版).4
土家语南部方言的濒危现状/熊英,湖北民族学院学报(社会科学版).4
土家族语言传承的断代与拯救——湘西土家族苗族自治州土家·汉双语双文教学试点调查/陈廷亮等,中南民族大学学报(社会科学版).6
古代羌人和现代羌语支族群的关系/孙宏开,西南民族大学学报(社会科学版).1
古老羌语:从弱势走向濒危——阿坝州羌语生存调查报告/申向阳,阿坝师范高等专科学校学报.2
羌语濒危的原因透视及对策探讨/赵海红,黑龙江民族丛刊.4
木卡羌语语音概述/麻慧群等,阿坝师范高等专科学校学报.3
仫佬语体范畴初探/银莎格,贵阳学院学报.1
仫佬语形容词、动词和名词后置成分探析/银莎格,怀化学院学报.9
东亚语言语音词汇数据检索系统的设计与功能概述/江荻,云南师范大学学报(社会科学版).2
丰顺县凤坪村畲话的上声调嘎裂声/[日]大岛广美,文化遗产.3
黎语量词研究述评、展望及价值/冯青 李清恒,海南师范大学学报(社会科学版).5
来语概况/符昌忠,民族语文.3
马的牧养和哈萨克非物质文化/毕桖,伊犁师范学院学报(社会科学版).4
台湾原住民族语言书写符号述评/姜莉芳 熊南京,原生态民族文化学刊(贵州凯里).2
普底仫佬语绝对程度副词的语序/曹凯,毕节学院学报.1
女书发生说的生态女性主义解读/石娟,荆楚理工学院学报.1
女书是瑶族文化的一朵奇葩/王玉凤 邓文志,民族艺术研究.2
浅谈女书及女书文化/陆颖,焦作大学学报.3
广西龙胜伶话的使用现状及其语音特点/万波等,文化遗产.3
回辉话的性质特点再探讨/曾晓渝 尹世玮,民族语文.3
白云家族语浅析/吴畏 白云洪飞,贵州大学学报(社会科学版).3
浙江畲话的变调式方位短语/雷艳萍,汉语学报.4
怒苏语颜色词的构成及其文化内涵/陈海宏 谭丽亚,四川民族学院学报.4
克木语使用状况调查研究/张宁,云南民族大学学报(社会科学版).5
女书的吟诵及其传承/蒋明智 何研,广西民族大学学报(社会科学版).5
他留人铎系文图符研究/王海滨,民族语文.6
玛丽玛萨文田野调查报告/扬之水,兰州学刊.12
龙麻布努语语音系统/蒙有义,三峡论坛.5
回民街洋泾浜英语/薛雨,新乡学院学报(社会科学版).4
汉藏语系历史类型学研究中的一些问题/孙宏开,语言研究.1
20年来汉藏语系的语言类型学研究/戴庆厦 朱艳华,云南民族大学学报(社会科学版).5
羌语支在汉藏语系中的历史地位/孙宏开,云南民族大学学报(社会科学版).6

汉藏语与澳泰语中的"死"/潘悟云,民族语文.6
从壮侗语名词构词特征看"干栏"语源/韦景云,贵州民族学院学报(社会科学版).2
临高语第二调在海口石山方言中的促化/辛世彪,广西民族大学学报(社会科学版).2
汉台语浸/湿~沉/潜~淹没词族的对应/[澳大利亚]罗永现著,莫海文译,广西民族大学学报(社会科学版).2
云南壮侗语族语言地理分布探析/骆小所 太琼娥,楚雄师范学院学报.2
侗台语系属研究综述/韩林林,贵州民族学院学报(社会科学版).3
论壮侗语和南岛语的发生学关系/邓晓华 邓晓玲,语言研究.4
壮侗语域方言"夹音"问题概说——以贵州省黔东南侗语为例的中介语理论诠释/龙景科,凯里学院学报.4
汉藏语言的渊源演绎藏汉民族历史关系——兼谈汉藏语言中的同音义词汇对照翻译/阿顿·华多太 娜么塔,西南民族大学学报(社会科学版).8
侗台语的长短元音/金理新,语言研究.4
藏缅语的话题标记——兼与汉语比较/余成林,中央民族大学学报(社会科学版).1
藏缅语"有/在"类存在动词研究/余成林,民族语文.3
藏缅语名词性别意义的表达方式/田静,中央民族大学学报(社会科学版).4
戎语支的创新和划分/金理新,民族语文.4
藏缅语的"的"字结构——兼反观汉语的"的"字结构/闻静,中央民族大学学报(社会科学版).6
语言接触与浊音恢复——以缅甸语的浊音演变为例/戴庆厦,民族语文.2
古汉语部分"见"母字在苗瑶语中的接触和演变/胡晓东,贵州民族学院学报(社会科学版).2
苗瑶语"妻"、"夫"源流考/石德富,语言科学.3
苗瑶语的动结式/谭晓平,中央民族大学学报(社会科学版).4
《苗瑶语古音构拟》*b-类声母中的汉借词/王立芝,民族语文.4
天干语源考/张怀森,青海民族大学学报(社会科学版).2
古代和田—塞语概要/耿世民,语言与翻译.1
察合台文历史著作《幸福天堂》/吾斯曼江·亚库甫 图尔贡阿依·阿卜来提,中国边疆史地研究.2
韩国语 kim tʃ~hi "泡菜"探源/朴爱华,民族语文.2
论"八思巴字梵语"/聂鸿音,民族语文.2
2011年"梵文贝叶经写本研究论坛"综述/李学竹,中国藏学.4
多民族聚居地区对少数民族语言的保护——以内蒙古自治区包头市蒙古语保护为例/李耶等,内蒙古民族大学学报(社会科学版).5
营子村的语言生活民族志/王志清 陈曲,西部蒙古论坛.1
青海河南蒙古族自治县蒙古语的衰退与复兴/艾丽曼,青海师范大学学报(社会科学版).1

河北尚义县四台蒙古营语言使用、语言态度调查/王远新,内蒙古师范大学学报(社会科学版).2

生态民俗视野中的农区蒙古族民间语言——以烟台营子村为例/王志清,湖北民族学院学报(社会科学版).5

蒙古族青年的语言态度研究/英君,前沿.19

锡伯族地区"城中村"的语言生活——察布查尔镇宁古齐村语言使用、语言态度调查/王远新,满语研究.1

多层次、多角度的探讨研究——评《新疆民汉双语现象与社会发展之关系》/赵平,语言与翻译.1

略论新疆民汉语言影响特征/马小玲,伊犁师范学院学报(社会科学版).4

关于藏文古籍数字化的思考/徐丽华,中国藏学.2

《回族语言文化》序/杨怀中,回族研究.1

回族语言底层与回族历史文化传承/杨占武,回族研究.2

中国人民大学国学院中国古代历史研究所与西域历史语言研究所简介/梁海燕,中国史研究动态.4

七 民族文学艺术

元杂剧北方游牧文化生命价值观探析/欧仁,内蒙古民族大学学报(社会科学版).5

科尔沁蒙古族"博"造型艺术初探/哈斯巴根,中央民族大学学报(社会科学版).1

论陇南白马藏族傩舞戏的文化层累现象/蒲向明,中南民族大学学报(社会科学版).2

恩施土家族苗族自治州鹤峰县傩愿戏的田野调查/吴振琦等,民间文化论坛.3

永靖傩舞戏的明代文化特色/庆振轩 张馨心,青海民族大学学报(社会科学版).3

湘西傩祭仪式的戏剧艺术发生学原理/钟璞,民族艺术研究.3

与神共舞的云南傩面具/邢毅,中国文化遗产.3

黔东北地区傩技的民俗象征意义/吴国瑜,贵州民族学院学报(社会科学版).4

傩戏美学特质探微——以贵州傩戏为例/龚德全,贵州民族学院学报(社会科学版).4

土家族傩仪"过关"的符号隐喻/梁正海,贵州民族学院学报(社会科学版).4

土家族傩坛正戏表演的象征意涵/陈玉平,贵州民族学院学报(社会科学版).4

汉代胡人形象面具考——从成都金堂李家梁子M23出土一件胡人形象面具谈起/索德浩 刘雨茂,考古与文物.5

西南地区传统银饰工艺与族群的关系/张建世,西南民族大学学报(社会科学版).2

浅析我国少数民族期刊事业的发展状况及提升对策/马多尚,西藏大学学报(社会科学版).3

简论维吾尔古典文学史上的双语创作/乌买尔·达吾提,民族文学研究.2

"人类学写作"的多重含义——三种"转向"与四个议题/叶舒宪 彭兆荣 徐新建,重庆文理学院学报(社会科学版).2

人类学写作：科学与文学的并置、兼容/徐新建，重庆文理学院学报（社会科学版）.2
文学与人类学的双向视野和认同/彭子艺，重庆文理学院学报（社会科学版）.5
简谈史诗/陈永香等，楚雄师范学院学报.8
近现代中、西口头文学研究综述/段静，世界民族.5
隋唐东北边塞诗创作述论/沈文凡　彭飞，吉林大学社会科学学报.4
19世纪后期至21世纪初中国史诗学与外来文化的影响/冯文开，民俗研究.2
20世纪中国史诗学研究的诠释与思考/冯文开，民族艺术.3
论艺术人类学研究的学科定位/王建民，思想战线.1
雷弗德·弗思的艺术人类学研究/李修建，思想战线.1
艺术人类学研究路径探析/袁东升，黑龙江民族丛刊.3
迈向艺术建构经验的艺术人类学/何明，思想战线.4
"抢注"中的中国艺术人类学——兼及日本的艺术人类学研究/刘正爱，思想战线.4
岑家梧的中国史前民族艺术研究探析/颜克成，民族艺术研究.3
雄龙西南古民居经堂壁画调查与初步研究/李春华等，西藏研究.3
西藏艺术对南诏、大理国雕刻绘画的影响/杜鲜，思想战线.6
云南少数民族织绣纹样文化特质分析/苟双晓　徐人平，重庆文理学院学报（社会科学版）.2
回归"原生态"反思：从洞经音乐到侬人古乐/罗彩娟，广西民族大学学报（社会科学版）.1
广西龙州布傣天琴文化传播研究/黄新宇，湖北民族学院学报（社会科学版）.5
社会结构变迁与侗族大歌保护的多重两难/杨晓，中华文化论坛.3
"改土归流"对土家族音乐活动的影响/熊晓辉，湖北民族学院学报（社会科学版）.5
蒙古族敖包祭祀诵经音乐中的藏传佛教蒙古化因素——以呼伦贝尔市宝德格乌拉敖包祭祀仪式为个案/红梅，世界宗教文化.5
族群遗产的现代变迁：基于嘉绒跳锅庄的田野考察/李菲，中南民族大学学报（社会科学版）.4
试论民间跨文化传播对少数民族文化保护的启示——以藏族锅庄舞在兰州市的流行为例/张利洁　锁晓梅，甘肃社会科学.4
彝族葫芦笙舞文化的教育人类学初探/杨君，文山学院学报.5
土家族传统舞蹈文化精神探析/李开沛，西南民族大学学报（社会科学版）.3
土家族摆手的地域性差异/刘冰清　彭林绪，中南民族大学学报（社会科学版）.6
关于土家族舞蹈的文化人类学解析/李开沛，黑龙江民族丛刊.6
关于藏戏起源的研究综述/桑东，西藏艺术研究.3
中国人类学电影创作实践历程与革新/侯小琴，黑龙江民族丛刊.2
电视媒体与贵州苗族、侗族乡村传统文化的维系/李欣欣　曹妤，中南民族大学学报（社会科学版）.2
影视人类学与云南民族文化强省建设/王清华，云南社会科学.2

理解村落社会：视觉人类学的实践/熊迅,广西民族大学学报（社会科学版）.3

从聚焦到失焦——《梅姆山下》的影视人类学解读/张海,民族艺术研究.3

影视之镜下的人类之像——人类学纪录片在影视媒介中的"视像"呈现/李曦珍等,兰州大学学报（社会科学版）.5

论当代人类学影像民族志的发展趋势/朱靖江,世界民族.6

人类学表述危机与"深描式"影像民族志/朱靖江,中南民族大学学报（社会科学版）.6

云南人口较少民族非物质文化遗产的保护与传承——以邦丙村布朗族的传统纺织技艺为研究个案/黄彩文,西北民族研究.3

普米族宗教祭司的法器与服饰艺术/熊永翔等,民族艺术研究.3

水族墓群石刻艺术初探/宋先世,贵州民族学院学报（社会科学版）.2

赋海奇葩 西藏方志——论《西藏赋》的文献价值/池万兴,西藏民族学院学报（社会科学版）.1

论《西藏赋》在赋史上的地位——《〈西藏赋〉校注》序/赵逵夫,西藏民族学院学报（社会科学版）.1

《西藏赋》版本考/孙福海,西藏民族学院学报（社会科学版）.1

贺兰山岩画的存在论分析/王毓红 冯少波,四川文物.1

一种象形表意石头文——贺兰山岩画的视觉图像、古文字学、考古文献学等的综合考察/王毓红,宁夏社会科学.2

阴山岩画中原始畜牧文化的解读与考证/童永生,民族艺术研究.2

榆木山岩画调查笔记/杜成峰,甘肃民族研究.3

北方生殖型岩画的原型浅议/杨超,西夏研究.3

察其物形得其文理——从视觉符号的自指性看贺兰山岩画的文字属性/王毓红,西夏研究.3

通过天山的沟通——从岩画看吉尔吉斯斯坦和中国新疆在早期青铜时代的文化联系/郭物,西域研究.3

镌刻在岩石上的游牧史书/裴海红,中国民族.8

八 民族教育

身体、权力与教育：哈萨克族古代传统女性的养成/张兴,新疆大学学报（哲学·人文社会科学版）.2

民族高校大学生宗教信仰现状及教育对策研究——以中央民族大学为例/温英杰,民族教育研究.3

中国少数民族新闻教育70年回顾与展望/李谢莉,西南民族大学学报（社会科学版）.6

教育人类学家滕星教授学术作品与思想述评/巴战龙,甘肃民族研究.1

评议"离农""为农"争论——教育人类学视角的农村教育/庄孔韶 王媛,广西民族大

学学报（社会科学版）.2

赋权少数族裔学生：一个干预框架/［加］吉姆康明斯著，马丽梅译，当代教育与文化.4

1949—2010：中国民族教育六十余年文献综述与研究/马丽娟　伍琼华，西北民族研究.4

我国教育中"人类学研究"与"质的研究"之比较/陈学金，湖北民族学院学报（社会科学版）.4

影响藏区社会稳定和谐的教育问题分析/吴蓉　王岚，西南民族大学学报（社会科学版）.12

西北民族地区农村义务教育经费投入调查研究——基于甘肃、新疆、宁夏6个民族县的调查/秦浩　金东海，民族教育研究.6

伊犁霍城县三宫回族乡青少年九年义务教育现状的调查与思考/马秀萍，伊犁师范学院学报（社会科学版）.2

多元文化视阈的台湾高校原住民招生政策及启示/刘额尔敦吐，民族教育研究.6

唐朝文教政策对吐蕃教育的影响/周莹　张佳茹，西藏大学学报（社会科学版）.4

金代教材体系成因探析/兰婷　王一竹，吉林师范大学学报（社会科学版）.5

科举体制下明朝少数民族教育公平问题及其解决策略/花文凤，徐州师范大学学报.3

论明代民族文教政策的主要内容和实践效果——基于西南民族地区儒学教育的视角/刘淑红，贵州民族研究.6

论清代"国语骑射"教育/季永海，满语研究.1

清代乌江流域民族地区社会教育述论/李良品等，民族教育研究.5

北京清代书院经费开支考察/赵连稳，中央民族大学学报（社会科学版）.6

清末川边藏区实业教育发展述评/姚便芳，西藏大学学报（社会科学版）.2

崇正学堂与贡桑诺尔布的教育观/白荫泰　邢莉，民族教育研究.3

民国时期鄂尔多斯蒙旗现代教育述略/梁卫东，民族教育研究.3

促进少数民族地区高等教育公平的对策/刘丽平，兰州大学学报（社会科学版）.3

内蒙古民族高等教育60年之探索与发现/张立军　窦艳华，内蒙古民族大学学报（社会科学版）.6

西藏高等教育理论研究计量学分析/巴果，西藏研究.6

周恩来关于发展少数民族教育的思想/赵民，黑龙江民族丛刊.1

我国少数民族教育收益率的估算——兼论少数民族教育政策/戴平生，中国经济问题.1

从《民族教育研究》载文透视我国民族教育的研究现状/许亚锋　李波，民族教育研究.1

论多元智能理论对民族教育评价的支持/阿娜，民族教育研究.1

论中国民族教育学发展的几个阶段/刘国华等，黑龙江民族丛刊.2

民族教育扶贫与可持续发展研究/周毅，民族教育研究.2

简论《智者入门》中的藏族传统教育思想/德伦·次仁央宗，西藏大学学报（社会科学版）.3

中国民族地区教育均衡发展研究综述/冯江英等，新疆师范大学学报（社会科学版）.3

促进教育机会均等与教育公平——对民族地区义务教育发展的初步思考/祁进玉,民族教育研究.3

民族教育真诚守望者和辛勤耕耘人——评《守望·自觉·比较——少数民族及原住民教育研究》/何群,民族教育研究.5

论中国民族教育的价值基础/金志远,内蒙古社会科学.5

非物质文化遗产民族教育传承立法的完善/余澜　杨洋,民族教育研究.6

民族高等教育国际化路径论析/郎玉屏,西南民族大学学报(社会科学版).10

少数民族高考加分制度的历史合理性——以少数民族科举照顾政策为视角/甲任　黄辛建,前沿.23

西藏自治区高校科研的现状、特点、优势与面临的挑战/王学海,民族教育研究.6

和合偕习传薪火　自信自强创辉煌——写在西南民族大学建校六十周年之际/罗布江村　赵心愚,西南民族大学学报(社会科学版).6

论少数民族教育公平实现的途径——以内蒙古大学为例/王埃亮,民族论坛(学术版).12

朝鲜族教育的历史、现状及其对策/尹允镇,民族教育研究.1

大众化视域下西部民族地区高等教育入学机会研究/包满都拉,内蒙古民族大学学报(社会科学版).2

青藏高原藏族游牧区教育的现代性变迁与适应/贾荣敏,青海民族研究.3

关于蒙古族聚居区基础教育过于集中社会问题研究/刘艳华　谢金山,内蒙古民族大学学报(社会科学版).2

清末民初西布特哈地区教育问题述略——以《档案史料选编·黑龙江少数民族》为中心/赵爱伦,中国边疆史地研究.3

新中国成立前黑龙江省朝鲜族教育研究/田京熙,黑龙江民族丛刊.4

西部民族地区教育信息化发展两种路径之评析/罗江华　张诗亚,民族教育研究.2

农村回族女性教育状况的调查与思考——以宁夏泾源县黄花乡为例/江晓红,云南社会科学.3

青海省民族地区小学教育资源均衡配置现状分析——以青海省天峻县为例/王春梅,甘肃民族研究.2

班玛县民族教育现状调查/荣增举　徐贵钰,青海民族大学学报(社会科学版).3

基于阿玛蒂亚·森理论下的少数民族地区教育扶贫模式研究——以新疆克孜勒苏柯尔克孜自治州为例/周丽莎,民族教育研究.2

新疆发展民族教育促进文化融合的历史经验/罗会光等,吉首大学学报(社会科学版).2

民国时期的哈萨克族教育/阿布都力江·赛依提,西域研究.4

泉州畲族教育发展研究/雷宝燕,湖北民族学院学报(社会科学版).2

西部民族地区教育内涵发展定位的选择——基于乌江流域民族地区教育公平发展的思考/向帮华,湖北民族学院学报(社会科学版).4

义务教育与少数民族国家认同构建——基于民国时期广西"特种部族教育"的思考/李天雪,黑龙江民族丛刊.6

抗战语境下西南少数民族知性化运动/徐德莉,贵州民族研究.1

民族地区教育史研究的厚重力作——评《乌江流域民族地区教育发展史》/彭寿清,民族教育研究.5

清末川边学及其对当代藏区教育的启示/詹先友,西南民族大学学报(社会科学版).11

抗战时期西南少数民族教育发展探析——以贵州遵义为例/闵廷均等,黑龙江民族丛刊.1

安顺市"贵州省首批民族民间文化教育项目学校"个案调查研究/苏德 陈晨,广西民族大学学报(社会科学版).1

明清时期云南傣族地区的教育发展及特点/古永继,云南师范大学学报(社会科学版).2

论云南跨境教育和跨境民族教育/何跃 高红,云南民族大学学报(社会科学版).2

分类指导政策在民族教育发展中的实证研究——以云南边疆民族地区的基础教育为例/伍琼华,云南民族大学学报(社会科学版).3

西藏社会发展与双语教育/马戎,中国藏学.2

共享型发展方式研究——以西藏教育事业为例/李中锋,西南民族大学学报(社会科学版).2

西藏教育的历史性跨越——纪念西藏和平解放60周年/丁玲辉,人权.3

论近代西藏私塾教育/索穷,中国藏学.4

西藏农牧区学生辍学问题与反思——基于学生读书意愿视角的调查分析/张学敏 贺能坤,民族教育研究.5

清末西藏兴办近代教育刍议/冯智,民族教育研究.5

试论加拿大原住民寄宿制学校制度的生与亡/陈·巴特尔,民族教育研究.1

教育失衡现实差异问题再审视——以宁夏农村回族女性教育为个案/江晓红,青海民族大学学报(社会科学版).1

略论文化学视域下的藏族传统体育/丁玲辉,中国藏学.1

试论少数民族传统体育文化的变迁——以瑶族传统体育文化为例/蒋东升等,中华文化论坛.1

30年来中国少数民族双语教育研究发展与现状/李枚珍,贵州民族学院学报(社会科学版).1

近二十年来中国少数民族双语教育问题研究的元分析/辛宏伟,新疆师范大学学报(社会科学版).1

新疆城镇发展和双语教育的进程——南疆地区两个专题调研报告/马戎,西北民族研究.2

新疆少数民族双语教育立法初探/马幸荣,伊犁师范学院学报(社会科学版).2

语言教育习俗传承研究——以多民族村八连儿童的语言习得及语言使用习俗为个案/伍隆

萱，民族教育研究.2

新疆双语教育问题探索/方晓华，新疆师范大学学报（社会科学版）.2

论民国时期新疆少数民族的双语教育及其社会背景/郭兰，西北民族大学学报（社会科学版）.2

关于加强我国民族地区双语教育问题的思考/胡日查，内蒙古民族大学学报（社会科学版）.3

新疆民汉双语教育产生和发展的基础/陈世明，西北民族研究.3

当前少数民族双语教育研究中值得重视的几个问题/关辛秋，民族教育研究.4

论我国少数民族双语教育的特征及功能/孙丽曼，喀什师范学院学报.4

双语教育模式下的跨民族文化心理认同矛盾与调适/贺群，北方民族大学学报（社会科学版）.5

多元文化中的新疆双语教育/夏新军，新疆社会科学.5

"民汉兼通"和新疆双语教育/鞠文雁　鲁新民，新疆社会科学.5

培养双语文化人：新疆少数民族双语教育概念探讨/赵建梅，新疆社会科学.5

新疆双语教育跨越式发展的问题与对策研究/艾合买提·艾买提　顾华详，民族教育研究.6

云南少数民族"民—汉"双语教育研究/李福军，楚雄师范学院学报.11

新疆蒙文地区双语教育多媒体教学的研究/伊·达瓦　策·巴图，西部蒙古论坛.3

蒙古族聚居区社会分层视域下双语教育的作用及对策/王健　阿思根，内蒙古民族大学学报（社会科学版）.6

双语教育：清末川边藏区兴学之关键——兼谈清末川边藏区双语教育的基本模式/姚便芳，西藏研究.1

西藏自治区小学藏语文教育调查报告——以拉萨市6所小学为例/周炜，中国藏学.2

西藏藏语文教学的现状、问题和建议/熊坤新　张培青，民族教育研究,3

从语言接触看常宁塔山汉语对塔山勉语的影响/孙叶林，湖南师范大学社会科学学报.1

白、汉双语教育对白族文化传承的影响/王婧洁，楚雄师范学院学报.12

从中央民族大学看中国藏学研究人才的培养/喜饶尼玛，民族教育研究.4

教育增权与撒拉族农村妇女发展/闫丽娟　李强，中南民族大学学报（社会科学版）.2

土家族农村地区学校教育的兴起与撤离/梅军　向金玲，贵州民族学院学报（社会科学版）.2

京族教育观念与就业观念的调查研究/刘玉芳　陈鹏，黑龙江民族丛刊.6

九　民族人口

城市流动少数民族人口的社会保障权及其实现/王允武等，民族学刊.1

广东少数民族流动人口社会支持研究/朱宏伟　杨云云，广西民族研究.3

19世纪末环青海湖及柴达木地区的藏蒙人口——以柔克义考察文献为中心/妥超群　刘

铁程, 青海民族研究.4

流动的力量——和谐民族关系视野下的少数民族流动人口探析/尹素琴 史界, 黑龙江民族丛刊.5

朝鲜族农村妇女流动及其社会影响/姜善 朴今海, 满族研究.3

新中国成立至改革开放前宁夏的人口迁入及其特点/刘有安, 西北民族大学学报（社会科学版）.5

完善西部少数民族地区人口生育政策的探讨/张耀武, 宁夏大学学报（社会科学版）.1

人口较少民族人口可持续发展特别法律保障研究——兼议人口与计划生育的立法完善/杜社会, 云南社会科学.4

上海市少数民族流动人口生存发展状态探析/汪志等, 南京人口管理干部学院学报.1

从新疆人口结构浅析民族关系问题/王璞华, 高等函授学报（社会科学版）.2

西南山地民族人口生态文化及其价值/杨军昌, 贵州大学学报（社会科学版）.6

游牧人口定居：改善牧区发展环境的引擎——以甘南牧区为例/王娟娟, 北方民族大学学报（社会科学版）.5

反恐背景下新疆流动人口服务与管理初探/宋红彬, 新疆大学学报（哲学·人文社会科学版）.3

生态安全视域下区域人口迁移与经济社会发展——对新一轮西部大开发期间宁夏生态移民安置的思考/李禄胜, 宁夏社会科学.6

少数民族生态移民绩效分析——以疏勒河项目区为例/张平等, 地域研究与开发（郑州）.6

论历代移民对乌江流域民族地区的经济推动/张世友, 贵州民族研究.6

贵州民族地区文盲半文盲人口特征对区域发展的影响/邓玲玲 熊翠琳, 贵州民族研究.6

游牧人口定居模式的应用研究——基于甘南牧区的调查分析/王娟娟, 西北民族大学学报（社会科学版）.1

青海同德县公务员语言使用、语言态度调查/王远新, 中央民族大学学报（社会科学版）.6

漂泊的人口——对一个蒙古族村落外流人口的调查与分析/黑龙等, 大连民族学院学报.2

20世纪中叶扎赉特旗蒙古人北迁原因初探/宝喜 谢咏梅, 内蒙古师范大学学报（社会科学版）.3

都市回族社区的历史变迁——以镇江杨家门社区为例/杨荣斌 马一, 贵州民族研究.1

锅庄石信仰、房名与藏区社会组织的变迁——以川西鱼通地区为例/郭建勋, 青海民族研究.2

中尼边境夏尔巴人和四川松潘夏尔瓦人的民俗学对比研究/贡波扎西, 西华大学学报（社会科学版）.4

在京藏族知识分子的社会交往状况及其影响因素/阿布都热西提·基力力 王霞, 北方民族大学学报（社会科学版）.5

维吾尔族农民工在京、津两地生活适应的调查/阿布都人西提·基力力,北方民族大学学报(社会科学版).2

乌鲁木齐市维吾尔族流动人口的社会排斥和融入/徐平　于波,中南民族大学学报(社会科学版).6

山区农村聚落的布局与空间组织——以贵州西江千户苗寨为例/曹雩,贵州民族研究.1

有关壮族年龄组(朋友)的考察/[日]塚田诚之,广西民族大学学报(社会科学版).1

大陆高山族移民调查研究的几个问题/彭维斌,闽台文化交流.2

十　世界民族

朝圣与族性差异——对特纳"交融"概念的省思/石峰,世界民族.3

视阈与解码：2010年世界十大宗教热点问题评析/熊坤新等,民族工作研究.1

2011年世界十大宗教热点问题析论/熊坤新　王建华,民族工作研究.6

关注世界　聚焦热点：2011年世界宗教问题热点析论/王建华　熊坤新,民族论坛(学术版).12

骆驼与晨星——读《闪米特人的宗教》/张亚辉,西北民族研究.3

中越民间始祖信仰重构比较研究——以布洛陀信仰和雄王信仰为例/赵明龙,广西民族研究.3

从神灵那里寻求引导——现代荷兰社会中的新萨满占卜仪式/[荷兰]汉妮克·明克坚著,郑文译,世界宗教文化.6

灾难的历史研究/[墨西哥]傅杰利亚·加西亚—奥克萨塔著,郭少妮　张琪译,民族学刊.6

由卡特琳娜和丽塔飓风引发的灾难人类学思考/[美]苏珊娜·M.霍夫曼著,黄春译,民族学刊.6

俄罗斯民族性格成因浅析/秦秋,重庆科技学院学报(社会科学版).20

欧洲中世纪到近现代"民族"概念的演变与启示/唐书明　唐学敏,贵州民族学院学报(社会科学版).2

国际移民认同问题：一种身份政治研究方法/余彬,华侨华人历史研究.2

2010年世界民族问题热点述评/熊坤新等,民族工作研究.1

2010年世界民族问题热点述评/熊坤新,中国民族.1

近三十年国外民族政策研究简述/哈正利,西南民族大学学报(社会科学版).2

欧洲一体化：区域民族主义与国家民族主义的交织/田烨,世界民族.2

"东突"组织在吉尔吉斯斯坦的活动特点/马媛,新疆社会科学.3

"第四世界"论说源流及浅析/姜德顺,世界民族.3

世界民族问题作用机制的范式分析/王建华　熊坤新,黑龙江民族丛刊.3

论世界跨国族体问题的时代性及其非传统安全治理/艾买提　马曼丽,青海民族大学学报

（社会科学版）.4

2010年世界民族问题的新热点和新特点/张丽娟　熊坤新，黑龙江民族丛刊.6

2011年世界民族热点问题述评/熊坤新　裴圣愚，民族工作研究.6

民族问题：世界与中国（上）/郝时远，紫光阁.8

民族问题：世界与中国（下）/郝时远，紫光阁.9

国外是如何处理民族问题的/胡联合　胡鞍钢，学习时报.11

关注世界　聚焦热点：2011年世界民族问题热点析解/熊坤新　裴圣愚，民族论坛（学术版）.12

2011年，动荡世界中的民族宗教问题/刘力达，中国民族报.12月23日

革新开放以来越南华人政策的调整与实践/赵卫华，武汉科技大学学报（社会科学版）.4

柬埔寨的华人社会——华人与新华侨的共生关系/［日］野泽知弘著，乔云译，南洋资料译丛.4

马来亚独立前当地华侨的民族认同之研究/曹淑瑶，南洋问题研究.1

马来西亚华人与伊斯兰党关系——吉兰丹州个案分析/范若兰，华侨华人历史研究.1

文化掮客抑或文化边缘：多族群多宗教背景下的马来西亚华人穆斯林/马强，思想战线.1

印尼棉兰的华人：历史与特征/杨宏云，华侨华人历史研究.1

海外少数民族华人文化适应研究——以主流文化态度为视角/王超　李琪，华侨华人历史研究.4

"欧洲华侨华人与当地社会关系"国际学术研讨会述评/李其荣，世界民族.2

"华人在新西兰"学术讲座综述/晓雾，华侨华人历史研究.4

从边缘走向主流——新移民与北美华人经济发展新动向/龙大为等，华侨华人历史研究.2

当代加拿大华人参政分析/万晓宏，世界民族.4

从美国PM老年华人社区看新华人的聚居性/杨晋涛，世界民族.1

加大国际合作惩治与防范"东突"恐怖主义犯罪的困境与对策分析/杨陶，喀什师范学院学报.4

公民意识视角下新疆跨界民族的文化认同培育/安晓平　高汝东，云南师范大学学报（社会科学版）.5

试论反恐国际统一战线的构建——以"东突"组织为例/王献志，新疆大学学报（哲学·人文社会科学版）.6

普什图人与普什图尼斯坦问题/于卫青，世界民族.6

东北亚区域合作的深层障碍——中韩日民族主义诉求及其影响/赵立新，东北亚论坛.3

试论民族视野中东亚共同体的构建/陈圣钢，黑龙江民族丛刊.4

解构日本天皇"万世一系"的非制度性基础——日本社会的泛家族规则及文化的作用/奚欣华，世界民族.4

林惠祥对南洋马来人的研究/曾少聪,世界民族.6

云南与东南亚国家的跨境民族及其在境外的分布和人口/赵永胜,云南民族.7

移民认同与民族关系初探——以亚太地区一些国家为例/郑一省,东南亚纵横.11

越美混血儿:越南战争的悲情遗产/陈文,世界民族.3

越南苗族骚乱——原因与启示/任远喆,亚非纵横.6

泰国来自邻国的劳工移民问题/许红艳,世界民族.4

国家与民族整合的困境:20世纪以来泰国南部穆斯林社会的裂变/龚浩群,东南亚研究.3

缅北果敢冲突与中国西南安全/罗圣荣　汪爱平,世界民族.1

马来西亚印度人社群研究——以印度人社群语言状况为例/[马来西亚]洪丽芬,南洋问题研究.4

民族和睦是社会和谐的基石——新加坡社会管理经验的启示/谭林,中国民族.12

二战后菲律宾穆斯林民族构建的尝试——对摩洛分离运动的另一种解释/彭慧,世界民族.3

试论伊斯兰教对独立后的印度尼西亚民族国家整合的促进/周新华,宁夏社会科学.3

"两个民族"理论与印巴分治/汪长明,延边大学学报(社会科学版).4

试析印度的米佐人问题/马得汶　李金轲,世界民族.5

印度现代化进程中的民族问题及其根源/张世均等,中南民族大学学报(社会科学版).6

印度特里普拉邦的民族冲突及其发展/余芳琼,贵州民族学院学报(社会科学版).6

试析不丹的民族问题/时宏远,世界民族.1

中亚地区安全的热点问题与走势分析/孙壮志,新疆师范大学学报(社会科学版).2

试论中亚地区的国族认同转型/王嘎　海力古丽·尼牙孜,新疆社会科学.6

民族、民族国家的构建与中亚国际体系的变迁/韩献栋,俄罗斯中亚东欧研究.2

论中亚宗教极端势力的基本特征/苏畅,新疆师范大学学报(社会科学版).2

当代哈萨克斯坦社会经济与政治生活中的区域和民族人口因素/[哈萨克斯坦]А.Г.加里耶夫著,胡红萍译,新疆师范大学学报(社会科学版).2

吉尔吉斯斯坦奥什骚乱评析/艾莱提·托洪巴依,新疆社会科学.2

美国同海湾地区发展中民族和国家关系的演进(上)/岳晓勇,湖北民族学院学报(社会科学版).2

美国同海湾地区发展中民族和国家关系的演进(下)/岳晓勇,湖北民族学院学报(社会科学版).3

当代中国与中东民族政策及民族问题之比较/姚大学,西亚非洲.7

中东民族主义与政治发展:历史、现实及前景/李芳洲,西亚非洲.7

民族主义视野下的阿富汗重建/姚大学　闫伟,世界民族.2

阿富汗民族国家的构建及特点/卢玲玲等,内蒙古民族大学学报(社会科学版).3

论阿富汗民族、部落因素对毒品问题的影响/朱永彪　后俊,兰州大学学报(社会科学

版）.3

宗教因素对土耳其入盟前景影响浅析/钮松，世界民族.6

从阿拉伯民族主义到巴勒斯坦民族主义——20世纪上半叶巴勒斯坦地区民族主义的发展与转型/刘中民，西亚非洲.7

以色列外来犹太移民与城市化发展/徐继承，世界民族.2

主体民族主义与国族构建的悖论——以色列民族政策思想之评析/李志芬，西亚非洲.7

非洲族群冲突的最新进展及冲突管理/赵磊，民族工作研究.2

达尔富尔危机：苏丹内战的继续/刘辉，世界民族.2

尼日利亚国家建构进程中的少数族群问题/蒋俊，浙江社会科学.6

新南非与津巴布韦的民族问题及民族政策的比较/李安山，西亚非洲.7

论欧洲民族主义形成过程的三个阶段/张涛华，贵州民族学院学报（社会科学版）.2

后民族主义与宪法爱国主义/王远河　铁省林，国外社会科学.3

后冷战时期欧洲少数民族保护机制的特点及不足/焦传凯，西南民族大学学报（社会科学版）.4

中东欧国家的民族冲突、民主转轨与政治稳定/高歌，世界民族.4

欧洲非政府组织与欧盟少数民族问题治理/赵纪周，西南民族大学学报（社会科学版）.4

苏共民族政策与苏联兴亡历程——20年后对苏联解体的再解读/赵常庆，民族工作研究.2

俄罗斯民族宗教结构的变化诱发新的社会政治危机/王冠宇，俄罗斯中亚东欧研究.6

唯物辩证法视角下的苏联民族问题——评《苏联民族问题理论与政策研究》/裴圣愚，黑龙江民族丛刊.1

俄国泛突厥主义研究/张来仪，世界民族.2

俄罗斯民族理论与民族政策的转型研究/韩刚，黑龙江民族丛刊.3

俄罗斯公民民族构建的理论与实践/臧颖，西北民族研究.4

对苏联穆斯林民族的再认识——兼论戈尔巴乔夫的民族政策/陈新明，世界民族.4

俄罗斯民族政策的历史反思及启示/周秀娟，中央民族大学学报（社会科学版）.5

大俄罗斯主义影响下的前苏联族际关系/杨华，人民论坛.8中

从宗教角度解读苏联解体之原因/韩松洋，史学月刊.11

民族—国家建设视域中的公民身份——以德国模式的形成为例/郭台辉，中山大学学报.2

当代苏格兰民族主义运动探析/王磊，世界民族.5

强烈滋生的不列颠民族主义/刘泓，中国民族.6

化解民族冲突的民间路径——来自北爱尔兰萨福克—列拿度沟通组织的经验/许彩丽，世界民族.1

试析法国遣返罗姆人事件与法国的单一民族国策之关系/叶江，西南民族大学学报（社会科学版）.4

多元文化主义视域中的澳大利亚民族政策思考/吴磊,理论月刊.8
加拿大的民族认同与反美主义/王林南　田歌,华北水利水电学院学报.1
加拿大民族政治发展的历史演进/于春洋,贵州民族研究.2
主流族群与少数族群的权利之辨——论加拿大黑人、社会团体与多元文化主义/〔加〕安顿·L.阿拉哈,深圳大学学报.3
民族团结的法理:自由主义的逻辑、条件与限度——以加拿大魁北克分离意见书及其分离权为例/涂少彬,湖北民族学院学报(社会科学版).3
"二战"后土著民族在加拿大环境政策中的作用/张献华,内蒙古大学学报.4
1950至1980年外国留学生移民美国的趋势分析/梁茂信,世界历史.1
当代美国外来移民的学历构成分析:1965—2000年/梁茂信,史学集刊.1
试析美国"熔炉论"理想与现实之间的悖论/姚建军,世界民族.2
从奥巴马现象看美国社会种族融合问题/黄卫峰,世界民族.4
从移民视角解析美国多元社会的民族问题/魏莉　刘忠文,新疆社会科学.5
马尔科姆·爱克斯与"黑人力量"/王恩铭,世界民族.5
美国少数人权利保护制度述评/潘红祥　罗琳,民族工作研究.5
论美国族裔关系调控的价值取向/王建华等,新疆师范大学学报(社会科学版).6
巴西秘鲁保障少数民族权益的法律实践——巴西秘鲁两国少数民族权益保障考察报告/国家民委赴巴西秘鲁考察团.民族工作研究.2
土著问题所涉之联合国机构/姜德顺,民族工作研究.6
试论阿拉伯被占领土问题对以色列民族国家构建的影响/李志芬,世界民族.4
中国与中亚国家政治经济关系:回顾与展望/吴宏伟,新疆师范大学学报(社会科学版).2
达旺历史归属论/吕昭义　杨永平,中国边疆史地研究.1
20世纪40年代美国对中国新疆政策研究/许建英,云南师范大学学报(社会科学版).4
试论20世纪50年代中期中泰关系中西双版纳傣族自治区问题的缘起/王阳林,东南亚研究.5
印度对中国西藏政策的利益取向/姜运仓,西藏大学学报(社会科学版).4
英国对藏政策的调整与"麦克马洪线"的前期策划——以1911年威廉逊事件为中心/梁俊艳,中国边疆史地研究.4
中国学界对美国插手西藏问题的研究/程早霞,世界历史.5
《中俄蒙协议》签订后中国政府与自治外蒙古的关系/樊明方,中国边疆史地研究.2
中俄划界中的清代西北卡伦/宝音朝克图,西部蒙古论坛.2
2010年中亚五国外交新变化/赵会荣,新疆师范大学学报(社会科学版).2
近10年国内学术界外国民族法研究述评/吴大华　潘志成,云南民族大学学报(社会科学版).2
法律程序解释——以法人类学为视角/吴燕怡　吴大华,贵州社会科学.2
国际法视野中的土著民族——土著民族普遍国际法的形成和发展/吴琼,世界民族.3

土著人民权利的国际保护——兼评《联合国土著人民权利宣言》/林其敏,民族学刊.6
东亚区域经济合作之民族主义因素探析/彭述华,思想战线.5
中、印海外移民与母国经济联系的比较研究/李涛,世界民族.3
中越边境边民互市中的族群互动与国家认同——以云南地西北边民互市点为例/李金发,广西民族研究.4
论跨界民族的文化认同及其现代建构/雷勇,世界民族.2
浅谈多元文化政策的存续阈——以欧洲近期多元文化政策受挫为例/严庆 刘雪杉,黑龙江民族丛刊.6
浅谈多元文化政策的存续阈——以欧洲近期多元文化政策受挫为例/严庆,民族工作研究.6
加拿大多元文化主义政策深入实施的保障/王俊芳,世界民族.3
菲律宾华文报业的历史、现状与前景分析/朱东芹,世界民族.1
澳大利亚民族教育立法研究及启示/陈立鹏 张靖慧,民族教育研究.3
跨国主义视角下加拿大的多元文化教育:批判与发展/丁月牙,中南民族大学学报(社会科学版).6
教育公平视野中的美国黑人教育政策研究/胡玉萍 谷成杰,新疆大学学报(哲学·人文社会科学版).6
加拿大多元文化政策对我国少数民族教育发展的启示——基于楚雄州8所民族小学的调查/周莉,楚雄师范学院学报.11
加拿大印第安人和新西兰毛利人母语文化保存模式比较研究/高霞,楚雄师范学院学报.11
蒙古国蒙古语使用状况报告——阿尔杭爱省浩同图苏木个案/马志坤,中央民族大学学报(社会科学版).5
老挝克木族的双语关系——以老挝琅南塔省汇单村为例/余金枝等,民族教育研究.4
吉尔吉斯斯坦共和国不平衡双语制研究/郭卫东等,新疆师范大学学报(社会科学版).3
非洲国家的多元语言使用问题/罗美娜,世界民族.2
罗斯化与俄罗斯化:俄罗斯/苏联语言政策演变/周庆生,世界民族.4
语言民族主义的政治功能——以前南斯拉夫为例/戴曼纯 朱宁燕,欧洲研究.2
民族文化自觉与国家权利介入——加拿大土著族群语言的保护/陈巴特尔 高霞,暨南学报.2
美国移民双语教育的多重使命与新动态/王艳萍,黑龙江民族丛刊.3
澳大利亚民族身份塑造澳大利亚英语/冷慧等,广东外语外贸大学学报.5
对西方学界"ethnohistory"一词的历史考察/刘海涛,民族研究.2
谁是"斯基泰人"?——论西方古典作家笔下的斯基泰人/刘雪飞,世界民族.1
从雅利安人到欧亚游牧民族:探索印欧语系的起源/刘欣如,历史研究.6
犹太教与犹太人大流散时期的民族情结/张世均,西南民族大学学报(社会科学版).6

"香格里拉情结"：西方人的西藏认知及其成因/赵光瑞，民族工作研究.5

澳大利亚苗族的传统宗教/[澳]李亚著，侯万平编译，民族研究.4

"满鲜历史地理调查部"与白鸟库吉东洋史研究/赵薇，历史教学.6

女性崇拜及其嬗变——日本古代史的一条根本线索/董波，世界民族.4

日本明治时期的海外移民潮/杜伟，世界民族.1

缅甸与泰国跨国民族的种类、分布和人口/赵永胜，世界民族.2

建国以来中国学者对克木人的研究综述/赵燕 于娇娇，楚雄师范学院学报.12

老挝Lanten人的度戒仪式/袁同凯，云南民族大学学报（社会科学版）.5

论早期泰北泰庸人的形成/饶睿颖，云南民族大学学报（社会科学版）.4

泰国东北部地区老族的由来及其历史变迁/何平，贵州民族研究.5

简论缅甸"迈达"族群的形成/姚勇 姚鹏，东南亚南亚研究.3

评《马来西亚印度人的历史、问题及其未来》/罗圣荣，南洋问题研究.2

英国殖民统治时期在新加坡的印度人/夏玉清 孔慧，世界民族.3

菲律宾的印度人/王虎 杨静林，世界民族.3

印尼人姓名中的文化差异与融合/陈扬，东南亚研究.5

中亚东干人文化变迁与民族认同/丁明俊，回族研究.3

跨境民族的文化适应与制度创新——以东干人为例/赵金锁 王晓燕，中南民族大学学报（社会科学版）.4

少数民族与晚期奥斯曼帝国的社会变革/王三义，世界民族.6

断裂的灵魂：土耳其的身份观与时代困惑/张虎，世界民族.6

俄罗斯民族性格形成的历史文化因素/靳会新，俄罗斯中亚东欧研究.1

俄罗斯学者关于埃文人的历史文化研究历程/纪悦生，满族研究.1

俄罗斯学者关于尼夫赫人的研究历程/纪悦生，满族研究.3

6—12世纪南俄草原民族变迁/张志远，贵州社会科学.7

1707年英格兰、苏格兰合并的特征/李丽颖，世界民族.6

促使法兰西民族走向统一的有利条件/陈玉瑶，世界民族.2

澳洲土著的原始信仰与社会结构/吴云翔，黑龙江民族丛刊.5

因纽特人分布区地方自治概略/姜德顺，民族工作研究.1

对加拿大印第安民族汗屋仪式的现代思考/魏莉，学园.3

奥巴马当选与美国文化取向/李庆余 钱皓，世界民族.1

论美国非洲裔的历史文化及其保护/施琳等，黑龙江民族丛刊.2

1970—2000年美国黑人逆向迁移与原因分析/胡锦山，世界民族.3

试论美利坚民族国家建构的理论特色/王建华等，黑龙江民族丛刊.6

美国印第安人五大文明部落黑人奴隶制的产生/丁见民，史学月刊.8

美国黑人称谓的演变及其相关思考/明皓等，社科纵横.10

阿城富察哈拉满文谱单人名浅析/张杰，满语研究.2

再论好太王碑之"倭"/李德山，社会科学战线.5

好太王碑辛卯年条与相关问题/耿铁华，社会科学战线.11

德国内布拉星盘与中古时期中国北方民族的昴星团历法/孔庆典　马丁玲，西域研究.2

晚清"黄白"种族异视下被贬损、利用甚或改造的身体/杨鹏　罗福惠，世界民族.1

美国式民族生态学：概念、预设与特征——"民族生态学理论与方法论研究"之一/付广华，广西民族研究.1.

2012年汉文学术论文索引

一 民族理论

人类学视野中的西北城镇回族多坊一区社会——以甘肃省临夏市八坊回族聚居区为例/王平,北方民族大学学报（哲学社会科学版）.1

民族自治地方行政管理制度实施过程中非正式制度的影响分析/乌云高娃,北方民族大学学报（哲学社会科学版）.1

新疆民族关系走向及其影响因素分析/李晓霞,北方民族大学学报（哲学社会科学版）.1

关于把民族工作纳入法治轨道的几点思考/雷振扬,北方民族大学学报（哲学社会科学版）.1

乌鲁木齐维吾尔族流动人口生存和发展调查研究/王平 徐平等,北方民族大学学报（哲学社会科学版）.2

边疆少数民族自发移民的边缘化处境及其成因分析——基于对云南K县的调查/陆海发 白利友,北方民族大学学报（哲学社会科学版）.3

生态风险背景下对我国西部民族关系的新读/何生海,北方民族大学学报（哲学社会科学版）.3

新中国民族院校发展与改革的历史性回顾/张京泽,北方民族大学学报（哲学社会科学版）.4

试析新中国初期的少数民族文化建设/储著武 莫红梅,北方民族大学学报（哲学社会科学版）.5

中韩建交以来朝鲜族跨界迁移与发展研究述评/李梅花,北方民族大学学报（哲学社会科学版）.5

青海地区藏汉民族关系调查研究——以贵南县沙拉村为例/马燕,北方民族大学学报（哲学社会科学版）.6

从阔克麦西莱甫变迁看西北少数民族乡村社区文化的发展——以一个维吾尔族村庄的田野调查为例/魏冰 王金凤,北方民族大学学报（哲学社会科学版）.6

德昂族茶俗文化中的传统生态意识/丁菊英 蚌小云,楚雄师范学院学报.1

论民族关系调控机制的完善/商万里,楚雄师范学院学报.5

论佤族传统文化与现代化的碰撞与融合——以临沧沧源为例/施荣连　张荷群，楚雄师范学院学报.5

论佤族在《民族团结誓词碑》盟誓立碑中的影响力/杨洪　甘晓涌，楚雄师范学院学报.10

中共十六大以来马克思主义民族理论中国化的继承与发展/宋月红，当代中国史研究.5

探寻人口较少民族的发展之路——读《人口较少民族实施分类发展指导政策研究》/李成武，当代中国史研究.6

长征时期我党对少数民族的思想政治工作/赵建明，党史文苑（学术版）.8

略论抗战时期陕甘宁边区的民族政策/王晋林，党史文苑（学术版）.2

论乌兰夫关于民族工作的基本思想/白晓，东北师大学报（哲学社会科学版）.1

当代中国民族自治地方法规中的习惯/高其才，法学.10

青海藏族地区人力资源开发的现状和对策研究/田超等，改革与战略.12

民族自治地方行政区划变更的动因、问题与对策/潘红祥，甘肃理论学刊.6

略论民族地区村落的自治问题/白佩君，甘肃联合大学学报（社会科学版）.4

张掖市建设民族团结进步市的实践与启示/安永红，甘肃民族研究.1

略论民族信任/陈晓佳　贾东海，甘肃民族研究.1

社会转型期甘肃宗教与社会和谐调查/马东平，甘肃民族研究.1

平凉市跨地区宗教活动管理研究/毛文平，甘肃民族研究.1

积石山保安族东乡族撒拉族自治县基本公共服务均等化问题调研分析与对策/马青　钟邦定等，甘肃民族研究.1

当前城市民族工作中的几个问题——以甘肃省为例/郭清祥　秦禾，甘肃民族研究.2

兰州市七里河区城市民族工作调研报告/贾小波，甘肃民族研究.2

牧民定居后续发展问题调查研究——玛曲县扎西乐民新村调查报告/刘巍文，甘肃民族研究.2

近年来西北少数民族流动人口研究综述/侯海坤，甘肃民族研究.2

保安族家庭教育与性别社会化研究/勉卫忠，甘肃民族研究.2

少数民族网络文化建设刍议——以保安族为例/马沛霆，甘肃民族研究.2

浅述我国民族区域自治制度的形成与发展/胡成　胡永效，甘肃民族研究.3

试析新时期散杂居地区回藏汉民族关系——以青海省湟中县为例/祁海珍，甘肃民族研究.3

论甘肃少数民族传统文化的发展和创新/安生明，甘肃民族研究.3

新时期西北少数民族公民政治社会化的优化途径/杜军林，甘肃社会科学.1

当代藏区社会分层与社会流动问题——以甘肃藏为例/迟玉花，甘肃社会科学.1

文化视角下的民族团结教育实现问题/邵晓霞，甘肃社会科学.2

从"太极"观看王岱舆的回族文化认同/金贵，甘肃社会科学.3

民族地区传统聚落人居文化溯源研究——以新疆吐鲁番地区为例/闫飞，甘肃社会科学.6

西北少数民族大学生学习适应状况调查研究——以甘肃省高校为例/焦炜等,高等理科教育.5

读《中国共产党少数民族文化建设研究》/田子渝,高校理论战线.6

经济包容性增长视角下少数民族权益保障机制分析/严雪梅 张友,管理现代化.2

公民文化视域下民族地区政治参与问题研究/史成虎 张晓红,广东省社会主义学院学报.3

李维汉民族区域自治思想观评析/张颖,广东省社会主义学院学报.2

浅论当代中国民族问题——兼论对社会主义国家民族问题的认识/张伟豪,广东省社会主义学院学报.1

少数民族公民参与权法律规制的多维审视——基于湘西地区公民参与权法律保障的现状分析/彭清燕,广西大学学报(哲学社会科学版).3

旅游发展与少数民族职业女性的身份认同——以云南昆明、丽江高尔夫女球童为例/陈奕滨,广西民族大学学报(哲学社会科学版).2

黔东南苗族村寨民间调解机制探析/孙韡 吴大华,广西民族大学学报(哲学社会科学版).3

《民族理论与政策》课程"三化"改革的历史背景/龚永辉,广西民族大学学报(哲学社会科学版).3

《民族理论与政策》课程"三化"改革的成功之路/郭亮,广西民族大学学报(哲学社会科学版).3

从特色教材谈《民族理论与政策》课程的建导与分形/杨社平,广西民族大学学报(哲学社会科学版).3

历史使命与路径选择——多元文化视野下的民族团结教育/钟海青,广西民族大学学报(哲学社会科学版).6

论我国民族事务管理法治化的构建/刘振宇 李鸣,广西民族研究.1

广西构建民族文化强区的历史考察及当代启示/刘绍卫,广西民族研究.1

民族团结进步政策创新的若干建议——基于江苏省民族工作经验的调查/雷振扬 哈正利,广西民族研究.1

十六大以来党对民族理论的新发展/林庭芳 郭永珍,广西民族研究.1

中国"民族"内涵及民族研究范式应有之转变——以壮族为例(一)/李富强,广西民族研究.1

文化民族与政治民族——理论、应用及反思/郝亚明,广西民族研究.2

中国"民族"内涵及民族研究范式应有之转变——以壮族为例(二)/李富强,广西民族研究.2

民族国家认同与中华民族凝聚力问题研究/罗大文,广西民族研究.2

民族、民族国家及其建构/严庆,广西民族研究.2

关于当前若干热点民族问题的理性分析/周健,广西民族研究.2

广西各民族和合与民族团结进步模范区建设——广西建设民族团结进步模范区研究之一/

黄金海,广西民族研究.2

对民族平等界定的学术思考/郑昆亮　邢梦芸,广西民族研究.2

中国近代国家建构思想与西方民族主义/罗富明　罗绍明,广西民族研究.3

论城市化进程对民族关系发展的作用与影响/陈纪,广西民族研究.3

人口较少民族权益保障之立法思考/谭万霞,广西民族研究.3

论民族认同与国家认同——兼谈"共存共生"论对两者关系协调的启示/于春洋等,广西民族研究.4

西方中心主义视野下的中国民族识别——以白荷婷的《创造壮族——中国的族群政治》为中心/雷勇,广西民族研究.4

市场经济与民族国家——对斯大林民族形成条件理论的修正/李风华,广西民族研究.4

红军长征与近代贵州民族关系的变迁/裴恒涛,广西民族研究.4

广西民族文化与城市品牌创新双向推动战略研究/何德珍,广西社会科学.1

新时期新疆双语(多语)现象调查分析及启示/王莉　崔巍,广西社会科学.2

邓小平对边疆民族工作的理论贡献/郭克良　蓝文权等,广西社会科学.3

广西壮族音乐文化资源的保护与开发策略/翁葵,广西社会科学.4

新中国成立以来广西民族地区民生建设的历史考察及经验启示/付蓓　韦怀远,广西社会科学.7

少数民族文化发展繁荣与民族地区发展方式的包容性转向/陈金龙　朱永梅,广西社会科学.7

邓小平民族理论的国家认同与整合新模式/刘绍卫,广西社会科学.11

西南边疆民族地区青年归侨侨眷教育发展探索——西南边疆民族地区青年归侨侨眷发展问题研究系列之三/李雪岩　龙耀,广西师范大学学报(哲学社会科学版).4

对民族文化创意法律保护的反思与建构/魏红　张进,贵州大学学报(社会科学版).1

促进黔中经济区发展的法制建设研究/王飞　吴大华,贵州大学学报(社会科学版).3

论侗族习惯法对侗族地区和谐新农村建设的影响/封贵平　裴永林,贵州民族学院学报(哲学社会科学版).3

理论创新　政策推动　工作实效——论党的"十六大"以来中国民族理论与民族政策发展/刘吉昌　刘勇,贵州民族学院学报(哲学社会科学版).6

民族区域自治制度运行机制的三维构建——基于新制度主义政治学的理论视角/程守艳,贵州民族学院学报(哲学社会科学版).6

论城市化与自治州的未来发展/戴小明　黄元姗,贵州民族研究.1

试论国家语境下的民族政策价值取向/徐则平,贵州民族研究.1

民族习惯法的价值评价标准研究——以黔东南苗族侗族自治州苗族习惯法为例/杨长泉,贵州民族研究.2

中国藏医药产业发展问题研究/唐剑　贾秀兰,贵州民族研究.2

农村民族地区大力推进刑事和解制度的法律研究——以贵州农村苗族地区为例/黄彬,贵州民族研究.2

新中国成立以来社会主义民族关系特征的历史演进/李辅敏　董强,贵州民族研究.2

少数民族民事习惯法治化的路径探析/巫洪才,贵州民族研究.3

论贵州少数民族文化繁荣发展的"三要素"/徐英,贵州民族研究.3

少年中国之梦与民族文化之重塑——析王光祈少年中国的文化理想/柴永柏　赵崇华,贵州民族研究.3

马克思主义民族理论中的"以人为本"思想及其现实启迪/程伟,贵州民族研究.4

建党以来的民族理论发展的基本经验与当代价值/田猛,贵州民族研究.4

城市民族工作社会化与多元复合型社会管理体制的构建/柳建文,贵州民族研究.4

对我国民族地区群体性事件的规律性认识及对策建议/贾玉娇　胡敬斌,贵州民族研究.4

清代对边疆多民族地区的司法管辖与多元法律的一体化构建——以新疆为例/白京兰,贵州民族研究.4

贵州民族地区加快发展的风险规避政策探析/方丽,贵州民族研究.4

民族文化与人化:反思风险的新维度/雷云飞,贵州民族研究.4

试论民族地区公共文化服务体系建设的特殊性/索晓霞　蒋萌,贵州民族研究.4

建国前党的少数民族思想政治教育工作述论/黄备荒,贵州民族研究.4

文化生态视阈下民族院校思想政治教育的再思考/时伟,贵州民族研究.4

论民族院校思想政治教育的另类思考/袁建华,贵州民族研究.4

贵州少数民族贫困大学生自信心培养及思政教育/周华,贵州民族研究.4

中国民族自治地方立法公众参与的制度完善/刘训智,贵州民族研究.5

流动少数民族社会融入的权利逻辑/陆平辉等,贵州民族研究.5

少数民族大学生思想政治教育传播的文化阻抗与超越路径/温健琳等,贵州民族研究.5

加强我国边疆少数民族地区的国家认同建设论纲/颜俊儒,贵州民族研究.6

协商民主视野的族际政治与民族区域自治制度的完善和创新/张殿军,贵州民族研究.6

中国特色社会主义民族关系内涵之论说/廖业扬,贵州社会科学.1

少数民族聚居区农民工回乡创业的现状及对策——以黔东南州苗侗聚居区天柱县为例/黄玉红,贵州社会科学.4

"少数民族高层次骨干人才培养计划"实施中的问题与对策/徐顽强　朱喆　邓小伟,贵州社会科学.5

以社会主义核心价值体系引领民族地区文化大发展大繁荣/马英杰,贵州社会科学.6

多维视角下的民族平等探讨/胡兆义,贵州社会科学.8

大部制视域下的少数民族地区乡镇服务型政府建设——以贵州省威宁彝族回族苗族自治县观风海镇为例/任洁,贵州社会科学.8

贵州苗族文化产业群建设研究/文新宇　麻勇斌,贵州社会科学.9

社会学视野下的民族大学生社会认知/刘红旭等,贵州师范大学学报(社会科学版).6

民族区域自治制度是民族法律与民族政策的集中体现/宋才发,河北法学.12

民族地区发展民族文化旅游创意产业的路径思考——基于云南德宏自治州的研究分析/梁

爱文，河北科技大学学报（社会科学版）.2

马克思恩格斯视野中的民族主义及其当代价值/李保国，河南社会科学.5

少数民族自治区建立"民族特色文化生态保护区"研究/南文渊，黑龙江民族丛刊.1

论新疆和谐民族关系构建的思想道德基础建设/郑昆亮　李丽丽，黑龙江民族丛刊.1

关于民族语文翻译人才队伍建设理论与实践的几个问题/储著武，黑龙江民族丛刊.1

论新时期新形势下少数民族代表人士的特殊作用——以云南开展少数民族代表人士工作为例/张艳菊，黑龙江民族丛刊.1

关于抗日战争时期党的民族纲领政策研究综述/梁琛，黑龙江民族丛刊.1

中华民族——"民族复合体"还是"民族实体"？中国民族理论前沿研究系列论文之一/金炳镐　裴圣愚等，黑龙江民族丛刊.1

试论解放战争时期中国共产党在内蒙古的民族政策/张春梅，黑龙江民族丛刊.1

新世纪云南民族区域自治的成就、问题及完善/贺琳凯　汤法远，黑龙江民族丛刊.1

关于当前促进"民族融合"论之我见/陈烨，黑龙江民族丛刊.1

"程度性动词"的使用与"民族区域自治权"的保障——对民族区域自治若干法律性文件文本的比较分析/沈寿文　董迎轩，黑龙江民族丛刊.1

浅谈满族文化及其对东北地区的影响/洪红，黑龙江民族丛刊.1

朝鲜族大学生择业价值观调查分析/金春姬，黑龙江民族丛刊.1

少数民族流入人口的权益诉求与城市民族工作——基于对青岛市朝鲜族流入群体的实地调查/朴光星，黑龙江民族丛刊.2

试论区域合作与边疆民族地区发展——以图们江地区为例/金永灿，黑龙江民族丛刊.2

文化强国背景下少数民族共享文化发展成果探讨/苗瑞丹，黑龙江民族丛刊.2

浅析郭尔罗斯后旗"三努图克"从游牧到农耕的演进/伊全胜　万兴亚，黑龙江民族丛刊.2

文化濡化背景下的西北城市民族关系/汪春燕，黑龙江民族丛刊.2

破解资源诅咒的内蒙古模式研究/齐义军　付桂军，黑龙江民族丛刊.2

辽宁省少数民族非物质文化遗产保护研究/于富业，黑龙江民族丛刊.2

民族与族群：是概念的互补还是颠覆？——民族理论前沿研究系列论文之二/金炳镐　毕跃光　韩艳伟，黑龙江民族丛刊.2

人口较少民族扶持政策实施效果调查——以云南景洪市基诺山乡为例/赵新国　刘洁婷，黑龙江民族丛刊.2

民族地区环境保护政策研究/龚志祥，黑龙江民族丛刊.2

从语言对文化的意义观"族群边缘论"的神话——对王明珂《华夏边缘》的辩驳/刘芳，黑龙江民族丛刊.2

仡佬族传统祭祀文化的传承与变异/钟金贵，黑龙江民族丛刊.2

新疆公共文化服务体系建设的目标和重点——基于新疆社会文化产品的高"公共性"/肖建飞　阿依登·卡斯拉汗，黑龙江民族丛刊.2

从"多元一体格局"到"跨体系社会"——民族研究的区域视角与超民族视野/朱金

春　王丽娜，黑龙江民族丛刊.2

关于内蒙古自治区差异化旅游的几点探讨/王玉英，黑龙江民族丛刊.2

发掘少数民族文化资源，为龙江文化大发展大繁荣增添动力/沃岭生，黑龙江民族丛刊.2

论东北朝鲜族新农村建设的特点/孟凡东，黑龙江民族丛刊.2

人口较少民族的扶贫与发展——以布朗族（莽人）为个案/方明，黑龙江民族丛刊.2

地方性知识与民族地区的减防灾——以彝族尔比为例/叶宏　郭虹，黑龙江民族丛刊.2

回眸马克思主义民族理论发展历程——金炳镐主编《马克思主义民族理论发展史》评介/吴敏　陈永亮，黑龙江民族丛刊.2

回眸中国民族理论一个世纪的发展——金炳镐主编《中国民族理论百年发展（1900—1999）》评介/严庆，黑龙江民族丛刊.2

达斡尔族和汉族高一学生同一性状态的比较研究/刘岩松，黑龙江民族丛刊.2

论跨界民族关系的特殊性/张兴堂，黑龙江民族丛刊.3

关于黑龙江省民族、宗教工作机构改革情况的调研报告/沃俊霞　司文君，黑龙江民族丛刊.3

民族问题"去政治化"、"去文化化"："新思路"还是"老套路"——民族理论前沿研究系列论文之三/金炳镐　孙军　肖锐，黑龙江民族丛刊.3

浅谈近代瑶族的社会组织形式/魏志罡，黑龙江民族丛刊.3

论城市化进程中民族文化的机遇、困境与出路/卢守亭，黑龙江民族丛刊.3

历史记忆与民族关系——从陕西"回民起义"谈起/龚方，黑龙江民族丛刊.3

一朵被挂起来的金花——20世纪50年代汉民族形成问题再论/丁小丽，黑龙江民族丛刊.3

秩序与创新——粤北瑶族文化的现代困境与解决路径/赵炳林，黑龙江民族丛刊.3

侗族——"记间"的特质内涵及文化功能/姜大谦　吴家琴，黑龙江民族丛刊.3

少数民族地区突发公共事件治理浅析/阿地力江·阿布来提，黑龙江民族丛刊.4

民族自治地方行政管理特色初探/王思睿，黑龙江民族丛刊.4

制约生态移民战略实施的思想心理因素及解决对策——以内蒙古草原生态移民为例/李生　韩广富，黑龙江民族丛刊.4

民族融合：当前促进还是将来实现——民族理论前沿研究系列论文之四/陆鹏　于潜驰等，黑龙江民族丛刊.4

论杂散居民族工作与和谐边疆构建/赵新国　毛燕，黑龙江民族丛刊.4

试论新中国民族关系主体理论的发展/查干巴拉　公铭，黑龙江民族丛刊.4

什么样的民族政策可以保证国家长治久安（上）/都永浩　左岫仙，黑龙江民族丛刊.4

什么样的民族政策可以保证国家长治久安（下）/都永浩，黑龙江民族丛刊.5

朝鲜族流动人口城市融入研究——以烟台、威海、青岛为例/相华，黑龙江民族丛刊.4

浅谈鄂伦春族的传统禁忌习俗/周辉　吴松林，黑龙江民族丛刊.4

民族意识与公民意识、民族认同与国家认同：相协调还是相对立？——民族理论前沿研

究系列论文之六/王强等，黑龙江民族丛刊.5

中国扶持人口较少民族的成就、经验及对策/朱玉福，黑龙江民族丛刊.5

少数民族文化身份认同问题研究述评与讨论/荀利波，黑龙江民族丛刊.5

民族区域自治与"民族共治"：制度创新还是制度否定？——民族理论前沿研究系列论文之五/董强等，黑龙江民族丛刊.5

民族国家的生成与内涵辨析/王军，黑龙江民族丛刊.6

"民族认同"的源与流及其认同变迁/陈茂荣，黑龙江民族丛刊.6

民族政策价值取向：优惠照顾还是一般对待？——民族理论前沿研究系列论文之七/林艳　秉浩，黑龙江民族丛刊.6

中国民族政策：照搬苏联模式还是创新中国特色——民族理论前沿研究系列论文之八/于潜驰　陆鹏等，黑龙江民族丛刊.6

蒙古族聚居区民族素质提升的制约因素分析/吕洋，黑龙江民族丛刊.6

云南民族文化多样性的保护和发展研究/杨文顺　特姆，黑龙江民族丛刊.6

内蒙古自治学院探析/李玉伟　刘翰伦，黑龙江民族丛刊.6

从原生态民歌看当今音乐文化的缺失——神经科学视野中的音乐情绪研究/王超慧，黑龙江民族丛刊.6

认同的差异与选择：评张宝成论著《民族认同与国家认同——跨国民族视阈下的巴尔虎蒙古人身份选择》/严庆，黑龙江民族丛刊.6

满族游艺文化资源开发研究/王明霞　王微等，黑龙江民族丛刊.6

探索马克思主义基本理论与民族理论相融合的路径/朱静娜，黑龙江史志.22

内蒙古高校少数民族大学生宗教信仰问题探析——以包头师范学院为例/霍红霞，黑龙江史志.3

民族性与现代性——少数民族哲学视域的马克思主义哲学中国化/萧洪恩　萧菁，湖北民族学院学报（哲学社会科学版）.1

鄂西生态文化旅游圈发展现状、问题及法律对策/李妍辉，湖北民族学院学报（哲学社会科学版）.1

土家族丧葬仪式流程及其文化功能的田野调查资料解析/陈韵　陈宇京，湖北民族学院学报（哲学社会科学版）.1

基于多民族和谐社会构建中的多元文化理解教育/郑娅，湖北民族学院学报（哲学社会科学版）.1

民族区域自治制度发展与创新——以恩施土家族苗族自治州为例/龚志祥，湖北民族学院学报（哲学社会科学版）.1

鄂西南土家族地区文物古建筑的遗存现状与保护措施探析/朱世学，湖北民族学院学报（哲学社会科学版）.1

马克思主义中国化视阈中的马克思主义民族理论中国化/赵刚，湖北民族学院学报（哲学社会科学版）.1

完善城市民族区民族政策的建议——以河南省三个城市回族区为例/王升云　李安辉，湖

北民族学院学报（哲学社会科学版）.1

论舟曲藏族的民间组织及其社会功能——以武坪村为例/仇任前，湖北民族学院学报（哲学社会科学版）.1

民歌文化资源在西部高校民俗学教学中的创新化应用/李萍，湖北民族学院学报（哲学社会科学版）.1

茶与藏族社会生活/赵国栋　于转利，湖北民族学院学报（哲学社会科学版）.2

遗存与变迁——当下土家族摆手活动功能变迁考察/黎帅　黄柏权，湖北民族学院学报（哲学社会科学版）.2

仪式的"意外"表述——以密枝祭神仪式中外来媒介物的表述为例/巴胜超，湖北民族学院学报（哲学社会科学版）.2

少数民族老字号法律保护问题探析/余澜　皮林，湖北民族学院学报（哲学社会科学版）.3

土家族跳丧舞的表现形式与文化特征/熊晓辉，湖北民族学院学报（哲学社会科学版）.2

群体行为视域下的民族群体性事件/徐光有　袁年兴，湖北民族学院学报（哲学社会科学版）.2

人类学视野下的家庭教育与苗族传统文化传承——以湘西苗族为例/秦中应，湖北民族学院学报（哲学社会科学版）.2

土家族聚居区域结构稳固研究/申莉，湖北民族学院学报（哲学社会科学版）.2

城市穆斯林社区的变迁及其应对——以武汉市为例/陈云　孙沭沂，湖北民族学院学报（哲学社会科学版）.2

传承与创新：回族法律文化现代化的路径选择/贾德荣，湖北民族学院学报（哲学社会科学版）.3

论民族自治条例的制定——一种法经济学的考察/王朝恩，湖北民族学院学报（哲学社会科学版）.3

少数民族习惯法的美德/李春斌，湖北民族学院学报（哲学社会科学版）.3

散杂居背景下彝族的人格结构分析——基于贵州省大方县八堡彝族苗族乡的调查/沈再新，湖北民族学院学报（哲学社会科学版）.3

仪式的互惠交换与社会基础——以老刘寨苗族出生礼为例/王昊英　郑宇，湖北民族学院学报（哲学社会科学版）.3

文化自觉与少数民族地区乡村建设/谭华，湖北民族学院学报（哲学社会科学版）.3

论土家族神话中的特殊伦理精神/周兴茂　李梦茜，湖北民族学院学报（哲学社会科学版）.3

民间宗教文化生命力的源泉及其功能辨析/唐胡浩，湖北民族学院学报（哲学社会科学版）.3

白族传统慈善伦理及其当代价值/王银春，湖北民族学院学报（哲学社会科学版）.4

城市化进程中民族关系问题研究的文献述评/陈纪，湖北民族学院学报（哲学社会科学

版).4

改革开放以来广西民族地区民生建设的实践研究/付蓓等,湖北民族学院学报(哲学社会科学版).4

民族教育优惠政策与民族地区的"扶贫增收"/张艾力,湖北民族学院学报(哲学社会科学版).4

危机后仪式:鄂西土家族还愿仪式解读/葛政委,湖北民族学院学报(哲学社会科学版).4

认同激发、社会变迁与序列变化:以少数民族国家认同为研究对象/任勇,湖北民族学院学报(哲学社会科学版).5

贵州土家族地区民间闹丧习俗调查研究/敖以深,湖北民族学院学报(哲学社会科学版).5

土家族哭嫁歌中骂媒现象新解/刘容 蒋述东等,湖北民族学院学报(哲学社会科学版).5

现代化进程中土家族嫁妆的变化——以湖北A村为例/尹旦萍,湖北民族学院学报(哲学社会科学版).5

论狩猎民族的身份变化——以鄂伦春族为例/查干姗登,湖北民族学院学报(哲学社会科学版).6

湖北少数民族特色村寨保护与发展经验解析/姜爱,湖北社会科学.9

论社会管理中民族传统习惯的发掘与利用——以湖北省五峰县土家族习惯法为个案/卢明威,湖北社会科学.8

民族主义在当代中国的出场逻辑/李保国,湖北社会科学.6

民族地区城乡市场结构协调发展与提升城镇化质量研究/王兆峰等,湖南科技大学学报(社会科学版).6

中国(维吾尔族)人——维吾尔族初中学生的民族认同初探/杜亮 阿不力孜,湖南师范大学教育科学学报.3

民族地区公共文化服务体系建构的实践与思考——以湘西民族地区为例/陈坚良 张喜萍,湖南师范大学学报.2

现代性语境下民族文化焦虑的生成与消解——以回族小说为例/金春平,华中科技大学学报(社会科学版).4

文化再生产视角下的城市风貌特色建设——以湘西土家族文化为例/李进 李明术,华中科技大学学报(社会科学版).3

宁夏回族华侨华人社会与现状初探/梁莉莉,回族研究.2

中国伊斯兰文化节约理念及当代意义/王升云 李安辉,回族研究.2

论回族口承非物质文化的传承与保护/马晓琴,回族研究.2

文化的"多元融通"与民族的"和合共生"/马平,回族研究.3

刘智《天方性理》采辑经书文献考/姚继德 王根明,回族研究.4

马注早期思想的儒学特征/许淑杰 华涛,回族研究.4

伊儒文化之共同点比较研究/朱国明,回族研究.4

传播学视域中民族共同体的认同与想象——以文本《回族民间故事选》为中心的探讨/张春波,回族研究.4

近代回族文化团体与回教社会转型——以"留东清真教育会"为例/马艾 霍维洸,回族研究.4

回族民间音乐中的"家园意识"/王一男,回族研究.4

西方传教士对近代回族社会的调查——以人口调查和"田野考察"为例/韩永静,回族研究.4

冀中抗日根据地的回族社会流动及其机制/杨豪 贺文乐,回族研究.4

简论回族文化的典型特点/马金宝,回族研究.4

试论地理分布对回族生存与发展的影响/马广德,回族研究.4

移民与近代上海回民社会(1849—1959)/林勇 苏金子,回族研究.4

吉林九台满族萨满文化调查与思考/许淑杰 于鹏祥,吉林师范大学学报(人文社会科学版).3

满汉共俗与满族特色——以锡克特里氏(石姓)家族龙年春节为例/陈明宏 陈昊,吉林师范大学学报(人文社会科学版).3

民族地区政府应对突发群体性事件的制度构建/廖小东 曹文波,吉首大学学报(社会科学版).3

地方性药物认知与分类特点——基于湘西一个土家族村落的人类学考察/梁正海 柏贵喜,吉首大学学报(社会科学版).1

生活政治:边境社会有序秩序的生成原理——滇越边民地方性社会构造的"本己观"探讨/谷家荣,吉首大学学报(社会科学版).1

论族群的原生性文化/傅安辉,吉首大学学报(社会科学版).1

多元族群视域下台湾多元文化主义的反思与批判/付翠莲,吉首大学学报(社会科学版).1

"原生态"文化的制造:河湟西纳地区阳坡人的耍"牦牛"仪式/关丙胜,吉首大学学报(社会科学版).4

湘西"瓦乡人"还傩愿的现代展演/刘兴禄,吉首大学学报(社会科学版).3

侗族社区地名命名制度的文化调控——以贵州黎平黄岗侗族为例/罗康智,吉首大学学报(社会科学版).4

光明的缔造:苗族审美起源考/周江,吉首大学学报(社会科学版).4

少数民族习惯法的制度空间与"合法化"路径/张殿军,吉首大学学报(社会科学版).4

湘西民间家具的设计思想与文化内涵/黄艳丽 戴向东等,吉首大学学报(社会科学版).4

苗族村落社区消防预警教育机制的文化诠释——以黔东南苗族"洗寨"习俗为例/麻勇恒 范生姣,吉首大学学报(社会科学版).4

民族伦理观念与民族关系——湘西地区民族关系和谐发展研究之二/胡炳章 胡晨，吉首大学学报（社会科学版）.5

论民族自治区域发展权的宪法保护/李晓定，吉首大学学报（社会科学版）.6

近代民族主义与民族国家构建的关系思考/朱润生，江汉大学学报（社会科学版）.4

族群理论背景下的历史地理探索——《从淮夷族群到编户齐民》述评/黄凤春，江汉考古.2

从民族认同到公民身份——现代民族国家的社会整合与多元稳定/应奇 佘天泽，江苏行政学院学报.2

全球化背景下的我国少数民族文化多元发展/李岑，江西科技师范学院学报.3

论民族文化的普世价值/牟成文，江西师范大学学报（哲学社会科学版）.2

中共民族区域自治制度的形成——以建立内蒙古自治政府为例/李国芳，近代史研究.6

广西普通高校贫困生资助体系创新研究——少数民族贫困大学生创业研究/陈一栋 范慧玲，经济与社会发展.7

促进民族和谐的法治研究/梁卫军 蒋玉等，经济与社会发展.7

论少数民族自治地方的科学立法/陈文琼，经济与社会发展.6

民族地区社会整合的模式变迁及现实路径论析/李斌，经济与社会发展.9

广西少数民族妇女政治参与现状及对策研究/谭三桃，经济与社会发展.3

破碎空间的完形——麻扎的结构及其象征/董琳，喀什师范学院学报.1

对比分析满族忌食狗肉习俗的几种解释/徐连栋 史晟男，喀什师范学院学报.1

试论新疆跨越式发展的内涵及意义/陈尚斌，喀什师范学院学报.1

新疆欠发达地区县域城市发展的思考与对策——以喀什地区莎车县为例/何建木，喀什师范学院学报.1

民族杂居区维吾尔族居民语言认同现状研究——以上海为个案/陈建伟，喀什师范学院学报.1

短暂的援疆 永久的丰碑——抗战时期共产党人林基路对新疆的贡献/甘桂琴 韩建萍，喀什师范学院学报.2

新疆少数民族民事习惯与国家法的关系问题思考/江钦辉，喀什师范学院学报.2

近代维吾尔家庭手工业研究/努如拉·莫明·宇里魂，喀什师范学院学报.4

新疆边境地区贫困调查研究——以福海县为例/李霞 李万明，开发研究.2

制造共同命运——以"白族"族称的协商座谈会为例/梁永佳，开放时代.11

民族院校科研与学科建设互动的共生范式选择/梁桂娥等，科技管理研究.23

论科技创新与民族传统文化的发展/乌云高娃，科学管理研究.3

论民国时期的民族政策/严昌洪 李安辉 吴守彬，兰州大学学报.1

少数民族地区公民意识培养研究/曹阳昭，兰州大学学报.2

影响中国西北边疆安全的国际因素分析/李世勇，兰州大学学报.3

反思的民族主义：自由主义的民族主义——塔米尔《自由主义的民族主义》述评/吕学红，理论月刊.10

回顾与总结——马克思主义民族理论大众化的历程、特征和经验/肖光文,理论月刊.7
梁启超民族主义思想论析/陈敏荣 宋利君,理论月刊.3
《东方民族主义思潮》再版前言/彭树智,历史教学问题.5
略论汉民族的形成与兼备并包的汉文化/叶文宪,历史教学问题.3
民族主义作为政治手段持久性的博弈模型分析/谢晓光 李建明,辽宁大学学报(哲学社会科学版).5
族群认同与国家民族认同解析/张颖,岭南学刊.3
民族自治地方"干部民族化"运作中的"三重张力"分析——从贵州Z自治县的三个行政案例说起/程守艳,领导科学(郑州).11B
马克思主义大众化民族文化路径选择的方法论/胡相峰,马克思主义研究.5
李维汉对马克思主义民族理论中国化的贡献/戴开尧 王志谦,马克思主义与现实.4
黑龙江省少数民族文化产业开发的现状与反思/左岫仙,满语研究.1
基本政治制度不容置疑、不容动摇、不容削弱——网络空间取消民族区域自治言论辨析/周竞红,满族研究.1
辽宁省城市少数民族流动人口权益保障问题研究/金海燕,满族研究.1
和谐社会的构建与民族关系调控机制的完善/孙淑秋,满族研究.2
中国民族事务管理法治化的历程、依据和创新/刘振宇,满族研究.2
论民族关系预警系统的建立/杨军,满族研究.2
新形势下对城市少数民族工作的思考/彭谦 苗丽,满族研究.3
非民族地区民族学校边缘化现象与民族特色的强化/高春梅,满族研究.3
简析我国民族发展扶持政策的作用与效果——以民族干部、人口、教育政策为例/张彦虎 李万明,毛泽东邓小平理论研究.9
多元文化主义视阈下的少数民族权利问题/周少青,民族研究.1
阿拉善盟生态移民后续产业发展现状与对策研究/张丽君 吴俊瑶,民族研究.2
民族区域自治制度与民族关系和谐的实证研究——基于云南藏区的问卷调查/王德强 史冰清,民族研究.2
民族地区城镇劳动力市场中的性别就业与工资差异——以宁夏回族自治区为例/丁赛,民族研究.3
扶贫开发与少数民族文化——以少数民族主体性讨论为核心/王建民,民族研究.3
陕甘宁边区民族立法实践研究/刘玲,民族研究.3
《中国共产党怎样解决民族问题》评介/罗贤佑,民族研究.3
"农村市场与社会结构"再认识——以摩哈苴彝族村与周城白族村为例对施坚雅理论的检验/朱炳祥,民族研究.3
以行政区域统驭国内民族——抗战前国民党对少数民族的基本策略/杨思机,民族研究.3
民族社会工作:发展与文化的视角/王思斌,民族研究.4
论民族社会工作的基本意涵、价值理念和实务体系/任国英 焦开山,民族研究.4

中国民族社会工作发展路径："边界跨越"与"文化敏感"/王旭辉　柴玲等，民族研究.4

社会竞争与族群建构：反思西方资源竞争理论/关凯，民族研究.5

20世纪中国民族问题的通览性研究——《20世纪的中国民族问题》评介/朗维伟，民族研究.6

边疆民族地区发展和稳定的特殊工作机制——以五次中央西藏工作座谈会为中心/王茂侠，民族研究.6

构筑公共文化惠民新体系，助推民族文化繁荣新发展——从云南文化建设实践到云南文化建设经验/黄峻，民族文学艺术研究.3

民族平等的多维视角解读/胡兆义，内蒙古大学学报（哲学社会科学版）.4

少数民族地区公民非制度化政治参与的治理对策研究/张丽红，内蒙古民族大学学报（社会科学版）.1

中国共产党尊重少数民族风俗习惯政策的意义/高苏建，内蒙古民族大学学报（社会科学版）.6

论民族政治发展基本概念的界定/于春洋，内蒙古社会科学.2

民族自治地方一般性地方国家机关权力与自治权比较研究——基于范围、边界及自治权的消解与进路/张殿军，内蒙古社会科学.4

民族地区生态补偿政策存在的问题及对策研究/张冬梅，内蒙古社会科学.4

中国共产党维护民族地区社会稳定的理论思考/胡清惠　马慧吉，内蒙古师范大学学报（哲学社会科学版）.1

国家认同、法治与爱国主义——和谐民族关系的实现路径/杨鹍飞　田振江，宁夏大学学报（人文社会科学版）.5

文化生态学视阈下探析多民族地区文化与社会和谐/罗昌勤，前沿.11

当前内蒙古自治区农村牧区发展中存在的主要问题和对策建议/付启敏　崔京哲，前沿.13

建设边疆少数民族地区和谐社会的机制选择/宗永平，前沿.16

关于藏族聚居区群众政治参与问题探析/薛红焰，青海民族大学学报（社会科学版）.1

历史的选择　当代的使命——新中国建立初期青海民族区域自治的实践/关桂霞，青海民族大学学报（社会科学版）.2

社会主义初级阶段民族关系二重性特征及发展趋势/唐志君，青海民族大学学报（社会科学版）.2

发展地域特色文化　促进青海和谐社会建设/韩官却加，青海民族大学学报（社会科学版）.2

民族区域自治是国家认同建构的制度保障/石文斌　杨虎德，青海民族大学学报（社会科学版）.3

中国共产党对马克思主义民族理论的发展与创新——以马克思主义民族理论中国化为视角/吴秀兰，青海民族大学学报（社会科学版）.4

弘扬民族宗教优秀文化　服务社会和谐稳定/尚义，青海师范大学学报（哲学社会科学版）.3

论我国民族区域自治制度的生命力/杨杨等，求是.11

民族团结进步的壮丽华章——十六大以来民族工作理论与实践的新发展/国家民委党组，求是.11

陕甘宁边区时期民族政策的宪政表达及制度化实践/张小军，求索.7

深化中国边疆政策研究之我见/马大正，社会科学战线.7

新形势下西北少数民族地区城市民族宗教政策的完善与发展——以宁夏回族自治区银川市为例/姜克银，社科纵横.11

边疆民族地区乡村干部履职尽责的实然状况和应然要求——对云南民族地区村"两委"干部素质能力状况的调查与分析/袁国友，思想战线.1

西南地区构建具有特色的城镇化道路研究——以云南省为例/陈国新　罗应光，思想战线.1

回归学术主体性：东南民族研究的三个省思/陈支平，思想战线.1

从民族团结走向民族融合——对云南建设"民族团结进步示范区"的几点思考/肖宪，思想战线.4

民族政策价值取向调整视野下的国家认同/张会龙，思想战线.4

关于中国民族政策发展方向的思考/徐畅江，思想战线.5

"两个共同"抑或"民族融合"——社会主义初级阶段理论与中国民族问题/马平，西北民族大学学报（哲学社会科学版）.3

"民族政治"涵义的探讨/陈纪，西北民族大学学报（哲学社会科学版）.6

"十一五"期间少数民族事业取得的成就、存在的问题和挑战/才让加　贾东海，西北民族大学学报（哲学社会科学版）.2

藏传佛教对藏区社会稳定的影响及对策/张宏伟，西北民族大学学报（哲学社会科学版）.6

对民族习惯法与国家法冲突与调适的思考/贾德荣，西北民族大学学报（哲学社会科学版）.2

关于坚持和完善民族优惠政策的几点思考/毛公宁，西北民族大学学报（哲学社会科学版）.3

关于民族地区和谐社区建设的若干思考——以西部城市社区为例/羌洲，西北民族大学学报（哲学社会科学版）.2

和谐发展视阈中云南民族团结关系论析/杨志玲　叶燎昆，西北民族大学学报（哲学社会科学版）.6

回族社群文化视野下性道德的伦理价值研究/哈玉红，西北民族大学学报（哲学社会科学版）.1

坚持中国特色社会主义民族理论政策——评析"第二代民族政策"说/金炳镐　肖锐，西北民族大学学报（哲学社会科学版）.4

今天我们如何推进民族理论创新和政策实践/张建新，西北民族大学学报（哲学社会科学版）.4

论国外援助政策及对援疆工作的启示/陈宏，西北民族大学学报（哲学社会科学版）.4

论民族地区和谐社会建设中的公民政治参与/江波　林怡婷，西北民族大学学报（哲学社会科学版）.4

论社会主义时期藏传佛教社会地位的变迁/罗桑开珠，西北民族大学学报（哲学社会科学版）.6

民族分层抑或民族社会分层——当前中国民族社会结构的解读视角/陈晶，西北民族大学学报（哲学社会科学版）.1

民族区域自治地区加强和创新社会管理的法治路径探讨/顾华详，西北民族大学学报（哲学社会科学版）.6

民族区域自治制度运行的内在机理分析/程守艳，西北民族大学学报（哲学社会科学版）.6

民族院校哲学社会科学研究服务社会能力的分析/马景泉，西北民族大学学报（哲学社会科学版）.2

少数民族地区公务员能力建设存在的问题及对策研究——以内蒙古兴安盟为例/胡其图，西北民族大学学报（哲学社会科学版）.1

少数民族事业的内涵及其解读/李长亮，西北民族大学学报（哲学社会科学版）.2

少数民族事业的内涵与发展规划研究/金雅声，西北民族大学学报（哲学社会科学版）.2

少数民族事业中长期发展的战略选择、主要思路和基本原则/马德山，西北民族大学学报（哲学社会科学版）.2

试论我国边疆民族地区的认同问题/李虹，西北民族大学学报（哲学社会科学版）.3

通览百年中国民族问题的鸿篇大作——评王希恩等新著《20世纪的中国民族问题》/崔明德，西北民族大学学报（哲学社会科学版）.6

西部农村回族生育观念的调查研究——以宁夏西吉县为例/王雪梅，西北民族大学学报（哲学社会科学版）.4

中国特色社会主义宗教理论/沈桂萍，西北民族大学学报（哲学社会科学版）.2

尊重国情和历史　坚持实事求是原则——评析"第二代民族政策"论点/贾东海　陈晓佳，西北民族大学学报（哲学社会科学版）.4

民族地区开放度的现状分析及提升对策/张冬梅，西北民族研究.1

20世纪上半期日本的中国回教民族政策述论/曾凡云，西北民族研究.1

深刻认识中国民族区域自治制度的特点/姜勇　杨丽，西北民族研究.2

作为宪法命题的多民族大国的族群治理与国家建构/常安，西北民族研究.2

民族共同性和融合性：解决民族问题的哲学基点/贾应生，西北民族研究.2

中国的民族问题与20世纪50年代的"民族识别"/马戎，西北民族研究.3

民族构建与国家建设/唐建兵，西北民族研究.4

西北少数民族日常交往的伦理心态分析/马芝君等,西北民族研究.4

青海民族文化的多样性与和谐社会构建/乔秀花,西北民族研究.4

从"五个治"看西藏社会管理改革创新/侯明,西藏民族学院学报(哲学社会科学版).4

现代变迁与民族经验——西藏社会的个案/张虎生 陈映婕,西藏研究.1

藏北牧民公民权和政治权的人类学考察——以那曲牧区村落社会为例/郎维伟 赵书彬,西藏研究.1

也谈西藏和平解放与"一国两制"/王小彬,西藏研究.2

经济发展理论演变及其对援藏工作的启示/周猛,西藏研究.2

以毛泽东为核心的第一代领导集体对中央"援藏机制"的理论贡献与积极探索/贺新元,西藏研究.4

建立有效的公共文化服务体制 切实保障人民群众基本文化权益/杨亚波,西藏研究.6

论多元生计方式与构建民族自治地方的和谐共生/罗义群,西南民族大学学报(人文社会科学版).1

民族和睦——云南藏区和谐稳定的重要因素/杨福泉,西南民族大学学报(人文社会科学版).1

新中国成立以来我国跨界民族问题的形成与历史演变/李学保,西南民族大学学报(人文社会科学版).2

西藏国企的发展与环境影响因素研究/周喜革,西南民族大学学报(人文社会科学版).2

我国少数民族地区社会保障研究及其评价/戴卫东,西南民族大学学报(人文社会科学版).2

省际结合部民族因素群体性事件调查报告/张成 许宪隆 郭福亮,西南民族大学学报(人文社会科学版).4

再谈"民族问题"和"民族矛盾"的异同/张兴堂,西南民族大学学报(人文社会科学版).6

社会主义核心价值体系引领西部少数民族政治文化建设探略/董洪乐 丁志刚,西南民族大学学报(人文社会科学版).8

民族区域自治——多重因素的历史实践和民族和谐的基础——李绍明美国西雅图华盛顿大学人类学系讲座(四)/李绍明讲述 彭文斌整理,西南民族大学学报(人文社会科学版).8

社会认同视角下多民族社区和谐民族关系建设研究——以天津市H街道为例/陈纪,西南民族大学学报(人文社会科学版).10

民族地区社会风险、社会稳定与社会保障研究/安华,西南民族大学学报(人文社会科学版).10

多维视角下藏区城镇化进程的问题及对策研究——以四川阿坝州为个案的分析/建红英,西南民族大学学报(人文社会科学版).10

面向民族地区紧缺人才行业开展订单定向式人才培养模式的对策/张明善等,西南民族大学学报(人文社会科学版).11

论促进民族之间交往交流的前提与保障/雷振扬　陈蒙,西南民族大学学报(人文社会科学版).12

试论当代中国民族工作对外形象管理的战略设计/魏国雄,西南民族大学学报(人文社会科学版).12

黔东南苗族侗族自治州行政执法方式研究/王承艳,西南农业大学学报(社会科学版).9

从心理文化特征看新疆哈萨克族的国家认同意识/吴琼,新疆大学学报(哲学·人文社会科学版).1

对农村少数民族与电视传播的冷思考/葛艳玲　张瑞静,新疆大学学报(哲学·人文社会科学版).2

赴内地务工维吾尔族流动人口浅析/杨磊　孟楠,新疆大学学报(哲学·人文社会科学版).3

协商民主视野下新疆和谐民族关系的构建/马黎晖　夏冰,新疆大学学报(哲学·人文社会科学版).4

现代政治文化与民族国家治理/丁志刚　董洪乐,新疆社会科学.1

评"第二代民族政策"说的理论与实践误区/郝时远,新疆社会科学.2

协商民主在新疆和谐宗教关系构建中的作用/马黎晖　夏冰,新疆社会科学.2

宗教工作与新疆的长治久安/侯兰梅,新疆社会科学.2

社会转型与少数民族价值观变迁:以西南地区为例/任勇,新疆社会科学.3

社会转型期新疆"民族团结"政策导向探微/徐磊,新疆社会科学.3

文化对口援疆的"输血"类型及援疆路径选择/李建军,新疆社会科学.3

民族区域自治力:概念厘定、测量模型及模糊评价/郑小强　徐黎丽,新疆社会科学.4

新时期新阶段新疆民族工作的四大历史课题/葛志新,新疆社会科学.6

新疆宗教问题怎么看,怎么办?/刘仲康,新疆社会科学.6

完善新疆公共文化服务体系的对策探析/杜孝珍　桑川,新疆师范大学学报(哲学社会科学版).3

论新中国成立以来的援疆政策/陈宏,新疆师范大学学报(哲学社会科学版).6

多民族地区农村社区整体性治理研究/林聪,学术论坛.6

论壮族地区历史上稳定平和的原因及启示/刘武军,学术论坛.6

多民族地区政策执行主体优化研究/林聪,学术论坛.4

云南边疆民族区域自治深化运行的思考/高旗,学术探索.10

浅议衡量民族工作成效的重要标准——"四个有利于"标准的理论内涵及其意义/朴晋康,延边大学学报(社会科学版).5

延边州民族自治地方立法公众参与的制度完善/刘训智等,延边大学学报(社会科学版).6

多民族城市社区思想政治教育机制的构建/马幸荣　王永红，伊犁师范学院学报（社会科学版）.2

论民族政治发展的基本内涵/于春洋，云南民族大学学报（哲学社会科学版）.2

论边疆自治州行政管理体制改革目标确立的思路——以文山壮族苗族自治州为个案/阮朝奇，云南民族大学学报（哲学社会科学版）.4

论少数民族地区宏观调控的必要性和特殊性/马淮，云南民族大学学报（哲学社会科学版）.4

云南扶持人口较少民族工作的实践及其成效考察/赵新国　毛燕，云南民族大学学报（哲学社会科学版）.5

民族"视角"呼唤与时俱进——谈当前民族研究中的热点话题/明浩，云南民族大学学报（哲学社会科学版）.5

云南省城市民族关系面临的问题与对策/郭家骥，云南民族大学学报（哲学社会科学版）.6

中间人P东莞彝族工头及其社会功能/刘东旭，云南民族大学学报（哲学社会科学版）.6

民族高等院校大学生团队凝聚力研究——以云南民族大学为例/肖冬平　王春秀，云南民族大学学报（哲学社会科学版）.6

以利益协调为着力点　破解边疆民族地区农村基层社会管理机制创新难题/任新民　陈娜，云南民族大学学报（哲学社会科学版）.6

少数民族地区农村富余劳动力转移培训研究——以云南省红河哈尼族彝族自治州为例/罗建华　吉洪，云南民族大学学报（哲学社会科学版）.6

民族自治地方政治发展的路径分析/王传发，云南社会科学.1

中国共产党涉藏外宣的策略、效果及启示——以中国政府涉藏白皮书为例/刘朋，云南社会科学.2

农业景观变化与少数民族地方制度建设——以云南西双版纳州纳版河地区为例/梁川　杨福泉等，云南社会科学.3

论少数民族乡村传统社会资本对政治参与的影响——以云南省沧源佤族自治县G村为例/王丽华，云南社会科学.3

凉山彝族传统纠纷解决机制及其流变与法治化归引/巫洪才，云南社会科学.3

1949—1957年西南少数民族地区社会治理问题研究/周本贞，云南师范大学学报（哲学社会科学版）.1

非法移民对人口安全、国家认同的影响——基于云南边疆民族地区的调查/罗刚，云南师范大学学报（哲学社会科学版）.4

新中国成立初期民族自治地方行政建制研究/宋月红，中共党史研究.11

中印领土争议东段地区珞巴族塔金人及其社会变迁/李金轲　马得汶，中国边疆史地研究.1

成都武侯区民族街藏族流动人口生活状况调查报告/窦存芳，中国藏学.2

从在内地的藏族流动人口状况看汉藏民族关系——以成都市藏族人口状况为例/"内地藏族流动人口研究"课题组,中国藏学.2

藏传佛教和谐思想在建构和谐社会方面的作用/郑堆,中国藏学.3

当代疆独的意识形态分析/徐弢,中国党政干部论坛.3

哲人其萎　泰山长青——纪念民族宗教的倡导者吕大吉先生/张践,中国宗教.8

挖掘藏传佛教进步思想为构建和谐社会发挥作用/郑堆,中国宗教.8

论我国的宗教文化资源及其开发/杨玉辉,中国宗教.6

爱国守法与爱教守戒——藏传佛教教义阐释工作的两个主题/李德成,中国宗教.3

北川羌族非物质文化遗产合理利用潜力综合评价分析/龚珍旭等,中华文化论坛.6

新中国成立前中国共产党民族工作的理论与实践/龚志祥,中南民族大学学报(人文社会科学版).1

非物质文化遗产知识产权保护的实证分析——以云南石林彝族自治县为例/王瑞龙　李静怡,中南民族大学学报(人文社会科学版).1

当代民族问题的研究态势——基于2006—2011年国家社科基金立项数据的分析/方付建,中南民族大学学报(人文社会科学版).1

少数民族流动人口城市适应研究——基于民族因素与制度因素比较/高向东　余运江　黄祖宏,中南民族大学学报(人文社会科学版).2

论民族地区乡(镇)政府行为对构建"国家认同"的作用/巴玉玺,中南民族大学学报(人文社会科学版).2

对口援疆与少数民族农牧民自我发展能力的提升/孙岿,中南民族大学学报(人文社会科学版).3

民族地区社会管理与民族工作创新/李俊杰　王蛟龙,中南民族大学学报(人文社会科学版).3

党的第一代领导集体民族工作哲学思想研究/何海涛,中南民族大学学报(人文社会科学版).3

当前我国民族政策的坚持与调适初探——兼评民族问题"去政治化"/彭英明,中南民族大学学报(人文社会科学版).4

权利还是权力:民族区域自治研究中一个难解的课题/任新民　邓玉函,中南民族大学学报(人文社会科学版).4

关于民族乡科学发展的思考/中央民族干部学院专题调研组,中南民族大学学报(人文社会科学版).4

坚持和完善我国的民族乡政策/李安辉,中南民族大学学报(人文社会科学版).4

论藏族牧民定居化模式及其特点——以甘肃省玛曲县、青海省果洛州为个案/苏发祥　才贝,中南民族大学学报(人文社会科学版).4

如何认识"民族"和"中华民族"——回顾1939年关于"中华民族是一个"的讨论/马戎,中南民族大学学报(人文社会科学版).5

中华民族的多元一体与各民族的共生互补——兼论"第二代民族政策"/许宪隆　袁年

兴，中南民族大学学报（人文社会科学版）.5

转变发展方式背景下特色民族村寨发展模式的调整与转型——以湖北省恩施市枫香坡侗族村寨为例/邓辉，中南民族大学学报（人文社会科学版）.5

中国共产党对马克思主义经典作家关于民族主义论述的继承和发展/张三南，中央民族大学学报（哲学社会科学版）.1

契合与转进：西部民族地区解纷机制建构路径/石光乾，中央民族大学学报（哲学社会科学版）.1

和谐民族交往的思想渊源及其现实意义/王瑜卿 肖锐，中央民族大学学报（哲学社会科学版）.2

民族村社政治体系与国家政治体系之间的互动——以云南边疆为例/龙立，中央民族大学学报（哲学社会科学版）.3

何为"第二代民族政策"？/黄铸，中央民族大学学报（哲学社会科学版）.3

语言权利的立法表述及其相反概念/肖建飞，中央民族大学学报（哲学社会科学版）.3

民族区域自治权的宪政分析/李春晖，中央民族大学学报（哲学社会科学版）.3

从马克思主义哲学中所蕴含的肯定性思维看民族地区维稳问题/钟俊生 田雪飞等，中央民族大学学报（哲学社会科学版）.4

新世纪新阶段民族理论的创新与发展/龚志祥，中央民族大学学报（哲学社会科学版）.5

论甘肃民族地区的非制度政治参与/宁军，重庆科技学院学报（社会科学版）.6

新时期新疆和谐民族关系的影响因素探析/牛燕军，重庆科技学院学报（社会科学版）.7

中国共产党和谐民族观的理论渊源/高媛媛，重庆社会主义学院学报.5

中国政府与达赖集团在涉藏外宣上的比较和分析/后东升，重庆社会主义学院学报.6

国家体制中的民族管理制度类型及其成因/徐黎丽 杨朝晖，云南师范大学学报（哲学社会科学版）.2

论民族出版业的困境与发展对策/刘新田，甘肃社会科学.4

少数民族聚居区与城市现代化协调发展问题研究——从西安"回坊"谈起/王超，青海民族大学学报（社会科学版）.2

民族群体性事件的类型演化与冲突干预研究/杨鹍飞，广西民族研究.3

二 民族经济

浅析我国民族地区经济发展中非正式制度约束/黄茜，北方经贸.2

民族地区乡村居民参与旅游发展的实证研究——以青海互助土族小庄村为例/张俊英 马耀峰，北方民族大学学报（哲学社会科学版）.3

民族旅游预开发区的文化保护预警研究——以四川汶川县阿尔村的羌族传统文化保护为例/肖坤冰，北方民族大学学报（哲学社会科学版）.3

试论我国民族经济扶持政策的作用与发展创新/张彦虎　李万明，北方民族大学学报（哲学社会科学版）.5

民族贸易与西北地区城镇的发展/杜常顺，北方民族大学学报（哲学社会科学版）.5

金代经济史研究的突破之路——王德朋教授新著《金代商业经济研究》读后/吴凤霞，北方文物.3

试述甘肃少数民族地区农村市场建设/益希卓玛　杨启明，甘肃民族研究.1

中国回族清真寺经济来源述评/张晓彤，甘肃民族研究.4

生态人类学视野中的西双版纳橡胶经济/吴振南，广西民族研究.1

大湄公河次区域合作——发展历程、经验及启示/毛胜根，广西民族研究.1

西部民族地区生态补偿的新思维——碳汇交易的视角/尕丹才让　李忠民，广西民族研究.2

西部民族地区经济发展方式转变测评/陈作成　龚新蜀，广西民族研究.2

少数民族传统节庆开发与区域产业联动机制建构——以广西三江侗族多耶节为例/莫光辉，广西民族研究.3

黔中经济的优势与发展路径研究/蒋雪梅　邹婷，贵州大学学报（社会科学版）.3

推动黔中经济区发展的体制机制创新研究/李锦宏　张思雪等，贵州大学学报（社会科学版）.3

试析黔中经济区与国家发展战略/赵广示，贵州大学学报（社会科学版）.3

黔中经济区城镇体系及空间布局研究/申鹏，贵州大学学报（社会科学版）.3

民族地区经济发展方式转变问题探讨——以黔东南州为例/万秋月，贵州民族学院学报（哲学社会科学版）.4

当前贵州民族地区经济社会发展中存在的问题及对策/肖金香，贵州民族学院学报（哲学社会科学版）.4

善治视角下少数民族地区新农村建设的途径分析/任洁，贵州民族学院学报（哲学社会科学版）.4

关于加快西部地区经济发展的对策思考/吴国才，贵州民族研究.2

四川藏区特色经济发展途径研究/陈杰，贵州民族研究.2

试析三岩社会的农牧二元经济/王正宇，贵州民族研究.2

关于羌族农民收入差异分析及增收的对策研究——以四川省北川羌族自治县为例/刘鑫　曾国良，贵州民族研究.3

城市流动散杂居少数民族经济发展研究/万良杰，贵州民族研究.3

西南少数民族地区县域经济发展实证研究——以四川省阿坝藏族羌族自治州为例/刘鑫，贵州民族研究.4

贵州连片特困区经济社会发展的对比研究/陈厚义，贵州社会科学.10

驯鹿鄂温克人的发展与可参观性生产/张荣德，黑龙江民族丛刊.1

江西省畲族乡经济转型的思考——以铅山县太源畲族乡为例/郑丽丽，黑龙江民族丛刊.1

民营经济发展视角下的民族经济成长策略探析——以四川省凉山彝族自治州为例/尹梦霞,黑龙江民族丛刊.1

鄂伦春族经济发展的困惑与模式选择/左岫仙,黑龙江民族丛刊.1

少数民族地区经济发展"追赶式战略"辨析/魏军,黑龙江民族丛刊.2

恩施州少数民族经济发展的法治保障研究/尹建元,湖北民族学院学报(哲学社会科学版).1

藏富于民——民族地区经济发展的路径选择/彭谦　苗丽,湖北民族学院学报(哲学社会科学版).6

武陵山民族地区经济发展对比分析及思路探索/卢平,湖北民族学院学报(哲学社会科学版).6

20世纪伊斯兰复兴对伊斯兰经济思想的影响/马玉秀　翁笑然,济南大学学报(社会科学版).1

1989—2010年新疆经济发展差异的区域分析/刘世薇　张平宇,经济地理.9

少数民族地区经济体制改革发展路径研究/李晓丰,经济体制改革.2

加大产业援疆支持力度　提升新疆经济发展内生动力——基于对新疆乌苏市工业园区调查的思考/谢理超,经济研究参考.53

20世纪80年代以来西藏及甘青川滇藏区近代经济研究述论/毛光远,兰州商学院学报.4

"十二五"期间促进辽宁省民族地区经济加速发展的思考/魏军,满族研究.1

城镇回族聚居区"围坊而商"的经济结构模式——以甘肃省临夏市八坊回族聚居区为个案/王平,民族研究.5

加快旅游产业开发　推进县域经济发展——关于进一步发展库伦旗民族文化旅游产业的研究/吴月玲,内蒙古民族大学学报(社会科学版).1

内蒙古发展低碳经济的制度与政策保障/张雪瑞　曹霞等,内蒙古师范大学学报(哲学社会科学版).3

边疆绝对贫困少数民族地区扶贫中自我发展能力的培养——以云南省文山州山瑶扶贫发展为例/杨勇,农业考古.5

少数民族地区贫困村脱贫问题研究——以重庆市黔江区为例/鲁钊阳,农业考古.4

西北少数民族流动人口城市经济融入研究——以甘肃省兰州市为视阈/汪永臻,青海民族大学学报(社会科学版).2

伊斯兰金融:面向穆斯林的金融创新/安翔,青海民族研究.2

论海拔与经济的关系——兼论"海拔效应"对青藏高原地区经济开发的启示/翟岁显　孙爱存,青海民族研究.2

西宁地区产业集群竞争力评价研究/李红　王健等,青海民族研究.2

市场经济中的藏区经济社会发展:主流实践与理论诠释/曹阳　马德君,青海民族研究.2

文化圈边缘藏传佛教寺院经济的兴与衰/鲁顺元,青海社会科学.6

基于人力资本视角的青海藏区反贫困战略研究/景芳,青海师范大学学报(哲学社会科

学版).2

宁夏区域经济增长拉动力及其转变分析/任志军,商业研究.10

甘肃民族聚居地区经济发展策略分析——以临夏经济发展为视角/刘兰　石磊等,社科纵横.5

国家经济政策在边疆民族地区实施过程中的政策评估、红利现象与波尾效应分析/李小平,思想战线.2

分工演进、文化差异与少数民族社区的旅游经济发展——基于海南三亚回族村与六盘黎族村的经济社会学分析/饶勇,思想战线.3

文化保护传承视角下的羌族地区乡村旅游发展模式研究/严澍,天府新论.4

1981年—2010年青海省产业结构演进的偏离份额分析/曹颖轶,西北民族大学学报(哲学社会科学版).5

西藏产业结构和效益水平分析/魏小文,西北民族大学学报(哲学社会科学版).5

新中国藏区经济研究成果考述/王启龙　阴海燕,西藏民族学院学报(哲学社会科学版).3

白马藏族生计变迁的自主性研究/汪丹,西藏民族学院学报(哲学社会科学版).3

西藏旅游可持续发展的生态选择/姬梅,西藏民族学院学报(哲学社会科学版).5

从寺院经济活动看中心寺院体制与边缘社会间的关系——以青海东那寺和四川鱼托寺为例/格藏才让,西藏民族学院学报(哲学社会科学版).6

西藏产业互动的经济增长效应研究/杨涛　柳应华,西藏研究.1

西藏居民消费影响因素的实证分析/魏小文,西藏研究.4

国家主导与地区回应:边疆民族地区特殊的区域发展模式——以西藏现代工业为例/李国政,西藏研究.5

西南边疆民族地区经济社会发展战略思路研究/赵曦　刘天平,西南金融.8

金融促进民族特色产业发展的辩证思考——以西藏昌都为例/次成　王锡刚,西南金融.6

文化生态环境与藏区经济社会发展关系研究/王士勇,西南民族大学学报(人文社会科学版).1

中国十大藏族自治州经济社会发展分析和评价/蒋远胜　李彩凤,西南民族大学学报(人文社会科学版).2

羌族刺绣持续发展路径研究/袁姝丽,西南民族大学学报(人文社会科学版).2

彝族、藏族生态观与川西少数民族地区新能源开发利用/李学林　郑丽娅,西南民族大学学报(人文社会科学版).2

甘肃少数民族地区扶贫开发绩效分析/钱力　韩燕,西南民族大学学报(人文社会科学版).4

统筹城乡改革背景下羌族移民生计转型研究——以四川省邛崃市南宝山汶川地震跨市州异地安置点为例/王俊鸿,西南民族大学学报(人文社会科学版).4

新阶段四川民族贫困地区农户扶贫开发需求分析/庄天慧　余崇媛,西南民族大学学报

（人文社会科学版）.4

5·12震后旅游扶贫的实践效应——北川羌族自治县旅游开发模式分析/李清娥，西南民族大学学报（人文社会科学版）.5

羌族地区居民对灾后村寨旅游开发的态度归类研究——基于三个羌寨的调研数据/严澍，西南民族大学学报（人文社会科学版）.5

四川省民族地区经济发展的体制创新/周兴维　蔡晓萍，西南民族大学学报（人文社会科学版）.8

新疆少数民族贫困县贫困程度的测试与分析/王宏丽，新疆社会科学.5

民族乡经济发展探究——基于区域经济学的视角/杨耀程，学术探索.4

论民族经济与民族区域经济的协调发展/杨思远，学习论坛.10

产业结构、交通、民族与县域经济发展——以云南省为例/王智勇，云南财经大学学报.5

少数民族地区贫困循环的成因及对策研究——以云南为例/沈娅莉，云南财经大学学报.4

发展中的贫困问题研究——基于云南少数民族地区案例分析/茶洪旺，云南民族大学学报（哲学社会科学版）.1

桥头堡建设与云南边疆民族地区经济发展/彭有祥，云南民族大学学报（哲学社会科学版）.5

传统生计的制度保障研究——以侗族稻作梯田建构为例/罗康隆，云南社会科学.2

区域分工视角中的西藏产业发展和结构演化分析/房灵敏　贡秋扎西等，中国藏学.1

甘南藏传佛教僧尼社会保障调查与研究/牛绿花，中国藏学.1

拉萨市居民对西藏经济发展和社会稳定的看法——基于拉萨市127份居民问卷的分析/刘颖　徐平，中国藏学.3

促进西藏农牧民增收问题研究/程越，中国藏学.3

提升青藏高原特色农业国际竞争力的政策建议/余敬德　李双元，中国流通经济.8

哈萨克族定居牧民传统生计方式的变迁与社会适应——以新疆裕民县阿勒腾也木勒乡为例/刘正江，中国穆斯林.3

拉萨市藏、回、汉商人经济关系探析/徐黎丽　李超，中南民族大学学报（人文社会科学版）.1

中央扶持民族地区发展政策研究/魏后凯　成艾华　张冬梅，中南民族大学学报（人文社会科学版）.1

民族地区集中贫困与产业结构关系探讨/程蹊，中南民族大学学报（人文社会科学版）.2

民族地区企业发展和金融支持研究——湖北省恩施土家族苗族自治州的调查/郑军　周运兰，中南民族大学学报（人文社会科学版）.2

藏区农牧兼营经济类型特点及发展问题探讨——以甘肃省卓尼县郭大村为例/迟玉花，中南民族大学学报（人文社会科学版）.3

湖北省恩施土家族苗族自治州经济发展面临的困难与对策/田孟清，中南民族大学学报（人文社会科学版）.5

快速工业化进程中协调民族经济关系的思考/黄健英，中央民族大学学报（哲学社会科学版）.2

"资本—策略"视角下居民参与民族旅游的路径——以龙脊景区为个案/赵巧艳，中央民族大学学报（哲学社会科学版）.3

中国少数民族经济的学科归属问题/包玉山，中央民族大学学报（哲学社会科学版）.4

辛亥革命前西南边疆少数民族商品经济发展形态及特点/陈征平，中央民族大学学报（哲学社会科学版）.4

伊斯兰教思想对回族经济发展的积极作用/杨亚军 刘鑫，重庆科技学院学报（社会科学版）.5

渝鄂湘黔交界民族地区经济联动机制探讨/邓正琦，重庆师范大学学报（哲学社会科学版）.5

云南楚雄咪噜噜彝族村寨旅游深度开发对策/殷群，楚雄师范学院学报.1

甘肃藏区经济发展对社会稳定的影响分析/昂巴，甘肃民族研究.2

人力资本投资优先——西部民族地区旅游业转型发展的路径选择/饶勇 何莽，广西民族大学学报（哲学社会科学版）.1

论民族地区文化产业发展与经济发展方式的转变——以广西为例/丁智才，广西社会科学.2

贵州乌蒙山区农村扶贫开发对策研究/周丕东 崔嵬等，贵州民族研究.2

我国人口较少民族反贫困面临的问题及对策——以云南边境地区人口较少民族为例/刘文光，黑龙江民族丛刊.1

民族地区资源型经济转型与产业结构动态优化研究/熊正贤 郑长德，黑龙江民族丛刊.4

民族自治区经济增长与资源环境耦合对比研究/李波，黑龙江民族丛刊.4

民族乡经济跨越式发展对策研究——以重庆武隆县石桥苗族土家族乡为例/李虎 李红伟，黑龙江民族丛刊.6

武陵山片区特色农业发展的困境及其转向——以恩施州为例/李忠斌，湖北社会科学.12

民族地区旅游就业效应研究——以湖南凤凰县为例/张英 张炎等，湖南社会科学.3

回族新型居住区社会经济与文化发展途径探研——以宁夏沿黄城市带为例/李晓玲 马潇源，回族研究.1

三 民族学

协作生存与内外有别——"三岩"藏区人群互动规则的微观剖析/卢秀敏，北方民族大学学报（哲学社会科学版）.1

摩梭家族的亲密度与适应性研究/张积家 王娟等，成都理工大学学报（社会科学

版).3

当代白族乡村巫术与艺术共生的宗教维度/李世武,楚雄师范学院学报.8

论基础研究在布洛陀文化保护开发中的意义/陆晓芹,广西大学学报(哲学社会科学版).3

满语二十四节气初探/时妍,黑龙江民族丛刊.5

满—通古斯语族非物质文化遗产传承研究——以体育文化为例/唐云松,黑龙江民族丛刊.6

赫哲族非物质文化遗产的传承与保护研究/陈军,黑龙江史志.12

新疆伊宁市维吾尔族古尔邦节调查报告/帕热达·艾尔肯,黑龙江史志.12

维吾尔族生活中的禁忌/古丽拜克热·买明,黑龙江史志.20

吐峪沟麻扎朝拜中的演变/沙代提古丽·买明 古丽拜克热·买明,黑龙江史志.22

试论赫哲族文化中的狗/孙孝伟,黑龙江史志.3

咸丰土家族采莲船及其文化功能研究/王丹,湖北民族学院学报(哲学社会科学版).1

清江流域土家族民居的内部空间文化意蕴/雷卫东 谢亚平,湖北民族学院学报(哲学社会科学版).2

黎族"合亩制"研究综述/杨丽,湖北民族学院学报(哲学社会科学版).2

土家族跳丧中的"丑歌子"现象/陈湘锋 吴茜,湖北民族学院学报(哲学社会科学版).2

佤族孝道文化及其对现代家庭美德建设的启示/艾兵有 孙玉荣等,湖北民族学院学报(哲学社会科学版).3

澧水流域土家婚姻礼俗趣谈/戴楚洲,湖北民族学院学报(哲学社会科学版).3

侗歌艺术的标定性表演与程式化创作/张泽忠等,湖北民族学院学报(哲学社会科学版).4

美孚方言黎族文身调查研究——以海南东方市西方村为个案/何孝辉,湖北民族学院学报(哲学社会科学版).4

苗族巫师考论/周永健,湖北民族学院学报(哲学社会科学版).5

早期巴人发祥地:清江中游/官哲兵 蔡鹏飞,湖北民族学院学报(哲学社会科学版).6

交融与嬗变——基督教与怒江傈僳族文化/吕德等,湖北社会科学.7

竹米酒:土家族诞生仪式解释人类学考察——以湖北省沙洋县三峡土家族移民村为例/范才成,湖北社会科学.4

评《土家族哲学通史》/田敏,华中农业大学学报(社会科学版).2012,1

由外源及内发:民族传统文化重构反观——以金龙布傣天琴文化的发展为例/秦红增 宋秀波,吉首大学学报(社会科学版),1

闽越族早期的族群特征与文化/晁成林,吉首大学学报(社会科学版),5

"巴人起源"问题的检讨/赵炳清,江汉考古.4

跨文化对话中民族文化的实践性价值/李峻,甘肃社会科学.4

论城市化背景下民族文化的"振兴"之路/卢守亭，广西民族研究.1

朝鲜族的祭祖礼仪及其变迁/廉松心，北方文物.1

基诺族农业祭祀礼仪及其变迁研究/朱映占　施敏，楚雄师范学院学报.1

浅谈藏族信仰民俗文化中的环保观/项庆扎西，楚雄师范学院学报.2

高峰火把节中的傩文化内涵初探——以禄丰县大小花箐村傩祭为例/刘建波，楚雄师范学院学报.2

楚雄彝族的民间信仰与非物质文化遗产的保护传承/黄彩文　万冬冬　韩洋，楚雄师范学院学报.4

潭凹神、淫祠与攀附——滇西南地区的姑奶奶信仰（上）——兼论云南楚雄地方文化研究中被忽视的几个问题/李金莲　朱和双，楚雄师范学院学报.5

试论彝族的"六祖分支"与"九隆神话"/杨参，楚雄师范学院学报.7

潭凹神、淫祠与攀附——滇西南地区的姑奶奶信仰（中）——兼论云南楚雄地方文化研究中被忽视的几个问题/李金莲　朱和双，楚雄师范学院学报.8

潭凹神、淫祠与攀附——滇西南地区的姑奶奶信仰（下）——兼论云南楚雄地方文化研究中被忽视的几个问题/李金莲　朱和双，楚雄师范学院学报.10

浅析云南少数民族儒学家的民族思想/杨宝嘉　张刚，楚雄师范学院学报.10

《白山司志》的主要内容、编修背景及其版本收藏述略/蓝武　蒋盛楠，楚雄师范学院学报.11

陶云逵在云南民族调查研究中的民俗理念/刘薇，楚雄师范学院学报.12

迪庆藏区藏族传统婚俗演变探析/杨文磊，楚雄师范学院学报.12

论佤族木鼓文化的现代变迁及其大众传播生成/梅英，当代教育与文化.4

佤族木鼓原始用途考析/梅英，当代教育与文化.6

嘎老与古代侗族社会/乔馨，东北师大学报（哲学社会科学版）.3

民族地区祭祀仪式的功能及其现实困境探析/廖小东　丰凤，东南学术.2

使鹿鄂温克族的生态智慧——基于敖鲁古雅鄂温克族乡的调研/王卫平　任国英，甘肃理论学刊.2

伊斯兰教的代治理念与回族人的重商精神/马志峰，甘肃民族研究.3

从天琴形制的三个发展阶段看族群文化传播/黄新宇，甘肃民族研究.4

甘肃哈萨克族文化特点与传承保护/李忱，甘肃民族研究.4

蒙古因明浅论/莫日根巴图，内蒙古民族大学学报（社会科学版）.1

论赣南北部山区畲族孤岛长期存在的原因/曹大明，北方民族大学学报（哲学社会科学版）.1

从"蛮夷"到"原住民"——汉语文献中的"土著"辨析/付海鸿，北方民族大学学报（哲学社会科学版）.2

黎族美孚支系亲属制度与宗教文献综述/刘宏涛，北方民族大学学报（哲学社会科学版）.2

蒙古族树始祖型族源传说起源探讨/包海青，北方民族大学学报（哲学社会科学版）.3

从蒙汉文化交流互动看元代蒙古族散曲文本意义/康勇，北方民族大学学报（哲学社会科学版）.3

美国学界蒙元史研究模式及文献举隅/任增强，北方民族大学学报（哲学社会科学版）.3

东乡唐汪川民族关系调查/王建新，北方民族大学学报（哲学社会科学版）.4

新疆农村散杂居东乡族与回族民族关系调查——以新疆伊犁地区清泉村东乡族为例/马秀萍，北方民族大学学报（哲学社会科学版）.4

东乡族的性别与性别关系——来自田野的报告/满珂，北方民族大学学报（哲学社会科学版）.4

临潭回商群体认同的建构与表达/敏俊卿等，北方民族大学学报（哲学社会科学版）.4

略论金沙江上游"帕措"互动与骨系认同/廖建新，北方民族大学学报（哲学社会科学版）.4

畏兀儿婚俗制度研究/郭胜利　陈亮，北方民族大学学报（哲学社会科学版）.4

关于中国的民族志调查/［俄］史禄国著，于洋译，北方民族大学学报（哲学社会科学版）.5

多民族互动背景下女书文化多元性剖析/王凤华，船山学刊.1

如何进行民族社会文化变迁研究/岳天明，当代教育与文化.4

羌族"释比"与彝族"毕摩"的比较研究/廖玲，敦煌学辑刊.1

七（bdun）、九（dgu）与十三（bcu gsum）——神秘的都兰吐蕃墓数字文化/宗喀·漾正冈布　拉毛吉等，敦煌学辑刊.1

敦煌学和西夏学的关系及其研究展望/史金波，敦煌研究.1

海外藏敦煌西域藏文文献的多元文化内涵和史学价值/束锡红，敦煌研究.1

黑水城文献的多民族性/杨富学　樊丽沙，敦煌研究.2

汉、藏因明比较研究刍议/郑伟宏，复旦学报（哲学社会科学版）.2

民族起源学说在20世纪中国/［日］吉开将人，复旦学报（哲学社会科学版）.5

"薛家湾人"族属问题考析/管世献　张洪，甘肃联合大学学报（哲学社会科学版）.1

彝族《古玛嘎玛》的文学人类学诠释/莫色木加，甘肃民族研究.1

拉卜楞地区民族关系研究/扎扎，甘肃民族研究.2

区域文化影响下的民族交往关系——基于甘南州夏河县麻当乡的调查研究/赵海军，甘肃民族研究.2

新世纪初国内敦煌吐蕃历史文化研究述要/杨富学　樊丽沙，甘肃民族研究.3

美国藏学家柔克义的两次安多考察/宗喀·漾正冈布　妥超群，甘肃社会科学.1

滇国青铜文化中被遮蔽的猛兽纹饰与符号——兼论昆明羊甫头"鹰爪形木祖"的定名问题/朱和双，古代文明.3

传统节日传承的动力略论——以广西虎村彝族的跳弓节为个案/罗树杰，广西大学学报（哲学社会科学版）.3

当前民族学人类学研究中的几个问题/杨圣敏，广西民族大学学报（哲学社会科学

版).1

关于人类学学科定位的思考/周大鸣,广西民族大学学报(哲学社会科学版).1

语言时空观/纳日碧力戈,广西民族大学学报(哲学社会科学版).1

罗城仫佬族银氏"五冬"清明祭祀活动探析/银浩,广西民族大学学报(哲学社会科学版).1

人类学之路是靠两条腿走出来的——新时期人类学研究省思/秦红增 何明,广西民族大学学报(哲学社会科学版).1

台湾阿美族洪水神话——兼论其中的木臼意象/鹿忆鹿,广西民族大学学报(哲学社会科学版).1

覃彩銮——壮学理论体系践行者/赵乃蓉,广西民族大学学报.2

人类学与民族学都应为一级学科/石奕龙,广西民族大学学报(哲学社会科学版).2

张声震——壮学理论及其建构者/秦红增,广西民族大学学报(哲学社会科学版).2

壮学理论体系的构建与拓展/黄家信,广西民族大学学报(哲学社会科学版).2

壮学理论体系先行者/覃乃昌,广西民族大学学报(哲学社会科学版).2

壮族传统生态伦理价值探究/邓艳葵,广西民族大学学报(哲学社会科学版).2

壮族干栏建筑"宜"态审美价值探析——以龙胜平安壮寨为例/唐虹,广西民族大学学报(哲学社会科学版).2

覃圣敏——壮泰民族传统文化研究开拓者/黄秋滨 马敏,广西民族大学学报(哲学社会科学版).2

冥婚——婚俗与丧俗并存的生死同质信仰/陈华文 陈淑君,广西民族大学学报(哲学社会科学版).2

人类学学科建设与海外他者文化研究/刘夏蓓,广西民族大学学报(哲学社会科学版).2

论壮族《麽经布洛陀》的汉王祖王神话/林安宁,广西民族大学学报(哲学社会科学版).2

适应性、族群迁徙与现代的文化认同/赵旭东,广西民族大学学报(哲学社会科学版).3

云南维西玛丽玛萨人身份研究/李志农 李国太等,广西民族大学学报(哲学社会科学版).3

赣南畲族"头牲"崇拜的人观研究/蓝希瑜 朱琼玲,广西民族大学学报(哲学社会科学版).3

人类学关于社会网络的研究/庄孔韶 方静文,广西民族大学学报(哲学社会科学版).3

广府人的族群迁徙与文化认同/徐杰舜,广西民族大学学报(哲学社会科学版).3

伊萨——广西融水城卡屯巴哼人民歌演唱场合研究/吴宁华 吴云龙,广西民族大学学报(哲学社会科学版).3

移动正义——客家政治文化结构中的核心价值/彭兆荣,广西民族大学学报(哲学社会科

学版）.3

关于客家移民与文化认同若干问题的思考/谢重光，广西民族大学学报（哲学社会科学版）.3

新中国成立初期中国共产党对少数民族干部的培养/崔晓麟，广西民族大学学报（哲学社会科学版）.4

贵州少数民族聚落及建筑研究综述/周政旭，广西民族大学学报（哲学社会科学版）.4

缅甸傈僳族的多重认同与社会建构/高志英　段红云，广西民族大学学报（哲学社会科学版）.5

族群离散与认同重构——以中尼边境地区达曼人为例/周建新　杨静，广西民族大学学报（哲学社会科学版）.5

彝族海菜腔及其教育传承的特殊功能/普丽春　李文杰，广西民族大学学报（哲学社会科学版）.5

佤族寨桩——民族文化和谐共生探析/赵秀兰，广西民族大学学报（哲学社会科学版）.5

集体记忆与民族亲和力的建构——以兰州西关清真寺为例/高永久　丁生忠，广西民族大学学报（哲学社会科学版）.6

1960—1999年土司研究理论与方法演进轨迹/成臻铭，广西民族大学学报（哲学社会科学版）.6

凉山彝族诞生礼仪式的文化解读/王美英，广西民族大学学报（哲学社会科学版）.6

民族地区宗教生态模式构建研究——以桂西为例/许晓明，广西民族研究.1

现代国家话语下的族群认同变迁——以广西龙州县金龙镇板外屯壮族傣人侬人为例/周建新　严月华，广西民族研究.1

传统生态知识运用与民族村寨的保护与发展经验——以台湾地区山美村邹族为例/莫代山，广西民族研究.1

壮族政治文化的演变与发展轨迹/陈强，广西民族研究.1

乐生美学——《那坡彝族开路经》文化功能研究/王红　王丹，广西民族研究.1

壮族历史文化遗产保护与开发的困境与出路探微——以广西靖西县为例/蒋明伟，广西民族研究.1

李绍明先生与土家族研究/王希辉　李秋芳，广西民族研究.1

民族文化心理概念辨析——兼论民族心理学学科特性的显现/查明华，广西民族研究.1

瑶族招郎仪式中族群文化认同的建构——以南岭走廊中段西岭山FMP瑶族村为例/韦浩明，广西民族研究.1

对构建民族地区和谐网络政治生态的思考/闫金山　乌静，广西民族研究.1

民族地区自然保护区周边社区民生问题研究——以广西为例/李星群，广西民族研究.1

文化传承视野下社区参与非物质文化遗产旅游开发的思路探讨/邓小艳，广西民族研究.1

非物质文化遗产保护与全球化背景下的资源博弈/吕俊彪　向丽，广西民族研究.1

从语言经济学的视角看广西京族地区的"越南语热"现象/陈石磊,广西民族研究.1
坚持用马克思主义理论指导壮学研究(一)/张声震,广西民族研究.1
民俗志及其书写/黄龙光,广西民族研究.1
民族交融的印记——柳州地名历史层次寻踪/覃凤余,广西民族研究.1
当代美孚黎婚姻制度变迁——基于海南省西方村的田野考察/谢东莉,广西民族研究.1
费孝通先生的学问人生管窥/贾仲益 张巍,广西民族研究.1
族群历史记忆的身体再现——红瑶身体装饰的文化表达研究之二/冯智明,广西民族研究.2
中越边境广西金龙布傣族群的"天"与天琴/秦红增 毛淑章等,广西民族研究.2
试论地理环境对古代壮族社会发展的影响/黄金东,广西民族研究.2
科学引领 积极推动——张声震对布洛陀文化研究的引领与推动/黄铮,广西民族研究.2
壮族天琴源流探微——壮族天琴文化研究之二/李妍,广西民族研究.2
壮族与客家的文化互动与融合/袁丽红,广西民族研究.2
海南少数民族地区教育移民研究/谢君君,广西民族研究.2
云南德宏傣族婚姻习俗的变迁/刀承华,广西民族研究.2
民族地区科学发展与特色休闲产业开发——基于马克思休闲思想的分析/黄松,广西民族研究.2
从传播人类学视角看民族文化品牌的塑造——以贵州为例/罗坤瑾,广西民族研究.2
族群工具化——理论探讨与中国现状/卢小平,广西民族研究.3
国家认同——土司研究的新视角/彭福荣,广西民族研究.3
利益博弈与少数民族文化开发保护——以G省P乡为例/王义飞,广西民族研究.3
试析毛南族"名从幼称"的文化功能/陆天桥,广西民族研究.3
广西毛南族生态伦理文化可持续发展研究/李广义,广西民族研究.3
人类学视域中的唐村人情往来/陈沛照,广西民族研究.3
从国神到家神——武陵地区伏波信仰变迁研究/杨洪林,广西民族研究.3
汉与非汉视域的宗族、家族研究阈径——兼论氏族、世系群、家族村落系亲缘而非血缘集团/周泓,广西民族研究.3
论壮族"汉化"与汉族"壮化"过程中的人地关系因素/刘祥学,广西民族研究.3
壮族天琴文化传承与保护现状调查——广西壮族天琴文化研究之三/李妍,广西民族研究.3
城市族际交往中的"民族心理距离"研究——以青海省西宁市为例/张俊明 刘有安,广西民族研究.4
民族·乡土领袖·边界——广西中越边境跨国民族发展新动向实证研究之一/罗柳宁,广西民族研究.4
当前湘西苗族社会的"文化网络"治理机制研究——以湘西花垣县BL村为例/崔榕,广西民族研究.4

论壮语的数词"一"/蒙元耀,广西民族研究.4

从壮语及壮语派生的文化遗产研究中探索壮族历史的悠久性——用马克思主义理论指导壮学研究(二)/张声震,广西民族研究.4

壮族节日文化的重构与创新/覃彩銮,广西民族研究.4

剪发易服的身体政治——红瑶身体装饰的文化表达研究之三/冯智明,广西民族研究.4

傣族泼水节的神话与仪式研究/安琪,广西民族研究.4

壮族民俗文化动态性保护与发展的基本方式/石文燕 汪开庆,广西社会科学.9

田野之中探规则——以滇西景颇族山寨田野调查为例/赵天宝,广西社会科学.10

试论南岭瑶族的文化智慧/覃德清,广西师范大学学报(哲学社会科学版).3

身体与南岭瑶族村落空间的构建——红瑶身体的空间性及其象征研究/冯智明,广西师范大学学报(哲学社会科学版).3

史料与史实——作为壮族族称最早来源的"撞军"考辨/刘祥学,广西师范大学学报(哲学社会科学版).2

南传佛教"入雨安居"仪式及其仪式中的音声功能分析——以景谷傣族地区为例/周寒丽,广西师范学院学报(哲学社会科学版).3

广西仫佬族民族认同调查研究/杨素萍 刘宇贤,广西师范学院学报(哲学社会科学版).3

从乡俗仪礼到民间艺术——兴安贺郎歌的传承与变迁——兴安贺郎歌系列研究之二/漆亚莉,广西师范学院学报(哲学社会科学版).3

中国民间信仰之性质、结构与特征理论探析/刘道超,广西师范学院学报(哲学社会科学版).4

壮族麽经"作贼"(gueg caeg)背后的文化意义/林安宁,广西师范学院学报(哲学社会科学版).4

陇南白马藏族池哥昼傩面具色彩文化成因探析/豆海红,广西师范学院学报(哲学社会科学版).4

白裤瑶看鬼杀畜祭"大老爷"习俗刻录的上古史/磨现强,广西师范学院学报(哲学社会科学版).2

生死哲学与魂归祖地——摩经视域下的布依族思想信仰世界/罗正副,贵州大学学报(哲学社会科学版).1

中国苗族混农林契约文书著录整理规范问题思考——以《中国苗族混农林契约文书·姜于休家藏卷》整理校注为例/胡展耀,贵州大学学报(哲学社会科学版).1

论贵州傩文化佛道儒巫混杂现象的主要原因/王路平,贵州大学学报(哲学社会科学版).1

人与自然的亲密共在——再论苗族神话的生态美学意蕴/胡牧,贵州大学学报(哲学社会科学版).1

走进清水江文书与清水江文明的世界——再论建构清水江学的题域旨趣与研究发展方向/张新民,贵州大学学报(哲学社会科学版).1

清水江文书研究与清水江学建立的学术远景瞻望——基于贵州大学国家社会科学基金重大项目"清水江文书整理与研究"开题论证会的梳理/王盛军，贵州大学学报（哲学社会科学版）.1

国家民族经济政策的波尾效应对边疆多民族地区发展影响研究/李小平，贵州大学学报（哲学社会科学版）.2

关于培育苗侗民族文化传承人的调查研究/吴平，贵州大学学报（哲学社会科学版）.2

"夜郎文化"之哲学思考/任健，贵州大学学报（哲学社会科学版）.2

清水江文书整理与研究笔谈/张新民，贵州大学学报（哲学社会科学版）.2

巴人索源及后裔探讨/田玉隆，贵州大学学报（哲学社会科学版）.3

公共性、地方性与多元社会协同——边疆多民族的社会管理探析/赵晓荣　王彦斌，贵州大学学报（哲学社会科学版）.3

旅游背景下贵州安顺屯堡族群认同与族群关系/黄瑾，贵州大学学报（哲学社会科学版）.3

侗族日月神话信仰习俗与生态景观/米舜，贵州大学学报（哲学社会科学版）.3

从聚居之地到连通四方——民族与地域关系的认知发展/唐书明，贵州大学学报（哲学社会科学版）.4

侗族"行歌坐月"习俗的人类学浅析——基于一个南侗村落"阳烂"的田野考察/舒丽丽，贵州大学学报（哲学社会科学版）.4

清至民国年间清水江契约文书立契时间校补——以《贵州文斗寨苗族契约法律文书汇编：姜元泽家藏契约文书》为中心的研究/林东杰，贵州大学学报（哲学社会科学版）.5

传统与跨越：贵州民族地区著名古镇文化资源与建设研究——以青岩、镇远、隆里古镇为例/李琼英，贵州大学学报（哲学社会科学版）.5

水书研究的困境与出路/蒙耀远，贵州大学学报（哲学社会科学版）.5

国家、族群与民族走廊——"古苗疆走廊"的形成及其影响/曹端波，贵州大学学报（社会科学版）.5

侗族大歌传承的困境及保护对策/崔海洋，贵州大学学报（哲学社会科学版）.6

侗族大歌的演唱传统与地域认同/曾雪飞　罗晓明，贵州大学学报（哲学社会科学版）.6

从清水江文书看近代贵州民族地区土地制度——清水江文书（天柱卷）研究之一/林芊，贵州大学学报（哲学社会科学版）.6

仪式、契约与秩序——中国西南少数民族群体盟誓制度探析/丁桂芳，贵州大学学报（哲学社会科学版）.6

文化建构、认同与"古苗疆走廊"/杨志强，贵州大学学报（哲学社会科学版）.6

认表亲——赣南畲族拓展"社会圈子"的实践/蓝希瑜，贵州民族学院学报（哲学社会科学版）.1

水书师认为卵崇拜启示产生太极图/潘朝霖，贵州民族学院学报（哲学社会科学版）.1

神秘的水族鬼名符号文字初释/韦宗林，贵州民族学院学报（哲学社会科学版）.1

水族文字起源神话研究/邓章应,贵州民族学院学报(哲学社会科学版).1

水书启蒙拜师祝词押韵特点初探/王炳江,贵州民族学院学报(哲学社会科学版).1

水族刺绣中蕴含的古文化信息/潘淘洁,贵州民族学院学报(哲学社会科学版).1

甘南卓尼康多乡游牧社区亲属制度调查/陈瑾斓,贵州民族学院学报(哲学社会科学版).1

宗教对话视阈下的藏回两族世俗生活交往——兼论人类学与宗教对话的学术意义/高法成,贵州民族学院学报(哲学社会科学版).1

仪式的情感之维与社区团结——以镇沅县苦聪人畬肥节为个案/罗承松,贵州民族学院学报(哲学社会科学版).1

水书"公"、"子"诸字形相关问题的思考/牟昆昊,贵州民族学院学报(哲学社会科学版).1

水书、周易、九星的数据对比研究/孟师白,贵州民族学院学报(哲学社会科学版).1

中西语境下的民族问题辨析——兼评马戎的《当前中国民族问题的症结与出路》/聂孟强,贵州民族学院学报(哲学社会科学版).1

行将消失的瓦板房——凉山彝族传统民居特点及其文化内涵/范美霞,贵州民族学院学报(哲学社会科学版).1

苗族传统婚恋伦理文化探析/胡启勇,贵州民族学院学报(哲学社会科学版).2

宰荡村侗族大歌生态元素发微/谭厚锋,贵州民族学院学报(哲学社会科学版).2

论贵州石阡夜郎民族历史文化的保护与开发利用/王子尧,贵州民族学院学报(哲学社会科学版).2

彝族创世史诗的文化内涵及艺术魅力分析/蒋星梅,贵州民族学院学报(哲学社会科学版).2

凉山彝族文化中大雁的象征意义及其变迁/罗艳,贵州民族学院学报(哲学社会科学版).2

贵州松桃苗族舞狮的起源与发展/黄尚军,贵州民族学院学报(哲学社会科学版).2

发展的有意识,保护的"无意识"——西江苗寨非物质文化遗产传承保护现状调查/胡小东,贵州民族学院学报(哲学社会科学版).2

人生通过仪式及其戏剧展演——贵州荔波布依族"做桥"仪式探微/陈玉平,贵州民族学院学报(哲学社会科学版).2

布依族祭祀仪式与古歌展演/苏君,贵州民族学院学报(哲学社会科学版).2

我国民族地区农村土地产权制度的变迁——以贵州省定县新寨仡佬族自然村为例/高志国 梁艳菊,贵州民族学院学报(哲学社会科学版).2

海南黎族传统建筑与黎族的审美观/张潮,贵州民族学院学报(哲学社会科学版).3

西部少数民族地区非物质文化遗产法律保护研究——以武陵山少数民族片区为样本/韩舸友 李毅,贵州民族学院学报(哲学社会科学版).3

侗族"乐治"实践分析——兼与《乐记》比较/龙昭宝 欧俊娇,贵州民族学院学报(哲学社会科学版).3

清水江下游苗侗地区碑刻文化调查——以天柱县为例/秦秀强,贵州民族学院学报(哲学社会科学版).3

近二十年夜郎研究之探讨/王德埙,贵州民族学院学报(哲学社会科学版).3

贵州少数民族村寨文化传承研究的内容、价值与意义/蓝东兴,贵州民族学院学报(哲学社会科学版).4

黔东南苗族审美文化与宗教互动关系研究——生态美学的视野/丁筑兰,贵州民族学院学报(哲学社会科学版).4

多元民族文化视野下的民族关系——以普洱市为研究对象/李莲,贵州民族学院学报(哲学社会科学版).4

仪式与表演中的文化传承——苗族古歌演述的民俗背景/吴一文,贵州民族学院学报(哲学社会科学版).5

苗族禁忌习俗中的生态功能浅析/梅军,贵州民族学院学报(哲学社会科学版).5

南岭瑶族不同支系的族群互动关系研究——一个瑶族村落的民族志考察/胡铁强 陈敬胜,贵州民族学院学报(哲学社会科学版).6

民间仪式权力运作与乡村社会秩序构建——以黔东南苗族D村鼓藏节为例/靳志华 王辉,贵州民族学院学报(哲学社会科学版).6

贵州苗族舞蹈与仪式/徐浩 王唯惟,贵州民族研究.1

贵州省少数民族大学生信仰问题研究——以贵州民族学院为例/张红 王云刚,贵州民族研究.1

小乘佛教教育与瑞丽傣族的民族认同/沈乾芳,贵州民族研究.1

羌语与羌族文化生态保护实验区建设/耿静,贵州民族研究.1

当代新疆少数民族动物书写的民族审美情感/张璐燕,贵州民族研究.1

少数民族非物质文化遗产传承人知识产权保护问题研究——以贵州为例/文永辉 卫力思,贵州民族研究.1

论土家族哭嫁习俗的教育学意蕴/梁明光 罗江华,贵州民族研究.1

三个少数民族的语用能力调查/田有兰,贵州民族研究.1

近二十年来贵州少数民族村寨聚落研究综述/周真刚,贵州民族研究.1

田野调查运用于民族教育研究中的反思/袁春艳 陈恩伦,贵州民族研究.1

百越民族"饭稻羹鱼"在贵州都柳江流域的传承与发展/韩荣培,贵州民族研究.1

山地民族文化记忆——下寨苗族文化变迁研究/姬安龙,贵州民族研究.1

欧盟语言多元化战略对中国少数民族语言教育的启示/周晓梅,贵州民族研究.1

仪式变迁:地方化与全球化/邹琼,贵州民族研究.1

教育系统下少数民族文化的传承及动力因子/王坤,贵州民族研究.1

苗族文化中的数学智慧——兼谈与古典数学的共通性比较/张和平 唐兴芸,贵州民族研究.1

中国民族教育政策体系的类型学研究/许可峰,贵州民族研究.2

族际整合中民族习惯法与国家法的冲突调适——以建国初期族际通婚为例/杜社会 李

剑，贵州民族研究.2

傣族圣境及其生物多样性意蕴/阎莉　史永义，贵州民族研究.2

苗族生态审美观中的宗教意识——以黔东南苗族为例/丁筑兰，贵州民族研究.2

少数民族地区旅游产业集群治理研究——以湖南湘西自治州为例/马剑平，贵州民族研究.2

中国现代化进程中少数民族传统体育有效传承路径的实证研究/冯胜刚，贵州民族研究.2

试论满族和回族饮食文化对近代成都的影响/梁刚，贵州民族研究.2

民族博物馆文物收藏职能及规范探讨/宋才发，贵州民族研究.2

西南民族地区的边疆服务与美国的社会福音/刘雪怡，贵州民族研究.2

色拉寺嘉绒"康参"的地域性特点漫议——兼谈甘丹寺、哲蚌寺嘉绒"康参"/旦增遵珠，贵州民族研究.2

《康藏前锋》教育研究文献述评/姚乐野　秦慧，贵州民族研究.2

仡佬族表演艺术类非物质文化遗产初探/董素云，贵州民族研究.2

论民族传统体育保护与发展的价值取向/陈云群，贵州民族研究.2

当代民间文化的遗产建构——以广西宝赠侗族祭萨申遗为例/徐赣丽　郭悦，贵州民族研究.2

民族学界与"边疆"概念中国化——以20世纪三四十年代为考察时段/娄贵品，贵州民族研究.2

民族文化与文化生态之另一视角/刘治金，贵州民族研究.2

西南联大与中国彝学研究/杨绍军，贵州民族研究.2

贵州民族古籍文献抢救整理的紧迫性与对策研究/粟敏，贵州民族研究.2

内地西藏班（校）学生的跨文化适应/冉苒，贵州民族研究.2

少数民族中学生的民族认同心理研究——以云南佤族为例/甘开鹏　王秋，贵州民族研究.3

试论"六洞九洞"侗寨的世界文化价值/范松，贵州民族研究.3

文化展演视角下少数民族移民节日文化变迁研究——以汶川地震异地安置羌族搬迁前后的羌历年庆祝活动为例/王俊鸿，贵州民族研究.3

寻根小说中的民俗记忆与守望/张德军，贵州民族研究.3

论四川民族地区的传统聚落体系及其保护/余慧，贵州民族研究.3

贵州苗族新型生育文化构建刍议/何晓艺　何伟福，贵州民族研究.3

羌族释比图经的宗教人类学解析/邓宏烈，贵州民族研究.3

乌江流域民族文化资源的特征分析及开发初探/熊正贤　吴黎围，贵州民族研究.3

近代社会转型期少数民族社会风尚的变迁及特点——以民国东北地区少数民族为例/段妍，贵州民族研究.3

国族内的"他者"：战时新疆族群书写与国族建构/姜刚　储竞争，贵州民族研究.3

凉山少数民族文化资源及其在旅游开发中的利用/杨颖，贵州民族研究.3

从侗族北部方言区玩山歌看侗族大歌的保护/杨先明，贵州民族研究．4

"侗族合款"研究/司霖霞，贵州民族研究．4

西部民族地区节日游艺民俗与农民休闲/蒋星梅，贵州民族研究．4

"图腾观念"与"天人合一"——人类学视野下的"天人合一"思想及其现代价值/杨蕴希，贵州民族研究．5

羌族神话的特点与教育价值/赵海红，贵州民族研究．5

近代基督教在西南彝族地区的传播及其影响/龙海燕，贵州民族研究．5

从二元对立到多元共存——民族认同认知建构的困境与出路/唐书明，贵州民族研究．5

略论清代以来西藏城市的历史地位/付志刚等，贵州民族研究．5

民族文化融合与儒学人文主义文化宽容价值的哲学阐释/唐帼丽，贵州民族研究．5

贵州少数民族音乐与原生态唱法浅议/李丽娅，贵州民族研究．5

西南夷地名拾零/张卉，贵州民族研究．5

藏彝走廊宗教社会学比较研究刍议/陈洪东，贵州民族研究．6

贵州少数民族宗教文化中的地理因素透视/吴嵘，贵州民族研究．6

族群根基记忆与族群意识的建构和维系——以渝东南半沟苗族村为个案/向轼，贵州民族研究．6

刍议土家族传统节日文化的功能及现代利用/李乐为，贵州民族研究．6

仪式与族群关系表达——基于黔西北苗族族群"解簸箕"仪式的思考/杨春艳，贵州民族研究．6

惠安女与我国南方少数民族婚俗的比较研究/洪彩真，贵州民族研究．6

两种山地建筑的生态适应性研究——以福建客家土楼和贵州苗族吊脚楼为例/金潇骁，贵州社会科学．1

水族始祖共工及其族源新考/蒋南华　蒙育民，贵州社会科学．1

民族地区跨域治理之道：基于湘渝黔边区"锰三角"环境治理的实证研究/蒋辉，贵州社会科学．3

民族意识的现代转型及其启示——从康有为、孙中山到毛泽东/陈先兵，贵州社会科学．3

胡林翼贵州苗区施政思想与行为研究/游建西，贵州社会科学．3

文化消费视野下贵州民族民间文化传承与发展/肖庆华　桑圣毅，贵州社会科学．4

外出务工与少数民族贫困地区的社会变迁——以广西凌云县背陇瑶为个案/杨小柳，贵州社会科学．5

试论萨满教宇宙观对解读考古现象的重要性/冯恩学，贵州社会科学．6

布依族《摩经·用牛祭祖词》语言文化研究——"天堂观"及其孝道伦理/伍义文，贵州社会科学．8

苗族古歌研究百年回眸/龙仙艳，贵州社会科学．9

平辅族的民族认同再论——以康雍乾时代台湾土地开垦及民族政策为讨论中心/罗春寒，贵州社会科学．9

西部少数民族村寨游艺民俗的起源、类型与功能研究/蒋星梅,贵州师范大学学报(哲学社会科学版).5

我国历史记忆与族群认同问题研究述评/李技文等,贵州师范大学学报(哲学社会科学版).6

近十年来我国少数民族非物质文化遗产研究述评/龙运荣,贵州师范大学学报(哲学社会科学版).1

非物质文化遗产保护视野下"斗戏"民俗的生态保护研究——以黔东南苗族"斗牛"为例/汪如锋　谭芬,贵州师范大学学报(哲学社会科学版).1

鸦片战争到辛亥革命的贵州民族研究/翁泽红,贵州文史丛刊.4

贵州省博物馆《百苗图》乙本及其同版印本/占跃海,贵州文史丛刊.4

湘西苗族巫傩文化的人神关系伦理意蕴探析/刘金标,贵州文史丛刊.3

苗语影像——边缘群体的集体影像生产/张祺,国际新闻界.7

多元文化主义语境下的"族群"概念及其社会意义/季雨,哈尔滨工业大学学报(哲学社会科学版).2

海南黎族社会流动状况的初步考察/金山,海南大学学报(人文社会科学版).3

黎族哈方言区三师村丧俗音声系统的田野考察/刘厚宇,海南大学学报(人文社会科学版).2

汉文古籍中的黎族文身史料分析/王献军,海南大学学报(人文社会科学版).2

近年来我国西夏学研究述评与展望/张祖群,海南师范大学学报(哲学社会科学版).3

"中国"、"中华民族"语义的历史生成/冯天瑜,河南大学学报(社会科学版).6

论满文档册及其史学功能/鲍虎欣,河南工程学院学报(社会科学版).4

羌族民族文化价值探析/邱琳,河南工程学院学报(社会科学版).2

集体记忆视角下的民族文化节日保护探索——以贵州控拜村为例/朱晓星　但文红等,河南教育学院学报(哲学社会科学版).3

从"自由之恋"到"桎梏之婚"——梭戛乡苗族婚恋习俗个案的田野调查/安丽哲,河南教育学院学报(哲学社会科学版).3

武陵地区散杂居蒙古族的分布及来源/王希辉,黑龙江民族丛刊.1

新疆察布查尔县爱新舍里镇乌珠牛录村社会保障体系建设的调研报告/姜晔,黑龙江民族丛刊.1

族群冲突及其进程的心理基础与心理解释/王军,黑龙江民族丛刊.1

试论土家族哭嫁歌的教育内涵/彭福荣,黑龙江民族丛刊.1

论国家权力与少数民族的自我发展/阿迪力·买买提,黑龙江民族丛刊.1

民间音乐在传承中的语境关系和群体行为分析——以富川瑶族二声部民歌"蝴蝶歌"、"留西啦咧"群体为例/覃爱民,黑龙江民族丛刊.1

日伪时期"北满"地区朝鲜族特殊农村研究/郑光日,黑龙江民族丛刊.2

佤族"阿瓦理"文本解读/郭锐,黑龙江民族丛刊.3

北方渔猎民族服饰符号的教育价值解析/范婷婷,黑龙江民族丛刊.3

浅论满族传统禁忌习俗及其现代社会功能/杨晗,黑龙江民族丛刊.3
金代金源地区形成的历史背景及其文人与作品/王禹浪　郭丛丛,黑龙江民族丛刊.3
从满族复数词缀的接加条件看满族先民文化遗迹/贾越,黑龙江民族丛刊.4
文化视阈下达斡尔族的节日特点及作用/庞晶,黑龙江民族丛刊.4
满族农耕习俗与长白山/王明霞　李婧等,黑龙江民族丛刊.4
宗教学人类学视野中的黔西北民族杂居区跳花灯民俗/刘代霞,黑龙江民族丛刊.5
黑龙江蒙古族的手把肉和烤全羊——以杜尔伯特蒙古族自治县为例/包银图,黑龙江民族丛刊.5
浅谈赫哲族的渔业民俗/韩光明,黑龙江民族丛刊.5
当代杜尔伯特蒙古族牧业生产习俗研究——以布和岗子村为例/赵月梅,黑龙江民族丛刊.5
浅谈古代鄂伦春族的生态伦理思想/安丰军,黑龙江民族丛刊.6
朝鲜族伦理思想面面观/熊坤新　都日晨,黑龙江民族丛刊.6
近30年来渤海上京城研究综述/王禹浪　程功等,黑龙江民族丛刊.6
满通古斯语族的经济和文化研究/李旭,黑龙江史志.13
想象的共同体/王二杰等,黑龙江史志.19
浅论历史人类学的研究方法——以《羌在汉藏之间——川西羌族的历史人类学研究》为例/罗巧玲,湖北民族学院学报(哲学社会科学版).1
社会冲突的仪式化调解——所地彝族西奎博仪式的人类学研究/唐钱华,湖北民族学院学报(哲学社会科学版).1
重庆蒙古族研究回顾与展望/王希辉　刘琴,湖北民族学院学报(哲学社会科学版).1
壮族布洛陀文化研究述评/刘婷,湖北民族学院学报(哲学社会科学版).3
海南黎族国内研究综述/谢东莉,湖北民族学院学报(哲学社会科学版).3
改革开放以来国内仫佬族研究综述/莫艳婷　马强,湖北民族学院学报(哲学社会科学版).5
从田野到文本:民族志的生成过程及其真实性反思/陈兴贵,湖北民族学院学报(哲学社会科学版).6
中国女书研究三十年/伦玉敏,湖北民族学院学报(哲学社会科学版).6
"《回族研究》创刊20周年精品书系"总序/杨怀中,回族研究.2
东南回族研究三十年——改革开放以来福建回族研究述评/王平,回族研究.2
吉林回族研究新的里程碑——评沙允中先生《吉林回族研究》/王德才,回族研究.3
禁忌与诉求——中国南方民族洪水再生神话的生态解读/余敏先,江淮论坛.3
当代跨国民族主义及其地缘政治影响/李学保,江南大学学报(人文社会科学版).1
武陵地区梯玛还愿仪式的功能研究/谭志满,江西社会科学.5
"木卡姆"文化现象的观察与思考/曾金寿,交响.3
宗教五性说视域下藏族大学生宗教信仰探讨/刘国武,教育评论.4
生态脆弱的民族地区钻石模型的适用性研究——以甘南州玛曲县为例/辛晓睿　曾刚　滕

堂伟,经济地理.9

少数民族服饰与非物质文化遗产的经营与保护——以云南为例/张世欹,经济问题探索.12

文化大发展时期新疆非物质文化遗产的传承与保护探析——以新疆十二木卡姆的传承与保护为例/曹立中,喀什师范学院学报.1

女性与柯尔克孜族文化/万雪玉,喀什师范学院学报.2

"东女国之争"与边界和边缘化问题——来自川藏边界的个案研究/丹增金巴,开放时代.11

跨境民族中学生的民族认同心理研究——基于云南西盟县佤族的实证调查/甘开鹏 杨媛妮 王秋,科学·经济·社会.4

孙中山民族认同思想演变轨迹/杨勇,科学社会主义.1

西安市哈萨克斯坦留学生的"文化休克"/王烨,兰州学刊.6

彝文古籍及其研究价值/朱文旭,兰州学刊.5

认同危机与国家安全——基于新疆跨界民族问题的视角/王菲,理论导刊.7

嫩江流域少数民族的抗日救亡斗争/何志军,理论观察.6

清代回族伊斯兰学者刘智名相思想初探/朱国明,理论观察.2

边疆少数民族民俗文化的保护与传承/陈薇 傅惟光,理论观察.1

论马克思恩格斯关于民族性的思想/侯发兵,理论月刊.8

论都市化进程中少数民族传统文化的变迁/方清云,理论月刊.2

灯火阑珊处——历史学家民族学家杨建新先生的学术人生/杨文炯 张翔,历史教学问题.3

满洲氏族、谱系文化与本部族认同初探(二)/徐凯,辽宁大学学报(哲学社会科学版).6

清代满(洲)族的崛起与中国社会的变迁/李治亭,辽宁大学学报(哲学社会科学版).3

新世纪达斡尔族起源研究述评/景爱,辽宁工程技术大学学报(社会科学版).14

满族食俗文化的传承研究/郑南 朱桂凤,满语研究.1

鄂温克族非物质文化遗产保护现状调查/龚宇,满语研究.1

史禄国与满族"莫昆"组织研究/唐戈 曲文勇,满语研究.1

试论清代满族文化的变迁/郭孟秀,满语研究.2

满洲瓜尔佳氏及相关文献研究/刘金德,满语研究.2

发展繁荣满族研究 打造辽宁民族文化品牌——纪念辽宁满族研究三十年/何晓芳,满族研究.1

孙中山"五族共和"思想的时代进步性和历史局限性/熊坤新 戴慧琦 杨新宇,满族研究.1

清朝移民新疆与沙俄移民哈萨克草原的比较/古力孜拉·克孜尔别克,满族研究.2

从子弟书对女英雄形象的重塑透视满族的性别文化心理/姚韫,满族研究.2

长白山"巴拉人"生活与文化习俗考略/张林等,满族研究.2
傅斯年的民族观及其在《东北史纲》中的运用(下)/陈建樾,满族研究.3
满族萨满文化的消失与遗存/赵志忠,满族研究.4
"五化"背景下满族传统文化传承与发展辨析/吴勃,满族研究.4
四川藏区红色文化资源的社会价值及保护利用/天浩然,毛泽东思想研究.5
畲族历史迁徙与文化认同理性——以景宁鹤溪镇"六保"畲族村落汤夫人崇拜为例/王道,民俗研究.3
摩睺罗与宋代七夕风俗的西域渊源/刘宗迪,民俗研究.1
仪式中的民族集体记忆建构——以云南文山富宁县洞波西六村蓝靛瑶"度戒"仪式为例/邓桦,民族教育研究.1
论古壮字信息化传承的策略、影响因素及开发/覃志强 吴晓蓉,民族教育研究.3
浅析朝鲜族传统丧葬礼俗与儒家文化/丁明秀,民族教育研究.6
壮族布洛陀神话叙事角色及其关系分析/李斯颖,民族文学研究.1
"白儿子"图与诗——清代艺术文献中对贵州威宁"白儿子"风俗的描述与艺术家的眼光/占跃海,民族文学研究.1
云南小凉山彝区村落空间生成研究——与杜赞奇"权力的文化网络"之理论对话/嘉日姆几,民族研究.1
《元朝秘史》版本流传考/乌兰,民族研究.1
评介《民族地理学》/罗贤佑,民族研究.1
试论蜑名变迁与蜑民族属/詹坚固,民族研究.1
赛典赤家族元代家谱初考/纳巨峰,民族研究.1
民国时期的"回族界说"与中国共产党《回回民族问题》的理论意义/华涛 翟桂叶,民族研究.1
人类学:一门拥有未来的社会科学/[法]郭德烈著,陈晋编译,民族研究.1
建构新的家园空间:广西凌云县背陇瑶搬迁移民的社会文化变迁/杨小柳,民族研究.1
超越村庄:汉人区域社会研究述评/杜靖,民族研究.1
传统的继承与重构:巍山回族圣纪节的当代变迁/桂榕,民族研究.2
法国彝学研究述评/郭丽娜,民族研究.2
山神信仰:社会结合的地域性纽带——以四川省宝兴县硗碛藏族乡为例/李锦,民族研究.2
文化、族群与社会——环南中国海区域研究发凡/麻国庆,民族研究.2
民族志诗性:论"自我"维度的人类学理论实践/刘珩,民族研究.4
20世纪前期香港葡人的族群认同/叶农,民族研究.3
评墨磊宁的《立国之道——现代中国的民族识别》/安琪,民族研究.3
公共人类学——21世纪人类学发展的新趋势/周大鸣 段颖,民族研究.3
论跨国主义及其理论贡献/丁月牙,民族研究.3
试论清末排满论者对满、汉同属黄种的"学理"回应/张晓川,民族研究.4

西双版纳傣族丧葬中的仪式性财富/郭山　沈梅梅，民族研究.4

人类学的新视野/[法]马克·阿贝莱斯著，黄缇萦编译，民族研究.4

回顾与反思：政治人类学研究述评/汤夺先　李静，民族研究.4

西部地区民族关系的实证研究/束锡红　聂君，民族研究.5

分类、类推、对比与族群意识——桂北红瑶的社会结合与分层研究/谭同学，民族研究.5

青藏高原碉楼的起源与苯教文化/石硕，民族研究.5

族群冲突与制度设计：协和民主模式与聚合模式的理论比较/左宏愿，民族研究.5

社会结构与过渡仪式——以花腰傣社会及其"月亮姑娘"仪式为例对特纳理论的检验/吴乔，民族研究.6

傈僳族社区对干旱灾害的回应及人类学分析——以云南元谋县姜驿乡为例/李永祥，民族研究.6

少数民族事业发展综合评价监测体系构建研究——以广西壮族自治区的实证为例/柏振忠　段超，民族研究.6

列宁关于民族主义论述的三个层次——基于列宁世界革命思想演变的分析/张三南，民族研究.6

社会转型时期少数民族文化艺术资源的价值与功能/邓佑玲，民族文学艺术研究.3

仪式、象征与宗教艺术遗产——红河哈尼族叫魂仪式的人类学考察/徐义强，民族文学艺术研究.5

陈去病民族主义思想探析/刘小玲，南京理工大学学报（社会科学版）.1

中国藏黑水城所出元代律令与词讼文书的史学价值/张重艳，南京师大学报（社会科学版）.5

民族文化边界对民族交往心理的影响——基于青海省民和县南庄子村的人类学考察/闪兰靖　韦玉成，内蒙古大学学报（哲学社会科学版）.1

我国民族关系监测预警研究综述/倪春霞，内蒙古大学学报（哲学社会科学版）.5

新世纪以来韩国的蒙元史研究概述/[韩]柳炳才，内蒙古大学学报（哲学社会科学版）.6

哈萨克族婚嫁仪式歌中的女性民俗文化价值/潘帅　范学新，内蒙古民族大学学报（社会科学版）.1

日常生活：民族学研究的新领域/黄哲，内蒙古民族大学学报（社会科学版）.1

八思巴字古籍文献整理与研究综述/陈烨　宝音，内蒙古民族大学学报（社会科学版）.21

"蒙古族聚居区"概念的边界、适用范围以及泛化解释/阿思根　钟艳萍，内蒙古民族大学学报（社会科学版）.1

论科尔沁文化文献建设的重要性/阿拉坦格日乐，内蒙古民族大学学报（社会科学版）.1

天论观与成吉思汗的哲学思想/秀凤，内蒙古民族大学学报（社会科学版）.2

试论比较民族法学/冯广林　熊文钊,内蒙古民族大学学报（社会科学版）.2

论达斡尔族民歌发展特性中的"利与弊"/姜宁,内蒙古民族大学学报（社会科学版）.2

近十年我国族群认同与历史记忆研究综述/王灿　李技文,内蒙古民族大学学报（社会科学版）.3

蒙古族文化发展战略调研报告/王福革　孟祥煦,内蒙古民族大学学报（社会科学版）.3

科尔沁文化旅游开发研究：内涵、问题与建议/金鑫　王泰,内蒙古民族大学学报（社会科学版）.3

改革开放以来大陆学者对中华民族精神内涵的探索/迟成勇,内蒙古民族大学学报（社会科学版）.4

论抢救与保护濒临民族文化/彤丽格,内蒙古民族大学学报（社会科学版）.4

科尔沁沙地辽代聚落与现代农业聚落分布的规律——以内蒙古通辽市二林场区域为例/李鹏,内蒙古民族大学学报（社会科学版）.5

关于民族文化产业发展的制约因素及对策研究——基于内蒙古的现状分析/刘海池等,内蒙古民族大学学报（社会科学版）.5

蒙古族古籍整理与研究综述/宝音,内蒙古民族大学学报（社会科学版）.5

试论逻辑文化与民族思维方式/莫日根巴图等,内蒙古民族大学学报（社会科学版）.6

论蒙古族神话自然观的生态伦理学意义——以蒙古族神话自然观和古希腊自然观比较为视角/包国祥　斯琴图雅,内蒙古民族大学学报（社会科学版）.6

当代中国民族主义思潮现状分析及未来走向研究/王欣,内蒙古民族大学学报（社会科学版）.6

贵州山地文明与内蒙古草原文明的比较分析——以侗族大歌和蒙古族长调民歌为例/秦塔娜,内蒙古民族大学学报（社会科学版）.6

多维文化视角下蒙古族聚居区贫困问题分析——以内蒙古自治区通辽市为例/张艾力,内蒙古社会科学.1

民族地区实施国际扶贫融资的途径及问题/涂裕春,内蒙古社会科学.2

中华民族研究述评/陈茂荣,内蒙古社会科学.2

论中国北方草原饮食文化的生态观/张景明,内蒙古社会科学.2

社会变迁的民族视角分析论纲——兼论西北民族地区农村社会变迁的基本特征/岳天明,内蒙古社会科学.3

民族地区现代化进程中制度创新的路径选择/李红梅,内蒙古社会科学.3

民族认同、国家认同与民族国家——民族政治学视野下的现代国家分析/刘永刚,内蒙古社会科学.4

论近现代新疆蒙古族社会组织/吐娜,内蒙古社会科学.4

民族概念体系中的若干二元对立存在/郝亚明,内蒙古社会科学.5

我国民族意识增强的因素及其对民族关系的影响/何生海,内蒙古社会科学.5

跨界民族问题的发生学分析/雷勇,内蒙古社会科学.5
西夏圣容寺及其相关问题考证/梁松涛 杨富学,内蒙古社会科学.5
多民族城市中的族际交往及和谐民族关系构建——基于青海省西宁市的实地调查/刘有安,内蒙古社会科学.6
额尔古纳地区俄罗斯族的丧葬习俗及其宗教文化内涵——以室韦俄罗斯民族乡恩和村为例/赵淑梅,内蒙古社会科学.6
祖先崇拜的宗教人类学探析/色音,内蒙古师范大学学报(哲学社会科学版).3
日本的"蒙疆特殊论"与蒙疆统制经济关系析论/丁晓杰,内蒙古师范大学学报(哲学社会科学版).2
论以图腾制研究草原文化的可行性——兼论蒙古族的图腾制相关问题/常宏,内蒙古师范大学学报(哲学社会科学版).3
论我国多民族同源神话的分布与特征/王宪昭,内蒙古师范大学学报(哲学社会科学版).4
阿尔泰语系民族树生人神话传统与蒙古族树始祖型族源传说/包海青,内蒙古师范大学学报(哲学社会科学版).4
宁夏少数民族预科生的适应性调查研究/李宁银 王郢等,宁夏大学学报(人文社会科学版).5
文化人类学的发展与跨文化翻译理论的反思/谢宁,宁夏大学学报(人文社会科学版).2
城市化背景下的回族社会变迁/杨华,宁夏社会科学.1
宁夏回族失地农民生存境况及身份认同研究——基于198户回族失地农民家庭的调查研究/李苏,宁夏社会科学.1
武威市博物馆藏西夏文《佛说百寿怨结解陀罗尼经》及其残页考述/胡进杉,宁夏社会科学.1
西夏文《大乘无量寿经》考释/孙颖新,宁夏社会科学.1
论群际接触对跨文化敏感的影响——一项基于民族院校和非民族院校学生的实证研究/王晓玲,宁夏社会科学.1
黑水城出土4384(9—8)与4894号缀合西夏文医方考释/梁松涛,宁夏社会科学.2
黑水城出土西夏文《西方净土十疑论》略注本考释/孙伯君 韩潇锐,宁夏社会科学.2
文献西夏国名鳞爪/吴忠礼,宁夏社会科学.2
黑水城所出《亦集乃分省元出放规运官本牒》考释/朱建路,宁夏社会科学.2
黑水城出土文书与丝绸之路/张重艳,宁夏社会科学.2
黑水城元代汉文军政文书的数量构成及其价值/杜立晖,宁夏社会科学.2
从黑水城出土文书看元代的肃政廉访司刷案制度/孙继民 郭兆斌,宁夏社会科学.2
中晚唐五代时期敦煌地区的民间体育活动——以吐蕃为例/耿彬,宁夏社会科学.3
俄、英藏西夏文译《贞观政要》的版本关系/王荣飞 景永时,宁夏社会科学.4
公元1226:黑水城文献最晚的西夏纪年/聂鸿音,宁夏社会科学.4

光绪朝中朝关系研究/柳岳武,宁夏社会科学.4

西夏汉文文献误读举例/张秀清,宁夏社会科学.4

"从群体缄默"到"表述自觉"——回族穆斯林自我表述的历史与当下/杨文笔,宁夏社会科学.4

西北伊斯兰教派门宦组织形态研究/丁明俊,宁夏社会科学.4

民国时期回族知识分子与国外伊斯兰世界的交流与互动/钟银梅,宁夏社会科学.5

西夏官吏"禄食"标准管窥——以《天盛律令》为中心/张玉海,宁夏社会科学.5

山东回族研究的回顾与反思(1978—2011)/于衍学 姚爱琴,宁夏社会科学.5

西夏的官品与官阶——西夏官吏酬劳制度研究之一/魏淑霞等,宁夏社会科学.6

《天盛改旧新定律令·催缴租门》一段西夏文缀合/潘洁,宁夏社会科学.6

从清代契约透视哈尼族农耕文明/王亚军,农业考古.3

文化制衡与西南民族地区人口生态控制——以贵州侗族村寨为分析个例/杨经华,农业考古.6

西南民族地区传统农业的价值特征及其活态保护研究/刘孝蓉 胡明扬等,农业考古.6

述论赫哲族渔猎生活——兼论赫哲族史诗《伊玛堪》的传承保护与开发/王友富,农业考古.6

民族文化综合创新的应有视角/易小明,齐鲁学刊.5

西部民族贫困地区新型工业化问题研究——以黔西南布依族苗族自治州为例/戴卫平,前沿.1

少数民族意识强化所带来的潜在问题及对策/云莉,前沿.3

现代经济视阈下的少数民族文化保持与经济发展关系探析——以黑龙江世居少数民族为例/张广才,前沿.3

蒙古帝国的崛起对亚欧政治格局的影响/贾宝维 张龙海,前沿.3

云南德昂族茶俗的社会功能/丁菊英,前沿.5

民族主义的世界主义——一种分析的范式/龚晓珺 赵锦山,前沿.9

浅谈邓小平民族团结思想与民族观/刘善琳等,前沿.11

王国维对《蒙古秘史》的研究/金华,前沿.13

蒙古族民间仪式表演"呼图克沁"研究——当代挑战与范式转换/董波,前沿.15

浅谈维吾尔族麦西莱甫在城市中的变迁/林茵,前沿.15

浅析蒙古与藏传佛教/吴苏荣贵,前沿.15

文化功能视野下的畲族祖地民间信仰/石中坚,前沿.16

中国古代北京少数民族历史文化发展之我见/莎茹拉,前沿.17

胡锦涛民族思想探析/谢凤华 冀鹏,前沿.22

忠贞史乘现势 无庸纵横捭阖——读《关于土族史研究中的若干问题》有感/李克郁,青海民族大学学报(社会科学版).1

新世纪少数民族政治文化研究探微/李瑞君 代晓光,青海民族大学学报(社会科学版).1

班禅系统的爱国传统述略/星全成,青海民族大学学报(社会科学版).1

试述回族对中华文化认同的历史演进——以"回儒"人格形成为线索/孙智伟,青海民族大学学报(社会科学版).1

21世纪学界关于明清安多、康区藏族史研究述评/高晓波,青海民族大学学报(社会科学版).1

西北城镇回族聚居区婚姻家庭结构的变迁——以甘肃省临夏市八坊地区为个案/王平,青海民族大学学报(社会科学版).1

试论河西走廊农牧业转换的历史变迁/马海寿 陈文祥,青海民族大学学报(社会科学版).1

土族通婚圈的实地调查与分析——以大庄村为个案/祁进玉 何薇等,青海民族大学学报(社会科学版).1

"十一五"期间民族高校社科发展现状——基于国家社科基金项目的分析/黄华伟 蒋科兵,青海民族大学学报(社会科学版).1

青海隆务河流域六月会中的宗教仪式与族群认同——以同仁县尕沙日与日合德村为例/孙林,青海民族大学学报(社会科学版).2

安多地区藏、回民族互动关系研究/沙勇,青海民族大学学报(社会科学版).2

《番例》渊源考/达力扎布,青海民族大学学报(社会科学版).2

藏族婚姻中嫁妆和聘礼的民族学解读——以青海河湟地区为例/生杰卓玛,青海民族大学学报(社会科学版).2

青藏地区蒙古族青年族群认同的调查研究/朱敏兰,青海民族大学学报(社会科学版).2

青藏高原丧葬类型及空间特征/朱雅雯 朱普选,青海民族大学学报(社会科学版).2

青海藏区社会稳定问题研究/绽小林,青海民族大学学报(社会科学版).3

陇南白马人傩舞戏面具特色论/蒲向明,青海民族大学学报(社会科学版).3

四川松潘藏寨族群身份变迁研究/刘志扬 曾惠娟,青海民族大学学报(社会科学版).3

卓仓多元文化圈探析/尕藏吉,青海民族大学学报(社会科学版).3

土族婚姻与家庭生活变迁调查——以青海省互助土族自治县土观村为个案/祁进玉 何润润等,青海民族大学学报(社会科学版).3

民族认同与青海意识契合探析/王国利,青海民族大学学报(社会科学版).4

全球华语境下蒙古族大学生的跨文化伦理冲突与适应/斯琴格日乐,青海民族大学学报(社会科学版).4

西羌与青藏高原古代族群文明互动/陈庆英等,青海民族大学学报(社会科学版).4

地理环境对民族文化形成及民族关系发展的影响——以青藏地区为例/马燕,青海民族大学学报(社会科学版).4

村庙在土族村落社会中的文化意义——以民和土族为例/文忠祥,青海民族大学学报(社会科学版).4

1980年以来的中国大陆人类学学科建设——民族学与人类学的分离以及人类学发展的多元路径/马雪峰,青海民族研究.1

时势造学:土司残留时期的中国土司学——1908—1959年土司研究理论与方法探源/成臻铭,青海民族研究.1

羌族宗教信仰与藏文化的关系考察研究/邓宏烈,青海民族研究.1

土家族祭祀祈禳与节日习俗之变迁/刘冰清 彭林绪,青海民族研究.1

青海回族文化对萨满文化遗俗的融摄及途径分析/杨军,青海民族研究.1

"青海学"刍议/贾宁 董建中,青海民族研究.1

《先祖言教》的史学价值探析/赵梅春,青海民族研究.1

博物馆人类学刍议/桂榕,青海民族研究.1

仪式庆典中的认同建构与国家的"在场"——以河南蒙古族的"那达慕"为例/萨仁娜,青海民族研究.1

族群分层研究的理论视角/马忠才,青海民族研究.2

作为人类学的藏学研究——人类学(民族学)的藏族及周边民族研究述略/刘志扬,青海民族研究.2

拉卜楞大寺的丁科尔扎仓及其拉卜楞地区的藏传天文历算学传承研究/宗喀·漾正冈布 拉毛吉,青海民族研究.2

我国现代藏学的发轫:民国时期康藏研究三种学术期刊及其价值——《康藏前锋》、《康导月刊》、《康藏研究月刊》/石硕 姚乐野,青海民族研究.2

试探王岱舆对穆斯林妇女观的儒化建构/韩中义 马媛媛,青海民族研究.2

现代国家与族群记忆重构——以西南民族地区为考察对象/任勇,青海民族研究.2

论藏族的自然生态审美意识/李景隆,青海民族研究.2

近代河套地区的天主教与移民社会/杜静元,青海民族研究.2

中国边疆史之"边缘社会"的管辖范围问题——以"匈奴模型"为例来探讨中原文化如何看待西北边疆地区的民族/[意]托玛索·泼罗瓦朵,青海民族研究.2

都市里的神圣空间——呼和浩特市多元宗教文化的生产与共存/麻国庆 张亮,青海民族研究.2

基于心理应激理论的少数民族大学生就业研究/王璐,青海民族研究.2

从寄魂物信仰看藏族生命观/李艳慧,青海民族研究.2

从帐篷到定居房——循化县岗察乡游牧民定居工程调查研究/陕锦凤,青海民族研究.2

新疆伊犁回族社会关系重构研究/沙彦奋,青海民族研究.2

论安多地区民族关系模式及其形成的历史基础/贾伟 李臣玲,青海民族研究.2

双向书写——一种民族志方法的可能/龙晓添,青海民族研究.3

家族记忆与集体人格/邹琼,青海民族研究.3

民俗传承论/姜又春,青海民族研究.3

符号的背后:土族服饰图案及其象征所指——基于现象社会学的理论视角/甘泉,青海民族研究.3

青海安多藏族服饰民俗文化功能刍议/耿英春,青海民族研究.3

伊斯兰人类学/马强,青海民族研究.4

中国人类学学科地位省思/陈沛照,青海民族研究.4

少数民族青年文化习性与跨文化适应力的调查研究——以青海蒙古族为例/朱敏兰,青海民族研究.4

社会行动理论视角下移民的生计恢复与可持续发展——以青海省海西地区移民村落为例/隋艺 陈绍军,青海民族研究.4

发展观、国家选择与西北民族政治/姚万禄,青海民族研究.4

社会历史、宗教生活与族群身份的建构——以黔西北穿青人为例/雷勇,青海民族研究.4

青海民族地区多元文化与社会秩序的当代建构/骆桂花,青海民族研究.4

热贡文化百年学术研究/唐仲山,青海民族研究.4

走向作为审美文化批评的艺术人类学研究/董龙昌,青海民族研究.4

影像志与"青海学"交叉研究的探讨/张海云,青海民族研究.4

更敦群培和季羡林——学术道路和命运的异同/陈庆英 田甜,青海民族研究.4

青海"四灵"文物解析/柳春诚 李朝,青海民族研究.4

从《华严经》的流布看中国文化的传播/冯雪俊,青海社会科学.2

山东的撒拉尔人——山东禹城韩家寨历史研究/范景鹏,青海社会科学.2

神圣与世俗——甘青藏民族地区宗教抗制犯罪之图式/刘慧明,青海社会科学.3

"小地方"的力量——市场化与社区建构——以青海黄南藏族自治州吾屯社区为例/李元元 刘生琰,青海社会科学.3

发展回族音乐文化旅游的几点思考——以青海门源回族音乐文化旅游为例/杨尚京,青海社会科学.3

文化生态保护区建设中的地方范本——以热贡文化生态保护实验区为例/索南旺杰,青海社会科学.3

热贡"六月会"祭神仪式的民俗功能解读/龙生祥,青海社会科学.3

体制·家庭·空间——拉萨转经习俗的传承机制/张虎生 陈映婕,青海社会科学.4

土族色彩观的民俗学探析——以土族服饰色彩为例/甘泉,青海社会科学.4

环青海湖民族的祭海仪式/拉毛卓玛,青海社会科学.4

百年撒拉族族源研究述评/沈玉萍,青海社会科学.5

回族清真寺纠纷解决的思考/杨雅妮,青海社会科学.6

汉藏文化交流背景下华锐藏族冠汉姓现象及其文化释读/陈涛,青海社会科学.6

多民族地区族群认同的文化机制——河湟地区族源叙事模式再探索/李朝,青海师范大学学报(哲学社会科学版).1

城镇化进程中青海三江源移民点社区体育文化发展的思考/李晓宇,青海师范大学学报(哲学社会科学版).1

青海藏族大学生社会支持的调查研究/朱韶晖 鞠晓英,青海师范大学学报(哲学社会

科学版).1

青海藏族青年文化习性获得调查与研究/官正荣　陈振宁,青海师范大学学报(哲学社会科学版).1

青海地区汉、藏、回族大学生心理健康状况对比分析/魏凤英,青海师范大学学报(哲学社会科学版).2

热贡文化产业化问题研究/华珍,青海师范大学学报(哲学社会科学版).2

论青海少数民族文化的保护与发展/吴秀兰,青海师范大学学报(哲学社会科学版).3

西藏藏族大学生文化认同态度模式研究/张雁军,青年研究.6

论火把节的来源——兼及中国民族学的"高文化"问题/王小盾,清华大学学报(哲学社会科学版).2

民族国家是否已经过时——对全球正义的一种批判性考察/艾四林　曲伟杰,清华大学学报(哲学社会科学版).2

民族文化涵化动力研究——以皖江安庆回族为考据/操竹霞,求索.5

少数民族人口流动原因差异的民族因素影响分析/迟松剑　刘金龙,人口学刊.1

基于地方依恋原理的乌鲁木齐国际大巴扎人群研究——以维吾尔族大学生为例/古丽扎伯克力等,人文地理.2

论蒙文通上古民族文化理论建构/周书灿,人文杂志.2

城镇化对三峡民族地区传统文化的影响/董素云,三峡大学学报(人文社会科学版).4

民族教育研究中文化观的革新:向宏观文化借鉴——从宏观文化心理学谈起/韩雪军,三峡大学学报(人文社会科学版).4

土家族地区的"二次葬"及文化解读/朱世学,三峡大学学报(人文社会科学版).2

移民、传说与族群记忆——民族史视野中的南方族群叙事文化/张先清,厦门大学学报(哲学社会科学版).4

民族时间、家族时间及民族史书写范式反思——从畲、瑶家族文本研究出发/刘婷玉,厦门大学学报(哲学社会科学版).4

族群认同感的架构——少数族群文化保护初探/郭治谦　黄淑萍,山西高等学校社会科学学报.6

我国民族心理学研究的文化魅惑——价值与使命/阿拉坦巴根　姜永志,山西师大学报(哲学社会科学版).3

地缘安全视阈下的我国西部跨界民族关系/李琪,陕西师范大学学报(哲学社会科学版).2

一体多元的族群关系论要——基于费孝通"中华民族多元一体格局"构想的再思考/赵旭东,社会科学.4

地理符号与民族认同/于晓峰,社会科学家.6

民族节日的传承与变迁——以仫佬族依饭节为例/银浩,社会科学家.3

人口较少民族文化认同危机及其路径选择——以云南布朗族为例/郗春嫒,社会科学论坛.11

游牧民族与华夏文明的形成/徐江伟，社会科学论坛.4

白族古代碑刻研究的文化解读/刘明华，社会科学研究.4

宗喀巴大师对"支那堪布遗教"的批判/尹邦志，社会科学研究.3

"突厥斯坦"与"东突厥斯坦"概念的演变/龚缨晏 王永杰，社会科学战线.1

近30年国内有关吐蕃盟誓的新资料与新问题——以汉文资料为主/胡小鹏 崔永利，社会科学战线.3

民族间的文化相遇/张泽忠，社会科学战线.8

近代中国的边疆社会政治及边疆认识的演变/段金生，社会科学战线.9

关于藏族大学生消费观念的调查——以西南民族大学藏学院为例/尕藏卓玛，社科纵横.2

辽宁省满族民俗资源的特征及价值研究/金丽，沈阳师范大学学报（社会科学版）.5

滇藏茶马古道文化遗产廊道保护层次研究/王丽萍，生态经济.12

历史记忆与族群认同变迁——巴蜀祖源传说的历史人类学解读/张勇，史学理论研究.1

敦煌书仪研究评述/杜海，史学月刊.8

民族主义与20世纪初年的"新史学"/陈永霞，史学月刊.5

马克思的民族文化观及其当代意义/王瑜卿，世界民族.3

月经人类学：聚焦女性被遮蔽的生活方式/李金莲 朱和双，世界民族.3

常人民族志——利他行动的道德分析/罗红光，世界民族.5

略辩"土著"与"原住民"/姜德顺，世界民族.6

试析法图拉·葛兰的信仰对话思想及其影响/李艳枝，世界民族.6

"认而不亲，差而有序"——赣南畲族"认表亲"研究/蓝希瑜，思想战线.1

人类学视野下古代中国的族群关系与民族融合——以大理白族为例/张海超，思想战线.1

中国西南少数民族鬼主制度研究/张泽洪，思想战线.1

怒江傈僳族妇女跨省婚姻迁移中的文化冲突研究/陈业强，思想战线.2

中国大陆的民族生态研究（1950~2010年）/尹绍亭，思想战线.2

全球化时代民族文化传播中的涵化、濡化与创新——从广西龙州布傣"天琴文化"谈起/秦红增，思想战线.2

"文物"理念与贵州郎德苗寨文化自觉的培养/李会娥，思想战线.2

浅议构哇土族的礼物馈赠/田俊迁，思想战线.3

论多民族国家的族际政治整合方式/陆海发，思想战线.3

中国南方民族铜鼓汉赐传说的成因及流变/安琪，思想战线.3

民族村寨民间风俗变迁中的政策影响——以石林撒尼村寨为例/吴燕怡，思想战线.4

贵州威宁彝族"果"支系通婚圈变迁趋势研究/卢春梅 高发元，思想战线.4

民族走廊的延伸与国家边疆的拓展——以长城、丝绸之路、藏彝走廊为例/徐黎丽 杨朝晖，思想战线.4

"踩花山"节日的结构演化与动力机制——以越南老街省坡龙乡为例/贺倩如，思想战

线.5

海外藏人的人类学研究——围绕北美藏学博士学位论文的评析/刘志扬,思想战线.6

百越走廊及其向茶马古道的转型——从词与物的传播说起/陈保亚,思想战线.6

"茶马古道"文化线路的几个问题/孙华,四川文物.1

日据时期的台湾民族学调查与研究/张崇根,台湾研究集刊.4

融水苗族拉鼓节的渊源、现状及发展对策研究/钱应华等,体育研究与教育.6

民族文化与文化民族主义/张谨,天府新论.4

少数民族口述历史的挖掘与数字化保存模式研究——以武陵山区土家族为例/彭燕 朱慧玲,图书馆学研究(理论版).10

当下民族精神认知状况的调查与研究/宋暧,文化学刊.5

基于实地调查与民族志"厚描"的语言民俗研究——评《语言民俗与中国文化》/张举文,文化学刊.2

俄国的黑龙江流域人类学调查对于我国人类学东北研究的意义/张松,文化学刊.1

二战前日本人对东北的人类学调查研究/阿拉腾,文化学刊.1

凌纯声的赫哲族研究及其影响/姬广绪,文化学刊.1

陇南白马藏族的"目文化"造型符号研究/余永红,文化学刊.3

非物质文化遗产视域下的民族传统文化的保护与发展—以海南黎族苗族"三月三"节为例/毛巧晖,文化遗产.4

水族村落的民族传统空间结构——以贵州三洞乡为主要对象的调查与研究/张振江 杨槐等,文化遗产.1

壮族村落原生态空间风水观——以武鸣县三联村独山屯为例/黄世杰 黄亮溁,文化遗产.1

构建自觉的民族化艺术理论体系——黄会林教授访谈录/,文艺研究.4

情感与族群边界——以新疆三对维汉夫妇的族际通婚为例/徐杰舜 徐桂兰,武汉科技大学学报(哲学社会科学版).2

以武祭丧——西南少数民族丧葬习俗中的武术文化探微/郭振华等,武汉体育学院学报.11

藏族地区祭祀物的转变及文化意义/颜亮,西安建筑科技大学学报(社会科学版).5

突厥官号研究——以正史所见突厥官号为中心/蒋莉,西安文理学院学报(社会科学版).5

两汉关中大族面貌考察/唐会霞,西北大学学报(哲学社会科学版).4

藏族历代文献精选电子资料库建设及其研究的意义和价值/道周,西北民族大学学报(哲学社会科学版).1

藏族牧民定居后的文化调适/韩玉斌,西北民族大学学报(哲学社会科学版).6

从"蒙古族哲学"到"蒙古族的哲学"转变研究/王福革,西北民族大学学报(哲学社会科学版).2

古代藏族、纳西族族源及文化渊源关系/叶拉太,西北民族大学学报(哲学社会科

版）.1

关于西北民族走廊的思考/陈庆英　赵桐华,西北民族大学学报（哲学社会科学版）.2

和谐共生——从中国老龄化社会看伊斯兰的孝理念/马少彪　马永欤,西北民族大学学报（哲学社会科学版）.2

化隆地区回族、撒拉族传统解纷方式及特点考述/王刚,西北民族大学学报（哲学社会科学版）.4

民族文学艺术的活化石　地域文化的奇葩——国家首批非物质文化遗产蒙古族安代文化研究综述/巴·苏和等,西北民族大学学报（哲学社会科学版）.4

嵌入、生成与解组——乌孜别克族游牧组织阿吾勒变迁的人类学解读/解志伟,西北民族大学学报（哲学社会科学版）.4

融合多元文化　成就精神瑰宝——浅析中国哈萨克文学中的自然生态和谐思想及其形成的渊源/王吉祥,西北民族大学学报（哲学社会科学版）.4

香港华人穆斯林的族群性分析/马建福,西北民族大学学报（哲学社会科学版）.4

新疆图瓦人的传统文化——现代化还是边缘化/南快莫德格,西北民族大学学报（哲学社会科学版）.6

新世纪我国民族团结教育研究：回顾与展望——基于87篇学术论文的文献分析/卢守亭,西北民族大学学报（哲学社会科学版）.1

在中国文化战略指导下开拓中东及阿拉伯伊斯兰文化研究/丁俊,西北民族大学学报（哲学社会科学版）.1

中东伊斯兰国家社会转型中的文化重建/丁俊,西北民族大学学报（哲学社会科学版）.1

中国特色的"中东学"与"阿拉伯学"浅议/沙宗平,西北民族大学学报（哲学社会科学版）.1

重估费尔巴哈的宗教思想/孙琥瑭,西北民族大学学报（哲学社会科学版）.1

宗教的类型对民族国家认同的影响/张践,西北民族大学学报（哲学社会科学版）.3

宗教文化论/牟钟鉴,西北民族大学学报（哲学社会科学版）.2

民俗文化的当代价值/蔡志荣,西北民族研究.1

知识共享伙伴——非物质文化遗产保护中的民族志立场/朝戈金,西北民族研究.1

新疆疏勒县民族关系调查及比较研究/疆生,西北民族研究.1

西南研究答问录/王铭铭　张帆,西北民族研究.1

"巴扎"（集市）、隐形时间与维吾尔人的文化心理/王敏,西北民族研究.1

从江南雅韵到边地情结——写在《危险的边疆——游牧帝国与中国》中译本之后/袁剑,西北民族研究.1

从皮尔士三性到形气神三元：指号过程管窥/纳日碧力戈,西北民族研究.1

昆明穆斯林社群：1274~2000/马雪峰,西北民族研究.1

"许乎"与"达尼希"——撒拉族与藏族关系研究/马成俊,西北民族研究.2

创建中华民族的共同文化　应对21世纪中国面临的严峻挑战/马戎,西北民族研究.2

壮族分类体系与认同变迁的再思考——兼评《创造壮族：中国的族群政治》/卢露，西北民族研究.2

同源异流的回族—福建泉州回族与西北回族比较/陕锦风，西北民族研究.2

民国时期的"西藏"概念——从1926—1935年间的五本《西藏问题》著作谈起/李健，西北民族研究.2

"跨界民族"的族群认同与国家认同——以中越边境的壮族为例/梁茂春，西北民族研究.2

自然神神名考/杨建军，西北民族研究.3

民族学界瞻泰斗　西北杏坛缅先师——沉痛悼念谷苞先生/吴景山，西北民族研究.3

蒙古族传统奶食品的制作技艺与相关民俗探析/敖其，西北民族研究.3

论王岱舆对回儒佛三教报应思想的探讨/季芳桐，西北民族研究.4

回道对话与文化共享——宁夏固原二十里铺拱北的人类学解读/周传斌，西北民族研究.4

儒回现象：大河家的孔氏穆斯林/杨德亮，西北民族研究.4

传统技能、学校教育与家庭收入——基于一个回族村庄的实地研究/王富伟，西北民族研究.4

回汉移民社区居民家庭生活满意度的代际互惠影响——以N自治区Y市移民家庭为例/冯学兰，西北民族研究.4

洁净与污秽：游牧民有关家畜排泄物的本土知识及其应用/白俊瑞，西北民族研究.4

挖掘非物质文化遗产的经济价值　推进西藏文化产业大繁荣大发展——以藏戏为例探讨西藏文化的开发问题/崔素洁　狄方耀，西藏民族学院学报（哲学社会科学版）.1

神山圣湖边的居民与生活——普兰调查小记/陈东，西藏民族学院学报（哲学社会科学版）.1

明清时期的"跳布扎"习俗/付奋奎，西藏民族学院学报（哲学社会科学版）.2

神山下的快乐：卡瓦格博文化社/友珍，西藏民族学院学报（哲学社会科学版）.2

《喜马拉雅山的佛教村庄——拉达克桑斯噶尔地方的环境、资源、社会与宗教生活》介绍/苏发祥，西藏民族学院学报（哲学社会科学版）.2

西藏高校参与西藏文化产业发展简论/张利勇，西藏民族学院学报（哲学社会科学版）.2

略论金沙江西岸的"帕措"/廖建新，西藏民族学院学报（哲学社会科学版）.2

论藏族原始文化形成的基本因素及社会影响/罗桑开珠，西藏民族学院学报（哲学社会科学版）.3

西藏人口较少民族迁徙的政治经济动因及其对民族关系的影响/扎西　觉安拉姆等，西藏民族学院学报（哲学社会科学版）.4

近六十年来嘉绒十八土司研究综述/叶小琴，西藏民族学院学报（哲学社会科学版）.4

五世达赖的文献学贡献/刘凤强，西藏民族学院学报（哲学社会科学版）.5

澳大利亚国立大学馆藏藏学文献考略/杨富，西藏民族学院学报（哲学社会科学版）.5

错巴卓——多续藏族"三重空间"的体系/刘俊波，西藏民族学院学报（哲学社会科学版）.6

青藏高原生态安全问题的再认识/才旺贡布　梁艳，西藏研究.1

浅谈藏族古代关于世界本源"元素说"的物理思想/王春英，西藏研究.1

拉萨文化大发展战略选择研究/马新明　孙伶伶，西藏研究.1

汉藏传佛教对二谛的不同看法——以吉藏和宗喀巴为例/喻长海，西藏研究.2

藏式古建筑的结构特点及其防雷措施/曲扎江措　泽仁玉珍，西藏研究.3

察瓦龙民俗文化综览/阿旺贡觉等，西藏研究.5

西藏妇女的婚姻地位探析/班觉，西藏研究.6

民族认同与国家认同研究述论/李智环，西南科技大学学报（哲学社会科学版）.2

侗族传统文化蕴含的生态智慧/罗康智，西南民族大学学报（人文社会科学版）.1

中越边境跨国婚姻人口流动的经济和生态因素分析——以麻栗坡县A瑶族村为例/吴振南，西南民族大学学报（人文社会科学版）.1

论丽江纳西族园林植物文化/杨桂芳　和春，西南民族大学学报（人文社会科学版）.1

论云南贡山怒江地区雾里村原生态景观价值/袁恩培　王莉，西南民族大学学报（人文社会科学版）.1

多元文化背景下羌族文化传承与发展的策略研究/韩云洁，西南民族大学学报（人文社会科学版）.2

多元文化视野下的民族关系研究——以青海河湟地区为例/羊措，西南民族大学学报（人文社会科学版）.2

跨省际少数民族"非遗"存续路径研究——以侗族为例/胡艳丽　曾梦宇，西南民族大学学报（人文社会科学版）.2

论藏传因明学的历史轨迹与特点——兼论内明与因明之关系/李加才让，西南民族大学学报（人文社会科学版）.2

玛里玛萨人的宗教文化与民族接触/刘青，西南民族大学学报（人文社会科学版）.2

侗族妇女与香禾糯遗传资源的在地传承保护——来自贵州黎平黄岗侗寨的田野个案研究/蒲琨　龙宇晓，西南民族大学学报（人文社会科学版）.2

从神灵到神灵意象——宗教心理学研究新进展/李英　席敏娜，西南民族大学学报（人文社会科学版）.2

身体与家屋空间的构建——红瑶身体的空间性及其象征研究/冯智明，西南民族大学学报（人文社会科学版）.3

从性别关怀探析凉山民主改革研究的意义与方法/马林英，西南民族大学学报（人文社会科学版）.3

从民族认同看新时期凉山彝学发展/王菊，西南民族大学学报（人文社会科学版）.3

从瘴疠、鸦片、海洛因到艾滋病——医学人类学视野下的中国西南边疆与边疆社会/沈海梅，西南民族大学学报（人文社会科学版）.3

彝族的归属集团意识在其丧葬文化中形成的可能性/樊秀丽，西南民族大学学报（人文

社会科学版).3

礼物馈赠与关系建构——德昂族社会中的茶叶/李全敏,西南民族大学学报(人文社会科学版).4

藏族"戎亢"的建筑文化内涵及公共空间意义——以甘肃省甘南藏族自治州夏河县麻当乡为例/黄茂,西南民族大学学报(人文社会科学版).4

关于中国人类学研究为现实服务的几点思考/格勒,西南民族大学学报(人文社会科学版).4

西北少数民族地区社会和谐稳定问题实证研究/李清娥,西南民族大学学报(人文社会科学版).4

改土归流对水西地区民族格局的影响/郝彧 甯佐斌,西南民族大学学报(人文社会科学版).4

宗教视野下羌族释比服饰的象征内涵研究/周梅 李南,西南民族大学学报(人文社会科学版).5

侗歌"文本"的双层解读/贺云,西南民族大学学报(人文社会科学版).5

四川灾后旅游业恢复重建中羌族文化传承、创新与"经典"的探讨/游勇,西南民族大学学报(人文社会科学版).5

基督教信仰中的社会性别构建——以怒江娃底傈僳人为例/卢成仁,西南民族大学学报(人文社会科学版).5

散杂居背景下彝族与苗族的人格结构比较分析——基于贵州省大方县八堡彝族苗族乡的调查/沈再新,西南民族大学学报(人文社会科学版).5

金·史密斯——具有六度精神的藏学家/阿拉·森嘎尔·土登尼玛著,白玛措译,西南民族大学学报(人文社会科学版).5

羌族文化灾后重构研究/喇明英,西南民族大学学报(人文社会科学版).5

阿昌族文化传承的文本视域/曹德玉 史军,西南民族大学学报(人文社会科学版).5

中国近代民族主义语境中的吴凤传说/贾益,西南民族大学学报(人文社会科学版).6

和谐社会背景下藏族大学生民族与文化认同实证调查研究/耿亚军,西南民族大学学报(人文社会科学版).6

三亚回族研究的人类学意蕴/张亮,西南民族大学学报(人文社会科学版).6

藏彝走廊研究刍议/陈心林,西南民族大学学报(人文社会科学版).7

转型中国城市民族意识的概念、特征与功能探析/杨鹍飞 刘庸,西南民族大学学报(人文社会科学版).7

论回族日常交往的认同心态/马进,西南民族大学学报(人文社会科学版).7

略论藏彝走廊中的回藏和谐民族关系研究/马尚林,西南民族大学学报(人文社会科学版).7

关于边疆地区社会稳定风险评估指标体系构建的思考/徐祗朋,西南民族大学学报(人文社会科学版).7

四川藏区两个特殊年节的比较研究——对新龙"十三"节和丹巴"香古"年的调查分析/

李玉琴,西南民族大学学报(人文社会科学版).7

论"五化"背景下杂散居地区民族团结教育的重要价值和意义/卢守亭,西南民族大学学报(人文社会科学版).8

人神分界和僧俗分类:家屋空间的上下秩序——对雅安市宝兴县硗碛藏族乡的田野调查/李锦,西南民族大学学报(人文社会科学版).8

2009—2012年四川藏区牧民定居建设特点分析/范召全,西南民族大学学报(人文社会科学版).8

李绍明先生与藏彝走廊研究/石硕,西南民族大学学报(人文社会科学版).8

李绍明先生与武陵民族走廊研究/黄金,西南民族大学学报(人文社会科学版).8

论黔东南苗族古村落村寨树的生态及社会功能/杨东升 张和平,西南民族大学学报(人文社会科学版).9

"敦煌"得名考/梅维恒著,王启涛译,西南民族大学学报(人文社会科学版).9

彝族道德经典《玛牧特依·伦理篇》新解/阿育几坡等,西南民族大学学报(人文社会科学版).11

人类学农牧关系的研究范式及其价值/罗意,西南民族大学学报(人文社会科学版).11

迁移、社会网络和知识体系建构——四川茂县蓝店坡村震后羌族自发移民的适应性研究/耿静,西南民族大学学报(人文社会科学版).11

彝语口传文化数字化采集方法及其保护与传承研究——以毕摩、苏尼、口弦、阿都高腔为例/陈顺强等,西南民族大学学报(人文社会科学版).11

彝族"六月二十四"的连带解读/罗曲,西南民族大学学报(人文社会科学版).11

南传上座部佛教与边疆民族地区和谐社会构建/赵世林 陈燕等,西南民族大学学报(人文社会科学版).12

论康区的地域特点/石硕,西南民族大学学报(人文社会科学版).12

东纳藏族部落族源考略/洲塔 尕藏尼玛,西南民族大学学报(人文社会科学版).12

略论羌族文化与古蜀文化的渊源关系——兼论羌族与黄帝的渊源关系/徐学书,西南民族大学学报(人文社会科学版).12

汉源县火敞坝尔苏藏族还山鸡节考察研究/王德和,西南民族大学学报(人文社会科学版).12

鄂温克族传统民族文化流失和传承研究/乌日力嘎,西南农业大学学报(人文社会科学版).5

新疆渭干河下游古绿洲沙漠化考/李并成,西域研究.2

初译与再译的文学切磋——佛经传译中的胡汉文化合流二论/高人雄,西域研究.2

中国萨满教研究特点与展望/郭淑云,西域研究.2

论中亚的突厥化/蓝琪,西域研究.3

倭玛亚王朝在中亚的总督统治/赵永伦,西域研究.3

新疆吐鲁番胜金口石窟考古发掘新收获/吴勇,西域研究.3

一种提高维吾尔—汉语词语对齐的方法研究/麦热哈巴·艾力 王志洋等,小型微型计算

机系统.11

少数民族压力应对研究的文化视角/植凤英　张进辅,心理科学进展.8

我国西南少数民族心理研究的基本状况/蔡笑岳　罗列等,心理科学进展.8

近年来国内民族认同研究述评/万明钢　高承海等,心理科学进展.8

浅谈哈萨克族信仰习俗对民族进步的影响/白山·纳马孜别克,新疆大学学报（哲学·人文社会科学版）.4

散杂居塔吉克族婚姻观念及形式变迁/姚卫坤,新疆大学学报（哲学·人文社会科学版）.5

"巴扎"（集市）里的族性认同与认同变形/王敏,新疆大学学报（哲学·人文社会科学版）.6

当前新疆南疆地区城市维汉民族关系解析/李洁,新疆社会科学.1

从民族认同到公民认同：新疆政治文化转型刍议/李瑞君　代晓光,新疆社会科学.1

帕米尔高原塔吉克族的迁徙与生活适应调查研究/刘明　孙岿,新疆社会科学.3

新疆南部农村维汉通婚调查/李晓霞,新疆社会科学.4

影响新疆族际交往的心理因素分析/李静　刘继杰,新疆社会科学.5

维吾尔谚语中的"水"与"火"意象/李遐,新疆社会科学.5

新疆维吾尔族大学生文化认同现状调查研究——以新疆师范大学民考民维吾尔族大学生为例/龙玉红等,新疆社会科学.6

民族学是什么/杨圣敏,新疆师范大学学报（哲学社会科学版）.1

民族共生与民族团结——指导学新说/纳日碧力戈,新疆师范大学学报（哲学社会科学版）.1

和谐社会语境下民族交往探析——以新疆昭苏县几个哈汉聚居区为例/王玉君　葛艳玲　李臣玲,新疆师范大学学报（哲学社会科学版）.2

亦论龟兹白姓/史晓明,新疆师范大学学报（哲学社会科学版）.4

婚俗视域下塔吉克女性社会角色的人类学考察/刘明等,新疆师范大学学报（哲学社会科学版）.5

文化视域下少数民族乡村政治传播贴近性思考——基于湖南通道侗族自治县独坡八寨的民族志调查/张斌　张昆,新闻界.11

论大众传播语境下甘南藏区社会流动与文化整合——以甘南藏区五村庄调查为例/张硕勋,新闻与传播研究.1

全球化背景下民族国家的伦理认同与伦理困境/刘淑萍,学海.5

从"走姑娘"民俗看侗族传统文化特质及其变迁——以黎平黄岗侗寨为个案/张勤,学术交流.10

论现代化进程中少数民族文化的传承与发展/张宏玉,学术交流.11

赫哲族渔文化的形成及其传承机制/谭杰,学术交流.3

当代中国边疆民族地区发展文化产业问题探索/孟航,学术论坛.9

仫佬族"依饭节"若干问题研究——以广西罗城县龙岸镇马寨屯为例/银浩,学术论

坛.2

边境民族地区社会控制模式中的民俗控制检讨——以广西为考察对象/梁利,学术论坛.6

从多民族语言看云南多样性文化建构/徐梅,学术探索.12

族群离散与文化离散研究的来龙去脉/刘冰清 石甜,学术探索.2

苗族、布依族青少年民族认同与国家认同及影响因素研究/韦磐石 张翔,学术探索.2

人类学视野下的中国村庄表述/谷家荣,学术探索.2

人类学视野下的哈尼——阿卡农耕文化探析/杨六金,学术探索.4

独龙族野生植物利用的传统知识研究/李金明,学术探索.4

近代中国"边疆学"概念提出与传播的历史考察/娄贵品,学术探索.8

勒墨女性原始公房兴衰区域均衡发展的人类学考察——以泸水县金满村为例/宋建峰,学术探索.8

乡土传统再造中的仪式秩序与空间认同——对云南省石林县月湖村"祭山神"仪式的人类学分析/肖青 李宇峰,学术探索.10

作为生存意识和超越意识的少数民族文化—敞开少数民族文化的哲学意蕴/李兵,学术探索.12

少数族群差异权利的证成——金里卡的多元文化自由主义/李海平,学术研究.1

留学生与近代中国民族国家的构建/岑红 印少云,学术研究.5

海洋生活对东北近海民族文化的影响/戴光宇,学问·东北史地.2

满族民族起源神话研究/谷颖,学问·东北史地.4

文化建构中的民族因素——从藏系文化要素与现今"和谐"之关联说起/李鸿宾,烟台大学学报(哲学社会科学版).1

传说中的发现、版本流变与文本价值——以岷江上游羌族的"羌戈大战"传说为例/高琳 石硕,烟台大学学报(哲学社会科学版).1

西夏民族关系思想述论/史景娴 崔明德,烟台大学学报(哲学社会科学版).3

中国民族关系思想的有关问题/崔明德,烟台大学学报(哲学社会科学版).4

边疆研究与近代民族国家之构筑——以1941年《边政公论》发刊词为中心的考察/段金生,烟台大学学报(哲学社会科学版).4

论图们江区域朝鲜族非物质文化遗产的传承与保护/方琦,延边大学学报(社会科学版).2

论跨国民族认同的场景与差异——以中国朝鲜族婚姻移民女性为例/全信子,延边大学学报(社会科学版).5

满语词语与满族的太阳崇拜初探/张殿典,扬州大学学报(人文社会科学版).3

民族认同与国家认同、文化认同——江淮望族李氏500年盛衰考论/黄淑成 黄大昭,扬州大学学报(人文社会科学版),2

西域文化博物馆的结构布局及其文化意蕴/廖肇羽,伊犁师范学院学报(社会科学版).1

国外哈萨克学和突厥学研究概况/耿世民,伊犁师范学院学报(社会科学版).1

民族历史溯源中的文化沉思与生命情怀——叶尔克西·胡尔曼别克散文论/权绘锦,伊犁师范学院学报(社会科学版).2

论文化交流对哈萨克族英雄史诗的影响/范学新,伊犁师范学院学报(社会科学版).2

生态女性主义视野下的哈萨克神话传说试解/王吉祥,伊犁师范学院学报(社会科学版).2

哈萨克族食肉文化及其象征意义/齐那尔·阿不都沙力克,伊犁师范学院学报(社会科学版).2

哈萨克族亲属关系溯源/刘明　古丽皮娅·木合塔尔,伊犁师范学院学报(社会科学版).2

浅谈哈萨克族巫术对民族进步的影响/白山·纳马孜别克,伊犁师范学院学报(社会科学版).3

哈萨克族非物质文化遗产保护现状考察研究/汪菁,伊犁师范学院学报(社会科学版).4

新疆哈萨克族文化模式探究/沙彦奋,伊犁师范学院学报(社会科学版).4

新疆锡伯族与中亚东干族移民发展过程比较研究/赖洪波　姜付炬,伊犁师范学院学报(社会科学版).4

试论近现代新疆蒙古族社会阶层/吐娜,伊犁师范学院学报(社会科学版).4

论京族哈节的网络传播/王利娟,艺术探索.2

震后羌族非物质文化遗产保护现状调查研究/廖恒　邓陈亮,音乐探索.2

仫佬族传统婚俗中的若干问题研究/银浩,音乐探索.2

维吾尔族人名及其文化解析/马新军等,语文学刊.9B

从民族学视角谈少数民族传统文化的保护/博日吉汗卓娜,语文学刊.11A

从维吾尔族人名探其文化/宋小英　黄志蓉等,语文学刊.11A

论林语堂的民族观念及自由意识/张勇,阅江学刊.2

多元文化共存与和谐民族关系的构建/林庆　李旭,云南民族大学学报(哲学社会科学版).1

社会互动与滇越边民国家认同研究/张含　谷家荣,云南民族大学学报(哲学社会科学版).1

论民族地区和谐政治关系建设/李普者,云南民族大学学报(哲学社会科学版).1

哈尼族乡村日常生活中的消费赊账形式——以云南省元阳县箐口村为例/陈文超　陈文,云南民族大学学报(哲学社会科学版).1

村寨遇旱求雨的地方叙事——汶川巴夺羌寨的人类学案例研究/巴战龙　罗吉华,云南民族大学学报(哲学社会科学版).1

多民族国家的民族关系模式研究/高响鸣　杨鹍飞,云南民族大学学报(哲学社会科学版).2

宗教与性别:土家族招婿婚姻的变迁逻辑——以湖北省恩施州A村为例/尹旦萍,云南

民族大学学报（哲学社会科学版）.2

老龄化背景下少数民族老年人生活质量研究/周爱萍，云南民族大学学报（哲学社会科学版）.2

民族、地域差异与经济发展的关系研究——基于人格特质的视角/郑荣双　蒋春华，云南民族大学学报（哲学社会科学版）.2

瑶族传统文化中的生态知识与减灾/马军，云南民族大学学报（哲学社会科学版）.2

多民族杂居区摩梭人婚姻家庭变迁考察——以云南省宁蒗县翠玉乡料别村为例/张明仙，云南民族大学学报（哲学社会科学版）.2

人类学视野下的民俗文化空间——以云南省巍山县回族民俗为例/桂榕，云南民族大学学报（哲学社会科学版）.2

论可持续发展与宗教信仰之关系——以硗碛藏族乡为例/陈焱，云南民族大学学报（哲学社会科学版）.3

当代裕固族的族际婚姻——以肃南县红湾寺镇和明花乡为例/钟梅燕，云南民族大学学报（哲学社会科学版）.3

傣族村落中的传统权威组织——曼安村的"细梢老曼"与乡村秩序/伍琼华　闫永军，云南民族大学学报（哲学社会科学版）.3

多民族聚居地区农村社会管理的路径/张志远，云南民族大学学报（哲学社会科学版）.3

物质文化遗产：自我表征的载体与符号——以滇越铁路遗产物为例/吴兴帜　洪树兰，云南民族大学学报（哲学社会科学版）.3

云南通海蒙古族民族心理认同研究/董文朝　董文梅等，云南民族大学学报（哲学社会科学版）.3

一种自称　三个民族——对黄泥河右岸布依族群民族识别的再调查/韩忠太，云南民族大学学报（哲学社会科学版）.3

宗教视域下的德昂族茶俗文化研究/丁菊英，云南民族大学学报（哲学社会科学版）.3

神判与官司：一个西南村庄降乩仪式中的讼争与教谕/汤芸，云南民族大学学报（哲学社会科学版）.4

当代"直过"民族村落发展考察——以泸水县金满勒墨村为例/宋建峰　李保林，云南民族大学学报（哲学社会科学版）.4

蒙古文化的一种浓缩形式及其象征意蕴——对蒙古族那达慕文化的象征主义人类学解读/白红梅，云南民族大学学报（哲学社会科学版）.4

王朝国家的模仿与隐喻——人类学视阈下的土司社会与国家关系研究/岳小国　陈红，云南民族大学学报（哲学社会科学版）.4

遗产廊道视域中滇藏茶马古道价值认识/王丽萍，云南民族大学学报（哲学社会科学版）.4

边疆贫困山地民族的民族认同与国家认同实证研究——以傈僳族为例/李智环，云南民族大学学报（哲学社会科学版）.5

建国以来西南少数民族地区社会发展研究综述/吴明永,云南民族大学学报(哲学社会科学版).6

试论费孝通历史功能论对民族发展研究的启示/贾仲益,云南民族大学学报(哲学社会科学版).6

大理西罗坪山白族传统婚姻与家庭的文化生态阐释/吴瑛,云南社会科学.1

民族研究的价值探讨——以基诺族研究为例/董学荣,云南社会科学.1

礼物之灵与德昂族仪式活动中的茶叶与草烟/李全敏,云南社会科学.3

当代回族民间知识精英的伊斯兰文化译著活动/冯杰文,云南社会科学.4

国家统一视阈下民族认同与国家认同的整合/胡兆义,云南社会科学.4

生态人类学视角下东南地区的海洋环境与沿海社会/曾少聪,云南社会科学.5

拉祜族扩塔节的文化内涵和当代意义/苏翠薇,云南社会科学.5

"民族"概念的困境、原因及建议——兼论马克思主义民族概念/陈茂荣,云南社会科学.6

媒介与乡村社会空间的互动及意义生产——云南兰坪大羊普米族村寨的个案考察/孙信茹 苏和平,云南社会科学.6

满族人类起源神话研究/谷颖,长春师范学院学报(人文社会科学版).11

满族萨满文化传承——以吉林九台满族石姓为例/吕萍,长春师范学院学报(人文社会科学版).8

满族萨满神歌研究/赵志忠,长春师范学院学报(人文社会科学版).8

族群杂居区族际互动的结构性特征——一种超越二元对立的研究视域/袁年兴 许宪隆,浙江大学学报(人文社会科学版).5

浙江畲族民间文献资料价值初探/吕立汉 蓝岚等,浙江社会科学.4

在民主与民族之间——1940年代自由知识分子的自由民族主义思想/陈永忠,浙江学刊.5

多民族国家族际政治整合理论的创新——评《多民族国家的族际政治整合》/高建,政治学研究.5

科学解读中国共产党少数民族文化政策的新作——《中国共产党少数民族文化建设研究》评介/李良明 张亮东,中共党史研究.4

滇文化与北方地区文化及族群关系研究/翟国强,中国边疆史地研究.1

20世纪三四十年代的中国边疆研究及其发展趋势/段金生,中国边疆史地研究.1

重返"古苗疆走廊"——西南地区、民族研究与文化产业发展新视阈/杨志强 赵旭东等,中国边疆史地研究.2

辛亥革命前后的"中华民族"概念/都永浩,中国边疆史地研究.3

元代杭州永福寺、《普宁藏》扉画与杨琏真伽及其肖像/赖天兵,中国藏学.1

IOL Tib J749号占卜文书解读/陈践践,中国藏学.1

藏汉签谱《箭卦签诗预言》与《仙姑洞灵签》之比较/加央平措,中国藏学.1

人类学视野中的西藏牧区亲系组织及互惠关系——以西藏那曲为实例/白玛措,中国藏

学.1

法藏敦煌藏文文献 P.T.992 号《分别讲说人的行止》之研究/才让,中国藏学.1

加拿大主要藏学研究机构及人员现状/周卫红,中国藏学.1

藏传因明推理问题辨析商榷/张忠义　杨爱华,中国藏学.2

从仪式到艺术:以"雄"为核心的阿吉拉姆/桑吉东智,中国藏学.2

意大利藏学研究的历史与现状/弗朗切斯科·塞弗热著,班玛更珠译,中国藏学.2

人口流动、族群结构与族际关系——关于西藏山南地区泽当镇的实证调查研究/李健,中国藏学.2

巴哩译师传略/徐华兰,中国藏学.2

藏族居民居住格局变化与城市民族关系的社会性——以"5·12"大地震后四川都江堰市为例/耿静,中国藏学.2

甘肃宕昌早期古藏文苯教文献的内容及其特点/伊西旺姆,中国藏学.2

涉藏金石碑刻研究刍议——以甘肃涉藏碑铭为例/吴景山,中国藏学.2

西方藏学人类学的研究取向:基于美国博士论文的分析/刘志扬,中国藏学.2

论雍和宫的爱国主义传统/刘军,中国藏学.2

试析藏族两种传统铸造工艺的存在——由传统铜像佛像制作引发的思考/袁凯铮,中国藏学.3

有关天葬及天葬师的研究综述/才旦曲珍等,中国藏学.4

藏族世界级、国家级非物质文化遗产解题名录/《中国藏学》编辑部,中国藏学.增1

我国西藏及四省藏族自治州县文物保护单位名录/侯石柱,中国藏学.增1

西藏古桥解题名录/张公钧,中国藏学.增1

庄学本田野考察工作对20世纪中国边地民族研究的影响和意义初探/李公明,中国国家博物馆馆刊.9

城市化进程对宁夏吴忠市回族社区文化影响分析/张丽艳,中国穆斯林.4

回族文化结构分析/杨忠东,中国穆斯林.4

民间宗教的社会学人类学研究——回顾与前瞻/胡安宁,中国农业大学学报(社会科学版).1

全球化语境下蒙古族大学生的跨文化伦理冲突与适应/斯琴格日乐,中国青年研究.12

西藏大学生的社会认知状况调查/刘红旭等,中国青年研究.12

中国近代神话传说研究与民族文化问题/高有鹏,中国人民大学学报.1

历史文化认同意识在秦汉统一民族国家建设中的作用/许殿才,中国社会科学院研究生院学报.6

中古空前绝后的民族大融合/朱大渭,中国社会科学院研究生院学报.1

西南少数民族民众乐观、社会比较与心理压力及应对方式的结构模型/植凤英等,中国特殊教育.12

试论彝族民俗的变迁及其与现代化的调适/陈晓莉,中华文化论坛.2

羌文化生态保护实验区非物质文化遗产传承研究——以北川羌族自治县青片乡为例/张娜,

中华文化论坛.3

  毕摩文化对凉山彝族地区社会基础的影响/易莉，中华文化论坛.5

  藏彝走廊安宁河上游多续族群藏族文化认同研究/袁晓文，中华文化论坛.5

  藏彝走廊西端的碉房及其空间意义——以金沙江三岩峡谷为例/王正宇，中华文化论坛.5

  少数民族公共文化服务与和谐社会建设/张序等，中华文化论坛.6

  时空规序的节律与资源配置的有效性——来自贵州省黄岗侗族村落的田野调查/罗康隆 彭书佳，中南民族大学学报（人文社会科学版）.1

  "特色"的生成：赣南畲族族群认同下的文化实践——以南康赤土畲族乡近年来的建筑表现为中心/曹大明，中南民族大学学报（人文社会科学版）.1

  中国少数民族哲学研究方法论问题探析/萧洪恩，中南民族大学学报（人文社会科学版）.1

  民族分层的研究视域——有关文献回溯和研究述评/陈晶，中南民族大学学报（人文社会科学版）.1

  20世纪上半叶回族慈善团体研究/兰天祥，中南民族大学学报（人文社会科学版）.1

  空间记忆与族群认同——云南省马关县壮族的"侬智高"纪念实践/罗彩娟，中南民族大学学报（人文社会科学版）.2

  民族关系的结构性因素分析/路宪民，中南民族大学学报（人文社会科学版）.2

  回族文化在和谐社区构建中的价值/哈正利　李忠贤，中南民族大学学报（人文社会科学版）.2

  滇川藏地区的石棺葬与纳藏两族源流之关系/杨福泉，中南民族大学学报（人文社会科学版）.2

  社区改造：城市民族关系发展的新契机/陈云，中南民族大学学报（人文社会科学版）.2

  民族政策对民族关系的影响——以广西壮族自治区S县为例/赵锦山，中南民族大学学报（人文社会科学版）.2

  族际通婚对人口较少民族的影响——以裕固族为例/钟梅燕，中南民族大学学报（人文社会科学版）.2

  孙中山的"互助"思想与当代社会/何星亮，中南民族大学学报（人文社会科学版）.2

  流动或留守：理性选择理论视角下黎族未婚男性的困境——对海南省乐东县抱由镇头塘村的调查/童玉英，中南民族大学学报（人文社会科学版）.3

  坚持和完善少数民族非物质文化遗产保护政策研究——基于湘西土家族苗族自治州和内蒙古自治区的调查/柏贵喜　杨征，中南民族大学学报（人文社会科学版）.3

  民族多元共生的基本逻辑：一个理论分析框架/袁年兴，中南民族大学学报（人文社会科学版）.3

  论少数民族流动人口与民族交融——基于中、东部地区穆斯林群体的研究/李吉和　范才成，中南民族大学学报（人文社会科学版）.3

族籍变更与民族身份认同——基于潘家湾土家族乡的人类学考察/谭晓静,中南民族大学学报(人文社会科学版).4

节日建构与民族身份表达——基于德昂族浇花节与傣族泼水节的比较研究/李晓斌 段红云等,中南民族大学学报(人文社会科学版).4

全球化背景下多民族国家的国家认同危机/陈茂荣,中南民族大学学报(人文社会科学版).5

加强民族地区基层政府领导力建设探讨——基于社会稳定的分析视域/徐铜柱,中南民族大学学报(人文社会科学版).5

现代信息技术支持下羌族文化遗产的保护与传承/罗江华,中南民族大学学报(人文社会科学版).5

彝族"黑贵白贱"说谬误辨析——从彝族五色族称和五数吉祥的文化哲学思想证明/王明贵,中南民族大学学报(人文社会科学版).5

关于西北民族走廊的文化特点和文化建设的思考/马惠兰 刘源,中南民族大学学报(人文社会科学版).6

中国的"民族"与"边疆"问题——本期专栏解说/桑兵,中山大学学报(人文社会科学版).6

李济的中国民族史研究——"去民族化"与发展科学/查晓英,中山大学学报(人文社会科学版).6

从西南民族社会看财富、资源与性别分层的关系/李劼,中央民族大学学报(哲学社会科学版).1

拉祜族直过区村寨内生秩序的变迁——以澜沧县竹塘乡老缅大寨为研究个案/罗承松,中央民族大学学报(哲学社会科学版).1

自我与他者互动情境中的《部氏族谱》——湖北省三家台蒙古族村世系谱牒的人类学考察/王志清,中央民族大学学报(哲学社会科学版).1

中国朝鲜族文化与孔子的儒家思想/曹福春,中央民族大学学报(哲学社会科学版).2

20世纪30、40年代费孝通地权思想浅析/李学桃,中央民族大学学报(哲学社会科学版).2

真实与虚构——一个社会调查的民族志/马岚,中央民族大学学报(哲学社会科学版).2

论西部非物质文化遗产保护工作中的一般性与特殊性——《以非物质文化遗产法》为出发点/田阡,中央民族大学学报(哲学社会科学版).2

辽宁省满文古籍的现状及分类探讨/王波,中央民族大学学报(哲学社会科学版).2

"裁岩"的神圣性与社区"资源边界"的稳定——来自黄岗侗族村落的田野调查/罗康隆 彭书佳,中央民族大学学报(哲学社会科学版).3

"寺"与"家"——关于维吾尔族现代化的理论思考/疆生,中央民族大学学报(哲学社会科学版).3

调适与演进:无文字民族文化传承探析/罗正副,中央民族大学学报(哲学社会科

版).3

社会人类学奠基者的"学术"与"人生"——基于马林诺夫斯基家乡与莱比锡"探访"资料而作/侯豫新,中央民族大学学报(哲学社会科学版).3

民族杂居区族际互动的结构性特征———一种超越二元对立的研究视阈/袁年兴,中央民族大学学报(哲学社会科学版).4

当代湘西苗族土家族互化现象探析/李然　王真慧,中央民族大学学报(哲学社会科学版).4

优势视角下的西部乡村民族社区发展/李林凤,中央民族大学学报(哲学社会科学版).4

西部少数民族文化资源分析与产业化开发对策研究/刘新田,中央民族大学学报(哲学社会科学版).4

浅析大园古苗寨建筑艺术的文化内涵/关雪荧　赵秀琴,中央民族大学学报(哲学社会科学版).5

浅谈藏族的山神崇拜及其文化内涵/李晓丽,中央民族大学学报(哲学社会科学版).5

重观民族识别:综合与变通/纳日碧力戈,中央民族大学学报(哲学社会科学版).6

当前少数民族地区群众思想动态特征——2010年社会思想动态调查研究/姚丽娟,中央民族大学学报(哲学社会科学版).6

民族地区社会主义价值体系的大众化路径研究——以内蒙古那达慕大会为例/白红梅,中央民族大学学报(哲学社会科学版).6

契丹文典故"人生七十古来稀"/吴英喆,中央民族大学学报(哲学社会科学版).6

民族识别与主体自觉——费孝通先生的关怀及其对解决历史遗留问题的当代价值/蒲跃等,中央社会主义学院学报.6

试论民族主义和自由主义的契合及其现代意义/齐顺利,中央社会主义学院学报.1

简论"孙中山"称谓的民族文化渊源/游京录,中央社会主义学院学报.1

中西方民族主义价值观的异质性比较研究/李万里,重庆科技学院学报(社会科学版).4

少数民族大学生"文化适应"问题调查——以贵州民族学院为例/王国超,重庆科技学院学报(社会科学版).7

浅论湘西土家族丧葬歌谣中的生死观/朱吉军,重庆科技学院学报(社会科学版).7

德昂族节日文化及其社会功能初探——以镇康德昂族为例/杨明艳,重庆科技学院学报(社会科学版).8

试论后冷战时期民族主义对中国的积极影响/陈凡峰,重庆科技学院学报(社会科学版).11

抗日战争时期民族学在云南省的中国化/聂蒲生等,重庆科技学院学报(社会科学版).17

文学视域下土家族的哭嫁民俗/李若岩,重庆师范大学学报(哲学社会科学版).6

神圣与世俗——广西一个山地瑶族师公的信仰和生活/罗宗志　刘志艳,宗教学研究.1

敖包祭祀——从民间信仰到民间文化/王伟 程恭让，宗教学研究.1

哈尼族奕车人车艾制度研究/陈斌 丁桂芳，云南师范大学学报（哲学社会科学版）.2

云南少数民族与照叶树林——地域、民族、文化/金少萍，云南师范大学学报（哲学社会科学版）.3

20年来中国近代民族主义研究及启示/张治江，安徽史学.6

四 民族宗教

从鄂伦春族的宗教信仰看其丧葬习俗/霍海霞，黑龙江史志.15

中心与周边的时空转换：民族信仰互动与共生——以汝柯村玛丽马萨人的民族信仰为例/郭志合，湖北民族学院学报（哲学社会科学版）.1

布依戏"大王调"与"浪哨腔"中的民间信仰内涵/龚德全，贵州民族学院学报（哲学社会科学版）.2

浅谈鳌头乡傩/徐光文，甘肃民族研究.4

中国宗教心理学研究的历史、现状与未来/周普元 彭无情，北方民族大学学报（哲学社会科学版）.1

青海南部藏区藏传佛教发展的地域性特点及趋势研究/昂巴，北方民族大学学报（哲学社会科学版）.1

人神的亲密与疏离——论伊斯兰教的身体观/王艳，北方民族大学学报（哲学社会科学版）.2

河南回族经堂教育考述/马晓军，北方民族大学学报（哲学社会科学版）.2

壮族鬼神观的隐喻与表征——板洋屯葬礼中的"道场"仪式/李婧，北方民族大学学报（哲学社会科学版）.2

伊斯兰宗教传统的现代调适——以义乌穆斯林宗教实践为例/马艳，北方民族大学学报（哲学社会科学版）.3

东乡宗教与宗族的互动与裂变——记忆与话语中的哈木泽/杨德亮，北方民族大学学报（哲学社会科学版）.4

1945年以前日本的中国伊斯兰研究/阿里木·托和提，北方民族大学学报（哲学社会科学版）.6

十六国少数民族政治神话的类别与渊源/胡祥琴，北方民族大学学报（哲学社会科学版）.6

仪式的缺失与重构——双柏彝族祭山神的人类学考察/杨甫旺，楚雄师范学院学报.1

试论民国时期云南藏传佛教的发展/杨愉洁，楚雄师范学院学报.12

论湘西苗族宗教信仰的历史变迁——以山江苗族地区"巴代"信仰为例/吴合显，船山学刊.2

吐蕃时期佛教与苯教的交锋与融合/阿旺平措，敦煌学辑刊.1

试论新疆地区的密教信仰——以千手观音图像为例/李翎，法音.7

清代藏传佛教在内地的传播与影响/阿旺平措，法音.6

有关中国伊斯兰教"海乙制"的一件碑刻史料——记《重修西乡韩家集三头十方海一大礼拜寺》碑/张有财，甘肃民族研究.1

和谐共存：六世赛仓大师的藏传佛教宗派观—以安多合作米拉日巴佛阁建筑思想为例/何子君，甘肃社会科学.3

长底布依族宗教仪式调查研究/莫江凤，贵州民族学院学报（哲学社会科学版）.2

石门坎地区多元信仰文化互动研究/郭宸利，贵州民族学院学报（哲学社会科学版）.5

伊斯兰哲学宇宙论对回族传统宗教信仰文化的影响/邱双成　崔华华，贵州民族研究.3

信仰藏传佛教尼姑出家原因及价值观趋向分析/白安良，贵州民族研究.5

万物有灵和祖先崇拜——中国彝族与日本灵魂观比较/赵蕤，贵州民族研究.6

湖南梅山原生宗教文化浅析/麻勇斌，贵州师范大学学报（社会科学版）.6

试论唐、宋时期伊斯兰教在东南地区的传播和发展/沈毅，回族研究.1

民族宗教学视野下伊斯兰教的民族性与回族的宗教性/马志丽　丁耀全，回族研究.2

中国伊斯兰教教派门宦研究综述/王雪梅，回族研究.2

《中国回族百科全书》辞条选登：中国伊斯兰教/马启成　马金宝，回族研究.2

论我国清真寺管理模式的历史变迁/丁明俊，回族研究.2

伊斯兰教的统一性与多样性/王宇洁，回族研究.2

"字不同迹而理同，教不同术而认同"——伊斯兰经典与《论语》相通知识论对比研究/张鹏，回族研究.3

探讨伊斯兰教中国化问题/金宜久，回族研究.3

从元明回回的礼俗之变看汉文伊斯兰教著译产生的社会文化背景/杨桂萍，回族研究.3

萨琦与赵荣——福建伊斯兰教与回族史专题之二/马明达，回族研究.3

伊斯兰教"圣训"中的妇女观/周晓燕，回族研究.4

许昌地区清真寺及其分布规律/巴晓峰，回族研究.4

马联元对中国伊斯兰教经堂教育的贡献/何志明　穆萨，回族研究.4

冲突与融合：伊斯兰教初传新疆的文化考察/李韦，喀什师范学院学报.2

蒙古族宗教信仰在构建和谐社会中的作用/荷叶，内蒙古民族大学学报（社会科学版）.3

谈谈《中国少数民族原始宗教经籍汇编》/朝克，内蒙古师范大学学报（哲学社会科学版）.3

西藏宗教文化传播偏向问题研究/袁爱中，青海民族大学学报（社会科学版）.1

伊斯兰教本土化视域下的西道堂研究/马仲荣，青海民族大学学报（社会科学版）.1

萨班与萨迦派在河西地区的传播/任勇，青海民族大学学报（社会科学版）.2

民间信仰与乡土社会秩序的重构——以河湟地区丹噶尔藏人猫蛊神信仰为例/李臣玲，青海民族大学学报（社会科学版）.3

吐蕃第一位钵阐布娘·定埃增桑波/索南才让，青海民族大学学报（社会科学版）.3

"掌佛法大喇嘛"称谓考/梁启俊，青海民族大学学报（社会科学版）.4

青海东部地区念唱嘛呢经活动及其文化特征/陈瑜,青海民族大学学报(社会科学版).4

民和与同仁两地民间傩祭比较/冶英生,青海民族大学学报(社会科学版).4

阿升喇嘛考/嘉益·切排 双宝,青海民族研究.1

灵明堂教义的思想源流——宣教话语文化特征探析/王建新,青海民族研究.1

从母语文字记载看女真人的多元宗教生活/唐均,青海民族研究.1

浅谈因明学在藏传佛教佛学思想建设中的作用/李德成,青海民族研究.2

白马藏族的白马老爷信仰及其地域文化认同功能探析/权新宇 蒲向明,青海民族研究.3

试论凉山彝族宗教经验/罗艳,青海民族研究.3

明代西藏萨迦派的传承与支系/任小波,青海民族研究.3

敦煌寺院戒牒文书所反映的净土信仰研究/武玉秀,青海民族研究.4

青海藏区藏传佛教格鲁派的"日绰巴"运动及其历史意义/久迈,青海社会科学.2

穆斯林社会场域中清真寺的功能研究——以三亚市凤凰镇回族社区为例/马洪伟,青海社会科学.5

青海多民族神话与民俗中的土地信仰与禁忌/鄂崇荣,青海社会科学.6

藏传佛教生死观研究/罡拉卓玛,青海社会科学.6

藏传佛教生死流转图及其功能解读/才华加,青海师范大学学报(哲学社会科学版).3

风帽地藏像的由来与演进/张总,世界宗教文化.1

伊斯兰教与世俗化问题再思考/吴云贵,世界宗教文化.2

西部少数民族青少年宗教信仰状况的调查研究——以云南省红河哈尼族彝族自治州青少年宗教信仰现状为例/王永智等,世界宗教文化.3

民族文化宗教和谐与整合的隐喻——以四川硗碛嘉绒藏族乡为研究个案/陈焱,世界宗教文化.3

家庭视野下的新疆维汉宗教关系探析/刘建华 李利安,世界宗教文化.3

福建摩尼教研究的百年成就及存在的问题/计佳辰,世界宗教文化.5

关于民族宗教问题与中国西部社会稳定的几点思考/李刚,世界宗教文化.5

民族地区宗教慈善组织的价值承载及运行机制研究——以广西佛教济善会为个案分析/莫光辉等,世界宗教文化.5

宗教现象学本质直观的"努秘"路径——以宁古塔满族萨满祭祖仪式为例/关杰,世界宗教文化.6

对九世班禅驻留内地期间几个重要事件日期的考订/杜玉梅,世界宗教文化.6

鲍威尔写本《孔雀王咒经》与龟兹密教/杜斗城 任曜新,世界宗教研究.2

泰卜里厄哲玛提研究述评/马强,世界宗教研究.2

玛哈图木·阿杂木后裔在中国的活动与文化变迁——兼论清代民族宗教政策的包容性/王希隆,世界宗教研究.2

明武宗回教信仰考/纳巨峰,世界宗教研究.2

中国西南少数民族的竹王神话与竹崇拜/张泽洪，世界宗教研究.3
"尔麦里"仪式中的穆斯林妇女——基于甘肃省广河县胡门拱北"尔麦里"仪式的人类学考察/马桂芬　赵国军，世界宗教研究.5
简论羌民族宗教文化的社会功能/孔含鑫，世界宗教研究.5
生命之树：西藏阿里王朝与止贡噶举派早期政教关系研究/黄博，世界宗教研究.6
羌族丧葬礼仪论略/邓宏烈，世界宗教研究.6
南方民族萨满教研究再议——从宗教学之功过谈起/王建新，思想战线.3
试论古格时期藏传佛教诸教派在阿里地区的弘传与纷争/黄博，四川师范大学学报（社会科学版）.1
楚雄地方女神"塔凹奶奶"信仰的图像证据/李金莲，文化遗产.3
将军信仰与隐喻的康东社会进程——以川西贵琼藏族地区的宗教信仰为例/郭建勋，文化遗产.1
苯教在藏区遗存的原因分析/华锐·东智，西北民族大学学报（哲学社会科学版）.1
藏传佛教判教源流初探/何杰锋，西北民族大学学报（哲学社会科学版）.5
从叙事学角度解读《米拉日巴传》的文本和宗教思想/张童童，西北民族大学学报（哲学社会科学版）.3
蒙古族敖包祭祀仪式举行日期和古代历法之间的关联/那仁毕力格，西北民族大学学报（哲学社会科学版）.6
南北朝造像记与羌族宗教信仰/曾晓梅等，西北民族大学学报（哲学社会科学版）.6
浅谈我国少数民族的"火崇拜"/肖姝　李小峰，西北民族大学学报（哲学社会科学版）.2
清代伊斯兰教门宦制度探析/曹庆锋，西北民族大学学报（哲学社会科学版）.4
作为思想的西藏宗教——评《西藏宗教之旅》/吴银玲，西北民族研究.3
政府主导下的民间信仰——基于额尔敦敖包祭祀的田野考察/乌仁其其格，西北民族研究.3
试论安萨里的知识论——以《宗教学的复兴》为中心/潘世昌，西北民族研究.4
精神性骑士风格/[美]赛义德·侯赛因·纳斯尔著，马效佩译，西北民族研究.4
民国广州回族的《天方学理月刊》述略/马强，西北民族研究.4
中国藏黑水城文献所见大黑天信仰/吴超，西藏民族学院学报（哲学社会科学版）.1
《十四世纪西藏佛教史籍〈王统世系明鉴〉译注》简评/徐华兰，西藏民族学院学报（哲学社会科学版）.3
对日本《大正新修大藏经》中"释门文范"部分条目的校录与研究/李军，西藏研究.1
藏传佛教班丹拉姆护法神信仰研究/札细·米玛次仁，西藏研究.2
关于敦煌本古藏文《般若波罗密多心经》的解读/陈立华，西藏研究.3
萨迦班智达造《巴哩不共教授》及其相关问题探讨/徐华兰，西藏研究.3
藏传佛教传统寺院内部管理模式及特征——以格鲁、萨迦、噶举三派为例/达宝次仁，西藏研究.3

安多地区宗教信仰认同与多元文化共生模式溯析/王淑婕　顾锡军,西藏研究.3
苯教在甘南藏区南部的流传情况调查/马宁,西藏研究.4
论苯教大圆满法/诺日才让,西藏研究.4
论佛教与印度教中的"曼荼罗"文化/扎曲,西藏研究.5
恳觉居士《西藏佛教源流考》点校/韦素芬,西藏研究.5
关于《中观心论》及其藏译古注《思择焰》的研究/何欢欢,西藏研究.6
试析彝族祖灵信仰对彝族心理发展的影响/卢佳,西南民族大学学报（人文社会科学版）.3
当代藏族山神信仰的复活与变异——以"祁连山·格萨尔·东纳拉孜"为例/英加布,西南民族大学学报（人文社会科学版）.5
藏族宗教礼仪的意义结构探析/陈运,西南民族大学学报（人文社会科学版）.5
藏传佛教"利美运动"的现实意义探析/万果,西南民族大学学报（人文社会科学版）.7
藏族族源传说的佛教化及其宗教意义/杨红伟,西南民族大学学报（人文社会科学版）.7
新疆和静县藏传佛教寺庙调查/姚学丽　周普元,西南民族大学学报（人文社会科学版）.7
回鹘摩尼教的消亡及相关问题/杨富学,西南民族大学学报（人文社会科学版）.9
西藏古代宗教中的神灵体系——以吐蕃宗教文献《五史鉴》为例/孙林等,西南民族大学学报（人文社会科学版）.10
凉山彝区毕摩传承现状调查与思考——以美姑县为例/毛燕,西南民族大学学报（人文社会科学版）.11
龟兹摩尼教艺术传播补正/葛承雍,西域研究.1
文化传统中的民俗——关于土家族"毛古斯"的田野考察/张远满,戏剧文学.6
北疆维吾尔族群众宗教心理调查研究/姚学丽　吐尔逊·达吾提等,新疆大学学报（哲学·人文社会科学版）.3
论渤海时期的萨满教/王孝华,学问·东北史地.3
清朝中后期河湟地区伊斯兰教内部纷争解决过程分析/杨雅妮,烟台大学学报（哲学社会科学版）.4
青海世居少数民族中的道教神祇崇拜现象/李少波,伊犁师范学院学报（社会科学版）.2
新疆哈萨克族萨满个案研究/哈米提·阿哈甫,伊犁师范学院学报（社会科学版）.2
宗教选择与信仰自觉：滇南苗族宗教生态急剧变迁的理性反思/徐祖祥　张涛,云南民族大学学报（哲学社会科学版）.1
民国时期白普仁喇嘛与多杰觉拔格西在内地弘法及影响/德吉梅朵　喜饶尼玛,云南民族大学学报（哲学社会科学版）.1
从"双重宗教"看西双版纳傣族社会的双重性——一项基于神话与仪式的宗教人类学考

察/杨清媚，云南民族大学学报（哲学社会科学版）.4

论宗教对族群边界论的功能解释——对纳家营汉族"冯天君"神话的宗教人类学解释/李红春，云南社会科学.4

人类学视野中的南诏大理国佛教信仰/张海超　徐敏，云南社会科学.5

拉祜族跨境迁徙与互动中的宗教因素/张锦鹏，云南社会科学.5

旅游发展影响下的摩梭家屋形态——基于男性角色的考察/魏雷　唐雪琼等，云南师范大学学报（哲学社会科学版）.3

赫舍里氏"巴克什"家族与清初政治文化/常越男，云南师范大学学报（哲学社会科学版）.4

植物、动物、人与山神：嘉绒藏族山神信仰的本土知识体系——对四川省雅安市宝兴县硗碛藏族乡的田野调查/李锦，云南师范大学学报（哲学社会科学版）.5

西藏昌都帕巴拉活佛与帕巴拉呼图克图名称沿革考释/土呷，中国藏学.1

色科寺敏珠尔活佛考释/陈玮，中国藏学.1

西藏山南贡嘎寺主殿集会大殿《如意藤》壁画初探/熊文彬　哈比布　夏格旺堆，中国藏学.2

台湾故宫藏明本《真禅内印顿证虚凝法界金刚智经》（卷上）初探/闫雪，中国藏学.2

金刚杵纹考/吴明娣　石瑞雪，中国藏学.2

新发现的有关法称《成他相续论》的残卷/褚俊杰，中国藏学.2

西藏自治区存 Katantra 梵文写本初步调查/张雪杉，中国藏学.2

拉萨大昭寺觉卧佛像考/陈楠，中国藏学.2

夏鲁寺般若佛母殿《文殊根本续》壁画与转轮王观念关系考/杨鸿蛟，中国藏学.2

西藏世居穆斯林考略/次旦顿珠，中国藏学.3

藏传佛教八关斋戒行持特征探微/耿筱青　才华加，中国藏学.4

白水江流域民间苯教的信仰方式及仪式象征/陈立健，中国藏学.4

拉萨世居穆斯林节日中的藏族文化元素——以开斋节为例/杨晓纯，中国藏学.4

"发菩提心与学习六度之法"——《苯教菩提道次第教程·苯法显灯》选译/次成丹贝坚赞著，俄日才让译，中国藏学.增1

论宗教信仰与人口较少民族青年择偶心态的关系——以撒拉族、保安族为例/王瑞萍等，中国青年研究.12

佛教与藏地与汉地本土化历史之再考察/班班多杰，中国社会科学.12

中亚七河地区突厥语部族的景教信仰/牛汝极，中国社会科学.7

俄巴绒二村经堂壁画调查与初步研究/李春华　金兰等，中华文化论坛.3

试析彝族祖灵信仰对彝族文化的影响/卢佳，中华文化论坛.4

藏族山神崇拜及其象征——基于拉卜楞地区一份山神祭祀煨桑颂词的释读/常丽霞　崔明德，中南民族大学学报（人文社会科学版）.4

当代苗族丧葬礼仪的宗教文化内涵探析——以湖南省凤凰县山江镇咱伦苗寨为例/吴合显，重庆科技学院学报（社会科学版）.4

少数民族地区宗教慈善组织的社会意义及管理创新探讨——以广西佛教济善会为样本分析/莫光辉等，重庆社会主义学院学报.6

哈尼族的原始宗教信仰与仪式治疗/徐义强，宗教学研究.1

论羌族的自然崇拜和多神信仰/赵晓培，宗教学研究.1

1944—1949西康省康属各县宗教样态的社会学分析/范召全 陈昌文，宗教学研究.1

论羌民族宗教文化传承特点/孔又专，宗教学研究.2

论彝族猎神崇拜/杨甫旺等，宗教学研究.2

哈尼族鬼魂世界的二元划分——基于箐口的个案分析/卢鹏，宗教学研究.2

"巴岱"信仰神龛设置的文化内涵及其变迁考察——以腊尔山苗族为例/陆群等，宗教学研究.2

土家族撒尔嗬仪式变迁的人类学研究/谭志满，宗教学研究.3

谈彝族史诗《梅葛》与彝族宗教/廖玲，宗教学研究.3

20世纪80年代以来彝族宗教研究综述/毛燕，宗教学研究.3

藏传佛教理论的宗教性践履/刘俊哲，宗教学研究.3

伊斯兰教妇女观在中国穆斯林民族中的实践——以保安族为中心的田野调查与研究/勉卫忠，宗教学研究.3

中国西南彝族宗教的毕摩与苏尼/张泽洪，宗教学研究.4

哈尼族祖先崇拜的口传记忆/何作庆等，宗教学研究.4

论民国时期藏传佛教在五台山的传播/赵改萍，宗教学研究.4

阿昌族"上奘"的田野调查及研究/田素庆，宗教学研究.4

前宏期吐蕃赞普、地方豪族、苯教和佛教势力间的博弈/王新有，宗教学研究.4

论度母的曼荼罗存在形式及其寓意/德吉卓玛，青海民族大学学报（社会科学版）.2

五　民族历史

东魏北齐统治集团婚姻特征试探——以高齐皇室与怀朔镇勋贵婚媾为中心/薛海波，黑龙江民族丛刊.6

《沙金傅察氏家谱小引序》初探/王敌非，黑龙江民族丛刊.6

女真族与各族的文化交流探讨/张涛，黑龙江史志.19

清代边疆多民族地区的国家法建设——以清代新疆刑事司法实践中的法律适用为例/白京兰，华中科技大学学报（社会科学版）.6

谈海瑞和李贽的相互影响/王守武，甘肃民族研究.3

清末满人知识分子的民族认同思想——以《大同报》为中心/何卓恩等，安徽史学.6

民国时期英国支持和插手康藏纠纷的政策分析/刘国武，安徽史学.2

宋辽贸易战论析/刘欣　吕亚军，北方论丛.3

金朝近侍预政探微/孙孝伟，北方论丛.2

晚清回民起义后的关中地区伊斯兰教变迁/僧海霞，北方民族大学学报（哲学社会科学

版）.1

"夷"与"满汉"——晚清民族主义起源探微/朱文哲，北方民族大学学报（哲学社会科学版）.1

和硕特蒙古南迁藏区述论/王力　张荣焕，北方民族大学学报（哲学社会科学版）.3

《青海史》与《安多政教史》中的和硕特蒙古历史记述之比较/徐长菊，北方民族大学学报（哲学社会科学版）.3

清末民初回族传统慈善活动述论/兰天祥，北方民族大学学报（哲学社会科学版）.3

南京国民政府蒙藏委员会机构述略/谢海涛，北方民族大学学报（哲学社会科学版）.4

口述历史：在田野中追寻回族的迁徙之旅——基于新疆伊犁的调查/沙彦奋，北方民族大学学报（哲学社会科学版）.4

玉山文会与元代的民族文化融合/陈得芝，北方民族大学学报（哲学社会科学版）.5

俄国探险家波塔宁对晚清西北蒙古的考察/张艳璐，北方民族大学学报（哲学社会科学版）.5

乾隆三年宁夏大地震后城镇重建与阿炳安侵冒案述略/马建民，北方民族大学学报（哲学社会科学版）.6

古代蒙古人家庭生活观念探析/陈永国，北方文物.1

简析勿吉的对外扩张/梁玉多，北方文物.1

契丹可突于与唐四次大战考论/任丽颖　孟凡云，北方文物.1

从兴城白塔峪看辽代佛教的密显圆通思想/陈术石　佟强，北方文物.2

辽道宗与天祚帝对辽朝灭亡的影响/刘梓，北方文物.2

清代打牲乌拉的东珠采捕/王雪梅　翟敬源，北方文物.2

论清初赫哲族的大迁徙与旗籍化问题/滕绍箴，北方文物.2

粟末靺鞨民族政权的作用与贡献/杨茂盛，北方文物.2

唐代渤海国人名及其文化内涵/綦中明，北方文物.2

关于金代户籍类型的考察/韩光辉　吴炳乾，北方文物.3

试论清代东北"新满洲"维护边疆稳定的历史贡献——以抗俄斗争为例/陈鹏，北方文物.3

高句丽后期官位等级及排序浅探/王旭，北方文物.3

金朝涿州时氏家族婚姻与政治/雷霖霖，北方文物.3

索离王国文明的探讨——从索离沟考古说起/张碧波　庄鸿雁，北方文物.3

辽代汉文石刻所见辽夏关系考/陈玮，北方文物.4

高句丽国王的军事权力及其演变/李爽，北方文物.4

唐代"税抄"在龟兹的发行——以新发现的吐火罗B语词汇sau为中心/庆昭蓉，北京大学学报（哲学社会科学版）.4

"西域"概念的变化与唐朝"边境"的西移——兼谈安西都护府在唐政治体系中的地位/荣新江　文欣，北京大学学报（哲学社会科学版）.4

于阗——从镇戍到军镇的演变/孟宪实，北京大学学报（哲学社会科学版）.4

蒙元"用夏变夷"与汉儒的文化认同/姜海军,北京大学学报(哲学社会科学版).6

中英庚款董事会对民国时期西北教育之影响——以甘肃、青海为考察中心/林华 周励恒,北京联合大学学报(人文社会科学版).4

辽朝燕京佛教述论/何孝荣,北京联合大学学报(人文社会科学版).1

试论辽南京地区多民族结构的形成/于璞,北京文博.3

羌族地区的石器时代历史文化遗存/黄辛建 张弘,成都大学学报(社会科学版).4

赫哲族历史和文化的见证/李旭,出版发行研究.7

广西土司制度的历史渊源与改土归流开始的时间问题辨析/蓝武,楚雄师范学院学报.1

一方水土养一方人,一方族群创一方文化——从《楚雄彝族文化史》说开去/罗曲 秦艳,楚雄师范学院学报.5

文化自觉与民族文化研究——读《楚雄彝族文化史》/陈九彬,楚雄师范学院学报.5

云南高氏家族的历史兴衰及影响初探/高金和,楚雄师范学院学报.11

源远流长的民族历史文化情结——姚安高氏土司与丽江木氏土司友好交往初探/金朝荣,楚雄师范学院学报.11

苏俄与西藏关系探微——基于两份档案材料的考察/程玉海 秦正为,当代世界社会主义问题.1

元代亦集乃路蒙古字学补证/苏力,东北师大学报(哲学社会科学版).1

辽代自然灾害的时空分布特征与基本规律/蒋金玲,东北师大学报(哲学社会科学版).3

近代清政府对外国人入藏活动的管制政策/郭永虎,东北师大学报(哲学社会科学版).4

西夏在西北地区的统治与中国历史统一趋势的关系/王德忠,东北师大学报(哲学社会科学版).6

拓跋南迁匈奴故地研究述评/倪润安,东北史地.1

辽金史研究的理论方法与实践/景爱,东北史地.1

高句丽"古史"辩——一则史料引发的思考/张芳,东北史地.1

论民族融合大势之下的西晋"徙戎"理论/张爱波 亓凤珍,东岳论丛.7

想象的他族——英国传教士陶然士的羌族认知/池翔,东岳论丛.4

千古绝唱阿干歌/伊秀丽,读书.6

吐蕃移民与唐宋之际河陇社会文化变迁/王东,敦煌学辑刊.4

从出土文献看唐代吐蕃占领西域后的管理制度/朱锐梅,敦煌研究.2

"万户路"、"千户州"——蒙古千户百户制度与华北路府州郡体制/温海清,复旦学报(社会科学版).4

唐"安西四镇"之碎叶问题研究综述/张雁翔,甘肃联合大学学报(社会科学版).1

唐宋辽夏金时期吐谷浑人畜牧经济的变迁研究/姬良淑,甘肃民族研究.1

明代甘青地区的"土官"与"土司"/王慧婷,甘肃民族研究.1

新野回族马化龙、马之骐、马之骏父子考略/郭成美,甘肃民族研究.1

明代回族人物初探/王守武,甘肃民族研究.2

蒙古族传统商业思维方式研究/王福革,甘肃民族研究.2

民国伊斯兰复兴运动的时代背景及其历史意义——民国伊斯兰复兴运动再探/王豪斌，甘肃民族研究．2

试述清朝法制在吐鲁番地区的实施（1759—1864年）/马晓娟，甘肃民族研究．3

试论明清时期河湟地区的回商及其历史作用/马晓龙，甘肃民族研究．4

吐蕃盟誓制度研究综述/禄金环，甘肃民族研究．4

清代前期准噶尔民族政策研究——以乾隆八年准噶尔人进藏熬茶为例/方华玲，甘肃民族研究．4

明朝洪武永乐时期朝廷对西域诸国的政策及目的/洲塔　董知珍，甘肃社会科学．1

元世祖忽必烈时期社会保障与社会救助制度研究/申友良　肖月娥，甘肃社会科学．2

新疆古代游牧民族岩画缘起考略/王松，甘肃社会科学．3

东夷考论/葛志毅，古代文明．1

清代改土归流与右江流域壮族婚丧习俗的变迁/康忠慧，广西地方志．1

承认与认同——民国西南少数民族的身份建构/王文光　朱映占，广西民族大学学报（哲学社会科学版）．1

辽西走廊变迁与民族迁徙和文化交流/崔向东，广西民族大学学报（哲学社会科学版）．4

辽金时期的民族迁徙与辽西走廊滨海州县的发展/吴凤霞，广西民族大学学报（哲学社会科学版）．4

慕容鲜卑民族共同体形成考论/穆崟臣，广西民族大学学报（哲学社会科学版）．4

略论辽宋夏金对峙时期中国民族的一体化进程/段红云，广西民族大学学报（哲学社会科学版）．4

明代桂西土司的"城头/村"组织及赋役征发/唐晓涛，广西民族大学学报（哲学社会科学版）．6

民国时期广西县级政区的变更与增设论析/曾凡贞　覃卫国，广西民族研究．1

"南海一号"与宋代广西北部湾的对外交往/吴小玲，广西民族研究．1

清代壮族文人的精神特质及其文学选择——以桂南作家群为中心/谢仁敏，广西民族研究．1

北宋侬智高起事再研究——以起事前后广西左、右江上游区域历史的转变为中心/杜树海，广西民族研究．1

百越古道的历史文化考察/陈一榕，广西民族研究．1

以夏变夷和因俗而治——明代民族文教政策的一体两面/刘淑红，广西民族研究．3

哀牢族属再议/何平，广西民族研究．3

论中唐时期中央王朝对岭南莫徭蛮、黄油蛮之民族政策——以韩愈、刘禹锡、柳宗元诗文创作为中心/刘儒，广西民族研究．4

论王阳明对黔桂土司地区的治理与边疆稳定/马国君　李红香，广西民族研究．4

明代广西壮族土司士兵"供征调"及其社会影响述论/蓝武，广西师范大学学报（哲学社会科学版）．2

抗战时期湘西民族地区现代教师队伍建立和发展的历史考察/刘鹤,广西师范大学学报（哲学社会科学版）.1

试论明朝时期的治黔方略与黔中城镇建设/范松,贵州财经学院学报（贵阳）.4

明清时期土司土官与贵州佛教关系考论——以贵州梵净山地区朗溪蛮夷长官司正长官田氏为例/张明,贵州大学学报（社会科学版）.2

二十年来清代苗民起义研究的回顾与展望/袁轶峰,贵州大学学报（社会科学版）.2

历史的重组——侗族创世史诗研究/王继英,贵州民族学院学报（哲学社会科学版）.3

试析明代贵州的"改土归流"及"国家"认同/金燕,贵州民族学院学报（哲学社会科学版）.6

清代蒙古僧侣贵族述论/王力,贵州民族研究.1

论汉王朝在贵州的行政建置/颜建华,贵州民族研究.1

论明代贵州水西安氏土司战争与民族关系/李良品 田小雨,贵州民族研究.1

略论元代彝族土司制度的创立/李平凡 陈世鹏,贵州民族研究.1

民国时期川西北土司土屯史事辨析/田利军,贵州民族研究.2

"土流并治"：土司制度推行中的常态/杨庭硕 李银艳,贵州民族研究.3

清代贵州少数民族科举探析/王凤杰 王力,贵州民族研究.3

论清代前期对西南边疆的治理思想及治策/吴喜 杨永福,贵州民族研究.3

论两宋时期乌江流域人口流迁对民族交融的推动/张世友 彭福荣,贵州民族研究.3

左宗棠与西北民族地区儒家认同的建构——以同治回民起义后书院重建为中心/孟文科 程森,贵州民族研究.3

论西周的民族思想和民族政策/王瑞英,贵州民族研究.3

民国时期西康民族地区的农村合作运动/成功伟,贵州民族研究.3

先秦至唐宋时期武陵地区民族关系简论/陈心林,贵州民族研究.3

土司时期乌江流域士兵的类型、特点与作用/李良品 刘志慧,贵州民族研究.4

论贵州在汉帝国的历史地位/蔡少平,贵州民族研究.4

20世纪50年代初期西南的民族团结公约/赵永忠,贵州民族研究.5

20世纪30年代西南民族地区赈灾活动述论/张望,贵州民族研究.5

庄学本西康民族文化考察研究/郭士礼,贵州民族研究.5

腾龙沿边土司与国民政府关系探析/王明东,贵州民族研究.5

清代东北地区少数民族社会福利探析——以清政府对"新满族"实行赏奴政策为例/陈鹏,贵州社会科学.6

略论元朝的统治政策对中国民族发展的意义/段红云,贵州文史丛刊.4

明清时期贵州的民族教育/付宏,贵州文史丛刊.4

论忽必烈远征云南的目的/魏曙光,贵州文史丛刊.4

历代中央政府治藏方略的演变传承/黄伟,国家行政学院学报.4

海南黎族族源及入琼时间研究/鞠斐,海南大学学报（人文社会科学版）.4

试析北宋人对辽朝政治中心的认识/肖爱民,河北大学学报（哲学社会科学版）.2

论金代宗室的经济收入及经济犯罪/李玉君　王志民，河北科技大学学报（社会科学版）.2

端方——一个满族官员的民族主义及其政治取向/迟云飞，河北师范大学学报（哲学社会科学版）.6

种族认同与民族国家——对锡伯族"西迁戍边"的重新理解/陈家琪，河北学刊.2

21世纪辽宋西夏金史研究的里程碑式巨著——《辽宋西夏金代通史》/张春兰，河北学刊.1

论清雍正帝的民族"大一统"观——以《大义觉迷录》为中心的考察/衣长春，河北学刊.1

辽金元佛教与民族间的交流与融合/孙昌武，河北学刊.5

北魏后期迁洛鲜卑皇族集团之雅化——以其学术文化积累的提升为中心/王永平，河北学刊.6

明代朝鲜贡妇问题初探/林常薰，河北学刊.3

金代宗室管理制度考论/李玉君　赵永春，河北学刊.3

清雍正改土归流的原因、策略与效用/言铁，河北学刊.3

论西夏党项遗裔进入中原的时间/王泽，河南社会科学.11

法治视域下的清代金瓶掣签立法探析/田庆锋等，河南师范大学学报（哲学社会科学版）.6

试论春秋族际政治婚姻的类型及其历史作用/刘举　解洪兴，黑龙江民族丛刊.1

蒙古出兵对平定三藩的历史作用/吴智嘉，黑龙江民族丛刊.1

十三世纪蒙古人强盛的动力机制/照日格图，黑龙江民族丛刊.1

金代社稷祭礼考述/徐洁，黑龙江民族丛刊.1

辽代上谷耿氏家族考/苗霖霖，黑龙江民族丛刊.1

石刻所见辽代中央行政系统职官考——《辽史·百官志》补遗之六/张国庆，黑龙江民族丛刊.1

金朝武将与金代国运的兴衰/贾淑荣，黑龙江民族丛刊.1

马福祥与清末及民国时期的蒙藏边疆治理/谢海涛　丁明俊，黑龙江民族丛刊.2

鞍山地区山城研究/王禹浪　王文轶，黑龙江民族丛刊.2

清至民国时期乌鲁木齐民族居住格局的形成及其原因/刘正江，黑龙江民族丛刊.2

汉朝针对降附乌桓的军政管理措施考论/林永强，黑龙江民族丛刊.2

浅谈近代以来西北地区蒙古族的盟旗制/付奋奎，黑龙江民族丛刊.3

清代新疆移民屯垦政策探析/古力孜拉·克孜尔别克　王恩春，黑龙江民族丛刊.3

清代东北地区新满洲守卡巡边职责浅析/陈鹏，黑龙江民族丛刊.4

改土归流对贵州民族关系的影响/李懋君，黑龙江民族丛刊.4

满族君主称谓探析/綦中明，黑龙江民族丛刊.5

略论辽朝边疆统驭方略的演变/郑毅，黑龙江民族丛刊.5

辽朝皮室详稳探析/王欣欣，黑龙江民族丛刊.5

郭道甫与内蒙古民族自治运动/杨优臣等,黑龙江民族丛刊.5

略论契丹后族族帐的演变/史风春,黑龙江民族丛刊.5

辽代军礼考述/武玉环,黑龙江民族丛刊.5

试论满蒙初期政治关系的特性及影响/聂晓灵,黑龙江民族丛刊.6

金朝的政治经济和残暴统治/许诺,黑龙江史志.13

南诏、大理国金石史料语句索引编制思考/何俊伟 汪德彪,黑龙江史志.15

唐代蕃镇节度副使试析/梅玉凤,黑龙江史志,11

试叙渤海开国史略/侯艳芳,黑龙江史志.11

清代中期旗人生计问题的表现及历史影响/沈胜群,黑龙江史志.17

简述渤海国民族构成问题/杨博,黑龙江史志.9

浅析晚清中国士绅阶层的民族主义情怀/贺慧霞,黑龙江史志.5

试论北方儒士在元朝建立过程中的作用/张晶,黑龙江史志.3

简论乾隆朝京旗回屯拉林阿勒楚喀/陈国桂,黑龙江史志.3

渤海国与唐王朝的民族关系——以唐鸿胪井碑为见证/李志鹏,黑龙江史志.3

从有关土尔扈特的几件档案看清初的民族政策/郑慧,黑龙江史志.1

铁弗匈奴与拓跋鲜卑关系考略/胡玉春,黑龙江史志.1

哈尼族土司在汉文化传播中的作用——以云南红河哈尼族土司为例/汪力娟等,湖北民族学院学报(哲学社会科学版).3

论元朝时期乌江流域的人口入迁与民族交融/张世友,湖北民族学院学报(哲学社会科学版).4

重庆土家族土司国家认同原因与政治归附/彭福荣,湖北民族学院学报(哲学社会科学版).4

血统、政治与异族——论先秦华夏人群的形成因素/李渊,湖北师范学院学报(哲学社会科学版).6

明代回族开发青海农业的方式与效果——主要基于河湟地区的考察/勉卫忠,湖南农业大学学报(社会科学版).5

明代福州米荣《重建清真寺记》研究——福建伊斯兰教与回族史专题之一/马明达,回族研究.1

民族精英 国家栋梁——纪念中国回回穆斯林青年留学埃及80周年/马丽娟,回族研究.1

沐英在滇活动与明初政局/马小洋,回族研究.2

民国时期广州回族社团的社会活动及其影响/张菽晖,回族研究.2

清初回族名将冶大雄/马廉祯,回族研究.2

明朝回回人陈友家族考述/陈亮,回族研究.2

中国首批留埃学生林仲明/王子华,回族研究.2

《啰哩回回——元代的吉普赛人》证补——纪念杨志玖先生归真10周年/马明达,回族研究.2

明代军卫与回回人——以北直隶定州《重修清真礼拜寺记》为例/丁慧倩，回族研究.3
苦芦湾人：一个回民家族的记忆与认同/杨德亮，回族研究.3
温少鹤与民国时期的重庆回族/王剑，回族研究.3
史学工作者的责任——读白寿彝先生《丙辰九十年》/王东平，回族研究.3
明中后期洮岷地区汉、藏、回民族互动关系研究/沙勇，回族研究.4
明代回回通事詹升史迹考/陈亮，回族研究.4
广州元代高丽穆斯林剌马丹墓碑补考/帅倩，回族研究.4
论金朝县级官吏的选任与考核/武玉环，吉林大学社会科学学报.4
北魏后宫中的东胡后裔/苗霖霖，吉林师范大学学报（人文社会科学版）.3
金代东北边疆的民族管理/李西亚　林野，吉林师范大学学报（人文社会科学版）.1
略论金代女真人对契丹文化的承袭/夏宇旭，吉林师范大学学报（人文社会科学版）.1
拉卜楞寺与清政府关系综论/杨红伟，江汉论坛.4
"白登之围"与汉匈合约/杨燕，经济与社会发展.4
抗战时期国民政府对地方控制的加强与民族地区政治现代化——以湘西为例/刘鹤，抗日战争研究.4
河西墓葬中的鲜卑因素/吴荭等，考古与文物.4
民国时期"宁夏诸马"的国家担当/马世英，兰州大学学报（社会科学版）.5
清初卜魁族属姓氏考/金鑫，历史档案.1
从教产风波看民国时期僧伽保护教产的举措——以1919—1949年为中心的考察/单侠，历史教学·下半月刊（天津）.8
民国时期的甘青省界纠纷与勘界/闫天灵，历史研究.3
"变家为国"——耶律阿保机对契丹部族结构的改造/杨军，历史研究.3
毛文龙的抗金斗争对朝鲜政治社会的影响/文钟哲，辽东学院学报（社会科学版）.2
耶律阿保机对世选制的调整与利用/吴凤霞，辽宁工程技术大学学报（社会科学版）.5
辽代金州考/李宇峰，辽宁工程技术大学学报（社会科学版）.6
辽代辽海地区的学校教育与儒学/张国庆，辽宁工程技术大学学报（社会科学版）.3
辽景宗的治国思想与实践/齐放　张志勇，辽宁工程技术大学学报（社会科学版）.3
辽西地区辽代佛教寺塔的政治功能与社会影响/马琳，辽宁工程技术大学学报（社会科学版）.1
中国北方游牧民族科举文化与社会民俗心理论析/王凯旋，辽宁师范大学学报（社会科学版）.6
契丹人与渤海人关系探微/康建国等，辽宁师范大学学报（社会科学版）.6
试述清季以来依兰地区行政区划变革/吕欧，满语研究.1
清朝中期满汉关系与政风研究/王妍，满语研究.1
论清代前期达斡尔、鄂温克族的商品经济/金鑫，满语研究.1
从清代中央行政官职机构词语看满汉文化关系/孙浩洵，满族研究.1
述论清入关前"盟誓"/李兴华，满族研究.1

山庄内外皇家寺庙额联与乾隆的民族思想/于佩琴,满族研究.1
从"国语骑射"到水师建设—兼谈广州八旗水师盛衰/沈林,满族研究.1
布特哈八旗研究述略/王学勤,满族研究.1
岫岩满族咸丰初年历史研究——简析岫岩满族咸丰五年《清文启蒙》/寇德峻 白凤羽,满族研究.1
清末帝、后党争之起因、措施与结局新论/栾晔,满族研究.1
伪满时期日本对东北少数民族的民族政策/石岩,满族研究.1
满译藏传《往生咒》考释/王敌非,满族研究.1
辛亥革命时期东北满族活动的考察/关伟 关捷,满族研究.1
辽丽封贡制度研究/刘一,满族研究.2
萨尔浒大战与本溪/刘彦红,满族研究.2
试论清代伊犁将军与锡伯军民西迁的关系/张燕等,满族研究.2
衰落与萌芽——明清战争期间辽宁城镇发展/王雁,满族研究.2
后金都邑界凡城址考/李凤民,满族研究.2
清代黑龙江将军辖区边境防御设置探析/时研,满族研究.3
辽东边墙以内的女真人——东宁卫及草河千户所的设置/张德玉,满族研究.3
清代东北地区"新满洲"旗地与随缺地初探/陈鹏,满族研究.3
《叶赫纳兰氏八旗族谱》补遗/赵殿坤,满族研究.3
伊犁满族与舒穆尔氏家族/苏集祖,满族研究.3
论《渤海国志长编》的编纂及史料特点/罗琦 牛洪顺,满族研究.4
清代满族贵州范文程家庭兴衰史研究/赵维和,满族研究.4
试述布特哈八旗贡貂制度及其特征/王学勤,满族研究.4
国民党西康地方党部建立考论/秦熠,民国档案.3
辽代皇族六院部夷离堇房相关问题考/韩世明,民族研究.2
明蒙交涉中的蒙古使臣打儿汉守领哥/特木勒,民族研究.2
清初汗号与满蒙关系/N·哈斯巴根,民族研究.2
明代中期广西"狼兵"、"狼人"的历史考察/唐晓涛,民族研究.3
明初撒里畏兀儿设卫考/李新峰,民族研究.4
关于福康安生年的几种文献记载考辨/张明富,民族研究.4
布鲁克巴德布王希达尔流亡西藏事迹考述——兼论18世纪中叶中国西藏与布鲁克巴的关系/扎洛 敖见,民族研究.4
肃慎与挹娄关系再议/郭孟秀,民族研究.5
唐支讷家族迁葬洛阳事考——一个小月氏胡人家族的官僚化历程/张葳,民族研究.5
清代前期俄罗斯佐领探赜/陈鹏,民族研究.5
清代布特哈八旗建立时间及牛录数额新考/金鑫,民族研究.6
论明初卫所制度下归附人的安置与任用/奇文瑛,民族研究.6
清代归化城土默特地区的土地开发与村落形成/田宓,民族研究.6

黑水城元代文献中的"安定王"及其部队/陈瑞青,南京师大学报(社会科学版).5

敦煌大族与前秦、后凉/冯培红,南京师大学报(社会科学版).2

金代宗室的任用与政治运作/李玉君,南开学报(哲学社会科学版).4

论蒙元时期蒙古社会的土地产权关系/乌日陶克套胡,内蒙古大学学报(哲学社会科学版).1

从考古学视野看北魏初期离散部落政策/吴松岩,内蒙古大学学报(哲学社会科学版).1

铁弗大夏国政治制度研究/胡玉春,内蒙古大学学报(哲学社会科学版).1

高丽忠烈王如元与元丽关系/孙红梅,内蒙古大学学报(哲学社会科学版).3

恰克图会议与《中俄蒙协约》/杨荣,内蒙古大学学报(哲学社会科学版).3

从两条史料探寻匈奴族的五行观念/李春梅,内蒙古大学学报(哲学社会科学版).4

十六世纪蒙古"浑臣"考/乌云毕力格,内蒙古大学学报(哲学社会科学版).6

"土木之变"至隆庆和议前明朝对蒙古的消极固守应付政策/于默颖,内蒙古大学学报(哲学社会科学版).6

论蒙古帝国1219年储君议定与1226年成吉思汗嘱托/洪学东,内蒙古民族大学学报(社会科学版).1

论蒙元军队战斗力生成模式/汪翔,内蒙古民族大学学报(社会科学版).4

论成吉思汗西征——战略重心再抉择/张龙海 田明,内蒙古民族大学学报(社会科学版).4

蒙元后妃宴礼探析/张楠 贾陈亮,内蒙古民族大学学报(社会科学版).4

略论十三世达赖喇嘛与清政府的关系/王聪延,内蒙古民族大学学报(社会科学版).5

林丹汗东征科尔沁部与后金的政治关系/聂晓灵,内蒙古社会科学.2

匈奴与乌桓的关系考述/李春梅,内蒙古社会科学.2

南匈奴内迁与东汉北边边防新论/薛海波,内蒙古社会科学.3

20世纪初期扎赉特旗蒙古人的农耕定居与物资交易/孟根,内蒙古社会科学.3

辽"让国皇帝"耶律倍再认识/孟昭慧,内蒙古社会科学.3

先秦时期辽西区的民族迁移与文化交流/李亚光,内蒙古社会科学.4

从柔然汗国与北魏的关系看北魏北边防务的兴衰/胡玉春,内蒙古社会科学.4

蒙古族聚落形态考辨/于学斌,内蒙古社会科学.5

拓跋鲜卑一种特殊的合葬类型——二次叠葬墓/吴松岩,内蒙古社会科学.5

论北方草原民族之族兵制/晓克,内蒙古社会科学.6

辽朝后族忽没里族帐所属考/史风春,内蒙古社会科学.6

蒙元时期的成吉思汗祭祀地/斯钦,内蒙古社会科学.6

清政府对恰克图商人的管理(1755—1799)/赖惠敏,内蒙古师范大学学报(哲学社会科学版).1

辽穆宗时代内政外交评析/李鹏,内蒙古师范大学学报(哲学社会科学版).6

同治九年陕甘回民起义军攻陷乌里雅苏台城札记/张爱梅,内蒙古师范大学学报(哲学

社会科学版）.6

简述土默特革命/李玉伟,内蒙古师范大学学报（哲学社会科学版）.6

清代贵州苗疆农业经济的发展与苗民文化变迁/张中奎,农业考古.6

浅谈成吉思汗与忽必烈的"重商政策"/乌兰 刘振江,前沿.1

两汉时期匈奴降将的安置与管理策略/孙方一,前沿.20

安史之乱后河西铁勒部族的迁徙——以唐代契苾族为例/董春林,青海民族大学学报（社会科学版）.1

丹噶尔商业兴衰述略/崔永红,青海民族大学学报（社会科学版）.1

明朝吐鲁番僧纲司考/郭胜得,青海民族大学学报（社会科学版）.1

九世班禅在内地的政教活动述略/陈柏萍,青海民族大学学报（社会科学版）.2

晚清政治和军事地理的变动及对新疆的影响——以满权汉移和国防战略转换为例/刘超建,青海民族大学学报（社会科学版）.2

试析吐蕃军事制度形成的原因/贺冬,青海民族大学学报（社会科学版）.2

唐景云年间的陇右分治/裴恒涛,青海民族大学学报（社会科学版）.2

明清西北治边政策之比较研究——以14—18世纪中央政府与蒙藏民族政治互动为线索/马啸,青海民族大学学报（社会科学版）.2

马鹤天眼中的民国青海社会及其开发对策述论/王从华 尚季芳,青海民族大学学报（社会科学版）.2

关于赫连勃勃向慕汉文化问题的探讨/范丽敏,青海民族大学学报（社会科学版）.3

明代西北边防卫所探究——以河州卫为例/何威,青海民族大学学报（社会科学版）.3

论尸语故事及吐蕃以"仲"司政/何峰,青海民族大学学报（社会科学版）.4

试论唐蕃在陇东的对峙/刘治立,青海民族大学学报（社会科学版）.4

党项拓跋部的兴起与西夏王朝的建立/黄兆宏,青海民族大学学报（社会科学版）.4

吐谷浑时期的自然环境与社会经济/袁亚丽,青海民族大学学报（社会科学版）.4

论清代乾隆朝对青海藏区社会的治理/杨卫,青海民族大学学报（社会科学版）.4

《西藏赋》民俗考/李军,青海民族大学学报（社会科学版）.4

再谈丝绸之路青海道的形成/苏海洋,青海民族大学学报（社会科学版）.4

略论西夏公文体式/赵彦龙 陈文丽,青海民族研究.1

三岩改土归流论析/王正宇,青海民族研究.1

建构与再造：明代土司承袭制度研究/贾霄锋,青海民族研究.1

再论吐蕃小邦制的演变及其外来影响/杨铭,青海民族研究.2

《太平广记》与唐代阿拉伯商人的科技生活（上）/吕变庭,青海民族研究.2

清代喀尔喀九白年贡仪制/张双智,青海民族研究.2

吐谷浑亲族与部族的关系探微/薛生海 韩红宇,青海民族研究.2

从俺答汗求茶看茶在明朝的政治地位/周重林,青海民族研究.2

元代吐蕃等处宣慰司都元帅府的机构设置/武沐,青海民族研究.3

试论国民政府对藏宗教政策视野下的汉僧事务/徐百永,青海民族研究.3

班禅系统与中央政府关系发展分期及特点/星全成,青海民族研究.3

再探十三世达赖与九世班禅的矛盾成因/陈柏萍,青海民族研究.4

清代农牧转换对民勤生态的影响/白建银,青海民族研究.4

朱元璋的蒙古观探析/田澍 陈武强,青海民族研究.4

霍尔即蒙古,亦即蒙古尔/李克郁,青海民族研究.4

从姓名特征看归义军时期河陇吐蕃民众社会生活——以敦煌文献为中心的考察/王东,青海民族研究.4

明王朝对藏区控制研究——以四川龙舟土司集团为例/贾霄锋等,青海社会科学.5

河湟回藏贸易与寺院城镇的兴起/勉卫忠,青海师范大学学报(哲学社会科学版).1

论唐代陈黯的"华心"民族观/马正录,青海师范大学学报(哲学社会科学版).3

西羌鼻祖"剽女"考/薛生海,青海师范大学学报(哲学社会科学版).3

藏传佛教对清代河湟洮岷地区汉人社会的影响/李健胜,青海师范大学学报(哲学社会科学版).5

时代交替视野下的明代"北虏"问题/赵世瑜,清华大学学报(哲学社会科学版).1

评清朝的西藏政策/杨恕 曹伟,清史研究.1

援俗定例——清朝统治蒙古地区法律制度特点探究/包姝妹 宝日吉根,清史研究.1

清代藏史杂考三则/周伟洲,清史研究.1

尚可喜一族的旗籍与婚姻关系——围绕满汉关系视角/[日]细谷良夫著,张永江译,清史研究.1

清初达尔汉名号考述/N.哈斯巴根,清史研究.2

清入关前的对日认识/薛明,清史研究.2

西宁办事大臣与雍乾时期青海多民族区域管理制度之形成/贾宁,清史研究.3

《满族文化的转向(1583—1795年)·导言》/黄培著,董建中译,清史研究.3

和硕特蒙古贵族姓氏"噶拉噶斯"考/M.乌兰,清史研究.4

从"辽燕旧界"到"华夷大界"——朝鲜人笔下的山海关意象/黄普基,清史研究.4

多尔衮的华夷思想及其统治政策/周喜峰,求是学刊.5

魏晋南北朝隋唐正史民族史撰述与统一多民族国家的整合/许殿才,求是学刊.2

宋元正史民族史撰述与统一多民族国家的发展/吴凤霞,求是学刊.2

明清正史民族史撰述与统一多民族国家的定型/汪增相,求是学刊.2

辽朝黑龙江流域属国、属部朝贡活动研究/程尼娜,求是学刊.1

中国南方民族史研究的逆向思考/陈支平,厦门大学学报(哲学社会科学版).4

论金代的"诸色人"——金代民族歧视制度化趋势及其影响/闫兴潘,山西师大学报(哲学社会科学版).4

明朝前期安置蒙古等部归附人的时空变化/刘景纯,陕西师范大学学报(哲学社会科学版).2

明代辽东都司女真内迁与朝贡史事考/程妮娜,社会科学辑刊.6

满族对关东文化的历史贡献/黄志强,社会科学家.5

走出"佛苯之争"的迷思——论第二次金川战役前金川地区苯教与藏传佛教格鲁派的关系/徐法言,社会科学研究.3

清入关前决定满族命运的大讨论/谢景芳,社会科学战线.1

海上之盟前的宋朝与女真关系/程民生,社会科学战线.3

金朝皇家宗庙制度考论/徐洁 赵永春,社会科学战线.5

历代王朝经营西南边疆的得与失/方铁,社会科学战线.7

金代后宫制度初探/张宏,社会科学战线.7

汉代匈奴区的自然灾害及对汉匈关系的影响/王文涛,社会科学战线.7

高句丽南北道辨析/魏存成,社会科学战线.9

从福兴寺看藏传佛教对东北地区的影响/聂翔雁,社会科学战线.11

吐蕃王朝时期吐蕃与西域的交通及驿站述考/董知珍 马巍,社科纵横.3

20世纪80年代以来国内明代宁夏镇研究综述/杨建林,社科纵横.7

元朝时期权力对蒙汉翻译译者文本选择的操控/金玲,社科纵横.8

魏晋南北朝鲜卑民族性观念的儒家化/付开镜,史林.3

从粟特文书看入华粟特人的货币问题/杨洁,史林.2

金世宗的君臣共治思想与历史文化认同/吴凤霞,史学集刊.6

金朝对奚族政策探微/纪楠楠,史学集刊.6

清初海南黎族勇武抗清原因分析/刘冬梅等,史学集刊.6

先秦东北古族与中原政权的朝贡关系/程尼娜,史学集刊.2

辽代渤海国故地民族关系变迁及其影响/王德忠,史学集刊.2

魏晋南北朝隋唐时期新疆佛教文化与民族演变关系研究/彭无情,史学理论研究.1

炎黄文化传统与辽夏金元历史认同观念/罗炳良,史学史研究.3

中国古代民族史观的几个特点/李珍,史学史研究.3

继承与嬗变——清代藏族历史编纂学简论/刘凤强,史学史研究.3

中国封建社会少数民族权利的司法保护/翟东堂,史学月刊.9

沙沟总管设置与清代循化厅所辖藏区族群政策/杨红伟,史学月刊.12

试论汉代西南夷地区的人群划分——以不同场景变换为视角/朱圣明,史学月刊.4

黑水文书与元代钱粮考较制度/杜立晖,首都师范大学学报(社会科学版).4

西南边疆的内部差异及南京国民政府治策的调整/段金生 段红云,思想战线.1

再议赛典赤·赡思丁在云南的政治改革/周峰越,思想战线.1

试论历史上皇朝中央对西南边疆社会的内地化经略/陈征平 刘鸿燕,思想战线.2

缅甸太公王国真相考辨/何平,思想战线.2

清代丽江府和平改土归流原因新议/伍莉,思想战线.2

清代西藏地区的法律适用特点考察/马青连 方慧,思想战线.3

清朝对新疆地区基层社会的治理/杨军,思想战线.4

中国民族史学发展述论/王文光 施芳等,思想战线.4

中国古代僚人研究的回顾和反思/李艳峰等,思想战线.6

清代西藏与南亚贸易及其影响/陈志刚,四川大学学报(哲学社会科学版).2

论威廉·吉尔的康区行及其代表作《金沙江》/向玉成,四川师范大学学报(社会科学版).5

西南夷青铜文化及其文明的起源/段渝,苏州大学学报(哲学社会科学版).1

吐蕃占领西域期间的社会控制/朱悦梅,探索与争鸣.3

西南夷考释/段渝,天府新论.5

寻找先人的踪迹/孛·蒙赫达赉,文化学刊.1

何为通古斯——从比较视野看史禄国、凌纯声的通古斯人历史研究/李金花,文化学刊.1

匈奴"发殉"新探/马利清,文史哲.2

琅邪王氏与两晋南朝佛教的传播/赵静,文艺评论.2

改土归流前后土家族女性婚姻自主权的抗争与调适/尹旦萍,武汉大学学报(哲学社会科学版).2

狼与古代草原民族的渊源探析/毛毅娜,西安文理学院学报(社会科学版).1

"林芝"词源及尼洋河流域的古代吐蕃小邦考/阿贵,西北民族大学学报(哲学社会科学版).5

抗战时期汉族知识精英的西北书写与国族意识建构/储竞争,西北民族大学学报(哲学社会科学版).4

蒙元时期活跃于北方城市的回商/杨志娟,西北民族大学学报(哲学社会科学版).1

明代达官民族身份的保持与变异——以武职回回人昌英与武职蒙古人昌英两家族为例/周松,西北民族大学学报(哲学社会科学版).3

试述清末民初的诺那呼图克图/卢本扎西 喜饶尼玛,西北民族大学学报(哲学社会科学版).2

土耳其学者对喀喇汗王朝的研究/玉努斯江·艾力等,西北民族大学学报(哲学社会科学版).6

西宁办事大臣达鼐事迹考/达力扎布,西北民族大学学报(哲学社会科学版).2

再论黄慕松进藏及其历史意义/张发贤,西北民族大学学报(哲学社会科学版).5

再论九世班禅入藏仪仗队(护卫队)在结古发动哗变经过及其缘由/桑丁才仁,西北民族大学学报(哲学社会科学版).4

回回人与蒙古宫廷政变——兼论元朝回回商人与回回法的盛衰/杨志娟,西北民族研究.1

内蒙古包头市突厥鲁尼文查干敖包铭文考释——兼论后突厥汗国"黑沙南庭"之所在/白玉冬 包文胜,西北民族研究.1

中国延边朝鲜族与朝鲜战争/孟庆义 刘会清,西北民族研究.1

远古时代的西羌部族与关陇文化/王小彬,西北民族研究.2

"藏族"、"康族"、还是"博族"?——民国时期康区族群的话语政治/王娟,西北民族研究.2

藏羌彝走廊的研究路径/张曦，西北民族研究.3

读《逝去的繁荣——一座老城的历史人类学考察》/何源远，西北民族研究.3

试论清乾隆杂谷土司改土归屯与区域市场萌芽/王田，西北民族研究.4

同治以前陕甘回民聚落分布与数据库建设/路伟东，西北民族研究.4

胡姬之"胡"——唐代胡姬的种属问题溯源/邹淑琴，西北民族研究.4

《贤者喜宴—噶玛噶仓》译注（六）/巴卧·祖拉陈瓦著，周润年等译，西藏民族学院学报（哲学社会科学版）.1

《贤者喜宴—噶玛噶仓》译注（七）/巴卧·祖拉陈瓦著，周润年等译，西藏民族学院学报（哲学社会科学版）.2

《贤者喜宴—噶玛噶仓》译注（八）/巴卧·祖拉陈瓦著，周润年等译，西藏民族学院学报（哲学社会科学版）.3

《贤者喜宴—噶玛噶仓》译注（九）/巴卧·祖拉陈瓦著，周润年等译，西藏民族学院学报（哲学社会科学版）.4

《贤者喜宴—噶玛噶仓》译注（十）/巴卧·祖拉陈瓦著，周润年等译，西藏民族学院学报（哲学社会科学版）.5

《贤者喜宴—噶玛噶仓》译注（十一）/巴卧·祖拉陈瓦著，周润年等译，西藏民族学院学报（哲学社会科学版）.6

从五世达赖朝清看西藏地方与清政权关系的历史演进/梁斌，西藏民族学院学报（哲学社会科学版）.1

《苏俄与西藏：秘密外交的失败（1918—1930s）》简介/邱熠华，西藏民族学院学报（哲学社会科学版）.1

尹昌衡西征与西姆拉会议/喜饶尼玛　塔娜，西藏民族学院学报（哲学社会科学版）.1

清代甘肃岷州、庄浪喇嘛朝觐年班/张双智，西藏民族学院学报（哲学社会科学版）.2

近代达赖与班禅两大活佛失和述略/田海鹰，西藏民族学院学报（哲学社会科学版）.3

"进剿三岩"——三岩人的族群认同与土司体制的特殊性/王正宇，西藏民族学院学报（哲学社会科学版）.3

试探清代西藏"摄政"一职的称谓与特点/贵赛白姆，西藏民族学院学报（哲学社会科学版）.4

简析吐蕃王朝边境后拓辖区的军政区划/黎桐柏，西藏民族学院学报（哲学社会科学版）.4

清朝乾隆时期西藏地方政教合一制与中央集权/李凤珍，西藏民族学院学报（哲学社会科学版）.5

陈嘉庚心目中的西藏/夏敏，西藏民族学院学报（哲学社会科学版）.5

若干史料中西姆拉会议日程问题勘误/罗广武，西藏民族学院学报（哲学社会科学版）.6

清政府藏传佛教政策在漠北蒙古的影响——以达赖喇嘛和哲布尊丹巴地位变化为例/张曦，西藏民族学院学报（哲学社会科学版）.6

藏北达木蒙古再探/阿音娜,西藏研究.1
胆巴帝师与元代潮州藏传佛教密宗的传播/郑群辉,西藏研究.1
清代西藏《铁虎清册》税赋资料探析/邹志伟,西藏研究.1
近代中英关于西藏"宗主权"的交涉/张双智,西藏研究.2
元朝陇南吐蕃的行政机构与社会经济/刘建丽,西藏研究.2
《宋史·阿里骨传》笺证/齐德舜,西藏研究.2
北宋后期吐蕃内附族帐考/陈武强,西藏研究.2
1946年西藏官费留学团考/索穷,西藏研究.3
进军及经营西藏六十二年的历史回顾/阴法唐,西藏研究.3
西藏昌都历代帕巴拉活佛与中央政府的关系研究/土呷,西藏研究.3
吐蕃对敦煌寺院属民的管理考论/王祥伟,西藏研究.3
清季报刊中的朝野筹藏观/卢祥亮,西藏研究.4
康熙五十七年额伦特、色愣兵败那曲营地遗址考/赵书彬 达娃,西藏研究.4
鹿传霖保川图藏举措考析/朱悦梅,西藏研究.5
清代金瓶掣签立法新论/田庆锋 王存河,西藏研究.5
浅析十三世达赖喇嘛政治道路阶段性特点/郑丽梅,西藏研究.6
六世班禅与天花关系考略/柳森,西藏研究.6
晚清变局中的驻藏大臣/车明怀,西藏研究.6
论袁世凯政府对西藏危机的因应/朱昭华,西藏研究.6
契丹自称"炎黄子孙"考论/赵永春,西南大学学报(社会科学版).6
古夷族群的历史渊源与彝羌之羊密码解读/贾银忠,西南民族大学学报(人文社会科学版).2
唐与吐蕃首次遣使互访史实考略/陈松 黄辛建,西南民族大学学报(人文社会科学版).4
从契约文书看清代台湾拓垦中番汉的合作与冲突/周典恩,西南民族大学学报(人文社会科学版).4
尹昌衡西征与民国初年康藏局势变迁/王海兵,西南民族大学学报(人文社会科学版).5
藏文史籍有关中原的记载及其研究价值/张云 曾现江,西南民族大学学报(人文社会科学版).5
明代前期川西北"族姓"、边政与宗教关系/邹立波,西南民族大学学报(人文社会科学版).5
雅克萨战争及清代东北边疆防务/马富英,西南民族大学学报(人文社会科学版).7
清代贵州的客民研究/袁轶峰,西南民族大学学报(人文社会科学版).7
论族别史研究与整体史观——以西北回族、东乡族、保安族历史研究为中心/陈文祥,西南民族大学学报(人文社会科学版).8
从遣子入侍看唐对吐蕃吸纳中原文明的争议/黄辛建,西南民族大学学报(人文社会科

学版）.8

藏族史学名著《青史》足本新译介绍/吴青　杨黎浩，西南民族大学学报（人文社会科学版）.9

近代康藏史研究的几点反思——兼述康藏人眼中的辛亥革命/黄天华，西南民族大学学报（人文社会科学版）.11

乾隆《西域遗闻》的编撰及其缺陷、价值/赵心愚，西南民族大学学报（人文社会科学版）.11

清季民国川西北汉商经营与区域社会——以杂谷脑市镇为中心/王田，西南民族大学学报（人文社会科学版）.12

也论永宁土司的族属问题——兼与施传刚先生商榷/喇明清，西南民族大学学报（人文社会科学版）.12

论汉代西南地域的豪族大姓/崔向东，西南民族大学学报（人文社会科学版）.12
清末哈密"改土归流"研究/郭胜利，西域研究.1
清代新疆天山南路维吾尔社会结构与变迁/张世才，西域研究.1
浅析乌什事变与清朝回疆治理政策的调整/王力，西域研究.1
荣赫鹏与英国在新疆和西藏的殖民扩张/梁俊艳，西域研究.1
唐朝与中亚九姓胡关系演变考述——以中亚九姓胡朝贡为中心/许序雅，西域研究.1
畏兀儿人世杰班仕元遗事/尚衍斌，西域研究.1
唐代仆固部世系考——以蒙古国新出仆固氏墓志铭为中心/杨富学，西域研究.1
从乾隆帝西域诗看新疆与中亚之关系/周轩，西域研究.2
关于唐宋时期龙家部族的几个问题/陆离，西域研究.2
评王大刚的《苏联庇护下的伊宁事变》/马合木提·阿布都外力，西域研究.2
于阗国王李圣天事迹新证/荣新江　朱丽双，西域研究.2
有关回鹘文的几个问题/许多会　热合木吐拉·艾山，西域研究.2
清代回疆司法控制研究综述/田澍　邢蕾，西域研究.2
唐代西域史研究的创新与拓展——《敦煌吐鲁番文书与唐代西域史研究》评介/王旭送，西域研究.2
论高昌地区粟特商业的运营/郑燕燕，西域研究.2
1942—1943年国民政府对新疆外交权之统合/冯建勇，西域研究.3
唐前期西州民间工匠的赋役/刘子凡，西域研究.3
清乾隆年间西域之"玛哈沁"/王启明，西域研究.3
乌禅幕东迁天山考——兼论公元前2—1世纪匈奴在西域的遗迹/林梅村　李军，西域研究.4
清前期中亚地缘政治形势——附论比什凯克的来历/潘志平，西域研究.4
天山东、中部地区突厥时期典型岩画分析/任萌，西域研究.4
清朝法制在吐鲁番地区的重建（1877—1911年）/马晓娟，新疆大学学报（哲学·人文社会科学版）.1

《蒙古—卫拉特法典》中"强制人为僧"规定辨析/策·巴图,新疆大学学报(哲学·人文社会科学版).2

准噶尔汗国对天山南路维吾尔族的管理方式及统治方法/玉努斯江·艾力,新疆大学学报(哲学·人文社会科学版).3

清代新疆官地初探/何汉民,新疆大学学报(哲学·人文社会科学版).3

清末民国时期伊斯兰教在新疆哈萨克族中发展史实钩沉/陈刚,新疆大学学报(哲学·人文社会科学版).4

唐代西域的多语状况/蒋宏军,新疆大学学报(哲学·人文社会科学版).4

新疆屯垦委员会研究/任冰心,新疆大学学报(哲学·人文社会科学版).4

杨增新在外蒙西犯科布多、阿尔泰时的军事与外交努力/何永明,新疆大学学报(哲学·人文社会科学版).4

哈萨克汗国推举可汗传统初探/昆波拉提,新疆大学学报(哲学·人文社会科学版).6

建国前新疆维吾尔村民社会结构/沙吾提·帕万 买买提玉苏甫·塔依尔,新疆大学学报(哲学·人文社会科学版).6

龟兹石窟波斯艺术元素与中外文化交流考论/满盈盈,新疆师范大学学报(哲学社会科学版).3

龟兹佛教史研究的现状与展望/霍旭初,新疆师范大学学报(哲学社会科学版).5

西域"猧子"与唐代社会生活/丛振,新疆师范大学学报(哲学社会科学版).6

论拓跋部源自索离/温玉成,新疆师范大学学报(哲学社会科学版).6

波斯文献中关于喀什噶尔在丝绸之路上的地位的记载/〔伊朗〕穆罕默德·巴格尔·乌苏吉著,林喆译,新疆师范大学学报(哲学社会科学版).6

论抗战时期回族民间外交对抗日救亡思想的国际传播/杨志平,新闻与传播研究.2

明代西域朝贡贸易家族的兴衰——以写亦虎仙家族为例/张文德,学海.1

中国俄罗斯族形成发展历程探析/李启华,学术交流.6

皇太极两征朝鲜的"盟誓神判"及降礼/洪波,学术探索.7

古滇文化开发初探/冀育丰 蔡启华,学术探索.8

刍议明中叶南赣畲民的去"蛮"化"新"——以王阳明治"南赣之乱"为中心/蓝希瑜 廖莉,学术探索.9

"宋、辽、金三史的正统体系"在明代未被颠覆——兼与刘浦江商榷/赵永春,学术月刊.6

耶律楚材的大一统思想评析/王平,学问·东北史地.4

《中国达斡尔族通史》编撰工程在京启动——访该书主编景爱先生/史地,学问·东北史地.4

"佟登为努尔哈赤岳父"驳辨/梁志龙 靳军等,学问·东北史地.4

集安高句丽早期遗存研究新进展——集安建疆遗址考古发掘收获/吉林省文物考古研究所,学问·东北史地.4

三燕高句丽考古札记/王飞峰,学问·东北史地.4

中国古代边疆地区的陪都/丁海斌，学问·东北史地.4

2011年金史研究综述/孙红梅，学问·东北史地.5

高句丽末代王族在唐汉化过程考述/姜清波，学问·东北史地.6

高句丽守成良主——中川王/尹仁，学问·东北史地.6

关于中国古代华夷关系演变规律的理性思考——华夷关系的历史定位、演变轨迹与文化选择/赵永春，学习与探索.1

辽朝科举考试中的府试/高福顺，学习与探索.10

洪武永乐时期明朝与西域诸"地面"的关系/武沐　董知珍，烟台大学学报（哲学社会科学版）.2

论明洪武朝官员对民族问题的见解与实践/赵红，烟台大学学报（哲学社会科学版）.4

《喀什噶尔附英吉沙尔》文献考略/王安芝，伊犁师范学院学报（社会科学版）.1

匈奴历史人物传记及族群迁徙流变考/艾克拜尔·米吉提，伊犁师范学院学报（社会科学版）.1

喀什河与喀孜温——伊犁史地论札之七/姜付炬，伊犁师范学院学报（社会科学版）.1

清代伊犁将军研究概述/陈剑平　李建平，伊犁师范学院学报（社会科学版）.2

试论西汉盐铁会议的汉匈关系议题/古丽娜·阿扎提，伊犁师范学院学报（社会科学版）.3

满译藏传《净口业真言》版本考/王敌非，伊犁师范学院学报（社会科学版）.3

道光年间哈萨克民族的内迁与清政府的对策/白剑光，伊犁师范学院学报（社会科学版）.4

清代锡伯族屯垦对当代新疆兵团屯垦的启示/徐磊，伊犁师范学院学报（社会科学版）.4

辽代降礼研究/魏捷等，语文学刊.9B

先秦时期的云南游牧文化/范舟，云南民族大学学报（哲学社会科学版）.4

论乌江流域"土司兵"的成因/李良品，云南民族大学学报（哲学社会科学版）.5

满族历史地位再识/余梓东，云南民族大学学报（哲学社会科学版）.5

清末民初对西双版纳的开放/杨筑慧，云南民族大学学报（哲学社会科学版）.6

明清时期的怒族社会/古永继，云南民族大学学报（哲学社会科学版）.6

辛亥革命时期云南军都督府的民族政策/尹仑，云南社会科学.2

明清时期洱海周边自然环境变迁与社会协调关系研究/吴晓亮，云南社会科学.3

《木氏宦谱》诸版本源流新考/杨林军，云南社会科学.5

"濒危语言热"二十年/戴庆厦，云南师范大学学报（哲学社会科学版）.4

满洲"汉文化"化与接续中华文明之统绪/徐凯，云南师范大学学报（哲学社会科学版）.4

清末民初新疆官制的变迁/周卫平，云南师范大学学报（哲学社会科学版）.5

从平等到失衡：达赖、班禅关系与国民政府治藏政策研究（1927—1933）/孙宏年，云南师范大学学报（哲学社会科学版）.5

1919年外蒙撤治事：功过孰论？——《独立评论》关于"外蒙撤治"的一场论争/冯建勇，云南师范大学学报（哲学社会科学版）.5

康藏与西南：近代以来西南边疆的区域重构/张轲风，云南师范大学学报（哲学社会科学版）.5

元代宣慰司的边疆演化及军政管控特点/陆韧，云南师范大学学报（哲学社会科学版）.6

多民族国家构建视野下的土司制度/李大龙，云南师范大学学报（哲学社会科学版）.6

再论女真文化与汉文化的冲突/沙勇，长安大学学报（社会科学版）.3

对拓跋鲜卑及北朝汉化问题的总体考察/马晓丽　崔明德，中国边疆史地研究.1

20世纪初年西藏历史研究中学人的民族国家意识探析/陈永霞，中国边疆史地研究.1

论宋元时期藏区内部民族市场/杨惠玲，中国边疆史地研究.1

清代边疆地区的教化与稳定——以广西宾兴组织为视阈的考察/熊昌锟　唐凌，中国边疆史地研究.2

蒙古豳王家族与元代西北边防/杨富学　张海娟，中国边疆史地研究.2

元代畏兀儿农学家鲁明善事迹再探讨/尚衍斌，中国边疆史地研究.2

近30年国内辽代城市研究/韩宾娜，中国边疆史地研究.2

唐代契丹的衙官/李大龙　刘海霞，中国边疆史地研究.3

努尔哈赤崛起与东亚华夷关系的变化/刁书仁，中国边疆史地研究.3

十三世达赖喇嘛的圆寂与西藏地方政府权力格局的变动/张皓，中国边疆史地研究.3

连通中央与边陲：1937年京滇公路周览团述论/潘先林　张黎波，中国边疆史地研究.3

扎兰、阿巴额数考/金鑫，中国边疆史地研究.3

清代西藏的地方行政建制研究/周伟洲，中国边疆史地研究.4

论汉简所见汉代西域归义现象/马智全，中国边疆史地研究.4

哈萨克问题与清朝乾隆时期西北边防体系的构建/张荣，中国边疆史地研究.4

西南边疆汉族的形成与历朝治边/方铁，中国边疆史地研究.4

唐代吐蕃众相制度研究/林冠群，中国藏学.1

未公布档案文件所反映20世纪初叶的俄国与西藏——《俄国与西藏——俄国档案汇编（1900—1914）》序言/［俄］E.A.别洛夫等著，陈春华译，中国藏学.1

吐蕃赞普后裔在门隅的繁衍与承袭/巴桑罗布，中国藏学.1

从乾隆的两道训谕看雍和宫的历史地位/李德成，中国藏学.1

1930年尼泊尔与西藏地方关系危机探析/邱熠华，中国藏学.2

张荫棠遭弹劾考释/陈鹏辉，中国藏学.2

更顿群培与底擦寺论争/久迈，中国藏学.2

唐蕃文化交流对吐蕃体育的影响/丁玲辉，中国藏学.2

历史上藏人向中原地区的流动及与西藏社会发展的关联/石硕，中国藏学.2

唐代吐蕃与于阗的交通路线考/杨铭，中国藏学.2

敦煌的"团"组织/高启安，中国藏学.2

敦煌文书 P. 3885 号中记载的有关唐朝与吐蕃战事研究/陆离，中国藏学．2
略论十世纪中叶象雄王国的衰亡/古格·次仁加布，中国藏学．2
1631—1634 年出兵西藏之喀尔喀阿海岱青身世及其事迹/宝音德力根，中国藏学．2
国民政府对西藏教育政策的实践与思考/徐百永，中国藏学．2
藏传佛教初传北京及其历史影响/魏强，中国藏学．2
吐蕃时期的抄经纸张探析/张延清，中国藏学．3
从历史文化探究汉藏族的渊源关系/马东平，中国藏学．3
三围分立：11 世纪前后阿里王朝的政治格局与政权分化/黄博，中国藏学．3
族源研究范式——以藏羌族源关系研究为例/李巧艺，中国藏学．3
河西多体字六字真言私臆/杨富学，中国藏学．3
谈古代藏族人的创造力——原动力的利用和发挥/王春英，中国藏学．3
莫高窟吐蕃时期塔、窟垂直组合形式探析——吐蕃统治敦煌时期的密教研究之五/赵晓星，中国藏学．3
答客问治明清两代西藏史经验/邓锐龄口述，邱熠华整理，中国藏学．3
高原考古学：青藏地区的史前研究/汤惠生　李一全，中国藏学．3
纪录——抢救与保护涉藏碑刻的战略手段/伊尔·赵荣璋，中国藏学．3
六世班禅东行随从种痘考/陈庆英　王晓晶，中国藏学．3
进军及经营西藏 62 年的历史回顾/阴法唐，中国藏学．3
七世达赖喇嘛致三世察罕诺门汗文告考述/仁青卓玛，中国藏学．4
民国时期青海、四川两省"称都"、"香料"隶属之争探析/桑丁才仁，中国藏学．4
蒋介石抗战期间应对西藏危机之策/张双智，中国藏学．4
吞巴家族历史考/达瓦次仁，中国藏学．4
毛尔盖·桑木旦大师与藏族史学研究/班班更珠，中国藏学．4
20 世纪上半期中国人类学者对藏族牧民的研究/旺希卓玛，中国藏学．4
论都兰古墓的民族属性/阿顿·华多太，中国藏学．4
《王统世系明鉴》所载赞普"安达·热巴坚"之故事（上）——《王统世系明鉴》英文译注本选译/［丹］索伦森著，徐华兰译，中国藏学．增1
古代吐蕃汉文史料编年辑考（638—663）/吴玉贵，中国藏学．增1
西藏档案馆所存部分清代藏汉对照公文档案目录/中国藏学．增1
国家图书馆敦煌藏文遗书 BD14286 – BD14350 号解题目录/黄维忠，中国藏学．增1
俄国外交文书选译——关于辛亥革命前后沙俄与英国在西藏问题上的勾结与妥协/陈春华编译，中国藏学．增1
龙树意庄严（上）/根敦群培著，久迈译，中国藏学．增2
根敦群培与恰白·次旦平措的吐蕃史研究——新史观、新方法、新资料、新发现/张云，中国藏学．增2
国内外根敦群培研究的新进展/杜永彬，中国藏学．增2
根敦群培大师传·清净显相/霍康·索朗边巴著，罗桑旦增译，中国藏学．增2

藏族历史学家根敦群培传略/李有义，中国藏学．增2

根敦群培年谱（1903—1951）/中国藏学．增2

清代阿拉善蒙古与甘州、凉州二府的划界纷争及边界调整/冯玉新，中国历史地理论丛．4

刻在石头上的历史——清水江中下游苗侗地区的碑铭及其学术价值/李斌　吴才茂等，中国社会经济史研究．2

金朝京府州县司制度述论/李昌宪，中国史研究．3

西夏文军籍文书考略——以俄藏黑水城出土军籍文书为例/史金波，中国史研究．4

唐代于阗的羁縻州与地理区划研究/朱丽双，中国史研究．2

21世纪中国渤海史研究新著作述评/杨雨舒，中国史研究动态．1

2000年以来国内粟特研究综述/车娟娟，中国史研究动态．1

近六十年宋辽西夏金火葬研究综述与反思/马强才　姚永辉，中国史研究动态．1

近三十年满族谱牒研究述评/孙明，中国史研究动态．2

2011年辽宋西夏金元经济史研究述评/李华瑞，中国史研究动态．3

2011年秦汉史研究综述/凌文超，中国史研究动态．3

2011年蒙元史研究综述/苏力，中国史研究动态．3

2011年清史研究综述/龙武，中国史研究动态．4

近三十年来金代佛教研究述评/王德朋，中国史研究动态．4

2011年魏晋南北朝史研究综述/陈奕玲，中国史研究动态．5

2011年辽金西夏史研究综述/周峰，中国史研究动态．5

本世纪以来（2000—2010年）韩国蒙元史研究综述/赵阮，中国史研究动态．5

2009年先秦史研究综述/苏辉，中国史研究动态．6

2010年宋史研究综述/梁建国，中国史研究动态．6

2011年明史研究综述/解扬，中国史研究动态．6

近六十年来敦煌契约文书的刊布与研究/后文昌，中国史研究动态．6

国与族：试论古蜀与邛的关系/陈东　刘辉强，中华文化论坛．5

明代海南的"黎兵"/王献军，中南民族大学学报（人文社会科学版）．1

再论马仲英赴苏及其下落/王希隆，中南民族大学学报（人文社会科学版）．1

土司制度及其对南方少数民族的影响/方铁，中南民族大学学报（人文社会科学版）．1

土家族志士邓玉麟在武昌首义中的领导作用/邓辉煌，中南民族大学学报（人文社会科学版）．1

田家洞长官司治所定位研究/田清旺，中南民族大学学报（人文社会科学版）．2

《平定准噶尔回部得胜图》与乾隆政治权力之表述/马建春　谢婷，中南民族大学学报（人文社会科学版）．4

"扎巴日"辨正——兼与陆群教授商榷/陈廷亮等，中南民族大学学报（人文社会科学版）．6

"赞普"释义——吐蕃统治者称号意义之商榷/林冠群，中山大学学报（社会科学版）．5

民国时期"边疆民族"概念的生成与运用/杨思机，中山大学学报（社会科学版）.6

慕容氏昌黎时期的建国道路与胡汉分治制度/李海叶，中山大学学报（社会科学版）.3

辽代高僧思孝与觉华岛/尤李，中央民族大学学报（哲学社会科学版）.1

清朝政府管辖西藏的历史见证/赵展，中央民族大学学报（哲学社会科学版）.1

内蒙古库伦旗历史文化研究综述/巴·苏和　特日乐，中央民族大学学报（哲学社会科学版）.2

论后金政权的汉族政策/孙淑秋，中央民族大学学报（哲学社会科学版）.2

瓦氏夫人班师考/邓小飞　秦炜棋，中央民族大学学报（哲学社会科学版）.3

清王朝政治一体的细节：一年一度札萨克印的封启/周竞红，中央民族大学学报（哲学社会科学版）.4

清代新疆报灾程序初探/阿利亚·艾尼瓦尔，中央民族大学学报（哲学社会科学版）.4

论民国时期满族作家的民族意识/闫秋红，中央民族大学学报（哲学社会科学版）.4

云南边境地区和境外诸国的阿卡人及其与哈尼族的历史文化关系/何平，中央民族大学学报（哲学社会科学版）.5

吐蕃"尚"、"论"与"尚论"考释——吐蕃的社会身份分类与官僚集团的衔称/林冠群，中央民族大学学报（哲学社会科学版）.6

金代女真皇族谱牒文化述论/杨忠谦，中州学刊.3

清代土司制度"过程—事件"的动态考察——李世愉先生《清代土司制度论考》评介/张凯　伍磊，重庆科技学院学报（社会科学版）.8

清代厄鲁特营概述/王莹，重庆科技学院学报（社会科学版）.14

论蒙元时期乌江流域的民族分布与政府经略/张世友　李洪淑，重庆师范大学学报（哲学社会科学版）.4

论两宋时期乌江流域的民族势力与国家治理/张世友，重庆师范大学学报（哲学社会科学版）.1

宋初对夔州路的少数民族政策/唐春生，重庆师范大学学报（哲学社会科学版）.1

时空域转换对文本史料的解读价值——以思州土司分治始末为例/罗康智，云南师范大学学报（哲学社会科学版）.3

土司通婚看土司之间的关系变化——以湖南永顺老司城碑刻为中心的考察/瞿州莲　瞿宏州，云南师范大学学报（哲学社会科学版）.2

论雍正帝边疆民族"大一统"观及政治实践/衣长春，云南师范大学学报（哲学社会科学版）.2

"因俗而治"与边疆内地一体化——中国古代王朝治边政策的双重变奏/陈跃，云南师范大学学报（哲学社会科学版）.2

16世纪车里宣慰使的婚礼——对西南边疆联姻与土司制度的历史人类学考察/杨清媚，云南师范大学学报（哲学社会科学版）.2

清末康区"改土归流"的动因及后续影响/马国君　李红香，云南师范大学学报（哲学社会科学版）.3

试论土司制度终结的标志/宝音德力根,云南师范大学学报(哲学社会科学版).3
元代唐兀人李爱鲁墓志考释/朱建路 刘佳,民族研究.3
早期拓跋鲜卑研究回顾/梁云,内蒙古大学学报(哲学社会科学版).1
关于内蒙古东部地区称呼的历史缘源/王旭,内蒙古民族大学学报(社会科学版).3
辽代北方民族的内聚——辽宁地区的移民及其影响/肖忠纯,内蒙古社会科学.1
归化城喇嘛印务处的历史变迁/乌云,内蒙古社会科学.2
《四夷考·北虏考》的史源及其史料价值/刘锦,内蒙古社会科学.4
俄藏黑水城所出《宋西北边境军政文书》中兵士张德状初探/倪彬,宁夏社会科学.1
黑水城所出元代甘肃行省丰备库钱粮文书考释/陈瑞青,宁夏社会科学.2
浅析元代民族政策对回族形成初期的促进作用/张腾,宁夏师范学院学报.2
19世纪后期青海基督教传播史考述——兼论基督传教士与藏族在青海的早期相遇/刘继华,北方民族大学学报(哲学社会科学版).5

六 民族语言文字

壮、汉语言接触引发的广西南宁市五塘平话古全浊声母音值变异/李连进,广西师范学院学报(哲学社会科学版).4
语言传播视野下的少数民族母语磨蚀——以镇雄县丁目术苗族社区为例/王仲黎 王国旭,湖北民族学院学报(哲学社会科学版).3
布依族母语教育及其文化传承和保护/周国炎 申建梅,贵州民族学院学报(哲学社会科学版).2
唐代安西之帛练——从吐火罗B语世俗文书上的不明语词kaum*谈起/庆昭蓉,敦煌研究.4
广西宾阳平话与壮语"吃"类词的接触与借代/康忠德 莫海文,广西民族大学学报(哲学社会科学版).4
从认知角度看汉越人体词"头(dau)"的概念隐喻/韦长福,广西民族大学学报(哲学社会科学版).4
少数民族濒危语言的保护研究/许娥,贵州民族研究.4
蒙古语领属格词缀研究/哈斯巴特尔,山西大学学报(哲学社会科学版).5
汉藏同源假说与古音研究中的若干问题——汉藏同源的谱系关系及其研究方法讨论/张民权,山西大学学报(哲学社会科学版).5
萨班对"汉传大圆满"的批判/尹邦志,现代哲学.4
汉维语方位名词对比分析/阿依克孜·卡德尔,语文学刊.8A
谈科尔沁土语中的汉借词——以西白塔子嘎查为例/谢木其尔,语文学刊.9A
清入关前满洲宗教信仰的嬗变及其作用/孟繁勇,云南师范大学学报(哲学社会科学版).4
载瓦语的示证范畴/朱艳华,云南师范大学学报(哲学社会科学版).5

汉语——藏缅语同源的两个词汇有阶分布证据/陈保亚　汪锋,云南师范大学学报(哲学社会科学版).5

藏缅语、汉语自主范畴语法形式的特征及其演变/蒋颖,云南师范大学学报(哲学社会科学版).5

新疆维汉语言接触的社会变量分析——以伊宁市为例/孙明霞,北方民族大学学报(哲学社会科学版).2

现代维吾尔语的话题结构/周士宏　宁瑶瑶,北京师范大学学报(社会科学版).4

吐鲁番柏孜克里克出土四件回鹘文《因萨底经》残叶研究/张铁山,敦煌研究.2

康熙盛世——满洲语文与中西文化交流/庄吉发,故宫文物月刊(台北).343

巴马言语社区壮汉双语接触过程探析/邓彦,广西民族大学学报(哲学社会科学版).2

彝语阿扎话的语言活力评估/范俊军　李义祝,广西民族大学学报(哲学社会科学版).3

西江流域的语言分布/蒙元耀,广西民族大学学报(哲学社会科学版).4

中国少数民族新创文字的变迁——评《中国少数民族新创文字应用研究》/熊和妮,广西民族大学学报(哲学社会科学版).6

石林县雨美堵村彝亲语言状况研究/王海滨,贵州民族学院学报(哲学社会科学版).2

贵阳市郊布依语使用现状及其接触性演变——以清镇市杨家庄布依语为例/蔡吉燕,贵州民族学院学报(哲学社会科学版).2

彝族戏剧"撮泰吉"的生存现状/黄瑾,贵州民族学院学报(哲学社会科学版).3

汉字记录侗语初探——以三宝侗寨民间歌本为例/吴永谊,贵州民族学院学报(哲学社会科学版).3

论"蒙撒"苗语中量词的性别特征/罗兴贵,贵州民族学院学报(哲学社会科学版).5

苗语与英语辅音对此分析/蒙昌配,贵州民族学院学报(哲学社会科学版).6

从借词看侗、汉语言的相互影响——以锦屏语言为例/肖亚丽,贵州民族研究.1

湘西地区苗族语言态度探析/瞿继勇,贵州民族研究.3

论朝汉广义异序同义成语语素语义的变异/金美,贵州民族研究.5

侗语苗语语音的共时比较研究——兼论侗族苗族的历史接触关系/龙耀宏,贵州民族研究.6

黔东苗语的颜色词研究/冀芳,贵州民族研究.6

从藏缅语定语助词的演变反观汉语/闻静,汉语学习.4

汉藏语声调的特色/郭锦桴,汉字文化.4

木垒哈萨克自治县哈萨克族居民语言使用现状分析/吴曦,黑龙江教育学院学报.7

蒙元时期回鹘文的使用概况/王红梅,黑龙江民族丛刊.6

羌语保持的语言人类学思考/叶小军,黑龙江民族丛刊.6

唐代渤海的文字瓦与文字/叶丽萍,黑龙江史志.9

土家语动词范畴的方言差异/向亮,湖北民族学院学报(哲学社会科学版).6

瑶族江永勉语与汉语的接触机制/谭晓平,湖北民族学院学报(哲学社会科学版).6

黎语哈方言区语言使用情况调查研究/张群等,湖北师范学院学报(哲学社会科学

版).6
广西巴马壮语濒危现象调查/邓彦,湖南科技大学学报.5
彝族人、白族人的亲属词概念结构——兼与摩梭人的亲属词概念结构比较/王娟　张积家等,华南师范大学学报(社会科学版).1
回族语言与波斯语的关系探析/[伊朗]阿德勒,回族研究.1
基于维吾尔语情感词的句子情感分析/黄俊　田生伟等,计算机工程.9
王敬骝的民族语言研究及学术思想初探/许鲜明　白碧波,暨南学报(哲学社会科学版).4
论哈喀尼亚语中的-γan/-qan(上)/杨承兴,喀什师范学院学报.1
谈维语语气词的功能语义/张美涛,喀什师范学院学报.1
现代维语空间范畴表达研究综述/薛玉萍,喀什师范学院学报.1
维吾尔"馕"谚语语义解读/王苹,喀什师范学院学报.4
论哈喀尼亚语中的-γan/-qan(下)/杨承兴,喀什师范学院学报.4
试论18世纪察哈台维吾尔文献《和卓传》名词的数范畴特点/阿衣先木·依力,喀什师范学院学报.4
浅析维吾尔语名词复数的历时演变/牛鑫,喀什师范学院学报.4
维吾尔对偶词面面观——维吾尔语对偶词的产生、发展、特点、功能及其在双语教学中的作用/木合塔尔·阿布都热西提,喀什师范学院学报.5
回鹘文《金光明经》中偈语的翻译特色初探——以第十卷二十六品《舍身品》为例/陈明,喀什师范学院学报.5
论维吾尔语语序的非自由性/林青,喀什师范学院学报.5
满语动词词缀-bu的构词意义和使动意义——以《满洲实录》为例/哈斯巴特尔,满语研究.1
《满语语法》(修订本)读后/高娃,满语研究.1
满语同义连用现象研究——以《皇清职贡图》为例/佟颖,满语研究.1
论满语 irgen/长山,满语研究.1
满译《左传》词语研究——《以郑伯克段于鄢》为例/王敌非,满语研究.1
女真语和汉语音变趋同现象初探/戴光宇,满语研究.1
论突厥语对伊犁回族语言文化的影响/沙彦奋,满语研究.1
满语地名"兴安"及其语义辨析/吴雪娟,满语研究.2
满译藏传《佛说阿弥陀经》词语研究/韩旭,满语研究.2
满语动词 jimbi 和 genembi 的语法化/长山,满语研究.2
满语动词体研究/赵冰,满语研究.2
契丹语和中古蒙古语文献中的汉语喉牙音声母/武内康则,满语研究.2
蒙古语陈述句语调的起伏度研究/乌吉斯古冷,满语研究.2
维吾尔形容词化短语的特点/木再帕尔　高莲花,满语研究.2
清代理藩院满蒙文题本及其研究价值/吴丰元,满语研究.2

论《老乞大》的满译本/王敌非，满语研究.2
抢救濒危满语的辽宁对策/杨静维，满族研究.1
论满语中的"lorin"一词/双山，满族研究.1
从子弟书看早期东北方言满语词/许秋华，满族研究.2
满语说唱"空古鲁哈哈济"词义探析/刘鹏朋，满族研究.2
新疆满语衰变的历程研究/欧阳伟，满族研究.3
清代满语文教育与黑龙江地区的满语/长山，满族研究.4
满语摹声词及其文化内涵/綦中明　刘丽华，满族研究.4
羌语濒危型村寨语言使用现状及成因分析/阮宝娣，民族教育研究.5
契丹小字汉语音译中的一个声调现象/沈钟伟，民族语文.1
外来词对维吾尔语时间表达方式的影响/马德元，民族语文.1
维吾尔语 baya 词源考/木再帕尔　高莲花，民族语文.1
20世纪30年代的《注音新疆回文常用字表》/苗东霞，民族语文.1
撒都话概况/白碧波　许鲜明，民族语文.1
来语的系属问题/符昌忠，民族语文.1
侗台语差比式的语序类型和历史层次/吴福祥，民族语文.1
一代宗师　风范永存——深切缅怀我国著名语言学家傅懋勣先生/戴庆厦　道布等，民族语文.1
中国语言序数语法表达式的类别和共性特征/王霞　储泽祥，民族语文.1
蒙古语边音/l/的声学和生理研究/哈斯其木格　呼和，民族语文.2
维吾尔语形容词配价研究/夏迪娅·伊布拉音，民族语文.2
桂东（林岩）壮语的送气音/韦名应，民族语文.2
锡伯语双音节词重音实验语音学研究/李兵　汪朋等，民族语文.2
藻敏瑶语汉借词主体层次年代考/龙国贻，民族语文.2
南部土家语高元音的舌位后移现象——以"i"韵的地域分化为例/向亮，民族语文.2
朝鲜语终结词尾重叠特征/申基德，民族语文.2
阿美语名物化的途径/姜莉芳，民族语文.2
东亚古代人群迁徙的语言证据/吴安其，民族语文.2
内爆音声母探源/黄行，民族语文.2
差比标记来源的类型学分析/王艳红，民族语文.2
湘西土家语、苗语与汉语方言浊声母演变/瞿建慧，民族语文.3
朝鲜语对格的语义角色分析/李琳　毕玉德等，民族语文.3
布依语第三土语中的清边擦音/占升平，民族语文.3
试析上古汉语*sP-类复声母的演变/李琴，民族语文.3
东乡语和东乡人/徐丹　文少卿等，民族语文.3
汉藏系语言类别词的比较研究/洪波，民族语文.3
从南宁粤语的状貌词看汉语方言与民族语言的接触/郭必之，民族语文.3

满语动词 bi 的语法化/长山,民族语文.3
敦煌莫高窟 464 窟回鹘文榜题研究/阿依达尔·米尔卡马力　杨富学,民族语文.3
汉语与傣语语法接触一例/薛才德,民族语文.3
西部裕固语使动态的主要特点/钟进文,民族语文.3
彝语派生名词构词法研究/马辉　江荻,民族语文.3
两页回鹘文《华严经·光明觉品》写本残卷研究/张铁山　茨默,民族语文.4
格曼语动词题元结构及在句子中的映射/吕佳　李大勤,民族语文.4
维吾尔语"指小表爱"的构成及其特点/王玲,民族语文.4
鱼粮苗语六平调和三域六度标调制/朱晓农等,民族语文.4
布依语存在句研究/周国炎等,民族语文.4
三省坡草苗的语言及其与侗语的关系/石林,民族语文.4
莫语音系和词汇语义系统中的异质特征/王宇枫,民族语文.4
泰语壮语名量词比较研究/薄文泽,民族语文.4
从 Neg·V 优势到 V·neg 优势——朝鲜语两种否定标记竞争导致的语法现象分析/白莲花,民族语文.4
并列标志的类型学考察/李占炳　金立鑫,民族语文.4
比较词义与历史比较/黄树先,民族语文.4
华澳语言"子、婿"与汉语的对当词根/郑张尚芳,民族语文.4
有关计算机数据处理的记音规范建议/潘悟云　江荻等,民族语文.5
国际音标表的变化——增减与修改/曹文,民族语文.5
国际音标漫议/瞿霭堂,民族语文.5
国际音标表的本地化修订建议与说明/江荻,民族语文.5
语音体系与国际音标及其对应/麦耘,民族语文.5
舌冠擦音的发音部位/凌锋,民族语文.5
新订音标规范应加大区别度/郑张尚芳,民族语文.5
从我国语言看国际音标表的修订与完善/燕海雄,民族语文.5
国际音标符号名称的简称/潘晓声,民族语文.5
Unicode 国际音标输入法简述/李龙　王奕桦,民族语文.5
德昂语长短复合元音的记音问题/尹巧云,民族语文.5
常用记音和国际音标的中文名称/董颖红,民族语文.5
纳西东巴文涉藏字符字源汇考/木仕华,民族语文.5
《华夷译语》(甲种本)音译汉字基础音系研究/布日古德,民族语文.6
"接"、"捷"、"缉"之上古声母构拟——从包拟古的汉藏同源对比说起/叶玉英,民族语文.6
释"诱"、"䛘"、"詸"/王育弘,民族语文.6
语言机制的先天性与民族语言研究/力提甫·托乎提,民族语文.6
凉山彝语动词的互动态/木乃热哈　毕青青,民族语文.6

达斡尔语的传据语用策略/丁石庆,民族语文.6

载瓦语存在动词的类型学研究/朱艳华,民族语文.6

比工仡佬语的否定句/吴雅萍,民族语文.6

侗台语副词"互相"修饰动词的语序/蓝庆元 吴福祥,民族语文.6

汉台语若干谐声对应考/罗永现,民族语文.6

藏缅语话题结构的特征与类型/张军,民族语文.6

朝鲜语人称后缀-sa(人干)的语义特征——以-sa(师)和-sa(士)派生词为例/李英子,民族语文.6

喀喇沁地区蒙古语地名的社会语言学分析/宝玉柱,内蒙古民族大学学报(社会科学版).1

蒙古语文化特色词语及其英译策略/白常山,内蒙古民族大学学报(社会科学版).3

《蒙古语谚语数据库》的建立与实现/王国彬 孟克代力格日等,内蒙古民族大学学报(社会科学版).4

满语动词aku的语法化/长山,内蒙古民族大学学报(社会科学版).6

北方草原民族语言文字与汉语语言文字的相互影响/金瑞,内蒙古社会科学.6

纳西东巴经跋语中的假借字研究/甘露,宁夏大学学报(人文社会科学版).4

"花儿"民歌与北方少数民族语言/武宇林,宁夏社会科学.2

一批新发现的西夏文字及其解读/王艳春 贾常业,宁夏社会科学.5

影响少数民族双语教育的环境分析——以新疆地区为例/蔡文伯 杜芳,青海民族大学学报(社会科学版).3

胡语考释四则/彭向前,青海民族大学学报(社会科学版).3

河南县蒙古族转用语言中的母语遗存/李秀兰,青海民族大学学报(社会科学版).4

撒拉语和土耳其语语音对比研究/马伟,青海民族研究.1

语言接触与语言变异——以青海汉话和青海蒙古语的关系为个案/贾晞儒,青海民族研究.1

论吐蕃时期藏汉语接触的途径/陈荣泽,青海民族研究.1

从借词看伊斯兰教对维吾尔文化影响的层次/张咏 孙岿,青海民族研究.1

论语言规划与语言保持的相互制约/王国旭 胡亮节,青海民族研究.1

西方语言哲学视阈下的濒危语言保护/瞿继勇,青海民族研究.4

溪母字与见母字读音混同现象考析——以敦煌汉藏对音资料为例/史淑琴 杨富学,青海民族研究.4

论"花儿"歌词注释应注意的问题/田耿辉 曹强,青海社会科学.4

跨文化视角下维吾尔多元文化的交流与融合——以维吾尔语科技外来词为例/徐彦,求索.6

我国民族语言调查现状及其未来走向/杨光荣,社会科学论坛.8

从西部裕固语看突厥语词汇的历史层次/王新青等,社科纵横.11

一门新的语言学分支:复兴语言学——兼谈濒危语言和濒危方言复兴的普遍制约条件和

机制/[以]诸葛漫　姚春林著，徐佳译，世界民族.6

越南京族语言系属辨析/杨健，思想战线.2

论对少数族群语言的特别保护——兼对现行宪法中语言地位平等政策的反思/谢维雁，四川师范大学学报（社会科学版）.5

濒危语言能救活吗？——语言学的分析/赵登明，图书与情报.2

北京藏族知识分子城市社区语言调查/刘宏宇　李琰，西北民族大学学报（哲学社会科学版）.3

东巴文记录语段向记录语词的发展走势探析/白小丽，西北民族大学学报（哲学社会科学版）.6

东乡语人称代词词干溯源/敏春芳，西北民族大学学报（哲学社会科学版）.2

基于语料库的藏语形容词统计研究/马拉毛草等，西北民族大学学报（哲学社会科学版）.6

论维吾尔语KP短语的构成方法及其句法结构/阿力木江·托乎提等，西北民族大学学报（哲学社会科学版）.6

蒙古语阿拉善话短元音声学分析/敖云那生　呼和，西北民族大学学报（哲学社会科学版）.4

社会场域、仪式空间和表演语境——裕固族"杰里盖（Jelige）"的意义/李建宗，西北民族大学学报（哲学社会科学版）.6

试析汉藏比较对上古音研究的价值/崔金明，西北民族大学学报（哲学社会科学版）.4

新疆突厥语族语言接触的定位与演变规律/贺群，西北民族大学学报（哲学社会科学版）.2

再释裕固族族称中的"sar₃γ"一词/钟进文，西北民族大学学报（哲学社会科学版）.5

壮语/r/声类在布依语中的对应与演变/占升平，西北民族大学学报（哲学社会科学版）.3

论《福乐智慧》中的"梅禄"、"可汗"和"于都斤"的名称/玉努斯江·艾力　玉苏甫江·艾买提，西北民族研究.1

论西藏媒体语言对汉藏双语使用的影响/力永斌，西藏民族学院学报（哲学社会科学版）.3

藏族祝赞词/郎润芳　贾海娥，西藏研究.1

国外西藏艺术研究新进展述评：综合艺术篇/罗易扉，西藏研究.3

卫藏方言与安多方言语音分析/更登磋，西藏研究.5

"察隅"一词含文管窥/顿拉，西藏研究.6

吐鲁番出土文献的语言系统/王启涛，西南民族大学学报（人文社会科学版）.3

东巴文藏语音字研究/和继全，西南民族大学学报（人文社会科学版）.5

彝语及其亲属语同源词探析/马锦卫，西南民族大学学报（人文社会科学版）.11

蒙元史研究中的历史语言学问题/陈得芝，西域研究.4

从亲属词分类看民族语言对民族心理的影响/肖二平　张积家，心理科学进展.8

维吾尔语动词语态范畴的统计分析/阿孜古丽·夏力甫,新疆大学学报(哲学·人文社会科学版).1

三十年来国内汉维语法对比研究综述/夏迪娅·伊布拉音,新疆大学学报(哲学·人文社会科学版).1

两份维吾尔文契约文书研究/张世才,新疆大学学报(哲学·人文社会科学版).1

维汉语词义系统及其对比分析/阿不力米提·尤努斯,新疆大学学报(哲学·人文社会科学版).5

"V+进/出"动趋结构在维语中的表达/崔巍,新疆大学学报(哲学·人文社会科学版).5

两叶回鹘文《维摩诘所说经》译注——兼谈回鹘文佛经的翻译方式/张铁山,新疆大学学报(哲学·人文社会科学版).6

民族交往视域下的新疆民汉语言接触/赵江民,新疆社会科学.6

乌鲁木齐维吾尔族生活语言变化研究/古力加娜提·艾乃吐拉,新疆师范大学学报(哲学社会科学版).2

维吾尔族大学生的语言使用调查——以新疆师范大学民考民维吾尔族大学生为例/龙玉红 张斌科等,新疆师范大学学报(哲学社会科学版).3

维吾尔语空间位移动词构成的基干句模/薛玉萍,新疆师范大学学报(哲学社会科学版).3

汉文—回鹘文《金光明经·舍身饲虎》校勘研究/张铁山,新疆师范大学学报(哲学社会科学版).4

论麻赫默德·喀什噶里的语言观/胡潇元,新疆师范大学学报(哲学社会科学版).6

语言接触的诸因素分析——以新疆民汉语言接触为例/徐彦,学术探索.8

朝鲜语语法术语的使用现状与规范研究/金光洙,延边大学学报(社会科学版).1

维吾尔语汉语英语介词对比/许淑玲,伊犁师范学院学报(社会科学版).1

建国以来的锡伯语言文字工作概述/佟加·庆夫,伊犁师范学院学报(社会科学版).1

古突厥语与现代哈萨克语名词格的比较研究/卡尔巴提汗·朱曼,伊犁师范学院学报(社会科学版).1

伊犁锡伯族"双语"演变的社会文化因素调查分析/杜秀丽,伊犁师范学院学报(社会科学版).1

哈萨克族诅咒语探析/帕提古丽·阿迪力拜克 巴哈尔古力·夏米勒,伊犁师范学院学报(社会科学版).1

哈萨克语多义词浅析/宋婷,伊犁师范学院学报(社会科学版).1

锡伯族语言文字传承现状及对策研究/邓彦 武金峰,伊犁师范学院学报(社会科学版).1

维吾尔语与汉语非音质音位对比/王荣花,伊犁师范学院学报(社会科学版).2

哈萨克语同音词与同音现象分析/阿依热·邓哈孜,伊犁师范学院学报(社会科学版).2

语言类型学背景下的哈萨克语语法特点辨析/苏合拉　杨春勇，伊犁师范学院学报（社会科学版）.3

小语种面临的危机与锡伯语文/佟加·庆夫，伊犁师范学院学报（社会科学版）.4

试论蒙古语委婉语的社会交际功能/贾吉峰，语文学刊.5A

传统蒙古文编码及其应用现状分析/金良　散旦玛等，语文学刊.4A

维吾尔语摹拟词的研究综述/杨超，语文学刊.2B

新疆哈萨克族家庭语码转换分析/娜迪娅·纳司尔，语文学刊.1B

"有意思的"塔吉克斯坦塔吉克族亲属称谓/夏添，语文学刊.2B

浪速语四音格词的语音结构/薛娇　沈洋，语文学刊.2B

对立性层级理论与现代维吾尔语的元音和谐/郭中子，语文学刊.6A

析维吾尔饮食谚语中的饮食文化/樊慧荣，语文学刊.6A

从《蒙古风俗鉴》中的名物词看蒙汉、蒙满民族间的交流/庞波　王宏平，语文学刊.5A

维汉否定句研究综述/翟炜超，语文学刊.10A

藏语夏河话复辅音特点/吕士良　于洪志，语文学刊·上半月刊.2

书面藏语的小称/邵明园，语言科学.3

试论武鸣状语的体范畴/陆天桥，语言科学.6

壮语对平话的音系干扰与平话的音变规律/李心释，语言科学.1

基于调查字表词表注音的汉藏语言音系处理系统/范俊军，语言文字应用.2

壮语名词短语的语序演变/赵晶，语言研究.3

阿尔泰语的数次/吴安其，语言研究.3

琅南塔克木语浊塞音、浊塞擦音的死灰复燃/戴庆厦　朱艳华，语言研究.1

外来词对维吾尔语词义的影响/吴向丽，语言与翻译.1

论维汉语言接触过程中的语音匹配和回归/李德华，语言与翻译.1

现代东乡语名词词缀"tsi"渊源考/马艳，语言与翻译.1

汉语存现句在哈萨克语中的表达/杨洪建，语言与翻译.1

《锡伯语语法通论》评介/邓彦　武金峰，语言与翻译.1

古代焉耆语（甲种吐火罗语）概要/耿世民，语言与翻译.2

汉维语个体量词"张"和"partʃɛ"的认知语义特征比较/贺群，语言与翻译.2

论维吾尔语语序的制约因素/林青　杨卉紫，语言与翻译.2

我学习少数民族语言的经过和几点体会/胡振华，语言与翻译.3

维吾尔语语素问题新探/廖泽余，语言与翻译.3

维吾尔语二价致使动词的配价研究/吾买尔江·库尔班，语言与翻译.3

维吾尔谚语的韵律特征/华锦木　张新春，语言与翻译.3

从否定辖域、否定焦点解析维吾尔语否定句中的歧义现象/徐江　吐尔逊·卡得，语言与翻译.3

新疆民族语文翻译理论研究览要/孟毅等，语言与翻译.4

汉维语三价针对义动词名模对比研究/徐春兰等，语言与翻译.4

"什么"的非疑问用法在维吾尔语中的对应表达/孙亚俊,语言与翻译.4

维吾尔网络词语研究/李杰,语言与翻译.4

坚持现代文化引领 充分发挥哈萨克语言文字在服务两大历史任务中的重要作用/马木提·托依木利,语言与翻译.4

论宗教信仰对哈萨克族词汇的影响/熊杰,语言与翻译.4

浅析哈萨克语句子焦点成分的句重音表现/魏炜,语言与翻译.4

拉祜语的差比标记及其探源/李春风,云南民族大学学报(哲学社会科学版).2

泰语词汇双音化现象探析/杨光远 何冬梅,云南民族大学学报(哲学社会科学版).2

一个濒危语言的接触性"共变"——以贵琼语为例/宋伶俐,云南民族大学学报(哲学社会科学版).4

论濒危语言结构系统的变化特点——南部土家语结构异变分析/徐世璇,云南民族大学学报(哲学社会科学版).4

拉祜语虚词 ve∧(33)的多功能性/张雨江,云南民族大学学报(哲学社会科学版).5

羌语稳定型村寨语言使用现状及其成因分析/阮宝娣,云南民族大学学报(哲学社会科学版).5

语序的"和谐"与"不和谐"——金平傣语偏正结构的语序类型学分析/刀洁,云南民族大学学报(哲学社会科学版).6

核心家庭与人群结合——云南怒江娃底村傈僳族亲属称谓研究/卢成仁 刘永青,云南社会科学.3

民族复兴语境下传统文化的转换和提升/温小勇,云南社会科学.5

论西藏居民普通话使用的社会影响因素/李永斌,中国藏学.2

近十年来我国汉藏语比较研究的特点及意义/尹蔚彬,中国藏学.2

社会网络与达斡尔族语言的使用与保持——以内蒙古自治区莫力达瓦达斡尔族自治旗为例/刘宏宇 李玉琪,中南民族大学学报(人文社会科学版).2

新疆区情与语言规划/张梅,中南民族大学学报(人文社会科学版).3

基于统计方法的蒙古语依存句法分析模型/斯·劳格劳 华沙宝等,中文信息学报.3

基于关联度的汉藏多词单元等价对抽取方法/诺明花 刘汇丹等,中文信息学报.3

中国少数民族新创文字的语言规划及其实践/海路,中央民族大学学报(哲学社会科学版).1

东巴文双声符现象初探/白小丽,中央民族大学学报(哲学社会科学版).1

拉祜语的连谓结构/李春风,中央民族大学学报(哲学社会科学版).1

汉唐时期的西域古代语文及其对中国文明的贡献/耿世民,中央民族大学学报(哲学社会科学版).2

移民对喀喇沁地区民族构成及语言接触模式的影响/宝玉柱,中央民族大学学报(哲学社会科学版).2

矮寨苗语的差比句/余金枝,中央民族大学学报(哲学社会科学版).2

藏缅语处所助词的性质差异/王跟国,中央民族大学学报(哲学社会科学版).3

规范名词术语 繁荣民族文化/李建辉，中央民族大学学报（哲学社会科学版）.3
回鹘式蒙古文文献中的汉语借词研究/哈斯巴根，中央民族大学学报（哲学社会科学版）.3
哈尼语亲属称谓的语义分析/李泽然，中央民族大学学报（哲学社会科学版）.3
普米语自主助词及其语法化/蒋颖，中央民族大学学报（哲学社会科学版）.3
"蒙古语名词语义信息词典"数据库的构建/海银花　那顺乌日图，中央民族大学学报（哲学社会科学版）.4
蒙古语标准话朗读话语韵律短语研究/敖敏　熊子瑜等，中央民族大学学报（哲学社会科学版）.4
壮侗语数量名结构语序探析/程博，中央民族大学学报（哲学社会科学版）.4
回鹘文《玄奘传》第十章七叶释读/洪勇明，中央民族大学学报（哲学社会科学版）.5
论科尔沁土语亲属称谓eme—的词源/格根哈斯　波·索德，中央民族大学学报（哲学社会科学版）.5
东巴文字符形态个性风格探析/邓章应，中央民族大学学报（哲学社会科学版）.5
藏语存在动词的地理分布调查/仁增旺姆，中央民族大学学报（哲学社会科学版）.6
拼音壮文改革与新方块壮字刍议/韦星朗，中央民族大学学报（哲学社会科学版）.6
羌语衰退型村寨语言使用现状及其成因分析/阮宝娣，中央民族大学学报（哲学社会科学版）.6
文化和谐与国家语言发展战略/苏金智，云南师范大学学报（哲学社会科学版）.3
论国家语言认同与民族语言认同/黄行，云南师范大学学报（哲学社会科学版）.3

七　民族文学艺术

关于土族民间传统音乐文化保护的现实思考/时江月，黑龙江民族丛刊.6
民族学视野中的禄丰高峰乡彝族大刀舞/王勤美，楚雄师范学院学报.4
拉祜族创世史诗《牡帕密帕》的思维结构解读/杨云燕，楚雄师范学院学报.7
满族尚白艺术形式美解读/阎丽杰　左宏阁，北方民族大学学报（哲学社会科学版）.2
"摩苏昆"传承状况研究/娜敏　杜坚栋，北方民族大学学报（哲学社会科学版）.3
克孜尔千佛洞壁画的图像叙事与古龟兹文化传播——克孜尔千佛洞壁画造型中乐舞艺术形态研究之一/甘庭俭　杨凡等，当代文坛.4
东北民族宗教文化视域下的绘画艺术/孟庆凯，东北师大学报（哲学社会科学版）.3
九寨沟县"白马藏人"的祭祀面具舞/尤道秀，甘肃民族研究.3
帕米尔高原塔吉克民歌传承与保护研究/刘明　米杨，甘肃社会科学.3
文化生态学视域下的花儿民歌当代变异现象/周亮，甘肃社会科学.4
富有情趣和文化意境的少数民族服饰——玉时阶《濒临消失的广西少数民族服饰文化》述评/周健，广西民族大学学报（哲学社会科学版）.1
壮族服饰图案纹样的文化内涵/玉时阶，广西师范学院学报（哲学社会科学版）.1

苗族、傣族干栏式建筑艺术之比较/章婧，贵州民族学院学报（哲学社会科学版）.1

贵州侗族建筑艺术初探/龚敏，贵州民族学院学报（哲学社会科学版）.1

侗族"萨玛节"原生态艺术文化探析/吴茜　卢家鑫，贵州民族学院学报（哲学社会科学版）.3

藏传佛教美术风格问题的反思——以西藏夏鲁寺美术为例/贾玉平，贵州民族研究.2

试论贵州民族音乐传承发展的困境与出路/叶锋，贵州社会科学.8

贵州傩戏艺术的审美价值探讨/沈国清，贵州社会科学.8

服饰中的隐喻——川南叙永"蒙毕"服饰艺术的田野研究/刘芳，黑龙江民族丛刊.1

音乐人类学视野下的中国民族音乐研究/何巍，黑龙江民族丛刊.2

人类学视阈下的瑶族服饰文化——以广西贺州瑶族为例/汤桂芳，黑龙江民族丛刊.3

关于土家族民间舞蹈的文化透视/邹珺，黑龙江民族丛刊.4

文化变迁研究的佳作——评《濒临消失的广西少数民族服饰文化》/杨军，湖北民族学院学报（哲学社会科学版）.1

论近年来的回族舞蹈创作/陈丽文，回族研究.2

回族音乐中的文化融合与本色坚持现象分析/马冬雅，回族研究.2

湘西地域文化与现当代湖南文学的发展/刘中顼，吉首大学学报（社会科学版）.1

柯尔克孜族民间音乐艺术库姆孜的传承现状及发展策略/马惠敏，喀什师范学院学报.5

新疆跨界民族吹管乐器的研究综述/王伟，喀什师范学院学报.5

民族舞蹈文化与"社会舞蹈"/乔德平，毕研洁，兰州大学学报，3

建国之前（1900—1949）国内新音乐文化对朝鲜民族音乐文化的影响/许海龙，乐府新声，3

跨界族群音乐与民族学、文化人类学——四十年从艺、求学的心路与族群文化记忆/杨民康，民族文学艺术.4

问学无捷径，求知如生命——杨民康民族音乐学研究评介/萧梅，民族文学艺术.4

"巫乐"的比较——"以歌行路"/萧梅，民族文学艺术.4

论民俗艺术传承的要素/陶思炎，民族文学艺术.2

土家族哭嫁歌对女性自我构建的影响/康晓蕴，民族文学艺术.3

龟兹石窟中的中南印度艺术元素/满盈盈，民族文学艺术.3

世界自然遗产"三江并流"区域的音乐文化特征论/张兴荣，民族文学艺术研究.1

传播学视域下云南少数民族民间音乐文化的传承与保护/罗树萱，民族文学艺术研究.1

藏传佛教诵经音乐研究/田联韬，民族文学艺术研究.1

对阿细跳月保护发展的实践性研究/葛树蓉　毕华等，民族文学艺术研究.1

舞蹈人类学与彝族民间烟盒舞/李永祥，民族文学艺术研究.1

中国少数民族民间音乐技艺的传承与保护/和云峰，民族文学艺术研究.2

锡伯族戏曲艺术的生成、传播与现状（上）/王建，民族文学艺术研究.2

纳西族东巴祭天的文化功能及变迁——以宝山乡吾母村为研究个案/杨鸿荣，民族文学艺术研究.2

白马藏族池哥昼傩音乐要素研究/张益琴，民族文学艺术研究.3

云南民族舞蹈须自觉由"大"向"强"推进的思考/聂乾先，民族文学艺术研究.3

集体表象展演的白族火把节——以云南大理漕涧白沙井村为例/李容芳，民族文学艺术研究.3

民族民间艺术资源产业开发对策探讨/王兴业，民族文学艺术研究.4

阿细跳月保护发展方式的多重构建/葛树蓉 薛雁等，民族文学艺术研究.4

从娱神到娱人——土家族摆手舞的功能变迁研究/赵翔宇，民族文学艺术研究.4

土家族丧葬仪式歌之灵思探微/许甜甜，民族文学艺术研究.5

临沧地区南传佛教摆润与摆多教派诵经音乐风格初探/董宸，民族文学艺术研究.5

背着的信仰——纳西族"七星披肩"的宗教解读/苏燕等，民族文学艺术研究.5

音乐组合视域下的民族传统音乐转型——以蒙古族音乐组合为例/李建军，民族文学艺术研究.6

浅述前郭尔罗斯地区蒙古族音乐的发展以及传承/王鹏，前沿.1

产业化视角下民族民间传统文化保护传承研究——以土家族民间工艺美术为例/覃莉，前沿.7

浅谈羌族民歌的多元化特点/袁文杰，前沿.12

仫佬族及其民歌艺术刍论/陈贻琳，前沿.15

非物质文化遗产视野下北川羌族酒歌的保护与传承/武慧，前沿.16

从民族文化的角度看我国当代艺术设计/李蒙，前沿.22

土族婚礼歌演唱模式解析——以民和土族婚礼情境为例/文忠祥，青海民族大学学报（社会科学版）.3

青海玉树藏族民歌音乐特点研究/应秀文，青海民族大学学报（社会科学版）.3

玉树县仲达乡藏娘唐卡艺术传承现状调查/刘冬梅 扎西松保等，青海民族研究.1

河湟地区民族音乐文化研究——以撒拉族民间音乐为例/应秀文，青海民族研究.1

门源回族宴席曲音乐文化特征研究/杨尚京，青海民族研究.3

全景式展示土族文化的一部精品力作——简评《中华民族全书·中国土族》/何志明，青海社会科学.5

撒拉族、回族民歌音乐形态及演唱风格比较研究/张连葵，青海师范大学学报（哲学社会科学版）.1

藏传佛教寺院诵经音乐初论/才让措，青海师范大学学报（哲学社会科学版）.2

青海撒拉族宗教音乐形态研究/王海龙，青海师范大学学报（哲学社会科学版）.4

论传承方式与艺术传统的生成——基于对怒江傈僳族民歌的研究/罗梅，思想战线.1

基督教在传承傈僳语言艺术中所起的作用——以傈僳族对偶艺术为例/金杰，思想战线.3

云南潞江坝德昂族女人藤篾腰箍的艺术生态学简释/魏国彬，思想战线.3

艺术传承：族群认同的建构路径——基于云南石屏县慕善村花腰彝艺术传承实践的反思/迟燕琼，思想战线.5

四川彝族羌族民间舞蹈的异同略说/徐兵,四川戏剧.4
贵州侗族歌唱文化研究/杨媛,文化学刊.4
法本无相——藏传佛教绘画艺术中的审美文化内涵/郭重曦,西北民族大学学报(哲学社会科学版).2
论维吾尔族戏剧现状与发展/木亚赛尔托乎提,西北民族大学学报(哲学社会科学版).1
论叶尔羌汗国时期的维吾尔木卡姆艺术/阿布都克里木·热合曼,西北民族大学学报(哲学社会科学版).5
浅谈满族萨满音乐历史与展望/步振勇,西北民族大学学报(哲学社会科学版).2
伊斯兰文化与中国传统文化的互动——从穆斯林的作品谈起/陆芸,西北民族大学学报(哲学社会科学版).2
藏族弦子——环境、时代因素下的跨文化艺术语言/穆兰,西南民族大学学报(人文社会科学版).9
岷江上游羌族乡土民歌"花儿纳吉"的文化内涵及音乐形式探究/崔善子 金艺风,西南民族大学学报(人文社会科学版).10
少数民族民间艺术的保护、传承与发展——以新疆阿克苏地区新和县为例/邢蕾 邢春林等,新疆社会科学.2
科学发展观视野下土家族传统舞蹈保护研究/李开沛,新疆社会科学.4
新疆阿尔泰山区图瓦人的音乐生活/刘煊,新疆师范大学学报(哲学社会科学版).4
畲族山歌的口头传播特点及其当代生存危机/朱庆好,新闻界.24
混搭——箐口村哈尼族服饰及其时尚/马翀炜 李晶晶,学术探索.2
《格萨尔》与《玛纳斯》比较研究初探/扎西吉,伊犁师范学院学报(社会科学版).1
原始宗教崇拜对土家族歌舞艺术的影响探究/刘志燕,艺术评论.10
中国蒙古族呼麦艺术初探/李妮娜,艺术评论.8
瑶族黄泥鼓音乐文化阐释/李晓婷,艺术评论.5
简论四川北川羌族民间歌曲/郑晓光,艺术评论.5
云南怒江傈僳族民歌的保护与传承/罗梅,艺术探索.3
苗族飞歌的艺术特征/卢清丽 满瑶,艺术探索.4
畲客交融中的竹洞山歌与畲族歌唱地图/蒋燮,艺术探索.6
论当今乡土音乐的欣赏场与听赏者心理反应的关系——以罗城壮族民歌为例/周立洁,艺术探索.6
乌江流域民族民间美术的文化生态研究/余继平 余仙桥,艺术探索.2
羌族释比法器的造型与装饰解读/罗晓飞,艺术探索.2
近50年羌族民歌研究述评/刘芬,音乐探索.1
音乐行为中的民俗文化——从音乐人类学看民族音乐的传承与发展/杨曦帆,音乐探索.2
黑龙江/阿穆尔河流域的通古斯萨满鼓——以"流域"为视角的跨界族群萨满音乐研究/

刘佳腾，音乐探索.2

川北羌族与白马藏族民俗艺术的综合开发与利用研究/柴永柏，音乐探索.2

三分鼎足：当代中国音乐民族志概观——近三十年来中国音乐民族志研究考察成果回顾和检视/杨殿斛，音乐艺术.2

音乐民族志书写的共时性平台及其"显—隐"历时研究观——以云南与东南亚跨界族群音乐文化书写为例/杨民康，音乐艺术.1

云南少数民族宗教音乐的传承与变异/陈蔚，云南民族大学学报（哲学社会科学版）.1

云南民族音乐图像的表现性和主要特点/王玲，云南民族大学学报（哲学社会科学版）.1

马大正与中国边疆学的建构与发展——读《马大正文集》/李尚英，云南师范大学学报（哲学社会科学版）.3

拉祜族葫芦笙舞身—声—意"体化实践"的人类学阐释/黄凌飞，云南艺术学院学报.2

云南南传佛教信仰族群的鼓乐文化解读/申波，云南艺术学院学报.3

穿在身上的历史与文化；观"霓裳银装多彩贵州民族服饰展"而感/丹青，中国博物馆.3

民国时期戴新三著《拉萨日记》选注/王川，中国藏学.2

吐蕃盟歌的文学情味与政治意趣——敦煌P.T.1287号《吐蕃赞普传记》第5、8节探析/任小波，中国藏学.2

根敦群培《中观甚深精要论》一文的现代阐释/班班多杰，中国藏学.增2

谈民族音乐教育的当代发展/李莹，中国教育学刊.4

高句丽服饰研究的回顾与展望/郑春颖，中国史研究动态.1

宋代的汉藏艺术交流/崔之进，中国文化研究.3

景宁畲族民族"角调式"特有现象探究/罗俊毅，中国音乐.2

从文化人类学视角看"民族美术"/康笑宇，中央民族大学学报（哲学社会科学版）.3

少数民族原生态歌舞的审美特征/陈蔚，中央民族大学学报（哲学社会科学版）.5

浅析苗族古歌的传承与发展——以贵州凯里市季刀上寨为例/向瑜 孙鹏祥等，重庆科技学院学报（社会科学版）.11

八　民族教育

蒙语文教育与河南蒙古族的认同建构/徐百永　萨仁娜，北方民族大学学报（哲学社会科学版）.2

从现代化发展的视角来思考双语教育/马戎，北京大学教育评论.3

学校教育与地方知识关系探究——基于一项裕固族乡村社区民族志研究/巴战龙，当代教育与文化.1

保安族教育研究现状与展望——基于1978—2011年文献的分析/张善鑫，当代教育与文化.3

裕固族教育研究述评/杨宝琰　杨雅琴，当代教育与文化.3

近十年来东乡族教育研究的回顾与反思/安富海，当代教育与文化.3

民族地区双语教学成效与问题调查研究——以新疆疏勒县为例/王鉴　李文涛，当代教育与文化.3

民族地区双语教师教学能力情况的调查报告——基于新疆疏勒县的调查/吴国军，当代教育与文化.3

维汉双语教学模式成效与问题调查研究——以新疆疏勒县小学双语教学为例/郭燕花，当代教育与文化.3

关于我国少数民族双语教学问题的若干思考/王鉴，当代教育与文化.4

民族双语教学：问题、成因与对策——以藏汉双语教学为例/张善鑫，当代教育与文化.4

多元文化社会中的少数民族双语教育——来自文化心理学的启示/杨宝琰，当代教育与文化.4

双语教学——意义诠释与推进策略/安富海，当代教育与文化.4

双语教育的多维背景探究/欧阳常青，当代教育与文化.4

西北少数民族地区教育发展的历史与成就/王鉴　安富海，当代教育与文化.5

少数民族教育史——中国教育史研究不应忽视的学术领域/姚霖　吴明海，当代教育与文化.5

民族教育政策体系研究的重大理论问题解读——评《中国少数民族教育政策体系研究》/张善鑫，当代教育与文化.5

少数民族大学生宗教信仰研究/王星　孟盛彬，当代青年研究.7

少数民族高等教育机会的城乡差异研究/谭敏，当代青年研究.11

接触理论在民族教育中的发展及运用/洪颧　刘邦春，东北师大学报（哲学社会科学版）.4

新疆少数民族大学生思想行为特点及教育对策/马立新，东北师大学报（哲学社会科学版）.5

藏传佛教教育的传统、发展及未来初探/仁青安杰，法音.6

西部民族教育实证探析——以青海省海北州为例/韦仁忠，甘肃联合大学学报（社会科学版）.6

民族院校大学生宗教观教育探析/周鹏生，甘肃民族研究.1

天祝藏族自治县藏语文教学之困境/刘世俊　平学文，甘肃民族研究.1

甘肃藏区民族教育问题研究/杨才让塔　祁晓萍等，甘肃民族研究.3

临潭回族文化教育的历史及现状/敏述圣，甘肃民族研究.3

地方性知识视野中的民族教育问题——甘南藏区地方性知识的社会学研究/王鉴　安富海，甘肃社会科学.6

从意识三态观重新审视现代性与民族教育之关系/钱民辉　沈洪成，广西民族大学学报（哲学社会科学版）.4

语言、文化与认知——少数民族学生教育质量若干思考/郑新蓉,广西民族大学学报（哲学社会科学版）.4

壮汉双语教育的问题及转向/滕星,广西民族大学学报（哲学社会科学版）.4

布依族民族学校双语教学情况分析/唐露萍,贵州民族学院学报（哲学社会科学版）.4

彝族地区中小学校实施民族传统体育课程教学研究/宋晓琳　罗建新,贵州民族研究.2

西方多元文化教育对四川民族地区教育改革的启示/刘河燕,贵州民族研究.4

少数民族地区乡土课程资源的开发研究——以贵州省雷山县例/陆丹,贵州民族研究.4

国内外民族地区三语教育之比较/黄健等,贵州民族研究.5

民国时期四川阿坝地区学校教育的发展/马廷中,贵州民族研究.6

试论近代社会变迁与贵州民族教育/史经霞,贵州民族研究.6

议"少数民族高等教育招生政策"执行中的价值冲突——教育公平的视角/杨梅,贵州师范大学学报（社会科学版）.1

试析少数民族预科教育的评价体系——以黑龙江为例/贾敏,黑龙江高教研究.11

民族高校少数民族大学生中国近现代史纲要课程学习中存在的问题及解决对策——以藏族、蒙古族和维吾尔族为例/杨惠娟　蒋春燕,黑龙江教育学院学报.8

论"民族理论与民族政策"课教学中的中华民族认同教育/张艾力,黑龙江民族丛刊.1

民族学生分层思想政治教育模式研究/张挺,黑龙江民族丛刊.1

浅谈我国人口较少民族的扫盲教育/郑文瑜,黑龙江民族丛刊.1

乌江流域民族教育发展历程的特点与启示/张大友,黑龙江民族丛刊.1

论现代教育视野下苗族"锦鸡舞"的教育功能/胡云聪,黑龙江民族丛刊.2

内蒙古民族院校大学生创业教育发展初探/王彤,黑龙江民族丛刊.2

黑龙江省朝鲜族学校民族文化教育教学实施与成就/罗正日,黑龙江民族丛刊.3

青海民族地区藏汉双语教学模式研究——以贵德县民族中学藏汉双语教学为例/张惠玲,黑龙江民族丛刊.3

我国民族院校本科生导师制实践的理论探析/丁利明,黑龙江民族丛刊.3

双语教育视角下少数民族预科教育研究——以新疆高校为例/阿合买提江·依明江　阿布都热合曼·色依提,黑龙江民族丛刊.4

探索东北民族院校大学生思想政治教育的创新形式/张锦松,黑龙江民族丛刊.4

试论金代教育的发展阶段及其特点/兰婷等,黑龙江民族丛刊.5

少数民族双语教育影响因素的分析与测量/吴瑞林等,黑龙江民族丛刊.5

校外实习期间少数民族大学生的思想政治教育/高飞,黑龙江民族丛刊.5

社会转型期新疆民族教育跨越式发展支撑体系的建构/亚里坤·买买提亚尔,黑龙江民族丛刊.6

民族院校大学生公民素质教育初探——以内蒙古自治区民族院校为例/郭婷婷　盖元臣,黑龙江民族丛刊.6

宗教背景下的傣族教育发展策略/程利　董慧秀等,黑龙江史志.10

改土归流后湘西民族地区教育快速发展之因/郗玉松,湖北民族学院学报（哲学社会科

学版）.1

多元文化视野下少数民族传统文化资源与高校德育教育研究/徐雁,湖北民族学院学报（哲学社会科学版）.3

从中华民族多元一体格局理论看我国少数民族教育的核心使命/陈卫亚,湖北民族学院学报（哲学社会科学版）.3

场域视角下民族教育文化相关性解读/娜拉,湖北社会科学.11

从文化认知、文化自信到民族认同的转换与整合——壮族认同教育新论/杨丽萍,湖南师范大学教育科学学报.6

试论裕固族教育研究的对象与功能——基于教育人类学的视角/巴战龙,湖南师范大学教育科学学报.6

少数民族教师专业发展的困境及路径选择/毛菊,湖南师范大学教育科学学报.4

在学校教育中追求语言公平传承的历程——对三次裕固语教育实验的本质性个案研究/巴战龙,湖南师范大学教育科学学报.3

中国经堂教育溯源/丁士仁,回族研究.2

调适与发展——全球化背景下的回族民间教育/桂榕等,回族研究.3

西北少数民族地区教育收益率的分析——以云南少数民族地区为例/杨荣海　张洪,技术经济与管理研究.10

对海南少数民族地区农村职业教育的思考——跟踪调查"海南少数民族地区农村骨干专修班"的启示/林尧俊,继续教育研究.7

青海土族贫困妇女文化教育救助现状及原因分析/王秀花,继续教育研究.4

武陵学校教育与少数民族文化传承/王国超,教育评论.4

论东北散居区的朝汉、蒙汉双语教育/崔英锦,教育评论.6

乌江流域民族教育传统与现代的整合/冉隆隆,教育评论.2

乌江流域民族学校的办学特色/廖可佳,教育评论.2

建国初期黔东南地区的民族教育述略/范连生,教育评论.2

多元文化视野下河北少数民族教育变革/朱安文,教育评论.1

广西大学生民族文化教育探索/黄静婧,教育探索.9

达斡尔族学校教学思想民族化之探讨/高春梅,教育探索.12

论我国少数民族双语教育——从政策法规体系建构到教学模式变革/万明钢　刘海键,教育研究.8

多民族国家民族认知教育的需求——以一次小型访谈为分析个案/王淑兰,满族研究.3

论民族地区扶贫方略中的民族教育优惠政策/张艾力,满族研究.3

少数民族非物质文化遗产教育传承的主体及其作用/普丽春　袁飞,民族教育研究.1

有关《少数民族教育法》立法的建议/李旭东,民族教育研究.1

广西边境地区民族教育面临的问题及对策/欧以克,民族教育研究.1

近二十年我国少数民族双语教育研究状况分析——以《民族教育研究》（1991—2009年）为例/刘伟　李森　郑红苹,民族教育研究.1

试论民族院校的特殊使命/杨胜才,民族教育研究.1

北方少数民族师生三语教育认同研究——以维吾尔、蒙古、朝鲜、哈萨克族师生为例/张贞爱,民族教育研究.1

民族高校学生职业规划意识现状与对策分析/三朗扎西　冯瑛等,民族教育研究.1

少数民族教师专业成长的文化困境与出路——兼论民族文化课程资源开发的意义/蔡淑兰,民族教育研究.1

中国经济转型期城镇少数民族教育收益率的实证研究/孟大虎　苏丽锋,民族教育研究.1

西部民族地区城乡义务教育一体化发展的实证研究——基于H省的调研/常金栋　李玲,民族教育研究.2

白裤瑶丧葬仪式教育价值及启示/谭莉　杨昌勇,民族教育研究.2

关于民族教育研究对象的思考/陈·巴特尔,民族教育研究.2

民族地区学前教育现状与对策研究——以湖北恩施土家族苗族自治州潘家湾土家族乡为例/徐宝华　谭晓静,民族教育研究.2

基于情感教育视野下的民族院校思想政治教育工作模式的创新/曹斌　张严等,民族教育研究.2

民族院校"思想道德修养与法律基础"课应加强民族法制教育/伍淑花,民族教育研究.2

彝族农村小学高年级学生数学问题解决观念的调查研究/李金富　丁云洪,民族教育研究.2

民族双语教育的当代价值探究——内蒙古民族大学蒙汉双语教育解析/张立军,民族教育研究.2

新课程改革背景下少数民族双语授课班学生评价研究——以乌鲁木齐市四十六中为个案/刘宏宇　李琰,民族教育研究.2

民族预科教育的实践与探索——以四川民族学院为例/何丽亚,民族教育研究.2

关于完善内地边疆班(校)办学模式的思考/王升云　李安辉,民族教育研究.2

散居区朝汉双语教育的人类学调查与思考/崔英锦,民族教育研究.3

民族院校大学生网络学习信息素养研究——以西北民族大学为例/段金菊,民族教育研究.3

民族院校大学生就业资本与就业效果的实证分析/夏仕武,民族教育研究.3

藏区教育的地域性和民族性研究/詹先友,民族教育研究.3

论"西藏班(校)"模式的现代性/包丽颖,民族教育研究.3

民族地区地方高校核心竞争力建设探析——以专业建设为视角/曾琼　龙先琼,民族教育研究.3

早期部分浸入式双语教育的探索——加拿大早期完全浸入式双语教育对我国少数民族地区学前双语教育的启示/宋占美　阮婷,民族教育研究.3

人类学·民族学田野工作中的调查地语言学习/张曦,民族教育研究.3

白族"绕三灵"的教育人类学分析/杨立红　巴登尼玛,民族教育研究.3

优先发展教育　促进民族地区整体发展/刘晓巍　张诗亚,民族教育研究.4

关于内地西藏班（校）办学模式的政策分析——以武汉西藏中学为例/雷召海,民族教育研究.4

从结构功能理论看民族高校校园文化建设/陈卫亚,民族教育研究.4

"非遗"民族教育传承特别权利的立法构建/余澜　付立禾等,民族教育研究.4

注重学科管理,促进民族地区学校教育发展/孟祥龙,民族教育研究.4

民国时期西北开发中的民族教育研究/宗玉梅,民族教育研究.4

陕北公学与中国共产党早期民族高等教育探索/陆继锋　吴明海等,民族教育研究.4

民族高校思想政治工作注重人文关怀的必要性及其途径/吐尔逊娜依·赛买提,民族教育研究.5

多维整合：藏区本土文化课程开发的新途径——以甘南藏族自治州碌曲县玛艾镇藏族小学为例/尕藏草,民族教育研究.5

新疆边境少数民族基础教育功能及发展对策研究/达万吉　青克尔,民族教育研究.5

民族高等教育：一个特殊而复杂的研究领域——兼评欧以克教授的《中国民族高等教育问题研究》/李枭鹰,民族教育研究.5

秩序与和谐——贵州少数民族"扮变婆"活动之教育价值研究/高燕,民族教育研究.5

国家认同教育——云南省边境教育发展的战略选择/苏德　王渊博,民族教育研究.5

贵州民族教育转型的困境与对策/王红梅等,民族教育研究.6

北京市新疆、西藏内地高中班办学与管理现状分析——成效、问题与对策/张东辉等,民族教育研究.6

民族院校特色校园文化建设的理性选择/张龙等,民族教育研究.6

论民族教育的社会责任/钟海青,民族教育研究.6

民族教育课程知识选择的国家主体与国家认同/金志远,民族教育研究.6

现代国民教育体系下的民族文学艺术教育与文化传承——以内蒙古准格尔旗民族中学马头琴教育为例/张鹏等,民族教育研究.6

民族高校新生同学关系适应状况简析——以中央民族大学新生为例/江波,民族教育研究.6

南京国民政府初期发展蒙藏教育概述/谢海涛等,民族教育研究.6

民国高校少数民族招录政策的演变及其评析/刘额尔敦吐,民族教育研究.6

美国纽约当代藏学教育与研究现状探析/切吉卓玛,民族教育研究.6

中国经济转型期城镇少数民族教育收益率的实证研究/孟大虎　苏丽锋等,民族研究.1

青海大通县广惠寺蒙藏小学校创办考论/赵春娥,民族研究.4

《中国少数民族教育政策体系研究》评介/岳天明,民族研究.6

云南边疆地区艺术教育复合型师资人才培养研究/王秋艳　高海燕,民族文学艺术研究.2

少数民族地区艺术院校学生民族文学艺术文化自觉意识的培养/黄文翠,民族文学艺术研

究.2

符码理论视野中的少数民族教育/阿拉腾巴特尔,内蒙古民族大学学报(社会科学版).3

黑龙江省民族预科教育发展24年/崔英锦 吴林柏,内蒙古民族大学学报(社会科学版).3

影响蒙汉双语生普通话成绩的原因与对策/贾晓玲,内蒙古民族大学学报(社会科学版).3

当前我国少数民族教育文化中的几个问题/吴洪亮,内蒙古民族大学学报(社会科学版).4

近代蒙古地区教育的兴起/何宝祥等,内蒙古民族大学学报(社会科学版).5

公民教育——国家视阈下的少数民族身份认同/张宝成,内蒙古社会科学.2

浅议少数民族教育权的保护/银福成,内蒙古师范大学学报(哲学社会科学版).1

回族心理认同感教育予以我们的启示/徐建国,宁夏大学学报(人文社会科学版).1

少数民族高层次骨干人才硕士预科生基础培训研究/田阡,宁夏大学学报(人文社会科学版).1

蒙古族大学生蒙汉双语使用状况及成因探究/英君,前沿.5

文化多元视域下的民族教育公平/戴文亮,前沿.20

论新疆少数民族大学生马克思主义历史观教育的内涵及重要性/张玉祥等,前沿.20

土族传统教育的内容、途径和功能/高岩 鄂崇荣,青海民族大学学报(社会科学版).1

民国时期青海民族教育政策的实施及意义/羊措,青海民族大学学报(社会科学版).1

近代俄国鞑靼人在新疆的教育活动及其影响/热合木吐拉·艾山,青海民族大学学报(社会科学版).3

青海民族地区双语教育的多元重构与文化反思——以藏族地区数学教育为例/肖杰华,青海民族研究.3

青海民族地区中小学教师队伍流动状况调研报告/丁生东,青海师范大学学报(哲学社会科学版).1

加拿大多元文化教育对我国民族教育的启示/白贝迩,青海师范大学学报(哲学社会科学版).2

青海少数民族大学生思想政治教育特殊性研究/陈明 金培玲,青海师范大学学报(哲学社会科学版).4

1990年以来中国各民族人口教育发展研究——来自人口普查和人口抽样调查数据的分析/王美艳,人口学刊.3

民族政策在教育中的实践——新疆"二元教育体系"分析/祖力亚提·司马义,社会科学战线.4

元代少数民族学校教育政策及其具体特征分析/张学强,社会科学战线.11

哈萨克民族基础教育发展制约因素分析研究/蔡红,社科纵横.3

多元文化背景下少数民族高等教育发展的思考/肖海涛　佟彤，文化学刊.2

近代回族启蒙教育的改革——从经堂教育到回民小学/杨纯刚，西北民族大学学报（哲学社会科学版）.6

民族院校发展和提高人才培养质量/陈永奎，西北民族大学学报（哲学社会科学版）.4

新疆少数民族双语教育发展历程综述/张洁　张梅，西北民族大学学报（哲学社会科学版）.1

学校教育传承裕固族传统文化的实践探索和有效途径研究/安维武　蔡世宏，西北民族大学学报（哲学社会科学版）.5

青海牧区双语教育发展问题研究报告/完玛冷智，西北民族研究.1

民俗学高等教育教材遗产/董晓萍，西北民族研究.1

民族地区教师队伍建设的现状、问题与对策研究/王嘉毅　赵明仁，西北民族研究.1

回族经堂教育与伊朗的关系/[伊朗]阿德勒，西北民族研究.4

《萨迦格言》思想内涵及其民族教育价值初探/王毅　吴颖，西藏民族学院学报（哲学社会科学版）.1

哈尼族留守及失学儿童教育现况的调查与研究——以云南元阳县箐口村为例/陈进　刘思红，西藏民族学院学报（哲学社会科学版）.3

西藏自治区教育均等化研究/熊英　吴凯，西藏研究.1

试论民族院校的价值追求/杨胜才，西南民族大学学报（人文社会科学版）.4

民族高校民族团结隐性课程建设刍议/吉克跃林，西南民族大学学报（人文社会科学版）.5

论西南民族共生教育中"礼"之内核/蒋立松，西南民族大学学报（人文社会科学版）.7

现阶段云南发展民族基础教育面临的问题及原因探析/赵新国　毛晓玲，西南民族大学学报（人文社会科学版）.8

学校教育中少数民族青少年民族文化认知的现状与成因——以云南五个世居少数民族为例/王沛　胡发稳等，西南民族大学学报（人文社会科学版）.9

民族高校构建民族团结教育长效机制的探索和思考/邢金良　娜么塔等，西南民族大学学报（人文社会科学版）.9

民国时期西康省民族教育的发展/马廷中，西南民族大学学报（人文社会科学版）.12

论少数民族大学生文化适应的影响因素/方清云，西南农业大学学报（社会科学版）.1

近十年藏区教育发展现状、困境及突破——以甘孜藏族自治州为例/捌马阿末，西南农业大学学报（社会科学版）.1

新疆少数民族学前双语教材使用的思考/孙明霞，新疆大学学报（哲学·人文社会科学版）.1

新疆双语教学评价体系研究/马小玲，新疆大学学报（哲学·人文社会科学版）.3

新疆高校学生对民族主义问题认识现状及教师因素影响分析/宋新伟　陈帆，新疆大学学报（哲学·人文社会科学版）.3

新疆少数民族教育立法探析/杨清,新疆大学学报(哲学·人文社会科学版).3

新疆"双语"教育与少数民族教育的思考/阿不力孜·热扎克,新疆大学学报(哲学·人文社会科学版).4

新疆双语教育政策的当代演进/王阿舒,新疆社会科学.3

新疆多元文化认同教育与民族关系研究/张梅,新疆社会科学.6

现代远程教育:实现新疆双语教育跨越式发展的现实选择/马文华,新疆师范大学学报(哲学社会科学版).1

新疆少数民族"双语"师资培训成效研究——以新疆师范大学为例/孙明霞,新疆师范大学学报(哲学社会科学版).2

维吾尔族中小学教师专业发展的有效模式/杨淑芹 杨帆,新疆师范大学学报(哲学社会科学版).3

经济文化类型变迁与哈萨克族教育的变革/马永全 武进峰,新疆师范大学学报(哲学社会科学版).3

新疆高校华裔留学生的群体特征及华文教育策略探讨/孔雪晴,新疆师范大学学报(哲学社会科学版).4

试论双语教师培养模式/方晓华,新疆师范大学学报(哲学社会科学版).5

新疆少数民族双语教育模式探讨/赵建梅,新疆师范大学学报(哲学社会科学版).5

西南边疆民族地区教育区域国际化发展研究——基于中国—东盟教育区域国际化视角/李雪岩 龙耀,学术论坛.4

教育人类学视阈下的少数民族大学生文化适应——以成都某高校彝族学生为例/何志华 叶宏,学术探索.5

散杂居地区民族教育与文化传承探析——以吉林省吉林地区朝鲜族学校为例/朴婷姬等,延边大学学报(社会科学版).6

新疆和田地区双语教育发展与对策/杨梅,伊犁师范学院学报(社会科学版).1

新疆双语教育的内涵和外延刍议/洪勇明,伊犁师范学院学报(社会科学版).1

农牧区哈萨克族妇女职业教育现状调查及对策研究——以木垒哈萨克自治县大石头乡为例/李娜,伊犁师范学院学报(社会科学版).1

哈萨克民族基础教育发展历史、现状与对策研究/蔡红,伊犁师范学院学报(社会科学版).1

东乡族女童教育问题的调查与思考——以东乡族自治县北岭乡为例/师海英 陈其斌,伊犁师范学院学报(社会科学版).1

哈萨克族牧区寄宿制学校安全管理状况调查及改善建议/努尔沙拉·居努斯,伊犁师范学院学报(社会科学版).2

我区哈萨克族大学生传媒素养及传媒素养教育现状调查与思考/曹丽虹,伊犁师范学院学报(社会科学版).2

多元视域下少数民族双语教育改革研究述评/马永全,伊犁师范学院学报(社会科学版).3

以语言教育为例浅谈清末民初内蒙古蒙古族新式教育/潘俊英,语文学刊.11A

新疆高校双语教学与少数民族预科汉语教育/崔静,语言与翻译.2

新疆少数民族双语教学的教材问题分析/陈得军等,语言与翻译.4

论云南跨境民族教育的软实力/何跃　高红,云南民族大学学报(哲学社会科学版).6

论多民族国家与多元文化教育政策的启示——台湾地区多元文化教育政策的启示/陈路芳　肖耀科,云南社会科学.2

多元文化教育和新疆少数民族大学生的文化适应/熊杰　龙玉红,长春师范学院学报(人文社会科学版).11

教育优先发展背景下的西藏双语教育策略研究/李波,中国藏学.2

藏族寺院教育与现当代学校体系中的藏文化教育比较研究/德倩旺姆,中国藏学.4

我国回族女童教育研究综述/张艳雷,中华女子学院学报.2

坚持和完善高考少数民族加分政策/王升云,中南民族大学学报(人文社会科学版).1

青海社会变迁与教育"内地化"进程初探/赵春娥,中南民族大学学报(人文社会科学版).2

少数民族文化语境中的新疆双语教育/马岳勇　董新强,中南民族大学学报(人文社会科学版).3

论民族院校的本质属性/杨胜才,中南民族大学学报(人文社会科学版).6

民族教育政策的制度安排与分析/高岳涵等,中南民族大学学报(人文社会科学版).6

建立民族思想政治教育学的再思考/徐柏才,中央民族大学学报(哲学社会科学版).3

民族院校大学生思想政治教育内涵研究/赵铸　冯文华,中央民族大学学报(哲学社会科学版).3

西北地区少数民族大学生就业状况与对策探析/汪子云,中央民族大学学报(哲学社会科学版).4

基于多元价值载体的民族高校学生价值教育探析/邓群,中央社会主义学院学报.4

伊斯兰教育文化与回族女性教育发展——以宁夏同心县韦州镇东阳女校为例/张宗敏,重庆科技学院学报(社会科学版).21

少数民族大学生思想政治教育生活化路径分析/乌斯满·达吾提等,新疆师范大学学报(哲学社会科学版).5

论加强与改进非民族院校少数民族大学生思想政治教育的重要性/马亚平,党史文苑(学术版).8

甘南州各类学校民族团结教育之我见/王旭德,甘肃民族研究.2

民族院校加强少数民族大学生国家认同教育的思考/陈达云,高校理论战线.10

多元文化教育理念视角下少数民族大学生思想政治教育问题/白晓　张艳,河北大学学报(哲学社会科学版).3

当前西藏民族教育的国家一体化趋势浅议/杨周相,黑龙江教育学院学报.10

在民族学校建设民族文化教育基地的选择与构想/高春梅,黑龙江民族丛刊.2

瑞丽傣族地区的学校教育与民族认同/沈乾芳　太玉凤,黑龙江民族丛刊.4

九　民族人口

明代清水江流域的民户人口研究——以今黔东南苗侗自治州为例/吕善长　林芊，贵州大学学报（社会科学版）.3

近30年来回族人口社会经济特征分析/胡耀岭，回族研究.4

近代归化城土默特蒙古族人口问题浅析/乌仁其其格，内蒙古大学学报（哲学社会科学版）.3

中蒙边境地区的人口安全与人口发展/刘中一，内蒙古民族大学学报（社会科学版）.3

侗族人口出生性别比及其社会基础——基于一个村落的分析/罗义云，人口与经济.2

西藏人口红利研究述评/王建伟，西藏民族学院学报（哲学社会科学版）.1

朝鲜人口变迁对民族传统文化发展的影响——以延边朝鲜族自治州为例/朴美兰，延边大学学报（社会科学版）.3

近年来我国少数民族人口城市适应研究述评/汤夺先等，延边大学学报（社会科学版）.4

吐蕃王朝人口研究/朱悦梅，中国藏学.1

十　世界民族

美国女性民俗学研究述评/张翠霞，民族研究.5

俄罗斯文化的多样性/［俄］季什科夫，臧颖译，西北民族研究.2

印度穆斯林种姓的源起/蔡晶，北方民族大学学报（哲学社会科学版）.2

中亚东干族婚礼习俗调查/武宇林，北方民族大学学报（哲学社会科学版）.4

缅北地区华裔青少年国家认同的调查研究/王国强，楚雄师范学院学报.7

新西兰少数民族语言政策介绍/李桂南，当代语言学.1

越南的伊斯兰教/马强著，马雯编译，东南亚研究.1

东南亚民族关系研究的独特路径——评《全球化进程中的东南亚民族问题研究——以少数民族的边缘化和分离主义运动为中心》与《多民族共存与民族分离运动——东南亚民族关系的两个侧面》/水海刚等，东南亚研究.6

从民间歌唱传统中看壮泰族群关系——以中国壮族"末伦"和老挝、泰国佬族 Mawlum 的比较为个案/陆晓芹，东南亚纵横.9

开放、和谐与族群跨国互动——以中国西南与东南亚国家边民跨国流动为中心的讨论/何明，广西民族大学学报（哲学社会科学版）.1

东南亚占人与马来人的民族和谐关系论/刘志强，广西民族大学学报（哲学社会科学版）.1

泰北泰庸人与中国西双版纳傣泐人历史关系研究/饶睿颖，广西民族大学学报（哲学社会科学版）.1

触变与持守——越南瑶族的黑齿习俗——基于越南老街省保胜县田野调查的探讨/王柏中，广西民族大学学报（哲学社会科学版）.1

从西双版纳到兰纳——泰国清坎傣泐如何记忆历史/龙晓燕，广西民族大学学报（哲学社会科学版）.1

非洲博茨瓦纳叶伊人社会研究——以塞波帕村为例/徐薇，广西民族大学学报（哲学社会科学版）.2

柏林中国移民调查与研究/周大鸣，广西民族大学学报.3

老挝佬族人"厄"信仰文化探析/陈有金，广西民族大学学报（哲学社会科学版）.6

泰北主体民族泰庸人与老挝泰佬人历史关系研究/饶睿颖，广西民族研究.1

国外少数民族语言保护经验及其启示/哈正利　杨佳琦，广西民族研究.2

论语言变异对中越边境壮岱族群跨界交往心理距离的影响/韦福安，广西社会科学.2

美国少数民族双语教育政策对中国的启示/杨红杰　刘照惠，贵州民族研究.3

国外少数民族濒危语言保护的社会语言学理论初探/张红　杨迎华，贵州民族研究.4

日本少数民族阿伊努人的语言文化研究/雷鸣，贵州民族研究.4

菲律宾华文教育三十年困境的思考/张念　张世涛，贵州社会科学.7

马文·哈里斯及其文化人类学理论/刘涛，国外社会科学.3

原生论与建构论——当代西方的两种族群认同理论/左宏愿，国外社会科学.3

西方民族主义的意识形态透视/李曦珍　高红霞，国外社会科学.1

关于韩语汉字词分类的研究/文莲姬，黑龙江教育学院学报.4

中亚东干诗人雅斯尔·十娃子的诗歌与俄罗斯文化/司俊琴，黑龙江民族丛刊.1

美国印第安部落自治的演进及其启示/杨光明，黑龙江民族丛刊.2

瓦·阿·季什科夫与俄罗斯公民民族认同观及社会现实反应/臧颖，黑龙江民族丛刊.2

柯尔克孜族跨国而居简析/杜晓鹏等，黑龙江史志.12

泰东北伊沙恩人社会记忆重构中的族群认同——以"Heet Sibsong"节日文化为视角/王会莹，湖北民族学院学报（哲学社会科学版）.5

当代加拿大华人精英参政模型分析/万晓宏，华侨华人历史研究.3

具有中国血统者就是华人吗？——美国赫蒙人之案例分析/梁茂春，华侨华人历史研究.3

新西兰毛利人教育对我国少数民族教育的启示/王飞，教育学术月刊.9

从"承认差异"到"强化认同"——美国少数民族教育政策的演变及启示/王鉴　胡红杏，兰州大学学报.3

现代悖论与全球史观——论霍布斯鲍姆的民族主义研究的特点与价值/颜英，理论与现代化.5

民族主义与多元文化政策——20世纪中后期欧洲族裔民族主义理论观点评析/刘泓，马克思主义与现实.4

俄罗斯学者关于乌德盖人的研究历程/纪悦生，满族研究.1

"肯定多样性"——美国族群政治与民族高等教育的新发展/许可峰，民族教育研究.3

宏观民族分析的微观基础：西方日常民族主义理论评述及补充/高奇琦，民族研究.2
城市与移民：西方族际居住隔离研究述论/郝亚明，民族研究.6
伊斯兰教在民族文化认同建构中的特点及作用——以巴尔蒂斯坦地区伊斯兰化进程为例/李涛　王新有，南亚研究季刊.2
柬埔寨的华人社会——华文教育的复兴与发展/［日］野泽知弘著，乔云译，南洋资料译丛.3
金里卡少数族群权利理论及其逻辑困境/张慧卿，内蒙古社会科学.1
从语言文化学视角探析俄罗斯民族的忧郁情结/房晶，沈阳师范大学学报（社会科学版）.5
民族主义与国际社会：英国学派的启示与反思/王文奇，史学集刊.6
20世纪早期美国文化人类学家对麦克尼尔的影响/黄红霞，史学理论研究.1
民族主义与联邦主义/［西］卡米纳尔著，朱伦译，世界民族.1
马来西亚华人社会与伊斯兰党关系简析/范若兰，世界民族.1
美国华人新移民第二代及其身份认同/李其荣　姚照丰，世界民族.1
中缅佤人国家意识建构的历史叙事/郭锐，世界民族.1
泰国北部傣泐人的文化认同考察——以帕腰府景康县勐满村为例/郑晓云，世界民族.1
美国奴隶制与资本体制并立的历史及其成因/周泓，世界民族.1
二元维度中的达尔富尔问题/马燕坤　杨伟敏，世界民族.1
"失落的主题"：旅行文化作为民族志的表述范式/彭兆荣，世界民族.1
"传媒人类学"辨析/巴胜超，世界民族.1
英国不是"不列颠"——兼论多民族国家身份认同的比较研究/徐建新，世界民族.1
人类学的批评与建设——基于人道主义的立场/马威，世界民族.2
实践记忆论/罗正副，世界民族.2
在文学与人类学之间——简论《文化人类学笔记丛书》/付海鸿，世界民族.2
民族认同的哲学研究/杨素萍　张进辅，世界民族.2
泰国华人地缘性社团的历史考察/潘少红，世界民族.2
罗姆人与犹太人比较研究/田烨，世界民族.2
美国是中国解决民族问题的榜样吗？——评"第二代民族政策"的"国际经验教训"说/郝时远，世界民族.2
认同视角下的挪威"7·22"事件/蓝希瑜　赵亚等，世界民族.2
国际政治学视阈下的巴以关系/曹兴，世界民族.2
海湾地区的印度劳工及其对印度的影响/时宏远，世界民族.2
上古地中海沿岸利古里亚人述略/沈坚，世界民族.2
国家认同、爱国主义与民族主义——国外近期实证研究综述/马得勇，世界民族.3
东北亚"文化经济共同体"的构想、路径与展望/祁进玉，世界民族.3
冷战时期苏联反犹政策举隅：以犹太人反法西斯委员会案为中心/宋永成，世界民族.3
美国少数族群传媒理论研究的进展及缺陷/彭伟步，世界民族.3

从想象、走进到反思：人类学视野下的"边缘"研究谱系/曹大明　黄柏权，世界民族.3

印度海外科技人才与祖（籍）国的互动关系研究/高子平，世界民族.3

在粤印度人状况初探/贾海涛，世界民族.3

穆斯林社会的非穆斯林少数族群——他们的贡献、地位、权利与义务/王广大，世界民族.3

保留和弘扬加拿大土著文化深层原因解析/魏莉，世界民族.3

浅析缅甸华人的公民资格问题/范宏伟，世界民族.3

南非中国新移民与当地黑人的族群关系研究/陈凤兰，世界民族.4

俄罗斯联邦民族文化自治政策的实施及意义/何俊芳　王莉，世界民族.4

20世纪末以来俄罗斯哥萨克复兴运动解析/杨素梅，世界民族.4

民族主义与地区合作：对深化中日韩合作关系的思考/郭锐，世界民族.4

伊朗俾路支坦民族问题解析/冀开运，世界民族.4

"土著影像"与后殖民时代的影像民族志/朱靖江，世界民族.4

"表演"与"表演研究"的混杂谱系/王杰文，世界民族.4

为何少数族群的参与较少？——移民、教育及选举程序对亚裔美国选民登记及投票的影响/［美］徐峻著，罗薇摘译，世界民族.4

德国的伊斯兰教及其对穆斯林移民的影响/李光，世界民族.4

希伯伦H2区巴勒斯坦人状况之考察/范鸿达，世界民族.4

大屠杀记忆在捍卫以色列中的战略性运用/汪舒明，世界民族.4

犹太教、神道教"现世性"之比较/任婷婷，世界民族.4

试论主流文化态度对少数族群文化适应的影响——以中亚东干人为例/王超，世界民族.5

从文化层面看印尼华侨华人对提升中华软实力的意义/刘俊涛　郝晓静，世界民族.5

主题发言：将种族分析纳入政策分析/［美］小塞缪尔·L.迈尔斯著，贾益摘译，世界民族.5

欧盟少数民族保护理念的发展脉络及评价/杨友孙，世界民族.5

国际法中的语言权利及其演变/肖建飞，世界民族.5

试论当前美国的族裔冲突及其多样化应对机制/施琳　马迎雪，世界民族.5

人类学家大贯惠美子的历史世界——兼及历史人类学的相关讨论/石峰，世界民族.5

美国学界对亚裔美国人政治参与的研究述评/李爱慧，世界民族.5

外国学者哈斯卡拉运动研究述评/张礼刚，世界民族.5

玻利维亚的民族关系与民族政策/徐世澄，世界民族.6

印尼坤甸华人的"烧洋船"仪式探析/郑一省，世界民族.6

"跨界民族——国际移民综合症"与非洲国家冲突——以科特迪瓦为中心/刘伟才，世界民族.6

乌干达阿明政府的印度人政策探析/沈燕清，世界民族.6

布克·华盛顿思想解析——文化主导权的视角/王业昭,世界民族.6

池田大作"世界民族主义"思想的基本内涵及启示/李天雪,世界民族.6

克里奥化宗教、社会展演与生计——以圣马丁和圣玛丽特为个案/张猷猷,世界民族.6

范德斯图尔关于族群问题的思想、实践与HCNM机制/茹莹,世界民族.6

"国族"而非"族群"——试论民族自决权的适用主体/江玲宝,世界民族.6

民族·资源·国家:中缅边境佤族的民族认同和国家认同/白志红　柳青,思想战线.4

公平与全纳——21世纪初美国少数民族基础教育政策述评/姜峰　高士兴,外国教育研究.4

巴西能为中国民族事务提供什么"经验"——再评"第二代民族政策"的"国际经验教训"说/郝时远,西北民族大学学报(哲学社会科学版).4

评《泰国东北部的佛教和神灵信仰》/罗杨,西北民族研究.1

评柯林武德对历史人类学的影响——读《尼加拉——19世纪巴厘剧场国家》/侯学然,西北民族研究.1

西方教育领域的种族或族群优惠政策对于我国的借鉴意义——以美国"肯定性行动"为例/王凡妹,西北民族研究.2

苏联的民族政策在乌兹别克斯坦的实行/〔乌兹别克斯坦〕穆尔塔扎耶娃著,张娜译,西北民族研究.2

哈萨克斯坦东干人的民族教育与群体建构/王建新,西北民族研究.2

赫尔德与文化民族主义思想传统/张兴成,西南大学学报(社会科学版).1

论跨界民族及跨界民族问题/汪树民,西南科技大学学报(哲学社会科学版).2

自由的多元文化主义国际化及其悖论——威尔·金里卡少数族群权利理论剖析/张慧卿,西南民族大学学报(人文社会科学版).1

当代跨国社会运动对民族、民族主义与民族国家的冲击与影响/叶江　徐步华,西南民族大学学报(人文社会科学版).1

论世界民族关系的发展趋势/高永久　杨建超,西南民族大学学报(人文社会科学版).12

阿卡耶夫时期土耳其对吉尔吉斯斯坦的语言政策/郭卫东　黄小勇,新疆社会科学.3

哈萨克斯坦独立后20年的教育现状探究/阿依提拉·阿布都热依木,新疆师范大学学报(哲学社会科学版).1

吉尔吉斯斯坦维吾尔华人华侨社会探究/刘宏宇　王静等,新疆师范大学学报(哲学社会科学版).2

从"碎片"到"镜片"——一份来自缅北佤邦的田野调查/郭锐,云南民族大学学报(哲学社会科学版).5

老挝基础教育改革述评/袁同凯,云南民族大学学报(哲学社会科学版).6

美国民族政策公众评价理论研究综述/邓艾,中南民族大学学报(人文社会科学版).3

威尔·金里卡的少数群体权利思想探析/雷振扬　夏威华,中南民族大学学报(人文社会科学版).4

论西方自由主义民族理论/孙振玉，中南民族大学学报（人文社会科学版）.4

多民族国家的少数民族政策：中国与尼日利亚的比较分析/蒋俊，中央民族大学学报（哲学社会科学版）.2

卢比康湖部落诉加拿大案对中国少数民族传统生活方式保护的启示/田艳　卫力思，中央民族大学学报（哲学社会科学版）.3

非洲萨赫勒地带民族问题初探/裴圣愚　丁锋等，中央民族大学学报（哲学社会科学版）.4

韩国的语言政策与国家意识探析/崔丽红，云南师范大学学报（哲学社会科学版）.3

（供稿人：张建培）

2010—2012年蒙古文学术论文索引

【2010年】

一 民族理论

蒙古文文论之民族意识/长锁，内蒙古民族大学学报.2010.1
试论马克思关于人的全面发展观/朝格图，内蒙古社会科学.2010.1
浅论习惯法的应用/孙海林，内蒙古社会科学.2010.1
关于提高少数民族民众公民意识问题/红梅，内蒙古社会科学.2010.2
袁世凯对内蒙古政策及《蒙文白话报》/乌云，内蒙古社会科学.2010.2
成吉思汗主张的平等思想探析/白图雅，内蒙古社会科学.2010.2
从蒙古族谚语看其民族心理/永春，内蒙古社会科学.2010.2
论道德建设在构建和谐社会中的作用/李丽华，内蒙古社会科学.2010.5
关于从源头抓好预防和惩治腐败问题/毕力根巴雅尔，内蒙古社会科学.2010.6
论马克思恩格斯资本社会化思想/吴海山，内蒙古社会科学.2010.6
关于结合实际搞好农村牧区思想政治工作的几点思考/达西策仁，内蒙古社会科学.2010.6
草原所有制变迁过程/莎日娜额尔敦扎布，内蒙古师范大学学报.2010.1
蒙古族刑事习惯法与刑事法的关系/胡春香，内蒙古师范大学学报.2010.4
"两个必然"理论的当代价值/赵图雅，内蒙古师范大学学报.2010.4
"五族共和"观点与《蒙文白话报》/乌云，内蒙古师范大学学报.2010.4
论成吉思汗团结友好的和谐思想/白托娅，中国蒙古学.2010.2
实施《教科文组织世界文化多样性宣言》的行动计划要点/哈斯通嘎拉嘎，蒙古学研究.2010.3
关于乌兰夫同志民族语言文化思想的研究/色·贺其业勒图，蒙古学研究.2010.4
关于"中国特色社会主义理论体系"的解读/娜仁，赤峰学院学报.2010.3
坚持科学发展观是"十二五"规划的主要特征/娜仁，赤峰学院学报.2010.4
世界一些地区环境保护政策发展与变化/代勤，赤峰学院学报.2010.4

二 民族经济

试论如何改革与完善农村金融制度/包明山，内蒙古大学学报.2010.1
深化对马克思关于劳动价值理论的认识/韩吉木斯，内蒙古大学学报.2010.1
论地域经济差距/阿拉腾格日乐，内蒙古社会科学.2010.1
浅谈我区草原生态现状及其保护措施/通拉嘎，内蒙古社会科学.2010.1
关于正确处理现代化与畜牧业生产关系问题/席锁住，内蒙古社会科学.2010.2
牧区专业合作社调研及几点建议/图雕文明吉雅朝克满达，内蒙古社会科学.2010.4
农村环境污染状况及其对策研究/包梅荣，内蒙古社会科学.2010.4
浅谈中国奢侈品市场的现状/牡兰，内蒙古社会科学.2010.2
内蒙古自治区边境贸易探析/阿木尔吉力根，内蒙古社会科学.2010.5
牧户生产经营的现状与面临的困境/胡尔查，内蒙古社会科学.2010.5
农牧民合作化经济组织中存在的问题及对策研究/塔娜，内蒙古社会科学.2010.5
构建内蒙古区域间生态补偿机制探析/赵晓辉，内蒙古社会科学.2010.6
日本发展农村金融的经验和启示/包明山，内蒙古师范大学学报.2010.1
论元代蒙古地区畜牧业经济的发展与生态环境保护/铁柱，内蒙古师范大学学报.2010.3
关于额尔敦扎布的经济学观点/包海花，内蒙古师范大学学报.2010.4
关于如何评定草场价值的研究——再读额尔敦扎布有关草场价值论的几篇文章/包凤兰，内蒙古师范大学学报.2010.4
关于加强环境治理与环境管理工作/阿日文金，内蒙古师范大学学报.2010.1
研究蒙古族土地所有制的肇基先驱——再读额尔敦扎布《蒙古族土地所有制特征研究》一书/格日乐其其格，内蒙古师范大学学报.2010.4
内蒙古地区蒙古族民俗文化旅游业开发现状的启示/赫其乐勒图，中国蒙古学.2010.2
游牧经济与游牧文化的自然性探讨/宝音巴特尔，中国蒙古学.2010.3
稳定增长牧民收入的困境与应对措施/图雅，中国蒙古学.2010.5
论蒙古地区的马市/额色日格仓，中国蒙古学.2010.3
关于阿鲁科尔沁旗的沙化治理与生态保护之问题/葛根，蒙古学研究.2010.2
简论林丹汗的贸易策略/额斯日格仓，蒙古学研究.2010.3
浅谈建立管理危机的常效机制的紧迫性/雪梅，蒙古学研究.2010.3
加快我国循环经济的发展/高娃，蒙古学研究.2010.4
市场营销中应采取非价格竞争策略/图雅，蒙古学研究.2010.4
关于加强城市消费和生活服务的管理/阿日文金，蒙古学研究.2010.4
论科学发展中人才管理机制的重要性/刚巴图哈娜拉，赤峰学院学报.2010.1
论我区农村消费市场存在的问题及其对策/牡兰，赤峰学院学报.2010.1
内蒙古非公有制企业发展的财政政策之探/敖嫩，赤峰学院学报.2010.1
关于新型牧民经济合作组织情况分析/图努门勒乌尼日，赤峰学院学报.2010.1

我区农牧民收入低的原因分析/傲特根巴雅尔，赤峰学院学报．2010.4
经济创新能力的基本内容/李金玉，赤峰学院学报．2010.4

三　民族学

关于经常使用蒙古姓氏问题的思考/阿拉塔德·丹巴，内蒙古大学学报．2010.4
论金庸作品中的蒙古文化误读/包呼格吉勒图代娜仁图雅，内蒙古大学学报．2010.5
"yosun"原形考/朝克图，内蒙古大学学报．2010.6
安代田野调查综述/巴·苏和，内蒙古大学学报．2010.6
浅谈青海蒙古族习惯语/娜日斯，西部蒙古论坛．2010.1
浅谈新疆蒙古族图瓦人/巴图欧其尔，西部蒙古论坛．2010.1
蒙古族婚俗中新娘的发型礼仪及其寓意/阿荣塔娜，西部蒙古论坛．2010.1
青海蒙古之"Minggaan taijinar"部族及其崇部敬族的传统/伊·古·曲力腾，西部蒙古论坛．2010.1
浅谈卫拉特蒙古关于疾病成因的想象/宝音达，西部蒙古论坛．2010.2
论蒙古族祝赞词民俗文化特征/卡·才仁道尔吉，西部蒙古论坛．2010.2
满族和蒙古以西为尊习俗考/晓春，西部蒙古论坛．2010.2
青海蒙古族狩猎习俗与其文化内涵/傲青格日力，西部蒙古论坛．2010.2
对文化认同几个相关问题的端详/杨乃初，西部蒙古论坛．2010.3
陪同阿诺追寻狼图腾文化/姜戎，西部蒙古论坛．2010.3
卫拉特蒙古一些风俗习惯的传承及其含义/特·那木吉拉，西部蒙古论坛．2010.3
《成吉思汗箴言》与伊金霍洛生态发展/金钱伟，西部蒙古论坛．2010.3
关于如何发展和弘扬游牧文化的几点思考/跃进，西部蒙古论坛．2010.4
关于渥巴锡的"苏里德"及其祭礼习俗/浩·巴岱，西部蒙古论坛．2010.4
布里亚特蒙古族传统服饰的文化象征/桂丽，西部蒙古论坛．2010.4
现代蒙古族文化人克兴额与博彦满都家族关系探究/巴特尔，内蒙古民族大学学报．2010.1
蒙古族白苏力德之"白"深邃内涵/明哲，内蒙古民族大学学报．2010.1
科尔沁蒙古人的春节初一祭天习俗/白凤兰，内蒙古民族大学学报．2010.2
蒙古人的诅咒习俗略谈/阿茹娜，内蒙古民族大学学报．2010.2
阿鲁科尔沁旗"金鞍山风物传说"之民俗学解读/乌日吉木斯，内蒙古民族大学学报．2.2010
蒙古人的儿童顺口溜训练习俗/［蒙古］劳布尔，内蒙古民族大学学报．2010.2
库伦文化及它的文化生态保护问题/色·贺其业勒图，内蒙古民族大学学报．2010.3
论锡勒图库伦札萨克喇嘛旗的"政教合一"体制/胡日查，内蒙古民族大学学报．2010.3
库伦旗额尔根希泊艾里/［蒙古］王努特，内蒙古民族大学学报．2010.3
王一氏家族考/巴·苏和，内蒙古民族大学学报．2010.3
色·宝音尼木和的天才观/额尔敦哈达，内蒙古民族大学学报．2010.3

D. 纳木德嘎对色·宝音尼木和研究的贡献/王玉龙,内蒙古民族大学学报.2010.3
科尔沁传统婚礼中的避邪习俗/阿拉坦格日乐,内蒙古民族大学学报.2010.3
科尔沁原生态民歌的保护与传承问题/阿纳巴德,内蒙古民族大学学报.2010.3
论阿尔泰语族人的图腾崇拜/王其格,内蒙古民族大学学报.2010.4
蒙古族地区地名演变论析/天峰,内蒙古民族大学学报.2010.4
蒙古人的人与自然和谐意识/布和巴特尔,内蒙古民族大学学报.2010.4
敖汉旗"红帽子暴动"起因论略/乌云达来,内蒙古民族大学学报.2010.4
卜和克什克研究综述/斯琴韩萨日娜,内蒙古民族大学学报.2010.4
草原文化保护与利用价值探析/苏日嘎拉图,内蒙古社会科学.2010.1
古代草原文化区域研究的新作/呼日勒沙,内蒙古社会科学.2010.1
社会变迁中的民族文化/乌仁其其格,内蒙古社会科学.2010.2
关于科尔沁文化及文献信息中心建设/包金花,内蒙古社会科学.2010.2
真金太子之敖包祭祀探析/图门吉日嘎拉,内蒙古社会科学.2010.2
灵感怀孕母题与求子习俗/娜仁格日乐,内蒙古社会科学.2010.2
蒙古族赏白习俗之由来/达古拉,内蒙古社会科学.2010.2
论科尔沁狩猎文化的娱乐作用/博·照日格图,内蒙古社会科学.2010.3
黄河南岸蒙古族的社会结构分析/红峰,内蒙古社会科学.2010.3
蒙古国名山祭祀现状分析/希·荞玛,内蒙古社会科学.2010.3
鄂尔多斯婚礼禁忌及其社会功能浅析/布仁贺希格,内蒙古社会科学.2010.3
蒙古地名研究概况/乌恩图,内蒙古社会科学.2010.3
《蒙古民俗多元文化结构》的文化系统探析/特·额尔敦巴根,内蒙古社会科学.2010.3
蒙古学学者策·诺尔金及其学术成果/乌云娜,内蒙古社会科学.2010.4
游牧文明与"环"型文化/王其格,内蒙古社会科学.2010.4
青海蒙古族春节互送"bugeg"习俗之由来/哈斯其其格,内蒙古社会科学.2010.4
蒙古族习惯法的现状分析/包金花,内蒙古社会科学.2010.4
游牧文明与"环"型文化/王其格,内蒙古社会科学.2010.5
论蒙古自治政府创办的官学/王凤雷 包景泉,内蒙古社会科学.2010.5
异族通婚家庭子女姓氏问题刍议/孛·蒙赫达来,内蒙古社会科学.2010.5
中蒙两国文化艺术交流发展概述/乌兰敖都,内蒙古社会科学.2010.5
土尔扈特公主尼尔吉德玛生平考/达·塔亚,内蒙古社会科学.2010.6
草原视野下的红山文化动物形玉器/雪莲,内蒙古社会科学.2010.6
从卫拉特民歌中关于马匹毛色描述的文化内涵/额尔登别力格,内蒙古社会科学.2010.6
蒙古民间故事中的丧葬习俗探析/达·巴图,内蒙古社会科学.2010.6
蒙古族春节祝颂礼节之由来/屈原,内蒙古社会科学.2010.6
浅析当代城镇蒙古族妇女爱情观/玉荣,内蒙古社会科学.2010.6
浅谈成吉思汗祭祀文化生态环境保护问题/贺奇业力图,内蒙古师范大学学报.2010.2
哈撒儿斡耳朵祭祀的产生及其传承/那顺乌力吉,内蒙古师范大学学报.2010.3

蒙古冠帽图案象征意义/乌兰格日乐，内蒙古师范大学学报.2010.3
蒙古婚礼习俗中所现太阳崇拜/朝克赛，内蒙古师范大学学报.2010.3
论蒙古族饮食文化的旅游市场效应——以酒文化为例/李光宇，内蒙古师范大学学报.2010.4
关于额鲁特本源的一则文献信息/巴·达瓦迭格巴，语言与翻译.2010.1
呼伦贝尔额鲁特地理与人口变化/苏·格日勒图，语言与翻译.2010.1
新疆土尔扈特服饰名称简介/萨仁格日勒，语言与翻译.2010.1
安代与蒙古族原生态文化关联研究/巴·苏和，中国蒙古学.2010.1
论古代蒙古人的名誉观/伍月，中国蒙古学.2010.1
关于"总神祇八百室"祭祀问题之思考/道劳德·哈·巴雅尔，中国蒙古学.2010.2
蒙古族苏力德刍议/陶古斯，中国蒙古学.2010.2
黑龙江省蒙古学研究学术成果综述（1949—2009）/波·少布，中国蒙古学.2010.2
近几年来草原生态研究状况初谈/海纯良，中国蒙古学.2010.3
论蒙古易学的起源/明哲，中国蒙古学.2010.3
论古代蒙古人的生态保护意识/包银花，中国蒙古学.2010.4
蒙古族敖包祭祀习俗的象征意义/斯木娜，中国蒙古学.2010.4
阿尔泰语系游牧民族与《尚左》文化/王其格，中国蒙古学.2010.5
论鸟类崇拜与灵魂观的关联/达·额尔德木图，中国蒙古学.2010.5
蒙古族丧葬习俗中的方位观/柏还荣，中国蒙古学.2010.5
试论安代文化的起源与发展/宝音陶克陶，中国蒙古学.2010.5
蒙古地名的数词与颜色的文化内涵/天峰，中国蒙古学.2010.5
出嫁姑娘的特殊娘家——"认亲父母"/拉苏格玛，中国蒙古学.2010.6
论科尔沁地区狩猎方式/博·照日格图，中国蒙古学.2010.6
科尔沁地区锅茶传承考察/包晓华　白钢，中国蒙古学.2010.6
蒙古族传统"约孙"的产生与发展/李美英，中国蒙古学.2010.6
蒙古族祖先祭祀礼仪的变迁/苏日娜，中国蒙古学.2010.6
哈撒儿、别力古台祭祀中的血与骨/包赛吉拉夫，蒙古学研究.2010.1
《蒙文启蒙注释正字苍天如意珠》的著者丹津达克巴的原籍和族属之考/钠·布和哈达，蒙古学研究.2010.1
关于察哈尔人传统祝寿习俗的考察/满德日娃，蒙古学研究.2010.1
苏勒德文化初探（1）/那仁敖其尔，蒙古学研究.2010.2
苏力德文化初探（2）/那仁敖其尔，蒙古学研究.2010.3
哈撒儿祭祀与别里古台祭祀中的苏力德祭祀之比较研究/包·赛吉拉夫，蒙古学研究.2010.3
浅谈蒙古人的祖先祭祀习俗/扎格尔，蒙古学研究.2010.3
新疆察哈尔人的制毡技术/旭仁花，蒙古学研究.2010.3
蒙古包的结构、形状及其空间的文化内涵/天峰，蒙古学研究.2010.4
蒙古族驿站文化探源/王永梅，蒙古学研究.2010.4
蒙古游牧文化在全球化条件下的变化与发展/扎·图力嘎尔苏荣，赤峰学院学报.2010.1

历史上的茂明安旗行政编制变化/陈岚，赤峰学院学报.2010.1
内齐托音呼图克一世在东蒙古传教成功原因探析/红英，赤峰学院学报.2010.1
蒙古族的祭天习俗/高山，赤峰学院学报.2010.1
蒙古族饮食禁忌中的卫生健康观/齐·斯钦，赤峰学院学报.2010.1
谈蒙古族传统家教要素/官嘎宁布，赤峰学院学报.2010.1
关于蒙古地区地名问题之我见/乌恩图，赤峰学院学报.2010.2
北方游牧民族的巫、灵魂观与红山古玉/雪莲，赤峰学院学报.2010.4
民俗学研究概述/塔娜，赤峰学院学报.2010.4
蒙古族灵魂意识探究/周双喜，赤峰学院学报.2010.4
关于影响人口分布因素分析/包秀艳，赤峰学院学报.2010.4

四　民族宗教

鄂尔多斯天主教的现状调查——对牧师约瑟生活故事及其家庭的关注/［日］杨海英，西部蒙古论坛.2010.2
十三世纪前后景教在西部蒙古地区的流行及影响/李超，西部蒙古论坛.2010.4
西藏苯教与蒙古族萨满教比较研究/敖道胡，内蒙古大学学报.2010.2
萨满传人"罹病"之由/哈顺图雅，内蒙古大学学报.2010.4
科尔沁萨满神歌的生命意识/额尔敦巴根，内蒙古民族大学学报.2010.2
论科尔沁萨满教的神祇崇拜/德·额尔德木图，内蒙古民族大学学报.2010.3
论藏族本教的产生发展及宗教内涵/奥都呼，内蒙古民族大学学报.2010.1
库伦旗宗教历史文化研讨会综述/都仍　呼日乐巴特尔　朝格吉勒图，内蒙古民族大学学报.2010.3
论五世达赖喇嘛阿旺罗桑嘉措诗镜病论/树林，内蒙古社会科学.2010.3
阐化寺及其活佛名医传记补正/哈·那钦，内蒙古社会科学.2010.3
史诗《江格尔》中的萨满教世界动物/新琴，内蒙古社会科学.2010.3
察哈尔万户八大鄂托克之一——乃蛮及其宗教/明·额尔敦巴特尔，内蒙古社会科学.2010.4
六世达赖桑央嘉措在阿拉善旗的影响/普·乌力吉，内蒙古社会科学.2010.4
吉木彦丹壁尼玛活佛生卒年再考/青格乐，内蒙古社会科学.2010.5
蒙古地区佛教寺院土地管理/哈斯朝鲁，内蒙古社会科学.2010.5
巴尔虎萨满神物"翁公"诠释/萨茹拉，内蒙古社会科学.2010.6
关于科尔沁地区蒙古萨满教的变迁问题/包龙，内蒙古师范大学学报.2010.3
浅论度母信仰在蒙古民族中的传人及其发展/陶·乌力吉仓，内蒙古师范大学学报.2010.3
奈曼地区神话故事中的宗教信仰印迹/娜仁格日乐阿拉腾格日勒，中国蒙古学.2010.2
论科尔沁博的密咒特点/陈永春，中国蒙古学.2010.5

五　民族历史

《阿拉善蒙古律例》研究/白金花乌日嘎，内蒙古大学学报.2010.1

《全国首届占布拉道尔吉暨奈曼历史文化学术研讨会》综述/巴达玛敖德斯尔，内蒙古大学学报.2010.1

成吉思汗必力格的内容与性质/朝克图，内蒙古大学学报.2010.2

关于"世俗三律"起源的人类学研究/席·哈斯巴特尔，内蒙古大学学报.2010.2

试论喀尔喀蒙古阿巴泰汗的佛事活动/姑茹玛，内蒙古大学学报.2010.2

关于萨冈彻辰《蒙古源流》中一成语之释读问题/[蒙古] M. 巴亿尔赛汗，内蒙古大学学报.2010.2

《蒙古秘史》129 节 "Cinos-un kōüd-i dalan toqoot bucalqa = Ju"——记述之我见/那·赛吉日呼，内蒙古大学学报.2010.2

悠扬源自《天马引》——马头琴传说的滥觞/特古斯巴雅尔，内蒙古大学学报.2010.1

阿尔寨石窟 31 窟两匹骏马图释读问题/德·塔亚，内蒙古大学学报.2010.1

锡埒图·固什译《米拉日巴传》的概况和收藏情况/塔娜，内蒙古大学学报.2010.2

恋愁剪痕"黑骏谣"——马头琴传说研究之二/特古斯巴雅尔，内蒙古大学学报.2010.3

论以政教合一理论治国的传统/[蒙古] 沙·确玛，内蒙古大学学报.2010.3

再论《成吉思汗金书》中的《天语之歌》/苏日塔拉图，内蒙古大学学报.2010.3

试论光绪末年科尔沁左翼前旗与科尔沁右翼前旗之间争地案/敖文格日乐，内蒙古大学学报.2010.3

奈曼旗佛教寺庙及蒙古族自己设计建造的大沁庙——兼陈三世达赖圆寂的地方/巴·格日勒图，内蒙古大学学报.2010.4

林丹汗《御制金甘珠尔》及其对蒙古文化的历史贡献/德力格尔，内蒙古大学学报.2010.4

十七世纪土尔扈特历史的一份重要文书/德·塔亚，内蒙古大学学报.2010.4

关于喀尔喀和托辉特部青衮扎卜的一份满蒙文合璧题本/乌云毕力格，内蒙古大学学报.2010.5

古代驳马部历史变迁/包文胜，内蒙古大学学报.2010.5

浅析海西西专著中的内蒙古历史地理名称/乌恩图富山，内蒙古大学学报.2010.5

古代蒙古人对自然与人的认识/布和巴特尔，内蒙古社会科学.2010.6

论析日本向"满洲国"兴安省的移民政策/齐百顺，内蒙古大学学报.2010.6

1634 年科尔沁七台吉扎赉特部事件/玉芝，内蒙古大学学报.2010.6

简论《桦树皮律令》与 1640 年《蒙古—卫拉特律》的关系/图雅，内蒙古大学学报.2010.6

以花甲子历法探析《青史演义》各章顺序/苏尤格，内蒙古大学学报.2010.6

读《咱雅班达传》札记/达力扎布，西部蒙古论坛.2010.1

康熙帝三次亲征噶尔丹史实考/黑龙海纯良，西部蒙古论坛．2010.1
对《蒙古秘史》研究史起点问题的思考——从《元朝秘史》是翻译文本说起/杭爱乌黎，西部蒙古论坛．2010.1
顺治六年多尔衮出兵喀尔喀始末/N.哈斯巴根，2010西部蒙古论坛．1
成吉思汗驻跸也儿德石河之时间考辨/张玉祥，西部蒙古论坛．2010.1
浅探《喀尔喀法规》中的罚畜刑/包思勤，西部蒙古论坛．2010.1
扯力克汗西行青海刍议/晓克，西部蒙古论坛．2010.2
清代蒙古捐纳初探/宝音朝克图，西部蒙古论坛．2010.2
厄鲁特达什达瓦部归附安置始末——兼论其对清朝巩固新疆统治的作用/王力　王希隆，西部蒙古论坛．2010.2
民国时期新疆蒙古族人口分布状况及数量/孟楠，西部蒙古论坛．2010.2
明朝境内的蒙古团体——包括妇女和儿童/［美］亨瑞·赛瑞斯，西部蒙古论坛．2010.2
是办事大臣还是帮办大臣？——《清德宗实录》关于锡恒职衔记载的几处错误/白剑光，西部蒙古论坛．2010.2
托雷攻中亚匿沙兀尔城之时间考辨/张玉祥，西部蒙古论坛．2010.2
浅谈阿睦尔撒纳祖先及争夺准格尔汗国汗位的原因/哈·诺·巴特尔，西部蒙古论坛．2010.2
赞雅班智达历世活佛生平事迹考略/扎扎，西部蒙古论坛．2010.2
塔尔巴哈台额鲁特十苏木历史简况/门德别列克　苏仁加甫，西部蒙古论坛．2010.2
浅谈海晏县蒙古族的历史来源及其风俗文化/道布加，西部蒙古论坛．2010.2
六道轮回图与成吉思汗秘葬之地/高建群，西部蒙古论坛．2010.3
简述清代喇嘛衣单粮制度/周乌云　那仁朝格图，西部蒙古论坛．2010.3
《明史·西域传》之八答黑商辨误二则/范雅黎，西部蒙古论坛．2010.3
噶尔丹执政初期准噶尔与清朝关系的新发展/黑龙，西部蒙古论坛．2010.4
清末嘉木样四世的内蒙古弘法之旅/扎扎，西部蒙古论坛．2010.4
噶尔丹生母考/马磊，西部蒙古论坛．2010.4
神机营的创建及其在朱棣北征蒙古中的作用/金宝丽，西部蒙古论坛．2010.4
简述明代宁夏地区土达生活状况/李艳华，西部蒙古论坛．2010.4
《拉失德史》的史学思想/王旭送，西部蒙古论坛．2010.4
《世界征服者史》辨误一则/张玉祥，西部蒙古论坛．2010.4
元代的翻译制度浅析/乌云格日勒，西部蒙古论坛．2010.4
南路土尔扈特、和硕特部社会经济探析/吐娜，西部蒙古论坛．2010.4
论库伦旗的历史演变/胡日查，内蒙古民族大学学报．2010.1
古代蒙古人99重天生态思想——《古代蒙古人生态文化思维》导论/图·乌力吉，内蒙古师范大学学报．2010.1
蒙古族黄金家族的集权与分离之原因论略/包永梅，内蒙古民族大学学报．2010.1
清朝对喀尔喀蒙古实行的赈济政策原因/香莲，内蒙古民族大学学报．2010.1

谈清朝蒙古族大将曾格林沁/曹兴飞,内蒙古民族大学学报.2010.1
论成吉思汗、窝阔台、蒙哥的社会保障思想/刘荣臻,内蒙古社会科学.2010.1
阿巴嘎旗兀良孩部溯源/纳·布和哈达,内蒙古社会科学.2010.1
噶尔珠赛特尔事件性质及影响考述/特木尔巴根,内蒙古社会科学.2010.1
蒙古汗国中央集权的衰败根源探析/包·额尔德木图,内蒙古社会科学.2010.1
阿巴嘎旗历史勘误/道尔吉斯登,内蒙古社会科学.2010.2
林丹汗统一大业失败的根本原因/聂晓灵,内蒙古社会科学.2010.3
宝彦朝格图汗王与"子女"关系探究/玛德丽娃,内蒙古社会科学.2010.3
俄日势力在蒙古地区的扩张与《蒙话报》/乌云,内蒙古社会科学.2010.3
忽必烈汗辩证思维探/白哈斯,内蒙古社会科学.2010.4
六盘山地区镇西王王府的兴衰史/郝斯琴,内蒙古社会科学.2010.4
宾图王棍楚克苏隆卒年考/南定,内蒙古社会科学.2010.4
关于日本帝国主义对内蒙古的文化侵略/孟和宝音,内蒙古社会科学.2010.4
《蒙古秘史》中的女性形象研究/吴萨日娜,内蒙古社会科学.2010.4
清代翁牛特旗扎萨克世袭/敖拉珠拉,内蒙古社会科学.2010.5
清末宾图王旗与阿鲁科尔沁旗之间的争地案始末/敖文格日乐,内蒙古社会科学.2010.5
蒙古地区被清朝政府成功治理的根本原因/包玉清,内蒙古社会科学.2010.6
关于流放西伯利亚的卡尔梅克人返乡的历史背景/班斯尔,内蒙古社会科学.2010.6
对《蒙古秘史》研究史起点问题的反思/杭爱 乌黎,内蒙古师范大学学报.2010.1
论乌珠穆沁衮布扎布之历史事迹及其《恒河之流》/阿·苏日嘎拉图,内蒙古师范大学学报.2010.2
《苏尼特右旗家政兴蒙女子学校》历史情况及其相关问题/敖·查赫轮乌日吉木斯,内蒙古师范大学学报.2010.2
《蒙古秘史》所体现成吉思汗谕旨及其论证特征/布仁白乙拉,内蒙古师范大学学报.2010.3
13—15世纪蒙古在中亚的城市建筑遗迹——以布哈拉撒马尔罕为例/白·特木尔巴根,内蒙古师范大学学报.2010.4
对《蒙古秘史》研究新方法的探索/[蒙古]那一那刚宝,内蒙古师范大学学报.2010.4
《朝克图白屋》碑铭的蒙古文题字/[蒙古]博迪苏荣,内蒙古师范大学学报.2010.4
中蒙关系60年历史的发展轨迹/苏达那木若华沙哈茹,内蒙古师范大学学报.2010.4
《蒙古源流》蒙古文、满文、汉文版本研究/达·高娃,中国蒙古学.2010.1
蒙古文历史文献撰写体例初探/明阿特·额日德木,中国蒙古学.2010.1
莫日根葛根《黄金念珠》体例特点/娜日苏,中国蒙古学.2010.1
试论清末民初内蒙古地区蒙古族人口减少的原因/哈达,中国蒙古学.2010.1
《蒙古秘史》汉字音写勘误/布仁巴图,中国蒙古学.2010.2
《彰所知论》圣者十一功德的蒙汉译文之差异/吴·红梅,中国蒙古学.2010.2
喀尔喀右翼旗历史变迁考/布和朝鲁,中国蒙古学.2010.2

民国时期呼和浩特地区寺院经济案件初探/乌云，中国蒙古学．2010.2
简论卜贺克什格的民族启蒙事迹/达古拉，中国蒙古学．2010.2
青海十二世赛多活佛及其作品研究/才红　秦肯，中国蒙古学．2010.2
论成吉思汗的杰出政治家素养/斯钦图，中国蒙古学．2010.2
论林丹汗政权灭亡的历史后果/聂晓灵，中国蒙古学．2010.3
哈撒儿祭祀与别里古台祭祀的共性/包·赛吉拉夫，中国蒙古学．2010.3
全球化背景下蒙古族传统文化的保护及途径/格日乐，中国蒙古学．2010.3
蒙古帝国驿站传旨的三大权威性标志——圣旨·圣印·圣牌/波烈沁达尔罕，中国蒙古学．2010.3
墨日根葛根《金珠》利用的汉文文献来源/娜日苏麦丽苏图门苏和，中国蒙古学．2010.4
黑城出土的十四世纪蒙古文文书研究/全荣，中国蒙古学．2010.4
蒙古族历史上的《青册》一书考/巴达拉夫，中国蒙古学．2010.4
浅论鲜卑部的统一与分化原因/乌仁塔娜，中国蒙古学．2010.4
19世纪末至20世纪初影响满蒙问题的国外因素/包金玲，中国蒙古学．2010.5
《蒙古秘史》与《青史演义》中的额仑兀真形象比较分析/萨仁格日乐，中国蒙古学．2010.6
试论成吉思汗助力观/乌云，中国蒙古学．2010.4
谈民国时期特克斯四苏木的一份公文/加·道山，语言与翻译．2010.1
论《青海卫拉特会盟法典》与《卫拉特法典》的关系/才仁巴力，语言与翻译．2010.4
关于土尔扈特汗诺颜使用的一枚印章/巴·巴图巴雅尔，语言与翻译．2010.4
古代蒙古法律对盗窃罪惩罚述略/朝鲁门，蒙古学研究．2010.1
哈撒儿祭祀与别里古台祭祀种类之比较研究/包·赛吉拉夫，蒙古学研究．2010.2
哈撒儿祭祀文化的宗教学解读/伊拉娜，蒙古学研究．2010.2
哈撒儿祭祀与别里古台祭祀的忌讳之比较研究/包·赛吉拉夫，蒙古学研究．2010.4
《蒙古秘史》诗歌中所反映的时代特色/阿拉坦苏和，蒙古学研究．2010.4

六　民族语言文字

兴安盟蒙古语土话语音特点——根据方言地图语言调查资料分析/森格，内蒙古大学学报．2010.1
论语言修辞色彩及其名称、概念、分类/德力格尔，内蒙古大学学报．2010.1
试用"词组分析法"辨别图瓦语中的蒙古语借词/苏义拉，内蒙古大学学报．2010.2
以"词组分析法"辨别蒙古语中的几个借词/高·照日格图，内蒙古大学学报．2010.3
新近发现几件契丹小字墓志初探/吉如何　吴英喆，内蒙古大学学报．2010.3
蒙古语动词态、体范畴后缀的附加顺序/韩格日勒图，内蒙古大学学报．2010.3
蒙古语言史研究中利用满文蒙古语资料的问题/兀·呼日勒巴特尔，内蒙古大学学报．2010.4

蒙古语长元音的形成及例外现象/姜根兄,内蒙古大学学报.2010.4
古代驳马部历史变迁/包文胜,内蒙古大学学报.2010.5
《蒙古—卫拉特法典》中蒙古书面词语与卫拉特方言词语的语义比较研究/策·巴图,内蒙古大学学报.2010.5
关于三种《心鉴》的蒙古文字母/正月,内蒙古大学学报.2010.5
关于《蒙古源流》中的语气词/匡玉图,内蒙古大学学报.2010.5
语言的对称原则与词义——达斡尔语和蒙古语同源词词义发展比较研究/其布尔哈斯,内蒙古大学学报.2010.6
东乡语是否产生过长元音问题之探析/包萨仁,内蒙古大学学报.2010.6
图瓦语和蒙古语的比较研究/〔蒙古〕G.阿木尔扎雅,西部蒙古论坛.2010.1
《蒙古秘史》语"都兀申"探源——兼论蒙古语科尔沁土语 tə：ʃ iŋ/长山,西部蒙古论坛.2010.2
关于额鲁特蒙古及其土语/〔蒙古〕S.巴图图拉格,西部蒙古论坛.2010.2
论托忒文《蒙古—卫拉特法典》的元音字母拼写规则/策·巴图,西部蒙古论坛.2010.2
论文化语言与相关学科的关系/佟金荣,西部蒙古论坛.2010.2
面向蒙古语标准音机器测评的语音数据库设计与建设/山丹,西部蒙古论坛.2010.3
浅谈青海蒙古族方言词及其文化意蕴/赛青白力格,西部蒙古论坛.2010.3
浅析蒙古语中与血有关的詈言/阿荣塔娜,西部蒙古论坛.2010.3
瓦金达拉文字的创制及其研究概况/文英,西部蒙古论坛.2010.3
农区蒙古族的语言态度与身份意识——以辽宁西部阜新地区的烟台营子村为例/王志清,西部蒙古论坛.2010.3
新疆蒙古族谚语哲学思想试探/尼·尼玛,西部蒙古论坛.2010.3
关于美国描写语言学流派理论体系/贾·巴图格日勒,西部蒙古论坛.2010.4
原郭尔罗斯后旗蒙古人方言独特词特征/包淑兰 图拉古尔,内蒙古民族大学学报.2010.2
蒙古语"眼"与视觉域概念隐喻/拉·陶克敦巴雅尔玉霞,内蒙古民族大学学报.2010.2
关于《札雅·班弟达》一书注释中有关罗卜藏的世系之谬误/木仁,内蒙古民族大学学报.2010.2
科尔沁左翼后旗海斯改苏木蒙古人方言独特词特征/萨日娜 图拉古尔,内蒙古民族大学学报.2010.2
库伦蒙古语方雷语音和词汇特点/永兰博·索德,内蒙古民族大学学报.2010.3
库伦蒙古语方言语态范畴略论/额尔敦初古拉,内蒙古民族大学学报.2010.3
有关哲布尊丹巴活佛歌词比较研究/〔蒙古〕斯·杜拉玛,内蒙古民族大学学报.2010.3
蒙古文报纸的名词术语翻译中存在的问题/吴明艳,内蒙古民族大学学报.2010.3
论蒙古族谚语与蒙古人的饮食习俗/胡格吉夫 牛雅琴,内蒙古民族大学学报.2010.4
扎赉特民歌的生态意识/海东,内蒙古民族大学学报.2010.4
蒙古语方向词"东方"与"西方"的文化内涵/乌日其其格,内蒙古民族大学学报.2010.4
汉语诗歌蒙译中双语语言单位语义单位的对等问题/额尔德木图,内蒙古民族大学学

报.2010.4

  旅居国外的蒙古人与他们的母语使用和教育/包满良,内蒙古民族大学学报.2010.4
  蒙古语熟语与狩猎游牧文化的关系/王海风,内蒙古民族大学学报.2010.4
  蒙古语名词语义分类的重要性/海银花 那顺乌,内蒙古社会科学.2010.1
  论《蒙古秘史》词汇修辞色彩系统/德力格尔,内蒙古社会科学.2010.1
  科尔沁口语中的虚词"julu"之义/嘎拉桑乌日嘎,内蒙古社会科学.2010.2
  关于蒙古文反义词研究中存在的问题/书包,内蒙古社会科学.2010.2
  《蒙古秘史》中的"burqanqaldun"解读/香莲,内蒙古社会科学.2010.2
  图瓦语受蒙古语影响情况初探/苏义拉,内蒙古社会科学.2010.2
  数词定语名词的数词符合作用/宝音额木和,内蒙古社会科学.2010.3
  "baγsi"一词考/额尔敦其其格,内蒙古社会科学.2010.3
  关于青海蒙古族方言的复数后置词/乌英才其格,内蒙古社会科学.2010.3
  鄂温克语、蒙古语的物主范畴比较/斯仁巴图,内蒙古社会科学.2010.3
  蒙古文的拉丁文转写研究综述/秀花,内蒙古社会科学.2010.4
  陶格涛胡家乡名称"ta"或"tag"探/芙蓉,内蒙古社会科学.2010.4
  "文化大革命"时期的蒙古语散文初探/乌云其其格,内蒙古社会科学.2010.5
  从实验语言学视角看蒙古语标准音的词重音/山丹,内蒙古社会科学.2010.5
  杭锦旗什拉召才木生喇嘛与蒙古文古籍的搜集工作/孟根花,内蒙古社会科学.2010.5
  从拉布楞寺发现的八思巴文碑匾解读/乌力吉白乙拉,内蒙古社会科学.2010.6
  日语中与动物有关的谚语研究/马福山,内蒙古社会科学.2010.6
  简论蒙古语的义素分析法/哈申格日乐,内蒙古师范大学学报.2010.1
  关于黑龙江省杜尔伯特蒙古语口语语音结合规律问题/马银亮,内蒙古师范大学学报.2010.1
  关于蒙古语复合名词与数事物量的搭配问题研究/乌云塔娜,内蒙古师范大学学报.2010.1
  13—14世纪蒙古语与汉语之间的语言接触及其特点/哈斯巴根,内蒙古师范大学学报.2010.2
  关于美国语言学家列昂纳德·布龙菲尔德及其《语言论》/贾·巴图格日勒,内蒙古师范大学学报.2010.2
  试论《奈曼土语》中的古词古语/王海风,内蒙古师范大学学报.2010.2
  论法会蒙古语诵经体系的产生与蒙古佛教形成的历史关系/乌·那仁巴图,内蒙古师范大学学报.2010.2
  研究《тумач》一字/色·哈斯乌力吉,内蒙古师范大学学报.2010.2
  对"蒙古秘史"中"克亦不儿速术"一词的文化解说/阿尔布克·巴生,内蒙古师范大学学报.2010.2
  浅析语言差异与文化差异/莫·巴特尔,内蒙古师范大学学报.2010.3
  浅谈日语格助词"に"和"で"的区别/屈原,内蒙古师范大学学报.2010.3
  现代蒙古语句子成分弊病纠错/图门吉日嘎拉,语言与翻译.2010.1

论《蒙古——卫拉特法典》中托忒文部分附加成分/加·伦图,语言与翻译.2010.1
浅谈美国语言学家爱德华·萨丕尔及其《语言论》/贾·巴图格日勒,语言与翻译.2010.1
和布克赛尔方言中"ese"一词/格·阿尤西,语言与翻译.2010.1
传统文化知识在翻译工作中的重要性/才布西格,语言与翻译.2010.1
乌苏蒙古族语言之社会调查/多·图亚,语言与翻译.2010.1
论延长缩短语音法/乌力吉达来,语言与翻译.2010.2
蒙古语托忒文书写现状及其规则问题探究/乌·吾浪,语言与翻译.2010.2
满语蒙古语动词态性对比/晓春,语言与翻译.2010.2
蒙古语与图瓦语五畜称谓比较/斯琴高娃,语言与翻译.2010.2
论文学语言的韵律性/额尔德木图,语言与翻译.2010.2
"托忒文与扎雅班迪达"学术研讨会在蒙古国召开/格·李杰,语言与翻译.2010.2
蒙古语熟语文化内涵及其社会功能/天峰,语言与翻译.2010.3
现代蒙古语副动词形态语句弊病纠错/图门吉日嘎拉,语言与翻译.2010.3
卫拉特方言动词祈使式个性附加成分来源研究/库·巴登其其克,语言与翻译.2010.3
语言符号理论简述/哈斯高娃,语言与翻译.2010.3
蒙古语量词简论/娜仁其其格,语言与翻译.2010.3
清代西域卡伦蒙古语地名研究/桑·甫尔贝道·孟和,语言与翻译.2010.3
阿鲁科尔沁呼叫介词级研究/乌力吉达来,语言与翻译.2010.4
"阿日坚·吉尔德"一词的由来/嘎力敦,语言与翻译.2010.4
清代西域卡伦蒙古语地名研究/道·孟和,语言与翻译.2010.4
简论土尔扈特避讳语/乌兰,语言与翻译.2010.4
"乐施"一词解析/波烈沁达尔罕,中国蒙古学.2010.1
蒙古语反义词研究概况/金书包,中国蒙古学.2010.1
科尔沁方言中[tʃ ʃ]音的交替原因/朝鲁,中国蒙古学.2010.1
敦煌石窟回鹘蒙古文榜题字法书写法规则/乌云,中国蒙古学.2010.1
蒙古语熟语所包含的饮食文化内涵/王海风,中国蒙古学.2010.1
札萨克图旗蒙古语口语中前化元音[o+e]的特殊变体/乌吉思古楞,中国蒙古学.2010.1
清朝蒙古族书法家画家松年的美学思想研究/荆建设,中国蒙古学.2010.1
青海及西藏地区蒙古和硕特文字系统探讨/李保文,中国蒙古学.2010.1
满语、通古斯语和蒙古语巴尔虎布利亚特方言中的"哈拉"一词分析/恩和巴特尔,中国蒙古学.2010.2
使用八思巴藏体转写蒙藏文文献资料的方法与特点/乌力吉白乙拉,中国蒙古学.2010.2
蒙古语"N+V"型复合动词修饰名词的条件分析/吴·红梅,中国蒙古学.2010.2
《蒙古秘史》中的"-qu/-kü"系列后缀的敬语范畴数字统计分析/都仁,中国蒙古学.2010.2
论保护蒙古语的战略性问题/色·贺其业勒图,中国蒙古学.2010.3

黑龙江省杜尔伯特方言辅音研究/马银亮，中国蒙古学．2010．3
图瓦语对偶词解析/苏乙拉，中国蒙古学．2010．3
关于鄂伦春语人称领属格的分析/高娃，中国蒙古学．2010．3
动词态的连接初探/韩·格日勒图，中国蒙古学．2010．3
蒙古语肃北、土尔扈特和阿拉善方言词首音节短元音比较/敖敏，中国蒙古学．2010．3
一百万词现代蒙古语语料库的篇名分析/张建梅，中国蒙古学．2010．3
论游牧民族的文字经验/［蒙古］勒·宝力道，中国蒙古学．2010．4
蒙古语名词的情感色彩内涵研究/哲·巴图格日乐，中国蒙古学．2010．4
蒙古语双根词与复合根词的差异/福柱，中国蒙古学．2010．4
言语义型与语言环境的关联/乌力吉白乙，中国蒙古学．2010．4
满语的内折法构成的词语分析/格根哈斯，中国蒙古学．2010．4
蒙古语与日语自动词和他动词的辨别法/关金花，中国蒙古学．2010．4
论《wumqi》一词的演变/牧仁，中国蒙古学．2010．4
蒙古族问候语研究/娜仁其木格，中国蒙古学．2010．5
论蒙古族祝词的发展与变化/屈原，中国蒙古学．2010．5
论蒙古语"qamiYa keme kŭmún"的语音历史演变/达古拉布仁巴图，中国蒙古学．2010．5
蒙古语半元音实验语音学研究/德力格日呼，中国蒙古学．2010．5
卡尔梅克蒙古语和蒙古语的前化短元音研究/秀花，中国蒙古学．2010．5
蒙古语青海方言的格符加成分的含义及应用/敖云那生，中国蒙古学．2010．5
"嘎如利"一词的原意及嘎如利祭祀/奇斯钦，中国蒙古学．2010．6
蒙古语语义框架的基本结构/达·萨日娜，中国蒙古学．2010．6
喀尔喀方言的词汇分析/包满亮，中国蒙古学．2010．6
浅谈蒙古语关联词组/高·莲花，中国蒙古学，2010，6
蒙古语简单谓语动句语义成份的确定/富涛，中国蒙古学．2010．6
蒙古文献的大众化使用意义/王桂荣，蒙古学研究．2010．1
情态语义范畴的形成与发展过程/勒·套格敦白乙拉，蒙古学研究．2010．1
《b》辅音脱落构成长元音的探讨/福柱，蒙古学研究．2010．1
蒙古语否定句之简析/福涛，蒙古学研究．2010．1
关于乌兰夫同志民族语言文化思想的研究/色·贺其业勒图，蒙古学研究．2010．2
论《成吉思汗箴言》的矛盾思想/代哈斯塔娜，蒙古学研究．2010．2
动词被动态《agda·egde·da》的语义语用功能的形成及其认知依据/勒·套格敦白乙拉，蒙古学研究．2010．2
关于乌兰夫同志民族语言文化思想的研究（续）/色·贺其业勒图，蒙古学研究．2010．3
动词祈使式人际功能的形成及其认知依据/勒·套格敦白乙拉，蒙古学研究．2010．4
日本语《に》和蒙古语格的对比考察/高娃，蒙古学研究．2010．4
14世纪回鹘式蒙古文章法及其认知理据/王桂荣，蒙古学研究．2010．4
比喻的认知功能与组词功能/常晓琴，赤峰学院学报．2010．1

扎鲁特蒙古口语中的习语分析/木其尔图力固尔，赤峰学院学报．2010．1
谈动词词干的形动词形式变化规律/苏德米德，赤峰学院学报．2010．2
蒙古语《N》辅音在名词变格中的变化/乌云其其格，赤峰学院学报．2010．4
现代蒙语一些词语与附加成分的联系/红霞，赤峰学院学报．2010．4
蒙古谚词组与句子的区别及联系/给格僧，赤峰学院学报．2010．4

七 民族文学艺术

文学还应讲民族特点/巴·格日勒图，内蒙古大学学报．2010．1
蒙古族现当代文学中的民族主义（上）/海日寒，内蒙古大学学报．2010．1
蒙古语熟语的民族性/王海凤，内蒙古大学学报．2010．1
当代蒙古族话剧文本结构研究/萨础拉，内蒙古大学学报．2010．1
蒙古族"女性文学"批评现象/亮月，内蒙古大学学报．2010．2
乡土文学的理论建构/呼日勒沙，内蒙古大学学报．2010．3
当代蒙古文历史题材长篇小说与蒙古人崇仰黄金家族可汗的意识/哈申高娃，内蒙古大学学报．2010．3
民间诗歌现象——20世纪90年代蒙古语诗歌研究（二）/亚·查干木林，内蒙古大学学报．2010．3
蒙古族现当代文学中的民族主义（下）/海日寒，内蒙古大学学报．2010．4
诗镜病论（一）——蒙古高僧诗镜病论研究——陶格涛胡之歌经典句研究/树林芙蓉，内蒙古大学学报．2010．4
民族认同的建构——新时历史题材小说为例/梅花，内蒙古大学学报．2010．5
民间故事一大类：名称功能和特性——《卫拉特魔幻故事选》导论/特古斯巴雅尔，内蒙古大学学报．2010．6
莫尔吉胡钢琴独奏曲集《山祭》及其现实意义/乌黎，西部蒙古论坛．2010．1
蒙元时期蒙古族尚金习俗及蒙古族英雄史诗《江格尔》/齐玉花，西部蒙古论坛．2010．1
论新疆蒙古民歌中反映的社会历史原型的变化与发展/哈斯额日敦，西部蒙古论坛．2010．1
阿勒泰乌梁海蒙古射箭艺术踏足舞蹈之审美初探/苏·那音塔，西部蒙古论坛．2010．1
论青海蒙古英雄诗《汗青格乐》的崇高美特点/哈斯其美格，西部蒙古论坛．2010．1
英雄史诗《江格尔》中的萨满教"圣树"/斯琴，西部蒙古论坛．2010．1
简论和布克赛尔蒙古族长调宴歌的传统特征/帕玛，西部蒙古论坛．2010．2
蒙藏文苑的一轮明月——论阿旺丹德尔的藏文诗作《人伦教诫喜宴》/德伦·次仁央宗，西部蒙古论坛．2010．3
解读现代蒙古歌曲中反映的草原生态恶化现象/乌·萨其拉图，西部蒙古论坛．2010．3
《江格尔》征战母题面面观/张越，西部蒙古论坛．2010．3
论史诗《江格尔》战争起因/腊月，西部蒙古论坛．2010．3

关于蒙古《江格尔》中的马的形象/斯琴,西部蒙古论坛.2010.3
民歌《察哈尔八旗》的四种变体之比较研究/珠格德日玛,西部蒙古论坛.2010.3
试论新疆卫拉特民间情歌的几个特征/当玖,西部蒙古论坛.2010.3
阿尔泰乌梁海部族史诗的搜集、整理、研究概况/海英,西部蒙古论坛.2010.4
朱乃手抄本《江格尔》的女性意识——与冉皮勒《江格尔》之比较/道日娜,西部蒙古论坛.2010.4
江格尔齐尼玛及其演唱风格/托·巴图尔,西部蒙古论坛.2010.4
吐谢图民歌的喜剧结局与蒙古文学古老"喜剧结局"文学传统/梅花巴·苏和,内蒙古民族大学学报.2010.1
蒙古民歌"努恩吉娅"的生成与传播之论辩/萨日娜,内蒙古民族大学学报.2010.1
论科尔沁民歌中母亲形象/白通力嘎,内蒙古民族大学学报.2010.1
关于札萨图民歌《辛栓儿》及其变异本/石艳丽,内蒙古民族大学学报.2010.1
科尔沁史诗《阿斯尔·查干海青》搜集整理及研究/刘萨茹拉,内蒙古民族大学学报.2010.2
狼图腾及其传说的起源/色音套特格,内蒙古民族大学学报.2010.2
蒙古《格斯尔传》与自然和谐之美/斯琴,内蒙古民族大学学报.2.2010.2
科尔沁民歌《宾图王》考辨/额尔德木图,内蒙古民族大学学报.2010.3
《土山传说》历史根源探析/晓春,内蒙古社会科学.2010.1
蒙古《格斯尔》程式化的表述与变异中的主题/龙梅,内蒙古社会科学.2010.1
莫·伊达木苏荣的两部剧本研究/杜·宝力尔玛,内蒙古社会科学.2010.1
青海蒙古族民间文学研究概述/呼和,内蒙古社会科学.2010.1
蒙古族话剧中"灵魂"原型的具体表现/萨楚拉,内蒙古社会科学.2010.1
胡仁乌力格尔中的女性英雄形象/阿茹娜,内蒙古社会科学.2010.1
孟克乌力吉及其《成陵大典》/胡·扎德娜,内蒙古社会科学.2010.1
说唱艺术家形成之规律/白哈斯,内蒙古社会科学.2010.2
蒙古族达斡尔族民间故事中的狐狸形象比较/白秀峰,内蒙古社会科学.2010.2
生态游牧与长调民歌/萨日娜,内蒙古社会科学.2010.2
论北京木刻本《格斯尔》与诺木齐哈敦本《格斯尔》的关系/领小,内蒙古社会科学.2010.3
一部充满激情的鄂尔多斯学研究力作/马永真 胡尔查毕力格,内蒙古社会科学.2010.3
胡仁乌力格尔与本子故事的程咬金形象比较研究/额尔德木图,内蒙古社会科学.2010.4
西方与中国文论家关于文学层次结构观点的比较/包文霞,内蒙古社会科学.2010.4
蒙古文学与现实主义/莎日娜,内蒙古社会科学.2010.5
市场经济条件下蒙古文作家的生存环境分析/塔娜,内蒙古社会科学.2010.5
民间诗人阿迪班泽尔作品研究/照日格图,内蒙古社会科学.2010.5
蒙古文学"三分法"的发展历程/常玉梅,内蒙古社会科学.2010.5
蒙古族好汉歌中的好汉形象三要素/王海荣,内蒙古社会科学.2010.5

论《哈儿哈速豁儿赤传说》的历史性与文学性/王斯日古楞，内蒙古社会科学.2010.6
论蒙古史诗中的巫术/额尔敦高娃，内蒙古社会科学.2010.6
《和睦四瑞故事》比较研究/崔斯琴，内蒙古社会科学.2010.6
民族认同与蒙古族现代汉文小说/带兄，内蒙古社会科学.2010.6
现代蒙古文诗歌中所反映的佛教文化意识/黄金，内蒙古社会科学.2010.6
胡尔仁乌力格尔对科尔沁历史长篇小说的影响/包秀芝，内蒙古社会科学.2010.6
蒙古民间故事中的丧葬习俗探析/达·巴图，内蒙古社会科学.2010.6
郭尔罗斯民歌探源/旭仁其木格，内蒙古社会科学.2010.6
对蒙古族历史长篇小说中关于忽必烈可罕历史叙述的阐述/哈申高娃，内蒙古师范大学学报.2010.1
论蒙古族叙事民歌悲剧性/王苏布道，内蒙古师范大学学报.2010.1
《在延安文艺座谈会上的讲话》的精神与蒙古文学/王桂荣，内蒙古师范大学学报.2010.1
蒙古长调与文化/斯琴，内蒙古师范大学学报.2010.2
论中国北方少数民族艺术美学的现实价值/萨日娜，内蒙古师范大学学报.2010.2
口头文学与书面文学界限的几个问题/秀兰，内蒙古师范大学学报.2010.3
《如意钥匙》与蒙古族动物故事/崔·斯琴，内蒙古师范大学学报.2010.3
关于说书艺人的现状与未来的思考/包金刚，内蒙古师范大学学报.2010.4
国内外民间故事类型研究和蒙古族民间故事研究概述/海英，语言与翻译.2010
简论《江格尔》中从花生人母题/玉折，语言与翻译.2010.4
社会转型时期的蒙古文学思潮（四）/包尔只斤·斯钦，中国蒙古学.2010.1
论蒙古族民间文学作品中的动物拟人化形象/王高娃，中国蒙古学.2010.1
论《江格尔》与《荷马史诗》中的人与自然的关系/哈斯其木格，中国蒙古学.2010.1
新时期蒙古语小说中关于"丑"的表现/初一　陈玉，中国蒙古学.2010.2
蒙古文历史题材长篇小说中关于成吉思汗的叙述/哈斯高娃，中国蒙古学.2010.2
史诗《圣主格斯尔汗》口述传承程式/秋喜，中国蒙古学.2010.2
蒙古族舞蹈文化内涵研究/包美荣，中国蒙古学.2010.3
传统说唱形式的演变与说书的关联/张玉宝，中国蒙古学.2010.3
论策·宝彦额木和的戏剧理论/王玉龙，中国蒙古学.2010.3
潮尔艺术大师芭杰/道荣尕，中国蒙古学.2010.4
论蒙古文《格斯尔传》中佛陀与帝释天的关系/赵风琴，中国蒙古学.2010.4
青海《格斯尔传》的传承与演化概况/玛·乌尼乌兰，中国蒙古学.2010.4
论蒙古族民歌的圆形思维特征/乌云毕力格，中国蒙古学.2010.4
陶格涛胡之歌被称为陶老爷之歌的缘由/芙蓉，中国蒙古学.2010.4
20世纪卫拉特文学的奠基者额·根杰/策·乔丹德尔乌·诺敏泰，中国蒙古学.2010.4
论现代蒙古族文学启蒙思想/阿拉坦巴根，中国蒙古学.2010.4
阿拉善民歌搜集研究综述/宝力高，中国蒙古学.2010.4

论卫拉特蒙古民歌中马的毛色审美内涵/额尔登别力格,中国蒙古学.2010.5
蒙古族民间故事中爬行动物的拟人化形象/王高娃,中国蒙古学.2010.5
好汉歌故事情节的三个基本母题/王海荣,中国蒙古学.2010.5
奈曼王札木萨的事迹与博日乃亲王传说的关联/乌力吉套格套,中国蒙古学.2010.5
《苏勒哈尔乃传》的神话因素研究/格·那木吉拉,中国蒙古学.2010.6
匈牙利学者拉兹罗·昌林茨的《蒙古民间故事类型索引》探析/斯琴孟和,中国蒙古学.2010.6
蒙古谚语中官与狗的对比描述/胡格吉夫,中国蒙古学.2010.6
蒙古民歌中关于马的描写法及毛色的象征意义/拉·唐格扎布,中国蒙古学.2010.6
巴林罕山传说与蒙古人对山水的祭祀习俗/森都拉,蒙古学研究.2010.1
岩画艺术表现手法的特征/白斯琴,蒙古学研究.2010.1
符拉基米尔佐夫对蒙古史诗的研究/乌日古玛勒,蒙古学研究.2010.1
蒙古民间文学中羊的象征意义/今晓,蒙古学研究.2010.2
试论内蒙古东部地区蒙古族好汉歌中的信仰习俗探析/王海荣,蒙古学研究.2010.2
外来文化对民族音乐的影响/刘彩虹,赤峰学院学报.2010.2
蒙古族长调民歌的特点与发展轨迹/阿拉坦高娃,赤峰学院学报.2010.3
对蒙古民歌思想内容的探析/娜布其,赤峰学院学报.2010.3
谈马头琴发源传说/白芳,赤峰学院学报.2010.3
论近代科尔沁民歌的戏剧性/胡日查巴图,赤峰学院学报.2010.4

八 民族教育

浅析当代大学生思想道德现状/额尔敦,内蒙古大学学报.2010.6
《蒙古秘史》中的家庭教育形式及其传承/苏日娜,西部蒙古论坛.2010.1
教育学研究中的几个问题/满都拉,内蒙古民族大学学报.2010.1
蒙古族家庭道德概要/斯仁,内蒙古社会科学.2010.1
鄂温克民族教育"优势原则"探析/娜仁托娅,内蒙古社会科学.2010.4
1949年以来中小学蒙语文课本的编写之我见/哈斯巴根,内蒙古社会科学.2010.5
关于搏克改革的哲学思考/达日瓦 巴拉钦道尔基,内蒙古师范大学学报.2010.1
对实施研究性教学的思考/铁柱,内蒙古师范大学学报.2010.1
谈蒙古古代史教学中的几个问题/胡格吉勒,内蒙古师范大学学报.2010.1
谈蒙古族传统体育的特点/苏雅拉图,内蒙古师范大学学报.2010.2
论培养"专才"与"通才"大学生教育的局限性及其对策/席·哈斯巴特尔,内蒙古师范大学学报.2010.3
论卜和克什克的教育业绩/王风雷 胡梅荣,内蒙古师范大学学报.2010.4
新疆博尔塔拉蒙古自治州双语教育一览/阿西卡,语言与翻译.2010.1
论蒙古族传统体育的现代化途径/高娃珠日赫,中国蒙古学.2010.2

民族院校双语教学中存在的问题及其对策研究/梅花，蒙古学研究.2010.1
简论古代蒙古人的家庭教育/乌力吉巴特尔，蒙古学研究.2010.2
呼和浩特蒙古族是否为其子女选择蒙授学校的调查——基于对呼和浩苏力德文化初探/那仁敖其尔，蒙古学研究.2010.4
日本家庭教育的特点/张·格日勒图，赤峰学院学报.2010.2

【2011年】

一 民族理论

以人为本思想的内涵及其意义/达日瓦，内蒙古大学学报.2011.2
内蒙古一部《文艺作品选集》的版本和作品内容——兼论一些作品对乌兰夫的赞颂和在"平等自治"主张下的主题意图/特古斯巴雅尔，内蒙古大学学报.2011.2
国家政权象征：纛及其演变/格·海日罕，内蒙古大学学报.2011.6
充分发挥哲学社会科学重要作用全面服务于大建设大开放大发展/张春贤，西部蒙古论坛.2011.4
肩负起新时期赋予我们的历史使命/胡伟，西部蒙古论坛.2011.4
充分发挥社科联职能作用促进新疆社会科学大发展大繁荣/宋振亚，西部蒙古论坛.2011.4
马克思民主思想对我国目前民主建设的指导意义/朝格图，内蒙古社会科学.2011.1
论蒙古族文化名人拉喜彭斯克的思想主张/额·乌日根，内蒙古社会科学.2011.2
蒙哥汗爱民政治思想述论/扎拉嘎，内蒙古社会科学.2011.2
当代人价值观选择及作用/乌云，内蒙古社会科学.2011.2
关于法治建设在构建和谐社会中的作用/包金花，内蒙古社会科学.2011.5
浅析民事强制执行权的性质/孙海林，内蒙古社会科学.2011.6
论乌兰夫经济思想/吴海山，内蒙古师范大学学报.2011.4
从我国立法体制的嬗变看民族自治地方立法权力/芒来福，中国蒙古学.2011.1
论成吉思汗的忠诚思想之和谐成分/白图雅，中国蒙古学.2011.1
毛泽东独立自主治国思想的深刻内涵与伟大意义/成邦，赤峰学院学报.2011.3
党的民族区域自治制度的形成与发展/雪艳，赤峰学院学报.2011.3
毛泽东群众路线思想及其重大意义/成邦，赤峰学院学报.2011.4

二 民族经济

浅谈蒙古国西部的农业生产/［蒙古］I.尼玛苏荣，西部蒙古论坛.2011.2
牧区社会新变化之观察——以乌苏市赛力克提牧场为例/哈斯吾其，西部蒙古论坛.2011.4
游牧民俗文化对旅游业的作用/克霞，西部蒙古论坛.2011.4
论中蒙两国经贸现状和面临的问题/乌兰敖都　阿力坦，内蒙古大学学报.2011.1

发达国家建设低碳城市的经验及对我国的启示/红光,内蒙古大学学报.2011.1
中东铁路与呼伦贝尔地区畜产品加工业/达日夫,内蒙古大学学报.2011.3
《清代新疆社会经济史纲》评介/刘正寅 王称,西部蒙古论坛.2011.1
日本统筹城乡发展的背景和经验教训/包明山 宝文杰,内蒙古社会科学.2011.1
农村信用社信贷风险管理/萨茹拉,内蒙古社会科学.2011.1
关于建立地方性货币流通中心的SWOT分析/祁小伟,内蒙古社会科学.2011.1
市场经济条件下的那达慕大会面面观/高娃 吉如和,内蒙古社会科学.2011.1
论三条道路理论对中国社会主义建设的借鉴意义/赵图雅,内蒙古社会科学.2011.1
战后日本环境保护政策的特点及对我们的启示/红光,内蒙古社会科学.2011.1
沙漠旅游区的开发条件探/其木格,内蒙古社会科学.2011.1
关于民族企业家的培养成长问题/敖特根巴雅尔 乌云其其格,内蒙古社会科学.2011.2
内蒙古农村牧区人力资本积累中存在的问题及对策研究/包凤兰,内蒙古社会科学.2011.2
论牧区循环经济发展问题/阿拉坦格日乐 恩和,内蒙古社会科学.2011.2
促进内蒙古第三产业发展的财政政策解读/敖嫩忽澜,内蒙古社会科学.2011.2
三喇嘛借款事件对郭尔罗斯后旗的影响/达日夫,内蒙古社会科学.2011.3
内蒙古保险业发展现状分析/哈斯其其格,内蒙古社会科学.2011.3
阿拉善盟低碳发展模式思考/达西策仁,内蒙古社会科学.2011.4
科尔沁"羔羊背子"及其开发价值/白钢,内蒙古社会科学.2011.4
畜牧业管理伦理探析/斯仁,内蒙古社会科学.2011.5
内蒙古民间借贷现状及其未来发展趋势/斯琴塔娜,内蒙古社会科学.2011.6
论内蒙古新农村牧区建设进程中的金融扶持/红梅,内蒙古社会科学.2011.6
牧区草场承包情况的田野调查及分析/乌仁塔娜,内蒙古社会科学.2011.6
建设节水型社会实现水资源可持续利用/通拉嘎,内蒙古社会科学.2011.6
内蒙古地区牧民收入增速缓慢的原因及其对策/乌兰花蕊,内蒙古师范大学学报.2011.4
评估内蒙古资源环境价值的重要性及其实施方法/金良,内蒙古师范大学学报.2011.4
锡勒图库伦札萨克喇嘛旗的财政论析/胡日查,内蒙古民族大学学报.2011.1
关于发展民族地区文化产业的思考/红梅,中国蒙古学.2011.2
元朝在蒙古地区经济开发史上的地位/铁柱,中国蒙古学.2011.5
保护双峰驼发展养驼业的现实意义/艾金吉雅,中国蒙古学.2011.5
阿拉善骆驼吊膘之考察/娜荷娅,蒙古学研究.蒙古学研究.2011.2
浅谈循环经济理论的发展/阿拉坦格日乐 恩和,蒙古学研究.2011.2
简论如何增长我区农牧民收入问题/张海峰,蒙古学研究.2011.2
简论阿拉坦汗的经济思想/额斯日格仓,蒙古学研究.2011.3
论我国对外出口贸易增长方式改革的重要性/乌英嘎,蒙古学研究.2011.3
恢复生态学与可持续发展简论/乌仁陶格斯,蒙古学研究.2011.3
浅谈内蒙古牧业经济体制改革/嫩达古拉,蒙古学研究.2011.4

文化产业可持续发展的重要性/高娃，蒙古学研究. 2011.4
关于民族地区新农村建设涉法问题的探讨/包金花，赤峰学院学报. 2011.3
关于赤峰市城镇化建设问题的思考/宝音陶格陶，赤峰学院学报. 2011.3
谈经济文化与创新/李金玉，赤峰学院学报. 2011.3
关于影响农村消费市场发展因素的分析/木兰，赤峰学院学报. 2011.3
我国环境会计事业的兴起与发展/代钦，赤峰学院学报. 2011.4
谈发展牧区经济与增长牧民收入/牦必斯嘎拉图，赤峰学院学报. 2011.4

三　民族学

成吉思汗陵祝福神物布拉更呼图之由来/纳·胡尔查毕力格，内蒙古大学学报. 2011.1
蒙古族服饰中貂皮应用的人类学研究/席·哈斯巴特尔，内蒙古大学学报. 2011.1
关于四川纳日蒙古人族源解释的社会学研究/哈斯额尔敦，内蒙古大学学报. 2011.3
《土尔扈特可汗书库尔岱青致沙皇阿历克赛·米哈依洛维奇·罗曼诺夫函》研究/德·塔亚，内蒙古大学学报. 2011.5
完善《蒙古文古籍版本数据库》的方法与思路/札·义兰　黄飞龙　包英韩　萨日娜，内蒙古大学学报. 2011.6
农区蒙古族的蒙语传承与民族意识养成——辽宁西部阜新地区烟台营子村的语言生活民族志/王志清　陈曲，西部蒙古论坛. 2011.1
草原游牧民族与草原游牧文化/邢莉　赵月梅，西部蒙古论坛. 2011.1
蒙古包的结构和空间文化的内涵/金玉荣　天峰，西部蒙古论坛. 2011.1
浅谈阿拉善蒙古人的"Ada bosohu"习俗/萨茹娜，西部蒙古论坛. 2011.1
《新疆图瓦人社会文化田野调查与研究》评介/刘明，西部蒙古论坛. 2011.1
回忆德国著名蒙古学家海西希教授/仁钦道尔吉，西部蒙古论坛. 2011.2
卫拉特蒙古民俗研究的创新与开拓/丹碧，西部蒙古论坛. 2011.2
内蒙古正蓝旗察哈尔额鲁特人初探/额尔登木图，西部蒙古论坛. 2011.3
论卫拉特蒙古关于人之美的传统观念/宝音达，西部蒙古论坛. 2011.4
时变俗移：从春节的娱乐活动看农区蒙古族的文化变迁——以烟台营子村近年来的春节娱乐活动为例/王志清　陈曲，西部蒙古论坛. 2011.4
论"安代文化"——《安代全书》总序/苏尤格，内蒙古民族大学学报. 2011.1
安代之乡：库伦旗历史文化的传奇性——《安代之乡：库伦旗历史文化概要》序/巴·苏和，内蒙古民族大学学报. 2011.1
蒙古科尔沁博的承袭习俗/长泉，内蒙古民族大学学报. 2011.1
科尔沁蒙古人的农耕习俗/孟根宝力高，内蒙古民族大学学报. 2011.1
评图·乌力吉的《古代蒙古人的生态文化思维》/何永泉，内蒙古民族大学学报. 2011.1
论《召庙今古奇观》的学术及生态意识/庆照日格图，内蒙古民族大学学报. 2011.2
关于珂额仑夫人祭祀宫室/高爱军，内蒙古民族大学学报. 2011.2

论蒙古人的哈达文化内涵/布和哈达　斯琴毕力格,内蒙古民族大学学报.2011.2
近现代锡勒图库伦札萨克喇嘛旗世俗化进程/胡日查,内蒙古民族大学学报.2011.3
传奇的乡土神奇的文化——读《安代之乡:库伦旗历史文化概要》/布和德力格尔,内蒙古民族大学学报.2011.3
评《安代之乡:库伦旗历史文化概要》/宝音德格吉夫,内蒙古民族大学学报.2011.3
乡土文化研究的新探索——试论《安代之乡:库伦旗历史文化概要》/哈·乌兰巴托,内蒙古民族大学学报.2011.3
《安代之乡:库伦旗历史文化概要》首发式纪要/都仍　呼日勒巴特尔,内蒙古民族大学学报.2011.3
蒙古地名文化特征/天峰,内蒙古民族大学学报.2011.3
论古代蒙古人的鹰猎习俗/达·额尔德木图,内蒙古民族大学学报.2011.3
论科尔沁传统婚俗中象征习俗/阿拉坦格日乐,内蒙古民族大学学报.2011.3
谈科尔沁蒙古人亲属称谓研究的意义/阿拉坦格日乐,内蒙古民族大学学报.2011.3
青海蒙古人的饮食敬重客人的习俗/白钢,内蒙古民族大学学报.2011.4
兴安盟札萨克图旗牧区亲羔劝歌一则田野调查/王满都护,内蒙古民族大学学报.2011.4
蒙古族习俗文化和人与自然共生/包萨仁其木格,内蒙古民族大学学报.2011.4
成吉思汗诚信观中的和谐思想研究/白图雅,内蒙古社会科学.2011.1
简论科尔沁"阿寅勒"文化的形成/宝音陶克陶,内蒙古社会科学.2011.1
论生态文明建设的一些问题/张学军,内蒙古社会科学.2011.2
关于加强环境道德建设/李丽华,内蒙古社会科学.2011.2
宗教与习俗关系述论/李光宇,内蒙古社会科学.2011.2
关于深入城市人口管理改革/阿日文金,内蒙古社会科学.2011.2
决斗习俗与普希金之死/白斯古楞,内蒙古社会科学.2011.3
论蒙古族禁忌礼仪及其作用/牡兰,内蒙古社会科学.2011.3
旅游开发中的民族文化变迁/哈斯额尔敦,内蒙古社会科学.2011.3
论蒙古族人与自然和谐之思想内涵/布和巴特尔,内蒙古社会科学.2011.4
蒙古族"祭火词"初探/塔拉,内蒙古社会科学.2011.4
契丹与蒙古族祖源传说比较分析/伊力素,内蒙古社会科学.2011.4
关于察哈尔格希罗藏楚臣部分蒙古文著作/[蒙古]德·其仁苏德那木,内蒙古社会科学.2011.4
简论察哈尔格希罗藏楚臣的医学成就/拉希其仁,内蒙古社会科学.2011.4
再论《额尔敦陶希庙志》/吉格木德其仁,内蒙古社会科学.2011.4
察哈尔格希罗藏楚臣三篇民俗文章特点分析/青格乐,内蒙古社会科学.2011.4
蒙医药学家占布拉道尔吉活佛身份与家族成员考略/包哈中,内蒙古社会科学.2011.4
阿尔泰语系民族的"五色"崇拜/王其格,内蒙古社会科学.2011.5
蒙古族发祥地考略/松迪,内蒙古社会科学.2011.5
论额尔敦陶克陶先生关于发展蒙古族文化的主张/巴·布和朝鲁,内蒙古社会科学.

2011.5
 文化学发展前景分析/[蒙古]扎·道力格尔苏荣,内蒙古社会科学.2011.5
 城市化进程中的蒙古族社会变迁/乌力吉,内蒙古社会科学.2011.5
 草原文化之生态保护伦理意识/黄金,内蒙古社会科学.2011.6
 自然崇拜在蒙古族文化中的地位/莫日跟,内蒙古社会科学.2011.6
 论科尔沁部狩猎守则/博·照日格图,内蒙古社会科学.2011.6
 蒙古文《格斯尔》中的庆功习俗与取主勒都习俗的关系/领小,内蒙古社会科学.2011.6
 论蒙古族传统空间观念/高红梅,内蒙古社会科学.2011.6
 召庙聚落与社区的同心圆模式研究/额尔德木图　白莉丽　白雪,内蒙古社会科学.2011.6
 城市化进程中蒙古族女性的男女平等观探析/玉荣,内蒙古社会科学.2011.6
 与乌珠穆沁"图林哆"相关习俗探析/乌兰其其格,内蒙古社会科学.2011.6
 科尔沁地区地名中的生态信息/包金花,内蒙古社会科学.2011.6
 蒙古族与藏族传统游牧生态文化比较研究/哈斯其木格,内蒙古师范大学学报.2011.1
 奈曼民歌中的婚姻习俗/王高娃,内蒙古师范大学学报.2011.1
 简论生态文明的功能/钢特木尔　包斯日古楞,内蒙古师范大学学报.2011.1
 蒙古族占卜研究之探微/布和巴特尔,内蒙古师范大学学报.2011.1
 以社会学视角论"生态移民"/额斯尔门德,内蒙古师范大学学报.2011.1
 搏克的文化内涵研究/高娃吉如河,内蒙古师范大学学报.2011.1
 古代蒙古人祭祀文化思维——图腾祭/图·乌力吉,内蒙古师范大学学报.2011.2
 蒙族猪獾狩猎及其在生活中运用的人类学研究/席·哈斯巴特尔,内蒙古师范大学学报.2011.2
 鸟居龙藏与查干浩特研究/达日夫,内蒙古师范大学学报.2011.2
 妇女历史研究的新作——读《蒙古传奇女杰》/呼日勒沙,内蒙古师范大学学报.2011.2
 蒙古族妇女史研究领域的一朵花——《蒙古传奇女杰》读后感/铁柱,内蒙古师范大学学报.2011.2
 论蒙古雅乐——阿斯尔/哈达巴特尔C.巴音吉日嘎拉,内蒙古师范大学学报.2011.3
 蒙古语地名和多元文化/天峰哈森图雅,内蒙古师范大学学报.2011.3
 草原文化传承研究/王海荣,内蒙古师范大学学报.2011.3
 奶酒文化的保护/白钢,内蒙古师范大学学报.2011.3
 古代蒙古族《古列延》的表现形式及其象征意义探析/满达日娃　阿荣,内蒙古师范大学学报.2011.3
 蒙古民俗传承轨迹/扎格尔,内蒙古师范大学学报.2011.4
 巴尔虎部落的敬烟礼俗/色·哈斯托娅,中国蒙古学.2011.1
 浅谈保护民族文化的策略问题/魏延梅,中国蒙古学.2011.1
 翁牛特旗境内的北方游牧民族壁画、岩画、碑文探析/哈·纳钦,中国蒙古学.2011.1
 "圣主苏勒德祭词"解读/那仁敖其尔,中国蒙古学.2011.2

宗喀巴大师为蒙古人的述论/德·巴图,中国蒙古学.2011.2
蒙古族新生儿洗礼习俗研究/屈原,中国蒙古学.2011.2
蒙古人的游牧生活与生态观的内在关联/哈斯其木格,中国蒙古学.2011.2
论蒙古人与草原及五蓄的三重关系/哈斯高娃,中国蒙古学.2011.2
传统蒙古包的建筑结构材料与装饰特征研究/郑宏奎　高晓霞　金光,中国蒙古学.2011.2
蒙古族——"蟒㆗豁勒—蒙古"名称考/泰亦赤兀惕·满昌,中国蒙古学.2011.3
杭锦旗西纳嘎尔庙及其大经堂掌堂师《核准书》/那·孟根花,中国蒙古学.2011.3
论《五传》的汉文化影响及蒙古文化特质/乌云塔娜,中国蒙古学.2011.3
论察哈尔格西洛桑楚臣的三部民俗著作/青格勒,中国蒙古学.2011.3
论尹湛纳稀的幸福观/孟根　宝力高,中国蒙古学.2011.3
氏称"捏古思"及其相关文化渊源研究/金刚,中国蒙古学.2011.4
谈蒙古人养狗风俗的文化内涵/纳音泰,中国蒙古学.2011.4
蒙古族传统"夏季圣湖祭拜"活动相关术语的象征意义/格日乐,中国蒙古学.2011.4
试论敖包祭词渊源与演变/王桂珍,中国蒙古学.2011.4
关于"翁牛特右翼旗贝子吐们柏彦调查原籍报本呈报理藩院册子卷一"的思考/布和温都苏,中国蒙古学.2011.4
再论蒙古族传统的风马旗/王其格,中国蒙古学.2011.5
人与社会的关系及宗教化的政治——蒙古文化关键词研究/格·海日罕,中国蒙古学.2011.5
青海蒙古人的尊老习俗/牡兰,中国蒙古学.2011.5
阿鲁科尔沁蒙古人的麻绳文化简述/敖·宝音乌力吉,中国蒙古学.2011.5
科尔沁人的制作布鞋的风俗/胜利,中国蒙古学.2011.5
科尔沁狩猎禁忌/青华,中国蒙古学.2011.5
安代研究五十年进程综述/巴·苏和,中国蒙古学.2011.5
科尔沁蒙古人的随礼习俗之新变化/塔娜,中国蒙古学.2011.5
蒙古人的"五行"说/全福,中国蒙古学.2011.6
蒙古族旗帜与苏力德祭祀文化探讨/哈·巴亚尔,中国蒙古学.2011.6
民族礼仪中的绵羊文化/波·克霞,中国蒙古学.2011.6
国内托忒蒙古文版藏书（1742—1949）/明阿特·额日德木图,中国蒙古学.2011.6
开鲁版《青史演义》汉译本"初序"和"纲要"勘误/策·胡格吉勒图,中国蒙古学.2011.6
保护与传承科尔沁地名文化遗产的重要意义/包金花,中国蒙古学.2011.6
论蒙古族传统习惯法历史进程/齐秀华,中国蒙古学.2011.6
论蒙古族传统娱乐习俗——以经典民歌"天上的风"为例/特木其其格,中国蒙古学.2011.6
蒙古人的传统发酵酸奶术/自钢　陶格斯,中国蒙古学.2011.6
牡丹形象的文化内涵/代·兴安,中国蒙古学.2011.6

苏力德文化初谈——敖包祭祀与苏力德崇拜/那仁敖其尔,蒙古学研究.2011.1
蒙古族住宅的演进概略/乌恩宝力高,蒙古学研究.2011.1
蒙古搏克护身结的工艺/木其日,蒙古学研究.2011.1
苏力德文化初探五——苏力德是大众信仰的杰作/那仁敖其尔,蒙古学研究.2011.2
蒙古人的精神支柱——哈撒儿博克多/王苏布道,蒙古学研究.2011.2
浅谈勃儿帖兀真的思想特征/萨日娜,蒙古学研究.2011.2
苏力德文化初探——苏力德崇拜历史轨迹之考察/那仁敖其尔,蒙古学研究.2011.3
蒙古族服饰审美探析/哈斯同力嘎,蒙古学研究.2011.3
克什克腾蒙古人对鱼类放生的习俗/萨其拉,蒙古学研究.2011.3
论阿尔寨石窟回鹘蒙古文榜题的特殊写法/那·巴图吉日嘎拉,蒙古学研究.2011.3
苏市德文化初探——成吉思汗是苏力德崇拜的奠基者/那仁敖其尔,蒙古学研究.2011.4
库伦旗是帝王宿营地之考/特木勒多兰,蒙古学研究.2011.4
蒙古民俗起源与演变的特点/扎格尔,蒙古学研究.2011.4
简论蒙古服饰的审美功能/哈斯同力嘎,蒙古学研究.2011.4
甫关"孛端察尔蒙合黑"几个问题的探究/香莲,赤峰学院学报.2011.1
生态环境问题与国际关系/双喜,赤峰学院学报.2011.1
阴阳五行原理与五角星符号/那·哈布哈,赤峰学院学报.2011.3
从岩石画看蒙古包的起源与形成的踪迹/齐长青,赤峰学院学报.2011.3
谈蒙古族的禁忌习俗/澳丹,赤峰学院学报.2011.3
北方古代少数民族名称的汉文写法与"∪,(上下结构)"符号的关系/香莲,赤峰学院学报.2011.4
尹湛纳希妇女观形成的社会原因/萨仁格日勒,赤峰学院学报.2011.4
巴林右揉文化产业发展评述/刚巴图　哈娜拉,赤峰学院学报.2011.4
蒙古国知识产权立法现状/达·潮洛蒙,赤峰学院学报.2011.4
关于科尔沁牧民生产生活方式变化/韩铃芝,赤峰学院学报.2011.1
牧区苏木镇撤并后出现的问题及对策/希吉日,赤峰学院学报.2011.1

四　民族宗教

"萨满病"患者当门徒之相关问题/哈顺图雅,内蒙古大学学报.2011.2
关于金丹道"反洋教之说"之我见/佟双喜,内蒙古大学学报.2011.4
科尔沁萨满教的现代发扬/包龙,内蒙古师范大学学报.2011.3
论绛央丹白尼玛活佛传记/青格乐,内蒙古大学学报.2011.4
蒙元时期佛经翻译和刊行/乔吉,西部蒙古论坛.2011.1
蒙古地区西方基督教传教士的跨文化传播/斯琴青和勒,内蒙古社会科学.2011.3
《克里克扎勒森活佛传》研究/陶·乌力吉仓,内蒙古社会科学.2011.3
古代蒙古人萨满教起源问题/塔木慕日根,内蒙古师范大学学报.2011.1

清代蒙古寺庙管理体制中的喇嘛度牒/胡日查，内蒙古师范大学学报.2011.4
喇嘛教在内蒙古的传播/玉杰，内蒙古师范大学学报.2011.4
论佛教寺庙的文化攻能/吉仁尼格　斯日古楞　额勒博乐冈，中国蒙古学.2011.3
黄教在巴林地区的传播及其社会影响/陶·乌力吉仓，中国蒙古学.2011.3
成吉思汗的宗教政策探讨/扎拉嘎，中国蒙古学.2011.3
关于萨满教的多层世界理念/斯琴，蒙古学研究.2011.1
论科尔沁萨满祭词的社会功能/白凤兰，蒙古学研究.2011.1
清末部分蒙古王公奏折中体现的宗教观/包玉荣，蒙古学研究.2011.2
蒙古原始文化与萨满教/格日勒，赤峰学院学报.2011.2

五　民族历史

成吉思汗"八白宫"文化研究——"九杰"、"九灵"、"九灵仪仗"、"达尔扈特"/布仁巴图，内蒙古大学学报.2011.2
成吉思汗圣宫《金册》中的"神主祷祝词"及其诸神主考/布仁巴图，内蒙古大学学报.2011.3
古列延社会组织在青海黄河南蒙旗中的传承及其演变考/红峰，内蒙古大学学报.2011.3
《青史演义》与《元史》《大元正史》《大元史》之间的关系/呼格吉乐图，内蒙古大学学报.2011.3
《明史记事本末》特点及其史源研究概况/韩慧玲，内蒙古大学学报.2011.3
关于冈田英弘译诠《蒙古源流》/希都日古，内蒙古大学学报.2011.4
关于窝阔台汗赏赐观的政治思想/扎拉嘎，内蒙古大学学报.2011.4
牧民合作社研究综述/包文君　索罕·格日勒图　齐永富，内蒙古大学学报.2011.4
古代蒙古人对"天干地支"的认识/苏尤格，内蒙古大学学报.2011.5
成吉思汗玉玺是否传至贵由可汗之考论/张银泉，内蒙古大学学报.2011.5
关于土尔扈特汗诸颜世系表/巴·巴图巴雅尔，内蒙古大学学报.2011.6
迁徙、定牧与民族认同——以蒙古高原若干史实为例/那顺巴依尔　格根图雅，内蒙古大学学报.2011.5
一份蒙古文档案所反映的早期外旗蒙古人的生活状况/佟双喜，内蒙古大学学报.2011.6
喀尔喀右翼统治者姻亲关系与万户的形成/桂花，内蒙古大学学报.2011.6
"送晋卿丞相书"年代考——以高丽迁都江华岛之后的蒙丽关系为背景/乌云高娃，西部蒙古论坛.2011.1
论在巴尔喀什湖攻击土尔扈特人的哈萨克首领的身份/唐江，西部蒙古论坛.2011.1
试论图瓦人的历史渊源及民族认同/南快莫德格，西部蒙古论坛.2011.1
元代行省制度之现代价值/乌云高娃，西部蒙古论坛.2011.1
"额尔古纳昆"之地究竟在何处/［俄罗斯］卓里格多耶夫，西部蒙古论坛.2011.1
布里亚特部族祖源考索/［蒙古国］巴雅尔赛罕，西部蒙古论坛.2011.1

关于喀喇沙尔土尔扈特部和和硕特部历史的回顾与思考/浩·巴岱,西部蒙古论坛.2011.1
《青海卫拉特法典》后记中的朵尔基旺秋——人名考/青格力,西部蒙古论坛.2011.1
关于清代翁牛特右翼旗六代君王罗布桑的一份档案文书/敖拉,西部蒙古论坛.2011.1
准噶尔汗国的普尔钱研究/钱伯泉,西部蒙古论坛.2011.2
卡卢瑟斯笔下的清末唐努乌梁海/许建英,西部蒙古论坛.2011.2
中俄划界中的清代西北卡伦/宝音朝克图,西部蒙古论坛.2011.2
清朝收抚阿勒泰及其管辖措施/刘国俊,西部蒙古论坛.2011.2
元朝经营云南的伟大贡献/方铁,西部蒙古论坛.2011.2
忽必烈三次征日计划及诏谕日本/乌云高娃,西部蒙古论坛.2011.2
中国第一历史档案馆蒙古文档案的收藏和整理与刊布情况/李保文,西部蒙古论坛.2011.2
我们正在谱写卫拉特研究的历史——一至六届卫拉特蒙古历史文化学术研讨会评述/马大正,西部蒙古论坛.2011.3
元文宗在建康/陈得芝,西部蒙古论坛.2011.3
民国时期的新疆察哈尔蒙古/孟楠,西部蒙古论坛.2011.3
卡卢瑟斯及其对新疆蒙古地区和蒙古人的考察/许建英,西部蒙古论坛.2011.3
蒙古中央部落——"察哈尔"的由来及其演变/加·奥其尔巴特,西部蒙古论坛.2011.3
准噶尔汗国对"回部"地区的征服及其统治/齐清顺,西部蒙古论坛.2011.3
17世纪初卫拉特蒙古兴起原因浅析/苏利德,西部蒙古论坛.2011.3
读《万历武功录·长昂列传》札记/特木勒,西部蒙古论坛.2011.3
历史上内外蒙古政治文化的异向变迁及其启迪/方小丽,西部蒙古论坛.2011.3
关于布里亚特档案史料中的"立誓文"/青格力,西部蒙古论坛.2011.3
略论北元时期蒙古的会盟/晓克,西部蒙古论坛.2011.4
《辽史》"阻卜"名称的演变/那顺乌力吉,西部蒙古论坛.2011.4
元代蒙古诸王在河西的佛教活动及影响/尹雁,西部蒙古论坛.2011.4
再论五世生钦活佛多布栋策楞车敏的身世和历史地位/周学军,西部蒙古论坛.2011.4
从十八世纪满文《夷使档》评所谓准噶尔使者贡物/乌勒布音巴图,西部蒙古论坛.2011.4
日俄战争前日本帝国主义对东蒙的渗透活动/哈达,内蒙古社会科学.2011.1
孝庄皇后布木布泰其人其事/萨仁图雅 胡图荣阿,内蒙古社会科学.2011.1
清代记名协理的俗称与相关问题/朝格满都拉,内蒙古社会科学.2011.1
《蒙古前途》杂志与南京蒙藏学校蒙古族学生/乌云,内蒙古社会科学.2011.1
古代蒙古族妇女的经济地位与作用/香梅,内蒙古社会科学.2011.1
哈剌和林考古研究的新成果评介/[蒙古]乌·额尔敦巴图,内蒙古社会科学.2011.3
从《蒙古秘史》探"成吉思汗"尊号之谜/鲍银虎,内蒙古社会科学.2011.4
清代昭乌达盟有关问题探析/敖拉,内蒙古社会科学.2011.4
关于《青册》的性质问题/朝克图,内蒙古社会科学.2011.4
关于喀喇沁本《蒙古源流》与《圣主成吉思汗史》的关系/全荣,内蒙古社会科学.2011.4

日本蒙古文期刊1905—1949年馆藏调查/包那·斯琴，内蒙古社会科学.2011.4
从皇权的象征"玉玺"探蒙古族古代政治文化/格·海日罕，内蒙古社会科学.2011.5
林丹汗外交策略探析/香梅，内蒙古社会科学.2011.5
浅析绥远城将军与蒙旗案件/包满达，内蒙古社会科学.2011.5
清代蒙古文档案的管理/伯苏金高娃，内蒙古社会科学.2011.5
蒙古汗国时期的达尔扈特人之特权/额尔敦其其格，内蒙古社会科学.2011.6
近代蒙古族文化人物查汉东/其日满图，内蒙古社会科学.2011.6
杭锦旗什拉召才木生所藏的蒙旗征兵护照/孟根花，内蒙古社会科学.2011.6
俺答汗继承忽必烈汗宗教政策的原由及其特点/王梅花，内蒙古社会科学.2011.6
托雷夫人祭文校读/纳·胡尔查·毕力格，内蒙古师范大学学报.2011.1
日俄战争之后日本帝国主义对东蒙古的扩张/哈达，内蒙古师范大学学报.2011.1
元朝五眼图案研究/［蒙古国］希日钦·巴特尔，内蒙古师范大学学报.2011.3
《黄金史纲》研究中的几个难题/萨仁高娃，内蒙古师范大学学报.2011.3
论"新疆蒙古族文化促进会"的历史功绩/玛德丽娃，中国蒙古学.2011.1
弘吉剌部历史变迁考/达·布和巴特尔，中国蒙古学.2011.1
林丹汗与格勒珠尔根战役/聂晓灵　荷叶，中国蒙古学.2011.1
简析宁夏固原市开城出土的元代文物/郝斯琴，中国蒙古学.2011.1
四川省纳日蒙古族民俗与民族历史研究/哈斯额尔敦，中国蒙古学.2011.2
论喀尔喀右翼扎萨克图汗素班与清朝的关系/桂花，中国蒙古学.2011.2
蒙元时期几款圣旨的书写年代考/呼日乐巴特尔，中国蒙古学.2011.2
古代蒙古人常用的祭祀品及其文化内涵/玉荣，中国蒙古学.2011.2
鲜卑各部新述论/孛儿只斤·额尔德木图，中国蒙古学.2011.3
"大扎撒"之考/朝格图，中国蒙古学.2011.4
窝阔台汗与贵由汗的"皇帝之宝"考/波烈沁·达尔汗，中国蒙古学.2011.5
元朝大臣伯颜与苏巴海不是同一部落人/武永善　陶克套，中国蒙古学.2011.5
早期拓跋鲜卑的历史足迹/梁云　阿鲁贵　萨如拉，中国蒙古学.2011.6
为青海扎萨克过路鄂尔多斯地区而钦定的文献档案诠释/伯苏金高娃　纳·胡日查毕力格，中国蒙古学.2011.6
十八世纪蒙古文文献研究（二）/娜日苏，中国蒙古学.2011.6
西域历代蒙古语地名研究/道·孟和，中国蒙古学.2011.6
哈布图哈撒儿神位祭祀的研究概述/珊丹花，蒙古学研究.2011.1
简论古代蒙古人崇尚名誉的思想/香梅，蒙古学研究.2011.2
别里古台"阿黑塔臣"官职考/包·赛吉拉夫，蒙古学研究.2011.3
科尔沁左翼前旗历史变迁研究/布和朝鲁，蒙古学研究.2011.3
影响别里古台的两个人苏赤格勒额柯和别克帖儿/包赛吉托夫，蒙古学研究.2011.4
《蒙古秘史》诗歌中的表达方式/道·德力格尔仓，蒙古学研究.2011.4
《青史演义》中的苏伦高娃形象/哈斯其其格，蒙古学研究.2011.4

库伦旗历史演革与历代札萨克喇嘛的事迹/特·额尔敦巴根,赤峰学院学报.2011.1
《蒙古秘史》里出现的契丹词语分析/吉日嘎拉,赤峰学院学报.2011.1
哈布图合撒尔的历史贡献/兴安,赤峰学院学报.2011.1
勃思忽完弘吉拉部农土——金山与阔亦田战场地理位址考/布和巴特尔,赤峰学院学报.2011.2
扎木哈形象的再分析/香莲,赤峰学院学报.2011.2
论察哈尔蒙古的爱国主义思想/哈斯布和,赤峰学院学报.2011.2
元朝时期蒙古佛教文学的特点及历史地位/树林,赤峰学院学报.2011.2
弘吉拉部一些历史事件的考证/斯仍,赤峰学院学报.2011.3
从十七世纪初满蒙档案看满洲与科尔沁的关系/吉日嘎拉,赤峰学院学报.2011.4
1958年发现的《成吉思汗金册》出书时间考/乌恩宝音,赤峰学院学报.2011.4

六 民族语言文字

纪念国际母语日保护保存使用发展我们的母语/确精扎布,内蒙古大学学报.2011.1
用蒙古文正字法阐明蒙古语结构类型的可能性/[蒙古]沙·确玛,内蒙古大学学报.2011.1
关于托忒蒙古文的使用范围及其地位问题/德·塔亚,内蒙古大学学报.2011.1
《蒙古文同形词信息词典》的构建/淑琴,内蒙古大学学报.2011.1
面向日蒙机器翻译的功能词的语义分析与翻译/百顺 包晓荣,内蒙古大学学报.2011.1
卫拉特蒙古文字史问题/德塔亚,内蒙古大学学报.2011.2
蒙古语名词配价确定问题之初探/海银花,内蒙古大学学报.2011.2
蒙古语长元音组合中的尾音研究/金刚,内蒙古大学学报.2011.3
蒙古语反义形容词标记问题/包格处,内蒙古大学学报.2011.3
论现代日本语可变助词的几个问题/孟德巴雅尔,内蒙古大学学报.2011.3
蒙古语族语言音变构词现象研究/图门吉日嘎拉,内蒙古大学学报.2011.4
蒙古语超短元音/玉荣,内蒙古大学学报.2011.4
汉语对土族语民和方言的影响及其原因探析/姜根兄,内蒙古大学学报.2011.4
简论扎赉特口语词汇特点/高·照日格图,内蒙古大学学报.2011.5
卡尔梅克语数词研究/秀花,内蒙古大学学报.2011.5
卫拉特方言词汇特征与自然环境/文化,内蒙古大学学报.2011.5
"胡""孤涂""孤愤""苏屠胡本"等匈奴语词的复原考释/乌其拉图,内蒙古大学学报.2011.5
东部裕固语格研究/阿拉腾苏布达,内蒙古大学学报.2011.5
土尔扈特土语词首短元音的声学分析——个人言语层面上的元音动态分析/图雅白银门德,内蒙古大学学报.2011.6
蒙古语——音节元音的脱落与无声化/玉荣,内蒙古大学学报.2011.6

现代蒙古语句法结构数据库的建设/达胡白乙拉,内蒙古大学学报.2011.6
新疆的多语环境与蒙古语方言特征的形成/陶·布力格,西部蒙古论坛.2011.3
论德都蒙古"巴颜松祝颂词"的宗教文化/哈斯其美格,西部蒙古论坛.2011.3
浅谈翻译对中国历史和文化的影响/乌云格日勒 宝玉柱,西部蒙古论坛.2011.4
新疆蒙古语广播的现状/田苗苗,西部蒙古论坛.2011.4
科尔沁右翼中旗代钦塔拉苏木蒙古人方言独特词/哈斯塔娜 图力古尔,内蒙古民族大学学报.2011.1
现代蒙古语亲属词语的语义特点/哈斯格日乐,内蒙古民族大学学报.2011.2
关于现代蒙古语所有格形态/额尔顿初古拉,内蒙古民族大学学报.2011.2
东乡语的应用现状调查报告/孟江 宝玉柱,内蒙古民族大学学报.2011.2
蒙古语对比修辞方法与蒙古人思维特点/乌日嘎 嘎拉桑,内蒙古民族大学学报.2011.2
关于蒙古语"狗"一词的象征内涵演变/朝茂丽格,内蒙古民族大学学报.2011.2
建国以来蒙古文翻译出版物繁荣之原因论探/包桂英,内蒙古民族大学学报.2011.2
《蒙古语连接形式信息词典》的管理程序/林八鸽 嘎拉桑,内蒙古民族大学学报.2011.3
论修辞的认知性和创造性/德力格尔,内蒙古民族大学学报.2011.4
关于蒙古文借词拼写中的问题/涛高,内蒙古民族大学学报.2011.4
谈图什业图蒙古人口语的变化与社会文化环境/红莲,内蒙古民族大学学报.2011.4
阿拉善方言元音特点研究/那·格日乐图,内蒙古社会科学.2011.1
《蒙古秘史》中状语"tala"的用途/达·宝力格,内蒙古社会科学.2011.1
"yalaYugcan"一词考述/阿力玛,内蒙古社会科学.2011.2
倡议将宗喀巴文集编入《丹珠尔》的喀尔喀毕力格图诺敏罕为何人/纳·布和哈达,内蒙古社会科学.2011.2
关于开鲁本《青史演义》中历史术语的汉译问题/胡格吉乐图,内蒙古社会科学.2011.2.
阴阳学理论与蒙古文字母的起源/乌云其其格,内蒙古社会科学.2011.2
试论蒙古文文献资源的现代化建设/淑琴,内蒙古社会科学.2011.3
与蒙古族文论有关的藏文文献/树林,内蒙古社会科学.2011.3
古代蒙古人藏书意识与草原图书馆的雏形/格根塔娜,内蒙古社会科学.2011.3
从文化视角赏析《蒙古秘史》中出现的一些古代成语/赵双春,内蒙古社会科学.2011.4.
《蒙古秘史》中的词根"bor"派生词之解析/香莲,内蒙古社会科学.2011.4
蒙古文文献中的量词研究/宝音额木和,内蒙古社会科学.2011.4
青海省民和县官厅镇土族语言应用及语言态度调查/姜根兄 阿拉腾苏布达,内蒙古社会科学.2011.5
面向信息处理的蒙古语名词语义类搭配研究/海银花,内蒙古社会科学.2011.5
反义词的民族特点探析/书包,内蒙古社会科学.2011.6
蒙古语语义格释义作用分析/怖仁毕力格,内蒙古社会科学.2011.6
《蒙古秘史》中出现的"察兀完"略考/吉日嘎拉,内蒙古社会科学.2011.6
现代蒙古语并列结构及其概括方式/常晓琴,内蒙古社会科学.2011.6

蒙古语语料库中的助动词标注程序/包·萨仁图雅 李永强,内蒙古社会科学.2011.6
从性别语言学角度研究蒙古语熟语的可能性/王海风,内蒙古师范大学学报.2011.1
关于黑龙江省杜尔伯特蒙古语语音变化/马银亮,内蒙古师范大学学报.2011.1
对《蒙古秘史》开头三个语段的释解思考/白图力古尔,内蒙古师范大学学报.2011.1
如何加强内蒙地区的蒙古语言文字执法/青毕力格,内蒙古师范大学学报.2011.1
八思巴字蒙古语文献汉语借词研究/巴达门其其格,内蒙古师范大学学报.2011.1
论新词语的译用/领小,内蒙古师范大学学报.2011.1
蒙古语形动词的静词性在日语中的表现特性/哈申图雅,内蒙古师范大学学报.2011.1
方言接触和文化交流/莫·巴特尔,内蒙古师范大学学报.2011.3
论对语言资源的保护与利用/孟和宝音,内蒙古师范大学学报.2011.4
托忒文音标的创制及阿里礼嘎礼文的关系/特·特尔巴图,语言与翻译.2011.1
关于托忒文的评价问题/塔亚,语言与翻译.2011.1
科尔沁方言中的汉语影响/银花,语言与翻译.2011.1
蒙古语地名的汉字音译转写和规范化问题/天峰,语言与翻译.2011.1
浅谈句子翻译中存在的问题/娜仁格日勒,语言与翻译.2011.1
卫拉特祝词的综合特点研究/特·那木吉拉,语言与翻译.2011.1
浅谈卫拉特蒙古婴幼儿讳言及其习俗/金花,语言与翻译.2011.1
蒙古语五指名称泛指/策·巴图,语言与翻译.2011.3
蒙语、图瓦语中马具名称对比/斯琴高娃,语言与翻译.2011.3
关于转写梵文藏文的托忒文音标系统/特尔巴图,语言与翻译.2011.3
新疆蒙古语地名的语言特点/才·那次克道尔吉,语言与翻译.2011.3
浅谈新疆蒙古族蒙古包祝词文化/米·那登木才仁,语言与翻译.2011.3
《江格尔》版本之新台阶——关于塔亚搜集整理的《乌苏土尔扈特〈江格尔〉》/台文,语言与翻译.2011.3
蒙古语与蒙古文化整体研究的重要性/阿拉坦宝力高,语言与翻译.2011.4
浅谈蒙古语名词充当定语的句法功能/巴图格日勒,语言与翻译.2011.4
关于《蒙古秘史》中"统格黎克豁罗罕"一词之解释/别力克·策吾克,语言与翻译.2011.4
清朝时期内蒙古五个驿站地名研究/天峰,语言与翻译.2011.4
台吉地方名称传说漫谈/曲力腾,语言与翻译.2011.4
阿尔寨石窟回鹘蒙古文榜题与词汇研究/哈斯额尔敦 包满亮,中国蒙古学.2011.1
鄂温克语与蒙古语向位格附加成分的比较研究/德·色仁巴图,中国蒙古学.2011.1
蒙古语名词反义词研究/金书包,中国蒙古学.2011.1
蒙古语"ula~an m6r""~avan toluxai"的由来/王桂荣,中国蒙古学.2011.1
面向信息处理的蒙古语名词语义网络研究/哈斯那顺乌日图,中国蒙古学.2011.2
蒙古语肃北土语单音节词的重音初探/敖敏,中国蒙古学..2011.2
现代蒙古语句法标注体系的依存语法研究/斯·劳格劳,中国蒙古学.2011.2

《蒙古秘史》与《元史》中蒙古人姓氏的汉文书写法之比较研究/乌日古木勒,中国蒙古学.2011.2
扎赉特方言形成发展的社会根源/顶柱桂芳,中国蒙古学.2011.3
蒙古语语气词汉化问题的思考/额尔敦塔娜,中国蒙古学.2011.3
东部地区裕固语"Gula"形研究/阿拉腾苏布达,中国蒙古学.2011.3
蒙古语陈述句和疑问句音高曲线比较研究/乌吉斯古冷,中国蒙古学.2011.3
土族语言的使用及语言态度调查/姜根兄,中国蒙古学.2011.3
蒙古语名词重叠的语义与特征/贾·巴图格日乐,中国蒙古学.2011.4
蒙古语异化问题及解决设想/松布尔巴图,中国蒙古学.2011.4
考识《qiya ka)》名词的来源与嬗变/红峰,中国蒙古学.2011.4
蒙古语死词根词类辨析的方法/乌力吉达来,中国蒙古学.2011.4
八思巴蒙古文文献中的汉语借词研究/巴达门其其格,中国蒙古学.2011.4
关于《青史演义电子词典》·"BAI"词根动词/包晓荣,中国蒙古学.2011.4
《蒙古源流》蒙古文、满文宫廷本原始史料考/德·高娃,中国蒙古学.2011.4
乌兰夫同志对民族语文工作的贡献/色·贺其业勒图,中国蒙古学.2011.4
蒙古语肃北土语非首音节短元音声学分析/诺民,中国蒙古学.2011.4
索绪尔的《语言》与《言语》理论/敖敦,中国蒙古学.2011.4
科尔沁方言中的"budaa"和"hool"二词考究/嘎拉桑 乌仁通拉格,中国蒙古学.2011.5
科尔沁方言"Ot badaa"一词的文化内涵探讨/葛根哈斯,中国蒙古学.2011.5
现代蒙古语中的汉语借词概述/金钰,中国蒙古学.2011.5
呼和浩特市蒙古族青少年之蒙古语的音节特征研究/包南丁,中国蒙古学.2011.5
《uruk》一词词义考/纳·舍敦扎布,中国蒙古学.2011.6
《蒙古秘史》中的"撒亦惕"一词词义考查/王海荣,中国蒙古学.2011.6
蒙古语半元音与辅音结合特点之实验语音学分析/开花,中国蒙古学.2011.6
蒙古语语义格分类分析/怖仁毕力格,中国蒙古学.2011.6
可对应蒙、英名词构词附加成分/赵春明,中国蒙古学.2011.6
动词态和动词体的特征之比较分析/吴青华,中国蒙古学.2011.6
蒙古语名词附加成分改错系统概述/萨仁高娃,中国蒙古学.2011.6
关于蒙古语传承问题/色·贺其业勒图,蒙古学研究.2011.2
事件相关性和副动词变化形式的功能/勒·套格敦白乙拉,蒙古学研究.2011.2
蒙古语长音结构中的前置元音研究/金刚,蒙古学研究.2011.3
构式语法理论及其对句法结构的解释/勒·套格敦白乙拉,蒙古学研究.2011.3
认知句法学理论、方法和研究对象/阿拉坦苏和,蒙古学研究.2011.3
用蒙古语颜色的象征探究比喻词义/嘎拉桑孟玉玲,蒙古学研究.2011.4
生态语言学的理论与研究对象/萨仁,蒙古学研究.2011.4
论蒙古文字的文化学研究/王桂荣,蒙古学研究.2011.4
谈蒙古语阿拉善口语的语音结合规律/孟根图雅,赤峰学院学报.2011.3

蒙古语长元音自动显示系统的设计/乌德巴拉，赤峰学院学报.2011.3
蒙古语科尔沁口语汉语借词的特征/白灵智，赤峰学院学报.2011.3
蒙古族"YUYUN"姓有关问题的探究/乌日罕，赤峰学院学报.2011.3

七　民族文学艺术

蒙古族有关马的祝词/屈原，内蒙古大学学报.2011.2
蒙古族火起源神话与火祭祀神话故事研究/塔拉，内蒙古大学学报.2011.2
诗镜病论（二）——论蒙古高僧诗镜病论的价值和地位/树林，内蒙古大学学报.2011.3
《江格尔》中英雄的生命特征/玉杰，内蒙古大学学报.2011.3
巴林赛罕乌拉传说的内容与结构/那日苏，内蒙古大学学报.2011.4
简论《后召庙传说》/贺·赛音朝格图，内蒙古大学学报.2011.6
玛拉沁夫小说民族文化内涵解读（一）——玛拉沁夫小说风景画描写解析/额尔顿仓，内蒙古大学学报.2011.6
蒙古国现代文学在中国的传播与研究（1946—1963）/张荣霞，内蒙古大学学报.2011.6
《文化大革命》时期蒙古文小说研究概况/吉日木图娜弥雅，内蒙古大学学报.2011.6
母题研究与《江格尔》的母题/张越，西部蒙古论坛.2011.1
关于传说《哈撒尔降伏巫婆》的研究综述/琴格勒，西部蒙古论坛.2011.1
浅谈《冉皮勒〈江格尔〉》一书/布鲁根，西部蒙古论坛.2011.1
蒙古贞地区胡尔沁说书的深描与阐释/陈曲　王志清，西部蒙古论坛.2011.2
蒙古英雄史诗口头叙事传统之战争的程式——以《圣主格斯尔可汗》史诗为例/秋喜，西部蒙古论坛.2011.2
从审美角度封析蒙古族笑克艺术的发展现状/哈中图雅，西部蒙古论坛.2011.2
关于传说《哈撒尔降伏巫婆》的口承问题/琴格勒，西部蒙古论坛.2011.2
关于萨满教的日、月崇拜/斯琴，西部蒙古论坛.2011.2
试论卫拉特蒙古狩猎题材的民歌长调/［蒙古］M.刚包里德，西部蒙古论坛.2011.2
民歌"Jawabaasutai"及其与历史有关问题的琐谈/那克，西部蒙古论坛.2011.2
卫拉特蒙古族文学崭新作品——《理论视野中的新疆蒙古族当代文学》评介/斯木娜，西部蒙古论坛.2011.2
探析蒙古史诗战争与结拜安达的文化结缘/关金花，西部蒙古论坛.2011.3
解析萨吾尔登舞蹈的动态特征及审美意蕴/贾珊花，西部蒙古论坛.2011.3
关于和布克赛尔民间长调及其歌手/阿·敖其尔，西部蒙古论坛.2011.3
关于卫拉特蒙古长调的结构/巴·巴图巴雅尔，西部蒙古论坛.2011.3
简述《卫拉特格斯尔》/玛·乌尼乌兰，西部蒙古论坛.2011.3
浅谈蒙古族英雄史诗开头部分的自然景物描写——以《蒙古族英雄史诗汇集》的卫拉特史诗为例/乌仁图雅，西部蒙古论坛.2011.4
关于卫拉特"长调歌"分类问题/巴·巴图巴雅尔，西部蒙古论坛.2011.4

科尔沁英雄史诗之佛教影响/白哈斯,内蒙古民族大学学报.2011.1
科尔沁扎萨克图旗蒙古民歌传承田野调查/石艳丽,内蒙古民族大学学报.2011.1
科尔沁图什业图旗蒙古民歌传承田野调查/梅花,内蒙古民族大学学报.2011.1
蒙古人的民歌传唱习俗与叙事民歌《韩秀英》的原创/海玲宝音套克涛,内蒙古民族大学学报.2011.1
关于赤峰地区蒙古人的民间唤歌/晓红,内蒙古民族大学学报.2011.1
科尔沁民歌与传承接受者/包萨茹拉,内蒙古民族大学学报.2011.2
库伦民歌传承田野调查报告/乌云高娃,内蒙古民族大学学报.2011.2
科尔沁民歌《韩秀英》传唱田野调查/海棠,内蒙古民族大学学报.2011.2
叙事民歌《嘎达梅林》传唱田野调查/张丽珍,内蒙古民族大学学报.2011.2
奈曼民歌之婚俗传承/王高娃,内蒙古民族大学学报.2011.2
长调民歌演唱技巧二则/格根塔娜,内蒙古民族大学学报.2011.2
蒙古族民间谚语与蒙古人的生产生活习俗/胡格吉夫牛雅琴,内蒙古民族大学学报.2011.3
论蒙古族对口好来宝的范围问题/包金刚,内蒙古民族大学学报.2011.3
论科尔沁民歌中的形象思维/金黑英,内蒙古民族大学学报.2011.3
解读蒙古族本子故事《五传》的思想观念/白哈斯,内蒙古民族大学学报.2011.3
科尔沁民歌《天上之风》与蒙古人的幸福意识/特木其格,内蒙古民族大学学报.2011.4
蒙古民间谚语与蒙古人的生态审美观念/王苏布道,内蒙古民族大学学报.2011.4
卫拉特新文学奠基者之一额·刊摘创作历程/查·乔旦德尔,内蒙古社会科学.2011.1
论陀思妥耶夫斯基的家庭题材作品/格博巴拉柱尔,内蒙古社会科学.2011.1
科尔沁现代地方小说中的种植风俗析/孙高娃,内蒙古社会科学.2011.1
蒙古族英雄史诗起源定型问题探/曹敦,内蒙古社会科学.2011.1
蒙古族长调民歌之三个特点/格根塔娜钢特木尔,内蒙古社会科学.2011.1
蒙古族文学作品中的狼及其相关叙述/满全,内蒙古社会科学.2011.2
源于《五传》的青海蒙古族民间故事/邰银枝,内蒙古社会科学.2011.2
蒙古族英雄诗史比较研究中的一些问题/齐玉花,内蒙古社会科学.2011.2
胡仁乌力格尔的传播对蒙古族人名文化的影响/额尔很巴乙拉,内蒙古社会科学.2011.2
蒙古族神话故事中的"太阳——火"原型分析/阿拉坦格日乐,内蒙古社会科学.2011.3
蒙古族民间故事与宗教文化的关系/李秀兰,内蒙古社会科学.2011.3
库伦历史民歌与宗教颂歌的关系/乌恩其巴·苏和,内蒙古社会科学.2011.3
论蒙古族宴歌及其音乐特点/乌云塔娜 萨日娜,内蒙古社会科学.2011.3
蒙古族长调民歌之我见/哈斯格日乐,内蒙古社会科学.2011.3
叙事民歌《达那巴拉》变体研究/张斌斌,内蒙古社会科学.2011.3
蒙古族男子三项竞技在建设和谐社会中的作用/巴图,内蒙古社会科学.2011.3
蒙古民间文学及民俗中鸡的象征寓意/今晓,内蒙古社会科学.2011.3
民间故事母题与20世纪八九十年代蒙古文小说创作/彭春 梅秀云,内蒙古社会科学.2011.4

青海蒙古族庆典民歌及其演唱传统/玉梅，内蒙古社会科学．2011．4
从阿拉善民歌看其驼文化内涵/宝力格，内蒙古社会科学．2011．4
论《蒙古源流》诗歌特点/张双福，内蒙古社会科学．2011．4
蒙古史诗与其它民族史诗中的女性形象比较研究/额尔敦高娃，内蒙古社会科学．2011．5
蒙古族好汉歌中的逝者习俗探析/王海荣，内蒙古社会科学．2011．5
蒙古族婚庆歌曲面面观/王金山，内蒙古社会科学．2011．5
蒙藏《猪头卦师》类型故事母题比较研究/仁增，内蒙古社会科学．2011．5
浅论课堂教学中的长调民歌/其其格，内蒙古社会科学．2011．5
《肃北蒙古族民间文学集》评介/呼和，内蒙古社会科学．2011．5
马拉沁夫小说民族文化内涵解读/额尔敦仓，内蒙古社会科学．2011．6
蒙古象棋雕刻艺术的文化内涵初析——以阿·敖日布先生的雕刻为例/孟克陶格陶，内蒙古师范大学学报．2011．1
论史诗《江格尔》的谚语审美特性/额尔敦高娃，内蒙古师范大学学报．2011．1
浅谈蒙古族英雄史诗的抢救与传承/斯琴朝克图，内蒙古师范大学学报．2011．1
论科尔沁民歌歌王查干巴拉的歌唱艺术/照日格图，内蒙古师范大学学报．2011．1
蒙古族谚语研究简论/敖其，内蒙古师范大学学报．2011．3
蒙古族叙事作品中的故事结构/道日那腾格里，内蒙古师范大学学报．2011．3
经文辩论对于对口好来宝的影响/包金刚，内蒙古师范大学学报．2011．3
简析《江格尔》中英雄奇异诞生母题/玉杰，内蒙古师范大学学报．2011．3
论《蒙古秘史》的叙事者/孟根娜布其，内蒙古师范大学学报．2011．3
蒙古翘尖靴由来与特点/贺奇业力图，内蒙古师范大学学报．2011．3
论扎鲁特长调民歌的艺术特征/扎力嘎夫，内蒙古师范大学学报．2011．2
析草原题材蒙古歌词的变迁——褚丽格尔阶级分析法及其在蒙古小说批评中的运用/元成，内蒙古师范大学学报．2011．2
论奈曼民歌中的感伤情怀/王高娃，内蒙古师范大学学报．2011．4
论科尔沁民歌形象思维特征/金黑英，内蒙古师范大学学报．2011．4
玛拉沁夫小说民族文化内涵解读之三——玛拉沁夫小说观念文化解析/额尔敦仓，内蒙古师范大学学报．2011．4
好来宝源自胡仁乌力格尔/乌·额尔很白乙拉，内蒙古师范大学学报．2011．4
论蒙古古典文学中的环保审美意识/苏布道，内蒙古师范大学学报．2011．4
《江格尔》不同版本的经验教训/达·塔，中国蒙古学．2011．1
蒙古（吐蕃）《格萨尔》史诗源于罗马帝国凯撒诸皇征战史/前德门腾汲思，中国蒙古学．2011．1
藏蒙与布里亚特版《格斯尔》比较研究/莫·赛吉日玛，中国蒙古学．2011．1
论安代故乡库伦叙事民歌及蒙古族民歌的传承/巴·苏和乌恩齐，中国蒙古学．2011．1
好来宝的艺术特性/阿如那，中国蒙古学．2011．1
从民间文学研究到民间文化的文化人类学研究/［蒙古］嘎·南丁毕力格，中国蒙古

学.2011.2
  科尔沁地区当代乡土小说的话语节奏探讨/孙高娃,中国蒙古学.2011.2
  蒙古族民间故事中的燕子和喜鹊的拟人化形象分析/王高娃,中国蒙古学.2011.2
  科尔沁民歌的审美模式探讨/晓红,中国蒙古学.2011.2
  从岔曲腔词的借用关系看清代不同民族文化的融合/王宇琪,中国蒙古学.2011.2
  匈奴青铜艺术动物形象分析及其对蒙古族造型艺术的影响/侯明,中国蒙古学.2011.2
  兴安地区山水传说特征/娜仁格日乐,中国蒙古学.2011.3
  青海蒙古人的说书传统与民间故事的传播现状/拉·仁桑,中国蒙古学.2011.3
  科尔沁民间兄弟俩的故事之类型分析/爱梅,中国蒙古学.2011.3
  "树瘤母亲猫头鹰父亲"母题的缘由/达·额尔德木图,中国蒙古学.2011.3
  论蒙古族歌曲文化与马文化的关系/额·格日乐图,中国蒙古学.2011.4
  汉译卫拉特《格斯尔》的得失/马·乌尼乌兰,中国蒙古学.2011.4
  卫拉特史诗韵文程式探析/牧仁,中国蒙古学.2011.4
  叙事民歌的开放式结构/乌仁其木格,中国蒙古学.2011.4
  科尔沁民歌人物形象的艺术特色/额尔德木图,中国蒙古学.2011.4
  论弃老型故事的象征意义/赵峰琴,中国蒙古学.2011.4
  兴安盟水土传说的民族文化特征/娜仁格日乐,中国蒙古学.2011.4
  研究兴安盟水土传说的现实意义/哈斯其其格,中国蒙古学.2011.4
  额尔敦陶格套诗歌作品的主题思想/楚鲁,中国蒙古学.2011.5
  论郭尔罗斯民歌的地域特征/旭仁其木格 格日勒图,中国蒙古学.2011.5
  简论蒙古族民间祝词的文化特质/王金山,中国蒙古学.2011.5
  蒙汉神话故事中的艺术形象之比较研究/哈斯格日乐,中国蒙古学.2011.5
  蒙古佛教舞蹈"查玛"研究/色仁道尔吉,中国蒙古学.2011.6
  论说书艺人对对口好来宝的推动作用/包金刚,中国蒙古学.2011.6
  安岱舞与匈奴舞之比较研究/萨如拉,中国蒙古学.2011.6
  乌珠穆沁宫廷歌曲相关忌讳习俗的文化根源/乌兰其其格,中国蒙古学.2011.6
  卫拉特英雄史诗的开篇叙事模式/额尔登别力格,中国蒙古学.2011.6
  蒙古人藏文文论体系简论/树林,中国蒙古学.2011.6
  别里古台的传说及其历史文化渊源/包·赛吉拉夫,中国蒙古学.2011.6
  赞歌祝词所包涵的蒙古人的生态观/王·苏布达,中国蒙古学.2011.6
  兴安盟地名传说的文化意义/娜仁格日勒,蒙古学研究.2011.1
  蒙古民俗和民间文学中的猴/金晓,蒙古学研究.2011.2
  伪满洲国时期蒙古文学之研究/永花,蒙古学研究.2011.3
  青海蒙古《格萨尔》传说的演变/迎春,赤峰学院学报.2011.1
  蒙古族史诗《江格尔》的人物形象与民族意识/乌云,赤峰学院学报.2011.2
  关于蒙古族长调/额尔德木图,赤峰学院学报.2011.2
  关于乌珠穆沁长调/吴咏梅,赤峰学院学报.2011.4

蒙古民歌"景叶玛"与《鸿雁》、《赞歌》/乌兰其其格，赤峰学院学报．2011．4

八　民族教育

关于民族地区高等教育对口支援问题/包晓燕，内蒙古社会科学．2011．2
蒙古族早期教育民俗探析/楠丁，内蒙古社会科学．2011．3
试论传承和发展蒙古族传统体育的措施/包殿福，内蒙古社会科学．2011．4
民族地区高校图书馆科学服务体系建设问题探讨/娜仁其其格，内蒙古社会科学．2011．5
中蒙两国师范大学世界历史教学比较研究/巴泽尔，内蒙古师范大学学报．2011．2
蒙古族道德教育方式的探讨/苏德毕力格，中国蒙古学．2011．1
论察哈尔锡林郭勒地区女子学校对蒙古族教育事业的影响/塔娜，中国蒙古学．2011．3
古代蒙古社会的论理道德教育历史考述/纳·斯仁，中国蒙古学．2011．5
关于城市化进程中的牧区教育之思考/纳丽娜，蒙古学研究．2011．2
关于民族高等教育立法问题的思考/包金花，赤峰学院学报．2011．4

【2012年】

一　民族理论

进一步完善民族区域自治制度/韩吉木斯，内蒙古社会科学．2012．2
以区域协调实现内蒙古的可持续发展/白玉刚，内蒙古社会科学．2012．2
加强社会管理创新的法治基础提升社会法治化水平/高香芝，内蒙古社会科学．2012．2
市政管理的改革创新与法制化/阿日本金，内蒙古社会科学．2012．2
充分发挥基层人民代表大会职能和作用的探讨/唐海军，内蒙古社会科学．2012．3
论乌兰夫民族工作原则/成帮，内蒙古社会科学．2012．6
论马克思主义有关政策策略的思想/达日瓦　巴拉钦道尔基，内蒙古师范大学学报．2012．1
江泽民创新理论与少数民族人才培养研究/吴萨日娜　齐百顺藤，内蒙古师范大学学报．2012．1
浅论如何提高农牧民法律意识的途径问题/包山虎，蒙古学研究．2012．3

二　民族经济

内蒙古牧区土地关系变迁研究/那顺巴依尔，内蒙古大学学报．2012．4
人民币跨境流通中的若干问题探讨/布仁吉日嘎拉　陈丽丽，内蒙古大学学报．2012．5
草原地带资源开发中的几个问题/金良，内蒙古社会科学．2012．1
对推进城镇居民养老保险的几点思考/图亚，内蒙古社会科学．2012．1

阿拉善草原生态问题及草原利用分析/纳生乌日图,内蒙古社会科学.2012.2
内蒙古畜牧业生产方式发展现状分析/赵萨日娜,内蒙古社会科学.2012.2
试论草原资源消费者的环境关怀度与草原文化未来走向的关系问题/乌尼尔,内蒙古社会科学.2012.2
内蒙古东西部居民收入差距实证分析/包凤兰麦拉苏,内蒙古社会科学.2012.3
构建我国民营银行金融监管框架探析/斯琴塔娜,内蒙古社会科学.2012.3
关于蒙古族农业史的几个问题研究/格日乐其其格,内蒙古社会科学.2012.3
格根塔拉与希拉穆仁草原旅游景区互补问题研究/额尔敦格日乐,内蒙古社会科学.2012.3
再谈清朝对喀尔喀蒙古实施的赈济政策/香莲,内蒙古社会科学.2012.4
论转变基于资源优势的经济增长方式/布和朝鲁,内蒙古社会科学.2012.5
构建内蒙古草原畜牧业自然灾害保险的必要性和路径思考/布仁吉日嘎拉 胡红霞,内蒙古社会科学.2012.5
牧区新型合作经济组织研究/艾金吉雅敖仁其,内蒙古社会科学.2012.6
内蒙古牧民持续增收对策研究/明月,内蒙古社会科学.2012.6
清代蒙古族社会契约理论内在矛盾探析/包勇,内蒙古社会科学.2012.6
《全面禁牧政策落实情况调查》——以达茂旗白音杭盖嘎查为例/铁柱 韩永梅,内蒙古师范大学学报.2012.4
论大力发展牧区合作经济组织加快推进社会主义新牧区/塔娜,内蒙古师范大学学报.2012.4
论马群的经营管理及其对草场与生态的影响/巴布,中国蒙古学.2012.3
论城镇化过程中的内蒙古草原畜牧经济经营模式/宝音其其格,中国蒙古学.2012.4
阿荣旗土地利用结构及其对策/毕其格,蒙古学研究.2012.1
从"蒙古秘史"探析古代蒙古人的商贸意识/额斯日格仓,蒙古学研究.2012.4
关于我区农牧业产品市场发展的剖析/新华,蒙古学研究.2012.4
内蒙古旅游经济发展中存在的问题及其对策研究/马冬梅,蒙古学研究.2012.4
赤峰市牧区牧业合作社发展中存在问题的探析/成邦 包金花 图门巴雅尔 张建国 李金玉,赤峰学院学报.2012.1
忽必烈汗农业政策研究/鲍青山,赤峰学院学报.2012.1
牧区生态移民的生活状况分析/乌日乐,赤峰学院学报.2012.1

三 民族学

试论家畜的护身带/乌日图那苏图,内蒙古大学学报.2012.2
日本环境社会学理论与实践/敬·查赫轮,内蒙古大学学报.2012.2
真寂寺寺志《信徒者入门》一书探析/额尔德木图,内蒙古大学学报.2012.2
蒙古族搏克研究概述/朝范冈,内蒙古大学学报.2012.2

关于蒙古文法律文献中的习惯法断案方式惯例［siqay—a］/赛音乌其拉图，内蒙古大学学报.2012.2

论宗教隐喻中的社会政治结构——以阿巴嘎旗田野调查为例/阿拉坦宝力高，内蒙古大学学报.2012.3

哈穆尼堪鄂温克姓氏考/扎·森德玛，内蒙古大学学报.2012.4

略论蒙古族卫生观念/策·巴图，内蒙古大学学报.2012.4

以舞治疗角度研究内蒙古安代舞/［加拿大］凯丝琳·科米塔，内蒙古大学学报.2012.4

库伦旗却日吉庙所祀"天女"头盖骨考/格·那木吉拉，内蒙古大学学报.2012.5

鄂尔多斯右翼前末旗的设立——释读相关几份档案文书/哈斯巴根，内蒙古大学学报.2012.5

以《蒙文学会》为中心的知识分子群体的形成/色·敖特根巴雅尔，内蒙古大学学报.2012.6

查干苏鲁克祭奠的名称文化蕴涵以及济格之原由/苏日娜，内蒙古大学学报.2012.6

蒙古地区地位方向研究——浅析北方游牧民族房屋、城址、墓葬的朝向/那顺达来，内蒙古大学学报.2012.6

浅论卫拉特蒙古传统游戏——查干木敦/乌达巴拉琪琪格，西部蒙古论坛.2012.1

浅谈茶的起源与蒙古族茶文化的形成/额布力图，西部蒙古论坛.2012.1

论冀蒙辽交界地区的民族关系——兼评王志清《语言民俗与农区蒙古族村落的文化变迁/逯宏，西部蒙古论坛.2012.1

个人与社会之间——重读赖特·米尔斯的《社会学的想像力》/双宝，西部蒙古论坛.2012.1

罗卜藏舒努生平事迹辑探/蔡家艺，西部蒙古论坛.2012.2

高僧仲钦·西绕嘉措及其文集/扎扎，西部蒙古论坛.2012.2

"天狗"——蒙古民族的狼图腾（代序）/姜戎，西部蒙古论坛.2012.2

察哈尔西迁新疆的过程及意义/吐娜，西部蒙古论坛.2012.2

蒙古族服饰文化的民族性与多元性特征/吴艳春，西部蒙古论坛.2012.2

卫拉特妇女手握"少日嘎"分娩习俗的文化解读/包银全，西部蒙古论坛.2012.2

成吉思汗祭祀研究概况/苏日娜，西部蒙古论坛.2012.2

"满族屯"满族的提亲方式的变迁/晓春，西部蒙古论坛.2012.2

《额尔古纳河右岸》的人类学解读/陈曲，西部蒙古论坛.2012.2

阿鲁科尔沁额鲁特部落及其现状/阿民布和，西部蒙古论坛.2012.4

积石冢、敖包与圜丘——评邢莉著《蒙古族游牧文化与女性民俗文化探微》/逯宏　王志清，西部蒙古论坛.2012.4

关于科尔沁蒙古地区的龙王爷信仰/达尔罕，内蒙古民族大学学报.2012.1

美国蒙古学及蒙古学专家/德力格尔，内蒙古民族大学学报.2012.2

关于20世纪初期的宝彦满都呼和他的政论文/宝音德格吉夫，内蒙古民族大学学报.2012.2

论科尔沁祭土地公神习俗来源及同化变异/额尔敦巴根，内蒙古民族大学学报.2012.2
美国的蒙古学研究及蒙古学文献贮藏/德力格尔，内蒙古民族大学学报.2012.4
生态移民村形成及现状分析/龙梅，内蒙古社会科学.2012.1
浅论非形式逻辑——批判性思维/莫日根巴图，内蒙古社会科学.2012.1
从蒙古族神话看古代蒙古人的辩证思维/布仁白乙拉，内蒙古社会科学.2012.1
草原文化视野下的红山玉器与巫觋服饰/雪莲，内蒙古社会科学.2012.1
法律意识在新农村牧区建设中的积极作用/包山虎，内蒙古社会科学.2012.1
第二届国际蒙古民俗文化学术研讨会综述/朝格吐　陈岗龙　包满亮，内蒙古社会科学.2012.1
蒙古搏克的优秀传统及其现实作用/阿木古楞，内蒙古社会科学.2012.1
蒙古族"牲畜节"与"牲畜过年"礼/哈森图雅，内蒙古社会科学.2012.2
喀喇莎尔土尔扈特敖包祭祀/才吾加甫，内蒙古社会科学.2012.2
蒙古族风干奶食特殊名称考述/[蒙古]图拉，内蒙古社会科学.2012.3
论扎萨克图旗科尔沁蒙古人除夕习俗/金黑英，内蒙古社会科学.2012.3
科尔沁蒙古人特殊亲属称谓的文化内涵/阿拉坦格日乐，内蒙古社会科学.2012.3
《蒙古民俗》评价/萨仁格日勒　好比斯嘎拉图，内蒙古社会科学.2012.3
蒙古族服装颜色结构研究/哈斯同力嘎，内蒙古社会科学.2012.4
和谐社会进程中的老年人健康问题研究/布仁巴图，内蒙古社会科学.2012.4
蒙古族禁忌与早期习惯法关系研究/李梅英，内蒙古社会科学.2012.5
对科尔沁地区巨额彩礼的人类学审视/塔娜，内蒙古社会科学.2012.5
蒙古国唆儿忽黑塔尼夫人研究概述/[蒙]巴图其其格，内蒙古社会科学.2012.5
蒙古文化的传承与创新研究/齐秀华，内蒙古社会科学.2012.6
论"那达慕"对蒙古族文化的传承功能/额尔敦巴根，内蒙古社会科学.2012.6
牧区民俗文化利用与旅游资源开发/克霞，内蒙古社会科学.2012.6
对建立区域性游牧文化保护区的紧迫性与可能性的探讨/斯钦毕力格，内蒙古社会科学.2012.6
五世达赖喇嘛对蒙藏关系的影响/根泉吉仁尼格，内蒙古社会科学.2012.6
唆儿忽黑塔尼夫人的信仰与家庭/乌兰格日乐，内蒙古社会科学.2012.6
归化城土默特孔子庙及其祭祀仪式初探/梅花，内蒙古社会科学.2012.6
蒙古搏克文化的传承/敖特根巴雅尔，内蒙古师范大学学报.2012.1
蒙古学会重要性及其研究/舍·敖特根巴雅尔，内蒙古师范大学学报.2012.2
科尔沁右翼前旗满族婚俗聘礼研究/晓春，内蒙古师范大学学报.2012.2
蒙古族哲学史上创新性著作——评格·孟和《蒙古族哲学原理研究》/色·额尔德木图，内蒙古师范大学学报.2012.2
蒙古族哲学层次性研究——评格·孟和《蒙古族哲学原理研究》/扎拉嘎，内蒙古师范大学学报.2012.2
蒙古族阿寅·竞行程习俗探析/扎格尔，内蒙古师范大学学报.2012.4

浅析日本人的酒谚语和酒文化/马福山,内蒙古师范大学学报.2012.4

论蒙古族博克发展的趋势/阿拉坦巴特尔,内蒙古师范大学学报.2012.4

崇尚自然践行开放恪守信义——论草原文化的核心理念/草原文化课题组,中国蒙古学.2012.1

崇尚自然——论草原文化核心理念之一/草原文化课题组,中国蒙古学.2012.1

践行开放——论草原文化核心理念之二/草原文化课题组,中国蒙古学.2012.1

恪守信义——论草原文化核心理念之三/草原文化课题组,中国蒙古学.2012.1

论科尔沁狩猎文化中使用猎物的习俗/博·照日格圈,中国蒙古学.2012.1

北方诸民族的太阳崇拜观探讨/阿拉坦格日乐,中国蒙古学.2012.2

呼和浩特大召寺"查玛"乐曲特色与内涵/王玉琪,中国蒙古学.2012.2

与"马"有关的成语之文化特质/乌恩斯琴,中国蒙古学.2012.2

蒙古人的生态观所反映的和谐思想/白图雅,中国蒙古学.2012.2

从传统习俗看蒙古人的和谐观/特木尔,中国蒙古学.2012.2

蒙古族饮食禁忌探析/根泉,中国蒙古学.2012.3

哈达的传统礼俗考/萨日娜,中国蒙古学.2012.3

论游牧文明与现代文明/奥仁齐朝戈满达,中国蒙古学.2012.3

日本的蒙古文期刊——1905—1949研究概述/舍·敖特根巴雅尔,中国蒙古学.2012.3

弘吉剌部古今变迁探究/纳·宝音贺希格,中国蒙古学.2012.4

科尔沁蒙古人传统亲属称谓的文化内涵及科尔沁文化影响/阿拉坦格日乐,中国蒙古学.2012.4

科尔沁右翼前旗满族来源传说及历史根源/晓春,中国蒙古学.2012.4

保护非物质文化遗产与库论语言文化遗产之间的关系/白秀峰,中国蒙古学.2012.4

以民俗学控制论探析喇嘛情歌中的违规情结/希·哈斯巴特尔,中国蒙古学.2012.4

蒙古族求子习俗研究/苏日娜,中国蒙古学.2012.4

蒙古族古代献酒仪式祝赞词的另一类变体/格日乐,中国蒙古学.2012.4

草原文化概念的内涵及其界定标准的重要性/王海荣,中国蒙古学.2012.5

论中亚古代蒙古人的原始思维/图·乌力吉,中国蒙古学.2012.6

库伦安代文化三个中心——下养畜牧、坤地、泊白/呼日勒沙 白音宝力高 德·额尔德木图,中国蒙古学.2012.6

巴尔虎蒙古人的春节习俗/高红梅,中国蒙古学.2012.6

论翁牛特部落与清朝婚姻关系/敖拉,中国蒙古学.2012.6

简论如何保护与发展马文化问题/乌兰敖都,中国蒙古学.2012.6

苏立德文化初探——试论苏力德桑/那仁敖其尔,蒙古学研究.2012.1

阿拉善蒙古的尊称名字之简谈/阿茹娜,蒙古学研究.2012.1

简论察哈尔蒙古人的待客习俗/额尔敦巴雅尔 巴雅尔玛,蒙古学研究.2012.1

与蒙古袍领子有关的习俗考察/吴代小,蒙古学研究.2012.1

浅析植根于蒙古族服饰文化的成语/刘银花,蒙古学研究.2012.2

苏力德文化初探——苏力德约孙/那仁敖其尔，蒙古学研究 .2012.2
蒙古靴的传统礼俗/白晓梅，蒙古学研究 .2012.2
简论蒙古饮食文化的地位和特点/特木勒都兰，蒙古学研究 .2012.3
蒙古服饰构造特征/哈斯同力嘎，蒙古学研究 .2012.3
哈撒儿文化及其价值取向/吴宝山　金亮，蒙古学研究 .2012.4
成吉思汗祭奠文化的价值/唐达来，蒙古学研究 .2012.4
蒙古族对火的神圣化意识探析/乌恩都日夫，蒙古学研究 .2012.4
察哈尔蒙古人"秀斯"习俗探析/乌仁陶格斯，蒙古学研究 .2012.4

四　民族宗教

关于科尔沁徒弟萨满之请神事宜/哈顺图雅，内蒙古大学学报 .2012.6
内蒙古喇嘛职务、职称简介/乌恩奇，西部蒙古论坛 .2012.1
布里亚特蒙古萨满教习俗与语汇/［俄罗斯］瓦·都·帕塔耶娃，西部蒙古论坛 .2012.1
国内新疆蒙古藏传佛教研究综述/达丽，西部蒙古论坛 .2012.4
近代蒙古族天主教信仰的演变之研究/斯日古楞乌云贺喜格，内蒙古民族大学学报 .2012.2
古代蒙古人萨满教环保意识试析/郭永兴，内蒙古社会科学 .2012.2
佛教在蒙古地区传播缘由探析/乌力吉陶格套，内蒙古社会科学 .2012.5
解析科尔沁萨满教过九道关祭祀图/达·宝力高，内蒙古师范大学学报 .2012.3
藏传佛教传播于蒙古地区的缘由/吴苏荣贵，中国蒙古学 .2012.2
佛教文化的珍贵遗产——阿鲁科尔沁罕庙寺/吴·敖日格乐，中国蒙古学 .2012.2
三世达赖喇嘛头骨崇拜物考/格·那木吉勒，中国蒙古学 .2012.4
论萨满教文化对"净化师传说"的影响/斯日古楞，中国蒙古学 .2012.4
论佛教量识论缘由/赛音德力根，中国蒙古学 .2012.4
巴尔虎萨满的传统葬礼与"复兴葬礼"/萨如拉，中国蒙古学 .2012.5
海云印简活佛的主要事略/朝鲁门，蒙古学研究 .2012.1

五　民族历史

蒙古古代方位/苏尤格，内蒙古大学学报 .2012.1
《卫拉特法典》研究中应注意的交叉研究问题/布仁巴图，内蒙古大学学报 .2012.1
考识阿尔寨石窟33窟优婆塞达摩多罗画像/纳·巴图吉日嘎拉，内蒙古大学学报 .2012.1
青海蒙古涉及历史人物的地名传说考/呼和，内蒙古大学学报 .2012.1
清代准土两旗边界纠纷与准格尔旗北段边界/包满达，内蒙古大学学报 .2012.1
关于衮布扎布所著一文的另一种版本/正月，内蒙古大学学报 .2012.2
论回民起义时期在伊克昭盟境内设置的驿站情况/代小，内蒙古大学学报 .2012.2
北元林丹汗都城地理位置考/萨义宁布，内蒙古大学学报 .2012.3

17世纪喀尔喀车臣汗部游牧地考/姑茹玛，内蒙古大学学报.2012.3
关于雍正时期喀尔喀巴尔虎逃亡俄罗斯事件/包梅花，内蒙古大学学报.2012.5
关于衮布扎布《恒河之流》与《元史》的关系/风晓，内蒙古大学学报.2012.5
蒙古史研究的新时代——《纪念成吉思汗诞辰850周年学术研讨会》综述/姑茹玛，内蒙古大学学报.2012.5
17世纪20—30年代的嫩科尔沁十扎萨克/玉芝，内蒙古大学学报.2012.6
探析《桦树皮律令》中几部律令的制定年代/图雅，内蒙古大学学报.2012.6
准噶尔汗国的经济发展/齐清顺，西部蒙古论坛.2012.1
13世纪蒙古征高丽、日本及其影响/乌云高娃，西部蒙古论坛.2012.1
元代两都驿道三则地名小考/魏曙光，西部蒙古论坛.2012.1
浅析准噶尔蒙古势力在藏兴起的原因/刚索南草，西部蒙古论坛.2012.1
浅谈卫拉特高僧咱雅班达游历西藏及返回四卫拉特/叶尔达，西部蒙古论坛.2012.1
郭美兰：清代边疆满文档案的整理者和研究者/马大正，西部蒙古论坛.2012.1
从俄文史料中探析噶尔丹与沙俄的关系/范丽君，西部蒙古论坛.2012.1
关于为捍卫西部边疆而不懈奋斗的卫拉特蒙古人的英雄事迹/浩·巴岱，西部蒙古论坛.2012.1
关于清代科布多地区卡伦的若干问题/宝音朝克图　刘朝辉，西部蒙古论坛.2012.2
同治光绪年间新疆蒙古族难民的流徙与安置/白剑光，西部蒙古论坛.2012.2
元代吐蕃高僧与畏兀儿的关系述论/王红梅，西部蒙古论坛.2012.2
我们正在谱写卫拉特研究的历史———至六届卫拉特蒙古历史文化学术研讨会评述/马大正，西部蒙古论坛.2012.3
元文宗在建康/陈得芝，西部蒙古论坛.2012.3
民国时期的新疆察哈尔蒙古/孟楠，西部蒙古论坛.2012.3
卡卢瑟斯及其对新疆蒙古地区和蒙古人的考察/许建英，西部蒙古论坛.2012.3
蒙古中央部落——"察哈尔"的由来及其演变/加·奥其尔巴特，西部蒙古论坛.2012.3
准噶尔汗国对"回部"地区的征服及其统治/齐清顺，西部蒙古论坛.2012.3
17世纪初卫拉特蒙古兴起原因浅析/苏利德，西部蒙古论坛.2012.3
读《万历武功录·长昂列传》札记/特木勒，西部蒙古论坛.2012.3
历史上内外蒙古政治文化的异向变迁及其启迪/方小丽，西部蒙古论坛.2012.3
内蒙古正蓝旗察哈尔额鲁特人初探/额尔登木图，西部蒙古论坛.2012.3
关于布里亚特档案史料中的"立誓文"/青格力，西部蒙古论坛.2012.3
18世纪前期准哈关系述论/蔡家艺，西部蒙古论坛.2012.4
土默特万户"顺义王"位之争简论/晓克，西部蒙古论坛.2012.4
蒙元时期阿里不哥家族的发展及其家族对斡亦剌惕部的影响/傲日格勒，西部蒙古论坛.2012.4
河南省中牟县校姓蒙古族认祖归宗记/任崇岳，西部蒙古论坛.2012.4
1760年乾隆皇帝《郊劳诗》满文本译注/党宝海，西部蒙古论坛.2012.4

《史集》黄河记载考辨/魏曙光,西部蒙古论坛.2012.4
论抗日战争时期博尔塔拉地区的蒙古文化促进会/王旭送,西部蒙古论坛.2012.4
清代西域驿站中的蒙古语地名研究/道·孟和,西部蒙古论坛.2012.4
准噶尔地图中的特克斯河流域河流地名考/巴·巴图吉尔嘎勒,西部蒙古论坛.2012.4
哲布尊丹巴呼图克图世系与喀尔喀蒙古的独立/特木尔巴根,内蒙古民族大学学报.2012.2
成吉思汗战略思维的逻辑学解析/吴美荣,内蒙古民族大学学报.2012.2
北元时期乌梁海与三林农业经济/阿荣,内蒙古民族大学学报.2012.2
成吉思汗的最早肖像之辨析/科尔沁夫,内蒙古民族大学学报.2012.2
古代蒙古人驿站的驿马习俗/王永梅,内蒙古民族大学学报.2012.2
蒙古语地名文化遗产的保护问题/天峰,内蒙古民族大学学报.2012.3
成吉思汗的生态观与政治思想/白图雅,内蒙古民族大学学报.2012.3
论蒙古史上的历史人物札木合/[蒙古]延迪,内蒙古民族大学学报.2012.3
蒙古人的成吉思汗崇拜与乌兰浩特成吉思汗庙/萨楚拉,内蒙古民族大学学报.2012.3
论窝阔台可汗的经济建设思想/扎拉嘎,内蒙古民族大学学报.2012.4
简论术赤对蒙古汗国所作出的贡献/包兰英,内蒙古民族大学学报.2012.4
卫拉特历史档案的形成及其馆藏情况/巴图巴雅尔,内蒙古社会科学.2012.1
西北回民起义时期征调伊盟官兵及跟役述略/代小,内蒙古社会科学.2012.1
《蒙古秘史》中记载的抢婚遗俗/[蒙古]乌干宝乐尔,内蒙古社会科学.2012.1
简论元朝端本堂学校/刚巴图,内蒙古社会科学.2012.2
清代阿拉善地区流亡蒙古人诸问题研究/谢咏梅 乌日汗,内蒙古社会科学.2012.3
蒙古帝国"笔帖式"机构探析/吴薄英 席彩云,内蒙古社会科学.2012.3
乌珠穆沁衮布扎布及其史学思想/风晓,内蒙古社会科学.2012.4
论《成吉思汗箴言》的哲学思想/格·孟和,中国蒙古学.2012.1
《圣妙吉祥真实名经》版本研究/孟·斯·乌力吉,内蒙古社会科学.2012.4
《清内秘书院蒙古文档案汇编》研究概述/达古拉,内蒙古社会科学.2012.4
《金轮千辐》与《阿萨拉克齐史》比较研究/[蒙古]哈伦,内蒙古社会科学.2012.4
清水河县明清古窑址群调查/么红杰,内蒙古社会科学.2012.4
清代蒙古地区佛教寺院的经济组织属性/哈斯朝鲁,内蒙古社会科学.2012.5
元代蒙古文辞书版本外部因素特征/包英,内蒙古社会科学.2012.5
策妄阿喇布坦的出生年新考/包青松,内蒙古社会科学.2012.6
成吉思汗与其周围的穆斯林商人的关系探微/萨日娜,内蒙古社会科学.2012.6
《五族谱》中的蒙古文波斯文合璧蒙古帝国王世系谱/青格力,内蒙古社会科学.2012.6
1958年版《成吉思汗两匹骏马》原文考述/格日勒,内蒙古社会科学.2012.6
论中蒙两国关系的历史特点/苏达那木若华,内蒙古师范大学学报.2012.1
关于中美两国国家结构形式的比较/张双莲,内蒙古师范大学学报.2012.1
谈古代蒙古人祭祀文化思维/图·乌力吉,内蒙古师范大学学报.2012.3
《十善福法门白史》与政治宗教关系/那顺乌力吉,内蒙古师范大学学报.2012.3

关于《班禅活佛觐见事宜致各盟旗书札》抄本/王梅花 莲花，内蒙古师范大学学报．2012．3
再论《青海卫拉特联盟法典》的名称结构和特征/王长青，内蒙古师范大学学报．2012．3
新疆卫拉特蒙古《巧女被迫害故事》类型研究/萨仁托雅，内蒙古师范大学学报．2012．3
莫日根格根《黄金史》的文献特点及价值/梅花，内蒙古师范大学学报．2012．3
土尔扈特人移居伏尔加河流域和卡尔梅克人被流放到西伯利亚及其回归故土/巴泽尔，内蒙古师范大学学报．2012．3
论成吉思汗律令的法律思想/特木勒，内蒙古师范大学学报．2012．4
论正确评价脱欢帖木儿可汗的历史地位问题/色·额尔德木图，中国蒙古学．2012．1
试论蒙古帝国时期的"达尔扈特"/宝德盖，中国蒙古学．2012．1
蒙古文档案文献的历史文化价值/达古拉，中国蒙古学．2012．1
卓索图盟纵队在翁牛特左旗的活动及其历史功绩/孟根旺其格，中国蒙古学．2012．1
从"呼图格"的内涵与形式看蒙古地区与日本的宗教文化关系/乌力吉套格套，中国蒙古学．2012．1
古代蒙古女性的政治地位及影响/香梅，中国蒙古学．2012．1
《未年凭证》撰写年代考/泉荣，中国蒙古学．2012．2
论满—蒙初期政治关系的形成与发展/聂小灵，中国蒙古学．2012．2
答理麻固什不是"彦吉嘎庙"一首席喇嘛/［蒙古］勒·哈伦，中国蒙古学．2012．2
蒙元时期的雪尼物部落/谢永梅，中国蒙古学．2012．3
蒙古法典所例"羞辱"习惯法条例探析/赛音乌其拉图，中国蒙古学．2012．3
从《蒙古秘史》两种英文版本看文化差异/斯钦巴图，中国蒙古学．2012．3
论大蒙古国忽里勒台制度/扎拉嘎，中国蒙古学．2012．5
古代蒙古族荣誉观探析/香梅，中国蒙古学．2012．5
镇压"红帽子暴动"后清政府对敖汉旗采取的治理措施/乌云达来，中国蒙古学．2012．5
文献《太祖皇帝的圣训》考/［蒙古］乌云额尔德尼，中国蒙古学．2012．5
中亚古代蒙古人的原始思维特征/图·乌力吉，中国蒙古学．2012．5
浅谈古代蒙古人哲学思想之具体表现/常玉梅，中国蒙古学．2012．5
论《蒙古秘史》的阿尔泰语系文化共性/旺其格，中国蒙古学．2012．6
《蒙古秘史》中有关"长生天"话语的阐释/哈斯高娃，中国蒙古学．2012．6
《孤儿舌战成吉思汗九卿传》的逻辑思维分析/娜仁其其格，中国蒙古学．2012．6
喀尔喀五部考/吉·额尔敦，中国蒙古学．2012．6
呼伦贝尔地区索伦八旗割的蓝行和民族的构成/包梅花，中国蒙古学．2012．6
雅托嘎流变考/额尔敦，中国蒙古学．2012．6
北洋军阀统治时期内蒙古行政建制的变革/布和朝鲁，蒙古学研究．2012．1
关于《蒙古秘史》中的《术赤》称谓之考察/吾克·别力克，蒙古学研究．2012．1
简论成吉思汗的战略和战术/吴美荣，蒙古学研究．2012．1
《咱雅班达传》中记载的准噶尔汗国时期蒙古地名之考/道·孟和，蒙古学研究．2012．2
成吉思汗的汗权思想——致成吉思汗诞辰850周年/格·孟和，蒙古学研究．2012．3

对《蒙古——卫拉特法典》中的社会阶层之考察/扎拉嘎　萨仁图雅,蒙古学研究.2012.3
《咱雅班达传》中记载的准噶尔汗国时期蒙古地名之考/道·孟和,蒙古学研究.2012.3
《青史演义》借鉴的十三种历史典籍初探/呼格吉乐图,赤峰学院学报.2012.1
《蒙古秘史》与《史记》的传记文学特征/李宏玖,赤峰学院学报.2012.1
《蒙古秘史》研究及撰写特征/乌云,赤峰学院学报.2012.1
布和贺希格《蒙古秘史》撰写特征/哈斯,赤峰学院学报.2012.1

六　民族语言文字

关于回鹘式蒙古文编码的几个问题/确精扎布,内蒙古大学学报.2012.1
蒙古文符号体系形成过程中汉语的影响/正月,内蒙古大学学报.2012.1
科尔沁方言中的儿童交际词汇分析/包呼格吉乐图,内蒙古大学学报.2012.1
关于《蒙古语连结形式信息词典》的建设/林八鸽　那顺乌日图,内蒙古大学学报.2012.2
关于回鹘式蒙古文编码的几个问题/确精扎布,内蒙古大学学报.2012.2
满译资料中标写蒙古语侧孵元音 o、ō 及其后续元音的情况描述/兀·呼日勒巴特尔,内蒙古大学学报.2012.2
郭尔罗斯口语词首音节短元音声学分析/娜仁高娃,内蒙古大学学报.2012.2
蒙古语言文字法制建设刍论/芒来夫,内蒙古大学学报.2012.3
科尔沁口语中的古词语/王丁柱,内蒙古大学学报.2012.3
论蒙古语口语的精准表达/乌日图那苏图,内蒙古大学学报.2012.3
蒙古语词法标注系统中兼类词的处理方法/吴金星,内蒙古大学学报.2012.3
运用历史比较法研究蒙古语族语言构词法问题/图门吉日嘎拉,内蒙古大学学报.2012.4
面向信息处理的蒙古语名词语义分类体系/海银花,内蒙古大学学报.2012.4
对《清澈的塔米尔河》语料库所进行的统计学观察——以"ni"个案为例/[蒙古]特·普日布苏荣,内蒙古大学学报.2012.4
匈奴"单于"一词的复原考释/乌其拉冈,内蒙古大学学报.2012.4
东部裕固语假定副动词附加成分的研究/哈斯呼,内蒙古大学学报.2012.4
基于依存语法的现代蒙古语语义角色标注初探/包晓荣　华沙宝,内蒙古大学学报.2012.4
关于西藏历史博物馆蒙古语文献语言现象数据统计研究/牧奇尔,内蒙古大学学报.2012.4
论调查蒙古语文使用情况的必要性与可行性/高·照日格图,内蒙古大学学报.2012.5
土族语民和方言与互助方言的语音比较/姜根兄,内蒙古大学学报.2012.5
解析蒙古文字 m l 字符变体现象/王桂荣,内蒙古大学学报.2012.5
基于《蒙古语口语语料库》分析元音长度/玉荣,内蒙古大学学报.2012.6
《蒙古秘史》语言的人称和谐关系及其表达方法/于权,内蒙古大学学报.2012.6
《蒙古秘史》中的《-uta》形式/布仁其木格,内蒙古大学学报.2012.6

游牧民族国家与蒙古语词 qota/格·海日寒，内蒙古大学学报．2012.6

试论锡伯语格范畴/桂芳，内蒙古大学学报．2012.6

乾隆帝学习民族语言述略/张小李，西部蒙古论坛．2012.1

蒙古语重叠词分析/贾唏儒，西部蒙古论坛．2012.2

新疆的多语环境与蒙古语方言特征的形成/陶·布力格，西部蒙古论坛．2012.3

论青海蒙古族民间时政谚语及其教育内涵/跃进冬梅，西部蒙古论坛．2012.4

关于人与动物的性别词语/包格处，西部蒙古论坛．2012.4

谈达尔罕旗蒙古人土语中的独特词/吴桂荣，内蒙古民族大学学报．2012.1

科尔沁史诗中 manggos 蟒古斯——与民间故事中 moos/乌仁其木格，内蒙古民族大学学报．2012.2

蒙古说书艺人成为"huurqi"说书师——途径之探索/呼琴图　宝音陶克套，内蒙古民族大学学报．2012.2

蒙古语科尔沁方言独具文化环境与汉语借词的形成和发展/包永芳，内蒙古民族大学学报．2012.2

《蒙古秘史》语言语法关系中的数词相称和表现方式/于权，内蒙古民族大学学报．2012.3

论乌兰夫民族语文思想要素的构成/色·贺其业勒图，内蒙古民族大学学报．2012.3

漫谈少数民族语言文字的使用权/庆毕力格，内蒙古民族大学学报．2012.3

蒙古语形容词与名词义位组合规则之分析/林八鸽，内蒙古民族大学学报．2012.4

蒙古语乌珠穆沁方言独特词/色布勒玛，内蒙古民族大学学报．2012.4

鄂伦春语词汇研究综述/高娃，内蒙古民族大学学报．2012.4

古代蒙古文辞典出版印刷技术之变迁/包英　哈斯图力古尔，内蒙古民族大学学报．2012.4

蒙古语长元音结构中的辅音研究/金刚，内蒙古社会科学．2012.1

《蒙古秘史》中语言格附加成分的特殊用法探析/额尔敦塔娜，内蒙古社会科学．2012.1

蒙古语及日语的属格比较研究/高娃，内蒙古社会科学．2012.2

基于《百万词级现代蒙古语语料库》的形动词过去时"Gsan Gsen"形式的统计分析/呼日乐吐什，内蒙古社会科学．2012.2

蒙古与修辞原形比较研究/图雅，内蒙古社会科学．2012.2

蒙古语自然口语现状/山丹，内蒙古社会科学．2012.3

《蒙古秘史》中出现的"札惕巴惕王京"和一些方言略谈/吉日嘎拉，内蒙古社会科学．2012.3

浅析蒙汉语同音同义词汇/孟和格日乐图，内蒙古社会科学．2012.3

科尔沁土语与锡伯语共有词比较研究/桂芳，内蒙古社会科学．2012.3

基于声学分析方法的郭尔罗斯口语长元音长度分析/娜仁高娃，内蒙古社会科学．2012.3

日蒙谚语比较研究/马福山，内蒙古社会科学．2012.4

蒙古语"xurdun"与"turgen"之特征分析/书包，内蒙古社会科学．2012.4

蒙古方言土语中的服饰名称特殊词汇/阿茹娜，内蒙古社会科学．2012.4

《蒙古秘史》文本中的句式并列关系与表现方式/达·宝力高,内蒙古社会科学.2012.4
哈莫尼干蒙古方言及其应用情况调查/森德玛,内蒙古社会科学.2012.4
鄂温克旗巴彦塔拉乡达斡尔族应用语言调查分析/乌云高娃,内蒙古社会科学.2012.4
蒙古语库伦土语借词研究/秀花,内蒙古社会科学.2012.5
语言的节俭原则与词义/其布尔哈斯,内蒙古社会科学.2012.5
《青海卫拉特联盟法典》文字书写特点/宝音额木和,内蒙古社会科学.2012.6
熟语与科尔沁当代乡土小说语言特点/孙高娃,内蒙古社会科学.2012.6
土族语重音探/姜根兄,内蒙古社会科学.2012.6
阿鲁科尔沁土语特点探析/格日勒,内蒙古社会科学.2012.6
鄂尔多斯土语词汇地域特点及其研究/莫·巴特尔,内蒙古师范大学学报.2012.1
再说黑城出土《孝经》的一个残页/嘎日迪,内蒙古师范大学学报.2012.1
蒙古语形动词的静词在日语中的表现特性/哈申图雅,内蒙古师范大学学报.2012.1
蒙古语简单形容词短语研究/吉人花,内蒙古师范大学学报.2012.1
口语鉴别的重要性——侦查语言学角度/包乌云,内蒙古师范大学学报.2012.1
论元代回鹘式蒙古文/哈斯巴根,内蒙古师范大学学报.2012.3
试论日语形容词谓语句蒙译技巧/赛音乌其拉图,内蒙古师范大学学报.2012.3
语料库分析软件 Antcnc 在蒙古语语料中的应用/金罡,内蒙古师范大学学报.2012.4
蒙古语英语第二人称代词的对比分析/巴·孟克,内蒙古师范大学学报.2012.4
蒙古语与英语构词法对比/白萨如拉,内蒙古师范大学学报.2012.4
敦煌石窟回鹘蒙古文榜题的内容及书写模式诠释/乌云,中国蒙古学.2012.1
蒙古语授课生学英语时词汇负迁移现象分析/陈玉红,中国蒙古学.2012.1
郭尔勒斯方言长元音之声学研究/娜仁高娃,中国蒙古学.2012.1
匈奴一词在现代蒙古语中的书写与发音之规范问题探讨/德·乌恩其,中国蒙古学.2012.1
科左后旗阿古拉镇蒙古语言使用情况调查/王顶柱 乌日其其格,中国蒙古学.2012.2
从认识论角度考察蒙古文植物名称/嘎拉桑 朝鲁门图雅,中国蒙古学.2012.2
蒙古语《畸阳》词源考/双山,中国蒙古学.2012.2
现代蒙古语态范畴内部种类研究/额尔敦初古拉 阎香兰,中国蒙古学.2012.2
阿加布里亚特和霍里布里亚特蒙古语的使用情况与方言调查报告/包满亮,中国蒙古学.2012.2
蒙古语并列连接形式的意义与作用/林八鸽,中国蒙古学.2012.2
中国蒙古语标准音与蒙古国规范音的比较研究/哈斯额尔敦,中国蒙古学.2012.3
汉语对科尔沁方言的影响/姜跟兄,中国蒙古学.2012.3
蒙古语方言现况研究/山丹,中国蒙古学.2012.3
基于影视剧语料库的蒙古语话语标记规则处理研究/包·敏娜斯·劳格劳,中国蒙古学.2012.3
"黄金史"中动词的《-Iga-1ge》附加成分的使用特点/斯琴花,中国蒙古学.2012.3
乌拉特方言词首音节短元音声学分析/敖登其木格,中国蒙古学.2012.3

蒙古谚语中有关马的描述/胡格吉夫，中国蒙古学.2012.3
词义分化与分配——达斡尔语和蒙古语同源词词义比较研究/其布尔哈斯，中国蒙古学.2012.4
《蒙古秘史》句法关系中的性语法和谐及其表现形式/达·宝力高，中国蒙古学.2012.4
论库伦方言与地方文化的关系/秀花，中国蒙古学.2012.4
阿拉善土语中有关骆驼称谓的特征/巴图格日勒，中国蒙古学.2012.4
日、蒙谚语思维特点比较研究/马福山，中国蒙古学.2012.4
伊力河上游所存托忒蒙古文文献田野调查报告/额尔德木图，中国蒙古学.2012.4
青海蒙古语方言中的熟语特征/娜木斯尔，中国蒙古学.2012.5
简论库伦旗蒙古语方言的词汇特点/额勤森其其格，中国蒙古学.2012.5
蒙古文字构形理据及其现实意义/王桂荣，中国蒙古学.2012.5
论反义词与近义词的关系/金书包，中国蒙古学.2012.5
蒙古语附加成分《la》研究/德力格日呼，中国蒙古学.2012.5
祭祀诗词应为书面作品/道·照日格图，中国蒙古学.2012.5
蒙古语多义词词类分布的计量/德·萨日娜，中国蒙古学.2012.6
蒙古族祝词产生的文化心理根源探讨/阿民布和，中国蒙古学.2012.6
试论蒙古族习语的文化心理特征——基于罗布桑丹津《黄金史纲》中的习语谈起/青格勒孟根花，蒙古学研究.2012.1
存在句的语义结构及其认知依据/阿拉坦苏和，蒙古学研究.2012.1
《蒙古秘史》十九节几个词汇释义/策吾克·别力克，蒙古学研究.2012.2
语言人际功能及其表达形式研究/勒·套格敦白乙拉，蒙古学研究.2012.2
动词句意义结构成分的构成及其认知依据/勒·套格敦白乙拉，蒙古学研究.2012.3
判断句意义结构成分的构成及其认知依据/勒·套格敦白乙拉，蒙古学研究.2012.4
关于语言与民族关系初探/萨仁，蒙古学研究.2012.4
日语中有关黍子谚语分析/马富山，赤峰学院学报.2012.1

七 民族文学艺术

关于琶杰演唱《格斯尔》史诗的有关问题/巴·布和朝鲁，内蒙古大学学报.2012.1
胯骨故事的原始观念探究/席·哈斯巴特尔，内蒙古大学学报.2012.1
论蒙古族一部民歌集《蒙古十八首歌》/德·塔亚，内蒙古大学学报.2012.2
蒙古族《兀格》体裁作品的形成/敖道胡，内蒙古大学学报.2012.2
建立北京版《格斯尔传》双语词典的初步研究/额尔敦敖日格乐，内蒙古大学学报.2012.2
民歌选集里存在的问题及注意事项/赛吉拉胡，内蒙古大学学报.2012.3
五世永胜活佛编译及创作的箴言诗研究/熙·巴达玛旺朝阁，内蒙古大学学报.2012.3
科尔沁民歌记述中历史文化谬误之辨析/特木尔巴根，内蒙古大学学报.2012.4
浅论五世永胜活佛的佛教仪轨诗/熙·巴达玛旺朝阁，内蒙古大学学报.2012.5

卡尔梅克著名江格尔齐奥夫拉演唱的10章《江格尔》及其托忒文版本问题/德·塔亚，内蒙古大学学报.2012.5

浅析曲调框架——以科尔沁叙事民歌《嘎达梅林》《春英》《天虎》为例/萨仁图雅 博特乐图，内蒙古大学学报.2012.6

浅析新疆蒙古族民间艺术/蔡仁，西部蒙古论坛.2012.1

《江格尔》中的佛教渗透/张越，西部蒙古论坛.2012.1

史诗《江格尔》中的萨满教研究概述/斯琴，西部蒙古论坛.2012.1

萨仁格日勒及其诗歌创作/玉梅，西部蒙古论坛.2012.2

评析蒙古韵文体裁名称的内涵/常玉梅，西部蒙古论坛.2012.2

关于史诗《江格尔》中的象征文化元素——兼论艺术构思与现实的关系/［蒙古］杜勒玛，西部蒙古论坛.2012.2

蒙古史诗中的颂词及赞颂文化心理——以巴亦特史诗《Bum—Erclene》为例/牧仁，西部蒙古论坛.2012.2

和布克赛尔民歌中所反映的地名/卡·才仁道尔吉，西部蒙古论坛.2012.2

论德都蒙古"巴颜松祝颂词"的宗教文化/哈斯其美格，西部蒙古论坛.2012.3

探析蒙古史诗战争与结拜安达的文化结缘/关金花，西部蒙古论坛.2012.3

解析萨吾尔登舞蹈的动态特征及审美意蕴/贾珊花，西部蒙古论坛.2012.3

关于和布克赛尔民间长调及其歌手/阿·敖其尔，西部蒙古论坛.2012.3

关于卫拉特蒙古长调的结构/巴·巴图巴雅尔，西部蒙古论坛.2012.3

简述《卫拉特格斯尔》/玛·乌尼乌兰，西部蒙古论坛.2012.3

国内《江格尔》比较研究概述/董蔚，西部蒙古论坛.2012.4

论藏传佛教"八吉祥"图案及其在新疆蒙古族中的传播和影响/蔡仁，西部蒙古论坛.2012.4

苏尔乐器的起源、发展与演变/巴图欧其尔，西部蒙古论坛.2012.4

蒙古民间文学研究与民间文学程式理论和研究方法/满都呼，内蒙古民族大学学报.2012.1

论蒙古民间文学中塑造的成吉思汗形象/斯琴高娃，内蒙古民族大学学报.2012.1

关于《红楼梦》版本在蒙古地区的传播/呼格吉勒图，内蒙古民族大学学报.2012.1

论民歌《嘎达梅林》中的信仰民俗/兴安，内蒙古民族大学学报.2012.1

略谈科尔沁民歌的人文特征/阿如汗宝柱，内蒙古民族大学学报.2012.1

说书故事中的汉族文化影响/照日格图，内蒙古民族大学学报.2012.1

论蒙古人记忆中的所谓《说书艺人》/单国峰 额尔很白乙拉，内蒙古民族大学学报.2012.1

论达尔罕旗蒙古民歌的独具特征/莎茹拉，内蒙古民族大学学报.2012.1

关于蒙古好汉民歌中的好汉形象——以科左后旗蒙古民歌为例/财泉，内蒙古民族大学学报.2012.1

新时期蒙古族小说的伦理学批评述评/阿拉坦巴根，内蒙古民族大学学报.2012.2

谈乌珠穆沁歌曲《娜布其玛》的主人翁/苏都毕力格，内蒙古民族大学学报.2012.2

库伦蒙古民间传说故事略谈/健英，内蒙古民族大学学报.2012.2
论高原蒙古人民间传说的种类及特征/呼和，内蒙古民族大学学报.2012.3
扎赉特蒙古民歌传承田野调查/海东巴·苏和，内蒙古民族大学学报.2012.3
科尔沁左翼后旗蒙古民歌传承田野调查/财泉巴·苏和，内蒙古民族大学学报.2012.3
论析库伦蒙古民歌的悲剧性特征/乌恩其，内蒙古民族大学学报.2012.3
蒙古族胡仁·好来宝的发展与民间祝词颂词/包金刚，内蒙古民族大学学报.2012.4
民间谚语与蒙古人的吉兆和宗教习俗/牛雅琴，内蒙古民族大学学报.2012.4
达尔罕旗蒙古民歌传承田野调查/莎茹拉巴·苏和，内蒙古民族大学学报.2012.4
《嘎达梅林》与《少郎和岱夫》之比较/斯琴格日乐，内蒙古民族大学学报.2012.4
论安代的象征意蕴/包金山，内蒙古民族大学学报.2012.4
《江格尔》中的起死回生母题简析/玉洁，内蒙古社会科学.2012.1
青铜时代的"鹿石"塑像艺术特点/［蒙古］白嘎丽玛，内蒙古社会科学.2012.1
科尔沁神话的美学欣赏/包晓华，内蒙古社会科学.2012.1
从汉译蒙《毛主席二十一首诗词》看翻译工作者自主意识的重要性/那日苏，内蒙古社会科学.2012.1
巴林民歌《诺热》简析/朝格图，内蒙古社会科学.2012.1
关于色勒喇嘛的历史记忆及《色勒喇嘛之歌》/孟根旺其格，内蒙古社会科学.2012.1
胡仁·乌力格尔的固定言语/额尔德木图，内蒙古社会科学.2012.2
从现实存在的叙述到史诗性环境撰写/包金花，内蒙古社会科学.2012.2
杜噶尔宰相传说的历史依据/［蒙古］乌力吉赛军，内蒙古社会科学.2012.2
蒙古族"猜名字"型故事的文化因子/白秀峰，内蒙古社会科学.2012.2
探讨《嘎达梅林之歌》中的结拜誓言民俗文化/代兴安，内蒙古社会科学.2012.2
新发现的蒙古族长调民歌《老雁》歌词分析/其其格，内蒙古社会科学.2012.2
布里亚特婚庆民歌探析/苏义勒，内蒙古社会科学.2012.2
试论蒙古文书法对蒙古文化的影响/海山，内蒙古社会科学.2012.2
中西方女性文学发展趋势刍议/达古拉，内蒙古社会科学.2012.3
中国蒙古史诗研究新趋势/跟锁，内蒙古社会科学.2012.3
图瓦《江格尔》与新疆《江格尔》故事情节比较/包银花，内蒙古社会科学.2012.3
乌兰巴托收藏《三国演义》蒙译版本及特点/聚宝，内蒙古社会科学.2012.3
佚名《四卫拉特史》三部原著研究/［蒙古］乌云毕力格，内蒙古社会科学.2012.3
色·宝音尼木和传补正/王满特嘎，内蒙古社会科学.2012.4
汉族历史故事在蒙古地区传播的历史原因/领小，内蒙古社会科学.2012.4
《一层楼》谜语探析/崔斯琴，内蒙古社会科学.2012.4
阿·敖德斯尔小说的人性挣扎/清华，内蒙古社会科学.2012.4
著名安代艺人哈斯哈达/那·阿拉坦莎 呼日勒沙 阿由尔散那，内蒙古社会科学.2012.4
史诗《江格尔》中围坐母题的非物质文化背景/关金花，内蒙古社会科学.2012.4
青海蒙古族"沙斯特尔歌"与其他民歌的关系/玉梅，内蒙古社会科学.2012.4

论卫拉特长调民歌的演唱民俗/额尔登别力格，内蒙古社会科学.2012.5
托忒文薰香祭诗结构分析/道·照日格图，内蒙古社会科学.2012.5
青海蒙古格斯尔传说研究/呼和，内蒙古社会科学.2012.5
试论博·照日格图小说的写实主义创作手法/哈·乌兰巴托，内蒙古社会科学.2012.5
"文化表演"与"口头文本"/乌兰其其格，内蒙古社会科学.2012.6
论清朝宫廷《蒙古音乐》/敖拉，内蒙古社会科学.2012.6
谈《巴拉根仓的故事》走向世界的意义/白钢，内蒙古社会科学.2012.6
蒙古族现代诗歌之文化意识析/黄金，内蒙古社会科学.2012.6
乌珠穆沁长调民歌《K6bqin Saglagar》演唱艺术初探/索依拉，内蒙古社会科学.2012.6
论喀喇萨尔蒙古民间文学分类与学术价值/达·那尔苏，内蒙古师范大学学报.2012.1
蒙古史诗中的《太阳——少年英雄》原型解析/阿拉坦格日乐，内蒙古师范大学学报.2012.1
蒙古史诗中所反映的岩石崇拜审美意识/额尔敦高娃，内蒙古师范大学学报.2012.2
关于青海蒙古民间文学中的舌战艺术/包金刚，内蒙古师范大学学报.2012.2
论"格斯尔"名称之含义/额尔敦巴根 额尔敦格日乐，内蒙古师范大学学报.2012.2
《成吉思汗陵》命名问题/贺奇业力图，内蒙古师范大学学报.2012.2
《阿拉善和硕特额鲁特旗全图》绘制年代初考/孟根其其格 谢永梅，内蒙古师范大学学报.2012.2
东部蒙古民歌中烟袋之象征意义/席·哈斯巴特尔，内蒙古师范大学学报.2012.2
扎鲁特与乌珠穆沁长调民歌演唱方法的比较/扎力嘎夫，内蒙古师范大学学报.2012.2
论科尔沁民歌中的爱与恨/阿如汗阿尼斯，内蒙古师范大学学报.2012.3
反映《文化大革命》蒙古族小说中的乌托邦理想——社会美好理想目标/初一，内蒙古师范大学学报.2012.4
蒙古族民间贤人故事中的宗教习俗/乌日汉，中国蒙古学.2012.1
蒙古人猫鼠故事研究——以猫藏匿排泄物类型故事为例/辉特·斯琴，中国蒙古学.2012.1
《江格尔》和蒙古《格斯尔》中的"Siroiyol-unyurban qayan"探讨/曹都格日勒，中国蒙古学.2012.1
人与自然完美融合的美景——现代蒙古文诗歌景物描写/黄金，中国蒙古学.2012.1
蒙古帝国和元朝时期蒙古族民歌之社会文化根源/常杰，中国蒙古学.2012.1
奈曼地区民歌之艺术形式研究/王高娃，中国蒙古学.2012.1
蒙古地区"弃老故事"的程式化特点/赵峰琴，中国蒙古学.2012.2
蒙古族与北方诸民族《天鹅故事》之比较研究/德·额尔德木图，中国蒙古学.2012.2
阿拉善民间故事中的永生理念/策·萨茹娜，中国蒙古学.2012.2
蒙古族英雄史诗母体研究综述/关金花，中国蒙古学.2012.2
民歌《bagarin taraya》之历史根源/包金花，中国蒙古学.2012.2
鸟居君子所著《从土俗学上看蒙古》的理论依据/达来，中国蒙古学.2012.2

论胡仁乌力格尔对东部蒙古族信仰文化的影响/额尔很白乙拉,中国蒙古学.2012.2
从胡仁乌力格尔看中原文化的渗透/李彩花,中国蒙古学.2012.2
论妥木斯油画的艺术特征/苏雅拉其其格,中国蒙古学.2012.3
叙事民歌并非纯文学——从表演的角度重新审视叙事民歌/赛吉拉胡,中国蒙古学.2012.3
论民歌"扎瓦巴嘎素泰"与卫拉特历史文化的关联/列格次克,中国蒙古学.2012.3
古代蒙古人征战之前说唱英雄史诗的习俗/欧其尔加甫·台文,中国蒙古学.2012.3
伯赫吉雅公爷的民间传说研究/贺·赛音朝克图,中国蒙古学.2012.3
"三国演义"在蒙古地区的口头传播模式/聚宝,中国蒙古学.2012.3
蒙古族乡土文化与乡土文学/宝音涛克陶,中国蒙古学.2012.4
民歌的生产与流传之我见——以民间歌手娜木吉乐玛访谈录为例/乌仁图雅,中国蒙古学.2012.4
日月星辰神话之关联研究/李华,中国蒙古学.2012.4
卡尔梅克民间故事集及其学术价值/巴·查汗,中国蒙古学.2012.4
初论蒙古花纹图案特色/布尔古德,中国蒙古学.2012.4
青海蒙古族宫廷宴歌之吟唱风俗/哈斯其其格,中国蒙古学.2012.5
马头琴演奏艺术的发展/张婷,中国蒙古学.2012.5
从蒙古族神话故事看类比法的演变过程/布仁巴乙拉,中国蒙古学.2012.5
卫拉特部落及其民歌的分布状况与渊源/额尔登别力格,中国蒙古学.2012.6
2011年中国蒙古英雄史诗研究综述/达·塔亚,中国蒙古学.2012.6
论巴栋民歌的地方特色/斯琴毕力格,中国蒙古学.2012.6
科尔沁民歌的声乐特点/乌云塔娜,中国蒙古学.2012.6
蒙古文学"四分法"的演变轨迹/常玉梅,蒙古学研究.2012.1
简论嘎达梅林之歌的戏剧特征/代兴安,蒙古学研究.2012.1
胡仁乌力格尔的演变述略/哈申图雅,蒙古学研究.2012.1
蒙古族传说中的太阳与月亮的性别意义/阿拉坦格日乐,蒙古学研究.2012.2
开鲁蒙文学会的创建与东迁/色·敖特根巴雅尔,蒙古学研究.2012.2
论布里亚特民间故事《麦尔根和他勇敢的妹妹阿芭哈》中的成年仪式/白秀峰,蒙古学研究.2012.3
《蒙古秘史》诗歌的某些缺陷/道·德力格尔仓,蒙古学研究.2012.3
扎鲁特长调及其现状/扎拉嘎夫,蒙古学研究.2012.3
社会交际礼仪的美学初探/委秀兰,蒙古学研究.2012.3
浅谈乌拉特地区哈布图哈撒儿传说的流传/通拉嘎,蒙古学研究.2012.4
青海蒙古《格萨尔》搜集整理与研究概况/杜荣花,赤峰学院学报.2012.1
评《卫拉特蒙古现代文学史》/满都拉,赤峰学院学报.2012.1
谈蒙古民歌歌词艺术/胡日查,赤峰学院学报.2012.1

八 民族教育

贡桑诺尔布创办的"毓正女学堂"及其教学实践/金银花,内蒙古社会科学.2012.1
试论蒙古族传统体育项目"男子三项技艺"的历史特征/包殿福,内蒙古社会科学.2012.1
试论蒙古族传统家庭教育/王莲花,内蒙古师范大学学报.2012.3
浅析社会工作专业教育改革——以内蒙古师范大学社会工作专业硕士培养方案为例/满达,内蒙古师范大学学报.2012.4
论民族传统体育对农村社会发展的作用/布仁巴图,内蒙古师范大学学报.2012.4
蒙古族传统家教精华遗失现象研究/孟根图娅,中国蒙古学.2012.6
蒙古族当代教育状况探析/温都日娜,赤峰学院学报.2012.1.

(供稿人:乌云格日勒)

第六篇

大事记

2010年民族工作大事记

王秀珍

1月

1月8日 中共中央政治局召开会议，研究推进西藏跨越式发展和长治久安工作，中共中央总书记胡锦涛主持会议。会议认真总结西藏工作的宝贵经验，深入分析西藏发展面临的新情况和新问题，进一步研究和部署推进西藏跨越式发展和长治久安工作，对保证西藏同全国一道实现全面小康社会奋斗目标具有十分重要的意义。会议强调，做好西藏工作事关全面建设小康社会全局，事关国家安全，事关中华民族根本利益和长远发展。会议强调，要坚持中央关心、全国支援和西藏广大干部群众艰苦奋斗相结合的方针，加大支援西藏工作力度，完善经济援藏、干部援藏、人才援藏、技术援藏相结合的工作格局。（《人民日报》1.9）

1月12日 2010年全国宗教工作会议在京召开。贾庆林对这次会议作出重要指示，要求各级党委、政府进一步加强对宗教工作的领导和支持。回良玉出席会议并指出，正确认识和处理宗教问题，切实做好宗教工作，关系党和国家工作全局，关系社会和谐稳定，关系中国特色社会主义事业发展。（《中国民族报》1.15）

1月18—20日 中共中央国务院召开的第五次西藏工作座谈会在北京举行。胡锦涛、温家宝发表重要讲话，贾庆林作总结讲话。吴邦国、李长春、习近平、李克强、贺国强、周永康出席会议。胡锦涛强调，当前和今后一个时期西藏工作的指导思想是：高举中国特色社会主义伟大旗帜，以邓小平理论和"三个代表"重要思想为指导，深入贯彻落实科学发展观，坚持中国共产党领导，坚持社会主义制度，坚持民族区域自治制度，坚持走有中国特色、西藏特色的发展路子，以经济建设为中心，以民族团结为保障，以改善民生为出发点和落脚点，紧紧抓住发展和稳定两件大事，确保经济社会跨越式发展，确保国家安全和西藏长治久安，确保各族人民物质文化水平不断提高，确保生态环境良好，努力建设团结、民主、富裕、文明、和谐的社会主义新西藏。（《人民日报》1.23）

1月26日 由国家民族事务委员会和中国建设银行联合创立的"少数民族地区大学生成才计划"在北京举行启动仪式。回良玉出席该仪式并为"成才计划"揭牌。"少数民族地区大学生成才计划"专门面向全国民族地区贫困大学生，由中国建设银行出资6000万元人民币，与全国16个少数民族地区的民委、教育部门和近百所高等院校合作，于5年内向品学兼优、家庭困难的少数民族地区大学生提供奖（助）学金。

2月

2月23日 《中国民族报》报道,今年西藏将正式启动古籍普查工作。资料显示,全国现存的藏文古籍总数在百万函以上,其中2/3收藏在西藏。文化部等八部委发出通知,要求切实加大对西藏自治区古籍保护工作的对口支援和支持力度,设立西藏自治区古籍保护工作专项资金。

2月26日 由新疆维吾尔自治区教育厅举办的中小学民族团结教育国家课程民语系教师培训班开班。至此,新疆中小学民族团结教育国家课程教师大都接受了专门培训。(《新疆日报》2.28)

2月27—3月30日 由文化部和国家民族事务委员会主办,中国艺术研究院、中国非物质文化遗产保护中心承办的"中国少数民族非物质文化遗产调演活动"在北京举行。此次活动汇集来自全国20个省(自治区、市)的20余个少数民族的近20名"国家级少数民族非物质文化遗产项目代表性传承人"和近2000名少数民族同胞,向广大民众显示少数民族独具韵味的"非遗"风情。此次活动充分弘扬中国少数民族的传统文化和民族精神,对其优秀的非物质文化遗产进行广泛宣传和有力展示。(《中国文物报》2.26)

3月

3月1日 第九届全国少数民族运动会筹委会在贵阳召开新闻发布会,以"和谐中华、多彩贵州"命名的第九届全国少数民族运动会会徽、取名"圆圆"的吉祥物和宣传画、主题歌在会上正式发布。国家民委、国家体育总局决定,自本届起全国少数民族运动会使用固定会歌,原征集的《手牵着心连着》会歌改为主题歌。(《中国民族报》3.5)

3月2日 《中国民族报》报道,国家开发银行近日与西藏自治区、四川省、甘肃省、青海省和云南省迪庆藏族自治州分别签署银政合作协议,以加大融资倾斜力度,建立融资新框架,大力支持西藏和四省藏族聚居区发展。(《中国民族报》)

3月6日 胡锦涛总书记参加十一届全国人大三次会议西藏代表团的全体会议,与代表们共谋如何把中央第五次西藏工作座谈会精神落到实处,推进西藏跨越式发展和长治久安大计。胡锦涛到中央工作18年来每年都参加全国人大会议西藏代表团审议。(《西藏日报》3.7)

3月10日 商务部与西藏自治区人民政府在北京签署《商务部、西藏自治区人民政府部区对口援助与合作协议》。双方决定,今后5年商务部将在7个方面加大对口援助与合作力度,共同推进西藏对内对外开放和商务事业更好更快更大发展。(《中国民族报》3.16)

3月16日 甘肃省扶贫办提供消息,甘肃省提前两年完成人口较少民族地区"整村推进",全省人口较少民族农牧民收入大幅提高,贫困人口大幅减少。(《中国民族报》3.19)

3月17日 向巴平措率全国人大西藏代表团访问澳大利亚,澳参议长和众议长共同会见西藏代表团。向巴平措强调,涉藏问题是中国的核心利益所在,我们与达赖的矛盾不是民族问题,不是宗教问题,也不是人权问题,而是事关中国主权和领土完整的问题。(《西藏日报》3.19)

3月19日　江西省出台《关于促进民族乡经济社会又快又好发展的意见》，将以加快基础设施建设和社会事业建设为重点，加大投入力度，使民族地区成为经济快速发展、财力明显增强、民生明显改善的示范乡。（《中国民族报》3.19）

3月20—26日　国家民委在北京举办全国民族经济工作研讨班。来自全国各省、区、市民族工作部门的民族经济分管领导和相关业务处室负责人共80余人参加了本次研讨班。此次研讨班的主要任务是总结交流"十一五"以来特别是2009年以来各地民族经济工作所取得的成绩和经验，研究探讨进一步做好民族经济工作的思路和举措，扎实做好新形势下的民族经济工作。（《中国民族报》3.23）

3月21—23日　西部大开发战略实施10周年之际，胡锦涛来到宁夏进行实地考察。考察期间胡锦涛还接见了宁夏回族自治区民族宗教界人士代表、民族工作者代表和民族团结进步模范代表。（《宁夏日报》3.26）

3月22日　正在澳大利亚访问的全国人大西藏代表团在中国驻悉尼总领事馆召开记者招待会，介绍了中国中央政府关于西藏工作的方针政策、西藏经济社会发展取得的成就和当前西藏民族团结社会稳定的形势。向巴平措阐明了中国政府在涉藏问题上的原则立场。（《西藏日报》3.24）

3月23日　中共中央政治局召开会议，研究推进新疆维吾尔自治区跨越式发展和长治久安工作；审议关于领导干部报告个人有关事项的规定和关于对配偶子女均已移居国（境）外的国家工作人员加强管理的暂行规定。中共中央总书记胡锦涛主持会议。（《人民日报》4.24）

3月23—25日　全国人大西藏代表团访问新西兰。向巴平措希望新方进一步认清达赖集团的本质，认清所谓"中间道路"、"高度自治"和"大藏区"的本质，不向达赖提供从事分裂祖国活动的空间和舞台。（《西藏日报》3.26）

3月24日　新疆高校少数民族思想政治教育骨干教师高级研讨班开班，这个研讨班是新疆即将开展的中国特色社会主义教育活动的重要组成部分。以中央关于维护新疆稳定、促进新疆发展的一系列指示精神为指导，以政治上可靠、业务上精湛、通晓新疆历史民族宗教、掌握思想政治教育规律、提升队伍素质为目标，努力培养一批能讲、会讲、愿讲的少数民族思想政治教育和新疆历史、民族、宗教等学科的骨干人才队伍。（《新疆日报》3.25）

3月25日　青海省政府举办的"学习贯彻中央第五次西藏工作座谈会精神，推进青海藏区经济社会发展"专题研讨班圆满结束。青海省委书记强卫强调，深入学习，准确把握，抓住机遇，奋力拼搏，加快推进青海省藏区跨越式发展和长治久安。（《青海日报》3.26）

3月26日　中国建设银行少数民族地区大学生成才计划在乌鲁木齐举行启动仪式，建行表示，将在未来5年内出资750万元资助新疆3750名贫困大学生。（《新疆日报》3.27）

3月27日　由中国国际经济交流中心主办的第八期"经济每月谈"研讨会在北京举行，会议主题为"西部大开发十年回顾与展望"。实施西部大开发，实质是加快民族地区的大发展。会议认为，要更加重视民族地区经济发展方式转变和民生改善。（《中国民族报》3.30）

3月27—4月1日　青海省委书记强卫率青海省党政代表团赴西藏自治区学习考察。考察期间，青海、西藏两省区党政领导举行了座谈会，双方一致认为，要紧紧抓住中央第五次西藏工作座谈会和国家支持青海等省藏区经济社会发展的历史机遇，进一步密切合作，加强交流，共同开创两省合作发展的新局面。（《青海日报》4.2）

3月28日　西藏文化博物馆开馆仪式暨"雪域宝鉴——见证西藏历史、弘扬藏族文化"大型主题展览在北京举行。刘云山、刘延东、杜青林参观展览。西藏文化博物馆由中国藏学研究中心从2007年开始筹建，是对外展示西藏历史和优秀民族传统文化的重要窗口。（《光明日报》3.29）

3月29—30日　全国对口支援新疆工作会议在北京召开，李克强出席会议并作重要讲话，周永康作总结讲话。这次会议是党中央、国务院决定召开的一次重要会议。会议内容是学习贯彻中央关于组织开展新一轮对口支援新疆工作的重要决策，对进一步加强和推进对口支援新疆工作进行动员部署。（《人民日报》3.31）

3月30—4月5日　由全国人大常委会副委员长韩启德率领的九三学社中央调研组，在云南省就少数民族边疆地区经济社会发展问题进行调研。韩启德指出，应从全局高度总结边疆民族地区发展的成功经验，进一步加大对少数民族地区的扶持，维护社会和谐稳定，促进区域经济社会均衡发展。（《云南日报》4.6）

4月

4月3—5日　国务院总理温家宝赶赴贵州旱灾最严重的黔西南苗族布依族自治州，先后到兴义市、兴仁县、安龙县，深入村寨，走访农户，慰问各族群众，到田间地头察看灾情，与干部群众共商抗旱救灾大计。（《中国政府网》4.5）

4月7日　温家宝主持召开国务院常务会议，研究深入实施西部大开发战略的重点任务和政策措施。（《人民日报》4.8）

4月9日　《中国文物报》报道，根据西藏自治区文物管理部门的最新数据，目前，西藏已有近800处文物点成为各级文物保护单位。其中，全国重点文物保护单位35处，自治区文物保护单位188处，市、县级文物保护单位484处。（《中国文物报》）

4月14日　青海省玉树藏族自治州发生7.1级地震，给当地人民群众生命财产造成严重损失。地震发生后，党中央、国务院高度重视。正在国外出席核安全峰会和"金砖四国"领导人第二次正式会晤并对巴西进行访问的中共中央总书记胡锦涛，国务院总理温家宝分别作出重要指示，要求全力做好抗震救灾工作。回良玉赶赴地震灾区慰问受灾群众指导救灾工作。温家宝总理随后赶赴地震灾区，代表党中央、国务院看望慰问受灾群众，实地察看灾情，指导抗震救灾工作。（《中央政府门户网》4.15）

4月15—25日　国家民委主任杨晶深入海南、广东、上海等地，对民族自治地方经济社会发展和城市民族工作进行调研。他要求，抓住制定"十二五"规划的机遇，推动民族自治地方社会加快发展，扎实做好城市民族工作，促进各民族团结奋斗，共同繁荣发展。（《中国民族报》4.30）

4月17日　中共中央政治局常委会召开会议，全面部署青海玉树抗震救灾工作。胡锦涛主持会议。（《人民日报》4.17）

4月18日　中共中央总书记胡锦涛18日晨乘飞机前往玉树地震灾区，看望慰问灾区干

部群众,实地指导抗震救灾工作。(《人民网》4.18)

4月21日 为表达全国各族人民对青海玉树地震遇难同胞的深切哀悼,国务院决定,4月21日举行全国哀悼活动,全国和驻外使领馆下半旗志哀,停止公共娱乐活动。各地民众举办活动,献上鲜花、点燃蜡烛向玉树遇难同胞致哀。(《新浪网》4.21)

4月27日 吉林省民族工作会议暨第五次民族团结进步表彰大会在长春召开,国家民委党组书记杨传堂出席会议。(《中国民族报》5.5)

4月30日 《中国民族报》报道,卫生部、国家民委共同提出《加强少数民族地区癌症综合防治工作的意见》,决定在少数民族地区深入开展癌症综合防治工作,提高癌症综合防治工作保障水平,逐步建立多部门协作机制。(《中国民族报》)

5月

5月1—2日 温家宝再次赴青海玉树地震灾区,深入学校、村庄、"方舱"医院、自来水厂和寺庙等看望慰问灾区各族干部群众,了解灾后群众安置情况,指导灾区恢复重建工作。(《青海日报》5.3)

5月6日 由国家民委所属6所民族院校组成的"中国院校文化教育交流团"在美国完成各项预定任务后回国。这标志着"多彩中华——2010民族文化周"走进美国系列教育文化交流活动画上了一个圆满的句号。这6所民族学校与美国高校先后签署或续签了16项合作协议。(《中国民族报》5.11)

5月14日 《中国民族报》报道,国家民委和重庆市政府签署《共同推进重庆市民族地区统筹城乡改革和发展合作协议》。国家民委将对重庆市民族地区统筹城乡改革和发展给予积极的帮助和支持。(《中国民族报》)

5月10—20日 "回眸经典——中国摄影大师蓝志贵、庄学本藏族摄影作品精品展"在南京博物馆展出。两位摄影家的80幅作品展示了20世纪30年代至70年代的西藏风情。内容包括藏族人物、生活、重大事件、风俗等。(《西藏日报》5.13)

5月17—19日 中共中央、国务院召开的新疆工作座谈会在北京举行。胡锦涛、温家宝发表重要讲话。这次会议是在我国全面建设小康社会进入关键时期、新疆发展和稳定面临重大机遇和挑战的新形势下召开的。会议全面总结新中国成立以来特别是改革开放以来新疆发展和稳定工作取得的成绩和经验,深刻分析新疆工作面临的形势和任务,进一步明确当前和今后一个时期做好新疆工作的指导思想、主要任务、工作要求,对推进新疆跨越式发展和长治久安作出了战略部署。(《中国新闻网》5.20)

同日塔吉克斯坦共和国总统拉赫蒙对中国新疆维吾尔自治区进行了为期3天的工作访问。自治区党委书记张春贤会见了拉赫蒙总统一行。中国外交部与塔吉克斯坦经济和贸易部签署了中塔政府关于加强中国新疆和塔吉克斯坦合作的协议。新疆有关单位和塔方签署了塔吉克斯坦国立大学与新疆大学合作的协议、新疆特变电工集团和塔方的合作协议。

5月28日 中共中央政治局召开会议,深入研究实施西部大开发战略的总体思路和政策措施。(《人民日报》5.29)

5月31—6月2日 国务院副总理李克强先后到哈尼族彝族自治州、昆明市,深入农业一线、企业车间、施工现场，走进城市社区、民族村寨，着重就西部大开发和云南经济社会发展进行考察。他强调，以开放促开发以转变促发展，把西部大开发不断推向深入。(《人民日报》6.4)

6月

6月12日　国务院扶贫办在京召开西藏和四省藏区扶贫开发工作会议，贯彻落实中央第五次西藏工作座谈会精神，深入研讨进一步推动西藏和四省藏区扶贫工作的政策与措施。国务院扶贫办党组书记、主任范小建出席会议并讲话。中央西藏工作协调小组和财政部等部门有关同志参加会议。全面加强西藏和四省藏区的扶贫开发工作，既是新阶段我国扶贫开发事业全面推进、纵深发展、提升整体水平的需要，也是扶贫开发服务大局、发展创新、开拓工作新局面的需要，西藏和四省藏区扶贫开发的目标是：到2020年基本消除绝对贫困现象，贫困人口大幅减少，集中连片贫困问题得到明显缓解。(《中国政府门户网》6.12)

6月18日　国家民委发布《国家民委关于做好少数民族语言文字管理工作的意见》强调，做好少数民族语言文字管理工作，要坚持依法管理、依法办事，促进国家通用语言文字的规范、丰富和发展，保护、使用和发展少数民族语言文字；坚持以人为本，尊重群众意愿，保障各民族公民选择学习使用语言文字的自由；坚持实事求是，分类指导，推动少数民族语言文字工作科学发展；坚持鼓励各民族相互学习语言文字，促进民族关系和谐发展。(《中国政府门户网站》6.18)

6月25日　由国家民族事务委员会、民政部指导，中国社会工作协会主办的"民族地区社会工作与社会建设论坛"在北京人民大会堂开幕。国务院副总理回良玉致信要求做好民族地区社会工作，促进各民族共同繁荣发展。与会期间，专家学者和来自民族地区与社区的社会工作者，就民族地区社会工作与社会建设进行了深入探讨。民族社区社工机构试点和社工培训班启动仪式也同时举行。(《中国民族报》6.29)

6月25—27日　由国家民委民族问题研究中心和吉林省民委共同主办的"2010年北方民族发展论坛"在长春召开。本届论坛紧紧围绕促进少数民族和民族地区平稳较快发展、促进民族关系和谐、确保民族领域稳定这一主题开展了广泛研讨。来自吉林省、黑龙江省、辽宁省和内蒙古自治区的民族工作者及专家学者共计五十余人参加了本届论坛。(《吉林省人民政府网》6.28)

同日，西藏阿里昆莎机场顺利实现首航，成为继拉萨贡嘎机场、昌都邦达机场、林芝米林机场后又一重要进出西藏的空中通道，填补了藏西北民航交通的空白。(《西藏日报》7.2)

7月

7月3日　《人民日报》报道，国家重点生态工程——西藏生态安全屏障保护与建设规划，目前已全面实施。工程总投资155亿元，涉及3大类10项生态环境保护与建设项目。整个工程不仅对我国，也将对全球区域环境与气候产生积极影响。

7月5—6日　中共中央、国务院召开的西部大开发工作会议在北京举行，胡锦涛、温家宝发表重要讲话。胡锦涛强调，深入实施西部大开发战略是实现全面建设小康社会宏伟目标的重要任务，事关各族群众福祉，事关我国改革开放和社会主义现代化建设全局，事关国家长治久安，事关中华民族伟大复兴。今后10年是全面建设小康社会的关键时期，也是深入推进西部大开发承前启后的关键时期。全党全国一定要从大局出发，深刻认识深入实施西部大开发战略的重要性和紧迫性，奋力将西部大开发推向深入，努力建设经济繁荣、社会进步、生活安定、民族团结、山川秀美的西部地区，为实现全面建设小康社会奋斗目标、实现中华民族伟大复兴作出新的更大的贡献。（《人民网》7.6）

7月7日　全国政协主席贾庆林在北京召开会议并讲话，就深入贯彻落实中央第五次西藏工作座谈会精神，推进西藏和四省藏区跨越式发展和长治久安，加强对口支援工作进行了研究部署。（《中国民族报》7.9）

7月17日　第二届少数民族戏剧会演在银川拉开帷幕。此次会演由国家民委文宣司、文化部社文司、中国少数民族戏剧协会和宁夏回族自治区文化厅、自治区民委共同主办。经过初评，来自内蒙古、吉林、山西、浙江、江西、云南、广西、甘肃、青海、宁夏等10个省（区）的5台少数民族戏剧、7台少数民族题材地方剧参演。（《中国民族报》7.20）

7月18—24日　由文化部、国家民委、国家广电总局、国家旅游局、中国人民对外友好协会和宁夏回族自治区人民政府共同主办的第二届中国（宁夏）国际文化艺术博览会在银川举行。本届文艺旅博会以"神奇宁夏，激情中国，和谐世界"为主题。其间，全国少数民族戏剧会演、台湾少数民族塞上行、中国西部民歌（花儿）歌会等众多好戏接连上演。（《中国民族报》7.20）

7月20日　中国国家档案局与新加坡国家档案馆在昆明联合进行抢救保护云南少数民族口述历史档案的培训。两年内试点阿昌、布朗、独龙、拉祜4个民族的口述历史档案抢救保护。（《云南日报》7.22）

7月26日—9月10日　中共中央统战部、国家民委在北京民族文化宫推出"中国少数民族文化博览"。

7月26—27日　全国少数民族特色村寨保护发展试点工作现场经验交流会在湖北宜昌举行。会议要求要做好特色村寨保护与发展工作，使特色村寨项目成为民族地区少数民族群众的德政工程、民心工程。（《中国民族报》7.30）

8月

8月1日　青海省委、省政府举行大会，欢迎来自中央和国家机关以及北京、上海等省市的102名援青干部，这些干部的到来标志着中央对口支援青海藏区工作正式启动。（《人民日报》8.4）

8月2日　为贯彻落实中央新疆工作座谈会、中央第五次西藏工作座谈会精神，国家民委在新疆乌鲁木齐市召开全国民委系统对口支援新疆、西藏民族工作部门工作座谈会。积极开展对口支援新疆、西藏民族工作，以实际行动推进新疆、西藏跨越式发展和长治久安。（《中国民族报》8.3）

8月14—15日　由中共中央统战部和国家民委联合召开的"全国推广湖北省对口支援民族地区发展经验交流会"在湖北武汉和恩施土家族苗族自治州举行。全国政协主席贾庆林作出重要批示，湖北经验对我国少数民族大分散、小集中地区民族工作有普遍借鉴意义；回良玉要求以学习湖北经验为契机，力争使中东部民族工作实现新突破。(《中国民族报》8.17)

8月17日　"玉树不倒　青海长青——玉树抗震救灾主题展览"在中国人民军事博物馆开幕。国务院副总理回良玉，中宣部部长刘云山出席开幕式并讲话。展览将持续到9月20日。

8月19日　为贯彻落实全国教育工作会议和教育规划纲要精神，教育部在成都召开民族教育专题规划纲要编制工作座谈会，探讨如何做好民族教育专题规划，促进民族教育又快又好发展。(《中国民族报》8.24)

同日，由《新疆通史》编委会、新疆社会科学院和中国社会科学院历史研究所联合举办的"历史上的中国新疆与中亚"国际学术研讨会在乌鲁木齐举行。来自俄罗斯、乌兹别克斯坦、吉尔吉斯斯坦、塔吉克斯坦、土耳其、印度、日本、韩国及中国的120多位专家学者参加会议。

8月27日　《中国文物报》报道，由中央统战部、国家民委主办的"中国少数民族文化博览"在北京民族文化宫开展。

9月

9月10日　《中国国民族报》报道，全国对口援疆工作全面铺开，19个省市已全部完成与新疆受援区县的对接工作。

9月5日　历时5年，共投资962万余元的西藏萨迦佛学院新址落成开光盛典举行。萨迦佛学院有初、中、高3个分院及密宗四大闭关修行院，共有来自青海、四川等藏族聚居区寺院的学僧200多位。(《中国民族报》9.14)

9月15日　全国政协主席贾庆林在北京会见全国少数民族参观团。此次全国少数民族参观团全部由2009年受到国务院表彰的民族团结进步模范个人组成，分别来自西部12个省区市和新疆生产建设兵团，以及延边、湘西、恩施等3个自治州，都是来自基层单位的干部群众。(《中国民族报》9.17)

同日，国家民委委员全体会议在北京召开，国务院副总理回良玉出席会议并讲话。会议强调，牢牢把握共同团结奋斗、共同繁荣发展的主题，进一步加大对少数民族和民族地区的扶持力度。(《西藏日报》9.18)

同日，由内蒙古自治区党委宣传部、乌兰夫基金会主办的《魅力内蒙古》西部大开发10周年摄影展在北京民族文化宫开展。

9月17—18日　全国民委系统民族文化和民族宣传工作现场会在云南省楚雄彝族自治州召开。来自全国各省市、新疆生产建设兵团有关同志近150余人参加会议。大家就如何进一步加强我国民族文化建设和民族宣传教育工作进行了深入研究和探讨。(《中国民族报》9.21)

9月19日　新中国第一所民族高校——西北民族大学喜庆60华诞。回良玉作批示，刘延东致信祝贺，杨传堂、陆浩等出席庆祝大会。(《中国民族报》9.21)

9月21日　中央组织部、中央党校、国家民委共同举办的省部级领导干部民族工作专题研讨班在北京结业。全国政协主席贾庆林在结业式上强调,认真贯彻落实中央关于民族工作的决策部署,进一步谱写民族团结进步事业新篇章。(《人民日报》9.22)

9月28日　为贯彻中央第五次西藏工作会议精神,推进西藏卫生事业跨越式发展,第五次全国卫生援藏工作座谈会在拉萨召开。张庆黎、白玛赤林出席会议,张茅讲话。(《西藏日报》9.29)

9月29日　由中国湘文化保护与发展协会、中华文物交流协会与台湾联合报共同主办的"西藏艺术大展——圣地西藏最接近天空的宝藏"在台北故宫博物院展出。此次"西藏艺术大展"由"吐蕃王朝"、"金色宝藏"、"文化交流"和"雪域风情"四个部分组成。展览将于2011年1月闭幕。(《中国文物报》10.20)

10月

10月10日　《西藏日报》报道,国家宗教事务局日前颁布了《藏传佛教寺庙管理办法》,将于2010年11月1日起实施。藏传佛教具有地域性和一定的特殊性,在西藏和四川、云南、甘肃、青海以及内蒙古等省、自治区具有广泛的群众基础和社会影响;藏传佛教寺庙不仅是宗教活动的场所,同时又是基层社会单位,具有一些不同的特点。颁布实施这一办法,是落实宪法原则、保障公民宗教信仰自由的需要,也是贯彻执行《宗教事务条例》的需要。

10月21日　中央党校召开座谈会纪念西藏民族干部培训班创办30周年。习近平出席座谈会并讲话强调,贯彻落实十七届五中全会精神,更好更快地推动民族地区经济发展与社会进步,必须继续大力培养和造就德才兼备的少数民族优秀干部,必须进一步做好少数民族优秀干部培训工作。(《人民日报》10.20)

10月25日　全国经济对口支援西藏工作座谈会在成都召开,会议全面总结了中央第三次西藏工作座谈会召开15年来全国援藏工作取得的成就经验,并就今后10年全国经济援藏工作思路及具体措施进行了研究部署。会议期间,全国17个援藏省市、17个援藏中央企业有关负责人与自治区有关部门、7地市领导同志围绕经济对口援藏相关具体政策措施进行了座谈,研究讨论了《关于进一步加强经济对口支援西藏工作的实施意见》以及《经济对口支援西藏专项编制工作大纲》。(《中国西藏新闻网》10.26)

10月30日　西藏第五个民用机场——日喀则机场顺利实现试飞通航,这标志着西藏"十一五"民航项目圆满完成。张庆黎作出批示,希望各有关方面一定高标准、严要求,切实把机场建设好、管理好、经营好,充分发挥民航在西藏综合交通运输体系中不可替代的重要作用,造福西藏各族人民。(《西藏日报》10.31)

11月

11月6日　《青海日报》报道,国务院新农保试点工作领导小组下发了《关于批复青海省2010年新型农村社会养老保险试点县名单的通知》,同意将青海省互助、民和、循化、化隆、大通5个民族自治县纳入全国新农保试点范围。

同日,西藏自治区发布《西藏自治区中长期人才发展规划纲要(2010—2020年)》,确定未来10年,西藏将实施人才素质提升工程、农牧区急需人才培养等7项重大人才工程,从整

体上改善人才短缺现状，为西藏跨越式发展和长治久安提供智力支持。（《中国民族报》11.9）

11月15日　由国务院新闻办公室、西藏自治区人民政府、中国驻西班牙大使馆联合举办的"2010·中国西藏文化周"在西班牙首都马德里隆重开幕。通过"雪域风情"图片唐卡展览、"魅力西藏"歌舞表演、"倾听西藏"藏学家和藏医药学家交流等活动，全方位展现西藏悠久的民族文化和独特的风土人情。此次文化周为期10天，在马德里和巴伦西亚两座城市举行。（《西藏日报》11.17）

11月16日　西藏宇妥藏药产业集团有限责任公司在拉萨挂牌成立。张庆黎、白玛赤林为集团成立揭牌。（《西藏日报》11.17）

11月21日　北京大学等7所高校团队式对口支援西藏大学签约仪式在京举行。教育部党组成员、部长助理林蕙青出席会议并讲话，她强调，要按照中央提出的要求，集优质资源，聚优势力量，帮助西藏破解高等教育发展难题，全面提升高等教育质量，为实现西藏跨越式发展提供智力支持和人才保障。（《教育部网站》11.22）

11月23日　首届藏学珠峰论坛在北京召开，来自国内科研机构和高等院校的近百名专家学者围绕社会经济、当代政治、历史、宗教和藏医药5个主题进行了深入探讨。此次会议旨在推动藏学研究、繁荣藏学事业。（《西藏日报》11.25）

11月27—28日　由中国民族建筑研究会主办的第十三届中国民族建筑年会暨民族建筑保护、传承与创新发展高峰论坛在北京人民大会堂开幕。来自全国各地从事民族建筑管理、研究、保护的专家学者，以及规划师、建筑师、企业家200多人出席会议。（《中国文物报》12.3）

12月

12月1日　新疆维吾尔自治区第一届大学生双语能力大赛开始进行决赛。选手们用本民族语言和汉语回答综合知识，用歌曲、舞蹈展现才艺。（《新疆日报》12.2）

12月11日　由国家民委民族问题研究中心主办的"全国牧区发展研讨会"在北京中央民族干部学院召开。（《中国民族报》12.17）

12月14日　《中国民族报》报道，近年来，特别是"十一五"期间，我国少数民族古籍保护工作取得重大成就。抢救整理散藏在民间的少数民族古籍约百万种，其中包括许多珍贵的孤本、珍本和善本，公开出版了5000余种。已有19个民族的古籍纲要目录完成编纂出版工作。同时，建立了一支5000多人的少数民族古籍保护队伍。

12月14—15日　第三次全国少数民族古籍工作会议在北京召开。国家民委主任杨晶在讲话中强调，保护好、研究好、利用好少数民族古籍，是社会主义文化建设的重要内容，是民族工作的重大任务，是繁荣发展少数民族文化的战略性工程，具有重大的现实意义和深远的历史意义。（《中国民族报》12.17）

12月16日　2010年第24期《求是》杂志发表全国政协主席贾庆林的文章：《坚定不移走中国特色解决民族问题的正确道路》。文章强调，民族问题是关系国家前途命运和人民幸福安康的重大问题，必须坚持一切从我国民族问题实际出发，坚定不移走中国特色解决民族

问题的正确道路,不断巩固我国各民族在社会主义大家庭中和衷共济、和睦相处、和谐发展的良好局面。(《人民日报》12.16)

12月17日 由外交部、北京市、新疆维吾尔自治区人民政府、新疆生产建设兵团联合举办的"与新疆同行"专题系列活动开幕式在北京举行。(《新疆日报》12.18)

12月20日 北京—内蒙古"十二五"时期对口帮扶合作工作启动大会在北京举行。会议贯彻京蒙经济社会发展合作交流座谈会精神,落实两区市签署的区域合作框架协议,全面推进对口帮扶和区域合作各项工作,标志着京蒙两区市新一轮对口帮扶正式步入实质性操作阶段。(《内蒙古日报》12.21)

12月22日 十一届全国人大常委会第十八次会议在人民大会堂举行第二次会议,听取了国务院关于加快少数民族和民族地区经济社会发展工作的报告。受国务院委托,国家民族事务委员会主任杨晶报告了加快少数民族地区经济社会发展的工作情况,报告中提出八大举措加快少数民族和民族地区发展。(《中国民族报》12.24)

12月23日 《光明日报》报道,在由中国作家协会、新疆维吾尔自治区党委宣传部、新疆文联主办的"纪念著名诗人铁依甫江·艾力尤夫诞辰80周年"座谈会上,自治区党委书记张春贤宣布,新疆设1000万元基金支持少数民族文艺创作,以大力弘扬各民族优秀文化。

12月24—25日 全国城市民族工作座谈会在浙江省宁波市召开,全国政协主席贾庆林作出重要批示,强调城市民族工作重点抓好三个方面:一是依法加强管理;二是做好为少数民族服务工作;三是加强民族团结的宣传教育,实现各民族共同团结奋斗、共同繁荣。(《中国民族报》12.28)

2011年民族工作大事记

王秀珍

1月

1月4日　《人民日报》报道，截至1月3日，19省市1600余名援疆干部已踏上了新疆这片热土，新一轮的对口援疆拉开帷幕。

1月11日　教育部批准了《新疆维吾尔自治区实施师范生免费教育改革试点实施方案》。新疆维吾尔自治区实施师范生免费教育改革试点的总体目标是：落实教育优先发展的战略地位，从根本上解决新疆维吾尔自治区农村中小学和学前"双语"师资短缺问题，大力提高农村中小学"双语"教学质量，吸引和鼓励更多优秀青年报考师范专业，促进高等教育入学机会公平，促进基础教育健康发展。（《中国民族宗教网》1.11）

1月17日　西藏自治区教育工作会议在拉萨举行。会议的主要任务：认真贯彻全国教育工作会议精神和国家中长期教育改革和发展规划纲要，全面总结新时期教育工作经验，科学分析教育工作面临的新形势，研究部署教育改革发展工作全力推动教育事业优先发展、科学发展，为推进西藏跨越式发展和长治久安，全面建设小康社会提供更有利的人才保证和人力资源支撑。（《西藏日报》1.18）

1月26日　由文化部、新疆维吾尔自治区人民政府主办的"西域遗珍——新疆历史文献暨古籍保护成果展"在北京国家图书馆展览中心开幕。此次展览展出了全国23家收藏单位320余件展品，其中超过半数为现存的孤本，21部古籍已入选《国家珍贵古籍名录》。展品分四大部分，全面展示了新疆多民族、多语言、多文化、多宗教、历史悠久的鲜明特点。（《中国文物报》1.28）

1月30日　近日，经云南省政府批准，省财政厅、省民委联合下发了《云南省少数民族传统文化抢救保护专项经费管理暂行办法》。主要用于资助少数民族语言文字的抢救保护及规范化、标准化、信息化和资源数据库建设；少数民族文物的普查、征集、展示、宣传、研究和民族文物资源的数据库建设；少数民族古籍的普查、征集、抢救、保护、修复、翻译、整理、出版、传承人培训和信息化管理系统建设；濒危少数民族传统文化遗产抢救、保护、传承和研究；流传广泛的少数民族口传文学等非物质文化遗产抢救保护和整理开发；少数民族传统文化抢救保护项目出版；少数民族优秀传统文化遗产交流合作；少数民族优秀传统物质文化遗产抢救保护；省委、省政府确定的其他少数民族传统文化抢救保护项目。（《中国民

族宗教网》1.30）

2月

2月9日　《中国文物报》报道，2011年甘肃省专门设立了"少数民族文化事业发展专项补助资金"，专门用于资助民族地区的文化事业单位和文化发展项目。

同日，教育部批准西藏大学"中国少数民族语言文学"（藏语言文学）为国家重点学科，批准西藏大学农牧学院"生态学"为国家重点（培育）学科。（《西藏日报》3.20）

2月11—13日　中共中央政治局常委、国务院副总理李克强在贵州黔南布依族自治州和贵阳市考察工作。李克强同当地群众亲切座谈，了解群众疾苦，倾听百姓建议，他强调，在发展中要更加注重保障和改善民生。（《贵州日报》2.14）

2月14日　宁夏回族自治区党委、政府制定的《宁夏中长期教育改革和发展规划纲要》今天首次公开，这一纲要全面规划了未来10年宁夏教育改革和发展的宏伟蓝图。《宁夏中长期教育改革和发展规划纲要》的战略目标为：到2020年基本实现教育强区目标。教育主要发展指标达到全国平均水平，部分指标达到全国先进水平。基本实现教育现代化，基本形成学习型社会，基本满足人民群众对教育的多样化需求，进入人力资源强区行列。（《凤凰网》2.14）

2月20日　《光明日报》报道，云南大理白族自治州2010年高考上线率达98.7%，连续六年蝉联全省第一。大理把教育列为民生之首，常抓不懈，现代国民教育体系不断完善，优质教育资源不断扩展，人民群众接受更多更好教育的需求得到有效满足。

2月22日　《中国民族报》报道，西藏"十二五"期间将做大做强藏医药事业，每年安排1000万元专项资金，重点支持藏医药特色服务。

2月23—24日　中共中央政治局常委，全国政协主席贾庆林在北京召开会议并发表重要讲话，就认真学习胡锦涛同志在省部级主要领导干部专题研讨班上的讲话，全面贯彻落实中央第五次西藏工作座谈会精神，做好"十二五"时期西藏和四川藏区发展稳定各项工作进行部署。（《人民日报》2.25）

2月24日　由国家民委、世界华侨华人社团联合会主办"铁木尔·达瓦买提爱国主义诗歌书画展"在北京举行，八届全国人大常委会副委员长布赫、九届全国人大常委会副委员长铁木尔·达瓦买提、十一届全国人大常委会副委员长司马义·铁力瓦尔地、国家民委党组书记杨传堂、中国书协副主席苏士澍和17个阿拉伯国家驻华使节等200多人参加了开幕式并参观了展览。展览期间贾庆林、李长春、回良玉等国家领导人先后参观了展览。铁木尔·达瓦买提的诗集已由著名书法家使用汉、维吾尔、阿拉伯等多种文字创作书写，这也是国内首次运用多种文体书写少数民族领导人的诗歌作品。（《新疆日报》2.25）

2月26日　先心病儿童救助行动新闻发布会在北京人民大会堂举行。发布会上正式启动"为了我们的孩子——千名少数民族贫困家庭先心病儿童救助行动"，51位新疆先心病儿童在京接受免费治疗。（《光明日报》2.27）

3月

3月18—19日　国务院总理温家宝到云南省德宏傣族景颇族自治州盈江县地震灾区，指导抗震救灾和灾后重建工作。温家宝指出，盈江县地震灾区是边疆地区、少数民族地区，也是贫困地区，要把恢复重建同扶贫开发相结合，同扶持少数民族地区特别是人口较少民族地区发展相结合，同兴边富民相结合，通过扎实努力的工作，建设一个更加美好的新盈江。(《人民日报》3.20)

3月19日　由云南师范大学伍雄武教授为首席专家，集合全国近40个民族、70位专家学者承担的国家社科基金重大招标项目"中国少数民族哲学史"项目正式启动。(《云南日报》3.20)

3月20日　《青海日报》报道：全国总工会把加强青海藏区工会干部培训工作作为支持青海藏区工会工作创新发展的重要举措，切实做到在政策上倾斜、在资金上帮扶。从今年起，每年补助30万元专项资金，安排青海省8名工会干部分批到全国总工会相关部门挂职锻炼。

3月21—22日　中共中央政治局常委、国务院副总理李克强在内蒙古重点就民族地区"十二五"规划实施、经济发展和民生工程建设进行考察。(《人民日报》3.23)

3月22日　中央组织部、中央统战部、国家民委今天在北京举行2011年西部地区和其他少数民族地区挂职锻炼干部培训会。全国16个省（区、市）及新疆生产建设兵团赴中央国家机关和国有重点骨干企业挂职的234名干部参加培训。由西部地区和其他少数民族地区选派的500名干部将于近日分赴中央国家机关和经济相对发达地区挂职锻炼，这是20余年来选派人数最多的一次。(《宁夏日报》3.23)

3月24日　预计总字数达450万字的《玉树大地震救灾重建志》编纂工作正式启动。旨在以志书的形式，全面、客观、真实地记述玉树大地震灾情、抗震救灾及灾后重建的全貌。(《新华网》3.25)

3月25日　中央有关部门和新疆负责人会议在北京召开。中共中央政治局常委、中央政法委书记周永康主持会议并强调，落实民生优先要求，科学制定援疆规划，全面组织实施新一轮对口援疆工作。(《人民日报》3.26)

3月30日　国务院总理温家宝主持召开国务院常务会议，讨论通过《青藏高原区域生态建设与环境保护规划（2011—2030年）》。会议指出，包括西藏、青海、四川、云南、甘肃、新疆6省（区）27个地区179个县在内的青藏高原，地理位置特殊，自然资源丰富，是我国重要的生态安全屏障。加强青藏高原生态建设和环境保护，国家生态安全，促进边疆稳定和民族团结，全面建设小康社会，具有重要意义。(《新华网》3.30)

4月

4月3日　《宁夏日报》报道，未来10年，宁夏将分5批1118个贫困村进行新一轮整村推进。2015年，贫困农民人均纯收入将达到6000元左右，扶贫人口平均每年减少15%左右。

4月2日　作为2011年重点推进的22项民生实事工程建设的一部分，新疆"定居兴牧"18项水利工程在7个地州18个县市同时开工，成为新疆"2011年民生建设年"一大亮点。新疆维吾尔自治区党委、政府确定2011年以"新疆效率"推进22项重点民生实事工程建设，让更多各族群众享受改革发展的成果。(《人民日报》4.4)

4月6日　《中国文物报》报道，近日贵州省文化厅、省民委举行关于"十二五"期间联合推进贵州省民族文化事业发展备忘录签约仪式。"十二五"期间，贵州省将积极推进民族地区文化事业发展，繁荣贵州多彩民族文化事业，为少数民族和民族地区经济社会发展提供文化支撑。

同日，西藏中兴商贸集团有限责任公司正式成立，标志着西藏商贸物流企业改制重组整合迈出了历史性的步伐，拉开了加快转变经济发展方式、支持对外贸易和物流业、服务业、建设南亚贸易陆路大通道的新序幕。（《西藏日报》4.7）

4月10日　新一轮援疆工作开始以来喀什地区最大的援建项目——山东省钢铁集团公司投资73亿元建设的年产360万吨钢铁项目和金岭铁矿球团项目举行奠基仪式。这一项目建成后，这里将崛起一座齐鲁生态钢城，喀什地区也将告别没有大型工业企业的历史，这对喀什经济社会的发展具有里程碑意义。（《新疆日报》4.11）

4月12日　《人民日报》报道，为实现2020年基本消除绝对贫困现象和建设社会主义小康西藏目标，今后五年，西藏将对50万低收入贫困人口全面实施扶贫政策，实现应扶尽扶、全面覆盖。

4月15日　旨在纪念"4·14"玉树地震一周年的大型民族舞剧——《玉树不会忘记》在北京天桥剧场隆重首演。吴邦国、回良玉、刘淇等观看首场演出。（《青海日报》4.16）

4月18日　"国家力量与玉树抗震救灾"理论研讨会在西宁召开。此次研讨会旨在总结国家力量在玉树抗震救灾和灾后重建中的成功经验，在科学分析面临的新形势新任务基础上，深入研讨对策建议，为建立科学、完整的救灾体系，推动科学发展、促进社会和谐出谋划策、贡献智慧。（《新华网》4.18）

4月20—25日　中央统战部、国家民委联合调研组在内蒙古进行调研。调研组一行深入呼伦贝尔、兴安盟、包头、鄂尔多斯、呼和浩特市5个盟市和十多个旗县区，广泛接触各族干部、官兵、企业家、教师和农牧民，深入了解内蒙古贯彻民族区域自治制度，推进民族团结进步事业，加快民族地区经济社会发展等方面情况。（《内蒙古日报》4.26）

4月21日　为贯彻落实中共中央宣传部、统战部和国家民委关于进一步开展民族团结进步创建活动的意见，自治区党委宣传部、统战部和自治区民委出台《关于进一步开展民族团结进步创建活动的实施意见》。（《新华网》4.21）

4月23日　四川省人民政府在成都召开重灾市州灾后重建新闻发布会，截至3月底，四川"5·12"汶川特大地震灾区纳入国家灾后恢复重建总体规划的29692个项目已完工92.4%，完成投资7871亿元；纳入省定灾区县需恢复重建的13647个项目，完工81.6%，完成投资1052亿元。18个对口支援省市确定的已全数开工，完成了88.5%。预计在2011年9月底，四川将全面完成地震灾后重建。（《人民日报》4.24）

4月25日　由北京市民族事务委员会、北京广播电影电视局共同主办的第一届北京国际电影季北京民族电影展启动仪式在耀莱成龙国际影城举行。此次影展将挑选30部少数民族母语电影及新中国成立60年来的优秀民族题材电影进行影展，反映了众多民族地区的地理地貌、风土人情、文化概况和少数民族群众感情，具有较高的思想性和艺术性。运用了蒙古语、藏语、维吾尔语、羌语等11种语言。体现了国际性、多样性、群众性的特点。（《凤凰网》

4.26)

4月26日 中国民族电影高端论坛在北京召开,全国各地百余位电影艺术家、电影理论工作者、民族文化学者、制作发行放映系统的专家和有关企业负责人,就民族电影的发展战略、创作经验、理论建设、文化品格、市场出路等课题进行了深入的研讨和交流,本届高端论坛是北京国际电影季"民族电影展"的一个重要单元,由北京市民族事务委员会与中国电影艺术研究中心联合主办。(《人民网》5.3)

4月27日 第二届全国民委系统先进集体和先进工作者表彰大会在北京举行。31个先进集体和45名先进个人受到表彰。(《中国民族报》4.29)

5月

5月2日 《西藏日报》报道,为了全面反映西藏近100多年来社会发展的演变历程,掌握重大历史事件的第一手资料,西藏社会科学院正在整理出版"西藏口述史系列丛书"。这种"口述史"方法研究西藏尚属首次。时间从1888年英帝国主义侵略西藏到2002年中共十六大召开,内容涉及政治、经济、军事、文化、教育、民族、宗教、艺术等。(《西藏日报》)

5月4日 由贵州省省委、省政府举办的贵州·香港投资贸易活动周在香港会展中心隆重开幕。这是贵州省迄今为止在香港乃至中国内地以外地区开展的最大规模招商引资活动。集中签约50个投资项目,金额133.19亿美元;同时签约12个贸易项目,金额52.7亿美元。(《贵州日报》5.5)

5月5日 财政部、农业部在北京联合宣布,在内蒙古、新疆、西藏、青海、四川、甘肃、宁夏和云南8个主要草原牧区省(区)及新疆生产建设兵团,正式实施草原生态保护补助奖励机制政策。这是新中国成立以来我国在草原生态保护方面安排资金规模最大、覆盖面最广、补贴内容最多的一项政策。(《内蒙古日报》5.7)

5月8—11日 中共中央政治局常委、国家副主席习近平在贵州省委书记、省长等分别陪同下,深入贵州省黔西南州、黔南州、贵阳等农村、企业、社区、大学和科研机构进行调研。(《贵州日报》5.12)

5月9日 《云南日报》报道,"十一五"期间,云南筹集27亿元扶持人口较少民族,全省175个聚居村实现了"四通五有三达到"目标,并100%通过了省级检查验收。(《云南日报》)

5月10日 《人民日报》报道,中共中央政治局常委、中央政法委书记周永康近日赴新疆考察调研。调研期间周永康强调,巩固和发展中央新疆工作座谈会一年来的良好局面,把建设繁荣富裕和谐稳定新疆蓝图一步步变为现实。(《人民日报》)

5月17日 贵州民族学院隆重庆祝建校60周年,国务委员戴秉国,全国人大财经委主任委员石秀诗为大会发来题词和贺电,贵州省委书记、省长共同致贺信。(《贵州日报》5.18)

5月19日 中国文化遗产研究院与美国普利兹克《关于举办西藏文物保护修复人员培养项目合作备忘录》签字仪式在北京举行。该项目为期5年,通过提高文物工作人员的理论和

技术水平，使之成为西藏自治区文化遗产保护的技术骨干。(《中国文物报》5.20)

5月19—20日　由中国社会科学院主办，民族文学研究所承办的"中国社会科学论坛(2011·文学)世界濒危语言与口头传承跨学科研究"在京举行。来自美国、日本、芬兰、法国、荷兰及中国的几十名专家学者参加研讨会。他们围绕口头传承的采录、归档、整理和数字化，濒危语言抢救和民俗学档案馆建设等议题进行了热烈的讨论和深入的交流。(《中国社会科学报》5.26)

5月20日　北京市委、市政府在北京会议中心召开"北京市少数民族乡村经济工作会议"。会议由市委常委、统战部部长牛有成主持。会议播放了北京市少数民族乡村经济发展宣传片。市民委主任池维生作了全市少数民族乡村经济发展情况工作报告。市财政局副局长李玉国宣读了《关于表彰2010年度北京市少数民族乡村经济发展工作获奖单位的决定》。怀柔区政府、大兴区榆垡镇政府、房山区窦店镇窦店村分别作了交流发言。(《中国经济网》5.20)

5月20—26日　全国人大常委会副委员长司马义·铁力瓦尔地在云南调研民族地区经济社会发展情况。他强调，云南要增强机遇意识，注重改善民生，进一步提高民族地区人民群众的生活水平，进一步巩固发展平等团结互助和谐的社会主义民族关系。(《云南日报》5.27)

5月23日　首都各界纪念西藏和平解放60周年座谈会在人民大会堂举行。中共中央政治局常委、全国政协主席贾庆林出席座谈会并讲话。(《中国民族报》5.24)

5月27日　内蒙古文化体制改革工作会议在赤峰召开。会议确定，"十二五"期间，内蒙古将大力实施文化惠民，保护民族文化遗产、繁荣民族舞台艺术，文化体制创新等战略。把内蒙古建设成为文化事业繁荣、文化产业发达、文化人才荟萃、文化实力雄厚的民族文化大区。(《光明日报》5.31)

同日，《中国民族报》报道，回良玉、刘延东发信祝贺西南民族大学建校60周年。西南民族大学是新中国最早建立的民族院校之一，通过全校各族师生60年的同心同德、艰苦奋斗，已把西南民族大学建设成了办学条件好、发展潜力大、具有鲜明办学特色和明显优势的民族高等学府，为国家特别是为西南民族地区的经济发展和社会进步发挥了积极的作用。

5月27—29日　第二次全国对口支援新疆工作会议在北京召开。中共中央总书记胡锦涛就对口援疆工作作出重要批示，李克强、周永康出席会议并讲话。(《人民日报》5.30)

5月30日　全国首次高校毕业生专场招聘会在西藏民族学院举行。这种专门针对西藏高校毕业生的专场招聘会在全国尚属首次，开启了西藏高校毕业生到祖国内地就业的新渠道。(《西藏日报》5.31)

6月

6月10日　青洽会召开对口援青(帮扶)暨青海与央企合作恳谈会，对口援青(帮扶)省市、国家有关部委和央企代表共商援青方略、共话交流合作、共谋发展大计，推动援受双方深层次、全方位、大战略的互利合作。(《青海日报》6.11)

6月12—17日　中共中央政治局常委、中央纪委书记贺国强到新疆等地调研。新疆是多民族聚居和生活的边疆地区,贺国强在考察时强调,认真贯彻中央精神,抓住历史宝贵机遇,努力推动新疆跨越式发展和长治久安。(《人民日报》6.18)

6月15日　国务院总理温家宝主持召开国务院常务会议,研究部署进一步促进内蒙古自治区经济社会又快又好发展的政策措施。(《中国民族报》6.17)

同日,由中央统战部、中央外宣办、国家民委、国家发改委、西藏自治区人民政府和新华社联合主办的西藏和平解放60年成就展在北京民族文化宫开幕。展览分为"前言"、"波澜壮阔的历史进程"、"举世瞩目的伟大成就"、"大幅改善的人民生活"、"西藏的明天更加美好"和"结语"等6个部分,500余幅图片、30多件实物以及多种文字文献资料生动地展现了西藏和平解放60年来天翻地覆的变化和各民族团结、社会和谐的精神风貌。(《中国民族报》6.17)

6月15—16日　全国民族自治县(旗)科学发展经验交流会在河北大厂回族自治县召开。通过这次会议,进一步加深了对科学发展观的认识,深化了对党的民族政策、民族区域自治制度重要性和优越性的认识,进一步树立用好用活民族政策,实现科学发展观的正确信念,进一步增强了做好各项工作,服务大局的坚定信心。(《中国民族报》6.17)

6月24日　中国贵州苗族服饰展在巴黎中国文化中心举行开幕式。苗族服饰是苗族历史文化的载体,是苗族文化的重要组成部分,是一份珍贵的民族文化遗产。此次中国贵州苗族服饰展是首个在法国举办的苗族文化专题展览。(《贵州日报》6.29)

6月29日　在纪念中国共产党建党90周年的大喜日子里,北京援建玉树新校园、新家园首批项目交付使用。(《青海日报》6.30)

7月

7月5日　国家民委与云南省政府在北京签订合作协议,携手建设民族团结进步边疆繁荣稳定示范区。根据合作协议,国家民委、云南省将在加快少数民族和民族地区经济社会发展、加强民族文化保护与发展、加强城市民族工作、加强少数民族干部和人才队伍建设、加强民族法制建设、完善维护民族团结保障机制、加强民族工作信息化建设、加强民族理论和民族政策研究等方面进行合作。(《中国民族报》7.8)

7月8日　《云南日报》报道,云南省民族工作在全国实现了"实行民族团结目标责任制"、"制定实施民族区域自治法的地方性法规"、"在边境一线实行'三免费'义务教育"、"提出并实现25个世居少数民族在省直部门都有1名以上厅级干部的目标"、"制定实施扶持人口较少民族发展的特殊政策"、"颁布了规范民族团结进步的首部法规——《云南省迪庆藏族自治州民族团结进步条例》"、"制定《云南省加快少数民族和民族地区经济社会发展"十二五"规划》"的七个率先。

7月9日　"伊泰情"第八届中国·内蒙古草原文化节和"伊泰情"第八届中国·内蒙古草原文化节草原文化主题论坛在呼和浩特市开幕,140名区内外的专家学者出席论坛。本届论坛以主题论坛与分论坛相结合的方式举办。主题论坛围绕草原文化与文化产业发展展开讨论,分论坛分别围绕创新民族电影、内蒙古会展节庆文化发展和元代的遗址研究三个主题进行讨论。(《内蒙古日报》7.10)

7月13日 青海省在西宁召开全省藏区工作座谈会,传达中央西藏工作协调小组会议精神,总结了上半年藏区工作,安排部署今后一段时期藏区的工作。(《青海日报》7.14)

7月17日 拉萨至贡嘎机场高速公路通车典礼举行,前来出席西藏和平解放60周年庆典活动的中共中央政治局常委、国家副主席、中央军委副主席习近平率中央代表团出席典礼,并为公路通车剪彩。(《人民日报》7.18)

7月18日 为期五天的第十五期全国人大民族干部学习班在乌鲁木齐开班。全国人大副委员长司马义·铁力瓦尔地出席开班仪式并讲话。(《新疆日报》7.19)

7月19日 西藏各族各界干部群众2万多人欢聚在布达拉宫广场,热烈庆祝西藏和平解放60周年。中共中央政治局常委、国家副主席、中央军委副主席、中央代表团团长习近平出席庆祝大会并发表重要讲话。习近平向西藏自治区赠送中共中央总书记、国家主席、中央军委主席胡锦涛题写的"祝贺西藏和平解放六十周年"贺匾。(《中央政府门户网站》7.19)

7月20日 中央组织部、中央统战部、国家发改委、西藏自治区在拉萨召开对口支援西藏工作座谈会,总结工作成绩,交流经验做法,部署下一步任务,推进援藏工作科学化、制度化、规范化。正在西藏出席西藏和平解放60周年庆典活动的中共中央政治局常委、国家副主席、中央军委副主席习近平率中央代表团出席会议并讲话。(《人民日报》7.21)

7月26日 西藏自治区首家本土化民用航空公司西藏航空有限公司成立暨首航仪式在拉萨贡嘎机场举行。西藏航空成立首航,结束了西藏自治区没有本土航空公司的历史,翻开了西藏交通的新篇章。西藏航空首架航班从拉萨贡嘎机场飞往西藏阿里昆沙机场,机型为空客A319型飞机,座位数128座。西藏航空将首先开通拉萨—阿里、拉萨—成都、拉萨—重庆等航班,建立区内航空网络的同时陆续开通连接全国各省会直辖市的航线。(《中国新闻网》7.26)

7月26—27日 国家民委、新闻出版总署在北京召开"首届向全国推荐百种优秀民族图书"评审会。22位民族、出版等方面的专家评选出百种优秀民族图书书目,向读者推荐。(《中国民族报》7.29)

7月27日 "民族医药创新发展交流会"在贵州省贵阳市召开。未来五年,也就是"十二五"期间,我国将结合医改重点任务的落实,采取多项措施,充分发挥民族医药在基层医疗卫生服务中的优势和作用。(《中国民族报》7.29)

7月29日 中国藏语媒体第十二次工作会议在西宁闭幕。会议历时五天,来自北京、西藏、四川、云南、甘肃、青海各藏语研究机构的领导、专家、学者和报纸、广播电视、网络、杂志的60余位代表参加会议。会议就藏语媒体如何更好地为藏区的发展和稳定服务,藏语媒体的现状与前景、作用和地位,藏语文的使用和发展、规范藏文新词术语,促进民族语言的发展等问题进行了研讨和交流。(《青海日报》8.1)

8月

8月4—10日 全国人大常委会副委员长陈昌智率调研组赴黔,开展促进民族地区经济社会发展专题调研。调研期间他们深入民族地区的市、县、寨,了解民情,听取意见和建议。陈昌智表示,要将民族地区发展所取得的经验、需要解决的困难和目前存在的问题及时、全面、充分地向中央、国务院和有关部门反映，提出促进民族地区发展的具体的、量化的建议和意见，积极推进民族地区发展的法律法规尽快出台，帮助民族地区加快经济社会发展。（《贵州日报》8.11）

8月16日 国家民委召开国家民委委务会议，审议通过《坚持和完善民族理论政策体系"十二五"规划》和《国家民委关于进一步加强和改进民族宣传工作的意见》。会议指出，民族理论是民族工作的行动指南，民族政策是民族团结的生命线。根据当前民族工作面临的新形势、新任务，进一步完善中国特色社会主义民族理论政策体系，加强对民族工作的指导，通过实施一批重点工程和研究项目，形成一批反映改革创新精神、体现时代特色、具有较高水平的研究成果，及时回答和解决民族工作面临的重大时代问题，提高民族理论、政策和宣传教育的科学性、针对性、时效性和影响力、感召力，十分必要。（《中国民族报》8.26）

同日，由文化部、国家民委、国家旅游局、内蒙古自治区政府主办的首届中国·呼和浩特少数民族文化旅游艺术节开幕，本届艺术节以"共同团结奋斗、共同繁荣发展、弘扬民族文化、共建和谐家园"为主题，以贴近实际、贴近生活、贴近群众为原则，通过各种形式的文艺演出及文化展示活动，展现各少数民族地区民族文化艺术。（《内蒙古日报》8.17）

8月18日 《云南日报》报道，截至2011年7月底，大理白族自治州已全面完成投资额为1454万元的民族专项资金项目建设，项目惠及12个县市的白、彝、回、傈僳、苗、纳西、傣、阿昌、拉祜等13个世居民族的36585户205692名群众。（《云南日报》）

8月20日 由中国西藏文化保护与发展协会主办、中国藏学研究中心和西藏大学协办的第三届中国西藏文化论坛在拉萨举行。本届论坛的主题是"西藏非物质文化遗产的传承与发展"。在此会上文化部表示，文化部将根据非遗项目不同类别特点和具体情况，帮助西藏制定科学的项目保护规划，有针对性保护。（《新华网》8.20、《光明日报》8.22）

8月21日 《人民日报》报道，西藏自治区人民政府日前决定，从2011年秋季学期开始实施高中阶段免费教育政策。（《人民日报》）

同日，经国务院同意，教育部、国家发改委、财政部决定在内地部分省市举办内地新疆中等职业教育班，从即日起开始招生，学制为3年。这是我国首次开办内地新疆中职班。从2011年起，国家计划在天津、辽宁、上海、江苏、浙江、安徽、江西、山东、广东9个东中部省（市）的31所国家重点中等职业学校举办内地新疆中职班，每年招生规模3300人，其中新疆生产建设兵团300人。重点培养油气生产加工和储备、煤化工、矿产资源开发和加工、电子信息、生物制药、现代化农牧业种植与加工、畜产品养殖与加工、纺织与服装加工等新疆经济社会发展急需的专业人才。（《中国民族报》8.30）

8月25日 《光明日报》报道，西藏文化信息资源共享工程已在全区73个县建成县支中心，实现了县县有文化信息资源共享工程县支中心的目标。（《光明日报》）

8月26日 中联部经济联络中心、云南省招商合作局和德宏州人民政府在北京钓鱼台国宾馆共同举办"中国面向西南开放重要桥头堡德宏黄金口岸（北京）推介会"。中联部、商务部、中国西部开发促进会、国家发改委、国土资源部、国家外汇管理局、国务院发展研究中心、交通运输部、云南省招商局、德宏州人民政府及中国石油化工集团、中国大唐集团公司、中国五矿有色金属股份有限公司、中国建材股份有限公司、华立集团股份有限公司、浙江大华集团公司、正大集团公司、香港怡海集团公司、新世纪成功集团公司、加新矿产发展投资公司、印尼力宝集团等40余家企业单位出席会议。将云南建设成为我国面向西南开放的重要桥头堡，是国家完善对外开放战略格局的重要部署，是国家深入实施西部大开发战略的重大举措。推动沿边开放、促进边境少数民族地区发展是贯彻落实科学发展观和新时代开放型经济发展的客观要求，也是实现边疆地区民族团结和社会发展稳定的重要基础。(《云南日报》8.28)

8月27日　"西部之光"人才培养计划实施15周年暨"西部之光"访问学者培养工作7周年工作研讨会在乌鲁木齐召开。"西部之光"人才培养计划由中组部、中科院共同组织实施，15年来，已支持西部地区1288名扎根西部青年科技骨干，成为西部人才开发的品牌项目。该计划资助范围已覆盖到内蒙古、广西、重庆、四川、贵州、云南、西藏、陕西、青海、宁夏、新疆等12个省（市、区）。(《人民日报》8.28)

9月

9月6日　西藏自治区政府与中央编办赴藏调研组举行座谈，研究西藏自治区分类推进事业单位改革各项工作。长期以来，中央编办、国家人力资源和社会保障部高度重视西藏工作，根据西藏工作的实际需要，在行政机构和事业单位编制管理等方面给予特殊倾斜和照顾，为推进西藏发展稳定提供了有力保障。中央编办今后将继续加大对西藏的支持力度。西藏将继续优化结构，优化资源配置，继续完善机制，按照中央部署，推进事业单位改革和发展，推进西藏跨越式发展和长治久安。(《西藏日报》9.7)

9月10—18日　由国家民委、国家体育总局主办，贵州省人民政府承办的第9届全国少数民族传统体育运动会在贵州省贵阳市举行，本届民运会共设竞赛项目和表演项目两大类。其中竞赛项目设置花炮、珍珠球、龙舟等共16个大项；表演项目188项，分竞技类、技巧类和综合类。届时，来自全国各地的34个代表团，共6771名运动员参加竞赛或表演项目的角逐。

9月11日　全国民族体育先进集体先进个人表彰大会暨民族体育科学论文颁奖大会在贵阳召开。国家民委、国家体育总局决定，对做出突出贡献的44个先进集体和36位先进个人进行表彰，43篇质量较高的体育论文获奖。(《贵州日报》9.12)

9月12日　中华一家亲——第十届海峡两岸各民族中秋联欢活动在贵阳举行。中华一家亲——海峡两岸中秋联欢活动加强了海峡两岸少数民族的交流，也加深了两岸少数民族的情感交流和相互了解，这项活动的延续发展，能够让两岸少数民族得到双赢，推动海峡两岸和平发展。(《贵州日报》9.13)

9月13日　由《内蒙古日报·蒙文版》编辑部与东乌珠穆沁旗政府共同创办的中国蒙古语新闻网东乌珠穆沁旗频道正式开通，这标志着中国蒙古语新闻网的首个旗县频道的诞生。该频道以基层新闻为主，以文字、图片和视频音频结合形式汇集了东乌珠穆沁旗经济、社会、文化、民生领域最新信息资讯。中国蒙古语新闻网东乌旗频道设有1个主频道、11个子频道共45个栏目。(《内蒙古日报》9.14)

9月15—16日　教育部在乌鲁木齐组织召开全国内地新疆中职班工作部署会议，对办好内地新疆中职班工作开展了内容丰富的培训,并安排部署了办好内地新疆中职班的各项具体工作,来自全国各地承担内地新疆中职班办班任务的相关省市就准备工作情况进行了介绍。(《新疆日报网》9.17)

9月16日 《中国民族报》报道,民政部、国家民委联合发出《关于进一步加强少数民族群众养老机构建设工作的通知》,就进一步做好少数民族特别是具有清真饮食习惯的少数民族群众养老机构建设工作提出要求。通知要求,各地各有关部门要将其作为社会养老服务体系建设的重要内容统筹考虑,纳入国民经济和社会发展、城乡建设和土地利用等规划,切实采取有效措施,进一步做好少数民族特别是具有清真饮食习惯的少数民族群众养老机构建设工作,不断满足少数民族群众的养老服务需要。

9月17日 《光明日报》报道,自2011年9月起来自南疆四地州少数民族地区,兼顾其他地区的3300名初中毕业生将分批次赴天津、辽宁、上海、江苏、浙江、广东等内地9省市的31所国家重点中等职业学校接受中等职业教育,学制3年。并将按照年生均5000元标准补助受训学生学习生活费用。

9月18日 青藏交直流联网工程建设总指挥部组织召开直流线路工程竣工验收总结会。与会专家检查组认为:工程质量总体达到优良级水平,基本具备带电条件。通过竣工验收,即日起投入试运行。(《中国电力网》9.22)

9月20日 中共中央政治局常委、全国政协主席贾庆林在京会见全国少数民族参观团。贾庆林指出,民族团结进步事业是关系国家长治久安和人民幸福安康的一项重要事业。当前,我国经济社会发展正站在新的历史起点上,少数民族和民族地区发展面临难得的机遇。希望大家认真贯彻落实中央的决策部署,高举民族大团结的旗帜,牢牢把握各民族共同团结奋斗、共同繁荣发展的主题,扎扎实实做好民族工作,为促进我国民族团结进步事业作出新的更大贡献。这次全国少数民族参观团由来自全国28个省区市和新疆生产建设兵团2009年受到国务院表彰的民族团结进步模范个人组成。除北京外,参观团还将赴江苏、上海等地参观考察。(《中央政府门户网》9.20)

同日,青海省委、省政府在西宁召开全省创建民族团结进步示范区动员会,并就该省民族团结进步示范区创建活动进行了安排部署。青海省民族团结进步示范区创建活动将紧紧围绕民族地区实现跨越发展和长治久安的主题,分两个阶段推进。第一阶段到2015年,为打基础阶段,以该省民族团结进步事业的各项基础性工作走在五省藏区前列为阶段性目标;第二阶段从2015年到2020年,为全面提升阶段,致力形成社会秩序和谐、人民群众和乐、民族关系和睦、宗教领域和顺的良好局面。(《青海日报》9.21)

同日,2011中国(银川)国际穆斯林企业家峰会在银川隆重开幕。来自45个国家和地区的130家企业300多位企业家纵论发展。(《宁夏日报》9.21)

9月21日 新疆中华职业教育社成立大会在乌鲁木齐举行,标志着新疆职业教育增添了一支新的重要力量。(《新疆日报》9.22)

9月22日 云南省民族商会在昆明挂牌成立。这是全国首个民族类商会。云南省民族商会是以促进云南民族工商业繁荣为宗旨的社会团体。商会成立后,将围绕"把云南建设成我国面向西南开放的桥头堡"、"民族团结进步边疆繁荣稳定"目标,制定民族企业长远发展规

划,立足桥头堡建设。(《云南日报》9.23、《中国新闻网》9.22)

9月25日 北京市首届中小学民族艺术展演在民族文化宫举行。来自20多个民族的1200名师生,同台演出了《冬不拉》、《顶碗舞》、《苗岭律动》等22个民族艺术节目。此次活动由北京市民族教育学会主办,旨在用丰富多彩的民族艺术,表达本市各族青少年对民族团结的理解和追求,并在国庆节前夕为祖国母亲送上真挚的祝福。(《北京日报》9.26)

同日,教育部办公厅下达关于2012年少数民族高层次骨干人才研究生招生计划,拟招5000人,其中博士研究生1000人,硕士研究生4000人。(《教育部门户网》9.25)

9月26日 第二次全国文化文物系统对口支援新疆工作会议在乌鲁木齐召开。此次会议的主题是:认真学习贯彻中央新疆工作座谈会和第二次全国对口支援新疆工作会议精神,统一思想,提高认识;全面总结一年来全国文化文物系统对口支援新疆工作开展情况,交流工作做法、经验和成效;动员部署下一阶段全国文化文物系统支援新疆文化建设各项工作;协调各司局、各直属单位、各支援省市文化文物部门与受援方文化文物部门做好各项工作对接,明确各方职责和任务,加快推进新疆文化建设。(《中国文物报》9.28)

9月28日 新闻出版总署与国家民委在京联合召开"首届向全国推荐百种优秀民族图书"出版工作座谈会。"首届向全国推荐百种优秀民族图书"活动是新闻出版总署与国家民委为认真落实中央关于在全国范围内深入开展民族团结宣传教育活动的部署,配合全国范围内正在开展的"全民阅读"活动,而共同组织开展的品牌活动。此次评选出的百种优秀民族图书,特色鲜明,内容积极向上,是我国近年来出版的民族图书的代表,今后将每两年举办一次。(《中国民族报》9.30)

10月

10月6日 贵州赴美文化旅游推介交流会的《多彩贵州风》纽约首演,剧场座无虚席,场面火爆。1400多名观众如痴如醉地享受来自贵州绵香醇厚的民族风情饕餮大餐。其中不乏从佐治亚州、芝加哥、华盛顿等地车马劳顿前往的观众。《世界日报》、《世界新闻网》、《侨报》、新泽西当地媒体等浓墨重彩地报道了当天的演出盛况。(《贵州日报》10.9)

10月7日 民政部与云南省政府在昆明举行工作座谈会,并签署了《加快推进云南桥头堡民政事业改革发展合作协议》。根据《合作协议》,民政部和云南省将以建立健全社会救助体系、防灾减灾救灾体系、适度普惠型社会福利服务体系、双拥优抚安置体系、专项社会事务管理服务体系为重点,以增强基层民政履职能力和建立民政事业发展长效机制为保障,建立部省合作协调沟通机制、民政事业发展长效保障机制、民政政策理论研究与宣传机制、民政事业发展人才支撑机制,全面推进云南民政事业改革发展,共同把云南建设成为边疆少数民族地区民政事业科学发展的示范区。(《云南日报》10.8)

10月10日,由国家民委、国家体育总局、国务院新闻办和贵州省人民政府共同主办的中国少数民族传统体育大型图片展览在北京民族文化宫开幕。展出的图片真实反映了我国各少数民族的体育文化生活,内涵丰富、时间跨度长、覆盖地域广,是新中国成立以来首次对我国55个少数民族传统体育运动图片进行的系统收集、全面拍摄和综合展示,多方位展现了中国少数民族体育的发展和变迁。刘云山等参观展览。(《贵州日报》10.11)

10月14日　内蒙古自治区党委宣传部、自治区发改委、自治区政府研究室共同举办的"新起点、新思维、新对策：国务院《意见》与内蒙古发展"专题发展论坛在呼和浩特市举行。本次论坛以深入贯彻落实《国务院关于进一步促进内蒙古经济社会又好又快发展的若干意见》为主题，突出一个"新"字，将"新起点、新思维、新对策、新探索、新建议"作为主线，展开讨论，体现了求真务实，积极探索的精神，为自治区更好地贯彻落实《意见》精神发挥了推动作用。（《内蒙古日报》10.15）

10月15日　以"传播、团结、发展"为主题的第三届中国少数民族地区信息传播与社会发展学术研讨会在云南大学召开。来自全国40家高等院校及研究机构的百余位专家围绕民族地区新闻传播的历史发展、民族地区新闻传播的现状和发展战略进行了深入研讨。（《中国民族报》10.21）

10月19—23日　全国百名作家历时5天赴黔东南采风，畅谈推动贵州民族文化大发展大繁荣。（《贵州日报》10.24）

10月20—21日　全国少数民族发展资金管理使用经验交流会在辽宁举行。党和国家历来高度重视民族工作，不断加大对少数民族和民族地区经济社会事业发展的财政支持力度。少数民族发展资金不仅对推进兴边富民行动、扶持人口较少民族发展、培育特色优势产业以及保护和发展少数民族特色村寨发挥了重要的引导作用，也对加快少数民族和民族地区社会事业发展、开展民族团结进步创建活动等方面发挥了重要作用，被少数民族和民族地区干部群众誉为"政策钱"、"团结钱"、"致富钱"。（《中国民族报》10.25）

10月22日　中南民族大学隆重举行建校60周年庆祝大会，各民族大学生身着节日盛装，与海内外嘉宾欢聚一堂。中共中央政治局委员、国务院副总理回良玉，中共中央政治局委员、国务委员刘延东分别发来贺信。七届全国政协副主席、原国务委员、十届全国人大常委会副委员长司马义·艾买提出席大会。湖北省委书记李鸿忠，国家民委主任杨晶在大会上讲话。（《中国民族报》10.25）

10月23日　11国旅行商赴贵州考察团贵州旅游推介会在贵阳举行。应贵州省邀请，由国家旅游局驻外办事处组织的美国、日本、德国、法国、意大利、加拿大、澳大利亚、新西兰、瑞士、尼泊尔、韩国等11个国家的旅行商考察团147人，将对贵州旅游文化资源进行深入考察。他们将分别赴青岩古镇、黄果树、西江千户苗寨、荔波大小七孔、万峰林等主要景区考察，观看《多彩贵州风》文艺演出，并将和贵州省有关部门进行旅游合作洽谈。（《贵州日报》10.24）

10月25日　西藏敏珠林寺保护维修工程开工仪式在山南地区举行。这标志着西藏"十二五"重点文物保护工程正式启动。今年国务院批准的《"十二五"支持西藏经济社会发展建设项目规划方案》，决定投入9亿多元对西藏40多处重点文物单位进行全面修缮。（《中国文物报》10.28）

10月29日　海峡两岸少数民族服饰文化节暨第三届苗族银饰文化节在凤凰古城举行。来自内地多个省份的少数民族服饰展演队和来自宝岛台湾的少数民族访问团同台竞秀，充分展现了本民族丰富多彩的服饰文化。（《中国新闻网》10.31）

11月

11月1日 贵州省扶贫开发办公室与国家开发银行贵州省分行在贵阳签署《开发性金融支持贵州省扶贫开发合作项目实施方案》。该方案的签署标志着贵州省扶贫办与国开行贵州省分行正式建立战略伙伴关系,"十二五"期间协议合作额度100亿元。(《贵州日报》11.2)

11月1—3日 由中国文联、贵州省人民政府、贵州省委宣传部、中国舞蹈家协会主办的第八届中国舞蹈"荷花奖"民族民间舞蹈大赛在贵阳举行。参赛队伍来自全国19个省(市、自治区),舞蹈内容涉及汉、蒙古、彝、苗、回、藏、维吾尔、傈僳等14个民族。大赛共产生金奖7个、银奖13个、铜奖15个,另设评委会特别奖1个,单项奖3个。中国舞蹈"荷花奖"民族民间舞比赛是中国舞蹈艺术的最高荣誉。(《新华网》10.26 《贵州日报》11.4)

11月2日 《青海日报》报道,由巴西淡水河谷矿产品(中国)有限公司资助、青海省环境保护宣传教育中心与北京市环境保护宣传中心共同组织申报并获得优秀项目奖的"携手护碧水·绿动三江源——青海北京公众参与西部生态保护联合行动"项目在青海省正式启动。这是国内第一个关注西部生态保护、面向社会倡导生态保护的创新型公益项目。

同日,由中国红十字基金会携手中共中央直属机关青年联合会、中国青少年发展服务中心、中华民族团结进步协会联合主办的"2011民族地区优秀青年乡村教师文体培训班"在北京体育大学开班。来自内蒙古、广西、贵州、云南、西藏、甘肃、青海、宁夏、新疆生产建设兵团等9个民族地区的近120名工作在一线的优秀青年乡村教师进行体育、音乐、美术、卫生四类的课程培训。(《人民网》11.3)

11月8日 云南省召开"民族之花向党开,和谐之光耀边疆"发布会。"十二五"期间,云南将实施民生改善、基础设施建设、社会保障、特色产业发展、民族教育科技振兴、民族文化发展、劳动者素质提高、民族团结保障8项重点工程56个项目,预计投入728亿元扶持民族地区发展,以实现人口较少民族聚居区贫困人口数量减少一半以上,农民人均纯收入达到当地平均水平以上,一半人口较少民族农民人均纯收入达到全省平均水平以上的目标。(《中国民族报》11.11)

11月10日 国家民委在河北省大厂回族自治县举行仪式,授予大厂回族自治县"全国民族自治县(旗)科学发展示范县"荣誉称号。在全国120个民族自治县(旗)中,大厂第一个获此殊荣。(《中国民族报》11.11)

11月10—11日 由国务院新闻办公室、中国驻希腊大使馆和希中商会共同举办的第三届"中国西藏发展论坛"在希腊首都雅典举行,东方文明古国的雪域高原第一次成为西方文明摇篮之都的热门话题。本届论坛以增进世界各国对西藏的了解、加强中国和世界各国在西藏发展方面的合作为主题。来自希腊、中国、英国、法国、德国、印度和尼泊尔等国家的政府官员、专家学者、企业代表、媒体界人士等300余人,围绕西藏自治区的经济社会发展、文化传承、环境保护、科技、教育、卫生、旅游业发展以及希腊和其他国家在西藏的投资机会等话题展开了广泛深入的探讨。(《青海日报》11.19)

11月12日 中国青海民族文化音乐城奠基仪式在海北州府海晏县西海镇隆重举行。中

国青海民族文化音乐城是海北州有史以来单项投资最大的文化基础设施建设项目。(《青海日报》11.13)

同日，云南省扶持人口较少民族发展工作会议在西双版纳傣族自治州景洪市召开。"十二五"期间，云南省预计投入68亿元，进一步加大扶持人口较少民族发展力度。新一轮扶持范围在以前独龙族、德昂族、基诺族、怒族、阿昌族、普米族、布朗族7个民族的基础上，增加景颇族，使人口较少民族人口由23万人增至42万人，人口较少民族聚居地区建制村由175个增至395个，再加上3520个自然村，覆盖的各民族人口由31万增至75.9万。(《中国民族报》11.15)

11月15日　《中国民族报》报道，贵州民族学院、贵阳国家高新技术产业开发区管理委员会战略合作框架协议签约仪式近日举行，贵州省少数民族大学生创业园正式成立。这是国内首个少数民族大学生创业园。(《中国民族报》)

11月13日　由联合国教科文组织主持，全球遗产基金会、友成企业家扶贫基金会和贵州省文物局等参与的"贵州村落文化景观保护与社区发展"项目，在贵阳召开专家论证会，未来5年，项目将在贵州省雷山县控拜村、榕江县大利村、锦屏县文斗村和印江自治县合水村等四个项目地点开展，将从"村落文化景观民居保护与环境规划"、"农耕经济与可持续发展"、"民族手工艺传承与保护"三个方面入手，对贵州村落文化景观进行整体保护。(《贵州日报》11.18)

11月15日　国务院扶贫开发领导小组在地处武陵山区腹地的湖南省湘西土家族苗族自治州吉首市召开武陵山片区区域发展与扶贫攻坚试点启动会，会议对今后十年的试点工作进行了安排部署。武陵山片区涉及湖北、湖南、重庆、贵州四省市的11个地(市、州)、71个县(区、市)，集革命老区、民族地区、贫困地区于一体，是跨省交界面积大、少数民族聚集多、贫困人口分布广的连片特困地区。(《贵州日报》11.17)

11月16日　温家宝主持召开国务院常务会议，决定建立青海三江源国家生态保护综合试验区，批准实施《青海三江源国家生态保护综合试验区总体方案》。试验区包括玉树、果洛、黄南、海南4个藏族自治州21个县和格尔木市唐古拉山镇。(《人民日报》11.17)

11月18日　贯彻落实中央民族工作会议精神经验交流会在广西壮族自治区南宁市召开。中共中央政治局常委、全国政协主席贾庆林出席会议并发表讲话强调，坚持各民族共同团结奋斗、共同繁荣发展，奋力开创"十二五"时期民族工作新局面。(《中国民族报》11.22)

同日，由国家民族事务委员会主办，民族文化宫博物馆、美国长青文化中心承办的中国少数民族传统服饰暨工艺展在美国洛杉矶长青文化广场开幕。本次展览包括以图表等形式展示中国56个民族的概况，以及中国少数民族传统服饰及工艺展、中国少数民族服饰摄影图片展等。其中，摄影图片展出的服饰部分涵盖了中国少数民族分布及其服饰特征。(《中国民族报》11.22)

11月25日　《新疆日报》报道，新疆维吾尔自治区出台《中国农村扶贫开发纲要(2011—2020年)》实施办法，明确自治区十年扶贫开发总体目标。到2015年，贫困地区农民人均纯收入达到6500元，确保3000个贫困村达到整村推进验收标准。到2020年，实现减贫增收、缩小差距，基本消除绝对贫困现象。

同日，中共中央政治局常委、中央政法委书记周永康在北京主持召开中央有关部门和新疆负责人会议，研究部署2012年推进新疆跨越式发展和长治久安的重点工作。《人民日报》11.26)

11月28日　西藏自治区党委、政府召开援藏干部领队工作座谈会，西藏自治区党委书记陈全国出席会议并讲话。他强调，要落实精神，当好桥梁，拓展领域，提升水平，不断开创援藏工作促进西藏跨越式发展和长治久安新局面。(《西藏日报》11.29)

11月29日　中央扶贫开发工作会议在北京召开。中共中央总书记、国家主席、中央军委主席胡锦涛出席会议并发表重要讲话。中央确定深入推进扶贫开发总体目标，六盘山区等11个连片特困区、西藏及四省藏区、新疆南疆三地州成扶贫主战场。(《光明日报》11.30)

12月

12月2日　《人民日报》报道，中共中央、国务院近日印发了《中国农村扶贫开发纲要（2011—2020年）》，《纲要》提出，新时期要把乌蒙山区、滇桂黔石漠化区、滇西边境山区等连片特困地区和四川、云南、甘肃、青海四省藏区等作为扶贫攻坚主战场，继续开展兴边富民行动，帮助人口较少民族脱贫致富。

12月3日　《人民日报》报道，内蒙古自治区"天堂草原"文化艺术周日前在北京拉开大幕。艺术周组织的摄影展、美术展和晚会、演出，集中展示了内蒙古独特灿烂的大草原文化。以草原文化为根基，加快建设民族文化强区。

12月6日　国家民委主任杨晶主持召开国家民委委务会议，审议通过《国家民委、民政部关于加强新形势下社区民族工作的意见》和《国家民委、国务院国资委关于进一步做好新形势下国有企业民族工作的指导意见》。(《中国民族报》12.9)

12月9日　青藏直流联网工程投入试运行仪式在北京举行。中共中央政治局常委、国务院副总理李克强出席并宣布工程投入试运行。青藏联网工程建成和投运，结束了西藏电网长期孤网运行的历史，标志着我国内地电网全面互联，实现了北京国家电力调度中心对西藏电力的直接调度，为从根本上解决西藏城乡居民生活和工农业生产用电问题打下了基础。(《人民日报》12.10)

12月12日　工业和信息化部与云南省政府在北京共同签署《加快建设我国面向西南开放重要桥头堡战略合作协议》，强化基础设施建设、优化区域布局，多措并举，把云南建设成为我国面向西南开放的重要桥头堡、沿边开放的试验区、实施"走出去"战略的先行区和西部重要的外向型特色优势产业基地。(《云南日报》12.13)

12月18日　世界首例蒙古族人全基因组序列图谱绘制完成成果发布会在呼和浩特举行。该图谱的绘制完成，对于寻找不同基因之间的差异并破译不同基因的功能，发现人类遗传的基因组结构特征和在此基础上的疾病的预测、诊断和治疗具有重要意义，同时也标志着我国的人类学、民族学、人类遗传学及医学健康研究进入基因组水平。(《内蒙古日报》12.19)

12月21日　"中国十大边疆重镇"高峰论坛暨颁奖盛典在云南省景洪市举行。云南西双版纳傣族自治州，河口瑶族自治县，广西壮族自治区凭祥市，西藏自治区亚东县，吉林省集安市、延吉市，内蒙古自治区满洲里市，黑龙江省绥芬河市，新疆维吾尔自治区阿克苏市，

辽宁省丹东市被评为"中国十大边疆重镇"。(《云南日报》12.22)

12月23日 《中国民族报》报道,为深入实施西部大开发战略,促进西部地区又好又快发展,2011年国家新开工西部大开发重点工程22项,投资总规模为2079亿元。

12月24日 "全国卫视贵州行"大型采访活动在贵阳启动。此次大型采访活动共有来自中央电视台、凤凰卫视和全国各省（市、区）及新疆生产建设兵团33家卫视的80多名记者参加。他们将在为期5天的采访活动中,奔赴贵州各地,深入采访贵州经济社会发展的成就和经验。(《贵州日报》12.25)

同日,中国商务管理学院《盛世瑶都——世界瑶族文化遗产博览园》高级管理人才研修班在贵州民族学院举行开学典礼。这是贵州省大力支持荔波建设"盛世瑶都——世界瑶族文化遗产博览园"的重要举措。(《贵州日报》12.25)

12月26日 宁夏回族自治区民族团结进步创建活动经验交流会在银川召开。会议认为,宁夏回族自治区各地各部门要牢牢把握各民族共同团结奋斗、共同繁荣发展的主题,紧紧抓住"团结"和"发展"两件大事,扎实推进全区民族团结进步事业。(《宁夏日报》12.27)

12月27日 《中国民族报》报道,近日,中宣部、中央文明办、教育部、科技部、文化部、卫生部、中国科协等14个部门联合下发通知提出,在2012年深入开展文化科技卫生"三下乡"活动,工作重点为革命老区、民族地区、边疆地区、贫困地区和中西部地区。

12月29日 云南省民族商会揭牌暨大型图书《桥头堡Gateway·云南》编辑出版项目启动仪式在昆明举行。大型图书《桥头堡Gateway·云南》将以政策外交、地理地貌、经济交通、民族文化、社会服务、旅游风光6大主题共11章构成中文简体第一卷,再翻译成中文繁体以及东盟、南亚和日韩国家官方22种语言为主体的23卷,包含3万多张图片,预计将于2013年正式出版。(《云南日报》12.31)

2012 年民族工作大事记

王秀珍　张建培

1 月

1月5日　国家民委委员全体会议在北京召开，中共中央政治局委员、国务院副总理回良玉出席会议并讲话。他强调，要深刻把握民族工作形势，全面落实中央决策部署，坚持和完善国家民委委员制度，合力推动少数民族和民族地区加快发展。(《中国民族报》1.6)

1月6日　国家民委民族语文辅助翻译软件成果发布会暨赠送仪式在北京举行。会上发布了《彝文电子词典及辅助翻译软件》、《壮文电子词典及辅助翻译软件》、《壮文校对软件》、《藏文编码转换软件》和《维哈柯文编码转换软件》等5款民族语文辅助翻译软件。此5款软件，填补了中国民族语文辅助翻译软件研发领域的空白，对提升民族语文翻译工作质量，推进民族语文新词术语的规范化、标准化具有重要的意义。国家民委向广西、四川、贵州、云南4省区赠送了部分软件。(《中国民族报》1.10)

1月9日　全国民族地区经济形势分析暨转变经济发展方式座谈会在福州召开。国家民委等有关部委领导，内蒙古等11个省（区、市）发展改革委、经信委、民委、统计局的有关同志，河北等9个省（区）民委的同志，部分民族自治地方人民政府代表共100多人参加了会议。此次会议的主要任务是：学习贯彻中央经济工作会议精神，分析"十二五"开局之年民族地区经济运行情况，研究"十二五"时期民族地区贯彻落实科学发展观、转变经济发展方式的政策和措施，切实做好2012年民族经济工作，促进民族地区经济社会又好又快发展。(《中央政府门户网站》1.11)

1月12日　国务院颁布了《关于进一步促进贵州经济社会又好又快发展的若干意见》（以下简称《意见》）。《意见》指出，贵州是我国西部多民族聚居的省份，也是贫困问题最突出的欠发达省份。贵州尽快实现富裕，是西部和欠发达地区与全国缩小差距的一个重要象征，是国家兴旺发达的一个重要标志。进一步促进贵州经济社会又好又快发展，是加快脱贫致富步伐，实现全面建设小康社会目标的必然要求。《意见》提出，把贵州建成民族团结进步繁荣发展示范区。(《中央政府门户网站》1.16)

1月21日　《贵州日报》报道，为认真贯彻落实《中国农村扶贫开发纲要（2011—2020年）》和中央扶贫开发工作会议精神，加快贵州省贫困地区经济社会发展，确保到2020年与全国同步建成全面小康社会，贵州省委省政府就深入推进新一轮扶贫攻坚工作提出实施意见。

1月31日　《中国民族报》报道，2012年秋季开始，西藏将学前教育阶段城镇子女纳入免费教育，这标志着西藏免费教育扩大至15年。

2月

2月3日　《中国民族报》报道，近日，四川省政府出台《四川省人民政府关于加快推进牧区跨越式发展的意见》（简称《意见》）。《意见》明确了四川省牧区跨越式发展目标：力争用5至10年时间着力解决制约四川省牧区经济社会发展的全局性、根本性问题，实现牧区跨越式发展，到2020年与全省同步实现小康社会。四川省牧区包括甘孜、阿坝、凉山三个民族自治州的48个县（市），面积占全省的61.3%，拥有天然草原2.45亿亩，是全国五大牧区之一。

2月6—8日　为贯彻落实《国务院关于进一步促进贵州经济社会又好又快发展的若干意见》（国发〔2012〕2号），贵州省委副书记、省长赵克志在京拜会了中国人民银行、中国银监会等金融机构负责人共商贯彻落实国发2号文件举措，共谋金融支持贵州跨越发展良策。（《贵州日报》2.9）

2月7日　《文化部网站》报道，由国家发改委、文化部和国家文物局共同研究编制的《全国地市级公共文化设施建设规划》（简称《规划》）于近日正式印发。该《规划》是在顺利完成"十五"县级公共图书馆文化馆建设、"十一五"乡镇综合文化站建设规划的基础上，针对地市级公共图书馆、文化馆和博物馆建设出台的专项规划，是贯彻落实十七届六中全会精神的重要举措，是完善公共文化服务体系、推进社会主义文化大发展大繁荣的重要内容。《规划》提出，中央安排专项投资，重点补助新建项目和中西部欠发达地区、少数民族地区建设项目。（《文化部网站》）

2月12日　新疆维吾尔自治区党委召开常委（扩大）会议，讨论通过《2012年实施重点民生工程项目计划》，决定今年实施25大类共90个民生项目。（《中国民族报》2.14）

2月19—3月3日　贵州民族歌舞剧院原创并演出的大型民族歌舞诗《多彩贵州风》，赴澳大利亚、新西兰巡演9场，让澳新观众近距离感受绚丽清新、多彩神秘的贵州民族民间文化。《多彩贵州风》集萃了汉族、苗族、布依族、彝族、仡佬族、侗族、水族、瑶族等多个民族的优秀代表性节目，集多民族风情于一体，通过原生态民间艺术瑰宝的集中呈现，原汁原味地展示了贵州这样一个多民族大省所具有的深厚文化底蕴。（《贵州日报》2.23）

2月21日　中国民间文艺家协会主办的"中国英雄史诗的重大发现——苗族英雄史诗《亚鲁王》出版成果发布会"在北京举行。《亚鲁王》的发现和出版，改写了苗族没有长篇英雄史诗的历史，是当代中国口头文学遗产抢救的重大成果，其文化价值堪比藏族史诗《格萨尔王传》、蒙古族史诗《江格尔》、柯尔克孜族史诗《玛纳斯》。《亚鲁王》是上古时期中华民族曲折融合的见证，其历史学、民族学、文化人类学和文学的研究价值重大，是第一部苗族长篇英雄史诗。（《中国社会科学报》2.22、《贵州日报》2.22）

同日，《人民日报》报道，近日，国务院正式批复同意发展改革委组织编制的《西部大开发"十二五"规划》。《规划》明确了西部地区经济增速和城乡居民收入增速均高于全国平均水平等七大目标。（《人民日报》）

2月23日　国务院扶贫开发领导小组在云南省昭通市召开乌蒙山片区区域发展与扶贫攻坚启动会，正式启动实施乌蒙山片区区域发展与扶贫攻坚规划，安排部署片区扶贫攻坚工作。乌蒙山片区涉及四川、贵州、云南三省的10个地（市、州）、38个县（区、市），集革命老区、民族地区、边远山区、贫困地区于一体，是贫困人口分布广、少数民族聚集多的连片特困地区。（《云南日报》2.23）

2月28日　安徽省民族宗教会议在合肥市召开。会议确定了2012年安徽省民族工作七项重点任务。1. 深化全省少数民族和民族聚居地区"共同发展"提升行动；2. 加强民族团结进步创建活动；3. 加强和创新城市民族工作；4. 确保完成"两个专项"工作；5. 深入推进"和谐寺观教堂"创建活动；6. 扎实推动宗教重点难点问题；7. 着力加强基层基础工作。（《中国民族报》3.2）

3月

3月1日　中共中央政治局常委、全国政协主席贾庆林在北京主持召开会议，就深入推进中央第五次西藏工作座谈会精神贯彻落实，扎实做好西藏和四川、云南、甘肃、青海四省藏区发展稳定各项工作进行部署。（《人民日报》3.2）

3月7日　内蒙古自治区政府与文化部在北京签署了内蒙古文化建设合作协议。根据协议内容，文化部与内蒙古将就共同推进民族文化事业发展，推动民族文化产业发展，推进文化遗产保护利用，推动对外交流与贸易发展，提升文化市场监管水平，共同推进文化艺术人才队伍建设等方面开展合作。（《内蒙古日报》3.8）

3月11日　国家中医药管理局和宁夏回族自治区政府在北京签署了共同促进宁夏中医药、回医药事业发展的协议，进一步明确了支持宁夏中医药、回医药事业发展的政策和措施。合作协议包括医院和服务体系建设、帮扶平台建设、技术研发、学科建设、产业发展、文化推广以及对外交流合作等多个方面。（《宁夏日报》3.12）

3月15日　第一期国家民委派驻武陵山片区联络员培训班在北京开班。首批77名来自国家民委机关、委属民族院校和文化事业单位的联络员经5天的岗前集中培训后，将奔赴武陵山片区各地开展工作。国家民委党组决定，从2012年至2016年，在国家民委系统选派约380名优秀干部和高级专业技术人员，到武陵山片区有关市州和县市区开展联络员工作。（《中国民族报》3.16）

3月21日　宁夏回族自治区和内蒙古自治区在银川签署经济社会发展战略合作框架协议。（《宁夏日报》3.22）

3月23日　青海省委宣传部、省委统战部联合举办"青海藏区经济社会发展座谈会"，邀请青海省藏传佛教界代表人士和专家学者，就青海藏区经济社会发展情况进行座谈。（《青海日报》3.24）

3月25日　全国民族经济工作研讨班在北京开班，来自全国31个省、自治区、直辖市和新疆生产建设兵团民族工作部门的同志参加了此次研讨班。重庆、黑龙江、安徽、福建、山东、湖南、云南、新疆等8个省区市作了交流发言。（《中国民族报》3.27）

3月29日　中共中央政治局常委、中央政法委书记周永康在北京主持召开新疆重点项目推进会。他强调，要深入贯彻落实中央新疆工作座谈会精神和"十二五"规划纲要，从全局和战略的高度，充分认识新疆水、路、电、气等重点项目建设的特殊重要性和紧迫性，只争朝夕、齐心协力扎实往前推进，为加快建设繁荣富裕和谐稳定的社会主义新疆提供有力支撑和保障。（《新疆日报》3.30）

3月30日　《中国民族报》报道，为贯彻落实《国务院关于进一步促进贵州经济社会又好又快发展的若干意见》，进一步促进贵州经济社会又好又快发展，支持贵州建设民族团结进步繁荣发展示范区，国家民委日前印发《国家民委关于进一步促进贵州经济社会又好又快发展的实施意见》（简称《实施意见》）。《实施意见》指出，贵州是我国西部多民族聚居的省份，也是贫困问题最突出的欠发达省份。贵州尽快实现富裕，是西部和欠发达地区与全国缩小差距的一个重要象征，是国家兴旺发达的一个重要标志，也是我国各民族团结进步繁荣发展的重要体现。

同日，《贵州省非物质文化遗产保护条例》经贵州省第十一届人民代表大会常务委员会第二十七次会议通过，将于5月1日起实施。贵州省将通过设立民族文化生态保护区，对非物质文化遗产实行区域性整体保护，以继承和弘扬贵州优秀的民族传统文化。目前贵州省已经建立了国家级、省级、市级和县级"非遗"保护名录体系，正在积极推进"黔东南苗族侗族自治州国家级文化生态保护实验区"申报工作，并将逐步展开布依族、水族、仡佬族等省级文化生态保护区的建设工作。（《法规网》3.30　《中国民族报》4.13）

4月

4月3日　《中国民族报》报道，2012年四川省"十项民生工程"已确定。四川省委、省政府决定，今年继续在全省扎实推进以就业促进、扶贫解困、民族地区帮扶、教育助学、社会保障、医疗卫生、百姓安居、民生基础设施、生态环境、文化体育为主要内容的民生工程，共10个大项62个分项，计划总投资1080亿元，较2011年增长28.6%。这"十项民生工程"呈现的一大特点是：对民族地区帮扶力度进一步加大。

同日，《中国民族报》报道，2012年广西壮族自治区将重点推进非物质文化遗产整体性保护进程，特别是对人口较少的少数民族，将在这些少数民族地区建立民族生态保护区。设立文化生态保护区是实行区域性整体保护的有效方式。2012年，广西将继续推进铜鼓文化（河池）生态保护区申报国家级文化生态保护区工作；同时启动壮族文化（百色）生态保护区申报国家级文化生态保护区工作；推动瑶族文化（金秀）、侗族文化（三江）生态保护区建设。

4月11日　首届彝族非物质文化遗产传承展演在贵州黔西县举行，与此同时，规划投资7.5亿元的彝族文化遗址黔西水西古城也开工建设。（《中国民族报》4.13）

4月12日　贵州民族学院更名贵州民族大学揭牌暨党武新校区建设启动仪式在该校隆重举行。（《中国民族报》4.17）

4月13日　《中国民族报》报道，2012年广西以落实民族贸易和民族特需商品定点生产企业优惠贷款贴息政策及支持少数民族经济发展为切入点，积极引导各银行业金融机构优化信贷结构，简化贷款办理手续，切实提高金融服务水平，为广西少数民族聚居区经济健康快速发展提供高效便捷的金融服务，积极探索金融支持民族地区经济可持续发展、维护社会稳定、人民安居乐业的新途径。

同日，国务院办公厅下发《关于支持中国图们江区域（珲春）国际合作示范区建设的若干意见》。该示范区的范围约90平方公里，包括国际产业合作区、边境贸易合作区、中朝珲春经济合作区和中俄珲春经济合作区等功能区。该示范区的设立，对于探索我国扩大沿边开发开放的新路径，加快东北老工业基地振兴步伐，提升我国边疆少数民族地区经济社会发展水平，促进民族团结和边疆稳定，具有重大的经济意义和政治意义。（《中国民族报》4.27）

4月14日　《中国少数民族大辞典·拉祜族卷》（简称《拉祜族大辞典》）的编纂工作在昆明正式启动，100多名拉祜族专家学者对辞典的编纂进行了讨论研究。该辞典预计将于2015年内出版。（《中国民族报》4.17）

4月16—17日　云南、广西、四川、贵州4省（区）繁荣少数民族文学事业座谈会在昆明举行。来自4省（区）作协负责人和作家就各自所在省（区）少数民族文学创作情况、少数民族作家的培养与扶持等进行了交流，并对不断深化繁荣少数民族文学进程中遇到的困难和面临的问题进行了研讨。（《云南日报》4.18）

4月18日　"全国民族团结进步教育基地"挂牌揭幕仪式在广东省深圳市锦绣中华·中国民俗文化村举行。锦绣中华·中国民俗文化村是深圳市首个"全国民族团结进步教育基地"。（《中国民族报》4.20）

同日，迄今为止收录词条最多、内容最全的汉藏法学工具书《汉藏对照法学词典》在北京首发。这部由青海省高级人民法院编译的《汉藏对照法学词典》的出版填补了中国藏区法院汉藏对照法律术语辞典类书籍的空白，开创了我国审判机关编译大型汉藏法学词典的先例，对藏区司法审判活动的双语适用进行了规范。（《青海日报》4.21）

4月20—21日　第二届全国民族自治县（旗）科学发展经验交流会（南方片会）在云南省石林彝族自治县召开。会议分析了"五化"背景下自治县（旗）发展面临的新形势新任务，交流了各县（旗）近年来在科学发展中形成的共识，研究了"十二五"期间推动自治县（旗）科学发展经验交流工作，促进各民族共同团结奋斗、共同繁荣发展的思路和举措。（《国家民委门户网站》4.23）

4月27日　云南省委召开常委会议审议通过了《中共云南省委云南省人民政府关于建设民族团结进步边疆繁荣稳定示范区的实施意见（送审稿）》。（《云南日报》4.28）

4月27日　中国新闻网报道，科技部出台14条措施支持贵州发展。措施包括：为促进毕节试验区及黔南、黔东南、黔西南少数民族地区科学发展，科技部将加大科技富民强县专项行动，围绕民族地区资源优势和产业特色深入推进科技特派员创业行动，积极探索科技在少数民族地区扶贫开发中的新途径、新模式；共同推动贵州特色优势产业基地建设成为科技部支持贵州的重点，包括推动煤电化、煤电铝、煤电磷、煤电冶一体化发展等。

4月29日　西藏新闻网报道，近日，西藏自治区人民政府办公厅印发了《西藏自治区"十二五"时期科学和技术发展规划》。《规划》明确了"十二五"时期西藏科技发展的总体思路、发展目标和重点任务，是"十二五"时期西藏科技发展战略的纲领性文件。

5月

5月1日 各族各界同胞怀着喜悦的心情隆重集会，庆祝黔西南布依族苗族自治州成立30周年。全国人大常委会、国务院发贺电祝贺，栗战书出席大会，赵克志宣读贺电。(《贵州日报》5.2)

5月7日 云南省政府与教育部在北京举行工作会谈，全面落实云南省与教育部签署的《推进义务教育均衡发展备忘录》和《加快云南教育事业发展推进桥头堡建设战略合作协议》，努力推动云南省教育改革发展工作迈出更大步伐，取得更好成效。(《云南日报》5.8)

5月8日 《贵州日报》报道，教育部日前出台《关于贯彻落实〈国务院关于进一步促进贵州经济社会又好又快发展的若干意见〉支持贵州教育又好又快发展的通知》，提出从学前教育、义务教育、职业教育、高等教育、中小学教师队伍建设、民族教育发展和国际教育交流与合作等七个方面重点支持贵州教育发展。

5月9—12日 国务院妇女儿童工作委员会副主任，全国妇联党组书记、副主席、书记处第一书记宋秀岩一行到新疆考察调研基层妇女儿童工作，并赴昌吉、喀什、阿克苏等地农村、社区、企业，视察全国妇联系统援疆重点工作进展情况，让发展成果惠及新疆各族妇女儿童。(《新疆日报》5.13)

5月13日 哈密南——郑州±800千伏特高压直流输电工程、新疆——西北主网联网750千伏第二通道工程开工仪式在新疆巴音郭楞州、哈密和青海格尔木、甘肃沙州、河南郑州等地同时举行。这标志着"疆电外送"工程建设的全面展开。此工程是实施"疆电外送"的关键工程，对于促进新疆跨越式发展、深入实施西部大开发战略，具有十分重要的意义。(《人民日报》5.14)

5月13—16日 中共中央政治局常委、中央政法委书记周永康带领中央有关部门负责同志到新疆考察调研。他强调，认真总结中央新疆工作座谈会两年来成绩，坚持不懈推进新疆跨越式发展和长治久安。(《人民日报》5.18)

5月17—22日 中共中央政治局常委、全国政协主席贾庆林到云南省调研。他先后来到哈尼族彝族自治州、丽江等地，深入到工厂企业、田间地头与各族干部群众共商经济发展和民族团结进步大计。(《人民日报》5.23)

5月19日 由科技部、中宣部、中国地震局等十一个部委和青海省人民政府联合主办的"科技列车青海行"暨青海省科技活动周开幕式在省科技馆举行。"科技列车青海行"活动的主题是："振兴高原，服务三农，依靠科技创新，推动绿色发展"。(《青海日报》5.20)

5月22日 河北省民族工作示范村创建工作会议在保定市召开。会议命名了第一批全省民族工作示范村，总结推广先进典型经验，安排部署第二批示范村创建工作。(《中国民族报》5.25)

同日，西藏首家地方性法人银行——西藏银行股份有限公司在拉萨举行开业庆典仪式，并正式对外营业，这标志着西藏结束无地方银行的历史。(《中国民族报》5.25)

同日，国务院扶贫办与贵州省人民政府在北京签订推进贵州扶贫开发攻坚示范区建设合作协议。协议主要包括加快创建贵州扶贫开发攻坚示范区、深入开展连片特困地区扶贫攻坚

会战、实施扶贫攻坚重大事项推进行动、强化贵州省大扶贫工作格局等四个方面。(《中国民族报》5.29)

5月24日 贵州省与宁波市工作座谈会暨项目签约仪式在贵阳举行。宁波市委、市政府对口帮扶贵州以来，广泛动员力量，积极对口帮扶，给予了贵州大量实实在在的支持和帮助，为少数民族地区加快发展、脱贫攻坚作出了重要贡献。(《贵州日报》5.25)

5月25日 中国共产党云南省第九届委员会第三次全体会议在昆明举行。会议审议通过了《关于建设民族团结进步边疆繁荣稳定示范区的决议》。(《云南日报》5.26)

5月26日 中组部和北京市委联合举办的新疆基层干部对口支援培训示范班在北京开班。来自北京市对口支援单位和田地区的96名学员将参加为期8天的培训，有对口支援任务的19个省市党委组织部有关负责同志观摩培训。(《新疆日报》5.28)

同日，内蒙古当代蒙古族诗人研讨会在京召开，同时拉开了中国作协主办的"繁荣少数民族文学创作系列研讨"的序幕。(《中华读书报》6.6)

5月29日 《中国民族报》报道，中国人口最多的少数民族自治区——广西壮族自治区近日正式建立中国语言资源有声数据库，这是西部地区第一个中国语言资源有声数据库，广西也是民族自治区第一个启动该项目的省(区)。

5月30日 国务院总理温家宝主持召开国务院常务会议，讨论通过《"十二五"国家战略性新兴产业发展规划》和《全国游牧民定居工程建设"十二五"规划》。"十二五"时期，要深入推进游牧民定居工程，基本解决尚未定居的24.6万户、115.7万游牧民定居问题。(《中国民族报》6.1)

同日，第三次全国对口支援新疆工作会议在北京人民大会堂召开。这次会议的主要任务是深入贯彻落实中央新疆工作座谈会和前两次全国对口支援新疆工作会议精神，总结新一轮对口支援新疆工作全面实施以来取得的成绩和经验，研究解决存在的困难和问题，部署当前和今后一个时期对口支援新疆工作，进一步推进新疆跨越式发展和长治久安。(《人民日报》5.31、《中国民族报》6.1)

同日，北京市2012年文化援疆暨援助和田数字文化设施发放仪式在和田市举行。904套数字影院专用设备等数字文化设施将发放到和田地区三县一市的街道和乡村。(《北京日报》5.31)

5月30日 贵州省扶持人口较少民族发展工作会议在平塘县召开。省委副书记、省长赵克志讲话强调，贵州是一个多民族聚居的省份，做好民族工作特别是做好扶持人口较少民族发展工作，对全省经济社会发展大局具有十分重要的意义。要促进人口较少民族地区优先发展，加快建设民族团结进步繁荣发展示范区。(《贵州日报》6.1)

6月

6月2日 《青海日报》报道，应美国弗吉尼亚大学和加利福尼亚大学邀请，近日，由青海省藏医院、省藏医药研究院、青海大学藏医学院、青海藏文化博物院、金诃藏药股份有限公司10名专家、教授、学者组成的考察团赴美国，进行国际交流与合作，向世界传播藏医精髓。在美期间，金诃藏医药集团与弗吉尼亚大学冥想科学中心、藏学中心和护理学院成功举办为期三天的"藏医学和冥想研讨会"。

6月7日 "2012年北京产业援疆信息发布会暨产业合作项目签约仪式"在北京隆重举行,16个有高科技含量或示范引领作用的北京产业援疆项目与和田地区、兵团农十四师相关部门成功签约,涉及资金60亿元。(《新疆日报》6.10)

6月11日 国务院新闻办公室公布《国家人权行动计划(2012—2015年)》。根据该计划,我国将更加重视培养和使用各类少数民族人才,保障各少数民族的合法权益。(《中国民族报》6.13)

6月12日 由国家民委、文化部、广电总局和北京市人民政府联合主办的第四届全国少数民族文艺会演在国家体育馆开幕。今年举行的文艺会演共有来自全国各少数民族6700多名演职人员展演41台剧目,演出92场。(《人民日报》6.13)

6月13日 为进一步促进西藏自治区、青海省、新疆维吾尔自治区高校毕业生就业,国务院国资委会同人力资源社会保障部、国家民委在中央民族大学举办了中央企业面向西藏、青海、新疆高校毕业生专场招聘会。117家中央企业代表和京内外多所民族高校代表参加了本次招聘会。(《中国民族报》6.15)

6月14—15日 教育部在新疆喀什市召开推进新疆教育跨越式发展第三次会议暨教育援疆工作会议。新疆维吾尔自治区教育厅、新疆生产建设兵团教育局与19个援疆省市教育厅(委、局)签订了共同推进新疆中等职业教育发展协议书。(《新疆日报》6.16)

6月15日 安徽省十一届人大常委会第三十四次会议表决通过了《安徽省民族工作条例》,并将于2012年10月1日起施行。这是安徽省第一次就民族工作制定地方性法规。(《中国民族报》6.22 《安徽频道新闻中心》6.17)

6月20日 内蒙古国际人才网开通仪式在呼和浩特举行。内蒙古自治区人力资源和社会保障厅与国家外国专家局合作,在全国率先开通了内蒙古国际人才网,搭建起引进海外人才的网络平台。(《内蒙古日报》6.21)

6月22日 《中国民族报》报道,作为首个在全省范围内实现12年免费教育的省份,内蒙古自治区各级财政2012年将投入20亿元推进高中阶段"两免"政策的实施,全区约82万名学生从中受益。

6月25日 全国首本少数民族电子杂志由中国民族报社制作完成并推出。为了更好地配合第四届全国少数民族文艺会演的宣传报道,中国民族报社推出了这本名为《盛世中华》的电子杂志。(《中国民族报》6.26)

6月26—27日 全国民族团结进步创建活动经验交流会在宁夏回族自治区银川市召开,35个全国民族团结进步创建活动示范单位被授牌。(《宁夏新闻网》6.28)

6月27—29日 为期3天的2012年全国民族地区职业院校教学成果展演活动在天津举行。本次活动由教育部、国家民委、中央统战部、中央新疆工作协调小组、天津市人民政府主办。此次活动凸显地方民族特色和职业教育两大特点。展示了民族地区职业院校学生的风貌和才艺。(《中国民族报》7.3)

6月28日 滇桂黔石漠化片区区域发展与扶贫攻坚启动会在黔西南布依族苗族自治州兴义市召开。回良玉出席并讲话,他宣布滇桂黔石漠化片区区域发展与扶贫攻坚正式启动。滇桂黔石漠化片区涉及广西、贵州、云南三省（区）的15个地（市、州）、91个县（区、市），是全国14个片区中扶贫对象最多、少数民族人口最多、所辖县数最多、民族自治县最多的片区。（《贵州日报》6.29）

同日，《云南日报》报道，近日召开的云南省人大常委会《中华人民共和国非物质文化遗产法》执法检查汇报会上公布，云南省启动实施民族民间传统文化保护工程，建立分级分类保护名录体系，现已有各级政府批准公布的非物质文化遗产保护名录8590项。

6月29日　在俄罗斯圣彼得堡召开的第36届世界遗产委员会会议一致同意将中国申报的元上都遗址列入《世界遗产名录》，成为中国第30处世界文化遗产，也是中国第42处世界遗产。（《中国民族报》7.3）

7月

7月4日　满洲里第十一届中俄蒙国际旅游节和第九届中国蒙古族服装服饰艺术节在满洲里市隆重开幕。本届国际旅游节和服装服饰艺术节的召开，将全面展示中俄蒙的旅游特色和蒙古族服装服饰的魅力，为促进中俄蒙毗邻地区的旅游文化交流和经贸合作搭建平台。（《内蒙古日报》7.5）

7月5日　《内蒙古日报》报道，我国第一个民族服饰地方标准——《蒙古族部落服饰》日前出炉。《蒙古族部落服饰》地方标准包含了内蒙古地区28个蒙古族部落服饰的特征和传统款式，标准中收录的56套蒙古族服饰实物标准样品均有彩色效果图、款式图、裁剪图，并以蒙古、汉两种文字版本发行。

7月6—7日　由贵州省委宣传部、省委政策研究室、省委党史研究室、贵州日报报业集团、中共黔东南州委主办的弘扬"三敢"精神，构筑精神高地推动跨越发展理论研讨会在黎平召开。黔东南州是欠发达的少数民族地区，推动跨越发展，必须有强大的精神动力作为支撑，弘扬"三敢"精神，加快构筑"精神高地"，确保到2015年全面建设小康社会实现程度接近西部地区平均水平，到2020年与全省、全国同步建成全面小康社会。（《贵州日报》7.9）

7月6日　中国新闻社内蒙古分社在呼和浩特成立。中新社内蒙古分社的建立，将有利于内蒙古向海外展示新形象新风貌，搭建内蒙古与海外沟通和交流的平台，推动内蒙古走向世界等方面发挥越来越重要的作用。（《内蒙古日报》7.7）

同日，历时一个月的第四届全国少数民族文艺会演在北京京西宾馆落下帷幕。中共中央政治局常委、全国政协主席贾庆林出席闭幕式暨颁奖晚会，并为获奖集体和个人代表颁奖。（《人民日报》7.7）

7月9日　由国家民委经济司和《中国民族报》发起的中央新闻媒体"兴边富民行动万里行"宣传活动采访团赴新疆和新疆生产建设兵团边境地区采访。采访团从乌鲁木齐市出发，经过塔城、阿勒泰、兵团农九师、兵团农十师、哈密等边境地区，沿途3000多公里进行为期14天的实地采访。（《中国民族报》7.6）

7月10—12日　第三届全国高等院校民族语文教学暨学术研讨会在广西桂林举行，60余位专家学者和相关专业研究生，围绕少数民族语言文学专业的办学模式、民族语教学中的课程体系及教材建设问题研究、具体民族语言的教学实践和民族语言本体的描写研究、民族语和汉语双语教学问题研究、民族语教学与外语教学的比较研究等进行了研讨。(《中国民族报》7.27)

7月15日 由中国逻辑学会因明专业委员会主办的"第八届全国因明学术研讨会暨虞愚先生贵州大学讲学七十周年纪念会"在贵州大学召开。来自全国各地60余名专家学者出席会议。会上，有专家认为藏文大藏经中内容大多是汉文大藏经中没有的，且大部分尚未被译成汉文。当前，启动该工程时机成熟，呼吁启动"藏文大藏经汉译工程"。(《中国社会科学报》7.27)

7月17日 青海省第四次藏族文学创作会议在青海贵德县举行。近80名作家、评论家、翻译家参加会议。会议期间还举行了"野牦牛"翻译文学丛书首发仪式和首届"野牦牛"藏语文学奖颁奖仪式。(《青海日报》7.18 《青海日报》8.10)

同日，第二届全国民族自治县（旗）科学发展经验交流会（北方片会）在吉林省前郭尔罗斯蒙古族自治县召开。来自全国60个自治县的负责同志出席会议。与会代表就民族自治县（旗）科学发展工作进行了深入交流。(《中国民族报》7.20)

7月17—21日 中共中央政治局常委李长春在西藏考察调研。调研时李长春强调，牢牢把握共同团结奋斗共同繁荣发展的主题，不断推进西藏民族团结进步和民族文化发展。他先后到林芝、拉萨等地，深入农村、牧区和宣传文化单位进行考察。(《人民日报》7.22)

7月19日 云南省建设民族团结进步边疆繁荣稳定示范区动员大会召开，标志着示范区建设全面启动。(《云南日报》7.20)

7月21日 青海广播电视台藏语广播开播60周年庆典晚会——《一个声音的美丽曲线》在西宁隆重举行。青海藏语广播是全国省级电台开播最早的藏语广播，也是唯一一个使用安多方言的省级藏语广播。(《青海日报》7.23)

7月25—26日 纪念成吉思汗诞辰850周年学术研讨会在内蒙古自治区额尔古纳市举行。来自中国社会科学院、中国人民大学、内蒙古大学、内蒙古社会科学院等多家学术机构、高等院校的120多位学者参加了研讨。(《中国社会科学报》7.30)

7月27日 《中国民族报》报道，国务院办公厅日前印发的《少数民族事业"十二五"规划》显示，"十二五"期间，国家将以解决少数民族事业发展中的特殊困难和问题为重点，采取特殊政策措施，不断加大对少数民族事业的扶持力度，全面提升少数民族事业发展水平。在政策措施方面，国家将在财政、投资和产业、金融、生态补偿、教育科技、医疗卫生、文化、社会保障、干部和人才、对口支援等十个方面提供政策支持。

7月27—30日 由青海省作家协会、青海省文联文学创作研究室、青海省土族研究会、中央民族大学少数民族语言文学学院、互助土族自治县、民和回族土族自治县联合举办的第四届青海省土族文学研讨会举行。会议期间，与会者就少数民族书面文学的发展历程和思考、当代少数民族文学创作及研究等展开专题讲座。(《青海日报》8.1)

7月28—30日 "第六届全国民族理论与民族政策教学"研讨会在云南省昆明市举行，120多位民族理论与民族政策方面的专家和教学工作者对如何把握党和国家民族理论和民族政策的实质，提高理论教师的理论素质，提升民族理论与民族政策课的实效性以及在教学过

程中的重点、难点、热点进行了研讨。(《中国民族报》8.24)

8月

8月2日 第五届北京(国际)藏学研讨会在北京召开。来自21个国家和地区的267名藏学学者出席会议。此次会议以"西藏社会变迁与国际藏学发展趋势"为主题,围绕"可持续发展与民生保障(社会与经济)"、"历史"、"文献、考古与艺术"、"根敦群培研究"、"宗教"、"梵文"、"因明"、"当代政治"、"藏医药"、"文化"、"语言与信息技术"等学科或专题展开研讨。(《中国文物报》8.3)

8月3日 《中国民族报》报道,国务院近日印发了《国家基本公共服务体系"十二五"规划》,这是新中国成立以来我国基本公共服务领域首次编制的国家级专项规划。其中,《规划》从重点任务、基本标准、保障工程等几个方面,对"十二五"期间民族教育工作的发展方向和重点目标提出了明确要求。

8月9日 中央人才工作协调小组在拉萨召开西藏人才工作座谈会,深入贯彻落实中央第五次西藏工作座谈会精神和全国人才工作会议精神,研究部署进一步推进西藏人才工作。(《西藏日报》8.11)

8月9—13日 由民进中央主办的"同心·彩虹行动"2012年新疆少数民族校长暑期培训班在北京首都师范大学举办。来自乌鲁木齐市、吐鲁番地区托克逊县以及和田地区的53名校长和骨干教师通过听取讲座、参观考察、交流座谈等形式,接受为期5天的培训。(《中国民族报》8.14)

8月11日 作为国家《"十二五"支持西藏经济社会发展建设项目规划方案》中明确的八项电网建设工程之一的藏中电网220千伏主网架暨墨竹工卡输变电工程开工建设。此次工程总投资达16.4亿元。(《西藏日报》8.12)

8月16日 为进一步促进陕西、西藏文物部门在文物考古、文化遗产保护等领域的交流合作,陕西省考古研究院与西藏自治区文物考古研究所签订了文物考古合作协议,这是第四次全国文化文物援藏会议召开后,西藏文物部门与援助省市签订的首个合作协议。(《中国文物报》8.22)

8月17日 国家发改委在广西东兴召开"重点开发开放试验区建设工作会议",这标志着国务院近日正式批准的广西东兴、云南瑞丽、内蒙古满洲里重点开发开放试验区建设实施方案进入了实质性的实施阶段。(《人民日报》8.18)

8月18日 作为全国唯一的市辖达斡尔族区,齐齐哈尔市梅里斯达斡尔族区迎来了60周年华诞。来自国家民委、黑龙江省、齐齐哈尔市的各级领导及社会各界群众约4000人参加了纪念庆典、敖包会和篝火晚会等庆祝活动。(《光明日报》8.19)

8月18—22日 中共中央政治局常委李长春先后到内蒙古自治区赤峰、锡林郭勒、巴彦淖尔、鄂尔多斯、呼和浩特等地,深入企业、学校、农牧区、社区和宣传文化单位,就贯彻落实党的十七届六中全会精神、加快转变经济发展方式、推进文化改革发展等进行调研。李长春强调,抓住重要机遇,把握主题主线,加快推动民族地区实现跨越式发展。(《人民日报》8.23)

8月21日 《西藏日报》报道，日前，边坝县光网城市、政府门户网站、办公自动化系统、多媒体教室等信息化项目正式竣工投入使用，标志着边坝县率先成为西藏首个"光网县城"，也让更多的边坝民众实现了快捷上网。

8月21—23日 全国扶持人口较少民族发展经验交流会在黑龙江省佳木斯市召开。会议全面总结了自开展扶持人口较少民族发展工作以来，特别是实施扶持人口较少民族发展"十二五"规划以来取得的成绩和经验，从战略和全局的高度深刻分析了当前面临的形势和任务，全面解读了扶持人口较少民族发展"十二五"规划的精神内涵，对下一步抓好规划实施的各项工作作了具体部署。（《中国民族报》8.24）

8月22日 由内蒙古自治区莫力达瓦达斡尔族自治旗乌兰牧骑编排演出的大型歌舞《神奇达斡尔》启程赴捷克共和国参加国际民间艺术节，并进行国际文化交流活动。此次活动将全面展现聚居在中国内蒙古呼伦贝尔市莫力达瓦达斡尔族自治旗的达斡尔族多元的原生态文化，旨在促进文化交流，增进了解，与捷克等世界各族人民建立沟通的桥梁。（《中国民族报》8.24）

8月24日 《中国民族报》报道，经国家发改委批准，近日，贵州全面启动实施《黔中经济区发展规划》（简称《规划》）。《规划》的实施，对于推进黔中经济区率先发展，发挥贵州经济社会发展"火车头"和"发动机"作用，带动全省特别是民族地区尽快富裕起来，探索内陆欠发达地区后发赶超、实现跨越的新途径，实现与全国同步建成小康社会具有重要意义。

8月27日 第二届鄂尔多斯国际那达慕大会在内蒙古自治区鄂尔多斯市伊金霍洛旗开幕。44个境外体育代表队和境内19个体育代表队一起齐聚天骄圣地，共享这场文化盛宴。中共中央政治局委员、国务院副总理回良玉出席开幕式。（《人民日报》8.24 《人民日报》8.29）

8月28日 以"品尝天路果品，体验安顿文化"为主题的青海省第十一届土族安召纳顿艺术节在民和回族土族自治县隆重举行。纳顿节是青海省独有的一种本土文化，随着数届土族纳顿艺术节的成功举办，土族纳顿已经成为了解土族历史和文化的重要载体。（《青海日报》8.29）

8月29日 内蒙古自治区与青海省经济社会发展合作交流座谈会在呼和浩特举行，双方共同签署了《内蒙古自治区与青海省加强全面合作协议》，标志着两省区的交流合作关系进入了新阶段。根据合作协议，青蒙两省区将本着"优势互补、互利互惠、全面合作、共同发展"的原则，在工业、农牧业、招商引资、商贸、金融、旅游、科技、教育、文化、卫生等多领域开展全面合作。（《内蒙古日报》8.30）

8月30日 内蒙古草原可持续利用论坛在呼和浩特开幕。草原业界的专家学者围绕草原保护建设、可持续利用及草产业发展等议题进行了深入的探讨和交流。（《内蒙古日报》8.31）

9月

9月2日 由中国民间文艺家协会、吉林省萨满文化协会联合主办的"第三届中国（吉林）国际萨满文化论坛"在长春召开。与会中外学者围绕"南方民族民间文化、北方萨满文化的特点以及南北方民间信仰的比较研究"这一主题，探讨如何把静态的萨满文化遗存和动态的萨满文化传承相结合、将萨满文化的保护和文化旅游经济的发展相结合，以实现长效保护与传承的良性循环。（《中国社会科学报》9.5）

同日，第四届中国（宁夏）国际文化艺术旅游博览会系列活动第三届塞上江南影视节在银川开幕。影视节期间，将举办少数民族电影展映周。（《宁夏日报》9.4）

9月3日　延边朝鲜族自治州各族各界干部群众5万多人，欢聚在延边市人民体育场，热烈庆祝延边州成立60周年。（《人民日报》9.4）

9月3—5日　中共中央政治局常委、国务院总理温家宝在新疆考察工作时强调，新疆的发展和稳定，关系全国改革发展稳定大局，关系祖国统一、民族团结、国家安全，关系中华民族的伟大复兴。要深入贯彻落实科学发展观，紧紧抓住大好机遇，加快建设繁荣富裕、和谐稳定的美好新疆。调研期间，温家宝到新疆和田、喀什地区进行了考察，听取了新疆维吾尔自治区党委、政府和新疆生产建设兵团工作汇报，对新疆工作给予充分肯定。（《人民日报》9.6）

9月4日　浙江省党政代表团赴青海省海西蒙古族藏族自治州考察调研，检查指导浙江省对口支援海西州工作情况。浙江省对口支援海西州工作座谈会于当天下午在德令哈市召开。（《青海日报》9.4）

9月5日　《人民日报》报道，记者从西藏自治区教育厅获悉，从今年秋季学期开始，西藏将全面实现15年免费教育，即学前3年、小学6年、初中3年、高中3年。

9月6日　教育部与四川、西藏、青海、甘肃四省区在京签署义务教育均衡发展备忘录。至此，教育部与全国31个省（区、市）和新疆生产建设兵团全部完成了义务教育均衡发展备忘录的签署，标志着中央与地方协同推进义务教育均衡发展的机制基本形成，义务教育均衡发展迈上了新的征程。（中央政府门户网9.7　《中国民族报》9.14）

9月8日　国务院扶贫开发领导小组办公室与内蒙古自治区人民政府在呼和浩特市签署《关于加快推进内蒙古扶贫攻坚进程的合作协议》，国务院扶贫办将加大对内蒙古扶贫开发工作的指导、协调和支持力度，集中力量打好扶贫攻坚战。（《内蒙古日报》9.9）

9月10日　由宁夏回族自治区政府主办的2012中国（宁夏）国际投资贸易洽谈会暨第三届中国·阿拉伯国家经贸论坛的重要组成部分——第五届中国（宁夏）回商大会在宁夏回族自治区吴忠市开幕。李克强出席开幕式，来自各省（区、市）和中东阿拉伯国家及东南亚穆斯林地区客商、全国各地知名穆斯林企业家及港澳台等地的嘉宾同聚"中国回乡"，寻找商机、洽谈合作、共谋发展。（《宁夏日报》9.11）

9月11—12日　中共中央政治局常委、国务院副总理李克强出席2012中国（宁夏）国际投资贸易洽谈会暨第三届中阿经贸论坛并发表主旨演讲。会议期间，他先后来到银川、石嘴山等地考察调研，并强调，要牢牢抓住扩大内需这一战略基点，把西部大开发与扩大向西开放结合起来，形成新的综合优势；采取有效措施推进那些既能稳增长，又能调结构，还能惠民生的大事实事，增强经济内生动力和可持续性。（《宁夏日报》9.14）

同期间，全国社区民族工作经验交流会在江苏省南京市召开。这是自2011年国家民委和民政部联合下发《关于加强新形势下社区民族工作的意见》以来,首次召开的全国性社区民族工作经验交流会。会议全面总结了近年来全国各地开展社区民族工作所取得的成绩和经验,分析了当前社区民族工作面临的形势和任务,并对进一步推进社区民族工作作了具体部署。(《中国民族报》9.14)

9月13日 中国社会科学院直属机关党委组织部分党外专家学者赴新疆乌鲁木齐、和田、喀什、伊犁等地开展"各民族共建现代中华文化"国情考察活动。(《中国社会科学报》9.24)

同日,国土资源部主持召开乌蒙山片区区域发展与扶贫攻坚部际联席会议,会议主要任务是深入贯彻落实中央扶贫开发工作会议精神和《中国农村扶贫开发纲要(2011—2020年)》有关要求,启动乌蒙山片区部际联席会议制度,加强各成员单位之间的沟通协调,密切协作配合,形成工作合力,全面推进《乌蒙山片区区域发展与扶贫攻坚规划(2011—2020年)》组织实施,促进乌蒙山片区经济社会又好又快发展。(《云南日报》9.14)

9月14日 具有里程碑意义的青海果洛大武民用机场工程正式奠基。这是果洛藏族自治州乃至全省各族人民盼望已久的大事,是国家深入实施西部大开发战略,支持青海藏区建设的重大举措。(《青海日报》9.15)

9月15日 国道317线(黑昌公路)那曲至巴青段油路竣工通车仪式在西藏那曲镇托古拉山口举行。国道317线那曲段改扩建工程的胜利竣工,凝聚着全体建设者的辛劳、智慧和汗水,是西藏各族儿女向党的十八大胜利召开献上的一份厚礼。(《西藏日报》)9.16)

同日,由青海省委书记强卫,省长骆惠宁率领的青海省党政代表团赴新疆维吾尔自治区学习考察。次日,青海省、新疆维吾尔自治区在乌鲁木齐召开经济社会发展情况交流座谈会,并签署了《青海省与新疆维吾尔自治区深化全面合作协议》。(《青海日报》9.17)

9月17日 工业和信息化部在西藏拉萨召开全国工信系统产业援藏工作会议,研究落实《工业和信息化部 西藏自治区人民政府关于共同推进西藏工业和信息化发展的合作协议》和《工业和信息化部关于支持西藏工业、通信业和信息化跨越式发展的意见》所提出的战略部署和具体任务,进一步推进全国工业和信息化系统产业援藏工作。(《中国民族报》9.25)

9月17—21日 由内蒙古自治区人民政府、中国驻蒙古国大使馆、蒙古国文化体育旅游部主办的第三届"乌兰巴托·中国内蒙古文化周"在乌兰巴托市举办,文化周内容包括儿童无伴奏合唱《天籁童音》、大型武术表演《禅武少林》等4场文艺演出;中国·红山文化展、中国·内蒙古图片展等8项综合展览展播;中蒙作家论坛暨中国文学名著赠送仪式,内蒙古蒙医蒙药专家讲座及学术论坛、义诊,呼和浩特——乌兰巴托友好城市合作交流等6项论坛和交流活动。是近年来内蒙古自治区在国外举办的规模最大的一次综合性文化展示活动。(《内蒙古日报》9.15)

9月18日 2012年全国卫生系统对口支援新疆工作座谈会在新疆乌鲁木齐召开。会议就全面贯彻落实中央新疆工作座谈会和第三次全国对口支援新疆工作会议精神,对大力推动卫生援疆工作进行了安排部署。(《中国民族报》9.25)

9月19日 全国第十届少数民族文学创作"骏马奖"颁奖典礼在北京国家大剧院隆重举

行。中共中央政治局常委李长春发来贺信。本届"骏马奖"共有235部作品参加评选,最终25部作品和4位翻译家获奖,涵盖了15个民族。(《人民日报》9.20)

9月23日 四川省凉山彝族自治州举行庆祝活动,庆祝凉山建州60周年。凉山建州60年来的变化,可以说是一步跨千年,从奴隶社会一步进入到社会主义社会。凉山地区生产总值由建州之初的不足5000万元到2011年突破1000亿元大关,已经成为四川省发展最快的市州之一。(《中国民族报》9.25)

9月25日 《中国民族报》报道,9月,西藏自治区迎来第22个"民族团结月",9月17日,拉萨市设立首个"民族团结进步节"。"拉萨市民族团结进步节各族各界人士座谈会"于9月20日在拉萨召开,来自藏族、汉族、回族等民族的代表人士欢聚一堂,畅谈拉萨各民族团结、和睦共处的情谊。

同日,《中国民族报》报道,近日,浙江省首家集服务、联谊、展示于一体的综合性少数民族活动中心——杭州市下城区东新街道社区少数民族之家正式成立,东新街道"同心·民族文化展示馆"同时开馆。

同日,云南·建设中国面向西南开放重要桥头堡推介会在上海举行。云南拥有独特的历史文化之美、民族风情之美、高原风光之美和边疆异域之美,建设中国面向西南开放重要桥头堡,将云南变成了开放的前沿、投资的热土、创业的乐园。云南未来发展的市场广阔、潜力巨大、前景可观,必将成为企业创业兴业、企业家施展抱负的理想之地。(《云南日报》9.26)

9月26日 第十三届西博会中国西部投资说明会暨经济合作项目签约仪式在成都举行,中共中央政治局常委、全国人大常委会委员长吴邦国参观了第十三届中国西部国际博览会内蒙古展区。吴邦国认为内蒙古展区集中展示了内蒙古的发展成就和发展优势,有利于促进内蒙古对内对外开放。四川省、贵州省、西藏自治区、宁夏回族自治区、陕西省、新疆维吾尔自治区、内蒙古自治区的有关负责人围绕"投资西部、合作共赢"作了主题演讲。重庆、云南、广西、甘肃、新疆生产建设兵团也分别作了书面发言。(《内蒙古日报》9.27)

9月28日 "首届宁夏民族团结进步十大模范人物"颁奖盛典在宁夏广电总台演播大厅隆重举行。李潇等10人获模范人物荣誉称号,王晓花等10人获十大模范人物提名奖。(《宁夏日报》9.29)

9月29日 庆祝青海土族研究会成立暨《中国土族》杂志创刊20周年大会在青海省西宁市隆重举行。省直属机关各部门、海东地区各相关单位,各新闻单位媒体代表,共百余人参加此次大会。会上宣读了青海省委书记强卫致《中国土族》杂志的贺信。大会还表彰了一批为土族文化事业做出突出贡献的同志和《中国土族》杂志优秀作者、优秀发行员。(《青海日报》9.30)

10月

10月6—7日 中共中央政治局常委、国务院总理温家宝在云南彝良看望慰问地震受灾群众部署灾后重建工作后,到贵州省毕节市考察。温家宝先后到威宁彝族回族苗族自治县、赫章县、七星关区、大方县、黔西县,深入乡村、社区、工厂企业,就加快扶贫开发、生态

建设、结构调整,推动经济社会又好又快发展进行调研。(《贵州日报》10.9)

10月9日 《中国民族报》报道,2012年,内蒙古自治区将投入20亿元实施高中阶段免费教育政策,实现高中阶段学生全部享受免学费、免费提供教科书的"两免"政策,将有82万名学生受益。此项政策,比原定目标提前一年。

10月10日 国务院总理温家宝主持召开国务院常务会议,决定扩大中等职业教育免学费范围、完善国家助学金制度。中等职业教育免学费范围扩大后,六盘山区等11个连片特困地区、西藏及四省藏区、新疆南疆三地州中等职业学校农村学生全部纳入享受助学金范围。(《中国民族报》10.12)

10月10日 中央宣传部、中央统战部、教育部、国家民委、新疆维吾尔自治区党委在乌鲁木齐市召开"热爱伟大祖国 建设美好家园"主题教育活动总结座谈会。中共中央政治局常委李长春,中共中央政治局常委、中央政法委书记、中央新疆工作协调小组组长周永康对主题教育活动分别作出重要批示。(《人民日报》10.11)

10月11日 《贵州日报》报道,文化部、国家文物局近日下发了《文化部国家文物局关于支持贵州多民族文化大发展大繁荣的意见》,这是文化部贯彻落实国发2号文件精神、支持贵州文化建设跨越发展的重要举措之一,对推进贵州省文化事业和文化产业更好更快发展、进一步提升贵州的文化软实力、推动贵州多民族文化大发展大繁荣具有重要意义。

10月12日 中共中央政治局常委、全国政协主席贾庆林在京亲切会见全国少数民族参观团,全国少数民族参观团成员全部由2009年受到国务院表彰的民族团结进步模范个人组成,分别来自西部12个省区市和新疆生产建设兵团,以及延边、湘西、恩施等3个自治州,都是来自基层的干部群众。(《人民日报》10.13)

10月15—16日 国家民委惩治和预防腐败体系建设工作总结暨经验交流会在中央民族干部学院召开。会议全面总结了国家民委系统5年来惩治和预防腐败体系建设工作开展情况,交流了惩治和预防腐败体系建设工作的经验,并对5年来在惩治和预防腐败体系建设工作方面做出突出成绩的10个先进集体和20名先进个人进行了表彰。(《中国民族报》10.16)

10月18日 第四期全国民委主任培训班、第18期全国边境县党政领导干部经济管理专题研究班、全国自治县(旗)政府分管负责同志民族工作专题研究班在北京中央民族干部管理学院开班。据悉,本次全国民委主任培训班有学员32人,全国边境县班有学员47人,全国自治县班有学员46人,少数民族学员分别占47%、34%和72%。(《中国民族报》10.19)

10月19日 中共中央政治局常委、全国政协主席贾庆林在北京主持召开会议并发表重要讲话,认真总结党的十六大以来涉藏工作成绩和经验,深刻分析涉藏工作面临的形势和任务,就深入推进中央第五次西藏工作座谈会精神贯彻落实,扎实做好当前的西藏和四省藏区发展稳定各项工作进行研究部署。(《人民日报》10.20)

10月19—22日 西藏民族学院马克思主义学院和华东师范大学哲学系联合举办的"马克思主义理论在民族地区的实践"学术研讨会在陕西咸阳召开。与会学者围绕马克思主义社会发展理论、马克思主义民族理论、马克思主义宗教理论在民族地区的实践、马克思主义在民族地区大众化研究、民族地区高校马克思主义理论学科建设等议题进行了研讨。(《中国社

会科学报》10.29）

10月23日 中共中央政治局常委、中央政法委书记周永康在北京主持召开会议，研究部署新疆工作。他强调，要毫不动摇地贯彻落实中央新疆工作座谈会精神，咬定青山不放松，一茬接着一茬干，深入推进新疆跨越式发展和长治久安，加快建设繁荣富裕和谐稳定的社会主义新疆。（《人民日报》10.25）

同日，《中国民族报》报道，为有效整合资源，加强和创新民族事务管理，探索新形势下推进民族工作的体制机制，近日，江苏省民委与南京市人民政府签订《共同推进南京民族宗教工作合作协议》。（《中国民族报》10.23）

10月24日 《贵州日报》报道，为全面贯彻落实《国务院关于进一步促进贵州经济社会又好又快发展的若干意见》（国发〔2012〕2号）精神，推进贵州科学发展、后发赶超，中共贵州省委、贵州省人民政府就加快创建全国扶贫开发攻坚示范区提出实施意见。

10月25日 由宁夏回族自治区政府主办的宁夏首届少数民族文艺调演颁奖晚会暨欢度古尔邦节晚会在宁夏人民会堂精彩上演。宁夏演艺集团、宁夏大学、北方民族大学、宁夏艺术学校、宁夏军区和武警部队最新创作的43个节目参加了为期两天的调演。节目具有浓郁民族特色和强烈时代气息，集中展现了该区少数民族文化发展的最新成就，展示了该区民族团结进步的丰硕成果。（《宁夏日报》10.26）

10月24—26日 国家民委报刊宣传研讨会在杭州举行。会议期间，举行了《中国民族报》浙江记者站授牌仪式。中国民族报社还分别与浙江省政府参事室、浙江省政协民宗委签订了合作协议。来自全国各省、市、自治区民族工作部门和民族院校、国家民委所属新闻媒体等单位的80余人，围绕民族工作和民委的中心工作、重点工作，就如何适应新形势的需要，努力提高民族宣传工作质量，更好地为少数民族服务、为民族地区服务、为民族工作服务进行了热烈讨论。（《中国民族报》10.26）

10月27日 内蒙古师范大学在呼和浩特市举行中国少数民族文学馆建馆5周年座谈会。内蒙古师范大学被授予中国少数民族文学重大贡献奖，中国少数民族文学馆是在内蒙古师范大学特聘教授特·赛音巴雅尔的创意、倡导下建设的全国首家专门研究少数民族作家和少数民族文学的基地。（《内蒙古日报》10.28）

10月27—29日 中共中央政治局常委、中央政法委书记周永康在云南考察。他强调，要深入贯彻落实科学发展观，坚定不移推进科学发展、和谐发展、跨越发展，坚持不懈促进民生改善、民族团结、边疆稳固，加快建设开放富裕文明幸福新云南，以优异成绩迎接党的十八大胜利召开。（《人民日报》10.30）

11月

11月2日 《中国民族报》报道，去年5月，国务院下发了《关于支持云南省加快建设面向西南开放重要桥头堡的意见》，对云南省的发展进行了全面部署。近日，《云南省加快建设面向西南开放重要桥头堡总体规划（2012—2020年）》已获国务院批准，即将正式发布。

同日，西藏自治区城乡居民社会保险进展情况新闻发布会透露，西藏新型农村社会养老保险提前实现全覆盖，城镇居民社会养老保险覆盖群体逐年扩大，西藏已全面建立起统筹城

乡的社会养老保险体系。(《中国民族报》11.6)

11月3日　由国家民委教科司主办,中南民族大学与湖北省民宗委、《光明日报》记者部承办的武陵山片区民族教育协作研讨会在中南民族大学召开。来自全国各地的专家学者及中南民族大学师生代表近200余人参加研讨会。与会专家学者就民族教育跨区域协作的制度、措施、机制等问题进行了广泛、深入的学术交流。(《中国民族报》11.13)

11月5日　由国务院新闻办公室、西藏自治区人民政府、中国驻波兰大使馆、公民协会"波兰家园"联合主办的"2012波兰·中国西藏文化周"在波兰首都华沙开幕。此次中国西藏文化周将通过富有藏民族特色的歌舞演出、图片唐卡展览和藏学家藏医学家的交流,向波兰公众生动展示当今西藏经济、政治、文化、社会等各方面取得的伟大成就,展示西藏各族人民的幸福生活和团结和谐、蓬勃向上的精神风貌以及西藏欣欣向荣、与时俱进的光明前景。这是中国首次在波兰举办以西藏为主题的综合文化展示活动,是中波两国文化交流的重要组成部分,将为波兰公众打开一个了解感知"世界屋脊"——中国西藏的重要窗口。(《人民日报》11.7)

11月6日　从新疆维吾尔自治区人力资源和社会保障厅召开的新闻发布会上获悉:自2011年到2020年,新疆将培养造就1000名少数民族学术和技术带头人,1万名各行业、领域的中青年少数民族专业技术骨干,500名少数民族优秀经营管理人才。(《新疆日报》11.7)

11月8日　青海省政府藏文政务网站新版正式开通运行。青海省政府藏文政务网站的开通,不仅搭建起了向广大藏族群众提供及时、方便政务信息服务的重要平台,而且拓宽了藏族群众了解党和国家经济社会发展方针政策的重要通道和途径。(《青海日报》11.8)

11月13日　《中国民族报》报道,近日,西北民族大学在甘肃省东乡族自治县设立学科建设田野调研基地。东乡族自治县有关负责人及学校有关部门负责人出席了挂牌仪式。调研基地的设立有利于西北民大相关学科专业人员通过此平台开展科学调研及服务活动,实现校地良性互动,达到资源共享、共同发展的目的。

11月16日　中央统战部、国家民委在京举办首都少数民族人士学习党的十八大精神座谈会,在京少数民族人士代表以及中央民族大学部分师生共约120人参加座谈会。大家表示,把十八大描绘的壮丽蓝图变成现实的美好生活。(《中国民族报》11.20)

11月26日　由宁夏回族自治区科技厅和中国科学技术发展战略研究院合作建设的科技扶贫研究基地在宁夏银川市揭牌,这是我国首个科技扶贫研究机构。科技扶贫研究基地将面向我国西北地区共同开展科技扶贫战略和政策研究,为贫困地区特别是集中连片特殊困难地区与全国同步全面建成小康社会提供决策支持和政策服务。(《中国民族报》11.30)

11月27日　《中国民族报》报道,近日,国务院正式批复同意新疆维吾尔自治区的《天山北坡经济带发展规划》(简称《规划》)。此次《规划》获批,将从多方面推动新疆的北疆地区的快速发展。《规划》的实施将加快推进天山北坡经济带的发展、开放以及建设力度。

同日,《中国民族报》报道,吉林将爱民固边战略纳入省政府日前下发的《吉林省少数民族事业"十二五"规划》中,吉林省公安边防总队在《规划》中围绕联创联建规模化、治安防控科技化、服务措施人性化、扶贫助困亲情化4个方面出台了15项推进措施。这些措施受到了吉林省边境地区少数民族群众的关注和青睐。

11月28日 《青海日报》报道，近日，为全面落实《国家中长期教育改革与发展规划纲要（2010—2020）》，加快推进中西部高等教育发展，教育部确定天津大学对口支援青海民族大学。根据此次教育部的通知精神，青海民族大学将尽快与天津大学协商具体支持内容并签订框架协议。

12月

12月1—6日 国家主席胡锦涛在贵州考察工作时强调，深入学习贯彻党的十八大精神，切实把思想和行动统一到党的十八大精神上来，把智慧和力量凝聚到实现党的十八大确定的各项任务上来，为实现全面建成小康社会的宏伟目标而团结奋斗。胡锦涛深入遵义、毕节、贵阳等地的企业、乡村和小区，实地了解广大干部群众学习贯彻党的十八大精神、推动经济社会发展情况，同各族干部群众共商科学发展大计。（《北京日报》12.7）

12月2日 《光明日报》报道，近日，由甘肃民族师范学院和中国藏学研究中心历时4年联合编纂的首部《中小学藏语词典》，在甘肃省甘南藏族自治州正式发行，该部词典的汉译工程同时启动。

12月3日 国务院扶贫开发领导小组在云南省普洱市召开滇西边境片区区域发展与扶贫攻坚启动会。国务院副总理、国务院扶贫开发领导小组组长回良玉强调，要深入学习贯彻党的十八大精神，认真落实中央关于新阶段扶贫开发的重大战略部署，加快推进片区跨越式发展和全面建成小康社会进程。要认真组织实施滇西边境片区区域发展与扶贫攻坚规划，坚持扶贫开发与建设面向西南开放桥头堡、兴边富民行动、扶持少数民族和民族地区发展等重大战略部署相结合，努力走出一条边境少数民族地区脱贫致富的新路子。会议期间还举行了东部10个职教集团与滇西10州市战略合作协议签字仪式，同时启动了滇西开发网。（《云南日报》12.4）

12月4—6日 国务院副总理回良玉在云南考察工作。听取了云南省建设民族团结进步边疆繁荣稳定示范区工作的汇报，先后考察了弥勒县、天士力帝泊洱生物茶谷、康恩贝集团石斛组培室、云南爱伲农牧集团咖啡加工生产线、云南红酒庄，了解云南高原特色农业发展情况。他强调，要深入学习贯彻党的十八大精神，从战略和全局高度切实重视民族工作，促进各民族共同团结奋斗、共同繁荣发展。（《云南日报》12.7）

12月6日 西藏自治区少数民族参观团的40名成员开始了内地参观考察之旅。参观团赴北京、江苏、浙江、上海等沿海发达省市参观考察。为了进一步推进西藏自治区民族团结进步事业发展，国家民委和西藏自治区人民政府今年起共同组织西藏自治区少数民族参观团赴内地参观考察。（《中国民族报》12.7）

12月7日 中国中文信息学会2012年学术年会暨理事会在京召开，会议对"彝文、壮文电子词典及辅助翻译软件"等4项获得2012年度"钱伟长中文信息处理科学技术奖"的科研成果进行了颁奖。"彝文、壮文电子词典及辅助翻译软件"填补了我国彝文、壮文翻译软件研发领域的空白，该软件已在全国"两会"和全国党代会大会文件翻译工作和各地民族语文翻译工作中使用，并在民族地区普及推广。（《中国民族报》12.11）

同日，国家民委发布第二号令，《国家民委科研项目管理办法》已经11月26日国家民族事务委员会委务会议通过，自2013年1月1日起施行。（《中国民族报》12.11）

12月8—9日　2012（第六届）全国新闻出版业网站年会在京举行。会议揭晓了新闻出版业网站百强，中国民族报社《中国民族宗教网》被评为全国新闻出版业优秀网站。《中国民族报》12.11）

12月10日　国家民委印发了《少数民族特色村寨保护与发展规划纲要（2011—2015年）》。《规划》指出，"十二五"期间，国家将重点保护和改造1000个少数民族特色村寨。重点扶持的村寨必须少数民族人口比例不低于30%、总户数不低于50户、特色民居不低于50%。重点扶持村寨同时须具有较浓郁的民族风情和较高的文化保护价值，具有较好的区位条件和一定的工作基础，地方政府和村民的积极性较高。（《中国民族报》12.14）

12月12日　云南省民委扶持普洱市澜沧县竹塘乡跨越发展示范建设五年规划正式启动。云南省民委计划投入资金6150万，通过5年帮扶，使澜沧县竹塘乡达到经济社会发展取得新突破、民生有较大改善的目标。（《中国民族报》12.14）

12月13—14日　由内蒙古社会科学院、中国蒙古学学会联合主办的中国第三届蒙古学国际学术研讨会在呼和浩特市开幕。会议以大会报告及分会研讨形式进行，来自蒙古国、俄罗斯、日本、德国、捷克、法国等10个国家和台湾地区的230余名蒙古学知名专家学者围绕"蒙古族文化与生态文明"这一主题从"蒙古语言文字"、"蒙古文学"、"蒙古历史"、"草原文化"四个方面进行深入探讨。（《内蒙古日报》12.14）

12月18日　《中国民族报》报道，日前，中共海南省委台湾工作办公室、海南省人民政府台湾事务办公室批准在琼州学院成立"海南省两岸少数民族研究院"，充分发挥琼州学院在民族学科上长期积累的研究优势，为两岸少数民族交流合作、科学研究、人才培养、知识创新和社会服务提供重要平台，为两岸经济社会发展做出贡献。

12月21日　《青海日报》报道，2012年，青海省藏区教育"免"字当先，在全省6个藏族自治州全面普及从学前一年到高中阶段的十三年免费教育，偏远藏区正在通过教育大发展迎来发展的新希望。通过全面普及免费教育，青海藏区适龄儿童入学率达到了99.3%，15岁以上国民平均受教育年限达到8年，高中阶段毛入学率也提高到了73%。

12月27—30日　中共中央政治局常委、国务院副总理李克强到江西九江和湖北恩施调研。这是十八大之后，李克强副总理第一次离京到地方调研。考察中，李克强希望江西、湖北两省再接再厉，乘势而上，贯彻落实好党的十八大精神，在以习近平同志为总书记的党中央领导下，团结奋斗，再创佳绩。（《人民日报》12.31）

编 后 记

　　《中国民族研究年鉴》编纂至2009年卷，后续工作因故有所延迟，特向广大读者表示由衷的歉意。为保证《中国民族研究年鉴》编辑工作的稳定性和持续性，编辑委员会和编辑部组成人员进行了适当调整，并决定将2010—2012年三年的民族研究工作信息合为一卷。同时，为反映学术研究工作的延续性，本卷中的部分内容含有部分2010年以前学术信息。特此说明。

　　因时间局限，新书、学术论文索引栏目中的个别问题，因尊重原文的需要，未作修改；大事记栏目中的信息未能全部说明出处，请谅解。